Que voir
en Poitou-Charentes ?

Symboles et abréviations

21 B4	référence à l'atlas routier et touristique : le numéro de page (21) est suivi des coordonnées de repérage (B4).
R 107	référence aux cartes IGN de la série rouge au 1/250 000e (1 cm pour 2,5 km)
V 40	référence aux cartes IGN de la série verte au 1/100 000e (1 cm pour 1 km)
B 1727 /E	référence aux cartes IGN de la série bleue au 1/25 000e (1 cm pour 250 m)
C4	coordonnées de repérage sur le plan de ville
☎	téléphone
⊠	code postal
ℹ	office de tourisme, syndicat d'initiative
✈	aéroport
SNCF	gare de la localité ou gare la plus proche
🚌	gare routière
⛴	gare maritime
t.l.j.	tous les jours
GR	sentier de grande randonnée
★	intéressant
★★	très intéressant
★★★	exceptionnel
▷	ce symbole précède un monument ou un musée important de votre promenade en ville. Il signale également les localités et sites qui méritent l'attention sur votre itinéraire ou circuit. Une lecture de ▷ en ▷ permet de ne retenir que les éléments essentiels d'une ville ou d'un circuit.
▸	ce symbole signale les objectifs moins importants au cours de votre promenade en ville ou sur votre itinéraire ; il indique aussi un itinéraire à suivre.

Poitou-Charentes

Les autres titres de la collection :

Alsace
Aquitaine - Bordelais - Périgord - Pays Basque
Auvergne - Bourbonnais - Velay
Bourgogne
Bretagne
Centre - Val de Loire
Corse
Ile-de-France
Languedoc-Roussillon
Midi-Pyrénées
Nord-Pas de Calais
Normandie
Paris
Picardie
Pays de la Loire - Anjou, Maine, Vendée, Pays nantais
Provence-Alpes-Côte d'Azur
Rhône-Alpes

A paraître :
Franche-Comté

A nos lecteurs

Aussi scrupuleusement établi soit-il, ce guide n'est pas à l'abri des modifications de dernière minute, des erreurs ou omissions. Ne manquez pas de nous faire part de vos remarques. Informez-nous aussi de vos découvertes personnelles. Des atlas « Maxiroute » récompenseront les lettres les plus intéressantes.

Poitou-Charentes

GUIDES BLEUS

Ont collaboré à cet ouvrage, sous la coordination d'Antoine Lebègue :
Les Amis du pays civraisien, *association de recherches historiques et archéologiques de la région de Civray;* Éric Audinet, *docteur ès lettres, écrivain;* Christian Barbier, *président de la Société de recherches archéologiques de Chauvigny;* Jacques Baudet, *président de la Société archéologique et historique de la Charente;* Denise Bélanger, *chancelier de l'Académie d'Angoumois;* Pierre Boulanger, Danielle Castan, *chargée de mission au parc du Futuroscope;* Marie-Thérèse Camus, *professeur à l'université de Poitiers;* Agnès Claverie, *journaliste;* Jean-Jacques Danne, *documentaliste aux services d'Archives de la Charente;* Pierre Delaroche, Nadine De Maren, René-Charles Guilbaud, *historien d'art;* Raymond Jousmet, *docteur en histoire;* Véronique Lamère, Christian Pacteau, *instituteur;* Jean Pitié, *professeur émérite de l'université de Poitiers;* Pauline Reverchon, *conservateur au Musée municipal de Cognac;* Christine Sarrazin, Marc Seguin, *professeur d'histoire et géographie;* Jean Soumagne, *maître de conférences de géographie à l'université de Poitiers;* Jean-Marc Soyez, *journaliste;* Jean Tarrade, *professeur émérite de l'université de Poitiers.*

Nous remercions particulièrement, pour l'aide qu'ils nous ont apportée :
Le comité régional, la Maison Poitou-Charentes, les comités départementaux, les offices de tourisme, le centre de documentation pédagogique de la Charente ainsi que Robert Allary, *historien;* Christine Beguinot, *chargée de mission à la mairie de Niort;* J. Bellot, *maire de Melle;* Claude Belot, *sénateur maire de Jonzac;* R. Béteille, *professeur à l'université de Poitiers;* Thierry Breton, *directeur du parc du Futuroscope;* Annie Brillaud, *de l'Office de tourisme de Poitiers;* Mme Cousin, *chargée de mission aux Ruralies;* Claude Dantou, *directeur de l'office départemental du tourisme des Deux-Sèvres;* Francine Ducluseau, *directrice des Archives de la Charente;* Marc Fardet, *responsable des Archives de la Marine à Rochefort;* Jacques Fouchier, *ancien ministre;* Christian Gendron, *conservateur des musées de Niort;* Jean Glénisson, *directeur de l'Académie de Saintonge;* Yvan Quintard, *conseiller général de Saint-Maixent;* Liliane Richard, *de l'Office de tourisme de Thouars;* Yves-Jean Riou, *conservateur régional de l'Inventaire général;* Fernand Robin, *de l'Office de tourisme de Bressuire;* commandant Tableau, *conservateur au musée militaire de Saint-Maixent.*

Direction : Adélaïde Barbey.
Direction éditoriale : Isabelle Jendron.
Direction littéraire : François Monmarché.
Édition : Véronique Zundel, Marie-Christine Barraux.

Secrétariat d'édition : Caroline Lemaître, Florence Voisin.

Correction : Jacques Schmitt, Christian Perrin.

Couverture : maquette : Calligram ; photo : Michel Gile, Rapho (église Sainte-Radegonde de Talmont, Charente-Maritime).

Maquette : Pierre Faucheux, Michel Guillet.

Cahier couleurs : maquette : François Huertas ; iconographie : Brigitte Hammond.

Dessins : Christine Reynes, les plans d'églises sont extraits de *Vendée romane* et *Haut-Poitou roman*, Zodiaque éd.

Cartographie : IGN (atlas routier et touristique en couleurs), Alain Mirande.
Documentation : Florence Guibert.
Fabrication : Françoise Jolivot, Gérard Piassale.

Photocomposition : MCP - Orléans.
Impression et façonnage : Aubin-Poitiers, SIRC - Marigny-le-Châtel.

Hachette Guides de Voyage, 79, boulevard Saint-Germain 75006 Paris.
Régie exclusive de la publicité : Contact Valérie Habert ☎ 46.34.86.61 Hachette Guides de Voyage.

Sommaire

Liste des cartes et plans 7
Liste des illustrations 8
Atlas routier et touristique IGN 17
Adresses utiles 573
Symboles et abréviations (en fin de volume)

DÉCOUVRIR LE POITOU-CHARENTES

Pour préparer et organiser son séjour : toutes les richesses touristiques du Poitou-Charentes classées par thème, des propositions de week-ends, un choix d'activités sportives et culturelles.

Que voir en Poitou-Charentes ? (cartes en couleurs sur la garde avant)
Le Poitou-Charentes à la carte 9
Week-ends en Poitou-Charentes 13
Idées-découvertes, par *Jean-Marc Soyez* 49
Que voir dans les musées ? 549

COMPRENDRE LE POITOU-CHARENTES

Un portrait vivant de la région : la diversité des paysages, l'histoire, le patrimoine architectural, les activités d'aujourd'hui, la gastronomie et les vignobles.

Images du Poitou-Charentes, d'après un texte de *Jean Pitié* 57
L'héritage, par *Jean Tarrade* 79
L'art roman, par *Marie-Thérèse Camus* 102
Le Poitou-Charentes aujourd'hui, d'après un texte de *Jean Pitié* 110
Le Poitou-Charentes gourmand, par *Jean-Marc Soyez* 118
Au pays du cognac, par *Jean-Marc Soyez* 125
Glossaire de la région 132
Principaux termes d'architecture 136
Bibliographie 547

LE POITOU-CHARENTES EN 55 PHOTOS

Un reportage en couleurs sur le Poitou-Charentes : paysages du littoral et de l'intérieur, églises et châteaux, villes et musées... (en milieu de volume).

VISITER LE POITOU-CHARENTES

Par ordre alphabétique, les villes, les pays et les terroirs qui composent l'identité de la région. Pour les situer, reportez-vous à la carte Que voir en Poitou-Charentes? en début de volume, et à l'atlas IGN pp. 17 à 48, où ils apparaissent surlignés en jaune.

L'île d'Aix ... 143

Angoulême ... 146

L'Angoumois ... 161

Le val d'Angoumois ... 163
164 Au nord d'Angoulême

La presqu'île d'Arvert ... 175

Aubeterre-sur-Dronne ... 179
180 Entre la Dronne et la Tude
180 La Double

Aulnay-de-Saintonge ... 183
184 Circuit de la forêt de Chizé

L'Aunis ... 185

La côte d'Aunis ... 188
189 De La Rochelle au Marais poitevin

Barbezieux ... 191

Bressuire ... 194
195 A la découverte du bocage

Brouage ... 198
200 Le marais de Brouage

Chalais ... 202

La Champagne charentaise ... 204
204 Sur la route des grands cognacs

La vallée de la Charente ... 209

Charroux et son abbaye .. 211

Châtellerault ... 213
217 Le Châtelleraudais
219 Vers la vallée de la Creuse

Chauvigny ... 222
224 Autour de Chauvigny

Civray ... 228
230 Le pays civraisien

Cognac ... 233
241 Le circuit des Borderies

Confolens et le Confolentais ... 243
245 Le Confolentais

Les Côtes de l'Angoumois 249
250 Églises romanes et châteaux

Le parc du Futuroscope ... 256

La Gâtine ... 259
261 A la découverte de la Gâtine

La corniche de la Gironde ... 269
269 La « route verte »

La Haute Saintonge ... 273

Le pays d'Horte ... 275
275 Le pays et la forêt

Jonzac ... 281

Loudun et le Loudunais ... 286
291 Le Loudunais

Lusignan ... 294

Le parc naturel régional du Marais poitevin ... 297

Marennes ... 316
317 La rive droite de l'estuaire de la Seudre

Melle et le pays Mellois ... 319
325 Le pays Mellois

Les collines de Montmoreau ... 327
327 L'Angoumois méridional

Montmorillon ... 331
333 Entre Vienne et Gartempe poitevines

Niort ... 337
347 La Sèvre Niortaise

L'île d'Oléron ... 351

Parthenay ... 356

Le Petit Angoumois ... 362

Poitiers ... 363
388 Circuits autour de la ville
403 De la vallée du Clain au Mirebalais

Le Poitou ... 406

Pons **409**
412 Au pays des églises romanes

L'île de Ré **417**

Rochefort **424**
432 De Rochefort à Royan
434 Le pays Rochefortais

La Rochefoucauld et la région du karst **438**
441 Entre Vienne et Charente
446 La région du karst

La Rochelle **452**
472 Aux environs de La Rochelle
475 De La Rochelle à Royan

Royan **476**
482 Églises et abbayes autour de Royan
485 Le phare de Cordouan

Ruffec et le Ruffécois **486**
487 Le Ruffécois

Saint-Jean-d'Angély **495**
498 Aux environs de Saint-Jean-d'Angély
499 Circuit de la Boutonne
500 Entre la Nie et l'Antenne

Saint-Maixent-l'École **502**

Saint-Savin **508**

Saintes **512**
524 Joyaux de la Saintonge

La Saintonge **532**

Surgères **534**

Thouars et la vallée du Thouet **537**
541 La vallée du Thouet et la plaine thouarsaise

La vallée de la Vienne **545**

LES INDEX

Pour retrouver immédiatement un sujet traité dans le guide, un personnage ou un lieu.

Index thématique des encadrés 552
Index des personnages 559
Index des noms de lieux 564

Cartes et plans

Cartes

Sur la garde, en tête de volume : Que voir en Poitou-Charentes ?
Atlas routier et touristique de la Région Poitou-Charentes au 1/250 000e...... 21
La Région Poitou-Charentes . 59
Les paysages 61
Le littoral et ses bordures 67
Les anciennes provinces......... 87
L'art roman 105
Le vignoble de cognac........... 126
L'île d'Aix.......................... 145
L'Angoumois....................... 161
Le val d'Angoumois 165
L'Aunis 187
Sur la route des grands cognacs................................ 205
La vallée de la Charente........ 209
Le Châtelleraudais 218
La vallée de la Vienne.......... 225
Les Côtes de l'Angoumois..... 252
L'art roman en Gâtine du Sud 262
Manoirs et châteaux au cœur de la Gâtine 267
Au pays d'Horte.................. 277
Le Loudunais....................... 292
Le Marais poitevin (typologie)........................... 300
Le Marais poitevin............... 304
Les collines de Montmoreau.. 329
Au nord-ouest de la Gartempe 334
Au sud-ouest de la Gartempe 335
L'île d'Oléron 353
Au sud de Poitiers 389
Les vallées de la Boivre et de l'Auxances 397
Entre Clain et Vienne 401
Le Poitou 407
L'île de Ré 421
Entre Vienne et Charente...... 443
La région du karst 449
Le Ruffécois 491
Le circuit roman 525
La Saintonge........................ 533
La vallée de la Vienne.......... 545

Plans

Angoulême.......................... 150
Châtellerault........................ 215
Saint-Pierre de Chauvigny 223
Saint-Gervais-et-Saint-Protais de Civaux 226
Cognac................................ 237
Jonzac 284
Saint-Pierre de Melle 320
Melle.................................. 321
Niort.................................. 340
Champdeniers-Saint-Denis ... 350
Parthenay 359
Saint-Pierre de Parthenay-le-Vieux 360
Poitiers............................... 368
Saint-Jean-de-Montierneuf de Poitiers 372
Sainte-Radegonde de Poitiers 377
Saint-Hilaire-le-Grand de Poitiers............................... 384
Nouaillé-Maupertuis 395
Pons................................... 411
Rochefort 425
La Rochelle......................... 456
Royan 480
Saint-Jean-d'Angély 497
Saint-Maixent-l'École.......... 505
Saint-Savin 509
Les fresques de l'église de Saint-Savin......................... 510
Saintes................................ 516

Illustrations

Croix hosannière 133
Maison charentaise 134
La cathédrale Saint-Pierre d'Angoulême 153
L'église de Lichères 174
L'église Saint-Pierre d'Aulnay-de-Saintonge 183
L'église Saint-Nicolas de Civray 229
L'église de Saint-Sauvant 242
Maison près de Confolens 246
L'église de Châteauneuf-sur-Charente 253
L'église de Plassac-Rouffiac 254
L'église de Talmont 270
L'église de Réaux 274
Bourrine 305
L'église de Fontaines 313
L'église Saint-Hilaire de Melle 322
Quichenotte 355
Notre-Dame-la-Grande de Poitiers 367
La lanterne des morts de Château-Larcher 393
L'église Saint-Vivien de Pons 410
L'église d'Échebrune 414
L'église d'Avy-en-Pons 415
L'église de Saint-Quantin-de-Rançanne 416
L'église Saint-Vivien de Geay 435
L'église Saint-Vivien de Bords 435
L'église Notre-Dame de Corme-Écluse 482
L'Abbaye-aux-Dames de Saintes 521
L'église Saint-Pierre d'Airvault 542
L'abbatiale de Saint-Jouin-de-Marnes 543

Le Poitou-Charentes à la carte

L'architecture des villes

***

Châtellerault : le pont Henri-IV, p. 216
Poitiers : la vieille ville et le centre, p. 366
Rochefort : la Corderie royale, p. 428
La Rochelle : le Vieux Port, p. 461

**

Angoulême : les remparts, p. 149 ; la vieille ville, p. 156
Parthenay : le pont et la tour Saint-Jacques, p. 360
Saint-Jean-d'Angely : la fontaine du Pilori, p. 496
Saintes : la vieille ville, p. 514

*

Chauvigny : la ville haute, p. 222
Cognac : la vieille ville, p. 233
Jonzac : le « bourg » du château, p. 283
Loudun, p. 286
Lusignan, p. 294
Niort : le Pilori, p. 339
Richelieu, p. 291
Royan, p. 476

Les églises romanes

***

Fontaines : l'église, p. 312
Maillezais : l'église Saint-Nicolas, p. 311
Poitiers : l'église Notre-Dame-la-Grande, p. 366
Saintes : l'église Saint-Eutrope, p. 522

**

Angles : l'église Notre-Dame, p. 304
Aubeterre-sur-Dronne : l'église Saint-Jean, p. 179
Aulnay-de-Saintonge : l'église Saint-Pierre, p. 183
Cellefrouin : l'église et lalanterne des morts, p. 444
Cognac : l'église Saint-Léger, p. 237
Lichères : l'église Saint-Denis, p. 173
Maillé, p. 314
Melle : l'église Saint-Hilaire, p. 320
Nouaillé-Maupertuis : l'église abbatiale, p. 394
Oyré, p. 219
Parthenay-le-Vieux : l'église Saint-Pierre, p. 360
Plassac : l'église Saint-Cybard, p. 253
Poitiers : le baptistère Saint-Jean et l'église Saint-Hilaire-le-Grand, pp. 378 et 384
Saint-Généroux, p. 541
Saint-Michel-d'Entraigues, p. 250
Talmont : l'église Sainte-Radégonde, p. 270

*

Airvault : l'église Saint-Pierre, p. 542
Angoulême : la cathédrale Saint-Pierre, p. 149
Bourg-Charente : l'église Saint-Jean, p. 205
Celles-sur-Belle, p. 325
Charras : l'église Saint-Vivien, p. 276
Châteauneuf-sur-Charente : l'église Saint-Pierre, p. 253
Civray : l'église Saint-Nicolas, p. 229
Corme-Écluse : l'église Notre-Dame, p. 482
Corme-Royal : l'église Saint-Nazaire, p. 527
Courcôme, p. 489
Cressac : la chapelle des Templiers, p. 327
Dirac : l'église Saint-Martial, p. 280
Échillais, p. 433
Esnandes : l'église, p. 190
Fenioux : l'église et la lanterne des morts, p. 498
Geay : l'église Saint-Vivien, p. 435
Lesterps, p. 246
Lusignan : l'ancienne prioriale Notre-Dame-et-Saint-Junien, p. 295
Malleyrand : la chapelle Saint-Jean, p. 441
Melle : l'église Saint-Pierre, p. 320
Montmorillon : l'église Notre-Dame et la chapelle Saint-Laurent, p. 332
Niort : l'église Notre-Dame, p. 343
Parthenay : le portail de Notre-Dame-de-la-Couldre, p. 358
Pont-l'Abbé-d'Arnoult : l'église Saint-Pierre, p. 527
Rétaud : l'église Saint-Trojean, p. 529
Rioux : l'église Notre-Dame, p. 528
La Rochefoucauld : l'église Saint-Cybard, p. 439
Royan : l'église Notre-Dame, p. 478
Saint-Amand-de-Boixe, p. 172
Saint-Brice : l'église Notre-Dame de l'Assomption de Châtre, p. 204
Saint-Claud, p. 443
Surgères : l'église Notre-Dame, p. 535
Thouars : l'église Saint-Médard, p. 538

Les abbayes

★★★

Maillezais : les ruines de l'abbaye, p. 311
Saint-Savin : les fresques de l'abbaye, p. 508
Saintes : l'Abbaye-aux-Dames, p. 520

★★

Charroux : l'abbaye Saint-Sauveur, p. 211
Nieul-sur-l'Autise : l'abbaye Saint-Vincent, p. 310
Nouaillé-Maupertuis : l'ancienne abbaye bénédictine, p. 394
Pérignac : l'abbaye de Puypéroux, p. 329
Royan : l'abbaye de Sablonceaux, p. 483
Saint-Michel-en-l'Herm, p. 306

★

Bassac, p. 206
La Couronne, p. 250
Ligugé : l'abbaye Saint-Martin, p. 390
Saint-Martin-l'Ars : l'ancienne abbaye de la Réau, p. 232
Saint-Jean-d'Angély, p. 497
Saint-Jouin-de-Marnes, p. 543
Saint-Maixent-l'École, p. 504
Saint-Sigismont-de-Clermont : l'abbaye Notre-Dame de la Tenaille, p. 416

L'archéologie

★★

Mouthiers-sur-Boëme : la grotte de la Chaire à Calvin, p. 254
Saint-Cybardeaux : le théâtre gallo-romain des Bouchauds, p. 169
Sers : le gisement préhistorique du Roc de Sers, p. 276

★

Le val d'Angoumois : les sites mégalithiques, p. 165
Bougon : la nécropole néolithique, p. 507
Chassenon : les thermes, p. 247
Civaux : la nécropole, p. 226
Ligné : les tombes des chevaliers, p. 166
Mauléon : les roches gravées de Veaux, p. 196
Melle : les mines d'argent des Rois Francs, p. 323
Poitiers : l'hypogée des Dunes, p. 387
Saintes : l'arc de Germanicus, p. 514 et les arènes, p. 523
Sanxay : les ruines romaines d'Herbord, p. 264
Vendeuvre : le site de Tours-Mirandes, p. 404
Le Vieux Poitiers : le site gallo-romain, p. 219
Villebois-Lavalette : le gisement préhistorique de La Quina, p. 278

Les villages et l'architecture rurale

★★

Angles-sur-l'Anglin, p. 510
Arçais, La Garenne, p. 314
Fleurac, p. 251
Fouras, p. 436
La Garette, p. 314
Saint-Michel-en-l'Herm, p. 306
Talmont, p. 270
Le moulin du Verger, p. 255

★

Airvault, p. 542
Aubeterre-sur-Dronne, p. 179
Chaillé-les-Marais, p. 308
Coulon, p. 345
Loiré-les-Marais, p. 436
Marignac, p. 414
Montguyon, p. 274
Montignac-sur-Charente, p. 170
Ribérac, p. 181
Saint-Germain-de-Confolens, p. 246
Saint-Martin-de-Ré, p. 420
Tonnay-Charente, p. 434
Verteuil-sur-Charente, p. 490
Villebois-Lavalette, p. 278

Les châteaux et les fortifications

★★★

La Rochefoucauld : le château, p. 440
Oiron : le château, p. 544

★★

Blanzac : le manoir de Maine-Giraud, p. 330
Brouage : les fortifications, p. 198
Le Château-d'Oléron : la citadelle, p. 352
Cognac : le château des Valois, p. 235
Coussay-les-Bois : le château de la Vervolière, p. 220
Marennes : le château de La Gataudière, p. 317
Mondion : le château de Marmande, p. 219
Niort : le donjon, p. 341
Pons : le donjon, p. 410
Saint-Loup-Lamairé : le château de Saint-Loup-sur-Thouet, p. 267
Saint-Porchaire : le château de la Roche-Courbon, p. 526
Scorbé-Clairvaux : le château, p. 218
Verteuil-sur-Charente : le château, p. 490

★

Aulnay : le château de Dampierre-sur-Boutonne, p. 499
Bonnes : le château de Touffou, p. 224
Chauvigny : les cinq châteaux, p. 222

Échiré : le château de Coudray-Salbart, p. 349
Étagnac : le château de Rochebrune, p. 247
Le château de la Guerche, p. 220
La Jarne : le château de Buzay, p. 474
Javarzay : le château, p. 325
Lageon : le château de Tennesus d'Amailloux, p. 268
Lhoumois : le château de La Roche-Faton, p. 266
Moncontour-de-Poitou : le donjon, p. 292
Saint-Germain-de-Confolens : les ruines, p. 246
Sanxay : le château de Marconnay, p. 265
Surgères : le château, p. 534
Thouars : le château des ducs de La Trémoille, p. 539
Villebois-Lavalette : le château, p. 278

La science

*

Le parc du Futuroscope, p. 256

La nature, la faune et la flore

***

La Ceinture des Hollandais, p. 308
Le parc naturel régional du Marais poitevin, p. 297
Saint-Denis-du-Payré : la réserve ornithologique Michel-Brosselin, p. 307

**

La pointe de l'Aiguillon, p. 305
La forêt de Chizé, p. 348
Melle : le Chemin de la Découverte, p. 323
La pointe Saint-Clément, p. 315
Les sources de la Touvre, p. 448

*

Le Fier d'Ars, p. 422
Le canal de la Banche, p. 314
Les écluses du Brault, p. 315
Combiers : l'arboretum Jean-Aubouin, p. 277
La Fosse Mobile, p. 448
La forêt de Moulière, p. 402
Les grottes du Quéroy, p. 450

Les paysages du littoral

***

Royan : le phare de Cordouan, p. 485

*

L'île d'Aix, p. 143
Le phare des Baleines, p. 423
Le phare de Chassiron, p. 354
Le phare de la Coubre, p. 177
Meschers, p. 269
L'île de Ré, p. 417

Week-ends en Poitou-Charentes

Royaume de l'huître et du cognac, le Poitou-Charentes est une destination de week-ends où tourisme vert et patrimoine culturel se conjuguent harmonieusement. Sous la lumière océane, la terre et les eaux se confondent dans le Marais poitevin et se rencontrent sur les îles d'Oléron et de Ré. Port au glorieux passé ou station balnéaire réputée, La Rochelle et Royan donnent du littoral deux visages très différents. A l'intérieur des terres, les campagnes verdoyantes servent d'écrin à des joyaux romans ainsi qu'à des châteaux de toutes les époques. Les villes non plus ne sont pas en reste : Saintes, Angoulême, Poitiers... Au Futuroscope, on découvre une autre facette de la région en entrant de plain-pied dans les techniques de demain.

Charente

▷ A la découverte de l'Angoumois *2 ou 3 jours*

Angoulême (p. 146), les sources de la Touvre (p. 448), Villebois-Lavalette (p. 278), Aubeterre-sur-Dronne (p. 179).

Perchée sur un éperon, l'ancienne capitale de l'Angoumois occupe une véritable acropole. Commencez par la promenade des remparts qui ceinturent la ville haute et offrent de beaux points de vue. Le long des ruelles, de belles demeures Renaissance et classiques ont été conservées. Chef-d'œuvre roman, la façade de la cathédrale Saint-Pierre est un superbe livre de pierre. Rejoignez ensuite le Centre national de la Bande dessinée, où vous retrouverez les grands auteurs de la BD (en janvier, ne manquez pas le fameux festival). Enfin, le musée des Beaux-Arts mérite aussi qu'on s'y attarde, notamment pour ses collections d'art africain et océanien.

Situées à quelques kilomètres, les sources de la Touvre offrent le spectacle de leurs eaux bouillonnantes ; les amateurs de spéléologie, eux, préféreront les grottes du Quéroy, riches en concrétions variées. Le sud de la Charente vous charmera par la rondeur boisée de ses paysages et la chaleureuse palette de ses toits de tuiles. Découvrez les papeteries artisanales de Puymoyen et de Nersac, puis poussez jusqu'à Villebois-Lavalette dont l'imposant château féodal se dresse sur la colline.

Finissez votre périple à Aubeterre-sur-Dronne où les maisons s'étagent harmonieusement sur la falaise de craie ; au pied des ruines du château a été creusée une étonnante église monolithe.

▷ Au pays du cognac *2 jours*

Cognac (p. 233), Bourg-Charente (p. 205), le théâtre gallo-romain des Bouchauds (p. 169)

Toute visite de Cognac commence par ses chais dans lesquels vieillit la célèbre eau-de-vie. A l'ancien château des Valois, aujourd'hui occupé par une distillerie, flotte le souvenir de François Ier. Aux alentours, les rues sont noircies par les champignons qu'engendrent les émanations de l'alcool. Pour parfaire vos connaissances, il ne vous restera plus qu'à visiter le musée du Cognac. A signaler pour les cinéphiles : le festival du film policier qui se tient en avril.

Le dimanche, longez les vignobles de la vallée de la Charente. Le château de la Garde-Épée (XVIIe s.) mérite une halte pour son enceinte fortifiée et la belle ordonnance de sa cour. Non loin, l'église de Châtre (XIe-XIIe s.) présente une remarquable façade.

Rejoignez ensuite Bourg-Charente, dont l'église romane et le château Renaissance sont noyés dans la verdure. Puis, à Jarnac, siège de la bataille qui opposa les catholiques aux protestants, vous admirerez l'abbatiale du XIe s. Enfin, retrouvez la quiétude dans le site champêtre du théâtre gallo-romain des Bouchauds, partiellement conservé.

▷ Autour de Confolens *2 jours*

Confolens (p. 243), La Rochefoucault (p. 438), Charroux (p. 211), Civray (p. 228)

Occupant un site pittoresque sur la Vienne, Confolens est réputée pour son festival international de folklore au mois d'août. Flânez le long des hauts logis à colombage, avant de partir pour Lesterps dont l'église romane offre un intéressant clocher-porche en granit. Plus au sud, les quatre tours rondes du château de Rochebrune (XIe-XVIe s.) se mirent dans ses douves.

Au barrage de Lavaud, vous goûterez un peu de détente (baignade, voile ou pêche), avant d'atteindre La Rochefoucauld où vous trouverez le gîte.

Le lendemain, visitez le château de La Rochefoucauld aux galeries Renaissance ; cette « perle de l'Angoumois » domine la ville. Traversez ensuite la forêt de Boixe qui abrite de nombreux monuments mégalithiques. En suivant les méandres de la Charente, vous découvrirez l'église romane de Lichères et son beau portail roman, puis le charmant village de Verteuil, entre falaise et rivière, qui possède un château Renaissance et une belle église. Enfin, si le cœur vous en dit, poussez jusqu'à Civray et Charroux, où d'autres splendeurs romanes vous attendent.

Charente-Maritime

▷ La Rochelle et l'île de Ré

2 ou 3 jours

La Rochelle (p. 452), l'île de Ré (p. 417)

Tournée vers la mer, La Rochelle livre son histoire mouvementée à travers ses quartiers. Commencez la visite par le vieux port et attardez-vous à l'un des cafés du quai Duperré. Les ruelles du cœur ancien sont bordées de maisons à pans de bois et couvertes d'ardoises. Plus loin, les hôtels particuliers témoignent de la prospérité de la ville. Arrêtez-vous au musée des Beaux-Arts qui possède d'intéressants tableaux orientalistes, puis visitez le musée du Nouveau Monde. Au port de plaisance, l'aquarium présente un vaste panorama de la faune et de la flore sous-marines.

Le lendemain, rejoignez l'île de Ré par le pont. Baignée d'une douce lumière, elle cultive la vigne et les primeurs autour d'une immense lagune où les claires d'élevage ont partiellement supplanté les marais salants. A l'abbaye des Châteliers, vous admirerez quelques vestiges du XIIe s., avant de gagner la « capitale », Saint-Martin-de-Ré, fortifiée par Vauban. Respirez l'air du grand large au phare des Baleines qu offre un beau panorama, puis terminez votres escapade à Saint-Clément où la maison des Marais vous renseignera sur la flore, la faune et les balades à faire parmi les dunes.

▷ Rochefort et l'île d'Oléron

3 jours

Rochefort (p. 424), Fouras (p. 436), l'île d'Aix (p. 143), l'île d'Oléron (p. 351)

Construire par Colbert, Rochefort fut une importante cité militaire. Les remparts ont fait place aujourd'hui à des jardins, mais la Corderie royale, parfaitement restaurée, et le musée de la Marine gardent le souvenir de son glorieux passé. La maison de Pierre Loti, aménagée en musée, a un parfum d'Orient : mosquée, salon turc, chambre arabe. Si vous avez l'âme vagabonde, allez déguster quelsques moules à Fouras, avant de faire une petite excursion sur l'île d'Aix qui alterne plages et falaises.

Le lendemain, partez pour Brouage dont les remparts fantômes dominent les anciens marais salants. Un peu plus à l'ouest, le bassin ostréicole de Marennes-Oléron borde l'estuaire de la Seudre. L'île d'Oléron n'est plus loin. Saint-Trojean-les-Bains en est la station balnéaire la plus agréable avec ses hautes dunes et sa vaste forêt de pins maritimes. Au Château-d'Oléron, visitez le musée ostréicole, à moins que vous ne soyez tenté par la réserve ornithologique des Grissotières.

Le troisième jour, longez la côte ouest de l'île, bordée de mimosas. Faites une halte à la Maison paysanne oléronaise de Grand-Village, avant de découvrir le pittoresque port de pêche de La Cotinière. A Saint-Pierre, promenez-vous dans les ruelles animées et ne manquez pas la lanterne des morts (XIIe s.). Rejoignez enfin le phare de Chassiron qui offre un beau panorama sur les îles et le continent.

▷ Royan et la Côte de Beauté

2 ou 3 jours

Royan (p. 476), La Tremblade (p. 177), Meschers (p. 269)

De Ronce-les-Bains à Mortagne-sur-Gironde, la Côte de Beauté s'étire sur 70 km et il s'y succède plus de vingt plages. Entièrement reconstruite dans les années 1950, Royan est la station balnéaire la plus réputée, avec ses conches, ses parcs, son front de mer et ses riches villas. Visitez au nord de Royan le parc zoologique renommé de La Palmyre, avant de gagner le phare de la Coubre qui domine l'Océan. A proximité, l'immense forêt de la Coubre invite à la promenade. A La Tremblade, régalez-vous d'huîtres, avant de visiter le petit musée ostréicole.

Pour le deuxième jour, une excursion en mer s'impose jusqu'au phare de Cordouan. Au retour, découvrez les plages de la côte depuis la pointe de Suzac. Gagnez ensuite Meschers et ses falaises percées de grottes, dont la plupart ont été transformées en résidences.

Finissez en beauté à Talmont, dont la sobre église romane, en équilibre instable sur la falaise, vous plongera dans une humeur mystique.

▷ Saintes et les trésors de Saintonge *2 jours*

Saintes (p. 512), Dampierre-sur-Boutonne (p. 499)

Saintes est une ville riche en musées et monuments de tous les âges. L'époque romaine a légué les arènes et l'arc de Germanicus, le Moyen Age, les splendides églises romanes de Saint-Eutrope et de l'Abbaye-aux-Dames. Au musée des Beaux-Arts, vous apprécierez les peintures du XVe au XVIIIe s., ainsi que les céramiques saintongeaises.

Si vous êtes tenté par une petite escapade romantique, La Roche-Courbon, surnommé par Loti « le château de la Belle au bois dormant », possède un joli parc à la française (à 18 km).

Le deuxième jour, remontez la vallée de la Charente jusqu'au château de Crazannes dont le donjon est gothique. Puis gagnez la Boutonne par Fenioux que signale sa belle lanterne des morts du XIIe s. Après un détour par l'église d'Aulnay au ravissant portail, rejoignez Dampierre-sur-Boutonne où vous admirerez le château Renaissance à deux galeries d'arcades superposées. Non loin, une maison est consacrée à l'un des emblèmes du Poitou : le baudet, dont l'espèce est désormais protégée. En chemin, vous goûterez aux cagouilles à la saintongeaise, escargots farcis de chair à saucisse et de plantes aromatiques.

Deux-Sèvres

▷ Niort et le Marais poitevin *2 jours*

Niort (p. 337), Celles-sur-Belle (p. 325), Melle (p. 318)

Ancienne cité du drap et des cuirs établie sur la Sèvre, Niort est une petite ville prospère. Découvrez les maisons anciennes de la rue Saint-Jean et promenez-vous le long de la Coulée verte. Du haut du donjon qui abrite un musée d'ethnographie, vous jouirez d'un beau panorama. Partez ensuite pour Celles-sur-Belle dont l'abbatiale est réputée, puis poursuivez jusqu'à Melle aux trois églises romanes où résonnent encore les pas des pèlerins de Compostelle.

Aux Mines d'argent des Rois Francs, vous apprendrez que la ville battait monnaie sous Charlemagne, puis vous goûterez une détente plus prosaïque dans le potager carolingien.

Consacrez la deuxième journée à la Venise verte. A Coulon, empruntez une barque, après avoir visité l'aquarium et le petit musée des Marais mouillés. Avant de rejoindre l'Océan, n'oubliez pas de déguster la spécialité locale : la bouilliture d'anguilles. Finissez votre périple à Esnandes. Renommé pour ses bouchots, ce blanc village qui s'étire en bordure de falaise possède une belle église romane fortifiée.

▷ Lusignan et les bords du Thouet *2 jours*

Lusignan (p. 294), Bougon (p. 507), Parthenay (p. 356), Thouars (p. 537)

A Lusignan, retrouvez la légende de la fée Mélusine qui fonda le château dont subsistent quelques vestiges. En retrait du site fortifié, visitez l'église romane au porche gothique.

Depuis Lusignan, vous remonterez le temps : époque néolithique aux tumulus de Bougon, époque gallo-romaine au sanctuaire de Sanxay, Moyen Age enfin à Parthenay où le quartier Saint-Jacques, la citadelle, les remparts et les églises romanes sont pleins de charme. Le mercredi, ne manquez pas le marché aux bestiaux, un des plus importants de France.

Le deuxième jour, partez pour Saint-Généroux, dont l'église préromane (IXe s.) est l'une des plus anciennes de France. A environ 15 km, faites halte à Thouars, petite ville aux toits étagés. Vous y apprécierez son château classique et les demeures Renaissance, sans oublier l'église romane. Non loin, le château d'Oiron des XVIe et XVIIe s., agrémenté d'un joli parc à la française, a conservé une superbe galerie Renaissance. A l'intérieur, vous trouverez une collection d'art contemporain.

Vienne

▷ Tradition et modernité autour de Poitiers *3 jours*

Poitiers (p. 363), le parc du Futuroscope (p. 256), Civaux (p. 225)

Ancienne capitale politique, religieuse et universitaire du Poitou, Poitiers possède un patrimoine architectural exceptionnel. Flânez dans le cœur ancien où les demeures Renaissance alternent avec les grands monuments romans. L'église Notre-Dame-la-Grande s'impose par le superbe décor sculpté de sa façade ; quant au baptistère Saint-Jean (IVe s.), il compte parmi les plus anciens sanctuaires chrétiens de France.

Visitez ensuite le musée Sainte-Croix ; la section d'archéologie et les collections de peintures et de sculptures méritent en particulier qu'on s'y attarde.

Le lendemain, consacrez votre journée au pays de l'image de l'an 2000 : le Futuroscope. Projeté dans un univers fictif en trois dimensions, laissez-vous griser par le Tapis magique, le cinéma dynamique ou l'Omnimax et bien d'autres attractions encore.

La troisième journée, allez vous recueillir à l'abbaye de Ligugé, qui résonne le dimanche de chants grégoriens. Ne manquez pas la galerie des émaux ni les exceptionnels édifices préromans dégagés au cours des fouilles.

Un peu plus loin, allez admirer les très beaux bâtiments de l'abbaye de Nouaillé-Maupertuis.

Enfin, découvrez à Civaux une importante nécropole mérovingienne.

▷ Aux alentours de Châtellerault et la Gartempe *2 jours*

Châtellerault (p. 213), Chauvigny (p. 222), Saint-Savin (p. 508)

Ancien port sur la Vienne que franchit le superbe pont Henri-IV, Châtellerault est réputé pour sa coutellerie et sa manufacture d'armes. Après avoir visité le musée Sully, partez pour La Roche-Posay, ville thermale déjà prisée à l'époque romaine. Sur la colline se dressent un puissant donjon et une église fortifiée. Filez ensuite vers Angles-sur-l'Anglin, joli bourg médiéval dominant la rivière. Le vieux moulin à aubes, les ruines du château fort et les maisons à tuiles plates auront de quoi vous séduire. Faites halte à Chauvigny qui, sur un promontoire escarpé, ne compte pas moins de cinq forteresses, et ne manquez pas l'église Saint-Pierre (XIIe s.) au superbes chapiteaux historiés.

Le lendemain vous entraînera à Saint-Savin, qui possède le plus bel ensemble de peintures murales de France, puis à l'église de Villesalem dont vous apprécierez la façade au riche décor sculpté. A Montmorillon, flânez sur le vieux pont gothique ou devant les hôtels du XVIIIe s. en dégustant des macarons. Sur une falaise dominant la rivière, la crypte de l'église Notre-Dame abrite des fresques du XIIe s. Enfin, au Roc d'Enfer où la Gartempe se fait plus vive, vous pourrez pratiquer le canoë-kayak, à moins que vous ne préfériez l'escalade ou la randonnée pédestre le long des rapides.

Atlas routier et touristique de Poitou-Charentes*

★ Les villes et les sites signalés en jaune sur les cartes des pages 21 à 48 correspondent aux entrées alphabétiques du guide

Cartes IGN Série rouge n°s 107, 110 au 1/250 000

CARTES ign
institut géographique national

POITOU
à la carte

107 **poitou charentes**

FRANÇAIS . ENGLISH . DEUTSCH
SERIE ROUGE
1:250 000
1 cm pour 2,5 km

Ile d'Aix/Photo Mattou-Pix

CARTES ign institut géographique national

39 **la rochelle royan**
parc naturel régional du marais poitevin, val de sèvre et vendée (ouest)
FRANÇAIS . ENGLISH . DEUTSCH
SERIE VERTE
1:100 000
1 cm pour 1 km

Photo Tiradon-Sep

CARTES ign institut géographique national

1329 ouest

île de ré

SERIE BLEUE
1:25000
1 cm pour 250 m

CARTES ign institut géographique national

Direction Générale 136 bis, rue de Grenelle 75700 Paris
Service des Ventes et Editions 107, rue la Boétie 75008 Paris

Tableau d'assemblage des cartes

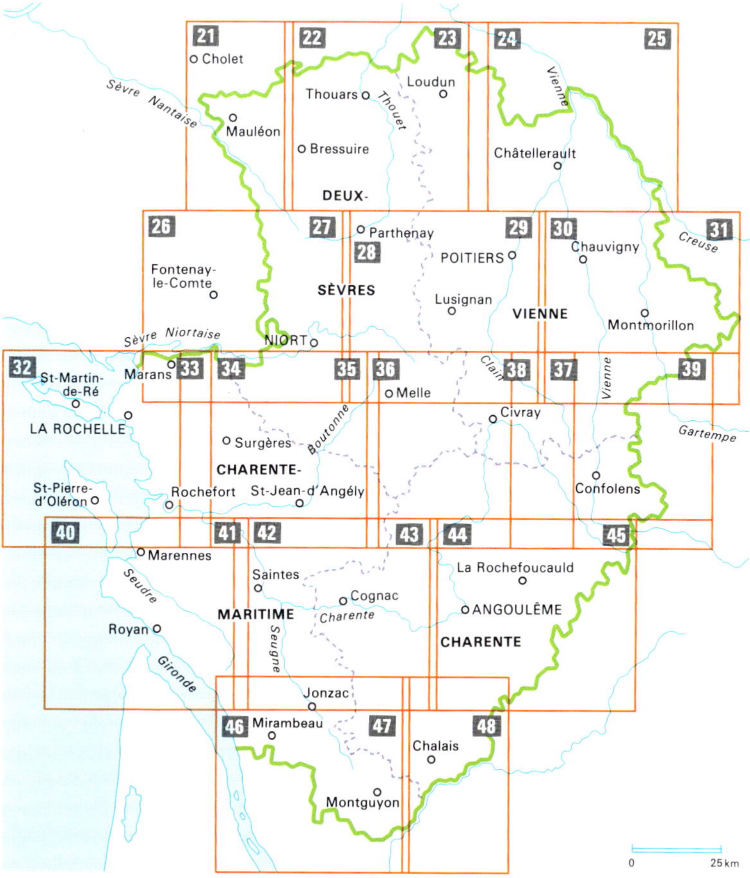

LÉGENDE

Autoroutes : en service (1), en construction (2)

Aire de service, restaurant en passerelle (1) - Aire de repos (2) - Péage (3)

Route principale à chaussées séparées (1) - Routes principales (2) (3)

Routes secondaires

Les routes nationales (1) et départementales (2) sont numérotées — 300 — D 21

Distances kilométriques (totalisées entre ou villes silhouettées) — 2,5 — 3,5 — 6

Autres routes : régulièrement entretenue (1), irrégulièrement entretenue (2) - Sentier (3)

Chemins de fer : à 2 voies (1), à 1 voie (2), à voie métrique (3)

Triage (1) - Tunnel (2) - Gare ou arrêt (3), ouverts au trafic voyageur (4)

Passages : à niveau (1), inférieur (2), supérieur (3)

Limite de camp militaire (1), de zone réglementée de champ de tir (2)

Ligne à haute tension (225 kV et plus) (1) - Limite d'État (2)

Limite de région (1), de département (2), d'arrondissement (3) — PF — SP

Lieux habités:

- plus de 3 000 habitants (1), moins de 3 000 habitants (2)
- plus de 100 000 habitants — GRENOBLE
- de 25 000 à 100 000 habitants — LORIENT
- de 5 000 à 25 000 habitants (1), de 3 000 à 5 000 habitants (2) — 1 Voiron — 2 Rillieux
- moins de 3 000 habitants : commune (1), hameau important (2) — 1 Gonfaron — 2 Saretto

Château (1) - Édifice religieux (2) - Refuge (3) - Repère isolé (4) - Ruines (5)

Concentration industrielle (1) - Fort (2) - Grotte (3) - Phare (4)

Canaux : navigable (1), non navigable (2) - Marais salants (3) - Marais (4)

Aérodromes : internationaux (1), avec piste en dur (2), sans piste en dur (3)

Zone découverte à marée basse : Plage (1) - Rochers (2)

Bois

TOURISME

Cathédrale - Abbaye - Église - Chapelle

Château - Château ouvert au public - Bâtiment remarquable

Point de vue - Curiosité

Localité d'intérêt touristique - Station thermale - Station ou centre de sports d'hiver

Architecture civile (maison ancienne, bastide, halle) - Remparts

Vestiges antiques - Ruines intéressantes - Monument commémoratif

Pèlerinage - Fête traditionnelle - Musée

Cimetière militaire - Grotte - Refuge - Phare

Chemin de fer touristique - Chemin de fer à crémaillère - Téléphérique, télécabine ou télésiège

Bureaux de douane : français, étranger

Echelle 1: 250 000

Kilomètres 5 3 1 0 5 10 15 Kilomètres

INSTITUT GÉOGRAPHIQUE NATIONAL

DIRECTION GÉNÉRALE
136 bis, rue de Grenelle 75700 PARIS

VENTES ET ÉDITIONS
107, rue La Boétie 75008 PARIS

la Jubaudière
la Mélinière
St-Georges-des-Gardes
les Gardes
le Puy de la Garde
Cossé-d'Anjou
la Tourlandry
la Salle-de-Vihiers
Chât. du Coudray-Montbault
21
le Voide
le Millet
le May-s.-Evre
Trémentines
Vezins
Coron
St-Hilaire-du-Bois
Nuaillé
les Poteries
Chanteloup-les-Bois
la Nouzillère
la Reveillère
Mon. à la Rochejacquelein
Etg des Noues
F.t de Nuaillé
Etg de Péronne
F.t de Vezins
le Cim.re des Martyrs
la Plaine
la Raimbaudière
St-Paul-du-Bois
les Places
Toutlemonde
CHOLET
Mazières-en-Mauges
B. d'Anjou
St-Maurice-la-Fougereuse
Somloire
Ouère
Bge de Ribou
Bge du Verdon
Yzernay
la Charte-Bouchère
les Poisats
la Tessoualle
Maulévrier
St-Pierre-des-Echaubrognes
les Cerqueux-de-Maulevrier
le Puy-St-Bonnet
les Roussières
Loublande
la Coudraie-Noyers
les Houilleries
F.t de Boissière
la Trique
la Chapelle-Largeau
Moulins
Chât. de la Durbelière
les Aubiers
Primard
la Vacherasse
St-Clémentin
Laurent-s-Sèvre
Mine d'Uranium
la Tonnelle
Etg de Chanay
St-Aubin-de-Baubigné
Villegois
le Temple
Nueil-sur-Argent
Treize-Vents
Mauléon
Rorthais
Chât. de Tournelais
le Frêne-Chabot
Manoir Roche Ja
Mallièvre
Hétivault
le Vrillé
les Epesses
la Bleure Rambault
la P.te Boissière
le Peu
Sèvre Nantaise
la Baud
Beaulieu-ss-Bressuire
la Palulière
St-Amand-sur-Sèvre
Combrand
Dolm.
le Pin
la Faye
Bretignolles
Châtelliers-Châteaumur
Châteaumur
la Patelière
Chât. du Deffend
Breuil-Chaussée
St-Mercure
la Flocellière
la Pommeraie-s.-Sèvre
Montravers
Cirière
Bressuire
la Grde Brenonnière
le Martinet
Cerizay
Clazay
Chât. de St-Mesmin-la-Ville
Beau-Chêne (Anc. Abb.)
la Laimière
la Chagnaie
les Barres
St-Mesmin
Montigny
la Boulardière
Pouzauges
HAUTEURS VENDÉENNES
la Linaudière
Puy Crapaud
le Puitareau
St-André
Courlay
la Châtaigneraie
Pouzauges-le-Vieux
T. Orient
la Forêt-s.-S.
la Plainelière
Chât. du Bef-Milon
Chantemerle
la Lunelière
Montournais
St-Marsault
St-Jouin-de-Milly
la Cournotière
la Meilleraie-Tillay
Marchais
les Coulaisières
la Javrotière
Salboire
Menomblet
Latri
Moncoutant
Réaumur
la Fournière
la Mourenière
Grd Lay
la Ronde
le Breuil-Bernard
la Boisselière
St-Pierre-du-Chemin
Moutiers-s.-Chantemerle
les Alleux
St-Germain-l'Aiguiller
la Chapelle-St-Etienne
Largeau
26
27
22

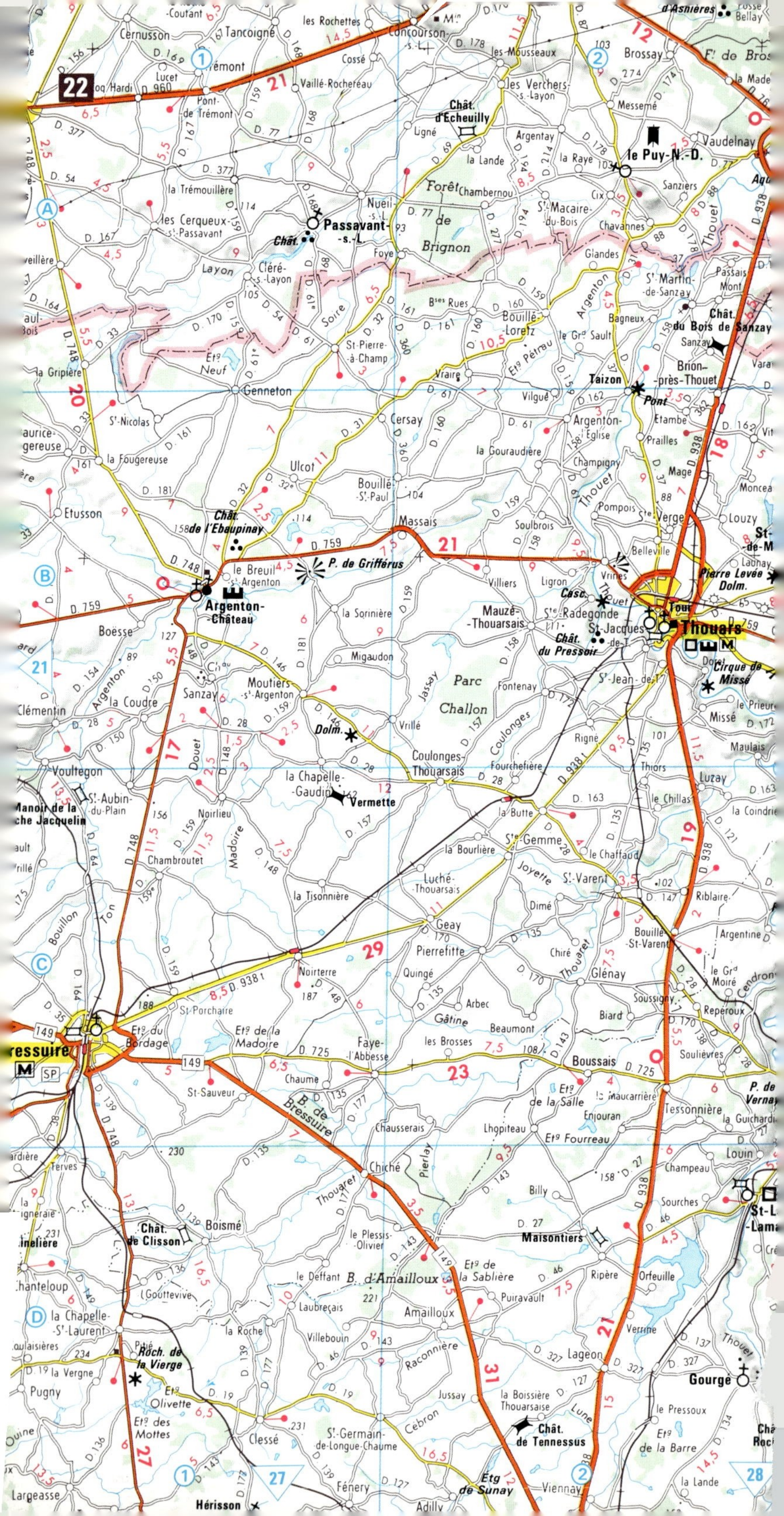

Cernusson
Tancoigné
les Rochettes
Concourson-s.-L.
Brossay
Bellay
Trémont
Vaillé-Rochereau
Cossé
les Mousseaux
les Verchers-s.-Layon
Messemé
Vaudelnay
Pont-de Trémont
Chât. d'Echeuilly
Ligné
la Lande
Argentay
la Raye
le Puy-N.-D.
la Trémouillère
Forêt de Brignon
Chambernou
St-Macaire-du-Bois
Sanziers
Cix
les Cerqueux-s.-Passavant
Passavant-s.-L.
Chât.
Nueil-s.-L.
Chavannes
Foye
Layon
Cléré-s.-Layon
Glandes
St-Martin-de-Sanzay
Passais
Mont
Soire
Bouillé-Loretz
Bagneux
Chât. du Bois de Sanzay
Sanzay
St-Pierre-à-Champ
le Gd Sault
Etg Pétreau
Etg Neuf
Vraire
Taizon
Brion-près-Thouet
la Gripière
Genneton
Vilgué
Pont
St-Nicolas
Cersay
Argenton-l'Eglise
Etambe
la Fougereuse
Ulcot
la Gouraudière
Prailles
Champigny
Mage
Bouillé-St-Paul
Pompois
Ste-Verge
Louzy
Etusson
Massais
Soulbrois
Thouet
Belleville
Chât. de l'Ebaupinay
P. de Grifférus
Villiers
Ligron
Vrines
Pierre Levée Dolm.
le Breuil-s.-Argenton
Argenton-Château
Casc.
Tour
Thouars
Boësse
la Sorinière
Mauzé-Thouarsais
Ste-Radegonde
St-Jacques-de-T.
Chât. du Pressoir
Migaudon
Parc
Challon
Cirque de Missé
Moutiers-s.-Argenton
Fontenay
St-Jean-de-T.
Clémentin
la Coudre
Sanzay
Jassay
Missé
Dolm.
Vrillé
Coulonges
Rigné
Maulais
Voultegon
Coulonges-Thouarsais
Fourchefière
Thiors
Luzay
St-Aubin-du-Plain
Manoir de la Roche Jacquelin
la Chapelle-Gaudin
Vermette
la Butte
le Chillas
la Coindrie
Noirlieu
Madoire
Ste-Gemme
le Chaffaud
Chambroutet
la Bourlière
Joyette
St-Varent
Riblaire
Luché-Thouarsais
Dimé
la Tisonnière
Geay
Bouillé-St-Varent
Argentine
Pierrefitte
Chiré
Thouaret
Glénay
le Gd Moiré
Noirterre
Quingé
Soussigny
St-Porchaire
Arbec
Gâtine
Beaumont
Biard
Repéroux
Bressuire
Etg du Bordage
Etg de la Madoire
Faye-l'Abbesse
les Brosses
Boussais
Soulièvres
St-Sauveur
Chaume
Etg de la Salle
la Maucarrière
Enjouran
Tessonnière
P. de Vernay
B. de Bressuire
Chausserais
Lhopiteau
Etg Fourreau
Terves
Chiché
Pierlay
Billy
Champeau
Louin
Sourches
St-Loup-Lamairé
Chât. de Clisson
Boismé
le Plessis-Olivier
Maisontiers
Etg de la Sablière
Ripère
Orfeuille
Chanteloup
la Gouttevive
le Deffant
B. d'Amailloux
Puiravault
la Chapelle-St-Laurent
Laubreçais
Amailloux
Verrine
la Roche
Villebouin
Raconnière
Lageon
Roch. de la Vierge
Pitié
la Vergne
Gourgé
Pugny
Etg Olivette
Jussay
la Boissière-Thouarsaise
le Pressoux
Etg des Mottes
Clessé
St-Germain-de-Longue-Chaume
Cebron
Chât. de Tennessus
Etg de la Barre
Lune
Largeasse
Fénery
Etg de Sunay
Vienna
la Lande
Hérisson
Adilly

Fontevraud
Brézé
Grand Fond
Bizay
Epieds
Montreuil-Bellay
Roiffé
Couziers
Cuzay
Thizay
Cinais
Fbg St-Jacques
Château de Chavigny
la Devinière
Seuilly
Lerné
Château du Coudray
Raslay
Pierre-Folle (Allée couverte)
Morton
Dolmen de la Font. du Son
Manoir de Chant d'Oiseau
Vézières
Bournand
Beuxes
Marçay
Antoigné
Pouançay
Berrie
St-Léger-de-Montbrillais
Les Trois-Moutiers
Dolm. de Vaon
Château de la Tour du Bois Gourmand
Manoir de Savoye
Tourtenay
Pigeonnier souterrain
Ternay
Dolm. de Bernazay
Dolm. de Vernaise
Véniers
Basses
Sammarçolles
Château de la Grande Jaille
Curçay-s.-Dive
Donjon
Loudun
Tr Carrée
Messemé
Ranton
Glénouse
Bois-Rogue
Claunay
Maulay
Parc d'Oiron
Oiron
St-Laon
Arçay
Mouterre-Silly
Chasseigne
Chalais
Tumulus
Château de la Chapelle-Bellouin
Derçé
Angliers
St-Cassien
Monts-sur-Guesnes
Taizé
Martaizé
Guesnes
Forêt de Scévolle
Aulnay
Brie
Ouzilly-Vignolles
St-Jouin-de-Marnes
Moncontour
St-Généroux
Irais
Monts-s.-Messais
St-Clair
Château de Purnon
Château de Retournay
Marnes
Messais
St Aubin
Verrue
Airvault
Frontenay-s.-Dive
St-Jean-de-Sauves
Coussay
Notre-Dame-d'Or
Tumulus
Leugny
Chouppes
Mornay
la Grimaudière
Assais-les-Jumeaux
Mazeuil
Mirebeau
Bois de Véluché
Craon-s.-D.
Amberre
Cuhon
Varennes
Massognes
Doux
Cherves
Maisonneuve
Thénezay
Champigny-le-Sec
Vouzailles
Dolm.
Le Rochereau
Château de Maurivet
Château d'Étable
Neuville-de-Poitou
Forêt

Chinon
Rivière
Anché
Sazilly
Cravant-les-Côteaux
le Vx Bourg
Grs de la Sibylle
Panzoult
Avon-les-Roches
Collégiale des Roches-Tranchelion
Crissay-s.-Manse
Neuil
St-Ép
Tavant
St-Gilles
Crouzilles
l'Ile-Bouchard
Prieuré St-Léonard
Parçay-s.-V.
Châ. de Brétignolles
Ligré
Châ. du Rivau
le Coudray
Brizay
Theneuil
Tavant
Trogues
Pouzay
B. de Boizé
Marçay
le Quellay
le Rouilly
Lémeré
Clère
Crèze
Touraine
la Roberderie
Couesmé
Assay
Champigny-s.-Veude
Étg d'Assay
la Barrière
la Rancheraie
Oiré
Liège
les Chillaudières
Chézelles
Rilly-s.-Vienne
Nouâtre
Marcilly-s.-Vienne
la Voyette
Chavagne
Estrepieds
Niollet
les Bruères
Chaveignes
la Tour-St-Gélin
Verneuil-le-Chau
Vouzeray
la Pataudière
Courcoué
Luzé
Ceaux-en-Loudun
Richelieu
Ports
Joué
la Polka
Pouant
Limeuil
Braslou
le Chêne
Bois-Aubry Anc. Abb.
B. de Villevert
Broux
Champerault
Braye-s-Faye
la Brise
Nueil-s-Faye
Mosson
Razines
B. de St Gilles
Ponçay
la Robinière
Maulay
Montigny
Marigny-Marmande
Roche-Rigault
Neuville
Chau de Mondon
Rigny
Germiny
Milly
Nancré
Dercé
Champau
Châ. de la Roche-du-Maine
Faye-la-Vineuse
Jaulnay
Marmande
Châ.
la Guerche
Mondion
Monts-sur-Guesnes
Princay
Gençay
St-Christophe
Vaux-s.-Vienne
Leigné-s.-Usseau
Vayolles
Sérigny
St-Gervais-les-Trois-Clochers
Champdigon
Berthegon
Châ. de la Motte d'Usseau
Saires
Orches
Avrigny
Châ. de Purnom
Cezay
Usseau
Valençay
la Fuie
Savigny-s-Faye
Sitière
Sossais
Antran
Brizay
les Blanchards
les Roches
Soudun
Puigareau
Manoir de la Massardière
Coussay
Doussay
Tr de Pouillé
la Plante
Lairault
le Jacquelin
Cernay
Châ.
Thuré
la Pinotière
Nantilly
Ht Clairvaux
le Chillou Rousseau
Clairvaux
Lencl
B. des Chagnerottes
Lenvigne
Seuilly
Berthault
la Besserie
Mirebeau
le Bouchet
Roche Bridier
Agressais
le Rigny
Ouzilly
la Guédonnière
Colombiers
Châ. de la Tour
Corset
Chezelles
Menh.
Thurageau
la Boutinière
la Gde Vallée
Châ. de Rouhet
Aquitaine
le Vx Poitiers
Domine
Boussais
Signy
Marigny-Brizay
Bertigny
Noiron
Blaslay
Cheneché
Beaumo
Moussais la Bataille
NEUTR.
Vendeuvre-du-Poitou
Châ. des Roches
le Chesne
les Chezeaux
la Tricherie
Montgamé
Châ. du Fou
Rochelles
le Pouzioux
Chabournay
St Léger
Parc de Loisirs
Traversay
Vouneuil-s-Vienne
Chincé
Pallu
Bondilly
Étables
Bataille
Parigny
la Grève
Neuville-de-Poitou
Dolm.
Bellefois
Couture
Loumeuil
Aillé
Jaunay
Dissay
Rés. nat. du Pinail
Vienne

25
Ste-Maure-de-Touraine
Ste Catherine-de-Fierbois
le Louroux
Manthelan
Dolus-le-Sec
Chanceaux-près-Loches
Bossée
Châtᵗ de Grillemont
la Chˡˡᵉ-Blanche-Sᵗ-Martin
Bournan
Sepmes
Châtᵗ de Bagneux
Drache
Ligueil
Ciran
Varennes
Esves-le-Moutier
Cussay
Marcé-s.-Esves
la Celle-Sᵗ-Avant
Port-de-Piles
Châtᵗ de la Roche Amenon
Balesmes
Descartes
Ferrière-Larçon
Paulmy
Neuilly-le-Brignon
Châtᵗ du Châtelier
les Ormes
Buxeuil
Vallée de la Creuse
Sᵗ-Rémy-s.-Creuse
St-Sulpice
Dangé-St-Romain
la Celle-Guénand
Abilly
le Grd-Pressigny
le Pᵗ-Pressigny
B. de Vératon
Leugny
Forêt de la Guerche
Bois des Courtis
la Guerche
Barrou
Oyré
Fᵗ de la Groie
Chaumussay
Preuilly
Boussay
Chambon
Parc de Boussay
Creuse
Chᵃᵘ de Rouvray
la Mare
Lésigny
Mairé
ÂTELLERAULT
St-Sauveur
Coussay-les-Bois
Châtᵗ de la Vervolière
la Roche-Posay
Yzeures-s.-Creuse
Neuville
Sénillé
Champ Fleury
Leigné-les-Bois
Pleumartin
Fᵗ de Pleumartin
Availles-en-Châtellerault
Monthoiron
Chenevelles
Vicq-s.-G.
Tournon-Sᵗ-Martin
Néons-s.-C
Angles-s.-l'Anglin
Targé
30
31

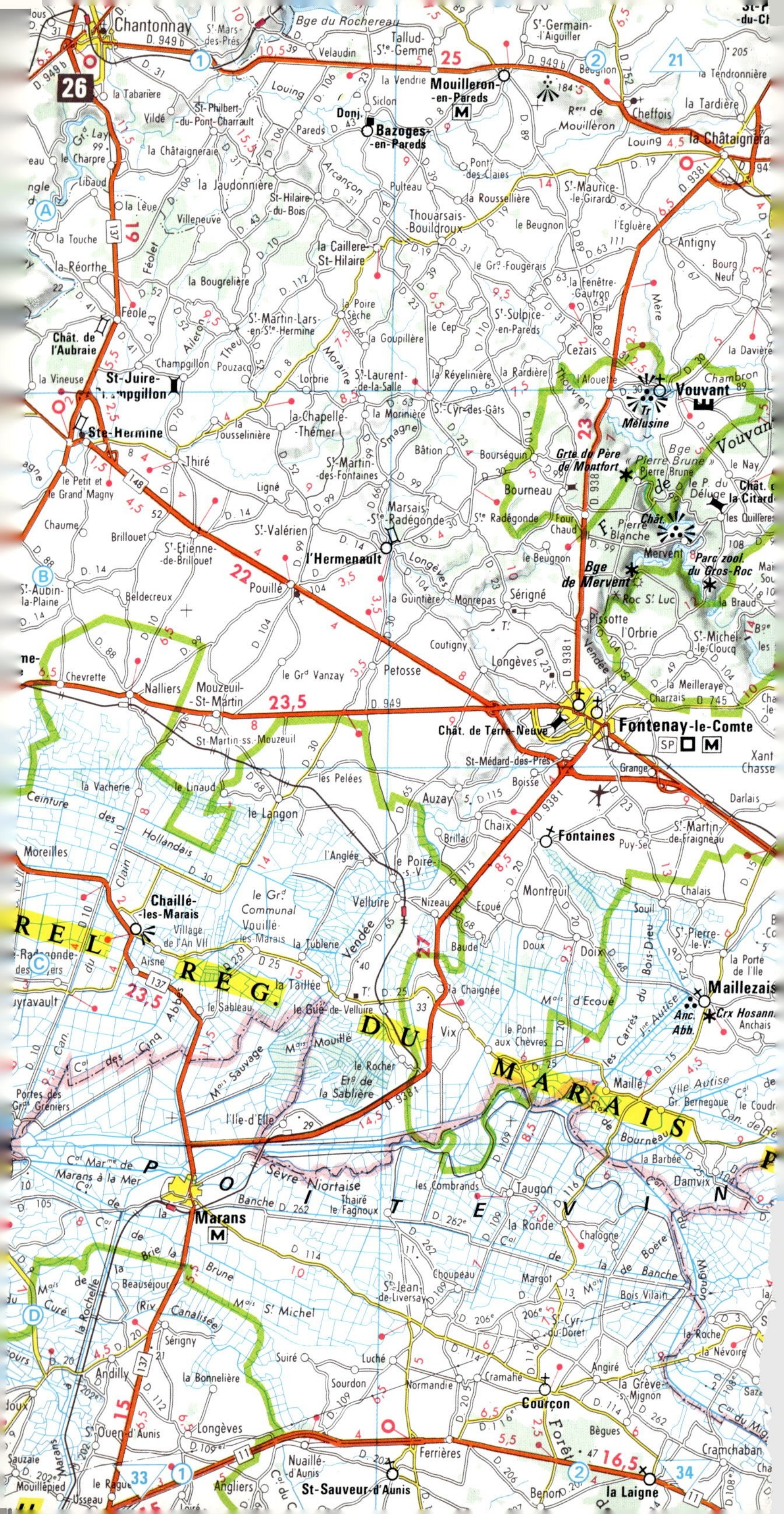

26
Chantonnay
Bge du Rochereau
St-Germain-l'Aiguiller
Tallud-Ste-Gemme
Velaudin
Mouilleron-en-Pareds
Bazoges-en-Pareds
Cheffois
la Tardière
la Châtaigneraie
la Tabarière
Vildé
St-Philbert-du-Pont-Charrault
la Châtaigneraie
le Charpre
la Jaudonnière
St-Hilaire-du-Bois
Pulteau
la Roussellière
St-Maurice-le-Girard
Thouarsais-Bouildroux
la Caillère-St-Hilaire
la Réorthe
la Bougrelière
Féole
Châr. de l'Aubraie
St-Martin-Lars-en-Ste-Hermine
la Goupillère
le Cep
St-Sulpice-en-Pareds
Cezais
Antigny
Vouvant
Mélusine
St-Juire-Champgillon
Ste-Hermine
la Chapelle-Thémer
St-Laurent-de-la-Salle
St-Cyr-des-Gâts
Bourneau
Thiré
Ligné
St-Martin-des-Fontaines
Marsais-Ste-Radégonde
St-Valérien
St-Étienne-de-Brillouet
l'Hermenault
Pouillé
Sérigné
Mervent
Bge de Mervent
Parc zool. du Gros-Roc
Pissotte
l'Orbrie
St-Michel-le-Cloucq
Nalliers
Mouzeuil-St-Martin
Petosse
Longèves
Fontenay-le-Comte
Chât. de Terre-Neuve
St-Médard-des-Prés
le Langon
Auzay
Fontaines
St-Martin-de-Fraigneau
Moreilles
Chaillé-les-Marais
Velluire
Nizeau
Montreuil
Doix
Maillezais
PARC NATUREL RÉG. DU MARAIS POITEVIN
Vix
Maillé
l'Ile-d'Elle
Marans
Sèvre Niortaise
Taugon
la Ronde
Damvix
St-Jean-de-Liversay
St-Cyr-du-Doret
Andilly
Courçon
St-Ouen-d'Aunis
Nuaillé-d'Aunis
St-Sauveur-d'Aunis
Ferrières
la Laigne
Angliers

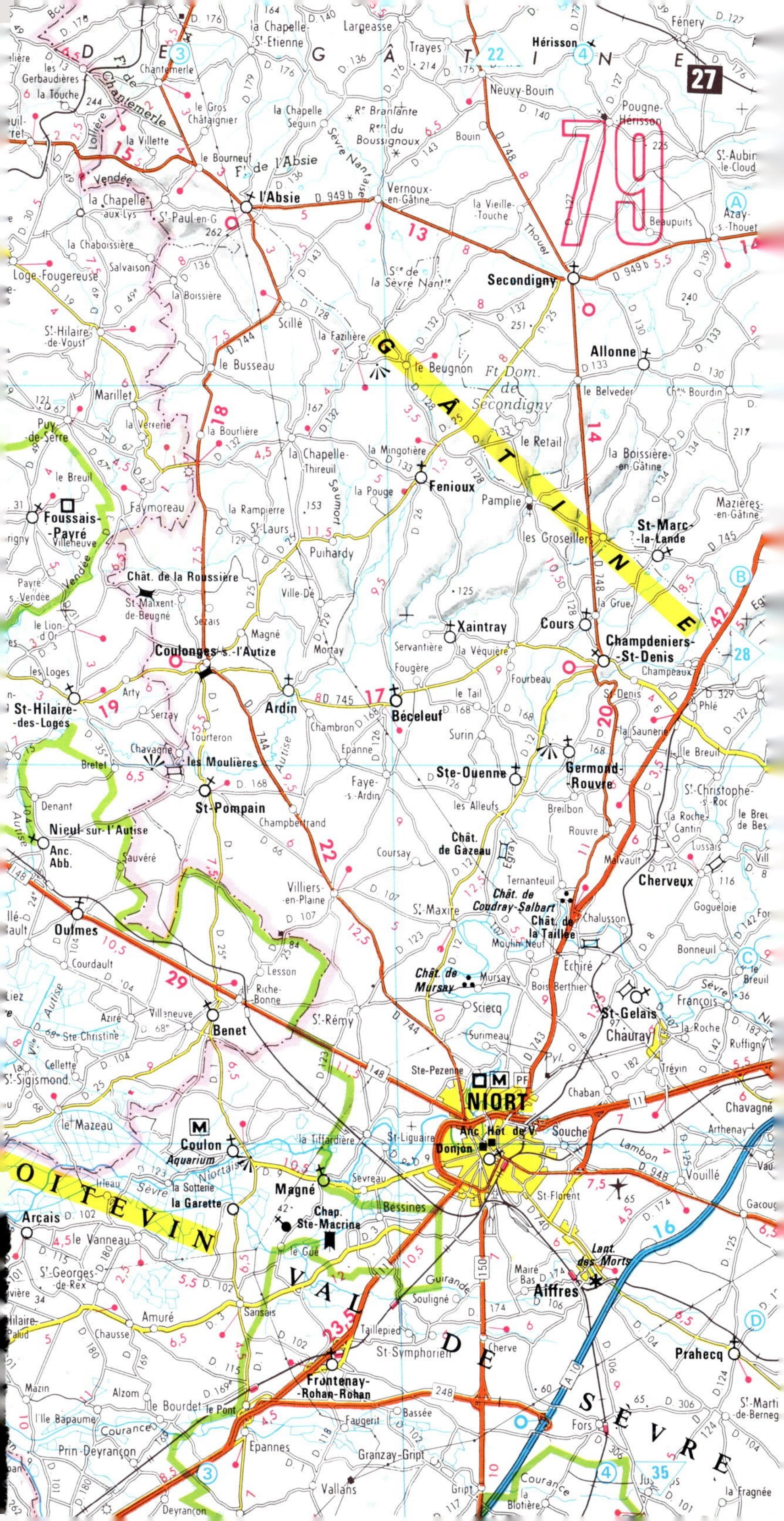

27
79
GÂTINE
NIORT
Secondigny
l'Absie
Coulonges-s.-l'Autize
Champdeniers-St-Denis
Frontenay-Rohan-Rohan
Magné
Coulon
Benet
Oulmes
St-Pompain
Ardin
Béceleuf
Xaintray
Cours
Fenioux
Allonne
St-Marc-la-Lande
Aiffres
Prahecq
Chauray
St-Gelais
Echiré
Cherveux
Germond-Rouvre
Ste-Ouenne
St-Maxire
Sciecq
Foussais-Payré
St-Hilaire-des-Loges
Nieul-sur-l'Autise
Arçais
Fors
VAL DE SÈVRE
OITEVIN

28
Étg de Sunay
Viennay
la Lande
22
Maurivet
Oroux
Forêt d'Autun
Seran
Bois Baudry
la Pionnière
la Peyratte
Châtillon-s-Thouet
Thouet
P. et Porte St-Jacques
Parthenay
Parthenay-le-Vieux
Étg de Coigné
la Ferrière-en-Parthenay
Chalandray
Gramard
13
Ft du Roux
la Vausseau
la Chapelle-Bertrand
Vandelogne
la Percerie
Trebesse
Étg de Lorgère
Saurais
B. de Magot
Magot
le Porteau
Fontagnoux
Étg de Fouilloux
la Coursaudière
Chât. de la Sayette
Pompaire
Terrier de St-Martin-du-Fouilloux
St-Martin-du-Fouilloux
Auxance
Viette
la Proutière
Beaulieu-sous-Parthenay
la Meilleraye
Étg Barou
l'Hôpiteau
B. de Fontenalon
Ft de Montbeil
Bois de la Meilleraye
Chât.
Soutiers
Chaussauvent
Vasles
Boivre
Benassay
Chevreau
la Juderie
Vausseroux
la Grusardière
l'Aubertière
le Beugnon
Vonne
Vouhé
Reffannes
30
St-Lin
Chantebuzin
Vautebis
les Forges
Nesdes
Ft de la Saisine
Chilleau
Châtde Marconnay
Verruyes
la Pagerie
l'Aujardière
la Guerinière
St-Rémy
Coutières
Clos
Herbord
St-Georges-de-Noisne
Clavé
le Quarteron
Chantecorps
Abb. des Châteliers
Étg des Châteliers
Menigoute
Ruines Gallo-romaines
Sanxay
Lombardie
Curzay
Étg du Bois Pouvreau
Chambon
Chaussée
les Chaumes
Chapelle-Bâton
Danzay
Claveaux
Vallouse
Fomperron
la Boucherie
la Barlière
la Robelière
la Matière
Thou
Jazeneuil
le Plessis
la Bernatière
St-Germier
Combré
Augé
Bois Egu
Lugné
Saivres
Exireuil
B. de Soudan
l'Aquitaine
53
Narbonneau
Coutant
St-Maixent-l'École
Soudan
Chavagné
la Villedieu du Perron
Rouillé
26
Verrière
la Brousse
Nanteuil
Faye
les Fosses
la Guitière
Boisgrollier
le Grd Souilleau
l'Épine
Azay-le-Brûlé
Jaunay
Pallu
le Breuil
Cerzeau
Mons
Boisragon
Genfray
Cadoré
Cherchenay
Soignon
Sainte-Eanne
Pamproux
St Martin
le Grd Breuil
Avon
Thorigné
St-Martin-de-St-M.
Boisne
Salles
Breloux-la-Crèche
Ste-Néomaye
Grd Geay
Rivières
la Villedieu-de-Comblé
Tumulus
Bougon
Souvigné
Paillé
la Mothe-St-Héray
Châtt. Orangerie
Javarzay
Loubigné
La Crèche
Aiript
Fonfreroux
Dolm.
Jassay
Romans
Reigné
la Villedieu des Couts
Niortaise
Exoudun
31
Tressauve
Ft Domale de l'Hermitain
Bagnault
le Breuil de Chenay
Bougouin
l'Hermitain
Argentières
Chou
Breuil
Fressines
Aigonnay
Prailles
le Vivier
Chenay
Courgé
Chât. d'eau
la Couarde
la Couture
18
Montaillon
Mougon
Lambon
Chey
Teillé
la Baronnie
Beaussais
Thorigné
Pillac
Sepvret
Grand Champ
Vitré
Triou
Escoulois
Pré Conseil
Menhirs
Lezay
Bonneuil
Celles-s-Belle
Tauché
Viré
la Mouline
la Ronze
Coudray
l'Enclave-de-la-Martinière
la Grde Foye
B. de la Foye
Ste-Blandine
Bonneuil
Ste S
le Courteil
le Luc
Chât de Chaille
Melle
Verrines-s-Celles
St-Léger-de-la-Martinière
St-Vincent-la-Châtre
St-Coutant
Dive
Croué
35
Médard
St-Martin-lès-M.
36
Lanterne des M
Montigné
St-Romans
Rabalot
Chail
Moissac

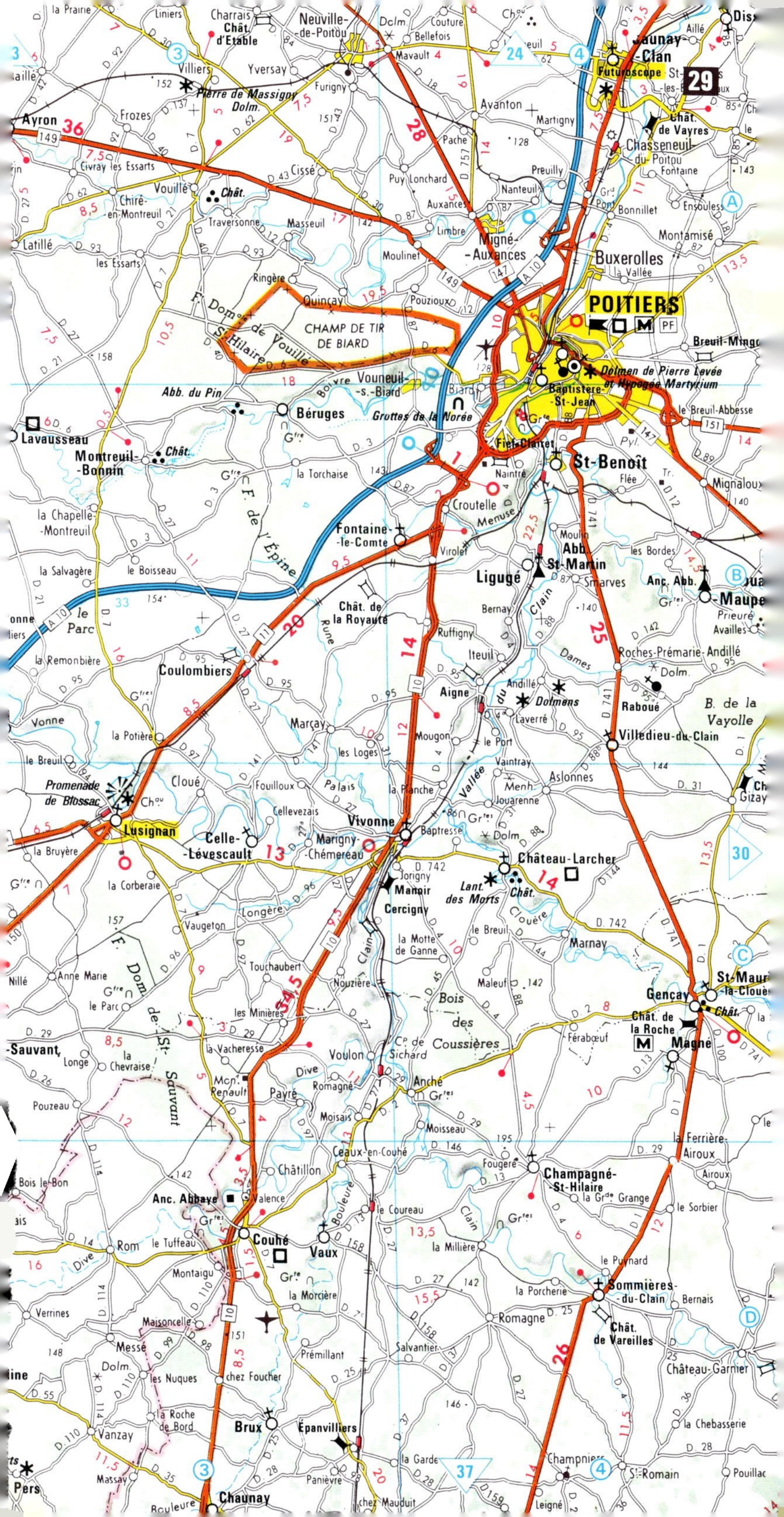

POITIERS
Jaunay-Clan
Futuroscope
29
Chât. de Vayres
Chasseneuil-du-Poitou
Neuville-de-Poitou
Chât. d'Etable
Charrais
Liniers
Villiers
Yversay
Pierre de Massigny Dolm.
Ayron
Frozes
Cissé
Vouillé
Chiré-en-Montreuil
Latillé
Avanton
Martigny
Migné-Auxances
Buxerolles
CHAMP DE TIR DE BIARD
F. Dom. de Vouillé
Quinçay
Vouneuil-s.-Biard
Béruges
Grottes de la Norée
Baptistère-St-Jean
Dolmen de Pierre Levée et Hypogée Martyrium
Breuil-Mingot
le Breuil-Abbesse
Lavausseau
Montreuil-Bonnin
Abb. du Pin
St-Benoît
Fief-Clairet
Croutelle
Fontaine-le-Comte
Ligugé
Abb. St-Martin
Smarves
Mignaloux
F. de l'Épine
Chât. de la Royauté
Coulombiers
Roches-Prémarie-Andillé
Aigne
Dolmens
Villedieu-du-Clain
B. de la Vayolle
Lusignan
Promenade de Blossac
Celle-Lévescault
Vivonne
Marigny-Chémereau
Château-Larcher
Lant. des Morts
Manoir
Cercigny
Aslonnes
Gençay
St-Maurice-la-Clouère
Chât. de la Roche
Magné
Bois des Coussières
Anché
Champagné-St-Hilaire
Couhé
Vaux
Anc. Abbaye
Sommières-du-Clain
Chât. de Vareilles
Château-Garnier
Romagne
Brux
Épanvilliers
Chaunay
Champniers
St-Romain
Pers
F. Dom. de St-Sauvant

30
24
25
Rés. nat. du Pinail
Bonnes-Matours
Archigny
Pérusse
la Plorderie
B. du Chillou
les Herm
la Limousinière
Abb. de l'Étoile
la Ligne
Cenan
F. Dom de Moulière
la Chlle-Moulière
St-Claude
Bellefonds
la Puye
Charasse
les Maillets
Chaumont
St-Radegonde
le Rateau
Liniers
Chât. de Touffou
la Voûte
Lauthiers
Bignoux
Lavoux
Bonnes
Chât. du Bois-Doussé
les Barbalières
Beauvais
Ft Domale de Mareuil
Bois Joubert
Paizay-le-Sec
Anxaumont
le Breuil
la Barre
Égl. St-Pierre
Châtt
Sèvres-Anxaumont
Jardres
Jeune Availle
Chauvigny
l'Espinasse
la Babière
St-Julien-l'Ars
Pressec
Puygiron
St-Pierre-les-Églises
Grte de Gioux
la Caronnière
Fleix
Mongauéra
Beauvoir
Savigny-Lévescault
Pouillé
la Chauvalière
Villeneuve
Sevron
les Places
Journé
Lanterne
Cougouil
la Prunerie
Poiroux
Chât. de Vaucour
86
la Quaillère
Terçé
Pouzioux
Bonneuil
Valdivienne
le Breuil
Leignes-s.-Font
Salles-en-Toulon
Fontprévoir
Jaunoux
le Gaschard
Servon
Pindra
Cuboud
Nieuil-l'Espoir
Chapelle-Morthemer
Salles
Chapelle-Viviers
Morthemer
Fleuré
B. de Vernon
la Tranchaye
la Chaume
29
la Parthenière
C. Electr. (en constr.)
Cim. Mérovingien
la Tour au Cognum
la Chaise
Chât. de Combonneau
Dive
Civaux
B. de la Ronde
Dienné
Vernon
Lhommaizé
Ft de Lussac
B. des Coudrières
Laloeuf
Chiré les Bois
Loubressac
Sillars
Ft de Verrières
Verrières
Mazerolles
Villeneuve
Grte de la Marche
Dolm.
le Pont
Lussac-les-Châteaux
St-Laurent-de-Jourdes
la Pouge
Mon.
Donjon de la Rigaudière
Chantegros
le Theuil
les Bordes
le Dognon
la Ferbouchère
Ft de Gouex
Aubière
B. des Cartes
Gouex
Villars
B. de l'Hospice
Villemblée
Bouresse
Brion
la Rallerie
Clouère
Persac
Plan
l'Epinet
Mortaigues
la Pommeraie
Sables
les Roches
St-Secondin
B. de la Bougrière
Queaux
Blourde
Moulismes
la Barre
la Potière
Préau
Chât. de la Messelière
Nérignac
Prun
la Font d'Usson
B. des Maugas
Crochet
Moussac
Usson-du-Poitou
la Bse Barbade
Crochatière
Franche d'Oire
chez Range
la Genebrière
Chât. de la Gueronnière
Chât. de Monchandy
Chabanne
Fleuransan
Bgs de Chardes
Vienne
Adriers
Pouillé
St Paixent
l'Isle-Jourdain
Roche
Jousse
le Vigeant
Bgs de la Roche
37
38
Payroux
St-Martin-l'Ars

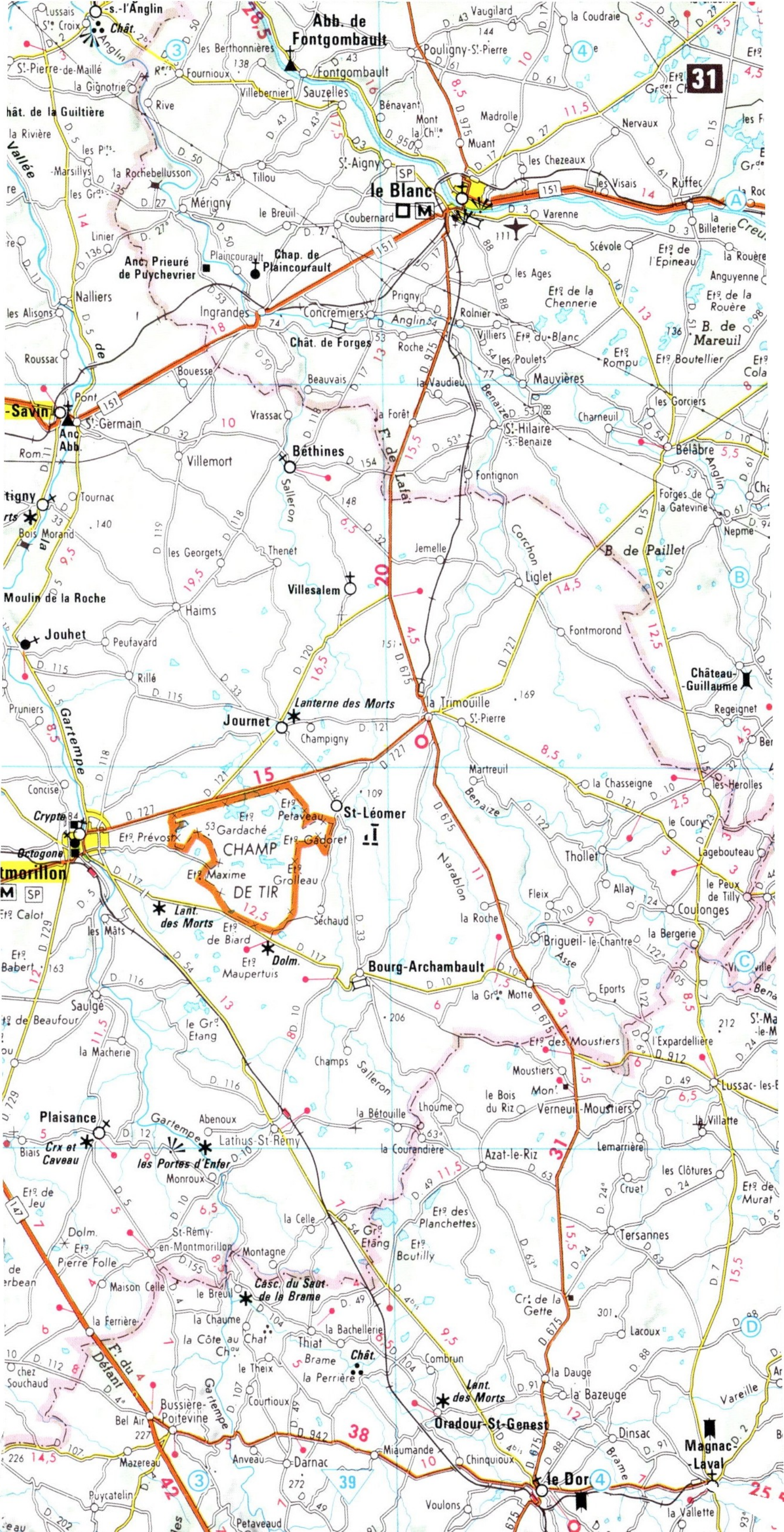

31
Lussais
-s.-l'Anglin
Ste Croix
Chât.
Anglin
St-Pierre-de-Maillé
la Gignotrie
Rive
Abb. de Fontgombault
Fontgombault
les Berthonnières
Fournioux
Villebernier
Sauzelles
Bénavant
Mont la Chlle
Muant
Vaugilard
Pouligny-St-Pierre
la Coudraie
Madrolle
Nervaux
les Chezeaux
les Visais
Ruffec
le Blanc
St-Aigny
Tillou
Mérigny
le Breuil
Coubernard
Varenne
la Billeterie
Creuse
la Roc
Scévole
Etg de l'Epineau
la Rouère
Anguyenne
Etg de la Rouère
hât. de la Guiltière
la Rivière
Vallée
les Pts-Marsillys
la Rochebellusson
Linier
Anc. Prieuré de Puychevrier
Plaincourault
Chap. de Plaincourault
les Ages
Etg de la Chennerie
Nalliers
les Alisons
Ingrandes
Concremiers
Prigny
Rolnier
Villiers
Etg du Blanc
B. de Mareuil
Anglin
Chât. de Forges
Roche
les Poulets
Etg Rompu
Etg Boutellier
Roussac
Bouesse
Beauvais
la Vaudieu
Mauvières
Benaize
les Gorciers
-Savin
Pont
St-Germain
Anc. Abb.
Vrassac
la Forêt
St-Hilaire-s.-Benaize
Charneuil
Bélâbre
Rom.
Villemort
Béthines
Ft de Lafat
Fontignon
Forges de la Gatevine
Nepme
tigny
Tournac
Bois Morand
Salleron
Jemelle
Corchon
B. de Paillet
les Georgets
Thenet
Liglet
Moulin de la Roche
Villesalem
Haims
Fontmorond
Jouhet
Peufavard
Rillé
Château-Guillaume
Pruniers
Gartempe
Lanterne des Morts
la Trimouille
Regeignet
Journet
Champigny
St-Pierre
Martreuil
la Chasseigne
les Herolles
Concise
Crypte
Octogone
Montmorillon
Etg Prévost
Gardaché
Etg Petaveau
St-Léomer
Etg Gadoret
CHAMP DE TIR
Etg Maxime
Etg Grolleau
Narablon
Benaize
le Coury
Thollet
Lagebouteau
le Peux de Tilly
Allay
Coulonges
Fleix
Etg Calot
Lant. des Morts
Sechaud
la Roche
Brigueil-le-Chantre
la Bergerie
Etg de Biard
Dolm.
Etg Maupertuis
Etg Babert
Bourg-Archambault
la Grde Motte
Eports
Asse
Saulgé
Etg de Beaufour
le Grd Etang
la Macherie
Champs
Etg des Moustiers
l'Expardellière
St-Ma-le-M
Moustiers
Lussac-les-E
le Bois du Riz
Verneuil-Moustiers
Lhoume
la Bétouille
Plaisance
Abenoux
Biais
Crx et Caveau
les Portes d'Enfer
Lathus-St-Rémy
Monroux
la Courandière
Azat-le-Riz
Lemarrière
la Villatte
les Clôtures
Cruet
Etg de Murat
Etg de Jeu
Dolm.
Etg Pierre Folle
St-Rémy-en-Montmorillon
la Celle
Grd Etang
Etg des Planchettes
Etg Boutilly
Tersannes
Montagne
Maison Celle
le Breuil
Casc. du Saut de la Brame
Crx de la Gette
la Ferrière
la Chaume
la Bachellerie
la Côte au Chat
Thiat
Lacoux
Brame
Chât.
Combrun
Ft du Défant
chez Souchaud
le Theix
la Perrière
la Dauge
la Bazeuge
Bussière-Poitevine
Gartempe
Courtioux
Lant. des Morts
Oradour-St-Genest
Vareille
Bel Air
Mazereau
Anveau
Darnac
Miaumande
Chinquioux
Dinsac
Magnac-Laval
Puycatelin
Petaveaud
Voulons
le Dorat
la Vallette

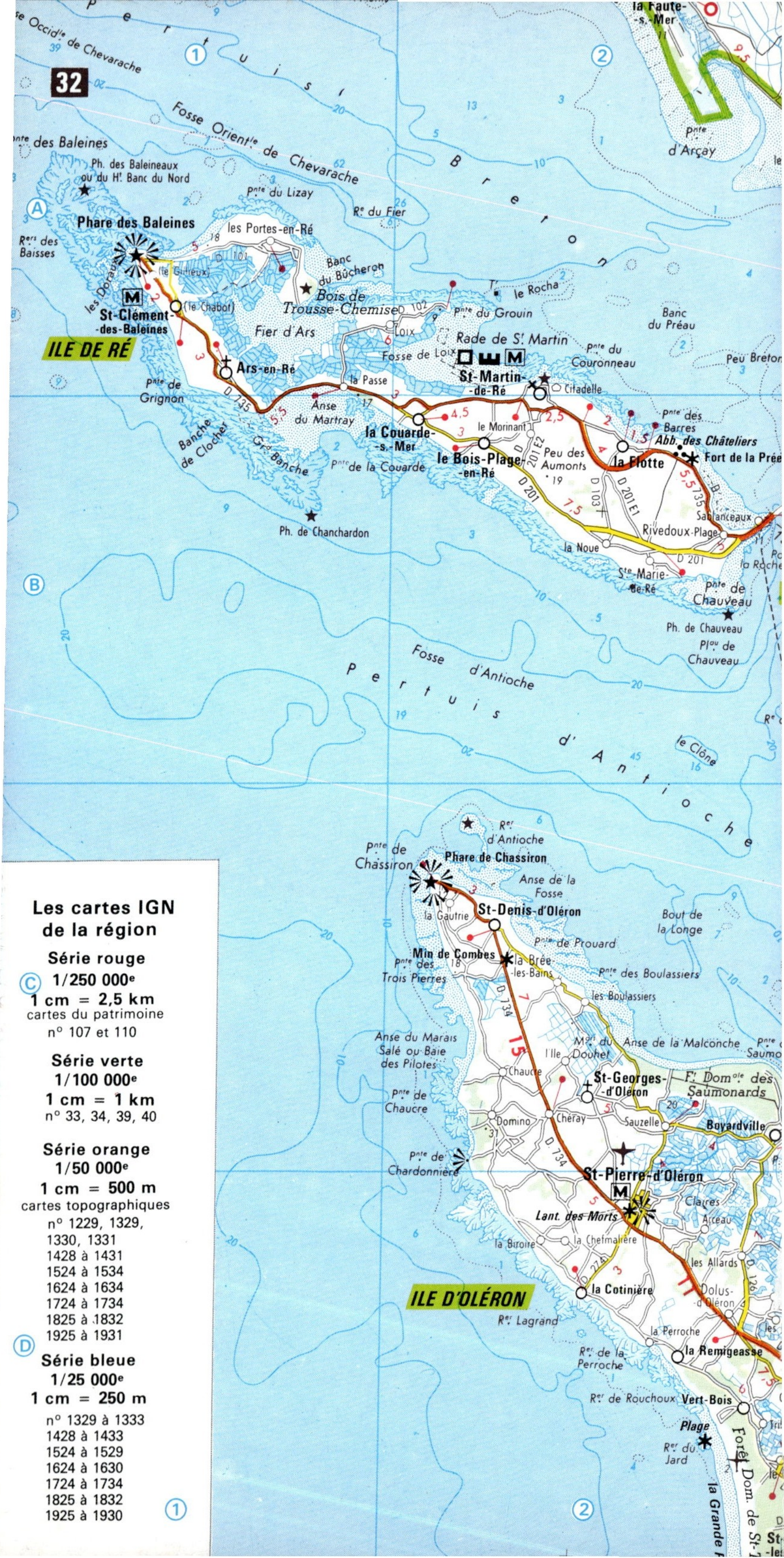

Les cartes IGN de la région

Série rouge
1/250 000e
1 cm = 2,5 km
cartes du patrimoine
n° 107 et 110

Série verte
1/100 000e
1 cm = 1 km
n° 33, 34, 39, 40

Série orange
1/50 000e
1 cm = 500 m
cartes topographiques
n° 1229, 1329, 1330, 1331
1428 à 1431
1524 à 1534
1624 à 1634
1724 à 1734
1825 à 1832
1925 à 1931

Série bleue
1/25 000e
1 cm = 250 m
n° 1329 à 1333
1428 à 1433
1524 à 1529
1624 à 1630
1724 à 1734
1825 à 1832
1925 à 1930

33
Anse de l'Aiguillon
Pnte de l'Aiguillon
Marans
Charron
Esnandes
Marsilly
Nieul-s.-Mer
Lagord
Puilboreau
Dompierre-s.-Mer
Périgny
Aytré
ROCHELLE
Chât. de Buzay
La Jarne
Angoulins
Châtelaillon-Plage
Aigrefeuille-d'A.
St-Sauveur-d'Aunis
Anais
Forges
Le Thou
Ile d'Aix
Fouras
Ile Madame
Port-des-Barques
Charente
ROCHEFORT
Soubise
Tonnay
Moëze
Echillais
Brouage
le Château-d'Oléron
Bourcefranc-le-Chapus
Hiers-Brouage
Rade des Basques
Baie d'Yves
Rade de l'Ile d'Aix
Pertuis d'Antioche

34
MARAIS POITEVIN
Coulon
Aquarium
Arçais
le Vanneau
la Garette
la Sotterie
Damvix
la Barbée
le Mazeau
Taugon
la Ronde
les Combrands
le Fagnoux
Chalogne
St-Jean-de-Liversay
Choupeau
Margot
Bois Vilain
St-Cyr-du-Doret
St-Georges-de-Rex
la Rivière
St-Hilaire-la-Palud
Amuré
Sansais
Chausse
la Roche
la Névoire
Luché
Sourdon
Normandie
Cramahé
Courçon
Angiré
la Grève-s-Mignon
Sazais
Mazin
Alzom
le Bourdet
le Pont
l'Ile Bapaume
Courance
Prin-Deyrançon
Epannes
Ferrières
Bègues
Forêt de Benon
la Laigne
Cramchaban
Chaban
St-Sauveur-d'Aunis
Benon
Ste-Gemme
Port-Bertrand
le Gué-d'Alleré
Rioux
Anais
la Roulière
Deyrançon
Pt-Breuil-Deyrançon
la Roché
Mauzé-s-le-Mignon
Olbreuse
Usseau
les Rivières d'Anais
Chau de Mille Ecus
B. de Benon
la Grange
St-Pierre-d'Amilly
Simoussay
le Gd Breuil
le Plénisseau
Virson
Bouhet
la Revêtizon
Blaméré
les Haies
Curé
Poléon
le Coudret
la Gaubertière
Thorigny
Vouhé
St-Georges-du-Bois
Priaires
Chambon
St-Saturnin-du-Bois
Boisse
Marsais
Puyravault
Chaillé
Villeneuve
Marlonges
Savarit
Surgères
Chabosse
les Quatre Maisons
la Coudre
Forges
la Bardonnière
le Puybardon
l'Hopitaux
Boutterie
Beaumont
la Ville aux Moines
le Cher
Péré
Maizeron
Boisseuil
la Chaussée
St-Félix
le Thou
St-Pierre
St-Mard
Charentenay
la Tannière
St-Germain-de-Marencennes
Breuilles
Landrais
Petit Bois
Couplais
l'Abbaye
Breuil-la-Réorte
Bernay-St-Martin
Migré
Ardillières
Brette
Disse
le Gd Breuil
le Gué Charrau
la Pierre Foucrée
la Pierre Levée
Bois des Mottes
Dolm.
Javernay
St-Martin-de-la-Coudre
Vandré
Chervettes
la Grignolée
Parançay
la Flamenchère
les Bugaudières
Varzay
Courant
Muron
Puyrolland
Ligueuil
St-Laurent-de-la-Barrière
les Viviers
Genouillé
les Cantinauds
Daurade
l'Ile d'Albe
Magné
Lussaud
Porcheresse
Nolon
Annezay
Nachamps
Luez
Azay
la Benâte
St-Crépin
Goux
Puymoreau
Genouillé
St-Loup
Landes
Villeneuve
Canal de St-Louis
les Forges
Boisrond
Fougerolle
la Soie
Pallut
Landière
Chantemerle-s-la-Soie
Moragne
Cornebouc
St-Julienne
la Touche
Champservé
Puy-du-Lac
Tonnay-Boutonne
la Vergne
Champagné
la Noue
Lussant
St-Coutant-le-Grd
le Port l'Aubier
Torxé
Ternant
les Villons
la Jarrie
l'Epinière
l'Angle
les Benets
Voissay
Tonnay-Charente
Pont susp.
Logis du Péré
la Motte
St-Clément
Cheniers
les Nouillers
ROCHEFORT
les Granges
la Poste
St-Hippolyte
Cabariot
Champdolent
Cresson
Archingeay
les Ouillières
Bignay
St-Jean-d'Angély
le Gua
Béraud
Candé
Port la Pierre
Boutonne
l'Aubrée
Mazeray
Rochefort
la Vallée
Bords
Charron
Taillant
Fenioux
Lanterne des Morts
Trizay
Anc. Abb.
la Chancrière
l'Houmée
Terrefort
Agonnay
le Pontreau
St-Savinien
Grandjean
Chez Moron
Chez Guérin
la Roche
Romegoux
Geay
le Mung
Tour de Biracq
Bramerit
la Frédière
Chez Millon
l'Essert
le Chauroy
Beurlay
Gaillard
la Motte
Cléré
Coulonge-s-Ch.
St-Radegonde
la Renaudière
Frichebois
la Queue-de-Marais
Crazannes
Chât. de Crazannes
Annepont
17
32
28
31
41
42

35
Donjon
Anc. Hôt. de V.
Souché
St-Liguaire
Sevreau
Bessines
St-Florent
Lambon
Vouillé
Arthenay
Bougouin
Fressines
Vaumoreau
Aigonnay
Prailles
Argentières
Chât. d'eau
Montaillon
la Couture
Gacougnolle
Mougon
Thorigné
Escoulois
Vitré
Lant. des Morts
Aiffres
Mairé Bas
Guirande
Soulignè
Tallepied
St-Symphorien
Cherve
Triou
Prahecq
Tauché
Viré
Celles-s.-Belle
Ste-Blandine
Bonneuil
la Mouline
St-Martin-de-Bernegoue
le Courteil
le Luc
Chât. de Chai
Verrines-s.-Celles
Bassée
Faugerit
Granzay-Gript
Gript
Fors
Juscorps
la Fragnée
Availle
St-Médard
Croué
Montigné
St-Romans-lès-Melle
Mazières-s.-Béronne
Courance
la Blotière
Limouillas
la Maison Neuve
Marigny
St-Romans-des-Champs
Brûlain
la Revétizon
le Cormenier
Péré
la Grde Brousse
Perigné
Etrochon
Beauvoir-s.-Niort
Gd Mauduit
Vaubalier
la Vollée
Pouzou
Vilaine
Rimbault
Fenestreau
Prissé-la Charrière
les Fosses
la Cure des Fosses
Secondigné-s.-Belle
Vernoux-s.-B.
Coulonges
Forêt Domaniale
de Chizé
Virollet
Villiers-en-Bois
Zoorama
la Fricaudière
la Garde
Séligné
Brioux-s.-Boutonne
Boutonne
le Pontioux
Maillé
Brieuil-s.-Chizé
Villefollet
Juillé
Belleville
St-Etienne-la-Cigogne
Cormière
Chizé
Carville
Boisserolles
les Connillières
Villeneuve-la-Comtesse
l'Ile
Villiers-s.-Chizé
Villenouvelle
le Vert
Availles-s.-Chizé
Ensigné
Chât. de Villeneuve-la-Comtesse
St-Séverin-s.-Boutonne
la Croix-Comtesse
Tout-y-Faut
Ville des Eaux
la Sauzaie
la Touche
B. d'Availles
Arsanges
B. d'Ensigné
la Chauvière
Vergné
Coivert
le Poimier
Dampierre-s.-B.
B. de la Villedieu
la Villedieu
Echarbot
le Cup ou Beau Village
Loulay
St-Martial
la Grève
Blanzay-s.-Boutonne
le Breuil
Malatrait
St-Léger
F.t Dom.ale d'Aulnay
Vinax
la Vaillette
St-Georges-de-Longuepierre
la Vaudion
St-Pierre-de-l'Ile
Pinsenelle
les Roches
Salles-lès-Aulnay
St-Mandé-s.-Brédoire
Gâtebourse
la Foye
Bois d'Essouvert
la Jarrie-Audouin
Coudiou
la Cressonnière
Crx Hosannière
Aulnay
Chantemerlière
Contré
Saleignes
la Chapelle-Bâton
Nuaillé-s.-B.
Grd Virollet
Brie
St-Coutant
Villemorin
chez Naudin
Puy Chevrier
la Folatière
St-Pardoult
Pouzou
Paillé
le Chiron
Paradis
les Eduts
Romazières
Antezant-la-Chapelle
St-Denis-du-Pin
la Fayole
Vervant
le Breuil
Ripmont
les Eglises-d'Argenteuil
le Breuillat
l'Epinoux
Néré
Mortaton
Poursay-Garnaud
Orioux
la Féole
Féole
Fontbrossard
Bois Merlet
Courcelles
Grd Fragne
Puy de Brette
St-Pierre-de-Juilliers
Cherbonnières
Loiré-s.-Nie
Nie
Seigné
St-Maixent
Anc. Abb.
Tr. de l'Horloge
Lycée
St-Julien-de-l'Escap
Garnaud
Courjon
St-Martin-de-J.
Gibourne
le Chail
le Breuil Malmaud
le Gicq
Chez Guillot
St-Jean-d'Angély
Varaize
Courpeteau
les Soulards
Villemarange
le Rofy
Cressé
Antenne
Fontenet
la Touzetterie
Chât. de Baufief
la Richardière
Esset
les Touches-de-Périgny
le Temple
la Cour
Ce de Fontenet
le Puits d'Asnières
la Giraud
Asnières-la-Giraud
Ste-Même
les Hilaireis
le Treuil
le Breuillac
la Brousse
Blanzac-lès-Matha
Bagnizeau
Gourvillette
Chagnon
Aumagne
Marestay
Nantillé
le Pt Bordeaux
la Grange-à-Robin
Fréneau
Haimps
Massac
Fondouce
Pile romaine
Matha
Laléard
Laleu
le Grignolet
la Roche
Chez Audebert
la Frouse
Aujac
St-Hilaire
DE SÈVRE ET VENDÉE

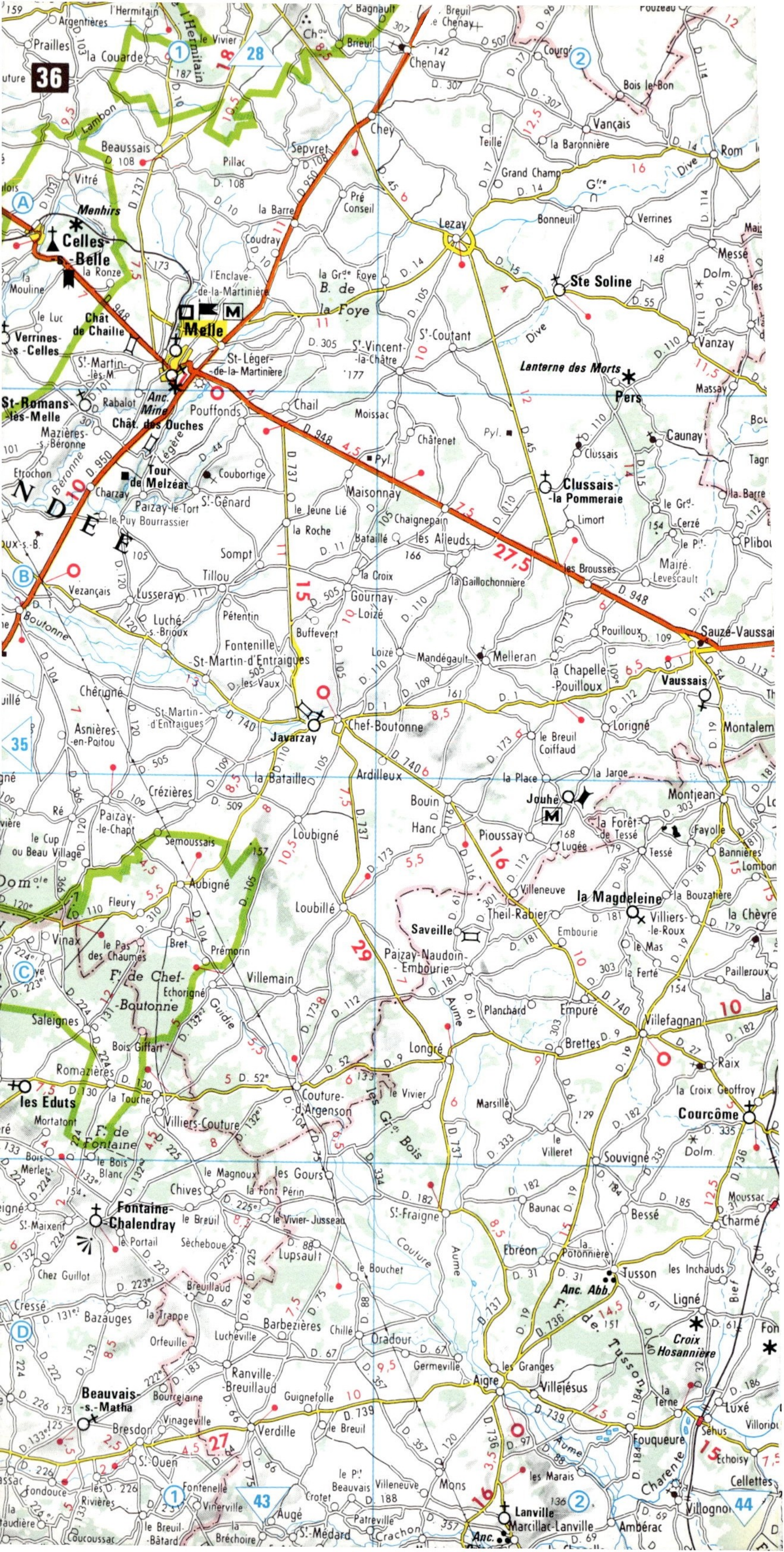

36
28
35
43
44
Melle
Celles-s.-Belle
Menhirs
Verrines-s.-Celles
Chât. de Chaille
St-Martin-lès-M.
St-Romans-lès-Melle
Rabalot
Anc. Mine
Chât. des Ouches
Mazières-s.-Béronne
Tour de Melzéar
Coubortige
St-Génard
Paizay-le-Tort
le Puy Bourrassier
St-Léger-de-la-Martinière
l'Enclave-de-la-Martinière
Pouffonds
Chail
Moissac
Châtenet
Maisonnay
Chaignepain
les Alleuds
la Croix
Gournay-Loizé
la Gaillochonnière
Melleran
Mandégault
Loizé
Chef-Boutonne
Javarzay
Ardilleux
Bouin
Hanc
Pioussay
Jouhé
la Place
la Jarge
le Breuil Coiffaud
Lorigné
Vaussais
Sauzé-Vaussais
Montalembert
Montjean
la Forêt-de-Tessé
Tessé
Lugée
Fayolle
Bannières
Lombon
la Magdeleine
Villiers-le-Roux
la Bouzatière
la Chèvrerie
le Mas
la Ferté
Paillerou
Villefagnan
Raix
la Croix Geoffroy
Courcôme
Dolm.
Souvigné
Bessé
Baunac
Charmé
Moussac
Tusson
Anc. Abb.
les Inchauds
Ligné
Croix Hosannière
F. de Tusson
Luxé
Villorioux
Sehus
Fouqueure
Echoisy
Cellettes
Villognon
Ambérac
Charente
Lanville
Marcillac-Lanville
Anc.
les Marais
Mons
Aigre
Villejésus
les Granges
la Terne
Germeville
Oradour
Chillé
Barbezières
Lupsault
le Bouchet
St-Fraigne
Ebréon
la Potonnière
Longré
le Vivier
les Gds Bois
Couture-d'Argenson
Marsillé
le Villeret
Brettes
Empuré
Planchard
Paizay-Naudoin-Embourie
Saveille
Theil-Rabier
Villeneuve
Embourie
Loubillé
Loubigné
la Bataille
Crézières
Paizay-le-Chapt
Semoussais
Aubigné
Fleury
Vinax
le Pas des Chaumes
Bret
Prémorin
Villemain
Echorigné
Ft de Chef-Boutonne
Saleignes
Bois Giffart
Romazières
la Touche
les Eduts
Mortatont
Villiers-Couture
Ft de Fontaine
le Bois Blanc
Bois Merlet
le Magnoux
les Gours
Chives
la Font Périn
le Vivier-Jusseau
le Breuil
Fontaine-Chalendray
St-Maixent
le Portail
Sècheboue
Chez Guillot
Breuillaud
Cressé
Bazauges
la Trappe
Orfeuille
Lucheville
Ranville-Breuillaud
Guignefolle
Verdille
le Breuil
Bresdon
Vinageville
Bourcelaine
Beauvais-s.-Matha
St-Ouen
Fondouce
les Rivières
Coucoussac
le Breuil-Bâtard
Fontenelle
Vinerville
Auge
la Bréchoire
St-Médard
Crotet
le Pt Beauvais
Villeneuve
Patreville
Crachon
Lusseray
Luché-s.-Brioux
Pétentin
Fontenille-St-Martin-d'Entraigues
les Vaux
St-Martin-d'Entraigues
Buffevent
Chérigné
Asnières-en-Poitou
Ré
le Cup ou Beau Village
Vezançais
Boutonne
Tillou
Sompt
la Roche
le Jeune Lié
Bataillé
Etrochon
Charzay
Béronne
Légère
Vitré
Beaussais
Pillac
Sepvret
Pré Conseil
la Barre
Coudray
la Gde Foye
B. de la Foye
St-Vincent-la-Châtre
St-Coutant
Lezay
Chey
Chenay
Breuil
Brieul
Bagnault
l'Hermitain
Argentières
Prailles
la Couarde
Lambon
le Vivier
Courgé
Bois le Bon
Vançais
Teillé
la Baronnière
Grand Champ
Bonneuil
Verrines
Rom
Dive
Messé
Dolm.
Ste Soline
Vanzay
Massay
Lanterne des Morts
Pers
Caunay
Clussais
Clussais-la Pommeraie
Pyl.
Limort
les Brousses
Mairé-Levescault
Cerzé
le Gd-
le Pt-
Plibou
la Barre
Tagn
Pouilloux
la Chapelle-Pouilloux
Fouzeau
N D É E
D. 948
D. 737
D. 950
D. 740
D. 1
D. 9
D. 739
27,5

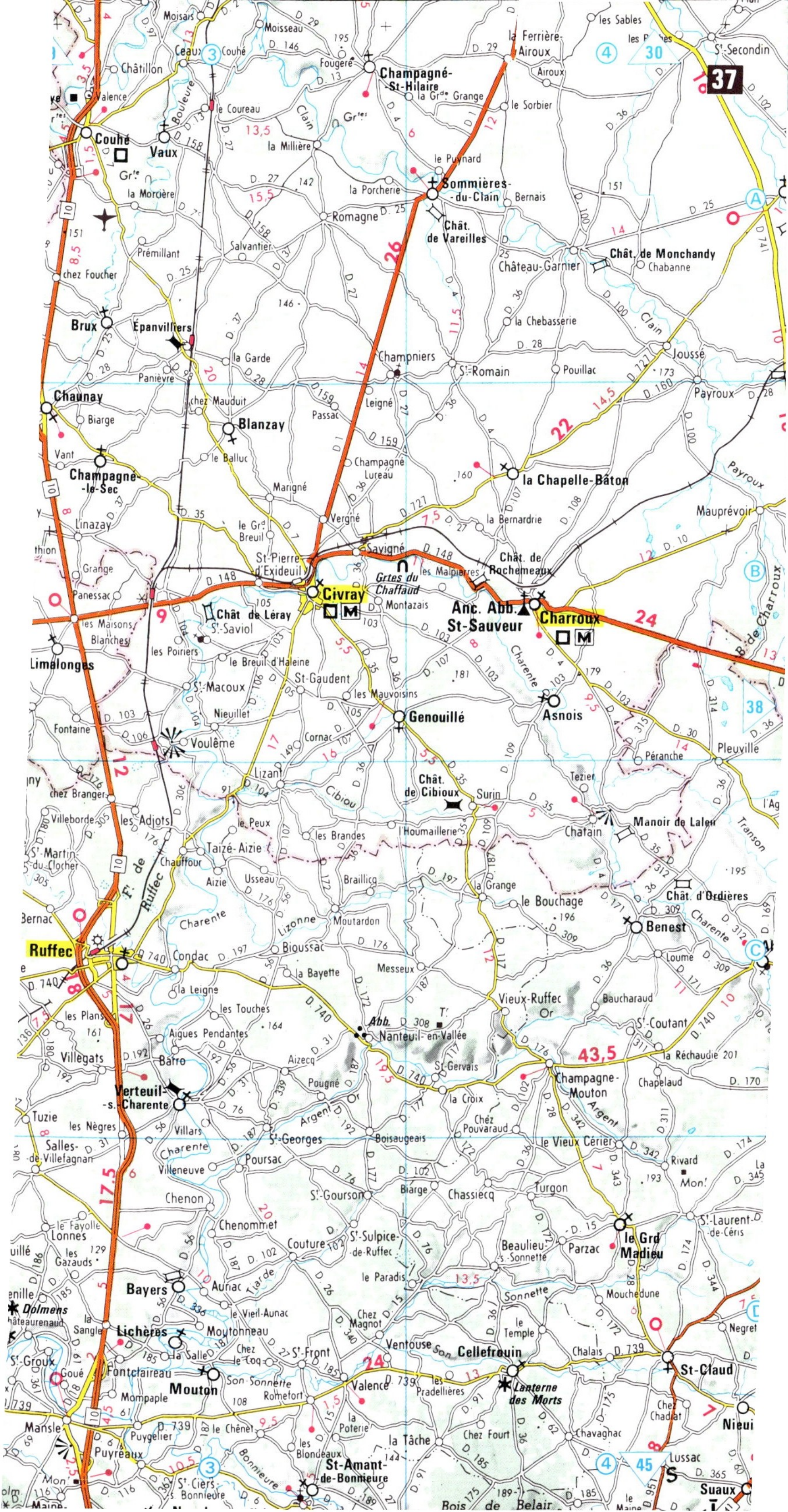
37
Moisais
Moisseau
la Ferrière-Airoux
les Sables
St-Secondin
Châtillon
Ceaux
Couhé
Fougeré
Champagné-St-Hilaire
la Grde Grange
Airoux
le Sorbier
Valence
Couhé
Vaux
le Coureau
Clain
la Millière
le Puynard
la Morcière
la Porcherie
Sommières-du-Clain
Bernais
Romagne
Chât. de Vareilles
Prémillant
Salvantier
Château-Garnier
Chât. de Monchandy
Chabanne
chez Foucher
la Chebasserie
Brux
Épanvilliers
Champniers
la Garde
St-Romain
Pouillac
Jousse
Panièvre
Payroux
Chaunay
chez Mauduit
Blanzay
Leigné
Biarge
Passac
Vant
Champagné-le-Sec
le Balluc
Champagné Lureau
la Chapelle-Bâton
Marigné
Mauprévoir
Linazay
le Grd Breuil
Vergné
la Bernardrie
Savigné
Chât. de Rochemeaux
St-Pierre-d'Exideuil
Grtes du Chaffaud
les Malpierres
Civray
Montazais
Anc. Abb. St-Sauveur
Charroux
Panessac
Chât. de Léray
les Maisons Blanches
St-Saviol
Limalonges
les Poiriers
le Breuil d'Haleine
St-Gaudent
Charente
Asnois
St-Macoux
les Mauvoisins
Nieuillet
Genouillé
Fontaine
Voulême
Cornac
Péranche
Pleuville
Lizant
Chât. de Cibioux
Surin
Tezier
chez Branger
Cibiou
Villeborde
les Adjots
le Peux
les Brandes
Houmaillerie
Chatain
Manoir de Laleu
St-Martin-du-Clocher
Taizé-Aizie
Chauffour
Aizie
Usseau
Braillicq
la Grange
Chât. d'Ordières
F. de Ruffec
le Bouchage
Bernac
Charente
Lizonne
Moutardon
Benest
Ruffec
Condac
Bioussac
Loume
la Bayette
Messeux
la Leigne
Vieux-Ruffec
Baucharaud
les Touches
les Plans
Abb.
Nanteuil-en-Vallée
St-Coutant
Aigues Pendantes
la Réchaudie
Villegats
Barro
Aizecq
St-Gervais
Champagne-Mouton
Chapelaud
Verteuil-s.-Charente
Pougné
la Croix
Argent
Tuzie
les Nègres
Villars
St-Georges
Boisaugeais
Chez Pouvaraud
le Vieux Cérier
Salles-de-Villefagnan
Charente
Poursac
Rivard
Villeneuve
Mon!
St-Gourson
Biarge
Chassiecq
Turgon
Chenon
Chenommet
St-Sulpice-de-Ruffec
le Grd Madieu
St-Laurent-de-Céris
le Fayolle
Lonnes
les Gazauds
Couture
Beaulieu-s.-Sonnette
Parzac
le Paradis
Bayers
Aunac
Tiarde
Sonnette
Mouchedune
Dolmens
Châteaurenaud
la Sangle
Lichères
le Vieil-Aunac
Chez Magnot
le Temple
Negret
Moutonneau
St-Groux
la Salle
Chez le Coq
St-Front
Ventouse
Son
Cellefrouin
Chalais
St-Claud
Goué
Fontclaireau
Mouton
Son Sonnette
Valence
les Pradellières
Lanterne des Morts
Mompaple
Romefort
Chez Chadiat
Nieuil
Mansle
Puygelier
le Chênet
la Poterie
la Tâche
Chez Fourt
Chavagnac
Puyréaux
les Blondeaux
Lussac
St-Ciers-s. Bonnieure
Bonnieure
St-Amant-de-Bonnieure
Suaux
Bois de Belair
Maine

38
29
30
37
44
45
les Sables
les Roches
St-Secondin
B. de la Bougrière
la Pommeraie
Queaux
Airoux
le Sorbier
Grange
la Font d'Usson
Préau
Chât. de la Messelière
Usson-du-Poitou
Bernais
la Bse Barbade
Moussac
Crochet
Crochatière
Vienne
Chât. de la Guerennière
la Genebrière
Châtl. de Monchandy
Chabanne
Château-Garnier
Fleuransan
B.des Magnas
Bge de Chardes
la Chebasserie
Clain
Clouère
l'Isle-Jourdain
St Paixent
Bge de la Roche
Jousseé
St-Romain
Pouillac
Payroux
le Vigeant
St-Martin-l'Ars
la Réau
Anc. Abb.
la Brunetière
Port de Salles
Millac
la Chapelle-Bâton
la Mondie
Bge de Jousseau
la Bernardrie
Mauprévoir
Grd Etang
Lubert
les Forges
Chât. de Rochemeaux
B. de Charroux
Anc. Abb. St-Sauveur
Charroux
Etg de Combourg
la Renauderie
Menh.
Availles-Limouzine
Margner
Chât. de S
Abzac
Chât. de la Fayolle
Asnois
Charente
Pressac
Péranche
Pleuville
Tezier
Surin
l'Age Marenche
Chatain
Manoir de Laleu
Epenède
Transon
Lessac
la Barde
St-Germain-de
Châr.
Hiesse
la Grange
le Bouchage
Châr. d'Ordières
Etg des Seiches
Benest
Alloue
Lasfont
Loume
Confolens
Chât. de Villevert
Pont
Vieux-Ruffec
Baucharaud
St-Coutant
la Réchaudie
Ansac-Vienne
Goire
Champagne-Mouton
Chapelaud
Ambernac
Argent
la Croix
Chez Pouvaraud
le Vieux Cérier
Rivard
Lascoux
St-Maurice-des-Lions
Chassiecq
Turgon
Mon.
Manot
Rue
Beaulieu-s-Sonnette
Parzac
le Grd Madieu
St-Laurent-de-Céris
les Trois Chênes
Chantrezac
B. du Chambon
Chirac
Sonnette
Mouchedune
Loubert
Assis
le Temple
Cellefrouin
Chalais
Negret
Madieu
Coldebouye
St-Claud
Touillac
les Quatre Vents
Vouve
Exideuil
Lanterne des Morts
Chez Chadiat
Son
les Mias
Chât. de la Chétardie
Crs Rouge
Nieuil
Roumazières-Loubert
Chât. de Peyras
la Péruse
St. Léonard
Chavaghac
Chez Fourt
Chau de Pressac
Grenord
Lussac
Fontafie
Genouillac
Suaux
Suris
de Belair
le Maine

39
Plaisance
Crx et Caveau
les Portes d'Enfer
Abenoux
Lathus-St-Rémy
Monroux
Moulismes
la Barre
Etg de Jeu
Azat-le-Riz
la Courandière
la Celle
Etg des Planchettes
Gd Etang
Etg Boutilly
Dolm.
Etg Pierre Folle
St-Rémy-en-Montmorillon
Montagne
Prun
Etg de Monterbean
Maison Celle
le Breuil
Casc. du Saut de la Brame
Crx de la Gette
la Ferrière
la Chaume
la Côte au Chat
Chou
Thiat
la Bachellerie
chez Range
Combrun
Brame
Châ.
Adriers
chez Souchaud
le Theix
la Perrière
la Dauge
la Bazeu
Lant. des Morts
Courtioux
Bussière-Poitevine
Oradour-St-Genest
F.t du Défant
Gartempe
Bel Air
Roche
Mazereau
Anveau
Darnac
Miaumande
Chinquioux
le Dorat
Puycatelin
Voulons
Yseau
Petaveaud
F.ts des Coutumes
Mouterre-s.-Blourde
chez Vignan
Pont St Martin
St Sornin-la-Marche
Touraud
la Peyrière
Mas du Bost
Sebioux
St-Barbant
Luchapt
Lant. des Morts
St-Martial-s.-Isop
Isop
St-Bonnet-de-Bellac
Rebeyrolles
Mounimes
Asnières-s.-Blour
Ballanges
St-Ouen-s.-Gartempe
la Croix-s.-Gartempe
Lucas
Bel Air
Blourde
Peyrat-de-Bellac
Blanzac
Seissat
Darvizat
B. de Ste Anne
Bellac
le Maubert
Oradour-Fanais
Gajoubert
les Loges
St Sauveur
Bazine
Mézières-s.-Issoire
Bessereix
F.t des Bois du Roi
Lagudet
Thoverat
Vincou
les Champs
St-Junien-les Combes
Champeaux
Chemins
Chât. du Fraisse
Berne
Rochelidou Chou
Nouic
Issoire
Glayeulle
Brillac
Mortemart
Blond
Breuilaufa
Bussière-Boffy
Montrol-Sénard
Rers de Puychaud
MTS DE BLOND
Vaulry
Villessot
Montmézéry
Villerajouze
le Marousse
Puy Bourau
Marchadaine
Lesterps
Beaucartier
Mont Rocher
Peyrelade
St-Christophe
Menh.
Etg de Cieux
Cieux
le Boucheron
Chêne Pignier
Montrollet
Ville Forceix
le Bois Sournet
Tarracher
Lacour
Etang
Charat
F.t de Villeneuve
Brigueuil
Javerdat
la Fauvette
Saulgond
Laplaud
Pyl.
les Bordes
Mas de Glane
la Fabrique
Oradour-s.-Glane
Ville détruite
Bussiereix
Masgiral
Goire
Vergogne
Dieulidou
Gorce
Bretagne
F.t de Veyrac
l'Age
le Mas
le Repaire
la Grange de Beuil
Chât. de Rochebrune
les Brosses
Joui
Tuilerie
Site Corot
les Séguines
Puy de Malet
Etagnac
Chabanas
la Barre
Glanet
St-Junien
St-Brice-s.-Vienne
St-Victurnien
Lanterne des Morts
Mons
N.-D. du Pont
Vienne
la Chapelle Blanche
Saillat-s.-Vienne
Chaillac-s.-Vienne
St-Martin-de-Jussac
Ste-Marie-de-Vaux
Beaulieu
St-Yrieix-s. Aixe
Vallette
Villegouret
Chassenon
Machat
Auvignac
la Berthe
Dognon

32
33
A
B
C
D
1
2
Vert-Bois
Plage
Rer du Jard
Rer de Rouchoux
Forêt Dom. de St-Trojan
la Grande Plage
Trillou
le Grand-Village-Plage
d'Oléron
Font
Parcs à Huîtres
Coureau d'Oléron
Pnte des Chardons
Brouage
Pnte du Chapus
Fort du Chapus
le Chapus
St-Trojan-les-Bains
Bourcefranc-le-Chapus
Banc de Trompe-Sot
Parcs à Huîtres
Nodes
Chât. de la Gataudière
le Breuil
Pnte de Manson
Prévent
Lannelongue
Pnte de Gatseau
Pnte de Maumusson
Banc Baral
Pnte aux Herbes
Ronce-les-Bains
Marennes
le Lindron
Mauzac
Péage
la Cayenne
Banc des Mattes ou Pnte d'Arvert
Pnte Espagnole
Ft Domale de la Tremblade
la Tremblade
la Grève
Seudre
Côte Sauvage
Tr du Gardour
Forêt
PRESQU'ILE D'ARVERT
Dom.
de la Coubre
Coux
Dirée
Fouilloux
Avallon
Arvert
Etaules
la Brousse
la Fouasse
les Mathes
l'Ile-d'Etaules
Coulonges
Phare de la Coubre
Bs de la Mauvaise
PNTE DE LA COUBRE
Mais de Bréjat
Bonne Anse
la Palmyre
Zoo de la Palmyre
Ft Dom. de St-Augustin-les-Mathes
Mais de St Augustin
Passe de Chalézac
le Grallet
St-Augustin
Charosson
Taupignac
Lafond
Mattes du Grand Banc
Grand Banc
Barre à l'Anglais
Grde Passe de l'Ouest
B. des Combots
Courlay
la Grande-Côte
la Palud
St-Palais-s.-Mer
Montrevel
Phare de Terre-Nègre
Corniche
Baie de Nauzan
Nauzan
Conche
Corniche
Battures de Cordouan
Embure de la Gironde
Pointe de
Plau de Cordouan
Tr de Cordouan
Phare de Cordouan
PNTE DE GRAVE
Bc du Gros Terrier
Passe de Grave
Fort du
le Logit
le Verdon-s.-Mer
Bc du Chevrier
les Huttes
Soulac-s.-Mer
Vieux-Soulac
Neyran
Jeune-Soulac
Passe du Sud ou de Grave
Banc des Olives
Port de Talais
l'Amélie
Talais
Pnte de la Négade
Lillan
Lède de la Négade
Passe de Capzeel
Grayan-et-l'Hôpital
les Eyres
Daugagnan
le Gurp
Lède du Gurp
Etg de la Barreyre
l'Hôpital
la Courtillade
Chemin

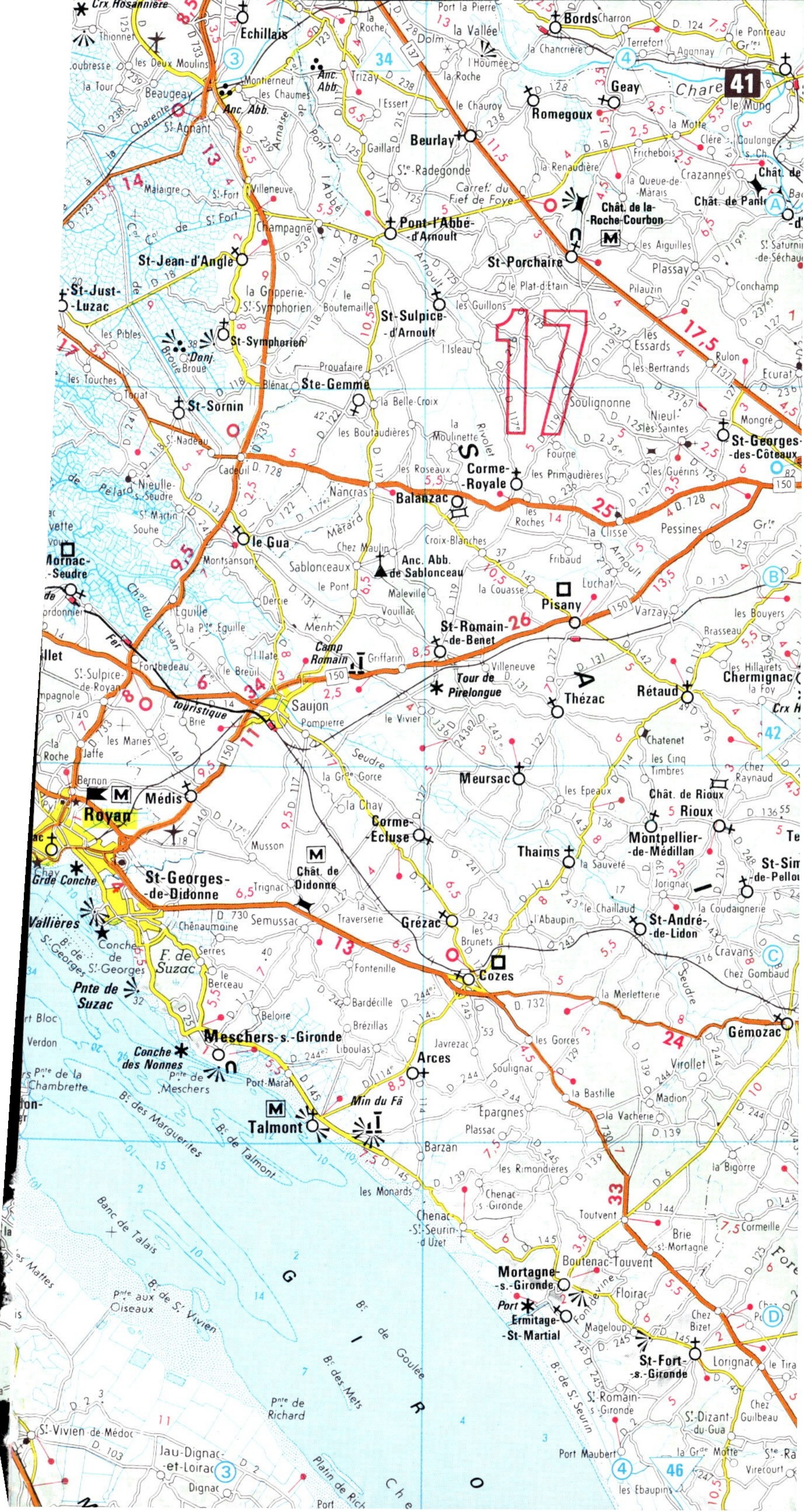

41
34
17
42
46
Echillais
Bords
Charron
la Vallée
Port la Pierre
Beaugeay
St-Agnant
Anc. Abb.
Montierneuf
Trizay
Geay
Romegoux
Beurlay
Ste-Radegonde
Crazannes
Château de la Roche-Courbon
Pont-l'Abbé-d'Arnoult
St-Porchaire
St-Jean-d'Angle
St-Just-Luzac
St-Symphorien
St-Sulpice-d'Arnoult
Plassay
Ste-Gemme
St-Sornin
Soulignonne
Nieul-lès-Saintes
St-Georges-des-Côteaux
Corme-Royale
Balanzac
Nieulle-s-Seudre
le Gua
Mornac-s-Seudre
Anc. Abb. de Sablonceau
Sablonceaux
Pisany
Luchat
Varzay
St-Romain-de-Benet
Camp Romain
Tour de Pirelongue
Thézac
Rétaud
Chermignac
Saujon
St-Sulpice-de-Royan
Médis
Royan
Meursac
Château de Rioux
Rioux
Corme-Ecluse
Thaims
Montpellier-de-Médillan
St-Georges-de-Didonne
Château de Didonne
Grézac
St-André-de-Lidon
Cozes
Vallières
Pnte de Suzac
F. de Suzac
Meschers-s-Gironde
Conche des Nonnes
Arces
Gémozac
Talmont
Min du Fâ
Barzan
Chenac-St-Seurin-d'Uzet
Mortagne-s-Gironde
Port
Ermitage-St-Martial
Boutenac-Touvent
Floirac
St-Fort-s-Gironde
St-Romain-s-Gironde
St-Dizant-du-Gua
Port Maubert
St-Vivien-de-Médoc
Jau-Dignac-et-Loirac
Banc de Talais
G I R O N D E

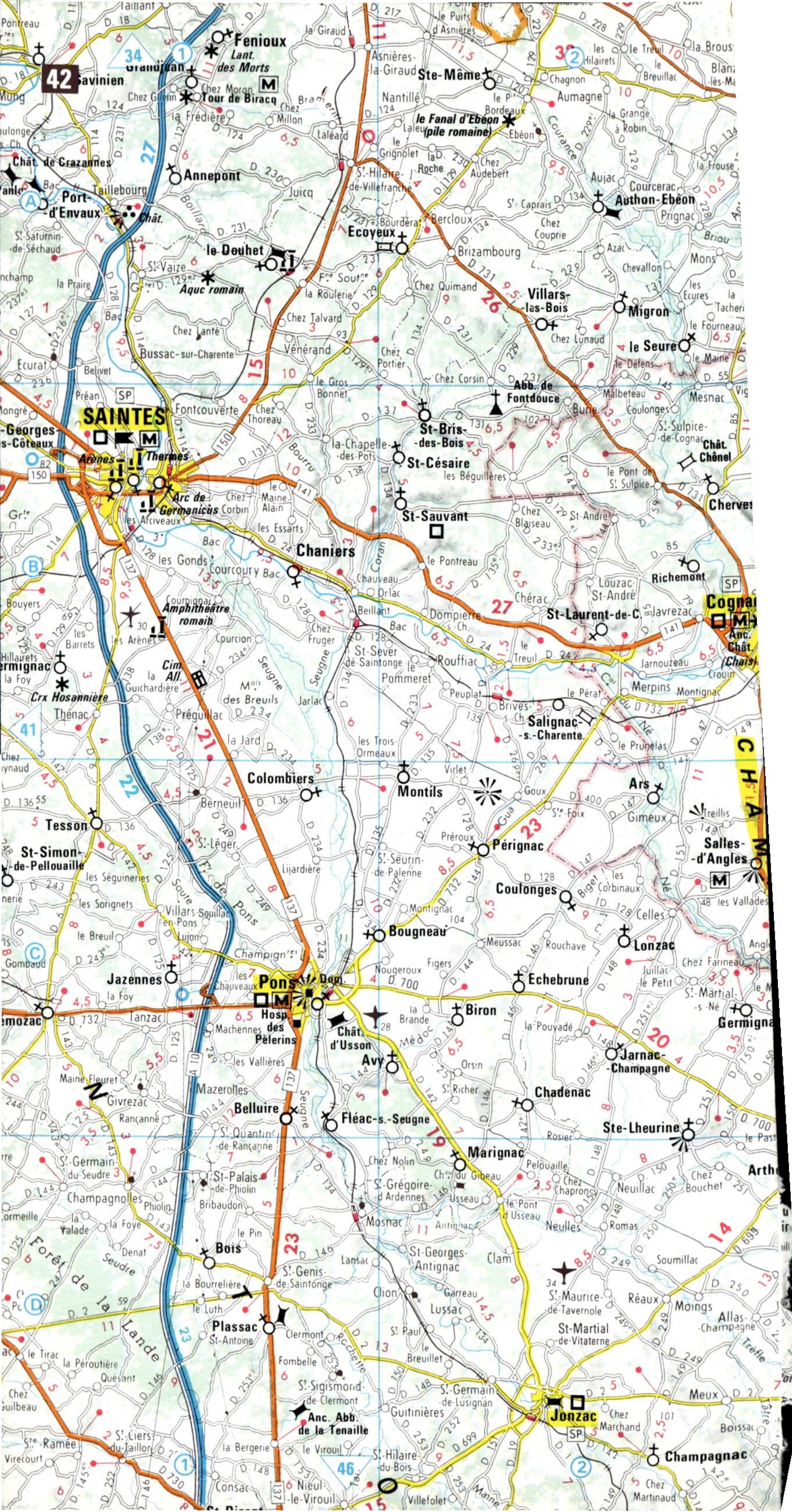
42
34
41
46
Saintes
Arènes
Thermes
Arc de Germanicus
les Arciveaux
St-Georges-des-Côteaux
Fontcouverte
Préan
Belivet
Ecurat
Bussac-sur-Charente
Chez Lanté
Chez Talvard
Vénérand
le Gros Bonnet
Chez Thoreau
St-Vaize
la Praire
Aquc romain
le Douhet
Fe Soutne
la Roulerie
Taillebourg
Port-d'Envaux
Chât.
St-Saturnin-de-Séchaud
Chât. de Crazannes
Annepont
Juicq
Fenioux
Lant. des Morts
Grandjean
St-Savinien
Chez Moron
Tour de Biracq
Chez Guérin
la Frédière
Chez Millon
Laléard
la Giraud
Asnières-la-Giraud
Nantillé
Grignolet
la Roche
St-Hilaire-de-Villefranche
Bourdera
Ecoyeux
Bercloux
Brizambourg
Chez Quimand
Chez Portier
Chez Corsin
Ste-Même
le Puits d'Asnières
le Fanal d'Ebéon (pile romaine)
Ebéon
Chez Audebert
St-Caprais
Chez Couprie
Chagnon
Aumagne
les Hilairets
le Treuil
le Breuillac
la Grange à Robin
Courance
Aujac
Courcerac
Authon-Ebéon
Prignac
la Frouse
Azac
Chevallon
Mons
les Ecures
la Tacherie
Villars-les-Bois
Chez Lunaud
Migron
le Seure
le Fourneau
le Maine
les Défens
Mesnac
Malbeteau
Coulonges
St-Sulpice-de-Cognac
Châtenel
le Pont de St-Sulpice
Cherves
Abb. de Fontdouce
Burie
St-Bris-des-Bois
la Chapelle-des-Pots
St-Césaire
les Béguillères
St-Sauvant
Chez Blaiseau
St-André
Chez Corbin
le Maine Alain
les Essarts
Chaniers
Bac
Courcoury
les Gonds
Chauveau
Orlac
le Pontreau
Dompierre-s-Ch.
Chérac
St-Laurent-de-C.
Louzac-St-André
Richemont
Javrezac
Cognac
Anc. Chât. (Chais)
Crouin
Merpins
Montignac
Jarnouzeau
Treuil
Rouffiac
Peuplat
Brives-s-Ch.
Salignac-s.-Charente
le Pérat
le Prunelas
Beillant
St-Sever-de-Saintonge
le Pommeret
Jarlac
Chez Fruger
Courcion
Amphithéatre romain
Courpignac
les Arènes
Cim. All.
la Guichardière
Mois des Breuils
Préguillac
Thénac
Crx Hosannière
Vermignac
la Foy
Hillarets
les Barrets
Bouyers
la Jard
les Trois-Ormeaux
Colombiers
Montils
Virlet
Goux
Ste-Foix
Ars
Gimeux
Treillis
Salles-d'Angles
les Vallades
Berneuil
St-Léger
Tesson
St-Simon-de-Pellouaille
les Séguineries
les Sorignets
le Breuil
Villars-en-Pons
Lujon
Champign's
Lijardière
St-Seurin-de-Palenne
Préroux
Pérignac
Coulonges
les Corbinaux
Celles
Montignac
Bougneau
Meussac
Rouchave
Lonzac
Juillac-le Petit
Chez Farineau
St-Martial-s-Né
Germignac
Jazennes
Gombaud
la Foy
Tanzac
Pons
les Chauveaux
Dam.
Hosp. des Pèlerins
Machennes
Chât. d'Usson
Nougeroux
Figers
la Brande
Médoc
Biron
Echebrune
la Pouyadé
Jarnac-Champagne
Avy
Orsin
St-Richer
Chadenac
les Vallières
Maine-Fleuret
Givrezac
Rançanne
Mazerolles
Belluire
St-Quantin-de-Rançanne
Fléac-s.-Seugne
Marignac
Rosier
Ste-Lheurine
le Past
St-Germain-du-Seudre
Champagnolles
Phiolin
St-Palais-de-Phiolin
Bribaudon
Chez Nolin
Chau du Gibeau
St-Grégoire-d'Ardennes
Usseau
le Pont d'Usseau
Pelouaille
Chez Chapron
Neuillac
Chez Bouchet
Arthe
Neulles
Romas
Soumillac
Mosnac
Antignac
St-Georges-Antignac
Lansac
Clam
la Valade
la Foye
Denat
Seudre
Forêt de la Lande
Bois
le Pin
St-Genis-de-Saintonge
la Bourrelière
le Luth
Plassac
St-Antoine
Clion
Garreau
Lussac
St-Maurice-de-Tavernole
Réaux
Moings
St-Martial-de-Vitaterne
Allas-Champagne
le Tirac
la Péroutière
Quésant
Chez Guilbeau
Ste-Ramée
St-Ciers-du-Taillon
Virecourt
Consac
Clermont
Fombelle
le Breuillet
St-Paul
St-Sigismond-de-Clermont
Anc. Abb. de la Tenaille
la Bergerie
le Virouil
Nieul-le-Virouil
St-Hilaire-du-Bois
Villefolet
Guitinières
St-Germain-de-Lusignan
Jonzac
Chez Marchand
Meux
Boissac
Champagnac
Chez Martinaud
SP
M
A 10
D. 137
D. 150
D. 732
D. 700
D. 24
D. 141
CHA

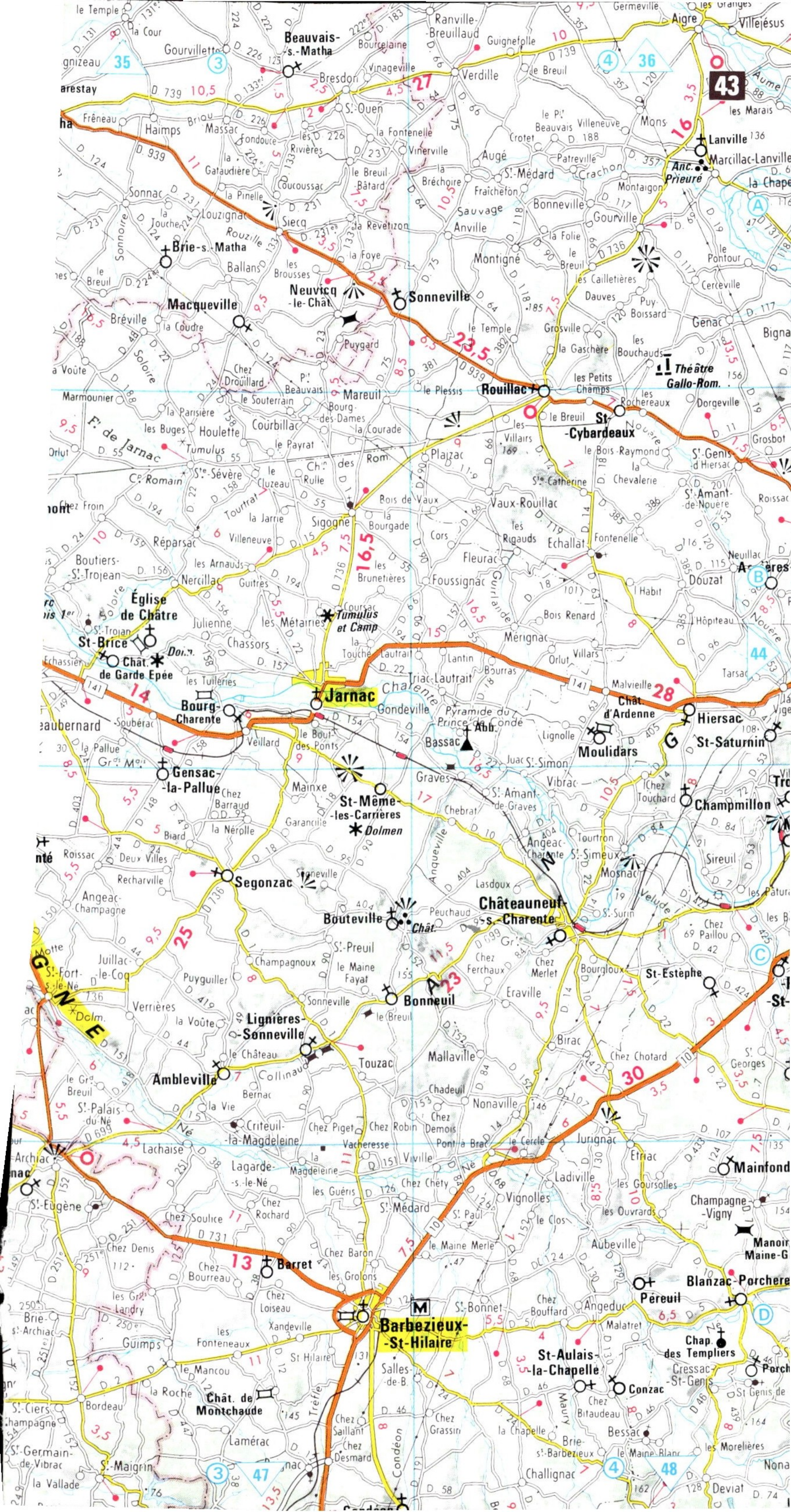
le Temple
la Cour
Gourvillette
Beauvais-s.-Matha
Ranville-Breuillaud
Guignefolle
Germeville
Aigre
Villejésus
les Granges
35
36
43
Aume
Bourcelaine
Vinageville
Bresdon
Verdille
le Breuil
arestay
St-Ouen
Fréneau
Haimps
Massac
Fondouce
les Rivières
la Fontenelle
Vinerville
Crotet
le Pt Beauvais
Villeneuve
Mons
les Marais
Lanville
Marcillac-Lanville
Anc. Prieuré
la Chape
Gataudière
le Breuil-Bâtard
Augé
St-Médard
Patreville
Crachon
Montaigon
Coucoussac
la Bréchoire
Fraîchefon
Bonneville
Sonnac
la Pinelle
Siecq
la Revetizon
Sauvage
Anville
Gourville
la Touche
Louzignac
Rouzille
Brie-s.-Matha
Ballans
les Brousses
la Foye
Montigné
la Folie
le Breuil
le Pontour
Neuvicq-le-Chât.
Sonneville
les Caillettières
Cerceville
Dauves
Puy-Boissard
Bréville
Macqueville
la Coudre
le Temple
Grosville
Genac
Bignac
Puygard
la Gaschère
les Bouchauds
Théâtre Gallo-Rom.
Voûte
Soloire
Chez Drouillard
Pt Beauvais
Mareuil
le Plessis
Rouillac
les Petits Champs
Marmounier
le Souterrain
Bourg-des-Dames
les Rochereaux
Dorgeville
la Parisière
Houlette
Courbillac
la Courade
le Breuil
St-Cybardeaux
Grosbot
les Buges
Tumulus
le Payrat
les Villairs
Ft de Jarnac
Orlut
Plaizac
le Bois-Raymond
St-Genis-d'Hiersac
Ste-Sévère
Chez des Rom
la Chevalerie
Cn Romain
le Cluzeau
Rulle
Ste-Catherine
St-Amant-de-Nouère
Roissac
Chez Froin
Tourtrat
Bois de Vaux
la Jarrie
Sigogne
la Bourgade
Vaux-Rouillac
les Rigauds
Echallat
Fontenelle
Réparsac
Villeneuve
Cors
Neuillac
Boutiers-St-Trojean
les Arnauds
Nercillac
Guitres
les Brunetières
Fleurac
Foussignac
Douzat
Église de Châtre
Coursac
Tumulus et Camp
Julienne
les Métairies
Bois Renard
l'Habit
l'Hôpiteau
St-Trojan
St-Brice
Chât. de Garde Epée
Dolm.
Chassors
la Touche
Lautrait
Lantin
Bourras
Mérignac
Orlut
Villars
Echassier
les Tuileries
Triac-Lautrait
Charente
Malvieille
Tarsac
44
Jarnac
Bourg-Charente
Gondeville
Pyramide du Prince de Condé
Chât. d'Ardenne
Hiersac
eaubernard
Soubérac
Veillard
le Bout-des-Ponts
Bassac
Abb.
Lignolle
Moulidars
St-Saturnin
la Pallue
Grd Mn
Gensac-la-Pallue
Juac
St-Simon
Vibrac
Graves
Mainxe
St-Même-les-Carrières
Chez Barraud
St-Amant-de-Graves
Chez Touchard
Champmillon
Dolmen
Chebrat
la Nérolle
Garancille
Biard
Angeac-Charente
Tourtron
St-Simeux
Sireuil
Roissac
Deux Villes
Segonzac
Anqueville
Mosnac
Recharville
Segneville
Lasdoux
Veluda
les Patura
Angeac-Champagne
Bouteville
Châteauneuf-s.-Charente
Chât.
Peuchaud
St-Surin
Chez Paillou
Motte
Juillac-le-Coq
St-Preuil
Champagnoux
le Maine Fayat
Chez Ferchaux
Chez Merlet
Bourgloux
St-Estèphe
St-Fort-s.-le-Né
Puyguillet
Sonneville
Bonneuil
Eraville
Dolm.
Verrières
la Voûte
le Breuil
Lignières-Sonneville
Birac
Chez Chotard
St-Georges
Touzac
Mallaville
le Château
Collinaud
Ambleville
le Grd Breuil
Bernac
Chadeuil
St-Palais-du-Né
la Vie
Nonaville
Chez Piget
Chez Robin
Chez Demois
Criteuil-la-Magdeleine
Jurignac
Lachaise
Vacheresse
Pont à Brac
le Cercle
Archiac
Lagarde-s.-le-Né
la Magdeleine
Viville
Etriac
Mainfond
Ladiville
les Goursolles
St-Eugène
Chez Chety
les Guéris
Vignolles
Champagne-Vigny
Chez Rochard
Chez Soulice
St-Médard
St-Paul
les Ouvrards
le Clos
Manoir Maine-G
Chez Denis
le Maine Merle
Aubeville
Barret
Chez Baron
Chez Bourreau
les Grolons
Blanzac-Porcheresse
les Grds Landry
Chez Loiseau
St-Bonnet
Chez Bouffard
Angeduc
Péreuil
Brie-s.-Archiac
Xandeville
Barbezieux-St-Hilaire
Malatret
Guimps
les Fonteneaux
St Hilaire
Chap. des Templiers
le Mancou
St-Aulais-la-Chapelle
Cressac-St-Genis
Porch
Salles-de-B.
Conzac
St Genis de
la Roche
Bordeau
Chât. de Montchaude
Chez Bitaudeau
St-Ciers-Champagne
Chez Saillant
Chez Grassin
la Chapelle
Bessac
Laimérac
Chez Desmard
Brie-st-Barbezieux
le Maine Blanc
les Morelières
St-Germain-de-Vibrac
St-Maigrin
47
48
Challignac
Nonac
la Vallade
Condéon
Deviat

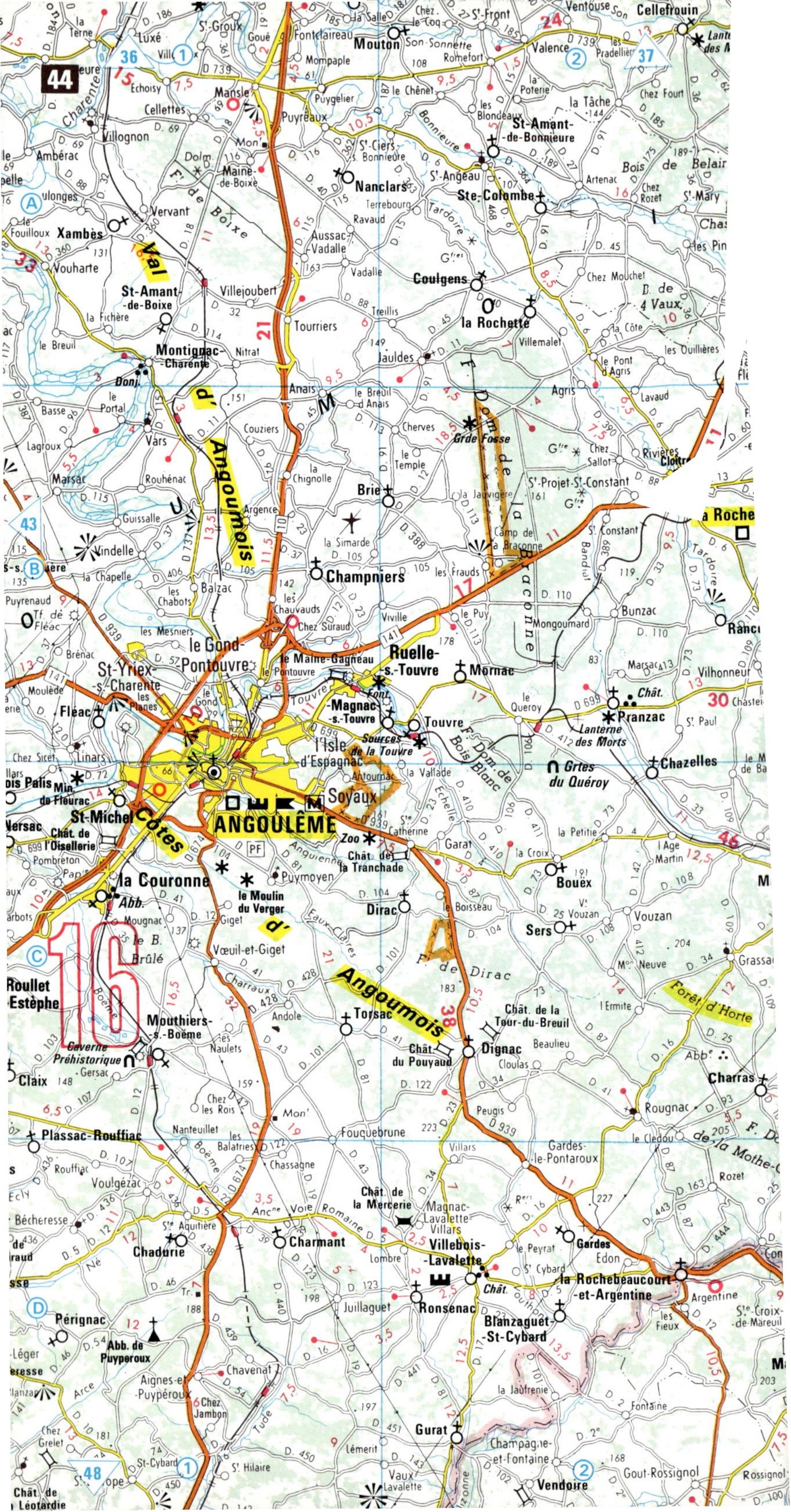
44
16
Angoulême
Val d' Angoumois
Côtes d' Angoumois
Mansle
Puyréaux
Mouton
Fontclaireau
Mompaple
St-Groux
Luxé
la Terne
Villognon
Cellettes
Echoisy
Ambérac
Xambès
Vouharte
Vervant
Maine-de-Boixe
F. de Boixe
St-Amant-de-Boixe
Montignac-Charente
Villejoubert
Tourriers
Anais
Nitrat
Vars
Marsac
Rouhénac
Couziers
Vindelle
Balzac
le Gond-Pontouvre
St-Yrieix-s.-Charente
Fléac
Linars
St-Michel
la Couronne
Puymoyen
Soyaux
Ruelle-s.-Touvre
Magnac-s.-Touvre
Touvre
l'Isle-d'Espagnac
Sources de la Touvre
Mornac
Champniers
Brie
la Simarde
Cherves
Jauldes
Coulgens
la Rochette
Agris
Nanclars
St-Angeau
Ste-Colombe
St-Amant-de-Bonnieure
Valence
Cellefrouin
St-Front
Aussac-Vadalle
Vadalle
F. de la Braconne
Grde Fosse
Camp de la Braconne
St-Projet-St-Constant
la Rochefoucauld
Rivières
Bunzac
Pranzac
Lanterne des Morts
Grtes du Quéroy
Chazelles
Vilhonneur
Rancogne
Garat
Ste-Catherine
Zoo
Bouëx
Dirac
Sers
Vouzan
Grassac
F. de Dirac
Forêt d'Horte
Torsac
Dignac
Mouthiers-s.-Boëme
Vœuil-et-Giget
le Moulin du Verger
Plassac-Rouffiac
Voulgézac
Fouquebrune
Rougnac
Charras
Gardes-le-Pontaroux
Magnac-Lavalette-Villars
Villebois-Lavalette
Charmant
Chadurie
Juillaguet
Ronsenac
Blanzaguet-St-Cybard
Gardes
Edon
la Rochebeaucourt-et-Argentine
Pérignac
Abb. de Puypéroux
Aignes-et-Puypéroux
Chavenat
Gurat
Champagne-et-Fontaine
Vendoire
Gout-Rossignol
Château de Léotardie
Claix
Roullet-St-Estèphe
Caverne Préhistorique
Château de l'Oisellerie
Château de la Tranchade
Château du Pouyaud
Château de la Tour-du-Breuil
Château de la Mercerie
N 10
N 141
D. 939
D. 674
36
37
43
48

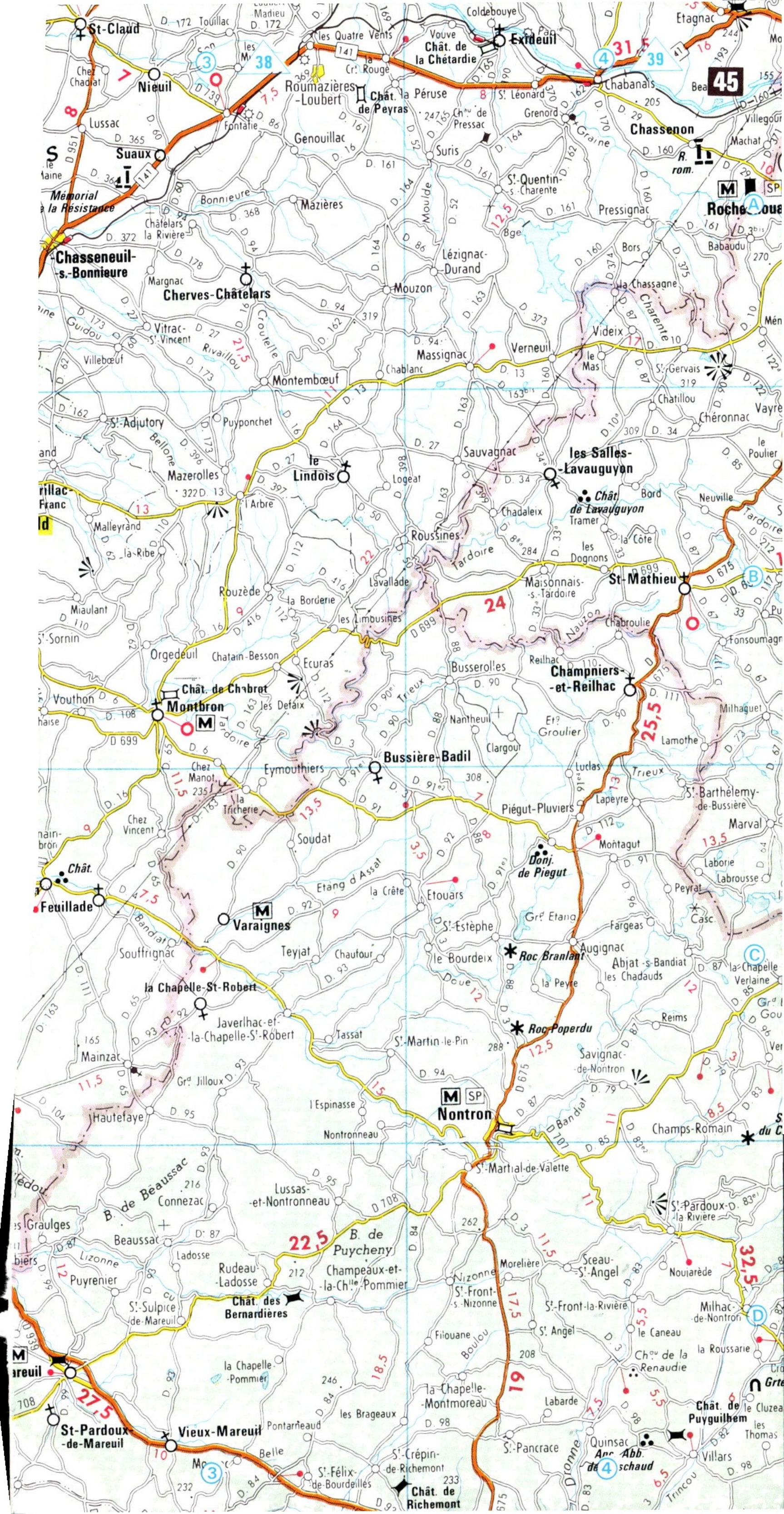

45
St-Claud
Nieuil
Roumazières-Loubert
Exideuil
Chât. de la Chétardie
Chabanais
Chassenon
Etagnac
Suaux
Mémorial de la Résistance
Chasseneuil-s.-Bonnieure
Cherves-Châtelars
Genouillac
Mazières
Chât. de Peyras
Suris
St-Quentin-s.-Charente
Pressignac
Lézignac-Durand
Mouzon
Massignac
Verneuil
Videix
Chabrac
St-Gervais
Montembœuf
St-Adjutory
le Lindois
Sauvagnac
les Salles-Lavauguyon
Chât. de Lavauguyon
Mazerolles
Roussines
St-Mathieu
Maisonnais-s.-Tardoire
Champniers-et-Reilhac
Busserolles
Montbron
Chât. de Chabrot
Orgedeuil
Ecuras
Bussière-Badil
Eymouthiers
Piégut-Pluviers
Donj. de Piegut
St-Barthélemy-de-Bussière
Marval
Soudat
Feuillade
Varaignes
Etouars
St-Estèphe
le Bourdeix
Roc Branlant
Augignac
Abjat-s-Bandiat
la Chapelle-St-Robert
Javerlhac-et-la-Chapelle-St-Robert
Teyjat
Roc Poperdu
Savignac-de-Nontron
Nontron
Hautefaye
St-Martial-de-Valette
Champs-Romain
St-Pardoux-la-Rivière
Connezac
Lussas-et-Nontronneau
Beaussac
B. de Puycheny
Rudeau-Ladosse
Chât. des Bernardières
Champeaux-et-la-Chapelle-Pommier
Sceau-St-Angel
St-Front-la-Rivière
Milhac-de-Nontron
Mareuil
St-Pardoux-de-Mareuil
Vieux-Mareuil
la Chapelle-Montmoreau
Quinsac
Chât. de Puyguilhem
Villars
St-Félix-de-Bourdeilles
Chât. de Richemont
St-Pancrace

46
41
42
Toutvent
Brie
Cormeille
Champagnolles
Bribaudon
Bois
St-Grégoire-d'Ardennes
Usseau
Mosnac
Antignac
Boutenac-Touvent
Floirac
Mageloup
Chez Bizet
Chez Poupot
Forêt de la Lande
Seudre
Denat
le Pin
la Bourrelière
St-Genis-de-Saintonge
Lansac
St-Georges-Antignac
Clam
Clion
Garreau
Lussac
Plassac
St-Antoine
Clermont
Fombelle
St-Fort-s.-Gironde
Lorignac
le Tirac
la Péroutière
Quesant
St-Paul
le Breuillet
St-Romain-s.-Gironde
Bc de St-Seurin
St-Dizant-du-Gua
Chez Guilbeau
St-Sigismond-de-Clermont
Anc. Abb. de la Tenaille
Guitinières
St-Germain-de-Lusignan
Port Maubert
la Grde Motte
Ste-Ramée
Virecourt
St-Ciers-du-Taillon
la Bergerie
le Virouil
St-Hilaire-du-Bois
les Ebaupins
les Conches
Consac
Nieul-le-Virouil
Tarnac
Villefolet
St-Dizant-du-Bois
Chez Gentet
St-Simon-de-Bordes
Conac
Chez Bondut
Semillac
le-Pérou
St-Thomas-de-Conac
le Breuil
Semoussac
St-Martial-de-Mirambeau
Allas-Bocage
Agudelle
Villexavier
St-Georges-des-Agoûts
Mirambeau
Petit-Niort
Saintonge
St-Sorlin-de-C
Trémont
Soubran
Cal du Centre
Cal de la Comtesse
St-Bonnet-s.-Gironde
Salignac-de-Mirambeau
Port de Cônac
la Croisette
la Gâtine
Vitrezay
Chez Pidoux
Pleine-Selve
Courpignac
Rouffi
le Pas d'Ozelle
St-Palais
Boisredon
Chamouillac
la Ceinture
Chez Néron
les Drouillards
les Martinauds
Port des Callonges
le Pas de Gourbeuil
Cal des Callonges
St-Ciers-s.-Gironde
Ferchaud
St-Caprais-de-B.
le Glorit
Bondou
Chandas
les Ferrés
Babinots
les Hts Ponts
les Rodiers
les Drouillards des Bois
les Augirons
St-Aubin-de-Blaye
Vignolles
Marcillac
Centrale électrique
Braud-et-St-Louis
le Pas des Fenêtres
le Grd Village
Reguignon
la Touille
Landes de
les Loges
Bouinot
Azac
Donnezac
Cal de St-Georges dit Cal des Sables
Livenne
Reignac
le Passage
Etauliers
Fraineau
Martinettes
les Martinettes
Anglade
la Merlette
Brignac
le Cap d'Avias
Mouret
Verdot
Cap d'Avias
l'Aquitaine
Cabut
Hôpital
Vrillant
Gouas
Serpolet
le Jard de B
Eyrans
Pontet
Cartelègue
Saugon
St-Androny
Gayet
Campugnan
Générac
Fours
Bouscade
Ragonneau
St-Seurin-de-Cursac
Mazion
Bourdillas
les Drouillards
Coudurat
Moron
St-Genès-de-Blaye
Fosseboudot
Chauvin
Segonzac
St-Martin-Lacaussade
St-Paul
Galacre
St-Girons-d'Aiguevives
Cottraud
la Pistolette
Mazerolle
St-Savin
Blanchet
Cars
Berthenon
Brillouet
St-Christoly-de-Blaye
Ste-Luce
le Ripassou
Berland
Civrac-de-B
Grillet
Violet
Millepied
Pavajau
le Moulin
Montuzet
Berson
le Poteau
St-Vivien-de-Blaye
Lapouyaud
Baillou
Lafosse
St-Urbain
Brouillon
St-Ciers-de-Canesse
St-Trojan
Teuillac
Pugnac
Gravier
les Coureaux
Mombrier
St-Léger
Cubnezais
Gauriac
Samonac
Talbot
Comps
les Androns
St-Seurin-de-Bourg
Lansac
Donis
Tauriac
Bayon-s.-Gironde
Crypte
Lalibarde
Magrigne
Chap. des Templiers
Pain de Sucre
Marcamps
Bourg
Pair non Pair
Prignac-et-Marcamps
St-Laurent-d'Arce
Peujard
Virsac
le Mayne
le Gd Chemin
Gironde
St-Estèphe
Mayney
Lafalande
Leyssac
Marbuzet
Raff. de Pétrole
Chateau Lafite
Mousset
Padarnac
Chât. Mouton
Pauillac
I. Philippe
la Belle Etoile
Bages
Dauprat
Chau la Tour
St-Lambert
St-Julien-Beychevelle
Ile Bouchaud
Talbot
Beychevelle
Chât. de Beaucaillou
Chau Lagrange
Chât. de Beychevelle
Despartins
Chais
Ile Nouvelle
Citad.
Chât. Lanessan
Gaston
Cussac-Fort-Médoc
Blaye
Fort-Médoc
Fort Paté
Bac
Plassac
Donissan
Lamarque
Cussac
Villeneuve
Roque de Thau
Médrac
Poujeaux
Arcins
Moulis-en-Médoc
Soussans
Marsac
I. Margaux
Tiquetorte
Margaux
Chais
I. de Macau
Bec d'Ambès
Le Pont
Pelin
Avensan
Issan
Cantenac
Viré
Chât. Siran
Raff. de Pétrole
Bec d'Ambès
Villeranque
Labarde
Banc de St-Estèphe
Navigation
Passe de St Louis
Banc de Saintonge
Cadourne
St-Seurin-de-Cadourne
Port des Callonges
Vertheuil
I. de Patiras

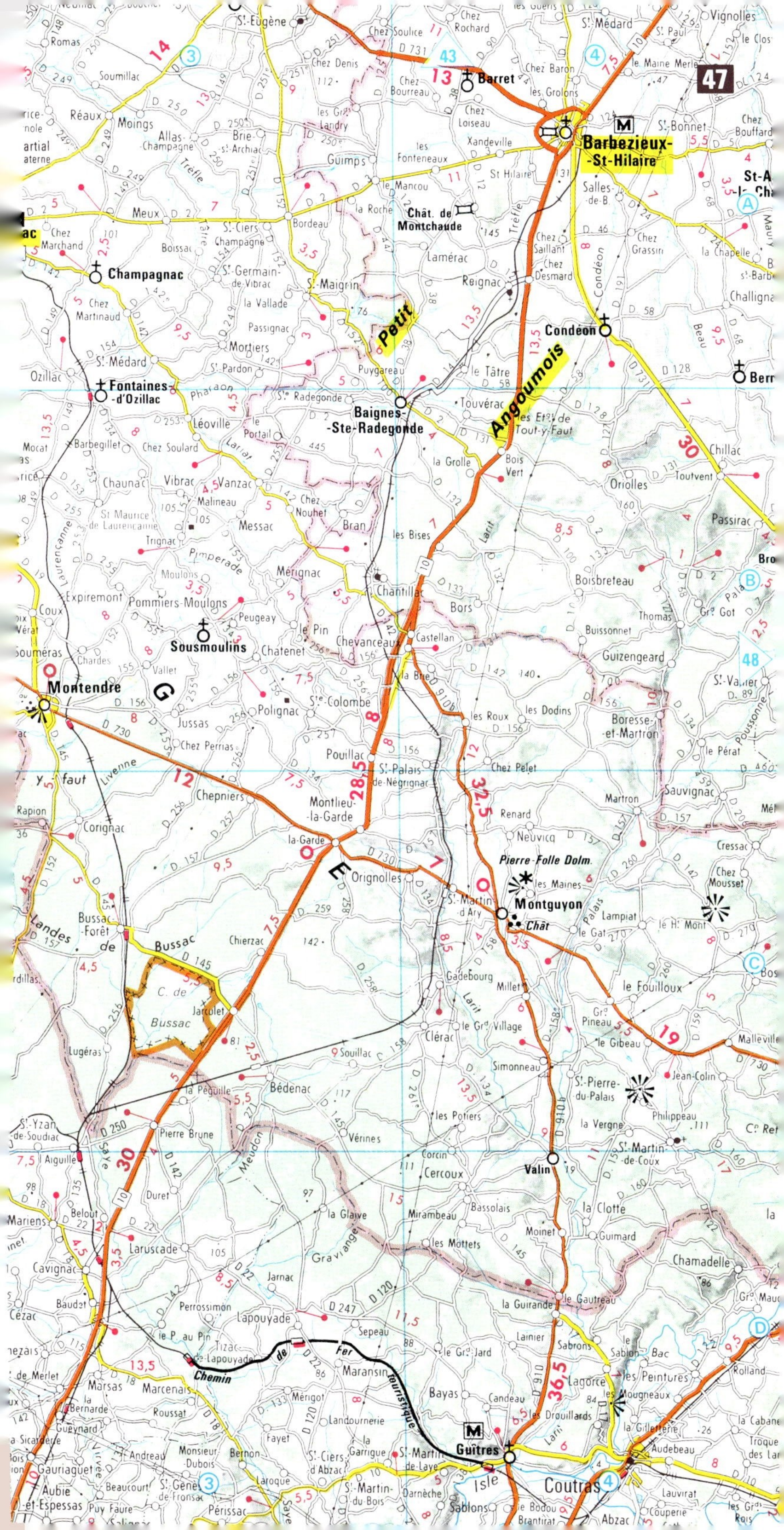
47
St-Eugène
Romas
Soumillac
Réaux
Moings
Allas-Champagne
Brie-s.-Archiac
Chez Soulice
Chez Denis
Chez Bourreau
les Gds Landry
Guimps
Chez Rochard
Barret
Chez Loiseau
Xandeville
les Fonteneaux
St Hilaire
Chez Baron
les Grolons
St-Médard
Barbezieux-St-Hilaire
St-Bonnet
le Maine Merle
Vignolles
St-Paul
le Clos
Chez Bouffard
Salles-de-B.
Chez Grassin
la Chapelle
Meux
Chez Marchand
Champagnac
Boissac
St-Ciers-Champagne
St-Germain-de-Vibrac
Bordeau
le Mancou
la Roche
Chât. de Montchaude
Lamérac
Reignac
Chez Saillant
Chez Desmard
Condéon
St-Maigrin
la Vallade
Passignac
Mortiers
St-Pardon
Chez Martinaud
St-Médard
Ozillac
Fontaines-d'Ozillac
Petit
Angoumois
Puygareau
le Tâtre
Touvérac
les Ets de Tout-y-Faut
Ste-Radegonde
Baignes-Ste-Radegonde
Challignac
Berr
Léoville
le Portail
Pharaon
Mocat
Barbegillet
Chez Soulard
Chaunac
Vibrac
Vanzac
Malineau
Messac
Chez Nouhet
Bran
la Grolle
Bois Vert
Chillac
Toutvent
Oriolles
Passirac
St Maurice de Laurençanne
Trignac
Pimperade
Moulons
Pommiers-Moulons
Expiremont
Coux
Mérignac
Chantillac
les Bises
Bors
Boisbreteau
Thomas
Gd Got
Sousmoulins
Peugeay
le Pin
Chevanceaux
Castellan
Buissonnet
Guizengeard
Souméras
Chardes
Vallet
Chatenet
la Brie
les Roux
les Dodins
St-Vallier
Montendre
Jussas
Polignac
Ste-Colombe
Boresse-et-Martron
Chez Perrias
Pouillac
St-Palais-de-Négrignac
Chez Pelet
le Pérat
Livenne
Chepniers
Montlieu-la-Garde
Martron
Sauvignac
Rapion
Corignac
Renard
Neuvicq
Cressac
la Garde
Orignolles
St-Martin-d'Ary
Pierre-Folle Dolm.
les Maines
Montguyon
Chât
Chez Mousset
Lampiat
le Gat
le Ht Mont
Bussac-Forêt
Landes de Bussac
Chierzac
Gadebourg
Millet
le Fouilloux
C. de Bussac
Jarcolet
Clérac
le Gd Village
Gd Pineau
le Gibeau
Malleville
Lugéras
Souillac
Bédenac
la Péguille
Simonneau
St-Pierre-du-Palais
Jean-Colin
St-Yzan-de-Soudiac
Pierre Brune
Meudon
les Potiers
Vérines
la Vergne
Philippeau
St-Martin-de-Coux
Aiguille
Corcin
Cercoux
Valin
Duret
Belout
Mariens
la Glaive
Mirambeau
Bassolais
la Clotte
Moinet
Guimard
Laruscade
Gravange
les Mottets
Chamadelle
Cavignac
Jarnac
Baudet
Perrossimon
Lapouyade
Sepeau
la Guirande
le Gautreau
Cézac
le P. au Pin
Tizac-de-Lapouyade
Chemin de Fer touristique
le Gd Jard
Lainier
Sabrons
le Sablon
Bac
les Peintures
Rolland
de Merlet
Marsas
Marcenais
Maransin
Bayas
Lagorce
les Mougneaux
la Bernarde
Roussat
Mérigot
Candeau
les Drouillards
la Gilletterie
la Cabane
Gueynard
Landournerie
Audebeau
Troque des Lar
la Sicarderie
Andreau
Monsieur-Dubois
Bernon
Fayet
la Garrigue
St-Ciers-d'Abzac
St-Martin-de-Laye
Guîtres
Gauriaguet
Aubie-et-Espessas
Beaucourt
St-Genès-de-Fronsac
Laroque
St-Martin-du-Bois
Darnèche
Isle
Coutras
Lauvirat
Puy Faure
Périssac
Sablons
le Bodou
Brantirat
Abzac
Couperie
les Gds Rois
G
E

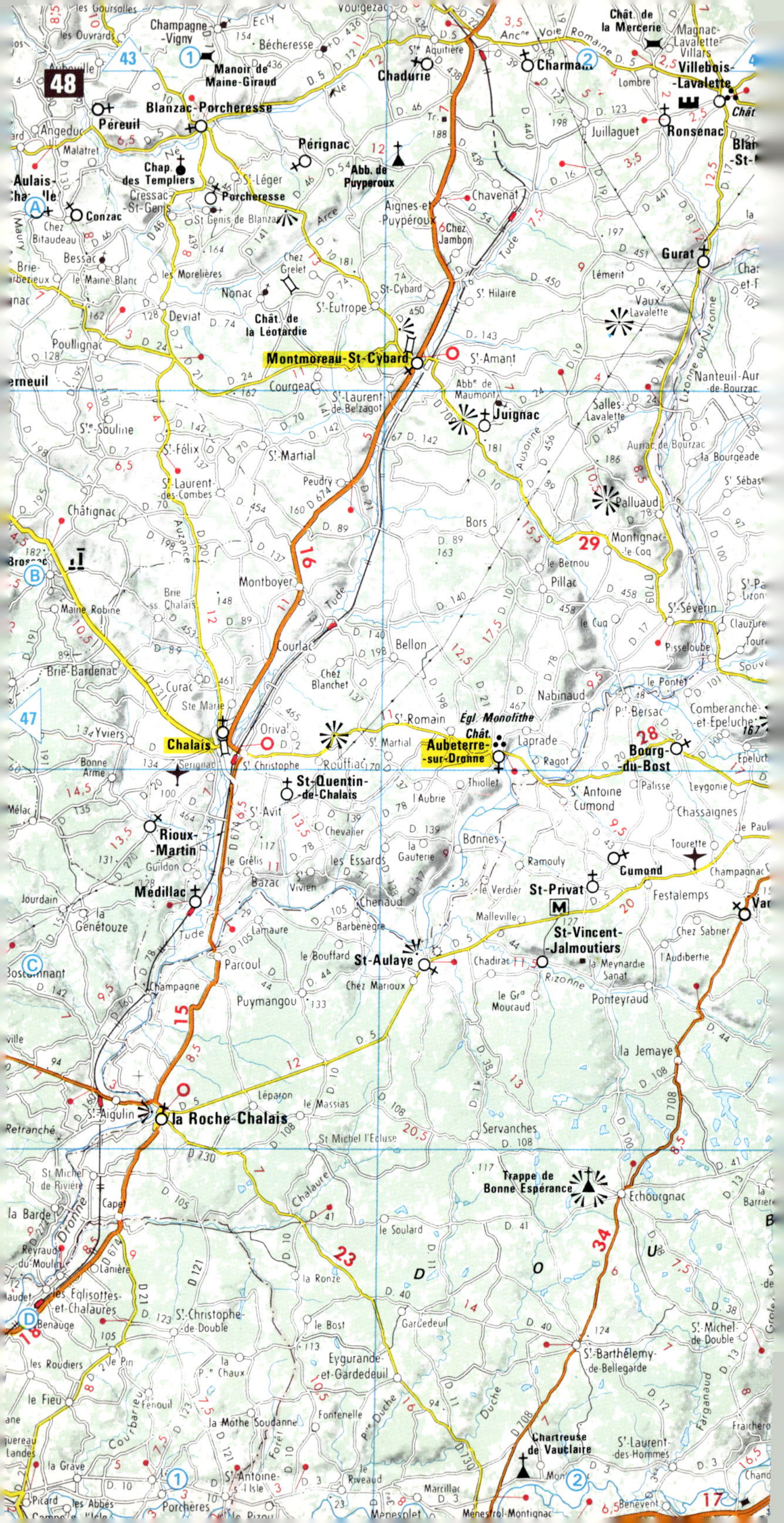

48
Champagne-Vigny
Manoir de Maine-Giraud
Bécheresse
Chadurie
St Aquitière
Charmant
Châť. de la Mercerie
Magnac-Lavalette-Villars
Villebois-Lavalette
Blanzac-Porcheresse
Péreuil
Angeduc
Pérignac
Abb. de Puypéroux
Juillaguet
Ronsenac
Chap. des Templiers
Aulais-Chavelle
St-Léger
Porcheresse
Conzac
Cressac-St-Genis
Chavenat
Aignes-et-Puypéroux
Chez Jambon
Gurat
Bessac
Nonac
Chât. de la Léotardie
St-Eutrope
St-Cybard
St Hilaire
Lémerit
Vaux-Lavalette
Deviat
Poullignac
Montmoreau-St-Cybard
St-Amant
Nanteuil-Auriac-de-Bourzac
Courgeac
St-Laurent-de-Belzagot
Juignac
Salles-Lavalette
Ste-Souline
St-Félix
St-Martial
Auriac-de-Bourzac
la Bourgeade
St-Laurent-des-Combes
Peudry
Palluaud
Châtignac
Bors
Montignac-le-Coq
Brossac
Montboyer
le Bernou
Pillac
Maine Robine
Brie-ss.-Chalais
le Cuq
St-Séverin
Courlac
Bellon
Pisseloube
Brie-Bardenac
Chez Blanchet
Nabinaud
Curac
le Pontet
Comberanche-et-Epeluche
Ste Marie
St-Romain
Égl. Monolithe
Châť.
Pt. Bersac
Orival
Laprade
Chalais
Aubeterre-sur-Dronne
Bourg-du-Bost
Yviers
St Martial
Ragot
St Christophe
Rouffiac
St-Quentin-de-Chalais
St Antoine Cumond
Palisse
Leygonie
l'Aubrie
Thiollet
Chassaignes
Rioux-Martin
St-Avit
Chevalier
Bonnes
la Gauterie
Ramouly
Cumond
Tourette
Guildon
le Grélis
les Essards
St-Vivien
Champagnac
Médillac
Bazac
le Verdier
St-Privat
Festalemps
Jourdain
la Genétouze
Chenaud
Malleville
St-Vincent-Jalmoutiers
Chez Sabrier
Barbenègre
Lamaure
la Meynardie
l'Audibertie
Parcoul
le Bouffard
St-Aulaye
Chadirac
Sanat
Champagne
Chez Marioux
Rizonne
Ponteyraud
Puymangou
le Grd Moucaud
la Jemaye
St-Aigulin
la Roche-Chalais
Léparon
le Massias
Retranché
St Michel l'Écluse
Servanches
St Michel de Rivière
Trappe de Bonne Espérance
Échourgnac
la Barde
Capet
Chalaure
le Soulard
Reyraud-du-Moulin
Lanière
la Ronze
les Églisottes-et-Chalaures
St-Christophe-de-Double
le Bost
Gardedeuil
St-Michel-de-Double
Benauge
St-Barthélemy-de-Bellegarde
les Roudiers
le Pin
la Pte Chaux
Eygurande-et-Gardedeuil
le Fieu
Fenouil
Fontenelle
la Mothe Soudanne
Chartreuse de Vauclaire
St-Laurent-des-Hommes
la Grave
St-Antoine-s-l'Isle
Riveaud
Marcillac
Picard
les Abbés
Porchères
Ménesplet
Ménestrol-Montignac
Benevent
Tude
Dronne
Lizonne ou Nizonne
Auzance
Arce
Ausonne
Double

Idées-découvertes

Faire une découverte dans l'acception propre du terme est assez problématique dans un pays habité sans interruption depuis le Paléolithique ancien et recélant plus de menhirs, dolmens, pierres percées et ruines de châteaux légendaires que la Bretagne ; parlons plutôt de curiosités.

Poitiers, ville d'« histoire cristallisée »

Commençons par Poitiers, deux fois capitale : des ducs d'Aquitaine d'abord, régionale aujourd'hui.

L'histoire de la ville s'écrit tout au long des sculptures de Notre-Dame-la-Grande, chef-d'œuvre d'architecture qui, pour les non-spécialistes, fait parfois oublier les dizaines d'autres également belles et riches d'histoire. Toutes ont été bâties avec l'argent ou tout du moins, avec l'assentiment des rois-ducs d'Angleterre, maîtres de l'Aquitaine durant trois siècles.

Dans Poitiers toujours, il est conseillé d'aller musarder entre les maisons à colombage du secteur protégé et la place du Marché-Notre-Dame. C'est superbe et porte au rêve. Ici le passé est pris très au sérieux.

De Poitiers, un remarquable circuit des abbayes est organisé. Le clou en est certainement celle de Ligugé : première abbaye de l'Occident latin, fondée au IVe siècle par saint Martin.

Le Futuroscope

C'est, en sortant de Poitiers, la visite à ne pas manquer. Sur un gigantesque espace sont réunis tous les éléments qui permettent au commun des mortels de découvrir une part importante de notre proche avenir scientifique. Trois pavillons, consacrés à l'aventure de la communication, présentent les grands découvreurs, le parc et le département de la Vienne. D'autres bâtiments, à l'architecture surprenante, dispersés dans le parc, accueillent les images de demain : l'image haute définition avec le Showscan, le cinéma dynamique, le cinéma en relief, le Solido, véritable rencontre avec la troisième dimension, le Tapis magique qui permet de voler, le 360°, le Kinemax et son écran géant, l'Omnimax, le jeu interactif de l'Aquascope, le voyage à travers 100 ans de cinéma et le Cinéautomate.

Le spectacle est aussi à l'extérieur avec le lac et son théâtre alphanumérique, le tour des jardins d'Europe et la Gyrotour. Deux hectares sont réservés aux enfants ; là, un univers magique les sensibilise aux nouvelles technologies. Le Futuroscope a également une vocation de recherche et de formation, il accueille plusieurs structures d'enseignement. Il faut prévoir deux journées pour tout voir (informations ☎ 49.49.30.80 et 49.49.30.20).

La cloche à Félix

C'est à Châtellerault qu'elle se trouve (ℹ ☎ 49.21.05.47), dans le clocher de l'église de Châteauneuf, sur l'autre rive de la Vienne. Elle fut offerte en 1897 par Nicolas II à la bonne cité en souvenir de la mission militaire détachée à l'ancienne Manufacture d'armes pour surveiller l'importante commande de fusils passée par le tsar. Cette cloche (qui ne sonne plus), fondue à Saint-Pétersbourg, porte les effigies d'Alexandre III, de Nicolas II, du président Carnot et, en bonne place, celle de Félix Faure, sous une dédicace ronflante qui ne manque pas de sel lorsque l'on connaît la raison du cadeau : « Sonnez la paix et la fraternité des peuples ».

Pour la petite histoire il faut savoir que, vingt ans plus tard, une grande partie de ces excellents fusils armaient encore la garde impériale.

Un rêve de pierres

Est-il besoin de préciser que, dans le Poitou-Charentes, menhirs et dolmens se trouvent en abondance. A ce sujet les tumuli de Bougon près de Pamproux (A 10) méritent largement un détour. Ils se trouvent à 500 m de l'église de Bougon dans un enclos de 2 ha. Il faut l'après-midi entier pour tout voir et on a la surprise de constater que, si nos ancêtres du néolithique montraient une grande ingéniosité pour fabriquer armes et outils, ils bâtissaient en pierre sèche avec autant d'élégance et d'aplomb que les maçons du siècle dernier.

A deux pas de là s'élève le très beau dolmen des 7 Chemins. Ce sujet là est inépuisable. Pour se changer les idées, rappelons que c'est également à Bougon que l'on fabrique un des plus célèbres fromages de chèvre de France.

Sur les rives de l'Anglin et de la Creuse toute proche, deux vallées superbes, il est difficile de ne pas rencontrer des souvenirs de l'âge de pierre. Cette région a été fréquentée par les peuples chasseurs il y a plus de 600 000 ans. Ceci explique cela. En bordure de l'Anglin justement, en limite du département de l'Indre (36), vous ne devez pas manquer de vous arrêter à Angles-sur-l'Anglin, lieu magnifique, un des plus beaux villages de France. Les larges eaux lisses de l'Anglin où se reflètent les peupliers et les falaises blanches bordant la rivière évoquent incontestablement un tableau de Sisley.

Si vous êtes amoureux des vieux outils préhistoriques, vous devez franchir la Creuse à La Guerche et tenter une incursion de 5 km en Indre-et-Loire (37) jusqu'à Pressigny-le-Grand où le musée lapidaire est unique. Vous pourrez y voir la Vénus de Lespugne et une étonnante collection d'outils tous plus beaux les uns que les autres. De véritables usines d'outillage ont été découvertes çà et là. Certains de ces « industriels » serraient les lames fraîchement taillées dans un cylindre de boue qui devenait dur comme de la brique en séchant. On n'avait plus qu'à les mouiller pour récupérer les lames parvenues à destination. Cet ingénieux système donnait certainement lieu à un important trafic puisque des cylindres de ce type à l'origine indiscutable ont été retrouvés au fin fond de la Sibérie. En repartant vous pourrez remarquer indiscrètement que, dans les jardins, bien des plates-bandes sont cerclées de belles haches de pierre à faire damner un archéologue.

Au sud de La Guerche (côté Vienne), à environ 1,5 km, sur le bord de la Creuse, au lieu-dit « L'Assignat », des fouilles sont en activité. Les chercheurs ont également installé des aires de présentation. Il est tout à fait possible de participer à l'émotion des archéologues pour peu que l'on arrive au bon moment d'une découverte.

La « Vendée » du Poitou

Le moins que l'on puisse dire du département des Deux-Sèvres - le quart de notre région -, c'est que les législateurs de 1789 ont dû fort bien viser pour lui donner ce nom car, si la Sèvre Niortaise y coule réellement, mais beaucoup moins longtemps que le Thouet par exemple, la Sèvre Nantaise n'y fait qu'une apparition de ruisselet, quittant le département 17,5 km après sa fort timide naissance.

Au passage elle n'arrose, si l'on peut dire, que le petit village de La Forêt-sur-Sèvre. Le département des Deux-Sèvres n'est pas à une bizarrerie près. Tout le nord constituait le cœur de la Vendée militaire, laissant ainsi le département de la Vendée vaquer seul à un destin apparemment tronqué. Heureusement, pour rétablir un peu les choses, le Puy-du-Fou est tout proche de la sacro-sainte limite départementale doublée ici d'une frontière régionale. Bref, Bressuire fut capitale militaire des Chouans avant d'être brûlée par les colonnes infernales en 1794. Le syndicat d'initiative organise à la demande un circuit des routes de la Vendée militaire assez émouvant, mais on peut regretter que les principaux châteaux qui ont illustré cette tragique épopée ne puissent être visités.

Tout près de Mauléon, sur la route de Nantes, dans le petit bois de Gros Chêne, se dresse effectivement un chêne énorme âgé de plus de 400 ans ; c'est juste à côté d'une colline où, au cours d'une mémorable bataille, Bleus et Blancs s'étripèrent férocement. Cet arbre avait déjà deux siècles. Il s'agit du seul témoin vivant de ces affreux événements et, chose tout à fait étrange, sa présence donne une sorte de solennité, à cet endroit champêtre d'une douce banalité.

Le paradis des pêcheurs

La région est richement pourvue en rivières pures et poissonneuses. Étangs et plans d'eau y foisonnent ; c'est l'incontestable royaume des pêcheurs au coup. Les spécialistes assurent que l'on y prend les plus beaux gardons de France.

En Angoumois on trouve 2 000 km de rivières dont près de 400 en rivières de première catégorie (truites, saumons de fontaine, etc.).

C'est encore du point de vue aquatique que l'on connaît une surprise comparable à celle de la fontaine de Vaucluse. Il s'agit des sources de la Touvre, à 8 km à l'est d'Angoulême. Ce sont trois formidables résurgences qui débitent plus de 25 m^3/s et forment une courte et puissante rivière de 100 m de large qui vient aussitôt doubler le cours de la Charente. C'est impressionnant.

Le papier d'Angoumois

Privée depuis longtemps de la maîtrise du cognac, Angoulême (ℹ 2, place Saint-Pierre ☎ 45.95.16.84) a su conquérir d'autres titres de gloire et des marchés importants, à commencer par celui du papier. Depuis des siècles la papeterie angoumoise a étendu sa célébrité dans tout le royaume de France.

Aujourd'hui, la papeterie du moulin de Fleurac, propriété du département, dont la visite est payante, présente sept salles en activité réelle de fabrication manuelle de papier pur chiffon. On y trouve un musée, un atelier d'art graphique et une boutique. Les rendez-vous se prennent au syndicat d'initiative ou directement au moulin de Fleurac (Nersac BP 24, 16470 Saint-Michel ☎ 45.91.50.69).

Un second moulin se trouve en amont, c'est le moulin du Verger à Puymoyen (16400 ☎ 45.61.10.38, visite gratuite). On y fabrique des papiers superbes selon des traditions vieilles de quatre siècles et demi. Le moulin possède également son propre atelier de gravure et d'impression. C'est une visite à faire sans hésitation.

Plaisirs du palais

La chocolaterie artisanale est aussi une vieille tradition angoumoise, relique de l'ancien trafic fluvial avec les colonies. La visite, gratuite, de la chocolaterie artisanale Le Tuffe aux Trois-Palis (16730 Fléac) est réjouissante ; on connaît peu d'exemples de visiteurs capables de ne pas succomber à la gourmandise.

Aubeterre est un village magnifique, historique, pittoresque, mais la surprise se trouve à 1 km, sur la route de Saint-Severin à Laprade. C'est la plus petite brasserie qui se puisse voir. Elle s'appelle la brasserie du Bobtail. La bière y est brassée au feu de bois, refermentée sur lie et non pasteurisée, absolument authentique en quelque sorte. Ne contenant pas de conservateur elle ne supporte pas les voyages. Les consommateurs ont une nette tendance à la consommer sur place avec des tartes chaudes, recette qui n'est pas indiquée dans les régimes amaigrissants mais n'en est pas moins délicieuse.

Plaisir de l'œil

Au sud du département (carrefour de la D 10 et D 939), à Montignac-le-Coq, il faut aller voir l'atelier de souffleur de verre de Daniel Baroy. Il fabrique de très beaux objets, des pièces uniques, selon les techniques artisanales les plus traditionnelles, on pourrait même dire historiques.

Il ne serait pas convenable de quitter la région d'Angoulême sans passer par la faïencerie Roullet-Renoleau. Il s'agit sans doute d'un « must » de la faïencerie charentaise, également artisanale ce qui, entre autre, explique sa valeur. Sitôt sorti de sa fabrique, un « Renoleau » est déjà coté chez des antiquaires. C'est dire leur relative rareté et la perfection ancestrale des formes et des couleurs. L'atelier se trouve à Basse Saint-Genis-d'Hiersac (☎ 45.39.75.35).

Insolite

Pour quelques privilégiés, réellement férus de vie sauvage, il existe à Montignac-le-Coq, le pays du souffleur de verre, un piégeur agréé qui vit au Pible (16390), un hameau de la commune.

Ce piégeur, Jean-Marie Bucck, accepte de prendre quelques vacanciers pour l'accompagner dans sa tournée de destruction des nuisibles dans les marais charentais. Avec cet homme d'un autre temps on ne fait pas que piéger, on découvre des quantités d'animaux que l'on ne voit pratiquement jamais. Ce sont des vacances que n'oublieront pas les élus qui auront ainsi vécu d'authentiques aventures de trappeurs.

L'alchimie du cognac

Les mystères de Cognac imposent plusieurs visites. Pour réellement comprendre les tumultueuses et secrètes passions qui se conjuguent pour donner naissance aux eaux-de-vie les plus célèbres du monde, il faut absolument voir en activité une distillerie, une tonnellerie, un chais et ne pas manquer non plus une verrerie industrielle. Pour cela, il vaut mieux s'en remettre à la houlette des guides de l'office de tourisme (19, place Jean-Monnet, BP 247, 16112 Cognac Cedex ☎ 45.82.10.71).

Pour visiter un chais, pas de problème, l'activité n'y est guère frisonnante puisque le propre du chais c'est justement de laisser mûrir les eaux-de-vie en paix durant des décennies. Les tonneaux amoncelés dans le silence et la lumière sépulcrale de lampes, toujours trop éloignées pour permettre de lire commodément une inscription, sont impressionnants à la façon d'une cathédrale conçue par Piranèse. Faits comme de vastes hangars à l'extérieur, les chais, à l'intérieur, sont des sortes de grottes aux ombres un peu angoissantes. On y ressent très nettement le labeur des chimies précieuses, cachées dans la multitude des vaisseaux impassibles et un peu poussiéreux. Les maîtres de chais, discrètement goguenards devant la hâte des visiteurs, « travaillent » le cognac selon des codes et des rites qui nous seront toujours étrangers. On ne peut se retenir d'une certaine considération pour ces hommes qui, sur les meilleurs crus, continent une surveillance attentive commencée par leurs grands-pères et qui s'achèvera avec leurs fils.

Une distillerie hors de la saison de chauffe est à peu près aussi évocatrice qu'un garage abandonné. Une distillerie de cognac, cela se visite en hiver. Il vous faudra sans doute insister auprès des cicérones de l'office, mais tant pis, on n'a rien sans peine. Cela vous donnera l'occasion de revoir une région sous un aspect inconnu. Ce qui frappe dès l'entrée c'est la touffeur tropicale qui vous saisit d'autant plus vivement qu'elle tranche avec le froid extérieur. Le bouilleur est là, affairé mais à gestes mesurés. On sent dès l'abord qu'il doit s'économiser car l'effort sera long. Il va d'un coup d'œil à la chaudière, au pèse-alcool qui oscille dans son tube de cuivre. Il le consulte à se toucher le nez, car il est toujours fort mal éclairé. Dans un coin, un lit défait surprend ; c'est que le bouilleur ne lâche ses chauffes ni jour ni nuit. L'alambic brille de cent lueurs tandis que vous parviennent enfin des odeurs légères et entêtantes où se mêlent des soupçons de bois, de fleurs sauvages, d'alcool tiède. Le ronflement sourd du feu sert de fond au délicat friselis du petit pinceau d'alcool qui sort obstinément du serpentin pour disparaître dans une grosse barrique couchée. Le bouilleur goûte d'un doigt machinal, histoire de se faire une idée qui se compare ou s'ajoute aux fois précédentes. Rien ne transparaît sur son visage compliqué qui regarde « en dedans » ; de toutes les façons on sent bien qu'on le dérange. Alors on se fait le plus petit possible dans la chapelle de l'alambic.

Les tonnelleries se visitent aussi en dehors de la saison touristique. C'est que les maîtres tonneliers prennent des vacances eux aussi. Cependant il est toujours possible de s'arranger avec les gens de l'office.

Vue du dehors, une tonnellerie c'est d'abord un vaste bâtiment plat qui ressemble à un chais, mais entouré d'immenses murailles ajourées ; ce sont les millions de douelles au séchage. Vues de plus près, elles forment des damiers fantastiques. Billes, merrains et douelles ont été refendus ou taillés sur place. L'intérieur du bâtiment réserve une grosse surprise. Là, c'est le tapage des maillets, le grincement des douelles pliées à la redoutable volonté des maîtres tonneliers. Tout en semblant s'agiter en tous sens, l'ensemble est fort cohérent. Et puis ce sont les feux de copeaux qui s'étirent depuis le fond des barriques à moitié cerclées qui ressemblent à de grandes fleurs claires à l'envers. L'eau chargée de les ramollir s'évapore en sifflant... les maillets encore. Vision tumultueuse d'un atelier infernal qui s'agite sous un dais de vapeur. Une grande tonnellerie c'est un opéra, un ballet magique à la gloire du savoir-faire. C'est un brutal et fascinant contact avec le plus ancestral des artisanats musclés.

La plus importante tonnellerie d'Europe est représentée par la maison Seguin-Moreau. Elle se trouve à Merpins. On n'y rencontre que des maîtres tonneliers qui commencent et achèvent chacun leur ouvrage. Point de mécanisation possible pour cet art ancien et rebelle à toute industrie. Grande ou petite, une tonnellerie est condamnée à l'artisanat, ce qui, somme toute, est assez réconfortant.

La quatrième visite nécessaire - on pourrait presque dire la quatrième figure du ballet - est celle de la verrerie de Saint-Gobain (interdite aux enfants) qui fournit les bouteilles de cognac, de bordeaux, des vins de Loire. C'est la plus moderne et la plus performante d'Europe ; une bagatelle qui s'étale sur 36 ha et fabrique plus de 1 500 000 bouteilles par jour. Là, pas d'artisanat, pas de domination de l'adresse sur la matière. Tout est colossal, sophistiqué, écrasant. D'un coup on se sent transporté dans quelque chose qui rappelle énormément le Futuroscope de Poitiers. Cette usine travaille vingt-quatre heures par jour et chaque jour de l'année ce qui, pour les touristes que nous sommes, facilite grandement les heures de visite.

Au fil de l'eau

Plusieurs villes ont renoué avec une agréable coutume, très en vogue dans le passé : les croisières fluviales. Au départ de Cognac, deux formules vous sont proposées sur des bateaux pouvant accueillir 75 personnes, une promenade de 1 h 45 ou une croisière-déjeuner de 3 heures en direction de Saint-Brice et Bourg-Charente (Charente-Plaisance, 1, place Solençon ☎ 45.82.79.71).

De Pâques à septembre, au départ de Saintes et de Saint-Savinien avec escales à Chaniers et Rouffiac, plusieurs propositions de circuits d'une durée de 1 h 15 à 4 heures sont possibles avec restauration à bord et animation folklorique (Croisières Inter-Iles, 14 bis, cours des Dames, 17000 La Rochelle ☎ 46.50.55.54).

Croisières en mer

En mer, les croisières sont innombrables, mais pas toujours maintenues d'une année à l'autre. A La Rochelle, les croisières inter-îles (14 bis, cours des Dames, 17000 La Rochelle ☎ 46.50.55.54) sont solidement implantées et opèrent avec une régularité de chemin de fer. Classiques ou à la demande, les possibilités sont si variées qu'il est préférable de s'adresser directement au siège.

Noter également les excursions dans le Pertuis d'Antioche (Fort Boyard, Aix et Fort Enet), dans la baie de l'Aiguillon (découverte de la mytiliculture), en direction de l'île d'Aix (Navipromer, 13, rue des Grois, 17230 Charron ☎ 46.01.52.96) et au départ de Boyardville (Les Vedette Oléronnaises, Le Port, Boyardville ☎ 46.76.09.50).

Pour les pêcheurs en mer, ne manquez pas les sorties de pêche au gros; prévoyez cinq à huit heures sur un bateau accueillant une dizaine de personnes, à l'île de Ré (☎ 46.09.80.31), à l'île d'Oléron (☎ 46.47.48.84) et à Royan (☎ 46.36.63.58 et 46.39.86.51). Vous pouvez également aller à la pêche à pied aux crabes et aux moules au phare de Cordouan (durée 5 h 30, Promenades en mer, Birais, 32 bis, boulevard Frank-Lamy, 17200 Royan ☎ 46.05.29.91). Cette compagnie organise aussi des promenades sans escale dans l'estuaire de la Gironde vers Saint-Palais-sur-Mer, les grottes de Meschers, Talmont et le phare de Cordouan.

Des visites commentées du bassin ostréicole de Marennes sont proposées au départ de Marennes (☎ 46.85.20.85) et de La Tremblade (☎ 46.36.90.41). De vieux gréements accueillant 8 personnes, offrent de remonter la Sèvre Niortaise de Charron à Marans (☎ 46.01.56.95 et 46.01.30.29), d'autres sorties sont possibles à Mornac-sur-Seudre (☎ 46.22.72.42) et à La Tremblade (☎ 46.36.26.18 et 46.36.08.07).

Le plus grand estuaire d'Europe

La Gironde est une mer de 1 000 km^2 dans laquelle l'indice de base des marées est de 6,10 m auxquels il faut ajouter l'indice quotidien. En résumé, cela veut dire qu'au cours d'une marée moyenne de 70 cm la mer monte (ou descend) de 6,80 m toutes les six heures. Il est facile d'imaginer la force du courant qui émane de cette situation. La plupart des navires importants ne peuvent se déplacer qu'avec le flot (ou le jusant).

En remontant ce fleuve redoutable sur sa rive charentaise - en face, le Médoc n'a d'autre rivage que des laisses vaseuses -, on découvre très vite un superbe rempart de falaises blanches dans lesquelles les différents niveaux de la mer ont tracé des sillons parallèles sur plus de 12 m de hauteur au cours des millénaires passés.

Pèlerinage et brigandage

Sur le premier éperon de la corniche de la Gironde, face au large, l'église fortifiée de Talmont est accrochée. De loin, on pourrait presque dire tapie. C'est le verrou ancestral de la « mar de Bourdeu » du haut Moyen Age. Ce chef-d'œuvre roman d'une très grande pureté est d'un style très dépouillé ce qui est rare en Charente. Cela n'a pas empêché ce haut lieu mystique d'être un inexpugnable repaire de pirates français au temps de l'Aquitaine anglaise. Il faut vraiment aller à Talmont (le mont des boulangers en vieux français) et puis le voir depuis la mer. C'est un site magnifique où, malgré la douceur du climat, les tamaris et la luminosité du ciel, toute sauvagerie n'est pas encore éteinte. Le village, très ras à cause du vent, est joli.

Au pied de cette citadelle religieuse qui tint tête aux Arabes et plus tard aux Normands, s'ouvre un grand trou qui n'attire pas particulièrement l'attention. C'est pourtant un point stratégique important du pèlerinage de Saint-Jacques de Compostelle. C'est à cet endroit que les lourdes filadières - on disait des « Flouins » - attendaient la marée montante pour conduire les pèlerins fortunés - et serrés comme des harengs - jusqu'à Saint-Estèphe ou bien, quand le temps le permettait, jusqu'à Bordeaux. C'est le seul port connu du XIIe siècle qui n'a subi aucun aménagement ultérieur.

A noter que les rares pavés qui ne sont pas encore recouverts de bitume sont des galets du Saint-Laurent au Canada, qui servaient de lest aux vaisseaux qui revenaient chargés de peaux légères. Après un lent défilé de cabanes et de carrelets, on découvre les grottes de Matata... transformées en restaurant. A côté, à mi-hauteur de la falaise, s'ouvrent les grottes de Regulus. Nul ne sait exactement pourquoi elles portent le nom du héros romain. Quoiqu'il en soit, elles servirent très longtemps de refuge aux faux sauniers et contrebandiers de toutes espèces, ainsi que d'asile aux huguenots persécutés par les dragons de Louis XIV. Au XVIIIe siècle elles devinrent la tanière d'un redoutable naufrageur nommé Cadet qui fit régner l'angoisse dans le monde des caboteurs jusqu'à ce que les gendarmes viennent mettre un terme à ses exploits après une enquête de plus de dix ans.

Les anciens ports de la Gironde

Un peu plus en amont, l'antique lit de la Gironde s'est comblé d'alluvions formant en bordure de l'eau une bande marécageuse dominée par les falaises qui se trouvent en retrait d'au moins 2 km. Les anciens ports sont maintenant reliés à l'eau libre par un pittoresque et sinueux chenal entre les joncs. Ils y gagnent un charme secret tout à fait particulier à cette petite région.

Il en est ainsi de Saint-Seurin d'Uzet, patrie du caviar girondin... lorsqu'il y avait encore du caviar ; de Mortagne, Saint-Fort, Saint-Ciers, etc. A Mortagne-sur-Gironde justement, terme de la croisière du Bagad, on fait connaissance d'un placide village serré contre son bassin - la Rive - ou bien juché sur la falaise - le Bourg -. On a bien du mal à s'imaginer, qu'immédiatement avant la dernière guerre, Mortagne était après Bordeaux le second port de la Gironde où les vapeurs apportaient du charbon d'Angleterre ou du Pas-de-Calais pour repartir avec des bœufs, du vin, du blé, du ciment, etc.

Dans la falaise, en amont du bassin, se trouve un monument assez exceptionnel et fort ancien : l'ermitage monolithe de Saint-Martial, creusé dans le calcaire au IVe siècle, c'est-à-dire en pleine époque gallo-romaine. En ce temps-là la Gironde baignait encore le pied de la falaise. Les moines avaient fonction de passeurs et de sauveteurs éventuels. Dans son ensemble l'ermitage ressemble beaucoup aux églises monolithes qui se creuseront plus tard en Grèce et en Turquie.

Jadis, on pénétrait dans le monument par le haut de la falaise en descendant un escalier de soixante-quatorze marches. La voûte de la chapelle mesure plus de vingt mètres (environ sept étages). Une tour garde toujours l'escalier. Elle servait aussi d'amer (de repère) aux navigateurs. Aujourd'hui on peut visiter sans risque un cellier, un réfectoire, deux dortoirs, deux cellules et la chapelle. L'ensemble est d'un vert extraordinaire dû à certaines moisissures. Les fenêtres creusées dans le rocher selon une technique fort élaborée font que l'autel, les statues de saint Martial et saint Antoine d'Égypte ne sont jamais dans l'ombre tant que dure le jour. On y voit aussi une croix grecque et une demi-croix byzantine qui accentuent encore l'aspect orthodoxe de cette étrange abbaye certainement fondée par des apôtres quelque peu architectes du Moyen-Orient.

De l'eau, toujours

Après Mortagne, il n'est pas indispensable de continuer à suivre la mer. Il vaut mieux emprunter la D 145 jusqu'au château de Beaulon à Saint-Dizant-du-Gua. C'est une très jolie gentilhommière de la fin du XIVe siècle, résidence des évêques de Bordeaux, dont le parc s'orne d'une des merveilles locales dont la célébrité mériterait de s'étendre loin : les Fontaines Bleues.

Ce sont des résurgences (une dizaine, grandes ou petites) d'une eau limpide et très froide qui arrive de fort loin. Chacune d'elles forme une fantastique vasque d'un bleu intense. Tout le monde vous dira que c'est à cause du fond mais vous ne rencontrerez jamais personne pour en connaître l'analyse exacte. Elles s'évasent au bout du parc dans un joli bois bien entretenu. C'est assez magique et porte tout doucement au romantisme.

Les trésors de Moings

L'église de Moings, à côté de Jonzac, a toujours été une église de petit village. On sait qu'elle a été offerte à l'abbaye de Baigne par l'évêque de Saintes, Rammulfe, vers 1099. Son clocher a été remarqué depuis longtemps. Quoique de taille modeste - un seul étage - il ne comporte pas moins de 36 cintres et 60 colonnes (24 petites et 36 grandes), chiffre qui n'a jamais été rencontré dans les églises rurales même les plus soignées. Certains pensent qu'elle a servi de brouillon pour un chantier plus important au maître d'œuvre d'alors. Depuis toujours on entre de plain pied dans l'église sur un sol de terre battue. Personne ne s'était jamais avisé qu'en réalité elle avait été soigneusement remplie de terre. On se perd en conjectures sur les causes de ce gros travail.

A partir de 1953 on a envisagé de creuser pour découvrir les pieds des colonnes. Il a fallu encore un bon moment pour que l'on découvre deux belles armoiries du XVIIe et XVIIIe siècle, et puis on acheva le déblaiement. C'est tout récemment que deux historiens, messieurs Glenisson et Seguin, découvrirent alors, sous l'enduit très détérioré, quelques traits profonds qui se révélèrent bientôt les éléments d'une grande fresque, longue de 4,27 m, large de 1,30 m à 35 cm au-dessus du sol. Il s'agit probablement d'une scène de bataille entre deux troupes issues de deux fortifications. L'armement, les casques et les boucliers sont tout à fait semblables à ceux des guerriers normands de la tapisserie de Bayeux. Il s'agit sans doute de soldats de Guillaume IX, le grand-père d'Aliénor d'Aquitaine. C'est un témoignage émouvant que très peu de gens ont encore pu admirer.

Jean-Marc Soyez

Images du Poitou-Charentes

« Horizons calmes, paysages d'une grande variété mais toujours mesurés, sans rien de heurté ni de criard, beautés discrètes, nuances... Le pays d'Ouest n'accroche pas, on ne l'aime pas en coup de foudre, mais d'une affection lente, progressive et qui dure ». Ernest Pérochon présentait ainsi ces terres du Centre-Ouest, auxquelles appartient Poitou-Charentes.

Soixante ans après, nous n'y trouverons certes pas plus qu'autrefois les grandeurs « terrifiantes », les sites exaltants que le romantisme littéraire et pictural mit à la mode, et les changements survenus dans tous les domaines ont grandement transformé l'univers à dominante rurale qu'évoquait l'écrivain.

Ce sont de nouveaux pays d'Ouest, aux racines mieux connues, à la diversité plus chatoyante, aux beautés discrètes, presque inépuisables, qui suscitent aujourd'hui « ces affections lentes, progressives et qui durent ».

Une marqueterie de petits « pays »

Résignons-nous à ne trouver ni caractères tranchés ni coupures brutales, et pas davantage de personnalité unique, incontestable. A commencer par les héritages provinciaux : les deux départements du Nord, Vienne et Deux-Sèvres, appartiennent à l'ancien Poitou avec, sur les marges, ici une couleur plus vendéenne, là plus saumuroise, et là encore plus tourangelle. Aunis, Saintonge et Angoumois correspondent aux deux départements charentais du Sud avec une teinte nettement bordelaise par ici, et franchement limousine par ailleurs. A l'intérieur de ces grandes divisions administratives de jadis, restées vivantes bien que supprimées depuis deux cents ans, il existe une fine marqueterie de petits « pays » fort différents, comme en témoignent des espaces aussi contrastés que la Gâtine et le Cognaçais, la Charente limousine et les îles de la mer des Pertuis, le pays d'Arvert et le Pays chauvinois, la Double saintongeaise et le Loudunais.

Le voyageur pressé ne saurait prendre la mesure de cette diversité. A grande vitesse, il ne verra toujours qu'une succession de plaines, ou tout au plus de menues collines, car l'autoroute et la voie ferrée égalisent et, en quelque sorte, rabotent les reliefs. Lorsqu'ils sont naturellement peu marqués, ils semblent disparaître. Le visiteur sous-estime l'ampleur de dénivelées, toujours médiocres puisque logées dans une fourchette qui va de 345 m au point le plus haut (le massif de l'Arbre en Charente limousine), aux cotes zéro des zones littorales.

Ainsi ne pouvons-nous fonder un découpage de l'espace régional à partir de ces reliefs insignifiants; mais au niveau des modelés on distingue aisément des ensembles topographiques bien caractérisés, qui sont dans la dépendance des ensembles géologiques.

Grands ensembles géologiques

Pour la paysannerie traditionnelle, il existait une distinction fondamentale entre *Plaine* et *Gâtine* : d'un côté des sols souvent légers, des horizons très calmes, de la vigne et des céréales; de l'autre des sols humides, de menues collines, des prairies et de l'élevage. Le milieu façonnait les hommes, et les Plaineaux n'étaient pas tout à fait semblables aux Gâtineaux. Pour eux tous, à une simple différence d'ordre géologique correspondait un changement profond de la vie paysanne.

Ces observations nous incitent à rappeler les faits géologiques fondamentaux, parce qu'eux seuls permettent de comprendre l'organisation des grandes masses, qui donne la clef de bien des faits de la vie quotidienne.

Poitou-Charentes appartient à quatre des grands domaines géologiques reconnus dans l'espace français : au nord-ouest, le Massif armoricain (Bocage et Gâtine) ; au sud-est, le Massif central, dans sa partie occidentale (Charente limousine) ; au nord, le Bassin parisien (plaines orientales du Poitou, Châtelleraudais) ; au sud le Bassin aquitain (plaines poitevines de l'Ouest et du Sud, Aunis, Saintonge, Angoumois). A l'articulation de ces grandes unités se trouve le *seuil du Poitou* .

Deux ensembles appartiennent aux vieux massifs primaires, avec les points les plus élevés, dans le nord des Deux-Sèvres et l'est charentais ; une très vaste étendue de terrains sédimentaires jurassiques au centre - du fleuve Charente au nord de Poitiers -, puis crétacés vers le nord (Châtelleraudais) ainsi qu'au sud du fleuve Charente, occupe l'essentiel de l'espace. Des placages d'argiles, de calcaire et de sables tertiaires recouvrent en bien des endroits les terrains secondaires, et engendrent des milieux défavorables, aux sols pauvres, tels que les terres de brandes du Poitou, ou la Double saintongeaise.

A l'ouest, l'océan s'arrête provisoirement sur les incertains rivages qu'il modifie sans relâche. Durant des siècles l'intégration du monde littoral dans la vie continentale fut faible, ou même presque inexistante. Les changements modernes des activités et des modes ont tout transformé : en faisant des ports les lieux de passage de matériaux importés (bois, phosphates) ou de denrées agricoles exportées (céréales, cognac, tournesol) ; en rendant facile l'accès aux rivages et aux îles ; en suscitant des migrations estivales qui intègrent désormais tout le littoral dans le domaine des vacances et des loisirs associés à la mer.

Les paysages des massifs anciens

Dans les secteurs du Bocage de Bressuire, de la Gâtine de Parthenay, de la Charente limousine se développent des paysages voisins de ceux que l'on retrouve au-delà de notre région, dans le Massif armoricain (Vendée, Bretagne, Cotentin) d'une part, dans la région limousine de l'autre.

Partout des eaux courantes, qui dessinent sur les cartes un chevelu serré, et semblent d'autant plus nombreuses qu'à quelques kilomètres de là, dans les plaines calcaires, elles deviennent rares. Souvent de petits barrages coupent le fond des vallées, formant des retenues ou « pêcheries » asséchées de temps à autre. Partout des ruisselets, de petites sources, partout de l'herbe et des arbres, et partout ce très curieux découpage de l'espace que l'on appelle « bocage ».

Un bocage aux aspects multiples

Les géographes ont peu à peu imposé l'emploi de ce terme dans un sens très particulier. Il s'applique à un territoire agricole aux parcelles limitées par des haies vives, généralement formées d'arbustes, mais que renforcent de place en place des arbres de haute venue : ormeaux (aujourd'hui disparus), chênes, frênes, érables, châtaigniers. La hauteur de la haie varie selon les procédés de l'exploitant : parfois elle est taillée à hauteur d'épaule, parfois les arbustes qui la composent atteignent plusieurs mètres (épine blanche, épine noire, ronces, baliveaux divers, aubépine).

On n'aperçoit pas d'habitations car celles-ci se dispersent à l'infini, tantôt en fermes isolées, tantôt en petits groupes presque toujours placés à l'écart des voies principales, au bout d'un chemin creux qui ne dessert rien d'autre.

Ce schéma général subit, suivant les lieux, bien des modifications : elles tiennent aux différences de hauteur des haies, à la variété des arbustes et surtout

La région Poitou-Charentes

des arbres qui les ponctuent, à la façon dont ils sont traités (arbres de plein vent, baliveaux, têtards, arbres réduits à un fût élancé avec un tire-sève), à la hauteur des talus, à l'encaissement des chemins creux, à la superficie et à la forme des champs, à celle des ouvertures.

Dans les temps contemporains, le bocage subit de rudes coups. Héritier d'un parcellaire qui lui-même est l'expression de la lutte qui se livrait autour de la terre cultivée, il est inadapté aux exigences de l'exploitation moderne. On voit les chemins creux abandonnés, les haies détruites par les engins agricoles. Le bocage se rétracte, sous l'effet d'une évolution spontanée d'une part, et sous les coups des remembreurs d'autre part. Ceux-ci furent souvent d'une extrême brutalité, et le pays bocager, après remembrement, s'apparente aux plaines voisines car il est reconstruit à partir d'une même vision géométrique et ultra-simplificatrice du paysage.

On voit encore des bocages répondant point par point au schéma théorique, dans le Bocage de Bressuire ainsi que dans la Gâtine de Parthenay. Au sud de celle-ci, à quelques kilomètres de la ville de Parthenay, les reliefs modelés dans les roches anciennes atteignent une de leurs plus hautes altitudes au Terrier de Saint-Martin du Fouilloux (272 m) d'où l'on domine un long couloir de plaines.

Le paysage de collines bien marquées qui se développe non loin de Confolens (Charente limousine) s'apparente à celui du Limousin voisin. Il est clairement visible à l'intérieur du coude de la Vienne, en particulier autour de Lesterps, ainsi que, plus au sud, autour de Montembœuf où le massif de l'Arbre s'élève jusqu'à 345 m, ce qui doit être le record d'altitude en Poitou-Charentes.

Partout présent sur les reliefs anciens, le bocage règne encore sur une partie des *terres rouges à châtaigniers*, autour de Rouillé, de Saint-Sauvant, de Lusignan, de Prailles, sur les *terres de brandes* du département de la Vienne et, localement, sur des terres argileuses au milieu des plaines.

Les roches dures des massifs anciens fournissent des matériaux pour le ballast des voies ferrées ainsi que pour les revêtements routiers. L'exploitation engendre localement des sites originaux, par exemple aux alentours même de Thouars, qu'évident d'énormes carrières. Plus au nord-ouest, autour de La Commanderie, à la limite du département des Deux-Sèvres, le granite est exploité en galeries en vue de l'extraction des minerais d'uranium. D'autres exploitations seront peut-être ouvertes entre Bressuire et Parthenay.

Les plaines des terrains calcaires

Lorsque les terrains anciens disparaissent, enfouis sous la couverture des calcaires jurassiques, le bocage disparaît aussi, brutalement remplacé par l'un des paysages les mieux caractérisés de la région, celui des plaines (du Poitou, d'Aunis et de Saintonge).

Parfois, et notamment sur la bordure des plaines du Haut-Poitou, le changement se fait en deux ou trois kilomètres à peine. D'un coup le réseau des haies s'étiole, la fermeture des champs devient incomplète, et déjà se développent les champs ouverts aux vastes parcelles, s'étendent des pays dénudés aux lointains infinis, aux ondulations à peine sensibles où, de place en place, quelques groupes d'arbres signalent les villages et leurs vergers.

Un pays de champs ouverts

Sans doute le paysage apparaît-il plus dépouillé qu'il ne le fut jamais dans la mesure où les remembrements, beaucoup plus faciles qu'ailleurs, supprimèrent tout ce qui s'opposait à la nouvelle géométrie agraire. La superficie des parcelles oscille souvent entre dix et quatorze hectares - vingt ou trente fois les surfaces de naguère ! Disparu le dédale des vieux chemins que remplace un réseau de voies toutes droites, articulées à l'équerre et souvent ornées de signaux d'interdiction aux véhicules non agricoles !

Pays de « champs ouverts », dont rien de visible ne matérialise les limites. Pays hostile aux arbres, toujours rares. Parfois des noyers isolés se dressent sur les limites des parcelles, témoins de temps anciens où l'on fabriquait de l'huile de noix, où le bois de l'arbre abattu était vendu pour la fabrication des crosses de fusils, où les laboureurs et les attelages soufflaient dans l'ombre épaisse, au bout du sillon.

Les routes qui courent d'une ville à l'autre sont de loin signalées par deux rangées de grands arbres. Le ciel se découvre dans sa plénitude, toujours traversé par les archipels de nuages venus de l'Atlantique. D'une semaine à l'autre changent les couleurs de ce damier de cultures, et l'on y peut lire à tout moment le travail des hommes et des sèves. En été, peu avant les moissons, les terres recouvertes d'un tapis de céréales et d'oléagineux donnent une forte sensation d'opulence rurale. Les verts légers de naguère, les jaunes pâles des colzas ont disparu, remplacés par les verts plus sombres des maïs, les teintes presque rousses des blés mûrs, tandis qu'éclatent en taches lumineuses les « soleils » des tournesols. Des rubans verdoyants accompagnent les vallées mais ils ne débordent pas de leurs étroits sillons, plantés de peupliers.

Les paysages

Au pays des eaux souterraines

Ne cherchez pas d'eaux superficielles dans ce milieu, même si la trace d'anciennes vallées et de leurs méandres reste partout visible. Les eaux pluviales s'enfoncent dans le sol, et engendrent fréquemment les formes topographiques originales des milieux karstiques : à la surface il ne s'agit que de dépressions arrondies, d'ampleurs et de formes diverses, que les paysans appellent *creux* ou *fosses*. On les voyait en grand nombre au sud de Poitiers, où l'urbanisation contemporaine les fait disparaître ; on les voit toujours nombreuses autour du coude de la Charente. Dans leur fond, les eaux disparaissent dans des trous minuscules, que masquent parfois les argiles et les éboulis. Ces gouffres modestes sont suivis de grottes, de couloirs souterrains, de petits chenaux irréguliers. Les eaux infiltrées reviennent au jour dans les *sources* ou les *résurgences*.

Phénomènes classiques des pays calcaires donc, mais sans l'étendue ni la fréquence de ceux que l'on observe sur les Causses. Toutefois, nombre d'entre eux sont intéressants, et peu à peu nous mesurons leur complexité et leur importance grâce aux précisions qu'apportent les spéléologues. Citons les grottes de la Norée (près de Poitiers), la résurgence du Pamproux à la Roche-Ruffin (Pamproux), mais surtout l'ensemble des pertes, gouffres et résurgences non loin d'Angoulême, autour de la forêt de la Braconne. La série est ici complète : altérations superficielles des calcaires (lapiez), vallées sèches, énormes cavités ouvertes dans le plateau (Grande Fosse, Fosse mobile, Fosse limousine), avens, pertes de rivières dont le lit s'assèche et d'où tout écoulement disparaît (Bandiat, Tardoire), puissant réseau de cavités souterraines en grande partie exploré et décrit, spectaculaire résurgence des sources de la Touvre, la plus belle de France, dit-on, après la fontaine de Vaucluse.

Aspects des vallées

Dans ces masses calcaires, perméables mais dures, souvent renforcées par des bancs de silex volumineux, les rivières s'enfoncent en dessinant de profonds méandres dont les courbes concaves, toujours en pente raide, se dressent parfois en corniches. En face, les courbes en pente douce portent cultures et villages. Au fond, les peupleraies colonisent souvent le tapis d'alluvions de la zone inondable. Les sites pittoresques ne manquent pas : certaines corniches servent aux écoles d'escalade (Angles, Poitiers) ; ailleurs la concavité et le contraste des formes engendrent des sites séduisants, dans les vallées du Clain, de la Boivre, de la Vonne, de la Charente (site de Chenommet), du Thouet (cirque de Missé, près de Thouars), de la Sèvre, parmi bien d'autres. A Poitiers et dans ses environs immédiats ce schéma classique est bien réalisé.

Un site original apparaît le long de ces vallées : lorsque des affluents rejoignent le cours d'eau principal en s'enfonçant dans la roche en place, ils découpent des éperons bordés d'abrupts sur trois de leurs côtés, favorables à l'implantation de villages, de châteaux forts ou de petites villes. Les vieux châteaux, ou du moins leurs vestiges, témoignent du caractère défensif de ces éperons : à Lusignan, à Angles-sur-l'Anglin, à Chauvigny, à Vivonne. A Poitiers, le vaste méandre supporte toute la ville ancienne. Ce type de confluence se retrouve d'ailleurs en tous les lieux où les rivières sont encaissées, que les roches soient anciennes (Parthenay) ou plus récentes (Angoulême).

Abris naturels et préhistoire

Dans les escarpements calcaires des vallées s'ouvrent des cavités. Les unes n'atteignent pas la taille d'un homme, d'autres se développent sur quelques dizaines de mètres carrés et forment autant d'abris naturels d'usage facile.

Les hommes de la préhistoire les utilisèrent, en laissant sur le sol les rebuts de leur vie domestique et quelquefois, sur les parois, la preuve de leur habileté et les témoins de leur pensée : grottes d'Angles-sur-l'Anglin, de Lussac-les-Châteaux, de Civray, de Montmorillon (Vienne) ; exceptionnel ensemble charentais, non loin d'Angoulême : grottes du Quéroy, de Fontechevade (Montbron), de Rochebertin, de Rancogne, de Vilhonneur (grottes du Placard, de l'Ammonite, du Bois du Roc, de la Cave), de la Chaise de Vouthon (grottes Duport, Bourgeois-Delaunay, Suard). Plusieurs de ces grottes livrent toujours de nouveaux témoignages sur la vie et sur les milieux de ces époques éloignées (Montmorillon, Montgaudier).

De l'exploitation industrielle des calcaires à la découverte des fossiles

Calcaires et marnes jurassiques restent exploités en de nombreux endroits. Jadis ils alimentaient les fours à chaux qui permirent la transformation des terres issues des argiles superficielles des plateaux ainsi que celles des massifs anciens. Parfois leur exploitation industrielle est devenue l'un des éléments du paysage ;

ainsi autour de la puissante cimenterie d'Airvault (Deux-Sèvres). Ailleurs, les bancs calcaires sont débités pour la construction, car ils livrent de très belles pierres de taille, en grande partie exportées : autour de Poitiers (Bonnillet), de Chauvigny (Lavoux), de Vilhonneur (Charente). En quelques lieux l'exploitation fut si intense que tout le sous-sol est traversé d'énormes galeries, tantôt laissées vides, tantôt transformées en champignonnières ou en abris militaires (vallée de l'Auxances, Vienne). Dans les carrières, les amateurs de fossiles pourront ramasser les témoins d'animaux disparus, et, en particulier, ces beaux coquillages enroulés sur eux-mêmes que sont les ammonites (Pamproux). Dans les bons endroits, il suffit de parcourir les champs labourés pour faire d'amples cueillettes : petites ammonites de genres différents, éponges diverses, bivalves multiples, bélemnites semblables à des balles de fusil, fragments de coraux. Plus rarement (pointe du Chay), les polypiers fossilisés rappelleront l'existence d'anciennes mers chaudes. Vers Thouars, des formations rocheuses et une faune originale ont permis de définir un étage géologique, le Toarcien. Très localisée reste l'exploitation du gypse à proximité de Cognac (Cherves) et de Hiersac (Moulidars). A Melle on visite les galeries aménagées d'une vieille mine argentifère.

Les pays de collines

Nous savons que, de part et d'autre des grandes plaines jurassiques, en direction du nord comme du sud, ce sont des terrains plus récents qui apparaissent et qui recouvrent les marnes et les calcaires jurassiques enfouis dans les profondeurs.

Les pays de collines du Nord

Vers le nord, ils forment la limite des plaines orientales du Poitou, selon une grande courbe irrégulière qui passe à l'est de Thouars, au sud de Loudun, à Mirebeau puis vers Beaumont et Bonneuil-Matours. Vers le sud, ils s'arrêtent sur une ligne qui coïncide en partie avec le cours de la Charente, et que l'on suit de l'est de Rochefort au nord de Saintes, vers Cognac et vers Angoulême.

Les assises crétacées sont bien moins uniformes que les terrains jurassiques, et leur diversité se lit dans les paysages. Tout au nord, dans l'est du *Thouarsais*, le *Loudunais*, le *Mirebalais*, le *Châtelleraudais*, elles engendrent des séries de douces collines de style tourangeau - « une des plus charmantes contrées de France » (Vidal de la Blache), « un des ensembles les mieux réussis du paysage français » (Maurice Bedel) -, toujours renouvelées d'aspect bien que leurs éléments soient semblables.

A la base, les sables verts donnent de petites plaines et forment la partie inférieure des collines. Puis les sables cimentés en grès engendrent des terrasses, souvent visibles sous les grandes pentes ; au-dessus s'élève la formation crayeuse appelée *tuffeau*, coiffée d'argiles, de silex et de poudingues. Après les labours, le tuffeau se reconnaît à son éclatante blancheur, celle des terres appelées ici « aubues », terres blanches fécondes, en vif contraste avec les sols misérables du sommet des buttes.

Les bancs de tuffeau forment l'ossature de ces pays. Ils portent des villes - Mirebeau, Loudun -, des donjons - Moncontour, Curçay - et jadis ne pouvaient être dissociés de la vie paysanne. Ils sont partout creusés de cavités qui servirent autrefois à l'habitation (château de Chalupy, à Saint-Rémy-sur-Creuse), mais il n'existe plus guère de troglodytes, même si parfois une cheminée insolite se dresse dans le champ ou le jardin du plateau. Aujourd'hui ces cavités servent de resserres, de caves, souvent de champignonnières. Certaines buttes isolées constituent de surprenants ensembles, notamment Tourtenay, non loin de Thouars, avec son pigeonnier troglodytique.

Ces pays du tuffeau dominent les plaines en formant une ligne de hauteurs qui multiplient les points de vue séduisants sur les étendues calcaires situées en contrebas, qu'il s'agisse de la butte de Beaumont-Vendeuvre à l'est, des buttes autour de Mirebeau, plus au nord des secteurs viticoles, vers Ranton, Curçay, Saint-Léger-de-Montbrillais. Parlant de l'une de ces collines, Maurice Bedel écrivait joliment : « Elle n'est pas une crête, encore moins un pic : elle est un mouvement de terrain coiffé d'une chênaie mêlée de pins, un léger relief du visage de la France, un de ces riens qui donnent au modelé des traits son charme souvent secret ».

Autrefois les pierres de tuffeau servaient à la construction, mais leur médiocrité les a fait abandonner, car elles résistent mal aux gelées, ce qui explique l'état consternant des monuments anciens.

La maison rurale traditionnelle, de forme très simple, était couverte d'ardoises. Les altérations des pierres y sont souvent très visibles : elles deviennent squameuses, se décomposent en lamelles irrégulières. Parfois des bandes de grès, plus sombres et plus résistantes, forment un décor élémentaire dans le mur, en alternant avec les pierres blanches de tuffeau.

A l'intérieur et à la bordure de ces pays, il existait de vastes espaces mal drainés. Mais des efforts prolongés ont modifié les conditions de l'écoulement des eaux, qu'il s'agisse des marais de la Pallu (non loin de Beaumont), de ceux de l'Envigne, voués aux cultures maraîchères, de ceux de la Briande ou de la Dive ; presque partout des rideaux de peupliers signalent au loin ces zones humides.

Les pays de collines du Sud

En Saintonge et dans l'Angoumois, on retrouve les terrains crétacés sur une étendue beaucoup plus vaste. Le visiteur découvrira sans peine les changements de paysage qui proviennent de la différence des affleurements. Aux sables correspondent des espaces plans, ou presque, et ces sables alimentent encore la puissante verrerie de Cognac. Aux argiles correspondent des collines humides, souvent recouvertes de bois ; ces argiles servent toujours à la fabrication de poteries, autour de la Chapelle-des-Pots, où l'on évoque une tradition rendue jadis célèbre par Bernard Palissy.

Dans les *champagnes saintongeaises* le patient travail des eaux et du gel a modelé les roches calcaires en croupes peu marquées, aux pentes faibles. Les formations rocheuses sont tellement caractéristiques que les géologues utilisent des noms locaux pour définir plusieurs étages : Cognacien, Santonien, Campanien. Autour de Saintes, d'Archiac, de Jonzac, de Cognac, se succèdent de douces collines aux terres blanchâtres ou grises lorsque leur sol vient d'être retourné par la charrue, plus souvent parées des couleurs changeantes que les saisons donnent aux céréales ou au vignoble. Près de la Gironde, elles deviennent mieux marquées, au niveau de la brutale coupure de l'estuaire.

Ailleurs, les couches les plus récentes s'élèvent au-dessus des plus anciennes en formant des reliefs continus. Ainsi les *Pays Bas*, en bordure de la Charente, entre Jarnac et Châteauneuf, sont-ils dominés au sud par deux séries de côtes qui permettent de distinguer *Petite Champagne* et *Grande Champagne.* Que l'on ne croit point à d'imposantes variations des altitudes, puisque dans presque tous les cas nous restons au-dessous de 130 m, mais enfin ce modelé de collines distrait le regard peut-être fatigué par l'uniformité des plaines.

Dans l'*Angoumois* ces calcaires donnent par endroits des formes plus vigoureuses. La plus connue est sans doute celle de l'éperon qu'occupe la vieille ville d'Angoulême entre la Charente et l'Anguienne. Tout comme dans les calcaires jurassiques, des grottes nombreuses ou des abris sous roche contribuent à l'importance exceptionnelle du domaine préhistorique charentais : La Quina, Mouthiers (la Chaire à Calvin), la Combe à Rolland, Châteauneuf-sur-Charente. Les produits de décomposition des roches en place, fragmentés en d'innombrables et minuscules morceaux, forment des « grèzes » accumulées au bas des pentes et dans les terrasses alluviales, qui livrèrent de nombreux témoins des faunes et des hommes de la préhistoire.

Le sous-sol est creusé de galeries d'exploitation ou d'anciennes carrières à ciel ouvert, d'où provenaient les pierres de taille et les moellons utilisés dans la construction locale, et parfois exportés (Saint-Même-les-Carrières). A Jonzac, les galeries servent en partie aux besoins de la nouvelle station thermale. Juste au sud d'Angoulême, les calcaires et les marnes sont exploités par la puissante cimenterie de la Couronne, bien visible dans le paysage où elle évoque l'ensemble déjà décrit à Airvault.

Les pauvres terrains de couverture ou des pays difficiles

Les roches qui forment l'ossature de nos pays n'apparaissent pas toujours à la surface parce qu'aux temps dits tertiaires des placages rocheux superficiels et discontinus les recouvrirent. Infortune partagée avec la Sologne, la Brenne, la Double périgourdine.

Dans l'est de l'ancien Poitou, les sables, argiles, marnes et calcaires recouvrent une bonne partie du département de la Vienne. Ils engendrent des sols parfois presque stériles, toujours difficiles, les *terres de brandes,* jadis recouvertes de landes. Elles alimentèrent pourtant des activités industrielles. Au nord, les *meulières* furent exploitées pour la fabrication des meules de moulin, exportées par la Vienne. Un extraordinaire paysage de trous emplis d'eau, au milieu des brandes, témoigne de ce passé (Le Pinail, forêt de Moulière). Ailleurs, dans la Vienne comme en Charente, jusqu'au dernier tiers du siècle dernier, on recueillit les minerais de fer en nodules qui alimentaient les forges locales. Les argiles abondantes ont fourni la matière première à de nombreuses tuileries et briqueteries.

Ces terrains s'accompagnent d'une monotonie renforcée des plateaux : sur des centaines de kilomètres carrés, tous les reliefs ou presque sont abolis ; il ne reste que l'entaille des vallées. Ces terres ne permirent longtemps qu'une agriculture difficile, conduite par des populations restées à l'écart des changements (régions de Coulombiers, de Gençay, de Pleumartin, de Montmorillon). Dans la région de Montmorillon on chassait encore les loups au début de notre siècle.

En Charente, les formations de même âge peuvent se réduire à des manteaux d'argile rouge, semblables à la latérite des pays tropicaux, et d'autres fois elles atteignent plusieurs dizaines de mètres d'épaisseur. Par endroits n'apparaissent que des sols misérables, où domine un sable blanc parsemé de milliers de galets de quartz ; ailleurs les sables sont cimentés en d'épaisses cuirasses gréseuses, qui furent exploitées pour la construction, en particulier celle des églises (Barbezilien). Les plus épaisses de ces formations engendrent des régions de collines couvertes par des forêts modernes. Ces pauvres pays prennent en écharpe les deux Charentes, en formant une limite naturelle remarquable, étirée obliquement de Brouage jusqu'aux landes santongeaises (forêt de la Lande, secteurs de Montendre, de Montguyon) prolongées par les landes du petit Angoumois de Baignes, proches de celles du Montmorélien et du « pays au bois » de la Lizonne (ou Nizonne). Véritable puzzle que ce pays au sud des deux Charentes, où se juxtaposent de petites champagnes et des étendues forestières.

Dans ces marches hostiles, l'habitat se disperse dans d'étroites clairières en partie viticoles, au milieu des étendues forestières qui forment le fond des paysages (région de Brossac, Boscamnant). La présence des pins évoque les massifs dunaires des Landes de Gascogne ; le relief y est médiocre (environ 60 m entre les vallons et les sommets des collines), mais bien marqué.

Une industrie dérivée des argiles s'est développée dans cet ensemble. Au nord, en bordure de la zone, il s'agit de la fabrication de tuiles, de briques et de carreaux à partir des argiles qui se trouvent à la base des calcaires jurassiques (Roumazières) ; au sud de Barbezieux, grâce aux lentilles d'argile blanche contenues dans les dépôts de terrains tertiaires, une puissante industrie fait de ce secteur le premier bassin argilier de France (autour des communes de Clérac, Touvérac et Guizengeard).

A la rencontre de la mer

A l'ouest, les terres de Poitou-Charentes disparaissent sous les eaux marines, le long d'un tracé côtier que l'on nous dit de quatre cent cinquante kilomètres. Entre la baie de l'Aiguillon au nord et la limite méridionale de la Charente-Maritime, sur la rive droite de la Gironde, se justaposent des formes attachantes, d'une extrême complexité et souvent d'une extrême fragilité. On y reconnaît trois grands ensembles : celui du rivage continental, celui des îles, celui des marais.

Le monde étrange des marais

En s'élevant d'une centaine de mètres, au cours de leur dernière oscillation, les eaux marines transformèrent en golfes les parties les plus basses du littoral, qui devint un archipel aux contours compliqués. Puis, dans les eaux à peu près stabilisées, s'accumulèrent les vases marines ainsi que les alluvions venues des terres fermes. Plus tard encore, ces milieux encore incertains furent modifiés par le travail des hommes : partout ils organisèrent le drainage des marais, soit pour évacuer les eaux douces, soit pour contrôler les eaux nécessaires aux marais salants. Ils multiplièrent ici et là les digues littorales destinées à protéger les « polders » nouvellement conquis. Partout les formes actuelles témoignent d'activités séculaires et multiformes.

Diversité du Marais poitevin

Du rivage de la baie de l'Aiguillon jusqu'aux portes de Niort s'étendent les vastes étendues du Marais poitevin, le plus important ensemble de marais de la façade atlantique. Cette zone partiellement amphibie a justifié la création d'un parc naturel régional Marais poitevin-Val de Sèvre, de gestion d'ailleurs bien difficile.

Le Marais occupe l'emplacement d'un ancien golfe aux contours irréguliers, parsemé de quelques îles. Son aspect contemporain résulte de l'action conjuguée de la nature et des hommes. Si la première a contribué, par les dépôts alluviaux des petits fleuves côtiers et surtout par celui des argiles marines (que l'on appelle « bri »), au comblement de l'ancien golfe, le second a fixé l'image du Marais en réglant l'écoulement des eaux par tout un système de canaux accompagnés de levées, de digues et d'écluses. Monde complexe, contradictoire, où il s'agit de maîtriser l'eau terrestre autant que les eaux marines en fonction d'intérêts antagonistes.

Trois paysages correspondent à cet ensemble, qui s'étend sur les départements de Charente-Maritime, Vendée et Deux-Sèvres. A l'ouest *la baie de l'Aiguillon* s'étale de la pointe d'Arçay aux falaises de l'Aunis, sous forme d'un demi-cercle géant, très peu profond et très plat, tour à tour recouvert puis abandonné par les eaux marines. C'est le domaine des « bouchots », plantés dans les vases, étrange pays que célèbre Pierre Menanteau : « J'aimais ce feu léger, en tous lieux épandu, - Cette blondeur du ciel qui glissait sur le sable, - Ces polders, ces oyats, frisson d'un même vert - Que la mer retirée en ses glaises de vase. »

A l'est de la baie, le *Marais desséché* ressemble aux polders de Hollande. Ses terres ont été prises sur la mer grâce à l'aménagement simultané des digues et des canaux, « bots » et « contrebots ». Les « prises » sont souvent datées, et de ce

Le littoral et ses bordures

fait retracent l'histoire de la conquête. Par endroits les maisons s'accrochent à d'anciennes îles calcaires où se lisent les traces de rivages d'autrefois. Partout ailleurs s'étendent les prairies et les champs coupés de canaux, sous un ciel immense balayé par les vents atlantiques.

Plus à l'est encore, et jusqu'à la porte de Niort, se développe un paysage tout à fait différent, dans un pays de prairies découpé par un réseau très serré de canaux, tout couvert d'une végétation luxuriante. Une sorte de bocage aquatique, dominé par les hautes silhouettes des peupliers : canaux et feuillages, cela suffit pour que les dépliants touristiques parlent de *Venise verte* pour désigner ce qui n'est dans la langue locale que le *Marais mouillé*. Il s'étend peut-être sur une vingtaine de milliers d'hectares. Ses eaux s'écoulent avec peine et, l'hiver, il est régulièrement inondé.

Milieu insolite, comme hors du temps, que l'on explore sur quelques kilomètres seulement, dans sa partie orientale, grâce aux barques proposées aux visiteurs à Coulon, à la Garette, à Arçay, à Damvix.

Les marais de Rochefort

Traversées les terres fermes de l'Aunis, on descend dans les marais qui forment, autour de Rochefort, un vaste ensemble discontinu. Leurs contours irréguliers dessinent comme des rameaux le long des cours inférieurs des petites rivières. La basse Charente, la basse Boutonne se rattachent à cet espace.

Un véritable archipel d'anciennes îles parsème les marais ; de longs canaux dirigent les eaux intérieures vers la mer et plus souvent vers la Charente. Elles s'écoulent au milieu de paysages amples et tristes, qui peuvent sembler accablants à force d'être privés de reliefs. Pierre Loti parle avec émotion des rares arbres qui portent tous leur chevelure inclinée vers l'est à cause des vents marins, et des « grandes prairies vides d'alentour ; [...] rien que des plaines d'herbages où des troupeaux de bœufs se promènent. Et en avant, sur toute l'étendue du lointain, quelque chose qui semble murer les prairies, un peu tristement, comme un long rempart : c'est l'arête du plateau pierreux d'en face... l'autre rive, plus élevée que celle-ci, d'une nature différente, mais aussi plate, aussi monotone. Et dans cette monotonie réside précisément pour moi le charme très incompris de nos contrées ; sur de grands espaces, souvent la tranquillité de leurs lignes est ininterrompue et profonde. »

Les marais de Hiers-Brouage

Un étroit morceau de plateau sépare les marais de Rochefort de ceux de Brouage où l'on peut voir combien l'apparence des marais est chose humaine, et chose fragile. Bernard Palissy évoquait déjà ce secteur, qu'il parcourut alors qu'il était « commis pour figurer le pays des marez sallans ». Vers la fin du XVIIIe siècle, la toute nouvelle carte de France montre ce territoire découpé par les tracés géométriques des « Marais salans ». Aujourd'hui il ne s'agit plus que d'un petit désert, en partie inaccessible et d'utilité presque nulle, que dominent les témoins des guerres anciennes, qu'il s'agisse de la mélancolique citadelle de Brouage ou du donjon médiéval de Broue.

Les marais de la Seudre

Au-delà d'un étroit dos de pays de terre ferme, le promeneur découvre le plus insolite des paysages. Ce golfe allongé, long de vingt kilomètres environ, large de quatre à cinq, reste vraiment une annexe de l'océan. Autour du chenal médian qu'occupe la Seudre se développe une vaste étendue formée de casiers d'eaux miroitantes, de « claires » où « verdissent » les huîtres. En aucun autre endroit de la côte saintongeaise le paysage vu du ciel n'évoque avec autant de force les damiers rizicoles de l'Asie.

Un climat exceptionnel

L'invasion pacifique des vacanciers qui submerge chaque été la zone côtière et envahit quelque peu les zones vertes de l'intérieur serait incompréhensible sans l'espérance du beau temps, une réalité qui se lit sur toutes les cartes climatiques.

Dans un espace qui va de la région des Sables-d'Olonne au sud de Royan, les températures moyennes sont légèrement plus élevées qu'à l'intérieur, l'ensoleillement plus fort, la sécheresse plus grande : il tombe 680 mm à Chassiron (Oléron), alors que s'abattent déjà 900 mm à Bordeaux... et 1 475 mm à Biarritz.

Les plantes révèlent ce privilège. Dès février, les mimosas fleuris sont fêtés à Saint-Trojan (Oléron). Des espèces qui évoquent le Midi poussent spontanément, ou bien sont cultivées dans les jardins. Les palmiers devant les maisons, les chênes verts mêlés aux pins, de puissants agaves de place en place renforcent la tonalité méridionale de la flore. L'ensoleillement moyen peut être rapproché de celui que l'on observe sur le littoral méditerranéen.

Au-dessus de la terre, des marais et des eaux, les ciels atlantiques courent d'un bord à l'autre d'un horizon élargi. Une lumière « mouillée » enveloppe toutes choses. Ciels changeants, et parfois d'heure en heure, où se succèdent, portées par les vents d'ouest, les vapeurs venues de l'Atlantique. Michelet, qui les observe au-dessus de la Gironde, y voit « des nuages irisés qui projettent sur le miroir d'où ils viennent, d'étranges couleurs, verts clairs, roses et violets. Des créations fantastiques, qu'on ne voit un moment que pour les regretter, décorent de monuments bizarres, d'arcades hardies, de ponts sublimes, parfois d'arcs de triomphe, la porte de l'Océan ».

La mer des Pertuis

Si l'on joint par la pensée la pointe de la Coubre à la côte vendéenne au sud des Sables-d'Olonne, on voit que le rivage continental dessine un golfe très ouvert, aux contours irréguliers, et que deux grandes îles allongées, Oléron et Ré, le compartimentent. Ce golfe n'était pas désigné dans la nomenclature géographique traditionnelle. Depuis quelque temps il est devenu habituel de l'appeler mer des Pertuis en utilisant le mot ancien qui sert à désigner les passages entre les îles et entre la côte du continent et les îles.

Le littoral est découpé par l'aboutissement de quatre réseaux hydrographiques : au nord celui de la Sèvre Niortaise qui s'épanouit dans l'anse de l'Aiguillon au niveau du Pertuis breton, entre la côte vendéenne et l'île de Ré ; vers le centre, celui du fleuve Charente qui apparaît comme au point de départ du pertuis d'Antioche, entre l'île d'Oléron et l'île de Ré ; plus au sud, la Seudre aboutit non loin du pertuis de Maumusson qui sépare le sud d'Oléron de la presqu'île d'Arvert. Enfin l'estuaire girondin arrête vers le sud la région Poitou-Charentes, véritable bras de mer que nourrissent la Garonne, la Dordogne et l'Océan.

Les îles portent vers le large les aspects des terres fermes, des marais et des rivages continentaux : *Oléron*, la plus étendue, morceau étiré de Saintonge ; *Ré,* formée de trois îlots réunis par les hommes ; l'*île d'Aix,* minuscule mais bourrée de souvenirs ; l'*île Madame,* que la Passe-aux-Bœufs transforme en presqu'île lors des basses mers ; enfin le *fort Boyard,* dressé sur les sables sous-marins entre Oléron et l'île d'Aix à la grâce des tempêtes.

Il est impossible d'évoquer pas à pas ces quatre cent cinquante kilomètres de côtes, et l'on ne peut qu'en décrire les aspects dominants, communs aux îles et au rivage continental. Ce sont de vastes estrans gris et vaseux, où se dessinent à marée basse de multiples chenaux (baie de l'Aiguillon, Fier d'Ars, baie d'Yves, bordure du coureau d'Oléron) ; ou bien des falaises blanches, aux roches horizontales stratifiées, qui recèlent de surprenants fossiles (pointe du Chay) ou bien libèrent ammonites ou bivalves par milliers (Passe-aux-Bœufs). On retrouve ces aspects au nord de la Rochelle, vers Chassiron, à Port-des-Barques. Ailleurs la Côte sauvage est « toute cette partie de l'île qui regarde le large, les infinis de l'Océan : partie sans cesse battue par les vents d'Ouest. Ses plages s'étendent sans aucune courbure, droites, infinies, et les brisants de la mer, arrêtés par rien, aussi majestueux qu'à la côte saharienne, y déroulent, sur des lieues de longueur, avec de grands bruits, leurs tristes volutes blanches » (Pierre Loti, pour Oléron ; mêmes aspects au nord de la Coubre). Parfois des dunes s'élèvent à la limite des plages, couvertes de plantations d'oyats et de forêts (côte des Saumonards, Grande Plage dans l'île d'Oléron, presqu'île d'Arvert, de Ronce-les-Bains à la Grande Côte). La flèche littorale sableuse qui ferme presque Bonne Anse, au sud de la Coubre, reste exceptionnelle.

Le rivage saintongeais de l'estuaire

Entre la Coubre et Royan, les grandes plages (de la Palmyre, de la Grande-Côte) sont encore ouvertes sur l'océan mais, après la Grande Conche et la pointe de Vallières, le rivage forme simplement la bordure nord du puissant estuaire. Autour de Royan, les basses falaises calcaires où parfois s'ouvrent des grottes, comme à Meschers, sont entaillées de ravissantes petites baies appelées « conches », aux fonds tapissés de sable, et que dominent les chênes verts. Ce fut le premier secteur largement exploité par le tourisme, dès le siècle dernier. La très dense occupation balnéaire actuelle se développe encore vers le nord (lotissement de la Palmyre) ainsi que vers le sud (lotissement de Barzan). Ici, la terre saintongeaise s'élève jusqu'à une soixantaine de mètres au-dessus des eaux de l'estuaire. Vers Meschers, Talmont, Saint-Seurin-d'Uzet, elles sapent encore les falaises vives, et l'on y retrouve les aspects littoraux déjà décrits : côtes verticales et menaçées (le site de Talmont est le plus célèbre), larges estrans que battent les marées (entre Talmont et Meschers), marais en bordure du rivage (de Chénaumoine, de Meschers, de Talmont). Plus au sud, dès Mortagne, un triangle de marais et de polders s'allonge entre les falaises mortes, témoins muets des rivages d'autrefois, et les eaux vives. De raides et courts vallons découpent le rebord du plateau. Du haut des terres, on découvre la vaste étendue plane des marais, certains encore sauvages, d'autres cultivés puis, au-delà, le large ruban des eaux de l'estuaire que dominent à peine les terres du Médoc.

La vie du milieu marin et de sa frange littorale

Une surprenante richesse biologique

Les vies innombrables des animaux marins forment l'un des principaux attraits de ces rivages. Lorsqu'ils sont rocheux, ils portent une prairie d'algues *(laminaires* aux larges et longues lanières ; *fucus* à branches ramifiées à flotteurs qui forment la plus grande partie du varech ; *laitues de mer* ; *algues rouges)* qui grouille d'habitants (vers, crabes, oursins, anémones, moules, bigorneaux, patelles, balanes, crevettes, poissons divers).

Lorsqu'ils sont vaseux, il devient plus difficile d'imaginer l'extraordinaire productivité de ces mornes étendues de vases grises que parcourent quelques chenaux ramifiés. La quantité de matière organique végétale produite par ce milieu serait supérieure à celle des meilleures terres à blé ; on comprend donc le nombre immense et la prospérité des consommateurs primaires tels que moules, huîtres, lavignons, tellines, coques, palourdes ou praires, qui filtrent l'eau pour en extraire leur nourriture.

Lorsque le flot les recouvre, ces étendues deviennent une zone d'élection pour les *crevettes,* les *poissons plats,* les *anguilles* et les *mulets.* Au large, les espèces de haute qualité sont nombreuses et les variétés nobles - bars, soles, merlus - l'emportent dans la composition des tonnages commercialisés à La Rochelle. Ce ne sont pas seulement les professionnels qui les capturent ; bien des amateurs, en possession d'un petit bateau, tendent avec succès leurs filets dans les eaux des pertuis. Les petits bateaux de pêche ramènent les meilleurs poissons, parce que ces « canotes » passent quelques heures seulement au large ; ils alimentent des marchés de détail où l'on trouve côte à côte soles et limandes, bars et lottes, merlus et saint-pierre, maquereaux et raies, sans compter les congres, les roussettes, les mulets et les tacaults (qui servent d'appâts !), les carrelets et les dorades, les seiches, les poulpes, les éperlans, les sardines et les thons, les truites de mer...

Ajoutez à ceci tout ce qui porte *coquille* ou *carapace :* moules, huîtres, bigorneaux, patelles (méprisées, parce que trop dures), lavignons (ou lavagnons), praires, coques, palourdes, crabes (depuis les gros tourteaux jusqu'aux étrilles), crevettes grises et roses (ou bouquets), araignées et langoustines et, au sommet de la hiérarchie des prix, langoustes et homards.

Pêches professionnelles et élevages marins

La *pêche industrielle,* autrefois pratiquée à La Rochelle avec de gros chalutiers jaugeant plus de cent tonneaux, a presque disparu : 73 chalutiers en 1965, 16 en 1977, 6 en 1984.

La *pêche artisanale hauturière* se pratique avec des bateaux plus petits, de vingt à cinquante tonneaux ; ses apports très variés, et pour l'essentiel formés d'espèces nobles (merlus, dorades, soles, céteaux, baudroies, langoustines), s'écoulent sans difficultés.

Tous les ports pratiquent la *pêche artisanale côtière* conduite avec des navires petits ou très petits qui sortent pour trois ou quatre jours ou pour la journée seulement (La Cotinière, Royan). Ses aspects sont nombreux : petit chalutage, pêche aux casiers, pêche à la palangre, dragage des coquillages, pêche des piballes en hiver. Les pêcheurs de la basse Gironde s'intéressent surtout aux espèces migratrices (aloses, lamproies, civelles). Dans tous les ports les activités liées aux pêches professionnelles constituent un élément d'attraction toujours renouvelé.

Bien que nous soyons très en retard sur les Japonais pour l'élevage des animaux qui vivent dans les eaux douces ou salées, les littoraux de notre région occupent la première place européenne, et sans doute un des premiers rangs mondiaux pour l'élevage des huîtres *(ostréiculture)* et pour celui des moules *(mytiliculture).*

Parmi les très nombreuses variétés d'huîtres, on élevait autrefois surtout les *huîtres* plates, dites *de Marennes,* aujourd'hui peu nombreuses et chères, car détruites par les épizooties. Les *portugaises,* introduites à la suite d'un naufrage, formèrent longtemps le fonds de la production. Mais elles furent menacées de disparition par une nouvelle épizootie à partir de 1967 ; il fallut importer des huîtres japonaises pour repeupler les parcs. Aujourd'hui l'élevage se fait à partir d'huîtres creuses, originaires de la côte américaine du Pacifique mais parfaitement adaptées au milieu. L'essentiel des activités ostréicoles se déroule dans le bassin de Marennes et d'Oléron.

La mytiliculture, pratiquée surtout dans la baie de l'Aiguillon, s'est étendue dans la baie d'Yves, au sud de l'île Madame, et dans le secteur de Boyardville, souvent comme activité complémentaire de l'ostréiculture.

D'autres élevages font actuellement l'objet de recherches. Il semble souhaitable et possible de développer l'*aquaculture* en un milieu naturel si favorable, déjà mis en valeur par des spécialistes remarquables. Les principaux essais, fortement soutenus par les organismes scientifiques nationaux ou par de grandes sociétés étrangères, ont pris place dans les îles de Ré et d'Oléron ; mais, jusqu'ici, le prégrossissement de naissain d'écloserie (huîtres et palourdes), l'élevage de la truite de mer, la production d'alevins de turbots, bars et dorades et de turbots marchands n'ont pas eu de conséquences économiques de premier plan. On ne sait que penser encore des élevages de grosses crevettes, de gambas et de saumons.

Mer et tourisme

En peu d'années le spectacle offert par la mer, en période estivale, a profondément changé.

Aujourd'hui les bateaux de plaisance apparaissent partout, en bordure des étiers de la côte girondine aussi bien que dans les anciens ports militaires des îles. Il a fallu créer des ports spécialisés, à Royan mais surtout à La Rochelle (port des Minimes), en raison des possibilités remarquables offertes à la navigation de plaisance par la mer des Pertuis. L'organisation de régates, l'essor d'industries associées à cette forme originale de tourisme, l'exploitation médiatique des grands événements sportifs ou commerciaux, l'apparition d'écoles de voile à divers niveaux : autant de conséquences bénéfiques de cette vocation nouvelle de la mer.

Le monde rural

Lorsqu'il évoque le Centre-Ouest, le touriste moyen pense d'abord à une région rurale par excellence. Ceci n'est plus tout à fait vrai, même si les actifs agricoles sont encore nombreux, même si les fortes agglomérations restent inconnues, puisque les plus grandes ne comptent guère plus de 100 000 habitants. Étrange archaïsme, dans un monde où apparaissent chaque année de nouvelles villes plurimillionnaires? Peut-être... mais ici le cadre de vie est resté à l'échelle de l'homme; l'irruption des techniques et des consommations modernes n'a pas entièrement bouleversé les relations entre les hommes et leur milieu.

Comme en bien des endroits dans la France profonde, le semis fondamental du peuplement reste de faible densité, et les effectifs des populations rurales diminuent depuis longtemps par l'effet conjugué du vieillissement et de l'exode. Depuis peu, le phénomène s'inverse à l'intérieur de la zone d'influence directe des villes, désormais entourées d'un espace périphérique bien vivant. Il existe donc d'un côté des campagnes dévitalisées (où les densités passent parfois au dessous de vingt), menacées par le dépeuplement, le vieillissement et peut-être l'abandon d'une partie de l'espace agricole, et de l'autre des zones rurales vivantes qui ne sont que des projections diffuses des villes voisines.

Labours et pâturages

La renommée des produits dérivés des élevages (beurre, lait, fromages) laisse parfois penser que ces régions ne seraient que d'immenses prairies, vertes d'un bout de l'année à l'autre. Il n'en est rien car presque partout les sécheresses estivales restent menaçantes et, vers la fin de l'été, bien des prairies sont desséchées. Dans les pays calcaires, seuls les rubans alluviaux qui tapissent les fonds des vallées restent verdoyants; il faut porter de l'eau aux animaux qui vivent dans les champs, et parfois même quelque nourriture d'appoint.

Aussi, de nos jours, les plaines deviennent progressivement des pays arrosés, que ce soit par branchement sur le réseau d'eau (pommiers), par le creusement de puits, par la prise directe dans les rivières ou l'aménagement de réserves un peu partout. Sans ces arrosages, la production du maïs-grain, très répandue, resterait par trop incertaine. Le paysage rural s'est donc enrichi de nouveaux éléments. Les énormes enrouleurs de tuyaux souples, les centaines de mètres de tubes d'aluminium posés sur le sol, les grandes rampes d'arrosage mobiles et les panaches des canons à eau appartiennent aux images classiques de l'été.

Mais bien d'autres éléments modifient le paysage agricole. Tous témoignent de l'ampleur des changements contemporains, de la disparition rapide des formes d'exploitation anciennes, de la très remarquable adaptation des agriculteurs à l'évolution des techniques et des besoins. C'est tantôt l'apparition des silos métalliques, collectifs ou réservés à une exploitation, tantôt celle de machines étonnamment complexes et performantes; c'est la pratique généralisée de l'ensilage et de la stabulation libre, c'est le développement des élevages industriels (nord des Deux-Sèvres) avec leurs constructions révélatrices. Qui eût imaginé, il y a trente ans, qu'un élevage de plus de cent mille lapins, associé à un abattoir, puisse exister (Champagné-Saint-Hilaire)? Que l'ordinateur règle la nourriture des vaches laitières et les suive ainsi heure après heure? Que des millions d'œufs soient conditionnés, traités, voire transformés en poudre ou en pâte (Pleumartin)? Que du lait dérivent des dizaines de produits destinés aussi bien à la nourriture des hommes qu'à celle des animaux? Que l'on produise des melons sur des centaines d'hectares, occupant ainsi à certaines périodes une place fondamentale sur le marché national (vers Thouars)?

A de multiples détails, le visiteur attentif pourra juger de la vitalité de cette agriculture et des changements ininterrompus qui modifient les relations entre les hommes et les produits agricoles. Le paysage change aussi dans la mesure où les cultivateurs, par voie d'accords individuels, ou les services publics, par le biais des remembrements, augmentent la dimension moyenne des champs. Dans les plaines, on est passé, en trente ans, de parcelles souvent inférieures à l'hectare à des parcelles comprises entre dix et quatorze hectares, où les conducteurs des puissantes machines évoluent à leur aise : le paysage s'en est trouvé bouleversé.

La découverte attentive de ces petits « pays » de France montrera que les formes théoriques - plaine ouverte ou bocage - ne correspondent qu'à une partie du territoire. Sur d'énormes étendues, elles ne sont pas vraiment réalisées : la couverture végétale y participe plus ou moins du type « bocage » ou du type « plaine », mais il s'agit de formes imparfaites.

Tantôt le bocage semble avoir avorté : des haies mal venues bordent les champs sur un ou deux côtés; quelques parcelles seulement sont entièrement closes. On a le sentiment qu'il suffirait d'un effort médiocre pour que ces terres retrouvent l'aspect des bocages. Ailleurs, ce paysage mixte est au contraire voisin de la plaine classique : dans un espace dénudé s'étirent quelques haies, dont on peut croire qu'elles disparaîtront prochainement.

En Aunis, en Saintonge, dans le Ruffecois, on voit d'innombrables haies discontinues, généralement formées de baliveaux assez hauts, plantées d'un seul côté des parcelles. Ces minces lignes d'arbres s'inscrivent dans l'espace en une curieuse architecture.

Sur les limites intérieures de la plupart des marais (marais de Rochefort), ainsi que dans les fonds alluviaux noyés en hiver (vallée de la Boutonne) se développe un paysage végétal semblable à celui du Marais mouillé. Dans ce milieu mal drainé le sol est coupé de fossés; sur leurs bordures sont plantés des arbres qui prospèrent grâce à l'humidité permanente; ils dessinent sur les vues aériennes un quadrillage serré.

Dans les pays boisés du sud des Charentes, bois et forêts forment le fond du paysage. Souvent le pin maritime est l'espèce principale (Double saintongeaise). Au sein de ces forêts privées, partagées entre des milliers de propriétaires, la vie agricole s'établit sur des clairières de médiocre étendue, et toujours fermées de tous côtés par la ceinture vert sombre des frondaisons... Les grandes plaines, les marais, les bocages classiques semblent appartenir à un autre monde.

Les pays viticoles

Les conditions climatiques permettent de trouver de la vigne partout dans la région, tout au moins sous la forme de parcelles isolées qui témoignent d'un attachement profond au vin d'origine familiale; vins souvent médiocres à l'origine et d'ailleurs non commercialisés. Mais un effort tout récent, qui porte à la fois sur le changement des cépages et sur l'amélioration des pratiques culturales et viticoles, a déjà obtenu des résultats suffisants pour que certains d'entre eux apparaissent sur les marchés (vins de pays charentais, définis en 1981).

L'espace producteur du *cognac* est réparti entre plusieurs crus, que l'on peut classer en qualité décroissante : Grande Champagne (autour de Cognac et de Segonzac), Petite Champagne (autour d'Archiac, Jonzac, Barbezieux), Borderies (au nord-ouest de Cognac), Fins Bois, Bons Bois, Bois ordinaires (le nord-ouest de la Charente-Maritime et les îles).

Sur la périphérie de l'aire délimitée, les effets de cette production se voient peu dans le paysage et restent subordonnés dans l'économie; tout au contraire, au cœur du pays cognaçais, campagnes et villes en portent la marque.

Voici les rangs serrés des ceps, alignés comme à la parade, qui courent jusqu'à l'horizon des douces collines dont la ligne est rompue par quelques bosquets. De ci, de là, dispersés dans les vignes, quelques bâtiments agricoles, à la noble architecture. Le portail franchi, dans la vaste cour intérieure, le logis du maître est précédé de quelques arbres et d'une pelouse. Si l'on y accède, il n'est pas rare d'y trouver un mobilier d'un goût sûr, quelquefois prestigieux. Non loin du logis, les parois des bâtiments sont envahies de traînées noires, où certains croient apercevoir un défaut d'entretien ; tout au contraire, elles témoignent de l'alchimie silencieuse qui se déroule derrière ces murs au cours des saisons. Car ces traînées noirâtres proviennent de moisissures développées dans les vapeurs de l'eau-de-vie.

On ne connaît pas assez, hors des Charentes le *pineau,* cette délicieuse boisson qui rallie tous les suffrages lorsqu'elle est proposée comme apéritif. C'est à Cognac que siège l'Union générale du pineau des Charentes. Le pineau n'est autre que du vieux cognac auquel ont été ajoutés des moûts de raisins frais. Il vieillit dans les mêmes fûts de chêne que le cognac. On présente aux amateurs des *pineaux blancs* et des *pineaux rouges,* également dignes par leur finesse et leur saveur de figurer sur les tables les plus recherchées. Partout en pays de Cognac le visiteur pourra déguster, acheter, visiter les chais et certaines grandes exploitations.

Nulle part le rôle de la viticulture n'est aussi décisif. Elle joue néanmoins une fonction non négligeable dans les plaines au nord-ouest de Poitiers (cave coopérative de Neuville), ainsi que dans une étroite bande de territoire à l'extrême nord des départements de la Vienne et des Deux-Sèvres (V.D.Q.S. *vins du Thouarsais,* A.O.C. *anjou-rosé d'anjou,* secteur de Bouillé-Loretz). Ici encore, visites et dégustations aideront à la connaissance de nos pays.

L'éparpillement des maisons rurales

La concentration de l'habitat rural ancien reste ici exceptionnelle. On la rencontre presque toujours sur les grands plateaux calcaires, associée aux plaines dénudées et aux cultures de céréales.

Les formes dispersées l'emportent de loin au point que plusieurs communes n'ont même plus de centre (plusieurs exemples en Charente). D'ordinaire, la répartition de l'habitat dans l'espace permet de reconnaître trois formes simples.

A la base se trouvent les *fermes isolées* ou de petits groupes de fermes (deux ou trois). Perdus au fond des bocages, isolés au cœur des marais, ces « écarts » restèrent jusqu'à notre époque d'accès bien difficile. Nombre d'entre eux ont été abandonnés ; certains revivent par la grâce de citadins épris de solitude.

Puis viennent les *villages,* terme qui sert à désigner tout groupe de maisons réunissant quelques familles : de vingt à soixante personnes, parfois une centaine. Ils ne possèdent d'ordinaire aucun élément de vie collective. Dans quelques cas la présence d'un café, d'une chapelle, du bâtiment où logeait une classe montre qu'ils ont pu posséder un embryon de fonction tertiaire.

Mais celle-ci appartient aux *bourgs* qui sont les centres des communes. Ils réunissent les fonctions les plus éminentes du microcosme rural, avec écoles primaires et maternelles, souvent alimentées en partie par un système de ramassage scolaire, église (temple parfois), commerçants et artisans divers, salle polyvalente ou même piscine et « supérette ». On est souvent surpris par le nombre et la qualité des services ainsi proposés. C'est que le bourg doit réunir tout ce qui est nécessaire à une population plus nombreuse qu'il ne paraît, car à ses besoins propres s'ajoutent ceux des écarts ainsi que ceux de plusieurs communes trop petites pour avoir un véritable centre. Souvent le rôle du bourg est renforcé et affirmé par la présence de marchés hebdomadaires qui rassemblent la population des environs immédiats.

Entre les bourgs, les villages et les fermes, entre cet ensemble rural et le monde urbain, s'établit un complexe faisceau de relations que remettent en question les possibilités de transport (rôle de l'automobile) ou l'organisation du commerce (grandes surfaces urbaines). Avant l'arrivée des nouveautés techniques contemporaines, le poids de l'isolement dut être extrême, sans doute accablant pour les femmes en particulier. Si, aujourd'hui, même les fermes isolées sont accessibles par des chemins goudronnés, il y a trente ans encore et parfois moins, certaines d'entre elles restaient quasiment hors d'atteinte, isolées par des centaines de mètres de chemins impraticables pendant la moitié de l'année.

Ces formes d'occupation des sols eurent-elles quelque effet dans la formation des mentalités anciennes ? Ce n'est plus guère qu'une question d'intérêt historique alors que l'espace d'autrefois, calculé en heures, en jours, au pas d'un piéton ou d'un cheval, s'est comme volatilisé sous nos yeux, grâce aux réseaux de radio, de téléphone, de télévision.

Les progrès de l'équipement sont tels dans l'époque contemporaine que de nombreuses communes rurales possèdent une surprenante panoplie de services consacrés aux loisirs : pièces d'eaux (baignade, pêche, planche à voile, pédalos, piscines), salles polyvalentes accompagnées de salles spécialisées et même de tennis, quelquefois terrains de golf, lieux de pêche aménagés, campings, bases de canoë-kayak, stations équestres et terrains de chasse contrôlés. Cet effort récent et remarquable devrait susciter le développement du « tourisme vert », encore trop secondaire.

La diversité architecturale des maisons rurales traditionnelles

Les maisons rurales d'autrefois encore intactes sont désormais rares. Beaucoup d'entre elles « fondirent » au cours du temps, comme l'on dit ici, et il n'en subsiste plus qu'un gros « chiron » (un gros tas) de pierres et de tuiles. D'autres furent reconverties, ou remises à neuf sans beaucoup de mesure. Il faut néanmoins prêter attention à ces architectures menacées, qui expriment à la fois les exigences d'une vie agricole dont tous les composants anciens ont disparu, et les ressources offertes par le milieu physique environnant. Que de diversité dans leurs structures et dans leurs matériaux ! Combien le paysage humain perdrait de son âme et de sa chaleur si elles venaient à disparaître !

En Gâtine et dans le Bocage, on verra encore les maisons aux murs de granite ou de schiste, couvertes de tuiles creuses presque toujours. Parfois des briques pleines, rouges, servent à l'encadrement des portes et des fenêtres. Les différences sociales anciennes se lisent aisément dans le volume bâti. A la base, les *creux de maison,* autrefois destinés aux plus pauvres, aujourd'hui presque disparus, et partout abandonnés ; puis les *borderies,* maisons exiguës, formées seulement d'une ou deux pièces surmontées d'un grenier, flanquées d'une étable de petites dimensions ; les *métairies* correspondent à plus de richesse terrienne : souvent il s'agit d'une longue et basse maison d'habitation en face de laquelle la grange-étable au toit à double pan, imposante, témoigne de la puissance relative de l'exploitant ; au-dessus encore, les *manoirs* anciens, les maisons bourgeoises et les petits *châteaux* se distinguent par l'emploi systématique des couvertures d'ardoises, mais le granite ou les schistes restent toujours présents.

Dans les plaines calcaires, la maison la plus simple prend la forme d'un modeste rectangle auquel est accolée une minuscule grange-étable, ou parfois le chai avec son pressoir. Une série de petites constructions très basses le complète : ce sont les « toits », naguère logements des lapins, des cochons, des poules ou des chèvres. Un gros bloc de calcaire évidé couronne le puits qui servait d'ordinaire à plusieurs familles et supporte toujours une « mécanique ». Les maisons possèdent aussi des citernes qu'alimentent les eaux pluviales. Dans les dépendances, les pierres restent apparentes et les grands murs superbes révèlent le savoir-faire exceptionnel des constructeurs anciens. Parfois ces murs enferment une cour intérieure, qui s'ouvre par un portail surmonté d'une simple poutre, mais ailleurs il s'agit d'une voûte arrondie en pierre de taille. Dans le Neuvillois, une mode passagère fit abattre le mur en bordure de rue, que l'on remplaça par de belles clôtures en fer forgé que supportent d'orgueilleux piliers.

Il faudrait des pages pour dire les secrets des maisons charentaises. Dans les îles et sur le littoral fleurissent les maisons blanches parfois minuscules, sans étage, aux volets pleins, bleus ou verts, à peine plus hautes que les hampes des roses trémières qui les bordent.

Dans l'intérieur, les roches sont utilisées sous forme de moellons mais souvent en pierre de taille. Les maisons de maître y atteignent une rare élégance : des bandeaux légers séparent les étages, les fenêtres souvent fermées de persiennes se disposent en bon ordre de part et d'autre du couloir central sur lequel ouvre la porte d'entrée surélevée de quelques marches ; des lucarnes éclairent le grenier sous le toit de tuiles creuses, à quatre pans. Nombreux sont encore les portails splendides, où s'ouvrent une porte charretière et une porte piétonne, en plein cintre ou en anse de panier. Tout au sud, les formes harmonieuses de bien des bâtiments annoncent les formules architecturales répandues dans les campagnes bordelaises.

Un patrimoine singulier : les monuments funéraires

L'architecture funéraire mériterait d'être analysée de manière systématique à travers les siècles. Notre connaissance des époques préhistoriques passe souvent par celle de sépultures anciennes. *Dolmens* et *tumuli* révèlent bien des choses sur les sociétés proches de notre ère. L'ensemble de Bougon (Deux-Sèvres) est à cet égard exceptionnel. Ce que nous savons de l'époque gallo-romaine est dû en partie à l'analyse de monuments funéraires ou de témoins mobiliers des pratiques funéraires (musées de Saintes, Poitiers). L'époque barbare a livré des milliers de sarcophages, visibles en bordure des églises, dans les musées (Poitiers, baptistère) et surtout dans le site extraordinaire de Civaux (Vienne).

Plus près de nous, dans les régions protestantes, on ne peut bien décrire certains villages sans évoquer les *cimetières privés* qui s'insèrent au milieu des maisons ou sur la limite des champs proches (régions de Lusignan, Celles, Saint-Sauvant, la Mothe-Saint-Héray). Au bout du jardin, une ligne de buis taillés cerne un étroit enclos que signalent souvent un ou plusieurs cyprès. Là s'alignent quelques tombes familiales que l'on désherbe et que l'on pare en faisant le jardin d'à-côté ; souvenir des époques terribles qu'engendrèrent pour la minorité réformée les persécutions monarchiques, témoignages émouvants de familiarité entre les vivants et les morts, que menacent aujourd'hui la dispersion des familles et l'extinction des lignées.

Plus près de nous, l'art funéraire de la seconde moitié du XIXe siècle et des débuts du XXe siècle s'est exprimé par l'érection de petites chapelles ou de monuments commémoratifs. Les *monuments aux morts* font partie intégrante du patrimoine villageois, même s'ils s'inspirent de modèles apparentés.

Toponymes

Il semble que les parlers « d'oc » furent autrefois utilisés assez largement dans la région. Aujourd'hui les linguistes arrêtent le domaine de l'occitan à l'extrême sud-est du département de la Vienne (Availles-Limouzine) et sur une ligne nord-sud qui coupe l'est du département de la Charente (Confolentais, Montbronnais, secteurs de Villebois et d'Aubeterre).

Dans les conditions ordinaires, il sera bien difficile au visiteur d'entendre des propos poitevins, saintongeais ou limousins. Tout au plus pourra-t-il noter quelques régionalismes inconscients chez leurs auteurs. Cependant les rassemblements agricoles lui permettront de surprendre ce qui reste dans la vie rurale des anciens « parlhanges », disparus des milieux urbains.

La lecture des cartes modernes l'introduira au contraire dans un intéressant domaine toponymique. L'héritage gallo-romain y est aisément perceptible. Ainsi, dans les Charentes, le suffixe latin *-acum* a donné de nombreuses formes en *-ac* utilisées pour désigner des villes (Jonzac, Cognac) mais qui servent également pour des groupements plus petits et même pour des écarts (Angeac, Lorignac, Semillac). Ailleurs, et notamment en Poitou, le même suffixe dérive en *-ay* (Lezay, Cerizay) en *-ais* (Charrais), en *-y*, et même, plus curieusement, en *-é* (Chizé, Clissé, Ligugé).

En ce qui concerne les lieux-dits et les plus petits écarts, une pratique quasi générale dans le domaine poitevin consistait à les désigner par le nom de leur premier occupant, complété par *-ère* ou *-ière* (la Martinière, la Mérichère, la Villonière).

En Saintonge et en Angoumois, l'usage voulait que l'écart soit désigné par *chez*, suivi du nom propre (Chez Portier, Chez Mervaud, Chez Fouché, Chez Corbin, Chez Fruger). Très localisée, cette pratique est saisie ici dans sa partie occidentale. Elle se prolonge vers l'est, en une bande étroite, jusque sur le territoire de la Suisse romande ; elle est marginale dans la Vienne : 125 écarts en « chez », mais plus de 4 000 dans les deux Charentes.

Le latin *podium*, associé à l'idée de petite éminence, a donné comme ailleurs de nombreux *puys* (Puy Moreau, Puy Chevrier), mais aussi des *peu* plus surprenants (le Peu de Brossac, Peu Grenier, le Peux) et même quelques *pied* (Pied-Buzin, Pied-Griffé).

Le promeneur du littoral sera sensible à la toponymie particulière des rivages et des zones humides, si propre à éveiller des images touristiques : *bancs* (hauts-fonds) de la Gironde et de la mer des Pertuis (banc de Saint-Georges, banc de la Mauvaise, banc de la Goëlette) ; *platins, perrés, roches, banches* et *vannes* (estrans rocheux : vanne de Grignon, banche de Clocher, perré d'Antioche) ; *pointes* (pointe du Plomb, pointe de Chef-de-Baie, pointe de Grignon) ; *anses, baies, conches,* qui désignent toujours des rentrants du tracé côtier (anse de l'Aiguillon, baie d'Yves, conche de Pontaillac).

Dans les marais, de nombreux toponymes rappellent les singularités du milieu ainsi que des épisodes de sa mise en valeur : *canal* (canal de Saint-Louis, canal des Cinq- Abbés) ; *ceinture* (équivalent de canal : ceinture des Treize Prises, ceinture des Hollandais) ; *chenal* (chenal de Malentrait) ; *rigole* (rigole de la Garette) ; *digue* (digue des Limousins) ; *levée* (levée des Courlins) ; *étier* (partie inférieure des rivières côtières, battue par la marée : étier de Maubert), etc.

Un riche réseau de villes petites ou moyennes

Ces pays restèrent, jusqu'à nos jours, à l'écart de l'urbanisation galopante, et, malgré les croissances exceptionnelles d'après-guerre, les plus grandes agglomérations regroupent seulement cent mille personnes (La Rochelle, Angoulême, Poitiers). Au dessous de Niort (64 000 habitants) viennent trois villes voisines de 40 000 habitants (Cognac, Châtellerault, Rochefort), deux approchent les 30 000 habitants (Saintes, Royan) et les autres se dispersent jusqu'à la base statistique des organismes urbains français, soit 2 000 habitants seulement.

Petites villes donc, assez conformes à des schémas partout visibles dans les pays d'Ouest. Leurs récents progrès ont suffi pour transformer leurs apparences en multipliant les banlieues anonymes qui enserrent des centres vieillis et menacés par d'intenses dépeuplements.

Comme tant d'autres en Europe, ces vieux centres cristallisent l'histoire dans le réseau serré de leurs rues, de leurs habitations, de leurs monuments quelquefois prestigieux. C'est sans doute à *Poitiers* que cette longue cristallisation est le plus sensible, car « l'on y a l'impression de marcher dans l'histoire. A chaque angle de rue on change de siècle aussi facilement qu'on change de trottoir » (Exbrayat).

Le visiteur trouvera des traits communs aux villes proches de la mer, bien que leurs structures soient fort différentes. La plus importante et la plus célèbre reste *La Rochelle,* parce que les luttes qu'elle mena contre le pouvoir catholique et royal furent étroitement liées à la formation de l'unité nationale. Ses beaux monuments, ses demeures patriciennes et ses musées révèlent ce que fut en d'autres temps sa prospérité liée au négoce. L'examen de son plan montre comment changèrent ses relations avec la mer : vieux bassin d'échouage que Richelieu ferma d'une digue, bassins destinés à la pêche, bassins ouverts sur le territoire de La Pallice, plus proches de l'eau profonde, môle d'escale jeté à la rencontre des navires, port de plaisance des Minimes qui consacre et développe une forme nouvelle d'exploitation de la mer des Pertuis, implantation récente d'un nouveau port à la pointe de Chef-de-Baie.

C'est une volonté politique qui fit naître *Rochefort,* à la fois du fleuve et de la mer. La ville se comprend mieux sur la carte qu'au sol, car on l'y voit dépendante des protections naturelles et des implantations militaires qui défendent l'estuaire. On y voit surtout la netteté de son plan géométrique : c'est la dernière sans doute des grandes bastides élevées sur le sol français. Quant à *Royan,* il n'est plus rien qui y rappelle la fonction militaire : elle est la plus récente de toutes ces villes puisque détruite il y a moins d'un demi-siècle, mais reconstruite pour le tourisme, pour la retraite, pour les jeux de l'eau et du soleil... A ce point de vue elle s'inscrit dans cet énorme fait de civilisation qu'est le développement des loisirs balnéaires.

Des trésors de culture et d'histoire

Le tourisme exerce de manière continue sur tous les rivages, dans les îles comme sur le continent, une immense et diffuse pression économique et sociale et tous s'en trouvent déjà profondément transformés, quelquefois menacés. Comment pourrait-il en aller autrement lorsque l'on découvre que, pour 1987, le nombre de journées de vacances était estimé à 24 450 000 pour la Charente-Maritime, la plaçant au quatrième rang français après la Vendée, le Var et l'Hérault ?

Dans les villes de l'intérieur, le touriste ne trouve plus l'attraction souveraine des rivages. Il aurait tort pourtant de les dédaigner, tant elles contiennent d'aspects attachants, lentement mûris au cours des siècles. Plusieurs d'entre elles connurent un réel rayonnement dès l'époque gallo-romaine : *Saintes* bien sûr, et *Poitiers* où l'on trouve toujours les témoins archéologiques des premiers siècles à quelque endroit que l'on creuse dans la vieille ville. D'autres furent des créations médiévales, ou du moins le germe urbain ne s'y développa qu'au Moyen Age, souvent dans le cadre de la prospérité régionale, nationale et quelquefois internationale des seigneurs locaux.

Dans les campagnes aussi bien que dans les villes, l'intensité de la vie religieuse ancienne se traduit par une incroyable densité d'établissements, dont les fondations s'étalent sur au moins quinze siècles : de la cathédrale au plus humble hospice, du prieuré à l'abbaye, de la simple chapelle à l'église paroissiale, ces innombrables témoins méritent attention. Ils sont devenus assez souvent le cadre d'activités contemporaines et profanes, en particulier de réunions musicales.

Au-delà des éléments modernes communs et partout présents, le voyageur pourra découvrir avec intérêt des aspects locaux liés à telle ou telle fonction : à *Saint-Maixent,* la vie de la garnison ; à *Poitiers,* l'animation parfois un peu vive due à la proportion énorme des étudiants ; dans les villes de la Charente moyenne, les activités viticoles liées à la fabrication, au stockage et au négoce du cognac ; à *Angoulême,* le rôle d'une industrie polyvalente et celui de certaines activités culturelles. Quelques manifestations urbaines régulières se hissent à une dimension nationale ou internationale : Festival international de folklore de *Confolens,* Semaine internationale de la voile de *La Rochelle,* Festival de musique ancienne de *Saintes,* etc.

Au total, malgré l'uniformisation qui résulte des changements techniques, démographiques et sociaux actuels, malgré le développement foudroyant, au cours des dernières décennies, de vastes périphéries urbaines, nos villes conservent des caractères tranchés dont la découverte attentive se révélera d'une richesse que la faible importance de leurs populations ne laisserait pas soupçonner.

d'après un texte de *Jean Pitié*

L'héritage

La région Poitou-Charentes résulte du regroupement, en apparence assez artificiel à l'origine, de quatre départements situés dans le Centre-Ouest de la France : Charente, Charente-Maritime, Deux-Sèvres et Vienne. Jamais dans le passé riche et mouvant de ces régions de passage et de contact ils n'avaient été regroupés de cette manière.

Longtemps ces territoires ont appartenu à une grande Aquitaine, aux limites extrêmement variables - depuis l'Aquitaine romaine jusqu'aux principautés mérovingienne et carolingienne -, avant que Poitiers ne devienne la capitale des comtes-ducs de la dynastie des Guillaume. Le morcellement en provinces, elles-mêmes aux frontières fluctuantes, fit émerger un grand Poitou s'étendant de l'océan Atlantique aux confins de l'Auvergne, l'Aunis, la Saintonge et enfin un Angoumois souvent rattaché à d'autres ensembles. La monarchie louis-quatorzième regroupa ces régions en vastes généralités : celle de Poitiers, qui s'étendait du Confolentais aux Sables-d'Olonne ; celle de La Rochelle, de création plus tardive (1694), englobant Aunis et Saintonge. Mais des secteurs restent extérieurs : ainsi l'Angoumois reste dépendant de la généralité de Limoges dont le sépare cependant l'élection de Confolens, tandis que le Loudunais et le Mirebalais relèvent toujours de la province d'Anjou et de la généralité de Tours.

De la province à la région

La création des départements par l'Assemblée constituante, en 1790, réorganise les provinces du Centre-Ouest en cinq de ces nouvelles divisions : Deux-Sèvres, Vendée et Vienne pour le Poitou, Charente pour l'Angoumois, Charente-Inférieure, devenue de nos jours Charente-Maritime, correspondant à l'Aunis et à la Saintonge. En deux siècles d'existence, les départements ont acquis une réalité répondant longtemps aux nécessités de l'époque ; mais le développement rapide des moyens de transport modernes les ont fait paraître trop petits. Cela a conduit logiquement, après quelques tâtonnements, à leur regroupement dans les régions actuelles, sans qu'il soit nécessaire de contester leur existence au nom de provinces devenues folkloriques, mais dont les limites et les réalités ont toujours évolué du haut Moyen Age à la Révolution de 1789.

L'unité de la région, conçue à l'origine comme purement économique - d'où l'attribution de la Vendée, partie principale du Bas-Poitou, dans la région des Pays de la Loire autour de Nantes -, tient essentiellement à la géographie. Zone de contact entre les grandes masses hercyniennes granitiques du Massif armoricain qui dominent dans le nord-ouest des Deux-Sèvres, et du Massif central qui apparaît aux limites orientales, aux confins du Limousin, la région est surtout une zone de passage ce qui en a fait, au cours de l'histoire, une route d'invasions et le lieu de nombreuses batailles que l'on désigne sous le nom de batailles de Poitiers. C'est surtout l'axe de toutes les voies de communication entre le Bassin parisien au nord, étroitement lié à la grande plaine nord-européenne, et le Bassin aquitain au sud, accès vers la péninsule ibérique et le monde méditerranéen. La région comprend donc toute la zone du seuil du Poitou et le nord des pays de l'Aquitaine avec les plateaux charentais.

Les temps préhistoriques

Si la région n'a pas le privilège de posséder des sites prestigieux comparables à ceux du département voisin de la Dordogne, la région Poitou-Charentes n'en a pas moins été occupée par l'homme depuis des temps très reculés. Rien non plus évidemment qui puisse se comparer pour l'ancienneté aux restes découverts en Afrique orientale. Cependant, si elles sont plus récentes et moins connues, des traces très nombreuses ont été retrouvées depuis qu'au XIXe siècle des administrateurs, des politiques - comme le préfet Dupin dans les Deux-Sèvres, le baron Eschassériaux en Charente-Inférieure - ou des amateurs éclairés - comme le notaire Brouillet de Civray - se sont penchés avec intérêt sur les premières trouvailles.

Celles de la période acheuléenne sont relativement nombreuses mais les restes les plus remarquables ne datent le plus souvent que du magdalénien, c'est-à-dire du paléolithique supérieur. Les grottes occupées lors des dernières glaciations, celles de Riss et de Wurm et leur période interglaciaire, nous ont fourni de nombreux silex taillés, comme dans le bassin du Thouet ou au Terrier de Saint-Martin du Fouilloux, mais aussi dans de multiples autres lieux de la région. A l'époque magdalénienne, les derniers grands chasseurs de rennes se sont révélés les premiers grands artistes ; les grottes des vallées nous ont livré leurs productions : le bois de renne gravé figurant deux biches, découvert en 1834 par Brouillet dans la grotte du Chaffaud à Savigné (vallée de la Charente), les 1 512 plaquettes gravées de celle de La Marche, à Lussac-les-Châteaux (vallée de la Vienne), les bas-reliefs de l'abri du Roc-aux-Sorciers à Angles (vallée de l'Anglin).

Le passage de l'économie de prédation à celle de la production, c'est-à-dire à l'agriculture et à l'élevage du néolithique, s'effectue dans nos régions vers 5 000 av. J.-C. Cette évolution se fait à la fois par le sud en provenance du monde méditerranéen, et par le nord venant de la vallée du Danube par l'intermédiaire du Bassin parisien. La phase de sédentarisation liée à ces nouvelles formes de production s'est traduite par l'apparition d'un culte des morts, entraînant l'édification de monuments en pierre, donc durables, et parvenus jusqu'à nous mais après bien des pillages et des destructions.

Ce sont principalement les *dolmens,* si nombreux dans le paysage de nos campagnes. Les plus importants sont les grands dolmens à couloir et à chambre circulaire sous tumulus comme ceux récemment restaurés du champ des Chirons à Bougon (Deux-Sèvres). On a dernièrement reconstitué et expérimenté les techniques nécessaires pour la mise en place de l'énorme dalle supérieure. La plupart de ceux qui sont parvenus jusqu'à nous sont limités à cette grande dalle reposant sur des piliers plus ou moins complètement conservés, comme le dolmen de la Pierre-Pèze à Limalonges, à côté de la gare de Saint-Saviol. On trouve également d'autres dolmens à couloir avec une chambre quadrangulaire allongée à laquelle on accède par un couloir décentré du type dit angoumoisin comme la célèbre Pierre-Levée à Poitiers, immortalisée par Rabelais. On découvre également des *dolmens* comparables, dits *de type angevin,* aux portiques trop souvent disparus. Plus fréquemment dans nos campagnes se rencontrent des dolmens simples de taille beaucoup plus petite. Au contraire des dolmens, les menhirs sont relativement rares en Poitou-Charentes.

Au néolithique succèdent les âges de bronze puis du fer qui appartiennent encore ici aux périodes préhistoriques. Ces époques sont fort mal connues mais on a depuis longtemps découvert les traces de *camps retranchés* comme celui du Peu-Richard, à Thénac, décelé par le baron Eschassériaux, ou le camp Allaric à Aslonnes au sud de Poitiers. Cette époque nous a fourni quelques beaux exemples de la celtisation des populations avec des œuvres d'art comme le cône en or d'Avanton (Vienne) ou le casque d'Agris (Charente). Au sol, on commence à mettre au jour des traces d'habitat qui datent des dernières périodes préhistoriques : citons le grand bâtiment sépulcral et cultuel d'Antran au nord de Châtellerault, le site de la Croix-des-Sables à Mainxe près de Cognac, ou l'oppidum gaulois de Pons.

La période gallo-romaine

La période celte est fort mal connue et les Gaulois n'apparaissent dans les textes, donc dans l'histoire, qu'avec Jules César. Cependant de nombreux indices montrent que les Gaulois de l'Aquitaine étaient en contact, notamment commercial, avec leurs congénères de la « Provincia » déjà soumise à Rome (Provence et Languedoc). Ces liaisons furent surtout celles du pays des Santons comme en témoignent force amphores découvertes dans le secteur.

La conquête et la romanisation sous le Haut-Empire

En 56, les régions occupées par les Santons et les Pictons apparaissent pacifiées - dans la crainte sans doute d'une installation des Helvètes sur leur territoire -, quand Jules César vient y préparer une expédition navale contre les Vénètes. Peu après, en 52 av. J.-C., ces peuples rallient la révolte de Vercingétorix contre les Romains. Cependant le siège de Lemonum (Poitiers), défendu par un allié des Romains, Duratius, contre l'attaque de Dumnacus, montre bien les divisions des Gaulois. Le camp romain d'Aulnay, connu par des stèles funéraires de légionnaires, repéré en 1976 par la photographie aérienne et fouillé depuis avec soin, n'a pas dû être occupé au-delà du règne de Tibère. Les conquérants conservent dans la division en cités *(civitas)* les pays gaulois des Santons et des Pictons, urbanisant les capitales qui prennent alors les noms de Mediolanum et Lemonum. Elles se transforment, adoptant les plans à la romaine avec forum, temples, thermes, théâtres ou amphithéâtres. Elles seront les éléments fondamentaux de l'assimilation en favorisant l'acculturation des populations celtiques.

En dehors d'elles, on constate, grâce aux découvertes de la photographie aérienne, multipliées depuis la grande sécheresse de 1976, un très grand nombre d'ensembles ruraux monumentaux, les *vici :* à l'ancien Sanxay, bien connu depuis les fouilles du Père de La Croix à la fin du XIXe siècle, ou au Vieux-Poitiers, au sud de Châtellerault, le long du Clain, sont venus s'ajouter, dans la Vienne, ceux de Vendeuvre (Les Tours Mirandes), d'Antigny, Civaux, Béruges, Jaunay-Clan et Saint-Jean-de-Sauves avec un ou plusieurs temples, un théâtre et des thermes, soit isolés, soit établis le long d'une voie et d'une étendue parfois considérable (80 ha pour Vendeuvre). En Charente (Chassenon ou les Bouchauds à Saint-Cybardeaux), en Charente-Maritime (aux arènes de Thénac ou à Barzan-Talmont), on trouve des ensembles du même ordre.

Au-delà de ces vici apparaissent une multitude de *villae,* grands bâtiments luxueux à péristyle (à Pindray dans la Vienne) ou des fermes dispersées le long des rivières ou près des points d'eau. Le tout donne l'impression d'une région où l'implantation humaine est finalement très dense.

L'occupation romaine se manifeste d'autre part par un remarquable réseau de routes. Les multiples tronçons que les érudits, sous le nom de *voies romaines,* se sont acharnés à raccorder, viennent en rappeler l'existence jusqu'à nos jours. La principale artère fut la voie reliant Mediolanum-Saintes à Lyon, passant aux Bouchauds et à Chassenon, reliant les deux capitales. On notera ensuite Tours-Poitiers-Aulnay-Saintes et, au-delà, Bordeaux ou Angers-Saintes. Mais bien des branches secondaires semblent attestées. Suivent-elles d'anciens chemins gaulois ou innovent-elles ? Il est difficile d'être affirmatif mais, quoiqu'il en soit, elles ont marqué le sol national jusqu'à nos jours. Les nœuds de ces routes, agencées en étoile et se recoupant souvent, sont les ensembles urbains, foyers essentiels de la romanisation. A ce titre, Saintes et Poitiers sont d'excellents exemples.

Saintes l'emporte nettement par l'abondance et la qualité des monuments qui ont survécu. Situé primitivement au terme de la voie venant de Lyon, à l'entrée du pont sur la Charente qui donnait accès à la ville romaine, se trouvait l'arc dit de Germanicus qui a été déplacé au XIXe siècle. Offert par Caius Julius Rufus, Santon romanisé qui affiche fièrement ses ancêtres indigènes, prêtre de Rome et d'Auguste au Confluent (c'est-à-dire à Lyon) au temps de l'empereur Tibère, cet arc marquait l'achèvement de la voie de Lugdunum. L'autre grand monument est un amphithéâtre datant du règne de l'empereur Claude qui est bien conservé dans son ensemble. Mais si Saintes est caractérisée par ces deux monuments, on connaît moins bien sa voirie ancienne et ses nécropoles extérieures.

Poitiers, en revanche, n'a pas su conserver son amphithéâtre, un des plus grands de Gaule, stupidement détruit en 1858. Il n'en reste plus que des traces dans la disposition de la voirie et les quelques voûtes radiales de la rue Bourcani. Depuis une vingtaine d'années, les transformations profondes de l'urbanisme font sans cesse apparaître des restes de la ville romaine. En 1973, on a encore détruit des substructions importantes place du Général-de-Gaulle, au pied de Notre-Dame-la-Grande. Depuis cette date, on veille avec soin à fouiller le sol avant de construire, et à conserver, sous les bâtiments modernes, les substructions significatives; mais elles ne sont malheureusement pas toujours d'accès facile.

Ces villes nécessitent, aussi bien pour leurs thermes que pour leurs fontaines et les demeures privées, des apports d'eau douce, d'où l'édification d'*aqueducs*. Il y en avait trois pour alimenter Poitiers, le plus éloigné provenant d'une source située à 25 km, au-delà de Montreuil-Bonnin. Il n'en subsiste qu'un court fragment, les arcs de Parigné, dans la propriété de l'Ermitage. Saintes disposait également de plusieurs aqueducs, amenant l'eau de diverses sources situées au nord-est de la ville; seules quelques parties souterraines en témoignent.

Ce qui est particulièrement caractéristique, ce sont les nombreuses *inscriptions* retrouvées. Beaucoup sont liées à la romanisation, au culte officiel et à la gloire des empereurs. On y suit les étapes de la romanisation, avec l'adoption d'un nom romain se substituant au nom celtique des parents ou grands-parents mentionnés, telle l'épitaphe, à Saintes, de Caius Julius Victor, fils de Conconnetodubnus, petit-fils d'Agenomopas.

Les deux siècles du Haut-Empire ont donc vu une urbanisation de nos régions, opposant à deux grandes cités une multitude d'implantations de monuments publics de type urbain au milieu des campagnes. Tous révèlent une urbanisation rapide, accélérée par les carrières militaires et les fonctions administratives locales et culturelles, le Panthéon romain se substituant ou se superposant aux vieilles idoles gauloises.

Le Bas-Empire et la christianisation

Après ces deux siècles prospères, le Bas-Empire (IIIe et IVe siècles) est une période de décadence et de démoralisation. Cela se traduit par la rareté des textes et des indices précis, d'où les divergences, entre spécialistes, quant à leur interprétation. De nos jours on tend à minimiser, voire à contester les destructions, incendies et jusqu'à l'importance des invasions barbares de 276.

On constate, certes, que les cités se sont entourées de *remparts*, constitués solidement avec réemploi des matériaux provenant des monuments païens délaissés devant la progression du christianisme. Ainsi se sont édifiées, mais semble-t-il sans hâte et très solidement, les enceintes de Saintes, d'Angoulême et de Poitiers. Celle-ci devait être particulièrement impressionnante avec ses 2600 m de longueur enserrant une surface d'environ 42 ha, soit plus qu'à Bordeaux, par un mur de 10 m de haut et atteignant parfois 6 m de large à la base. Le fragment bien dégagé et mis en valeur dans le sous-sol du musée Sainte-Croix est parfaitement significatif. Par ailleurs, la découverte d'un certain nombre de trésors monétaires enfouis un peu partout, mais principalement à proximité des côtes d'Aunis et de Saintonge, n'implique pas non plus obligatoirement une vague brutale de destructions.

Il est clair cependant que la vie intellectuelle et artistique n'a pas disparu. Ausone, grand seigneur et poète, en témoigne. Possesseur d'un domaine proche de Saintes, il évoque l'école de la ville. D'autres rhéteurs résident à Poitiers. La civilisation gallo-romaine continue à briller d'un vif éclat jusqu'aux invasions du Ve siècle, même dans des villes récentes comme Angoulême. La statuaire retrouvée montre tout à la fois la persistance des traditions indigènes - tel le Mercure de Vendeuvre - et la volonté des élites urbaines d'imiter l'esthétique romaine, comme la statue de Minerve en marbre, copie romaine archaïsante d'une œuvre grecque du Ve siècle. Retrouvée en 1902 dans la cour d'une école à l'emplacement d'une demeure d'époque, elle témoigne du goût raffiné de son propriétaire mais également du grand phénomène de ce temps, la victoire du christianisme qui submerge les cultes gréco-latins.

Il est difficile de dater avec certitude l'apparition du *christianisme* dans la région. On ne peut se fier ni aux listes d'évêques, le plus souvent apocryphes, ni aux légendes : ainsi, à Saintes, l'évêque Pallais a contribué, dans la seconde moitié du VIe siècle, à édifier celle de l'évêque fondateur, saint Eutrope. Il semble que le christianisme soit apparu dans le courant du IIIe siècle. L'inhumation succède en effet peu à peu à l'incinération. C'est au IVe siècle, après l'*édit de Tolérance* de 313, que la nouvelle religion l'emporte véritablement dans la région.

A Poitiers, le christianisme est marqué par la forte personnalité d'Hilaire, évêque de la ville et de la civitas vers 350. Le célèbre baptistère Saint-Jean en est contemporain dans son premier état. Théologien de grande envergure, défenseur éloquent du symbole de Nicée contre les ariens, Hilaire est le premier « docteur » de l'Église latine d'Occident. Après lui, le Pannonien (Hongrois) Martin, soldat de métier, converti, disciple d'Hilaire, fonde vers 360 le monastère de Ligugé avant d'être appelé à Tours. Hilaire et Martin ont profondément marqué de leur empreinte le christianisme de la région. A Saintes, le tombeau monumental de deux membres de la famille d'Hilaire et le témoignage de Grégoire de Tours pour Martin montrent leur influence au IVe siècle. A Angoulême, le culte de saint Ausone dans le faubourg est attesté, pour le début du IVe siècle, par une nécropole chrétienne et les inscriptions de ses sarcophages.

A partir de la grande invasion de 406 qui a vu le déferlement des peuples barbares, la région échappe au contrôle de Rome et passe sous l'autorité des *Wisigoths* ariens. Ceux-ci, peu nombreux et concentrés dans la région de Toulouse, maintiennent de ce fait l'influence romaine au plan local. Dans la défense de la civilisation gallo-romaine christianisée, les évêques apparaissent comme les interlocuteurs privilégiés des nouveaux maîtres du pays dans le cadre d'une géographie diocésaine calquée sur les divisions administratives romaines du Bas-Empire.

Le haut Moyen Age : de l'anarchie aux châtelains

La disparition, en 476, du très théorique Empire romain d'Occident est sans importance dans la région. La vraie coupure se réalise un quart de siècle plus tard avec la conquête franque, ouvrant une longue période assez sombre qui se prolonge, avec des rémissions, jusqu'à la mise en place du système féodal.

Le temps des invasions : Ve-Xe siècles

La bataille de Vouillé, en 507, voit la défaite du royaume wisigoth d'Alaric II face aux Francs de Clovis. La domination des Wisigoths s'écroule d'autant plus aisément qu'ils étaient peu nombreux dans la région, et que les populations menées par leurs évêques soutiennent le chrétien Clovis contre les ariens. Les Francs ne s'installeront pas non plus en nombre et on trouve seulement la trace, en Charente, de quelques îlots de colonies militaires avec une vingtaine de villages au nom se terminant en -ville et de rares cimetières en rangée avec inhumation en pleine terre (comme à Herpes, commune de Courbillac).

Après la mort de Clovis, en 511, s'ouvre une longue période d'anarchie due aux habitudes franques de partage du royaume entre les enfants des rois mérovingiens. Ainsi, de 511 à 700, Poitiers change vingt fois de maîtres. Dans cette période assez confuse, érémitisme et cénobitisme se répandent à la suite du précurseur Martin. Des communautés naissent souvent à partir d'un ermitage : Saint-Cybard à Angoulême, Saint-Julien à Mairé ou Saint-Philibert dans l'île de Noirmoutier. A Poitiers, la reine Radegonde fonde le monastère de Sainte-Croix, communauté conseillée par Venance Fortunat.

Du Sud surgit, au VIIIe siècle, la menace musulmane que le duc d'Aquitaine est incapable d'endiguer. Les *musulmans* s'avancent à travers la région, brûlant Saintes et Saint-Hilaire aux portes de Poitiers. Leur raid est stoppé en octobre 732 par le maire du palais d'Austrasie, Charles Martel, dans une nouvelle bataille de Poitiers, plus difficile à localiser avec certitude (à Moussais probablement). La conquête eut lieu ensuite de 742 à 768. Prise entre la domination de Charles Martel, puis de Pépin le Bref et de Charlemagne, et les fréquentes révoltes de l'Aquitaine, la région est souvent ravagée. En 781, Charlemagne crée un royaume d'Aquitaine pour son fils Louis, âgé de trois ans et né dans la villa de Chasseneuil, sur les bords du Clain. Après des années plus calmes, les luttes reprennent à la fin du règne de celui-ci, devenu l'empereur Louis le Pieux, venu à Poitiers en 839-840, et auprès duquel l'évêque Ebroïn, jusqu'à son assassinat en 852, joua, avec l'aide de Rannoux Ier, comte de Poitiers, un rôle politique important. Les luttes continuent mais un péril dramatique surgit, venu du Nord par la mer : les *Vikings*.

Ayant commencé leurs incursions annuelles en 799, à l'île Bouin en Bas-Poitou, ces marins reviennent régulièrement, surtout après 840. Dans le Sud leurs attaques se font nombreuses de 843 à 868 ; ils remontent les fleuves et les rivières, loin dans l'intérieur, en pillant et dévastant villes et monastères sur leur passage. Ils finissent par établir une base permanente dans la vallée inférieure de la Charente, probablement à Taillebourg. De là, ils pillent et incendient Saintes en 845, puis Angoulême. En Haut-Poitou, venus par la Loire, ils lancent des attaques contre Poitiers de 855 à 879. L'empereur Charles le Chauve est impuissant à arrêter ces agressions. Peu à peu la réaction s'organise, et les populations combattent les Vikings avec succès sous la direction des comtes qui forment des principautés comme Vulgrin, comte d'Angoulême, Rannoux Ier, tué au combat à Brissarthe en 866, et son fils Rannoux II, comte de Poitiers.

La naissance de la féodalité : X^e^-XIIe siècles

Devant l'impuissance des derniers Carolingiens comme celle des premiers Capétiens, confinés dans leurs domaines de l'Ile-de-France, le pouvoir s'est fragmenté dans la lutte contre les Vikings (qui deviennent bientôt les Normands). Cela se traduit par une totale anarchie avant que ne s'imposent de véritables principautés avec l'organisation de la féodalité.

Au Xe siècle, l'Église s'occupe d'abord à relever les monastères dont les moines, fuyant les Vikings, ont emporté les reliques afin de les mettre à l'abri, telles les reliques de saint Philibert qui, parties de Noirmoutier, aboutissent par étapes à l'abbaye de Tournus en Bourgogne. Se reconstituent et s'affirment les communautés de Saint-Cybard à Angoulême, de Saint-Julien à Nouaillé, de Saint-Cyprien à Poitiers, de Charroux, et surtout celle de Saint-Savin, foyer de la réforme de saint Benoît d'Aniane, l'une des rares à avoir échappé aux destructions des Vikings. Les créations sont de ce fait relativement rares : on retiendra en Angoumois la fondation, en 988, de l'abbaye de Saint-Amant-de-Boixe.

Parallèlement, à partir de Eble Manzer, bâtard de Rannoux, se constitue la dynastie des Guillaume, comtes de Poitou, ducs d'Aquitaine, abbés laïques de

Saint-Hilaire de Poitiers. Ils sont longtemps en lutte contre les descendants de Robert le Fort, c'est-à-dire les futurs Capétiens, d'où une attaque de Hugues le Grand contre Poitiers en 955. Les comtes-ducs durent aussi faire des concessions territoriales à des voisins trop puissants : le Nord-Ouest (Tiffauges) passe aux comtes de Nantes; au nord, Loudun et Mirebeau passent aux comtes d'Anjou qui s'empressent de les fortifier. Guillaume V le Grand, aux alentours de l'an mil, politique habile, s'appuie sur les monastères qu'il aide mais contrôle (comme Maillezais et Saint-Michel-en-l'Herm), sur les évêques (qu'il choisit très souvent), sur des vassaux fidèles (comme le comte d'Angoulême Guillaume IV). Avec l'appui de l'Église qui a progressivement mis en place un réseau paroissial - ce qui nous vaut un grand nombre d'églises de campagne du premier art roman -, le comte-duc lance à Charroux, en 989, le mouvement de la *paix de Dieu* pour la protection des populations contre les exactions des continuelles guerres privées. En effet, étant donné l'étendue de leurs domaines, les comtes-ducs ont multiplié les vicomtes, par exemple à Châtellerault, pour faire face aux Capétiens. Or ces vicomtes et les nombreux *vicarii,* vicaires représentant l'autorité dans les bourgades, se sont plus ou moins vite rendus indépendants avec la création des châteaux.

Les lieux fortifiés sont rares avant les invasions des Vikings, et on en crée peu pendant la lutte contre celles-ci. Les châteaux naissent au Xe siècle et au début du XIe. Ce sont d'abord des châteaux sur motte, avec palissade de pieux et de planches de bois avec, au centre, une tour en bois quadrangulaire à étages. L'ensemble est aisément incendié mais aussi vite reconstruit. Ce n'est qu'un siècle plus tard, au tournant du XIe et du XIIe siècle, que s'édifient les grands donjons quadrangulaires en pierre : celui de Loudun, bâti dans l'intérieur du *castrum* du Bas-Empire et haut de 31 m; de Moncontour en Poitou; ceux de Montignac-sur-Charente, de Broue, de l'Islot et surtout de Pons en Saintonge. Les vicomtes, grâce à ces châteaux dont beaucoup échappent à l'autorité des comtes-ducs, dominent la contrée environnante. Ils se font qualifier de « sire » du lieu de leur château, se considèrent comme plus ou moins indépendants et héréditaires, le pouvoir passant successivement à leurs frères avant d'aboutir à leur fils aîné comme le montrent les généalogies reconstituées - celle des vicomtes de Thouars par exemple.

Cette ère des *châtelains* est désastreuse, car, dominant le pays du haut de leur donjon, ils multiplient les exactions contre les paysans ou les monastères, qu'ils peuvent parfois doter et piller alternativement. Surtout, ils se livrent constamment entre eux à de violentes et dévastatrices guerres privées.

A ces rivalités entre châtelains se superposent les luttes entre les *comtes-ducs* et les *comtes*. La Saintonge, depuis la mort du comte Landri en 866, est tombée en désuétude et, en conséquence, est démembrée : au Xe siècle l'Aunis s'individualise en se rattachant aux comtes du Poitou, tandis que ceux d'Angoulême empiètent largement sur la Saintonge méridionale et orientale. Les comtes-ducs donnent d'abord la Saintonge en bénéfice à Foulques Nerra, comte d'Anjou, mais la reprennent à ses successeurs en dépit de la défaite du Gui-Geoffroy en 1061 à Chef-Boutonne. Ils engagent alors la lutte contre les comtes d'Angoulême. Ceux-ci avaient solidement édifié le comté médiéval, l'avaient étendu vers le sud, mais sont affaiblis par l'esprit d'indépendance des châtelains : le comte ne contrôle que sept châteaux sur dix-huit en 1030, et sur trente en 1100. Les comtes-ducs veulent relier Poitou et Saintonge à leur Aquitaine et pour cela reprendre le Sud, de Montausier à Blaye. Finalement, le dernier comte-duc, Guillaume X, se heurtera à Isembert de Châtelaillon qu'il assiège dans sa puissante forteresse. Celle-ci prise et détruite, le comte-duc la remplacera par la création d'une ville neuve, La Rochelle.

La *féodalité* se dégage lentement de cette anarchie de l'époque des châtelains. Au début, elle se constitue en véritable toile d'araignée de bénéfices et d'hommages croisés. Ainsi, le comte d'Anjou, Foulques Nerra, vassal de Guillaume le Grand, doit concéder Loudun à un autre vassal, Guillaume de Thouars. Mais le sire de Lusignan, Hugues le Chiliarque, un des vassaux les plus remuants des comtes-ducs, devient l'homme du comte d'Anjou. D'autre part les petits hobereaux de village, pour se protéger des incessantes guerres privées, portent leur hommage au possesseur d'une forteresse proche. Peu à peu se crée et s'organise la hiérarchie féodale, et le comte-duc Guillaume IX arrivera à se placer au sommet de cette hiérarchie qui se régularise progressivement, sans atteindre cependant le même degré de rigueur que dans la France du Nord.

Les transformations économiques et religieuses : XIe-XIIIe siècles

Les transformations religieuses ont commencé dès le XIe siècle quand, à l'époque de Guillaume V, le *mouvement clunisien* a gagné la région, le comte-duc soutenant l'action de l'abbé Odilon. Le mouvement de réforme gagne lentement malgré l'incorporation imposée de l'abbaye de Saint-Jean-d'Angély. Saint-Maixent, Saint-Eutrope de Saintes et Saint-Cybard d'Angoulême se rallient, tandis que Saint-Cyprien de Poitiers s'y refuse. En compensation, le comte-duc Guillaume IX crée à Poitiers, à la fin du XIe siècle, Montierneuf, dont il impose le rattachement direct à Cluny. En Angoumois on fonde plutôt de riches prieurés dépendant d'abbayes extérieures, ainsi le prieuré clunisien de Notre-Dame de Barbezieux. La reprise en main de l'Église est renforcée par le séjour, dans la région (Charroux, Poitiers, Saint-Jean-d'Angély), du pape Urbain II après sa prédication de la croisade à Clermont, action prolongée par l'évêque Girard d'Angoulême. La réforme grégorienne touche également les évêques. A Poitiers, ils cessent de se succéder d'oncle à neveu, en 1086, avec l'élection de Pierre II. L'évêque d'Angoulême, à la tête pourtant d'un tout petit diocèse, possède d'importants fiefs et des domaines fonciers. Girard, au XIIe siècle, légat de plusieurs papes pour l'ouest du royaume, entreprend l'édification de l'actuelle cathédrale. Nous sommes en effet à l'heure du plein développement de l'art roman poitevin avec Saint-Hilaire de Poitiers, les façades historiées de Notre-Dame-la-Grande ou de Civray, et les chapiteaux de Chauvigny. Cependant plusieurs évêques entrent en conflit avec Guillaume X par fidélité au pape Innocent II, le comte-duc défendant l'antipape Anaclet.

En cette époque de foi profonde, les manifestations de la piété populaire ne manquent pas : « inventions » ou translations des reliques, culte des saints, pèlerinages. Après Saint-Martin de Tours, Saint-Hilaire de Poitiers est une étape fréquentée du pèlerinage de Saint-Jacques de Compostelle où se rendent les comtes-ducs Guillaume V et Guillaume X. Enfin, à la fin du XIe siècle est fondé, au nord du diocèse, Fontevraud. Robert d'Arbrissel est l'initiateur d'une vaste cité monastique réunissant des communautés d'hommes et des moniales sous l'autorité d'une abbesse générale.

La vie de l'esprit ne se limite d'ailleurs pas à la seule vie religieuse. C'est l'époque de l'apparition et du développement de la *lyrique occitane* à la cour des comtes-ducs. Les plus anciens poèmes connus sont ceux de Guillaume X le Troubadour, mais il faudra attendre un demi-siècle pour voir l'essor de ce genre avec, en particulier, Bernard de Ventadour.

Les multiples notations relevées dans les chartes et les chroniques ont permis aux historiens de saisir la vie des hommes. D'abord, l'exceptionnelle *croissance démographique* de la fin du Xe siècle à environ 1150, qui se prolonge à un rythme ralenti jusqu'à la fin du XIIIe siècle. Elle se traduit par une intensification de l'activité économique : défrichements, création de nouveaux habitats, fondations de marchés, constructions de moulins. Tout ceci se produit aussi bien dans les zones anciennement peuplées que dans les régions de forêts et de brandes où apparaissent fermes, essarts et hameaux. Ces créations ne sont pas toutes liées aux défrichements monastiques, les moines recherchant l'isolement dans leurs clairières. Les nouveaux habitats, dont il ne faut pas exagérer l'importance, ont été

Les anciennes provinces

souvent créés par ceux qui fuyaient les contraintes excessives des vieux terroirs, contribuant ainsi à accélérer la disparition du servage personnel tandis que persiste la seigneurie foncière. Le mouvement d'expansion rurale semble atteindre son apogée dans le dernier quart du XIIe siècle.

Le développement démographique et agricole profite beaucoup aux villes. Ponts, moulins, foires, artisanat font l'essor de Poitiers, administrée par le prévôt du comte. Elle est cependant morcelée en bourgs ecclésiastiques et fiefs laïques. Il en résulte, en 1138, une révolte contre le roi Louis VII, époux d'Aliénor, dont les détails nous sont connus grâce au récit de son conseiller, Suger, abbé de Saint-Denis. La clémence met fin au soulèvement mais, en 1199, Aliénor consentira à la création d'une commune sur le modèle des établissements de Rouen. Angoulême, quant à elle, est mal connue pour cette époque mais, un peu partout en Angoumois, les bourgs castraux se développent à l'ombre des forteresses et, par entente avec l'Église, se créent des bourgs satellites, à l'origine de maintes petites villes comme Aubeterre, Barbezieux, Cognac, Confolens ou La Rochefoucauld. Saintes, seule ville de Saintonge, stagne dans son enceinte du IIIe siècle. Capitale en de rares moments, comme sous Foulques Nerra, elle conserve cependant une certaine activité économique par sa navigation fluviale. Au contraire, la ville neuve de La Rochelle croît comme une « ville-champignon », s'entoure de remparts et devient une commune.

Les grandes crises de la fin du Moyen Age

Du XIIe au XVe siècle nos régions sont affectées par les deux grands conflits opposant les couronnes de France et d'Angleterre. Elles sont devenues un enjeu primordial dans la stratégie des deux souverains : de 1152 à 1259 puis, après une longue phase d'accalmie, de 1328 à 1453, les deux *guerres* dites *de Cent Ans* vont faire revivre des jours difficiles, particulièrement pendant la seconde car, aux ravages dus aux armées, s'ajoutera une terrible épidémie de peste.

De l'Empire Plantagenêt à la domination française

En 1137, l'Aquitaine était en effet revenue à la fille du dernier comte-duc Guillaume X, Aliénor, alors âgée de quinze ans. Elle épouse peu après l'héritier des Capétiens, qui devient aussitôt après son mariage roi de France sous le nom de Louis VII. Dix ans plus tard, pendant la deuxième Croisade à laquelle ils participent, la mésentente intervient dans le ménage royal et ils se séparent en 1152. Deux mois après l'annulation, Aliénor épouse Henri Plantagenêt, duc de Normandie et comte d'Anjou, qui devient en 1154 roi d'Angleterre (Henri II). La région entre donc dans l'empire Plantagenêt mais celui-ci est devenu trop vaste, difficile à gérer. Des conflits vont vite éclater, opposant les seigneurs de la région au roi et à ses conseillers anglais, généralement mal vus. Les intrigues d'Aliénor et de ses quatre fils contre Henri II sont continuelles et embrouillées, soigneusement attisées par Louis VII et ensuite par Philippe II Auguste. Ces guerres incessantes et ces retournements répétés d'alliances épuisent l'Aquitaine, souvent ravagée par des bandes. A la mort d'Henri II (1189), Richard Cœur de Lion part en croisade, puis revient batailler en Poitou pour périr finalement en 1199 au siège de Chalus en Limousin. Sous son frère (Jean sans Terre), Aliénor reprend la gestion du domaine des comtes-ducs pour résister aux entreprises de Philippe Auguste. Elle doit subir les exigences des Lusignan, dont l'un est devenu roi de Jérusalem, l'autre roi de Chypre, tandis que le troisième et ses neveux lui arrachent succesivement Civray, Melle puis le comté de la Marche. Isabelle Taillefer, veuve de Jean sans Terre et comtesse d'Angoulême, épouse en 1220 Hugues X de Lusignan, renforçant considérablement leur principauté. Cependant la politique versatile du roi Jean fait se multiplier ses ennemis et favorise les entreprises de Philippe Auguste. En 1204 ce dernier s'empare successivement de la Normandie, de l'Anjou puis, quelques mois après la mort discrète de la vieille reine Aliénor à Fontevraud, du Poitou. Le roi de France s'appuie contre les féodaux sur les villes, dont il confirme les communes. Il faudra néanmoins plusieurs expéditions pour assurer la complète domination royale. Trois campagnes successives seront nécessaires : d'abord en 1212-1214, puis en 1224 opposant Louis VIII à Henri III d'Angleterre, en 1241-1242 enfin sous Louis IX (Saint Louis), avec une série de manœuvres des deux armées à Taillebourg et un bref combat à Saintes. Tandis que les Lusignan se rallient, Henri III, par le *traité de Paris* ratifié en 1259, abandonne le Poitou et la Saintonge au roi de France, mettant fin à la première guerre franco-anglaise.

Louis IX avait confié, dès 1241, Poitou et Saintonge à son frère Alfonse. Celui-ci, bon administrateur, âpre au gain, acquiert en sus le comté de Toulouse mais ne quitte que rarement la région d'Ile-de-France. C'est le premier exemple d'apanage accordé à un frère du roi avec retour automatique à la Couronne en cas d'extinction de la postérité masculine. A la mort d'Alphonse de Poitiers (1271), le sud de la Saintonge (rive gauche de la Charente) devait revenir au roi d'Angleterre. Mais il faudra attendre 1285 pour que la cession se réalise au début du règne de Philippe IV. De plus la domination française est renforcée quand disparaît, en 1308, le dernier des Lusignan, ce qui permet le rattachement de Lusignan et, quelques années plus tard, des comtés de la Marche et d'Angoulême au domaine royal.

La domination française

Sous Alfonse de Poitiers et, plus tard, sous Philippe IV le Bel, la paix règne dans la région. L'*administration royale* s'est mise en place avec le sénéchal de Poitou et celui de Saintonge, assistés de prévôts et de châtelains, dans le cadre de châtellenies assez vastes (39 paroisses pour celle de Poitiers). Cette administration royale devient de plus en plus présente mais les circonscriptions administratives sont toujours incertaines et changeantes. L'influence du roi se manifeste surtout par l'action de sa justice : le bailli royal l'exerce dans le cadre de la sénéchaussée et empiète souvent sur celle des seigneurs.

L'*évolution religieuse*, pendant cette période calme, est marquée par une réorganisation des diocèses : celui de Poitiers, trop étendu, est démembré en 1317 par la création de deux nouveaux évêchés à Maillezais et à Luçon. Le fait le plus important est cependant, au XIIIe siècle, l'arrivée, due à l'effacement relatif des ordres anciens, des ordres mendiants : dominicains d'abord, puis franciscains. Poitiers devient d'ailleurs pendant seize mois, en 1307-1308, capitale du royaume et de la chrétienté. C'est là que Philippe le Bel, installé chez les dominicains, rencontre le pape français Clément V, installé chez les franciscains pour organiser la lutte contre les Templiers.

Dans cette période apparaît l'*influence gothique*, venue du nord, superposée ou juxtaposée au style roman (comme à Montierneuf ou à Sainte-Radegonde à Poitiers). Elle triomphe au XIIIe siècle avec la construction de la cathédrale Saint-Pierre, mais son influence diminue vers le sud (en Saintonge notamment). L'architecture civile évolue avec l'édification de châteaux de grande étendue, avec de nombreuses tours rondes reliées entre elles par des courtines, comme la forteresse du Coudray-Salbart édifiée à proximité de Niort pour commander la vallée de la Sèvre Niortaise. Cette période de paix profite naturellement à la vie économique malgré le ralentissement démographique et la stagnation de la vie rurale. Le port de La Rochelle en bénéficie plus que tout autre, accroissant ses activités et développant le commerce des vins d'Aunis et de Saintonge.

La guerre de Cent Ans dans la région

La guerre franco-anglaise, esquissée dans les années 1290-1294 avec la destruction des magasins de La Rochelle par des marins de Bayonne et la dévastation de l'île de Ré par les Anglais, commence véritablement en 1337 quand Philippe VI de Valois fait saisir la Guyenne anglaise. C'est d'abord une guerre d'escarmouches et de sièges de châteaux. Les troupes royales font face aux Anglais dans le Sud sous le commandement du prince héritier Jean, comte de Poitou. Mais, en 1346, il est rappelé dans le Nord lors de l'attaque du roi Edouard III (Crécy). Le comte de Derby, à Bordeaux, en profite et lance une chevauchée de pillage vers le nord, mettant les villes à sac, Poitiers incluse. Il ne laisse de garnisons qu'à Lusignan, Saint-Jean-d'Angély et Soubise. Massacres, incendies, pillages vont désormais se succéder au rythme des chevauchées annuelles tandis que les nobles se terrent dans leurs châteaux et que les autorités royales se révèlent impuissantes. Devenu roi, Jean le Bon reprend Lusignan et Saint-Jean-d'Angély en 1351, tandis que les villes relèvent à grands frais leurs remparts. De ce fait, les raids suivants ne pourront s'emparer des villes. Ainsi Poitiers résiste en 1356 malgré la défaite et la capture du roi Jean à Nouaillé-Maupertuis, lors d'une nouvelle bataille de Poitiers, au terme de la chevauchée du Prince Noir, héritier d'Angleterre. Le *traité de Brétigny* (1360) cède au roi d'Angleterre la totalité des provinces de la région.

Le changement de suzeraineté s'effectue par étapes, dans le calme. John Chandos prend possession des provinces au nom du prince de Galles qui a reçu la grande principauté d'Aquitaine et séjournera le plus souvent à Bordeaux, mais aussi à Angoulême et dans les places de la vallée de la Charente. Cependant, assez vite, poussés par les nécessités de l'expédition en Castille, les Anglais se comportent en occupants d'un pays conquis, d'autant plus qu'il reste force partisans du roi de France. La guerre reprend en fait dès 1367 sous forme de guérilla.

1372 est l'année décisive au cours de laquelle le connétable Du Guesclin grignote rapidement les provinces du Centre-Ouest. Par ailleurs une flotte franco-castillane remporte en juin 1372 une importante victoire navale devant La Rochelle, détruisant une flotte anglaise, ce qui interdit désormais tout secours important pour l'Aquitaine. De plus, Chandos disparaît, mortellement blessé au pont de Lussac. La Rochelle tombe sans peine après le combat de Soubise (août) ainsi que Poitiers et Angoulême. Tandis que l'Aunis et la Saintonge sont intégrés au domaine royal, Charles V a confié le Poitou à son frère, le duc Jean de Berry. Il transformera, à Poitiers, un vieux château en magnifique palais avec la célèbre grande salle et la tour Maubergeon. La Rochelle est organisée en gouvernement particulier. Il faut cependant du temps pour reconquérir les places fortes de la vallée de la Charente (campagnes du duc de Bourbon de 1385 à 1387). Cependant, de trêve en trêve, la fin du XIVe siècle est une période de paix relative.

Malheureusement la guerre franco-anglaise reprend au début du XIVe siècle et s'aggrave du fait de la guerre civile opposant les *Armagnacs* et les *Bourguignons*. La confusion est totale : les grands seigneurs mènent guerres et intrigues personnelles, tandis que de grandes compagnies dévastent à nouveau le pays. Châteaux et petites villes passent de main en main tandis que les possessions françaises et anglaises sont imbriquées selon une mosaïque complexe et fluctuante. Le dauphin Charles s'est retiré dès 1418 dans son apanage de Berry et de Poitou, succédant à Jean de Berry mort en 1416. Devenu roi en 1422, Charles VII est le « roi de Bourges », mais le parlement et la cour des Aides sont installés à Poitiers, devenue la capitale des fidèles qui rejettent le désastreux *traité de Troyes* (1420). Ce royaume englobe, au moins nominalement, Aunis, Saintonge et Angoumois. Mais ce sont les villes comme Poitiers et La Rochelle qui sont les points d'ancrage de l'autorité de Charles VII. C'est à Poitiers qu'il fera examiner Jeanne d'Arc avant de lui confier, en 1429, la délivrance d'Orléans. La situation se redresse lentement, Charles VII reconquiert peu à peu son royaume et rentre à Paris en 1436. Armée permanente et réorganisation administrative assurent son pouvoir. Les nobles, qui avaient repris de vieilles habitudes d'indépendance, complotent. Le mouvement de la Praguerie, par référence à la révolte hussite, avec la complicité du dauphin Louis, part de Niort et se répand en Aunis et Saintonge. Il se brise devant la résistance des bourgeois de Saint-Maixent qui se voient récompensés par l'octroi d'une commune. La reconquête du pays sur les Anglais s'achève en 1453 par la victoire de Castillon.

Dévastations et reconstruction

Le récit des faits a bien montré la fréquence des dévastations. Dans l'ensemble, les villes ont bien résisté une fois les premières chevauchées passées. Elles ont accueilli les habitants des campagnes environnantes, voire des artisans fuyant des régions plus touchées par la guerre, ce qui a contribué au développement de la production. Les foires, dont l'activité est considérablement réduite du fait de l'insécurité des chemins, se tiennent dans la ville et non plus hors les murs. C'est avant tout le plat pays qui est dévasté systématiquement (arbres fruitiers coupés et ceps de vigne arrachés) et mis en coupe réglée. Quelques communautés rurales subsistent cependant au pied d'un château, autour d'un bourg mis en état de défense, ou souvent d'une église elle-même fortifiée. Mais les champs sont très fréquemment abandonnés, notamment dans la zone de contact avec les Anglais, c'est-à-dire en Angoumois et en Saintonge au sud de la Charente. De plus, la famine, qui devient fréquente, favorise les épidémies et que les mortalités entraînent une chute brutale de la population. La tristement célèbre et terrible grande peste ou *peste noire* de 1348-1350 provoque une diminution dramatique du nombre des habitants et elle se pérennise en endémie qui se réveille brutalement à dates parfois très rapprochées. Les « pestes » se répandent d'autant plus qu'habitants et réfugiés, entassés dans les villes, offrent les meilleures conditions pour sa propagation. Les campagnes sont frappées plutôt par la *famine*. Cela provoque une diminution de la production agricole, donc des revenus des seigneurs et des monastères, et une hausse catastrophique des prix des céréales indispensables.

Dans ces temps caractérisés par l'omniprésence de la mort, la société se trouve bouleversée. La noblesse est touchée : beaucoup de familles se sont éteintes lors des batailles, d'autres se sont ruinées à payer les rançons, les confiscations se sont succédées au gré des changements de souverains. De son côté l'Église a été perturbée par le *grand schisme d'Avignon* et par la *pragmatique sanction*, qui permet au roi de contrôler la nomination des évêques. Beaucoup d'évêques occupent de hautes charges à la cour du roi, donc ne résident plus. Bourgeois et surtout officiers du roi tiennent désormais une place prépondérante dans la gestion des villes. Ils s'enrichissent et acquièrent les seigneuries vacantes. Dans la région, les rois ont accordé fréquemment à la noblesse l'exercice des charges municipales : à Poitiers et à La Rochelle dès 1372-1373, puis à Niort, à Saint-Jean-d'Angély, à Angoulême enfin en 1507. Les communes du temps de la féodalité deviennent les « bonnes villes » du roi Louis XI.

Après 1453, la paix rétablie sur un pays exsangue, il faut reconstruire. L'administration royale connaît alors une croissance rapide grâce aux cours royales, à la création de nombreuses sénéchaussées et à la multiplication des agents des finances. La remise en culture des terres dévastées et abandonnées exige près d'un demi-siècle. Les trois États d'Angoumois, de Saintonge et de Poitou s'entendent pour accorder des avantages substantiels aux hommes qu'ils font venir pour ces nouveaux défrichements. L'on voit s'amorcer dans cette conjoncture le mouvement de regroupement des tenures ou censives paysannes en vastes métairies. Céréales et vin demeurent les principales productions de la région, mais les foires sont peu nombreuses (Niort, Angoulême) et des efforts sont accomplis pour rendre à la navigation les rivières desservant Fontenay-le-Comte, Niort et Châtellerault. Seule La Rochelle a pu, malgré la guerre, conserver une partie de sa prospérité car elle a su préserver son commerce maritime avec la Bretagne, la Flandre et le nord de l'Espagne pour le blé, les vins, le sel, les draps et la laine. La paix permet un accroissement et une diversification de ses activités commerciales.

Les productions artisanales reprennent. La création par une bulle du pape Eugène IV, en 1431, à la demande de Charles VII, de l'*université de Poitiers* explique l'apparition, à partir de 1479, de l'imprimerie. A la fin du XIVe siècle la ville sera un des premiers centres d'imprimerie en France et voit se développer les moulins à papier. Angoulême imite Poitiers pour l'imprimerie en 1488, mais attendra 1516 pour posséder son premier moulin à papier. Seule province non intégrée au domaine royal, apanage de Louis d'Orléans, frère de Charles VI, l'Angoumois va être à l'origine d'une nouvelle branche des Capétiens-Valois. Les comtes d'Angoulême, Jean, second fils de Louis, rentré de sa captivité anglaise en 1445, puis son fils Charles, s'efforcent de reconstituer leur comté. Ce dernier épouse Louise de Savoie et leur fils François, né en 1494 à Cognac, deviendra comte d'Angoulême en 1496 et, en 1515, le roi François Ier. Le comté, devenu duché pour Louise de Savoie, revient à la Couronne à sa mort en 1531.

L'époque moderne : XVIe-XVIIIe siècles

A partir du règne de Louis XI l'unité du royaume de France est réalisée, même si elle n'est pas encore pleinement achevée, notamment dans les régions frontières. Mais si des troubles sérieux se produisent bien encore avec les guerres de Religion et les Frondes, la totalité de la région, bien intégrée dans la monarchie des Valois-Angoulême puis des Bourbons, n'est plus sérieusement remise en cause. Pendant trois siècles nos provinces perdent peu à peu leur autonomie et, après 1661, sombrent dans une certaine atonie que seul vient interrompre le développement du commerce maritime.

La Renaissance et la Réforme

Au début du XVIe siècle, à l'époque des guerres d'Italie et des guerres avec la maison de Habsbourg, la région se trouve éloignée des théâtres d'opération. C'est donc une période de calme et de récupération démographique. Celle-ci est rapide et atteint un niveau élevé qui se poursuit jusque vers 1570-1580.

La Renaissance se manifeste au plan intellectuel. Poitiers, grâce à une université florissante et réputée, à la célébrité de ses maîtres et à la qualité de ses élèves (parmi lesquels on relève Baïf, Brantôme, Du Bellay, Rabelais, sans oublier les Poitevins Scévole de Sainte-Marthe, Jean Bouchet et l'imprimeur Guillaume Bouchet), grâce aussi à la multiplication de ses libraires-imprimeurs, devient une capitale de la Renaissance. On retrouve celle-ci dans bien d'autres villes : Angoulême, où son essor est plus limité malgré la protection de Louise de Savoie et de Marguerite d'Angoulême, mais qui refuse de payer pour créer une université que lui propose François Ier : Saint-Jean-d'Angély, Fontenay-le-Comte avec Tiraqueau, sont autant de foyers intellectuels renommés. Poitiers devient de plus en plus une capitale régionale, dominée par les officiers du roi et les universitaires. En 1552 les officiers du roi et la moitié des avocats représentent 5 % des cotes mais paient 52 % de la taxe établie, tandis que ceux payant moins de 20 sols sont 57 % mais ne fournissent que 5 % du montant total. Au contraire, les autres villes restent en général contrôlées par les marchands.

L'administration royale s'est en effet renforcée. Dans le domaine de la justice, des ***présidiaux*** sont créés en 1551-1552 à Poitiers, Angoulême, Saintes et La Rochelle au-dessus des sénéchaussées trop nombreuses. Le droit est fixé par la vérification et la publication, dans les premières décennies du XVIe siècle, des coutumes de La Rochelle, de l'Angoumois, du Poitou et de l'Anjou (pour Mirebeau et le Loudunais). L'administration des finances relève des nombreuses ***élections*** qui, sauf celle de Poitiers, ont un ressort assez peu étendu. Aussi sont-elles regroupées, dès 1542, en seize ***généralités*** dont celle de Poitiers, la plus vaste de France, dont on détache, en 1558, l'Angoumois lors de la création de celle de Limoges. Le problème de l'impôt sur le sel soulève les passions paysannes et provoque des révoltes en 1541-1542, puis en 1548, avec celle des « pitaux » en Angoumois et en Saintonge, que le connétable de Montmorency réprime brutalement. Le roi doit consentir au versement d'une somme globale qui dispense de cet impôt les provinces productrices de l'Ouest, devenues « pays rédimés ».

L'événement important, lourd de conséquences pour l'avenir, est la naissance de la ***Réforme,*** nouvelle doctrine élaborée par Jean Calvin qui séjourne en 1533 à Angoulême chez les Du Tillet, et en 1534 à Poitiers chez Philippe Véron. Il prêche, expose là la doctrine de son « Institution de la religion chrétienne », rallie à ses idées de nombreux nobles (La Rochefoucauld, Aubeterre, Jarnac), les milieux du commerce et de l'université. La doctrine gagnera très vite La Rochelle et les îles de Ré et d'Oléron. Les églises réformées s'organisent solidement dans les années 1550. Les premiers actes de provocation (destructions de statues, saccage de chapelles) ont lieu en 1558 à Angoulême, et en 1559 à Poitiers. La deuxième Assemblée générale des députés des églises réformées de France se tient en 1561 à Poitiers. La poussée de la Réforme est très forte dans toute la région.

Le siècle des crises (1560-1660)

La guerre civile commence en 1562 après le massacre de Wassy. Mouvements des troupes adverses, occupation des villes souvent minées de l'intérieur par les adeptes de l'autre religion, destructions et massacres réciproques caractérisent cette période. Le soulèvement protestant a été vif et rapide mais, dès 1563, tout le pays est reconquis par le duc de Montpensier.

Après une trêve, la guerre décisive fut celle de 1568-1570. Poitiers, bien tenue par le comte du Lude, ne peut plus être la capitale des protestants : La Rochelle prend alors sa place sous l'impulsion de Coligny et de Jeanne d'Albret, et le restera jusqu'à Richelieu. En Haut-Poitou, les deux armées vont se livrer des combats décisifs en 1569. Le 13 mars, Louis de Condé est tué à Jarnac et le jeune Henri de Navarre le remplace, mais Coligny commande. Après avoir manœuvré en Limousin, Coligny revient occuper Châtellerault et Lusignan, obligeant le comte du Lude à lever le siège de Niort. Coligny entreprend alors un long siège de Poitiers mais échoue. Finalement les deux armées de Coligny et du duc d'Anjou se rencontrent à Moncontour le 3 octobre. Les catholiques victorieux reprennent toute la région, à l'exception du secteur de La Rochelle et de Tonnay-Charente où guerroie La Noue. La *paix de Saint-Germain-en-Laye* met fin à ce conflit.

Les guerres suivantes ont une influence locale moindre et, jusqu'en 1585, règne un calme relatif qui permet aux protestants de se réorganiser : en 1571 Théodore de Bèze met au point la Confession de foi de La Rochelle et, en 1572, les répercussions de la Saint-Barthélemy sont limitées.

La guerre change peu à peu de sens et devient surtout politique, le protestant Henri de Navarre étant devenu l'héritier de la couronne. Par ailleurs, pour beaucoup de seigneurs, le brigandage se couvre aisément de prétextes religieux. Cependant le développement de la Ligue catholique est important dans les villes de la région : Poitiers appartiendra à celle-ci jusqu'en 1594. Peu à peu, devenu roi en 1589, Henri IV imposera son autorité, ralliant les gouverneurs (le duc d'Elbeuf pour Poitiers en 1594), ce qui n'empêchera pas encore quelques tueries religieuses. L'ordre sera d'autant plus long à rétablir qu'un premier mouvement des Croquants éclate en Limousin et touche en 1595 le sud de l'Angoumois et de la Saintonge (massacre de la garnison de Barbezieux). L'*édit de Nantes*, en 1598, rétablit la paix religieuse et crée de nombreuses places de sûreté.

Le règne d'Henri IV est réparateur comme dans le reste du royaume malgré les difficultés fiscales avec les villes anciennement ligueuses comme Poitiers en 1601. Après son assassinat par Ravaillac, originaire de l'Angoumois, les troubles vont recommencer. Sous Marie de Médicis et sous Louis XIII, les rébellions des Grands agitent à nouveau le pays et la volonté du roi contre les protestants provoque de nouveaux conflits : prise de Saint-Jean-d'Angély en 1621, *guerre contre La Rochelle* alliée de l'Angleterre. C'est le siège célèbre de 1627-1628 avec la construction par Richelieu de la digue fermant le port, les combats de l'île de Ré contre les troupes de Buckingham, la belle défense des Rochelais avec leur maire Guitton, la capitulation finale. La paix de grâce d'Alais supprimera les places de sûreté.

Richelieu, au milieu de complots incessants, restaure l'autorité royale en faisant tenir les Grands Jours de Poitiers en 1634 et en procédant au démantèlement de nombreux châteaux forts, dont celui de Loudun. Cependant le poids de la fiscalité, brutalement accru avec l'entrée de la France dans la *guerre de Trente Ans*, provoque une nouvelle vague de soulèvements populaires que favorisent des conditions météorologiques défavorables, une succession de mauvaises récoltes, et des résurgences violentes des pestes dues à la sous-alimentation. Les « émotions » populaires des nouveaux Croquants, parties en 1635 du sud (région d'Aubeterre et de Chalais), traversent comme un feu de paille toute la région jusqu'aux extrémités septentrionales et occidentales du Poitou. Peu après, pendant la minorité de Louis XIV, les Frondes se déchaînent et, une nouvelle fois, les Grands se révoltent, entraînant derrière eux les clientèles qui se sont constituées à travers ces périodes d'insécurité. Les armées traversent à nouveau la région semant la ruine sur leur passage. La période s'achèvera avec la famine dite de l'Avènement en 1661.

Ce début du XVIIe siècle a donc été une période très troublée : nouvelle crise de la noblesse, crises de conscience entre protestantisme et Contre-Réforme, bouleversements causés par les découvertes astronomiques qui enlèvent à la terre sa place centrale dans l'Univers, sorcellerie dont témoigne à Loudun l'affaire Urbain Grandier. Mais en même temps, René Descartes publie en 1637 son « Discours de la méthode » dont l'influence sera décisive sur la pensée française en train de se chercher, alors que la langue se fixe et se répand : Académie française, le Loudunais Théophraste Renaudot et la « Gazette de France ».

L'ordre monarchique et la révocation de l'édit de Nantes

Il règne de 1661 à 1789. L'autorité royale s'exerce désormais de Versailles ou de Paris, et la vie des provinces du Centre-Ouest n'est plus marquée par des événements spécifiques. Avec des nuances régionales, nos provinces participent désormais à l'évolution générale du royaume.

Cet ordre monarchique s'exerce à travers un enchevêtrement inextricable d'organismes aux ressorts distincts et formant un ensemble complexe puisque la monarchie crée les organes nouveaux dont elle a besoin, sans jamais supprimer les anciens plus ou moins vidés de leur contenu. Ainsi le cadre des seigneuries subsiste, conservant quelque vigueur lorsqu'il y a présence de grandes familles comme les La Trémoïlle à Thouars ou les La Rochefoucauld. Survivance en 1789 qui recouvre cependant une réalité, ce dont témoignent les aveux en dépit de leur formalisme désuet. Les gouvernements subsistent, mais avec un rôle très diminué. Les généralités financières prennent la première place, devenues le cadre de l'action des « intendants de justice, police et finances » dont on a eu tendance à exagérer la toute-puissance.

A l'immense généralité de Poitiers, agrandie encore en 1714 par la création de l'élection de Confolens, s'ajoute en 1694 celle de La Rochelle, regroupant Aunis et Saintonge mais aussi l'élection de Cognac. Seul un Petit Angoumois reste simple élection rattachée à la généralité de Limoges. Par ailleurs, on a établi à Rochefort un intendant de la Marine, poste que Michel Bégon cumula un temps avec l'intendance de La Rochelle, et trois amirautés, Brouage-Marennes, La Rochelle et Les Sables. De leur côté, les divisions judiciaires ne coïncident pas, de même que les diocèses, où La Rochelle remplace en 1648 Maillezais comme siège d'évêché, l'Aunis étant détaché de celui de Saintes. Pour les « traites », si Poitou et Aunis font partie des « cinq grosses fermes » unifiées par Colbert, Angoumois et Saintonge sont provinces réputées étrangères (au tarif de 1664) ; quant à l'île de Ré, elle fait partie de « l'étranger effectif ». Si à proximité des chefs-lieux la géographie administrative est à peu près simple, dès que l'on s'en éloigne, les enchevêtrements de cette mosaïque héritée du passé sont invraisemblables.

Le drame qui a marqué la région fut la *révocation,* par Louis XIV, *de l'édit de Nantes* par son *édit de Fontainebleau* du 18 octobre 1685. Le protestantisme avait fort évolué dans nos régions. Chassé des villes et abandonné par une grande partie de la noblesse, il est devenu rural et certains secteurs, comme le Moyen-Poitou autour de Saint-Maixent, sont majoritairement huguenots. Louis XIV, en dépit de leur loyalisme à l'époque des Frondes, entreprend d'extirper la « religion prétendue réformée » (R.P.R.), d'abord par une application stricte et tatillonne de l'édit de Nantes puis, sur l'initiative d'intendants comme Marillac à Poitiers et l'approbation de Louvois, c'est la persécution violente par l'emploi des « missionnaires bottés » : les dragonnades. Enfin vint la Révocation. Désormais, hormis ceux qui ont pu quitter le royaume pour le Refuge, il n'y a plus que de nouveaux convertis, contraints et forcés, étroitement surveillés en dépit d'efforts sincères de conversion dont témoigne la mission de Fénelon en 1686-1687. Tandis que des pasteurs itinérants prêchent au Désert, la persécution réapparaît sporadiquement jusque dans les années 1760 à l'initiative d'autorités locales zélées. Mais le protestantisme se réorganise progressivement et, après le synode de Prailles en 1744, des pasteurs réapparaissent régulièrement. Il faudra attendre 1787 pour qu'un édit de tolérance rende une existence légale aux protestants en créant pour eux un premier état civil.

La *Réforme catholique,* qui s'est brillamment développée dans la région pendant la première moitié du XVIIe siècle, n'a pu que partiellement et lentement relever les ruines des églises et des monastères détruits. Mais, surtout dans les villes, elle a multiplié les créations de couvents des congrégations nouvelles. Cependant, dans les zones à majorité protestante, le curé est amené bien souvent à accepter l'état de fait existant.

A l'image du reste de la France rurale, le Centre-Ouest partage les caractéristiques bien connues de l'évolution démographique, avec ses crises brutales, particulièrement au temps de Louis XIV (celle de 1709 par exemple), plus espacées et différenciées localement au XVIIIe siècle. Les baux à ferme conservés dans les minutes notariales permettent de voir se développer métairies et borderies, notamment en Gâtine. On assiste partout à la montée d'une bourgeoisie urbaine ou rurale avec les marchands et les officiers de la ville qui acquièrent la propriété du sol, ou les fermiers généraux de seigneurie qui suppléent au seigneur devenu courtisan. Dans l'ensemble les paysans ont un sort difficile, parfois misérable dans nos contrées. Seules les régions côtières et leur immédiat arrière-pays bénéficient de l'essor des productions exportables : l'exploitation des marais salants des îles de Ré et d'Oléron ainsi que de Brouage, et celle du vignoble qui se développe à partir de l'habitude prise de distiller les eaux-de-vie plus faciles à transporter, et dont Anglais et Hollandais apprécient la qualité. Au XVIIIe siècle, ils fondent les premières maisons de ce cognac appelé à une brillante destinée.

La région est traditionnellement celle de l'artisanat et, plus spécialement, le siège d'une multitude de petites activités textiles. Celles-ci sont en déclin, sergiers et texiers protestants ayant émigré plus aisément que les paysans attachés à leur terre. Cependant des activités manufacturières qui annoncent les futures industries se développent dans le sud, liées à la voie d'eau de la Charente et aux activités portuaires. En Angoumois les papeteries se sont développées dès le début du XVIe siècle. Après un déclin dû à la Révocation, elles reprennent vigoureusement à la fin du XVIIIe siècle. De même la métallurgie se développe grâce à de petits gisements, à la force motrice de l'eau et aux forêts fournissant le combustible nécessaire aux forges. La principale création fut celle de la fonderie de Ruelle, fondée en 1750 par le marquis de Montalembert et érigée en manufacture royale en 1782. Par le port d'Angoulême (L'Houmeau) elle fournissait en canons l'arsenal de Rochefort. Elle produit maintenant l'Exocet.

Rochefort est la grande création de Colbert, port et arsenal de la marine royale destiné à remplacer celui de Brouage fondé par Richelieu mais vite envasé. C'est un excellent exemple de ville créée de toutes pièces autour des constructions du port comme cette admirable mais ruineuse Corderie qui, après son incendie à la fin de la Seconde Guerre mondiale, vient d'être restituée dans sa splendeur primitive. Rochefort, à l'abri dans les méandres du fleuve, est alors, avec Brest et Toulon, un grand port de la marine royale. Mais si la ville obtient de Turgot en 1772 le privilège du commerce avec les colonies, elle ne peut concurrencer La Rochelle commercialement.

La Rochelle, en effet, en dépit de l'absence d'un hinterland, devient au XVIIIe siècle un port très actif. Au commerce du sel et à la pêche à la morue à Terre-Neuve s'est ajouté le commerce colonial. La Rochelle est le principal port en liaison avec la Nouvelle-France de Québec mais elle commerce également activement avec les « Isles » à sucre des Antilles, ce qui alimente ses raffineries de sucre, plus rarement avec la Louisiane ou Cayenne. Elle pratique la traite négrière dont l'activité, après la guerre d'Indépendance américaine, se substitue au Canada et à la Louisiane perdues. La bourgeoisie marchande s'enrichit et multiplie pendant tout le siècle la construction de riches demeures comme la Chambre de commerce ou l'hôtel Poupet (actuelle préfecture).

Les intendants du XVIIIe siècle sont célèbres pour leur esprit « éclairé » et l'importance qu'ils donnent à la vie économique : Blossac à Poitiers ou Turgot à

Limoges (pour l'Angoumois) en sont des exemples caractéristiques. Ils améliorent et multiplient les voies de communication, principalement les routes royales, et ils pratiquent une active politique d'urbanisme en supprimant les vieux remparts devenus inutiles pour les transformer en larges boulevards.

L'enrichissement des bourgeoisies urbaines entraîne un développement de la vie intellectuelle, ce qui se traduit par la fondation d'une Académie à La Rochelle dès 1732, tandis que de nombreuses loges de la franc-maçonnerie se créent un peu partout et que la presse apparaît avec les « Affiches du Poitou » (1773) ou les « Annonces, affiches et avis divers de la généralité de La Rochelle ». Cela provoque une diffusion, limitée aux élites nobles et bourgeoises, des idées nouvelles répandues par les philosophes des Lumières. Citons le marquis physiocrate de Pérusse des Cars qui, dans ses terres de brandes du Châtelleraudais, après un premier essai avec des paysans westphaliens, tente de fixer les rapatriés d'Acadie, victimes du « Grand Dérangement » de 1755, sur ce qui va devenir la « ligne acadienne » de Monthoiron à la Puye.

Les ultimes et trop tardives tentatives de réforme de la monarchie de Louis XVI connaissent un sort inégal. Si le Poitou applique avec assez de bonheur la réforme de Loménie de Brienne (Assemblée provinciale et réforme municipale dans les campagnes), l'opposition aristocratique y fait obstacle en Saintonge en essayant vainement de créer des États de Saintonge. Cet exemple de la faiblesse du pouvoir, incapable de faire exécuter ses volontés devant l'opposition des ordres privilégiés, annonce la Révolution qui éclate en 1789.

La Révolution et l'Empire

Dans la région, 1789 est marqué d'abord, comme presque partout en France, par un très rude hiver et par la pénurie de blé due à la mauvaise récolte de l'année précédente. Les élections pour les États généraux se déroulent dans le calme, et les populations rédigent leurs cahiers de doléances qui nous sont, au niveau des paroisses, un précieux témoignage de leurs revendications et des immenses espérances placées en Louis XVI. Les députations du Centre-Ouest ne comprennent aucun politique de niveau national et sont connues surtout par la démarche de trois curés poitevins qui sont les premiers à rallier le Tiers État le 13 juin. Dans les campagnes le climat s'alourdit du fait de la hantise de la famine ; les vieilles peurs ancestrales se réveillent. La nouvelle du renvoi de Necker confirme la rumeur du complot aristocratique et la prise de la Bastille est vite connue. A partir de différents foyers, dont Ruffec est le principal dans la région, l'annonce de l'arrivée de « brigands » suscite la Grande Peur qui ameute et arme les paysans au son du tocsin pour résister à une attaque qui ne viendra pas. La peur se propage partout comme une traînée de poudre de même qu'au temps des croquants. Dans les villes se forment des milices bourgeoises (les gardes nationales) et une révolution municipale se crée par addition d'hommes nouveaux à l'ancien corps de ville (Angoulême ou Poitiers) ou par formation d'une municipalité nouvelle (Saintes). Si la nuit du 4 août facilite le retour au calme, les paysans ignorent les restrictions apportées par les décrets d'application et cessent en pratique de payer les droits féodaux, refusant leur rachat par une résistance passive bien étudiée pour la Charente-Inférieure, et ce jusqu'à leur complète suppression par la Convention.

La réforme essentielle, qui donne sa nouvelle physionomie administrative à la région, est la création des *quatre départements* qui subsistent toujours. Les élus des trois ordres des sénéchaussées, après force discussions et marchandages entre eux et entre sénéchaussées limitrophes, ont tracé et contresigné sur les cartes de Cassini les nouvelles limites. Ils ont tenu compte à la fois du passé historique, de la géographie physique, de l'économie et des courants commerciaux. Réaliste et prudente, cette œuvre de simplification, en réponse aux vœux des cahiers, s'est implantée durablement. Le Haut-Poitou fournit les départements de la Vienne et des Deux-Sèvres, l'Aunis et la Saintonge forment la Charente-Inférieure et un Angoumois agrandi constitue la Charente, ces noms empruntés à la géographie devant affacer ceux des anciennes provinces. Poitiers et Angoulême en sont sans discussion les chefs-lieux; Niort, malgré sa position excentrique, le devient vite tandis que Saintes conserve ce rôle jusqu'en 1810, date à laquelle La Rochelle l'emporte. Chaque département est divisé en districts (dont le Consulat réduit le nombre en les transformant en arrondissements), en cantons et en communes le plus souvent calquées sur les anciennes paroisses. Œuvre réussie qui, depuis deux siècles, marque profondément la vie locale.

La région subit bien entendu les contrecoups des événements révolutionnaires parisiens. Disons que - avec des nuances locales parfois sensibles -, la région a traversé la période sans trop d'excès. Là aussi la vente des biens nationaux provoque une redistribution de la propriété qui bénéficie aux paysans aisés et surtout à la bourgeoisie urbaine. La plus grave erreur de la Constituante, la *Constitution civile du clergé,* entraîne une cassure entre partisans de la Révolution et clergé réfractaire, point de départ d'une division durable, nette au XIXe siècle et qui est loin d'avoir encore totalement disparu.

La plus forte secousse fut cependant la répercussion des événements de la *guerre de Vendée* qui touchèrent directement tout le nord des Deux-Sèvres et firent de La Rochelle et de Poitiers les bases arrière pour la défense et la reconquête, mais qui suscitèrent la peur des « brigands » de la Vendée jusqu'en Charente. Et c'est cette guerre civile cruelle qui, par l'action des conventionnels en mission, durcit l'application de la Terreur dans la région. Les excès les plus marqués furent ceux du tribunal révolutionnaire installé à Rochefort à cause de la présence de la marine. C'est non loin de là, sur les pontons, que furent enfermés les prêtres réfractaires pourchassés ici aussi en attendant une éventuelle déportation en Guyane. Les conditions d'entassement sur les pontons ou à l'île Madame provoquèrent une énorme mortalité.

Après les quatre années anarchiques du Directoire, avec ses coups d'État annuels, le Consulat restaura l'ordre et confia l'autorité à des préfets, des sous-préfets et des maires nommés par le pouvoir. Bonaparte réalise une pacification à la fois intérieure et extérieure, le Concordat de 1801 apaisant le schisme religieux. Transformé en Empire, le régime fut entraîné dans le cycle infernal des guerres, renforçant le poids de la conscription et suscitant une résistance passive, celle des désertions. L'activité commerciale, qui avait pu reprendre à La Rochelle pendant la trêve de la paix d'Amiens, fut vite freinée par le blocus anglais et la politique napoléonienne du Blocus continental.

De la Restauration à la guerre de 1914

Après la défaite napoléonienne, la France du XIXe siècle connaît de courtes phases de calme, séparées par des crises révolutionnaires, le plus souvent parisiennes, jusqu'à la victoire de la IIIe République. En dehors de quelques manifestations au moment des changements politiques, le Centre-Ouest suit avec une certaine indifférence ces mutations qui ne changent que peu l'autorité des notables qui dominent ces régions essentiellement agricoles. En effet, dans ce monde rural, cohabitent pendant une assez longue période deux sociétés opposées de notables, aristocrates et libéraux, intégrant noblesse d'Ancien Régime légitimiste, noblesse impériale, bourgeoisie orléaniste. Un clergé contre-révolutionnaire devenu ultramontain s'appuie sur un profond traditionalisme religieux qu'incarnera à Poitiers le cardinal Pie. Des nuances départementales existent bien entendu. Bonapartistes et libéraux conspirent sous la Restauration : ainsi la vaine tentative du général Berton qui, parti de Thouars en février 1822 pour soulever la garnison de Saumur, sera jugé et guillotiné à Poitiers, entraînant dans son destin les « quatre sergents de La Rochelle ». S'il y a eu un attachement conservateur des masses rurales à la monarchie censitaire, le Second Empire provoquera un enracinement durable du bonapartisme dans les deux Charentes dont profitera un temps le boulangisme (Paul Déroulède sera élu député de la Charente). Cependant la lente poussée des idées républicaines se développera vers la fin du siècle. Les républicains victorieux s'appuieront sur le développement de l'enseignement primaire gratuit, obligatoire et laïque, dispensé par des instituteurs et des institutrices formés dans les deux écoles normales distinctes établies dans chaque département. Le développement de cet enseignement de base assurera tout à la fois la promotion sociale du monde paysan et l'enracinement des idées républicaines. On construit dans toutes les communes des écoles primaires. La concurrence des deux écoles, laïque et confessionnelle, est une caractéristique de cette période. En même temps la loi de séparation de l'Église et de l'État de 1905, préparée par Émile Combes, sénateur-maire de Pons, provoque une certaine agitation locale très inégale par sa conséquence, les inventaires de biens d'église.

Pendant ce siècle, le monde rural s'est à la fois accru numériquement et - relativement - enrichi. On atteint dans la région l'apogée de la population rurale vers le milieu du siècle. Les recensements réguliers permettent de suivre la population des cantons ruraux qui atteignent leur niveau maximum à partir de 1831 (cas de la région pauvre de la Double charentaise, Barbezieux), le plus souvent en 1851 ou 1861, plus tardivement dans les Deux-Sèvres qui résistent mieux à la dépopulation et peuvent parfois n'atteindre le niveau le plus élevé qu'en 1891. Ce sommet est suivi d'un lent déclin provoqué par un exode rural important lié à une croissance inégale mais régulière des villes de la région : si La Rochelle et Rochefort triplent leur population, les autres comme Saintes, Châtellerault ou Poitiers arrivent à peine à doubler leur chiffre de 1821 à 1911. La population globale atteint son maximum en 1861 (Charente) ou 1866 (Charente-Inférieure) mais seulement en 1891 pour les Deux-Sèvres ou la Vienne. La baisse importante du taux de mortalité est rapidement compensée par celle de la natalité, l'élan démographique étant brisé avec, entre autres, le partage égal des successions et le désir d'épargne pour assurer un sort meilleur aux enfants. L'émigration en dehors de la région joue tardivement son rôle avec l'attraction de la capitale.

Les contrastes sont sensibles dans ces régions rurales souvent retardataires où dominent archaïsme et pauvreté : pendant longtemps le vieil outillage ancestral subsiste ainsi que les pratiques de l'assolement biennal ou triennal et la vaine pâture. C'est le cas, particulièrement, dans le Montmorillonnais et le Confolentais. Cependant la modernité apparaît chez les grands propriétaires fonciers : révision des baux, clôture, défrichements. L'évolution des transports et des modes de vie est caractéristique. A côté de la pauvreté, il existe une paysannerie propriétaire dont le sort amélioré se traduit en particulier dans la richesse des costumes, surtout féminins, et dans les coiffes de dentelle, créant peu à peu ce qui deviendra pour la fin du XXe siècle le folklore régional.

L'évolution agricole est très différente dans les zones du vignoble des Charentes, qui connaît alors une période triomphante. Les grandes maisons achètent l'eau-de-vie distillée par les bouilleurs de cru, et préparent soigneusement et lentement, dans leurs chais, dans des fûts de chêne du Limousin, ce cognac qui acquiert une réputation internationale. Le produit, longuement élaboré, alimente des exportations croissantes par le port de Tonnay-Charente. Sur une vingtaine de maisons de cognac, de 1852 à 1870, trois d'entre elles (Hennessy, Martell et Salignac) monopolisent 55 % des exportations. Survient alors le phylloxéra : apparu en 1872, il s'étend progressivement à tout le vignoble jusqu'en 1890. Les 116 000 ha de vignes de 1876 se réduisent à 13 000 vers 1900. La crise ruine les petits viticulteurs propriétaires, les bouilleurs de cru et un certain nombre des maisons de cognac. Une reconversion se fait dans l'élevage laitier. Finalement, tandis que les maisons les plus puissantes résistent et survivent grâce à l'importance de leurs stocks de vieillissement, le vignoble se reconstitue partiellement par la greffe de plants français sur des cépages américains immunisés.

Le facteur principal de la transformation de l'économie régionale est incontestablement le développement des moyens de communication et, en particulier, l'arrivée du *chemin de fer.* La ligne fondamentale est celle de Paris à Bordeaux. Venue de Tours, elle atteint successivement, entre 1851 et 1853, Châtellerault, Poitiers, Angoulême et Bordeaux. Elle est suivie de près par l'embranchement Poitiers-Saint-Maixent-Niort en 1856, puis Rochefort et La Rochelle en 1857. Sa concurrence entraîne rapidement la disparition des diligences et des voies d'eau : le trafic de Châtellerault sur la Vienne disparaît vite et celui de Port-L'Houmeau, à Angoulême, atteint son trafic maximum de 50 000 t en 1852 avant de régresser rapidement. Déclin d'autant plus rapide que la seconde moitié du XIXe siècle voit se multiplier les lignes secondaires ou d'intérêt local, le moindre bourg rural sollicitant de ses élus son rattachement au réseau ferroviaire national. L'impressionnant viaduc de Saint-Benoît est un remarquable exemple de grands travaux pour une ligne départementale qui ne durera que peu d'années. La construction du réseau ferré fut une étape importante dans l'évolution économique et sociale.

L'activité industrielle et commerciale, très ralentie à l'époque de la Restauration, commence sa reprise sous la monarchie de Juillet et se développe surtout sous le Second Empire. Mais, loin des sources d'énergie et des matières premières du temps (charbon et minerai de fer), ne disposant que d'un arrière-pays rural avec des villes très modestes, elle ne peut donner lieu qu'à des activités ponctuelles. La papeterie d'Angoulême reprend vigueur et se développe, tandis que la fonderie de Ruelle se maintient. La ganterie de Niort et la distillerie de Melle, dans les Deux-Sèvres, la manufacture d'armes de Châtellerault constituent des îlots industriels. La Charente-Inférieure, zone côtière, évolue plus vite en raison de la diversification due à des activités nouvelles nées de la mer et de l'évolution des modes de vie. La création de l'avant-port en eau profonde de La Pallice, ouvert en 1891, favorise commerce et industrie à La Rochelle. Le trafic quadruple en tonnage de jauge et triple en tonnage de marchandises entre 1890 et 1913. Si les marais salants déclinent, la pêche se maintient en utilisant les bateaux à vapeur; l'ostréiculture et la mytiliculture se développent tandis que la mode accrue des bains de mer donne naissance au tourisme balnéaire, entraînant la création et le développement de stations comme Royan puis Fouras et Châtelaillon.

D'une guerre à l'autre

La déclaration de la Première Guerre mondiale efface immédiatement les clivages politiques et religieux : en août 1914 se manifeste aussitôt l'Union sacrée. La guerre de mouvement se transformant très vite en guerre de tranchées, donc en une guerre longue, la région doit s'installer dans le conflit. Pays à dominante rurale, les hommes sont au front et les femmes doivent faire face à tous les travaux agricoles. Seuls les ports maintiennent une activité que l'intervention des États-Unis va accroître, La Rochelle-La Pallice devenant une de leurs bases de ravitaillement. On y établit également une base sous-marine. Quant survient l'armistice du 11 novembre 1918, on peut mesurer la gravité des pertes. La population totale des quatre départements passe de 1 408 008 habitants (recensement de 1911) à 1 350 897 en 1921, soit une diminution d'environ 8 %, englobant l'excédent de mortalité et la diminution de la natalité du temps de guerre. Il résulte de ces pertes, après une vive mais brève reprise de la natalité, un déclin rapide de cette dernière qui s'accentuera après 1935 quand arrivèrent à l'âge d'hommes les classes creuses des enfants nés pendant la guerre. D'autre part un état d'esprit de lassitude s'est créé après les quatre années terribles passées dans les tranchées ; d'où la rareté des initiatives constructives et l'entretien d'un esprit « ancien combattant » : chaque commune tient à édifier son monument aux morts où l'on vient, tous les 11 novembre, se recueillir à leur mémoire en célébrant la victoire. Ces sentiments sont vifs dans cette région rurale qui a payé un très lourd tribut à la patrie.

La Seconde Guerre mondiale va toucher plus directement la région. Après l'hiver 1939-1940, celui de la « drôle de guerre », le déferlement des armées allemandes s'abat à la mi-juin sur l'axe du seuil du Poitou. Atteignant Lencloître le 22 juin, elles entrent à Angoulême le 24. L'armistice du 22 juin 1940 est suivi de l'occupation de La Rochelle et de Royan. La Charente-Inférieure et les Deux-Sèvres sont totalement occupées tandis que la ligne de démarcation entre une zone libre relevant du gouvernement du maréchal Pétain installé à Vichy et une zone occupée suit, à quelque vingt kilomètres à l'est, la voie ferrée Paris-Bordeaux, coupant Montmorillon, Confolens et Montbron de leurs chefs-lieux de Poitiers et d'Angoulême. La région vit donc pendant quatre années l'occupation allemande avec les difficultés de la vie quotidienne, du ravitaillement notamment, et les contrôles et exigences de l'occupant. A nouveau les femmes doivent remplacer les hommes retenus en captivité en Allemagne. Comme dans toute la France, l'opposition se fait entre une minorité de collaborateurs et une résistance qui s'amplifie au fil des années, renforcée par ceux qui se cachent pour échapper au travail obligatoire en Allemagne (S.T.O.). Tandis que s'édifient les ouvrages en béton du mur de l'Atlantique, des maquis se constituent à partir de 1943 dans les zones les plus isolées. Après le débarquement allié en Normandie, les maquis se multiplient et essaient de ralentir l'arrivée des renforts sur le front en faisant sauter les voies ferrées. Les bombardements alliés s'intensifient contre les voies de communication et font d'importants dégâts, notamment dans les quartiers de la gare à Poitiers et à Angoulême. La libération est acquise au début de septembre 1944, mais deux poches de résistance se forment sur la côte, à La Rochelle et à Royan. Elles tiennent jusqu'à la fin de la guerre, en mai 1945, mais provoquent en janvier la destruction de Royan par un violent bombardement allié.

L'histoire au présent et l'héritage du passé

Les quatre départements de la région, héritiers de ce passé proche ou lointain, ont davantage évolué depuis 1945 que pendant tout le siècle précédent. Parti de la reconstruction des ruines laissées par la Seconde Guerre mondiale, un élan d'activité économique transforme profondément le pays. Le bouleversement du cadre et des modes de vie constitue une véritable révolution silencieuse. On en lira les réussites, les difficultés et les espoirs dans le tableau « Poitou-Charentes aujourd'hui ».

D'abord simple région économique regroupant quatre départements du Centre-Ouest situés entre les pôles de la vallée de la Loire et de l'Aquitaine (1955), puis établissement public (1972), depuis la loi de 1982 la région Poitou-Charentes est devenue une réalité concrète résultant de la décentralisation et de l'élection de son Conseil régional au suffrage universel. Tout en conservant les droits de l'État et l'autonomie des Conseils généraux des départements et des municipalités, la région s'affirme peu à peu dans le cadre d'un partage des responsabilités bien défini, notamment pour l'éducation nationale. Le temps et l'accoutumance au travail en commun doit logiquement donner naissance à une véritable unité régionale. Mais ce sont les hommes, avec leur tempérament calme, lents parfois, tolérants, hostiles à la violence qui lui donnent son unité traditionnelle.

De la préhistoire à nos jours se sont accumulés des témoignages précieux, particulièrement dans les domaines de l'architecture civile ou religieuse : châteaux et art roman en sont les principales illustrations. Longtemps négligé et ayant subi trop de destructions au cours des siècles, ce patrimoine a été conservé à partir du milieu du XIXe siècle sous l'impulsion de Mérimée, voire restauré, mais pas toujours comme nous le souhaiterions maintenant : ainsi l'œuvre d'Abadie pour la cathédrale d'Angoulême. On s'est consacré aussi à la recherche, dans le sol, des témoignages de la préhistoire et des restes de l'époque gallo-romaine (Père de La Croix). L'administration des Beaux-Arts, devenue Affaires culturelles, procède au classement ou à l'inscription à l'Inventaire supplémentaire des vestiges anciens pour assurer leur conservation. De nos jours, depuis la loi Malraux, des efforts remarquables ont été entrepris pour rendre leur caractère ancien aux centre-villes, pour remettre en état ces vieilles églises romanes que l'on trouve dans tant de villages poitevins ou saintongeais, pour relever les ruines de si nombreux châteaux longtemps à l'abandon. Le travail, très intelligemment mené, vise désormais à maintenir beaucoup de ces bâtiments du passé en leur donnant une fonction nouvelle pour assurer leur entretien et leur pérennité : ainsi l'hôtel de Rochefort à Poitiers devenu siège de la direction régionale des Affaires culturelles, des cloîtres des Carmes devenus Maison de la culture (La Rochelle) ou Centre culturel (Jonzac), la Corderie royale à Rochefort. Constatons enfin un élargissement de l'intérêt à des époques plus récentes : aux monuments du XIXe, voire du XXe siècle, aux objets de la vie quotidienne ou des travaux des champs, au folklore d'un passé souvent assez proche. Musées et groupements locaux se sont créés pour assurer leur conservation.

Les campagnes verdoyantes, les vallées sinueuses des rivières sont autant d'atouts pour l'activité touristique qui est la grande richesse que le passé a légué à notre région. Mais ce sont toujours les hommes et les femmes qui seuls seront capables de créer une unité et une vie propre à la nouvelle région.

Jean Tarrade

L'art roman

La région Poitou-Charentes est une des terres d'élection de l'art roman. Aucune autre période de l'histoire n'a laissé sur le sol du Poitou et des pays charentais autant de richesses artistiques que l'époque romane. La création s'est exercée de manière si diverse qu'elle ne cesse de surprendre. Dans cet art, pourtant en perpétuel renouvellement, l'harmonie est toujours présente, à l'image des paysages sereins d'entre Loire et Gironde.

C'est à travers l'art religieux que se manifestent le plus ces caractères. Cependant, les vestiges de l'architecture civile ne sont pas un apport négligeable dans la connaissance des techniques et des goûts des artistes romans. Le Poitou prend la première place parmi les provinces françaises riches en ouvrages militaires romans ; mais les donjons ont souvent perdu tout leur aménagement intérieur. Ce ne sont plus que de grandes carcasses vides et l'on déplore la perte de leur décor qui, peut-être, était parfois aussi somptueux que celui des églises.

Naissance de l'art roman

On ne cerne pas facilement la naissance de l'art roman. Elle doit se situer *peu après l'an mil.* Un moine du XIe s., Raoul Glaber, signale qu'en ces temps le monde, et particulièrement la Gaule et l'Italie, se couvrit « d'un manteau d'églises neuves ».

Ce phénomène toucha la région. Vers 1025, on dédicaçait une nouvelle cathédrale à Poitiers. Sur cette cathédrale et sur les édifices de son époque, on a peu de renseignements. Mais le mouvement était lancé. Poitiers, au XIe siècle, se dota d'églises nouvelles dont il reste Saint-Hilaire-le-Grand, Notre-Dame-la-Grande, Saint-Nicolas, Sainte-Radegonde, Saint-Jean-de-Montierneuf. A Saintes, s'édifièrent l'Abbaye-aux-Dames et Saint-Eutrope. Les monastères les plus célèbres de la région eurent aussi des abbatiales neuves.

Il y eut incontestablement au XIe siècle, en Poitou d'abord, puis en Angoumois et en Saintonge, des conditions favorables à l'épanouissement des arts : essor démographique, richesse économique et amélioration du niveau de vie, volonté affirmée de réformes de la part du clergé, appui des plus hauts milieux ecclésiastiques et laïques, en particulier des comtes de Poitou, ducs d'Aquitaine et de leur famille. Remarquable fut ainsi le rôle joué par la comtesse Agnès de Bourgogne, veuve du comte-duc Guillaume le Grand, remariée au comte d'Anjou Geoffroy Martel. Plusieurs édifices, dont Saint-Hilaire de Poitiers et l'Abbaye-aux-Dames de Saintes, bénéficièrent de ses initiatives et de ses largesses. Son fils, le comte-duc Guy-Geoffroy-Guillaume, fit preuve du même goût pour la construction en fondant, vers 1069, Saint-Jean-de-Montierneuf.

Grâce aux édifices encore en place, totalement ou en partie, il est possible de discerner les grands traits de l'art roman dans sa phase de gestation, phase qui toucha principalement quelques villes et les abbayes de grand renom.

L'architecture

Dans le domaine de l'architecture, on assista à une véritable mutation marquée par le passage des églises à charpente apparente aux églises voûtées de pierre. Malgré des remaniements postérieurs (fin du XIe siècle et XIXe siècle), Saint-Hilaire-le-Grand de Poitiers conserve sa structure initiale et révèle très probablement le genre de construction en honneur dans la première moitié du XIe siècle : église vaste, en forme de croix latine, avec transept haut et débordant, église charpentée, église claire, percée de grandes fenêtres. Les volumes de cette basilique ne sont pas sans évoquer ceux des édifices des pays du nord de la Loire et de la région rhénane. Ainsi survivent, au XIe siècle, dans l'ouest de la France, la *tradition carolingienne* et, au-delà, l'*héritage romain*. C'est également une vaste et claire église qui était prévue et a été, du moins en partie, réalisée à l'Abbaye-aux-Dames de Saintes (murs de la nef).

A Poitiers comme à Saintes, on peut constater que les maîtres d'œuvre n'utilisent pas seulement la belle pierre de taille ; la paroi, dans ses parties pleines, est faite d'un appareil plus rustique.

Les églises couvertes de charpentes n'offraient guère de sécurité. On savait voûter sur de petits espaces, on se mit à couvrir de berceaux de pierre les larges nefs (Notre-Dame de Poitiers ou Saint-Savin par exemple). Cette initiative entraîna un certain nombre de conséquences. Il fallut diminuer la largeur des nefs, ou les diviser longitudinalement en trois par des rangées de supports afin de les adapter à la portée des voûtes. Les murs furent épaissis et les ouvertures réduites. L'utilisation de la *pierre de taille* se généralisa peu à peu. En élévation, on prit l'habitude d'épauler la nef centrale par deux hauts collatéraux, supprimant ainsi toute possibilité d'éclairage direct dans cette partie de l'église. L'ambiance devint plus intime. La partie orientale des édifices fut organisée pour permettre une circulation facile des cortèges autour du chœur et la multiplication des emplacements des autels. Le Poitou adopta très tôt le *plan à déambulatoire et chapelles rayonnantes* pour ses édifices les plus importants. Un système encore plus compliqué avec rotonde centrale fut même réalisé à Charroux.

A l'extérieur, la silhouette des églises se caractérise par l'équilibre des masses. Les volumes allongés des croisillons de transept et des nefs (sans doute réunies assez tôt sous un seul toit à double pente) sont contrebalancés par des clochers élevés à la croisée ou parfois en façade. La formule du *clocher-porche* est la plus fréquente. L'Augoumois et la Saintonge restèrent, dans l'ensemble, fidèles à des plans et des volumes simples. Cependant Saint-Eutrope de Saintes, grande église de pèlerinage, fut tout de même bâtie selon un plan à déambulatoire et chapelles rayonnantes.

Le décor intérieur

On ne connaît qu'imparfaitement la physionomie interne de ces églises. Le mobilier de bois, les tentures, les objets liturgiques ont entièrement disparu, mais on conserve une partie des peintures qui ornaient les parois et de très nombreuses sculptures qui ponctuent les articulations de l'architecture. La peinture tenait la première place dans le décor. Saint-Hilaire-le-Grand de Poitiers, Saint-Savin-sur-Gartempe, Saint-Sauveur de Charroux, Notre-Dame-la-Grande et Sainte-Radegonde de Poitiers, et aussi le baptistère, réaménagé au XIe siècle, furent revêtus intérieurement d'images et d'ornements peints. En s'inspirant sans doute de beaux manuscrits, les artistes illustrèrent des scènes de la Bible ou de la vie des saints rappelant aux fidèles les grandes vérités de la foi ou les préoccupations de l'Église dans l'histoire des hommes. Les anges, les saints représentés formaient une véritable cour autour des autels, surtout ceux du sanctuaire.

Autour des images, sur les arcs, dans l'ébrasement des fenêtres, foisonnent les rinceaux et les motifs géométriques ; le faux marbre des colonnes donne l'illusion d'une richesse de matériaux. Ces peintures furent réalisées en des *couleurs très vives*. Si les blancs, les ocres rouges et jaunes se sont relativement bien conservés, en revanche les bleus et les verts se sont beaucoup dégradés. Mais on imagine sans trop de difficultés l'éclat de ces églises colorées dans leur état originel.

Par l'ampleur des programmes iconographiques, par la qualité stylistique des œuvres, par la palette chatoyante des coloris, les peintures de Saint-Hilaire-le-Grand de Poitiers, celles de Saint-Savin révèlent l'existence d'un grand atelier qui, peut-être, s'exerça dans d'autres églises de Poitiers et sûrement à Charroux. Ses productions sont à classer au rang des *chefs-d'œuvre de la peinture murale de l'Occident*.

La création romane s'affirme aussi dans le domaine de la *sculpture*. Certaines pièces, tels les chapiteaux, les modillons ou les dalles trahissent un courant de tradition antique ; beaucoup de corbeilles corinthiennes dont le motif est la feuille d'acanthe disposée en couronne. Mais les sculpteurs ne copient pas fidèlement les œuvres du passé. Ils cherchent surtout dans les modèles anciens une source d'inspiration et une référence à Rome, berceau de l'Église primitive.

D'autres formules sont proposées. La feuille d'acanthe est remplacée par des feuillages plus communs, gonflés de sève, ou par de grandes feuilles d'eau très plates, presque stylisées. Peu à peu les animaux donnent vie aux chapiteaux et aux bas-reliefs : lions gardiens du sanctuaire, symbole du Christ selon les bestiaires médiévaux, plus rarement expression des forces du mal, ou oiseaux de type colombe surtout. Les personnages apparaissent aussi, au chœur de Notre-Dame-la-Grande (Christ présenté par des anges), à Saint-Hilaire de Poitiers (enfance du Christ, mort d'Hilaire), à Sainte-Radegonde, etc. Mais leur présence est toujours ponctuelle.

De la fin du XIe siècle date sans doute le beau manuscrit enluminé de la vie de sainte Radegonde (Bibliothèque municipale de Poitiers). Ses qualités font regretter amèrement la perte des bibliothèques des grands établissements religieux où devaient être conservés de nombreux manuscrits écrits et décorés dans les « scriptoria » poitevines du XIe siècle.

Épanouissement de l'art roman

L'élan est donné. Au XIIe siècle, la fièvre de construction se poursuit. Les évêques, les abbés et leur entourage, les vassaux des grands seigneurs multiplient les fondations ; on bâtit partout. Dans les quartiers des villes, dans les campagnes, le nombre des églises paroissiales et des prieurés s'accroît considérablement. Les ateliers sont aussi plus diversifiés. En Poitou, les maîtres d'œuvre exploitent les formules précédemment mises au point. Dans les édifices les plus importants, les chœurs s'élèvent et s'ajourent : Saint-Jouin-de-Marnes par exemple. L'édification de la cathédrale d'Angoulême, dans la première moitié du XIIe siècle, met à la mode, en Angoumois et en Saintonge, la couverture des nefs par une *file de coupoles* ce qui évite les coupures longitudinales des vaisseaux et traduit un goût certain pour les volumes intérieurs que l'œil appréhende facilement, et pour les églises claires.

Le berceau, toutefois, n'est pas abandonné mais, au XIIe siècle, il est souvent brisé et non en plein cintre, tout comme les arcs qui le sous-tendent. Certaines églises affectent une forme ramassée, comme l'octogone de Montmorillon et Saint-Michel d'Entraygues.

Dans les cimetières, on voit se dresser d'originales *lanternes des morts* (Fenioux, Cellefrouin, etc.), lointaines héritières des piles antiques.

La grande sculpture monumentale

Le décor se fait de plus en plus somptueux. C'est le grand triomphe de la sculpture monumentale. Le maître d'œuvre et le sculpteur travaillent en plein accord. Ils ornent avec autant de soin l'extérieur que l'intérieur des édifices. Les ouvertures sont soulignées par des archivoltes ouvragées ; des bandeaux courent sur les parois à la naissance des voûtes. Plus de clocher massif devant les *façades* ; elles sont conçues comme une entrée triomphale de l'église. Comme les maisons médiévales à pignon, elles offrent à la vue un schéma de rez-de-chaussée et d'étages séparés par des corniches ; des arcades aveugles, des arcatures dessinent de fausses baies. Nul ne peut ignorer la maison du Seigneur. Notre-Dame de Poitiers, Villesalem, Civray, Saint-Jouin-de-Marnes, Argenton-Château, Saint-Hilaire de Melle, Saint-Médard de Thouars, Parthenay-le-Vieux, la cathédrale d'Angoulême, Saint-Amant-de-Boixe, Aulnay, l'Abbaye-aux-Dames

Principaux sites romans

de Saintes présentent les frontispices les plus célèbres. Il s'en trouve bien d'autres, principalement en Saintonge et en Angoumois : églises perdues dans la campagne comme Notre-Dame de Châtre (Saint-Brice) ou incluses dans un bourg. Ces façades sont un lien avec les maisons avoisinantes. On peut parler ici d'urbanisme médiéval.

Certains *chevets* rivalisent d'ornements et sont traités comme des écrins précieux. La Saintonge a eu toutes les audaces en ce domaine : Saint-Eutrope de Saintes et, plus au sud, Rioux et Rétaud, que l'on a qualifiées de « baroques », Talmont si belle sur son éperon dominant la Gironde.

Enfin on ne saurait négliger les *clochers* aérés et couronnés d'éléments de pierre en forme d'écaille (Notre-Dame de Saintes par exemple).

Les traits communs à la sculpture poitevine et charentaise du XIIe siècle tiennent avant tout à l'emploi de *calcaires* aux couleurs douces qui captent bien la lumière et sont faciles à travailler. Maîtres de cette matière, les sculpteurs œuvrent pour la gloire de Dieu en s'exprimant d'une façon vivante, parfois étrange, mais dans les limites que leur impose le cadre architectural.

L'iconographie est avant tout religieuse. Deux façades proposent un grand programme, celle de la cathédrale d'Angoulême et celle de Notre-Dame-la-Grande de Poitiers ajoutée à l'église du XIe siècle. Dans les deux cas, le Christ dans sa gloire occupe le sommet de la composition. A Angoulême, les anges, les apôtres, les saints qui tournent vers lui leurs regards ont part à la béatitude éternelle, tandis que les damnés en sont écartés. A Poitiers, le sculpteur, dans une savante progression de bas en haut, rappelle que, par son Incarnation, le Christ est entré dans l'Histoire des hommes pour les sauver, qu'il leur a laissé à tout jamais son Église, enfin qu'il les accueillera dans son éternité.

Le *répertoire biblique* fournit des sujets pour les archivoltes, les bas-reliefs, les chapitaux : scènes de l'Ancien Testament avec Adam et Ève, Daniel dans la fosse aux lions, Samson et Dalila..., épisodes du Nouveau Testament (enfance du Christ, Passion), images de l'Apocalypse. Les vies de saints ont moins inspiré les artistes. La Vierge toutefois tient une place de choix à la façade de Rioux.

La sculpture est parfois un enseignement, mais force est de constater que l'on préfère souvent la parabole, *le symbole*, l'allégorie à l'anecdote. Plusieurs façades décorées présentent dans la courbure de leurs voussures des programmes savants : le zodiaque et les travaux des mois qui suggèrent que Dieu est maître de la création, du temps et du travail de l'homme, la parabole des Vierges folles et des Vierges sages, le combat des Vertus et des Vices, reflet des luttes de l'âme chrétienne contre les forces du mal, etc.

Enfin des scènes peuvent paraître profanes (scènes de chasse, combats de cavalerie, etc.). Il n'est pas toujours facile de connaître leur signification profonde : offrande à Dieu de tout ce qui fait la vie de l'homme, épisodes de chansons de geste, actions condamnables, images dont nous avons perdu la clé, etc.

L'ornement sculpté est partout présent ; il redessine le monument, il encadre les scènes historiées, il met en valeur la demeure sacrée. Partout le décor est riche, vivant mais souvent étrange. Éléments géométriques, végétaux, animaux, personnages en ribambelle se mêlent au gré de la fantaisie de l'imagier ; sous son ciseau naissent aussi les monstres. Rien n'est plus passionnant que d'aller à la découverte de cette faune. Griffons, dragons, basilics, lions ailés, centaures et sirènes... Il est à remarquer que le bestiaire est plus riche en êtres fantastiques que réels, en bêtes étranges ou lointaines (lions, éléphants par exemple) qu'en animaux domestiques. Il y a peut-être là un trait de mentalité collective qui fait souvent préférer l'extraordinaire à l'ordinaire, le masque (il y en a de forts beaux partout ; à Villesalem, Aulnay, Échillais, Matha-Marestay, etc.) au portrait.

Les sculpteurs romans ou ceux qui les ont conseillés, n'ont pas fait naître de leur seule imagination tout cet univers. Leurs sources d'inspiration sont nombreuses. Les *modèles de l'Antiquité gréco-romaine*, anciens ou transmis par le haut Moyen Age, sont à mettre au premier rang. Ainsi trouve-t-on à Villesalem, à Jazeneuil, des têtes de bœuf avec des guirlandes : ce sont les bœufs parés pour le sacrifice que l'on peut encore voir au musée de Saintes. Signalons aussi l'existence en Saintonge de tout un décor géométrique et végétal, directement copié sur les colonnes et les reliefs antiques. *L'art de l'Orient méditerranéen, l'art musulman* ont également influencé les sculpteurs romans. Par quels intermédiaires est arrivé, au bord de l'Océan, ce répertoire lointain ? On ne saurait le dire exactement : souvenirs de voyageurs et de pèlerins, dessins et enluminures, objets d'ivoire et d'orfèvrerie, tissus. Enfin il faut ajouter que nos imagiers ont quelques réminiscences du monde celte et des traditions barbares. Ils ont su, à partir de ces données disparates, modeler des œuvres d'une grande originalité. En ce sens, ils se sont montrés réellement des créateurs.

Un univers plein de vie et de mouvement (ni les animaux ni les hommes ne sont figés), un monde parfois torturé par les luttes de monstres de toute espèce pourrait engendrer chez le spectateur des impressions de vertige et d'angoisse. Il n'en est rien car le sculpteur suit une discipline rigoureuse. *Le décor est structuré* ; il obéit à des règles de composition : symétrie (mais elle n'est jamais trop parfaite), équilibre des masses, etc. Par ailleurs, la sculpture s'adapte généralement au cadre architectural. Il en résulte une grande netteté du dessin et du relief. Ainsi coexistent, dans la sculpture romane des pays d'Ouest, ordre et fantaisie.

Il est évident qu'il y a des nuances régionales : la sculpture du Poitou est d'une lecture plus facile, les motifs plus clairs qu'en Saintonge et en Angoumois où l'on préfère souvent des compositions étagées et répétées couvrant complètement la pièce à décorer. Il est possible de noter ici ou là, dans des édifices plus ou moins proches, les traces d'un même atelier, voire d'un même sculpteur. On peut tenter de déterminer le rayonnement des grands foyers artistiques, mais avec prudence car les interférences sont d'une interprétation délicate et beaucoup d'ensembles ont disparu (les cloîtres notamment). L'art de la façade de Notre-Dame-la-Grande de Poitiers a des échos à Villesalem et dans de nombreuses églises rurales du Poitou ; la cathédrale d'Angoulême a des affinités avec Saintes et dans plusieurs édifices on retrouve la marque de ses ateliers.

Dans une zone fort étendue, sont décelables les différentes manières de l'art d'Aulnay, église où s'exprime sans doute la meilleure fusion entre l'art du Poitou et celui de la Saintonge. C'est aussi le monument qui, avec la cathédrale d'Angoulême, manifeste le mieux l'adoption des belles *formules artistiques venues du sud*, de Toulouse et de Moissac. L'étirement des personnages, la grâce, le dynamisme qui les animent, le soin donné à la description des visages et au drapé des vêtements sont des traits bien caractéristiques de la grande expression romane.

La sculpture romane dans les pays d'Ouest se termine dans cet apogée. Elle n'a pas eu de décadence. Grande manifestation de l'art occidental, elle contient déjà des tendances diverses qui se dévoileront dans les siècles suivants, de l'expressionisme à l'abstraction.

Arts de la couleur

Ils sont moins bien représentés au XIIe siècle qu'au XIe siècle finissant. Après l'exécution des peintures du chœur de Notre-Dame et du Baptistère de Poitiers (vers 1100 ?), on ne connaît plus de grands programmes peints. On notera cependant quelques réalisations de qualité comme celle de la chapelle Sainte-Catherine à Notre-Dame de Montmorillon, les peintures d'Argenton-Château et le cortège des chevaliers à la chapelle des Templiers de Cressac.

En revanche, l'art du *vitrail* se développe. La cathédrale de Poitiers possède l'un des plus beaux et des plus anciens témoins de cette technique : une Crucifixion remarquable par l'iconographie, la composition, le dessin et la juxtaposition des couleurs où dominent les rouges et les bleus. Curieusement cette œuvre de la seconde moitié du XIIe siècle, proche de la peinture de Saint-Savin et encore très romane dans sa conception et son exécution, est enchâssée dans un édifice qui est l'expression d'un premier gothique. Il ne faut pas s'en étonner ; les techniques n'évoluent pas toutes au même rythme et, dans le domaine de l'art, les limites chronologiques sont loin d'être absolues.

Architecture civile et militaire

Les plus beaux vestiges de cette architecture sont assurément les *donjons*. Sur plan carré ou barlong, d'allure fort massive, ils ont souvent été construits selon les mêmes procédés que les édifices religieux : emploi de pierres de taille dès le XIe siècle, utilisation du contrefort pour armer les parois ; leur aspect extérieur reste sévère. Aux étages inférieurs, les ouvertures (la porte surélevée mise à part) ne sont que des meurtrières.

Rappelons la *densité des ouvrages militaires en Poitou :* les donjons de Loudun (haut de 31 m), Moncontour, Beaumont, Auxances, Morthemer (trop restauré), les châteaux de Chauvigny et particulièrement le château des évêques et le donjon de Gouzon, la forteresse d'Angles-sur-Anglin et le donjon de La Roche-Posay, le donjon double de Touffou, la Tour-aux-Cognons, le château de Talmont, la tour de Broue. A la vue des deux donjons de Niort (28 et 23 m de hauteur), à peine distants de 16 m, on peut regretter la disparition du bel ensemble qui les englobait : une puissante forteresse défendue par une dizaine de tours.

En Saintonge, le donjon de Pons est encore impressionnant. Sa masse domine la ville d'une hauteur de 30 m.

On rencontre, au hasard des promenades, quelques *ponts* médiévaux, des arches à demi effondrées, d'un âge difficile à déterminer. Certaines de ces constructions, comme le pont de Saint-Généroux, peuvent être attribuées à l'époque romane.

Édifice à la fois civil et religieux, l'*hôpital* de Pons était ouvert aux pèlerins. Il en subsiste un passage voûté qui donnait accès à la chapelle et aux bâtiments hospitaliers.

Prolongement gothique (XIIIe au XVe siècle)

A qui parcourt les contrées poitevine et charentaise, la floraison romane s'impose de ville en bourg, de bourg en village. On ne peut en dire autant des réalisations gothiques. Pourtant, elles ne sont pas absentes. Du XIIe siècle au XVe siècle, on a bâti des églises, on en a agrandi ou réparé d'autres ; on a élevé des châteaux et des maisons. De ce patrimoine, il demeure des témoignages qui atteignent parfois une grande qualité, mais le caractère quelque peu hétéroclite de l'ensemble déconcerte et laisse soupçonner qu'en ces temps la région a perdu la force créatrice qui l'animait précédemment.

Le style Plantagenêt

Les premières tendances gothiques ne se sont pas manifestées dans les pays d'Ouest par l'édification de grandes cathédrales à l'image de Notre-Dame de Chartres ou de Notre-Dame de Paris, mais par l'adoption de formules architecturales que l'on a coutume de regrouper sous le nom de gothique angevin ou de style Plantagenêt, ces schémas nouveaux étant nés en Anjou et leur aire d'extension correspondant assez bien à la zone d'influence de la célèbre famille angevine dans l'Ouest.

L'emploi de la *croisée d'ogives* classe, sans conteste, l'art Plantagenêt dans la grande famille gothique, mais certains traits de construction le maintiennent encore *très proche de l'art roman :* nef unique, abondamment éclairée, couverte d'une suite de voûtes très bombées évoquant les files de coupoles, murs épais flanqués de contreforts à l'extérieur et d'arcatures aveugles à l'intérieur.

Poitiers, qui avait ignoré les nefs de type angoumoisin, choisit le style angevin pour sa nouvelle cathédrale qu'Aliénor d'Aquitaine et Henri II Plantagenêt patronnent vers 1162 et dans les années suivantes (la construction se poursuivit aux XIIIe et XIVe siècles). Cet édifice est une réussite ; vaste église de près de 100 m de long, angevine par ses voûtes et ses parois, elle reste poitevine par son plan à trois nefs sans éclairage direct du vaisseau central. Ses amples volumes intérieurs évoquent les églises-halles, mais les collatéraux sont tout de même moins élevés que la nef centrale. Un admirable chevet plat (au milieu duquel est inséré le vitrail de la Crucifixion) limite à l'est une construction longue et massive tandis que deux tours latérales élargissent la façade et encadrent trois portails.

La nef de Sainte-Radegonde et la salle du Palais des Comtes (aujourd'hui salle des Pas-Perdus du palais de justice) illustrent aussi à Poitiers le style Plantagenêt. Les églises d'Angles, de Celle-Levescault, l'abbatiale ruinée de La Couronne aux portes d'Angoulême ont été édifiées dans le style angevin. Notons encore que nombreux furent les édifices qui, ayant besoin de réparations ou d'agrandissement vers la fin du XIIe siècle ou le début du XIIIe, reçurent un chœur (La Réau, la Commanderie de Moulins en Bournand) ou des voûtes Plantagenêt (Airvault, Saint-Jouin-de-Marnes, etc.).

Dans ces édifices, la *sculpture* se fixe principalement sur les chapiteaux (séries végétales nombreuses) et les modillons d'arcatures (scènes fantaisistes, voire caricaturales). Les artistes d'Angles ont également modelé de grands personnages au départ des ogives.

Le gothique français

A partir du rattachement des biens de Jean sans Terre à la couronne de France (1204), l'art gothique français s'infiltre peu à peu dans les pays d'Ouest.

Dans le domaine de l'art religieux, la plus belle manifestation de l'influence française est l'*ensemble sculpté* des portails de Charroux, stupidement détruits au XIXe siècle Il y avait là un tympan avec un Christ-Juge, une Résurrection des morts, des archivoltes ornées d'une foule de saints, de rois et d'abbés. On y retrouvait aussi la parabole, si appréciée à l'époque romane, des Vierges folles et des Vierges sages. Les vestiges aujourd'hui visibles dans l'ancienne salle capitulaire révèlent une qualité de style comparable à celle de la grande statuaire d'Amiens et de Reims.

Les sculptures des portails de la cathédrale de Poitiers s'apparentent également aux grands courants français par l'iconographie (Jugement dernier, Dormition et Couronnement de la Vierge, légende de saint Thomas) et la composition des tympans, mais l'ensemble demeure un peu touffu et de facture assez molle.

On rapprochera l'abondant décor ornemental de cette façade de celui des stalles de l'intérieur de l'édifice. Datées du XIIIe siècle, elles sont parmi les plus anciennes de France. Fantaisie et élégance des motifs en sont les principales qualités.

La fièvre de construction est retombée au XIIIe siècle ; il est vrai que campagnes et villes sont couvertes d'un réseau d'églises presque neuves, ou des reprises d'édifices comme le chœur de Saint-Jean-de-Montierneuf à Poitiers.

Le XIVe siècle voit l'édification du chœur de Champdeniers et de Saint-Amant-de-Boixe en Angoumois. Peu de sculptures (une jolie châsse à Benet). Les bâtiments restent sobres.

L'art gothique flamboyant a joui d'un incontestable succès partout mais particulièrement en Bas-Poitou, en Aunis et dans la frange maritime de la Saintonge. Il se prolonge assez tard et l'on constate que les éléments flamboyants se mêlent, dans certains édifices du début du XVIe siècle, aux apports nouveaux de la Renaissance italienne. On attribuera au plein âge gothique les églises de Notre-Dame de Niort, de Saint-André d'Angoulême, la cathédrale Saint-Pierre de Saintes, Notre-Dame de Bressuire, les Jacobins de Saintes... Toutes ces églises ont une ornementation caractéristique faite de pinacles, de gables, de remplages en forme de flammes, d'arcs à choux frisés, de clés pendantes et de nervures prismatiques. Les sculptures les plus intéressantes sont celles de la cathédrale de Saintes où, dans l'archivolte du grand portail, s'abritent sous des dais ouvragés un peuple de saints et d'anges musiciens. Il faut faire une place spéciale aux clochers du bas pays (Marennes, Moëze, Ars-en-Ré, La Rochelle), et à ceux de l'intérieur (Saint-Eutrope de Saintes, Notre-Dame de Niort, et enfin Saint-Savin).

Nombreuses sont les églises qui, romanes ou gothiques, ont reçu des fortifications au moment des troubles, surtout durant la guerre de Cent Ans : Saint-Jouin-de-Marnes, Esnandes etc. Les restaurations du XIXe siècle ont souvent effacé ces transformations.

Marie-Thérèse Camus

Le Poitou-Charentes aujourd'hui

Les quatre départements qui ont été regroupés, bon gré mal gré, dans l'ensemble administratif Poitou-Charentes s'étendent sur des milieux géographiques fort différents qui se rattachent aux grandes régions naturelles voisines : Massif armoricain, Massif Central, Aquitaine, Bassin Parisien.

Dépourvue de vraie métropole, divisée entre trois chef-lieux aux effectifs identiques, écartelée entre des pôles de décision extérieurs à la région, Poitou-Charentes n'a pas une identité très forte. Elle reste méconnue des Français, et dans l'ensemble le sentiment d'appartenance des « Picto-Charentais » reste faible.

L'époque où Poitiers était capitale de la France dotée d'une université réputée, où La Rochelle était le centre d'un commerce international et aspirait à devenir la capitale d'un état protestant, semble loin. Depuis lors le dépérissement provincial et l'affaiblissement démographique ne se sont pas démentis même si quelques villes ont réussi à sortir de leur torpeur légendaire.

Faiblement urbanisée et industrialisée, la région Poitou-Charentes se veut, en dépit de difficultés préoccupantes, le pays de la douceur de vivre et de la tradition du goût que vante le slogan publicitaire de la région et qui est avec le « charme des saisons » une composante indéniable de l'identité régionale. Il n'est que de citer le fameux beurre des Charentes, le pineau et le cognac, les huîtres et les moules, les fromages de chèvre, les pâtisseries, l'agneau du Poitou...

La population

A l'échelle des petites unités européennes, l'espace occupé par Poitou-Charentes reste important : 25 809 km^2, soit 4,7 % de la superficie nationale (rappelons que la Belgique entière ne dépasse que de peu les 30 500 km^2). Seulement, il s'agit d'un espace faiblement peuplé, avec environ 1 600 000 habitants, soit une densité de 62 habitants au km^2. Une notable partie de la région appartient à cette « France du vide » (Roger Béteille), où les densités kilométriques tombent au-dessous de 30, et parfois au-dessous de 20. Situation qui n'a rien d'exceptionnel en France, puisque plus de la moitié du territoire appartient à ce type de solitudes relatives.

Un petit nombre d'étrangers

Les habitants de Poitou-Charentes ne forment pas tout à fait 3 % de la population nationale (2,87), mais il s'agit d'un ensemble presque entièrement français : le nombre des étrangers n'y atteint pas 30 000, soit dix-huit pour mille seulement. Les plus nombreux sont des *Portugais* (environ 65 % de la population étrangère des Deux-Sèvres), curieusement concentrés dans la petite ville industrielle de Cerizay et dans ses alentours. On ne dénombre que 7 000 *Maghrébins,* alors qu'ils sont plus d'un million et demi pour la France entière (215 fois plus !). S'il existe quelques concentrations d'étrangers dans les grandes villes, ils restent à peu près inconnus sur de vastes étendues rurales.

Se pourrait-il que l'intégration prochaine de l'Europe s'accompagne de la venue de nouveaux agriculteurs à l'affût de terres ? Bien que d'assez nombreuses transactions aient été déjà citées dans les secteurs en crise, l'effet démographique de ces migrations rurales reste pour l'instant négligeable.

De multiples déplacements

La diaspora poitevine et saintongeaise n'a pas été systématiquement étudiée. Certes, l'émigration vers les terres neuves de l'Amérique et les peuplements qui en dérivèrent sont connus, et l'on sait que le parler canadien possède bien des ressemblances avec ceux du Poitou et de la Saintonge de naguère. Quelques migrations individuelles à très grande distance sont aussi connues : celle de René Caillié à travers les déserts, jusqu'à la découverte de Tombouctou ; celles de religieuses et de religieux venus apporter le témoignage de leur foi dans des terres lointaines et qui, souvent, y subirent le martyre (Jean-Charles Cornay, Théophane Venard, Mgr Augouard).

Mais il existe une migration massive, ininterrompue depuis plus de deux siècles, semblable à celle que l'on observe dans toutes les provinces françaises. Cet *exode*, venu des campagnes certes, mais aussi des villes, petites ou moyennes, est dirigé vers les grands centres : Paris en premier lieu, et Bordeaux pour les deux Charentes. Migration considérable, puisqu'elle mit en mouvement, semble-t-il, plus de trois cent mille personnes.

Ce phénomène n'a point changé à l'époque contemporaine et, à tous les niveaux culturels et professionnels, l'attraction de la région parisienne et, secondairement, celle de Bordeaux restent puissantes. Cette ponction permanente, ce soutirage continu du sang le plus vif et le plus jeune restent une des données fondamentales de notre vie provinciale.

Aujourd'hui plus qu'autrefois d'importants *flux de retour* atténuent l'effet statistique des migrations. Ils sont formés en grande partie par des retraités qui retournent vers les lieux de leur naissance, les villes régionales ou certains espaces privilégiés par leur climat et leur réputation tels que la côte en général, le secteur de Royan et les îles. Ce phénomène accentue le vieillissement des communes qui en bénéficient.

Dépeuplement et vieillissement

Les forces de vie furent toujours plus fortes dans le nord des Deux-Sèvres, apparenté aux régions fécondes de l'Armorique méridionale et du Maine-et-Loire. Au contraire, le malthusianisme ancien des deux Charentes les assimile aux départements aquitains, à la situation depuis longtemps très grave. Nul ne peut donner les raisons de cette géographie originale, car les ingrédients de la fécondité nous restent inconnus.

Aujourd'hui, comme partout ailleurs dans l'Europe développée, la région participe à cet « auto-génocide » de l'Occident dont nous sommes loin de soupçonner les effets ultimes : en 1873, avec une population voisine, on relevait 35 000 naissances ; en 1971 l'I.N.S.E.E. en dénombrait encore 25 000 mais en 1988, il n'y en eut plus que 18 200.

A l'opposé, la défense de la vie s'est organisée sur tous les fronts, et la mort a relâché son étreinte : sur 1 000 enfants nés vers la fin du XIXe siècle, 163 mouraient avant l'âge d'un an ; en 1988 le nombre des victimes n'était plus que de 8. L'espérance de vie est aujourd'hui, en Poitou-Charentes, l'une des meilleures de France, avec une moyenne d'âge de 72 ans et 2 mois pour les hommes, et de 79 ans et 8 mois pour les femmes. Pour mémoire, rappelons qu'elle restait encore inférieure à 30 ans vers la fin du XVIIIe siècle !

Une redistribution de la population

Les migrations intérieures, l'urbanisation, la faible natalité et l'allongement de l'espérance de vie modifient la distribution des populations.

L'effet le plus visible est sans doute le dépeuplement de vastes espaces, que révèle l'abandon de hameaux et d'écarts et plus souvent la présence de ruines et de maisons fermées. Les problèmes corrélatifs d'équipement et d'aménagement se posent là comme ailleurs dans le « rural profond » : caducité des divisions communales, étiolement ou même disparition d'éléments sociaux fondamentaux (plus de curés, plus d'écoles), disparition des commerces de détail. En 1987, 38 écoles primaires publiques furent fermées, et 56 classes disparurent.

Le vieillissement collectif s'accompagne de conséquences contradictoires. Dans quelques cantons la proportion des moins de 20 ans est proche de celle des plus de 60 ans, et parfois elle lui est inférieure. Le phénomène est visible dans les campagnes « profondes », dans les zones d'accueil des retraités (le littoral, les îles), dans les petites villes. Mais alors même que progresse le vieillissement, que la création de maisons de retraite et de foyers du troisième âge en atteste l'ampleur, on voit se développer des équipements inattendus ainsi qu'une vie sociale originale.

Toutes les communes possèdent depuis longtemps leur terrain de football, les courts de tennis se multiplient, les salles polyvalentes sont créées en nombre tel qu'on peut parler de suréquipement ; maintenant apparaissent les golfs, très à la mode. En même temps la multiplication des groupes, des clubs, des foyers, s'accompagne d'une vie nouvelle pour le troisième âge, qui découvre pour la première fois le vaste monde à travers les voyages organisés. Il s'agit bien là de profondes nouveautés, à peine croyables lorsque l'on songe à la vie traditionnelle de nos campagnes au long des siècles précédents.

L'agriculture

L'originalité principale de la structure des emplois se trouve dans l'importance des activités agricoles ou directement dépendantes de l'agriculture : elles occupent environ 16 % des actifs, soit plus du double de la proportion mesurée dans la France entière. Au contraire, la proportion des ouvriers et celle des employés ne diffère pas de la proportion nationale, tandis que les « cadres et professions intellectuelles » et les « professions intermédiaires » forment un groupe moins nombreux (18,5 % au lieu de 24,7 %).

Le monde des actifs agricoles et ses satellites restent proche de 100 000, nombre voisin de celui des actifs du secteur industriel. Pourtant, l'évolution régressive des exploitations est impressionnante, comme partout ailleurs dans notre pays : 120 000 encore en 1955, 88 000 en 1970, 70 000 en 1979, et 57 000 en 1987. Encore faut-il préciser que seules 40 000 occupent au moins l'équivalent d'une personne à temps complet, alors qu'elles étaient 63 000 en 1970. Cette érosion incroyable ne signifie point que la friche se développe : simplement le nombre des petites exploitations diminue, alors qu'augmente celui des exploitations de plus de 50 ha et de plus de 100 ha.

Diversité des spéculations agricoles

Il est à peine excessif d'écrire qu'il n'existe pas deux exploitations superposables. Chacune d'entre elles reflète les vocations des sols, une tradition culturale, une structure familiale. Pourtant quelques types peuvent être précisés.

On identifiera aisément, dans le paysage, le domaine des *céréaliers*. Ils occupent les grandes plaines calcaires ou les menues collines crayeuses, aujourd'hui remembrées et dénudées, dont les parcelles prennent des dimensions autrefois jugées impossibles. Dans une campagne presque toujours vide se déplacent les tracteurs, tirant un train de labour, ou les réservoirs et les rampes utilisés pour les traitements chimiques ; plus tard les moissonneuses-batteuses prendront le relais au temps des récoltes ; dans la saison sèche, les canons à eau ou les rampes mobiles d'arrosage fonctionnent partout. Des silos collectifs se dressent de-ci, de-là, auxquels s'ajoutent désormais les silos individuels en métal construits dans les exploitations. Cette culture mécanisée demande peu d'hommes : moins de 7 000 exploitants produisant chacun plus de mille quintaux fournissent les deux tiers de la production globale, en grande partie exportée par le port de La Pallice.

La culture du colza et celle du tournesol sont souvent associées à cette céréaliculture, et la position de la région dans la production de tournesol est tout à fait exceptionnelle : 27 % de la production nationale, presque entièrement exportée vers les usines de trituration de la C.E.E. par les ports de la Rochelle et de Tonnay-Charente.

La production des céréales augmente à un rythme inconnu dans l'histoire : alors que, vers 1800, 1 ha de blé donnait de 5 à 6 q, il a produit 55 q en 1987. Poitou-Charentes livra 2 882 000 t en 1981, mais 3 468 800 t en 1987. La révolution agricole se déroule sous nos yeux : en 1962, le rendement moyen en blé n'atteignait que 26 q, celui de l'orge 20 q (au lieu des 50 q actuels), celui du maïs 15 (au lieu de 77) ! En 1987, l'ensemble de la production céréalière représentait 13,5 % de la production nationale.

A l'opposé des céréaliculteurs purs, les *éleveurs* vivent de la transformation par l'animal des produits végétaux. Les contrastes sont ici très marqués, les sols d'origine cristalline jouant un rôle de premier plan, puisque les trois quarts des revenus agricoles dans les Deux-Sèvres viennent des productions animales. Élevage des bovins pour la viande, pour le lait (plus d'un million d'animaux) ; des ovins pour la viande seulement (1 500 000) ; des chèvres ; élevages hors-sol des lapins (1 660 000), des poules et poulets (5 950 000, en 1987). La région occupe une place prépondérante dans la production caprine, avec environ les deux tiers de la production nationale pour les livraisons de lait (28 % du troupeau national). Quant au cheptel ovin régional, il forme environ le huitième du troupeau national, localisé surtout dans le département de la Vienne.

Entre éleveurs et céréaliers, toutes les formes de transition existent : les grandes fermes d'élevage laitier, avec stabulation libre, exploitent d'importantes surfaces pour la nourriture de leur bétail, mais les éleveurs de moutons dans les secteurs difficiles (Charente limousine, Montmorillonnais) cultivent parfois quelques hectares pour les besoins de leur troupeau et la sauvegarde des sols.

Plus curieuse est l'association de la polyculture, de l'élevage et de la culture de la vigne en pays de Cognac. Ce n'est guère qu'en Grande Champagne, autour de Cognac même, que l'on trouve de purs *viticulteurs*. Si dans chacun des deux départements charentais la vigne occupe plus du dixième de la superficie agricole utilisée, elle n'en occupe que moins de 1 % dans les Deux-Sèvres et la Vienne. L'aire des vins de Cognac fournit 97 % de la production viticole régionale. On sait l'aspect très original de cette production et le rôle éminent joué par l'exportation : en 1986-1987, ce sont 440 000 hl d'alcool pur qui ont été expédiés. Le volume des ventes a augmenté de 11 % grâce aux États-Unis, à la Grande-Bretagne, à l'Allemagne Fédérale et à l'Extrême-Orient. Les ventes de pineau progressent, elles, grâce à la Belgique qui est de très loin le premier client.

En dehors des grandes productions existent maintes *spécialisations* impossibles à décrire, mais souvent bien attachantes : production de pommes en Gâtine, de melons dans le nord des Deux-Sèvres et la Vienne (le premier producteur national en fin de saison). Élevage énorme de lapins (120 000 !), avec abattoir intégré d'où sortent les barquettes déjà étiquetées pour les grandes surfaces (Champagné-Saint-Hilaire). On pourrait évoquer ici un éleveur de cerfs, là des éleveurs de sangliers, de perdrix (pour les chasseurs), ou de lombrics (pour ameublir le sol), ici encore de grands élevages de poules, associés à la commercialisation soit des œufs frais, soit de poudres ou de pâtes d'œufs à usage artisanal ou industriel. Demain sans doute d'autres spéculations apparaîtront, sur le lupin, le soja et le pois protéagineux en particulier. L'effort de recherche agricole est conduit par l'Institut national de la recherche agronomique à Lusignan (86), à Saint-Laurent-de-la-Prée et au Magneraud (17), parfois en liaison avec l'université, ainsi que par des centres dispersés dont certains relèvent de la profession (Cognac).

Il faudrait évoquer encore les activités liées à l'agriculture, si nombreuses, si diverses, dispersées sur tout le territoire, et les hommes qui les exercent : des inséminateurs aux fonctionnaires de l'agriculture, du personnel des coopératives aux pharmaciens vendeurs de produits phytosanitaires, des négociants de cognac aux représentants de toute nature, aux membres des centres de gestion, etc.

Au total, un monde considérable, extraordinairement divers, situé à tous les niveaux de la hiérarchie sociale, en mutation rapide et difficile à décrire. Son importance nationale peut être considérée comme exceptionnelle, puisque les statistiques du commerce extérieur révèlent qu'en 1986 Poitou-Charentes exporta pour 11 749 millions de francs de produits agricoles, mais n'a importé que pour 1 194 millions des mêmes produits : la balance positive qui s'établit ainsi à 10 555 millions (12 108 en 1988) n'a pas d'équivalent ailleurs en France.

Pêche et élevages marins

La pêche a beaucoup diminué, puisqu'en 1976 la production était encore de 14 700 t alors qu'elle dépassait de peu 11 000 t en 1983. Elle semble devoir se stabiliser un peu au-delà de 12 000 t. Ce déclin est évidemment lié à la diminution de la flottille industrielle, et peut-être à un appauvrissement des ressources.

Plus originale, et même tout à fait remarquable, est la production des huîtres et des moules, puisque le « quartier » Marennes-Oléron est le premier centre producteur d'huîtres d'Europe. Les entreprises sont nombreuses (2 500), et l'on estime à 9 000 environ le nombre des travailleurs à temps complet ou à temps partiel employés dans la production des coquillages, une production qui oscille entre 50 000 et 70 000 t (en 1985 : 46 492 t d'huîtres, 10 795 t de moules).

Un tissu industriel à la trame trop lâche

Quelques chiffres permettent de saisir le problème fondamental de la vie industrielle : en région, 2,87 % de la population nationale, mais seulement 2,3 % des effectifs de l'industrie française, et 2,1 % de la valeur ajoutée, bien que la proportion des travailleurs industriels soit à peu près la même que dans la France entière (environ un tiers).

Impossible de regrouper les industries sous une rubrique qui correspondrait à une vocation particulière, car elles sont ici juxtaposées, et non intégrées dans des ensembles relativement homogènes. Cinq grands secteurs peuvent être néanmoins identifiés. Malheureusement les industries traditionnelles sont en crise, leurs effectifs sont tous en diminution depuis 1976, à l'exception de celui des *industries agro-alimentaires*.

Celles-ci marquent souvent les paysages, qu'il s'agisse de celles qui sont dans la dépendance de Cognac, ou bien des laiteries et fromageries, ou encore des biscuiteries. En 1988, elles employaient plus de 19 000 personnes, dont 6 600 pour les industries de la viande et du lait.

Le secteur des *bois* et de l'*ameublement* joue traditionnellement un rôle notable (12 053 emplois), mais ses effectifs ont beaucoup diminué (15 934 emplois en 1975). La *construction électrique et électronique* ne progresse pas (12 933 emplois en 1975, et seulement 10 945 en 1988). En forte diminution, les *industries textiles* et de l'*habillement* emploient moins de 8 000 personnes alors qu'elles en occupaient 11 000 en 1975. La *construction mécanique* emploie des effectifs voisins (8 168 en 1988) et la diminution y est comparable (10 000 en 1975).

Constat préoccupant donc, fâcheusement voisin de celui que l'on pourrait dresser pour les régions les plus touchées par la crise des structures traditionnelles. L'emploi industriel, déjà faible en 1975 (125 753 salariés) s'est encore amenuisé (107 682 salariés en 1988) et le chômage est en forte progression. Le bâtiment, qui est un bon révélateur, subit la diminution la plus forte (de 43 340 à 30 931, soit une perte de 28 %).

De petites unités de production

Le tissu industriel régional est caractérisé par la prépondérance des petites unités de production : sur 21 237 établissements (1987), 221 seulement emploient plus de 100 salariés, dont 29 plus de 500. En aucun lieu n'existent ces usines énormes qui regroupent ailleurs des milliers d'ouvriers et d'employés. La Charente possède douze des vingt-neuf établissements de plus de 500 salariés, et la Vienne dix. On peut reconnaître des dominantes départementales qui réunissent environ le tiers des emplois : en Charente-Maritime le bâtiment ; dans les Deux-Sèvres, la production des biens de consommation courante (habillement, bois, ameublement) ; dans la Vienne, celle des biens d'équipement (construction électrique et électronique, construction mécanique).

Plusieurs types industriels peuvent être décrits en fonction des origines et de l'évolution des entreprises. Les entreprises anciennes appartenant à l'État, souvent liées à la guerre, sont les seules à avoir créé une vraie tradition industrielle et ouvrière : la plus puissante fut longtemps la Manufacture d'armes de Châtellerault, héritière d'une tradition ancienne de fabrication des armes blanches. Sa disparition fut accompagnée de créations ou de développements : aujourd'hui l'usine Sochata-Snecma serait le « nec plus ultra » de la réparation aéronautique. Entre Angoulême et Rochefort, le fleuve Charente fut longtemps utilisé pour le transport de produits lourds nécessaires à l'arsenal rochefortais. Aujourd'hui encore, la Société nationale des poudreries et des explosifs à Angoulême, l'Établissement de Construction des armes navales (ÉCAN) de Ruelle, la Société charentaise d'équipement aéronautique à Rochefort prolongent cette tradition.

Des industries d'importance et d'ancienneté bien différentes relèvent d'initiatives parfois anciennes, prolongées, modernisées, imitées : l'imprimerie poitevine en donne un exemple. À Angoulême, les usines LEROY-SOMER, au rayonnement international, dérivent d'une initiative locale. Il en va de même de l'ensemble HEULIEZ (carrosserie automobile) autour de Cerizay, et tout récemment de l'ensemble alimentaire Gorcy à Mirebeau et à Airvault. Les nouvelles demandes engendrèrent des créations inattendues. Par exemple celles qui sont associées au développement de la plaisance à La Rochelle (voilerie, construction de bateaux).

Localement, les usines liées à de grands groupes nationaux ou internationaux, souvent implantées dans le cadre de la décentralisation industrielle au cours des années prospères, vers 1970 ou avant, restent très importantes : fonderie Renault d'Ingrandes, usine Michelin à Poitiers, automobiles Peugeot à Périgny, Télémécanique électrique à l'Isle-d'Espagnac et Angoulême, Rhône-Poulenc à La Rochelle, Enertec-Schlumberger à Poitiers.

Les « friches industrielles »

En quelques endroits subsistent les témoins des activités disparues : à Châtellerault, le très grand squelette de l'ancienne Manufacture n'est pas encore totalement réemployé ; les laiteries abandonnées sont nombreuses en milieu rural ; on trouve, de place en place, les témoins d'anciennes forges qui furent très répandues au sud-est de la Vienne et dans l'est de la Charente (Verrières) ; des cavités béantes et des murs disjoints rappellent les fours à chaux de jadis ; partout, les bâtis des moulins à vent et les restes des moulins à eau témoignent de ce qui fut une forme extrêmement répandue de l'artisanat « agro-alimentaire » ; à Rochefort se voient encore divers témoins de l'Arsenal, dont la Corderie, superbement restaurée ; à Niort subsistent certaines traces des chamoiseries.

Témoins émouvants, dont l'éloquence silencieuse rappelle l'universelle présence des changements techniques.

La primauté des activités tertiaires

Le secteur de l'*artisanat* place Poitou-Charentes au tout premier rang des régions françaises en termes de densité artisanale : 192 entreprises en zones rurales, 170 dans les communes urbaines, alors que dans la France entière ces nombres ne s'élèvent qu'à 178 et 140 pour 10 000 habitants. Le secteur du bâtiment regroupe 61 % de l'artisanat en zone rurale, alors que dans les villes c'est le secteur des services qui atteint le même pourcentage.

Quelques particularités peuvent être observées dans le *secteur commercial.* C'est d'abord la progression du nombre de petites communes qui ne possèdent aucun commerce alimentaire : alors qu'en 1979 il ne s'agissait que d'une commune sur quatre, en 1988 il s'agit d'une commune sur trois (512 sur 1465). A l'opposé, le parc des hypermarchés, au nombre de 23, est tel que la surface moyenne de vente par habitant est supérieure à la moyenne française : 73 m^2 au lieu de 68. La Vienne et la Charente sont les départements les mieux équipés. Les grands commerces sont partout installés aux abords des grandes agglomérations. Pour les supermarchés (entre 400 et 2 500 m^2), la densité régionale dépasse d'environ un tiers la densité nationale : 133 m^2 pour 1 000 habitants, au lieu de 98.

Ici comme partout ailleurs, alors que diminuent les effectifs agricoles et industriels, l'importance de ce secteur un peu fourre-tout que l'on appelle « tertiaire » ne cesse de se renforcer. Au début de 1988, cinquante-huit actifs sur cent travaillaient dans le tertiaire, et les proportions étaient beaucoup plus fortes dans les villes, en particulier à Poitiers.

Il serait vain de chercher une originalité profonde aux activités tertiaires régionales, mais le fait majeur est que la plupart des centres de commandement sont extérieurs à la région qui est écartelée entre divers pôles : Nantes, Limoges, Bordeaux, sans parler de Paris. Néanmoins, deux caractères tertiaires originaux sont connus : à Niort, capitale des Mutuelles d'Assurances, et à Poitiers, où la proportion des enseignants et des étudiants est exceptionnelle (environ 20 000 étudiants en 1989-1990).

Des perspectives originales viennent d'être ouvertes par les auteurs du Xe Plan État-Région (1989 à 1994) qui voudraient développer localement les fonctions universitaires, afin d'affirmer leur dimension régionale : nouveaux départements d'I.U.T. à Angoulême (génie électrique), Châtellerault (mesures physiques), Niort (statistiques et traitement informatique des données) ; D.E.U.G. de Droit à La Rochelle ; D.E.U.S.T. informatique et communication à Niort ; M.S.T. spécialisées à La Rochelle (agroalimentaire, informatique appliquée et hôtellerie) ; les programmes de recherches en relation avec le milieu seraient développés. A Poitiers même, le transfert de l'E.N.S.M.A. s'accompagnerait d'un élargissement considérable des fonctions de l'école. Nul ne sait encore ce qu'il adviendra de cet ambitieux programme, dont la réalisation serait assurément bienvenue.

C'est l'un des caractères de notre époque, mais nullement un trait régional, que le rôle joué localement par les professions de santé. A Poitiers, par exemple, l'ensemble de la fonction soignante dépasse de très loin les autres groupes professionnels.

Le tourisme

Originale, difficile à décrire et à mesurer, la fonction touristique prend des formes multiples. Les services officiels estiment que 670 000 personnes peuvent être hébergées le même jour dans la région, en recensant toutes les possibilités (hôtels, terrains de camping, résidences secondaires, gîtes ruraux). Cependant, cette capacité d'accueil reste très inégalement répartie.

L'attraction de la mer et des rivages explique la primauté de la Charente-Maritime : 470 000 hébergements y sont possibles (71 % du total), avec un quasi-monopole des chambres d'hôtes et des meublés (97 %) ainsi que des terrains de camping (87 %); les trois quarts des colonies de vacances y ont élu domicile. Aussi la fréquentation estivale de ce département est-elle exceptionnelle : 25 millions de journées de vacances en 1987, ce qui le place juste après le Var, en une position qui oscille entre le deuxième et le cinquième rang des départements français. On sait rarement qu'en regroupant le littoral vendéen et le littoral charentais, les rivages atlantiques du Centre-Ouest occupent la deuxième place parmi les côtes françaises, avec plus de 51 millions de journées de vacances en 1987 (Var et Alpes-Maritimes : 60 millions).

L'effet sur les paysages de pareilles concentrations est naturellement très visible : aujourd'hui le littoral porte en tous lieux les signes de sa nouvelle fonction d'accueil. Le développement toujours continu de ses *ports de plaisance* en est l'un des plus nets : entre Marans et Mortagne-sur-Gironde, vingt-cinq ports regroupent environ 6 % de la flotte de plaisance française. Dans les quartiers maritimes d'Oléron et de La Rochelle, la progression du nombre des navires est plus rapide qu'ailleurs en France.

Le *thermalisme* n'occupe qu'une place secondaire dans cette fonction d'accueil. Trois stations ouvertes en permanence (Rochefort, Saujon, et tout récemment Jonzac) ont accueilli 16 000 curistes en 1987.

Enfin, à peine en service, *le Futuroscope* semble susceptible d'apporter un complément notable aux flux touristiques intérieurs, puisqu'en 1989 il reçut environ 750 000 visiteurs. Il permettra sans doute d'équilibrer quelque peu les fréquentations (plus des huit dixièmes des visiteurs sont actuellement attirés par le littoral) en ajoutant une note ultra-moderne au remarquable patrimoine monumental de la région. Avec 668 monuments classés, celle-ci occupe le sixième rang des régions françaises, mais elle occupe le deuxième rang pour les édifices religieux. C'est dire quel champ immense, pratiquement inépuisable, est ouvert à la curiosité de ses visiteurs !

Du bonheur d'être, en Poitou-Charentes

Jacques Chardonne décrivit autrefois « le Bonheur de Barbezieux ». Il y disait la beauté secrète « de ce pays sans pittoresque, à la fois verdoyant et un peu désertique, souriant et intimement triste, où l'homme invisible est si mêlé à la terre ». Mais, ajoutait-il, « ce n'est pas le sentiment d'une beauté secrète, inventée peut-être, qui me plaît ici, c'est la certitude d'une beauté réelle garantie par son dénuement exquis. Elle n'est saisie que par une longue connaissance et une sorte d'amitié. » Parlant de la cité elle-même : « En vérité, il y a quarante ans, dans une petite ville de Charente, tout le monde était heureux autant qu'il est possible sur terre; on ne souffrait que de maux éternels. »

Une peinture plus complète ferait une place aux ombres, fâcheusement marquées dans le domaine de l'emploi, du revenu agricole, des salaires, inférieurs à la moyenne nationale, de la désertification des campagnes et de la faiblesse du développement, mais les habitants de la région, même exilés, restent très attachés à l'image de ces terres opulentes et ensoleillées, à ce monde de la douceur de vivre et des traditions gourmandes, et qui font pour le visiteur, avec la richesse de l'héritage historique, le charme de Poitou-Charentes.

d'après un texte de *Jean Pitié*

Le Poitou - Charentes gourmand

« Le destin des nations dépend de la manière dont elles se nourrissent. »
Brillat-Savarin

Il existe peu d'endroits où, en matière de célébrité régionale, les indigènes ne se veuillent, parfois avec raison, le « centre » d'une spécialité.

Chaque syndicat d'initiative, chaque office de tourisme clame haut qu'il est le chantre « du » centre et inonde le candide visiteur de dépliants, guides et traités où il est clairement démontré que l'heureux mortel en question vient d'avoir la chance inouïe de poser le pied dans le centre... de quelque chose.

Ce centre, rassurant symbole de fixité, est toutefois toujours situé à un carrefour, symbole antithétique s'il en fut, des hésitations et des changements de cap. C'est ainsi que fourmillent des centres du chapeau, d'un fromage, des arts ou de la saucisse, érigés au carrefour des civilisations, des invasions et du commerce réunis, sans oublier celui de la pensée, des tendances, etc. Tous, ou peu s'en faut, situés en terre de contrastes avec armoiries, titres nobiliaires et photographies certifiées de Vercingétorix ou Henry VIII pour le moins. A cet égard, c'est fou ce qu'il peut y avoir chez nous de centres indécis par vocation géographique ou publicitaire. N'y voyez aucune malignité, c'est un fait national.

Parler simplement de cuisine en Poitou-Charentes, au sein de ce turbulent carnaval, relèverait de l'exploit si l'on voulait se mettre à l'unisson. Alors, il faut « trouver l'angle », comme on le dit dans les salles de rédaction. Seulement, trouver un angle possible entre des centres rayonnants, des croisements et leurs communes sécantes, c'est risquer de se fâcher à jamais avec les mânes de monsieur Euclide pour un résultat aléatoire. Donc, point de géographie fantasque ni de tonitruance. Le Poitou-Charentes, région modeste, ce qui ne veut pas dire menue, vient à vous en « melounant »*. Prêtez l'oreille, cela en vaut la peine.

Dès le début, cela commence plutôt fièrement puisque les géographes nous désignent comme « Centre »-Ouest. Mais ils se rattrapent aussitôt en affirmant que le Poitou-Charentes « empiète » sur quatre régions qui, elles, paraissent authentiques. Au nord, il s'agit de la plaine jurassique et crétacée du Sud-Ouest du Bassin Parisien. Au sud, il s'agit du Bassin Aquitain. Ces deux parties étant resserrées entre les flancs cristallins - c'est joli mais veut seulement dire granitique - du Massif Armoricain d'un côté, et du Massif central de l'autre. Somme toute, le Poitou-Charentes n'est qu'un grand patchwork auquel il faut, toujours selon ces mêmes géographes, ajouter les bandes côtières de l'Aunis et de la Saintonge, l'Angoumois étant résolument tenu pour aquitain.

Une triste conclusion s'impose aussitôt : géographiquement, le Poitou-Charentes n'est le centre de rien du tout. A dire vrai, vous vous en doutiez déjà.

---

* Melouner : grommeler doucement dans ses moustaches. Travers local extrêmement répandu.

Par ailleurs, l'orographie nous apprend que les montagnes culminent à 272 m dans les hauts du Gâtinais, tandis qu'en face les « terres froides » de Confolens - rien à voir avec le Groenland -, grimpent aimablement jusqu'à 290 m sur le chemin du Limousin.

Les fleuves, pour modestes qu'ils soient, ont tous un destin particulier. Du Nord au Sud on compte la Sèvre Niortaise (150 km) qui nourrit le Marais poitevin, lequel n'est ni en Poitou ni en Charente. Ensuite, c'est la Charente (360 km), ancienne grande voie de communication entre Angoulême et la mer, qui a donné et donne toujours vie au Cognaçais, exploit dont ne peuvent se targuer aucun autre fleuve, fut-il Mississippi ou Volga, et puis la Seudre, une misère de 70 km qui alimente toutefois un estuaire de 13 000 ha : le parc ostréicole de Marennes.

Tout en bas de la Charente-Maritime, âme de la Saintonge, il faut parler d'une copropriété de 65 km de Gironde avec le Médoc où ne pêchent vraiment que les Charentais, les Médocains étant bien trop occupés à soigner leur vignoble. Qui penserait à leur donner tort ?

C'est en regardant couler ces eaux, le plus souvent feutrées et de comportement régulier, que l'on voit poindre l'esprit de ce pays, fait de modestie, de jubilation discrète et malicieuse, de beaucoup de force placide.

Avec 14 % de boisement, notre région est très en dessous de la moyenne nationale. Mais, comme par hasard, la chasse au gibier d'eau est fructueuse et l'on vient de loin pour traquer le gros gibier dans les massifs de la Braconne (!), de Chizé ou de la Coubre, qui font largement plus de 4 000 ha chacun.

Alors résumons un peu. Une polyculture solide, d'innombrables basses-cours, des rivières poissonneuses, une mer qui entre à loisir au cœur de la campagne pour y apporter ses poissons précieux, du gibier, des champignons, la proximité presque provocante du plus formidable vignoble du monde, le cognac et le pineau en prise directe, des gens vivant si près de leur terroir qu'ils savent toujours rapporter à point nommé (et à la maison) la bouteille idoine, le cèpe, le lièvre, le bar ou la carpe. Ne sont-ce pas là, précisément, tous les ingrédients propices à une gastronomie familiale dont l'excellence n'est plus à claironner ?

Pour manger heureux, mangeons cachés !

Cette semi-clandestinité de notre cuisine régionale est une laide habitude contractée au temps du grand exode vers la ville où est née cette méfiance, cette honte presque, pour l'état de paysan, son vêtement et sa tambouille, cuisine de rustres, qui marquaient mal au lumineux pays des becs de gaz. C'était le temps imbécile où l'on dissimulait les poutres maîtresses de chêne ou d'ormeau sous une couche de plâtre.

Il a fallu longtemps pour que, nostalgie aidant, on s'aperçoive que la popote des anciens était une vraie cuisine, saine et succulente, pour peu que l'on veuille bien y apporter quelque soin et laver le chaudron après usage.

C'est pourquoi en Poitou-Charentes, où pizzas, couscous, superfluités chinoises et fast-food sont aussi répandus qu'ailleurs, la cuisine s'est réfugiée dans les maisons d'où elle n'aurait jamais dû sortir, ainsi que dans quelques restaurants de bon aloi où le profit n'est pas systématiquement la préoccupation cardinale.

Entrez chez ces Poitevins aux bras lourds, chez ces faux modestes de Charentais, en baissant la tête, car le linteau est placé bas. Façon comme une autre, médisent les voisins, d'obliger les étrangers à saluer les hôtes comme ils jugent le mériter.

Une cuisine « de pauvres »

En Poitou, amputé des deux tiers du Bas-Poitou pour des raisons qui n'ont pas de place ici, s'est élaborée depuis bien longtemps une cuisine de « pauvres », entendez une manière de se nourrir en dépensant le moins possible. Philosophie qui, par voie de compensation, a largement dépassé les limites poitevines pour englober les Deux-Sèvres et la moitié est de la Charente.

Basse-cour et jardin potager

Le meilleur exemple de cette cuisine de basse-cour et de jardin potager, c'est le *farci*, contraction de chou farci : un petit chef-d'œuvre. Pour les Béotiens, toutes les bourrées se ressemblent. Il en est de même pour le farci. Mais, halte-là, sachez qu'il y a le poitevin, bien sûr, mais plus particulièrement le farci de Civray, un autre de Confolens, de Gençay, et très probablement un par clocher, sans parler de ces cuisinières charentaises qui le préparent avec une lichette de cognac sans se soucier de la pointilleuse exégèse. Tout le monde sait bien, hélas, que l'iconoclastie se moque des frontières.

Quoiqu'il en soit, le farci n'est pas une petite recette. Tout le potager s'y est donné rendez-vous. Il faut d'abord un filet à farci, bien sûr, et puis un gros chou, de l'oseille, un petit chou, de la fine laitue, des bettes, de la ciboulette, du persil, quelques pommes de terre (pas partout), des blancs de poireaux, de l'oignon, du lard, de la mie de pain, de la farine, une douzaine d'œufs. Ça, c'est pour la base. On y ajoute parfois du blanc de poulet, de faisan, du magret finement coupé. Quelle farce ! Tout cela est dûment assemblé, moulé, pétri, cuit trois heures durant dans un grand pot bordelais de dix litres. Dans l'eau, on ajoute des os ou des couennes, des herbes.

D'où qu'il soit, le farci est délicieux et c'est un des rares plats locaux qui s'accompagne agréablement d'un de ces rouges de Touraine qui ont tendance à relever le bouchon lorsqu'ils sont loin de leurs nombreux cousins de Bordeaux.

Dans le domaine très étendu de la cuisine de « pauvres » existent d'authentiques merveilles, tels les *oignons cuits sous la cendre*, à la façon des pommes de terre. Il s'agit d'oignons rustiques de forte espèce, comme les rouges pâles de Niort ou les jaunes paille des Vertus. Ils se mangent épluchés, après une heure et demie de cuisson, avec une tartine de pain frais et un grain de gros sel... cela se passe de commentaire. On fait également cuire les œufs de la même façon. Cela ne donne évidemment que des œufs durs, mais le fumet qu'ils ont acquis rehausse n'importe quelle salade.

La région possède une grande variété de *soupes*. En soit une soupe n'est jamais que de l'eau chaude avec quelque chose dedans. Le tout est dans ce quelque chose justement, et dans le tour de main de la cuisinière. La plus simple de toutes, et qui n'est pas chaude, c'est la soupe pain-vin dont Poitevins et Charentais se tiraillent l'origine, les uns sous le nom de *miget*, les autres de *migeot*. La cause du différend n'apparaît pas clairement. C'est du pain coupé fin, de l'eau sucrée et du vin de la ferme, le tout maintenu au frais dans la cave ou la souillarde, et servi au fort de la chaleur. C'est très rafraîchissant et revigorant. Au temps de la vraie vie campagnarde cela se servait « au gros » du foin, des moissons, du battage.

Revenons aux soupes proprement dites. C'est sans conteste des cheminées poitevines que sont sorties : la *soupe oseille-haricots secs* (aux *moujettes* ou *mojettes* comme pour le miget) ; la *soupe à l'oignon* (la gratinée est d'origine lyonnaise) ; la *soupe au potiron* (on dit *giromon*) ; la *soupe au lard* avec croûtons aillés ; la *soupe de vie*, composée d'au moins une douzaine de gousses d'ail, de thym, de laurier, de romarin, d'oignon, de condiments et d'une bonne rasade d'huile - autrefois c'était de l'huile de noix - servie brûlante sur des tranches de pain. C'est un mélange violent, délicieux et reconstituant.

Toutes les autres soupes ou potages font partie d'un fonds commun à toutes les cuisines paysannes des basses terres. Modifiables à l'envie, il est souvent difficile d'en retrouver l'origine.

Dans beaucoup de villages on trouve encore des cuisinières capables de faire la *galette de pommes de terre* que l'on mange avec des œufs farcis. Ce sont des œufs durs coupés dans la longueur. Le jaune sert de base à une farce : fromage blanc - de chèvre - œuf cru, fines herbes. Les demi-œufs garnis sont rangés en poêle et fricassés au saindoux.

Le *lapin* est également le fruit de savoureuses innovations. C'est pour l'accompagner rôti que l'on a mis au point la fameuse sauce piquante qui garnit aussi le fond de plat de la langue de porc. On peut aussi être invité à partager un lapin à l'ail, un lapin farci - que ne farcit-on pas en Poitou ? - et, pendant que l'on ravage le poulailler, n'oublions pas le *poulet au sang* et le *caneton braisé* farci aux foies de volaille.

L'*andouille* fait partie du patrimoine poitevin. Il y a l'andouille ordinaire de Vouillé, puis celle des Deux-Sèvres, à ne pas confondre avec celle dite « de la Vienne ». De toutes les façons, on fabrique un peu partout le *gâteau à l'andouille*, grand, très grand plat du dimanche, de même que le *chevreau à l'ail vert* et les *fressures* « comme à Bressuire ».

Poisson sans histoire mais fromage d'exception

En Poitou, il y a assez peu de recettes de poisson, que l'on mange en général « comme ailleurs », exception faite pour la *bouilliture d'anguille* et l'*omelette aux vairons* frits. Cette dernière figure aussi au menu des Auvergnats, des Limougeots et autres Marchois.

Faut-il parler du *chabichou*, sans doute le meilleur des fromages de chèvre dont la recette est à la base de la fabrication de tous les « chèvres » d'aujourd'hui.

A propos de fromage, n'oublions pas le *tourteau fromagé*, une pâte brisée garnie de fromage blanc (de chèvre), sucre, œufs, et cuit jusqu'à calcination de la surface.

Pâté et galette

Le panorama serait incomplet sans citer encore deux pâtisseries : le *pâté de Pâques*, sorte de « pie » garni d'œufs durs, de farce faite de lapin, poulet, porc et saindoux et que l'on sert lorsque la « petite cheminée » faite dans le couvercle de pâte cesse de fumer, signe qu'elle a laissé partir toute la vapeur « du gras ».

Et puis le *broyé* du Poitou, une tradition à prendre au sérieux. C'est une galette très classique, très dure aussi, et que l'on brise à coup de poing - plutôt que la couper. A noter qu'elle se casse en « bouts » dès qu'on y porte le couteau. La différence de taille entre les morceaux est encore, en famille, sujet à rires et à disputes entre les enfants. Un gâteau que l'on casse n'est pas n'importe lequel. Les Charentais assurent que le broyé est la copie de leur succulente galette. A cela, les Poitevins rétorquent que c'est le broyé qui est l'ancêtre de la galette ; hypothèse tout à fait vraisemblable si l'on se réfère à la théorie de l'évolution.

Charente-Maritime : une cuisine de fête

Quittons le Poitou aux campagnes impassibles et monotones pour aller au bord de la mer. C'est facile avec un autre quart de la région : la Charente-Maritime, autrefois inférieure, constituée de deux anciennes provinces, l'Aunis au nord et la Saintonge au sud. C'est, avec ses 350 km de côtes, le département le plus « marin » de France et aussi le plus long - Paris-Blois du nord au sud ; sa préfecture, La Rochelle, étant judicieusement située à l'extrémité nord du département. C'est dire que, pour la plupart des Saintongeais, la plus anodine des manifestations préfectorales est secrètement assortie d'un parfum d'ukase descendu d'une principauté lointaine. Terre bizarre, pays d'estuaires, de marais, sous des ciels immenses, qui vit au rythme de fortes marées et cultive sa cuisine avec le même amour obstiné et minutieux que le Belou (le paysan charentais) soigne son pineau.

Le Charentais aime s'amuser en société. Il existe peu d'endroits où la plus petite fête locale ait autant de succès, chacune étant évidemment prétexte à gueuleton et c'est peu dire.

Au pays des cagouillards, ces mangeurs d'escargots, il y a la fête des moules, celle de la galette, le repas des chasseurs (le premier chevreuil tué est toujours mis en réserve pour ce grand jour), la fête de la mer, celle du pineau, des battages, le festival de ceci ou cela, sans compter les fêtes votives, la frairie du village, la foire, les feux d'artifice sagement décalés pour ne pas en manquer beaucoup. C'est le seul pays où, lorsque la terre colle aux bottes, on n'y peste pas comme ailleurs mais on dit, avec un petit sourire, qu'elle est « d'amitié », mot superbe qui convient parfaitement à la cuisine charentaise dont la très grande variété est marquée par le mélange de la mer et de la campagne.

La table charentaise repose sur trois piliers : la cueillette, la pêche et la ferme.

La cueillette

La cueillette, c'est d'abord l'*escargot* : le « la » du diapason culinaire. En Aunis c'est le *luma* et, comme dit la chanson, « quand on fait la sauce aux lumas »... eh bien !... ce n'est pas une petite affaire, et toute la famille participe. Le luma (c'est le petit-gris) se mange en sauce, laquelle, faut-il en être surpris, est une farce avec tomates, ail, mie de pain, échalotes, lard et fines herbes. En Saintonge, c'est la *cagouille*, et les amateurs, comme il est dit plus haut, sont appelés cagouillards. C'est l'emblème du pays et certaines bonnes mains saintongeaises ajoutent du vin à la sauce.

Ensuite viennent les *champignons* : cèpes, girolles, trompettes de la mort, pleurotes, lactaires, etc., que l'on déguste banalement à la persillade ou en omelette, ou au retour de pêche ou de chasse, les cèpes à l'ail accompagnant un confit de canard ou de pigeon. Les trompettes entrent souvent comme condiment dans les pâtés, leur apportant un petit goût de forêt tout à fait attirant. Qui n'a pas mangé de poulet ou, mieux, de chapon farci aux pleurotes macérées dans un jeune cognac, ignore quelque chose en gastronomie.

La pêche

Les huîtres se pêchent-elles ? Et les moules ? Quoi qu'il en soit, les *huîtres* sont en bonne place sur toutes les tables charentaises. Aux grandes marées on en ramasse des quantités sauvages, sur les « batures » de Cordouan, ce qui n'empêche pas de se servir abondamment chez les écaillers de Marennes. Les unes et les autres se mangent crues, accompagnées de crépinettes ou, à défaut, de saucisses ou de pâté. C'est un mélange curieux auquel on s'habitue très vite pour peu que le vin blanc soit bon, ce qui est fréquent. Bien avant la nouvelle cuisine on les mangeait *en barbotte* en Basse-Charente, c'est-à-dire cuites enveloppées dans une fine tranche de lard, et là, pas de vin, mais un bon cognac. C'est assez détonnant mais délicieux. Précisons que les Charentais se moquent des mois sans « R » et consomment les huîtres toute l'année. Il y a même des spécialistes et amateurs éclairés qui préfèrent les huîtres laiteuses et s'en font gloire.

La Charente c'est aussi le pays des moules, les grosses *bouchot*, du nom des piquets sur lesquels elles se développent. Il s'en ramasse, comme les huîtres sauvages, au bas des grandes marées ; mais elles sont moins belles et moins délectables que les moules « domestiques ». Celles-ci se mangent souvent *à la marinière*, ce qui n'est pas une nouveauté, mais aussi *en mouclade*, une préparation typiquement charentaise. Les moules sont amputées d'une moitié de coquille et cuites au four - juste ce qu'il faut - dans une sauce au pineau blanc. C'est un plat un petit peu plus qu'excellent en compagnie d'un blanc sec de Bordeaux ou d'un côtes-de-blaye léger. De l'avis des amateurs qui viennent de loin pour y goûter, la meilleure mouclade de Saintonge se mange au Relais de Touvent.

Il existe également une recette de moules qui, par sa simplicité et sa réussite, fait penser à l'oignon cuit sous la cendre, c'est l'*éclade*. Il faut d'abord une épaisse tranche d'ormeau, d'au moins 5 cm - on dit une loupe , au centre de laquelle sont enfoncées à demi quatre pointes, de la taille moyenne d'une moule. On coince entre elles les quatre premières moules. Il faut ensuite ranger debout autant de moules que le plateau peut en contenir. C'est long et minutieux comme un jeu de patience. Une fois le montage achevé, c'est très joli : on dirait une belle mosaïque. On repose soigneusement le plateau à terre et on le recouvre ensuite d'aiguilles de pin sèches auxquelles on met le feu. Lorsque tout est brûlé, on chasse les cendres en les éventant puis on reporte l'éclade sur une table. On compte environ 500 g de moules par personne. Il faut souvent faire plusieurs plateaux simultanément. C'est une fête, une vraie. On mange les moules, qui se décortiquent toutes seules, avec les doigts. C'est vraiment merveilleux avec une tartine de beurre (des Charentes) et du vin frais. Quand tout est fini, il faut se laver jusqu'au coude, tant pis. C'est le plus ancien plat connu, cuisine hâtive et rustique de chasseurs erratiques de la préhistoire dont on a retrouvé les traces indiscutables dans des dépôts du Mésolithique.

Puisque nous en sommes aux coquillages, parlons aussi des *sourdons* (les coques), qui sont plutôt petites dans la région et que l'on ramasse au râteau en bordure de la laisse de mer. Hormis les manger comme partout au court-bouillon, les sourdons se dégustent aussi en un mélange savoureux avec moules, coquilles Saint-Jacques, crevettes, cuits dans une sauce marinière avec crème fraîche et pineau. C'est servi aux grandes fêtes de famille dans des croûtes de bouchées à la reine.

A notre connaissance, il n'y a pas d'autres recettes traditionnelles charentaises pour les coquilles Saint-Jacques, ni les crevettes. Celles de l'Estuaire, plus petites, assez molles et parfois blanches, à cause dit-on du plancton spécial des eaux saumâtres, se broyaient avec du beurre pour manger en tartine.

Pays marin par excellence, la Charente-Maritime connaît tous les poissons de l'Atlantique sans recette particulière. A la remontée annuelle dans l'Estuaire, et n'en déplaise à nos amis bordelais envers lesquels nous sommes redevables par ailleurs de tant de merveilles, les pêcheurs charentais capturent l'alose, la lamproie et la piballe quelques semaines avant eux, et nombre de ces poissons servis aux grandes tables de la capitale des rois-ducs sont pêchés à Talmont, Mortagne ou Port-Maubert. Il s'ensuit des façons quelque peu différentes d'accommoder certains poissons de l'Estuaire.

La *lamproie* se cuisine à sauce plus légère et l'*alose*, comme la *gatte* (autre sorte de poisson à « épines »), se stérilisent dans une sauce citronnée ce qui fait disparaître la plupart des arêtes et autorise ensuite toutes les recettes. Ne parlons que pour mémoire de l'*esturgeon*, dont la pêche est interdite depuis une dizaine d'années. Sage décision qui a empêché la disparition de l'espèce. Depuis lors, son goût est réservé aux braconniers.

D'autres poissons de l'Estuaire ne remontent pas très loin. Ce sont le *maigre* dont les adultes dépassent 50 kg, le *bar* et la *brigne* (bar moucheté) qui fourmillent à la belle saison. Poissons connus, excellents, là comme ailleurs, car aucune imagination particulière ne préside à leur cuisson. Les sardines pêchées à Royan, appelées tout simplement *royans*, ont la particularité d'être plus parfumées et de chair plus onctueuse que les autres. C'est sans doute encore une question de plancton. On les mange crues, légèrement confites dans une vinaigrette ou bien grillées.

L'*anguille* connaît la matelote, mais rien n'indique qu'il s'agisse là d'une recette charentaise. Ce qui l'est, par contre, c'est l'anguille grillée sur la braise. Ce poisson tronçonné perd alors sa graisse et l'on découvre une chair légère, très parfumée, parfaitement digeste.

Au menu charentais figurent également les *cétaux*, minuscules soles frites. C'est très bon, mais personne ne sait si ce sont des bébés soles ou des soles naines

Mais la plus traditionnelle et une des plus anciennes cuisines de poisson saintongeaises est la *chaudrée*. Les poissons trop petits pour être vendus au marché qui entraient dans la part de récolte des pêcheurs de la Saintonge et de l'Aunis, étaient cuits en chaudron. C'est encore une cuisine de pauvres, aujourd'hui plat très recherché, plus raffiné que l'original. On trouvait de tout dans la chaudrée : de l'anguille, du turbotin, des éperlans, de la seiche, des solettes, des petits bars, des plies, des maigres, des petites vieilles, bref tout ce qui était petit, dépareillé, invendable. Pour tout arranger, les éléments de cet affligeant ragoût n'avaient pas le même temps de cuisson. Vous allez voir comme le Bon Dieu fait bien les choses, muant un mal en bien, selon son habitude. Les petits poissons, cuits les premiers, voyaient leur chair se détacher et se mêler doucement au court-bouillon - aujourd'hui au vin blanc avec bouquet garni -, tandis que leurs arêtes et la tête tombaient au fond du chaudron. Cette chimie durait jusqu'à la cuisson du plus coriace, la seiche, et parfois les anguilles, qui se trouvaient alors baignant dans une sauce onctueuse et d'un goût exquis. Le tout n'allait pas sans pain, ni mojettes, bien entendu.

Ragoûts et fricassées

La basse-cour charentaise est aussi bien garnie que possible : poules, lapins, canards, dindons et oies qui, en vieille Saintonge, sont du genre masculin ; on dit « mon oie » (sans liaison) comme on dit « mon jhau » pour mon poulet.

La *fricassée de jhau*, façon Serge de La Rochelle, suit de très près la recette traditionnelle charentaise, mais évidemment avec un tour de main que l'on ne trouve pas ailleurs. C'est un grand moment de la cuisine.

Le *lapin au pineau* est accompagné d'une sauce à vous faire manger un kilo de pain ! Les *grattons*, les *grillons*, rillettes de porc à tomber en pâmoison, d'autant qu'on les mange toujours accompagnés de « quelques bricoles » glanées dans le garde-manger : petits oignons blancs à l'eau-de-vie, petits gésiers confits, un reste de ragoût de légumes...

Et si, d'aventure, il vous restait une petite faim, prenez une tranche de *miasson*, ce gâteau-pâte typiquement régional où les œufs, la farine, le lait, le beurre et une cuillère de pineau ou de cognac sont historiquement venus à bout de l'appétit de tous les ogres de passage.

Jean-Marc Soyez

Au pays du Cognac

Cognac, bordeaux, deux petits noms propres qui se sont hissés à la dignité commune et dont la réputation internationale n'a plus rien à prouver ; nom de village pour l'un, de capitale ducale pour le second, l'un et l'autre impressionnants synonymes de perfection dans les deux façons de traiter le fruit de la vigne.

Cognac est un mot universellement respecté du fin fond des Asies jusque chez les Patagons, sans altération de sens ou d'accent.

En pays de Cognac se fabrique également un célèbre « vin de fête » : le vin de liqueur « pineau des Charentes ». C'est deux fois le fils du pays, puisqu'il résulte du mélange d'un moût de raisin local et de cognac, suivant un dosage subtil qui fait toutes les différences. Le pineau blanc ou rouge se boit très frais. On ne surprendra personne en disant que, du fait de son origine, un bon, un très bon pineau doit avoir au moins cinq ans d'âge.

Le pays de Cognac

C'est la partie centrale du bassin navigable du fleuve Charente qui, comme la Gironde sa voisine, s'ouvre largement sur l'Atlantique. Le sol y est d'un calcaire datant du Jurassique supérieur ou du supra-crétacé, ce qui en soi est assez banal, mais la disposition des strates et leur richesse en chaux en font un terrain unique dont les propriétés sont si rares qu'elles portent chacune un nom dans la nomenclature géologique internationale. C'est ainsi qu'à Saintes on trouve du Santonien, à Cognac du Coniacien, à Angoulême de l'Angoulien, et du Campanien dans la champagne cognaçaise. En matière de succès, la destinée commence par se donner un jeu gagnant ! Cette prédilection va jusqu'à situer ces sols de rêve à mi-chemin entre le climat armoricain et le climat continental, ce qui convient parfaitement à la vigne et ajoute une luminosité du ciel tout à fait remarquable.

Les appellations « sous-régionales » - bien laide expression qui sent de loin sa cuistrerie de sous-préfecture du siècle passé pour désigner d'aussi prestigieux terroirs - portent des noms qui datent de la fin des guerres de Cent Ans lorsque les paysans, confinés dans les remparts fortifiés durant plus d'un demi-siècle, reprirent la hache pour défricher une forêt nouvelle qui avait recouvert la campagne abandonnée aux soudards et autres loups. Dans l'ordre croissant des difficultés des bûcherons, une « champagne », grande ou petite, c'est un terrain dégagé, plat, pauvre et peu boisé ; les « borderies » sont les orées premièrement conquises ; les « fins bois » (petits) viennent ensuite, puis les « bons » bois, entendu dans le sens de courageux, qui se défendent le mieux contre les défricheurs. C'est ainsi qu'aujourd'hui, les eaux-de-vie de cognac sont de champagne, de borderies, de fins bois ou de bons bois. Les bois ordinaires et bois de terroir sont des appellations récentes.

La *grande champagne* comprend 27 communes autour de Cognac et Segonzac. C'est là que sont produites les eaux-de-vie les plus fines et les plus bouquetées, celles qui s'améliorent le plus en vieillissant.

La *petite champagne* comprend 60 communes qui ceinturent le sud de la grande champagne. Ses eaux-de-vie ont des qualités identiques à celles de la grande champagne mais à un degré moindre. La qualification *fine champagne* est exclusivement réservée aux mélanges de grande et petite champagne contenant un minimum de 50 % de grande champagne.

Les *borderies* s'étendent sur 10 communes. Cette zone marque la limite des champagnes. Les eaux-de-vie y sont réputées pour leur douceur et leur bouquet. Elles vieillissent plus vite que les précédentes, avec un peu moins de finesse.

Le vignoble du Cognac

Les *fins bois* entourent complètement les trois crus centraux de ses 270 communes. Le calcaire du sol est plus dur, plus compact. Ces eaux-de-vie sont recherchées pour leur grande aptitude au vieillissement.

Les *bons bois* comptent 276 communes. Les terrains y sont plus pauvres en calcaires et ceinturent les précédentes. Leurs qualités ressemblent à celles des fins bois mais à un moindre degré.

Les *bois ordinaires* ou *bois à terroir* sont directement influencés par le climat maritime. Les eaux-de-vie y manquent de finesse.

Un peu d'histoire

L'eau-de-vie est connue depuis la première croisade comme un médicament souverain, rare, cher et un peu suspect de malignité, puisque son invention perpétrée par les alchimistes était d'origine « infidèle ». Les premières « recettes » qui nous sont parvenues indiquent qu'il faut distiller fruits et « harbes » pourris en y ajoutant souvent quelque charogne. L'odeur de l'alcool ainsi obtenu devait être à elle seule capable de réveiller un mort !

L'aventure du cognac proprement dit commence en 1475, année du traité de Picquigny signé entre Louis XI et Édouard IV d'Angleterre, qui met fin aux guerres de Cent Ans. Cette même année, la corporation des vinaigriers de Pons achètent au bon roi Louis le privilège (très cher!) de « brûler » les vins excédentaires de la vallée de la Charente. Ces premiers « faiseurs d'eau-de-vie » n'ont pas laissé de trace, sinon dans leur acharnement particulier à perfectionner les alambics. Dix-neuf ans plus tard naît François Ier - à Cognac bien sûr -, roi fort clairvoyant, nous le verrons plus loin. On raconte qu'il est né sous un chêne vert du parc, et ses contemporains l'appellent « gros-nez » avec, semble-t-il, une certaine malice. Un siècle plus tard, les vins de Charente affluent à Tonnay-Charente (patrie de la future madame de Montespan) et La Rochelle. Leur qualité est si médiocre qu'ils sont souvent achetés directement par les vinaigriers. Vers 1550 on trouve la trace d'un brûleur de vin nommé *Jehan Sarazin* . C'est après la mort d'Henri IV que les premiers distillateurs « modernes » se manifestent. En 1617, des eaux de « Congnac » (beaucoup moins de 2 000 habitants à l'époque) font l'objet d'une vente à La Rochelle. Un peu plus tard, *Augier* , le premier négociant officiel, fonde sa maison en 1643. Il est bientôt suivi par *Martineau* , *Marie* , *Prevost* , *Robiquet* , *Pelluchon des Touches* , *Rouhaud* , *Lallemand* , *Perrin.* Cela bouge, certes, mais pas dans le sens où l'entendent tous ces négociants fondateurs du cognac d'aujourd'hui, qui commercent sur tout ce qu'ils trouvent, l'eau-de-vie n'entrant que pour une modeste part dans leur chiffre d'affaire.

Hollandais et Britanniques

Le changement vient de Hollande. Les chers Bataves, ces rouliers des mers, aux mœurs commerciales rigoureuses, s'avisent que l'eau destinée aux équipages se conserve mieux, et devient même un tonique lorsqu'elle est mêlée d'eau-de-vie. C'est Augier qui semble établir les premiers contacts qui se développent très vite. Mêlée à l'eau, elle devient le fameux *brandvin* vénéré par toute la marine à voile. On sait qu'en 1688 Pierre Augier vit à La Rochelle où il est commissionnaire pour son frère aîné qui habite Cognac, près des producteurs. Situation courante pour tous les négociants qui, pour la plupart, sont installés à Tonnay-Charente. Augier fait fabriquer spécialement des eaux-de-vie *Voor Loop* (eau-de-vie de tête) ; les Hollandais s'en servent pour des mélanges mystérieux. Il est en contact suivi avec les agents de Henri Tersmitten, Lesterverner et Vanderherst d'Amsterdam, ainsi que Jansen de Londres. Tout semble aller pour le mieux, mais ces Cognaçais-là sont huguenots pour la plupart, et la révocation de l'édit de Nantes, une des mirobolantes idées de Louis XIV, oblige beaucoup d'entre eux à émigrer, témoin ce Reverchon dont les descendants sont les patrons de la Dortmund Union Bier en R.F.A. C'est pourquoi le crépuscule du Roi-Soleil est une aurore pour Cognac.

En 1715, Cognac ne compte que 4 000 habitants, c'est-à-dire autant que Jarnac, que Segonzac, et la Mecque de l'eau-de-vie n'est encore, commercialement parlant, qu'un centre secondaire vis-à-vis de concurrents très actifs comme Saintes, Saint-Jean-d'Angély, Pons, Barbezieux, Jarnac ou Angoulême.

C'est un Anglo-Normand de Jersey, *Jean Martell,* qui donne le coup d'envoi en 1715 en venant s'installer à Cognac. Il s'intéresse aux eaux-de-vie, bien sûr, mais à toutes les autres opportunités. Il fait commerce de bas que lui envoie sa mère demeurée à Jersey, de bœufs, de suif, de cuirs, de produits coloniaux. C'est seulement en 1815 que les Martell se consacreront uniquement aux eaux-de-vie. En 1757 arrive un autre pionnier de haute volée : l'Irlandais *Richard Hennessy.* Il est né à Cork, en 1720, et a quitté l'Irlande en 1746, persécuté comme beaucoup de catholiques de son pays. Il s'est alors engagé dans le régiment irlandais de Louis XV et y demeure onze ans. Il semble que ce soit au cours de manœuvres dans l'île de Ré qu'il découvre les eaux-de-vie de Cognac. Il quitte l'armée, ouvre un bureau à Cognac et un comptoir à Ostende. C'est ainsi qu'en vingt-neuf ans sont posées les deux pierres angulaires du temple du Cognac, qui va croître et embellir jusqu'à nos jours. La concurrence se fait plus forte avec Jarnac et Saint-Jean-d'Angély où les Hollandais possèdent de puissants appuis. Sans la Charente, seul moyen de transit pour les marchandises pondéreuses, les Angériens sont vite hors de course et Jarnac, pourtant aussi bien située que sa rivale, se voit délaissée en très grande partie à cause de la gestion pour le moins archaïque des Rohan-Chabot. Cognac, quant à elle, profitait depuis très longtemps de la clairvoyance des Valois qui surent lui ôter à temps l'hypothèque seigneuriale au bénéfice de chartes frôlant l'autonomie.

Le succès.

Dès 1726, le sieur Gervais, lieutenant criminel du présidial d'Angoulême écrit : « ... l'eau-de-vie de Cognac passe à bon titre pour la meilleure du monde... ». En 1731 c'est le mémoire sur l'État d'Angoulmois qui précise : « les marchands descendent les eaux-de-vie en Angoulmois, principalement celles de Coïgnac renommées par leur excellence ». En 1751 Diderot note : « Cognac, ville fameuse... pour ses eaux-de-vie ». En 1779 Munier, disciple de Turgot, ajoute que « le territoire de Cognac est renommé pour ses eaux-de-vie de qualité supérieure à toutes les autres ».

En 1784, Louis XVI exempte vins et eaux-de-vie d'exportation de tous droits de traite. En 1786, Vergennes et Eden signent un traité franco-anglais qui stipule la réduction des droits d'entrée sur les eaux-de-vie de France. En quelques mois les ventes passent de 50 000 hl l'an à 92 000 hl. L'Angleterre devient le plus gros client (exit les Hollandais), et Londres se révèle le plus grand marché de redistribution des eaux-de-vie. C'était mal augurer du proche avenir : la Révolution et surtout l'Empire. Jusqu'en 1792 les exportations se maintiennent mais, en 1814, elles n'atteignent pas 37 000 hl, dont une notable partie s'écoule en contrebande. La méthode la plus ordinaire (il doit y avoir beaucoup de gabelous aveugles) consiste à charger sur les précieuses barriques des marchandises de peu de valeur que l'on se passe par dessus bord une fois au large. C'est ainsi que d'innombrables faïences cognaçaises, fabriquées dans ce but, tapissent les fonds marins au large de l'estuaire de la Charente. En 1814, Frédéric Martell écrit à un correspondant : « c'est avec des sentiments de la plus vive allégresse que les habitants de Cognac ont fêté la nouvelle de la déchéance de Napoléon Bonaparte. »

Après 1815, le commerce reprend lentement. Les Anglais traînent les pieds. On arrive tout de même à 100 000 hl en 1823 grâce à la réforme Huskisson. Il faut attendre le 23 janvier 1860 pour que l'économiste Michel Chevalier signe avec son homologue anglais Cobden le fameux *traité de libre-échange*. En cinq ans les ventes atteignent 421 000 hl. Au cours de cette période il se plante 280 000 ha de vigne ! l'enthousiasme n'exclut pas une certaine ingratitude : il y a une rue Cobden à Cognac, pas de rue Chevalier. Pour la reconnaissance directe, c'est Napoléon III qui devient le symbole de la prospérité. La région sera longtemps bonapartiste. On voue à l'empereur un culte presque délirant. Bustes, portraits, photos de famille (impériale), vaisselle à son effigie, garnissent les murs, les vitrines, les dessus de cheminée. On lui dédie la meilleure cuvée. Car enfin, il faut bien finir par le dire, le Napoléon de la célèbre fine c'est lui, Badinguet, et pas son oncle (le premier) qui paraît toujours s'ennuyer sous son chapeau.

La crise philloxérique

Une telle prospérité suscite des convoitises, de nouveaux arrivants s'installent. Les principaux sont *Prunier*, qui vient de Mortagne-sur-Gironde, *Pelisson*, de Saint-Seurin-d'Uzet, et *Hardy*, de Taillebourg. Cognac et sa région connaissent une période de bonheur séraphique mais, en 1872, le rêve bonapartiste s'est envolé. Napoléon III est bientôt remplacé par le phylloxéra. En quelques années le vignoble passe de près de 300 000 ha à 40 000 à peine. Grande crise qui éclate à la veille d'un effondrement des cours pour cause de surproduction. C'est dire que les faibles s'affaiblissent encore et que les puissants se renforcent. C'est aussi l'occasion d'assainir le vignoble qui tendait à l'anarchie. Cependant les stocks sont tels qu'en 1880 on exporte 478 000 hl et, en 1892, on estime posséder vingt ans de réserve. Ces années de panique sont aussi celles des fraudeurs. En 1889, on compte 179 maisons de Saintes ou de Bordeaux qui louent un local à Cognac, y apposent leur plaque et y font acheminer leur courrier pour bénéficier du label « cognac » en vendant surtout de l'alcool de pomme de terre. De même, l'Allemand Gothmann de Gutemberg exploite avec enthousiasme une firme imaginaire : « Albert Bucholz Cognac »... Le négociant bordelais Peperzat vend des alcools bizarres sous l'étiquette « old Brandy Peperzat et cie Cognac ». De nos jours seuls certains Espagnols ont encore l'aplomb de vendre ce qu'eux seuls appellent du cognac. La lutte anti-fraude a été féroce, mais dorénavant les choses sont claires et dûment fixées selon une procédure immuable dont voici les détails.

La fabrication du Cognac

Les cépages

Depuis le décret du 15 mai 1936, modifié par celui du 11 mai 1971, les cépages acceptés en pays de cognac sont l'Ugni blanc, la Folle blanche, le Colombard, le Mélier Saint-François - dit Blanc Ramé -, le Montil, le Semillon. Un cépage accessoire est admis dans la proportion de 10 % d'une récolte : le Select, également appelé Vidal 100 T.

Les variétés recommandées par les autorités compétentes sont l'*Ugni blanc*, la *Folle blanche* et le *Colombard*. L'Ugni (ou Uni) blanc est un cépage aussi ancien (vers l'an 20) et aussi grec d'origine que le Biturica de Bordeaux. Mais, passé par les mains de l'administration romaine, il fut baptisé « eugeniea » (l'amélioré) et introduit officiellement en Gaule sous le règne de Probus vers 270. Ugni n'est donc qu'une déformation à la française « d'Ugène ». Déjà, du temps du géographe Strabon, vers 50, l'Eugénica était connu à Rome pour donner un vin miraculeux qui se conservait parfois trois ans ! Nul ne peut se faire une idée du goût qu'il pouvait avoir alors car, de nos jours, le vin de Cognac, léger, acide et titrant sept degrés n'est pas buvable. Il est uniquement destiné à l'alambic.

La distillation

Elle est unique au monde. La plupart des eaux-de-vie proviennent d'appareils dits « de premier jet », à chargement et alimentation continus. Le cognac, lui, est élaboré en deux fois dans l'*alambic* rudimentaire du pays, directement issu de la cornue rapportée du Moyen-Orient au XIIe siècle par les croisés. Il est simplement constitué d'une chaudière et d'un serpentin baignant dans l'eau froide. La chaudière, toujours en cuivre, peut avoir la forme d'un oignon, ou être droite. Pour des raisons d'économie de chauffage on y adapte souvent un réchauffe-vin en forme de bulbe. Les capacités de la chaudière sont rigoureusement réglementées à 30 hl, le volume de la charge (le vin) à 25 hl par chauffe.

La distillation proprement dite comporte deux chauffes. De la première on tire le *brouillis* qui titre entre 25 et 35 degrés d'alcool. Ce brouillis, refroidi, est repassé une seconde fois. Dans les deux cas, le début et la fin de la distillation (la « tête » et la « queue ») sont soigneusement séparées du « cœur » et réservées pour des chauffes ultérieures. Le cœur de la *seconde chauffe* titre de 60 à 70 degrés. C'est lui qui est directement mis en vieillissement dans des fûts de chêne pour lentement se transformer en cognac.

Le fût de chêne

Le cognac vieillit exclusivement en fût de chêne provenant des arbres de certaines forêts du Limousin ou de celles de Tronçais, dans l'Allier. Ces bois sont sélectionnés par les maîtres tonneliers en raison de leur dureté, de leur faible porosité et des principes extractifs qu'ils renferment. Nous voici d'un coup transportés en pleine alchimie, car ces données sont connues depuis bien des siècles.

Les merrains (planches épaisses), destinés à la préparation des douelles, doivent être prélevés entre le cœur et l'aubier chez des sujets âgés de 140 à 170 ans. Le bois doit être fendu en longueur et jamais scié. Assister au travail d'un maître tonnelier est un spectacle extraordinaire et envoûtant que l'on n'oublie jamais (→ Idées-découvertes).

Le vieillissement

Les substances extraites du bois de chêne par le cognac constituent une sorte de pierre philosophale. On les retrouve dans l'*extrait sec*, résidu qui demeure après l'évaporation totale de l'alcool, de l'eau et des autres composants volatiles. En cours de vieillissement une partie du cognac s'évapore, c'est ce qu'on appelle «*la part des anges*». Après plusieurs années de vieillissement, la quantité «d'extrait sec» est de l'ordre d'un demi à deux grammes par litre d'eau-de-vie. Sa composition fort complexe et variable contient tous les secrets du cognac. C'est sur lui que s'est édifiée la très complète et très complexe civilisation cognaçaise. Il est important de savoir que les eaux-de-vie de Cognac ne vieillissent qu'en fût. Contrairement au vin, dès qu'elles sont mises en bouteille, leur évolution s'arrête, et le temps qu'elles passent «sous verre» n'ajoute rien à leur qualité.

Le bureau du cognac

La saison de chauffe commence le 1er novembre, soit à peu près trois semaines après les vendanges, et s'arrête impérativement le 31 mars de l'année suivante. Cette cuvée, à cheval sur deux ans, est répertoriée au bureau du cognac sous le compte n° 00. L'année suivante, cette même cuvée recevra le n° 0, l'an d'après le n° 1. Et c'est seulement sous le compte n° 2 qu'elle pourra être commercialisée, à l'âge de trois ans. C'est ainsi que le compte 3 garantit des eaux-de-vie de quatre ans au minimum ; le n° 4, cinq ans ; le n° 5, six ans ; et le n° 6... comme les lecteurs de Tintin, de sept à soixante-dix-sept ans et au-delà. Il va sans dire que cette réglementation concerne surtout les eaux-de-vie de qualité secondaire, car aucun éleveur de champagne ne se soucie de vendre des eaux-de-vie adolescentes.

Il faut toujours se référer au numéro de compte, renseignement que l'on ne peut vous refuser et qui qualifie l'âge de l'eau-de-vie la plus jeune entrant dans l'assemblage des eaux-de-vie composant le cognac. Lors de la mise en vente, l'âge minimum des cognacs doit correspondre respectivement : au compte 2 pour les désignations «3 étoiles», «Sélection», «de luxe», «V.S.», «Grand Choix» ou «Surchoix» et tous sigles ou expressions assimilés ; au compte 3 pour la désignation «Supérieur» et tous sigles ou expressions assimilés (grande sélection...) ; au compte 4 pour les désignations «Vieux», «V.O.» (very old), «V.S.O.P.» (very superior old pale), «Réserve» et tous sigles ou expressions assimilés (V.O.P., V.V.S...) ; au compte 5 pour les désignations «V.V.S.O.P.», «Grande Réserve» et tous sigles ou expressions assimilés (réserve du producteur...) ; au compte 6 pour les désignations «Extra», «X.O.», «Napoléon», «Royal», «Très Vieux», «Vieille Réserve» et tous sigles ou expressions assimilés, notamment comportant le mot «or», ou faisant référence à un personnage historique. La plus fameuse désignation, la plus rarissime, est la Vieille Réserve ancestrale. Tout le reste, comme aurait dit Alexandre Dumas qui s'y connaissait autant en cognac qu'en belles lettres, n'est que coquecigrues et billevesées.

Le cognac aujourd'hui

Ils sont 250 négociants et 30 000 producteurs à être directement concernés par la production du cognac. Chaque négociant tient à ses fournisseurs, sélectionnés avec la minutie que l'on devine. Il s'est ainsi noué, au cours des âges, quantité de mariages bizarres - vignerons-négociants - qui, de père en fils, durent depuis fort longtemps. De nos jours, lorsque l'on n'est pas « du pays », il nous est difficile de comprendre complètement la nature exacte de ces accordailles plus ou moins secrètes et hors du temps. Il y a quelque chose de médiéval dans tout cela. Dans cette ville étrange on a toujours l'impression de frôler quelque clandestinité. Pour donner une idée approximative de ces systèmes, sachez que Hennessy par exemple, seule maison cotée en bourse, possède 250 ha de vignobles, mais est liée avec plus de 2 000 producteurs. Martell a 500 ha en propre et s'assure en outre la production de 2 500 propriétaires. Rémy Martin, 148 ha uniquement en grande champagne, se trouve lié avec 2 000 producteurs. Le stock de Rémy Martin, constitué uniquement de grande et petite champagne, est le plus important du monde. Ses chais couvrent 20 ha, et si l'on plaçait ses fûts bout à bout, on obtiendrait une chaîne de 300 km de long ! Il y a pratiquement une saga à écrire sur chaque négociant.

Le cognac et ses villes

Si le centre de Cognac est agrémenté des avantages ordinaires aux sous-préfectures du Centre-Ouest, ce qui n'incite pas spécialement aux enthousiasmes, le reste de la cité est fait d'immenses et nombreuses bâtisses sévères et noires : les *chais*, teintés jusqu'aux faîtières par l'évaporation du cognac, « la part des anges ». L'ensemble pourrait être triste comme une cité minière. Cependant, de ces murs interminables sourd une jubilation discrète de gros chat au coin du feu. On peut tout dire de Cognac, sauf que c'est une ville sinistre.

A Jarnac, qui joue aujourd'hui les sœurs cadettes, le spectacle est le même, en plus champêtre. Cependant, il faut savoir que c'est la cité de *Courvoisier*, *Hine* (fondé en 1763), et particulièrement *Delamain* (1759) qui est, sinon le plus grand, du moins le plus respecté des négociants de tout le cognaçais. C'est également à Jarnac que s'est fondée voici trois ans une nouvelle maison, *A. de Fussigny*. C'est tout à fait remarquable, car la chose n'était pas arrivée depuis un demi-siècle ! La maison A. de Fussigny ne vise que la première qualité, son bas de gamme c'est le X.O. Les fondateurs, Anne-Marie et Alain-Louis Royer sont l'un et l'autre des collectionneurs d'eaux-de-vie rares et ne vendent pratiquement leurs produits qu'à l'exportation, exception faite des plus grands restaurants de France, comme l'auberge de l'Ill de messieurs Haeberlin dont le sommelier a été élu le meilleur du monde.

Sachez encore que, de l'avis général, le plus parfait des éleveurs-vendeurs, vigneron hors pair, c'est M. Ragniaud, en grande champagne.

Jean-Marc Soyez

Glossaire de la région

ACADIENS. Après la chute de La Rochelle, de nombreux Poitevins s'installent sur la côte est du Canada et fondent l'Acadie. Un siècle plus tard, les Anglais arrivent et, faute d'en venir à bout, ils décident en 1755 de déporter les Acadiens en Virginie, en Angleterre et même de les renvoyer en France. Cette opération complétée par la destruction systématique des exploitations, les Acadiens l'appellent le « grand chambardement ». A la fin du XVIIIe siècle les descendants des déportés regagnèrent peu à peu l'Acadie. Ils y sont aujourd'hui plus de 200 000 et parlent toujours le dialecte poitevin.

ALIÉNOR (OU ÉLÉONOR) D'AQUITAINE. Fille du comte de Poitou et duc d'Aquitaine Guillaume le Toulousain, Aliénor (1122-1204) épousa d'abord, en 1137, Louis VII de France avant de s'en séparer en 1152 et d'épouser Henri Plantagenêt. Celui-ci étant monté ensuite sur le trône d'Angleterre, les territoires aquitano-poitevins apportés par Aliénor allaient provoquer une situation de rivalité entre les cours de Paris et de Londres qui aboutit à la guerre de Cent Ans.

ALPHONSE DE POITIERS (1220-1271). Fils de Louis VIII de France qui reçut en apanage le comté de Poitou.

AMER. Sur la côte, point de repère, visible de loin, pour les marins.

ANGÉLIQUE. Plante poussant dans les terrains humides. En confiserie elle sert à la décoration de nombreux gâteaux. Autrefois on confectionnait de petits modèles en angélique (oiseaux, lapins, vaches, grenouilles, etc.) à l'aide de moules.

ARRONDISSEMENT MARITIME. Nom donné à la circonscription maritime (administrative et militaire) dépendant de l'ancienne préfecture de Rochefort, qui s'étend de l'Aiguillon à Hendaye.

AUBIGNÉ (AGRIPPA D'). Né près de Pons, Agrippa d'Aubigné (1552-1630), compagnon d'Henri de Navarre (le futur Henri IV) combattit dans les rangs protestants et dut se réfugier à Genève. Parallèlement à son engagement politique et militaire, il rédigea une importante œuvre littéraire dont la pièce maîtresse, « les Tragiques », est une évocation de la guerre.

AUBIGNÉ (FRANÇOISE D') → Madame de Maintenon.

BALZAC (GUEZ DE). Né à 4 km d'Angoulême, Jean-Louis Guez de Balzac (1597-1654) se rendit célèbre par le style des lettres qu'il écrivit aux grands personnages du royaume. Il fut admis à l'Académie française mais n'y siégea qu'une fois.

BLANCS. Contre-révolutionnaires, combattant « pour Dieu et pour le Roi », appelés ainsi du nom de la couleur traditionnelle de l'Ancien Régime, royalistes (→ Vendée militaire).

BLEUS. Nom donné aux républicains pendant les guerres de Vendée en raison de la couleur de leurs uniformes (→ Vendée militaire).

BNIC. Bureau national interprofessionnel du cognac.

BOCAGE. Paysage rural caractérisé par une succession de prés enclos par des haies, des rideaux d'arbres, des bosquets. Ce type de paysage est représenté principalement dans la région de Bressuire et en Gâtine. La configuration particulière du bocage a joué un grand rôle dans les guerres de l'Ouest.

BOCAIN. Habitant du bocage.

BOIS. Zones de production du cognac ceinturant les Champagnes et les Borderies. Par ordre décroissant de qualité on distingue : les Fins Bois, les Bons Bois et les Bois ordinaires.

BONAPARTISME. En Charente, dans la région de Cognac, l'essor de la vigne sous le Second Empire fut tel que les viticulteurs restèrent très longtemps fidèles à Napoléon III, d'autant plus que sa chute correspond à l'apparition des premières attaques du phylloxéra (1872).

BORDERIES. Terroir du Cognaçais, silico-argileux, qui s'étend sur la rive droite de la Charente au nord-ouest de Cognac. Ses eaux-de-vie sont très recherchées.

BOUCHOLEUR. Mytiliculteur.

BOUCHOT. Alignement de pieux de chêne utilisé en mytiliculture pour capter le naissain et engraisser les moules.

BOURRINE. Maison du Marais poitevin, faite avec la « bourre », conglomérat de terre glaise, de paille et de roseaux.

BRANDES (TERRES DE). En Poitou, sols sableux et pauvres sur sous-sols calcaires qui étaient autrefois le domaine des landes et de la forêt.

BRI (TERRE DE). Sol noirâtre, profond et fertile du Marais poitevin dont l'origine est due aux accumulations de vases et boues par les courants de marée.

CAGOUILLARD. Surnom donné aux Charentais (→ ci-après), du fait de leur lenteur légendaire.

CAGOUILLE. Gros escargot de vigne qui se mange en ragoût avec de l'ail.

CAILLIÉ (RENÉ). Originaire de Mauzé-sur-le-Mignon (Deux-Sèvres), René Caillié (1799-1838) fut le premier Européen à entrer dans Tombouctou (en 1828).

CARRELET. Grand filet de pêche suspendu

que l'on manœuvre depuis une cabane, sur les bords de l'estuaire de la Gironde.

CHABICHOU. Fromage de chèvre du Poitou.

CHALAND. Bac à pont dégagé utilisé par les ostréiculteurs.

CHAMPAGNE. Équivalent de campagne. Désigne en Charente les paysages découverts de plaines et de collines consacrés à la culture, notamment des vignes produisant le cognac. La « Grande Champagne » (aux calcaires marneux) est le plus prestigieux des terroirs du Cognaçais ; avec la « Petite Champagne » (plus crayeux), il donne l'appellation Fine Champagne.

CHAMPLAIN SAMUEL (1570-1635). Navigateur et explorateur, né à Brouage, qui découvrit la Nouvelle-France et fonda Québec (en 1608).

CHARDONNE (JACQUES). Écrivain né à Barbezieux en 1884 et mort à la Frette-sur-Seine en 1968. Son premier roman « l'Epithalame » (1921) lui valut le prix Fémina. Il nous a donné aussi des textes plus autobiographiques dont « Le Bonheur de Barbezieux ».

CHARENTAISES. Pantoufles de feutre fabriquées traditionnellement dans l'Angoumois.

CHARENTE-INFÉRIEURE. Ancien nom du département de la Charente-Maritime.

CHEMINS DE SAINT-JACQUES. Plusieurs itinéraires compostellans traversaient le Poitou-Charentes. Le plus important, qui demeura actif jusqu'à la Renaissance, passait par Poitiers, Aulnay, Saintes et Pons. Ces itinéraires étaient jalonnés d'églises mais aussi d'hospices, de maladreries et de relais. On y trouve là les principaux lieux d'expression de l'art roman.

CLAIRE. A Marennes, bassin de faible profondeur dans lequel sont affinées les huîtres qui y prennent une couleur verte en raison de la présence d'une algue particulière.

COGNAC. Eau-de-vie obtenue par une double distillation de vin blanc. Selon leur âge, on distingue les cognacs 3 étoiles, ou VS (24-48 mois) ; les VO (Very Old), VSO (Very Special Old), VSOP (Very Special Old Pale) et Réserve (48-72 mois) ; les Napoléon, Extra, Vieille Réserve, XO (plus de 72 mois).

COMBES (ÉMILE). (1835-1921). Médecin d'origine tarbaise, Combes fit sa carrière politique à Pons, dont il fut sénateur-maire. Il est resté célèbre pour avoir été le chantre de l'anticléricalisme. Il est l'auteur de la loi sur la séparation de l'Église et de l'État. La querelle scolaire et les oppositions entre les idéaux républicains et les valeurs cléricales furent particulièrement âpres dans cette région très marquée par la tradition protestante d'une part, par les guerres de Vendée d'autre part.

CONCHE. Nom local pour une baie sablonneuse.

COOPÉRATIVES. Les côtes charentaises sont le berceau du mouvement coopératif. La première laiterie coopérative est née à Surgères en 1867 et le mouvement souvent animé par des protestants se développa rapidement. Il y avait plus de 120 coopératives en Poitou-Charentes en 1920. Aujourd'hui ce secteur est en crise.

COUREAU. Nom local désignant les bras de mer séparant les îles de Ré et d'Oléron du continent.

CROIX HOSANNIÈRE. Croix dressée au milieu d'un cimetière. Au pied de la croix l'officiant lisait l'Évangile des Rameaux puis l'assistance défilait en chantant l'Hosanna.

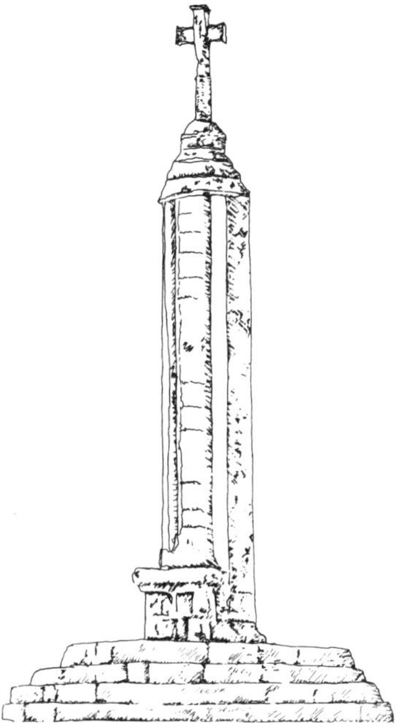

Croix hosannière (Angles-sur-L'Anglin)

ÉCLUSE À POISSONS. Dans l'île d'Oléron, murets construits dans des zones recouvertes par la mer à marée haute et dégagée à marée basse qui permettent de retenir prisonniers les poissons et crustacés.

EUTROPE (SAINT). Selon la tradition, premier évêque et saint protecteur de Saintes dont le tombeau fit l'objet d'un culte.

FRAIRIE. Fête de village traditionnelle.

FRANÇOIS Ier. Fils de Charles d'Orléans, comte d'Angoulême, et de Louise de Savoie, né le 12 septembre 1494 à Cognac. Il fut roi de France de 1517 à 1547.

FROMENTIN (EUGÈNE). Peintre et critique d'art né à La Rochelle en 1820. De ses voyages en Algérie, il tira des tableaux et des récits, dont un Été dans le Sahara.

GABARE (OU GABARRE). Embarcation utilisée en rivière pour le transport des marchandises, plus spécialement pour le transport du sel.

GABELLE. Impôt indirect sur le sel, sous l'Ancien Régime. Cet impôt, écrasant et toujours impopulaire, fut supprimé par décret le 1er décembre 1790.

GABELOU. Employé qui prélevait la gabelle.

GÂTINE. Dans les Deux-Sèvres, sol stérile, souvent imperméable et marécageux (nom de la région de Parthenay).

GRAND'GOULE (LA). Dragon qui, selon la légende, terrorisa la population de Poitiers avant d'être mis hors d'état de nuire par sainte Radegonde.

GROIE (TERRE DE). Sol argileux et fertile né de la décomposition du calcaire. Se trouve en Poitou et dans les Charentes.

GUILLERY (PHILIPPE). Rendu célèbre par une chanson populaire, compère Guillery (fin du XVIe s., début du XVIIe s.) commanda une bande de voleurs de grands chemins qui sévit en Poitou.

GUILLOTIN (JOSEPH-IGNACE). Médecin né à Saintes (1738-1814), il demanda l'utilisation, pour les exécutions capitales, d'une machine ne faisant pas souffrir les condamnés. Elle fut appelée « guillotine » contre son gré.

HILAIRE (SAINT). Premier évêque de Poitiers (au IVe s.) qui se distingua par son combat contre l'arianisme.

HORST. Terme de géologie désignant un bloc soulevé entre des failles.

JOURS. Broderies à jours réalisées dans le village d'Angles-sur-Anglin.

KICHENOTTE (OU QUICHENOTTE). Coiffure, longue et étroite, des habitantes des îles charentaises, destinée à protéger du soleil. Selon la légende, elle aurait été créée pour décourager les avances des soldats anglo-gascons au Moyen Age. Son nom viendrait de l'anglais « kiss me not ».

LANTERNE DES MORTS. Petit monument en forme de colonne propre aux cimetières de la région. A l'intérieur, un escalier ou une poulie permettait d'allumer une bougie qui brûlait de l'angélus du soir à celui du matin, symbolisant la vie éternelle.

LA ROCHEFOUCAULD (FRANÇOIS VI, DUC DE). Le plus connu des membres de la famille des La Rochefoucauld vécut de 1613 à 1680. Il écrivit ses célèbres « Maximes » en 1664-1665.

LA ROCHEFOUCAULD (FRANÇOIS XII, DUC DE). François XII (1747-1827), descendant du précédent, fut député de la noblesse aux États généraux (1789). A la question de Louis XVI : « Est-ce une émeute ? », il eut cette répartie célèbre : « Non, Sire, c'est une révolution ».

LA ROCHEJAQUELEIN (HENRI DE). Issu d'une grande famille aristocratique, ce chef royaliste, né au château de La Durbelière en 1772 et mort à Nuaillé en 1794, prit la tête des paysans du bocage lorsque ceux-ci se révoltèrent contre la Révolution.

LOTI (PIERRE). De son vrai nom, Julien Viaud. Né à Rochefort (en 1850) et enterré dans l'île d'Oléron (en 1923). Cet officier de marine nous a laissé une œuvre romanesque importante.

LUMA. Nom donné à l'escargot en Poitou et Aunis.

MAINTENON (MADAME DE). Née à Niort en 1635, Françoise d'Aubigné (petite-fille d'Agrippa) épousa le poète Scarron puis le marquis de Maintenon, avant de devenir la maîtresse de Louis XIV qu'elle épousa secrètement en 1684. Après la mort du Roi-Soleil, elle se retira dans la maison des Demoiselles de Saint-Cyr dont elle était la fondatrice, et mourut en 1719.

MAISON TRADITIONNELLE. Le type de maison traditionnelle varie, selon les régions, en fonction des matériaux qu'offre la nature et des conditions climatiques. L'un des plus beaux types est la maison charentaise (Angoumois), appareillée en mœllons de calcaire pas obligatoirement cimentés, avec une façade symétrique que l'on retrouve en Poitou, Aunis et Saintonge.

Maison charentaise

MARAÎCHINAGE. Amours champêtres qui se pratiquaient sous un grand parapluie violet au bord des routes et dans les fossés dans le Marais poitevin.

MARAIS SALANT. Espace aménagé par l'homme qui comprend la saline proprement dite où se dépose le sel, et de ses annexes, réservoirs par où passe l'eau de mer avant d'être réduite à une mince nappe. Le sel y est recueilli à l'aide d'un long rateau de bois.

MARGUERITE D'ANGOULÊME. Née à Angoulême, Marguerite de Valois (1492-1541) épousa successivement François Ier d'Alençon et Henri d'Albret. Devenue reine de Navarre, elle entretint une brillante cour d'humanistes et écrivit elle-même plusieurs poésies et un recueil de contes « L'Heptaméron ».

MÉGALITHE. Imposant monument de pierre. On distingue essentiellement les menhirs (ou pierres levées), blocs uniques dressés verticalement, et les dolmens, couverts, formés par un assemblage de blocs.

MÉLUSINE. Personnage légendaire, femme dont, chaque samedi, le bas du corps, sous la ceinture, se transformait en queue de serpent. A la suite d'une trahison de son mari, qui découvrit son secret, elle s'enfuit par une fenêtre pour retrouver sa vie de fée. Traditionnellement, Mélusine est la fée qui, par ses pouvoirs, fait s'ériger les châteaux, du Poitou à la Vendée. La plus ancienne relation de ce conte date de 1387, par Jehan d'Arras : « La Noble Histoire de Luzignen ». Cette légende est née de l'étonnant destin de la famille de Lusignan qui s'était taillée un immense fief en Bas-Poitou au Moyen Age.

MÉTIÈRE. Dans les marais salants, bassin d'évaporation.

MITTERRAND (FRANÇOIS). Élu président de la République en 1981, François Mitterrand est né à Jarnac et a passé son enfance et son adolescence en Charente.

MONNET (JEAN). Né à Cognac en 1888, Jean Monnet a consacré toute sa carrière, jusqu'à sa mort en 1979, à l'édification de la Communauté Européenne, ce qui lui valut le titre de « père de l'Europe. »

MOUCLADE. Moules en sauce, celle-ci pouvant être préparée de différentes manières.

MOUCLE. Nom charentais de la moule.

MUTUELLES. Dans les années 1880, à l'instar des coopératives, se créent les premières sociétés de secours mutuel. Elles se multiplièrent au point de faire de Niort la capitale française des mutuelles.

PALISSY (BERNARD). Potier, savant et écrivain, Bernard Palissy (1510-1589) vécut longtemps à Saintes.

PARADIS. A Cognac, chai renfermant les eaux-de-vie les plus âgées.

PART DES ANGES. Perte d'alcool du cognac lors de sa maturation.

PÉROCHON (ERNEST). Écrivain né près de Bressuire en 1885 et mort en 1942. Dans ses romans paysans il décrit la rude existence des habitants du bocage.

PERTUIS (MER DES). Nom donné au golfe séparant le continent des îles de Ré et d'Oléron.

PETITE ÉGLISE. Groupes de religieux et de fidèles (dans la région de Bressuire) qui, en 1801, refusèrent le Concordat. Elle existe toujours, et compte actuellement environ 2 000 membres.

PICTONS (LES). Nom du peuple gaulois habitant le Poitou.

PIBALES (OU CIVELLES). Alevins d'anguille, pêchés au printemps.

PINEAU. Boisson faiblement alcoolisée faite de moûts de raisins mutés à l'alcool (pour stopper la fermentation).

PLANTAGENÊT. Nom donné à une dynastie qui régna sur l'Angleterre de 1154 à 1485. Le surnom avait été porté par le comte d'Anjou Geoffroy V, qui ornait sa toque d'une branche de genêt. Les rois de cette famille furent : Henri II, Richard Cœur de lion, Jean sans Terre, Henri III, Édouard Ier, Édouard II, Édouard III, Richard II, Henri IV, Henri V, Henri VI, Édouard IV, Édouard V, Richard III.

PLATE. Grande barque du Marais poitevin servant à transporter le bétail.

POCHES DE L'ATLANTIQUE. Nom donné aux derniers bastions (La Rochelle, La Pallice et Royan, Le Verdon) tenus par l'armée allemande après la Libération, jusqu'à la capitulation définitive du IIIe Reich.

POITIERS (BATAILLES DE). Victoire de Charles Martel sur les Sarrasins en 732, et défaite (en 1356) de l'armée francilienne de Jean le Bon devant les Anglo-Gascons du Prince Noir.

POITIERS (ÉDIT DE). Édit signé en 1577 par Henri, accordant certaines garanties aux protestants.

POLDERS. Terrains gagnés sur la mer.

PRÉE. Nom donné aux parties larges de la vallée de la Charente recouvertes de vastes prairies.

QUARTIER DES AFFAIRES MARITIMES. Unité administrative maritime issue de l'ancienne Inscription maritime, placée sous l'autorité d'un administrateur des Affaires maritimes (la Charente-Maritime en compte trois : La Rochelle, Marennes et Oléron).

RADEGONDE (SAINTE). Épouse de Clothaire Ier, l'un des fils de Clovis, elle se retira en Poitou et fonda un monastère de femmes à Poitiers, après que son mari eût égorgé ses deux neveux. Elle fut l'une des premières saintes du Poitou.

RÉFORME. Une grande partie du Poitou fut tôt acquise à la Réforme. La Rochelle devient le refuge des grands chefs protestants à partir de 1568 et la capitale intellectuelle du parti protestant, véritable état dans l'État. La révocation de l'édit de Nantes et la chute de La Rochelle provoquèrent l'exode de nombreuses familles.

LA ROCHELLE (SIÈGE DE). Siège de la ville, d'octobre 1627 à octobre 1628, par l'armée royale conduite par Richelieu.

LA ROCHELLE (TRAITÉ DE). Signé en 1573, il accordait la liberté du culte aux protestants dans les villes de La Rochelle, Montauban et Nîmes.

SANTONS (LES). Nom du peuple gaulois habitant la Saintonge.

SAUNIER. Ouvrier d'un marais salant exploitant et marchand de sel. Faux-saunier : contrebandier.

TOUR DE FEU (LA). Revue littéraire publiée par Pierre Boujut (poète et tonnelier) à Jarnac, dans les années 1920 et 1930, qui eut une audience nationale.

TUFFEAU (OU TUF). Sol crayeux que l'on trouve dans le nord du Poitou et qui donne de petites falaises faciles à creuser (caves et habitations troglodytiques). Le tuf offre aussi un matériau de choix pour la construction.

VÉLIN. Papier de qualité supérieure, très blanc et très uni.

VENDÉE MILITAIRE. Nom donné aux territoires qui se révoltèrent en 1793 contre le gouvernement révolutionnaire. Dans les Deux-Sèvres il s'agit de la Gâtine et du Bressuirois tandis que le sud est terre républicaine. Cette opposition entre pays « blanc » catholique et pays « bleu » laïque est fondamentale dans la région.

VOUILLÉ (BATAILLE DE). Victoire remportée en 507 par les Francs de Clovis sur les Goths d'Alaric, qui fut tué au cours du combat.

YOLE. Embarcation à fond plat, longue et effilée, utilisée dans les marais, en hiver, en période d'inondation. Elle sert encore de nos jours quand les routes usuelles ne sont plus praticables.

Principaux termes d'architecture

ABSIDE. Extrémité d'une église, derrière le sanctuaire, de forme arrondie *(fig. 4).*

ABSIDIOLE. Petite abside qui s'ouvre sur le déambulatoire ou sur les bras du transept.

APPAREIL. Maçonnerie formée d'éléments posés et taillés pour occuper une place déterminée.

ARC. Appareil de maçonnerie de tracé curviligne réunissant deux points d'appui *(fig. 1).*

ARCADE. Ensemble d'un arc et de ses piédroits. On appelle grandes arcades les percements qui font communiquer le vaisseau central et les collatéraux *(fig. 5).*

ARCATURE. Motif architectural composé d'un ensemble de petites arcades.

ARC-BOUTANT. Organe de butée destiné à neutraliser la poussée exercée par les voûtes sur croisées d'ogives *(fig. 5).*

ARCHÈRE. Baie en forme de fente verticale dans un mur pour permettre de tirer à l'arc. L'évasement de la fente à ses extrémités s'appelle étrier *(fig. 2).*

ARCHITRAVE. Poutre en pierre qui repose directement sur deux colonnes.

ARCHIVOLTE. Moulure décorative concentrique et extérieure à un arc *(fig. 6).*

ARRACHEMENT. Extrémité d'une maçonnerie créée par une destruction partielle.

AVEUGLE. Se dit d'une arcade, d'une fenêtre, d'une baie quelconque simulée.

BALDAQUIN. Ouvrage plus ou moins orné formant abri au-dessus d'un autel.

BAPTISTÈRE. Bâtiment, le plus souvent isolé de l'église, construit spécialement pour administrer le baptême. Ne pas confondre avec la chapelle des fonts.

BARBACANE. Ouvrage de fortification bas, avancé, destiné à protéger une porte, la tête d'un pont, etc. *(fig. 2).*

BAS-CÔTÉS. Dans les églises à trois vaisseaux, désignent les vaisseaux latéraux plus bas que le vaisseau central *(fig. 4, voir Collatéral).*

BASILIQUE. Dans l'Antiquité, édifice civil qui servait de lieu de réunion ou de promenade, de Bourse, de tribunal. En droit canon, église dotée de certains privilèges.

BASTION. Ouvrage bas et pentagonal faisant avant-corps sur une enceinte. On dit d'un pavillon qu'il est bastionné lorsqu'il évoque le bastion par sa position et par son plan *(fig. 2).*

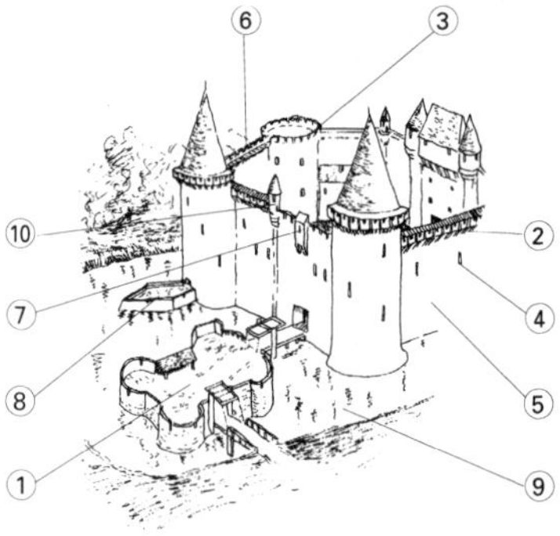

1 Barbacane
2 Hourd
3 Créneau
4 Archère
5 Courtine
6 Chemin de ronde
7 Bretèche
8 Bastion
9 Douve
10 Echauguette

Fig. 2 - Architecture militaire

BÂTIÈRE. Toit en forme de bât à deux versants.

BEFFROI. Tour communale le plus souvent dotée de cloches.

BÉNÉDICTIN (CHŒUR DE PLAN). Chœur à collatéraux terminés par des absidioles encadrant en retrait l'abside du vaisseau central et formant avec celle-ci une composition échelonnée en plans, que complètent habituellement les absidioles des chapelles

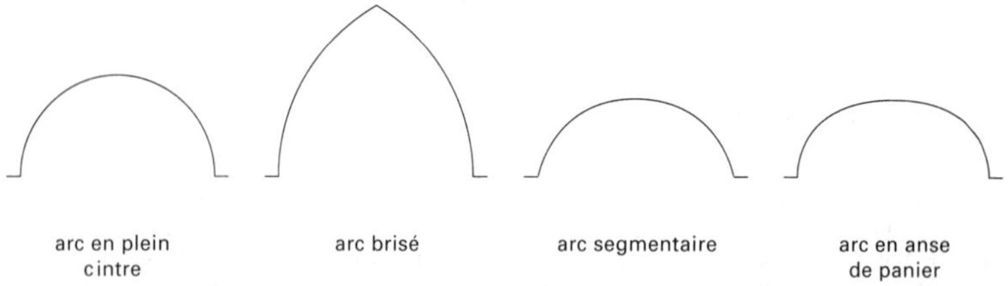

Fig. 1 - Arcs

du transept. Ce parti a été mis en œuvre à l'abbaye bénédictine de Cluny.

BERCEAU (VOÛTE EN). Voûte dont l'intrados est engendré par la translation d'un arc suivant un axe. Les berceaux prennent le nom des arcs de même tracé (berceau en plein cintre, berceau brisé, etc.).

BOSSAGE. Saillie, relief ménagé sur le parement des blocs, soit définitivement, soit dans l'intention de les retailler après la pose.

BRETÈCHE. Construction en saillie sur un mur et percée de mâchicoulis *(fig. 2)*.

CAISSON. Compartiment creux à l'intérieur d'une voûte, d'un arc, d'un plafond.

CALVAIRE. Monument qui porte un Christ en Croix et divers personnages de la Passion.

CANNELURE. Moulure creuse habituellement sur une colonne.

CAPITULAIRE (SALLE). Salle où se réunit le chapitre.

CARÈNE, TOIT EN CARÈNE. Toit allongé, galbé comme une carène de navire renversée.

CARIATIDE. Statue féminine formant support.

CATHÉDRALE. Eglise principale d'un diocèse, siège de l'évêque, desservie par un chapitre de chanoines.

CHAPITEAU. Couronnement d'une colonne, d'un pilier ou d'un pilastre.

CHEVET. Terme qui désigne l'extrémité du chœur vu de l'extérieur *(fig. 5)*.

CHŒUR. Partie de l'église comprise entre le transept et l'extrémité du chevet. Chœur liturgique, partie de l'église réservée aux clercs, comprenant généralement le sanctuaire *(fig. 4 et 5)*.

CLAVEAU. Pierre taillée en coin entrant dans l'appareillage d'un arc.

CLEF. Claveau ou voussoir que l'on pose en dernier lieu et qui ferme, qui clave l'arc ou la voûte à son sommet.

CLOÎTRE. Le plus souvent, ensemble de quatre galeries ouvertes délimitant une cour centrale ou un préau. Le cloître désigne également l'ensemble des maisons canoniales.

COLLATÉRAL. Vaisseau latéral d'une église; le bas-côté est un collatéral peu élevé *(fig. 4)*.

COLOMBAGE. Pan de bois.

COMBLE. Espace situé immédiatement sous le toit.

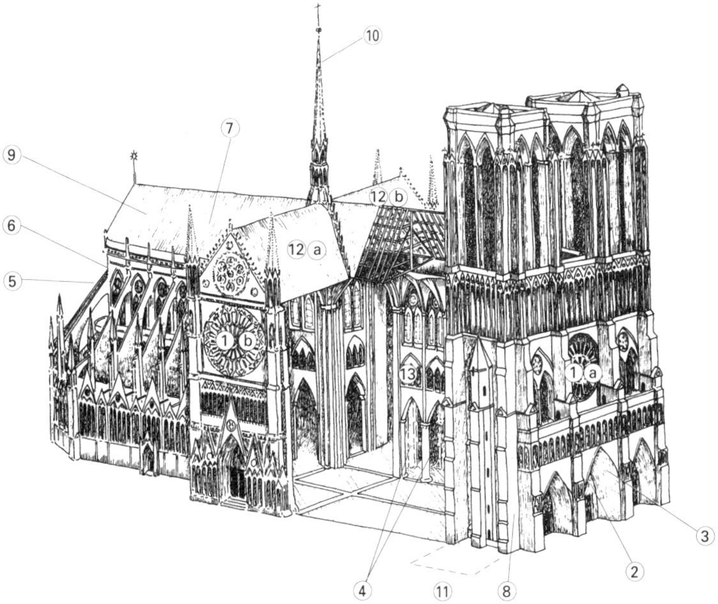

1 a	Rose Ouest	5	Arc-boutant	10	Flèche
1 b	Rose Nord	6	Chevet	11	Massif antérieur
2	Tympan	7	Chœur	12 a	Transept bras Nord
3	Voussure	8	Contrefort	12 b	Transept bras Sud
4	Grandes arcades	9	Abside	13	Tribune

Fig. 5 - L'église

COMPOSITE. Un des cinq ordres de l'architecture classique.
CONTREFORT. Massif de maçonnerie appliqué contre un mur afin de le renforcer.
CORBEAU. Pierre, pièce de bois ou de métal en saillie portant une charge.
CORINTHIEN. Un des cinq ordres de l'architecture classique.
CORNICHE. Saillie qui forme le couronnement d'une construction.
COUPOLE. Voûte hémisphérique ou proche de l'hémisphère.
COURTINE. Dans une fortification, pan de mur dressé entre des tours ou des bastions *(fig. 2)*.
COUVERTURE. Revêtement d'un toit.
CROISILLON. Traverse d'une croix. De part et d'autre de la croisée du transept, ce que l'on appelle croisillon nord (croisillon sud) doit être plus proprement appelé bras nord (bras sud).
CRYPTE. Construction souterraine d'un édifice religieux.
CUL-DE-FOUR. Voûte en forme de demi-coupole.
DAIS. Ouvrage plus ou moins orné formant abri au-dessus d'une statue.
DÉAMBULATOIRE. Bas-côté tournant autour du sanctuaire *(fig. 4)*.
DÔME. Toit hémisphérique ou proche de l'hémisphère.
DORIQUE. Un des cinq ordres de l'architecture classique.
DOUBLEAU. Arc transversal renforçant une voûte en berceau ou séparant deux voûtes d'ogives *(fig. 3)*.
DOUVE. Fossé en eau *(fig. 2)*.
ECHAUGUETTE. Tourelle posée sur un mur, un contrefort, etc., pour loger une sentinelle *(fig. 2)*.
ENCORBELLEMENT. Surplomb soutenu par

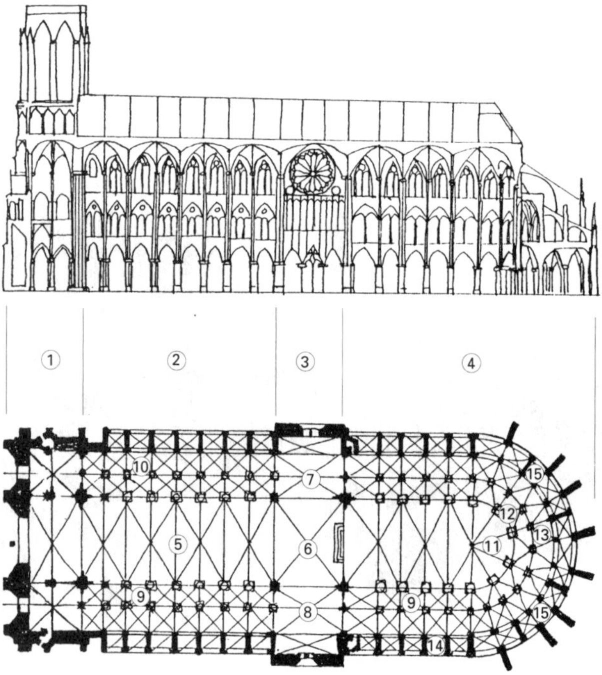

1 Massif antérieur ou occidental
2 Nef à huit travées
3 Transept non saillant
4 Chœur à cinq travées droites et deux déambulatoires
5 Vaisseau central
6 Croisée
7 Bras gauche (ou Nord) du transept
8 Bras droit (ou Sud) du transept
9 Premier collatéral
10 Deuxième collatéral
11 Abside
12 Premier déambulatoire
13 Deuxième déambulatoire
14 Chapelle latérale
15 Chapelle rayonnante

Fig. 4 - Coupe et plan d'une église

des corbeaux.

ENFEU. Evidement dans un mur destiné à abriter un monument funéraire.

ENTABLEMENT. Dans les monuments classiques, ensemble formé de l'architrave, de la frise et de la corniche.

EXTRADOS. Surface externe d'un arc ou d'une voûte.

FORMERET. Arc engagé dans un mur et formant nervure sous le front d'une voûte en berceau ou d'un quartier de voûte *(fig. 6)*.

FRISE. Bande horizontale, unie ou décorée et assez large.

FRONTON. Couronnement décoratif triangulaire ou cintré.

FÛT. Corps d'une colonne compris entre la base et le chapiteau.

GÂBLE. Couronnement habituellement triangulaire coiffant l'arc de couvrement d'une baie ou l'arc de front d'une voûte.

GÉMINÉ. Divisé en deux parties semblables.

GOUTTEREAU. MUR-GOUTTEREAU. Mur extérieur d'un bâtiment placé sous les gouttières ou les cheneaux d'un versant de toit. Le mur-gouttereau se distingue du mur-pignon par son faîte horizontal.

HISTORIÉ. Décoré d'une histoire ou d'une scène.

HOURD. Coursière en bois construite en surplomb d'un ouvrage de fortification pour permettre de tirer sur les assaillants au pied de l'ouvrage. Le hourdage d'une place est l'ensemble des hourds *(fig. 2)*.

HOURDIS. Remplissage en brique, torchis, plâtre, des espaces compris entre les pièces d'un pan de bois.

HYPOGÉE. Dans l'architecture préhistorique et antique, pièce enterrée dont les parois sont percées de cavités destinées à recevoir les sarcophages ou les cercueils.

INTRADOS. Surface intérieure d'un arc ou d'une voûte.

IONIQUE. Un des cinq ordres de l'architecture classique.

JUBÉ. Clôture sculptée formant tribune entre le chœur et la nef.

LAMBRIS. Revêtement en bois très mince; menuiserie formant fausse voûte ou plafond au-dessus d'un vaisseau.

LANTERNE. Une tour lanterne est une tour ajourée couronnant le plus souvent la croisée du transept et l'éclairant.

LANTERNE DES MORTS. Edicule de forme élancée qui servait de fanal dans les cimetières.

LIERNE. Nervure partant de la clef d'une voûte et joignant la clef des doubleaux, des formerets et des tiercerons. Nervure soulignant le faîte d'une voûte en berceau ou le faîte d'un quartier de voûte d'ogives.

LINTEAU. Couvrement horizontal reliant deux jambages, recouvrant une baie.

LITRE. Bande armoriée peinte, parfois sculptée, ornant les murs d'une église ou d'une chapelle.

MÂCHICOULIS. Percements dans le sol des parties en surplomb d'une architecture militaire aménagés pour le jet plongeant de projectiles.

MASCARON. Ornement d'architecture représentant une tête humaine, souvent dans un médaillon et placé à la clef des arcs.

MASSIF ANTÉRIEUR. Ensemble des dispositions structurelles d'une église de plan allongé à l'extrémité opposée à celle du chœur, comprenant habituellement des tours, un porche, une tribune, les premières travées du vaisseau central.

MENEAU. Montant de pierre divisant une fenêtre.

MODILLON. Petit support placé sous une corniche.

MOTTE. Eminence artificielle créée pour servir de base à une place forte, à un donjon.

NEF. Partie d'une église de plan allongé comprise entre le massif antérieur et l'entrée du chœur ou la croisée du transept. Dans le langage courant désigne à tort le vaisseau central *(fig. 4)*.

NERVURE. Moulure d'une voûte d'ogives. Ogives, liernes, tiercerons sont les différentes nervures d'une voûte gothique.

OGIVE. Nervure d'une voûte gothique passant par la clef de voûte. Voûte d'ogives : voûte représentant deux ogives se recoupant à la clef de voûte *(fig. 3)*.

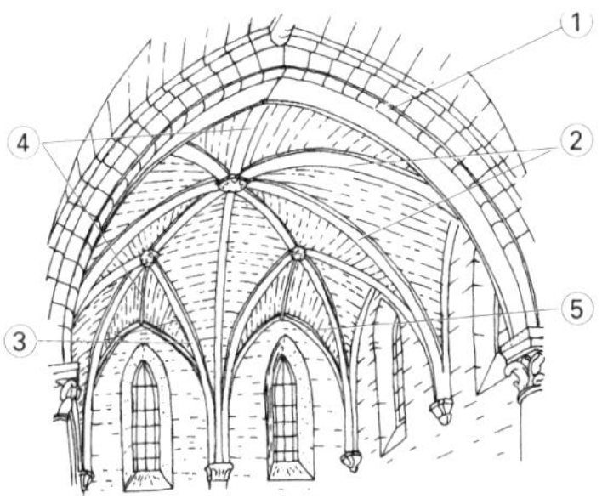

(1) Doubleau
(2) Branche d'ogive
(3) Tierceron
(4) Lierne
(5) Formeret

Fig. 3 - Voûte d'ogives

OPPIDUM. Dans l'architecture antique, agglomération fortifiée habituellement située sur une hauteur.

ORDRE. Dans l'architecture antique et classique, système cohérent de formes appliquées aux élévations, colonnes, pilastres, supports anthropomorphes, entablement. Les cinq ordres principaux sont : le dorique, l'ionique, le corinthien, le composite, le toscan.

ORATOIRE. Petit bâtiment destiné à la prière et qui, contrairement à la chapelle, ne possède pas d'autel consacré.

OUTREPASSÉ. Arc se prolongeant en dessous de la plus grande ouverture.

PAREMENT. Surface visible d'une construction en pierre, en terre ou en brique.

PENDENTIF. Triangle sphérique concave employé pour passer du plan carré de la salle ou de la travée au plan circulaire de la coupole.

PIÉDROIT. Partie latérale d'une baie supportant l'arc ou le linteau.

PIGNON. Partie supérieure d'un mur suivant la pente du toit.

PILASTRE. Pilier engagé dans l'épaisseur d'un mur.

PINACLE. Amortissement en forme de petite pyramide ou de cône.

PLEIN CINTRE. Tracé d'un arc en demi-cercle.

PORCHE. Espace couvert placé devant l'entrée d'un édifice.

PORTIQUE. Galerie ouverte au rez-de-chaussée.

POTERNE. Petite porte dans une muraille fortifiée.

REFEND. On appelle murs de refend ceux qui déterminent les séparations intérieures dans une construction.

RÉTICULE. Se dit de l'appareil dont les joints en diagonale rappellent le dessin d'un filet.

RINCEAU. Ornement formé d'une tige onduleuse stylisée.

ROSACE. Motif ornemental circulaire.

ROSE. Grande baie circulaire à réseau évoquant le dessin d'une fleur *(fig. 5).*

SANCTUAIRE. Partie de l'église où se trouve le maître-autel.

TAMBOUR. Assise de colonne, de forme cylindrique.

TIERCERON. Nervure partant, comme l'ogive, d'un point d'appui de la voûte et arrêtée sur une clef qui n'est pas au faîte de la voûte *(fig. 6).*

TOSCAN. Un des cinq ordres de l'architecture classique.

TRANSEPT. Vaisseau transversal à la nef, dessinant les bras de la croix *(fig. 4 et 5).*

TRAVÉE. Section d'un édifice, délimitée par quatre supports.

TRIBUNE. Pièce ou galerie placée à l'étage, s'ouvrant sur l'intérieur d'un vaisseau ou constituant par elle-même un demi-étage s'ouvrant sur l'intérieur d'une pièce *(fig. 5).*

TRIFORIUM. Passage étroit placé au-dessus des grandes arcades ou au-dessus des tribunes et ouvert par une suite de baies sur un des vaisseaux de l'église, généralement le vaisseau central.

TROMPE. Petite voûte portant le surplomb d'une logette ou placée sous une coupole afin de passer du plan carré d'une salle ou d'une travée au plan octogonal d'une coupole.

TRUMEAU. Maçonnerie pleine, entre deux baies appartenant au même niveau.

TYMPAN. Partie pleine, souvent décorée, comprise entre le linteau et la voussure.

1 Voussure
2 Linteau
3 Tympan
4 Piédroit de gauche
5 Piédroit de droite
6 Archivolte

Fig. 6 Portail

VAISSEAU. Espace intérieur d'un édifice se développant de fond en comble. Désigne plus précisément l'espace intérieur allongé d'une église. Il faut dire une église à trois vaisseaux et non une église à trois nefs *(fig. 4).*

VOUSSOIR. Pierre taillée en coin entrant dans l'appareillage de la voûte.

VOUSSURE. Petite voûte couvrant l'embrasure d'une baie.

VOÛTE. Ouvrage de maçonnerie couvrant un espace quelconque dans un édifice.

VISITER LE POITOU-CHARENTES

La description touristique du Poitou-Charentes comprend cinquante-six chapitres. Classés dans l'ordre alphabétique des villes et des sites principaux, ils sont accompagnés de coordonnées (par exemple, Atlas routier 22 A2) qui permettent de les situer sur les cartes en couleurs des pp. 21 à 48. Chaque chapitre comporte une présentation générale, suivie d'une description touristique. Au fil du texte, des encadrés mettent l'accent sur des sujets particuliers à la région. Ils sont regroupés dans l'index thématique des encadrés (p. 552).

L'île d'Aix★

33-C3 / R 107 / V 39
210 habitants / ✉ 17123
ℹ mairie de l'île d'Aix ☎ 46.84.66.09

Contrairement à ses deux grandes sœurs, Oléron et Ré, l'île d'Aix, à quatre kilomètres environ du port de La Fumée - à la pointe de Fouras -, n'est accessible que par bateau. Préservé de toute pollution (pas de voitures, pas de bus), en marge du continent, ce minuscule arpent de terre fortifié par Vauban est un véritable bijou exotique.

On a vite fait le tour de l'île : c'est un jardin envahi par les roses trémières. Et pourtant, quelle diversité ! Son village, ses fortifications, ses plages, sa campagne, sa forêt, sa côte rocheuse, ses criques, ses conches, constituent tout un monde en miniature, avec ses particularités et ses traditions, et ses souvenirs historiques.

La terre

Émergeant à peine de l'eau (altitude maximale 9 m) au milieu du pertuis d'Antioche, entre le continent à l'est, l'île d'Oléron au sud et l'île de Ré au nord, l'île d'Aix se présente comme un croissant de 130 ha qui s'étend, dans sa plus grande longueur, sur 3 km de la pointe Sainte-Catherine à celle de Coudepont et, dans sa plus grande largeur, sur 600 m à peine.

Beaucoup plus grande à l'origine, puisqu'elle comprenait également Châtelaillon et Fouras, l'île d'Aix s'en est séparée sous les assauts répétés de la houle vers le VIe siècle. Si l'on pouvait encore passer à pied de Châtelaillon à Aix au XVe siècle, l'île s'isola ensuite complètement du continent.

Elle comprend aujourd'hui trois parties bien distinctes. Toute la pointe sud est occupée par le village et le fort de la Rade entourés de fortifications à la Vauban et que dominent les phares et le sémaphore. Le centre de l'île comprend le hameau de Bois-Joly avec sa campagne, sa grande plage à l'ouest, ses « mattes » et sa splendide anse du Saillant ou anse des Vases ceinturée d'un bandeau de sable. Enfin la partie nord est recouverte de forêts de pins et de chênes verts jusqu'à la pointe de Coudepont. Le fort Liédot se cache au milieu de la végétation, et la côte rocheuse abrite de délicieuses criques sauvages.

Les hommes

Comme ses voisines Oléron et Ré, l'île d'Aix conserve la mémoire d'une histoire riche et mouvementée.

Occupée par les Romains, elle subit ensuite les invasions barbares avant d'être confiée aux bénédictins de Cluny au IXe siècle qui construisent un prieuré, tracent des routes, établissent des grèves d'échouage pour les bateaux... jusqu'à l'irruption des Normands. Après l'édification d'une abbaye, l'île se repeuple et connaît une longue période de tranquillité jusqu'en 1360, date à laquelle elle est envahie par les Anglais. L'occupation, les révoltes des sauniers, les guerres de Religion, les épidémies de peste, la nouvelle invasion anglaise de 1627 qui agita toute la région sont autant d'épisodes mouvementés qui aboutirent, sous l'impulsion de Louis XIV et de Vauban, à l'édification de fortifications qui se poursuivit au cours du XVIIIe siècle et jusqu'à l'époque napoléonienne.

Mais ce n'est vraiment qu'à partir de 1808, lors du passage de Napoléon, que l'île va devenir célèbre. L'Empereur ordonne l'édification de la Maison du Gouverneur et fait renforcer les ouvrages de défense dressés contre les Anglais qui, malgré cela, décimeront l'escadre française un peu plus tard.

Entre le 12 et le 15 juillet 1815, Napoléon passe ses derniers jours en terre française sur l'île, avant de se livrer aux Anglais (→ encadré). Au cours du XIXe siècle, Aix verra passer d'autres prisonniers : Russes ou Prussiens, insurgés de la Commune ou condamnés aux travaux forcés. Après la Seconde Guerre mondiale, des pourparlers s'engagent sur l'île pour la reddition des poches de La Rochelle et Royan. Enfin, entre 1959 et 1961, Ben Bella et ses compagnons se retrouvèrent en détention au fort Liédot.

Comme beaucoup d'îles, Aix a subi une crise de peuplement, et la majeure partie de sa population est aujourd'hui composée de retraités. Les autres sont des fonctionnaires, quelques pêcheurs, ostréiculteurs, paysans et artisans, auxquels s'ajoutent, à la belle saison, de nombreux estivants qui ont là leur résidence secondaire.

La vie économique est essentiellement fondée sur l'ostréiculture qui se relève de la longue maladie qui a décimé les parcs, et connaît un regain d'activité. L'agriculture se limite à quelques arpents de terre (vigne, céréales, cultures maraîchères), et on trouve dans le village une fabrique de nacre. Mais la grande richesse de l'île provient du tourisme : à la belle saison, les bacs débarquent entre mille et trois mille visiteurs par jour ; un village-vacances a été récemment créé dans le fort de la Rade, et les résidences secondaires autour de l'anse des Vases accueillent depuis de nombreuses années Parisiens, Niortais ou Rochefortais. La pêche, les bains, le bateau et la planche à voile sont les distractions principales et, le soir, on se retrouve jusque tard dans la nuit au « Pressoir », dans le hameau de Bois-Joly, dans cette île du silence que ne trouble aucun bruit de voitures.

Visite de l'île

Voitures interdites / 3 h

Pour accéder à l'île, un service régulier de bacs assure la liaison entre la pointe de la Fumée à Fouras et la pointe Sainte-Catherine (durée 20 mn) ; renseignements à Aix ☎ 46.84.66.01 et à Fouras ☎ 46.84.60.69.

▶ Durant la traversée, le bateau longe le *fort d'Enet*. Avant d'arriver, on aperçoit l'étrange silhouette de *fort Boyard* entre Aix et Oléron (→ *île d'Oléron*). ▶ On accoste au pied du *fort de la Rade*, ceinturé de fortifications et construit en 1810. Occupant toute l'extrémité sud de l'île, il est aujourd'hui transformé en village de vacances. ▶ En suivant à pied le quai, on entre par une porte fortifiée et un pont-levis dans la vaste enceinte fortifiée. Devant l'ancien corps de garde, la *place d'Austerlitz* plantée de cyprès. ▶ Vers l'ouest, le grand phare rouge et blanc, flanqué de sa tour écran, domine l'*anse de la Croix*, petite plage de sable blanc.

▷ Le village

Par un chemin ombragé de cupressus, on arrive au bourg constitué de maisons basses blanchies à la chaux et de trois rues, d'une largeur impressionnante, bordées de roses trémières. Au bout de la *rue Gourgaud*, du nom de l'aide de camp de Napoléon, se trouve la charmante petite *église* paroissiale, sur l'emplacement de l'ancienne abbaye des moines de Cluny. Sous l'église, une *crypte* du XIe s. où furent entassés plus tard les ossements des prêtres réfractaires déportés. En longeant les fortifications, au nord du village, on rejoint l'extrémité de la *rue Napoléon* où se trouvent presque face à face la Maison de l'Empereur et le Musée Africain.

La *Maison de l'Empereur* (*t.l.j. sf mar. 10 h-12 h/14 h-18 h 1er avr.-31 oct. ; 10 h-12 h/14 h-17 h, 1er nov.-31 mars ☎ 46.84.66.40*) fut bâtie en 1809 sur la demande de *Napoléon*. Ce fut son dernier asile en France en juillet 1815 (→ *encadré*). Elle contient au rez-de-chaussée un beau mobilier Empire et une abondante iconographie napoléonienne. A l'étage, reconstitution de la chambre de l'Empereur.

Le *Musée Africain* (*mêmes horaires que ci-dessus ; f. mercr.*), fondé en 1933 par le *baron Gourgaud*, abrite d'importantes collections zoologiques et ethnographiques ramenées de voyages en Afrique : trophées, oiseaux exotiques, panoplies d'armes, documents... et le dromadaire de Bona-

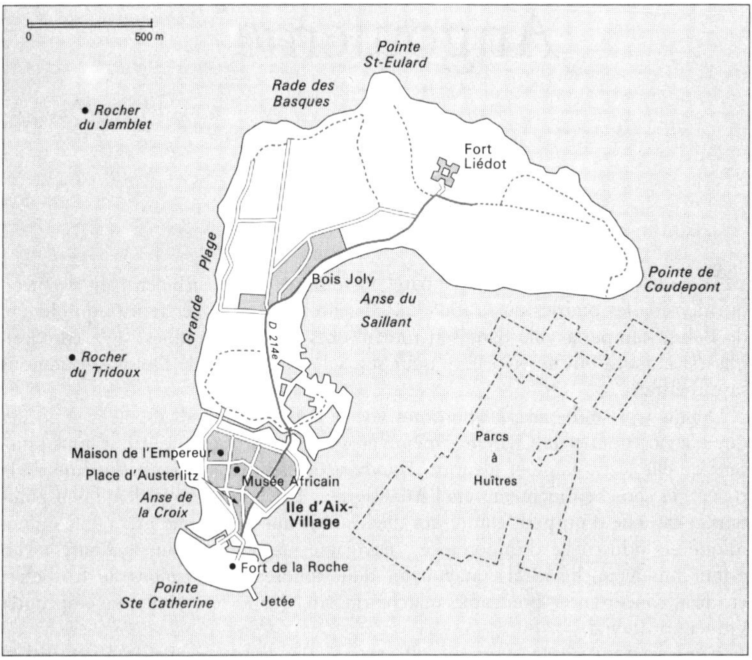

L'île d'Aix

parte qui le transporta pendant sa campagne d'Égypte. Au bout de la rue Marengo, ***sémaphore*** : vue sur toute l'île, les côtes de Ré, de Charente et d'Oléron. ▶ Une percée dans les fortifications, au bout de la *rue Gourgaud*, permet de s'engager vers l'intérieur de l'île. On longe d'anciens marais salants puis les « mattes », zones de terrain inondables aux grandes marées, avant d'arriver à *Bois-Joly*, carrefour de quatre chemins. Au *Pressoir*, dégustation de coquilles et de turbots grillés. ▶ Longer ensuite l'*anse du Saillant*, avec ses parcs à huîtres, sa belle plage et ses jolies maisons. *Vue* magnifique sur le continent. ▶ La *pointe de Coudepont*, au nord-est de l'île, est couverte de forêts et abrite un original qui acclimate des espèces végétales fragiles et exotiques. Sur les rochers, on pêche les moules et les « sourdons » (coques). ▶ Toute la côte nord est festonnée de rochers. Par un chemin sous les arbres, on accède à de minuscules *criques* bordées de falaises. ▶ Le *fort Liédot* qui abrita *Ben Bella*, est perdu dans la forêt. ▶ Après la *pointe Saint-Eulard*, c'est le beau panorama de la *rade des Basques*, du nom des pêcheurs de baleines de Saint-Jean-de-Luz qui faisaient escale ici. ▶ Les *rochers du Jamblet* et du *Tridoux*, sur la côte ouest, sont un paradis pour la pêche à pied (crevettes, dormeurs, palourdes, huîtres). ▶ Entre les deux s'étend la *Grande Plage* et ses boqueteaux de tamaris. ▶ Puis c'est l'arrivée à l'*anse de la Croix* et au *fort de la Rade*, notre point de départ.

Dernier asile

C'est sur l'île d'Aix que Napoléon Ier passa ses derniers jours en terre de France. Après Waterloo, pressé par le gouvernement provisoire de quitter le pays, l'Empereur part de La Malmaison pour se diriger vers Rochefort, avec l'intention de gagner l'Amérique. A Rochefort, le 8 juillet, il apprend que les Anglais bloquent les pertuis. Après des jours de tergiversation, il gagne Fouras et s'embarque sur la frégate La Saale qui l'amène à Aix le 9 juillet où il est acclamé. Il envoie des messagers au vaisseau anglais, le Bellérophon, pour demander le libre passage. Demande refusée. Il envisage alors un passage en force ; cette fois-ci c'est Philibert, capitaine de la frégate, qui refuse. Alors, le 12 juillet, il s'installe avec sa suite sur l'île d'Aix, dans la Maison du Gouverneur, puis c'est enfin la fameuse lettre de reddition au prince régent, le 13 juillet : « En butte aux factions qui divisent mon pays et à l'inimitié des plus grandes puissances de l'Europe, j'ai terminé ma carrière politique, et je viens, comme Thémistocle, m'asseoir au foyer du peuple britannique. Je me mets sous la protection de ses lois, que je réclame de votre Altesse Royale, comme celle du plus puissant, du plus constant, du plus généreux de mes ennemis ».

Après un dernier sursaut le 14 juillet, il décide de se livrer. Le 15, l'Empereur quitte Aix et s'embarque sur le Bellérophon. Il ne reverra plus la France.

Angoulême★★

44-BC1 / R 110 / V 40
50 151 habitants / ☒ 16 000
ℹ place Saint-Pierre ☎ 45.95.16.84
place de la Gare ☎ 45.92.27.57
SNCF ☎ 45.92.20.34

« Angoulême est une vieille ville bâtie au sommet d'une roche en pain de sucre, qui domine les prairies où se roule la Charente ». C'est en ces termes qu'Honoré de Balzac campe la ville dans son roman « Les Illusions perdues » (→ encadré). Elle est aujourd'hui aussi célèbre pour son salon de la Bande Dessinée que pour sa cathédrale.

Depuis trois mille ans, les hommes vivent là-haut, sur l'« acropole », ce rocher que n'a pu entamer la Charente, même grossie d'un affluent beaucoup plus puissant qu'elle, cette large et glauque Touvre vauclusienne. L'existence même de la rivière, et son cheminement vers l'Atlantique, allait faire d'Angoulême non point tant la capitale d'un petit comté qui deviendrait duché, qu'une métropole économique et industrielle d'importance : navigable jusqu'à l'Océan, la Charente lui offrait un débouché idéal; on pouvait donc fondre ici les canons de Rochefort et, déjà, concurrencer Bordeaux, marché du vin, quand le cognac put emprunter l'itinéraire fluvial.

Jusqu'au XVIIe siècle, pourtant, elle se maintint là-haut, à l'abri. Ses fortifications en faisaient une place redoutable, « jamais prise par force, mais deux fois seulement par composition ». Le rempart avait été complété, à la fin du Moyen Age, par le mur élevé sur le balcon sud de la colline, celui qui s'ouvre sur les bois où murmure l'Anguienne. Une bien jolie rivière qui vient à son tour apporter à la Charente des eaux à peine souillées par les papeteries.

A l'époque de la Renaissance tournaient déjà sur ses rives les roues de nombreux moulins : l'industrie du papier, qui connut bientôt un grand renom, y était née en pleine campagne, au pied des falaises de Puymoyen et dans le vallon de Mouthiers. Elle allait provoquer la vocation nouvelle de la ville, qui s'engagea dans la fonderie, puis dans la construction mécanique.

La vieille fonction religieuse et militaire s'évanouissait du même coup. Sur le rocher, un puissant prélat avait, au XIIe siècle, doté sa métropole d'une cathédrale plus en rapport avec son importance religieuse; mais face au soleil couchant, la grande page de sculpture que vous découvrez aujourd'hui paraît neuve : au XIXe siècle en effet, l'architecte Abadie restaura la cathédrale et reconstruisit beaucoup de monuments de la ville. Le symbole demeure pourtant, au-dessus des frondaisons, arrêtant la course des nuages venus de l'Océan; et la blanche silhouette se profile sur le ciel de genèse qui charma tant Delacroix.

La ville dans l'histoire

Le site de la colline calcaire, comme les rivières du voisinage, se prêta naturellement à l'établissement des premiers hommes qui occupèrent, dans les falaises, les grottes au pied de Puymoyen, la vallée de l'Anguienne et, au pied du futur rempart même d'Angoulême, la grotte où saint Cybard allait trouver refuge au VIe siècle. A la croisée des chemins, les Romains, qui rencontrèrent en ces régions un accueil assez favorable, firent d'Eculisma - capitale de la tribu santone des Agesinates - une civitas de l'Aquitaine, bientôt baptisée Engolisma : saint Ausone vint y prêcher le christianisme.

Des invasions à la Réforme

Envahie successivement par les Wisigoths (406) - dont Clovis la libéra en 508 -, puis par les Sarrasins, la cité se soumit vers la fin du VIIIe siècle à Charlemagne. Le royaume d'Aquitaine fut alors créé. Mais Charles le Chauve, en le supprimant, érigea l'Angoumois en comté. Alors apparurent les Normands. L'un des premiers comtes, Guillaume, mérita le surnom de Taillefer parce que, d'un coup d'épée, il fendit jusqu'à la poitrine un chef normand armé de pied en cap. Aux Taillefer succédèrent les Lusignan, à l'extinction desquels (1303) Philippe le Bel réunit le comté à la couronne. Le traité de Brétigny (1360) céda Angoulême aux Anglais, qui l'avaient déjà occupée plusieurs fois ; mais, en 1373, les habitants forcèrent la garnison à quitter la ville. En récompense, Angoulême obtint le privilège d'être l'apanage de l'un des fils de France. Ce fut la maison d'Orléans qui en posséda le comté jusqu'à ce que François Ier l'eût érigé en duché-pairie en faveur de sa mère, Louise de Savoie, puis réuni à la couronne en 1545.

Dès la fin du Moyen Age, des artisans avaient pris à bail un moulin à blé ou à drap. Utilisant l'eau de la rivière (Charente ou affluent), ils purent faire de la pâte à papier, transformant le grenier en étendoir ou séchoir. Les maîtres papetiers d'Angoumois bénéficièrent de la protection de François Ier qui les autorisa « à porter l'épée à l'égal des meilleurs gentilhommes du royaume ».

Jusqu'au règne de Louis XIV, le duché fut à plusieurs reprises distrait de la couronne en faveur de plusieurs princes du sang. C'est le fils aîné de Charles X qui porta, le dernier, le titre de duc d'Angoulême.

Le XVIe siècle est une période de développement culturel, avec les Angoumoisins Octovien de Saint-Gelais, évêque lettré, Mellin de Saint-Gelais, poète attitré de la cour de François Ier, Marguerite d'Angoulême, André Thévet (→ encadrés), Calvin, qui a séjourné pendant trois ans à Angoulême et dans les environs (Girac, La Rochecorail, Claix, Saint-Saturnin) où il fit de nombreux disciples.

La révocation de l'édit de Nantes (1685) porta un coup funeste à la prospérité de la ville : nombre de papetiers, convertis au calvinisme, durent émigrer en Hollande.

La monarchie absolue

Le jeune Louis XIII devient roi en 1610 après l'assassinat de son père par l'Angoumoisin fanatique, Ravaillac. La régente Marie de Médicis ayant conclu le mariage du jeune prince avec l'infante d'Espagne Anne d'Autriche, le cortège royal passe par Angoulême. Mais deux ans plus tard, Louis XIII évince sa mère qu'il exile à Blois. Le duc d'Epernon, gouverneur d'Angoumois, la fait libérer pour l'amener à Angoulême où elle séjourne plusieurs mois jusqu'à ce que soit signé le traité de réconciliation dit traité d'Angoulême, grâce à l'intervention d'Armand du Plessis, futur cardinal de Richelieu.

Le XVIIe siècle est l'époque de la reconquête catholique et des fondations religieuses : à Angoulême, s'installent les capucins (en 1611), les minimes (en 1619). Les jésuites dirigent le collège à partir de 1622. Des ordres féminins s'établissent : ursulines, tiercelettes, sœurs de Sainte-Marthe, carmélites.

Le « grand siècle » est aussi celui des salons. A Angoulême, le salon du gouverneur M. de Montausier et de son épouse Julie d'Angennes reçoit de beaux esprits. Citons les écrivains Jean-Louis Guez de Balzac, François de La Rochefoucauld, Saint-Simon marquis de Ruffec.

La vie économique se développe avec Colbert qui donne une impulsion à la fabrication du « papier royal d'Angoumois », le meilleur d'Europe. Depuis la création de la première fabrique (1516), Angoulême en effet travaillait beaucoup pour l'exportation, notamment vers l'Angleterre (les fameux « papiers anglais ») et pour la Hollande (les « vélins » destinés à la reproduction des œuvres des maîtres flamands). Sur les quais de l'Houmeau, les rames s'entassaient, qui firent rêver Balzac...

De l'industrie papetière allait naître non seulement l'imprimerie angoumoisine, mais aussi la fabrication des feutres destinés aux papetiers; et des feutres, celle des chaussons - les célèbres « charentaises ». Déjà se dessine la vocation : de l'industrie du papier va découler celle des toiles métalliques, donc de la fonderie. Angoulême ne va pas tarder à façonner des cylindres sécheurs en fonte. L'établissement de la fonderie des canons de la Marine (établie à Ruelle en 1750 par Marc-René de Montalembert) n'est donc pas l'œuvre du hasard. Et elle allait entraîner la création de la célèbre poudrerie voisine. C'est à partir du XVIIIe siècle que se créent les premières faïenceries (→ encadré).

De la Révolution à nos jours

En 1789, Angoulême compte douze à treize mille habitants. Les assemblées des Trois Ordres siègent pour la rédaction des cahiers de doléances et l'élection des députés. La ville devient, sous le nom de Montagne-Charente, chef-lieu du département de la Charente.

Dans la cathédrale, devenue temple de la Raison, la fête de la déesse Raison est célébrée le 30 novembre 1793. Mais la Charente reste assez à l'écart des passions politiques et, s'il y a des emprisonnements, Angoulême ne connaîtra que trois exécutions capitales pendant la Terreur.

L'Empire procédera à une réorganisation administrative. Le département de la Charente est divisé en cinq arrondissements : Angoulême, Barbezieux, Cognac, Confolens et Ruffec; l'évêché d'Angoulême est rétabli à la suite du Concordat.

Au XIXe siècle, avec le machinisme, d'importantes papeteries se développent : les papeteries du Nil à Saint-Cybard, J. Bardou à La Couronne, Alamigeon-Lacroix, Laroche-Joubert, etc. Des travaux d'adduction d'eau (7 fontaines, 25 bornes-fontaines sous le règne de Louis-Philippe), d'urbanisme pendant le Second Empire (théâtre, hôtel de ville, restauration de la cathédrale, construction d'églises : Saint-Ausone, Saint-Martial, etc.) ont amélioré la vie sur le « plateau ». La ville est éclairée au gaz à partir de 1843, et la Compagnie du gaz créée en 1861. Le chemin de fer se développe, la voie ferrée passant par deux tunnels sous la ville.

La ville aujourd'hui

Ville d'histoire, certes, mais qui n'a pas négligé son avenir. Angoulême est en effet un centre industriel et commercial important.

Certaines industries traditionnelles subsistent. Berceau de la fabrication du papier dès le XVIe siècle, Angoulême diversifia la production (papier d'écriture, papier à dessin, à cigarettes, cartons, etc.). Mais la crise des années 70 fit disparaître les usines les plus récentes : les bâtiments de l'usine du Nil sont convertis en école des Beaux-Arts; d'anciennes usines de cartonnage ont été transformées pour accueillir le Centre national de la bande dessinée (C.N.B.D.I.). D'autres subsistent aux alentours d'Angoulême et, dans deux anciens moulins, on continue à fabriquer à la main, à partir de tissus de coton broyés, le papier traditionnel d'Angoumois : le moulin du Verger, commune de Puymoyen (où résidèrent quelque temps les membres de la communauté de l'Arche fondée par le philosophe chrétien, ami de Gandhi, Lanza del Vasto), et le moulin de Fleurac, commune de Nersac, qui montre aux visiteurs la fabrication manuelle du papier et présente aussi un musée du Papier, acquis récemment par le Conseil général de la Charente.

La fonderie de canons de la Marine, aujourd'hui Établissement des constructions et armes navales (E.C.A.N.), tient une place de premier ordre dans l'industrie de la Marine nationale; ajoutons la Poudrerie nationale d'Angoulême (sur la maison directoriale, plaque rappelant les séjours qu'y fit Honoré de Balzac).

En tête de la production européenne de moteurs électriques, l'usine Leroy-Somer fabrique aussi alternateurs, groupes électro-pompes, fours solaires. L'usine mère est établie route de Bordeaux, mais elle a plusieurs succursales à Angoulême (Gond-Pontouvre, les Agriers, Sillac), d'autres dans le département (Mansle), dans d'autres régions de France et à l'étranger.

Une importante usine de télémécanique est également installée dans la banlieue Sud d'Angoulême et une cimenterie (usine de ciments Lafarge) à La Couronne, commune du Grand Angoulême.

A cela s'ajoutent des industries annexes : bonneteries, tanneries, industries alimentaires, minoteries, sans oublier les chocolateries qui fabriquent les spécialités (« duchesses », « marguerites », chocolats au cognac ou au pineau). Les faïenceries d'art d'Angoulême ont, depuis le XVIIIe siècle, un grand renom ; la faïencerie Roullet-Renolleau expose et vend ses nombreux modèles de faïences décorées.

Carrefour routier, à une centaine de kilomètres de Poitiers, Limoges, Périgueux, Bordeaux, Royan, Rochefort, La Rochelle, Niort, située sur la ligne de chemin de fer Paris-Bordeaux-Hendaye, avec son aérodrome de Brie-Champniers, Angoulême est la ville la plus développée de l'Ouest entre Nantes et Bordeaux, avec 230 ha de zones industrielles : de Gond-Pontouvre au nord, des Agriers à l'ouest, de Sillac au sud et de Nersac. Aussi la population s'est-elle fortement accrue, passant de 8 000 habitants au XVIIe siècle, 13 000 au XVIIIe siècle, 17 000 au début du XIXe siècle, à 32 000 à la fin de ce même siècle pour atteindre un peu plus de 50 000 habitants de nos jours ; si l'on ajoute les communes avoisinantes, le « Grand Angoulême » totalise environ 100 000 habitants.

Cependant la cité a été choisie comme type de « ville moyenne » française. Elle essaie de rester à l'échelle humaine : moderne, mais avec le souci de préserver son passé ; urbaine certes, mais avec parcs, jardins et une campagne toute proche visible de ses remparts. Elle présente un équilibre, une harmonie qui sont les bases d'un certain « art de vivre » qu'apprécient chaque année les amateurs de bandes dessinées qui s'y retrouvent pour le fameux salon créé en 1974.

Visite de la ville

Angoulême, ville historique, est une ville où il est agréable de se promener dans les rues piétonnes, de s'arrêter aux tables des bars et des petits restaurants placés dans les rues mêmes des vieux quartiers restaurés, de flâner le long des remparts d'où, disait Alfred de Vigny, « la vue s'étend comme à Constantinople (...) », ou de contempler ses nombreux jardins ; car Angoulême bat le record des espaces verts : 110 ha de jardins, soit plus de 20 m² par habitant.

Avec ses maisons de pierre aux toits de tuiles qui s'étagent en gradins, dominées par les flèches de ses églises, le dôme et la tour-clocher de sa cathédrale, le beffroi de son hôtel de ville, elle frappe les regards, et Théophile Gautier lui trouvait un « faux air italien ». Il faut surtout la contempler, inondée de soleil ou au crépuscule, sous cette lumière particulière de Charente comparable à celle d'Orient, comme l'ont noté ces deux écrivains voyageurs qui passèrent à Angoulême une partie de leur enfance, Jérôme et Jean Tharaud.

Le tour des remparts

30 mn en voiture, 1 h 30 à 2 h à pied
P près de la statue Carnot ou
du jardin de l'Hôtel-de-Ville (pour les cars ;)
place New-York ou
place Bouillaud (pour les voitures)

▶ Partir de la *place Saint-Pierre (B2)*. Autrefois, une porte fortifiée en gardait l'accès. Elle fut démolie en 1859.

▷ La cathédrale Saint-Pierre★ *B2*

C'est un magnifique ensemble bien homogène et aéré, inspiré par Saint-Etienne de Périgueux (où *Girard* fut chanoine) mais plus élégant et pourvu d'une riche décoration.

Trois cathédrales l'ont précédée : la première à l'époque gallo-romaine fut saccagée par les invasions barbares ; la construction

Une voûte à file de coupoles

Ancien chanoine à Périgueux, l'évêque Girard, lorsqu'il voulut doter Angoulême d'une cathédrale spacieuse, se souvint du moyen utilisé là-bas pour couvrir une large nef; aussi, la nef unique, où l'on descend par cinq marches, et qui comprend trois travées carrées, est-elle couverte de trois coupoles sur pendentifs d'un très grand diamètre, dont les arcs d'encadrement sont légèrement brisés. De part et d'autre de chaque travée, trois arcatures en plein cintre supportent une galerie de circulation surmontée de deux fenêtres et qui traverse les piles. La coupole de la croisée a été surélevée par Abadie qui en a fait un dôme, monté sur un tambour à seize fenêtres et d'un caractère byzantin contraire à l'esprit de l'édifice.

de la seconde attribuée à *Clovis*, vers 508, achevée cinquante ans plus tard, fut incendiée par les Normands en 981; la troisième, plus vaste, fut construite par *Grimoard*, ancien évêque de Mussidan, abbé de Brantôme et de Saint-Cybard et consacrée en 1015.

Girard de Blaye, personnage considérable, inspirateur de plusieurs conciles, ami de Robert d'Arbrissel qu'il aida a créer Fontevrault, légat de quatre papes, devenu évêque d'Angoulême en 1101, décide d'édifier une nouvelle cathédrale et un palais épiscopal, utilisant ses revenus des abbayes de Saint-Cybard, Saint-Amant-de-Boixe, Cellefrouin et cinquante-cinq églises, complétés par l'apport généreux du chanoine *Itier Archambaud*.

L'édifice à nef unique sous file de coupoles que nous voyons aujourd'hui, a donc été construit dans la première moitié du XIIe s. (1102-1136) et pratiquement terminé en 1128, date de consécration de la cathédrale; quelques sculptures de la façade restèrent inachevées.

Mutilée en 1562 et en 1568 par les calvinistes, elle a été réparée de 1630 à 1634, enfin restaurée et même en partie refaite de 1866 à 1875 par *Abadie fils* qui a cru devoir faire disparaître toutes les additions postérieures au XIIe s. et a même détruit une crypte du VIe s.

L'extérieur

La *façade***, à laquelle P. Abadie a ajouté le pignon et les deux tours, présente une immense page de sculpture de la plus grande richesse exécutée entre 1120 et 1135 et traitée suivant les procédés de l'école poitevine : 75 personnages (statues ou bas-reliefs), symétriquement enfermés par groupes dans des arcatures superposées ou dans des médaillons, évoquent, dans leur ensemble, le thème de l'Ascension associé, comme dans le Credo, à celui du retour et du Jugement dernier, deux thèmes qui n'avaient, auparavant, été traités que sur les tympans des portails; mais, bien plus qu'en Juge (les scènes figurant les châtiments des pêcheurs sont très brèves) le Christ apparaît ici, plein de sérénité et de gloire, comme le symbole même de la Rédemption. Cet ensemble très novateur eut une influence considérable et servit de modèle à de nombreuses églises de l'Angoumois.

La composition architecturale de cette façade est soulignée par de hautes arcades montées sur colonnes, celle du centre plus élevée encadrant le Christ en Ascension, les autres, groupées par deux de chaque côté, y détachant l'image d'une croix. Toute la

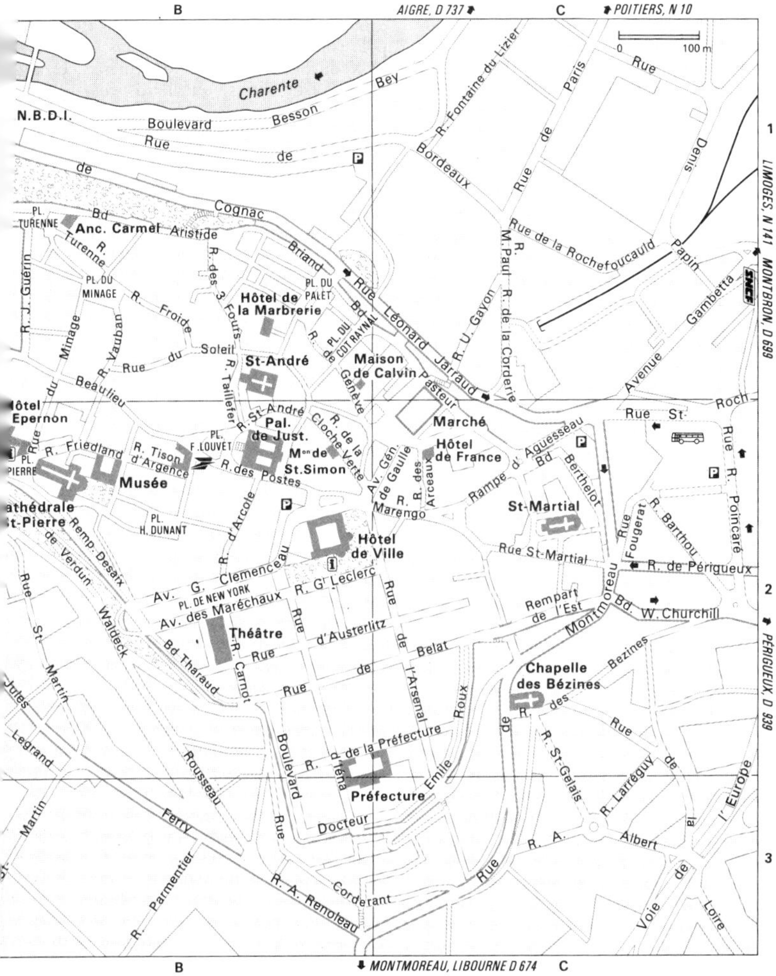

Angoulême

partie supérieure de la façade a été ajoutée par *P. Abadie* au XIXe s., ainsi que le tympan du portail central et les deux cavaliers (saint Georges terrassant le dragon et saint Martin partageant son manteau).

Le décor de la façade

Nous trouvons là les principaux thèmes de la foi chrétienne.

Le *rez-de-chaussée* évoque la vie terrestre, ses luttes, ses souffrances, le combat de Vertus et des Vices, à travers les scènes de chasse (cerf, oiseaux, guerriers terrassant des monstres) et les combats des chevaliers inspirés par la Chanson de Roland, qui décorent arcs et frises. Dans les tympans qu'ils délimitent, de chaque côté du portail central, les apôtres, tenant l'Évangile, courent prêcher dans ce monde la Bonne Nouvelle.

A l'*étage médian*, encadrant le grand vitrail central, en glorieux cortège, les apôtres tournent leur visage transfiguré vers le Seigneur. Proche de ce vitrail (en haut et à gauche), la Vierge au milieu des apôtres présente un remarquable portrait de femme vêtue et coiffée à la mode du XIIe s. Au-dessus de la fenêtre centrale, des anges font le lien entre terrestre et divin ; ceux qui sont aux extrémités ont un geste des bras appelant les hommes vers Dieu et annonçant l'apparition divine. Au milieu d'eux part l'arbre de vie qui se déroule sous les pieds du Christ avec des feuilles et des vrilles de vignes, rappelant la parole : « Je suis le cep et vous êtes les sarments ».

Tout en haut, dans une *mandorle*, le Christ en Ascension (les pieds quittent la terre) est encadré par les symboles des quatre Evangélistes : Matthieu (l'ange),

Marc (le lion), Luc (le bœuf), Jean (l'aigle). C'est aussi le retour victorieux du Christ dans la joie : remarquer les personnages dansant au-dessus des apôtres et la joie des fidèles. Le Jugement dernier est annoncé par l'ange sonnant de la trompette. Dans des cercles, symboles d'éternité, les élus ont la tête nimbée d'une auréole. Instruments de musique, abondante végétation expriment l'exubérance de la joie céleste. Quant aux damnés, rejetés aux extrémités à droite et à gauche de la façade, ils sont torturés par les démons, tel celui de l'extrémité Nord, imposant vaniteux assis sur une sorte de trône, dont un démon dansant sur les flammes de l'abîme perce la langue de sa lance.

Dernier détail : remarquer, au-dessus et entre les deux grands arcs de droite, deux lions avec rinceaux dominant GIT, initiales des constructeurs *Girard* et *Itier Archambaud.*

Trois écoles de sculpture se sont ici exprimées : réalisme, précision et finesse à l'étage inférieur; véritables statues sortant des murs dans la partie médiane; fines ciselures formant une sorte de dentelle de pierre tout en haut de cette façade.

L'intérieur

Ancien chanoine à Périgueux, l'*évêque Girard*, lorsqu'il voulut doter Angoulême d'une cathédrale spacieuse, se souvint du moyen utilisé là-bas pour couvrir une large nef; aussi, la *nef* unique, où l'on descend par cinq marches, et qui comprend trois travées carrées, est-elle couverte de trois coupoles sur pendentifs d'un très grand diamètre. La construction a été commencée par la première travée, et l'on remarque quelque lourdeur dans les larges piliers et les colonnes écartées soutenant la première coupole. Les deuxième et troisième travées marquent plus de maîtrise, les arcs doubleaux reposant sur des colonnes jumelées et piles moins volumineuses.

Les murs latéraux, renforcés par des arcatures, soutiennent une *galerie* traversant les piles. Dans l'allée centrale, une *dalle* funéraire recouvre le corps de *Philippe de Volvire*, gouverneur d'Angoumois, assassiné à Paris pendant les guerres de Religion.

Les deux *croisillons du transept* sont voûtés en berceau brisé. Chaque extrémité était surmontée d'un clocher. Le clocher septentrional se dresse toujours au-dessus d'une coupole reposant sur une base octogonale soutenue par des colonnes aux très beaux chapiteaux sculptés de personnages (Samson), monstres, oiseaux et feuilles d'acanthe. Cette partie est édifiée sur une base surélevée à laquelle on accède par plusieurs marches.

Le *carré du transept* était surmonté d'une coupole détruite en 1568. *P. Abadie* construisit en 1875 celle que nous voyons de nos jours, haussée au-dessus d'un tambour polygonal avec fenêtres en plein cintre dans chacune des arcatures. On peut regretter les dimensions disproportionnées de cette coupole établie par celui qui fut aussi l'architecte du Sacré-Cœur de Montmartre, et la lumière trop directe qu'elle dispense.

Le *chœur* est délimité par une grande arcade brisée à double rouleau, reposant

Faïenceries d'Angoulême

La «Manufacture de Fayence» la plus considérable pendant 150 ans fut dirigée par la famille Sazerac (1748-1842) et ses successeurs (Durandeau, Thomas, Lassuze) jusqu'au XXe s. Installée faubourg de l'Houmeau, elle produisit des objets les plus divers. La terre grise d'Angoumois est recouverte d'un émail blanc et opaque à base d'étain; certaines productions sont en faïence à fleurs (vases, écritoires), d'autres en camaïeu bleu (plats, gourdes) d'autres, polychromes (vases à pharmacie, bénitiers, jardinières). De belles pièces sont d'un bleu particulier appelé «bleu d'Angoulême» : bassins, écritoires, fontaines, etc.

Au XVIIIe s., également faubourg de l'Houmeau, s'établit la faïencerie Fleurat et Jucaud. Celle de Jacques Callaud, sieur de Belisle fonctionne de 1782 à 1803. Jean Garive et Louis Mouchard (ancien peintre décorateur à Rouen, puis à Paris) installent leurs fours dans la vieille église de Saint-Martin à Angoulême et à l'extrémité du transept de la belle abbatiale abandonnée de Châtres en Cognaçais, produisant de la faïence blanche d'usage ou ornée. Mouchard se livra aussi à la décoration de la porcelaine, manifestant un grand talent, ce qui valut à son établissement, en 1817, de porter le nom de «Manufacture du duc d'Angoulême».

Le plus célèbre faïencier est Alfred Renoleau. Après des recherches à Mansle, aux Grandes Tuileries de Roumazières, il s'installe à l'Houmeau en 1891 puis, à partir de 1897, dans l'ancienne Borderie des évêques d'Angoulême. Émerveillé par les œuvres de Bernard Palissy, il s'ingénie à retrouver ses procédés, prenant ses sujets dans la flore et la faune aquatique de la Charente, et réalisant de véritables chefs-d'œuvre. L'argile prise aux confins de la Dordogne et de la Charente, délayée, tamisée et décantée, puis pressée pour être travaillée par tournage, modelage ou moulage, est cuite puis vernissée (enduit vitrifiable plombifère) ou émaillée (émail stannifère). A. Renoleau composait lui-même ses émaux en provenance de Golfe Juan); elle recevait sa décoration sur émail cuit au grand feu. A. Renoleau a aussi fabriqué des grès et de nombreuses faïences d'ornementation d'une diversité infinie, parfois influencé par les réalisations de Rouen, Nevers, Moustiers (décor «à grotesque») ou Strasbourg.

De nos jours, la faïencerie Roullet-Renoleau continue sa fabrication dans la tradition de la faïence d'art d'Angoulême.

sur deux colonnes engagées. Profond, il est amplifié par quatre absidioles rayonnantes. Le jeu de lumière, le décor principalement floral, donnent une vision de plénitude et de spiritualité.

Le *transept sud* apparaît amputé, le clocher qui le surmontait ayant été abattu lors du siège de la ville par l'armée protestante de l'*amiral de Coligny*. Des marches permettent d'accéder à la porte classique à fronton triangulaire d'une *chapelle des œuvres* aux belles boiseries sculptées (XVIIIe s.), avec les portraits des évêques d'Angoulême. Au fond, une porte ouvre sur la petite *chapelle épiscopale* gothique à belles voûtes à croisées d'ogives.

Remarquer, en sortant, au milieu de l'arcade centrale de la troisième travée, au nord, un *enfeu* orné d'un groupe : la Vierge à l'Enfant ayant à sa gauche saint Pierre assis et, à ses pieds, un évêque en prière (XIIe s.), l'inscription funéraire de l'*évêque Girard*. Le grand orgue est du XVIIIe s.

En faisant le tour de l'édifice, on pourra avoir une *vue d'ensemble* du chevet avec ses absidioles, des bras du transept et, au nord, la *tour-clocher*** (59 m de haut), le plus beau clocher roman d'Angoumois avec six étages superposés en retrait, ajourés de jolies baies sculptées, en remarquant, au sud, l'absence de la tour qui lui faisait pendant et qui était surmontée d'une haute flèche, détruite lors des guerres de Religion. On admirera, sur le chevet, au-dessus de la statue du comte Jean, grand-père de François Ier, une belle *frise* sculptée représentant une biche harcelée par deux chiens et encadrée par deux lions impassibles, symbolisant l'âme en proie aux tentations ne pouvant trouver le salut que dans la fermeté de la foi

▶ Le *rempart Desaix (B2)* nous mène vers la *place de New-York*. Remarquer au 30, bd Desaix, un *hôtel* particulier avec tour polygonale où naquit (plaque) *Marc-René de Montalembert (→ La Rochefoucauld)*, créateur des fonderies royales de canons de la Marine.

▷ La place de New-York *B2*

Au XVIe s., *Giovanni Verrazano* abordant à l'embouchure de l'Hudson dans le « Nouveau Monde », donna à cette terre le nom d'Angoulême en hommage au roi François Ier, duc d'Angoulême. C'est pourquoi cette place, inaugurée par le maire de New York, porte ce nom.

La *statue du président Sadi Carnot* (1897), à l'extrémité de la place, est l'œuvre du sculpteur angoumoisin *Raoul Verlet*. Elle rend hommage au président de la république d'origine angoumoisine et limousine, assassiné par l'anarchiste *Caserio* et dont le buste apparaît couronné d'une palme que lui tend un ange, alors que pleure à ses pieds la France en longs voiles de deuil.

La cathédrale Saint-Pierre

De cet emplacement, regardant la ligne des remparts (rempart Desaix jusqu'à la cathédrale, ensuite rempart du Midi) qui protégeaient la ville du côté Sud, il faut imaginer que, beaucoup plus élevés, avec de nombreuses tours (le tout a été rasé aux XVIIe et XVIIIe s.) ils dominaient, accrochés au rocher, entourés même de fossés, toute la campagne environnante. Angoulême alors pouvait être comparée à la cité de Carcassonne. Cette ceinture de remparts fut édifiée à partir du Ve s. pour résister aux hordes des Vandales. Pour protéger la partie Sud-Est du plateau, la famille des Lusignan, comtes d'Angoumois, fit construire, au XIIIe s., une seconde enceinte défendue par de petites tours rondes d'assez faible diamètre, qui entourait le parc du château.

Le chemin qui descend auprès de la statue Carnot vers les rues Waldeck-Rousseau et L.-Desbrandes, passe au pied de trois tours de cette enceinte. La première, appelée *tour de Clovis*, porte une plaque rappelant que le roi Franc assiégea en 508 la ville occupée par les Wisigoths ; il aurait été blessé à la jambe, ce qu'évoque une jambe sculptée sur les pierres de cette tour.

▶ Partant de la place de New-York, jeter un coup d'œil sur la façade du *théâtre (B2)*, construction du Second Empire inaugurée en mars 1870. L'Empire libéral ayant été une période de prospérité en Charente (notamment par le développement des vignobles et la vente des eaux-de-vie), le département fut fortement bonapartiste. En témoignent les noms de plusieurs rues : d'Arcole, boulevard des Maréchaux, rues d'Iéna, d'Austerlitz, etc.

La « charentaise »

Les « charentaises », nées sous Louis XIV, ont pour parrains Turgot, qui développa l'armement maritime charentais, et Colbert, créateur de Rochefort, premier port de guerre français. Angoulême se spécialise alors dans la fabrication de feutres de laine et confectionne cabans et pèlerines pour les marins. Mais que faire des chutes que la marine ne paie pas? Ennemis du gaspillage, les Charentais les récupèrent : cela leur fournit le dessus de la pantoufle; ils confectionnent la semelle avec les chutes de feutres à papier que le temps a rigidifiés et imperméabilisés. Les femmes font l'assemblage au point croisé, dit « point de chausson ».

Sous Louis XVI, les « charentaises » font fureur à la Cour, permettant aux domestiques de se déplacer sans bruit; on les appelle « les silencieuses ». Au fil des ans, les matériaux ont évolué : en 1850, un cordonnier de La Rochefoucauld remplace la semelle de feutre par une semelle de cuir cousue au point de cordonnier. Puis on recouvre de cuir le nez de la pantoufle et on rajoute une talonnette de même matière. L'essor du pneumatique dans les années 50 amène à faire des semelles de caoutchouc ou « vulcanisées ».

Après une période de déclin (le mot même de pantoufle sert de quolibet : on dit « raisonner comme une pantoufle »), se produit, de nos jours, un grand essor. L'entreprise Rondinaud, de La Rochefoucauld, a perpétué la tradition de la « pantoufle docteur » vendue en pharmacie, mais présente aussi plus de 500 modèles (classiques, écossais, fluos, unis, fleuris, à pois, en satin avec impressions Hermès, aristocratiques estampillés d'un écusson ou - Bicentenaire oblige - ornés d'emblèmes révolutionnaires...). Cette entreprise, devenue leader européen, a des filiales en Angleterre, au Canada, exporte dans tous les pays d'Europe, en Afrique du Sud, aux Caraïbes, au Japon.

Lady Diana a commandé des « charentaises » pour sa famille, le général de Gaulle les faisait faire sur mesure. Laurent Fabius a été photographié dans la rue, « charentaises » aux pieds, pour aller acheter son pain; le président François Mitterrand en porte volontiers. Remarquons que l'extrême souplesse de ces chaussons leur permet de n'avoir ni pied gauche ni pied droit!

▷ L'hôtel de ville *B2*

Il est entouré de pelouses et massifs fleuris. Près du mur Sud, a été placé le ***monument aux morts de 1870.*** A l'emplacement de cet hôtel de ville était l'ancien château comtal qui s'étendait vers l'actuelle Banque de France, la rue de l'Arsenal. Malheureusement il fut détruit par l'architecte *Paul Abadie*, qui reconstruisit le bâtiment de 1854 à 1869, dans un style pseudo-gothique avec, en façade, un beffroi flamand. On peut visiter les deux tours qui ont été conservées : le ***donjon*** polygonal du XIIIe-XIVe s. (donjon des Lusignan) et la ***tour*** ronde du XVe s. avec fenêtres à meneaux, où serait née, en 1492, la fille de Charles de Valois-Angoulême et de Louise de Savoie : *Marguerite d'Angoulême (→ encadré).* Une exposition permanente permet de comprendre l'évolution historique et urbanistique de la ville. On peut voir également, le donjon couronné d'un télégraphe Chappe (beau point de vue), l'escalier d'honneur et le grand salon de style Second Empire.

▶ Emprunter la ***rue du Général-de-Gaulle*** *(B-C2),* qui suit le tracé de la première enceinte entourant la ville. Les fouilles faites à l'occasion de la construction de l'hôtel de ville et du Crédit Lyonnais ont permis de retrouver des tronçons de colonnes et des vestiges gallo-romains (tête d'impératrice, lion mutilé, grand chapiteau sculpté représentant un empereur, etc.).

▷ Le marché couvert *(C1-2) place des Halles-Centrales*

Il a été bâti en 1888 sur l'emplacement d'un imposant château fort édifié au Xe s. par les *comtes Taillefer* et appelé ensuite le ***châtelet***, par opposition au château des Lusignan édifié au XIIIe s.

Ce châtelet, formé d'un imposant donjon relié à trois tours rondes par des courtines, était entouré d'une muraille fortifiée avec treize petites tours et protégé par un fossé creusé dans le rocher avec, en avancée vers l'extrémité Nord-Est, une tour de 13 m de diamètre, la ***tour du Gouverneur.*** On en voit encore la base semi-circulaire (elle fut aussi rasée) quand on rejoint le côté Nord des remparts. Ce châtelet, démoli en 1886, fut remplacé par le marché couvert actuel.

▶ Contourner le marché couvert et jeter un regard à la petite rue au coin de l'hôtel de France, appelé ***rue des Arceaux*** *(C2).* On y voit encore une grande fenêtre ogivale entre deux contreforts, restes de l'***église Saint-Paul*** où fut baptisé *Ravaillac*, l'assassin du roi Henri IV, qui naquit dans cette rue appelée par la suite rue du Fanatisme.

▷ L'hôtel de France *C2*

Il est à l'emplacement de la demeure familiale de Guez de Balzac. Là naquit *Jean-Louis Guez de Balzac* qui, au début du XVIIe s., épura la langue française d'où son surnom de « restaurateur de la langue française ». C'est dans cette demeure, après sa libération, que se réfugia la reine mère *Marie de Médicis*. Elle passa à Angoulême six mois (mars-août 1619) avec une partie de la Cour. *Armand du Plessis*, évêque de Luçon, fera signer un traité d'Angoulême, réconciliant le jeune roi et la reine mère ; ainsi le *cardinal de Richelieu* commença-t-il à Angoulême sa carrière diplomatique.

▶ L'*église Saint-Martial*, construite par *Abadie*, domine de sa flèche de 50 m l'isthme étroit reliant le promontoire d'Angoulême au plateau et au faubourg de La Bussatte.

▶ La rue Saint-Martial conduit à la rue de Montmoreau : au n° 44, ***musée de la Société archéologique de la Charente*** *(t.l.j. sf mar. 10 h-12 h/14 h-17 h)* : collections préhistoriques, protohistoriques, gallo-romaines, sculptures médiévales, faïences, émaux limousins, bibelots.

▶ Par la *tour du Gouverneur* et le *boulevard Pasteur (B-C1)*, nous abordons maintenant le rempart du côté Nord, jusqu'à la place du Palet.

▷ La place du Palet *B1*

Là se trouvait une des portes fortifiées permettant l'entrée dans la ville par un pont-levis flanqué de deux tourelles aux angles. Cette porte était appelée porte du Palet parce que, sur un des chemins y accédant, se trouvait un pal où l'on exposait, jusqu'en 1349, les « têtes des traîtres justiciés à Angoulême ». Une grande halle fut construite en 1450, à l'emplacement de la place du Palet. Là eurent lieu les entrées solennelles de *Charles VII* (en 1463), de *Francois Ier* (1526), de ce même roi avec sa seconde épouse Eléonore, sœur de Charles Quint (22 juillet 1530), de *Charles Quint* lui-même (décembre 1539), du roi *Charles IX* (août 1565), du jeune *Louis XIV* accompagné de sa mère *Anne d'Autriche* et du *cardinal Mazarin* (1650).

▶ Après la caserne des pompiers (où était l'*ancien hôpital Saint-Michel*), longer le bâtiment de l'ancien *couvent des Carmélites (B1)* avec une jolie grande porte de 1739 sur la place Turenne. ▶ *Rue Turenne*, autre porte à fronton du début du XVIIe s. (datant de la fondation du couvent par *Marie de Médicis*), protégée par une bretèche à mâchicoulis.

▷ La tour Ladent* *A1*

C'est un bastion du XVIIe s. Au-dessous de nous les remparts sont construits directement sur les rochers creusés de *grottes*. Dans l'une d'elles, *Eparchius*, issu d'une famille noble de Trémolat (Périgord), connu depuis sous le nom de *saint Cybard* (le nom d'Eparche ayant été fortement déformé), se réfugia pour mener une vie de prière et de mortification. Avec les dons qu'il recevait, il acheta la liberté de 175 esclaves. Il sauva des condamnés à mort et mourut en 581 dans cette grotte où il avait vécu 44 ans.

Marguerite d'Angoulême

Née dans la tour ronde du château d'Angoulême le 14 avril 1492, Marguerite d'Angoulême épouse le duc d'Alençon et, après la mort de celui-ci peu après Pavie, se remarie avec Henri d'Albret, roi de Navarre. Elle a joué un rôle très important tant sur le plan politique et diplomatique, notamment dans les négociations en Espagne avec Charles Quint après la défaite française de Pavie, que sur le plan religieux. Elle était favorable à une réforme de l'Église et fut la protectrice de Calvin, Théodore de Bèze, Clément Marot.

C'était une des femmes les plus cultivées de son temps, parlant espagnol, italien, sachant latin, grec, hébreu ; elle a une place importante dans la littérature comme poète, auteur de pièces de théâtre et du recueil de nouvelles « L'Heptaméron ».

Un peu plus bas, au pied du rempart, s'eleva une très importante et magnifique *abbaye de Saint-Cybard*, avec une église et de nombreux bâtiments (cloître, salle capitulaire, hostellerie pour les pèlerins, moulin). L'enceinte de l'abbaye allait jusqu'à la Charente. Pillée par les Normands, ravagée par la guerre de Cent Ans, par les guerres de Religion, elle fut détruite en partie au XVIIIe s. par la construction de l'avenue de Cognac, puis par l'édification de bâtiments industriels. C'est sur ce même site que s'élèvent aujourd'hui les bâtiments du C.N.B.D.I., Centre national de la bande dessinée *(→ encadré)*.

Ce sont les moines de cette abbaye qui construisirent le premier pont sur la Charente, sur douze arches, protégé par une grosse tour et deux tourelles, pont qui fut détruit en février 1747 par une inondation.

Sur la tour de Ladent, une *plaque* commémorative rappelle l'exploit du *général Resnier de Goué* qui, sur un appareil de

Le premier vol plané

C'est en 1787 que le général Guillaume Resnier de Goué (1729-1811), philosophe et inventeur, fait publier, à Genève, « La République universelle ou l'Humanité ailée, réunie sous l'empire de la Raison ». Préoccupé de l'échec de la flotte de Napoléon Ier contre l'Angleterre, il avait imaginé d'équiper « chaque soldat d'ailes manœuvrables par les bras et les jambes pour survoler la Manche ». Il fit des essais à Angoulême, s'élançant de la tour Ladent, sur le rempart du Nord, avec un appareil à ailes de son invention, et effectua un premier vol de 50 m. Puis, après avoir perfectionné son appareil, il réussit en 1806 (à l'âge de 77 ans !) un vol plané de 300 m. Cet exploit en fait un pionnier de l'aviation, un précurseur du deltaplane.

La bande dessinée

Tout commence en janvier 1974. Ce salon, à ses débuts assez informel, peut être considéré comme l'un des grands événements culturels de la France des années 70. En quelque dix années, il est devenu le rendez-vous de tous les professionnels de la BD, tant français qu'étrangers.
Construit sur une partie du site de l'ancienne abbaye Saint-Cybard, au bord de la Charente, le bâtiment du Centre national de la bande dessinée et de l'image a jailli d'une friche industrielle où jadis prospérait la brasserie Champigneulles. L'architecte Roland Castro a remodelé la carcasse d'origine, composée d'une haute bâtisse presque cubique, en la tranchant de haut en bas d'une verrière centrale en demi tronc de cône qui capte et cristallise la lumière du ciel. L'ensemble, en forme de bâtiment-promenade, peut évoquer Piranèse et aussi une cité futuriste sortie d'une bande dessinée.
La mission du Centre s'articule en plusieurs types d'activités : musée de la bande dessinée (historique, chronologie, planches originales), médiathèque, bibliothèque, expositions permanentes et itinérantes, infographie (formation à l'image de synthèse).

son invention *(→ encadré)* put accomplir, en 1806, le premier vol plané sur une distance de 300 m.

Enfin, de là, on peut contempler la *vallée de la Charente* qui forme, au pied des remparts, une belle courbe où s'était développé un important port fluvial : le port de l'Houmeau.
▶ Poursuivre jusqu'au *monument aux morts* de la Première Guerre mondiale, œuvre de l'architecte *Baleix* et du sculpteur *Peyronnet.*
▶ Contourner le *lycée Guez-de-Balzac (A1)*, construit sur l'emplacement de l'abbaye de Beaulieu où s'installèrent, en 1568, les bénédictines de Saint-Ausone.

▷ La place Beaulieu *A1*

Elle fut créée par l'intendant *M. de Bernage* en 1699, et fut plantée d'ormeaux puis de tilleuls au XVIIIe s. Les remparts furent rasés à hauteur d'appui, offrant la vue, de nos jours, du *Jardin Vert* établi au pied du rempart que longe l'actuelle avenue Wilson. Cet ancien *chemin Madame* permettait à partir du XIXe s. de relier la place Saint-Pierre à la route de Bordeaux, par des tournants en lacets, l'un d'eux contournant la *colonne (A1)* qui fut érigée pour rappeler le passage de Madame, duchesse d'Angoulême, fille de Louis XVI et de Marie-Antoinette, après la chute de l'Empire en septembre 1815.
▶ Descendre vers la cathédrale par le *boulevard Paul-Doumer (A1-2)* qui longe le *rempart du Midi* bordé de tours : *tour Cherrière* du XVIe s. en forme de fer à cheval ou petites tours carrées des Xe-XIIe s. dominant l'entrée du Jardin Vert. ▶ De l'autre côté du Jardin Vert, s'élève l'*église Saint-Ausone (A1)* à l'emplacement où *Ausone*, premier évêque d'Angoulême, fut martyrisé. Dans cette église du XIXe s. le célèbre peintre de Montmartre, *Maurice Utrillo* (1883-1955), épousa *Lucie Valore*. Ils résidèrent en effet à Angoulême rue Maurice-Utrillo, villa Doulce France, près de la piscine Montauzier. ▶ En descendant le rempart du Midi vers la cathédrale, on verra la petite *rue d'Epernon* qui conduit au *collège Saint-Paul* où le président *François Mitterrand* fit ses études secondaires.
▶ Retour *place Saint-Pierre.*

Le vieil Angoulême

🅿 près de la statue Carnot, près du jardin de l'Hôtel-de-Ville (pour les cars) ; place Bouillaud, centre Saint-Martial, place du Champ-de-Mars (pour les voitures).

▶ Partir de l'*hôtel de ville* (*→ le tour des remparts*).

▷ La maison de Saint-Simon *(B2) 15, rue de la Cloche-Verte*

Édifice datant de 1530 avec un avant-corps en saillie. *Porte* flanquée de pilastres à chapiteaux décorés de têtes de personnages, bandeaux comportant médaillons avec bustes, fenêtres flanquées de pilastres à losanges et bossages en pointes de diamant. La façade principale a deux fenêtres à meneaux superposées ; pilastres décorés. Une tourelle à encorbellement est couverte d'une toiture en poivrière. Les *lucarnes* de l'étage supérieur sont particulièrement décorées, surmontées d'une demi-lune à coquille, flanquée de cinq candélabres pour l'avant-corps, sept candélabres en façade, un étrésillonnement de rinceaux en pierre reliant tous les candélabres avec élégance et légèreté.

Cette demeure, qui a appartenu à la branche cadette des *Saint-Simon*, est le seul exemple d'architecture civile de la Renaissance à Angoulême.
▶ Revenir un peu sur ses pas pour aller *rue de Genève* où l'on verra la *maison de Calvin (B1)*. Celui-ci y résida, chez son ami le *chanoine du Tillet*, en 1534. *Calvin* a passé trois années en Charente où il écrivit la plus grande partie de *L'Institution Chrétienne (→ encadré)*. La maison, du XVe s., abrite le *musée de la Résistance.* ▶ Poursuivre la promenade par les petites rues pavées pleines de vie. La *place du Commandant-*

Raynal (B1) rappelle ce Charentais, héroïque défenseur de Verdun.

▶ La *place du Palet (B1)*, où était une ancienne halle, ouvrait au nord par une porte fortifiée près d'un pal où étaient exposés les suppliciés.

▶ Tourner *rue René-Audour*, ancienne rue des Juifs. A droite, un étroit passage conduit à l'*hôtel de la Marbrerie*. La façade sobre et classique (fin XVIIe s.) est seulement soulignée, entre les étages, de cordons moulurés. A l'intérieur, un bel *escalier* à vis en pierre est décoré en coin d'une belle coquille sculptée. ▶ Continuer et tourner à gauche *rue des Trois-Notre-Dame* (trois niches au niveau du premier étage, dont une à chaque extrémité de la rue, contenaient des statues de la Vierge).

▶ Contourner l'*église Saint-André* (belle *vue* sur le chevet), et aller jusqu'à la *place Francis-Louvel (B2)*.

▷ Le palais de justice *B2*

Il a été construit au XIXe s. dans le style néo-classique sur l'emplacement du couvent des Jacobins rasé en 1825 et dont l'église avait été détruite en 1568, au moment de la prise d'Angoulême par les armées protestantes. Remarquer la belle *façade* du XVIIIe s. de l'hôtel du Palais avec pilastres cannelés et cadran solaire. Rappelons aussi le souvenir d'écrivains qui passèrent là : *J.L. Guez de Balzac* (→ *Val d'Angoumois*), *Alfred de Vigny* (→ *collines de Montmoreau*), *Honoré de Balzac* qui situe à Angoulême son roman *Les Illusions Perdues* (inscriptions sur les piliers de chaque côté des marches du palais de justice).

▶ Revenir *rue Taillefer (B1)*. Sur la gauche, quelques restes du *château Taillefer* : bretèche sur mâchicoulis (à l'intérieur de l'école Saint-André) et sur la place, en face de l'église Saint-André, façade avec fenêtres en arc brisé sobrement décorées qui porte des traces d'éclats de boulets tirés pendant les guerres de Religion.

Calvin

Il est né en 1509 à Noyon. Son père y était procureur ecclésiastique : il s'occupait des affaires du clergé. Le jeune garçon fut d'ailleurs pourvu de bénéfices ecclésiastiques qui lui permirent de faire de longues études. A Bourges, où il étudie le droit, il rencontre l'helléniste Melchior Wolman qui lui fait découvrir la doctrine de Luther. En 1533, il rédige le discours du recteur de la Sorbonne Nicolas Cop et en fait un manifeste en faveur de l'évangélisme inspiré par les textes de Luther et d'Erasme.

Menacé d'arrestation, il se réfugie à Angoulême, chez son ami Louis du Tillet pendant trois années. Il profite de sa retraite forcée et de la bibliothèque de son hôte, riche de plus de 4000 volumes, pour étudier et élaborer son **Institution Chrétienne.** *Ce livre de base de la pensée réformée, rédigé d'abord en latin et publié à Bâle en 1536, est traduit en français par Calvin lui-même en 1541. C'est aussi un des premiers chefs-d'œuvre de la littérature française.*

Animation

Marchés : aux Halles centrales, tous les matins (grands marchés le mercredi et samedi); place Victor-Hugo, tous les matins (grand marché le dimanche matin).

Foires : les 2 et 15 de chaque mois.

Dernier week-end de janvier : festival international de la Bande dessinée.

Mai : festival de jazz.

Juin : circuit automobile des Remparts.

Juillet-août : visites guidées en calèche (renseignements à l'O.T.S.I.); visites «architecture industrielle et contemporaine» (merc. après-midi, rendez-vous 15 h à l'Atelier-musée du papier).

▷ L'église Saint-André *B1*

C'est, avec la cathédrale Saint-Pierre, la plus ancienne de la ville (XIIe s.). Elle était à l'origine une simple nef attenante au château des *comtes Taillefer* (→ *encadré*).

Cette église, en partie détruite, amputée de sa partie orientale, fut agrandie sur un plan plus vaste au XVe s. L'édifice gothique ayant perdu ses voûtes lors des guerres religieuses, celles-ci furent reconstruites au XVIIe s.

L'extérieur

La façade a été refaite par *Paul Abadie père* au XIXe s., dans le style néo-classique, avec deux niches contenant les statues de saint André et saint Paul. Le *clocher* carré du XVe s. a deux étages de baies en plein cintre.

L'intérieur

A l'ouest, remarquer les restes de l'*église romane* (murs gouttereaux décorés d'arcatures, avant-nef couverte en berceau soutenue par des arcs doubleaux légèrement brisés) et, à l'est, l'*église gothique* comprenant trois nefs de quatre travées voûtées d'ogives (à voûte bombée dite «plantagenêt»). Deux chapelles gothiques sont placées l'une, dans le collatéral Nord, couverte d'une voûte d'ogives à liernes et tiercerons; l'autre, dans la troisième travée du bas-côté Sud, elles datent toutes les deux du XVIe s.

Le retable du XVIIe s., divisé en trois parties, présente au centre une niche avec une Vierge, à gauche saint André avec sa croix, à droite saint Jean portant l'Agneau.

La *chaire*, datée de 1692, comporte un abat-voix surmonté de la couronne des Taillefer et soutenu par deux atlantes; elle est ornée de quatre panneaux sculptés représentant les évangélistes et leurs symboles : Matthieu (l'ange), Luc (le bœuf), Marc (le lion), Jean (l'aigle), tandis que les panneaux de la rampe d'escalier représentent les apôtres : André (la croix), Pierre (les clefs), Paul (le glaive), Jacques (le bâton de pèlerin).

Dans le jardin, au pied du chevet, statue *Les Ames simples* de *Pierre-Albert Birot*.

▶ La *rue du Soleil*, puis la rue Froide nous amènent *place du Minage (B1)*. A l'entrée de la *rue Vauban*, un portail ouvre sur une cour avec un joli *puits* du XVIIe s. : cinq colonnettes à chapiteaux finement décorés de guirlandes de fleurs supportent un dôme à écailles de pierre. Contourner cette place qu'agrémente un joli petit *bassin-fontaine* du XIXe s., pour passer rue Turenne, en longeant l'ancien couvent de carmélites (→ *le tour des remparts*).

▶ Par la place Turenne, jolie *vue* sur la vallée de la Charente.

▶ La rue *Jean-Guérin (B1)* longe les bâtiments de l'*hôtel-Dieu* (aujourd'hui hôpital, autrefois couvent des Cordeliers). La *chapelle des Cordeliers (A-B1)*, au clocher du XIVe-XVe s., au beau chevet éclairé d'une grande fenêtre gothique, contient le corps de l'écrivain *J. L. Guez de Balzac*. *Un monument*, sur les plans de l'architecte *Paul Abadie* et sculpté par *Baleyre*, rappelle le souvenir de l'écrivain qui fut aussi un des tout premiers membres de l'Académie française.

▶ Devant la façade de l'hôpital s'élève l'*hôtel de Bardines (A1)*, construit en 1783, formé de deux pavillons encadrant le corps du logis précédé d'une galerie à hautes colonnes cannelées à chapiteaux ouvragés soutenant une architrave monumentale.

▶ Revenir un peu sur ses pas, rue de Beaulieu, puis descendre la rue du Minage et gagner la place Saint-Pierre.

▶ On arrive à la *cathédrale* (→ *le tour des remparts*). Longer la face Nord de la cathédrale. Dans le jardin, une *colonne* s'élève à l'emplacement de la chapelle édifiée par le *duc d'Epernon* après la mort de sa jeune épouse. Cette colonne cannelée, avec ses initiales entrelacées, portait une urne contenant le cœur de la duchesse. Profanée pendant les guerres religieuses et la Révolution, la chapelle d'Epernon fut détruite par *P. Abadie* lors de la restauration de la cathédrale.

Le tabac avant Nicot

André Thévet (1502-1590), cordelier qui fut chanoine de la cathédrale d'Angoulême, aumônier de Catherine de Médicis, cosmographe du Roi, voyagea beaucoup et rapporta d'Amérique du Sud, dès 1555, le «pétun» qu'il planta et appela «l'herbe augoumoisine».

Il est donc l'introducteur du tabac en Europe, avant Nicot, qui le fit connaître à partir de 1561 et connut, lui, la célébrité...

Isabelle Taillefer

Fille unique du comte d'Angoulême Aymar Taillefer, elle naquit dans le château des Taillefer (en face de l'église Saint-André). Promise à Hugues de Lusignan comte de la Marche, elle est conduite à l'autel, le 24 août 1200 par le roi Jean d'Angleterre, qui la soustrait à son fiancé et l'épouse le 30 août à Chinon. L'époux généreux donne à Isabelle de nombreux domaines (Saintes, Niort, Saumur, la Flèche, le château du Loir, Beaugé). Elle devint donc, à 14 ans, reine d'Angleterre et d'Irlande, duchesse de Normandie, comtesse du Maine, d'Anjou, de Touraine et du Poitou, d'Aquitaine et de Gascogne. L'aîné de ses enfants sera Henri III, roi d'Angleterre. A la mort de Jean sans Terre, en 1216, elle épouse Hugues de Lusignan. Poussant son époux à agrandir ses domaines, elle devra, après la défaite de Taillebourg, se soumettre au roi Louis IX, puis se retirer à Fontevrault où elle meurt en 1245.

▷ L'ancien évêché et le musée des Beaux-Arts *B2*

Au chevet de la cathédrale est l'ancien évêché. En haut d'un fronton dominant la rue, les armes parlantes de la famille Saint-Gelais (un singe, laid, accroupi), un cordon épiscopal souplement sculpté au-dessus de jolies fenêtres Renaissance.

Le *musée des Beaux-Arts (visite t.l.j. sf. mar. et jours fériés 10 h-12 h / 14 h-18 h ☎ 45.95.07.69)* contient un remarquable casque d'or gaulois (dit *casque d'Agris*), des objets (crosses, calices) trouvés dans les sépultures d'évêques, une salle sur la préhistoire charentaise, des collections très importantes d'*ethnographie* africaine et océanienne, des *tableaux* (XVIIe au XIXe s.), des œuvres de *peintres régionaux (Henri Daras, Léonard Jarraud)* et une salle consacrée aux collections d'armes et de céramiques.

▶ En tournant à droite, rue Prudent, on arrive à la *place Henri-Dunant (B2)* où s'élève le Conservatoire de Musique à l'emplacement d'un collège de Jésuites dont a été conservé le clocher du XVIIe s. ▶ On peut, par la *rue de la Gendarmerie* et la *rue d'Arcole*, rejoindre la place New-York ou, par la rue d'Arcole et la *rue des Postes*, arriver *place de l'Hôtel-de-Ville*.

Vues générales de la ville

Ce rapide circuit touristique permet d'avoir de magnifiques vues d'ensemble d'Angoulême.

▶ Descendre de la place Saint-Pierre par l'*avenue Wilson* (ancien « chemin Madame »), voir l'*église Saint-Ausone*, la *colonne de Madame*, duchesse d'Angoulême *(→ le tour des remparts).*

▶ Rejoindre la N 10 et aller en direction de Bordeaux par le *quartier de Sillac* : à droite, ancienne École normale d'instituteurs, maintenant lycée technique du Bâtiment ; à gauche, établissements Leroy-Somer, première usine européenne de moteurs.

▶ A l'embranchement de la déviation, au niveau de l'*hôpital de Girac*, tourner à gauche *(direction Puymoyen et route de Libourne)* par le *boulevard de Bigorre*. Au premier rond-point, prendre la direction de Ma Campagne - Centre Ville, par le *boulevard de l'Europe*. Après la traversée du *bois de Saint-Martin*, magnifique *vue* générale d'Angoulême. On constatera que la ville mérite bien son nom d'« Acropole du Sud-Ouest ». A l'extrémité gauche, ancienne *chapelle du Séminaire* ; à mi-pente, église Saint-Ausone ; après les frondaisons du Jardin Vert, la mince flèche de la chapelle de l'Hôpital. La cathédrale Saint-Pierre découpe sur le ciel les tourelles et clochetons de sa façade, les six étages de sa tour-clocher et son dôme. Autre œuvre de Paul Abadie, le beffroi de l'hôtel de ville.

▶ Continuer sur cette voie et passer par le tunnel parallèle à celui qu'emprunte le chemin de fer Paris-Bordeaux. Au premier feu, tourner à gauche, puis à droite pour prendre l'*avenue de-Lattre-de-Tassigny*, quartier de la gare bombardé en 1944, occupé par des immeubles modernes et de jolis jardins.

▶ Au *carrefour de la Madeleine* (vers Autres directions, puis l'Houmeau), par le *boulevard du 8-Mai-1945*, l'on aura une autre *vue* générale d'Angoulême, cette fois-ci du côté Nord.

▶ En tournant à gauche, par l'Houmeau, longer le fleuve de la Charente aux eaux calmes, avec ses îles (piscine, auberge de jeunesse, école d'aviron, etc.). Remarquer à gauche un bel hôtel particulier d'un armateur, appelé *capitainerie du port**, siège du SIGA et, un peu plus loin, le *monument à Victor Besson Bey*, dont le boulevard que nous suivons porte le nom.

▶ *L'île Marquet (accès par bateau près de la passerelle de Bourgives ; visite juil.-août, sam. et dim., sur rendez-vous à Charente-Nature ☎ 45.67.82.93, ou* ℹ *☎ 45.95.16.84).* Dans le coude formé par la Charente, cette île d'une surface de 8 ha, offre un milieu naturel éducatif destiné à faire découvrir la *faune* et la *flore*.

▷ Le Centre national de la Bande dessinée et de l'Image* *(A-B 1)*

121, rue de Bordeaux ; t.l.j. sauf lun. 10 h-19 h, sam. et dim. 14 h-19 h ☎ 45.38.65.65

Situé au bord de la Charente, au pied du rempart Nord de la ville haute, à l'emplacement d'une ancienne abbaye et de la brasserie Champigneulles, le bâtiment du CNBDI a été entièrement remodelé par l'architecte Roland Castro *(→ encadré).*

Le *musée de la Bande dessinée* conserve plus de 3 500 planches originales dont 250 dessins, régulièrement renouvelés, sont exposés, représentant ainsi les plus grands auteurs du monde entier. D'autre supports complètent et enrichissent l'exposition (scénarios, esquisses, sérigraphies, audiovisuels... etc.). Chaque année le centre organise plusieurs expositions temporaires et réalise en France et à l'étranger des manifestations.

La *médiathèque* regroupe la première collection spécialisée de bande dessinée française avec 10 000 albums, ouvrages et revues en libre consultation. Le *centre patrimonial*, accessible seulement aux chercheurs, conserve le dépôt légal de la bande dessinée.

Balzac à Angoulême

Balzac fut séduit par Angoulême. En 1831, il est l'ami de Zulma Carraud, la belle épouse du directeur de la poudrerie nationale. Il vint plusieurs fois séjourner au foyer du couple ami. C'est là que Balzac acheva **Louis Lambert**, *qu'il entreprit* **Le Médecin de campagne**, *qu'il écrivit, en une nuit,* **La Grenadière** *et qu'il commença l'***Histoire des Treize**. *Mais surtout, il y accumula tous les éléments pour* **Les Illusions perdues** *(en se documentant sur l'industrie locale du papier) et leur suite,* **Splendeurs et misères des courtisanes**.

A Angoulême, tout un pèlerinage est possible autour du poète à la recherche de la gloire. Lucien de Rubempré logeait à l'Houmeau, la ville basse d'Angoulême, en bordure de la Charente. La pharmacie Évangelista correspondait, semble-t-il, à la maison sise au n° 165 de l'actuelle rue de Paris. Le poète inventeur David Séchard avait son imprimerie à l'angle de la rue de Beaulieu et de la place Mûrier. L'hôtel de Mme de Bargeton est l'hôtel d'Épernon (61, rue du Minage), auquel on accède de nos jours par une impasse proche de la cathédrale. Balzac en donne une description intérieure et extérieure. Existent toujours : le vestibule, le grand salon, le boudoir de Mme de Bargeton, avec leurs boiseries du XVIIIe s., décor où se situent plusieurs scènes du roman.

▷ L'école des Beaux-Arts et l'Atelier-musée du papier *(A1) 134, route de Bordeaux; mar.-vendr. 14 h-18 h; sam.-dim. 10 h-12 h/14 h18 h ☎ 45.92.73.43*

Installé sur la Charente dans les bâtiments des anciennes papeteries Bardou-Le Nil, où se trouve aussi l'École régionale des Beaux-Arts, ce musée a pour vocation d'illustrer un aspect du patrimoine historique et industriel de l'Angoumois : le papier. Avec les deux moulins à papier charentais encore en activité (le moulin du Verger à Puymoyen et le moulin de Fleurac à Nersac), il complète l'information en proposant aux visiteurs des salles consacrées tant à l'histoire de la fabrication du papier et aux dynasties papetières, qu'aux techniques, aux machines et aux besoins d'aujourd'hui. Y sont aussi présentées des expositions d'œuvres d'art contemporaines utilisant le support du papier ou du carton.
▶ On arrive au bas de l'avenue Wilson par laquelle on peut rejoindre la *place Saint-Pierre.*

Le papier d'Angoumois

«Personne n'ignore la célébrité des papiers d'Angoulême» écrivait Honoré de Balzac dans son roman «Les Illusions Perdues» où il retrace l'histoire d'un papetier angoumoisin, David Séchard.
Ce papier à la main, contraitement au papier industriel qui emploie des produits chimiques et se détériore au bout d'une trentaine d'années, peut durer des siècles. Il est destiné aux éditions de luxe, aux billets de banque, à la gravure, au dessin. Il est spécialement vendu au musée du Louvre et au ministère des Affaires étrangères.

Aux environs d'Angoulême

▶ Sortir par la N 141 vers *Cognac.* ▶ *Côte Saint-Barbe (à 5 km)* : point de vue.

▷ Fléac *1 km par la D 103 à gauche*

Église Notre-Dame (XIIe s.). *Façade* divisée par des contreforts-colonnes, porte entourée de deux arcades aveugles à colonnettes, corniche à étages ornée de modillons (têtes d'hommes et d'animaux), fronton triangulaire. Belle *nef* composée de deux travées sous coupoles, d'un faux carré aussi sous coupole, supportant le clocher, d'une abside voûtée en cul-de-four, chapiteaux sculptés de personnages.
▶ *Linars (1 km S.O.). L'église Saint-Pierre* (XIIe et XVIe s.) possède une *façade*, très élégante, composée, comme celle de Fléac, de trois zones délimitées par des contreforts-colonnes. Le tympan de la porte est orné du Christ tenant le globe du monde, entre deux anges adorateurs. A l'étage sept arcades sous un cordon de modillons sculptés; fronton triangulaire.

▷ Saint-Saturnin *3 km O.*

Église Saint-Saturnin (XIIe et XVe s.). Dominée par un clocher octogonal, la façade présente une *porte* à quatre voussures avec frise et chapiteaux sculptés. De chaque côté, deux beaux tympans remployés. La nef se compose de trois travées voûtées d'ogives du XVe s., précédées d'une travée sur coupole supportant le clocher.

Une partie d'un édifice, à côté de l'église, a conservé le nom de *Chambre à Calvin*, souvenir probable du passage de *Calvin* à Saint-Saturnin avant son installation à Rochecorail *(→ Trois-Palis).* ▶ *Hiersac (3 km O. par la D 41).* Patrie du général *Jean-André Valleteaux* qui fut tué lors de la guerre d'Espagne en juin 1811. Son nom est inscrit sur l'Arc de Triomphe de Paris. L'*église Saint-Thomas* est un édifice roman remanié aux XVe, XVIIe et XIXe s. Les voûtes d'ogives furent refaites par les soins de *Charles d'Orléans* et de son épouse *Louise de Savoie* (leurs armes sont sculptées sur une clef de voûte). A l'*intérieur*, retable XVIIe s., toile représentant l'Adoration des bergers.

▷ Moulidars *3 km O. par la D 405*

Église Saint-Hippolyte (XIIe-XVIe s.). Façade percée d'une porte en plein cintre, à trois voussures, entourée de deux arcades, avec arcs ornés (prismes, S, damiers, dents de scie, pointe de diamant); à l'étage, cinq arcades en plein cintre reposant sur des colonnes jumelles, modillons sculptés. Nef de cinq travées voûtées en berceau brisé, chœur refait au XVIe s. *Château d'Ardenne* (XVIe et XVIIe s.) dans le bourg : pigeonnier ancien et parc. Carrières de gypse.
▶ *Échallat (6 km N. par la D 63). Église Saint-Maurice* (XIIe, XVe, XVIIe s.). Construction massive épaulée de larges contreforts, façade avec porte du XVe s. et restes d'une bretèche. Nef de cinq travéees en berceau brisé, suivie d'un faux carré à coupole ovale. Dans le chœur, retable du début du XVIIIe s. ▶ *Asnières.* Église Saint-Martin : édifice roman restauré au XVIIe s. Château (XVIIe et XVIIIe s.) près de l'église.

L'Angoumois

Adossé aux premières pentes du Massif central, voisin du Sud-Ouest viticole et de l'Ouest maritime, l'Angoumois est une vieille contrée rurale qui a su conserver un charme champêtre. Au pays du « Bonheur de Barbezieux », c'est l'image même de la campagne paisible et éternelle. C'est l'Ouest par son climat atlantique, ses pâturages et ses paysages verts, mais avec en plus la vigne, le soleil, et une certaine lumière qui appartient déjà au Midi.

La terre

Correspondant schématiquement au département de la Charente, moins quelques marges poitevines et limousines, l'Angoumois possède une réelle unité, mais il n'est en rien frappé d'uniformité.

Au nord-est, zone de contact entre le massif ancien et les terrains secondaires, le Confolentais (→ Confolens) est déjà nettement limousin par son paysage de bocage où règnent l'arbre et l'herbe, même s'il conserve sa propre identité que

L'Angoumois

traduisent de nombreux détails, dont un moindre encaissement des vallées. Entre le Confolentais et Angoulême, le karst de La Rochefoucauld (→), mélange de causse et de forêt du Périgord Noir, n'a certes pas le côté spectaculaire des grands causses quercynois ou rouergats, mais il présente toutes les formes de reliefs karstiques caractéristiques, comme les dolines ou avens que l'on nomme ici des « fosses ». Autour d'Angoulême, et au sud de la ville, s'étend un paysage de coteaux et de collines, dont les reliefs peuvent êtrre ordonnés (en cuestas) ou plus désordonnés (→ Côtes de l'Angoumois et collines de Montmoreau). A l'ouest, le Cognaçais est le domaine du vignoble, avec son paysage de champagne découverte (→ la Champagne charentaise). Ici la vigne est reine, abandonnant quelques fonds de vallées aux pâturages et de rares crêtes aux forêts. Ces dernières, en revanche, reprennent tous leurs droits dans le sud de l'Angoumois dont les bois annoncent déjà l'Aquitaine et le Périgord.

Tous ces paysages ont pour liaison les eaux calmes et les rives ombragées des rivières. En Angoumois, les cours d'eaux et les vallées possèdent tous une forte personnalité. A commencer par la Charente qui coule dans une vallée tantôt rétrécie, tantôt élargie qui porte alors le nom de prée. Le val de Charente (→ val d'Angoumois), à la fois préservé (routes, voies ferrées et constructions évitant ses berges à cause des inondations) et profondément humanisé, séduit par son paysage tout en douceur.

Les hommes

Terroir aux traditions solidement ancrées, l'Angoumois a su trouver un point d'équilibre entre l'habitat groupé et la dispersion des hameaux et fermes.

Comme en Saintonge (→), les « écarts », portant le nom du premier propriétaire, sont légions. Se donnant des airs méridionaux par ses toits de tuiles, la maison charentaise reflète, par sa diversité, celle des pays. Mais, avec ses murs de moellons calcaires, elle traduit partout un souci de solidité et, même dans les pays de vignobles, de sobriété. Là, si l'habitat révèle une certaine aisance par un bâti plus vaste et de beaux portails de pierre, il exprime, par sa disposition autour d'une cour fermée, un désir de discrétion et d'intimité. Contrairement à de nombreux autres grands terroirs viticoles, le Cognaçais ne s'est pas couvert de cette nuée de châteaux éclectiques propres au XIXe siècle, mais est resté fidèle aux constructions rurales traditionnelles.

Ce souci de réserve qui se lit dans l'habitat se retrouve également dans la mentalité angoumoisine. Ce pays au parler d'Oïl, n'a pas le caractère démonstratif et expressif de ses voisins du sud, les Gascons. Ce n'est pas seulement parce que son pays regorge d'escargots que le Charentais a fait de la « cagouille » le symbole de sa province ; il retrouve dans le tempérament du gastéropode un peu du sien. Les Cagouillards, comme s'appellent les Charentais eux-mêmes, sont des gens calmes et paisibles qui savent aller de l'avant sans se précipiter. Le succès mondial du cognac, comme ceux du salon de la bande dessinée d'Angoulême ou du festival de folklore de Confolens sont là pour prouver que, loin de se replier sur leur passé, les Angoumoisins savent vivre avec leur temps.

Le val d'Angoumois

44-AB1 / R 107 / V 40

ℹ à Mansle : hôtel de ville ☎ 45.22.20.43, maison de la presse ☎ 45.22.21.45, maison de la photo ☎ 45.22.22.08 ; à Montignac : mairie ☎ 45.39.70.09 à Rouillac ☎ 45.21.80.05

Au nord d'Angoulême, autour de Mansle, la Charente dessine d'amples et majestueux méandres au milieu de plateaux calcaires qui forment avec elle l'un des plus séduisants paysages de toute la Charente. A la douceur de la nature s'est ajoutée la marque de l'homme qui a planté au bord de la rivière de beaux villages autour d'un château ou d'une église de pèlerinage.

Le fleuve

Selon le poète latin Ausone qui vécut au IVe siècle ap. J.-C., la Charente tirerait son nom de « Carentonus », ce qui signifierait en langue gauloise : « le fleuve aux eaux tranquilles ». Quelle qu'en soit l'étymologie, cette rivière, au débit modeste et lent, donne l'impression de paresser au fond d'une large vallée aux vastes horizons. Ses nombreux méandres, entre Ruffec et Angoulême, découpent d'innombrables îles et, dans les zones inondables, irriguent les prairies pour les pâturages. Nonchalance ou souci de liberté ? Jamais la Charente n'a été canalisée ou endiguée, du moins dans sa partie en amont d'Angoulême.

Venue des granites du Limousin, et après avoir semblé se diriger au nord vers le bassin de la Loire à l'instar de sa voisine la Vienne, à Civray, la Charente décide de poursuivre seule son chemin vers l'océan Atlantique. Elle oblique au sud puis à l'ouest, à partir d'Angoulême, en prenant bien son temps, comme en se prélassant, sur un lit de roches calcaires.

« J'havons l'temps ». Cette phrase en patois charentais, jointe au symbole de la « cagouille » (l'escargot, dans le parler local), caractériserait la population de l'Angoumois. Est-ce à dire qu'il y aurait corrélation entre le fleuve aux eaux calmes et le caractère paisible de ses riverains ?

En fait, la Charente est un fleuve de plaine, qui n'a qu'une faible déclivité à parcourir de sa source en Limousin à son embouchure sur les côtes saintongeaises.

Les hommes

Par son orientation nord-sud entre Ruffec et Angoulême, la vallée de la Charente a été de tout temps une voie de passage, de pénétration (voire d'invasion) et de communication entre le Poitou et l'Aquitaine et, plus largement, entre le Nord et le Sud de la France.

C'est ainsi que, de l'Antiquité au Moyen Age, Celtes, Romains, Vandales, Wisigoths, Francs et Sarrazins ont suivi dans un sens ou dans l'autre la vallée de la Charente dont le tracé devait leur servir de repère. Au IXe siècle, les Normands empruntèrent la rivière et ses affluents pour se livrer aux pillages : le château fort de Montignac fut édifié par les comtes Taillefer d'Angoulême, afin d'arrêter les incursions des redoutables Vikings dans la contrée.

Plus paisiblement, pèlerins et moines, cheminant vers Saint-Jacques de Compostelle et venant de la grande abbaye de Charroux, ont eux aussi suivi la vallée de la Charente. Dans leur sillage s'édifient de belles églises romanes, des monastères, des maladreries et diverses institutions telles les commanderies des Hospitaliers et des Templiers dont on retrouve encore aujourd'hui diverses constructions plus ou moins bien conservées.

Au XVIIIe siècle, Turgot, alors intendant de la généralité de Limoges (dont dépendait l'Angoumois), avait projeté de réunir par des canaux la Charente au Clain, et ensuite la Vienne à la Loire. S'il ne fut pas réalisé, ce projet ambitieux montre cependant à quel point on attachait de l'importance, jusqu'au XIXe siècle, aux rivières et aux fleuves, « ces chemins qui marchent ». L'arrivée du chemin de fer, vers 1850, confirma les intuitions de Turgot. Ainsi, la voie ferrée Paris-Bordeaux doublait la N 10 de part et d'autre de la Charente, et de façon très rectiligne par rapport au tracé du fleuve entre Ruffec et Angoulême.

Pourtant, le développement des communications ne semble pas avoir profondément modifié l'économie locale. Seules des localités comme Mansle et Ruffec ont vu s'installer quelques petites industries.

Autrefois plus étendu, le vignoble s'est replié et, après la crise du phylloxéra en 1875, s'est reconstitué à l'ouest de la vallé de la Charente, à partir des cantons d'Aigre et de Rouillac, en liaison avec le Cognaçais. En conséquence, la Charente délimite deux secteurs d'activité importants pour la contrée : à l'ouest, le vignoble et les eaux-de-vie ; à l'est, la polyculture et surtout l'élevage et la production laitière.

Vestiges des vastes et anciennes étendues boisées qui séparaient l'Angoumois et la Saintonge du Poitou, dans une direction sud-est/nord-ouest, les forêts de la Boixe et de Tusson, de part et d'autre de la Charente, prolongent dans un alignement impeccable la forêt de la Braconne. Depuis le haut Moyen Age, des défrichages ont fait reculer considérablement bois et taillis au profit des cultures. Et c'est bien souvent dans ces forêts, vestiges de l'ancien manteau forestier jadis plus étendu, que l'on retrouve tumuli et dolmens, chapelles et prieurés en ruine, recouverts et en quelque sorte protégés par la végétation, nous livrant ainsi les précieux témoignages de la présence des hommes à diverses époques.

A l'image du fleuve, cette contrée du val d'Angoumois est faite de discrétion et de tranquillité. On n'y rencontre ni sites spectaculaires, ni monuments importants, ni agglomérations très peuplées : c'est un monde rural préservé et un peu intemporel et c'est ce qui en fait tout son charme.

La Charente au nord d'Angoulême

150 km / 1j

Il faut savoir s'écarter des grandes routes nationales pour rencontrer, dans le murmure des eaux claires et le bruissement des feuillages des peupliers, d'aimables villages aux toits de tuiles, à l'allure déjà méridionale, blottis à l'ombre d'un vieux château féodal ou d'une église romane au clocher trapu, étape des pèlerins d'autrefois.

Le circuit se fait au départ de Mansle, situé à environ 40 km au nord d'Angoulême.

▷ Mansle

L'origine de cette localité remonte fort loin dans le passé ; malheureusement il ne reste que bien peu de vestiges. Mansle tirerait son nom des mots latins *Mansio* ou *Mansile*, ou bien encore de *Mantula* puisqu'on a la mention *Mantulæ curtis* au XIe s., ce qui voudrait dire : péage. Au-delà de l'origine étymologique de toute évidence gallo-romaine, cette petite ville est construite à l'endroit où la voie romaine d'Angoulême à Poitiers, appelée au Moyen Age *la Chaussade*, ou grand chemin de la Chaussée, traversait la Charente, et au point de croisement de cette voie avec une autre route qui, de La Terne, se dirigeait vers Chassenon et, plus loin, vers Limoges. Le pont primitif de Mansle, qui disparut vers le XVIe s., était vraisemblablement de fondation romaine. Il est donc probable que, dès les premiers siècles de l'ère chrétienne, une agglomération se fixa près de ce pont et de ce carrefour de routes importantes. Au Moyen Age, la terre de Mansle

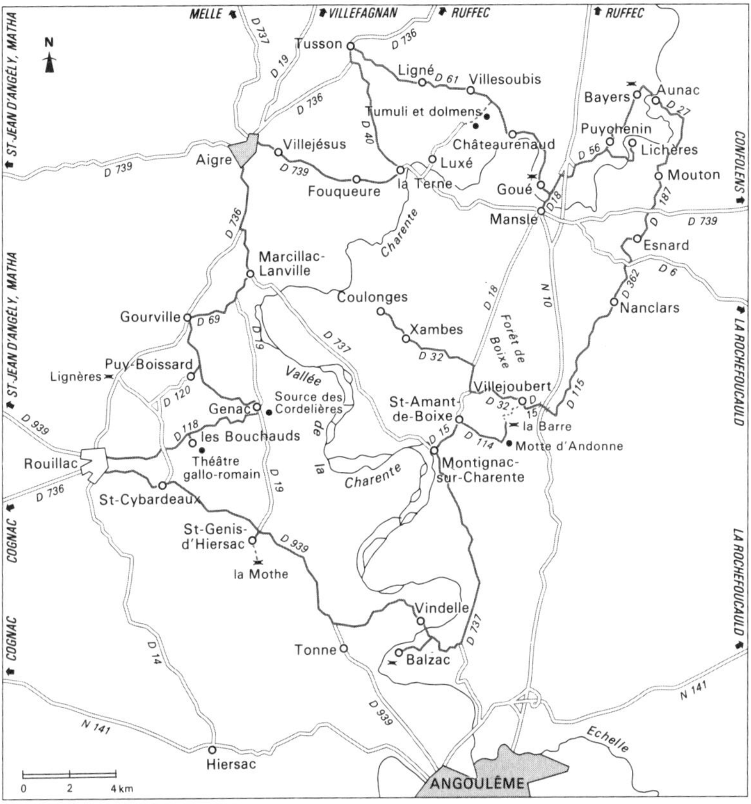

Le val d'Angoumois

fut revendiquée à la fois par les comtes d'Angoulême et le chapitre des chanoines de la cathédrale d'Angoulême. Plus tard, se trouvant dans la dépendance de Montignac, Mansle se trouva rattaché aux domaines des ducs de *La Rochefoucauld*. Au XVIIe s. ceux-ci y suscitèrent la fondation d'une communauté protestante. Là, comme ailleurs, les guerres de Religion furent dévastatrices et bien peu de chose subsiste aujourd'hui de ces temps anciens. Cependant, autour de la localité, on a retrouvé des vestiges gallo-romains qui auraient appartenu à des ***villae***, à des domaines situés près de la voie romaine.

En traversant la Charente sur le pont actuel, en direction de Ruffec, on peut mesurer l'importance du site de Mansle au bord du fleuve.

▶ La route longe la Charente. Après avoir traversé le village de ***Goué*** *(D61)*, on aperçoit, à gauche, des bâtiments datant des XVIIe et XVIIIe s., surmontés de deux ***tours*** du XVe s. quelque peu remaniées et dont l'une se termine par une galerie sur mâchicoulis. Sur la façade, un perron à double rampe conduit à la porte du logis. Les armes qui ornent le fronton indiquent que ce logis a appartenu jadis aux *Saint-Gelais*.

▶ Toujours au bord de la Charente, la route traverse le modeste village de ***Châteaurenaud***, au nom très féodal. En effet, dans le village se dresse encore une importante ***motte*** féodale qui portait autrefois un château fort dont il ne reste rien. Au début du XVIIe s., ce fief féodal appartint aux *ducs de La Rochefoucauld* puis au *marquis de Sillery*. C'est à ce moment-là que s'implanta avec l'appui des La Rochefoucauld, une communauté protestante qui disparut avec la révocation de l'édit de Nantes, en 1685.

▷ Les sites mégalithiques*

La contrée est riche en sites préhistoriques (tumuli, dolmens) remontant à l'époque néolithique (IVe millénaire av. J.-C.). Pour les amateurs, plusieurs arrêts s'imposent.

A l'entrée de Châteaurenaud, tourner à droite, au transformateur, parcouvir 900 m et prendre le premier chemin blanc à droite : on découvre le ***tumulus*** préhistorique ***de la motte de la Jaquille***, sur le haut de la colline. Au bout du chemin, contourner les cultures pour aboutir au tumulus : deux chambres funéraires sont effondrées au centre d'un amoncellement de pierrailles. De là, on a aussi un splendide *point de vue* sur la région.

Reprendre la D 61 et traverser Châteaurenaud en direction de Villesoubis et de Ligné. Laisser la voiture au lieu-dit *La Croix de la Dame*, qui est un carrefour, et partir à pied par le chemin en direction du sud, à l'opposé du bois *(B 1730 Ouest et Est)*. En chemin, on pourra rencontrer trois sites avec des dolmens : la *Grande* et la *Petite Perrotte*, la *Maison de la Vieille*, ainsi que la *Motte de la Garde* qui comporte un tumulus. Les dolmens sont très visibles du chemin. Le *dolmen de la Grande Perrotte* (la « pierre », dans le parler local), et intéressant à étudier. Le sommet de l'un de ses orthostates était entaillé d'une ouverture carrée, sorte de « fenêtre », sans doute destinée à permettre la migration des âmes des défunts. Ce monument comporte aussi deux éléments décoratifs sculptés dont la signification symbolique échappe : une hache sans manche en bas-relief, et une paire de crochets en haut-relief.

Les dolmens comme ceux des Perrottes ne sont pas les seuls mégalithes de la contrée, qui en compte bien d'autres (forêt de la Boixe, Chenon, etc.). Le relevé des noms de lieux-dits ou des parcelles cadastrales montre qu'il y avait autrefois d'autres dolmens, d'autres menhirs, qui ont été détruits sous l'action conjuguée du temps et de l'ignorance des hommes *(→ encadré)*.

▸ En traversant *Villesoubis*, à gauche après les premières maisons, admirer une ancienne *grange à dîme* du XVe s. dont le haut de la façade est orné de trous de pigeons. Elle appartenait aux religieuses « Dames de Tusson » qui étaient propriétaires du fief de Villesoubis. Jusqu'en 1789, les paysans y entreposaient le blé, le seigle et le vin, ce qui était ainsi une façon de payer leurs redevances (dîmes) aux religieuses.

▷ Ligné* *D 61*

Ce village est remarquable par son *cimetière* et ses 70 pierres tombales de chevaliers, classé monument historique, et sa grande croix hosannière. Un tel décor au milieu du village, c'est presque le Moyen Age retrouvé. A cause des croix gravées, on a longtemps attribué ces sépultures aux Templiers, les moines-soldats de l'ordre du Temple, à proximité d'un itinéraire vers Saint-Jacques de Compostelle. On penche aujourd'hui plutôt pour des sépultures de chevaliers morts chrétiennement (à la suite de quels combats ?) et ensevelis à cet endroit à la manière de nos carrés militaires, dans nos cimetières, à la suite des guerres.

Des pierres mystérieuses

Dans la région, les noms des lieux-dits sont souvent révélateurs de l'ancienne présence de mégalithes de l'époque néolithique : la Grosse Pierre, la Pierre Levée ; et le nom du dolmen de La Folatière (la « pierre folle »), près de Châteaurenaud, indique qu'au Moyen Age des croyances, des superstitions étaient venues se greffer sur ces étranges pierres. On racontait, par exemple, que ces pierres, curieusement placées dans le paysage, n'avaient pu être apportées, du fait de leurs dimensions, que par des génies infernaux, et aussi, qu'à certains moments de l'année, elles pouvaient bouger au cours de la nuit sous l'action de quelque maléfice... En dépit de ces légendes, ces mégalithes, quand ils subsistent, continuent à poser bien des questions aux préhistoriens, quant à leur orientation, leur symbolisme, etc.

La *croix hosannière* est une construction du XVIIe s., sur la base peut-être d'une ancienne lanterne des morts du XIIe s. Elle est précédée d'une pierre d'autel où la messe pouvait être dite en certaines occasions.

▷ Tusson

Ancienne enclave du Poitou, entre Saintonge et Angoumois, le bourg de Tusson, situé à l'entrée de la forêt du même nom, doit son existence à l'importante *abbaye* qu'y fonda *Robert d'Arbrissel*, au début du XIIe s., et qui fut la plus ancienne et l'une des plus importantes filiales de l'abbaye de Fontevraud. Quelques bâtiments du XVIIIe s. subsistent seuls de l'ancienne abbaye, et encore ont-ils grandement changé de physionomie en changeant de destination. Quant à l'*église abbatiale*, il n'en reste que le pilier de la grande église avec départ de quatre coupoles sur pendentifs, ainsi qu'un pan de mur de l'église Saint-Jean avec les vestiges de deux coupoles. Au chevet de l'église abbatiale Notre-Dame, s'élève une *tour* carrée du XVe s., percée de meurtrières. Cet ouvrage, de caractère militaire, aujourd'hui mutilé, fut vraisemblablement construit après les saccages de l'abbaye pendant la guerre de Cent Ans. Ces ruines, que l'on peut voir au milieu d'une prairie, sont entourées par un mur d'enceinte où l'on distingue les restes d'une tour et du chemin de ronde.

A l'est du bourg, de part et d'autre d'une petite route joignant la D 61 à la D 736 en direction de Charmé, on peut voir, au sommet d'un plateau et séparés les uns des autres par un espace d'environ 200 m, quatre énormes tertres de forme ovale : ce sont de gros amas de pierres

La reine Margot à Tusson

Le souvenir de Marguerite de Valois, sœur du roi François Ier, se rattache au monastère de Tusson. Après la mort de son frère, la reine de Navarre se retira quelque temps à Tusson où, tout en se consacrant à la prière, elle continua à se livrer à ses études littéraires. En effet, deux volumes manuscrits de ses compositions inédites, découverts en 1895 à la Bibliothèque Nationale, où ils étaient oubliés depuis des siècles, renferment deux grands poèmes : « le Navire » et « les Prisons », ainsi que diverses pièces de poésie, qui ont été composées au cours de son séjour à Tusson.

recouverts de terre et sur chacun desquels a poussé un bosquet de chênes, ce qui permet de les distinguer d'assez loin. Le *Gros Dognon* est le plus important (150 m de longueur, 45 m de largeur, 10 m de hauteur) ; son voisin, le *Petit Dognon* (85 m de longueur, 30 m de largeur) a été coupé en son milieu par la route ; le *Vieux Breuil* n'a que 50 m de longueur sur 22 m de largeur ; enfin, le quatrième de ces tertres dont le nom, *La Justice*, semble indiquer qu'il fut un lieu d'exécution au Moyen Age, est complètement déformé et n'a plus que 25 m de diamètre. Ces quatre tertres sont des tumuli qui recouvraient des sépultures néolithiques, comme le tumulus du Gros Dognon, *(2 km plus au sud de ceux de Tusson et sur la commune de Ligné).*

Le bourg de Tusson mérite une promenade à pied. C'est en effet une localité qui a été retenue par la région Poitou-Charentes comme village réhabilité par son architecture. Ainsi rencontre-t-on plusieurs *maisons* du XVe s. La plus intéressante se trouve près de l'église : sur le corps de bâtiment, bien conservé, apparaissent des fenêtres moulurées et en accolade, de même qu'une tourelle en encorbellement, tronquée à un angle.

Dans la mairie, un *musée des Arts et Traditions populaires (t. l. j. 10 h-12 h/14 h-19 h, entrée gratuite, renseignements Club Marpen ☎ 45.31.71.55)* regroupe divers objets témoins de la mémoire de cette contrée, classée comme site protégé du Nord-Charente. Il présente par ailleurs une exposition sur la vie agricole et l'artisanat de la région.

▷ Les ruines de La Terne *par la D 40, commune de Luxé*

Pour ceux qui sont attirés par les sites gallo-romains, les ruines de La Terne sont d'un grand intérêt quoiqu'elles n'aient pas l'aspect spectaculaire de celles de Chassenon ou des Bouchauds (à Saint-Cybardeaux) : elles sont encore visibles par endroits sur un plateau boisé qui domine la rive droite de la Charente, à l'est de la D 40 de Tusson à La Terne. Au siècle dernier, parmi ces ruines, avaient été retrouvés les restes d'un *temple* de forme octogonale. Au-delà de la Charente, après avoir emprunté le pont, la route traverse le site d'un *théâtre* gallo-romain dont les restes furent détruits en 1840 pour l'aménagement de cette route. Plus loin encore, à l'emplacement de la gare de Luxé, des vestiges d'une *nécropole* ont été exhumés.

Sommes-nous en présence d'une agglomération de l'époque gallo-romaine ? Était-ce un point de passage en un lieu où la Charente cesse d'être navigable, sur la grande voie de Limoges à Saintes par Aulnay ? Ou bien encore n'était-ce qu'un sanctuaire rural bornant au nord le « pagus » d'Angoulême ? Autant de questions sur lesquelles des archéologues n'ont pas réussi à se mettre d'accord, mais qui prouvent à l'évidence l'importance du site !
▶ 2 km après *Luxé*, en direction de Fouqueure, apparaît l'élégante façade du *château de La Terne*, édifice du XVIIe s. à deux étages, agrémenté d'une belle terrasse dominant la vallée de la Charente. Il a appartenu à la famille des *La Rochefoucauld*. ▶ *Fouqueure*. Des restes de constructions romaines ont été également exhumés, notamment deux belles *mosaïques* qui devaient orner des bassins et qui se trouvent au *musée de la Société archéologique et historique de la Charente (44, rue de Montmoreau, Angoulême, t.l.j. sf mar. 10 h-12 h / 14 h-17 h, entrée gratuite).* Ces mosaïques peuvent laisser supposer l'existence, à Fouqueure, d'une villa gallo-romaine. Au Moyen Age, existait ici une commanderie de Templiers. ▶ *Villejésus (par la D 739)* avait une commanderie des Hospitaliers de Saint-Jean, à proximité d'un itinéraire de pèlerinage vers Saint-Jacques de Compostelle. Ce fut sans doute, à peu de choses près, le même itinéraire qu'empruntèrent plus tard les postes royales venant de Ruffec et passant par Aigre, itinéraire qu'il était convenu d'appeler, aux XVIIe-XVIIIe s., la *route d'Espagne*. ▶ A *Aigre*, gros bourg rural aux diverses activités agricoles (élevage, cultures maraîchères, foie gras, etc.), nous retrouvons « le pays des vignes » et par conséquent la fabrication des eaux-de-vie avec une importante distillerie de cognac.

▷ Marcillac-Lanville *par la D 736*

Au Moyen Age, le fief de Marcillac formait une enclave du Poitou en Angoumois et comprenait les paroisses de Marcillac, de Lanville, de Mons et de Barbezières. Du point de vue religieux, cette terre dépendait du diocèse d'Angoulême et, pour partie, de l'abbaye Saint-Cybard d'Angoulême. Aussi la possession de cette enclave fut longtemps l'objet d'âpres combats, et le château fort de Marcillac fut de ce fait plusieurs fois assiégé, détruit et reconstruit. A la fin du XIVe s. (1389), cette châtellenie entra par mariage dans les domaines des *La Rochefoucauld* qui la gardèrent jusqu'en 1792. A partir de 1517, l'aîné de la famille des La Rochefoucauld fut autorisé par le roi *François Ier* à porter le titre de prince de Marcillac. Aujourd'hui, le château fort de Marcillac a complètement disparu. Il n'en subsiste qu'une énorme *motte* féodale que l'on pourrait prendre pour une colline naturelle, près du bourg. C'est encore à cause de Marcillac que les fiers barons de *La Rochefoucauld* devaient l'hommage à l'évêque d'Angoulême, ce qui n'alla pas sans difficulté car les La Rochefoucauld préféraient porter au roi plutôt qu'à l'évêque l'hommage dû pour cette terre. Il s'ensuivit nombre brouilles et procès interminables.

La commune actuelle de Marcillac formait autrefois deux paroisses distinctes, celle de Marcillac et celle de Lanville. L'église paroissiale Saint-Michel de Marcillac, ruinée pendant la guerre de Cent Ans, reconstruite et à nouveau détruite pendant les guerres de Religion, fut définitivement abandonnée au profit de celle de Lanville.

▷ Lanville

L'*église Notre-Dame* que l'on voit bien de la route en venant d'Aigre, aux belles proportions d'édifice roman, était celle d'un prieuré conventuel d'Augustins. C'est un monument remarquable de l'art roman angoumoisin du XIIe s. Menacée d'effondrement par les eaux d'infiltration, l'église est actuellement remise en valeur.

Le plan de l'église est en croix latine avec une nef unique qui avait jadis trois travées dont les coupoles ont été remplacées au XVIe s. par des voûtes à nervures. La nef et la façade, minées par les eaux d'infiltration, se sont effondrées en 1903. Aussi l'actuelle façade n'a-t-elle aucun caractère. En revanche sur les trois travées anciennes deux ont pu être réhabilitées récemment et les fenêtres ont reçu des verrières modernes mais discrètes. A la faveur des travaux de réhabilitation et de l'enlèvement des enduits à la chaux sur les murs, des peintures datant des XIVe-XVe s. sont apparues et devraient bientôt être mises en valeur, notamment dans la travée précédent le transept. La grande et magnifique *coupole* sur pendentifs à la croisée du transept, sous le clocher, a été remise en état et consolidée. L'abside en hémicycle est voûtée en cul-de-four avec cinq fenêtres et, sur chacun des bras du transept, voûtés en berceau, s'ouvre une petite absidiole. La sculpture des chapiteaux est très sobre et devient très soignée à la croisée du transept et dans l'abside. A l'extérieur, le lourd *clocher* carré, au-dessus de la coupole, est nu à l'ouest. Il présente, sur les autres faces, trois baies à colonnes dont les tailloirs se prolongent en bandeau, le tout surmonté d'un toit bas à quatre pans. Les murs de l'abside et du transept ont été surélevés à la fin du Moyen Age dans un but probable de défense. Au sud, subsistent les restes intéressants, mais complètement ruinés, d'un *cloître* et d'une *salle capitulaire*.

Le prieuré de Lanville ayant appartenu depuis 1120 à l'ordre des chanoines réguliers de Saint-Augustin, fut rattaché en 1652 à l'abbaye Sainte-Geneviève-du-Mont à Paris. Quoique mutilé et en partie ruiné, cet édifice n'en demeure pas moins intéressant.

▷ Gourville *par la D69*

Dans le bourg, l'*église de l'Assomption* est un édifice roman en majeure partie du XIIe s. mais remanié souvent maladroitement tant après les guerres de Religion qu'au XIXe s. Derrière le chevet de l'église, ont voit une *tour* ronde du XVIe s., sans étage, voûtée en coupole, avec des ouvertures rondes en couleuvrines : c'est tout ce qui reste de l'ancien prieuré.

Du *château* des seigneurs de Gourville (XIIe s.), qui subit plusieurs assauts pendant la guerre de Cent Ans, il ne reste que peu de vestiges. Une *tour* carrée du XVe s. couverte en pyramide en est la partie la plus remarquable : elle se terminait par des mâchicoulis surmontés d'une galerie défensive dont les ouvertures ne sont plus apparentes. On retrouve, dans la maçonnerie, les rainures de l'ancien pont-levis défendant la porte aujourd'hui murée. Cette tour s'appuie à un édifice ayant conservé quelques consoles de mâchicoulis et faisant corps avec l'habitation du XVIIe s. La tour d'escalier possède un toit pyramidal. A l'autre extrémité du château, un bâtiment englobe la plus grande partie d'une tour, vraisemblablement du XVIe s.

Vers le milieu du XVIe s., après avoir déjà changé plusieurs fois de propriétaires, la terre et le château de Gourville passèrent entre les mains de la puissante famille des *Montmorency*. Au début du XVIIe s., par alliance avec les Montmorency, la seigneurie de Gourville fut attribuée à la maison de *Lévis*. C'est à la faveur d'*Anne de Lévis*, duc de Ventadour, pair de France, que *Henry IV* érigea la châtellenie de Gourville en baronnie par lettres patentes du mois d'août 1609. Tout en restant dans la descendance du connétable de Montmorency, la baronnie de Gourville passa aux mains du *duc* et de la *duchesse de Longueville* qui, par contrat passé le 25 octobre 1660, la

Le seigneur de Gourville

Né à La Rochefoucauld, le 11 juillet 1625, Jean Hérault passa du service du duc de La Rochefoucauld à celui de son fils, le prince de Marcillac, le futur auteur des « Maximes ». Le prince de Condé se l'attacha ensuite et, à son tour, Mazarin le chargea de plusieurs missions et le nomma intendant des vivres à l'armée de Catalogne. Son administration peu scrupuleuse lui valut à son retour, en 1655, un séjour de six mois à la Bastille ! Lorsqu'il en sortit, la protection de Fouquet lui fit obtenir la recette générale des tailles de Guyenne, où il fit une fortune énorme. C'est à ce moment-là qu'il acquit la seigneurie de Gourville dont il prit le nom, grâce à l'aide du duc de La Rochefoucauld, adorateur fidèle de la duchesse de Longueville de qui dépendait cette terre.

Après la chute et l'incarcération en 1661 de Fouquet, qu'il défendit avec courage, il fut au nombre des traitants dont Colbert poursuivit le procès et, en 1662, il fut condamné à la potence et à rendre ses biens. Mais Gourville avait déjà fui et mis sa fortune en sûreté !

Il se réfugia en Hollande, puis en Angleterre, et partout sa maison fut un centre d'affaires et d'intrigues. Puis, désireux de rentrer en grâce, il sut rendre à la France de tels services, notamment en 1667 au congrès de Bréda que, bien que son procès n'eût pas été révisé, Louis XIV le nomma ministre (on dirait aujourd'hui ambassadeur) auprès de la cour de Brunswick. C'est alors qu'il obtint, comme premier résultat de ses démarches, des lettres d'abolition qui lui permirent de rentrer en France. Mais il dut verser au Trésor royal 600 000 livres, et ce n'est qu'en 1681, après avoir rempli une dernière mission en Allemagne, qu'il reçut les lettres de grâce définitives qui lui permirent de finir ses jours dans la société des beaux esprits et des gens de la Cour.

Après une vie aventureuse, Jean Hérault de Gourville mourut à Paris le 14 juin 1703. Inhumé en l'église Saint-Sulpice de Paris, son cœur a été déposé dans une boîte d'argent en la chapelle de l'hôtel-Dieu (l'actuel hôpital) de La Rochefoucauld dont il avait été le fondateur. Ses « Mémoires » ont été publiés pour la première fois en 1724.

transmirent à *Jean Hérault*, secrétaire d'État, contre une rente annuelle de 5 000 livres : c'est le célèbre *Gourville* (1625-1703), l'auteur des « Mémoires » qui, de valet de chambre du premier duc de La Rochefoucauld, devint agent politique, financier, fut condamné à la potence, pour mourir tranquillement dans son lit, à la fin d'une vie comblée d'honneurs ! *(→ encadré)*.

▶ Prendre la direction de Genac, vers le sud, en direction du ***hameau de Puy-Boissard***, mais sans s'y rendre. Longeant la partie la plus élevée de la vallée de la Charente, l'on bénéficie de larges *panoramas* sur la campagne charentaise. ▶ *Genac*. La curiosité de ce bourg n'est pas son église romane (XIIe-XIIIe s.), semblable à bien des églises charentaises, mais la *source des Gordelières* *(en sortant de Genac, en direction de Bignac)* qui jaillit en bouillonnant, d'un trou profond, au pied du village d'*Ecquechave*. Vers 1900, lors de l'établissement d'un bassin pour recevoir les eaux de cette source, on a découvert des canaux cimentés, très bien conservés, paraissant se diriger vers le site archéologique des Bouchauds.

▷ Le théâtre gallo-romain des Bouchauds**

Les premières fouilles des ruines que l'imagination populaire avait baptisées « château des Fades » (des Fées) furent entreprises entre 1865 et 1882, puis continuées par le *Père de la Croix* de 1901 à 1906. Enchâssé sur le versant d'une colline plantée de hêtres et de chênes, le théâtre, orienté au nord-est, offre un beau point de vue sur la campagne environnante.

Construit au Ier s., remanié à la fin du IIe s., et probablement détruit au IIIe s., par les invasions barbares, ce théâtre est l'un des plus vastes de la Gaule romaine. Il pouvait contenir plus de 5 000 spectateurs. Son plan se présente comme un demi-cercle régulier de 105 m de diamètre (théâtre d'Orange, 103 m ; théâtre d'Arles, 102,50 m). On distingue encore les fondations de la scène, dans l'orchestre trois gradins d'honneur réservés aux notables locaux et, aux extrémités de l'hémicycle, deux longs passages (vomitorium). Les fouilles étendues au plateau dominant le théâtre ont révélé la présence d'un sanctuaire (fondations de bâtiments, d'un temple, d'un monument octogonal). Ce sanctuaire et un vaste théâtre permettent de supposer que ce site correspond à l'antique *Germanicomagus*, importante station routière proche de la voie Agrippa qui reliait Saintes à Limoges et Lyon.

▶ *Saint-Cybardeaux*. Cette petite commune, construite sur les bords de la Nouère, possède une *église* romane d'une grande simplicité.

▷ Rouillac *par la D 939 à l'ouest*

Chef-lieu de canton cossu qui tire sa réputation de sa foire, la plus importante de la Charente. Elle rassemble, le 27 de chaque mois, une foule de marchands de bestiaux, forains, visiteurs et acheteurs.

Une tradition fait remonter l'origine de Rouillac à l'implantation de la villa d'un certain *Rullus*. La ***statuette*** de la déesse Épona, retrouvée à côté de l'église, semble bien attester une occupation du site à l'époque gallo-romaine.

Église Saint-Pierre (XIIe s.) : clocher octogonal à deux étages sur le carré du transept, nef à trois travées en berceau brisé, coupole sur pendentifs à la croisée du transept, abside et absidioles voûtées en cul-de-four. ***Logis de Boisbreteau*** (XVe-XVIe s.) à la sortie du bourg.

▶ ***Le domaine de Lignières*** *(3 km N. de Rouillac)*. Un château néo-Renaissance, construit de 1892 à 1898, se dresse au centre du « Domaine Bisquit », le plus grand vignoble d'un seul tenant de la région de Cognac (200 ha). Cette maison de cognac tire son origine de son fondateur, *Alexandre Bisquit*, né à Saint-Jean-d'Angély en 1799, maire de Jarnac de 1848 à 1851. Depuis 1965 Bisquit a associé son nom à celui de *Paul Ricard*. A côté du château sont regroupés le ***chai de vinification***, les ***distilleries*** (64 alambics en cuivre rouge), les ***chais de vieillissement***, la ***tonnellerie***, la ***salle d'embouteillage*** *(visites mi-juin-mi-sept., à 10 h, 15 h et 16 h 30 ; le reste de l'année sur rendez-vous ☎ 45.21.88.88)*.▶ ***Montigné*** *(5 km N. de Rouillac)*. ***Église Saint-Pierre*** (XIIe s.) : façade avec porte en plein cintre, à trois voussures sur colonnes, clocher-arcade. ▶ Revenir sur la D 939, vers l'est, pour se rendre à ***Saint-Genis-d'Hiersac***. L'***église*** est en forme de croix latine avec une coupole octogone à pendentifs évidés (XIe s.) ; la nef est plus récente. On peut y admirer un beau ***retable*** du XVIIe s. ▶ Plus loin *(2 km S.)*, le ***logis de La Mothe*** (XVIIIe s.) domine la vallée de la Nouère. A l'entrée, l'ancien portail en anse de panier, aujourd'hui muré, a été remplacé par un autre plus récent. Deux pavillons latéraux, construits par *Horric de La Mothe-Saint-Genis* en 1788 (date inscrite sur une cheminée à l'extérieur) s'ajoute à ce logis. Un charmant ***puits*** l'avoisine : quatre colonnettes ayant de beaux chapiteaux soutiennent un entablement arrondi ouvragé, sur lequel repose une petite coupole. Ce puits est daté de 1763. ▶ A proximité *(envrion 200 m N. du logis de La Mothe)*, des fouilles archéologiques ont livré les soubassements d'un ancien ***château fort*** (souterrains, douves, etc.) et expliquent l'origine du nom du lieu-dit : une motte féodale aurait donc précédé la construction plus élaborée et plus tardive d'un château fort, vraisemblablement ruiné au cours de la guerre de Cent Ans. ▶ Du logis de La Mothe, rejoindre la D 939 direction Angoulême et, après avoir roulé sur environ 5 km, prendre sur la gauche 1 km avant le village de ***Tonne*** en longeant la route qui conduit à Vindelle. Chemin faisant, on peut admirer de splendides ***panoramas***★ sur la vallée de la Charente où Angoulême, au loin, paraît placée dans un écrin de verdure. ▶ A ***Vindelle***, on traverse la Charente pour se rendre au ***château de Balzac*** *(ne se visite pas)*, situé dans un méandre de la Charente *(traverser les hameaux de La Chapelle et des Régniers)*. C'est dans cette demeure austère que résida *Jean-Louis Guez de Balzac* (1594-1653), surnommé « le restaurateur de la langue française », un des tout premiers membres de l'Académie Française à ses débuts, ami du cardinal de Richelieu *(→ encadré à Angoulême)*. Ce château et le parc environnant ont été récemment remis en état par les propriétaires, ce qui a permis de mettre en valeur les bâtiments : au corps de logis accompagné d'ailes peu développées en retour, s'adosse un haut pavillon pareillement couvert en ardoises ; les bâtiments dans la cour ont été remaniés au XVIIIe s. Plus que par son caractère architectural, sans grand intérêt, le château se recommande par le souvenir du grand écrivain auquel il a appartenu.

▷ Montignac-sur-Charente★ *D 406 et D 737*

Venant d'Angoulême et abordant Montignac, le voyageur ne peut être indifférent à la beauté du paysage qui s'offre à sa vue et que forme la paisible cité dominée par son vieux donjon du XIIe s., ses tours vénérables et ses imposants remparts.

Le bourg de Montignac se déploie en hémicycle au pied des ruines d'une ancienne forteresse, sur un fond de coteaux face à la vallée de la Charente qui se développe à cet endroit comme une coulée de lumière et de verdure. Pour mieux en apprécier toute la poésie et la beauté, le visiteur se doit de monter tout en haut de la localité, par les escaliers qui ont été aménagés pour se rendre sur la plate-forme qui supportait jadis le château. On est alors récompensé de ses efforts par la splendeur du ***panorama*** : au-delà de la Charente, la vue s'étend au loin sur une vaste plaine, parsemée de villages dont les maisons blanches se détachent sur le fond du paysage.

Le ***donjon*** *(visite t.l.j. ☎ 45.39.70.09 ; clés chez les plus proches voisins)* est un des derniers témoignages de l'histoire mouvementée de la citadelle fortifiée, du temps des Romains jusqu'aux guerres de Religion. Ses dimensions sont les suivantes : 13,40 m pour les grandes faces, 11,50 m pour les petites ; l'épaisseur des maçonneries est de 2,50 m, la hauteur est d'une douzaine de mètres. Le départ de l'escalier, à l'intérieur, a été conservé et prolongé pour accéder sur la terrasse. Les murs en gros appareil soutiennent la plate-forme sur laquelle avait été édifié le château. A l'entrée, son beau

Guez de Balzac

Jean-Louis Guez de Balzac est né à Angoulême en 1594. Sa maison était située à l'emplacement actuel de l'hôtel de France, près des halles et du rempart du Nord à Angoulême. Son père, Guillaume Guez, connut à Angoulême une promotion sociale assez rapide et fut maire de la ville en 1612. Il entra ainsi dans la noblesse, recevant le fief noble de Balzac, en bord de la Charente, à sept kilomètres au nord d'Angoulême où il fit bâtir le château actuel de Balzac.

Après des études chez les Jésuites, Jean-Louis Guez de Balzac fut le condisciple de Théophile de Viau à l'université de Leyde puis il devint le secrétaire du duc d'Epernon à Metz. Il suivit ensuite le cardinal de La Valette, fils du duc d'Épernon, à Rome en 1621-1622. Introduit à la Cour, il fut remarqué par le cardinal de Richelieu qui lui fit donner une pension, le brevet de conseiller d'État et la fonction d'historiographe du Roi. En 1624, ses premières «Lettres», vibrantes d'enthousiasme pour l'Antiquité, furent accueillies avec faveur par les milieux littéraires et notamment par l'hôtel de Rambouillet. En 1634, il entra à l'Académie Française, fondée par Richelieu, aux côtés de Conrart et de Chapelain dont il était le correspondant et l'ami. Mais lassé des critiques et des polémiques de la vie littéraire et mondaine à Paris, il se retira dans son château de Balzac tout en conservant des relations épistolaires avec ses amis restés à Paris.

Après «Le Prince» (publié en 1631), peinture du souverain idéal et panégyrique voilé de Louis XIII, il composa «Aristippe ou de la Cour» (publication posthume, 1658), réflexion sur le machiavélisme en politique, et «Le Socrate Chrétien» (publié en 1652), essai de doctrine et de morale religieuses.

Il donnait tous ses soins à ses «Lettres» (qui furent publiées de 1624 à 1654), attendues par les milieux littéraires et mondains de la capitale et qui manifestent un jugement littéraire très sûr, une grande piété et un vif sentiment de la nature. Après Malherbe et sa réforme de la langue française, Jean-Louis Guez de Balzac, par son souci de rigueur et d'harmonie de la phrase, a bien mérité du titre de «restaurateur de la langue française». A la fin de sa vie, il se retira au couvent des capucins d'Angoulême, distribuant tous ses biens aux œuvres de charité. Inhumé en 1653, selon ses dernières volontés, dans la chapelle Notre-Dame des Anges, parmi les pauvres de l'hôpital d'Angoulême, ses restes ont été retrouvés en 1851 et placés dans l'ancienne chapelle des Cordeliers, actuelle chapelle de l'hôtel-Dieu, rue de Beaulieu, à Angoulême.

portail en arc brisé, flanqué de tours rondes découronnées, paraît dater du XIIIe s. On y retrouve encore le passage de la herse.

La forteresse dans l'histoire

Situé à proximité de la grande voie romaine (Saintes - Lyon, par Limoges) au point de passage sur la Charente, le site, à l'extrémité du plateau compris entre la vallée du Javart et celle de la Charente, fut très tôt une position stratégique recherchée. Au Moyen Âge, les comtes d'Angoulême y construisirent une forteresse et, pour opposer une ligne de défense aux invasions normandes, ils commencèrent la construction d'un retranchement appelé encore de nos jours *le Fossé au Comte*, qui s'étendait de Montignac jusqu'à Vibrac. Au début du XIe s., *Guillaume II Taillefer*, comte d'Angoulême, fit construire le château de Montignac et employa à cette construction les matériaux qu'il retirait de la destruction du château d'Andonne (situé dans l'actuelle commune de Villejoubert). Pendant la guerre de Cent Ans, la forte position de Montignac fut l'objet de telles convoitises de la part des belligérants, que la forteresse fut plusieurs fois dévastée. A la fin du XVe s., le site fortifié de Montignac perdant de son importance, ses fortifications furent négligées et tombèrent peu à peu en ruine. Il n'en reste plus aujourd'hui que le donjon et une vieille porte fortifiée qui ont été récemment restaurés par la municipalité de Montignac. A la fin du XIVe s., les terres et le château de Montignac furent vendus à *Guy de La Rochefoucauld*. Désormais, et jusqu'à la Révolution, Montignac restera aux La Rochefoucauld.

L'*église* de Montignac est un monument modeste mais, près du bourg, se trouvent les restes d'une ancienne église qui devait être des plus remarquables : l'église Saint-Etienne, un ancien prieuré qui dépendait de l'abbaye de Saint-Amant-de-Boixe.

Sur la D 15 conduisant à Saint-Amant-de-Boixe, à la sortie de Montignac, on rencontre un *temple* protestant à l'architecture très modeste et récente : cela témoigne en fait de l'ancienneté de l'Église réformée à cet endroit, où une communauté protestante avait été suscitée par les *La Rochefoucauld*, au XVIe s., possesseurs de cette baronnie et passés pendant quelques temps au protestantisme.

▷ Saint-Amant-de-Boixe*

Le bourg doit son origine à un solitaire, *Amantius*, qui, vers la fin du VIIe s., se retira dans un ermitage au milieu de la forêt de la Boixe. Ce premier ermitage aurait été fondé au lieu-dit *la Mascarine* où se trouve d'ailleurs une *chapelle* ruinée en pleine forêt *(près de la N 10, à 1 km O. d'Aussac)*. Plusieurs religieux rejoignirent Saint-Amant dans l'une des clairières de la forêt de Boixe. Tels furent les débuts de la communauté monastique.

Ce premier établissement ne connut guère d'extension. D'ailleurs, au lieu d'être favorisé par les comtes d'Angoulême, il fut d'abord opprimé et dépouillé par eux. Pourtant, en 988, *Arnaud le Bâtard*, comte d'Angoulême, donna un nouvel essor au monastère en le relevant de ses ruines. *Guillaume II Taillefer* favorisa à son tour l'établissement religieux en accordant aux moines divers droits et des terres. Un siècle plus tard, la petite communauté monastique se rapprocha de la vallée de la Charente en s'installant près du Javart, à l'emplacement actuel. Ne faut-il pas voir un parallèle entre la construction du château fort de Montignac (supplantant la motte d'Andonne), et le transfert des moines de la forêt de la Boixe dans un nouveau site, distant seulement d'une demi-lieue (2 km) de la nouvelle forteresse des comtes d'Angoulême? Aux XIe et XIIe s., l'abbaye de Saint-Amant, placée désormais sous la règle de Saint Benoît, connut alors une grande extension. Les dons affluèrent de toutes parts. Ce fut, pour le monastère, une ère de grande prospérité, et les moines purent alors envisager des constructions plus importantes; c'est ainsi que fut commencée l'église qui a subsisté jusqu'à nos jours. Ce magnifique édifice fut consacré en 1170 en présence de l'archevêque de Bordeaux et des évêques d'Angoulême, de Saintes et de Périgueux.

La prospérité de l'abbaye fut interrompue par les guerres avec l'Angleterre, qui ravagèrent l'abside et le cloître. Après s'être relevée vers la fin du XVe s., comme en témoigne le chœur de l'église abbatiale du XIVe s., l'abbaye de Saint-Amant-de-Boixe fut de nouveau très éprouvée par les guerres de Religion, notamment dans les années 1562-1569. Elle ne se releva pas de ces nouvelles épreuves. En 1774, l'évêque d'Angoulême obtint d'unir les propriétés et les bâtiments conventuels à son séminaire. L'église abbatiale fut attribuée à la paroisse de Saint-Amant. A la Révolution, les bâtiments conventuels, vendus et transformés en ferme, subirent, du fait de leur nouvelle destination, des destructions irrémédiables.

Sans son *église*★, vaste et beau monument dont les dimensions ne sont égalées par aucun des édifices religieux de la Charente, Saint-Amant-de-Boixe ne serait qu'un modeste bourg rural parmi d'autres.

L'*extérieur*. Sa façade occidentale, aux deux étages divisés verticalement en trois parties, est d'une ample et sobre majesté. A l'étage supérieur, deux grandes arcades encadrent la fenêtre axiale, elle-même flanquée de deux petites arcatures; au rez-de-chaussée, le portail, avec des vantaux en bois datant du XVIe s., dont les cinq voussures sont ornées de motifs géométriques différents, est encadré de deux arcs d'ouverture inégale dont l'un abrite un sarcophage - probablement celui de *saint Amant* - plus ancien. Assez curieusement, le mur occidental du croisillon nord a l'allure d'une façade avec ses archivoltes et ses linteaux ornés de rinceaux et d'animaux fantastiques, ses tympans où les Apôtres sont groupés par trois et ses arcatures abritant des statues de saints; on y sent une nette inspiration de la cathédrale d'Angoulême.

L'*intérieur*. Un escalier de treize marches descend à la nef voûtée en berceau à peine brisé, flanqué de deux collatéraux. Les *chapiteaux*, plus particulièrement ceux de la dernière travée et ceux du transept, sont richement sculptés. La croisée, sous le clocher, est couverte d'une coupole nervurée, refaite au XVe s., portée par un tambour décoré de douze arcatures. Le croisillon Nord a conservé ses deux absidioles, mais la plus grande a été tronquée par l'élargissement du chœur, reconstruit au XIVe s. Les absidioles du croisillon Sud ont été remplacées au XIVe s. par une grande sacristie sous laquelle s'ouvre une crypte. Les *peintures murales* du XIVe s. qui décoraient celle-ci ont été transférées par les Beaux-Arts dans le croisillon Sud. Elles illustrent l'Annonciation, la Nativité, la Présentation et la Cène.

A droite de l'église, les restes émouvants du *cloître* des XIIe et XIVe s. voisinent avec l'ancien logis abbatial des bénédictins, en belle pierre calcaire. Sous ce bâtiment, l'ancien *cellier* des moines a été remis en état. Des travaux de consolidation et de restauration sont en cours, à l'instigation de la municipalité de Saint-Amant-de-Boixe et avec l'aide du Conseil général de la Charente et de la Direction régionale des affaires culturelles. Du jardin du cloître, on ne manquera pas d'admirer la superbe *tour-clocher* fortifiée après la guerre de Cent Ans.

▶ Au nord de la localité, le long de la D 18 en direction de Mansle, la tradition orale situe au *lieu-dit Puissanganou* (« puy » hauteur; lieu élevé où le sang a coulé, selon une toponymie occitane), non loin de la *fontaine de La Brune*, le lieu d'une sanglante bataille que se seraient livrés Neustriens et Austrasiens en 575, et qui aurait coûté la vie à *Théodebert*, fils de *Chilpéric*.

▶ Quitter Saint-Amant-de-Boixe par la D 114, au carrefour, en face, en descendant le champ de foire qui longe l'église, comme pour aller à Nitrat. Après 2 km de route, soit environ 800 m après être passé sous la voie ferrée Paris-Bordeaux, prendre à gauche la route en direction de *Villejoubert*. On ne tarde pas à voir, sur la droite, un important monticule qui fait l'objet de fouilles archéologiques. Il s'agit de la *motte d'Andonne*. Sur cette motte considérable, entourée de fossés profonds, se dressait un château féodal. Il fut détruit vers 1025 par le comte d'Angoulême *Guillaume II Taillefer*, qui en utilisa les pierres pour construire le château de Montignac. Quelques soubassements de murailles, de 2,75 m d'épaisseur, sont encore reconnaissables, et l'on peut entrevoir quel était le plan de cette forteresse. ▶ Un peu plus loin, la route longe la propriété du *château de La Barre*. C'est un bel ensemble architectural des XVe-XVIe s. Son imposante tour du XVe s. est ceinturée d'un parapet crénelé, et flanquée d'une tourelle d'escalier rectangulaire s'adossant au corps de logis du XVIe s. Celui-ci est accosté d'un petit pavillon carré, couvert d'un toit à pans renfermant l'escalier; une tourelle en encorbellement, à l'est, l'accompagne. A l'extrémité du bâtiment, on retrouve un autre pavillon analogue. En avant du château, la *fuie* arasée a une forme octogonale peu courante. Sur le côté, des restes de tours laissent supposer l'existence d'une enceinte. ▶ La route contourne la grande *forêt de la Boixe*, jadis bien plus importante : elle rejoignait au sud la forêt de La Braconne et au nord les forêts de Tusson, d'Aulnay et de Chef-Boutonne. A cette forêt de la Boixe se rattache le souvenir du peintre *Eugène Delacroix* (1799-1863) dont la famille était propriétaire du domaine. C'est là qu'il passa une partie de son enfance.

▶ De Villejoubert, on peut s'écarter d'environ 6 km de l'itinéraire principal, pour aller voir à *Xambes (D 32)* une *église* avec nef et chœur du XIIe s. (remaniés).

▶ A *Coulonges*, église du XIIe s., ancienne chapelle templière.

▶ Reprendre l'itinéraire principal en revenant sur *Villejoubert*. Suivre la D 15 qui passe sous la N 10, puis prendre à gauche la D 115 pour aller à *Nanclars*. Son *église*, du XIIe s. est un édifice roman assez intéressant. Sa façade, bien que dépourvue d'ornementation, est imposante par son élévation et la sobriété élégante de ses lignes. Le plan de l'église était celui d'une croix latine dont seul subsiste le bras droit du transept. Le clocher carré au-dessus de la coupole, couvert d'un toit à quatre pans, est à deux égages ajourés de baies dont celles du bas ont été bouchées. ▶ A la sortie de Nanclars, prendre la D 362 à droite pour aller, par le *hameau d'Esnord*, vers Mouton. Les nombreux virages de la route s'expliquent par la traversée de la *vallée de la Bonnieure* qui reçoit un peu plus loin les eaux de la Tardoire. Sur 3 km, la route traverse un plateau pour rejoindre à nouveau une autre *vallée*, celle *du Son*, autre affluent de la Charente.

▷ Mouton

Le bourg possède une *église* intéressante, de style roman, de la première moitié du XIIe s. La façade est élégante avec ses quatre colonnes amorties en tronc de cône. La porte à deux voussures est accostée de deux arcs aveugles en plein cintre dont les tympans portent l'un, un lion ailé tenant une tête, l'autre un mouton. Le *clocher* carré, au-dessus de la coupole, est décoré de deux arcs aveugles au premier étage, d'une baie au second, et surmonté d'une flèche en charpente assez élevée. La nef, sous berceau, sensiblement en plein cintre, a deux travées. Le croisillon nord, sans absidiole, est voûté en berceau brisé; le croisillon sud n'existe plus (si jamais il a été construit). La coupole sur pendentifs est percée de deux oculi à l'est. L'église de Mouton dépendait, au Moyen Age, de l'abbaye de Saint-Sauveur de Limoges.

▶ Traverser la rivière du Son et prendre la D 187 qui longe la Charente. On traverse successivement les localités de *Vieil-Aunac* et *d'Aunac*, puis la Charente, pour revenir sur la rive opposée du fleuve en tournant à gauche vers Bayers.

▷ Le château de Bayers

C'est une belle construction féodale qui vient d'être restaurée avec goût. Le corps de logis est accosté d'une tour cylindrique à deux étages dont la base permet de la dater du XIIe s. Reprise au XVe s., elle a été couverte d'un toit à poivrière. Un *chemin de ronde* pourvu de petites ouvertures défensives rectangulaires, repose sur de solides consoles de mâchicoulis. Des meurtrières apparaissent dans les dépendances. La *fuie* ronde date de 1590.

Le château de Bayers fut le siège d'une importante seigneurie et, dès le XIIe s., c'était déjà une des nombreuses propriétés des *La Rochefoucauld*. A la fin du XVe s. il y eut même une branche particulière dans la famille des La Rochefoucauld, celle des *La Rochefoucauld-Bayers*. Le marquisat de Bayers dépendait de la baronnie de Verteuil.

▷ L'église de Lichères**

Par son architecture, par sa simplicité et en même temps sa poésie, l'église romane de Saint-Denis de Lichères mérite le détour. Pour y parvenir, après Bayers, suivre la vallée de la Charente, traverser le hameau de Puychenin et, 200 m après au carrefour, prendre la route à gauche pour se rendre à La Salle; traverser la Charente et prendre la deuxième route à gauche.

C'est incontestablement un des plus beaux monuments de la Charente. Par son plan, ses dispositions, c'est une miniature de basilique. Construite vers 1150 et commune à la paroisse et à un prieuré bénédictin, elle dépendait de l'abbaye de Charroux (→). Aussi rappelle-t-elle à certains égards les édifices poitevins.

Elle comprend une nef de cinq travées accompagnée de bas-côtés, un transept dont les croisillons possèdent une absidiole à l'est, une abside semi-circulaire avec, de chaque côté, une petite chapelle carrée qui permettait de passer du chœur dans le transept, sans passer par la nef.

Au XVIIIe s., la chute du clocher détermina la ruine du bras nord du transept et du mur septentrional. Un simple mur fut alors élevé pour soutenir l'édifice en 1752.

Enfin, en 1905, les Beaux-Arts redonnèrent à l'église une partie de ses dispositions sur les fondations anciennes. Enfin, plus récemment dans la perspective de l'« année romane » (1976), des travaux de restauration ont été effectués tant à l'intérieur qu'à l'extérieur (chevet et toitures notamment).

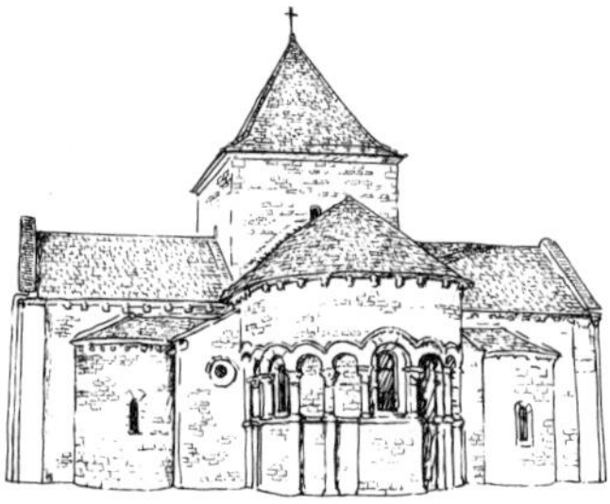

L'église de Lichères

Les basses nefs sont étroites et n'ont pas 1 m de largeur. Elles sont formées par une série de colonnes isolées et précèdent un transept splendide, couronné par la grande abside du chœur. La fenêtre du transept du midi est fermée par une dalle ajourée de huit petits cercles qui en font un exemple probablement unique.

Autre curiosité : à la base de la première colonne, à gauche, une excavation permit de découvrir son socle profondément enfoncé dans le sol, qui avait été rehaussé pour une raison inconnue, à l'intérieur comme à l'extérieur (jusqu'à 80 cm). Le carré du transept a perdu la calotte de sa coupole sur pendentifs.

Mais c'est de *l'extérieur* que l'édifice est à contempler, remarquable de sobriété, d'équilibre et d'élégance. Le décor de la façade, délibérément très simple sous son fronton refait, se résume essentiellement aux *sculptures* au-dessus du portail (un Agneau pascal dans une gloire portée par deux anges) et dans les tympans des arcatures aveugles (un lion pour l'une d'elles). En faisant le tour de l'église par le côté sud, on voit que le mur sud a des contreforts doublés dont les piédroits extérieurs soutiennent la corniche à modillons sculptés ; les dosserets reçoivent des arcs de décharge encadrant les fenêtres.

Quant à l'abside, elle est divisée horizontalement en trois parties presque égales, par une arcature renfermant les fenêtres et occupant le milieu ; ses supports sont des colonnes qui prennent appui sur des pilastres descendant jusqu'au sol. Sous le toit de lauzes court une corniche aux modillons représentant des oiseaux, des serpents et des animaux fantastiques. Parmi eux apparaît le visage d'une femme aux yeux bandés (s'agit-il de la Synagogue et, plus largement, des juifs qui ne reconnaissent pas Jésus comme le Messie ?).

Le clocher carré, au-dessus de la coupole, a été refait ; il est percé de baies rectangulaires sans linteau sous un toit à quatre pans assez élevé.

Pour mieux voir l'ensemble, il convient d'aller sur le chemin au-delà du champ jouxtant le chevet de l'église : on découvrira l'abside et son toit de lauzes, l'absidiole, le croisillon sud et la nef avec son toit de tuiles rouges, le tout surmonté du clocher carré et trapu.

▶ Pour revenir à *Mansle*, prendre la D 56, à gauche en venant de *La Salle*. Passer sous la N 10 et reprendre la D 18 qui suit en fait le tracé d'une ancienne voie romaine.

La presqu'île d'Arvert

40-B2 / R 110 / V 39

« Les montagnes marchent en Arvert » ; le dicton est l'illustration de l'incessante modification de ce rivage dont les hommes furent très tôt les témoins. Ici l'eau, la forêt et le sable se mêlent pour offrir tous les plaisirs de l'été. Mais n'oublions pas qu'en dépit de l'équilibre apparent, ces divers éléments se sont toujours livré une lutte sans merci.

La terre

Située entre Gironde et Seudre, la presqu'île d'Arvert a changé plusieurs fois de visage au cours des temps. Le tracé du rivage se modifie encore à l'heure actuelle. La région n'est que le résultat du combat entre les terres et l'Océan.

Jusqu'au Xᵉ siècle, la mer s'avançait dans la basse vallée de la Seudre, et des golfes marins s'enfonçaient profondément à l'intérieur des terres. Le pays d'Arvert, succession d'îles et de petites péninsules, était alors particulièrement isolé.

Petit à petit, les alluvions de la Seudre et de la Gironde, mais aussi celles de la Charente plus au nord, comblèrent les golfes, les forts courants de l'estuaire girondin amenèrent du sable qui fut à l'origine de la formation des dunes de la Coubre. Ainsi naquit le littoral sableux qui devait bientôt isoler de la mer les profonds golfes intérieurs. Ce sont maintenant des marais : marais de Saint-Augustin et marais de Bréjat plus près de la côte. Ces espaces marécageux se réduisirent par la suite progressivement au profit des dunes.

La configuration actuelle du rivage est récente. L'avancée des dunes a été enrayée par la plantation de la forêt de pins maritimes au siècle dernier. Mais les effets de l'érosion marine se font toujours sentir à Bonne Anse ou à la Côte Sauvage. Les témoins spectaculaires de cette rapide évolution sont les blockhaus du fameux mur de l'Atlantique : en quelques décennies, à la suite de la dégradation des dunes sur lesquelles ils reposent, ils ont basculé dans l'eau qui les envahit peu à peu ; d'autres, plus à l'intérieur, disparaissent sous l'avancée des sables.

Les hommes

Eglises, hameaux engloutis par les dunes, autant de disparitions amplifiées par la légende, colportant de vieilles histoires de naufrages et de naufrageurs. Depuis toujours l'homme de cette région est victime et témoin de la lutte des éléments.

Cette zone littorale, mouvante et dangereuse, a pourtant joué un rôle important à l'époque médiévale. Dès le XIᵉ siècle, des salines furent installées de part et d'autre de l'embouchure de la Seudre. Elles appartenaient soit à de puissants établissements monastiques, comme l'abbaye aux Dames de Saintes, soit aux seigneurs locaux. Les marais salants connurent un grand essor au XVIᵉ siècle. Plus tard, aux XVIIᵉ et XVIIIᵉ siècles, les petits ports de la Seudre participèrent à la grande pêche à Terre-Neuve. Les morutiers bordelais y jetaient l'ancre pour faire provision de sel et recruter des équipages saintongeais.

Aujourd'hui, les marais salants ont disparu et les ports de la Seudre se sont reconvertis dans l'ostréiculture. La rive gauche de l'estuaire, avec La Tremblade, est le centre le plus important du bassin ostréicole de Marennes. Élvage et cultures maraîchères dominent dans les zones de marais. Enfin, le tourisme est la principale ressource de communes telles que Ronce-les-Bains ou Les Mathes-La Palmyre.

A la découverte de la presqu'île

80 km / 1 j.

Cet itinéraire permet la découverte des différents aspects de la presqu'île d'Arvert : le littoral Atlantique, les dunes, la forêt de pins et les ports ostréicoles de l'estuaire de la Seudre.

▶ Sortir de *Royan* par la D 141 E.

▷ Vaux-sur-Mer ℹ *2, rue de Verdun* ☎ *46.38.79.05*

L'église Saint-Étienne. Cette ancienne abbatiale, fondée en 1075, relevait de l'abbaye de Maillezais en Vendée. Son aspect actuel s'explique par le fait que la nef a été détruite et qu'il ne reste que le vaste chœur ainsi que des vestiges du transept. A l'extérieur, l'abside présente un décor d'arcatures dans sa partie supérieure et une corniche à modillons. A l'intérieur subsistent deux beaux chapiteaux historiés à la croisée du transept ; l'un d'entre eux représenterait la Lapidation de saint Étienne.

Ce village est remarquable par son très beau *bord de mer* où alternent côtes rocheuses et plages de sable fin encadrées de pins et de chênes verts.

▶ Gagner la *plage de Nauzan*, bien abritée.

▷ Saint-Palais-sur-Mer ℹ *1, avenue de la République* ☎ *46.23.22.58 et 46.23.11.09*

Station balnéaire bien équipée qui, outre ses plages de sable fin et toutes les distractions nautiques, possède un terrain de golf ainsi qu'un centre hippique à Maine-Gaudin. Le parc de détente du Marais, avec plan d'eau de 4,5 ha, offre de nombreuses attractions : promenades, golf miniature, tir à l'arc, pêche et circuit CRAPA.

▶ Depuis la *plage de Saint-Palais*, prendre la rue de l'Océan, agréable promenade le long de la corniche. On rejoint la *route de la Grande Côte*. ▶ Le *puits de l'Auture* : intéressant phénomène naturel. Il s'agit d'une cavité circulaire dans le rocher, communiquant avec la mer qui s'y engouffre avec violence les jours de tempête.

▶ *La Grande Côte* : belle *vue* sur l'Océan, l'embouchure de la Gironde, la pointe du Médoc et le phare de Cordouan. ▶ On pénètre ensuite dans la *forêt de La Palmyre* (→ *encadré*). Au niveau du *Bois des Combots*, des plantations de jeunes pins sur de vastes étendues rappellent que toute cette zone fut ravagée par un incendie au cours de l'été 1976.

▷ Le zoo de La Palmyre *avr.-sept t.l.j. 9 h-19 h ; oct.-mars 9 h-12 h/14 h-18 h* ☎ *46.22.46.06*

Très bien aménagé au milieu de la forêt et des dunes, ce parc zoologique présente une grande variété d'animaux, et peut être classé parmi les plus beaux de France. Spectacles de perroquets dressés.

▶ Juste à côté du zoo, *parc d'attractions de Palmyrosa (ouvert dès avril).* Village western et médiéval. ▶ *La Palmyre.* Station balnéaire

La stabilisation des dunes

La forêt de pins est le prolongement naturel de celle des landes de Gascogne et fut plantée pour les mêmes raisons. Le pin maritime a contribué à la stabilisation des dunes. Jusqu'au XIXe siècle, le littoral, rongé par la mer et le vent, était infertile et inhospitalier. Le boisement de cette contrée fut décidé dès 1824. Afin de fixer le sable, on planta tout d'abord de l'oyat, une graminée dont les longues racines s'agrippent profondément dans la dune. Des pins furent ensuite semés. De 1824 à 1862, les travaux, bien qu'encouragés par l'État, relevaient de l'initiative privée ou communale. Puis, devant les lenteurs du boisement, l'administration des Eaux et Forêts prit le relais. En quelques années, les trois grandes forêts domaniales de La Tremblade, La Coubre et La Palmyre virent le jour. Le boisement fut achevé en 1890. La présence de la grande forêt entraîna alors une économie forestière traditionnelle fondée sur l'exploitation de la gemme qui était transformée en térébenthine et en colophane à La Tremblade.

Cette activité a aujourd'hui bel et bien disparu et la forêt, sillonnée par de nombreux sentiers de promenade, a maintenant une vocation essentiellement touristique.

de la commune des Mathes. Hippodrome de la Côte de Beauté. Petit port de plaisance avec attractions et jeux aquatiques en été. ▶ *Les Mathes (4 km N.-E).* Ce village, bâti sur une colline qui domine aujourd'hui les marais, était autrefois isolé par les eaux. Église du XIXe s. ▶ A la sortie de La Palmyre on côtoie, à droite, l'étendue marécageuse du *marais de Bréjat*, dernier vestige d'un ancien golfe marin peu à peu comblé. ▶ Après le camping de Bonne-Anse, sur la droite, départ de la *promenade du Requin (sentier balisé; B 1332 Est).* ▶ La *plage de Bonne Anse (→ encadré).*

▷ Le phare de la Coubre*

Il fut construit en 1905, à la suite de deux phares précédents (1655 et 1895) rapidement atteints par la mer. Le phare actuel, édifié à 2 km de la pointe, en est maintenant à moins d'1 km. Il est protégé des assauts des flots par des palissades.

Un escalier métallique de 300 marches conduit à une galerie circulaire d'où l'on découvre un vaste *panorama* sur l'estuaire de la Gironde, les 8 000 ha de la forêt de La Coubre, et sur Bonne Anse. De là-haut on saisit mieux le processus d'encerclement de la baie de Bonne Anse.

Un nouveau *sémaphore* est actuellement en cours de construction. D'une hauteur de 36 m, il sera achevé fin 1989. Il repose sur un ancien blockhaus allemand. L'ancien sémaphore, construit en 1857, à 1 800 m de la mer, se trouve maintenant à 100 m des vagues, et est voué à disparaître.

▶ Au-delà du phare, la route touristique traverse la *forêt de La Coubre.* ▶ Un sentier et un parking aménagés permettent d'accéder à la *Côte Sauvage*, vaste étendue de sable fin soumise aux attaques violentes de l'Océan. Baignade dangereuse. ▶ En face du parking d'accès à la Côte Sauvage, à droite, départ pour la *promenade de Buze (B 1331 Est)*, sentier balisé qui vous mènera jusqu'à quelques pierres éparpillées dans le sable. Il s'agit des ruines de l'*ancienne abbaye de Notre-Dame de Buze*, ensevelie par les dunes au XVIe s.; elle devait réapparaître au XVIIe s. avant de disparaître à nouveau. ▶ *La tour du Gardour.* Point culminant des dunes à 62 m. *Panorama* sur la forêt et l'Océan. *Sentiers* balisés *des Quatre-Fontaines* et *de la Tour du Gardour (B 1331 Est).* ▶ A g., route forestière vers la *Pointe Espagnole* à l'extrémité nord-ouest de la presqu'île. Elle fait face à l'île d'Oléron par delà le pertuis de Maumusson. Son nom évoque le naufrage d'un navire espagnol en 1823. ▶ Avant Ronce-les-Bains, *plages de l'Embellie* et *du Galon d'Or.*

Bonne Anse

La baie de Bonne Anse est un vivant exemple de la lutte perpétuelle que se livrent le sable, le vent et la mer sur ce littoral.

La pointe de la Coubre, attaquée par l'Océan au nord-ouest et par le fort courant issu de la Gironde au sud, s'allonge sans cesse. La Barre à l'Anglais se déplace rapidement vers le sud-est et la longue flèche sableuse se referme progressivement sur elle-même, encerclant de ce fait les eaux de la baie.

Bonne Anse sera peu à peu isolée de la mer et deviendra une lagune, prolongation naturelle du marais de Bréjat. De récents travaux d'enrochement semblent impuissants à enrayer ce phénomène. Les rochers de protection subissent le même sort que les blockhaus du mur de l'Atlantique et s'enfoncent, eux aussi, dans le sable. La fermeture paraît inexorable et l'exemple suivant est significatif : en 1930 Bonne Anse pouvait recevoir des bateaux de 5 m de tirant d'eau; actuellement les hauts-fonds atteignent tout juste 2 m.

▷ Ronce-les-Bains ℹ *pl. Brochard* ☎ *46.36.06.02*

Petite station balnéaire au cœur du massif forestier. Ronce s'est développée rapidement au siècle dernier lorsque le *docteur Brochard* mit en évidence « les vertus de l'air iodé, des senteurs balsamiques des pins et du microclimat... ». Belles plages dont la *plage de la Cèpe*, sans courant, et donc idéale pour les enfants.

▶ A la sortie de Ronce-les-Bains, on laisse sur la gauche l'accès au *pont* à péage sur la *Seudre (2 km de long)* qui permet de rejoindre *Marennes (→).* Beau *panorama* sur l'estuaire de la Seudre, les parcs ostréicoles et l'île d'Oléron.

▷ La Tremblade ℹ *8, place Gambetta* ☎ *46.36.02.35*

Dans une situation privilégiée, sur la rive gauche de l'estuaire de la Seudre, ce village a vécu de tous temps de ses activités maritimes : salines et cabotage, pêche et ostréiculture. Aujourd'hui elle est le centre le plus important du bassin de Marennes.

Un *musée (sur le port)* est consacré à l'ostréiculture et ses techniques : diaporama, documents d'archives; maquettes (1/30e), collection de fossiles d'huîtres.

▶ La D 14 longe d'assez loin l'estuaire, traverse pâturages, marais et petites localités ostréicoles. Il faut s'éloigner de la route principale pour aller à la découverte des *ports ostréicoles* qui jalonnent la rive gauche de la Seudre. L'alignement géométrique des claires, les *chenaux* envasés à marée basse *(→ encadré)*, les rangées de

Une culture traditionnelle

L'ostréiculture est une tradition très ancienne dans la région. Mais ce n'est qu'à la fin du XVIIe s. que commencèrent les premiers essais d'engraissage et de verdissage de l'huître, et les anciennes salines furent peu à peu transformées en claires (→ Marennes). Dès le XIXe s. cette culture avait pris un caractère presque industriel et, en 1875, une ligne de chemin de fer fut mise en service entre La Tremblade et Saujon pour l'expédition des huîtres. Elle est actuellement ouverte à la circulation la deuxième quinzaine de décembre, qui correspond à la grande période d'expédition vers les centres urbains au moment des fêtes de fin d'année. Cette ligne fonctionne également pendant la saison estivale.
*Chemin de fer touristique de la Seudre, renseignement à la **gare de Saujon**.*

cabanes d'ostréiculteurs devant lesquelles s'entassent coquilles et tuiles chaulées, sont les éléments essentiels qui composent le paysage ostréicole classique. ▶ *Arvert*, qui a donné son nom à la presqu'île, est une modeste localité. La façade, très remaniée, de son église romane, présente quelques beaux modillons et chapiteaux. ▶ *Étaules*. Comme pour toutes les communes de la rive gauche, l'ostréiculture est la grande activité des deux *ports d'Orivol* et *des Roches*. *Église Notre-Dame* du XVIIIe s., vitraux modernes. ▶ *Chaillevette*. Son *port de Chatressac* était très actif au XVIIe s. grâce au commerce du sel. Aujourd'hui, les salines sont transformées en claires d'affinage. Paysage ostréicole traditionnel.

▷ Mornac [i] *au port*

Village ostréicole traditionnel qui a su tirer profit de sa situation et du charme de ses vieilles ruelles. Inscrit à l'Inventaire des plus beaux villages de France, Mornac est aujourd'hui un *centre artisanal* très fréquenté en été (poterie, travail sur soie, métal, textiles, etc.). Outre le pittoresque de son site et ses attraits touristiques, Mornac possède un riche passé. En effet, le paisible village fut autrefois un repaire de naufrageurs avant d'être une place forte pendant les guerres de Religion.

Le *château* (*propriété privée*) domine de sa terrasse la morne étendue des marais. Au centre de la cité se dresse une *halle* moyenâgeuse. Mais le monument le plus important est l'*église Saint-Nicolas*. Ancien prieuré, cet édifice roman, extérieurement assez abîmé, possède une abside avec arcature, chapiteaux historiés et à feuillages. Sur le côté, une petite porte aux voussures ornées d'un décor géométrique. L'ensemble est dominé par un *clocher* carré (*possibilité de visite en été*). A l'intérieur, la nef de quatre travées, sans bas-côtés, ouvre sur un transept aux bras voûtés en berceau brisé, le carré est couvert d'une coupole sur trompes. Large *chœur** avec une grande arcature qui repose sur des chapiteaux étroits ornés de feuillages et de scènes diverses : Adam et Ève, le tombeau du Christ, etc. Lors de la restauration de l'église, suite aux dégâts causés par la foudre en 1943, des fouilles ont laissé apparaître les vestiges d'une chapelle paléochrétienne. Les *sarcophages* visibles près de l'église proviennent du cimetière mérovingien mis au jour lors des fouilles.

Foire aux huîtres : environs du 15 août.

▷ Breuillet *3 km S. par la D 242*

Village situé sur un plateau dominant le marais de Saint-Augustin. *Église* romane *Saint-Vivien*, malheureusement mutilée. Façade saintongeaise à large portail central surmonté de deux étages d'arcatures. Colonnes fasciculées aux chapiteaux ornés de coquilles Saint-Jacques. Près de l'église, *logis de la Roche* ; dans le jardin, joli puits à coupole du début du XVIIe s.

▶ De Mornac à *Fontbedeau*, la D 140E suit de près la ligne des marais.

▷ L'Éguille *2,5 km N.-E.*

Petit port ostréicole sur la Seudre, au débouché du canal de Dercie. Bâti sur une pointe calcaire (d'où son nom), c'était une des nombreuses îles du golfe des Santons. La découverte de vestiges néolithiques attestent de l'ancienneté du peuplement du site. Le *château* féodal, qui appartenait aux barons de Mornac, a été remplacé par un nouveau château au XVIIe s. Il subsiste toujours, bien que très remanié. A noter le *pigeonnier*. Église du XIXe s.

▶ De Fontbedeau prendre la direction de Royan. On traverse *Saint-Sulpice-de-Royan*. Église romane dont la tour repose sur une coupole sur trompes.

Les chenaux

Le chenal, appelé localement « achenal », est un canal naturel entretenu par l'homme pour permettre le bon écoulement des eaux. Sa présence est nécessaire à la vie des marais et aussi à celle des villages qui, sans lui, seraient complètement coupés du fleuve. Les chenaux drainent les claires installées le long de la Seudre. Ils aboutissent tous au lit central du fleuve. Le phénomène est identique sur la rive droite. Au débouché de chaque chenal s'est installé un petit port, tels La Tremblade, Chaillevette, Mornac, Plordonnier, etc., autant de grands noms du bassin de Marennes qui s'égrennent au bord de la Seudre.

Aubeterre-sur-Dronne*

48-BC2 / R 110 / V 47
398 habitants / ✉ 16390
ℹ place Trarieux ☎ 45.98.50.33

Bâtie en amphithéâtre sur un coteau de craie blanche qui lui a donné son nom (Alba terra) et que baigne une boucle de la Dronne, Aubeterre, à la limite de l'Angoumois et du Périgord, est une cité charmante qui mérite toujours d'être chantée par ce vers de Clément Marot : « Aubeterre amour ressemble ce me semble. »

La ville dans l'histoire

L'église primitive, antérieure au VIIIe siècle, et la présence d'un château attesté avant 1050 témoignent de l'ancienneté d'Aubeterre. Ce fut une vicomté érigée plus tard en marquisat. Les familles d'Aubeterre, Raymond, Bouchard et d'Esparbès de Lussan possédèrent successivement cette seigneurie. Pendant la guerre de Cent Ans, les Raymond soutinrent avec fidélité le roi de France, mais la ville fut prise par les Anglais en 1412. Au XVIe siècle, François Bouchard se rallia au parti protestant et Poltrot de Méré, élevé parmi ses pages, assassina le duc François de Guise. Lieu stratégique, la ville, prise par les huguenots en 1562, souffrit beaucoup des guerres de Religion comme en témoignent les destructions subies par l'église Saint-Jacques.

La ville, riche de son patrimoine et de son site, a su adapter ses atouts à la vie moderne. Station verte de vacances, c'est un lieu de séjour séduisant et complet (hôtellerie, camping, plan d'eau, plage, activités sportives, canoë-kayak, fête médiévale, concerts).

Ludovic Trarieux, fondateur de la ligue pour la défense des droits de l'homme, avocat et sénateur de la Gironde, est né à Aubeterre en 1840.

Visite de la ville

La ville offre plusieurs points de vue remarquables, selon qu'on observe la campagne environnante ou l'étagement des maisons à balcons de bois, les jardinets, le lacis des ruelles. Le plus beau point de vue se révèle lorsque, partant de l'église Saint-Jacques en passant par la pittoresque impasse de l'église, on remonte la rue Pierre-Very vers l'ancien couvent des minimes : de là le regard embrasse à la fois la ville et la masse verte, parfois bleutée à l'horizon, de la Double.

▷ L'église monolithe Saint-Jean**
fermée mardi hors saison

Taillée dans la roche calcaire, sous le château, sa fondation est attribuée au disciple de saint Benoît, *saint Maur*, qui vivait au VIe s. Église paroissiale jusqu'à la Révolution, elle fut transformée, en 1794, en atelier de salpêtre. On y installa ensuite le cimetière du village qui ne fut transféré qu'en 1860 à son emplacement actuel.

Cette église, bien qu'endommagée, mérite d'être comparée à une autre église monolithe, celle de Saint-Émilion. L'accès se fait par un large couloir long de 30 m, bordé d'enfeus. La nef, haute de 20 m, large de 11 m et longue de 17 m, est creusée parallèlement à la falaise. Un escalier taillé dans le roc donne accès à une galerie qui court en équerre au niveau le plus haut de la nef. Un passage reliait autrefois cette galerie au château. Les fouilles ont mis au jour, dans la partie centrale de la nef, un *baptistère* en forme de croix creuse comprise dans un bassin circulaire. Dans l'abside en hémicycle, un *mausolée* monolithe haut de 6 m, à deux étages, a pu servir de reliquaire. A l'opposé de l'abside, la chapelle primitive (VIe ou VIIIe s.) était, au Moyen Age, une *nécropole*. Lors des fouilles entreprises en 1957, une centaine de tombes creusées à même le roc y ont été découvertes.

▶ *Le château (ne se visite pas).* En grande partie détruit, il a gardé des logis des XIVe et XVIIe s. De la ville on en voit, dominant les maisons et la vallée, une *tour* quadrangulaire surmontée d'un chemin de ronde avec bretèches et des vestiges du mur d'enceinte.

▷ L'église Saint-Jacques*

Située dans la ville haute, cette église n'a gardé que la *façade* de l'ancien édifice roman dévasté par les protestants en 1562. Bien que mutilée, cette large façade témoigne encore de la beauté de l'art roman local. Le rez-de-chaussée, qui comprend le portail entouré de deux arcades, porte de délicates sculptures, dont certaines, sont encore lisibles (signes du zodiaque). A l'étage, treize arcatures sont supportées par des colonnettes accouplées. Les restes d'une statue équestre les surmontent. Près du bas-côté nord se voient la *tour des Apôtres* (XVIe s.) et, du côté de l'abside, la *poterne* crénelée (1608) de l'ancien couvent des clarisses.

Entre Dronne et Tude

48-BC 2 / R 110 / V 47
25 km / 2 h

Ce circuit, s'il comporte des monuments intéressants mais modestes, donnera surtout au visiteur une idée de la beauté et de la douceur de cette partie de l'ancien Angoumois qui entoure Aubeterre entre la Dronne et la Tude. C'est l'occasion d'une promenade paisible à travers vallons et collines, ruisseaux et villages.

▶ *Bonnes (5 km S.).* Ce village au bord de la Dronne conserve deux églises. L'*église Sainte-Radegonde* (XVIe s.), à chevet plat et portail Renaissance, renferme un retable en bois sculpté du XVIIIe s. L'*église Saint-André* (chevet du XIIe s.) possède une curieuse *chaire* mobile du XVIIIe s. (dans la nef). Château (XVIe s.).
▶ *Les Essards (2,5 km O.). Église Saint-Pierre* (XIIe s.), avec un porche du XVe s. Vieux moulins de Puychaud. Beau *point de vue* sur la Dronne.
▶ *Rouffiac (5 km N. des Essards).* L'intérêt que présente l'*église* du XIIe s. est rehaussé par la présence d'une chaire sculptée polychrome du XVIIe s. et d'un retable de la même époque. Château Saint-Martial (XVe s.).
▶ En quittant Rouffiac par la D 2 *(à 1 km vers Aubeterre)*, très belle *vue* sur toute la campagne entre la Tude et la Dronne.
▶ *Bellon (5 km N.).* Église Saint-Pierre (XIIe s.) et *maison natale* de l'homme de lettres *Pierre Véry (→ encadré).*
▶ *Pillac (6,5 km E. par la D 140). Église Saint-Aignan* (XIIe s.) : coupole ovale sur pendentifs à la croisée du transept, retable en bois doré (XVIIe s.).
▶ *Puygironde.* Très beau *point de vue* : à l'ouest sur les collines du sud de la Charente, à l'est sur le Ribéracois, et au sud sur la Double.

La Double

70 km environ / 1 j.
Pour en savoir plus → Guide Bleu Aquitaine.

Prise entre les cours de l'Isle au sud et de la Dronne au nord, la Double présente un visage singulier qui tranche sur le reste du Périgord et le sud de la Charente. Elle tire son originalité de son sol, constitué de dépôts de sables détritiques déposés au fil des temps géologiques par les puissants cours d'eau descendant des monts du Limousin. Ce sol pauvre, impropre ou peu favorable aux cultures et à la vigne, est le domaine des fougères, des étangs, des pins maritimes, de l'arbre en général.

C'est la plus vaste (50 000 ha) et la plus célèbre des forêts périgourdines. Elle fait penser à la Sologne, mais elle a plus de relief. La Double avait jadis mauvaise réputation : refuge de bandits et de hors-la-loi, pays où couraient toutes sortes de légendes, pays des fièvres qu'évoque de manière sinistre Eugène Le Roy dans

« l'Ennemi de la mort », pays où l'histoire a conservé le souvenir de l'assassinat du duc d'Aquitaine, de Waifre, sur ordre de Pépin le Bref.

Depuis, la forêt a été améliorée, des routes ont été tracées et les drainages ont assaini le climat. La Double est devenue un pays agréable qui séduit les amateurs de chasse et de pêche, de canotage et de camping.

▶ *Bourg-du-Bost (7,5 km E.). Église Notre-Dame* (XIIe s.) à nef barlongue et avant-chœur sous coupoles, terminée par une abside en hémicycle. *Église Notre-Dame-du-Bouquet*, intéressante par son mobilier : tableaux du XVIIe s., école française (Christ en croix et l'Enfant Jésus adoré par une princesse).

▶ *Faye (commune de Ribérac).* Ancienne paroisse absorbée par celle de Ribérac à la Révolution. *Église* romane qui comporte une nef unique sous lambris, un avant-chœur rectangulaire et une abside semi-circulaire. La *façade* d'inspiration saintongeaise constitue la partie la plus intéressante, avec son portail en plein cintre à deux voussures et le tympan sur lequel est sculpté un Christ de majesté qu'encensent deux anges.

▷ Ribérac*

Centre géographique du Périgord Blanc, la vieille cité était autrefois blottie à flanc de coteau, au pied d'un imposant château où naquit *Arnaud Daniel*, inspirateur de *Dante* et l'un des plus célèbres troubadours à l'âge d'or de la poésie lyrique occitane. Tout près coule la Dronne, qu'*Élisée Reclus* qualifiait de « plus belle rivière de France ».

La ville, marché agricole très actif, tire aujourd'hui sa renommée des volailles, de son pittoresque marché au gras et de ses conserveries (foies gras, confits d'oie, cous farcis, toupines). Outre les volailles grasses, on y négocie aussi les veaux fermiers, les céréales, les fraises, le tabac et les noix. Il faut « visiter » son marché hebdomadaire du vendredi.

La *nouvelle église Notre-Dame*, bâtie de 1933 à 1934, présente un style néo-byzantin et un plan rayonnant autour d'une coupole centrale.

L'*ancienne église Notre-Dame*, sur les hauteurs de la ville, était à l'origine la chapelle du château, disparu à la Révolution. L'édifice, en partie du XIIe s., devint à partir du XVIe s. un lieu de sépulture des seigneurs de Ribérac. Restaurée, elle sert de salle d'exposition et de lieu d'animation culturelle.

▶ *Siorac-de-Ribérac (5 km S.).* Belle *église fortifiée*, à nef unique, ornée d'une coupole sur pendentifs.

▶ *Saint-André-de-Double.* Village situé au cœur du pays des étangs et des anciens verriers. *Église* romane des XIIIe-XIVe s., en gros blocs de pierre ferrugineuse. Le clocher fortifié est un exemple de simplicité architecturale.

▶ *Echourgnac.* C'est le centre géographique de la Double. Ici la pérennité « fossile » du paysage se visualise par la vaste clairière, ceinturée par les *gisements néolithiques* des pasteurs-défricheurs. La reconquête agricole du XIXe s. partira de ce bourg (Comice), complétée par l'action des moines trappistes, et la transformation sur place de la production laitière.

▶ *La trappe de Bonne-Espérance (à 2 km sur la D38 vers Saint-Aulaye)* doit son origine à des moines cisterciens de l'abbaye du Port-Salut en Mayenne, venus au XIXe s. aider les paysans à lutter contre le paludisme et à mettre les terres en culture. Une fromagerie y fut installée et les marais assainis. Ils furent expulsés en 1910. Une communauté de sœurs cisterciennes réoccupe les locaux depuis 1923. La *chapelle*, bâtie entre 1868 et 1875, se compose d'une nef élancée de six travées voûtées d'ogives.

▶ *La Jemaye (5 km d'Échourgnac par la D708)* : remarquer la *halle* du bourg.

Pierre Véry

Connu aussi sous le pseudonyme de Toussaint-Juge, Pierre Véry (Bellon, 1900-Paris, 1960), a publié entre autres œuvres ***Meurtre au quai des Orfèvres, l'Assassinat du Père Noël, les Disparus de Saint-Agil, le Pays sans étoiles, Goupi Mains Rouges.*** *Il est l'auteur d'une œuvre policière et de science-fiction où se mêlent avec bonheur le fantastique, la poésie, le merveilleux et l'humour. Son inspiration, marquée de féerie, a pris sa source dans la ferme charentaise de son enfance où sa mère, douée de rares qualités de conteuse et très imaginative, le fit entrer dans le monde mystérieux des fées.*

▷ L'étang de Petitonne ou Grand Étang *(B 1735/E) 2,5 km S.-E.*

C'est le plus vaste des étangs de la Double (21 ha : pêche, baignade, accueil). En période de vidange, il présente une *curiosité géologique* rare : cuirasse ferrugineuse en place en contrebas de la chaussée.

▷ Vanxains *5 km N.*

Ancienne vicomté, capitale historique de la Double. L'*alignement* mégalithique *de Sauteranne*** (difficile à trouver) est exceptionnel, de même le *souterrain* aménagé

(« cluzeau ») de ***Régnac****. ***Église*** romane fortifiée, à coupoles sur l'avant-chœur ; bas-côtés du XVe s. voûtés d'ogives ; nef à trois travées, dont deux sous berceaux brisés et une à petite coupole ; chapiteaux sculptés, retable du XVIIe s. Le ***château de la Brangélie*** *(au N.-O. du bourg)* est un bâtiment des XVIe-XVIIe s. avec deux tours XIIIe s.

▶ ***Festalemps*** *(5 km O. de Vanxains sur la D 5)* : ***église*** romane fortifiée à abside semi-circulaire, et chœur surmonté d'une coupole. ***Retable*** polychrome XVIIe-XVIIIe s. à colonnes torses.

▷ Saint-Privat-des-Prés

Très belle ***église*** romane fortifiée à façade de type saintongeais : portail ample et profond en plein cintre, à neuf voussures ; arcatures aveugles et colonnettes à l'étage ; pignon triangulaire. L'***intérieur*** comporte une nef à trois travées et deux bas-côtés très étroits, à la croisée du transept une coupole sur pendentifs, puis une abside voûtée en cul-de-four. Les chapiteaux sont sculptés de feuillages et de monstres. ***Mobilier*** : cuve baptismale en pierre (XIIe s.), deux retables en bois sculpté (XVIIe et XVIIIe s.) provenant de l'ancienne commanderie de Saint-Antoine-de-Cumont, statue en bois doré de la Vierge à l'Enfant (XVIIIe s.).

Le ***musée de l'Outil et de la Vie***, centre d'art et traditions populaires *(ouvert en saison t.l.j., 15 h-18 h 30 ; hors saison sur demande à la mairie ☎ 53.90.82.87)*. ▶ ***Château de Cumond*** *(1 km N.-E.)* des XVIIe-XVIIIe s. avec façade à pilastres. ▶ ***Aubeterre*** par la D 43.

Aulnay-de-Saintonge★★

35-C4 / R 107 / V 40
1 505 habitants / ⊠ 17470
ℹ 290, avenue de l'Église ☎ 46.33.14.44
SNCF Saint-Jean-d'Angély ☎ 46.32.46.34

Il est de belles églises, alliant une allure majestueuse à une grande richesse ornementale. Mais peu s'offrent au regard avec autant de générosité que celle d'Aulnay-de-Saintonge. Tranquille, au milieu de la campagne, elle n'a pour voisins que le ciel et de grands cyprès qui paraissent veiller sur le vieux cimetière romantique que tente d'envahir le lierre.

Mélange de rusticité et d'élégance, l'ensemble fait preuve d'une grande distinction que rehausse le jeu de lumière du soleil auquel rien ne fait obstacle.

La ville dans l'histoire

Isolée dans le paysage, aux confins des quatre provinces (Poitou, Saintonge, Aunis et Angoumois), Aulnay — prononcer « Aunay » — est aussi perdue dans le temps. Du passé, la mémoire collective ne retient rien avant le Moyen Age, si ce n'est le souvenir d'une station romaine, Aunedonacum, sur la voie Saintes-Poitiers. C'est de l'époque médiévale que datent la construction d'un château fort, par la famille des vicomtes d'Aulnay, et surtout l'édification, au XIIe siècle, de l'église Saint-Pierre-de-la-Tour. Lieu de pèlerinage sur la route de Saint-Jacques, l'endroit est aussi un lieu de passage, pendant la guerre de Cent Ans, pour les soldats français et anglo-gascons qui se disputent la possession de la Saintonge. Aucun fait majeur ne vient par la suite troubler l'histoire d'Aulnay.

▷ L'église Saint-Pierre★★

Située à l'écart du village, au bord de la N 150, ancien chemin de Saint-Jacques, l'église fut construite sans doute entre 1130 et 1160. Cette naissance à l'époque où l'art roman des pays de l'Ouest atteignait sa plénitude, explique la qualité ornementale, qui pousse jusqu'aux limites le monde de l'imaginaire, et l'harmonie de l'église, qui tient essentiellement dans l'équilibre des proportions. Cette harmonie est encore plus manifeste à l'intérieur, dans la distribution de la lumière, témoignant de l'habileté des constructeurs.

L'extérieur

Il est recommandé de prendre du recul pour pouvoir apprécier l'édifice dans son ensemble et sous divers angles. Avant d'aborder la façade occidentale, on découvre le *cimetière*, avec sa *croix hosannière* (XVe s.) et des sarcophages sur pilotis.

La *façade occidentale* a été malheureusement dégradée par l'ajout, au XVe s., de contreforts qui l'alourdissent quelque peu. L'étage a lui aussi souffert, ayant été, en particulier, privé de la statue équestre de l'empereur Constantin qui se trouvait dans l'arcature centrale. Elle fut saccagée lors de la Révolution et ses restes ont trouvé refuge à l'intérieur de l'église.

Le *portail central*★★. Ses quatres voussures portent un riche *décor* figurant, en partant de l'intérieur : une Adoration de l'agneau crucifère dont les silhouettes sont parti-

L'église Saint-Pierre

culièrement élégantes ; le triomphe des Vertus sur les Vices, thème cher aux sculpteurs aquitains ; suivent les Vierges sages (à droite du Christ) et les Vierges folles (à gauche) ; enfin les signes du Zodiaque. Par leur composition particulièrement étudiée, ces voussures conduisent insensiblement le regard vers l'Agneau crucifère, placé dans une mandorle, à la clé.

Tout aussi intéressant est le *portail sud***, doté lui aussi de quatre voussures très richement décorées. La première, en partant de l'intérieur, est d'inspiration orientale, avec des sphinx et des griffons. La seconde porte 24 personnages (les 12 grands prophètes et les 12 apôtres ?). La troisième, manifestement consacrée aux vieillards de l'Apocalypse, ne pose pas de problème d'identification, même si l'artiste, pour des raisons techniques, n'a pas hésité à porter leur nombre à 31 au lieu de 24. La dernière voussure est sans doute la plus originale : ayant eu à sa disposition 34 claveaux, le sculpteur a laissé vaguer son imagination, et de l'habile jeu de ses mains est sorti un bestiaire irréel. En parfaite harmonie avec le pays de Mélusine, tout un peuple de sirènes, dragons, centaures, et autres êtres squelettiques ou effrayants rappelle, non sans une pointe d'humour, à quels avatars peuvent conduire les vices.

Sans présenter autant de charme, le *chevet* se distingue par sa composition, très réussie. Le clocher central surmonte la croisée du transept, couverte d'une curieuse coupole sur pendentifs. Il comprend trois étages d'arcatures dont deux sont aveugles.

L'intérieur

Bonne vue d'ensemble en se rendant directement sous la *coupole* de la croisée du transept. De là on peut prendre conscience de la pureté et de l'unité de l'édifice. Le second centre d'intérêt de cette partie de l'église est constitué par le décor des *chapiteaux**. Rehaussés de fins feuillages, ils accordent une place de choix au thème de Samson, que l'on voit terrassant le lion, puis vaincu par la séduction de Dalila. D'autres scènes de tentations et de châtiments (damnés dévorés par des dragons) apparaissent, cependant qu'un héros glorieux, saint Georges, vient rappeler que le combat contre le Mal peut être gagné.

Par la *nef* et les collatéraux, regagner l'entré Ouest. Dans le *transept*, au collatéral sud, on s'attardera plus particulièrement sur le fameux *chapiteau des éléphants*.

▶ Dans le bourg, à 1 km E., le mail est dominé par le *donjon* (XIe s.), seul reste du château, aux murs épais de 4 m, que *Du Guesclin* avait assailli en 1372.

Circuit de la forêt de Chizé

3 h

En prenant la direction de la forêt d'Aulnay, on découvrira plusieurs églises romanes marquées par l'influence de Saint-Pierre.

▶ Minuscule, l'église de *Salles-lès-Aulnay* possède un chevet qui est une réplique exacte de l'absidiole sud d'Aulnay. ▶ Plus loin, juchée sur un tertre, celle de *Saint-Mandé-sur-Brédoire*, à abside unique, présente un portail latéral (au sud) décoré de voussures de la même inspiration. ▶ A *Contré (2 km S.-E. de Saint-Mandé)*, on retrouve une décoration sculptée du même type. A l'époque du siège d'Aulnay par *Du Guesclin*, elle fut surélevée et dotée de meurtrières.

▷ La forêt d'Aulnay *B 1630 O. et E.*

Elle est intégrée, avec celle de Chizé et de Chef-Boutonne, au Parc Naturel Régional du Marais Poitevin, Val de Sèvre et Vendée. Cet ensemble de quelque 10 000 ha comporte une grande variété d'espèces (dominante de chênes et de hêtres). Cet important massif s'explique par la rencontre d'un sol calcaire et d'un microclimat.

▷ La forêt de Chizé → *Niort*

▶ L'église de *Villiers-sur-Chizé (12,5 km N. d'Aulnay)* conserve de beaux éléments de sculpture saintongeaise. ▶ A *Chizé*, *Du Guesclin* vint assiéger, en 1737, une garnisson anglaise retranchée dans le château dont il ne reste aujourd'hui que la motte. ▶ A *Saint-Étienne-la-Cigogne (10 km O. de Chizé)*, on notera le *chevet** roman (appartenant au style d'Aulnay) de l'église, et son clocher campanile du XVIIe s. A l'intérieur (restauré en 1937), belle voûte de la nef. ▶ *Villeneuve-la-Comtesse* doit son nom à la *comtesse d'Eu*, *Aélis*, qui lui donna sa charte. La commune possède une *église* des XIIe-XIIIe s., avec un clocher carré et une façade très sobre. *Château* médiéval *(au S.-E du village)* avec douves et donjon du XIVe s. ▶ Du château, on peut se rendre à *La Croix-Comtesse* : motte féodale et logis du XVe s. ▶ Revenir sur ses pas et prendre la D 121 pour voir l'église de *Saint-Séverin-sur-Boutonne*, ancienne abbatiale reconstruite au XVe s., perchée au-dessus de la Boutonne. Bénitier Renaissance. ▶ Par *Nuaillé-sur-Boutonne* *(→ Saint-Jean-d'Angély, circuit de la Boutonne)*, rejoindre *Aulnay*.

L'Aunis

Qu'il arrive de Vendée par le Marais, qu'il vienne de Niort ou de Saintes, le voyageur attentif se retrouve soudain au cœur de l'Aunis. Il lui aura fallu, au mieux, remarquer le panneau du Conseil général : « Charente-Maritime, terre et mer, les éléments de la réussite », pour identifier l'endroit.

C'est que l'Aunis est un petit pays de transition, aux limites parfois imperceptibles. Plus qu'à travers la géographie, c'est à travers l'histoire, dans la relation des hommes au milieu naturel, qu'a pu se forger une identité du pays d'Aunis.

La terre

Au nord de la Charente-Maritime, l'Aunis a constitué, pendant tout l'Ancien Régime, l'unité administrative de l'élection de La Rochelle, la plus petite province du royaume de France.

Au milieu du XVIIIe siècle, la limite nord coupait à travers le Marais vendéen, suivant l'embouchure de la Sèvre Niortaise jusqu'au canal de Mouillepied. Puis, remontant jusqu'au Sableau et englobant l'Ile d'Elle aujourd'hui en Vendée, elle rattrapait le cours de la Sèvre Niortaise jusqu'aux environs de Damvix. Vers l'est, elle empruntait à peu près le cours du Mignon jusqu'à Mauzé, maintenant en Deux-Sèvres, et poursuivait vers le sud, à travers la campagne, jusqu'à Charentenay et le Treuil Grand Vent. Là, à 8 km de Surgères, sur l'actuelle route de Saint-Jean-d'Angély, elle obliquait de nouveau vers l'ouest, rejoignant le marais de la Petite Flandre. Par les canaux de Charras puis de la Daurade, elle atteignait la Charente un peu en amont de Rochefort, pour finalement en suivre les méandres jusqu'à l'Océan. Des limites bien souvent artificielles !

Et pourtant, le cœur de l'Aunis s'individualise assez nettement. C'est la « plaine », dont l'altitude oscille presque toujours entre 20 et 40 m, et qui ne commence à diminuer qu'à quelques kilomètres de la côte. Son assise est constituée d'une épaisse couche de calcaires, compacte, assez dure dans sa partie supérieure. Formées au Jurassique, ces roches témoignent de la présence des mers il y a plus de soixante millions d'années. On les retrouve sur la côte, petites falaises jaunâtres encadrant plages et criques envasées, livrant de nombreux fossiles, comme à la pointe du Chay ou dans l'île d'Aix. En surface, ces calcaires donnent un sol rouge, de qualité inégale : la terre de groie. Celle-ci, provenant de la décalcification du sous-sol, constitue une couche souvent meuble, légère et assez facile à travailler. Mais, très perméable et s'asséchant vite, très chargée de fragments provenant de la roche mère, c'est un sol mince, surtout dans la partie ouest de l'Aunis, où les calcaires sont plus durs.

De La Rochelle à Mauzé, un long bombement à peine visible constitue comme l'épine dorsale de la plaine aunisienne, tandis qu'au sud-est d'autres ondulations descendent vers les calcaires plus récents de la Saintonge. Sur les flancs de cet anticlinal, deux marais côtiers se sont installés. D'orientation parallèle, ils isolent le cœur de l'Aunis, tout en assurant la transition avec le Marais poitevin au nord, et la Saintonge au sud.

D'une altitude allant de 1 à 4 m, les marais de Rochefort et Marans sont en fait d'anciens golfes où débouchaient des rivières à estuaires. Ils ont été récemment colmatés par quelques dépôts fluviatiles, et surtout par les vases apportées par la mer, que l'on retrouve assez loin de la côte, dans le réseau des petites vallées secondaires. Avec le temps, les alluvions marines se sont tassées, donnant une argile bleuâtre à l'état sec : c'est le bri, ou argile des polders. Son épaisseur est considérable et donne la mesure du travail de l'Océan : 17 m dans le marais de Rochefort. L'originalité du marais, ce sont aussi les « îles » qui le parsèment. Petites buttes comme engluées dans le bri, elles sont nettement visibles, tant dans le paysage que dans la toponymie : l'Ile d'Elle, l'Ile de Flaix.

Terres hautes et marais s'opposent donc par la géologie ; mais paysages et activités agricoles les différencient également. Sur les hautes terres calcaires, l'openfield déploie son large quadrillage, chassant l'arbre dans les recoins. Seuls, les bois de Benon témoignent encore de l'ancienne forêt médiévale. L'habitat y est groupé en petits bourgs, où de vieux porches signalent l'entrée des grosses fermes à cours fermées. Le marais, aujourd'hui surtout tourné vers l'élevage, présente quant à lui un visage radicalement différent, développant son réseau de canaux savamment hiérarchisés. Peupliers, ajoncs, buissons épineux bordent fossés et ceintures envasés, rappelant que le marais demeure avant tout un milieu naturel difficile à domestiquer. C'est le domaine de l'élevage, activité traditionnelle, actuellement en déclin. La nature reprenant ses droits, le paysage offre par endroits un caractère sauvage qui contraste fortement avec celui des terres hautes.

Largement ouvert sur l'océan, l'Aunis en subit les influences climatiques mais sa latitude modérée, sa situation sur le trajet de courants marins chauds, lui donnent déjà une nuance méridionale qui fait l'originalité de ce climat. Les températures en général sont douces : 5,7 °C en moyenne en janvier, 19,3 °C en juillet, à La Rochelle. Sur la côte, les précipitations ne sont pas très abondantes : 687 mm par an à Rochefort, 760 mm à La Rochelle. Le plus souvent, elles sont assez bien réparties tout au long de l'année, mais le climat est très irrégulier : la sécheresse estivale n'est pas rare. Vers l'intérieur des terres, les températures fraîchissent, la pluviométrie s'accroît. Sur la façade maritime, un ensoleillement et une luminosité exceptionnels constituent des atouts importants pour le tourisme et l'activité balnéaire. A La Rochelle, les 2 290 heures d'insolation par an constituent un des plus forts ensoleillements de France. Les vents dominants d'Ouest dispersent la couverture nuageuse avec une grande rapidité. Dès le mois de mai, la clarté du ciel donne aux paysages rochelais ou rétais une qualité de couleurs qui séduit nombre de peintres amateurs.

Les hommes

Il n'y a pas, en Aunis, de site préhistorique important, ni même de site gallo-romain. Pourtant, quelques vestiges, et surtout les fouilles, attestent une implantation humaine ancienne. A Charron, des fouilles ont montré un peuplement continu des îles de marais, du Néolithique au Moyen Age. Quelques tumuli, les deux dolmens encore visibles à Ardillières confirment ces données. A La Rochelle, des vestiges gallo-romains ont pu être étudiés à l'occasion des sauvetages de Saint-Éloi et des Minimes.

Au Moyen Age, l'Aunis, comme les provinces voisines, devient un enjeu de rivalités seigneuriales et princières. Châtelaillon, principale châtellenie d'Aunis au début du Moyen Age, se trouve dans la mouvance des ducs d'Aquitaine aux Xe et XIe siècles. Mais les relations avec ceux-ci restent difficiles : en 1130, Guillaume X d'Aquitaine prend Châtelaillon et en rase les fortifications.

Sous l'égide des ducs d'Aquitaine, La Rochelle devient alors le nouveau centre de l'Aunis. Devenue possession anglaise avec Aliénor, la ville demeure fidèle à Jean sans Terre dans le conflit qui l'oppose à la couronne de France, tandis que Surgères choisit le camp des Capétiens. Après le premier siège de La Rochelle,

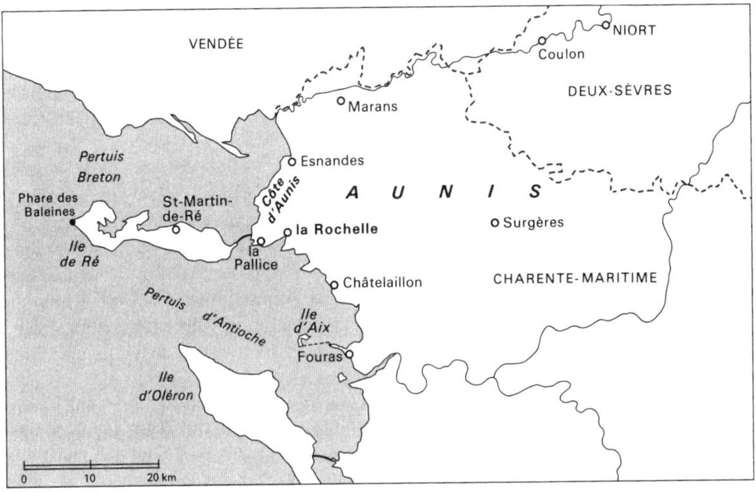

L'Aunis

l'Aunis passe sous le contrôle des rois de France. Dans la seconde moitié du XVIe siècle, elle choisit le camp protestant et l'alliance avec l'Angleterre. Le conflit ne s'achèvera qu'en 1628, avec le célèbre siège de La Rochelle par Richelieu. Malgré cela, les XVIIe et XVIIIe siècles restent ceux de l'essor commercial et urbain. La Rochelle s'enrichit grâce au commerce colonial et à la traite des Noirs. Rochefort devient un port militaire important. Les campagnes, dans la seconde moitié du XVIIIe siècle, profitent peu de l'expansion et, quand arrive la nouvelle de la chute de la monarchie absolue, les paysans d'Aunis font preuve d'un calme surprenant, qui tranche avec l'agitation des campagnes vendéennes ou même saintongeaises. L'Aunis reste à l'écart de la Grande Peur, ne proteste pas contre le rachat des droits féodaux, se dissocie du soulèvement des paysans de l'Ouest. Les troubles restent limités au milieu urbain : c'est surtout Rochefort qui est le théâtre d'événements sanglants.

A partir de la Restauration, la croissance économique reprend, interrompue, à partir de 1876, par la grande crise du phylloxéra. Destiné à la production d'eau-de-vie mais concurrencé par la Saintonge et le Cognaçais, le vignoble d'Aunis qui couvrait les hautes terres calcaires disparaît, cédant la place aux fourrages artificiels et à l'élevage laitier.

Aujourd'hui, la vocation agricole de l'Aunis reste forte. Les beurres de Surgères sont bien connus, mais on produit aussi colza, tournesol, maïs-grain, blé. Sur les hautes terres, le cadre habituel de l'exploitation agricole est resté la métairie, tantôt à cour fermée, tantôt à cour ouverte. Dans le marais au contraire, c'est un semis de cabanes dispersées. Originellement maisons-blocs à un seul étage, l'adjonction récente de bâtiments d'exploitation supplémentaires leur donne souvent l'aspect de fermes à cour ouverte. Mais, plus que jamais, l'Aunis apparaît comme un pays tourné vers la mer. La majorité de la population vit sur la façade atlantique. La plupart des industries classiques de production de biens d'équipement, concentrées à Rochefort et La Rochelle, connaissent de grandes difficultés. Les activités liées à la mer, le tourisme, la navigation de plaisance et les industries qui s'y rapportent, les services, semblent actuellement les principaux atouts pour un nouveau dynamisme régional.

La côte d'Aunis

33-AB3 / R 107 / V 39

La terre

A l'abri derrière les îles d'Aix et de Ré, les paysages côtiers présentent une grande variété. Aux côtes basses et souvent envasées, succèdent pointes et falaises calcaires battues par les flots. Ici, la mer attaque, creuse. Le long de ces falaises vives, d'une dizaine de mètres de hauteur, c'est l'assise jurassique de l'Aunis que l'on peut observer. Séparées de couches de marnes tendres, les strates de calcaires durs et jaunâtres apparaissent nettement, toujours bien mises en évidence par le travail de la mer.

Au pied des falaises, l'océan, emportant marnes et blocs rocheux, a poli la partie supérieure des couches calcaires, formant des marches très larges sur lesquelles on peut facilement marcher ou s'asseoir à marée basse. Ce sont les banches, que l'on peut particulièrement bien observer à Chef de Baie, entre La Rochelle et La Pallice. Au sommet, par beau temps, la perspective est souvent séduisante ; mais ces endroits sont dangereux. Au nord de La Rochelle, par exemple, la position maintenant menacée de quelques blockhaus, vestiges du mur de l'Atlantique, permet d'imaginer l'importance du recul des falaises en quarante ans.

Ailleurs, au contraire, la mer comble. La plage d'Aytré, et surtout la baie d'Yves et l'embouchure de la Charente sont les zones d'alluvionnement marin le plus intense. Le port de La Rochelle, le dessèchement des marais, sont constamment menacés d'envasement.

Les hommes

Depuis toujours, pourtant, les hommes ont cherché à tirer le meilleur parti possible d'une côte au tracé perpétuellement remanié. Ce sont d'abord les dessèchements des marais, avec l'aménagement correspondant, et les marais salants médiévaux et modernes d'Aytré et Angoulins, aujourd'hui disparus. Le long des falaises, à Marsilly et Esnandes au nord, à Yves et Fouras au sud, ce sont les pontons de pêche au carrelet, étroites passerelles de bois d'une trentaine de mètres de long. Juchés sur des pilotis d'une hauteur parfois impressionnante, ils se terminent par une cabane de forme cubique, à toit plat, où vient se fixer l'armature métallique du carrelet, filet de forme carrée à petit maillage. Ce sont enfin la mytiliculture et l'ostréiculture.

Dès le XIe siècle, reprenant les techniques de l'Irlandais Patrice Walton installé à Esnandes, les habitants de Charron plantent dans la vase des filets pour capturer les oiseaux. A l'usage, les moules viennent se fixer sur les montants : c'est ainsi que serait née l'idée de planter des pieux, ou bouchots, pour l'élevage des moules. Au Moyen Age, la technique se répand : au XIIIe siècle, on installe des bouchots dans la baie d'Yves, tout près de Châtelaillon. Un petit village s'y développe alors : Les Boucholeurs.

Aujourd'hui, Charron s'enorgueillit du titre de « capitale mondiale de la moule ». Produisant 8 000 à 10 000 t de moules par an, on compte 495 km d'alignements de bouchots dans le quartier maritime de La Rochelle, essentiellement sur les sites de Charron, Esnandes et Marsilly.

Depuis le Moyen Age, l'Aunis produit aussi des huîtres, le plus souvent sur les mêmes sites que les moules. Mais Lauzières ou Fouras ne peuvent guère rivaliser avec Marennes : le quartier maritime de La Rochelle-l'île de Ré produit cinq fois moins d'huîtres que celui de Marennes.

De La Rochelle au Marais poitevin

23 km / 45 mn

▶ Au sortir de *La Rochelle*, prendre la D 106 à partir de *La Repentie (→ encadré).*

▶ *Le Plomb.* Petit port d'origine médiévale, menacé d'envasement malgré les forts courants. C'est de là que les troupes de *Louis XIII* embarquèrent pour l'île de Ré en 1627 afin de lutter contre les Anglais et assiéger La Rochelle.

▷ Lauzières

Ce petit port de pêche qui vit surtout de la conchyliculture a conservé le caractère original des villages de pêcheurs. Les maisons basses blanchies à la chaux, aux petites ouvertures, tournent le dos à la mer et aux vents d'Ouest dominants.

▶ Une agréable promenade est possible le long des falaises jusqu'à la *pointe du Plomb (B 1329 Est)*, d'où l'on découvre, par beau temps, une belle vue de l'île de Ré.

▶ Au bout de la D 106, entre *Lauzières* et *L'Houmeau*, on peut voir la *fontaine de Grimeau*, dont l'existence est mentionnée dès le XIIIe s., mais qui a été refaite au XVIIe s. Tout près, début d'un *aqueduc* romain qui faisait 300 m de long.

▷ Nieul-sur-Mer

Cette commune, dépourvue d'industries, bénéficie, depuis les années 1950-1960, du dynamisme de l'agglomération rochelaise. On y a construit un grand nombre de maisons individuelles, mais le petit centre a conservé son caractère propre. On trouve de belles *demeures* XVIIIe-XIXe s. avec parcs, comme le *château* qui appartint aux *Vieljeux*. Plus à l'est, on peut encore voir les ruines médiévales de l'*abbaye de Sermaize.*

▶ Sur la route de *Marsilly (à gauche de la D 106)*, on peut aller voir *la Richardière*, grande bâtisse du XVIe s. où *Georges Simenon* demeura, de 1931 à 1934.

▷ Marsilly

Cette petite commune de la zone d'attraction rochelaise est surtout connue pour son *église* fortifiée. De l'ancien prieuré Saint-Pierre de Marsilly, qui dépendait de Saint-Michel-en-L'Herm, il ne reste en fait qu'un massif *clocher-porche* du XIVe s., dont l'aspect extérieur s'apparente davantage à l'ouvrage militaire qu'au sanctuaire religieux.

Le clocher est formé d'une grosse tour à quatre côtés, dont la façade Est porte encore les traces de construction de l'ancienne nef. Un passage percé dans le mur oriental permettait d'accéder à la nef. Sur les parois, des niches ont été aménagées, séparées de pinacles et surmontées d'anges sculptés en demi-relief. Au-dessus des fenêtres, les remplages font souvent penser au style gothique flamboyant. Haute de 28 m, la tour est garnie à son sommet d'un octogone qui devait sans doute servir de base à la construction d'une flèche et abriter les cloches. Mais c'est bien le souci militaire qui a présidé à la construction : une échauguette, des créneaux, un chemin de ronde, font plutôt penser à un donjon.

▷ Esnandes*

Ancien village de pêcheurs, remarquable par son site et son église fortifiée. Dépourvus d'industries locales, les habitants qui ne travaillent pas à La Rochelle s'adonnent essentiellement à l'ostréiculture, et surtout à l'élevage des moules, comme à Marsilly. Le village s'est développé, depuis le Moyen Age, au contact des hautes terres calcaires d'Aunis et du Marais poitevin. Au pied des falaises comme à leur sommet, de belles *promenades (B 1329 Est ; B 1328 Est)* permettent de contempler toute la baie de l'Aiguillon et la côte rétaise.

Cette commune fait partie du Parc naturel régional du Marais poitevin, et c'est à ce titre qu'elle abrite le *musée de la Mytiliculture*** *(mi-juin-sept. t.l.j. sauf dim. matin 10 h-12 h 30/14 h 30-19 h ; oct.-mi-juin t.l.j. sauf dim. matin et lun. 10 h-12 h 30/14 h 30-18 h ; les jours fériés 14 h 30-19 h (18 h hors saison) ☎ 46.01.34.64).* Celui-ci propose au visiteur

---

Sinistres lieux-dits

Entre La Rochelle et Esnandes, quelques toponymes conservent encore le souvenir d'événements sanglants à demi légendaires, comme le Pas de l'Assassin, près de Nieul-sur-Mer. Au nord de La Pallice, la pointe de La Repentie tire son nom d'un fait divers que la tradition orale nous a transmis.

Au XIe siècle, un conflit opposa le seigneur de Fouras aux habitants de Laleu, qui devaient être exempts de charges seigneuriales. Sous la direction de Myria Grim-Hard, ceux-ci se firent naufrageurs. Sur les plages de galets, ils allumaient des feux en face de la pointe de Sablanceaux pour attirer les bateaux sur les récifs. Ils massacraient alors les équipages et pillaient les cargaisons. Mais un matin, parmi les corps des marins assassinés, Myria Grim-Hard reconnut celui de son propre fils. Désespérée, après s'être repentie et avoir cessé ses activités, elle se jeta du haut de la falaise.

un intéressant historique des techniques de cueillette et du captage des moules, ainsi qu'une présentation de la géographie et de la biologie de la baie de l'Aiguillon, appuyée sur des animations audiovisuelles.

L'*église*★ est probablement le plus bel exemple d'église fortifiée en Aunis. De l'édifice construit au XIIe s., il ne reste aujourd'hui que le portail et les murs qui le jouxtent. Au XIVe s., l'extérieur fut enveloppé d'un véritable blindage de maçonnerie, donnant des murs épais de 3,50 m, réduisant les ouvertures. Le plan rectangulaire, reprenant la tradition médiévale de l'église-halle, renforce l'aspect de forteresse qu'elle prit alors. De l'intérieur, un petit escalier en colimaçon permettait d'accéder aux *remparts* entourant toute l'église, fait assez rare. Les créneaux sont équipés de mâchicoulis, et d'échauguettes; la porte latérale Sud est surmontée de la chambre de manœuvre de la herse et d'une chambre de tir. Des bretèches protègent encore chaque ouverture. Le *clocher*, massif et carré, fait figure de donjon. Ce n'est qu'entre 1880 et 1884, après une restauration de grande ampleur, que les fenêtres ogivales furent à nouveau dégagées, et que les très beaux remplages, à la limite du gothique rayonnant et du gothique flamboyant, ont été remis en valeur. A l'*intérieur*, maintenant bien éclairé, voûtes et piliers ont été refaits au XVIIe s. On peut y voir une chaire et des bancs d'œuvre du XVIIIe s., quelques maquettes de navires et des ex-voto.

▷ Charron

C'est l'une de ces petites îles de marais où les hommes se sont très tôt installés. Après la chute de l'Empire romain, les « Colliberts » vinrent s'y établir.

Les bouchots

L'élevage des moules se fait à l'aide de bouchots, pieux en bois épointés d'un côté, enfoncés dans la vase. Les lignes de pieux les plus proches de la mer - bouchots d'aval, bouchots à naissain -, servent à fixer les plus petites moules vers la fin du printemps. Elles sont ensuite détachées et fixées par paquets sur des lignes de bouchots de grossissement (ou bouchots d'élevage) placées plus près du rivage. Puis elles seront portées sur une troisième série de bouchots, les bouchots d'amont, où elles seront ramassées pour être vendues.

La longueur actuelle des bouchots est impressionnante : plus de six cents kilomètres; mais la production des moules n'a que peu d'importance par rapport à celle des huîtres (environ le dizième).

Dès le Xe s., les moines auraient entrepris des assèchements dans le marais avoisinant. L'existence d'une abbaye est attestée au moins pour le XIe s. et, très vite, elle entre dans la dépendance de Maillezais. En 1188, une nouvelle abbaye est fondée par les cisterciens de Benon, la Grâce-Notre-Dame, qui devient un des pôles de l'assèchement du marais. En 1360, une première forteresse est édifiée sur l'ordre d'Édouard III, devenu souverain d'Aunis par le traité de Brétigny, pour défendre l'entrée de la Sèvre et protéger Marans. Après la guerre de Cent Ans, la mytiliculture charronaise prend son véritable essor, mais la prospérité s'interrompt à nouveau avec les guerres de Religion. Les événements font en effet de Charron un point stratégique très important. Sa position sur l'embouchure de la Sèvre empêchait toute attaque de Marans par l'ouest, et permettait de contrôler l'alimentation de La Rochelle en grain depuis le marché de Marans, qui se faisait par la Sèvre. En 1562, les protestants s'installent à Charron et Marans, bourgs qui deviennent alors un enjeu essentiel dans le maintien ou la réduction de la place forte calviniste qu'est devenue La Rochelle. Le comte de Lude, gouverneur du Poitou, le maréchal de Biron, pour les catholiques, vinrent y combattre les réformés de François de La Noue puis d'Henri de Navarre. Il faudra cinquante ans à la paroisse pour se relever de ses ruines. L'église actuelle fut reconstruite vers 1680. Sous l'impulsion de Bradley, le XVIIe s. est aussi celui de l'assèchement systématique du marais, de part et d'autre de la Sèvre. Les XVIIIe et XIXe s. voient bien sûr le développement des transports : en 1866, l'actuelle route D 105 est construite, reliant directement Charron à La Rochelle, principal débouché commercial des mytiliculteurs. Elle mène jusqu'au Brault, où l'on prenait alors le bac pour franchir la Sèvre et passer en Vendée.

De la *forteresse* médiévale, il ne reste qu'une grosse *tour* ronde dérasée, et une autre, quadrangulaire, à la base desquelles on peut voir des fentes verticales aménagées pour le tir au canon. Détruite pendant les guerres de Religion, elle fut reconstruite en 1596. Elle présente maintenant une façade intérieure qui s'apparente à la Renaissance. La porte est surmontée d'un fronton triangulaire et encadrée de pilastres. Au-dessus, on observe des fenêtres géminées. A la jonction du toit et de la façade, les lucarnes sont décorées de pots à feu et de frontons. C'est aujourd'hui une maison de retraite.

Tous les ans, le 2 août, Charron célèbre la fête de la moule.

▶ On peut revenir à *La Rochelle* par la D 9.

Barbezieux

43-D3 ou 47-A4 / R 110 / V 47
5 107 habitants / ✉ 16300
ℹ place de Verdun ☎ 45.78.02.54

Prise entre les vallées où coulent le Trèfle à l'ouest, le Condéon et le Beau à l'est, et le Né au nord, Barbezieux, capitale de la Petite Champagne, occupe une butte que dominent les vestiges du château de ses anciens seigneurs.

Si la ville ne contrôle plus, comme à l'aube de son histoire, le passage entre le Poitou et l'Aquitaine, si elle a perdu le rang de sous-préfecture qu'elle avait jusqu'en 1926, elle peut s'enorgueillir toutefois d'avoir à plusieurs reprises enrichi le monde des lettres avec le troubadour Rigaut de Barbezieux, l'humaniste Elie Vinet, les romanciers Jacques Chardonne (→ encadrés) et Henri Fauconnier, l'historien Ernest Labrousse et le savant orientaliste Charles Virolleaud.

A cette réputation littéraire s'ajoute celle qu'elle tire de la distillation des eaux-de-vie, du commerce des volailles, des fruits confits et des marrons glacés dont elle se dit la capitale.

La ville dans l'histoire

La ville de Barbezieux apparaît au début du XIe siècle. Elle se développe autour de deux pôles : le château, et le prieuré Notre-Dame (fondé avant 1043) à l'origine de l'actuelle église Saint-Mathias. Audouin II, seigneur de Barbezieux, crée ses premières foires au milieu du XIe siècle.

Avec la guerre de Cent Ans, la cité connaît des temps difficiles. Henri de Barbezieux participe activement à la défense de la région, mais la ville est prise par les hommes de Du Guesclin. Elle sort de ces épreuves exsangue et déserte, au point que son seigneur, Audouin, ruiné, doit abandonner tous ses biens à Geoffroy de La Rochefoucauld. La ville restera aux descendants de ce dernier jusqu'en 1593. Par la suite, le château et ses domaines seront achetés par Richelieu et, plus tard, Louis XIV érigera cette terre en marquisat en faveur de Louvois.

Symbole de la douceur de vivre provinciale, Barbezieux fut un des centres des révoltes de Piteaux et croquants au XVIIe siècle. De même la grande Peur fut très agressive à l'encontre des châteaux, et les oppositions entre cléricaux et anticléricaux y furent parfois violentes. Au XVIIIe siècle, par mariage, Barbezieux retourne à la famille de La Rochefoucauld jusqu'à la Révolution.

Visite de la ville

1 h

Exhalant un charme discret, les vieux quartiers de Barbezieux, où se distinguent quelques demeures du XVIIIe siècle, descendent sur le flanc oriental de la colline, entre le château et l'église Saint-Mathias. Rues, ruelles et placettes, aux noms évocateurs, s'y enchevêtrent à plaisir : rue Orgueilleuse, rue Coudée, rue des Hautes-Douves, rue du Puits-du-Prêche, le Minage, rue du Triangle, rue de la Boule-d'Or.

Rigaut de Barbezieux

Ce troubadour, issu de la famille des Viguier, peut-être une branche cadette des seigneurs de Barbezieux, vivait au XIIe siècle, entre 1127 et 1163. Les manuscrits le disent « chevalier du château de Barbezieux..., pauvre vavasseur ». Dans ses chansons il a célébré, sous le nom de « Meilhs-de-Domna » (Mieux-que-Dame), celle qu'il aimait, sa Dame, la fille de Geoffroy Rudel, seigneur de Blaye, mariée à Geoffroy de Tonnay.
Son œuvre a été admirée, souvent citée et copiée jusqu'en Italie et en Catalogne. Elle témoigne, en cette partie de la Saintonge méridionale, de la vivacité de la culture courtoise de langue occitane.

▷ L'église Saint-Mathias

On trouve à l'origine de cette église le prieuré Notre-Dame - dit aussi Saint-Mathias -, fondé avant 1043, et qui relevait de Cluny. L'église fut rebâtie au XIIIe s. Son état actuel témoigne des nombreux remaniements nécessités par les ruines de la guerre de Cent Ans et les saccages des protestants en 1562 et 1569. La nef est restée à ciel ouvert de 1569 à 1680. La famille *Le Tellier-Louvois* l'a restaurée à partir de 1680. L'église conservait le « chef » (tête) de saint Mathias, mis au nombre des douze apôtres en remplacement de Judas. Cette relique, qui donna naissance à un pèlerinage très fréquenté, a disparu lors du pillage de 1562.

Un rectangle soutenu par quatre contreforts massifs compose la ***façade*** que couronne un petit fronton triangulaire. Elle est percée d'une porte du XIIIe s. ornée de quatre voussures et de chapiteaux sculptés de feuillages. Le ***clocher*** (XIIe s.) épaule le côté nord, et porte dans des niches percées au second étage, les statues de saint Pierre et saint Mathias.

A l'***intérieur***, nef voûtée de briques, à cinq travées avec bas-côtés. Deux anges en bois peint (fin XVIIIe s.), statue de la Vierge à l'Enfant en terre cuite (fin XVIIIe s.), deux tableaux peints en 1786 par *Vincent*, émule de David, l'un figurant l'Assomption et l'autre le Christ guérissant les malades.

Elie Vinet

L'humaniste Elie Vinet est né en 1509 à Saint-Médard, paroisse voisine de Barbezieux, d'une famille de laboureurs. Il fit ses études à Barbezieux et à Angoulême, puis à l'université de Poitiers et à Paris. En 1547, il participa à la fondation du collège de Coïmbre au Portugal. De 1562 à sa mort, en 1587, il fut principal du collège de Guyenne à Bordeaux.
*Son érudition s'étendait dans des disciplines aussi variées que la philologie, l'histoire, l'archéologie, l'épigraphie, la technologie. Ses recherches sur **l'Antiquité de Bourdeaus**, sur Bourg, Saintes, Barbezieux et Angoulême, font de lui le premier historien de Bordeaux et de sa région. Il s'illustra aussi en donnant une excellente édition critique des œuvres latines du poète bordelais Ausone.*

Jacques Chardonne

De son vrai nom Jacques Boutelleau, Chardonne est né en 1884 à Barbezieux, d'une mère américaine appartenant à une grande dynastie de porcelainiers de Limoges, et d'un père charentais, directeur d'une importante maison de cognac. Renonçant à travailler dans l'entreprise de son père, il monte à Paris suivre les cours de l'École de Sciences politiques. Atteint de tuberculose, il se soigne en Suisse, dans un petit village du Vevey, Chardonne, nom qui deviendra son pseudonyme.
*En 1910 il entre aux éditions Stock dont il partagera la direction avec son ami, Maurice Delamain. Il rencontre alors Mauriac, Morand, et écrit son premier roman **L'Épithalame** (1921) qui lui vaudra le prix Femina.*
*D'autres œuvres suivront, où la Charente est souvent présente : **le Chant du Bienheureux** (1927), **les Varais** (1929), **Eva** (1930), **Claire** (1931), **les Destinées sentimentales** (1934-1936), **Vivre à Madère** (1953), **Propos comme ça** (1966), et... **le Bonheur de Barbezieux** (1937).*
Ce petit livre, composé de souvenirs d'enfance et de jeunesse, est aussi un essai sur une société provinciale disparue : « En vérité, il y a quarante ans, dans une petite ville de Charente, tout le monde était heureux autant qu'il est possible sur terre ; on ne souffrait que de maux éternels. » Il demeure le meilleur des guides pour découvrir ce que fut l'âme de cette ville, et qui semble y survivre encore : « En juillet, après le dîner, quittant la salle à manger en plein jour, mon père se promenait sur la place du château, regardant le coucher du soleil qui descendait derrière les ormes, en contrebas, d'un côté de la place. Il me montrait la beauté du ciel et me parlait de choses élevées, avec une sorte de philosophie triste et sereine, toute pénétrée de la poésie des objets familiers. »
Aujourd'hui encore, le quartier qui borde la rue du Limousin paraît le même qu'au temps de Chardonne : « ... Cet été seulement, je me suis promené dans le Limousin. J'ai vu des rues charmantes, des maisons aux murs blanchis à la chaux, les contrevents verts mi-fermés, un rideau de perles en guise de porte, un figuier dans le jardin avec beaucoup de lessives, et cet air un peu arabe des villages saintongeais, près de la côte. »
Retiré dans sa maison de La Frette, près de Paris, Chardonne s'éteint le 29 mai 1968.

▷ Le château

Il est situé au point culminant de la colline, dans la ville haute. Les deux imposantes ***tours***, du XVe s., couronnées de mâchicoulis, dont on attribue la construction à *Marguerite de La Rochefoucauld*, ne sont que l'ombre d'un château plus important détruit dans sa majeure partie au XIXe s. Il occupait l'actuelle ***place de Verdun***.

On a restauré, au nord de cette place, les anciennes écuries qui abritent le ***théâtre*** et un petit ***musée*** *(visite sur demande au* ℹ *)* : fusains du XIXe s. et salle saintongeaise. ▶ Sur la place, à droite de ce bâtiment, la ***maison natale*** de l'écrivain *Jacques Chardonne*. ▶ Au pied des tours, beau ***point de vue***, à l'ouest, sur la campagne de la Petite Champagne et ses vignobles.

▶ Dans la vieille ville, le ***Minage*** (XVIe s.), où on mesurait le blé et le sel, est une construction à arcades, restaurée vers 1750, qu'orne, sur le mur sud, un ***cadran solaire*** daté de 1754. ▶ L'***hôtel de ville*** (XVIIIe s.) : est l'ancien hôtel particulier des *Texier de la Pégerie*.

Les Brandes

⟶ *Chauvigny, Civray, Montmorillon*

Bressuire

22-C1 / R 107 / V 33
12 000 habitants ✉ 79300
ℹ Pl. de l'Hôtel-de-Ville ☎ 49.65.10.27
SNCF ☎ 49.67.50.50

Au cœur du bocage vendéen, la ville blanche aux toits de tuiles bombées d'où jaillit le noble clocher Renaissance de l'église Notre-Dame est bâtie sur une colline dominant le vallon du Dolo, rivière qui, plus loin, prend le nom de Ton avant de se jeter dans l'Argenton.

Jadis fief d'une puissante baronnie (deux enceintes encerclaient son château), c'est aujourd'hui une ville active, animée par d'importants marchés à bestiaux.

La ville dans l'histoire

Bien que les témoignages historiques ne remontent pas au-delà du Xᵉ siècle, on peut penser que l'origine de la ville, qui se nomma d'abord Bercorium, se situe à l'époque des Celtes, ceux-ci ayant sans doute été attirés par l'intérêt défensif du site.

Au Moyen Age, les puissants seigneurs de Beaumont construisirent un château sur la colline qui domine le prieuré Saint-Cyprien. Mais, la famille étant alliée aux Plantagenêts, Philippe Auguste vint incendier la ville. Fidèle à ses seigneurs, Bressuire se retrouva ensuite dans la mouvance des rois d'Angleterre, jusqu'à ce que Du Guesclin vint donner l'assaut à la forteresse, en 1371.

En dépit de son histoire quelque peu mouvementée, la cité se développa, et l'on dénombre quelque 11 000 habitants au XVᵉ siècle. C'est alors qu'intervinrent les guerres de Religion, au cours desquelles, en 1568, les protestants pillèrent la ville, mettant à sac église et couvents.

Capitale du bocage vendéen, Bressuire se retrouva au cœur de la révolte lors des guerres de Vendée. Hostile à la République, profondément catholique, la ville se soulève, en 1793, contre la « levée en masse », ralliant la cause de Lescure, « le Saint du Poitou », seigneur du château de Clisson. En 1794, c'est la répression. Les colonnes infernales du général Grignon s'emparent de la ville et l'incendient. Les exactions de l'armée républicaine furent telles que son chef allait rester dans l'histoire sous le nom de « boucher de Bressuire ».

Avec l'arrivée du chemin de fer, en 1866, Bressuire se transforme et de nombreux bâtiments publics sont créés. En 1926 elle devient sous-préfecture des Deux-Sèvres.

La ville aujourd'hui

L'histoire contemporaine est marquée par la construction, en 1936, d'un nouvel abattoir. Traditionnellement gros marché agricole, avec d'importantes foires hebdomadaires, Bressuire diversifie son économie par des activités industrielles. Le secteur agro-alimentaire s'est vu renforcé par le développement des conserveries, par la création d'une école des métiers de la viande et par l'arrivée de capitaux britanniques à la recherche de nouveaux centres d'approvisionnement.

Visite de la ville

1/2 j. / P pl. de l'Église

▷ L'église Notre-Dame

Marquant le centre historique de la ville, la haute *tour* (56 m) de l'église Notre-Dame est couronnée d'un lanternon qui rappelle les clochers de la cathédrale de Tours. Élevé à la fin du XIIe s., l'édifice, initialement de style angevin, a été reconstruit en grande partie au XVIe s., après sa destruction par un incendie en 1214. De la construction primitive il ne reste guère que la *nef*, dont le portail occidental affirme de nettes réminiscences romanes. Mais la voûte de la nef date du XIIIe s. Le vaste *chœur* (du XVIe s.) qu'éclairent de superbes vitraux, relève encore du flamboyant. Quant au *clocher*, élevé dans le deuxième quart du XVIe s., couronné d'une coupole à laquelle fut ajoutée une lanterne au XVIIIe s., il témoigne déjà de l'influence italienne.

▶ L'*hôtel de ville*, bâtiment du XIXe s. (sous la Restauration), qui s'imbrique dans l'ancien couvent des Cordeliers, abrite le ***musée d'arts et traditions populaires en pays Bressuirais*** *(juil.-août t.l.j. sauf lun. 13 h 30-19 h ; sept-juin t.l.j. sauf dim. et lun. 13 h 30-17 h 30 ☎ 49.65.26.79)* présentant des meubles, faïences, coiffes et vêtements d'origine régionale.

▶ *Église Saint-Cyprien*, reconstruite au XIIe s.

▶ Place du 5-Mai, voir l'*hôtel Bactot* est installée la bibliothèque-médiathèque.

▶ D'autres constructions caractéristiques du XIXe s. sont visibles comme l'***ancienne poste***, place Carnot.

▷ Le château *visite libre ou guidée pendant l'été, renseignements* i

Juché sur une colline isolée, le château domine la ville et la vallée du Dolo. Il se compose de deux châteaux superposés : l'enceinte du XIIIe s., de 700 m de développement et jalonnée d'une cinquantaine de tours, englobe une enceinte circulaire du XIe s. Sur l'esplanade, où subsistent quelques vestiges du logis seigneurial du XVIe s., un petit château de style néo-gothique a été construit au XIXe s. De la terrasse qui le précède, le regard peut embrasser le vallon.

Aux environs

▶ Au sud de Bressuire, par la route de *Boismé (D 139)*, ***manoir*** Renaissance ***du puy Pugny*** (ou Putigny) : porche et puits Renaissance. ▶ A 3 km E., *Saint-Porchaire*, ancienne commune rattachée à Bressuire, possède une église du XVe s. et une école de poterie.

A la découverte du bocage

Hier vendéen, aujourd'hui deux-sévrien, le bocage est un pays d'élevage doucement vallonné, riche en rivières, étangs, chemins creux bordés de haies et manoirs. C'est dans ce décor propice aux embuscades, que se déroulèrent les affrontements entre les « Bleus » et les Chouans de La Rochejaquelein.

De Bressuire à Mauléon

par Les Aubiers / 50 km / 1/2 j.

▶ Quitter Bressuire par la route de *Voultegon* (D 164). Sur la droite, marqué par une croix de pierre et deux jalons de granit, le chemin menant au ***manoir de La Rochejaquelein*** (XVe-XVIe s. *privé*) qui conserve un porche sculpté, une tour polygonale et une vaste grange seigneuriale. Ce lieu est associé au souvenir du célèbre chef vendéen *(→ encadré)*. ▶ La route, qui passe à proximité du ***château de La Dubrie*** (XVe s.), descend la bucolique vallée du Ton et conduit à *Voultegon*, commune qui tire son charme de la présence de coteaux plantés de chênes verts et de cèdres et qui possède le ***château des Dorides*** (XIVe s.) et un vieux ***pont*** roman enjambant l'Argent.

▶ Par la route d'Argenton (D 154), passer à *Saint-Clémentin*. Installé dans un cadre charmant, ce petit village aux maisons simples, possède une ***église*** étonnante. Si la base du clocher est en pierre, sa flèche, pleine de finesse et d'élégance est... en tôle !

▶ A proximité de *Nueil-sur-Argent (7,5 km E. de Saint-Clémentin)* se trouve le ***château de Tournelay*** *(visites guidées du château, des dépendances et du potager ; juil.-16 août t.l.j. 14 h-18 h 30 ; avr.-juin et 17 août-nov. sur RV ☎ 49.65.61.13)* du XIXe s. dont le beau parc

enchâsse la vallée de l'Argent. ▶ Aux *Aubiers*, tourner à droite avant le village pour voir le *logis des Cerveaux* qui possède toujours sa douve et présente une originale loggia à colonnes doriques. Ce fut un important château gothique qui a été remanié sous Henri II. Dans le village, *l'église*, gothique, est de style Plantagenêt.
▶ *Saint-Aubin-de-Baubigné*. Patrie de *Henri de La Rochejaquelein* (→ *encadré*). *L'église* (XIXe s.), que surmonte une flèche en granit de 52 m, renferme la chapelle funéraire des *La Rochejaquelein* où reposent *Henri* et ses frères, *Louis* (mort lors du soulèvement de 1815) et *Auguste*. Statue d'Henri à la sortie Est du bourg.
▶ A 1 km N., les ruines du *château de la Durbelière* (XVe et XVIIIe s.) où naquit le chef chouan. Sa masse se dresse au fond d'une immense esplanade. Cette dernière est entourée de beaux communs du XVIIe s. bien conservés et s'ouvre par un superbe *portail* millésimé et armorié. Le château fut incendié par *Westermann* en 1793.

▷ Mauléon* ℹ *49.81.45.22*

De 1736, date à laquelle elle fut érigée en duché-pairie au profit d'Alexis de Châtillon, jusqu'en 1965, Mauléon s'est appelée Châtillon-sur-Sèvre. En 1793, Châtillon fut en quelque sorte la capitale de la Vendée militaire. En effet, l'Imprimerie Royale et surtout le Conseil supérieur, gouvernement embryonnaire des régions insurgées, y étaient installés. D'âpres combats s'y déroulèrent (5 juillet et 11 octobre 1793), au cours desquels la ville fut incendiée. Déjà le château du XIIIe s. avait été démantelé par *Richelieu*.

Mauléon est bâti sur un balcon rocheux qui domine la vallée de l'Ouin. A son extrémité Ouest se dressait le *château* médiéval ; il en reste l'emplacement et la porte monumentale (XVe s.) ouverte dans l'enceinte qui permet d'accéder à la terrasse. Belle *vue* sur la vallée et sur le coteau de Château-Gaillard, le promontoire qui fait face à Mauléon et où eut lieu la fameuse bataille du 5 juillet 1793 entre *Westermann* et les Vendéens. *Le musée de la Vie des Jouets* (*t.l.j. sauf lun. et mar. 14 h-19 h, groupes sur RV ☎ 49.81.64.12*) présente l'évolution des jouets depuis 1830.

Le centre-ville est occupé par l'imposant bâtiment (XVIIIe s.) de l'ancienne *abbaye de la Trinité* fondée au XIe s. Le *musée du B.R.H.A.M.** (Bureau de recherches historiques et archéologiques du Mauléonnais), musée d'Histoire et des Traditions locales (*t.l.j. sf mar. 14 h 30-18 h, dim. 10 h-12 h/14 h 30-18 h ☎ 49.81.42.02*) occupe l'aile droite de l'abbaye. L'intérêt principal du musée réside dans les mystérieuses *roches gravées des Veaux* (près de Saint-Aubin-de-Baubigné), découvertes en 1887. Le sens des gravures, des motifs anthropomorphes et zoomorphes, constitue une énigme pour les préhistoriens. Leur âge même est incertain. Sur le site existaient 200 de ces rochers, 28 seulement ont été sauvés de la masse des carriers ; le musée en possède une dizaine.

Le musée comprend 10 salles. Au rez-de-chaussée : géologie, préhistoire (roches gravées), Antiquité et Moyen Age. A l'étage : guerre de Vendée, art religieux, vieux métiers, reconstitution d'un intérieur vendéen, salle du folklore (coiffes du Poitou) et salle d'armes.

L'*église* fut reconstruite au XIXe s., mais à droite de la façade, le *portail** roman de l'ancienne abbatiale a été conservé.

Aux environs de Mauléon

▶ A 1 km S.-O., colline et ruines de *Château-Gaillard* : beau panorama.
▶ *Saint-Jouin* (*N.-O. de Mauléon*) conserve une belle *église** du XVe s. en granit.
▶ Depuis Mauléon, prendre la route de Mortagne-sur-Sèvre pour aller voir le *manoir de la Blandinière*, reconnaissable à sa tour octogonale (*à 1 km à droite de la route*). Il date des XVe et XVIe s. et est bien conservé (*ne se visite pas*).
▶ La *Chapelle-Largeau* est un centre d'exploitation d'uranium.
▶ A 8 km N.-O. de Mauléon, le *château La Coudraie-Noyers* (*ne se visite pas*) est un bel édifice des XVe et XVIIe s.

Au sud de Bressuire

100 km/1 j.

▶ Quitter *Bressuire* par la D960b, en direction de Cerisay.
▶ *Cerizay*. Ce petit centre industriel a été entièrement reconstruit après la dernière guerre. La cité, miraculeusement épargnée lors des guerres de Vendée, a été dévastée par les nazis.
▶ A 2 km de Cerizay, *Beau-Chêne* fut l'une des rares abbayes que possédèrent en France les chanoines du Latran. Le couvent a été reconstruit au XIXe s. La petite *église** romane, remaniée au XVe s., a fait l'objet d'une intelligente restauration. Les trois courtes travées de sa nef basse, voûtées en ogive, sont éclairées par des vitraux Renaissance. Près de l'entrée, une plaque d'ardoise gravée raconte l'histoire du monument et l'objet du pèlerinage annuel à la Vierge miraculeuse (8 septembre).
▶ *Montravers* (*5 km O. de Cerizay*) abrite les tombes des otages de Cerizay, fusillés en 1944.

▷ La Pommeraie-sur-Sèvre *5 km O. par la D 149*

Dominant la vallée de la Sèvre, l'*église*

La Rochejaquelein

Né au château de La Durbelière en 1772, Henri de La Rochejaquelein, jeune aristocrate d'une grande beauté, se rendit célèbre, après l'exécution du roi Louis XVI, en prenant la tête de l'insurrection vendéenne avec son cousin Lescure. C'est avec toute la fougue de ses 21 ans que sur l'esplanade de La Durbelière ce chef vendéen lance aux paysans venus le chercher :
« Si j'avance, suivez-moi ! Si je recule, tuez-moi ! Si je meurs, vengez-moi ! ».
D'autres mots fameux lui sont attribués : « Pourquoi veut-on que je sois général ? Je ne veux être qu'un hussard pour avoir le plaisir de me battre. »
Connu pour sa bravoure, il se révèle aussi grand stratège pour échapper aux Bleus et les battre à plusieurs reprises. Le 28 janvier, il tombe au cours d'une escarmouche, victime d'un fuyard qu'il rattrapait et à qui il promettait la vie sauve. Ses hagiographes en feront « l'Achille de la Vendée ».

paroissiale **Saint-Martin**, construite en forme de croix latine avec des voûtes très bombées, offre un bon exemple de la première période ogivale du XIIIe s.

Les **peintures murales*** (XVIe s.) occupent la paroi sud des deux dernières travées occidentales de la nef. Elles représentent les sept péchés capitaux, enchaînés à la suite d'un monstre, le diable, qui les emmène en enfer. Leur intérêt est de montrer les costumes du XVIe s. On distingue, dans l'ordre, l'Orgueil qui chevauche un lion, l'Envie et son lévrier, l'Avarice sur un loup, la Luxure sur un bouquetin, la Gourmandise sur un pourceau, buvant et mangeant des deux mains, la Colère, guerrier sur un chat sauvage, la Paresse sur un âne.

Le **Château du Deffend** *(20 août-30 sept. t.l.j. 14 h 30-18 h 30, 15 mai-20 août groupes sur RV ☎ 49.80.53.63)* du XIXe s. présente de belles salles aux riches décorations peintes et en bois sculpté. Remarquer le **Vieux Deffend**, ancien château du XVIe s., transformé en ferme.

▶ De La Pommeraie-sur-Sèvre, prendre la D 27 au sud. Le **château fort de Saint-Mesmin-la-Ville** *(juil.-août t.l.j. 14 h 30-19 h ; mai-juin et sept-nov. les dim. et jours fériés 14 h 30-18 h ☎ 51.91.24.61)* date des XIVe-XVIe s. et fut l'enjeu d'un combat entre républicains et royalistes en 1796. On visite le donjon, le chemin de ronde, la salle de garde et les cuisines.

▶ **La Forêt-sur-Sèvre**, où séjournèrent *Duplessis-Mornay*, le compagnon d'Henri IV, et *Joachim du Bellay*, possède une église de style ogival. Beau **château** qui se dresse sur une île de la Sèvre. Edifié au XIVe s., il a été reconstruit au XIXe s. Pendant les guerres de Vendée, 3 000 prisonniers « bleus » y furent internés.

▶ **Montcoutant** *(7 km S.)* vit dans l'orbite de Bressuire. Grande **église** flamboyante de la fin du XVe s., très restaurée ; quelques maisons anciennes et **château de la Jobtière** (début du XIXe s.).

▶ **Courlay**, lieu de naissance de l'écrivain *Ernest Pérochon* (1885-1942) qui publia ses premiers romans, dont « Les Creux de maisons », en feuilleton dans l'Humanité de Jaurès, église mi-romane, mi-gothique, retable du XVIIe s.

▶ Par **La Plainelière** (siège de la Petite Église qui ne reconnut pas le Concordat) et **Chanteloup**, qui possède deux châteaux : ceux de Lavaud (XVe s.) et d'Étrie *(privé)*, on arrive en pays marial. ▶ L'église de **La Chapelle-Saint-Laurent** est en partie du XIe s. ▶ **La basilique de notre-Dame-de-Pitié** *(1 km S.-E.)* rassemble des foules importantes pour les pèlerinages d'août et de septembre. Pèlerinage chaque année le jour de la Fête-Dieu. ▶ A 1 km E., le **château de Mothes** garde une porte du XIIIe s., son enceinte et une tour.

▶ Très agréable, la route de **Clessé** traverse une région riche en étangs. ▶ Au sud de Clessé, **Hérisson**, qui fut un riche village au Moyen Age, garde des vieilles maisons, un château (XIIIe-XVe s.) placé au-dessus de la vallée des Arcis, et une église de granit.

▶ En revenant vers le Nord et en passant par Clessé et Boismé, gagner le **château de Clisson** *(privé mais visite l'été)*. Situé dans un beau parc, celui-ci appartint au chef vendéen *Lescure* (1766-1793) qui fut surnommé le « Saint du Poitou ».

▶ Rejoindre la N 149 (Parthenay-Bressuire) pour se rendre à **Chiché** : grande **église** du XIIe s., ruines du château, pont gothique en contrebas de la route sur le Thouaret et **prieuré de Baudouille** (1217).

▶ De là gagner *(par la D 177)* **Faye-l'Abbesse**, dolmen. A l'est du bourg, la **villa** gallo-romaine **des Cranières** (fouillée au XIXe s.) possède une citerne souterraine.

▶ Au nord, à **Noirterre**, important monument aux morts de la Première Guerre mondiale, érigé à la sortie de la commune.

▶ L'étrange nom de **Saint-Sauveur-de-Givre-en-Mai** *(sur la N 149)* s'explique par une légende locale selon laquelle, après la victoire de *Charles Martel* à Poitiers, en 732, un certain nombre de Sarrasins qui s'étaient échappés réussirent à se réfugier dans l'église de Saint-Sauveur. Assiégés, ils répondirent qu'ils ne se rendraient que s'il givrait le lendemain. Or, comme c'était en mai et que le temps était frais, le givre tomba et les Maures durent capituler. Dépourvue de voûte, **l'église** romane possède une très belle charpente du XVIe s.

▶ Revenir à Bressuire. Sur la route, à 2 km, sur la droite, **étang de la Madoire** *(privé mais visite sur demande)*, de 36 ha.

Brouage★★

33-D3 ou 40-A2 / R 107 / V 39
250 habitants / ⊠ 17320
ℹ rue Québec ☎ 46.85.19.16

La ville natale de Samuel Champlain, fondateur du Canada (→ encadré), la ville de l'aventure, des amours royales, s'est assoupie dans son quadrilatère de 2 km de fortifications, désormais hors de vue de la mer sur laquelle débouchait encore, au XVIIe siècle, l'un des grands ports du royaume. Que reste-t-il de ce port jadis rival de La Rochelle? de cette forteresse catholique en pays huguenot, dont la garnison atteignait 6 000 hommes? Un îlot de remparts couronnés d'ormeaux au milieu du polder qui a succédé aux marais salants, une cité du silence aux rues rectilignes...

La ville dans l'histoire

La conquête des terres sur la mer a permis très tôt d'aménager des marais salants et, dès le VIIe siècle, le commerce du sel est signalé dans cette région. Il prend de l'extension aux VIIIe et IXe siècles. Au XIe siècle, les salines de Brouage appartenaient à Geoffroy Martel qui en fit don en 1047 à l'abbaye Sainte-Marie de Saintes. Les moines créent alors une véritable industrie du sel, ce qui détermine la croissance économique de Brouage. Anglais, Flamands, Hollandais viennent ici chercher cet « or blanc » qui sera transporté par gabarres entières.

Dès le XIVe siècle la baie de Brouage est rattachée au domaine royal français. Le seigneur de Pons reçoit de Charles V la châtellenie d'Hiers dont Brouage faisait partie. En 1555, Jacques de Pons fonde une première ville qui prend le nom de « Jacopolis ». Elle est construite sur des terrains de délestage, c'est-à-dire sur un tas de sable, de pierres et de galets déchargés par les navires qui viennent là chercher le sel. Brouage devient très vite un port actif, bien protégé, un des plus importants de France, commerçant avec l'Angleterre, les Flandres et l'Allemagne.

Pendant les guerres de Religion, Brouage joue un rôle essentiel. En 1570, de nouvelles fortifications sont construites pour protéger la place forte catholique, ce qui n'empêche pas la ville de tomber aux mains des protestants au cours de la même année. La forteresse reçoit la visite d'Henri de Navarre en 1576. Assiégée par les troupes royales, Brouage succombe en 1577. Plus tard, en 1585, les hostilités reprennent, et Condé assiège Brouage. Afin de bloquer l'entrée du port, il fait couler vingt navires remplis de sable et de cailloux, au passage le plus étroit du havre. Les travaux de renflouement entrepris par les défenseurs de la place ne seront pas suffisants et désormais, inexorablement, le port va se combler.

L'année 1627 est capitale dans l'histoire de la cité. Richelieu, qui veut s'emparer de La Rochelle, apprécie la situation stratégique de Brouage. Il se donne le titre de capitaine de la place et met toute sa hâte à faire réparer les fortifications, son projet étant d'en faire un grand port et une formidable forteresse. Il confie à l'ingénieur d'Argencourt le soin de tracer les plans de la nouvelle cité. Les travaux durèrent de 1630 à 1640. En 1650, lors du soulèvement de la Fronde, la forteresse résistera deux ans aux assauts des troupes royales pour finalement capituler. Colbert de Terron, le cousin de Colbert, est nommé gouverneur de la place.

Cependant Brouage tombe doucement en décadence à la fin du XVIIe siècle. Le port s'envase de plus en plus et c'est ce qui amènera Colbert, en 1666, à créer un nouveau port de guerre à Rochefort. Brouage restera avant tout une sentinelle catholique face à sa voisine protestante, La Rochelle. En 1659, la place est le théâtre des amours déçues de Louis XIV et de Marie Mancini, nièce de Mazarin. Le cardinal, qui désapprouvait cette liaison pour raison d'État, convia sa nièce à s'exiler à Brouage, ceci afin de l'éloigner du roi qui devait épouser l'infante d'Espagne. Pendant trois mois et demi, les fêtes se succèderont dans la cité afin de distraire la mélancolie de Marie Mancini. De retour de Saint-Jean-de-Luz où avait été célébré son mariage avec Marie-Thérèse, Louis XIV s'arrête à Brouage pour visiter les lieux où Marie avait vécu quelques mois auparavant. Il demande à occuper la même chambre que la jeune fille et Philippe Mancini, qui accompagnait le roi au cours de cette escapade, raconte que ce dernier « a fort pleuré en se promenant le soir près de la mer... ».

Vauban visite la place en 1685 et fait procéder à des travaux de terrassements, mais en vain. La décadence s'accentue au XVIIIe siècle, le commerce du sel périclite et le paludisme décime la population.

Après la révocation de l'édit de Nantes (1685), de nombreux protestants sont emprisonnés dans la cité. Sous la Révolution ce rôle de prison se confirme : on y enferme tous les suspects hostiles aux idées nouvelles. Beaucoup meurent de faim ou de maladie. En 1795, 245 prêtres réfractaires sont internés à Brouage.

Au XIXe siècle les autorités militaires se retirent de Brouage et la forteresse, elle-même prisonnière de ses marais désormais délaissés, semble vouée à disparaître. Peu à peu les agriculteurs prennent possession de tout le marais ; la ville est définitivement rendue à la terre.

Un peu assoupie dans sa vaste enceinte, Brouage place forte classée monument historique, en 1885, vit aujourd'hui du tourisme et surtout de la mytiliculture et de l'ostréiculture.

Visite de la ville

1 h 30 environ

Le bourg, à l'aspect tranquille d'un village saintongeais, a été principalement édifié au XVIIe siècle. Les maisons, petites et blanches avec des contrevents verts, recèlent de beaux portails et quelques détails sculptés intéressants.

▷ Les remparts

Construits par *d'Argencourt* entre 1630 et 1640, ils forment un quadrilatère renforcé par sept bastions et protégé par deux demi-lunes. Les remparts ont été construits sur pilotis. Les pieux, reliés par des traverses, ont servi d'assises aux premières pierres des fondations. Chaque bastion possède trois échauguettes hexagonales et des embrasures pour les canons.

Deux portes principales subsistent : au nord la *porte Royale (en venant de Rochefort)* présente un tunnel voûté d'une longueur de 20,50 m. Elle est surmontée d'un fronton orné d'un écusson aux armes de France et de Navarre ; au sud, la *porte de Marennes*, très endommagée, était recouverte d'une voûte en pierre dont on voit encore l'amorce. Ces portes sont ornées de nombreux graffiti représentant le plus souvent des bateaux et des écussons.

▷ Le bastion Royal *près de la porte Royale, au nord*

Cet édifice, qui abrite actuellement l'Office du Tourisme, renferme deux salles qui étaient d'anciennes forges. L'une d'elles possède une magnifique *cheminée* centrale soutenue par quatre piliers. L'autre forge montre de nombreuses *inscriptions* gravées dans la pierre par les prisonniers. Tout à côté, l'*escalier Marie Mancini* monte vers le rempart.

▶ Au nord toujours, l'ancien *palais des gouverneurs* où logea *Marie Mancini*. Dans l'épaisseur du rempart on peut voir une *grotte* tapissée de coquillages, « cabinet de rocaille » de la maison du gouverneur, qui a servi de chapelle aux prêtres déportés ici en 1795.

▶ A l'est, on voit encore une des poudrières et surtout la *halle aux vivres*, belle construction de pierre et de brique qui possède une double galerie couverte de voûtes d'arêtes.

▷ L'église Saint-Pierre-et-Saint-Paul

Elle fut construite en 1608. La façade est ornée de trois écussons, celui du centre représentant les armes de France, celui de gauche les armes de Thimoléon d'Espinay de Saint-Luc, et celui de droite celles de Pierre de Comminges.

A l'intérieur, *exposition* permanente de documents relatifs à *la fondation de Québec* réalisée par l'Association des Amitiés franco-québecoises. La restauration de l'église a été financée par la Ville de Québec.

Le marais de Brouage

45 km environ / 1/2 j.

Le marais recouvre toute la surface de l'ancien golfe de Saintonge, dont la ligne littorale s'étend de la presqu'île de Saint-Froult à la presqu'île de Beaugay, passe par Saint-Agnant, Saint-Jean-d'Angle, La Gripperie-Saint-Symphorien et remonte par Saint-Just jusqu'à Marennes. Des îles comme l'île Bordeaux, l'île d'Érablais et surtout Hiers, sont maintenant englobées par l'étendue du marais.

Le marais de Brouage était une des principales zones de marais salants de la côte charentaise. Au XVIIe siècle, sa surface a diminué de moitié à cause du phénomène d'envasement. A la fin du XVIIIe siècle, sous l'impulsion de l'intendant Guéau de Reverseaux, de grands travaux d'assainissement furent réalisés afin de réduire ces foyers de paludisme qu'étaient devenus les marais. Peu à peu ils seront reconvertis dans l'élevage et la culture du blé.

On distingue deux sortes de marais. Les marais gâts, qui ne sont plus en contact avec la mer mais pas encore aménagés pour l'élevage, étaient beaucoup plus nombreux autrefois. Les prés-salés sont parcourus par des canaux d'eau plus ou moins salée qui se retire au jusant. Ce sont des zones d'élevage intensif, à cause de la présence du sel dans les pâturages. Le lait, le beurre, ont un goût particulier très recherché.

▶ *Hiers (2 km S. de Brouage en direction de Marennes)*, sur une petite butte de 26 m de hauteur, est en fait une ancienne île du golfe de Saintonge et une des plus importantes. Église gothique.

▷ Moëze *6 km N. de Brouage sur la D3*

Village autrefois situé au bord du golfe de Saintonge. L'*église Saint-Pierre* est dominée par un clocher de style gothique flamboyant, terminé par une flèche octogonale ajourée à sa base. Jusqu'au XVIIe s. ce clocher a servi d'amer. L'église, ruinée par les protestants, conserve un portail du XVIIe s. sommé d'un fronton triangulaire. A l'intérieur, orgues du siècle dernier. Concerts en saison.

Mais la curiosité de Moëze est la *croix hosannière** qui se dresse à l'entrée du cimetière. Ce monument du XVIe s., unique en France, s'appelle ainsi car les fidèles venaient y déposer, le dimanche des Rameaux, du buis béni en chantant l'Hosanna. Parfois aussi appelé « Temple de Moëze » à cause de sa forme carrée, c'est un édifice entouré de colonnes corinthiennes supportant un entablement surmonté d'une pyramide terminée par une croix. Le plafond est orné de petits caissons tous différents. Sur la frise, on lit un verset de l'Évangile : « Les enfants des Hébreux, portant des rameaux d'olivier, acclamaient le Seigneur en criant Hosanna, gloire à Dieu dans les cieux. »

Toute la zone littorale de la commune de Moëze, limitée au sud par le Havre de Brouage, a été classée *réserve naturelle de Moëze* en raison de son intérêt pour la faune sauvage et en particulier les oiseaux (hérons, oies, canards, rapaces, etc.). L'accès est réglementé *(s'adresser à L.P.O. La Corde-*

Samuel Champlain

Il naquit à Brouage vers 1570. Un monument rappelle sa mémoire, dans l'actuelle rue Champlain. Son père et son oncle étant capitaines, le jeune Champlain reçut tout naturellement une formation de marin. En 1586, il connut le siège de Brouage. La place était alors commandée par François d'Espinay de Saint-Luc qu'il suivra jusqu'en Bretagne où il sera promu officier. En 1598, Champlain entreprit une série de longs voyages. L'un d'entre eux devait le conduire jusqu'au Canada. Le récit de ce voyage, publié sous le titre «Des Sauvages», est une description géographique du Canada et un recueil d'observations sur les indigènes. De 1604 à 1613, il accomplit d'autres voyages et publia ses observations sous le titre «Voyages». Dans «Voyages et Découvertes», il narre son exploration des grands lacs. Ces œuvres seront toutes reprises en 1632 dans «Les Voyages».
Champlain devient gouverneur de Québec. Assiégée par les Anglais, la petite colonie française doit se rendre et Champlain est emmené en Angleterre. Le Canada est restitué à la France par le traité de Saint-Germain-en-Laye et Champlain, qui y retourne en 1633, y meurt le 25 décembre de la même année.

rie Royale, B.P. 263, 17305 Rochefort cedex ☎ 46.99.59.97).

▷ Soubise

Située sur la rive gauche de la Charente, cette ancienne baronnie fut érigée en principauté au XVIIIe s. pour la famille de Rohan. *Église* gothique, en partie du XIIIe s. La nef, reconstruite au XVIIIe s., conserve une litre funéraire aux armes des Rohan-Soubise. Devant l'église, la *maison d'Anne de Rohan* (XVIIe s.) est occupée par la mairie.
▶ *Saint-Nazaire-sur-Charente.* Village au cœur du marais de Brouage et à proximité de l'embouchure de la Charente. *Église* en partie du XIIIe s. A l'intérieur, maquette d'une frégate de 72 canons. ▶ Au bord de la Charente s'élève le *fort Lupin* qui date du XVIIe s. De nombreuses gravures de voiliers réalisées par des marins ornent ses murs. ▶ *Fontaine Lupin* où venaient se ravitailler en eau potable les bateaux citernes de la marine de Rochefort. La fontaine était alimentée par un aqueduc souterrain. La source se trouvait à environ 3 km au bord de la route Saint-Nazaire-Soubise. ▶ Toujours sur la Charente, le *complexe nautique de Lupin.*

▷ Port-des-Barques

La Charente atteint à cet endroit 2 km de large. Superbe *panorama* englobant les îles d'Oléron, d'Aix, de Ré et l'île Madame. Ce port de pêche qui aligne ses maisons blanches sur le quai de la Charente est aussi une petite station balnéaire. *Parc des Rouches* avec un lac ouvert à la pêche, *côte* sauvage *de Font-Renaud.*
▶ De Port-des-Barques on peut accéder à l'île Madame par la *pointe de Piédemont* où se dresse une *chapelle* à la mémoire des 250 prêtres martyrs de 1794, enterrés dans l'île Madame.

▷ L'île Madame

Cette île minuscule, de 1 km de long sur environ 600 m de large, est reliée au continent par un passage naturel, *la Passe aux Bœufs*, découvert à marée basse. L'île est séparée de l'éperon rocheux des Palles par la *Passe aux Filles*. Son nom lui vient de Madame, titre portée par l'abbesse de Saintes. Au Moyen Age en effet, l'île appartenait à l'Abbaye-aux-Dames. Pendant la Révolution elle fut appelée île Citoyenne.

Au sud-est de l'île, à la sortie de la Passe aux Bœufs, une *croix de galets* marque l'emplacement de la sépulture des prêtres qui, en 1794, déportés sur des pontons à l'embouchure de la Charente, moururent de faim. Au nord, belles *vues* sur Fouras et l'île d'Aix. Un ancien fort abrite une maison familiale.
▶ *Saint-Froult (sur la D 125E qui relie Port-des-Barques à Moëze).* Cette petite commune vit essentiellement de l'élevage des bovins et de l'ostréiculture. Circuit cycliste fléché.

L'art du saunage

La technique consiste à creuser un réservoir à fond plat, le «jas», dans lequel la mer s'engouffre à marée haute. La terre de déblaiement est rejetée sur le côté, formant un petit talus (ou bosse), sur lequel le paysan cultivera avoine, seigle et blé. Le second bassin, moins profond, est relié au premier par une conche, ou canal, et permet à l'eau de mer de se réchauffer, puis de s'évaporer.
La saunaison se déroule de juin à septembre, parfois octobre si les conditions climatiques sont favorables, l'évaporation dépendant étroitement de la température et du vent. L'eau passe de bassin en bassin avec un taux de salinité de plus en plus élevé. Les cristaux de sel déposés dans le dernier bassin sont étalés par le saunier sur de petites levées de terre où ils s'égoutteront. Ces tas de sels, appelés «vaches», seront recouverts à l'automne de paille ou de varech, attendant d'être transportés par les navires.

Chalais

48-B1 / R 110 / V 47
2 194 habitants / ⊠ 16210
ℹ mairie ☎ 45.98.10.33

Au confluent de la Tude et de la Viveronne, la ville occupe un site escarpé dominé par l'imposante silhouette du château des Talleyrand. Célèbre par ses foires, elle conserve aujourd'hui un rôle économique et constitue un gros centre commercial.

D'autres activités contribuent aussi à son renom, telles la Quinzaine hippique et l'exposition Centre des métiers d'art (en juillet et août). De surcroît, Chalais offre au touriste de multiples possibilités (terrain de camping, canotage sur la Dronne voisine, club hippique, aéroclub, piscine et équipement sportif complet).

La ville dans l'histoire

L'existence d'un château est attestée à Chalais avant 1050. La ville était le chef-lieu d'une seigneurie qui dépendait de l'archevêché de Bordeaux. Au XIIIᵉ siècle, cette seigneurie, qui avait le titre de principauté, par le mariage d'Agnès fille et héritière d'Olivier de Chalais avec Hélie Talleyrand, seigneur de Grignols, passa à la famille Talleyrand qui conserva le château jusqu'à la fin du XIXᵉ siècle.

En 1453, Charles VII ordonna le siège de la ville, alors occupée par les Anglais qui se rendirent au bout de cinq jours. Le roi vint alors à Chalais et exigea la démolition de la forteresse à l'exception de la tour Carrée. Pendant les guerres de Religion, les princes de Talleyrand demeurèrent fidèles au catholicisme et la ville eut à souffrir des dévastations des armées protestantes. En 1587, à la veille de la bataille de Coutras, le duc de Joyeuse campa à Chalais. A la fin du XVIIIᵉ siècle, Charles-Maurice de Talleyrand, futur évêque d'Autun et célèbre diplomate, y passa une partie de sa jeunesse.

Visite de la ville

▷ L'église Saint-Martial

Située à proximité du château, dans la ville haute, elle conserve une belle *façade* du XIIᵉ s. percée d'un portail à quatre voussures richement travaillées et un intrados festonné. De part et d'autre du portail sont sculptés le Christ en majesté assis entre deux apôtres (au nord), et les Saintes Femmes au tombeau (au sud).

L'*intérieur*, détruit en 1569 pendant les guerres de Religion, fut reconstruit en 1629. La voûte fut alors lambrissée et ornée de boiseries peintes dont certaines figureraient des membres de la famille des Talleyrand. Le *cloître*, voisin de l'église et réédifié aussi au XVIIᵉ s., présente une facture sobre et harmonieuse : arcades en plein cintre au rez-de-chaussée, galerie avec balustres à l'étage, la toiture s'appuyant sur des colonnes.

Le veau de Chalais

Depuis fort longtemps le veau de Chalais, produit dans la région de Chalais et le Montmorélien grâce à la composition du sol qui lui donne de bons terrains d'élevage, est recherché pour la blancheur et la saveur de sa chair. Cet animal de sélection, veau de lait extra-blanc et lourd, est de race limousine ou né du croisement entre un taureau limousin et une vache garonnaise, parthenaise ou normande. Ce fleuron de l'élevage demande une préparation spéciale : élevé dans une étable sombre, il doit être attaché à une corde et non pas à une chaîne. Son menu comporte le lait de sa mère mais aussi des œufs et même du sucre. Produit d'un terroir et d'un savoir-faire, le veau de Chalais contribue encore beaucoup à la prospérité de la ville et de ses foires.

▷ Le château

Bien que très remanié et un peu austère, par sa masse imposante et sa position en surplomb, il conserve cependant quelques traces de sa gloire passée. On y accède en empruntant le *pont-levis* (l'un des rares qui fonctionnent encore) au-dessus des anciennes douves et en passant par la porte d'un *châtelet* (XVIe s.) qui ouvre sur la cour d'honneur délimitée par des bâtiments en équerre des XIVe et XVIe s. mais remaniés au XVIIIe s. A l'ouest, on remarque une imposante *tour* carrée à mâchicoulis. Succédant à la cour d'honneur, la terrasse s'étend sur l'extrémité de l'éperon et offre un vaste *point de vue* sur la ville et la campagne.

A l'*intérieur* subsistent un plafond peint (XVIIIe s.) et un majestueux escalier de pierre avec rampe en fer forgé. Le château n'a rien conservé du mobilier des *Talleyrand*, mais n'étant plus occupé depuis quelques années par l'asile de vieillards, il accueille des *expositions* d'art et d'artisanat. Il est appelé à devenir un musée retraçant les grandes pages de son histoire.

Talleyrand à Chalais

*Talleyrand (1754-1838) a passé quelques années de son enfance à Chalais chez sa grand-mère. Dans ses **Mémoires** il évoque, sur un ton empreint d'affection et de gratitude, avec certains détails précieux pour la petite histoire, la vie au château dans la seconde moitié du XVIIIe s. :*

« Au retour de la messe, on se rendait dans une vaste pièce du château qu'on nommait l'apothicairerie. Là, sur des tablettes, étaient rangés et très proprement tenus, de grands pots renfermant divers onguents dont, de tout temps, on avait la recette au château ; ils étaient chaque année préparés avec soin par le chirurgien et le curé du village. Il y avait aussi quelques bouteilles d'élixirs, de sirops, et des boîtes contenant d'autres médicaments. Les armoires renfermaient une provision considérable de charpie et un grand nombre de rouleaux de vieux linge très fin et de différentes dimensions. Dans la pièce qui précédait l'apothicairerie, étaient réunis tous les malades qui venaient demander des secours. »

Aux environs de Chalais

Cette promenade dans un très beau site de verdure et de ruisseaux, à la lisière des collines boisées du sud des départements de la Charente et de la Charente-Maritime, nous permet de découvrir quelques vestiges de châteaux et maintes églises romanes.

▶ *Brie-Bardenac (5 km O. par la D 731).* Église romane. Motte féodale située au Coyron, avec double enceinte d'un *château* qui a appartenu à la famille *de La Rochefoucauld.* ▶ *Yviers (3,5 km O. par la D 134). Château de la Tour,* fin XVe et XVIe s. *(500 m O. du bourg). François de la Tour* épousa en 1590 la fille unique de *Michel Eyquem de Montaigne,* l'illustre auteur des Essais. ▶ *Rioux-Martin (3,5 km S.). Église Saint-Eutrope* (fin XIIe s.) : belle façade à arcades et fronton triangulaire. Nef à voûte romane et coupole centrale. Bas-relief en bois figurant l'Annonciation (XVIIe s.). ▶ *Médillac (6,5 km S.).* Bourg construit sur une haute colline qui domine la vallée de la Tude. Logis du Pavillon (XVIe s.). *Église* du XIIe s. à coupole sous le clocher. ▶ *Bazac (2,5 km E. de Médillac). Église Saint-Martin* : le plan d'origine dessinait une croix latine. Façade ornée d'une série d'arcatures à l'étage, coupole centrale, chapiteaux symboliques très travaillés. ▶ La *tour de Château-Guyon (2,5 km S.-O.),* du XVIe s., est curieusement coiffée d'une poivrière et ceinturée de petites arcades ajourées. ▶ *Saint-Quentin-de-Chalais (2,5 km S.-E.). Église* des XIe et XIIe s. Le plan dessine, comme autrefois à l'église de Bazac, une croix latine à coupole centrale. Façade composée de trois arcades au rez-de-chaussée et cinq à l'étage. Clocher carré. Abside voûtée en berceau et chapiteaux ornés de gracieuses sculptures romanes. ▶ *Courlac (5 km N.). Église Saint-Georges* du XIIe s. avec retable en bois sculpté du XVIIe s.

Champagne charentaise

42-BC2 et 43-BC3 / R 110 / V 40,47

Orgueil du pays charentais, la Champagne s'est rendue célèbre dans le monde entier par la qualité des cognacs qui y naissent.

Elle tire son nom de ses paysages découverts, de « campagnes », que n'interrompent ni bois ni haies. Les calcaires crayeux, qui sont ici la marque géologique dominante, travaillés par l'érosion, ont donné un relief de coteaux qui s'inscrit en creux par rapport aux plateaux boisés qui l'environnent, notamment à l'est et au sud. La nature des sols diffèrent selon leur disposition : sur les pentes on trouve des terres argilo-calcaires, provenant de la désagrégation du sous sol, qui donne des terrains faciles à cultiver ; en revanche, sur les parties les plus élevées, la roche mère apparaît souvent.

La Champagne charentaise est un ensemble de deux régions bien distinctes. La région des collines crétacées et marneuses qui s'étend au sud de la Charente - entre Cognac et Jarnac - jusqu'aux environs de Barbezieux, produit des vins de premier choix, pour la distillation : c'est la Grande Champagne. L'enveloppe à l'est, au sud mais surtout à l'ouest, comme un fer à cheval, une zone de calcaires durs, recouverte d'une légère couche de sable, la Petite Champagne.

Sur la route des grands cognacs

140 km / 1 j.

Très anciennement peuplée, la Champagne charentaise, comme l'ensemble du pays du Cognac, a la réputation d'être une contrée opulente. La belle pierre charentaise a permis de bâtir d'intéressantes églises, romanes et gothiques, mais aussi d'élégantes demeures du XIXe siècle, tant rurales qu'urbaines.

La maison traditionnelle du Cognaçais, au toit couvert de tuiles-canal, associe depuis des siècles un sens subtil des affaires à beaucoup de finesse et d'affabilité.

▸ Quitter *Cognac* par la route d'Angoulême *(N 141)*. Au bout de 3 km, tourner à gauche. En franchissant la Charente sur le *pont de La Trache* (belle vue), on entre dans la *région des Fins Bois*.

▷ Saint-Brice *à droite*

Ancien port dont les deux centres d'intérêts sont le château et l'église. Le *château*, *(ne se visite pas mais spectacle son et lumière en juillet devant la façade)*, des XVIe et XVIIe s., fut le lieu, en 1586, des entretiens entre *Catherine de Médicis* et *Henri de Navarre*, le futur Henri IV. Agrémentée d'une fête vénitienne, cette entrevue devait inciter le Béarnais à embrasser la foi catholique. Hélas, rien n'y fit, ni le bal, ni le charme de la belle mais vertueuse *Christine de Lorraine*, petite-fille de la reine. Henri de Navarre repartit protestant et écrasa les troupes de la ligue, dix mois après, à Coutras.

L'église, située à côté du château, date des XIIe et XVe s.

▸ Quelques kilomètres plus loin, le *logis de la Garde Epée (ne se visite pas)*, du XVIIe s., dresse son enceinte au bout d'une allée bordée d'arbres vénérables. Portail Renaissance. Un imposant pigeonnier complète l'ensemble.

▷ L'église Notre-Dame de l'Assomption de Châtre*

Ancienne église abbatiale des XIe et XIIe s.

Cette modeste nef étroite, sans clocher, présente une charmante *façade*** saintongeaise. Elle s'élève sur trois niveaux d'arcatures ; le délicat décor sculpté n'intervient que pour souligner l'élégance architecturale de l'ensemble. Au centre, le *portail* s'ouvre par un bel arc polylobé qui évoque l'Espagne mauresque.

Sur la route des grands cognacs

L'*intérieur* est aussi très intéressant, avec sa nef recouverte d'une file de coupoles, reposant sur des arcs de décharge soutenus par des colonnes. Isolée dans son vallon au milieu de la campagne, dans un cadre verdoyant, cette ancienne étape sur le chemin de Saint-Jacques a connu une histoire assez mouvementée. Elle a été transformée en étable puis en faïencerie au XIXe s.

Dans les bois, *la Branderaie* est l'ancienne propriété de l'ornithologue *Jacques Delamain. Olivier Messiaen* y a composé ses *Chants d'oiseaux*.

Dans la commune, le *dolmen de Garde-Epée* (2 500 ans av. J.-C.) est rendu particulièrement imposant par l'épaisseur de la dalle de sa table.

▷ Bourg-Charente *à 1 km environ*

Ce bourg doit être vu depuis le pont qui surplombe la Charente. *Chardonne* décrivait le village comme : « le tableau classique de la campagne française : des arbres encadrent la prairie et bordent la Charente qui fait une écorchure de lumière dans les prés ; j'admirai le village sous les peupliers, le ton profond des murs, les toits de vieilles tuiles romaines » (Chimériques). Situé sur un rocher dominant la rive gauche de la Charente, le *château* date de la fin du XVIe et du XVIIe s., mais a été remanié aux XVIIIe et XIXe s.

De l'autre côté, l'*église* romane *Saint-Jean** (XIIe s.) est très intéressante. A l'extérieur, on notera la partie supérieure de la façade, avec ses arcatures, et le chevet semi-circulaire que rythment des contreforts entre lesquels s'inscrivent trois étages d'arcatures. Abside saintongeaise. A l'*intérieur*, une file de coupoles représente le principal centre d'intérêt, avec l'Adoration des mages, peinture du XIIIe s., en partie effacée.

Enfin, l'un des charmes de Bourg-Charente vient du *bois du Dérivant*. Situé à proximité de la Charente, il est égayé par la présence de nombreuses sources qui donnent naissance à des petits ruisseaux. Si l'on s'y trouve au début de février on pourra y voir des jonquilles, annonciatrices du printemps.

▶ Rejoindre la N 141 à *Veillard*. A 1 km, sur la droite, s'étend la vaste *carrière* de sable de *Tilloux*, dans laquelle ont été découverts de nombreux témoignages de la présence de l'homme préhistorique.

▶ A 800 m, près du village des *Tards*, les sources bouillonnantes des Marais de Bourg sont d'un accès difficile.

▷ Jarnac

Ville natale du président *François Mitterrand*, Jarnac est, après Cognac, le centre le plus important du négoce des eaux-de-vie. D'importantes maisons de négoce avec leurs chais de réserve sont alignées le long du quai de la rive droite de la Charente qui, en amont, enveloppe plusieurs îles dont la plus grande est aménagée en jardin public.

L'enfance du président

François Mitterrand, né à Jarnac le 26 octobre 1916, est élevé dans cette société charentaise sans heurts que décrit Chardonne dans ses romans. Son père, Joseph Mitterrand, était chef de gare à Angoulême. Sa mère, Yvonne Lorrain, catholique fort pratiquante, veilla à éduquer ses huit enfants dans des principes moraux très stricts. Jusqu'à l'entrée en 6e au collège Saint-Paul d'Angoulême, dirigé par des prêtres diocésains, l'enseignement aux enfants sera délivré par des précepteurs, curés des villages voisins. De son passage au collège Saint-Paul, François Mitterrand retiendra et honorera l'extrême sévérité de la discipline, la rigueur morale qui faisaient la réputation de cet établissement : « La Bible a nourri mon enfance. Huit ans dans une école libre m'ont formé aux disciplines de l'esprit. Je ne m'en suis pas dépris. » (L'Abeille et L'Architecte).

On peut visiter la ***Maison Courvoisier*** *(2, place du Château ; visite mai-oct., t.l.j. sf dim. 9 h 30-12 h 30 / 14 h-18 h ☎ 45.35.55.55)*, qui abrite un musée et un magasin de vente, et les chais de la ***maison Hine*** *(quai de l'Orangerie ; du lun. au vendr., 8 h 30-11 h / 13 h 30-16 h ☎ 45.81.11.38)*.

Au centre de la ville, une vaste place rappelle par son nom le château du XVe s., entièrement disparu. La rue Gambetta conduit à l'***église*** romane ***Saint-Pierre***, très restaurée, qui possède une belle crypte du XIIIe s. avec pilier central et voûtes ogivales retombant sur des colonnes romanes. Vestiges de peintures murales.

A l'***hôtel de ville*** on peut voir la table en marbre où fut étendu le corps du prince *Louis de Condé*, après la bataille dite de Jarnac (1569) qui se déroula en fait à Triac.

▶ En traversant une région où les vignes (détruites en grand nombre lors de la crise phylloxérique) partagent le terrain avec les champs et, surtout, les prairies qui servent à l'élevage des vaches limousines (pour la production de beurre), on arrive à ***Triac***. On y verra une ***église*** en partie gothique et, presque en face, le portail d'un manoir du XVIIIe s. C'est autour de ce bourg que s'affrontèrent, en une sanglante bataille, les catholiques et les protestants, le 12 mars 1569. ▶ A la sortie sud du village *(vers Bassac)*, une ***pyramide*** précise l'endroit où le chef des calvinistes, *Louis Ier de Condé*, blessé, fut achevé par *Montesquiou*.

Le « coup de Jarnac »

L'un des barons de Jarnac, Guy Ier Chabot, s'est rendu célèbre par le duel qui l'opposa, en 1547, à François de Vivonne, seigneur de La Châtaigneraie. Au cours de ce combat qui se déroula à Saint-Germain-en-Laye, en présence d'Henri II et de la cour, il blessa mortellement son adversaire, lui tranchant le jarret par une botte régulière mais tout à fait imprévisible et peut-être involontaire. De là le sens de l'expression « coup de Jarnac », qui désigne une action décisive et inattendue pouvant être, selon les cas, loyale ou déloyale.

▷ L'abbaye de Bassac★ *visites guidées de 15 h à 18 h ℹ 45.81.94.22*

Fondée en 1002, elle n'a pas conservé de témoignages très éloquents des premiers temps de son existence. La guerre de Cent Ans, les batailles religieuses de la Renaissance y ont causé de gros ravages. Maintes fois rebâtie et attribuée à des congrégations diverses, elle fut désaffectée à la Révolution. Après la dernière guerre, on la confia à la Fraternité des missionnaires de Sainte-Thérèse qui l'occupe actuellement.

Le portail de l'enceinte franchi, le décor est étrange : l'église cache à demi sa façade, à gauche, en retrait d'un corps de bâtiment que parcourt une longue ***galerie*** voûtée d'ogives au XVIIe s. ; celle-ci dessert le ***cloître***, ou plutôt la cour où il se trouvait car n'en demeurent, sur le mur est, que les arrachements de quelques arcades (fin du gothique). Au rez-de-chaussée, entourant la cour, à droite, le réfectoire et les cuisines ; en face, la salle de rencontres, qui fut prison, et un oratoire ; l'étage est occupé par la cinquantaine de chambres des pensionnaires.

L'***église Saint-Étienne***, en partie du XIIIe s., présente une façade saintongeaise, très restaurée, à deux étages d'arcades ; à la voussure du portail, l'inscription gravée en lettres capitales « le peuple français reconnaît l'Être suprême et l'immortalité de l'âme » rappelle son affectation passagère en 1792-1795. A la fin du Moyen Age, il avait fallu fortifier l'abbaye ; les contreforts d'angle de la façade portent donc des échauguettes.

Sur le flanc nord, le ***clocher***★ du XIIe s., à quatre étages en retrait les uns sur les autres, portant une flèche conique à imbrications, donne une idée de l'importance de l'abbaye dès l'époque romane.

Au milieu du vaisseau de style gothique angevin (voûte restaurée au XVIIe s.), un *jubé* de pierre et de marbre, construit vers 1701, comme le furent la plupart des bâtiments abbatiaux, marque l'entrée du *chœur des moines (visites guidées par les Frères missionnaires de 15 h à 18 h)* où se trouvent un *aigle-lutrin** baroque (1709) et de non moins intéressantes *stalles* en noyer sculpté (1700).

▶ A *Saint-Amant-de-Graves (2,5 km E. de Bassac)*, château de Bois-Charente avec tour Renaissance. ▶ Après avoir quitté Bassac, on entre par le *pont de Vinade* (beau *point de vue* sur le fleuve) dans la zone de la Grande Champagne, qui fournit les meilleures eaux-de-vie. ▶ *Saint-Même*, célèbre pour ses carrières de pierres de taille, possède une *église* du XIIe s. avec abside en cul-de-four. Le *château d'Anqueville (privé)*, Renaissance mais remanié au XVIIIe s., se dresse dans un très beau site, au milieu de collines rocheuses. *Logis de Vinade* du XVIIe s. *(ne se visite pas)*. Sur la commune, dolmen de la Pierre Levée.

▷ Châteauneuf-sur-Charente *→ Côtes d'Angoumois*

▶ A 7 km O., ruines du *château de Bouteville (→ Côtes d'Angoumois)*. ▶ Prendre la route en lacets, de Segonzac jusqu'au second virage, après *la Bataille*, d'où l'on jouit d'un *point de vue** exceptionnel sur une vaste partie de la Grande Champagne. ▶ De là, revenir à Bouteville puis prendre, vers le sud, la route menant à *Bonneuil*, dont l'église (XIIIe s.) possède, elle aussi, une belle façade et des coupoles. Clocher XIXe s. ▶ Par la D 699 *(direction Jonzac)* passer devant le *château du Breuil* (XVIIe s.) avec douves entourées de balustres et prendre la D 1 jusqu'à *Barbezieux (→)*. ▶ Sur la route de Pons faire un crochet pour voir *Barret* : église des XIIIe et XIVe s. ▶ Avant de gagner Archiac, on peut s'écarter de 5 km environ de l'itinéraire en empruntant la D 38 qui conduit à *Lagarde-sur-le-Né* : l'église date du XIe s., mais a été remaniée au XIXe s. ▶ *Archiac*, perché sur une colline, permet d'embrasser un vaste panorama. ▶ *Arthenac (au S.-O.)* possède une église dont la façade mêle les styles, avec deux pignons, l'un roman, l'autre Renaissance, le bâtiment principal (du XIIe s.) ayant été complété au nord d'un bas-côté au XVIe s. ▶ L'église d'*Ambleville* est en partie romane. Fonts baptismaux du XVIe s. ▶ A *Lignières-Sonneville*, l'église, bâtie au début du XIIIe s., a été remaniée au XVe s. La façade présente des *bas-reliefs* figurant l'Adoration des mages et des Bergers. Le *château*, des XVIIe et XVIIIe s., qu'entourent des douves et une beau parc, est occupé actuellement par la mairie.

▷ Segonzac *par la D 1 vers le nord*

Au centre de la Grande Champagne, la ville possède une *église* des XIIe et XIVe s., dont le haut clocher, de deux étages, se termine par une flèche en forme de pin. Sur la place, adossé à l'église, le *monument aux morts* est dû à *Émile Peyronnet* (1872-1956).

En décembre ou dans les premiers mois de l'année, le visiteur devra s'arrêter pour visiter une distillerie en pleine action, dans le pays même de l'inventeur de la « bonne chauffe ». Stages sur la distillation, le vieillissement du cognac et autres eaux-de-vie à *l'Université internationale des eaux-de-vie* (☎ *45.83.35.35*).

La « bonne chauffe »

Selon la tradition locale, contestée par certains historiens du cognac, ce serait près de Segonzac, dans sa demeure de La Brée, que le chevalier Jacques de La Croix Maron aurait mis au point la double distillation. Il s'agit d'une opération consistant à redistiller le « brouillis », eau-de-vie trop faible en degré (entre 20 et 30 °C) et un peu trouble, issue d'une première chauffe du vin. On obtient alors un liquide incolore et très parfumé qui pèse d'ordinaire 68 °C.

On utilise aujourd'hui, pour distiller le vin, un alambic dont le modèle, trois fois séculaire, a été perfectionné, mais en respectant un procédé dont la supériorité est reconnue. Il ne reste plus qu'à laisser vieillir l'eau-de-vie en fûts de chêne pour obtenir une belle couleur jaune d'or.

▶ Aux environs de Segonzac, à *Juillac-le-Coq (5 km S.-O. par la D 736)* : *église* des XIe et XIIIe s. (à l'intérieur, cuve baptismale du XVIIe s.), voisinant avec un *portail* à mâchicoulis de l'ancienne chanoinerie. ▶ A 5 km S.-O. de là, à *Saint-Fort-sur-le-Né*, on trouve un des plus beaux dolmens de Charente. De Segonzac, gagner Gensac par la D 49 au nord. ▶ *Gensac*. Entourée de marronniers, l'*église* (XIIe s.), possède une riche façade surmontée de deux lanternons à écailles et ornée de *bas-reliefs* représentant saint Martin et l'Assomption. Couverte de quatre coupoles sur pendentifs, la nef s'achève sur un chœur gothique. A la lisière des marais de la Pallue (où s'ouvrent les gouffres de Gensac et de Tard), le *manoir d'Eclopard* date de la Renaissance. ▶ De Gensac, suivre la D 148 pour aller voir à *Genté* l'église des XIIe et XIIIe s., dont le portail est surmonté d'une corniche décorée d'animaux. Table d'orientation au *lieu-dit Le Moulin*. ▶ De Genté, obliquer vers le S.-O. pour se rendre à Salles-d'Angles.

▷ Salles-d'Angles

Cette commune offre de belles *vues* et quelques exemples d'architecture civile saintongeaise : presbytère fin XVIIIe s., maisons et « châteaux » du XIXe s., moulins à eau, etc.

Son *conservatoire d'Art et Traditions populaires (en saison, t.l.j. 14 h-19 h ; hors saison, t.l.j. sf. sam., dim. ☎ 45.83.71.13)* rassemble une importante collection d'outils ayant servi à cultiver la vigne, et de matériel utilisé pour la fabrication du cognac.

▶ De Salles-d'Angles, suivre la D 731 vers Cognac, puis prendre à g. la D 148 qui offre, sur la droite, un beau *point de vue* sur le Né. ▶ *Gimeux* : église des XIIe et XIVe s. avec chapiteaux sur la façade.

▷ Ars

Après avoir franchi les quatre bras du Né, on atteint Ars dont l'*église* (XIe, XVIe, XVIIIe s.) renferme un bénitier (XVIIe s.) orné de quatre têtes d'ange, une très belle cuve baptismale du XIIIe s. et un riche devant d'autel en cuir de Cordoue (XVIIe s.), surmonté d'un retable (XVIIe s.) derrière lequel se trouve un grand *tableau* du peintre de Sainte-Marie (fin XVIIIe s.).

A une faible distance de l'église s'élève l'imposant *château des Brémond d'Ars (propriété privée, ne se visite pas)*. Construit vers 1660, il est entouré de larges douves. Un très beau magasin à vivres lui fait face.

▶ Prendre la route devant l'entrée du château puis, en tournant à gauche, rejoindre la route de Cognac et virer à droite. On traverse à nouveau les bras du Né. Après le dernier pont, à *La Frenade*, située sur le *chemin Boiné* (ancienne voie romaine de Saintes à Périgueux), se trouvait une très importante *abbaye cistercienne* (XIIe s.) dont il ne reste plus qu'un bâtiment en ruine à la sortie du village : façade Renaissance, salle capitulaire du XVe s.

▷ Merpins

Extrême pointe du plateau calcaire de la Grande Champagne, l'éperon barré de Merpins a été fortifié par les Celtes dès l'époque néolithique.

Au IXe s. ap. J.-C., une *forteresse* en bois, élevée sur cette motte, constitua une défense avancée de Cognac contre les invasions des Normands, au confluent de la Charente, du Né et de l'Antenne. Cette première forteresse fut remplacée au XIIe s. par une construction en pierre, isolée par une douve sèche, agrandie et transformée aux XIIIe et XIVe s. Au centre des luttes de la guerre de Cent Ans, la forteresse fut détruite par le *maréchal de Sancerre*, après un siège de huit ans, en 1387. Depuis 1965, le Club archéologique Marpen a dégagé, fouillé et remarquablement mis en valeur ces ruines grandioses. Le très important mobilier archéologique découvert est exposé dans un petit *musée* proche de la forteresse *(ouv. 15 juil.-31 août, t.l.j. ; les dim. apr.-midi le reste de l'année)*.

L'*église* date des Xe et XIIIe s.

▶ Traverser la Charente et revenir à Cognac en passant par *Jarnouzeau* *(→ circuit aux environs de Cognac)*.

La vallée de la Charente*

Le fleuve Charente permet une série étendue de promenades et de découvertes. Né sur les confins du département qui porte son nom, dans la Haute-Vienne voisine, il coule d'abord en direction du nord, semblable à bien d'autres ruisseaux limousins ainsi qu'à ses minuscules affluents, comme la Moulde ou le Brailloux. Puis il pénètre dans les calcaires et se retrouve bordé de blancs escarpements dont certains sont célèbres pour leurs grottes préhistoriques (le Chaffaud, près de Civray).

Mais voici qu'il achève son grand coude vers l'ouest, et qu'il file vers le sud, grossi par de maigres affluents de rive gauche dont les noms forment comme un étrange poème : le Cibiou et la Lizonne, l'Argentor et la Sonsonnette, et la Bonnieure, grossie de la Tardoire et du Bandiat, du moins lorsque leurs eaux ne disparaissent pas dans les gouffres - sort d'ailleurs assez fréquent pour ces petites rivières : ainsi la Pérusse, provisoirement engloutie, reparaît en formant le Lien près de Ruffec.

La Charente coule un instant vers l'ouest, après Lichères, puis repart vers le sud en continuant à sinuer. Le phénomène important n'est point l'apport dérisoire des eaux du Bief, ni de l'Aume-Couture, ni du Crochon, sur la rive droite, il se trouve dans l'arrivée des eaux de la Touvre, qui jaillit à quelques kilomètres et qui double presque le débit du petit fleuve.

Puis, comme si elles butaient contre l'oppidum d'Angoulême, les eaux filent désormais vers l'ouest, soit en décrivant d'amples sinuosités (Sireuil, Châteauneuf), soit en coulant de façon plus rectiligne au cœur de la «prée», large ruban de prairies inondables. C'est la Charente des bateaux, la Charente des trafics d'autrefois : bois de chêne destinés aux tonneliers ou canons fondus à Ruelle qui

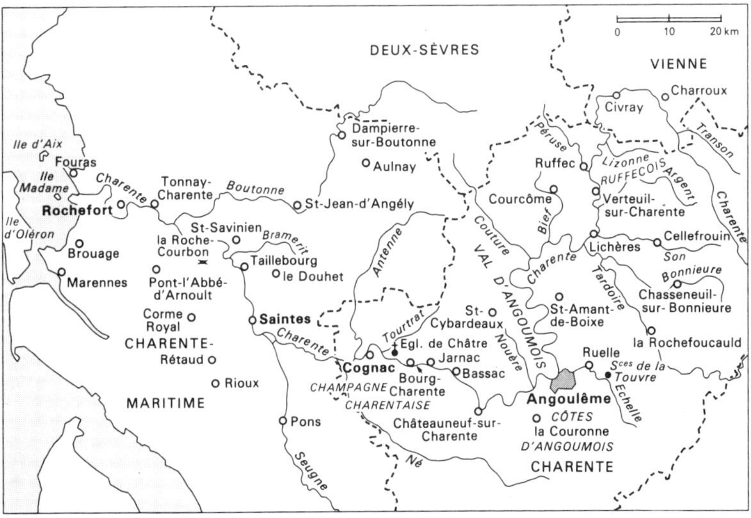

La vallée de la Charente

glissaient avec les eaux vers Cognac et Rochefort, pierres de construction venues des carrières ouvertes auprès du fleuve et qui servirent aussi bien aux constructions urbaines qu'aux fortifications du littoral... Partout les aménagements anciens attestent des activités passées et du trafic intense des gabarres.

Aujourd'hui le fleuve sert à d'autres activités, que ce soit par l'organisation de vastes surfaces aquatiques réservées aux loisirs (Angoulême, la grande Prairie) ou par celle d'une navigation de tourisme entre Angoulême et Rochefort.

Mais déjà, bien avant cette dernière ville, la vallée s'est élargie. Elle a pris l'apparence qu'elle gardera jusqu'à la mer, au milieu des marais dont l'isolent mal deux talus de vase colonisés par les roseaux. Une vie fluviale moderne anime, jusqu'à Tonnay-Charente, la belle artère boueuse qui désormais respire du souffle de l'océan : c'est d'abord la coulée des eaux surveillées par les témoins architecturaux des guerres anciennes, puis c'est l'entrée dans la mer libre où le fleuve semble se dissoudre, entre la pointe de la Fumée et l'île Madame, entre l'île d'Aix et l'île d'Oléron, quelque part vers le fort Boyard construit à grand frais pour protéger l'estuaire.

A ce séduisant parcours s'ajoutent ceux que proposent les affluents, qu'il s'agisse de la Boutonne jaillie là-haut à Chef-Boutonne et que grossissent Somptueuse, Béronne, Légère, Belle et Nie ou de la Boëme, et du Né et de l'Antenne, et de la Seugne, autant de traînées vertes, de rubans de peupliers toujours bordés de village, de châteaux et de moulins.

Les eaux de l'extrême secteur sud-est s'écoulent vers la Dordogne au moyen de minuscules rivières aux noms aimables ou curieux (Lary, Palais, Tude, Lizonne). La Dronne sert de collecteur et coïncide sur quelques kilomètres avec la limite orientale du département de la Charente.

Charroux et son abbaye★

37-B4 ou 38-B1 / R 107 / V 40
1 550 habitants / ✉ 86250
ℹ 2, rue de Châtain ☎ 49.87.60.12

Ce nom paraît d'origine celtique (Carrofum). Dès le Xe siècle, la ville appartenait aux comtes de la Marche et elle fut capitale de la Basse-Marche jusqu'à la fin du XIIe siècle. C'était alors une ville importante grâce au renom de son abbaye. Fondée par Charlemagne selon la légende, cette abbaye fut en réalité créée par Roger, comte de Limoges, en 783. Elle devint une étape sur la route de Saint-Jacques-de-Compostelle, ainsi qu'un lieu de pèlerinage, grâce à ses soixante-dix reliques dont la plus célèbre était celle de la Sainte-Croix. Plusieurs conciles, notamment celui de 989, premier pas vers la réalisation de la Paix de Dieu, se tinrent dans cette église de dimensions considérables (114 m de long).

Autour du château fort où résidaient les comtes de la Marche, se développa Bourg-le-Comte face à Bourg-l'Abbé. En 1177, le comte Aldebert IV vendit le comté au roi d'Angleterre et Charroux subit les conséquences des rivalités qui opposaient les rois des deux pays. L'abbaye, après avoir compté jusqu'à 213 filiales, souffrit beaucoup de la guerre de Cent Ans. Finalement la Basse-Marche revint aux Bourbons et, en 1481, Louis XI donna définitivement le pouvoir aux abbés aux dépens des comtes. Mais, à la suite des guerres de Religion, le déclin s'accéléra et il ne restait plus que trois moines en 1790. L'abbaye, en ruine, fut alors vendue comme bien national et servit de carrière de pierre. La découverte des reliquaires, en 1856, déclencha la reprise des ostensions qui ont lieu tous les sept ans, le jour de la Fête-Dieu (1981, 1988, 1995, etc.).

▷ **L'abbaye Saint-Sauveur★★** *juil.-août t.l.j. 9 h-19 h, avr.-juin et sept. t.l.j. sauf mar. 9 h 30-12 h/13 h-18 h; oct. mars 10 h-12 h/13 h 30-17 h 30 ☎ 49.87.62.43*

A partir de l'admirable *tour* octogonale qui, seule, est restée debout, on pourra essayer de reconstituer cette immense église dont le plan est unique dans l'art roman. Une rotonde à trois nefs entourait la tour. Au nord et au sud, deux chapelles tenaient lieu de transept. A l'est, le chœur était réservé aux moines et, vers l'ouest, une nef flanquée de collatéraux se terminait par une imposante façade. Sous la tour était creusée une crypte que surmontait l'autel principal, consacré par le *pape Urbain II* en 1096.

Construite au XIe s., l'église romane fut mise à la mode gothique en 1269 avec la construction d'une deuxième façade dont seules les statues ont été conservées. Après l'incendie de 1422, le cloître, la salle capitulaire et la porte entre l'église et le cloître furent reconstruits. En franchissant cette belle porte, nous voyons les vestiges du cloître et de la salle capitulaire où sont exposées les *statues* de rois et d'abbés provenant de la façade. L'attitude majestueuse des uns, le rayonnement spirituel des visages des autres sont à contempler. La *salle du trésor* renferme les statues des apôtres et les beaux reliquaires retrouvés en 1856 dans une cachette de la muraille. Le *Musée* de l'abbaye présente les plus belles *sculptures* gothiques des portails ouest de la façade ainsi qu'une collection de *bâtons pastoraux* et d'objets d'orfèvrerie.

▶ Remarquer les *halles* du XVIe s., quelques maisons anciennes et l'*église* paroissiale *Saint-Sulpice*.

Saints protecteurs

Depuis des lustres, le Poitou est une terre de croyances, de coutumes et de mystères.
Impressionnante est la liste de ces saints, aux noms plus ou moins fantaisistes auxquels étaient attachés de véritables rituels «païens» afin de prévenir ou guérir les divers maux qui nous accablent.
Le village de Charroux pouvait à lui seul remédier à toutes les misères humaines, petites ou grandes. Contre les maux de ventre, on invoquait saint Accroupi ou saint Colique; pour faciliter les accouchements, saint Prépuce; saint Joseph protégeait les jeunes garçons; saint Moqueur châtiait les enfants trop espiègles; enfin saint Sauveur apportait le salut en période de troubles. Sainte Radegonde, quant à elle, était vénérée dans tout le Poitou pour favoriser la fécondité des femmes.

Aux environs de Charroux

50 km / 1/2 j.

Aux environs de la plus grande abbaye poitevine du XIe siècle, on pourra apprécier les charmes d'une promenade romantique sur les bords de la Charente, découvrir l'une des plus belles routes de campagne du Sud du Poitou et, avec un peu de chance, rencontrer, dans un paysage ponctué d'étangs, quelques espèces rares d'oiseaux aquatiques.

▶ *Le château de Rochemaux (2 km O.)* domine la Charente. Construit de 1620 à 1633, il a perdu l'un de ses pavillons, ce qui nuit grandement à la symétrie de l'édifice. ▶ Revenir à Charroux et prendre la D 10 pour aller voir le pittoresque village de ***Mauprévoir*** et son église romane. ▶ La D 100, qui longe la vallée du Clain, permet d'atteindre, autour de l'***étang de Combourg*** (28 ha) et d'un complexe d'étangs secondaires ***(Pressac, Charroux)***, un secteur intéressant pour son avifaune. ▶ ***Pressac.*** L'église, en partie romane, en pierre jaune, possède un portail intéressant. ▶ A ***Chatain*** *(10 km S.-O.)*, on franchit la Charente sur un beau *pont «romain»* qui date en réalité du Moyen Age. Dans le village, église romane avec clocher et portail intéressants. Non loin, ***Font-le-Bon*** est une petite forteresse du XIVe s. et ***La Leu***, un ravissant logis carré, flanqué de quatre tours rondes (XVe-XVIe s.), qui se mire dans un étang. ▶ La D 35 conduit à ***Surin*** *(5 km O.)*. Le ***château du Cibiou*** *(visite en été ☎ 49.87.04.89)* allie l'austérité de ses tours féodales à la grâce de sa loggia Renaissance. ▶ ***Genouillé*** *(5 km N.-O.)* possède une belle ***église*** romane avec un clocher octogonal et une façade intéressante par ses sculptures de réemploi. ▶ Une petite route ramène vers ***Asnois*** *(7 km E.)* qui possède une ***église*** du XVe s. et de nombreux petits ***«châteaux»*** ou maisons nobles.

▶ Retour à *Charroux*.

Châtellerault et le Châtelleraudais

24-CD2 et 25-CD3 / R 107 / V 34
40 000 habitants / ✉ 86100
ℹ bd de Blossac ☎ 49.21.05.47
SNCF bd Sadi-Carnot ☎ 49.58.50.50
✈ route de Chauvigny ☎ 49.21.00.82
P bd de Blossac, quai du Château, place de Belgique, musée de l'Automobile

Située aux confins de la Touraine et du Poitou, la patrie de Descartes et de Rodolphe Salis, fondateur du célèbre cabaret du Chat Noir (→ encadré), est depuis le Moyen Age une ville étape privilégiée sur l'ancienne route d'Espagne.

Tête de pont de la batellerie sur la Vienne jusqu'en 1850, la ville s'étend sur les deux rives, reliées par le remarquable pont Henri-IV : à l'est la vieille ville, à l'ouest le faubourg de Châteauneuf où s'installa en 1820 la manufacture d'Armes. Les quartiers anciens proposent un répertoire assez complet des différents styles architecturaux du XVe au XIXe siècle. Le tuffeau local, très blanc et très tendre, fut utilisé en pierre de taille, même pour les habitations les plus modestes.

La ville dans l'histoire

Au Xe siècle, le vicomte Airaud érige un camp retranché sur la rive droite de la Vienne, donnant ainsi son nom à la cité (Castellum Airaldi qui deviendra Chastelleraud). Deux siècles plus tard, le bourg de Châteauneuf est fondé sur la rive gauche. Un pont de bois le réunit à la ville ceinte de remparts dont les fossés sont alimentés par la Vienne. Cette enceinte suit la rivière et remonte le long des boulevards jusqu'à la place Sainte-Catherine au nord. Pour faciliter la circulation, on perce au XIVe siècle la Grand-Rue, actuelle rue Bourbon, qui restera jusqu'au XVIIIe siècle l'unique voie carrossable, autour de laquelle se regroupent les commerces.

Très tôt, grâce à la navigation et à la route d'Espagne longeant les remparts, le négoce se développe. A la fin du Moyen Age, l'industrie drapière, la tannerie, la coutellerie, l'horlogerie et la batellerie assurent une prospérité certaine. Les guerres de Religion freineront cet essor. Les protestants étaient en effet très nombreux à Châtellerault, et la révocation de l'édit de Nantes entraîne l'émigration des artisans. Après les pillages des réformés en 1562, commence une période sombre, marquée par les épidémies, la peste et les difficultés financières. Ce n'est qu'au milieu du XVIIIe siècle que la ville retrouve son dynamisme, avec l'apogée de la batellerie et de la coutellerie. En 1820, la manufacture d'Armes constitue l'activité principale de la cité industrielle. Châtellerault s'enrichit et se dote alors de monuments. Avec l'arrivée du chemin de fer (1850), les conditions du négoce sont transformées. La batellerie réputée périclite en quelques années.

La ville aujourd'hui

Après la fermeture de la manufacture d'Armes, en 1968, deux importantes zones industrielles ont été créées au nord et à l'ouest, regroupant des activités diversifiées : mécanique générale et de précision, fonderie, tôlerie industrielle, industrie du bois, réparation de turbo-machines aéronautiques, etc. Au sud, la zone industrielle de Nonnes est en expansion. Enfin, près d'Ingrandes, sur la route de Tours, les fonderies du Poitou contribuent à dynamiser la région.

Malgré ces activités, le secteur tertiaire domine, avec notamment la fonction enseignante. L'école préparatoire de Gendarmerie (1958), une des trois écoles de France des cadres de la Gendarmerie nationale, joue un rôle déterminant dans la vie sportive. L'accroissement rapide de la population a entraîné la construction d'ensembles dans la banlieue sud (plaine d'Ozon).

Visite de la ville

3 h

Le centre ancien est en cours de restauration et de réhabilitation. Un secteur piétonnier, doublé d'un parcours architectural fléché, permet de découvrir le patrimoine châtelleraudais.

▶ Partir de l'Office du Tourisme *(B1-2)*. Le *boulevard de Blossac* fut créé par l'intendant du Poitou, le *comte de Blossac*, sur les fossés comblés de l'enceinte médiévale détruite (1751-1760). ▶ *L'hôtel de ville (B2)*, construit vers 1850, occupe l'emplacement de l'ancien couvent des minimes fondé en 1495. Des panoplies d'armes réglementaires fabriquées à la manufacture d'Armes ornent l'escalier (1890). ▶ Rue Clemenceau, le fronton du *palais de justice (B2)* a été sculpté par *Hivonnait*.

▷ Le Théâtre** *B2*

Jouxtant l'hôtel de ville, ce théâtre est désaffecté. Construit en 1844, il occupe l'église du couvent des minimes (XVIe s.). La façade est de style néo-Renaissance, avec un abondant décor sculpté. Les remarquables *statues* de Thalie et Melpomène, placées au-dessus des masques de la Comédie et de la Tragédie, sont déposées au musée Sully. La *salle de spectacle* a été luxueusement redécorée en 1899 dans le style Louix XV : allégorie de la Manufacture d'Armes, et rideau de scènes peints pas *Vernon*, élève de Bouguereau ; staffs de *d'Espelozin*.

▷ L'église Saint-Jean-Baptiste *B2*

Cette église, qui est un pastiche intéressant du style gothique flamboyant, remplace un édifice des XIIe et XVe s. La flèche du clocher qui menaçait de s'écrouler fut abattue en 1953. Pour offrir une belle façade sur le boulevard, l'église a été désorientée. Dans la *chapelle de la Vierge* : Vierge à l'Enfant, marbre du XVIe s., école italienne. *Chapelle des fonts baptismaux* : Visitation attribuée à *Nicolas Poussin*.

▶ De retour bd de Blossac, voir le *Monument aux morts de 1870* par *Aimé Octobre* (1903), qui passa son enfance à Châtellerault.

▷ L'hôtel des Sibylles *(B1-2) 151-155, bd de Blossac*

Il représente un bon exemple de l'architecture de la première Renaissance (vers 1520) avec ses lucarnes à frontons concaves ornés de candélabres. Dans la *cour intérieure*, curieux décor de bustes de prophètes et de sibylles. L'entrée était à l'origine au 166, rue Bourbon (belle tour d'escalier très décorée). Cet hôtel fut habité par *Gaspard d'Auvergne*, premier traducteur du « Prince » de Machiavel.

▶ Sur la *place Sainte-Catherine (B1-2)*, une *stèle* indique l'emplacement de la porte Sainte-Catherine, qui vit passer *Jeanne d'Arc* en 1429.

▷ L'ancien hôtel du Châtelet *B1*

Cet hôtel, qui abrite une partie de l'hôpital Camille-Guérin, fut bâti vers 1520 par *Nicolas Alamand*, ambassadeur en Italie et favori de François Ier. Du quadrilatère entourant une cour intérieure, subsiste une aile aux fenêtres encadrées de chapiteaux finement sculptés, en faible relief, très caractéristiques de la première Renais-

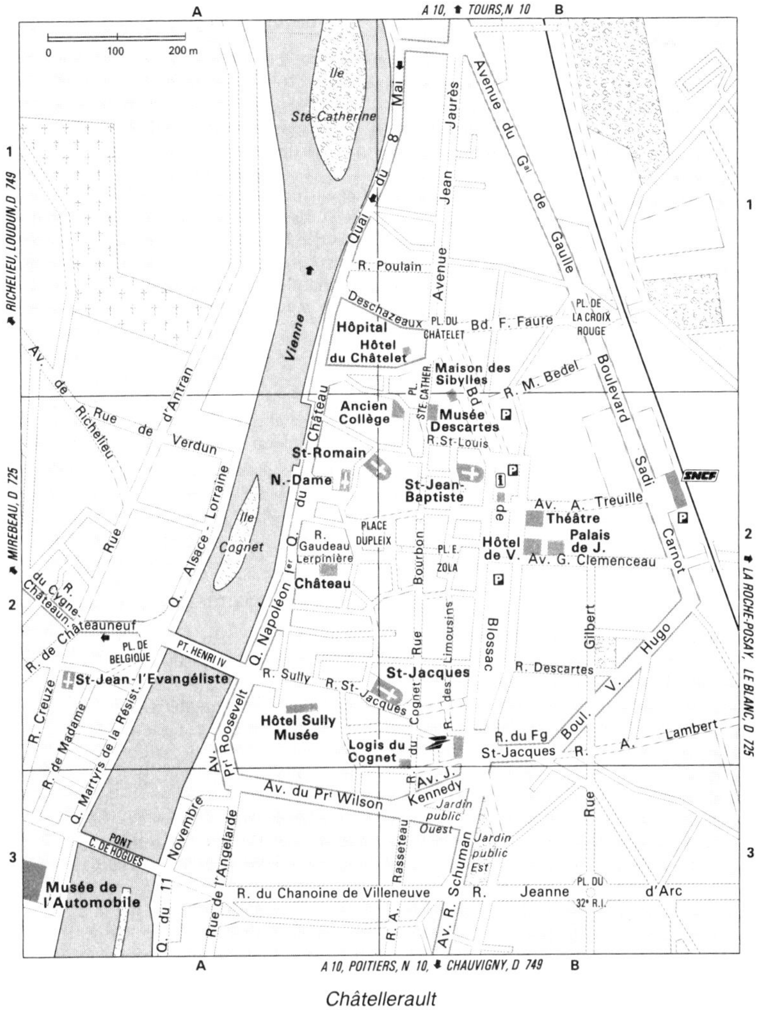

Châtellerault

sance. En 1569, les protestants y soutinrent un siège contre les troupes du duc d'Anjou.
▸ Prendre la *rue Bourbon* *(B2)*, bordée de maisons anciennes.

▷ La Maison Descartes et le musée *(B2) fermé actuellement*

Elle date des XVe-XVIe s., et fut habitée par la famille du célèbre philosophe *René Descartes* qui y passa une partie de son enfance. Le *musée* présente une collection iconographique concernant l'auteur du « Discours de la Méthode », sa famille et les biens qu'elle possédait dans la région.

▸ *L'Ancien Collège*, fondé en 1467, abrite l'École municipale d'Arts plastiques. Le porche d'entrée (1842) débouche sur un

La coutellerie

La coutellerie châtelleraudaise remonte au XIIe s., mais ce n'est qu'au XVIe s., que la qualité et le raffinement de son décor acquirent une grande réputation. En 1570 on dénombre 50 maîtres couteliers, 120 en 1738, puis 300 en 1789. Rois et hôtes importants recevaient en cadeau de luxueux couteaux. La navigation sur la Vienne et le passage incessant de voyageurs sur la route d'Espagne favorisèrent l'essor de cette industrie. Malgré son déclin lors des guerres de Religion (de nombreux artisans protestants émigrèrent), elle fut, jusqu'à la Révolution, une des premières du royaume. De 1830 à 1850, cette industrie connut un renouveau considérable, mais s'éteignit définitivement avec l'arrivée du chemin de fer.

beau bâtiment (XVe s.). ▸ *L'église Saint-Romain (AB2).* Abside et bras de transept (XIIe s.) sont visibles dans une cour *(30, rue Saint-Romain).* Ayant beaucoup souffert des guerres de Religion, la nef fut reconstruite en 1687 avec des matériaux provenant de la démolition du temple protestant. La façade est très sobre. ▸ *L'église Notre-Dame (A2).* Abside (XIIe s.) avec élégants contreforts-colonnes.

▷ Le château *A2*

Édifié en 1423 par *Jean IV d'Harcourt*, il a été très remanié au cours des siècles et abrite aujourd'hui la *bibliothèque municipale*. En face du logis, écuries fin XVIIIe s. La terrasse ombragée offre un *panorama* sur la Vienne, l'île Cognet, le pont Henri-IV et le faubourg de Châteauneuf.

▷ Le pont Henri-IV*** *A2*

D'une longueur de 144 m, d'une largeur de 20 m, c'est un des plus beaux ponts de France. Il remplaça un pont de bois emporté par une crue. Commencé en 1565, il fut achevé seulement en 1611. Le célèbre architecte *Charles Androuet Du Cerceau* (auteur du Pont-Neuf à Paris) et son fils le terminèrent. Sur la rive gauche, les deux *tours* massives défendaient l'accès de la ville. Le pavillon qui les réunissait a été détruit en 1823. Par son horizontalité, la qualité de sa stéréotomie et l'élégance de ses lignes, ce pont, à l'instar du Pont-Neuf, affirmait sa modernité et faisait l'admiration des étrangers.

La tour Nord abrite le *musée archéologique (dim. 15 h-18 h)* : objets de fouilles effectuées dans la région (Celtes au haut Moyen Age).

▸ Revenir sur ses pas et remonter la *rue Sully (A2)*, dans l'ancien quartier de l'aristocratie.

Rodolphe Salis

Rodolphe Salis, né à Châtellerault en 1851, avait un goût immodéré pour les loufoqueries. Peintre, caricaturiste et surtout humaniste, il fonda à Montmartre, en 1881, le célèbre cabaret du Chat Noir (du nom d'un conte d'Edgar Poe) qui connut un vif succès. Réunissant des écrivains, poètes et caricaturistes, tels Alphonse Allais, Caran d'Ache, Willette et Steinlein, il attira bientôt un public mondain qui venait s'esclaffer à son théâtre satirique d'ombres chinoises (1886). Devant tant de succès, des représentations furent données en province, tournant en dérision les notables. Après la fermeture du cabaret en 1896, Rodolphe Salis se retira à la tour de Naintré, près de Châtellerault.

▷ L'hôtel et le musée Sully** *A2*

Cette belle demeure de l'époque classique (1606), qui abrite le musée, fut bâtie par *Charles Androuet Du Cerceau* pour le marquis de la Béraudière. On utilisa le surplus des pierres destinées au pont Henri-IV. Les façades sur cour et jardin, très régulières, avec leur décor de mascarons et de guirlandes de fruits, sont un bon résumé du style Henri IV. L'*intérieur* a été redécoré au XIXe s. en néo-Henri IV (riche cheminée à cariatides au rez-de-chaussée).

*Le musée Sully** (t.l.j. sf mar., dim. et j. fériés, 14 h-18 h)* : importante collection d'armes réglementaires de la manufacture d'Armes (1820 à 1968), coiffes XIXe s. de la région, section des Acadiens, coutellerie, salle Rodolphe-Salis, œuvres de peintres locaux *(Henri Doucet*, XIXe s.) et du sculpteur *Aimé Octobre*, curieux dossiers de chaises, atelier de restauration de textiles, etc. *(→ encadré).*

▷ L'église Saint-Jacques* *B2*

Elle fut très remaniée au siècle dernier. Chœur, transept et nef du XIIe s., voûtes de la nef début XIIIe s. La façade (1859) imite celle de Saint-Médard de Thouars et de Notre-Dame-la-Grande de Poitiers. Au portail, les statues de saint Martin et de saint Hilaire rappellent que cette église était une étape importante sur le chemin de Saint-Jacques de Compostelle, entre Saint-Martin de Tours et le tombeau de saint Hilaire à Poitiers. *Bas-côté sud* : chapelle avec voûte à pendentifs (fin XVe s.), Pietà (XVIIe s.) *Transept* : chemin de croix par *H. Hivonnait* (1852). Belle statue en bois polychrome de saint Jacques (XVIIe s.). Entrée du *chœur* : deux intéressants chapiteaux (XIIe s.) : sacrifice d'Abraham et pèlerins d'Emmaüs. *Bas-côté nord* : ex-voto offert par les échevins, en 1632, en reconnaissance de la disparition de la peste. *Carillon* de 52 cloches, un des plus importants de France.

▸ Remonter la *rue Saint-Jacques (AB2).* Maisons à pans de bois. Au *n° 14*, belle façade Louis XIII.

▷ La rue du Cognet *B2-3*

Au n° 26, *cour du Prêche*, s'élevait un temple protestant, démoli en 1682. Le *logis du Cognet* (fin XVe s.) est l'ancien hôtel Brochard, parents de *René Descartes*, puis propriété des *Pidoux*, cousins de *La Fontaine* qui y séjourna en 1663. Décor gothique flamboyant sur le pignon. Aujourd'hui Maison des Syndicats.

▷ Le jardin public Ouest *(B3) par l'av. John-Kennedy*

Il date de 1874. On y voit un *manoir* néo-gothique (1898) réutilisant une façade à pans de bois (début XVIe s.) provenant de la rue Noire. Il s'agit du plus ancien exemple de pans de bois conservé, ce mode de construction, très répandu, ayant disparu avec l'urbanisation du XIXe s.

▶ *Le jardin public Est (B3)* : ancien *château d'eau* (1868) sur lequel s'élève le monument à la gloire de la Révolution (1890). Au pied, monument aux morts avec *statue* d'*Aimé Octobre* (1926).

▶ Remonter le bd de Blossac côté gauche, jusqu'à la *place de l'Hôtel-de-Ville* : intéressantes *façades* du XIXe s., images de la prospérité de Châtellerault à la « Belle Époque », très éclectiques (du néo-Renaissance au néo-Louis XV).

▶ Reprendre en voiture la direction de Châteauneuf par le pont Henri-IV et suivre les quais jusqu'au *pont Camille-de-Hogues*★ (1899), premier pont en ciment armé construit en France.

▷ Le musée de l'Automobile★★★

(A3) ouverture en juin 1995 ; t.l.j. 10 h-19 h ; fermé en oct. ☎ 49.21.03.46

Installé dans un bâtiment de l'*ancienne manufacture d'Armes*, il offre un panorama très complet de l'histoire de l'automobile, de sa création à nos jours, avec quelques ancêtres rarissimes. Voitures de compétition, de sport, de prestige ou modèles populaires de divers pays, moteurs, châssis, motocycles et cycles. Belle collection d'affiches d'époque. La première campagne de travaux s'achève en juin 1995, la seconde se déroulera en 1997.

▷ L'église Saint-Jean-l'Évangéliste

A2

Elle date de 1875 et remplace un édifice du XIIe s. Pastiche du gothique du XIIIe s., avec un voûtement archaïque en berceau brisé, au lieu de voûtes d'ogives. *Vitraux* offerts par la manufacture d'Armes (chœur et transept). *Cloche russe* (1897) offerte par le *tsar Nicolas II*, à l'occasion d'une importante commande de fusils, ornée des effigies des tsars Nicolas II et Alexandre III, des présidents Carnot et Faure.

La manufacture d'Armes

Créée en 1820 pour remplacer celles de Charleville et de Mézières, trop proches de la frontière, elle assura à la ville une prospérité rapide et provoqua une vague de constructions civiles. Son activité culmina à la fin du XIXe s., avec la fabrication du fusil Lebel et une importante commande de fusils pour la Russie. Vers 1900, c'était la manufacture d'armes la plus importante de France après celle de Saint-Étienne. On y fabriquait des armes réglementaires : sabres, épées, fusils, cuirasses, etc.

Sa fermeture, en 1968, marqua le déclin du faubourg ouvrier de Châteauneuf. Les anciens locaux ont été reconvertis en musée de l'Automobile, Centre de formation professionnelle et Centre d'archives de l'armement. Seules les hautes cheminées en brique évoquent le passé prestigieux de cette industrie.

Aux environs

▶ *Saint-Cyr (10 km direction Poitiers par N 10).* Parc de loisirs : golf, voile, pêche, etc.

Animation

Marchés : Châtellerault centre, les mardi, jeudi et samedi ; Châteauneuf, le samedi matin.

Fêtes foraines : Pâques, Saint-Roch et Noël.

Foire exposition : 1re quinzaine de septembre.

Le Châtelleraudais

Le Châtelleraudais, par ses paysages et son architecture, s'apparente davantage à la Touraine qu'au Poitou. Vallons et coteaux crayeux, assez boisés, sont truffés de châteaux et de gentilhommières, principalement du XVe siècle. Le tuffeau (→ encadré) et les hauts toits de tuiles plates, concurrencées au XIXe siècle par les ardoises d'Anjou, se différencient nettement des matériaux de construction du Poitou.

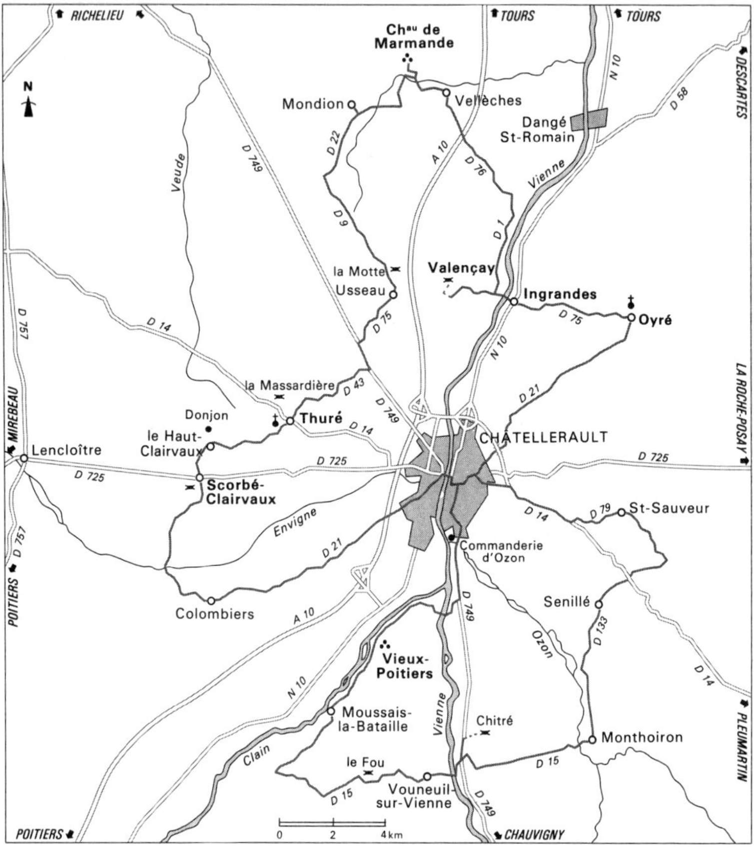

Le Châtelleraudais

Les collines

90 km / 1 j.

▶ Sortir de la ville par *Châteauneuf*, direction Poitiers et prendre à droite la D 21. Traverser la *forêt domaniale de Châtellerault*. Jolie *vue* sur la vallée de l'Envigne (cultures maraîchères). ▶ *Colombiers*. A l'intérieur de l'*église* (XIIe s.), hauts-reliefs représentant l'Annonciation (XIIe s.).

▷ Scorbé-Clairvaux

Sur une vaste place devant le château, belles *halles*★ en bois (XVIIIe s.). Le *château*★★, entouré de douves, est précédé par de majestueux communs (XVIIe s.) dus à *Gilles Fouquet*, frère du célèbre intendant. Aile droite (XVe s.) par *René de Villequier*, remarquable par son décor et sa cuisine voûtée. Logis central (XVIIe s.).
▶ *Donjon du Haut-Clairvaux*★ (XIIe s.) : ruines du château construit par *Richard Cœur de Lion*. En contrebas, vestiges de la *chapelle* castrale *Notre-Dame-des-Vergers* (XIIe s.).

▷ Thuré

Au sud de la place, dans une cour, vestiges du *château fort* qui appartint aux évêques de Poitiers : communs (XVIIe s.) et tour (XVe s.). *Église*★ XIIe s. (chœur, transept et portail) et XVe s. (nef et clocher).

Le château de la Massardière★ (XVe-XVIe s.). La porte fortifiée franchie, on découvre un beau manoir de plaisance, dont les bâtiments sont reliés par une galerie (vers 1520).
▶ Prendre la D 43. Tourner à g. sur la D 749 et à dr. sur la D 75. A la sortie d'*Usseau*, prendre la D 9. ▶ *Le château de la Motte d'Usseau* (XVe-XIXe s.) occupe un site fortifié très ancien où l'on a retrouvé des souterrains aménagés. *Panorama* sur la terrasse. ▶ Rejoindre *Leigné-sur-Usseau* d'où l'on peut se rendre à *Saint-Gervais-les-Trois-Clochers* : tableau de l'*école de Breughel* dans l'*église*. ▶ Se rendre à *Mondion*. Sortir du village par la D 76 et tourner à droite. ▶ *Le château de Mondion*. A côté d'un logis du XVIIIe s., ruines du manoir de plaisance (XVe s.) de *Tristan L'Hermite*, conseiller et chambellan de Louis XI.

▷ Le château de Marmande★★ *de Mondion, prendre la D 22*

Exceptionnel ensemble de fortifications (XIIe-XVIIe s.) se dressant sur un plateau escarpé. *Donjon* et *tour* d'escalier (40 m de hauteur) d'une grande qualité de construction. Important réseau de *souterrains* aménagés *(accès interdit)*.
▶ *Vellèches*. Église (XIIe s., restaurée au XIXe s.) avec beau clocher-porche. ▶ *Le château de Valençay*★ *(par la D 76 et la D 1 jusqu'à l'embranchement d'Ingrandes)*, XVe-XVIIe s. Pigeonnier en contrebas. ▶ *Ingrandes*. *Église*★ des XIe-XIIe s. avec intéressant petit appareil cubique à la base de la façade.

Le tuffeau

Pierre calcaire très blanche, plus ou moins tendre selon les gisements et la profondeur d'extraction, le tuffeau verdit lors de sa mise en œuvre au sortir de la carrière, puis se patine rapidement. Exploité jusqu'au début du siècle dans des carrières à ciel ouvert ou des galeries, il est aujourd'hui très recherché pour la restauration de monuments anciens. Les gisements s'arrêtent au sud vers Dissay. Au Moyen Age, de nombreux souterrains refuges y ont été creusés.

▶ *Oyré*. *Église*★★ du XIIe s. avec originale galerie extérieure. Pittoresques chapiteaux. Peintures murales très restaurées (XVe-XVIe s.) : curieuse scène d'exorcisme.
▶ Revenir à *Châtellerault* par la D 1. *Panorama* sur la ville.

Le val de Vienne

60 km / 1/2 j.

▶ Sortir de *Châtellerault* par la D 14 puis prendre à gauche la D 79. ▶ *Saint-Sauveur*. Rare ensemble de maisons médiévales encadrant le chevet plat de l'*église*★ (XVe s.) qui appartint à une commanderie de l'ordre des Antonins. Beau portail au nord. A l'*intérieur* : Vierge (fin XVIe s.) et retable (XVIIIe s.). ▶ *Senillé*. L'église du XIIe s., restaurée au XIXe s., possède sous un enfeu (XVe s.) le *gisant* de *Pierre d'Aux*, seigneur des Bornais (château détruit). ▶ *Monthoiron*. Église très remaniée. A la sortie du village, sur la D 15, à g., ruines d'un *donjon* circulaire (XIVe s.). ▶ Le *château de Chitré*★ *(sur la D 749)*. Perché sur un coteau, il a été entièrement reconstruit (XIXe s.) par un directeur de la manufacture d'Armes de Châtellerault sur les ruines du château (début XVIe s.) de *Charles Tiercelin*, capitaine aux armées de Louis XII et de François Ier. ▶ Traverser *Vouneuil* par la D 15. Sur le coteau, *landes du Pinail (réserve naturelle)*. ▶ *Le château du Fou* (fin XVe s.), construit par *Yvon du Fou*, sénéchal de Poitou, fut bombardé en 1944 et partiellement reconstruit. Bel escalier à vis voûté.
▶ *Moussais-la-Bataille*. Lieu présumé (nombreuses controverses) de la bataille de Poitiers (732) où *Charles Martel* repoussa les Sarrasins.

▷ Le Vieux Poitiers★

Cet important « vicus » gallo-romain, détruit au IXe s. par les invasions normandes, n'a laissé qu'un pan de mur du *théâtre*★ dont les gradins s'étageaient à flanc de colline (110 m de diamètre, un des trois plus importants de Gaule). En bordure de la route de Cenon, intéressant *menhir*★ portant une inscription celtique énigmatique (il n'existe que deux menhirs gravés en France).
▶ *Ozon (par la D 749)*. L'*église* de la commanderie *des Templiers d'Ozon*★ (XXe s.), très sobre, était ornée de somptueuses peintures murales (vestiges sur un arc doubleau).

Vers la vallée de la Creuse

100 km environ/1j.

Frontière entre la Touraine et le Poitou, la Creuse s'est encaissée profondément dans la craie. Généreusement offerts au soleil, ses versants sont tapissés d'une riche végétation dont le caractère presque méridional contraste avec celle du plateau qui entoure la vallée.

Cette vallée fut très tôt occupée par l'homme. Le Moustérien et le Magdalénien (environ 14 500 à 8 000 av. J.-C.) ont laissé de précieux témoignages dans les grottes creusées au cœur des falaises calcaires (→ Saint-Savin, Chauvigny). Au Moyen Age, elle fut un enjeu stratégique important, comme en témoignent les fortifications de la Roche-Posay et de la Guerche.

▶ Sortir de *Châtellerault* par la D725. Sur la gauche, *parc du Verger*. Dans un clos ombragé, petit manoir des XVe-XIXe s. *(ouvert t.l.j. 14 h-19 h en été ; 14 h-18 h en hiver).* ▶ *Les Petites Minaudières (à 13 km sur la route de La Roche Posay)* : parc de loisirs. ▶ En entrant dans le village de *Coussay-Les-Bois*, prendre à gauche la direction de Lésigny (D16). *Église*★ (XIIe s.) originale par les rares coupoles couvrant la nef. Chevet plat (XVe s.). Beau *tableau* représentant le Repos de la Sainte Famille (XVIIIe s.). En revenant sur ses pas, à gauche, *chapelle* (XIIe-XVe s.) faisant partie d'un ancien couvent occupé par un village de vacances. ▶ Le *château de la Vervolière*★★ *(1,5 km S.)*, du XVe s., est l'ancien fief de la *famille du Plessis*, ancêtres du *cardinal de Richelieu*. Bel ensemble avec, dans la cour, une remarquable *porte* du gothique flamboyant, aux sculptures très fouillées.

▷ La Roche-Posay★ *par la D725*

Cette pittoresque cité, qui joua un rôle important au Moyen Age, est bâtie sur un promontoire rocheux baigné par la Creuse. Elle est très réputée aujourd'hui pour les vertus curatives de ses eaux *(→ encadré)*. D'importants éléments subsistent des fortifications médiévales.

Prendre la rue principale, au nord-est de la place, et passer sous la *porte* fortifiée *de Guyenne* (XVe s.). Façades médiévales (XVe s.). S'éloigner sur le pont pour découvrir un *panorama* sur le donjon (XIe s.) et les tours à mâchicoulis de l'église (XVe s.). En amont, restes d'un pont gallo-romain, près du moulin. L'*église* (XIIe-XVe s.) abrite, dans le transept, deux *bas-reliefs* (1685) provenant de la proche abbaye de la Merci-Dieu : à gauche, la Nativité ; à droite, le Martyr de saint Laurent. Dans le bras du transept nord, pierre tombale de *Louis Chasteignier*, évêque de Poitiers (1650). Le *donjon* (XIe s.), est le seul vestige du château *(propriété privée)*.

▶ A 3 km sur la gauche, par la D5, Gartempe, ruines de *l'abbaye* cistercienne *de la Merci-Dieu*, fondée en 1150 par le *baron de Preuilly*. Base de canoë-kayak *(→ encadré)*. ▶ Passer sur la rive droite de la Creuse.

▷ Yzeures-sur-Creuse

L'*église* (XIXe s.) est bâtie sur les substructions d'un temple gallo-romain consacré à Minerve. Elle occupe l'emplacement de deux autres églises superposées : à l'église mérovingienne Saint-Eustache (dont l'édifice actuel conserve une partie du mur Est) avait succédé une église romane (XIIe-XIIIe s.).

Derrière le chevet, un petit *musée lapidaire (entrée libre)* abrite des fragments du temple antique et un pilier monumental, monument votif dit « pile à Jupiter » (fin du IIe s.).

▶ A gauche, *château d'Harembure*. ▶ Poursuivre la D750. A droite, dans un parc, on accède au *château de Rouvray*, des XVe-XVIe s., avec donjon et porte fortifiée, par la petite route de La Mare. ▶ *Barrou*. A la sortie du village, à droite une route *(D60)* traversant le *bois des Courtis* conduit au *Grand-Pressigny (7 km)*. Le château, des XIIe-XVIe s., abrite un très important *musée préhistorique (→ Guide Bleu Centre, à paraître)*.

▷ Le château de la Guerche★ *visites mai-juin-sept., sam.-dim., 14 h 30-18 h 30 ; juil.-août ; t.l.j. sf dim. 10 h-12 h/14 h 30-19 h.*

L'imposant *château*, construit par Charles VII pour *Antoinette de Maignelais* (et non pour Agnès Sorel), mire sa haute courtine claire et les deux tours rondes qui la campent dans les eaux sombres de la rivière.

Les *casemates* et les *greniers souterrains*, vastes salles dont les voûtes d'arêtes reposent sur de puissants piliers et dont les rares ouvertures donnent sur la Creuse, laissent imaginer la mission protectrice de la lourde demeure d'agrément de la Renaissance.

Dans le village, qui compte quelques jolis toits berrichons, l'*église* romane aux deux absidioles a subi d'outrageuses restaurations.

▶ *Rives*. Sur la Claise, un peu en amont de son confluent avec la Creuse ; restes

---

Le thermalisme

Les eaux qui traversent les terrains crétacés se chargent quelquefois de sels, acquérant ainsi des vertus thérapeutiques. Aujourd'hui, la seule exploitation médicale se fait à La Roche-Posay, capitale européenne des affections de la peau.

Les sources de La Roche-Posay ont sans doute été connues dès l'époque gallo-romaine et leurs vertus curatives signalées vers 1573. Elles furent remises en vogue par le médecin d'Henri IV et de Louis XIV, Milon. Très actif à partir du XVIe s., le thermalisme ne s'est vraiment organisé qu'au siècle dernier.

Ces eaux froides, d'un goût fade et désagréable, sont recommandées pour toutes les formes d'eczémas, et conviennent également au traitement du psoriasis, de l'acné, des prurits, des séquelles de brûlures, etc. L'eau émergeant de quatre sources est dispensée aux curistes sous forme de bains, pulvérisations, douches, et bien sûr servie comme boisson.

---

d'un prieuré du XIIe s. ▶ Reprendre la rive gauche. A 3 km de Leugny, sur le coteau, ***château de la Chaise**** des XVe-XVIe s. *(propriété privée).*

▶ A *Saint-Rémy-sur-Creuse*, prendre le premier chemin à gauche pour accéder aux ***troglodytes*** creusés dans la falaise. Site pittoresque.

▶ ***Descartes*** est la patrie de *René Boylesve* († 1929), l'auteur de « L'Enfant à la balustrade ». Le touriste de passage y cherchera le souvenir du père du « Discours de la Méthode ». Né, dit-on, à Châtellerault en 1590, *Descartes* fut rapidement conduit par sa mère à La Haye (nom du village d'alors, où la famille avait une maison) pour y être baptisé ; un panonceau devant la demeure (à gauche dans la rue principale que vous suivrez en arrivant) rappelle qu'il passa ici ses premières années.

▶ A 2 km N. de la ville, par la route de La Celle-Saint-Avant, l'***église**** romane de ***Balesmes***, aux absides rayonnantes bien restaurées sous des toits de tuiles brunes, s'élève sur une terrasse (à droite) ; sous l'auvent du porche Nord s'ouvre le portail cintré : dans la nef, éclairée par des ***verrières*** de *Max Ingrand*, restes de fresques du XIIIe s. ▶ Emprunter le pont sur la Creuse. Immédiatement à droite, route pour ***Buxeuil*** *(1 km)*, village décrit par *René Boylesve* dans son roman, le château de La Roche-Amenon (XVIIIe s. ; à droite en bordure de la Creuse).

▶ ***Falaise. Musée Acadien*** *(Pâques à Toussaint, mer., jeu., sam., dim., 15 h-19 h).* ▶ ***Les Ormes. Château*** (XVIIIe-XIXe s.) ayant appartenu à la célèvre famille des *Voyer d'Argenson* qui fournit, au XVIIIe s., plusieurs hommes d'État et de guerre. ▶ De l'autre côté de la N 10, remarquable ***grange**** (XVIIIe s.), au fronton sculpté d'allégories.

▶ Prendre la première route à droite. A ***Dangé-Saint-Romain, église*** du XIXe s. Dans le chœur, remployé sur l'autel, bas-relief en albâtre représentant La Mise au Tombeau (XVIIe s.). Sur la place, ***halle*** en bois.

▶ Poursuivre la N 10 et rejoindre Châtellerault par ***Ingrandes*** *(→ circuit des collines).*

Animation

Casino : route de Vicq (D5) ☎ 49.86.20.10. Hippodrome de la Gatinière, route de Lésigny (D5) : courses hippiques et sports équestres ☎ 49.86.19.46. Golf du Connétable : parcours 9 et 18 trous ; stages avril à octobre ☎ 49.86.20.21. Canoë kayak : abbaye de la Merci-Dieu ☎ 49.86.20.26. Pour tous renseignements, s'adresser au ℹ ☎ 49.86.20.37.

Chauvigny★

30-AB2 / R 107 / V 34
7 000 habitants ⊠ 86300
ⓘ hôtel de ville (Ville Basse) ☎ 49.45.99.10 et 5, rue Saint-Pierre (Ville Haute) ☎ 49.46.39.01
Ⓟ Ville Haute : place des Marronniers, place du Donjon, rue de Bretagne, Porte-Cheneau, nombreux dans la Ville Basse

Cinq châteaux forts groupés sur le même promontoire, un ensemble unique en Europe ! Chaque seigneur avait son donjon, à l'imitation de l'évêque de Poitiers, seigneur de Chauvigny. En rejoignant la vallée principale de la Vienne, le vallon du minuscule Talbat a découpé un étroit éperon calcaire, favorisant cette implantation exceptionnelle. La ville est saisissante par son formidable entassement de remparts abrupts et son chapelet de forteresses édifiées grâce à la belle pierre de taille que l'on exploite toujours ici.

La ville dans l'histoire

Une bourgade gallo-romaine s'était développée au sud de l'actuelle agglomération, en un lieu où la voie Poitiers-Bourges franchissait la Vienne. Non loin de là, la grotte de Jioux, maintenant accessible, constituait déjà un exemple rare d'habitat préhistorique fortifié. Mais, vers l'an 1000, c'est à la pointe de l'éperon, occupé au néolithique, que les évêques de Poitiers, seigneurs de Chauvigny, implantent un château. Les fiefs voisins verront à leur tour s'édifier d'autres châteaux forts, successivement rachetés par les évêques jusqu'en 1447. En ce XVᵉ siècle, la ville forte atteint sa plus grande extension, entourant de ses deux kilomètres de remparts cinq châteaux et quatre églises.

La ville n'a pas été épargnée par les grands drames de l'histoire : en 1356, elle héberge le roi Jean et son armée, à la veille de la déroute de Poitiers ; prise et reprise pendant la guerre de Cent Ans, elle connaît un siècle d'accalmie pour subir les désordres répétés des guerres de Religion (son temple est fermé en 1642) puis de la Fronde. Les représailles de 1944 épargneront au moins ses monuments.

Marché agricole pour le pays chauvinois, la petite ville vit surtout de sa manufacture de porcelaine mais aussi de ses carrières de pierre (→ encadré). Située sur l'axe Poitiers - Saint-Savin, elle s'ouvre au tourisme et aux nouvelles technologies avec le Futuroscope et la centrale nucléaire de Civaux.

Visite de la ville

La ville moderne s'étale au pied de la colline couronnée de remparts et de donjons romans qui lui donnent des airs de ville italienne.

La Ville Haute

1 h 30
Visites-conférences : t.l.j. sf mar. en été, se renseigner au ⓘ ; sur demande : Société de recherches archéologiques, B.P. 64, 86300 Chauvigny ☎ 49.46.35.45

▸ Se tenir sur le *plan d'Harcourt* d'où l'on domine le château baronnial ou « des évêques ».

▷ Le château baronnial ou château des Évêques

Cet édifice complexe, d'une longueur de 80 m et d'une largeur de 50 m, fut souvent endommagé et remanié. A la fin du XVIIᵉ s., il est déjà presque à l'abandon.

On reconnaît une ***première enceinte*** avec l'entrée primitive (XIᵉ s.), un puissant *donjon* du XIIᵉ s. *(accès libre)*, les ruines du

Château Neuf (vers 1400) dont subsiste un impressionnant pan de muraille montrant deux étages d'appartements, et la chapelle Saint-Michel avec salle capitulaire au-dessus. On accédait par les ponts-levis aux cours et bâtiments de la *deuxième enceinte* (XIIe au XVIe s.) : cuisines, fournil, écuries, puits, souterrain.

▷ Le château d'Harcourt

Il comprend une *enceinte* quadrangulaire de 38 m sur 25 m (XIIIe s.), un *logis* du XIIIe s. achevé au XVe s., un bâtiment du XIXe s. accolé au précédent. *Châtelet* d'entrée avec porte défendue par une herse et un assommoir. Accès à la prison, encore utilisée au XIXe s., par la cour inférieure. Expositions et spectacles en été.

▶ Remonter la *rue Saint-Pierre.* A gauche, vestiges du *château de Montléon.* Dans le pâté de maisons, on distingue, çà et là, murailles et contreforts. Partagé, défiguré, Montléon (XIIe s.) est le moins bien conservé des châteaux de Chauvigny.

▶ Passer devant les vestiges de la *porte de Gouzon* (XIIe s.), l'une des douze portes de la ville, et gagner la place du donjon par la rue Saint-Pierre.

▷ Le donjon de Gouzon *juil.-août t.l.j. sauf dim. matin 10 h-12 h 30/14 h 30-18 h 30 ; avr.-juin et sept.-oct. t.l.j. 14 h 30-18 h ; toute l'année les sam., dim. et jours fériés 14 h-18 h et sur RV ☎ 49.46.35.45*

Ce donjon, bâti sur un site néolithique, abrite un *espace d'archéologie industrielle* qui présente la production de la manufacture de porcelaine et une rétrospective sur les carrières, les moulins à eau, les fours à chaux et les tuileries. Un premier bâtiment soigné, avec contreforts rectangulaires (XIIe s.) a été étendu vers l'ouest et surélevé, médiocrement (XIIIe s.). A l'est, un logis, détruit, joignait la rue Saint-Pierre ; on reconnaît tours, portes, cheminée.

▶ Donnant sur la place, maisons anciennes de la *rue des Puys* (XVe-XVIe s.). ▶ A 60 m au nord-est, donnant sur la rue Saint-Pierre, la *tour de Flins* (XIIe-XVe s.), château de petite taille complétant la défense de la ville *(ne se visite pas).*

▷ Le musée → *horaires du donjon*

Ancien presbytère de la Ville Haute. *Point de vue* sur la vallée de la Vienne. Archéologie (pré- et protohistorique, gallo-romaine, du Moyen Age), ethnographie et traditions populaires. Objets remarquables : collection de coiffes, mortier à broyer en bronze (XVe s.), chauffe-plat en céramique (XVe-XVIe s.), sanglier gallo-romain.

▷ La collégiale Saint-Pierre

Succédant à un édifice plus ancien qui abritait, dès le XIe s., un chapitre de chanoines, la collégiale fut ruinée en 1569 et 1652. Abandonnée à la Révolution et rendue au culte en 1804, elle fut restaurée au XIXe s. : peintures de 1856.

L'extérieur

A noter le plan tréflé (rare en Poitou) du *chevet* et l'abondance et la diversité de son décor. Les parapets (et non coupoles !) au bord du toit présentent des remplois sculptés (sagittaire, saint Pierre, scène de poursuite) qui semblent antérieurs à l'église ; une particularité qui a posé bien des problèmes aux archéologues ! Élégante tourelle d'escalier. A l'archivolte d'une fenêtre du croisillon sud : alphabet roman gravé (rare). Seuls les très beaux modillons de l'abside sont anciens. *Clocher* du XIIIe s. Croix de l'ancien cimetière de 1643.

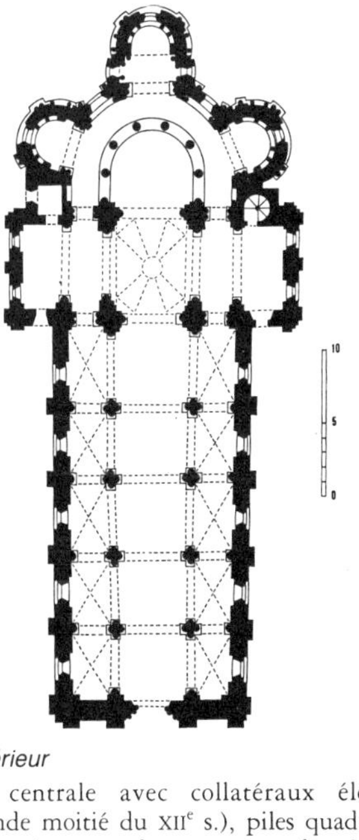

L'intérieur

Nef centrale avec collatéraux élevés (seconde moitié du XIIe s.), piles quadrilobées présentant des marques de tâcherons. Chœur et transept (première moitié du XIIe s.) : remarquer surtout l'admirable série des *chapiteaux*★ du rond-point. Emprunter le déambulatoire à droite : 1, oiseaux dévorateurs ; 2, Babylone (la grande prostituée), saint Michel pesant les âmes, Babylone désertée représentée par un prophète, Annonce aux bergers ; 3, dragons ; 4, Annonciation, Adoration des Mages (signature du sculpteur « Gofridus me fecit »), Présentation au Temple, Tentation du Christ au désert ; 5, lions ailés affrontés ; 6, série d'êtres étranges (le danseur est particulièrement célèbre) ; 7, Sphinx ; 8, scène infernale. Mobilier : gisants de chanoines (XVe s.), Vierge à l'Enfant (XVIIe s.), orgue (1869).

▶ Rejoindre le plan d'Harcourt par la *rue des Rampes.*

▶ La *porte des Rampes* est protégée par des bouches à feu (XVe-XVIe s. ?) tirant le long d'un fossé aujourd'hui comblé.

▶ On peut rejoindre le circuit Ville Basse à partir du château baronnial par la *porte des Piliers.*

La Ville Basse

45 mn

▶ Partir de l'*hôtel de ville* (XIXe s.) bâti sur les vestiges de l'ancienne église Saint-Léger.

▶ *L'église Notre-Dame.* Chevet XIIe s., nef et façade entièrement restaurées au XIXe s. A l'intérieur, chapiteaux XIIe s. et peinture murale fin XVe s. (Portement de croix).

▶ Au bout de la rue du Moulin-Saint-Just, *maison* dite à tort *du Roi Jean (ne se visite pas),* hôtellerie début XVIIe s.

▶ Rejoindre le circuit Ville Haute en montant sur la droite, ou tourner à gauche dans la *rue Faideau,* jadis axe principal de la ville (maisons anciennes). Au bout : vestiges du *pont* médiéval.

▶ Regagner l'hôtel de ville par la rue de Châtellerault : *maison* dite *des Templiers* (XIIIe s.).

▶ A l'angle de la rue de la Paix et de la rue Jean-Arnault, l'*Espace départemental d'art contemporain,* situé dans les anciens bains douches.

Autour de Chauvigny

La vallée de la Vienne

70 km environ / 1/2 j.

▶ Sortir de Chauvigny par la D 749, direction *Châtellerault.*

▶ Après les carrières du *Breuil* et le *moulin de la Ronde* (XVe s.), faire une halte au village de *Bonnes (→).*

▷ Le château de Touffou* *vis. mi-juin-mi-sept. t.l.j. sf lun. ; hors saison sur demande ☎ 49.56.40.08*

Tout crépi d'ocre et de rose, il occupe une position dominante sur une terrasse de la rive gauche.

La forteresse romane, dont subsiste le double donjon central carré remanié au XVe s., fut considérablement modifiée à l'époque de la Renaissance, tandis qu'on y reconstruisait les deux tours rondes. Il fut édifié par la famille de Montléon, qui le conserva jusqu'au début du XVIe s., époque à laquelle il revint aux Chasteignier, descendants d'un évêque de Poitiers.

Au centre se dresse un grand *donjon* rectangulaire du XIIe s., remanié au XVe s., flanqué de tourelles aux angles et couronné de mâchicoulis sur les faces nord et est. Une salle du second étage conserve une curieuse polychromie héraldique du XIIIe s. Le donjon se rattache à un corps de logis de la fin du XVe s., modifié dans le goût de la Renaissance (1560) et flanqué de deux tours à ses extrémités : la grosse *tour Saint-Georges* à l'angle sud-ouest, et la *tour de l'Hostellerie,* refaite en 1939, à l'angle nord-ouest. Le quadrilatère défensif, agrandi au XVe s., est flanqué de deux autres tours du XIVe s., du côté de la rivière : isolée à droite de l'entrée, la *tour Saint-Jean* renferme la *salle dite des Saisons,* décorée de peintures du début du XVIIe s., d'après *Bassano,* figurant les travaux des mois. A l'angle nord-est, la quatrième tour, arasée au niveau de la terrasse, abrite, de bas en haut, des cachots, la salle de justice et la chapelle qui renferme un Christ du XIIIe s.

▶ Traverser la Vienne et prendre à gauche la D 749. A droite, petite route vers *(1,2 km environ)* le *château de Loubressay* (1720) et la *tour d'Ardaine* (XIIIe s., souterrain). A 500 m à gauche, belle échappée sur le château de Touffou.

▶ A droite *(0,3 km), manoir du Vieux Bellefonds,* au pied d'un bois. Petit *château de Varennes* (XVIe s.), caché derrière une ferme.

▶ 3 km plus loin, à droite, *château de Mariville* (XIXe s.).

▶ *Archigny (par la D3 à l'est).* Église romane à clocher-porche de la fin du XIIe s. et poterne du château de Marsugeau. C'est

La pierre de Chauvigny

La région du bassin du Poitou est formée d'un calcaire spécifique de l'ère secondaire jurassique (calcaire oolithique), qui présente toutes les qualités requises pour la construction d'édifices. En effet, par leur type de dureté (tendres, demi-dures, dures), ces pierres peuvent résister différemment à toutes les altérations atmosphériques.

Les Romains furent les premiers à l'employer ; depuis lors, la pierre de Chauvigny a été utilisée dans le monde entier.

Dans la région, tout le vieux Chauvigny a été bâti à partir de ces pierres, et grâce à elles ont pu également être restaurées certaines parties du château de Touffou.

L'avenir de cette activité locale reste prometteur, tant par l'intérêt que lui portent certains pays étrangers que par la diversité des utilisations possibles dans la décoration des édifices ou habitations (cheminées, balcons, escalier, etc.).

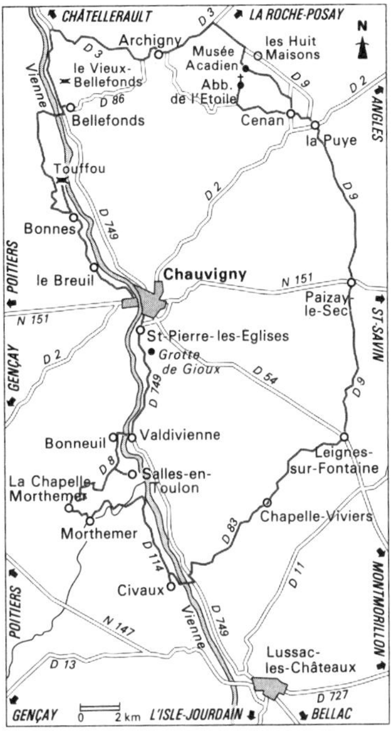

La vallée de la Vienne

vers Archigny, au XVIIIe s., qu'un aristocrate, le *marquis de Pérusse d'Escars (→ encadré)*, avec de puissants moyens et l'aide de réfugiés acadiens, tenta, mais en vain, de mettre en valeur les sols pauvres de ces terres de brandes.

▷ La Ligne Acadienne

A 6 km S.-E. d'Archigny, au hameau *les Huit Maisons*, le ***musée acadien*** *(mai-juin, merc., sam., dim., 15 h-19 h ; juil-sept., mar., merc., sam., dim. et jours fériés, 15 h-19 h ; oct.-avril, sur demande, mairie d'Archigny ☎ 49.85.34.15.)*, installé dans une ancienne ferme, est consacré à l'histoire des Acadiens.

▷ L'abbaye de l'Étoile *2,5 km N.-O. de Cenan*

Située dans un paysage vallonné, elle fut fondée en 1224 par *Isambard de l'Étoile*, et connut une grande prospérité au XIIIe s. Le logis abbatial est aujourd'hui en ruine. Durement frappée par les guerres de Religion, l'abbaye ne retrouva jamais son prestige, si bien qu'à la veille de la Révolution il ne restait plus qu'un moine. Les bâtiments, ou plutôt ce qu'il en restait, furent transformés en hangars agricoles. Seule la ***salle capitulaire*** du XIIIe s., avec peintures murales de la Renaissance, restaurée en 1930, peut donner une idée de ce que fut l'abbaye au temps de sa gloire. ▶ A *La Puye (3,5 km S.-E.)*, deux plans d'eau (plage, pédalos, pêche) voisinent avec la maison mère des Filles de la Croix (congrégation fondée au début du XIXe s.). ▶ *Paizay-le-Sec (8 km S.). **Église Saint-Hilaire***, en partie romane. Claustra. Retable XVIIe s. (classé). ▶ *Leignes-sur-Fontaine (8,5 km S.).* Ancienne ***église priorale Saint-Hilaire***, romane, reconstruite en 1613 - après sa destruction lors des guerres de Religion - sous l'impulsion du curé *Olivier Siret*, auteur de plus de cinquante inscriptions gravées sur les murs extérieurs et intérieurs et sur les bénitiers (classés) : poèmes d'inspiration religieuse, affirmation de la foi catholique, haine du protestantisme, anecdotes historiques. Constituent un monument épigraphique rare de la Contre-Réforme.

▷ Civaux* *par D 115 et D 83*

Dès la période pré-romaine, la région de Civaux montre une forte densité d'occupation. La prospection aérienne et les fouilles menées sur le site de la centrale nucléaire le confirment : la rive gauche de la Vienne est très tôt consacrée aux rites funéraires. A l'époque romaine, la bourgade compte théâtre, thermes, forum... Pour des raisons encore mal élucidées, elle devient un foyer d'implantation du christianisme en Poitou vers la fin du IVe s. Siège d'une viguerie en 862, la période féodale lui fait perdre son

---

Les Acadiens en Poitou

Arrivées en France entre 1755 et 1763, ce n'est qu'en 1773 que trois cents familles acadiennes s'installent, sur l'initiative du comte Pérusse d'Escars, sur 2500 ha de terres incultes situées sur les paroisses d'Archigny, Cenant-la-Puye, Saint-Pierre-de-Maillé. Cinquante-sept fermes, groupées en hameaux semblables, sont construites au milieu des brandes. Elles sont reliées entre elles par un chemin rectiligne de 6,5 km, la « Grand'Ligne ». Mais, dès 1775, de nombreux Acadiens, anciens ouvriers, anciens marins, quittent le Poitou pour la Louisiane. La surface à exploiter étant devenue beaucoup trop grande, cinquante-sept lots sont constitués, comprenant chacun 18 ha de terres et une maison. Les lots non occupés sont réservés aux membres de la colonie qui se marieront en dehors de la communauté. Cette mesure favorisera l'intégration des Acadiens dans la population poitevine, où ils feront souche.

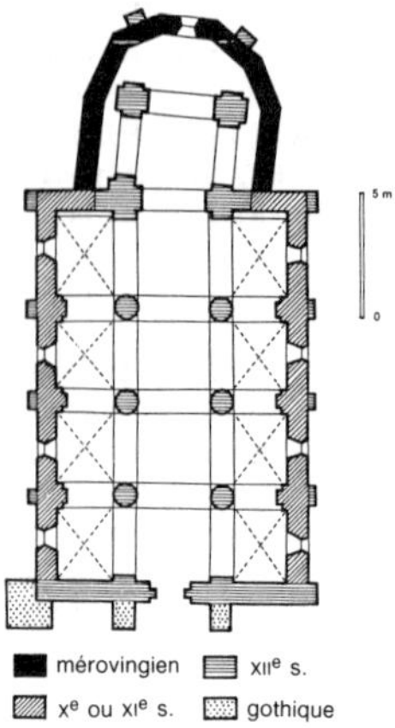

L'église de Civaux

rayonnement. De la préhistoire à nos jours, le site a cependant connu une pérennité remarquable.

Place de l'Église : *fanum* de tradition indigène, constitué d'une cella carrée entourée d'une galerie. Remplaçant un édifice antérieur, il fut lui-même christianisé (piscine baptismale).

Église Saint-Gervais et Saint-Protais. Abside polygonale (vers 400) avec, à l'intérieur, une stèle funéraire de même époque présentant un chrisme et une épitaphe (« Aeternalis et Servilla » : vivez en Dieu). Murs du XIe s. Au XIIe s., on implante des piles dans la nef et on voûte celle-ci. Les *chapiteaux* rappellent Saint-Pierre de Chauvigny mais sont malhabiles. Remarquer une scène de mariage (?), un compagnon d'Ulysse se jetant à la mer. Clocher construit sur l'abside.

A 100 m au nord, *la nécropole**, quadrilatère de 90 m de côté clos de couvercles fichés en terre, ne constitue qu'une partie de l'ancien cimetière qui couvrait plus de 3 ha et abritait des milliers de tombes. Leur origine a fait, comme l'ensemble du site, l'objet de légendes. Nombreuses *cuves* monolithes affleurant le niveau du sol. Les couvercles sont parfois ornés (c'est la croix à trois traverses qui domine). La nécropole ayant servi du IVe s. à nos jours, différents types de sépultures ont été mis en évidence : cuves, caissons en pierres sèches, en pleine terre, etc., mais l'époque mérovingienne est la mieux représentée. Dans la nécropole, *chapelle Sainte-Catherine* d'origine romane, très remaniée.

Musée archéologique (Pâques-15 nov., 10 h-12 h/15 h-19 h).

▶ Rive droite de la Vienne, la *tour aux Cognons* (XIIIe).

▷ Morthemer *5 km N.-E.*

Château (XIVe-XVe s.) connu au XIe s., radicalement restauré fin XIXe s. *Église Notre-Dame* : crypte romane à piliers avec peinture, voûtes gothiques qui comptent parmi les premières de style « français » dans l'Ouest, enfeus et gisants (XIVe au XVIe s.), passage souterrain sous la nef. *Maisons* anciennes dans le quartier rive gauche (XVe au XVIIe s.). Au cimetière, belle *croix hosannière* romane (classée).

▶ A 1,5 km O. : *tour de Cognac* (XIIe s.) et petite *église de la Chapelle-Morthemer* (abside romane et clocher-porche gothique, Vierge XVIIe s.). ▶ *Salles-en-Toulon (5 km E.). Église Saint-Hilaire-de-Toulon*, remarquable surtout pour le décor énigmatique de sa façade : Christ en majesté au pignon, chapiteaux avec lions et scène de péché originel, faux tympan reproduisant une scène d'interprétation difficile. Bénitier roman. ▶ A *Bonneuil*, dans un joli site, un pont franchit la Vienne vers *Valdivienne* (ancienne commune de Saint-Martin-la-Rivière) d'où la D 749 (à gauche) conduit aussi à Chauvigny. Au-delà de La Chauvalière, la *grotte de Gioux (n'est plus accessible)* fut occupée à l'époque préhistorique.

▷ Saint-Pierre-les-Églises *à la sortie sud de Chauvigny, route de Lussac*

L'église comporte une abside carolingienne en petit appareil, surélevée à l'époque romane. La nef est moderne (peintures datées 1628). Admirer les *peintures* du sanctuaire (vers 920). On reconnaît, de gauche à droite, au registre supérieur : la Crucifixion, la Visitation, la Nativité et le Bain de l'Enfant ; au registre inférieur : les Mages devant Hérode, à cheval, adorant l'Enfant, le combat de l'Ange et de la Bête, scènes effacées.

Dans le *cimetière* : sarcophages, fragments gallo-romains (frise, borne milliaire) attestant de l'ancienneté de l'occupation du site. Le chemin descendant au cimetière épouse le tracé de l'ancienne voie romaine.

▶ Dans la plaine, inondée parfois *(circulation interdite pendant les crues)*, la D 8 découvre la *falaise* dite *des Roches David*, qui se profile rive droite, en amont de Chauvigny. ▶ Sur la rive gauche, joli *manoir de La Rivière-aux-Chirets*, Renaissance et XVIIe s. *(ne se visite pas)*. ▶ A l'entrée du pont de *Chauvigny (N 151)* : belle *vue* sur le site dominant la Vienne.

Archéologie industrielle

entre Salles et Verrières/15 km environ
promenade pédestre d'1 j.

Vestiges d'activités industrielles devenues obsolètes, fours à chaux et moulins à eau émaillent discrètement le paysage de leur architecture caractéristique. Trop souvent on ignore ces édifices qui, naguère, abritèrent une intense activité. Cette promenade pédestre nous invite à les redécouvrir *(D 1827 Est)*.

▶ Partant de ***Salles***, commune de Valdivienne *(→ ci-dessus le circuit)*, remonter la ***vallée de la Dive*** pour découvrir le ***moulin neuf*** et sa roue à aubes plates, puis celui de ***Forge-Moulismes*** qui actionna peut-être les soufflets d'une forge à fer et qui n'est plus qu'un îlot perdu dans une nature profitant de l'abandon des hommes. ▶ Plus loin, à droite, après des carrières délaissées, c'est un ***four à chaux*** (XIXe s.) qui dresse sa paroi abrupte devant le terre-plein où l'on stockait la chaux produite. ▶ Avant Morthemer, à gauche, c'est le ***moulin Bourgeois***. ▶ De Morthemer, gagner le ***bois de Daim*** en quittant, à gauche, la route de Lhommaizé, avant la gare. Presque au bout du monde, une batterie de six ***fours*** allonge son mur de 32 m agrémenté d'une corniche. Chauffés au bois, ces fours cessèrent de fonctionner très tôt en notre siècle, l'un d'eux venait tout juste d'être refait à neuf. ▶ A la gare de ***Lhommaizé***, à proximité une fois encore de la voie ferrée Poitiers-Limoges, dans un paysage bouleversé par l'extraction du calcaire à chauffer et que les moutons réoccupent, ce sont les ruines des deux ***fours*** construits par les mines de Faymoreau. Leur activité cesse dans les années 1950 ; un corps de four a déjà disparu.

▶ Traverser la N 147 et se diriger vers le bourg de ***Verrières***. A un coude de la route, c'est ***l'étang de la Forge***, vaste retenue qui fournissait l'énergie nécessaire aux mécanismes. En 1901, une usine hydroélectrique, aujourd'hui désaffectée, fut installée sur le site. Elle alimentait Verrières et Lhommaizé. Pendant l'entre-deux-guerres, une autre roue permettait le fonctionnement d'une scierie. Mais de la forge proprement dite, qui exista de 1595 à 1886, les vestiges restent rares. On retiendra pourtant que la belle grille du château, réalisée entre juillet et novembre 1769, exigea près de 16 000 livres de métal coulé et affiné à la forge.

Civray

37-B3 / R 107 / V 40
3232 habitants / ✉ 86400
ℹ place du Maréchal-Leclerc ☎ 49.87.47.73

Tout ici semble se dédoubler : la Charente, qui se divise en deux bras pour entourer un îlot ; la vie de la ville, qui se déroule sur deux rues parallèles pour aboutir aux deux ponts qui enjambent la rivière ; sur l'histoire elle-même se porte le double regard de l'église (une des plus belles du Poitou), et du château.

Tel est le site original qu'offre cette agréable petite cité commerçante où se déguste la spécialité locale, le fromage de chèvre, que l'on nomme ici chabichou (→ encadré).

La ville dans l'histoire

L'origine de Civray fut peut-être une villa gallo-romaine, appartenant à un certain Severus (d'où l'orthographe ancienne : Sivrai). Autour d'un gué, puis d'un pont sur la Charente, se constitua la première agglomération, avec sa petite église, protégée par son château qui, en 1030, était considéré comme l'une des forteresses les plus puissantes du Poitou. Il appartenait au comte de la Marche, puis passa aux Lusignan et à leurs parents, les comtes d'Eu, et subit donc les conséquences de leurs rapports changeants avec leur suzerain, puis de la rivalité des rois de France et d'Angleterre. Le désastreux traité de Brétigny (1360) attribua la région au souverain anglais, mais Du Guesclin reprit le château en 1373. Civray devint alors un apanage des princes du sang, puis François Ier en fit un comté.

La ville s'était développée autour de sa splendide église romane et de son prieuré. Elle était le siège d'une importante sénéchaussée qui, à la veille de la Révolution de 1789, s'étendait encore sur 90 paroisses. Elle fut ensuite sous-préfecture, puis perdit cette dignité. Le souvenir de ce passé glorieux aide la petite ville à conserver de nos jours un certain rayonnement grâce surtout à une population scolaire très nombreuse. Elle fut le théâtre d'un sanglant accrochage entre une colonne nazie et un groupe du maquis, le 26 août 1944.

Cinq personnages de renom y ont vécu : le curé Tudebode, qui participa à la première Croisade et en laissa une précieuse relation ; l'abbé Pressac qui planta le premier arbre de la liberté à Saint-Gaudent en mai 1790 ; le général Rivaud de la Raffinière dont le nom figure sur l'Arc de Triomphe de l'Étoile ; l'écrivain André Theuriet qui en fit le théâtre de plusieurs de ses œuvres, notamment « Le Fils Maugars » ; enfin le peintre futuriste italien Gino Severini qui y séjourna à quatre reprises et y réalisa une soixantaine d'œuvres.

Visite de la ville

2 h

▶ La *place Leclerc*, centre de la ville, est entourée de quelques belles *maisons* de la Renaissance.

▶ Dans la *rue Louis-XIII*, qui s'ouvre sur le côté ouest, on verra quelques portes anciennes et la *maison Louis XIII*, ancienne prévôté, dont le nom actuel rappelle le passage de *Louis XIII* à Civray en 1616.

▶ Si l'on dispose d'un peu de temps, on pourra escalader la butte du vieux château : restes de *murailles*.

▶ En suivant la rive gauche de la Charente, à 300 m de la sortie sud du grand pont, on peut voir les vestiges de *l'ancienne commanderie des templiers* dont la chapelle présente un beau portail roman.

▷ L'église Saint-Nicolas*

C'est une des plus belles églises romanes du Poitou.

En l'absence de documents concernant sa construction, les archéologues s'accordent pour la dater de la seconde moitié du XIIe s. Un prieuré de moines dépendant de l'abbaye de Nouaillé, près de Poitiers, occupait les bâtiments au sud de l'église.

Elle n'a pas été remaniée depuis sa construction et on ne peut appeler restauration le démontage de la façade lézardée en 1842. Elle a été remontée telle quelle avec toutefois quelques anomalies, notamment le bloc de pierre cubique introduit dans le corps du cheval en vue d'une restauration de la statue équestre qui n'a jamais été réalisée.

L'extérieur

La *façade* est une façade-écran, rectangulaire, flanquée de deux faisceaux de colonnes. Elle présente une riche ornementation. Horizontalement, elle est coupée par une corniche soutenue par de curieux modillons. La partie supérieure comme la partie inférieure comprennent chacune trois arcatures.

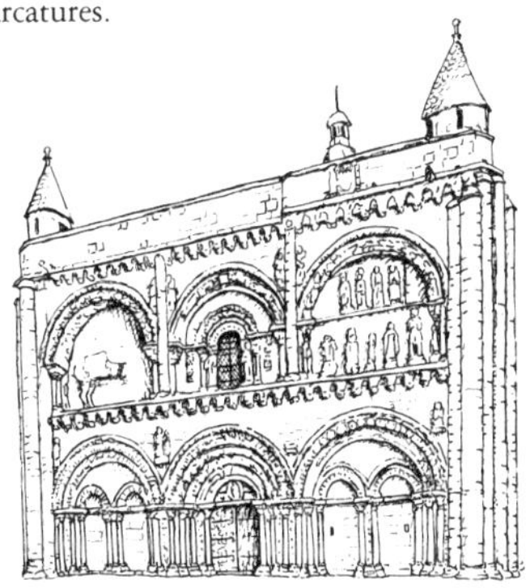

Le *portail* présente quatre voussures. Le tympan n'est pas d'origine. Il a été ajouté en 1858 et sa sculpture est médiocre. La première voussure, celle qui entoure le tympan, montre le Christ au centre, entouré des symboles des évangélistes avec, de part et d'autre, des anges adorateurs qui l'encensent. La seconde raconte la parabole des Vierges sages et des Vierges étourdies. La troisième présente l'Assomption de la Vierge Marie et la quatrième les signes du zodiaque et les travaux correspondant à chaque mois. Les arcatures latérales dans lesquelles s'inscrivent deux arcatures géminées sont richement ornées. Au premier étage, *l'arcature centrale* évoque le combat des Vertus et des Vices. Elle repose sur deux chapiteaux dont l'un, celui de droite, est particulièrement remarquable. Il symbolise l'Église présentant au monde l'Eucharistie. De chaque côté de la fenêtre centrale sont placées deux statues : Saint Paul à gauche et Saint Pierre à droite. Dans l'*arcature supérieure gauche*, des anges louent Dieu avec des instruments de musique du XIIe s. Sous cette arcature était placée une statue équestre, très mutilée pendant les guerres de Religion, dont on a longtemps pensé qu'elle était celle de l'empereur Constantin mais qui représentait en réalité le Christ Roi des Rois. C'est cette statue, retrouvée par hasard sous le parvis de l'église, qui est visible dans le bas côté sud de l'église, à quelques mètres de l'entrée. L'*arcature supérieure droite* est supportée par deux statues-colonnes, la Musique et la Danse. Sur l'arcature elle-même sont sculptés les Vieillards de l'Apocalypse. Ils entourent deux registres de statues, en haut les quatre Évangélistes, en bas la légende de saint Nicolas, patron de l'église : l'évêque y est représenté avec les trois jeunes filles qui ont pu se marier grâce à sa générosité, et leur père.

L'*abside*, que l'on peut voir de la cour du presbytère, est elle aussi très ornée. A la croisée du transept un clocher octogonal abrite une lanterne à six fenêtres et une belle coupole. Le double lanternon qui le surmonte, récent, n'est en rien roman.

L'intérieur

Il comprend une nef centrale flanquée de deux collatéraux, un transept avec deux absidioles et un chœur terminé par une abside en hémicycle. Les peintures datent du XIXe s. Seule la *fresque de Saint Gilles*, au mur du croisillon sud, peut être datée du XIIIe ou XIVe s.

▶ Le *musée de la Préhistoire* abrite des collections magdaléniennes provenant en partie de l'abri de Chaffaud *(→ ci-dessous)*.

Le chabichou

Les laiteries diversifient leurs productions par la fabrication de fromages, si nombreux qu'ils ne peuvent être énumérés. Les uns s'apparentent aux formules classiques (camemberts), d'autres se rapprochent de spécialités régionales anciennes.

Parmi celles-ci, l'une des plus nobles est, sans conteste, le fromage de chèvre ou chabichou. Naguère ce fromage était préparé dans les fermes. Enfermé entre des feuilles de châtaignier, posé sur une planche haute, il se rétractait et s'affinait en vieillissant, acquérant une pâte régulière extrêmement fine, à forte saveur.

Aujourd'hui, la plupart des laiteries fabriquent des fromages de chèvre ou, plus souvent des mi-chèvres aux formes variées. Les fromages frais entrent dans la préparation d'une spécialité de la région de Civray : la galette fromagère, composée de fromage de chèvre frais, œuf, sucre, farine (peu) sur pâte brisée.

Aux environs

▶ *Montazais (2 km S. par la D 36).* L'*abbaye* (XIIe et XVe s.), qui dépendait de Fontevrault, conserve quelques vestiges de sa gloire passée. ▶ *Blanzay (8 km N.).* Son *église*, des XIIe et XVe s., se dresse en bordure d'une belle place. ▶ *Le château d'Epanvilliers (10,5 km N.)* est une belle demeure classique, propriété de la famille des Montalembert, où *Madame de Maintenon* aurait séjourné. Il est en cours de restauration, mais sa visite est possible (☎ *49.87.18.43).*

▷ Champniers *9 km N.-E.*

Petit bourg typique du Poitou. Son clocher se remarque de loin dans la verdure des douces collines. Sa belle *église*, en partie romane, en partie gothique, abrite des fresques du XVe s. aux sujets variés et d'une verve très campagnarde.

Un détour vers le hameau de *Chez Bernardeau* est très recommandé. Il y a là un très intéressant *musée* de vieilles machines agricoles et d'anciens outils.

Le pays civraisien

150 km/1 j.

Ce circuit, qui traverse un paysage de collines, permet d'admirer de nombreuses églises romanes aux sculptures simples ou naïves, fines ou élancées.

▶ Sortir de Civray par la D 148 vers *Melle.* ▶ *Saint-Pierre-d'Exideuil.* Ce village, en pleine extension, jouxte l'agglomération civraisienne. L'*église* romane, du XIIe s., se dresse toujours au centre du vieux *cimetière* où l'on peut voir plusieurs tombes à chevalet. ▶ Le *château de Léray*, ou *Lairé (4 km à g. de la D 148)*, au bord de la Charente, est une belle construction des XVIe et XVIIe s. *(visite sur R.V. ☎ 49.87.08.55).* ▶ *Saint-Saviol (1,5 km).* Petite église des XIIIe et XVe s. ▶ Retraverser la D 148 et prendre la route pour *Linazay.* A 50 m à droite, admirer le magnifique *dolmen de la Pierre-Pèze*, long de 7,30 m. Tout près de ce village, la *gentilhommière du Magnou* remonte aux XVe et XVIe s. ▶ *Champagné-le-Sec (2 km N.).* L'*église* romane, du XIIe s., a une curieuse couverture en pierres plates et une ornementation intéressante. ▶ *Chaunay (2 km par la D 35).* Église en partie romane dont le chœur et le chevet sont du XVIe s. Lundi, foire aux « bethions », petit chevreaux. ▶ *Brux (4 km N.-E.). Église* romane du XIIe s., également couverte de pierres plates ; l'intérieur présente des restes de fresques.

▷ Couhé-Vérac 🛈 *place des Halles*

A cheval sur l'ancien tracé de la N 10, Couhé a été un centre féodal important ayant appartenu à la puissante famille des *Lusignan*, au moins dès 1024. Couhé a également été un centre important de la religion réformée aux XVIe et XVIIe s. Le seigneur de Couhé était marquis de Vérac, d'où le nom donné au village.

A droite de l'ancienne N 10, la démolition de tous les immeubles adjacents a, ces dernières années, dégagé et mis en valeur les vieilles *halles* du XVIIIe s. à l'architecture admirable. La place et la promenade, plantée de superbes platanes, surplombent la vallée de la Dive, dont l'écoulement de la rivière à l'air libre disparaît en amont de Couhé sur quelques kilomètres, phénomène typique en pays calcaire.

A l'angle Nord de cette place, le *château* primitif, établi sur l'éperon rocheux dominant la vallée, est remplacé par un château bâti au XVIIIe s., à usage d'établissement scolaire.

Foire aux « chèbres de réforme », vieilles chèvres qui ne sont plus bonnes à grand-chose.

▶ En poursuivant sur la N 10, avant de franchir la rivière à Valence, on peut apercevoir à environ 700 m à gauche, les ruines d'une *abbaye* cistercienne du XIIIe s. *(ne se visite pas)* où *Calvin* serait venu prêcher. ▶ Près du village de *Châtillon*, on découvre, dans une boucle de la Dive, un *ancien camp romain* semblable à celui de Sichard *(→ ci-après).* ▶ On trouvera quelques kilomètres au nord, à gauche de la N 10, une aire de repos autour d'une *stèle* élevée à la mémoire de *Louis Renault*, victime d'un accident mortel lors de la course Paris-Madrid en 1903.

▶ Rejoindre *Vaux-en-Couhé (3 km E. par la D 13)* dont la petite *église* de la fin du XIe s. appartient au style de transition. Très belle façade. ▶ De retour à Couhé, prendre la direction de *Ceaux-en-Couhé (5 km)*, puis rejoindre *Anche* par la D 2. ▶ 1,5 km au N.-O., dans une boucle du Clain, se trouve le *camp de Sichard*, ancien camp militaire pouvant remonter aux Gaulois. Il aurait été occupé par l'armée de *Clovis* à l'époque où elle livra bataille contre les Wisigoths, commandés par *Alaric.* Ce combat, connu sous le nom de « bataille de Poitiers », aurait eu lieu en 507 dans les parages, sur la commune de Voulon *(Campus Vocladensis)*; mais cette hypothèse est contestée (→ *Vouillé*). ▶ *Champagné Saint-Hilaire (5 km S. d'Anche par D 29).* Le jeu de failles, dans les temps primaires, a provoqué ici un soulèvement, le horst, qui est à l'origine du relief qu'occupe le village de Champagné. Celui-ci est en effet situé à l'un des points culminants du département, la *butte de Fougeré* (194 m). L'église possède un intéressant *portail* roman. Foire à la laine. ▶ A *La Millière (4 km S.-O. de Champagné)* ne subsistent du puissant château, que quelques *tours* en ruine. Beau pont dans le village. ▶ De Champagné, reprendre la D 29 pour *La Ferrière-Airoux (5 km E.)* : église à façade romane.

▷ Sommières-du-Clain *5 km S. par la D 1*

Ce village, situé sur les bords du Clain, est dominé par l'imposant *château* de la puissante famille *de Vareilles*, construit entre 1673 et 1687, sur les plans de *Mansart* et, selon la tradition, sur l'ordre de *Louis XIV* pour y abriter l'exil de la *marquise de Montespan*. C'est un bâtiment d'apparence austère, protégé par des fossés secs, précédé de communs de fort belle allure (occupés aujourd'hui par une ferme); il frappe par sa sobriété et l'équilibre de ses masses.

La littérature paysanne

Aux côtés des grands textes de littérature orale narrative que l'on peut trouver en Poitou, nombreux sont les textes courts, attachés aux diverses activités domestiques ou de loisirs, ou liés aux menues activités de la vie quotidienne des enfants. Devinettes, proverbes, formulettes restent encore vivaces dans la mémoire collective.
Voici deux exemples issus du répertoire de Couhé-Vérac.
Le premier texte est une formulette incantatoire :

« Sabe, sabe ma pibole,
Tu boiras dau jus de grolle
Si tu veux pas saber
Tu boiras dau jus de fumé »

L'autre est une formulette que l'enfant adresse à la coccinelle, l'invitant ainsi à s'envoler :

« Mon petit pronpron rouge
De quel côté me marierai-je?
Pon pon pon maroton,
De quel côté me marierai-je? »

Et voici deux devises qui mettent en évidence un trait de caractère du paysan poitevin :
« Oncques ne vit jamais Poitevin avancer
Mais oncques ne vit jamais Poitevin reculer! »
De même :
« Tant plus à me frapper on s'amuse
Tant plus de marteaux on y use! »

Dans l'*église*, en partie romane mais remaniée au XVIe s., on peut voir une Vierge en bois polychrome.

Importante *foire aux melons*, la Saint-Claud, foire locale qui attire un nombre impressionnant de visiteurs, venant de Civray et de Poitiers. Si l'on a oublié de rapporter un ou deux melons, l'essentiel est de pouvoir dire : « Cette année encore, i ons été à la Saint-Claud... »

Enfin, la *vallée du Clain* n'est pas l'un des moindres attraits de ce bourg qui a ajouté à son nom celui de la rivière.

▶ Il reste peu de choses de l'importante *abbaye des Moreaux (2 km O.)* qui occupait un site admirable près du Clain et dont les statues de la façade sont actuellement aux États-Unis. ▶ On peut aller voir, à *Romagne (environ 3 km O. par la D 25)*, une église en partie romane. ▶ Par la D 25 *(6,5 km E. de Sommières)*, on atteint *Château-Garnier*, où s'élève, dans une petite île artificielle entourée par les eaux du Clain, l'austère *manoir de Monchandy* (XVe s.) avec son pavillon d'entrée à pont-levis et ses tours rondes. ▶ *Usson-du-Poitou* possède une *église* romane du XIe s. à l'ornementation intéressante : voir en particulier le bas-relief de *la Crucifixion*, au-dessus du porche. Nombreux châteaux dans les environs : *La Guéronnière* (XVIIe s.), *Badevillain* (XVIIIe s.). ▶ Rejoindre la D 741. Vers le sud, à gauche, *château d'Artron* (XVe s.).

▷ Bouresse *10 km N. par la D 727*

L'église Notre-Dame de Bouresse est un important édifice roman, des XIe et XIIe s., fortifié au XVe s. La porte Sud et le portail d'entrée présentent une ornementation digne d'attention : végétaux, animaux et scènes difficiles à interpréter. A *l'intérieur*, on peut voir le tombeau d'un chevalier inconnu. Le cimetière possède quelques curieuses pierres tombales.

▶ A 2,5 km au nord, sur la route de Verrières, à droite, se dresse la beau *donjon de la Rigaudière*, du XVe s. (ferme de la Rigaudière de Fan), qui résiste encore aux injures du temps. ▶ Sortir de Bouresse par la D 12 et traverser la Vienne pour aller voir à *Persac (8 km E.)*, dans un site charmant, une intéressante *église* romane surmontée d'un clocher du XIVe s. (flèche). ▶ Au sud, la D 11, qui longe sur quelques kilomètres la *Grande Blourde*, un affluent de la Vienne, conduit à l'Isle-Jourdain.

▷ L'Isle-Jourdain

Déjà limousine, la Vienne, qui coule entre deux rives élevées, donne naissance à un paysage pittoresque et rude qu'il faut voir depuis le *pont Saint-Sylvain* ou depuis le *viaduc* qui lui fait face. Sur le pont, on notera la *statue* de *Saint Sylvain*, martyr dont le corps, jeté dans la Vienne, serait, selon la tradition, venu buter en cet endroit, donnant ainsi naissance à un important pèlerinage régional.

La ville s'étage au-dessus de la rivière. *L'église Saint-Paixent*, en partie romane, a pour clocher le donjon de l'ancien château.

En amont et en aval, deux barrages forment des plans d'eau : le *barrage de la Roche* (108 ha) et le *barrage de Chardes* (35 ha) qui, avec celui de *Jousseau* (66 ha), régularisent le débit des eaux entre L'Isle-Jourdain et Availles-Limouzine.

▷ Le Vigeant *par la D 10*

Le Vigeant était un prieuré-cure dépendant de l'abbaye de Lesterps (Charente). Le 4 août 1944, 22 civils dont l'âge variait entre 16 mois et 73 ans y furent fusillés par les nazis ; ces malheureux martyrs reposent auprès de 18 maquisards, morts au combat.

Les deux nefs flamboyantes de *l'église* (XIIe et XVe s.) sont précédées d'un massif clocher-porche roman avec *portail** à voussure polylobée. A l'intérieur, on peut voir une pierre tombale du XVIe s. et un très beau *gisant* du XVe s.

Un *dolmen*, très abîmé, subsiste encore à la ferme du Grand-Fâ.

▶ Si on a le temps, on peut s'écarter de l'itinéraire et emprunter la D 8 pour se rendre à *Port de Salles*, agréable lieu de pêche sur la Vienne. En continuant par la même route, au-delà du barrage de Jousseau, *vue panoramique* sur la vallée et menhir de la Pierre Fade. ▶ *Saint-Martin-l'Ars*, que la D 28 atteint après avoir traversé un paysage vallonné. Le village possède une petite *église* romane dont le portail retient l'attention. Voir le *château*, entouré de douves et dont le corps de logis, très sobre (XVIIIe s.), s'appuie sur quatre tours rondes du XVe s.

▷ L'ancienne abbaye de la Réau*
3 km S. de Saint-Martin

Collégiale de chanoines de Saint-Augustin fondée au XIIe s. à la suite d'une donation royale comme le rappelle son nom. Elle se développa et s'adjoignit de nombreuses filiales. Incendiée par les Anglais en 1372, elle fut rebâtie et munie de fortifications. Vers 1550, La Réau passa au calvinisme sous l'influence de *l'abbé Aufort*, mais celui-ci se rétracta vers la fin de sa vie et l'abbaye revint alors à l'obédience romaine. Décadente à la Révolution, elle fut supprimée et les bâtiments furent vendus comme bien national.

Dans un très beau *site* bocager, où l'on entend chuchoter le petit cours d'eau du Clain, on visitera les ruines de *l'église abbatiale*, à chevet plat renforcé au XVe s. de contreforts obliques surmontés d'échauguettes. On pourra également voir, dans les anciens bâtiments monastiques remaniés au XVIIe s., un escalier à belle balustrade en pierre (XVIIe s.) ainsi que la *salle capitulaire** romane (XIIe s.) voûtée d'arêtes : les culs-de-lampe des doubleaux sont sculptés de masques humains pleins de fantaisie. A l'angle N.-E., se détache une *tour* gothique à mâchicoulis.

▶ *Payroux (4 km O. de Saint-Martin).* Église romane à chevet plat percé d'un triplet comme les églises du proche Limousin. ▶ *Joussé.* Village en partie incendié par les nazis le 17 juillet 1944. Du *château*, dont la partie la plus ancienne (XVe s.) a été détruite, seule subsiste la partie datant du XVIIe s. ▶ *La Chapelle-Bâton* (D 727) : chapelle romane. ▶ *Savigné.* Gros bourg en pleine extension. *Église* en partie du XIIe s. (clocher, portail muré), en partie du XVe s. (porte), près de laquelle on a trouvé de nombreux sarcophages mérovingiens.

▷ La grotte du Chaffaud *2 km à dr. de la D 148 en direction de Limoges*

Au cours des temps géologiques, des formes de relief particulières se sont développées par endroits dans la région au sud de Poitiers. La circulation souterraine des eaux a creusé les calcaires dans les parois rocheuses, ouvrant des cavités qui ont servi d'abris naturels pour les hommes préhistoriques. La grotte du Chaffaud en est un exemple. C'est ici qu'en 1853 fut mise au jour la première *gravure* sur os connue *(actuellement au musée de Saint-Germain-en-Laye).*

▶ 3 km plus loin, à gauche, on aperçoit le *tumulus du Gros-Guignon*, sépulture à char de l'époque de Hallstatt.

▶ Retour à *Civray.*

La vallée du Clain

⟶ *Civray, Poitiers*

Cognac★

42-B2 et 43-B3 / R 107 / V 40
20 995 habitants / ✉ 16100
ℹ *16, rue du 14-Juillet et 19, pl. Jean-Monnet ☎ 45.82.10.71*
SNCF *pl. de la Gare ☎ 45.82.03.29*
🚌 *CITRAM gare routière, pl. Gambetta ☎ 45.82.01.99*
P *pl. Beaulieu, pl. Jean-Monnet, pl. d'Armes, pl. Camille-Godard, pl. de la Salle-Verte*

On la dit parfois la ville la plus riche du monde ; mais on s'étonne des airs de gros village que prennent certaines de ses rues. Ouverte, grâce à son commerce, sur tous les continents et cependant totalement enclavée, à l'écart des axes majeurs de communication, Cognac n'a d'yeux et de cœur que pour ses fameuses eaux-de-vie ambrées.

Si le faubourg Saint-Jacques, sur la rive droite de la Charente, a oublié son héritage médiéval, la vieille ville qui s'étage sur la rive gauche enchevêtre, dans l'enveloppe du Cognac moderne, ses ruelles montueuses et pavées, bordées de vieux logis et d'hôtels cossus, noircis par les champignons provenant de l'émanation des vapeurs d'alcool. Leur aspect sévère peut rebuter, mais ce quartier n'a pratiquement pas changé d'aspect depuis trois siècles. Proches des quais fluviaux, les grands noms du cognac étalent les longues façades de leurs chais construits à l'emplacement des anciens remparts.

La ville dans l'histoire

Petite éminence au milieu des paysages verdoyants de la vallée de la Charente, le site de Cognac a été occupé par les hommes préhistoriques, puis par les Celtes, les Gallo-Romains et les Francs. Modeste bourgade jusqu'au milieu du Xᵉ siècle, elle commence à se développer auprès d'un camp fortifié et d'un château, construits vers 950-960 sur la rive gauche du fleuve. Par la suite, une seconde agglomération se constitue autour d'un prieuré bénédictin fondé en 1031.

Cognac devient rapidement un des principaux centres d'activité commerciale de l'Angoumois, grâce à son port fluvial. Le premier trafic, à partir du XIᵉ siècle, est celui du sel de mer ; puis, vers la fin du XIIᵉ siècle débute celui des vins. En effet, grâce à Guillaume X, duc de Guyenne et comte de Poitiers, un grand vignoble, appelé « vignoble du Poitou », s'est constitué. Il produisait un vin très apprécié dans les pays bordés par la Mer du Nord que Hollandais et Scandinaves transportaient par bateaux.

Pendant longtemps, la cité a des seigneurs particuliers, issus de la famille des comtes d'Angoulême. Mais, à la fin du XIIᵉ siècle, leur héritière, Amélie de Jarnac, épouse Philippe, le fils naturel de Richard Cœur de Lion. En 1202 le couple vend la ville à Jean sans Terre, duc d'Aquitaine et roi d'Angleterre. Celui-ci va accorder à Cognac ses premières libertés communales en 1215. L'année suivante, son décès permet à sa veuve, Isabelle Taillefer, d'intégrer la cité au comté d'Angoulême. Après son remariage avec Hugues X de Lusignan, comte de la Marche, les Cognaçais changent à nouveau de sires.

Au temps des Lusignan la ville voit naître un nouveau château fort sur les ruines de l'ancien. Une petite cité l'entoure, au sommet de laquelle l'église Saint-

Léger attend les pèlerins de Compostelle qui franchissent le fleuve en empruntant le pont (ou le gué) au pied de la porte Saint-Jacques. Le château des Lusignan reçoit des hôtes illustres, comme Philippe le Hardi, qui y séjourne en 1271.

Rattachée au royaume de France en 1308, Cognac est occupée alternativement par les troupes françaises et anglo-gasconnes durant la guerre de Cent Ans, avant de devenir définitivement française grâce au connétable Du Guesclin et au duc Jean de Berry.

Les armées régulières, jointes aux bandes de brigands et « d'écorcheurs », ravagent le pays cognaçais, ne laissant derrière elles que bouleversements, désordres et ruines.

Devenu, comme l'ensemble de l'Angoumois, apanage de la famille d'Orléans, Cognac reste pendant 32 ans sans seigneur après la captivité, à Londres, du comte Jean. Mais, dès son retour, celui-ci s'attache à restaurer le château, la ville et le pays. Le « bon comte Jean », tel est le surnom qui lui est donné, conduit Cognac sur la voie de la prospérité : les vignobles renaissent, le commerce du sel et des vins reprend. Dans la seconde moitié du XVIe siècle, les vaisseaux hollandais venaient y chercher les vins renommés des crus de Champagne et des Borderies (→ encadré). La vie devient brillante, notamment sous son fils Charles qui organise, avec son épouse Louise de Savoie, une petite cour où se pressent artistes et gens de lettres. Clément Marot, Octavien de Saint-Gelais, le sculpteur Michaud Sarrazin et le miniaturiste Robinet Testard fréquentent alors le château de Cognac. Enfin, le 12 septembre 1494, naît le fils de Charles et de Louise, le futur roi François Ier (→ encadré). Sur le plan local, son règne est marqué par la modernisation du château dont Catherine de Médicis, Charles IX et la reine Margot occuperont les appartements. Cognac est alors une véritable ville royale.

Acquise à la Réforme, Cognac est désignée comme l'une des quatre places de sûreté accordées au parti protestant par la paix de Saint-Germain-en-Laye (1570). En 1569, après la bataille de Jarnac, le duc d'Anjou était venu y attaquer, sans succès, les restes de l'infanterie calviniste.

Pendant la Fronde, les Cognaçais résistent aux troupes du grand Condé qui assiège la ville en 1651 et doit se retirer après quelques semaines de siège. En témoignage de reconnaissance, Louis XIV accorde à Cognac d'importants privilèges : la cité est dispensée d'impôts pendant vingt ans ; elle a le droit de tenir quatre foires annuelles de trois jours chacune ; enfin, la fonction de maire apporte la noblesse à son détenteur.

C'est au cours du XVIIe siècle que le commerce des vins prend un nouveau tournant. Leur mévente, due à une surproduction, des droits excessifs, une baisse de qualité qui rendait leur transport difficile, contraignent marchands hollandais et anglais à s'orienter vers la distillation. D'un volume plus réduit, ces eaux-de-vie devenaient moins coûteuses à transporter.

A la suite de crises économiques, des stocks d'eaux-de-vie restèrent invendus et l'on s'aperçut alors qu'elles se bonifiaient en vieillissant dans les fûts de chêne et pouvaient se consommer pures. Mais c'est l'installation à Cognac des comptoirs de vente d'habiles négociants français et anglo-saxons, tels les Augier et Gautier (au XVIIe siècle) et surtout les Martell, Hennessy et Otard (au XVIIIe siècle) qui a été décisive. Des pays de l'Europe du Nord, l'exportation s'étend progressivement à l'Amérique du Nord, aux Antilles et aux îles de l'océan Indien. La prospérité de la ville, qui attire dès lors toutes les grandes maisons de négoce, atteint son apogée vers 1860. Cognac, qui ne comptait que 2 000 habitants sous la Révolution, s'entoure de faubourg au plan régulier, et la vigne s'étend partout.

Cette période est marquée par le début de la vente du cognac en bouteilles (→ encadré) et non plus en barriques. Cette nouvelle présentation eut pour conséquence la naissance d'industries connexes : tonnellerie, verrerie, imprimerie, fabriques de bouchons et de caisses. Grâce à cette extraordinaire prospérité, le vignoble de Cognac devint le plus grand du monde (jusqu'à 283 000 ha en 1877).

La ville aujourd'hui

A la fin du siècle dernier, la crise phylloxérique fut un drame pour les viticulteurs charentais ; nombre d'entre eux se transformèrent en éleveurs (Aunis), mais, au cœur du pays cognaçais, la reconstitution du vignoble fut le point de départ d'une nouvelle prospérité.

Entreprise originale que celle-ci, parce qu'elle ne doit rien à Paris. Entreprise énorme, qui associe aux viticulteurs, négociants et courtiers, la masse de tous ceux qui collaborent de manière plus ou moins directe à la production et à la vente, des fabricants de bouteilles ou d'emballages aux agronomes, des transporteurs aux assureurs de toutes sortes, aux agents du fisc et aux imprimeurs ; au total, plusieurs dizaines de milliers de personnes vivent du cognac.

Une très sévère politique de qualité, fixée à partir de spécifications rigoureuses, garantit aux usagers le produit qu'ils consomment. Forts de cette qualité incontestable, les professionnels pratiquent une politique commerciale agressive et efficace, menée un peu comme une croisade, dont le but serait de gagner à la noble boisson les peuples restés réfractaires. Nombreux sont ceux qui ont répondu positivement. Les cinq premiers marchés du cognac sont, par ordre d'importance : les États-Unis, le Royaume-Uni, Hong-Kong, le Japon et l'Allemagne. Figurent aussi parmi les principaux importateurs : le Benelux, les pays scandinaves, le Canada et la Malaisie.

C'est d'ailleurs grâce au succès mondial que connaît le cognac que la cité a pu se doter d'équipements scolaires, hospitaliers, culturels, etc., sans commune mesure avec le nombre de ses habitants.

Mais la vie de la ville ne se résume pas aux eaux-de-vie. La base aérienne 709, implantée à Châteaubernard, et deux zones industrielles tiennent une place non négligeable dans l'activité cognaçaise. L'une des plus importantes industries locales est la verrerie Saint-Gobain.

Visite de la ville

2 h 30 / 4 à 5 h avec la visite des maisons de négoce
[P] place de la Salle-Verte

La vieille ville forme un triangle dont la base s'appuie sur la Charente et dont le sommet est la place François-Ier. Le boulevard Denfert-Rochereau, la rue Richard-Harrisson, la place Beaulieu, les allées de la Corderie et la place Jean-Monnet (→ encadré) suivent le tracé des anciens remparts et fossés, supprimés dans les années 1840. Au fil des rues étroites et tortueuses, on rencontre de nombreuses belles demeures du XVe au XVIIIe siècle.

La vieille ville

▶ Gagner le quai Papin et la *porte Saint-Jacques (A1)* dont les deux tours à courtine et à mâchicoulis trilobés sont tout ce qui subsiste de l'enceinte fortifiée médiévale. Élevées en 1499-1500, ces tours commandaient l'accès de la ville par un pont enjambant la Charente (démoli en 1855).

▶ En passant la porte, on découvre sur la gauche la *fontaine François-Ier*, œuvre de style néo-classique, à décor naturaliste, de l'architecte *F. Pineau* (début XIXe s.).

▷ **Le château des Valois**** *(A-B1) entrée bd Denfert-Rochereau ; mi-juin-mi-sept. t.l.j. 9 h 30-17 h 30 ; avr.-mi-juin et mi-sept.-oct. t.l.j. ; oct.-mars t.l.j., sauf sam. et dim. 9 h 30-12 h/14 h-17 h 30 ☎ 45.82.40.00*

Acheté en 1795 par le *baron Otard*, descendant d'une célèbre famille écossaise, le château des Valois est aujourd'hui le siège de la firme de cognac du même nom. Malgré les importantes destructions de l'époque révolutionnaire et de nombreux remaniements, tant antérieurs que postérieurs, il constitue un bel ensemble architectural, très bien restauré et mis en valeur.

Visites guidées

Pour les visites de la vieille ville et du Musée du cognac, s'adresser à l'Office du Tourisme, 16, rue du 14-Juillet et 19, pl. Jean-Monnet (t.l.j. sf mar., sam. et dim., 14 h 30-16 h 30, du 15 juin au 15 sept.; sur demande pour les groupes le reste de l'année).
L'Office organise également la visite d'une tonnellerie et de la verrerie Saint-Gobain. Il propose par ailleurs deux circuits hors ville (du vignoble cognaçais), et des promenades fluviales sur la Charente.

Quelques vestiges de la première moitié du XIIe s. sont visibles dans la cave et dans la ***salle du Casque*** qui tire son nom d'un blason sculpté surmonté d'un casque qui orne la grande cheminée que fit construire, au XVe s., *Jean de Valois*, dit *Jean le Bon*. Cette salle comporte également des éléments du XIIIe s. Une belle porte, gothique flamboyant du milieu du XVe s., donne accès, par une tourelle d'escalier octogonale, au ***logis du Gouverneur***.

Vers 1517 a été édifié le long bâtiment qui domine un glacis et donne sur un quai de la Charente. Son austère façade est égayée par le ***balcon du Roi***, grande fenêtre en encorbellement reposant sur deux salamandres et ornée de médaillons sculptés. A l'***intérieur*** se trouvent, au premier niveau, deux longues salles basses voûtées en anse de panier; au second niveau, deux salles dites ***salles des Gardes****, voûtées sur croisées d'ogives et arcs formerets.

▸ Partant du château, on peut parcourir le lacis des rues pittoresques, aux noms évocateurs, de la vieille ville.

▷ La rue Grande *(A1-B2) par la rue du Château*

C'etait, jusqu'au XIXe s., la principale rue de la ville. Huit maisons datent de la fin du XVe s. et du début du XVIe s. Elles sont reconnaissables à leur soubassement en pierre de taille et à leurs étages à colombage en bois sur encorbellement. La plus célèbre, la ***Maison de la Lieutenance*** *(au n° 7)* est décorée d'originales sculptures.

A ne pas manquer

Le musée du Cognac et le jardin de l'Hôtel-de-Ville
Le château des Valois
Les maisons de négoce d'eaux-de-vie
L'église Saint-Léger
Le parc François-Ier et les rives de la Charente
La vieille ville.

▸ La place de l'Ancienne-Halle et la rue Traversière mènent à la ***rue du Plessis*** *(B2)*. Dans cette artère on remarque, au n° 20, l'***hôtel*** du même nom (XVe-XVIe s.) avec sa tourelle.

▸ Dans la ***rue Magdeleine*** *(AB2)*, au n° 14, l'***hôtel de Rabayne*** offre un portail remarquable (première moitié du XVIe s.), orné d'une salamandre et de belles fenêtres Renaissance. Au n° 29, l'***hôtel Bernard de Javrezac***, de la seconde moitié du XVIe s.

▸ La ***rue des Cordeliers*** *(A1-2)* possède quelques vestiges du ***couvent des Cordeliers*** (construit dans la seconde moitié du XVIIe s.) qui se trouvent dans les bâtiments appartenant à Hennessy et Cie *(entrée 1, rue Richonne)*. On pourra visiter les chais de la ***maison Hennessy*** et son ***musée de la Tonnellerie*** *(mi-juin-mi-sept. t.l.j. sauf dim. 9 h-17 h 30; janv.-mi-juin et mi-sept.-déc. t.l.j. sauf sam. et dim. 8 h 30-11 h/13 h 45-16 h 30; fermé les jours fériés ☎ 45.35.72.72)*.

▷ La rue Saulnier *A2*

Elle rappelle l'ancien port au sel, point de départ de la prospérité économique de Cognac. Avec son ruisseau central, ou moulière, dévalant entre les pavés, elle ne manque pas de charme. Trois hôtels méritent un regard : l'***hôtel Gautier de la Prédasse***, du XVIIe s. *(au n° 5)*; l'***hôtel Perrin de Boussac***, de 1567 *(au n° 11)*; l'***hôtel Brunet du Bocage***, de la première moitié du XVIIe s. *(au n° 20)*.

▸ La ***rue de l'Isle-d'Or*** *(AB2)*, au joli nom est, elle aussi, riche en hôtels. Celui d'***Allenet***, maire de la ville au XVIe s., est situé en face de l'ancien échevinage du XVIIe s. et, plus loin, au n° 20, on trouve l'***hôtel Fé de Ségeville***, du XVIIe s. ▸ Dans la ***rue de Lusignan*** *(A2)*,

Bonapartistes

La candidature de Louis Napoléon Bonaparte aux élections législatives de 1848, sa visite au cours de l'automne 1852, la signature en 1860 du traité de libre-échange avec l'Angleterre, grosse importatrice de cognac, susciteront l'enthousiasme des petits viticulteurs aisés vouant aux gémonies à la fois les «partageux rouges» et les monarchistes revanchards. Au fur et à mesure que se gonfle le «bas de laine», l'image bienfaitrice de Napoléon III s'enracine dans le cœur et l'inconscient collectif des Charentais. L'empereur saura alors récupérer sur le plan politique les effets de cette image flatteuse. Les grandes familles du négoce cognaçais, Hennessy, Martell, accepteront d'être les candidats officiels du gouvernement. Grâce à ces relais assurés par des notables influents, l'identification entre le volume des affaires et l'idéologie du pouvoir sera complète. (D'après Géopolitiques des régions françaises, éd. Fayard.)

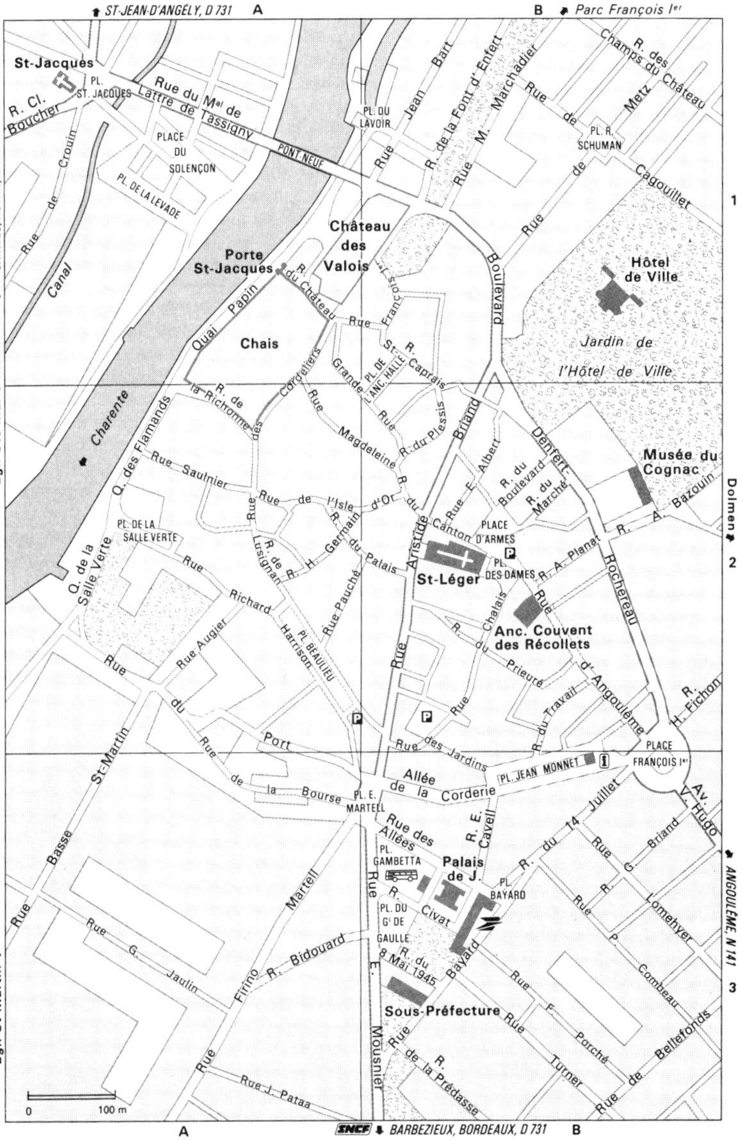

Cognac

l'*hôtel Templereau de Bauchay* *(au nº 1)*, qui date du XVIIe s., se distingue par un beau balcon de ferronnerie. ▶ Par la *rue Henri-Germain*, où se trouve l'*hôtel de l'Eclopart* *(au nº 22)*, de la fin du XVIe s., on rejoint la *rue du Palais* : maisons des XVIe, XVIIe et XVIIIe s. *(aux nos 2, 4 et 6)*.

▷ L'église Saint-léger★★ *(B2) rue Aristide-Briand*

En forme de croix latine, cette église prieurale des bénédictins a été commencée vers 1130-1140. De l'époque romane datent la façade, les murs de la nef et la base du clocher. Des influences complexes, saintongeaise, poitevine et périgourdine, ont présidé à l'élaboration de la façade dont l'harmonie romane est rompue par une très belle *rose*, gothique flamboyant, ouverte au XVe s. pour éclairer la nef.

Le *portail*★ est remarquable avec quatre voussures en plein cintre ornées de sculptures; sur la quatrième figurent les signes du zodiaque accompagnés de l'évocation des travaux de chaque mois.

Le vignoble

La région du vignoble de cognac est constituée par les anciennes provinces d'Angoumois, de Saintonge et d'Aunis, devenues départements de Charente et Charente-Maritime.

La qualité du cognac tient beaucoup aux soins apportés à la vigne. Les seuls cépages autorisés sont les cépages blancs : la Folle Blanche, le Colombard et l'Ugni blanc.

Le terroir est un facteur déterminant. Les meilleurs crus sont ceux de Grande et Petite Champagne (au sud de Cognac et Jarnac), qui assurent la réputation des fines champagnes; puis viennent les Borderies et les Fins Bois, qui fournissent des eaux-de-vie charpentées et charnues. Moins marquants sont les Bois (Bons Bois et Bois Ordinaires), situés à la périphérie de ces zones.

La vaste ***nef*** unique a été voûtée d'ogives ornées de clés pendantes vers 1369. À la croisée du transept, une peinture représente l'***Assomption de la Vierge**★*, signée *Jacques Blanchard* et datée de 1629. Le ***mobilier*** comprend aussi quelques pièces qui méritent d'être vues comme, dans la chapelle du Sacré-Cœur (à g. du chœur), un autel et un retable en bois sculpté et doré de la fin du XVIIe s., ou la chaire, en bois et marbre, du XIXe s. Il convient de remarquer également un Christ en ivoire (XIVe s. ou XVe s.) et la coupole à pendentifs du clocher (XIIe s.)

▸ Le ***Prieuré***, récemment restauré, a été occupé à partir de 1016 par des moines bénédictins. Il connut d'importantes destructions au Moyen Age, puis, après les guerres de Religion, il devint un prieuré de femmes. Le cloître (XVe s.) a été restauré aux XVIIe et XVIIIe s.

Le quartier de l'hôtel de ville

▸ De l'église Saint-Léger, prendre la ***rue du Canton*** et la ***place d'Armes*** en longeant le marché couvert. On rejoint ainsi le boulevard Denfert-Rochereau.

▸ Le *jardin de l'Hôtel-de-Ville (B1).* C'est un superbe espace vert de 10 ha aménagé dans le style anglais, il offre une promenade très agréable avec sa pièce d'eau et son vaste théâtre de la Nature.

▸ L'***hôtel de ville*** *(B1)* est installé dans un ancien hôtel particulier du milieu du siècle dernier. À l'angle sud du jardin, l'***ancien hôtel Dupuy d'Angeac***, construit en 1838, abrite le Musée municipal du cognac.

▷ **Le musée du Cognac** *(B2) t.l.j. sf mar. juin-sept. 10 h-12 h/14 h-18 h; oct.-mai 14 h-17 h 30 ☎ 45.32.07.25*

Le rez-de-chaussée est consacré à l'***archéologie préhistorique**★*, avec une pirogue monoxyle néolithique (2590 av. J.-C.) trouvée dans la Charente, et des objets provenant de fouilles sur des sites gallo-romains et mérovingiens. Une section est consacrée aux Arts et Traditions populaires : intérieur rural vers 1875, équipement domestique, costume traditionnel, céramique et verrerie.

La production régionale de ***céramique*** s'étend de l'époque Néolithique (de 4500 à 2000 av. J.-C.) à nos jours. Une trentaine de centres de fabrication de poterie et faïence ont été identifiés en Charente dans des zones où se trouve une argile plastique d'excellente qualité. Les principaux sont, pour la poterie, du XVIe au XIXe s. : Benest et Saint-Eutrope-de-Montmoreau; pour la faïence, aux XVIIIe et XIXe s. : Angoulême et Cognac. La faïencerie de Cognac fonctionna de 1750 à 1831 et fabriqua surtout de la vaisselle commune.

Entre 1892 et 1898, *Claude Boucher* (1842-1913) inventa et mit au point, dans sa verrerie de Cognac, la machine à fabriquer les bouteilles par moulage dont on peut voir un prototype.

Au sous-sol se trouve le musée du cognac proprement dit. Tour à tour, en six salles et un couloir, sont évoqués : l'origine du vignoble, la viticulture, les travaux du vin, la distillation, le négoce et les artisanats annexes comme la tonnellerie. Hommage est tout d'abord rendu à l'empereur romain *Probus* (276-282), qui est peut-être à l'origine de la création du vignoble charentais,

Un négociant au désespoir

«— (...) Ah! des caisses! Il en part des caisses!

— Pourquoi méprisez-vous les caisses, le cognac en bouteilles? (...) Vos concurrents n'ont pas craint de morceler leurs expéditions, comme de petits marchands; ils ont imposé leur nom par la réclame, au lieu de rester les fournisseurs anonymes de vos Turnbull ou Watson, et, aujourd'hui, Hennessy...

— Oui, Hennessy gagne de l'argent; mais moi je ne vendrai pas du cognac en bouteilles.».

C'était là un point d'honneur, un pli ancestral que Jean ne pouvait comprendre.

«(...) On a le palais gâté par l'eau-de-vie lourde et colorée de tes bouteilles bien habillées, qui font croire à un grand âge.»

Jacques Chardonne : ***Les Destinées sentimentales***

et au roi d'Angleterre, duc d'Aquitaine par son mariage avec Aliénor, *Henri II Plantagenêt* (1133-1189), à qui l'on doit en partie son développement. Puis sont présentés les principaux ***cépages blancs*** (colombard, folle blanche, ugni blanc, sémillon, etc.) qui produisent les vins destinés à la distillation, l'outillage traditionnel de la viticulture, et la lutte contre le phylloxéra. Cet insecte ravageur, introduit accidentellement par l'importation de plant de vignes américaines, apparut vers 1872 dans les environs de Cognac et à Chérac en Charente-Maritime. La reconstitution du vignoble charentais est illustrée par la suite. Les différents travaux du vin, dont la vendange, sont évoqués par un fouloir, deux pressoirs dont l'un, entièrement en bois de chêne, est à vis verticale descendante et date de 1760.

Dans la salle suivante, consacrée à la transformation des vins en eaux-de-vie, est installé un ***alambic*** traditionnel dont la chaudière est à l'intérieur d'un massif en maçonnerie; son chapiteau, du type «tête de maure», est prolongé par un col de cygne aboutissant à une cuve «réfrigérante». Le vieillissement des eaux-de-vie de Cognac étant étroitement lié à leur conservation dans des fûts en bois de chêne du Limousin ou de la forêt de Tronçais (Allier), la reconstitution d'un ***atelier de tonnellerie*** avant 1914 rappelle l'importance de cet artisanat traditionnel toujours en activité. Enfin, une importante collection d'***étiquettes*** anciennes, d'***affiches*** publicitaires dues en particulier à *Leonetto Cappiello* (1875-1942) et *Jean d'Ylen* (1886-1938), de documents et d'objets divers, illustre différents aspects du négoce des eaux-de-vie de Cognac du XVIIe s. à l'aube du XXe s.

Le premier étage

Sont rassemblées ici les collections d'art qui présentent des œuvres, françaises et européennes, s'échelonnant du XIIIe s. à l'époque contemporaine. La plupart des peintures anciennes proviennent des pays de l'Europe du Nord, clients traditionnels du négoce des eaux-de-vie de Cognac, et appartiennent à la tendance maniériste.

Dans la ***1re salle*** on peut voir, de *Jean Massys*, ***Loth et ses filles***★ ; de *Flans Floris*, ***Adam et Ève***★ ; de *Hendrick Goltzius*, ***Danaé***★ ; une Ronde d'enfants nus, œuvre attribuée à *Cornélis Van Cleve*; une statue de saint Étienne, de l'école française de la première moitié du XVIIe s. et trois coffres du XVIe s. Dans la ***2e salle*** : ***le Prophète Élie***★, de *Giovanni Battista Moroni*; ***Le Martyre de saint Laurent***★, de *Nicco Spadaro*; Les Laveuses, d'*Antonio Beccadelli* et La Mort d'un philosophe, de l'école de Luca Giordano. ***3e salle*** : Vénus et Amours, de *Jan Van Neck*; Bethsabée au bain, attribué à *Johan Spilberg*; une vitrine de faïences de Delft et des meubles du XVIIIe s. Dans la ***4e salle*** sont présentés : La Corbeille de pêches, de *Joseph-Laurent Malaine*; Quatre Pastorales, attribuées à *Jean-Baptiste Huet*; un portrait de Charlotte Corday, attribué à *Constance Mayer*; une tapisserie d'Aubusson du XVIIIe s. (Le Cheval fondu); des meubles du XVIIIe s.; La Chaumière, de *Diaz de la Peña*; La Rue, de *Lépine*; et L'Aigle, de *Barye*. La ***5e salle*** est consacrée à des peintres français de la seconde moitié du XIXe s. : *Brest*, *Brown*, *Colin*, *Dupré* et *Français*. Les ***6e*** et ***7e salles*** sont réservées aux artistes charentais : *Auguin*, le paysagiste saintongeais (1824-1903); *Balmette*; *Hérisson*; *Jarraud*; *Granier* et *Guimberteau*. La ***8e salle*** s'ouvre sur l'art moderne : *Laprade*, ***La Femme à l'estampe***★ ; *Marquet*, ***Le Bateau pavoisé***★ ; *Crotti*, Éclatement des mondes; peintures et verreries de *Marinot* et sculptures de *Jean-René Carrière*. La ***9e salle*** présente des vitrines d'art décoratif de la fin du XIXe s. et du début du XXe s. : *Gallé*★, *Daum*, *Léveillé*, *Reyen*, *Deck*, et *Decœur*; toile de *Dagnan-Bouveret*, ***Marguerite au sabbat***★ ; peintures de *Bail*, *Benjamin Constant*, *Carolus-Duran*, *Cayron*, *Frère*, *Jeanniot*, *Leroy* et L'Age d'airain, de *Rodin*. La ***10e et dernière salle*** est consacrée à l'art contemporain.

▶ Derrière le Musée, un ***buste*** en bronze, dû à *Cartier*, rend hommage à *Claude Boucher* (1842-1913), inventeur de la machine à souffler le verre pour les objets creux, en particulier les bouteilles. ▶ Devant le Musée, le ***Monument aux morts*** des guerres de 1870-1871 et 1914-1918, en marbre

La «part des anges»

Poussons les portes de quelques dépendances : ici sont les alambics de cuivre rouge dont les chaudes lueurs traversent la pièce ténébreuse. On y reconnaît trois éléments distincts : la chaudière, où le vin est porté à ébullition, le col de cygne où passent les vapeurs d'alcool, et le serpentin où refroidissent les vapeurs. Après une première chauffe (le «brouilli»), l'alcool recueilli est repassé dans la chaudière pour la «bonne chauffe». Après quoi, l'eau-de-vie est versée dans les fûts en bois de chêne où elle vieillira doucement.

Chaque année, environ 3 % de ces eaux-de-vie s'évaporeront : c'est la «part des anges». Le reste vieillit : il aura droit aux appellations Trois-Étoiles après trente mois; V.S.O.P (Very Superior Old Pale) ou Réserve après quatre ans et demi; X.O. napoléon, royal après dix ans au moins. Dans certains «paradis» s'affinent des eaux-de-vie vieilles de trente à quarante ans qui représentent des capitaux énormes.

Dans une maison de négoce, le rôle du maître de chai est primordial. C'est lui qui, lorsque le cognac arrive à un vieillissement suffisant, sait opérer les «mariages», qui consistent à le mélanger à d'autres. Par sa mémoire olfactive et gustative, lui seul sait recomposer le goût propre à la marque.

blanc et pierre, est l'œuvre d'*Albert Bartholomé*. ▸ Par le boulevard Denfert-Rochereau, on atteint la ***place François-Ier** (B2-3)*, d'où rayonnent toutes les rues principales de Cognac. Centre très animé de la ville moderne, elle est ornée d'une ***statue équestre*** en bronze, représentant le Roi-Chevalier victorieux à Marignan, en 1515, due à *Antoine Étex* (1808-1888).

▸ La place Jean-Monnet et la rue Édith-Cavell conduisent à la ***place De-Gaulle** (B3)*, entourée de la poste, du palais de justice et de la sous-préfecture. Dans le square, un *monument*, dû à *Émile Peyronnet* (1872-1956), rappelle le rôle important qu'a joué dans la vie de la cité, *Édouard Martell* (1834-1920).

▸ Revenir place François-Ier et emprunter la ***rue d'Angoulême** (B2)*, artère piétonne et commerçante.

▷ L'ancien couvent des Récollets *B2*

Au nº 53 de la rue d'Angoulême, on peut voir les ***vestiges*** intérieurs de cet ancien couvent : le bas-côté sud de la chapelle, voûtée sur croisée d'ogives (1635) ; un puits à baldaquin en pierre (XVIIe s.) ; une rampe d'escalier en fer forgé (1770) et, dans les passages, des éléments lapidaires provenant de différents édifices cognaçais (détruits) des XVIe et XVIIe s.

▷ Le parc François-Ier *hors-plan, B1*

Par la rue Abel-Planat, on rejoint le boulevard Denfert-Rochereau, au bas duquel, à droite, s'ouvre la promenade du Parc qui conduit au parc François-Ier. Enveloppé par un contour de la Charente, c'est un très beau bois de 50 ha, aux nombreux chênes verts, dont l'agrément vient autant de l'agencement que du cadre général.

Roi de France de 1515 à 1547, François Ier n'oubliera pas sa ville natale. Il y revient fréquemment et, à son retour de captivité en Espagne, en 1526, il signe à Cognac un traité d'alliance avec le pape Clément VII, les Milanais et les Vénitiens pour pouvoir reprendre les hostilités contre Charles Quint. Cette alliance restera dans l'histoire sous le nom de la Sainte Ligue.

▸ Sur la route qui mène à *l'Échassier*, voir le ***dolmen de Séchebec***.

▸ Rue Basse-Saint-Martin, ***église*** romane ***Saint-Martin*** (XIe s.).

▸ Rue Basse-de-Crouin, ***église*** romane ***Sainte-Marie-Madeleine*** (seconde moitié du XIe s.).

▸ Enfin, de nombreuses ***maisons de négoce*** ouvrent leurs chais pour des visites *(→ encadré)*.

Animation

***Le matin, t.l.j. sf lundi hors saison** : marché.*
***Première quinzaine d'avril** : Festival international du film policier.*
***Première quinzaine de juillet** : Festival d'été.*
***Fin septembre** : Cognac-Expo (années impaires); Portes Ouvertes à la base 109 (années paires).*
***Fin septembre-début octobre** : Fête de la vendange (années impaires); Floralies (années paires).*
***Octobre** : Salon des vendanges.*
***Toute l'année** : expositions au musée et aux Récollets.*

Jean Monnet

Ce Cognaçais, né en 1888, aurait pu devenir négociant en eau-de-vie dans la maison familiale, mais il choisit de devenir banquier, haut fonctionnaire de la Société des Nations et conseiller financier de plusieurs gouvernements étrangers. Se trouvant à Londres en juin 1940, il lance l'idée d'une union politique anglo-française. On le trouve aux côtés du général de Gaulle au Comité français de libération nationale à Alger. En 1945, il devient commissaire au Plan et met en œuvre le premier plan français qui débute en 1947. Père de la planification française, il va devenir aussi celui de l'Europe, comme président de la Haute Autorité de la Communauté Européenne du Charbon et de l'Acier, puis comme président du Comité d'action pour les États-Unis d'Europe (en 1956).

Visites des distilleries

***Camus** : juin-sept. t.l.j. sauf sam. et dim. 10 h-12 h/14 h 30-16 h 30, ven. 10 h-12 h; hors saison sur rendez-vous ☎ 45.32.28.28.*
***Hennessy** : visite des chais et musée de la Tonnellerie, mi-juin-mi-sept. t.l.j. sauf dim. et jours fériés 9 h-17 h 30; janv.-mi-juin et mi-sept.-déc. t.l.j. sauf sam., dim. et jours fériés 8 h 30-11 h/13 h 45-16 h 30 ☎ 45.35.72.68.*
***Martell** : juil.-août t.l.j. 9 h 30-17 h, sam. et dim. 10 h-16 h; juin-sept. t.l.j. sauf sam. et dim. 9 h 30-11 h/13 h 30-17 h; oct.-mai t.l.j. sauf sam. et dim. 9 h 30-11 h/14 h-17 h, ven. 9 h 30-11 h ☎ 45.36.33.33.*
***Otard** : visite guidée avr.-sept. t.l.j. 10 h, 11 h, 14 h, 15 h, 16 h et 17 h; juil.-août 9 h 30-17 h 30; sept.-mars t.l.j. sauf sam., dim. et jours fériés 10 h, 11 h, 14 h, 15 h, 16 h et 17 h ☎ 45.82.40.00.*
***Prince Hubert de Polignac** (4 km de Cognac) : 1er juil.-15 sept., t.l.j. 9 h-12 h 30/14 h-19 h; 1er avr.-30 juin, 16 sept.-30 sept., t.l.j. sf mer., sam., dim., 10 h-12 h/14 h 30-18 h ☎ 45.32.13.85.*

Aux environs

▶ *Macqueville (15 km E.)* possède une *église* du XIIe s. au beau portail latéral Nord, un *château* Renaissance (en mauvais état) et quelques beaux *portails* (XVIIe et XIXe s.) d'habitations de viticulteurs. ▶ *Le château de Neuvicq (4 km. E. de Macqueville)*, situé à flanc de coteau, a été modifié à partir du XVIIe s. Le corps de logis rectangulaire, surmonté de lucarnes à gâbles et flanqué de deux tours rondes, présente sur la vallée une façade originale.
▶ *Sonneville (2,5 km)* : église en partie du XIIe s. qui abrite un retable de pierre du XVIIIe s. ▶ Réputé pour sa foire aux moutons, *Sigogne (16,5 km N.-E. de Cognac)* possède une intéressante *église* des XIIe et XIIIe s. avec un très beau clocher carré et de riches chapiteaux décorés de griffons et démons. Logis de Rulle (XVIIIe s.).

Le circuit des Borderies

60 km environ / 5 h

Situées au nord de la Charente, les Borderies, sans avoir les qualités de la Grande ou de la Petite Champagne (→ Champagne charentaise) constituent un terroir privilégié pour la production d'eaux-de-vie. Les cognacs qui y naissent ont moins de bouquet que dans les deux autres régions, mais ils possèdent beaucoup de corps et de sève et sont très estimés des connaisseurs.

Ce circuit, qui fait aussi des incursions dans la zone des Fins Bois, autre terroir de production du cognac dont font partie Le Seure, Migron, Villars-les-Bois, Saint-Césaire, Saint-Sauvant et Dompierre-sur-Charente, nous fait découvrir les nombreux attraits touristiques de la région.

▶ L'église romane de *Cherves* présente une nef couverte de trois coupoles dans lesquelles on sent l'influence d'Angoulême. ▶ Bien que construit au XVIIe s., le *château de Chênel* porte encore la marque de la Renaissance. Environné de beaux bâtiments agricoles, c'est une noble demeure de plan carré, flanquée de quatre tours qu'entourent des douves dont le creusement dans la roche, à l'époque, fut une entreprise considérable. ▶ *Vignolles (par la D 85)* : église du XIIe s. ▶ *Mesnac (par la D 55)* : château du XVIIIe s. ▶ *Le Seure*. Ce village possède un *pont* du XVIe s. et une interressante *église* romane du XIIe s., avec une façade à trois portails et de beaux chapiteaux dans le chœur. ▶ A *Migron*, le décor strictement géométrique, du portail de *l'église* romane, est compensé par les sculptures pleines de fantaisie des modillons soutenant les corniches. ▶ *Villars-les-Bois*. Panorama, et *église* perchée et fortifiée du XIIe s. avec une façade du XVIIIe s.

▷ Burie *par la D 731*

Tout en faisant partie des Borderies, le village est aussi au cœur du pays du pineau au point culminant de la Charente Maritime (103 m). Jolies *vues* sur le Pays bas, ses vignobles et ses bois. Des toits des maisons anciennes émergent le clocher de *l'église* et la tour du *château* Renaissance du *sieur de Coucy*, gouverneur de la Guyenne. Une *fontaine* miraculeuse, *dite des Deux Amants*, coule dans le lavoir du village.

▷ L'abbaye de Fontdouce → *Saintes*

▶ *Saint-Bris-des-Bois* → *Saintes*

▷ Saint-Césaire

Au creux de la vallée encaissée et boisée du Coran, Saint-Césaire possède une *église* en partie romane. Au *hameau des Bujoliers*, qui était spécialisé dans la fabrication des bujours (ou bugeots), grandes jarres de terre cuite servant pour la lessive (Saint-Césaire fut autrefois un centre artisanal important), on trouvera un *musée* consacré à l'histoire et aux traditions locales. Installé dans la *Maison Mérine*, typique de l'architecture charentaise traditionnelle, il reconstitue un intérieur du XIXe s. avec de beaux meubles saintongeais et présente divers outils et objets de l'époque, dont des jarres.
▶ Juchée au sommet d'une colline, l'*église* romane *de Saint-Sauvant*, au sobre décor, a pris une allure sévère, avec les deux gros contreforts dont on flanqua par la suite la façade. Le village conserve des *vestiges** (tours, porte et restes des remparts) de ses fortifications médiévales. ▶ *Dompierre-sur-Charente* offre un visage sympathique avec, au milieu des vignes, ses *gentilhommières* tournées vers le midi. ▶ A 2,5 km S., sur l'autre rive, *Brives-sur-Charentes* tire son nom du celtique « briva » (pont), mais ce n'est qu'en 1874 que fut construit le nouveau *pont*, du plus pur style Eiffel. Dans l'*église Saint-Étienne*, cuve baptismale

L'église de Saint-Sauvant

romane monolithe ; sur l'une des faces est figurée la vision apocalyptique de l'Ascension, avec le Christ en majesté entouré des symboles des Évangélistes et des Apôtres. ▶ *A Salignac-sur-Charente,* on pourra voir le *château de la Garde* (XVIIe s.) qui doit son nom au fait que la garde royale y demeurait. On peut admirer, en entrant dans Salignac, sa façade principale et son *pigeonnier* qui ne compte pas moins de 2 400 cases.

▶ Le gros bourg de *Jarnouzeau,* sur la Charente, est un ancien port fluvial d'où partaient autrefois les vins des Borderies vers l'Europe du Nord. ▶ 2 km après le village, avant un pont, prendre, à gauche, la route de *Javrezac.* Celle-ci longe l'une des plus jolies rivières de la région, *l'Antenne,* qui se faufile dans un environnement de sous-bois. ▶ La petite vallée est très romantique, particulièrement à *Richemont* où, surplombant la rive droite de l'Antenne, se dressent les vieux murs du *château* et de l'*église Saint-Georges.* Cette dernière renferme une remarquable *crypte* (X^e-XIe s.). A côté s'étend un pittoresque vieux cimetière.

▶ Revenir à *Cognac* par le *faubourg Saint-Jacques* où était jadis une aumônerie destinée à l'acceuil des pèlerins se rendant à Compostelle.

Confolens et le Confolentais

38-BCD2 / R 107 / V 40
3 320 habitants ✉ 16150
ℹ place des Marronniers ☎ 45.84.00.77
🅿 place de l'Hôtel-de-Ville et de la Liberté

Aux portes du Limousin, Confolens, qui tire son nom de son site au confluent de la Vienne et du Goire, est la capitale d'un petit pays s'individualisant très fortement au sein de l'ensemble charentais.

Avec son beau pont et ses solides maisons aux larges façades, elle se donne des airs de gros bourg rural d'un calme indestructible. Mais chaque année Confolens rappelle son dynamisme en organisant un festival de folklore (→ encadré) qui attire des troupes professionnelles venues de tous les continents.

La ville dans l'histoire

La cité apparaît, vers l'an mil, comme une dépendance de la principauté de Chabanais, formée de la « ville » proprement dite (la paroisse Saint-Maxime), sur la rive droite de la Vienne, entourée des faubourgs Saint-Michel, du Pont-du-Goire et Bournadour, agglomération fortifiée dès le milieu du Moyen Age et dont l'enceinte comprenait au moins cinq portes (du pont de Vienne, du Gué, du pont du Goire, de Saint-Michel, du Four dite aussi de Bournadour ou des Récollets). Sur la rive gauche, se trouvaient les faubourgs des Portes-d'Ansac et de Saint-Barthélemy ; ce dernier, fortifié sous Louis XI, possédait au moins trois portes : d'Ansac, de Saint-Barthélemy et des Religieuses.

Au XVIe siècle, la terre de Confolens s'émancipe de la tutelle chabanoise et est érigée en comté en 1604. Jusqu'à la Révolution ce comté restera jumelé avec une terre voisine, la baronnie de la Villatte d'Ansac.

En 1714, elle devient le siège d'une élection rattachée à la généralité de Poitiers, mais nombre de paroisses des environs restent rattachées à celle de Limoges. Au point de vue religieux, Confolens avait la particularité d'être partagé entre deux diocèses : la rive droite, avec les paroisses de Saint-Maxime et Saint-Michel, dépendait du diocèse de Limoges ; la rive gauche, avec la paroisse Saint-Barthélemy, relevait du diocèse de Poitiers. Ceci illustre bien la situation de véritable « ville-frontière » dans laquelle se trouvait cette localité au Moyen Age.

A la Révolution, la ville devint le siège d'un des six districts du département de la Charente puis, en 1800, le chef-lieu d'un des cinq arrondissements créés à cette époque, réduits à trois en 1926.

C'est à Confolens qu'est né le professeur Émile Roux (1853-1933), collaborateur de Louis Pasteur et inventeur du vaccin anti-diphtérique.

La ville aujourd'hui

Elle se trouve être le centre d'une région fortement touchée par l'exode rural avec, dans son arrondissement, des communes présentant les plus faibles densités de population du département, et ce mouvement paraît irréversible. Mal reliée aux autres villes de la région depuis qu'il n'y a plus de desserte ferroviaire et guère de cars, Confolens souffre de son isolement.

Le secteur principal d'activité reste le tertiaire. Quelques petites entreprises liées au travail du bois ou à l'agro-alimentaire retiennent mal une population souvent obligée de chercher ailleurs les moyens de vivre. Aux alentours, quelques carrières et surtout l'élevage. Les principaux secteurs industriels se situent à Roumazières-Loubert et Saillat, en Haute-Vienne.

La ville fait cependant de gros efforts pour enrayer cette décadence, multipliant les activités d'animation afin d'attirer les touristes à Confolens : journées gastronomiques en septembre, salon de la carte postale en mai, concours de tir à l'arc en juin, et surtout le festival international de folklore, un des premiers de France, qui bouleverse la vie de la cité dans la seconde semaine d'août.

Visite de la ville

1 h environ

Des huit chapelles ou églises qu'il y avait autrefois, ne subsistent plus que deux églises paroissiales.

▶ *L'église Saint-Maxime* possède un portail gothique du XIIIᵉ s. et une double nef, plan rare dans la région. Cet édifice a été très fortement restauré au siècle dernier : reconstruction du clocher en 1859, percement de la rosace de la façade et d'une porte de style Renaissance à l'ouest. ▶ *L'église Saint- Barthélemy.* Portail roman très simple, plan en croix latine transformé par l'ajout, à l'époque gothique, d'un bas-côté voûté d'ogives. ▶ L'ancienne *chapelle des Récollets* a été transformée en salle de cinéma (porte du XVIIᵉ s.). ▶ La chapelle de l'*ancien couvent des Clarisses*, devenu l'hôpital actuel, conserve la majeure partie de son ancienne décoration : une porte et surtout un beau retable en bois sculpté, peint et doré, datant des années 1675-1680. ▶ La chapelle de l'*ancien hôpital de l'ordre du Saint-Esprit* de Montpellier *(faubourg Saint-Michel ; ne se visite pas)* est une des rares qui subsistent de cet ordre en France. Elle possède un portail gothique du XIIIᵉ s.

▷ Le Pont-Vieux

Le vieux pont sur la Vienne, maintes fois restauré, était autrefois fortifié et muni de trois tours et d'un pont-levis vers la rive gauche. Il est attesté dès le début du XIVᵉ s. et a été fortement modifié au XVIIIᵉ s. (remplacement du pont-levis par une arche de pierre, démolition des tours et des maisons qui se trouvaient sur le pont). Sous sa forme actuelle, il date des années 1817-1820. Sur la rive gauche, au bout du Pont-Vieux, *la Fontorse* (« fons oriens » : fontaine jaillissante) est citée depuis la fin du XVᵉ s. Sous sa forme actuelle, elle remonte à 1806.

▶ La *porte de la Salle* est l'ancienne porte du château de Confolens où se rendait la justice seigneuriale, d'où son nom. ▶ Du château subsiste, en haut de la rue des Buttes, une *tour* carrée (sans doute un donjon), des XIIᵉ s. ou XIIIᵉ s., construite en grand appareil régulier de granit. ▶ Au bord du Goire, à l'extrémité de la *rue du Soleil*, grand bâtiment dit le *Vieux Manoir*, partie Renaissance, partie XVIIᵉ s. C'était, au XVIIIᵉ s., la propriété de la *famille de Marcillac d'Oradour*, avant de servir de prison sous la Révolution.

▶ Dans le *square Jules-Halgand*, au confluent de la Vienne et du Goire, se trouvaient autrefois le cimetière de la paroisse Saint-Maxime et une chapelle dite Saint-Antoine-le-Vieux, puis Notre-Dame-hors-les-murs ou Notre-Dame-de-Château-vieux. S'y dresse le monument aux morts (1928) avec un beau groupe, appelé *La Confolentaise et l'enfant*, dû au ciseau du sculpteur *Couteilhas* dont ce fut une des dernières œuvres. ▶ Le long des rues *(rue*

La ville du folklore

« C'est pire que Paris à l'heure de pointe. » Cette réflexion d'un vieux paysan en dit long sur l'animation qui règne dans les rues de Confolens chaque année, en août, quand se tient le festival international de folklore. Sous les regards débonnaires de plusieurs dizaines de gendarmes, et ceux enthousiastes de milliers de spectateurs, les troupes d'artistes entraînent la ville dans la danse en s'emparant de toutes les ruelles et de la grand-place. Depuis trente ans qu'il existe, le festival, animé par une équipe passionnée sous la direction d'Henri Coursaget, a accueilli des centaines de groupes, et toutes les nations du monde ont été représentées. Quant aux spectateurs, ils viennent de toute la région et même de toute l'Europe. Le « folklore », comme on dit simplement à Confolens, est le point fort de l'année.

des Portes-d'Ansac, quai du Goire, rue du Soleil), on remarque de nombreuses ***maisons*** à pans de bois dont certaines remontent au XVe s. *(12, rue du Soleil)*; beaucoup ne datent que des XVIIe et XVIIIe s. Quelques ***hôtels*** du XVIIIe s., dont le plus remarquable, devenu l'actuel ***hôtel de ville***, est l'ancien logis de la *famille Dassier-Desbrosses* : belles ferronneries à la grille de la cour et à la rampe de l'escalier.

Le Confolentais

Cette région de Charente, à la différence du reste du département, est constituée de « terres froides » (granite, argiles, sidérolithique) qui donnent à ses paysages et à sa flore une tonalité bien particulière. Sur ces terres imperméables, l'eau ruisselle, alimentant de nombreux étangs, certains de création ancienne, d'autres établis récemment. Cette humidité entretient une verdure favorable à l'élevage (bovins et ovins) qui, de tout temps, a été une des composantes essentielles de l'activité économique.

Jusqu'à l'introduction du chaulage et des engrais, au siècle dernier, ces terres étaient considérées comme pauvres. Ici peu de vignes, mais du seigle, du maïs, du mil, bases de l'alimentation paysanne, et surtout des châtaigniers dont les fruits séchés constituaient l'essentiel de la nourriture hivernale.

La multiplicité des sources explique la dispersion de l'habitat, en multiples « écarts » formés de bâtiments entourant une cour ouverte, édifiés en moellons le plus souvent, mais aussi en torchis ou en colombage pour les parties hautes ou les murs de refend. Les toitures sont presque toujours constituées de tuiles-canal.

Certaines de ces sources sont considérées depuis une époque très ancienne comme douées de vertus thérapeutiques. Ce sont les « fontaines à dévotion » ou « bonnes fonts » que l'on trouve dans presque toutes les communes. Certaines ont un pouvoir bénéfique sur le bétail, d'autres sur les hommes et notamment sur les maladies infantiles (Montrollet et Massignac).

Le Confolentais a toujours été une unité plus physique et humaine qu'administrative. En effet, aucune assise en ce domaine, ni à l'époque féodale, ni sous l'Ancien Régime : une partie dépendait de l'élection de Confolens, généralité de Poitiers, une autre partie de l'élection d'Angoulême, généralité de Limoges. Certaines paroisses appliquaient la coutume de Poitou, d'autres celle de l'Angoumois, toutes les deux du ressort du parlement de Paris. Même division au point de vue religieux : les trois diocèses de Poitiers, d'Angoulême et de Limoges se partageaient cette région, le dernier regroupant la majorité des paroisses. Les enclaves étaient nombreuses, certaines paroisses étaient même coupées en deux au point de vue administratif.

La seule unité humaine était constituée par la langue vernaculaire : le Limousin, rameau de la langue occitane ou, plus exactement, du nord-Occitan, avec, pour une zone qui correspond au nord du Confolentais, l'apparition de ce que les linguistes appellent le « croissant marchois », zone intermédiaire entre les langues d'oc et d'oïl. Une enclave occitane dans un département majoritairement de langue d'oïl, telle est la caractéristique humaine essentielle du Confolentais.

Circuit du Confolentais

100 km environ / 1 j.

▶ Quitter Confolens vers le nord par la D 7 pour se rendre à *Availles-Limouzine*. Un paysage de collines d'allure franchement limousine se développe aux alentours.

▷ Availles-Limouzine

Enclave de la langue d'oc dans une région où domine la langue d'oïl, le patois ici est différent de celui des villages situés plus au nord.

Le bourg, dont l'*église* se dresse au sommet de l'éperon que gravit la rue du vieux village, domine la belle vallée de la Vienne.

Une maison près de Confolens

Il faut flâner dans les petites rues pour découvrir de vieilles *portes* et des *maisons* médiévales.

Dans les environs, de nombreux mégalithes, dont le *menhir de la Pierre-Fade* *(1,5 km N. par la D8)* témoignent de l'ancienneté de l'occupation humaine dans la région.

▷ Abzac

Châteaux de Fayolle *(ne se visite pas)* et de *Serre* *(ouvert en sept. lors de la journée des monuments historiques)* des XVIe et XVIIe s. Ce dernier a appartenu à la famille de Grandsaigne, les grands-parents maternels de *Madame de Montespan*, célèbre maîtresse de Louis XIV. Elle y fit plusieurs séjours dans sa jeunesse. Son frère, le *duc de Vivonne*, en hérita, et fit aménager une chambre avec alcôve en boiseries peintes. Son propriétaire actuel restaure cet édifice avec beaucoup de goût et de soin. Lors du décapage des murs d'une des chambres, des inscriptions à forte connotation protestante sont apparues.

▷ Saint-Germain-de-Confolens*

Ruines d'un *château* du XVe s. édifié par la famille *Pérusse des Cars* sur des substructions plus anciennes dont la façade principale domine la Vienne et l'agglomération. Admirable *vue* sur la vallée. A côté du château, *église Saint-Vincent* en forme de croix grecque (plan rare), avec une crypte sous le chœur. Sans aucune décoration architecturale, cet édifice possède un étonnant volume intérieur. Dans le bas-côté sud, *toile* de *Jean Teilliet*, un artiste local, datée de 1927, décorant le monument aux morts. C'est au même artiste que l'on doit le fauteuil du desservant dont la décoration reprend des thèmes romans, et une statue de saint Antoine en bois de noyer (1900).

Dans l'*île dite de Saint-Germain*, mais située commune de Lessac, se trouve un *dolmen* dont les orthostates ont été remplacées à l'époque romane par cinq colonnettes dont il n'en reste plus que quatre (exemple unique en France). Le dessous du dolmen formait une chapelle dédiée à sainte Madeleine. D'après la légende, c'est elle-même qui aurait construit ce monument, portant la plus grosse pierre formant la table, sur sa tête, et les piliers, dans les poches de son tablier. Sur une des roches des environs on voit encore la marque de son pied, et sur une autre, celle des pattes des moutons de son troupeau *(pour visiter, demander l'autorisation à M. Devautour, le Puy de Lessac).*

▷ Esse

Le Limousin n'est pas loin, et nous sommes dans ce qu'il est convenu d'appeler la Charente limousine, une région très vallonnée traversée par de nombreux cours d'eau arrosant des bois de résineux, de chênes, de châtaigniers et de hêtres, avec quelques touffes de fougères et genêts. Dans les prairies bien grasses, les moutons sont rassemblés autour des mangeoires en bois que l'on peut voir un peu partout. Les premières maisons en granit font leur apparition entre un dédale de petites routes bordées de haies. On remarque aussi de nombreux étangs. Esse se dessine sur une hauteur, dans ce décor bucolique. C'est un village bien calme et typique de cette région un peu sauvage.

Sur le territoire de cette commune se trouve le seul *menhir* attesté du département de la Charente (non loin de la D 30 qui va de Confolens à Lesterps). Au bord de la même route, mais très difficile à voir car non indiqué, se trouve le *Pas de la Mule*, rocher à fleur de terre.

Deux dolmens existaient près du hameau de Périssat, l'un dit *La Tombe du curé*, dont les restes furent transportés devant l'église d'Esse pour y édifier le monument aux morts; l'autre transporté dans le cimetière de Confolens, du moins en partie, pour servir de piédestal au sarcophage en pierre de Volvic contenant les restes d'une sous-préfète de Confolens.

L'*église* romane, patronnée par saint Étienne, a un portail qui présente la rare particularité, dans la région, d'avoir un tympan sobrement décoré d'une croix en faible relief. A l'*intérieur*, tableau de *Jean Teilliet*, pendant de celui de Saint-Germain. Devant l'église, sous le tilleul dont la légende attribue la plantation à *Sully*, *monument aux morts* édifié sur les plans de *J. Teilliet*.

▷ Lesterps

Siège d'une abbaye dont les possessions s'étendaient jusqu'à Saint-Gauthier dans l'Indre. Cette localité possédait une importante église dont le chœur gothique servait d'église abbatiale (dédiée à saint Pierre), et la nef, romane (patronnée par sainte Madeleine), d'église paroissiale. L'église, en mauvais état, fut fermée au XVIIIe s. Le chœur finit par s'effondrer et fut démoli au début du XIXe s. On ne conserva que la *nef* où sont exposées quelques sculptures provenant des parties détruites. A l'entrée de la nef, remarquable *clocher-porche**, d'un modèle unique dans la région (XIe s.). Il domine tout le paysage environnant.

▶ *Saint-Christophe (6 km E. →).*

▶ *Montrollet (5 km)* offre une église mêlant le roman au gothique et un château du début de la Renaissance.

▶ Traversant une région vallonnée, la D 165 conduit au *site de Brigueuil*, l'un des points les plus élevés de la Charente.

▷ Brigueuil

Ancien bourg fortifié dont subsistent deux *portes* (XIVe s.) et la base d'un *donjon* carré (XIIe s.) dont le haut s'effondra au XVIIIe s.

L'*église Saint-Martial*, dont le clocher a été reconstruit au XIXe s., possède un beau *portail** gothique placé du côté sud, selon une formule dont on retrouve d'autres exemples dans la région. Il est très proche de celui de l'église Saint-Maxime de Confolens et tous les deux datent du XIIIe s. Derrière l'église, restes du *château* (XVIIe s.) avec une tour couverte de bardeaux, mode de couverture dont il ne subsiste que peu d'exemples dans la région. Dans le cimetière, base d'une *lanterne des morts* ou croix-pierre de l'époque médiévale.

▶ *Saulgond. Église* romane dédiée à saint Genest ou saint Genis avec un portail gothique très simple. A l'intérieur, beau *retable** de style baroque en bois sculpté et peint (XVIIe s.). Ces retables baroques ont été très fréquents dans les églises de la région. Beaucoup ont disparu, par manque d'entretien, mais aussi par le zèle peu éclairé de certains desservants qui ne rêvaient que de pierre apparente et de retour à un pseudo-dépouillement originel.

▶ Par la D 51, qui traverse le bocage, on quitte un instant le département de la Charente pour se rendre à *Saint-Junien*, ville du gant et du traitement des peaux d'agneau, qui doit sa renommée au tombeau de saint Junien. Voir l'*église* (XIe-XIIIe s.) et le *pont* médiéval *(→ Guide Bleu Limousin).*

▶ Le *site Corot (2 km N.-O.)*, dans un méandre de la Glane, a inspiré de nombreux peintres.

▷ Le château de Rochebrune* *Étagnac ; juil.-août t.l.j. 10 h-12 h/14 h-18 h ; avr.-juin et mi-sept.-11 nov. t.l.j. sauf mar. 14 h-18 h ☎ 45.89.00.42*

Ancien château médiéval ayant appartenu aux seigneurs de Chabanais, presque entièrement reconstruit au XVIIe et au XIXe s., notamment par le *général Dupont*, le vaincu de Baylen (1807).

Dans la cour, où l'on accède par un pont en dos d'âne, les trois façades ont conservé les armes du maréchal, restaurateur de la forteresse féodale du XIe s. ; sous les plafonds Renaissance, les appartements, décorés de cheminées ouvragées du XVIe s., rassemblent quelques *souvenirs* et du *mobilier* de l'époque napoléonienne.

▷ Chassenon*

Dans le bourg, *église* romane *Saint-Jean-Baptiste*, sans grand intérêt.

Près du village de Longeas *(route de Rochechouart)*, remarquable ensemble de *thermes* patiemment fouillé et remis en valeur. Ce sont les seuls restes facilement visibles de l'antique Cassinomagus, agglomération romaine du IIe s. située sur la route de Lyon à Saintes. Les produits des fouilles sont exposés au musée de Rochechouart.

Cet ensemble thermal regroupait de nombreuses salles souterraines servant de réservoir d'eau, des fours, des bains chauds, tièdes et froids dont les revêtements de marbre coûteux ont presque entièrement disparu. Les *murs* sont conservés sur plusieurs mètres de hauteur. Ils sont construits en petit appareil régulier avec assises de briques. Les pierres sont taillées dans l'impactite ou roche issue de l'écrasement, il y a des millions d'années, d'une énorme météorite. Cette roche ressemble fort à de la lave d'où la croyance, pendant longtemps, que le site de Chassenon avait été construit sur un volcan. Les voûtes des salles souterraines étaient construites en blocage sur coffrage de planches avec *joints* de matière végétale entre les planches pour assurer l'étanchéité du coffrage. Les marques en sont encore d'une telle fraîcheur que l'on a pu identifier ces végétaux (fougères, mousse, etc.).

Les parties les plus intéressantes ont été mises hors d'eau par une toiture moderne. Le site a été acquis par le département de la Charente.

▶ *Chabanais.* Incendiée par les Allemands en 1944, la ville, d'apparence toute neuve, a néanmoins conservé quelques anciens logis. Elle est la patrie de *La Quintinie* (1626-1688), le célèbre jardinier de Louis XIV. ▶ A *Grenord (2 km S.)*, ancienne église paroissiale Notre-Dame, très simple avec, à l'intérieur, une *pierre* tombale du XIIIe s. aux armes des seigneurs de Chabanais, peut-être celle de *Jourdain VII.* ▶ *La Péruse.* Localité autrefois pourvue d'une église paroissiale qui s'effrondra au XVIIe s., et d'une *église* priorale qui subsiste, fortement restaurée au XIXe s. (clocher reconstruit). Une récente restauration a permis de découvrir des fragments de *fresques* romanes, très abîmées. Belle façade à ordonnance régulière.

▷ Roumazières-Loubert

Grosse commune formée par la fusion de cinq anciennes communes : *Roumazières, Loubert, Laplaud, Le Petit-Mâdieu* et *Chantrezac*. L'agglomération moderne de Roumazières-Loubert est née autour de la gare et des usines (tuileries, briquetteries) qui font de cette localité une des capitales de la terre cuite en France.

Chapelle du Petit-Mâdieu : ancienne commanderie de templiers, d'époque romane. Loubert : en face de l'église, base d'un *donjon* emmotté des XIe-XIIe s. qui commandait un passage sur la Charente et un pont médiéval dont il ne reste que quelques pierres.

La commune possède deux *châteaux : de Chambes* (XVIe s.) et *du Peyras*.

▶ Reprendre la N 141 et rejoindre Exideuil par la D 165 au nord.

▷ Exideuil-sur-Vienne*

Nous sommes au cœur de la Charente limousine, une agréable région de collines boisées. C'est ici le lieu de naissance du carton ondulé à la fin du siècle dernier grâce à une firme anglaise qui racheta un moulin dit le *Moulin-Neuf* pour en faire une papeterie.

Dans *l'église Saint-André (pour visiter, demander à la gardienne de l'église)*, collection d'objets et de vêtements liturgiques dont plusieurs pièces de broderie exécutées par les demoiselles de Saint-Cyr et que leur fondatrice, *madame de Maintenon*, légua à son confesseur *l'abbé Trotti de la Chétardie*, curé de Saint-Sulpice à Paris, dont Saint-Simon disait qu'il était « le plus idiot des hommes... ». En 1721, à sa mort, l'abbé de la Chétardie les légua à sa paroisse natale. Cet abbé de la Chétardie était l'oncle du marquis de la Chétardie, ambassadeur de Louis XV à Saint-Pétersbourg où il gagna les bonnes grâces de l'impératrice Catherine II, puis à Berlin. Au dessus du portail aux grosses voussures toriques de l'église (XIIe s.), le *cadran solaire* est moderne.

Sur une colline au sud du village *(0,5 km), château de la Chétardie (ne se visite pas)*, belle demeure du XVIIe et XVIIIe s. avec quelques vestiges du XIIe s.

▷ Chirac

Dans *l'église Saint-Pierre* fortement restaurée, panneau central d'un grand *retable* baroque qui présente la particularité d'être en bois sculpté et non peint. Il figure l'ange délivrant saint Pierre dans sa prison à Rome.

Près du château de l'Age-Bertrand (XVIIe s.), ruines des *anciennes forges* établies vers 1840 par le *comte Frédéric Garnier de La Boissière*.

Dans la *chapelle* du cimetière, restes de *fresques* gothiques du début du XIVe s., tout à fait dans le style des miniatures de l'époque du roi Louis IX. Malgré leur mauvais état, on reconnaît la Nativité, l'Annonce aux bergers, l'Adoration des mages, etc. La palette du peintre qui les a exécutées comportait surtout du blanc, du noir, de l'ocre rouge et jaune, quelques touches de vert.

▷ Manot

S'il faut en croire l'étymologie de ce toponyme (un vocable pré-latin signifiant « roche »), c'est une des plus anciennes localités habitées de la région (site préhistorique et gallo-romain).

L'église Saint-Martial, romane, possède un *portail** d'un modèle rare car il comporte un tympan (ce qui est peu fréquent dans la région), surmonté d'un programme iconographique sculpté dans des plaques de calcaire fin, tellement rongées par le temps que la lecture en est difficile. A *l'intérieur*, coupole ayant la particularité d'être montée sur trompes d'un côté et sur pendentifs de l'autre.

Derrière l'église, grand *logis* de l'extrême fin du XVIe s. ayant appartenu à la famille de *La Mothe-Salignac-Fénelon*, apparentée au célèbre archevêque de Cambrai.

▷ Saint-Maurice-des-Lions

Belle *église* romane, très sobre, avec nef flanquée de bas-côtés. Seule la porte d'entrée présente quelques sculptures (chapiteaux) qui ressemblent beaucoup par leur style à ceux de l'église de Manot.

Le nom de la localité viendrait de la présence de *lions** de pierre grandeur nature, au nombre de trois ou quatre selon les récits, dont il ne reste plus qu'un seul. Les autres auraient été volés par les habitants de Limoges pour les placer à l'entrée de l'église Saint-Michel-des-Lions. Ces lions, considérés par certains comme gallo-romains, auraient orné des sépultures.

▶ *Ansac-sur-Vienne*. Église Saint-Benoît avec portail roman et décor intérieur du XIXe s. *Chapelle Notre-Dame* avec décor du XIXe s., une Pietà du XVIe s. en pierre peinte recouverte d'un enduit blanc. Dans une chapelle latérale, vestiges du tombeau d'un des seigneurs de la baronnie de la Villatte, un Pontbriand et sa femme, fortement mutilé et appelé *le tombeau des saints*. Il fait l'objet d'un pèlerinage le 15 août.

▶ Retour à Confolens par la D 16.

Les Côtes de l'Angoumois

43-C4 et 44-C1 / R 110 / V 40
Angoulême, place Saint-Pierre ☎ 45.95.16.84
Châteauneuf, rue du Gal-Leclerc ☎ 45.97.13.32

Les Côtes de l'Angoumois désignent la contrée située au sud d'Angoulême. Terres calcaires, fertiles, propices aux cultures des céréales, à l'élevage et surtout aux vignobles (en direction de Châteauneuf et de Jarnac), les champagnes des Côtes de l'Angoumois sont constituées de paysages paisibles et verdoyants : bois, bosquets, vignobles, prés et champs cultivés s'y entremêlent, dissimulant des villages discrets aux toits de tuiles rouges regroupés autour de vénérables églises romanes aux allures massives.

La terre

Les rivières, telles la Charreau, la Boëme, les Eaux-Claires, l'Anguienne, etc., de modeste apparence, avant de rejoindre la Charente, se sont enfoncées au fil du temps dans ces sols calcaires. Leurs versants offrent des falaises rocheuses découpées en surplomb, parsemées de grottes et d'abris sous roche qui constituent souvent des gisements préhistoriques : les plus remarquables se situent dans la vallée des Eaux-Claires, au voisinage de Puymoyen, et dans celle de la Boëme près de Mouthiers.

En aval d'Angoulême, la Charente, après avoir suivi longtemps une direction nord-sud depuis Ruffec, oblique vers l'ouest. Dans une très large vallée le long de laquelle s'étagent les vignobles qui participent à la savante élaboration de l'eau-de-vie de Cognac, le fleuve écoule lentement ses eaux, en de nombreux méandres, au milieu des prairies, dans un paysage aux lignes douces.

Les hommes

A l'image d'un pays tout en nuance, de calme et quelque peu de nonchalance, les habitants de cette contrée ont su trouver un équilibre entre l'habitat, la nature et les ressources qu'ils retirent du sol.

L'agriculture domine dans les vallées plus arrosées et aux alluvions fertiles. Bois et bosquets subsistent sur les plateaux et les hauteurs où la roche affleure et où la terre est pauvre. Les vignobles s'étalent sur les versants des collines et des vallées exposés au soleil.

L'habitat traditionnel révèle une prospérité sans ostentation. Malgré l'exode rural, il a été assez bien conservé : certaines habitations anciennes ont été réhabilitées et aménagées en résidence secondaire à cause de la proximité de l'agglomération angoumoisine. Les fermes ont dans l'ensemble un plan caractéristique : le logis, généralement bien exposé au midi, le colombier, et les dépendances de chaque côté qui délimitent une cour carrée dans laquelle on pénètre par une porte cochère cintrée et ornée souvent de moulures et de sculptures.

De part et d'autre de la N 10, appelée jadis « route d'Espagne », et de la voie ferrée Paris-Bordeaux, des industries se sont installées, entraînant l'expansion des communes proches d'Angoulême comme Nersac, Saint-Michel, et surtout La Couronne avec les Cimenteries Lafarge. Mais au-delà de cet axe de communication où s'affirme le XXe siècle, l'arrière-pays est resté préservé et le promeneur peut y retrouver des témoignages du passé dans une nature paisible et accueillante.

Églises romanes et châteaux

100 km environ / 1 j.

▶ Sortir d'*Angoulême* par la N 10 au sud. ▶ Au carrefour, à l'entrée de La Couronne, prendre la route à droite. On passe devant les *Cimenteries Lafarge*.

▷ L'abbaye de La Couronne*

Fondée à la fin du XIIe s. par les moines augustins, ce fut l'une des grandes abbayes d'Aquitaine au Moyen Age. En partie détruite par les guerres de Religion au XVIe s., vendue comme bien national sous la Révolution, elle servit ensuite de carrière. Actuellement, la municipalité de La Couronne s'emploie à restaurer ce qui reste de l'église abbatiale en consolidant les murs et en transformant ce site romantique en jardin public.

D'une ampleur exceptionnelle, cette *église* *(accès libre)* fut construite selon un style de transition romano-gothique. La façade et les deux premières travées de la nef furent refaites au XVe s. après les désastres de la guerre de Cent Ans. Le plan présente un tracé cistercien avec un chevet plat et un transept presque aussi long que la nef, auquel sont annexées quatre chapelles carrées dont l'une a été préservée. L'élévation de l'ensemble de l'édifice rappelle la manière angevine avec des chapiteaux encore romans et des voûtes gothiques bombées. Le site est impressionnant avec un chœur majestueux et un transept dont les arcades s'élancent vers le ciel.

Du *cloître*, au sud de la nef, subsistent deux arcades et un cellier (XIIIe s.). Les *bâtiments abbatiaux*, en revanche, sont assez bien conservés mais répartis en plusieurs propriétés privées *(ne se visitent pas)*. La partie la plus intéressante, construite au XVIIIe s., appartient aujourd'hui aux Cimenteries Lafarge. Il est permis de pénétrer dans la cour d'honneur par un somptueux *portail* de style Louis XV, à volutes, orné de ferronneries de la même époque.

▷ La Couronne

Dans le bourg, l'*église* paroissiale *Saint-Jean-Baptiste* est en fait à l'origine de l'abbaye Notre-Dame de La Couronne. Trop à l'étroit dans leur monastère de Saint-Jean de la Palud (du marais), les moines augustins avaient émigré au XIIe s. dans le site de la Coronelle (d'où le nom La Couronne). L'ancienne église monastique des XIe-XIIe s. devint donc désormais l'église paroissiale : son *clocher* à flèche conique garnie d'imbrications servit sans doute de modèle à celui de Plassac ; la façade ornée d'arcatures qui soulignent les lignes horizontales est certainement le prototype des façades angoumoisines par rapport aux frontispices poitevins où domine la verticalité.

▷ Le château de l'Oisellerie

L'entrée se trouve sur la déviation d'Angoulême (évitant l'ancienne N 10).

Actuellement lycée agricole, ce château doit son nom aux moines de La Couronne qui élevaient à cet endroit des oiseaux pour la chasse. Au XVIe s. le domaine fut cédé à *Arnaud Caluau* qui aménagea le château actuel : la cour carrée, à laquelle on accède par un châtelet, présente deux façades, l'une gothique sur arcades, l'autre du XVIe s. avec de jolies fenêtres. Dans l'angle de l'équerre, l'ancien logis avait été transformé en une tour de défense qui a conservé ses mâchicoulis. ▶ Pour aller à *Saint-Michel-d'Entraigues*, on peut reprendre la déviation en direction d'Angoulême.

▷ Saint-Michel-d'Entraigues

L'*église***, située au milieu du bourg, est particulière par sa forme octogonale. En dehors de la Maison-Dieu à Montmorillon, nous n'en rencontrons pas d'autre du même ordre dans la région. Cette curieuse église aurait été construite en 1137 par les moines de l'abbaye toute proche de La Couronne, pour servir de refuge et d'abri aux pèlerins pauvres sur le chemin de Saint-Jacques-de-Compostelle. C'est à cette fonction qu'elle doit, du moins partiellement, son plan octogonal assez exceptionnel. Elle a été restaurée vers 1850 par l'architecte *Paul Abadie* qui a notamment rétabli la coupole et son lanternon, en restant assez fidèle aux dispositions primitives de l'édifice.

Huit absidioles ceinturent l'édifice, décorées à l'extérieur d'arcatures aveugles, avec des entrelacs sculptés d'une rare élégance où se manifeste l'influence de l'art hispano-mauresque. Au tympan du portail, un *haut-relief* représentant Saint Michel terrassant un dragon, occupe une place tout à fait particulière dans la sculpture angoumoisine : exécuté avec un brio qui contraste avec le côté un peu hiératique de celle-ci, il est probablement dû à un artiste de passage.

La présence des absidioles confère à l'*intérieur* une relative ampleur que l'on ne soupçonnait pas du dehors. La coupole à huit pans appuyés sur des nervures semble être un premier pas vers les voûtes angevines qui naîtront quelques décennies plus tard. Un lanternon la surmontait ; pourvu d'un fanal, il éclairait l'intérieur de l'église et jouait en même temps le rôle de lanterne des morts pour le cimetière voisin. Seule l'absidiole en direction de l'Orient est ornementée : la sculpture du bandeau et les chapiteaux des colonnettes le soutenant confirment l'influence hispano-mauresque. Les *vitraux*, modernes, sont du maître verrier *Lorin*.

▷ Le moulin de Fleurac** *par la D 699 en direction de Nersac t.l.j. sf mar., 10 h 30-12 h/14 h 30-18 h ; visite guidée et commentée d'environ 1 h ☎ 45.91.50.69*

Ce moulin (à ne pas confondre avec le château de Fleurac tout proche) est situé au bord de la Charente, dans un cadre pittoresque et verdoyant. Le papier y est encore fabriqué de façon artisanale comme au XVIIIe s. Il s'agit là de l'un des deux seuls moulins à papier *(→ encadré)* subsistant en Charente (avec le moulin du Verger à Puymoyen).

Les moulins à papier

L'existence de nombreuses rivières au débit assez régulier, autour d'Angoulême (Eaux-Claires, Charreau, etc.), a permis l'aménagement de moulins pour moudre les grains et aussi pour la fabrication du papier à partir du XVIe s. Il est assez facile de distinguer près des cours d'eau les anciens moulins à papier. Ces bâtiments présentent de larges ouvertures constituées de panneaux de bois ajourés pour la circulation de l'air ; « l'étendoir », au dernier étage, sous les toits, au-dessus des ateliers de fabrication, servait à faire sécher les feuilles de papier.

Les moulins du Verger, à Puymoyen, dans la vallée des Eaux-Claires et de Fleurac, au bord de la Charente, fonctionnent encore aujourd'hui selon les méthodes anciennes, derniers témoins d'une activité qui fut jadis essentielle à cette partie de l'Angoumois.

Le visiteur peut y suivre les différentes étapes de la fabrication : les vastes *réservoirs* d'eau dans lesquels macèrent des morceaux d'étoffe qui sont écrasés par de lourds maillets afin d'obtenir une pâte ; le *pressoir*, où la pâte, après avoir été recueillie par des tamis, constitue des feuilles de papier insérées dans des plaques de feutre pour en absorber l'eau ; le *séchoir*, où les feuilles de papier sèchent comme du linge, etc.

Dans une salle, à côté des ateliers de fabrication, un petit *musée* est consacré aux arts graphiques ainsi qu'à l'histoire du papier avec divers objets relatifs aux anciennes techniques d'imprimerie.

▶ Après la traversée de *Nersac*, prendre la direction de *Saint-Saturnin-Hiersac (par la D 41)*. La route mène au *pont de la Meure* d'où l'on découvre une belle perspective sur la vallée de la Charente. ▶ Non loin de là *(500 m)*, au *lieu-dit Rochecorail*, des *grottes* furent occupées aux temps préhistoriques. L'une d'elles, selon la tradition, aurait servi de refuge à *Calvin* en 1533-1534 ; il y aurait écrit en partie son ouvrage « De l'Institution chrétienne ».

▷ Trois-Palis

L'église Notre-Dame de Trois-Palis (Palis signifiant marais), bien qu'en partie restaurée indiscrètement au XIXe s., est intéressante pour sa *façade*, sur le pignon de laquelle un Christ en majesté entouré des symboles des quatre évangélistes. A remarquer, son *clocher* à deux étages dont la flèche est couverte d'imbrications retournées comme des écailles. A l'*intérieur*, sans transept, la nef et le chœur sont séparés par une coupole sur pendentifs. Les chapiteaux, assez grossiers, représentent la Tentation d'Adam, le Sacrifice d'Isaac, Saint Michel et le dragon.

On peut également visiter la *chocolaterie Letuffe (du lun. au ven., 8 h-18 h ; sam. et j. fériés, 14 h-18 h)* et sa fabrication artisanale de chocolats. La dégustation des spécialités charentaises (duchesses, marguerites, etc.) de la maison et la visite de la fabrique sont gratuites.

Site classé des *manoirs* et *grottes de Rochecorail* où *Calvin* se serait réfugié *(voir Mme Fontaine à Rochecorail)*.

▷ Champmillon

L'*église*, sous le vocable de *saint Vincent*, patron des vignerons, est un édifice roman du XIIe s. intéressant par sa façade, par des traces de fortifications avec des consoles qui ont supporté des mâchicoulis, et par sa nef divisée en trois travées carrées dont deux avec coupoles sur pendentifs et l'une avec

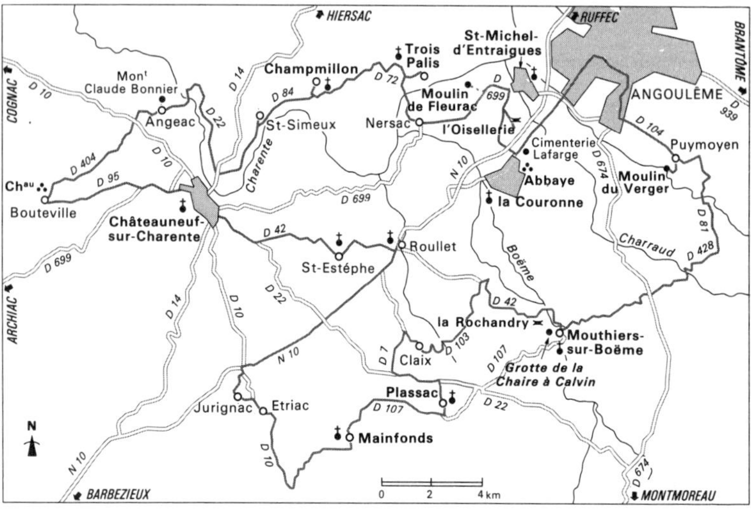

Les Côtes de l'Angoumois

une voûte en berceau. Le chœur de l'église est un cul-de-four en plein cintre. Les *sculptures* des chapiteaux de la façade et sous les coupoles sont assez remarquables. Fonts baptismaux du XIIe s.
▶ Passé Champmillon, prendre la D 84 puis la D 22 en direction de *Saint-Simeux*, par la route longeant la Charente. ▶ *Saint-Simeux*. Du pont de Saint-Simeux, on a une charmante *vue* sur une courbe du fleuve que borde un moulin à eau, et sur le village lui-même dominé par son église, qui descend par étages vers la Charente. ▶ Avant d'arriver à Vibrac, on laissera la D 22 pour suivre la D 404 en direction d'*Angeac-Charente* et de ***Bouteville***. La D 404, pour traverser la Charente, emprunte un vieux *pont* médiéval qui vient d'être très soigneusement restauré. Il y a là une très belle promenade à pied que l'on peut faire en longeant la Charente *(B 1632 Est)*. ▶ Au-delà du pont, sur une île de la Charente, on aperçoit les ruines du *château* féodal *de Vibrac* qui, comme plus haut en amont, celui *de Châteauneuf*, défendait ce passage en même temps qu'il contrôlait le trafic des gabares sur la Charente, notamment pour le commerce du sel. ▶ A *Vibrac*, *église* du XIIe s. ; retable Louis XVI en bois sculpté et peint. ▶ Environ 1 km plus loin, le long de la route, a été érigée une *stèle* à la mémoire de *Claude Bonnier*, héros de la Résistance, parachuté à cet endroit dans la nuit du 14 au 15 novembre 1943, accompagné de son adjoint *Jacques Nancy*, chef de la Section spéciale de sabotage. Après avoir créé, armé, instruit environ 70 groupes de choc ou de saboteurs, *Claude Bonnier*, surnommé Hypoténuse, est arrêté par le S.D. allemand de Bordeaux le 9 février 1944. Pour ne pas parler, il se suicide au cyanure. Son corps a été déposé dans la crypte du mémorial de Chasseneuil-sur-Bonnieure. Une *route dite de Claude Bonnier*, matérialisée par des grandes bornes blanches, relie cet endroit au mémorial de la Résistance à Chasseneuil en passant par Angoulême.

▷ Le château de Bouteville

Quoiqu'en ruine, ce château est situé dans un paysage et un site impressionnants. Butte-témoin au-devant d'un front de côte occupé le plus souvent par la forêt, ce site fut très tôt recherché à cause de sa position stratégique. Au XIe s., une forteresse qui y avait été construite vint par mariage dans la mouvance des comtes d'Angoulême. Pendant la guerre de Cent Ans, le prince de Galles, le héros de Crécy, y fit de fréquents séjours. Ce n'est qu'en 1392 que les Anglais en furent définitivement chassés. Le vieux monument féodal fut détruit sous le règne de Charles VII pour ne plus servir de point d'appui aux éventuels ennemis. Il a été remplacé, assez longtemps après, par celui que nous voyons.

Cette nouvelle construction, précédée d'une large plate-forme, entourée de douves, date du début du XVIIe s. Le corps de logis, encadré de tours rondes aux murs surmontés de merlons sculptés, est d'une facture assez originale. Ce château a été la propriété du *comte François de Montmorency-Bouteville* qui fut décapité en 1627, à l'âge de 27 ans, pour avoir bravé l'interdiction du cardinal de Richelieu et s'être battu en duel en pleine place Royale (actuelle place des Vosges) à Paris ; son corps fut déposé dans le caveau de l'église Saint-Paul, en bas du château, où il repose toujours, à gauche de l'abside.

Non loin du château, en contrebas, on voit quelques restes du *prieuré* fondé en 1025 par *Hildegarde*, épouse du seigneur de Bouteville, à côté de l'église Saint-Paul. Ce prieuré de l'ordre de Saint-Benoît fut ensuite cédé par *Pétronille*, fille d'Hildegarde, et son mari *Geoffroy Taillefer*, à l'abbaye de Saint-Martin de Savigny. Dans la chapelle sud on trouve des murs couverts de restes de *peintures murales* du XIVe s.

En 1573, les catholiques tenaient garnison à Bouteville. Ils y furent surpris la nuit, pendant qu'ils se livraient aux plaisirs du carnaval, par les protestants qui restèrent maîtres de la place. Loin des fureurs du temps passé, le village de Bouteville paraît aujourd'hui bien tranquille et, peu à peu, le lierre, comme le silence sur cette histoire mouvementée, recouvre les ruines du vieux château.

▷ Châteauneuf-sur-Charente *par la D 95 puis par la D 699*

Le « château neuf », qui est à l'origine du nom de la ville, succéda dans sa tâche au château de Berdeville (nom précédent de la cité) construit sur une île pour surveiller le seul pont de pierre existant alors sur la Charente entre Angoulême et Cognac, et qui avait été détruit par les flammes à la fin du XIe s. ; en ruine à la fin du XVIIIe s., il a maintenant disparu.

Le site, occupé depuis la préhistoire, est riche en *abris* : ceux voisins du bourg, *de Hauteroche* et *de Pelletrie*, ont livré des témoignages des industries moustérienne et magdalénienne.

L'église de Châteauneuf-sur-Charente

L'*église Saint-Pierre*★, construite vers le milieu du XIIe s., a subi, notamment en raison de la position stratégique du lieu, bien des vicissitudes. Remaniée, restaurée au XIXe s. de façon quelque peu discutable par *Abadie*, elle reste pleine d'intérêt par l'harmonie de ses proportions et la qualité de sa décoration sculptée. La *façade*★, dont la structure tripartite est de type poitevin, reste néanmoins saintongeaise dans sa recherche d'équilibre entre les arcades du rez-de-chaussée et de l'étage, et surtout dans la *sculpture*, certes peu abondante, mais d'une facture excellente que ce soit dans les corniches et leurs modillons, la frise, les voussures et les chapiteaux du portail central, les statues d'apôtres de l'étage ou même, en dépit des mutilations, la statue équestre de *Constantin*, vainqueur du paganisme, se trouvant sous l'arcade gauche de l'étage. Les *chapiteaux* historiés de la nef comptent eux aussi parmi les meilleurs qu'on puisse voir en Angoumois. Les parties gothiques (chœur et transept) du XVe s. sont, du moins à l'intérieur, d'une certaine élégance.

Sur la place de l'église, un *hôtel* Renaissance, dit *du Prieuré*, a été fort bien restauré. Dans le *cimetière*, un baptistère gallo-romain a été transformé en ossuaire au XIIe s.

Ancienne *église de Surin*, des IXe et XIIe s. ▶ *Saint-Estèphe (par la D 22 et la D 42). Église* avec nef du XIe s. et chœur remanié aux XVe et XVIe s. Beau *clocher* carré du XIIe s. surmonté d'une flèche en pierre, conique, à imbrications. ▶ *Roullet-Saint-Estèphe (intersection D 42, N 10). Église* romane des XIe et XIIe s. Bien que très restaurée au XIXe s., elle conserve sa nef à trois travées couvertes de coupoles. On notera aussi sa façade à arcatures. ▶ Poursuivre la N 10 jusqu'à *Jurignac* : beau *point de vue*. ▶ Par la D 10, rejoindre *Étriac* : église des XIIe-XVe s. avec d'intéressants chapiteaux historiés et habilement sculptés dans le chœur et le faux carré.

▷ Mainfonds *par la D 124*

Petite *église* romane en forme de croix grecque. Le clocher, au-dessus de la coupole du transept, est circulaire à son départ puis devient carré. Il est surmonté d'une flèche en bois assez élevée de la fin du XIXe s. A l'*intérieur*, la nef, d'une seule travée, est surmontée d'une voûte en berceau brisé. Le carré du transept possède une belle coupole avec un cordon orné de damiers. L'abside, tès profonde, est décorée d'une arcature sur colonnes adossées, et éclairée par trois fenêtres pourvues de colonnettes.

▷ Plassac *par la D 107*

La petite *église* rurale *Saint-Cybard*★★ occupe, entre les jardins potagers, une terrasse dominant les cultures. A la corne du coteau, le chevet roman aux cinq grandes arcades repose sur une crypte éclairée par des fenêtres basses. Mais c'est surtout le

L'église Saint-Cybard de Plassac

clocher qui séduit par son élégance : couronnant l'étage octogonal décoré d'arcatures, la silhouette conique de la flèche à écailles est une œuvre gracieuse.

Avec sa *façade* à trois étages d'arcatures, sa *nef* voûtée en berceau brisé au bel appareillage de calcaire clair, sa *coupole* sous clocher, son *oculus* au-dessus du chœur ouvert au soleil du matin, ce modeste édifice est un des meilleurs témoignages de l'art roman dans les régions du Sud-Ouest. A l'*intérieur* de l'abside, des arcatures sont surmontées d'une superbe corniche tandis que les modillons portent des têtes humaines ; les métopes et le bandeau sont ornés de feuillages stylisés d'une rare élégance, visiblement inspirés de l'art hispano-mauresque.

▷ Mouthiers-sur-Boëme

Cette localité, qui doit son nom à un ancien prieuré (monasterium) dépendant de l'abbaye bénédictine de Saint-Martial de Limoges, était réputée pour ses papeteries d'origine fort anciennes puisqu'elles datent du début du XIVe s. Mais la concurrence internationale en a fait, au cours de ces dernières années, fermer la plupart. La tranquillité du village est perturbée par le passage de la voie ferrée Paris-Bordeaux qui a pourtant permis à des entreprises de s'installer à proximité et de redonner un peu d'activité à cette petite cité.

L'*église** romane, placée sous le vocable de *saint Hilaire*, aurait été reconstruite à l'emplacement d'une église antérieure dédiée aux *saints Côme* et *Damien* dont une tradition tenace voudrait qu'ils aient été les fondateurs de l'actuelle église. Récemment restauré, cet édifice est intéressant à visiter. Son extérieur porte les traces des remaniements à diverses époques : si l'ensemble est de style roman, le clocher, datant du XIIIe s., a été modifié au XVIIIe s. à la suite de l'écroulement de la partie haute. La façade, presque entièrement refaite au XVe s. et fortement restaurée depuis, conserve une porte en plein cintre primitive dont les deux voussures reposent sur quatre colonnes.

A l'*intérieur*, la nef, en berceau plein cintre, compte cinq travées. Le transept comporte deux absidioles et une coupole sur pendentifs à la croisée avec la nef. Dans l'abside en cul-de-four, les murs sont renforcés de cinq arcades encadrant chacune une fenêtre ornée de colonnettes et de chapiteaux bien sculptés dont un Christ en majesté. Sur le bras sud du transept, une sacristie a été construite au XVe s. : les deux travées sont voûtées d'ogives à liernes portées par des consoles.

▷ La grotte de la Chaire à Calvin**

Près du village, dans une région d'étangs et de tourbières riche en *manoirs* (La Foy, Forge, etc.), au-delà de l'ancienne papeterie de la Rochandry, un *abri sous roche*, sur le site de la Chaire à Calvin, est décoré de gravures rupestres de l'époque magdalénienne représentant des chevaux au galop et un accouplement de chevaux. Ce site est malheureusement inaccessible car c'est une propriété privée (à moins de prendre contact avec la mairie de Mouthiers).

Le nom du lieu-dit, *la Chaire à Calvin*, désigne une roche aménagée avec un escalier creusé conduisant à un promontoire comme une chaire dans une église. Situé en pleine nature, il devait être un lieu de rassemblement et de prière pour des protestants, à l'écart, au « désert », loin des regards hostiles des catholiques au XVIIe s. Plusieurs endroits en Angoumois se réfèrent ainsi au fondateur de l'Église réformée de France et attestent son séjour dans la province en 1533 et 1534, sans pour autant signifier que *Calvin* soit venu précisément en de tels lieux.

▷ Le château de la Rochandry *propriété privée ; ne se visite pas*

Dominant la vallée de la Boëme et le bourg de Mouthiers, le château de la Rochandry, bien que reconstruit au XIXe s., témoigne encore d'une certaine importance au Moyen Age.

Son origine vient d'un certain *Candéric*, comte de Saintes qui, s'en étant emparé, tenait en échec au IXe s. le comte d'Angoulême. Les Anglais y tinrent longtemps garnison jusqu'à leur éviction définitive en 1416.

Les seigneurs de la Rochandry étaient, avec ceux de La Rochefoucauld, de Montbron et de Montmoreau (« les deux roches et les deux monts »), les vassaux de l'évêque d'Angoulême : entre autres obligations féodales, ils devaient porter, lors du sacre de l'évêque, le trône épiscopal ; ce qui ne se fit pas sans difficultés pour ces fiers aristocrates !

▶ De Mouthiers-sur-Boëme, on peut s'écarter sur quelques kilomètres de l'itinéraire pour aller voir à *Claix (direction Roullet-Saint-Estèphe puis D 103)* une *église* romane (XIIe s.) avec coupole sur pendentifs, et un *château* du XVIIIe s.

▶ De retour à Mouthiers-sur-Boëme, prendre la D 428 puis la D 81 pour rejoindre *Puymoyen*. Un peu au-delà de l'*église* romane et gothique (avec d'intéressants fonts baptismaux de forme octogonale du XIIe s.), une voie secondaire (à droite) descend dans le pittoresque *vallon des Eaux-Claires (B 1732 Ouest)*, bordé de hautes falaises calcaires creusées de grottes : elles furent habitées à l'époque préhistorique et ont fait l'objet de fouilles. La *grotte Simard* a livré de nombreux squelettes humains du Moustérien. Alentour, la muraille où s'ouvre la *Chambre à Coiffard* et où se dresse le *roc de la Combe*, fait la joie des amateurs d'escalade.

▷ Le moulin du Verger**

Laisser sa voiture à l'entrée du chemin (parcours des GR 4 et 36) qui conduit *(environ 500 m)* au moulin du Verger *(B 1732 Ouest)* : dans cette *papeterie artisanale* dont l'origine remonte à 1539, le papier est toujours fabriqué à l'ancienne, à base de cellulose, coton, lin et chanvre. Le site, les bâtiments anciens et assez bien conservés (moulin à eau, roue à aubes, bief, séchoirs, etc.), ne manquent pas de charme. La visite de l'*atelier* et de la *galerie d'exposition* est gratuite *(t.l.j. 9 h-19 h ; dim. et j. fériés, 14 h-19 h)*. ▶ Retour à *Angoulême* par la D 81.

Le château de Coudray-Salbart★

⟶ *Niort*

Coulon★

⟶ *Niort*

La vallée de la Creuse

⟶ *Châtellerault*

Esnandes★

⟶ *Côte d'Aunis*

Fenioux★

⟶ *Niort*

Le parc du Futuroscope★

24-D2 ou 29-A4 / R 107 / V 34

Le parc du Futuroscope, créé à Jaunay-Clan à 7 km au nord de Poitiers à l'initiative de René Monory et du Conseil général de la Vienne, est une réalisation exemplaire qui annonce déjà le XXIe siècle.

Histoire du Parc

Conscient des grands bouleversements auxquels se prépare la société de demain dans le domaine du traitement de l'information, le bureau du Conseil général a décidé de réunir sur un même site tout un ensemble présentant les technologies avancées en matière de communication.

A la frontière de l'Aquitaine et du Bassin Parisien, à la charnière des pays d'oc et d'oil, le Futuroscope est implanté dans la vallée du Clain, à mi-chemin de Poitiers et de Châtellerault. Ce « parc du Futur » s'étend sur les communes de Chasseneuil et de Jaunay-Clan. Le projet architectural est de Denis Laming. Le 31 mai 1987 eut lieu la première ouverture au public.

Le Futuroscope est le seul Parc européen s'appuyant sur une philosophie : l'étroite synergie entre loisirs, formation et production. Tout à la fois mise en scène des mutations technologiques, parc à thèmes, pôle d'activité industrielle et nouvel espace de formation, le Futuroscope veut sensibiliser l'opinion publique, l'aider à comprendre et à maîtriser les profonds changements en cours.

Dans les années 90, la conquête du temps, c'est-à-dire la capacité à collecter l'information, est devenue l'un des principaux moteurs du développement économique. Hier, celui-ci reposait pour l'essentiel sur l'exploitation des richesses naturelles. Demain, il dépendra du capital d'intelligence qui aura été constitué.

Projet gigogne, le Futuroscope a accueilli dès 1988, bien qu'inachevé, près de 500 000 visiteurs. Grâce à un programme de travaux très serré, le Parc s'est considérablement développé. Il accueille aujourd'hui près de deux millions de visiteurs chaque année.

Visite du Parc

Ouvert t.l.j. fév.-11 nov. et vacances scolaires de Noël ; fév.-mars 9 h-18 h ; avr.-juin 9 h-19 h, nocturnes les sam. et dim. ; juil.-août 9 h-nocturne ; sept.-nov. 9 h-18 h, nocturnes les sam. et dim. ; informations ☎ 49.49.30.20 ; réservations ☎ 49.49.30.80 et 49.49.30.10 ; fax : 49.49.30.25 / 1 jour

Le Futuroscope constitue désormais le parc européen de l'image avec ses trois pavillons consacrés au Futuroscope, à la Vienne et à la Communication. Chaque année, de nouveaux programmes aux systèmes de projection sophistiqués sont proposés. Il comprend également le Monde des enfants qui offre deux hectares de jeux et de découvertes ; le parc aquatique et son lac enchanté, théâtre d'un spectacle nocturne féerique ; un complexe de formation et de recherche ainsi qu'une aire d'activité économique.

Les pavillons

▷ Le pavillon du Futuroscope

Monument symbole du Parc, ce bâtiment témoigne par son architecture de la logique des temps à venir.

Il est consacré au plaisir de la découverte et c'est *Christophe Colomb* en personne qui accueille les visiteurs du Futuroscope. L'explorateur les convie au plus fabuleux des voyages, celui qui conduit de l'atome aux galaxies, de l'infiniment petit à l'infiniment grand.

▷ Le pavillon de la Vienne

850 écrans vidéo dressent un gigantesque *mur d'images* pour retracer la genèse du Futuroscope et sensibiliser le spectateur aux secteurs auxquels il n'a pas accès, l'aire de formation et la zone d'activités.

Le *simulateur* fait découvrir sur son écran géant de 300 m^2 les plaisirs sportifs et touristiques du département de la Vienne.

▷ Le pavillon de la Communication

Le *Showscan* projette des images exceptionnelles à la vitesse de 60 images/seconde, c'est-à-dire deux fois et demie plus vite qu'à l'ordinaire ; le film devient alors extrêmement proche de la réalité.

Une grande *fresque* audiovisuelle présentée sur dix écrans retrace l'histoire des communications humaines.

Les images de demain

▷ Le Kinémax

Ce bâtiment en forme de cristal de roche dresse plus de 4 000 m^2 de miroirs à 34 m de hauteur. En façade, les reflets du ciel sur les parois de verre lui donnent une personnalité très changeante selon les heures. A l'*intérieur*, un écran légèrement incurvé de près de 600 m^2 reçoit des images dix fois plus grandes que les 35 mm classiques et d'une haute définition. A l'issue de la projection, la base de l'écran se soulève et le public découvre le Lac Enchanté.

▷ Le cinéma circulaire

A l'intérieur d'un imposant cylindre, neuf projecteurs de 35 mm coordonnés donnent des images qui occupent une surface de 315 m^2 répartis sur 9 écrans ; ce procédé offre au spectateur un champ de vision de 360°.

▷ Le cinéma dynamique

Le cinéma a tour à tour découvert la lumière, le son, la parole et le relief. Il ne manquait que l'action. Il l'a acquise au Futuroscope qui exploite, en première mondiale, un simulateur dynamique. Les effets spéciaux des films sont accentués par les mouvements des fauteuils, montés sur vérins et synchronisés avec l'action.

▷ Le cinéma en relief *3D*

L'effet de relief résulte de la juxtaposition de deux images légèrement décalées, de la polarisation de la lumière en un sens différent pour chaque œil et de l'utilisation de lunettes à filtres inverses.

▷ Le Solido

Le spectateur, muni de lunettes à cristaux liquides, est plongé au cœur d'un écran hémisphérique de 800 m^2 sur lequel est projetée une image stéréoscopique, donnant l'illusion d'être entouré d'objets en trois dimensions.

▷ Le Tapis Magique

Le double système Imax, grâce à deux écrans perpendiculaires dont l'un se trouve au sol, permet aux images de défiler en donnant l'impression de survoler de splendides paysages.

▷ L'Omnimax

L'image hémisphérique est projetée avec un objectif particulier appelé *fish-eye* sur une immense coupole qui monopolise ainsi tout le champ de vision en plongeant le spectateur au cœur de l'action.

▷ Le voyage à travers 100 ans d'images

Une promenade à bord de wagonnets fait découvrir l'histoire du Septième art et présente aux cinéphiles les plus grandes vedettes du grand écran.

▷ L'Aquascope

Ce jeu interactif sur l'eau est conçu comme un *quizz*, un triple écran étant synchronisé avec un clavier électronique qui permet de répondre aux questions posées pendant la projection.

▷ Le Cinéautomate

L'écran principal diffuse un film et sur les deux écrans latéraux est projettée l'une des cinq suites possibles du scénario choisie par le public au moyen d'une commande sur le siège ; c'est le cinéma interactif.

Le parc d'attractions

▷ Le Monde des enfants

Sur deux hectares, de nombreuses activités sont destinées à sensibiliser les enfants aux sons et aux images. Pour leur plus grand émerveillement, on y rappelle les grands thèmes du Parc afin de développer leurs facultés de création et mieux les préparer aux mutations à venir.

La *forêt magique* offre ses curieux légumes et fruits. La *maison musicale* est une case en bambou proposant tous les instruments à percussion. L'*écran bleu* entraîne les jeunes spectateurs à Londres. Quant aux *Sympho*, un damier de spots halogènes, il produit des notes de musique.

L'*espace Philips* fait découvrir grâce à des jeux interactifs les dernières innovations technologiques en matière d'images et de sons. Dans le parc se trouvent également un *labyrinthe* de verre et de lumière et de nombreux *jeux* de plein-air et sur l'eau.

▷ Les spectacles d'extérieur

▸ *Le lac enchanté et le théâtre alphanumérique.* Au bord d'un lac artificiel avec cascades et fontaines, de l'une des places de l'amphithéâtre l'on assiste à un étonnant *ballet aquatique* piloté par ordinateur. Des spectacles nocturnes, avec les artistes contemporains les plus connus, sont proposés sur la scène construite en bordure du lac.

Une *promenade en barque* au milieu des plus beaux jardins d'Europe propose un agréable dépaysement, avant de gagner la *Gyrotour* qui, avec ses 45 m de haut, permet de contempler l'ensemble du parc.

Le complexe de formation et de recherche

▸ La *fondation Prospective et Innovation.* Centre d'étude et d'expérimentation des marchés industriels futurs et de l'évolution de notre environnement, la fondation est un lieu de réunions et de colloques. Sa forme est celle d'une fleur de lotus, symbole de la créativité en Orient. Le pistil abrite les circulations verticales, le calice est recouvert d'un dôme-verrière.

▸ Le *lycée pilote Innovant.* Pour répondre aux besoins nouveaux des entreprises, ce lycée prépare les futurs techniciens à concevoir et à maîtriser les technologies du traitement de l'information. L'architecture est ici encore tout à fait insolite puisque les créateurs *(Agence Architecture Studio)* ont voulu bâtir « le Concorde de l'Enseignement ».

▸ Les *laboratoires de l'Université de Poitiers* sont destinés à la mécanique, la physique des matériaux, l'électronique et la cinétique chimique. ▸ *L'École nationale supérieure de Mécanique et d'Aérotechnique*, consacrée à l'aéronautique et à l'espace, s'occupe de la formation des ingénieurs et de recherche.

▸ Le *Centre national d'enseignement à distance.* Le CNED assure la formation de 350 000 élèves dans les domaines les plus variés. Une unité spécialisée de productions audiovisuelles réalise des cassettes vidéo et des programmes de formation interactifs qui grâce aux réseaux de communications modernes permettent aux élèves de poser leurs questions en direct.

L'aire d'activité économique

Unique en France, ce complexe industriel et tertiaire doit permettre aux entreprises de trouver ici infrastructures et moyens indispensables à leur développement dans un environnement international concurrentiel. Elles bénéficieront en particulier d'une tarification privilégiée.

La vallée de la Gartempe

⟶ *Montmorillon, Saint-Savin*

La Gâtine

22, 27 et 28 / R 107 / V 33
ℹ Palais des Congrès, square Robert-Bigot, 79200 Parthenay ☎ 49.64.24.24

La Gâtine, vieux pays rude et longtemps très isolé au cœur du Poitou, est aujourd'hui bien reliée et dotée d'infrastructures touristiques non négligeables. Son bocage, qui en fait une des contrées les plus verdoyantes de l'Ouest français, ses nombreux étangs et plans d'eau, ses vallons profonds et ses forêts offrent aux visiteurs des paysages colorés et paisibles d'une grande fraîcheur.

L'empreinte humaine sur cette terre est remarquable par le nombre de petites églises souvent romanes d'un pays resté attaché à sa foi, par les innombrables manoirs et gentilhommières essaimés dans la campagne où l'habitat est très généralement dispersé.

Région agricole orientée vers un élevage varié aujourd'hui prospère, la Gâtine est aussi largement tournée vers sa capitale, Parthenay, dont le dynamisme lui profite. Les ruraux demeurent fermement attachés à leurs racines terriennes, et il suffit de se rendre sur les marchés ou aux foires de Parthenay pour entendre discuter en dialecte poitevin de problèmes agricoles très actuels.

Cette symbiose entre tradition et modernisme, sans dégradation du patrimoine, fait de la Gâtine un pays typique pour le tourisme vert.

La terre

La Gâtine de Parthenay, qui occupe tout le centre du département des Deux-Sèvres, forme la terminaison sud-est du Massif armoricain. Si les montagnes de l'ère primaire ont certes disparu, il reste une série de crêtes molles qui dépassent 200 m, soit sensiblement plus que dans la plaine de Niort qui appartient au Bassin Aquitain ou dans le pays thouarsais qui s'intègre déjà dans le Bassin Parisien ; c'est au Terrier du Fouilloux que se place, à 272 m, le sommet des Deux-Sèvres et de la Gâtine. Par endroits, spécialement à l'ouest du petit pays, des blocs naturels de granite forment des chaos monumentaux ou encombrent les champs.

Si l'on demeure à des niveaux d'altitude modestes, comme dans tous les pays armoricains, l'impression de relief est augmentée par la grande dissection du relief. De longue date, la Gâtine constitue un véritable château d'eau, avec une pluviométrie plus élevée que dans les pays voisins, et de très nombreuses rivières s'échappent de ses points hauts granitiques ou schisteux. Elles s'écoulent sur des terrains le plus souvent imperméables au fond de vallées encaissées. Ces trouées aux flancs couverts de taillis de châtaigniers ont été évitées par les routes principales et présentent des paysages séduisants. Ces vallées divergent soit en direction de la Loire (la Sèvre Nantaise à l'ouest, le Thouet et ses affluents au nord, la Vonne à l'est), soit en direction de la Sèvre Niortaise au sud.

Les sols issus des arènes granitiques ou de la décomposition des schistes sont naturellement froids et peu propices à la céréaliculture ; autrefois considérés comme pauvres, ils portaient dans une partie de la Gâtine des landes, des taillis ou des bois dont il subsiste des lambeaux. Le pays, grâce à l'agronomie et au labeur des paysans gâtineauds, a pu augmenter son rendement et s'enrichir par là même.

Les hommes

La Gâtine et ses habitants ont changé d'image. Trop longtemps à l'écart des grands axes de circulation, la Gâtine s'est ouverte au progrès, après 1840, lorsque les améliorations routières puis l'arrivée du chemin de fer ont développé l'économie d'échange. Dès lors l'agriculture s'est résolument tournée vers l'élevage bovin et ovin et, par le chaulage des terres, des landes jusque-là incultes devinrent productives. Les laiteries de la fin du XIXe siècle, le nouvel essor du marché aux bestiaux de Parthenay, la création d'abattoirs, apportèrent au XXe siècle une certaine aisance dans beaucoup de métairies et de borderies de la Gâtine. Après la Seconde Guerre mondiale, l'exode rural s'étant amplifié, de nombreux exploitants purent disposer en fermage et en propriété de domaines agrandis. Pour la vie quotidienne, les innovations les plus appréciées de l'après-guerre furent le goudronnage des chemins, l'achèvement de l'électrification rurale et l'essor de l'adduction d'eau. Ainsi s'achevait l'œuvre séculaire de désenclavement de la Gâtine et les habitations, quant à elles, accédaient enfin à des normes de confort modernes.

Cette tâche, rendue ardue par l'émiettement des fermes, des hameaux et des villages, rapproche aujourd'hui le mode de vie des habitants de la Gâtine de celui des autres contrées rurales. La Gâtine est sortie de son isolement et, d'une certaine façon, de son austérité. Coexistent désormais les antiques métairies « rénovées », les pavillons des lotissements que chaque commune s'est cru un devoir d'établir, les stabulations spécialisées de l'élevage moderne. Cette diversité est le reflet d'une marche des campagnes de Gâtine au rythme du siècle.

Cette petite région du Haut-Poitou compte une cinquantaine de communes et environ 50 000 habitants. Pour les deux tiers il s'agit de ruraux ; le tiers restant réside dans la seule ville de Gâtine, Parthenay. Si l'activité agricole demeure primordiale pour cette population, seule une minorité vit aujourd'hui sur les exploitations. Mais de multiples emplois dépendent de l'agriculture : en zone rurale ce sont les entreprises de travaux agricoles, les négociants et réparateurs de machines, les laiteries et autres entreprises de transformation des produits ; en zone urbaine ce sont les abattoirs et, à Parthenay, le marché.

La population rurale habite pour la plupart dans des « métairies » (fermes) et des « villages » (hameaux) dispersés. Cet habitat rural conserve souvent son allure ancienne : sous une toiture à double pente de tuiles rondes, des maçonneries massives en moellons de granites plus ou moins crépis à la chaux, des ouvertures assez petites encadrées de pierres de taille. Ce modèle classique et austère est parfois accompagné de monumentales granges-étables, dans les plus grandes métairies d'autrefois où, de part et d'autre de la réserve de foin, prenait place une double rangée de bestiaux ; cependant les petits bâtiments d'exploitation étaient plus fréquents. Cette opposition entre l'habitat sommaire et les bâtiments agricoles opulents tend aujourd'hui à s'estomper avec l'usage des matériaux modernes pour les hangars.

Au fil des routes le touriste peut découvrir, à côté des formes de l'habitat, les marques des efforts d'aménagement des communes, souvent groupées en syndicats, et du Comité d'aménagement rural de la Gâtine : équipements sportifs et culturels, salles polyvalentes, structures d'accueil pour de petites entreprises. A ce bilan s'ajoute l'activité des groupes qui travaillent à conserver folklore et patrimoine, témoignant ainsi du désir des hommes de Gâtine de faire coexister et progresser l'économie, le social et la culture.

A la découverte de la Gâtine

L'art roman

R 107 / V 33
De Parthenay à Lusignan
130 km environ / 1 à 2 j.

Cet itinéraire prend en écharpe toute la partie sud de la Gâtine, recoupe un série de vallons, longe forêts et plans d'eau. C'est l'occasion de découvrir, dans les villages et les bourgs, un grand nombre de petites églises romanes et d'apercevoir les manoirs.

▶ De *Parthenay* (→) prendre la D 949b vers Secondigny et l'Absie. La route longe l'étroite *vallée du Thouet.*

▷ Le Tallud

A gauche, encadrée par le vieux bourg, l'*église* romane (fin XIᵉ-début XIIᵉ s.) est remarquable par son massif clocher octogonal à coupoles sur trompes tout en granite; la nef rectangulaire, soutenue par des contreforts, est surmontée d'une voûte très simple en berceau brisé. L'ensemble forme une version fruste mais typique des églises romanes de Gâtine.

▷ Azay-sur-Thouet

A l'entrée du village, à g. au fond du cimetière, le long du mur, la *tombe de François Robert* dit Robert le Chouan (1795-1832) qui fut un des chefs du soulèvement légitimiste de 1832 contre Louis-Philippe *(→ encadré).* A dr. dans le village, *église* gothique (nef du XVᵉ s.) : clés de voûte des chapelles latérales aux blasons armoriés. Manoir de la Millanchère.

▷ Secondigny

A g., plan d'eau et base de loisirs.

Autrefois siège de baronnie, aujourd'hui chef-lieu de canton de 2 000 habitants, Secondigny, niché dans une sorte de dépression, a profité de sa position de carrefour. Usines de chaussures et d'instruments, marché rural et commerces assez abondants assurent une certaine animation. Lors de la foire d'automne a lieu une Exposition pomologique. On est ici au cœur de la région des vergers de « reinettes clochard ».

L'*église* (fin XIᵉ-XIIᵉ s.) présente l'allure massive et austère des constructions romanes de Gâtine. Extérieurement c'est le *clocher* qui est le plus remarquable : une base carrée surmontée de glacis puis d'un sommet octogonal plus tardif. Le *portail,* qui s'ouvre sur un narthex, offre de belles voussures aux sculptures géométriques et des chapiteaux (oiseaux, Daniel et le lion) sur colonnes dédoublées. La nef, allongée à la fin du XIXᵉ s., est voûtée en berceau, et les collatéraux en demi-berceaux; transept aux voûtes angevines du XIIIᵉ s. Sur les piliers composés d'un cœur carré et de colonnes latérales reposent des chapiteaux aux motifs sculptés classiques de l'art roman (animaux, monstres). Belle *statue* de Notre-Dame au-dessus de l'autel gauche.

▷ Les rochers granitiques de Vernoux et l'Absie

A 2 km au nord de Vernoux, les *rochers du Boussignoux* forment un chaos de blocs (en patois « chiron ») granitiques. Ils appartiennent à l'axe granitique daté du Carbonifère que l'on suit de Nantes jusqu'au Terrier du Fouilloux *(→)* représenté ici par le *dôme de Neuvy-Bouin* (220 m). Le remarquable empilement des boules sur plusieurs mètres montre le travail de dégagement par l'érosion aux dépens des parties friables du granite. L'eau des trois excavations avait autrefois la réputation d'être miraculeuse.
▶ A *La Morelière,* voir le *Rocher branlant* et l'écoulement de l'eau du ruisseau sur le granite. Beaucoup de boules qui encombraient les champs ont été, dans le passé, détruites à la mine par les agriculteurs.

▷ L'Absie

L'abbaye bénédictine ayant été démolie pendant la guerre de Cent Ans, une *église* abbatiale fut rebâtie au XVᵉ s.; le clocher-porche est tardif. Le tympan du portail ouest présente deux anges montrant la croix de l'abbé reconstructeur. Nef à voûtes angevines; peintures murales (fin XVᵉ s.) représentant la Passion (croisillon nord).

Bourg déjà industriel, avec usine textile, scierie, fabrique de meubles.
▶ Par une petite route *(D 128)* on atteint *Le Beugnon* : aires de pique-nique, circuits pédestres *(B 1527 Est).* ▶ *La forêt de Secondigny.* Forêt domaniale qui fut propriété du *comte d'Artois.* Sentiers balisés à travers un des beaux massifs de Gâtine. ▶ *Allonne.* L'église, du XIIᵉ-XIIIᵉ s., est un ensemble granitique d'allure massive avec ses contreforts et son clocher octogonal très simple. *Portail ouest* aux beaux chapiteaux à décor végétal que l'on retrouve dans les ouvertures du chœur. Voûtes en berceau de la nef; voûtes ogivales angevines du chœur. ▶ *La Boissière-en-Gâtine.* Église romane remaniée aux XVIIᵉ-XVIIIᵉ s.

Sombres visions

En octobre 1788, un mémoire pour l'assemblée de la noblesse du Poitou était rédigé par une série de hobereaux rassemblés à Secondigny autour de Louis Desprez de Montpezat. A côté de la défense habituelle des privilèges on lit une intéressante, mais sombre description de la Gâtine : « Pays pauvre et sans débouchés, sans manufacture, sans population suffisante pour le défrichement et pour l'agriculture, sans ressources, isolé par la difficulté des communications, rempli de fondrières, accidenté, couvert d'ajoncs et de genêts où la récolte n'équivaut presque jamais aux débouchés qu'elle exige. Le pays est peuplé d'hommes rabougris, énervés, sans courage, peu laborieux et débiles du fait de la mauvaise nourriture dont ils se sustentent, leurs grains suffisant à peine à les nourrir pendant cinq mois de l'année. »
Le préfet des Deux-Sèvres, Dupin, dans un célèbre Mémoire administratif, dresse en 1801 un état des faiblesses de l'agriculture de la Gâtine : « la culture est encore dans son enfance (...) peu de propriétaires se livrent à l'agriculture ; ils l'abandonnent à la routine aveugle des paysans (...) Une ferme se divise par tiers en trois assiettes, l'une en prés, l'autre en pacage, la troisième en labours. Ces dernières, qui sont les plus productives, ne sont cultivables qu'avec infiniment de travail et un repos de cinq, six, huit ans. Les terres en jachère produisent, ainsi que les landes, du genêt, des ajoncs, de la fougère en abondance, et fournissent aux bestiaux d'excellents pacages. Quand l'herbe s'y épuise, on met le feu aux genêts ; la cendre fume le sol ; et l'herbe repousse ».

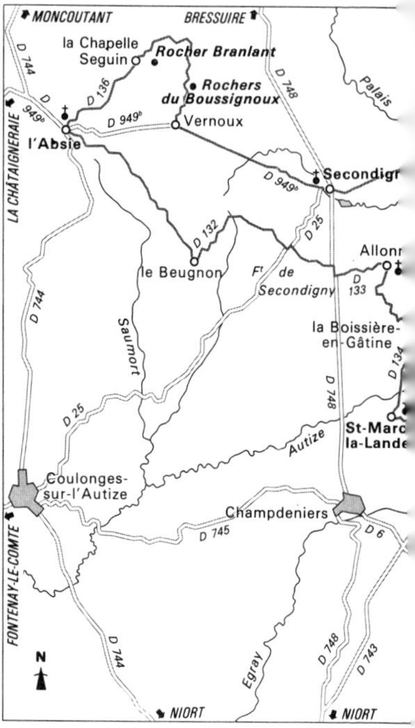

▷ Saint-Marc-la-Lande

La *chapelle Saint-Antoine** (XVIe s.), située sur un des chemins de Saint-Jacques, est une ancienne commanderie de l'ordre de Saint-Antoine puis de Saint-Jean de Jérusalem (Malte). La chapelle, qui sert d'église paroissiale, fut construite au début du XVIe s. par le commandeur de l'ordre de Saint-Antoine, futur *cardinal François de Tournon*. Très belle *façade* de style gothique flamboyant où une arcade centrale protège deux arcs surmontant deux portes ; moulures, dais, cannelures, niches (hélas vides), colonnettes torsadées forment un ensemble ciselé dans le calcaire, élégant avec ses contreforts masqués ; sommet remanié (fin XIXe s.). Les restes des bâtiments de la commanderie datent du XVIIe s.
▶ *Le château du Petit-Chêne* (XVIIIe-XIXe s.) fut construit sous Louis XV et remanié par un notable local à la fin du XIXe s. dans le style Louis XIII. Il est actuellement aménagé en restaurant au cœur du domaine verdoyant du golf départemental. A côté du château, les bâtiments de ce qui fut la première ferme-école du département (1849), qui contribua à la diffusion de l'amendement des sols et des cultures fourragères en Gâtine. ▶ *Verruyes*. Église (fin XIXe s.). ▶ *Saint-Rémy (2 km S.)*. La *chapelle* de la commanderie de Saint-Rémy, édifiée à la fin du XVe s. et restaurée à la fin du XVIIe s., offre une belle *façade* dotée d'un portail gothique flamboyant doublement blasonné. ▶ Par le *bois d'Arpenterault* (taillis de châtaigniers) qui, jusqu'à la fin du XIXe s., alimentait Niort en charbon de bois, on entre dans l'Entre-Plaine-et-Gâtine, bien disséqué par les ruisseaux. ▶ A gauche, 500 m après l'entrée sur la D 6, belle vue sur le *château des Loges* (XVIIe-XVIIIe s.) dans son parc orné de cèdres. Il est propriété de la même famille depuis trois siècles. ▶ *Saint-Christophe-sur-Roc (1 500 m à dr.)* : croix hosannière et plan d'eau public. ▶ Sur la D 6, à gauche, 3 km plus loin, *château de l'Homelière* (XVe-XIXe s.), à flanc de coteau.

▷ Augé

Au centre d'un bourg étagé de façon pittoresque sur un versant, l'*église* romane *Saint-Grégoire* (XIe-XIIIe s.) présente un beau clocher carré percé de baies jumelées à colonnettes ; chevet crénelé. Coupole sur trompes au niveau du carré central et

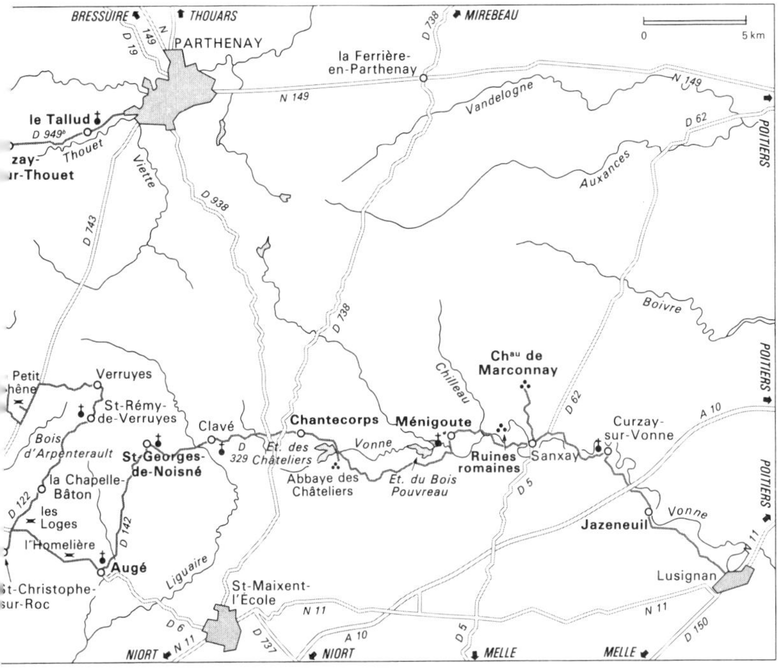

L'art roman en Gâtine du Sud

La petite chouannerie

La Gâtine fut le théâtre de la dernière insurrection de l'Ouest. On sait que le cœur du premier soulèvement vendéen, en 1793, se trouvait dans le Haut-Bocage, donc en Bas-Poitou, et dans les Mauges angevines. Si Parthenay put être conquis par les royalistes au début de la guerre, cette position fut tenue brièvement. Les insurrections de 1795, 1798 et de 1814 trouvèrent des partisans nombreux en Gâtine, mais le gouvernement continua à contrôler globalement le pays. Après la révolution de 1830, l'abdication de Charles X et la prise du pouvoir par le chef de la branche cadette de la Maison de France, Louis-Philippe d'Orléans, divers troubles éclatèrent dans l'Ouest. La romantique et courageuse duchesse de Berry, veuve du fils aîné de Charles X, eut l'idée de se rendre clandestinement en « Vendée » pour prendre la tête d'une insurrection « légitimiste » contre Louis-Philippe et porter au trône le petit-fils de Charles X, Henri V, duc de Bordeaux et futur comte de Chambord, alors âgé de 12 ans. A la tête des opérations militaires, quelques grands noms : le général de Bourmont, Louis de La Rochejaquelein. Le soulèvement des Deux-Sèvres et des autres départements de l'Ouest, prévu pour le 24 mai 1832, par manque de préparation, dut être reporté au 4 juin. Les quelques dizaines d'insurgés réunis en Gâtine dans le bois d'Amailloux furent facilement dispersés ou capturés tandis que des combats sporadiques se terminaient tragiquement en Vendée et en Anjou. La plupart des hobereaux des Deux-Sèvres se soumirent au nouveau pouvoir et se retirèrent sur leurs terres, fermés dans une opposition hautaine à Louis-Philippe. Mais, entre 1832 et 1834, plusieurs bandes d'opposants tinrent le maquis. Composées de déserteurs, de réfractaires et d'ouvriers agricoles sans emploi, elles exerçaient des représailles contre les représentants du nouveau régime et maintes attaques à main armée eurent lieu où il est difficile de faire la part du brigandage et de l'opposition politique.

Leurs chefs, le « général » Diot, François Robert, dit Robert le Chouan, Secondi, Bory dit le « capitaine Noir », Mercier, conduisaient de petits groupes qui jaillissaient des bois et des taillis. Il fallut aux forces de l'ordre des effectifs importants et de la persévérance pour venir à bout des derniers groupes. Plusieurs têtes tombèrent sur l'échafaud à Parthenay et à Niort. Ces événements incitèrent l'État à réaliser rapidement un réseau de routes stratégiques, larges et droites, entre Vendée, Deux-Sèvres et Maine-et-Loire, réseau qui reste caractéristique de la région.

voûtes ogivales angevines à huit nervures dans le chœur. Nef remaniée après les guerres de Religion.

▶ La D 142 remonte sur les hauteurs de la Gâtine en serpentant entre les prairies encloses, entre bois et étangs.

▷ Saint-Georges-de-Noisné

L'église des XIIe-XVe s. avec remaniements tardifs possède un clocher carré ; coupole sur trompes et plaque commémorant la naissance dans la paroisse de la fondatrice de la congrégation de Picpus.

Sur la place du village, *croix hosannière* (XIVe s.) à l'emplacement de l'ancien cimetière.

▶ *Clavé*. Église à l'abside romane percée de baies à colonnettes. Clocher hexagonal.

▶ On laisse au nord la *forêt de la Saisine*, la plus vaste de Gâtine.

▷ Chantecorps

Église des XIIe et XVIIe s. On aperçoit à droite l'*étang des Châteliers* (sports nautiques) puis les ruines de l'*abbaye des Châteliers* fondée par un disciple de *Robert d'Arbrissel* au début du XIIe s. En 1131 *saint Bernard* tenta d'y convaincre Guillaume X d'Aquitaine de ne plus soutenir l'antipape Anaclet. *Marie d'Anjou* y mourut et son fils *Louis XI* s'y rendit. L'abbaye fut victime du vandalisme révolutionnaire et des marchands de matériaux jusqu'au début du XXe s.

▷ Ménigoute

A droite, *étang du Bois-Pouvreau* : complexe nautique et de pêche près des ruines du château médiéval.

Chapelle Boucart (début XVIe s.) fondée par le *chanoine Boucart*, trésorier de l'abbaye des Châteliers, comme chapelle d'aumônerie et d'hôpital pour les pauvres. Cet ensemble gothique tardif est orné assez sobrement de moulures, pinacles, gargouilles. Les statues ont été détruites pendant les guerres de Religion. A l'*intérieur* (*clé à l'hôtel des Voyageurs*), voûtes nervurées et décoration d'animaux aux fenêtres.

L'*église* paroissiale, du XIVe s., a été très remaniée au XVIe s. et au début du XXe s. Derrière l'église, *croix hosannière* du XIVe s., restaurée au XVIe s. Hôtel de la Trésorerie (XVIe s.).

▷ Les ruines romaines d'Herbord* *à Sanxay ; juin-août t.l.j. 9 h 30-19 h ; sept.-oct. et avr.-mai 9 h 30-12 h 30/14 h-18 h ; nov.-mars 9 h 30-12 h/14 h-17 h 30. Accueil au* 🛈 ☎ *49.53.61.48*

Situé à gauche de la D 3, à 2 km du bourg de Sanxay, le site archéologique est traversé par la Vonne qui décrit un large méandre. Le sanctuaire gallo-romain remonte au début du IIe s. de notre ère. Il s'est substitué à un sanctuaire celtique détruit au Ve s. Si des vestiges romains sont mentionnés par un bénédictin du XVIIe s., le site fut découvert et fouillé pour la première fois entre 1881 et 1883 par le *Père de la Croix*.

Le vaste ensemble comporte tout d'abord un *théâtre*, adossé au versant de la rive droite de la Vonne, qui pouvait recevoir 8 000 personnes. Du sommet des gradins, belle *vue* d'ensemble sur le site. Le demi-amphithéâtre devait avoir des gradins en bois qui encadraient une arène circulaire où se déroulaient sans doute des combats d'hommes et d'animaux, et des cérémonies officielles.

De l'autre côté de la Vonne se plaçaient des habitations ou hôtelleries, aujourd'hui détruites ou recouvertes, puis les *thermes*. Protégées des intempéries par un hangar, les ruines des thermes font 110 m sur 60 m environ et furent édifiées en deux étapes. On distingue un petit balnéaire du IIe s. et un grand de la fin du IIIe s. A eux

---

Les loups en Gâtine

L'existence d'une importante végétation naturelle (landes de genêts, ajoncs et bruyères, taillis de châtaigniers), une population longtemps limitée, expliquent la lente disparition des loups en Gâtine. Aussi les retrouve-t-on omniprésents dans la littérature orale et dans les chroniques. On voit mentionné, en 1778, dans les Affiches du Poitou, qu'un certain Boisseau de Fomperron piège les loups depuis vingt ans, et en a tué plus de cinquante dans les bois ; les primes étaient alors de 12 livres pour un loup, 15 pour une louve, 18 si elle était pleine, 3 pour un louveteau.

En l'an VIII, un commissaire du gouvernement note qu'à Amailloux « ces animaux féroces ne cessent de détruire le bétail (...) ils se promènent par dix, douze ou quinze et se jettent parfois sur les bergers ». De fructueuses battues furent organisées et les primes suscitèrent bien des exploits individuels.

En l'an IX on lit dans le Journal des Deux-Sèvres que : « Les loups se promènent par bande en plein midi, et leur audace impunie par le défaut d'armes n'est pas trop concevable, si l'on observe que la saison actuelle est celle où le loup est le moins affamé. » La louveterie fut réorganisée en l'an IX ; 70 bêtes et 57 louveteaux furent abattus dans le département cette année-là, 90 et 25 en l'an XII.

En 1829 encore, un loup affamé attaqua des troupeaux à Oroux et mordit des habitants avant d'être abattu.

Le dernier loup fut tué peu avant la Première Guerre mondiale.

---

deux ils ne pouvaient contenir à la fois que 140 personnes. Réservé sans doute à une minorité, les thermes formaient un ensemble cohérent avec ses dépendances, le tout entouré de colonnades.

Le *temple* représente un exemple de romanisation d'un lieu de culte celtique isolé dans la campagne. Ce sanctuaire rural était peut être dédié aux Eaux. Au-delà d'un parvis assurant la jonction avec les thermes, le temple, de taille importante, se tient sur une terrasse entourée de portiques à colonnes. Le portique de l'est devait être le plus majestueux (76 m, deux ou trois rangées de 22 colonnes). Le temple au sens strict (la cella, octogonale et en creux, au fond de laquelle devait être une source) était entouré d'une galerie cruciforme.

▸ Le bourg de *Sanxay*, passé le pont roman « des bergers », présente des maisons de la fin du Moyen Age. En juin, dernier week-end, *journées médiévales* (marché, grand tournoi de chevalerie).

▷ Le château de Marconnay* *3 km N. de Sanxay; juil.-août, t.l.j. sf sam., lun. et 14 juil. 14 h 30-19 h; ouvert hors saison les dim., jours fériés et vacances scolaires de la région ☎ 49.53.53.70*

Cet édifice est un exemple bien conservé de l'architecture militaire rurale du XVe s. Enceinte avec douves, pont-levis, poterne encadrée de tours rondes à mâchicoulis coiffées en poivrière; corps de logis à tourelle et beau décor Renaissance.

▸ *Curzay-sur-Vonne.* Église (portail XIIe s.). *Musée du Vitrail* dans la sacristie *(mi-avr.-oct. t.l.j. sauf lun. 10 h-12 h/15 h-19 h).* Pont roman, château (XVIIe-XIXe s.).

▸ La route longe la fraîche *vallée de la Vonne.* Château de Curzay *(à 3 km).*

▷ Jazeneuil

L'*église* romane, au bord de la rivière, fut le siège d'un prieuré dépendant de la Chaise-Dieu. Bel équilibre du chevet aux baies en plein cintre et arcatures aveugles séparées par des contreforts-colonnes. Chapiteaux à décor végétal et animal. La *Maison poitevine (avr.-oct. t.l.j. et nov.-mars les sam. et dim. 14 h-19 h ☎ 49.53.50.07)* témoigne du passé de la région : meubles, poupées costumées et objets quotidiens.

▸ De Jazeneuil, on peut, par la D 94, rejoindre *Lusignan (→).*

Manoirs et châteaux

R 107 / V 33
110 km environ / 1 à 2 j.

Cet itinéraire permet de pénétrer dans la Gâtine profonde. De nombreux manoirs, maisons nobles, petites forteresses, châteaux de plaisance, dispersés dans la campagne bocagère, sont à découvrir.

▸ Sortir de *Parthenay (→)* par la D 938 *(route de Saint-Maixent).*

▸ *Pompaire.* Croix hosannière romane, place de l'église (XIXe s.), à l'emplacement de l'ancien cimetière. Rattraper la D 142.

▷ Le château de La Guyonnière *1 200 m avant Beaulieu-sous-Parthenay, tourner à dr. ; visite 1er juin-17 juil., 10 août-14 août, 1er sept.-14 sept., 14 h-17 h 30*

Avec son enceinte presque complète précédée de douves, son pont-levis, sa poterne à deux portes surmontée d'une bretèche à mâchicoulis, La Guyonnière (XIVe-XVIe s.) est un bon exemple de « logis » rural fortifié. Il fut édifié pendant la guerre de Cent Ans. Les tours d'angle sont tronquées exception faite de celles accolées au manoir qui sont coiffées en poivrière. Les bâtiments d'habitation sont formés d'un corps principal et d'une aile sur deux étages percés de larges fenêtres à meneaux qui témoignent des remaniements du XVIe s. Escalier à vis.

▷ Les ruines du château de la Meilleraye *par la D 22 et la D 938*

A l'orée de la forêt du même nom, le château de la Meilleraye offre au regard ses ruines romantiques. De ce qui fut la plus belle demeure du Poitou, construite vers 1620 pour *Charles de la Porte*, duc de la Meilleraye et maréchal de France, il ne reste que des pans de murs avec quelques ouvertures travaillées. Vendu comme bien national pendant la Révolution, le château servit de carrière.

▸ Reprendre la D 22 qui longe prairies et étangs.

▷ La Chapelle-Bertrand

Manoir de la fin du Moyen Age, remanié à la Renaissance. Ce château, formé d'un corps principal rectangulaire à hauts combles couverts d'ardoises, est percé de fenêtres à meneaux et flanqué de trois *tours* : deux rondes à poivrière, l'autre hexagonale, au centre, avec tourelle en encorbellement; celle-ci s'ouvre par une porte à accolade blasonnée.

▷ Terrier de Saint-Martin-du-Fouilloux

Du point le plus élevé des Deux-Sèvres (272 m), belle *vue* dégagée sur le bocage gâtineaud. Il est constitué de filons de quartz et de granulite qui arment des schistes métamorphisés.

Saint-Martin est la patrie de *Jacques du Fouilloux*, auteur d'une célèbre « Vénerie » publiée en 1561 et garde des Chasses en Poitou sous Charles IX.

▸ A ***Vasles***, le ***Jardin des Agneaux*** *(juin-sept. t.l.j., mai-oct. les mar. et dim. 10 h-13 h/15 h-20 h ☎ 49.69.97.36)* accueille sur un parc de 6 hectares 22 races de moutons provenant du monde entier ainsi que des alpagas des cochons laineux et des chèvres angora dans leur milieu d'origine reconstitué.

▷ Le château de la Sayette *par la D 59 jusqu'à Vasles et la D 254 ; ouvert fin juil.-début sept. et sur RV, 14 h-18 h 30 ☎ 49.69.94.93*

L'ensemble se compose d'un corps central rectangulaire qui date de 1628 encadré par deux tours rondes du XIIIe s. ; deux ailes furent détruites vers 1850. La restauration récente a redonné aux appartements leur cachet. ***Chapelle*** XIXe s. Beau ***parc***.

▸ Rejoindre la D 121 puis *La Ferrière-en-Parthenay* : manoir XVIe-XIXe s. de La Chutelière.

▷ Le château de Maurivet *1,5 km d'Oroux par la D 165 ; ouvert 1er juil.-20 août t.l.j. sf dim. 10 h-12 h/14 h-17 h*

Il est constitué d'un corps central de la première moitié du XVIe s. encadré de deux pavillons avec toit à quatre pentes édifiés au XVIIIe s. Les communs (XIXe s.) referment la cour d'honneur ; belles ***cheminées*** et portes Renaissance.

▷ Le château de La Roche-Faton★ *par Lhoumois, direction Gourgé ; visite extérieure t.l.j. août-sept.*

Bien visible de la conciergerie, c'est un des plus jolis ensembles des XVe-XVIe s. Établi sur une pente douce du versant de la rive droite du Thouet, La Roche-Faton, flanqué de ses huit tours à poivrière, apparaît au-dessus des frondaisons. Barrant l'accès de la cour, se dresse une grosse ***poterne*** aux tours pointues couvertes d'ardoises qui séparent la courtine crénelée à mâchicoulis. Le ***corps de logis*** (début XVe s., remanié au XVIe s.), est constitué de bâtiments en équerre à hauts combles avec des tours en poivrière et des fenêtres à meneaux. C'est ici qu'un des grands généraux de la Vendée, *d'Autichamp* (1770-1859), qui participa aux cinq soulèvements, acheva ses jours.

▷ La forge à fer *2 km N. de La Peyratte*

Située au fond de la vallée du Thouet, la forge à fer est un des sites intéressants d'archéologie industrielle. Elle fut aménagée au milieu du XVIIe s. par le *duc de la Meilleraye*. Le minerai venait de La Ferrière à dos de mulet, le charbon de bois de la Saisine et du bois de la Meilleraye. La forge fonctionna jusqu'en 1846. Un moulin tourna de 1860 à 1920. Seuls subsistent le ***moulin*** (auberge) et les ***bâtiments des ouvriers***.

▷ La Peyratte

L'***église Notre-Dame*** (XIe s.) frappe par sa grosse tour carrée (17 m) au toit de tuiles peu pentu, aux ouvertures cintrées séparées par des colonnettes que l'on retrouve aux angles. Nef en berceau brisé. Chapelles ogivales plus tardives. Beau ***retable*** en bois doré (XVIIIe s.) au maître-autel avec des panneaux qui évoquent l'Annonciation, la Naissance du Christ, l'Épiphanie.

Une terre d'élevage

De tout temps la Gâtine a eu une vocation de terre d'élevage, mais, quand les communications étaient difficiles, aux élevages de moutons et de bovins s'adjoignait la production de céréales pauvres, comme le seigle, nécessaire à l'alimentation humaine. Dès avant 1850, les paysans de Gâtine allaient cependant vendre leurs bêtes sur les marchés des bourgades périphériques (Airvault, Latillé, Lusignan, Saint-Maixent, Champdeniers, Coulonges), et y achetaient les produits des plaines voisines, dont le froment. Au cours du siècle dernier la spécialisation s'est constamment renforcée ; une économie tournée vers la production bovine laitière s'est mise en place au début du XXe siècle, et l'orientation vers la viande s'est renforcée depuis vingt ans. La robuste et prestigieuse race bovine de Parthenay a cédé la place, dans beaucoup de fermes, aux races « normande », « frisonne » et « charolaise », plus productives.

On comptait, au dernier recensement agricole, plus de 120 000 bovins, 160 000 brebis et 33 000 chèvres dans la Gâtine de Parthenay, dont les rendements augmentent constamment. La vocation d'élevage est la force de ce pays. Il suffit, pour s'en convaincre, de parcourir la Gâtine : les herbages enclos de haies vives couvrent encore la moitié de la surface, les cultures fourragères un tiers et, tout au long de l'année, l'on peut voir des troupeaux égrenés dans les prairies.

Dans la région de Secondigny et de Mazières-en-Gâtine, des centaines d'hectares de vergers sont le royaume de la pomme « reinette Clochard », pomme du terroir par excellence, à la saveur appréciée.

Ainsi, tout en maintenant le séduisant bocage traditionnel, le Gâtineaud s'est-il adapté à l'économie agricole moderne.

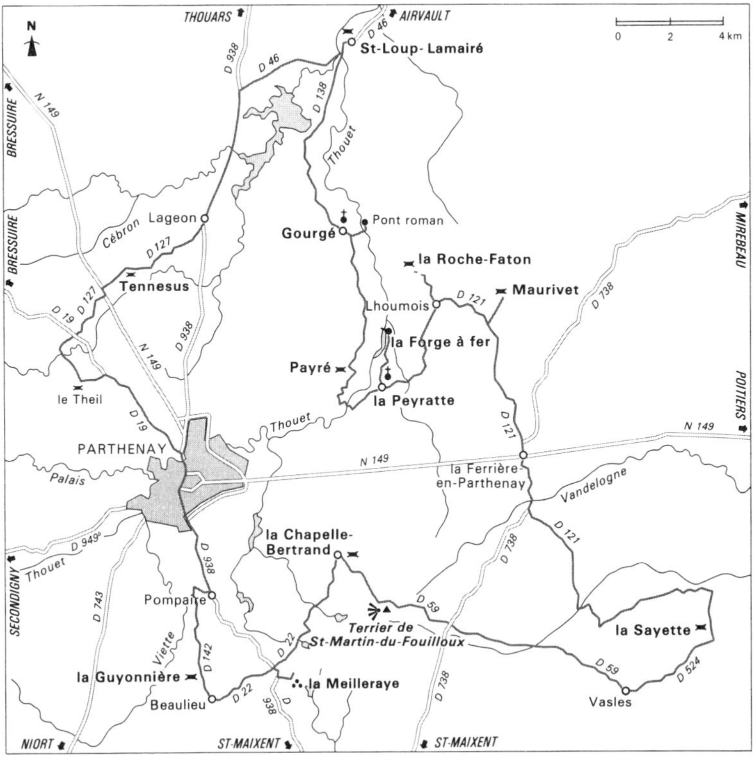

Manoirs et châteaux au cœur de la Gâtine

Belle *croix hosannière* (XIIe s.) sur la place du village.

▷ Le château des artisans de Gâtine *à Payré; juil.-août, t.l.j. 10 h-12 h/ 14 h 30-20 h; autres mois, le week-end, 14 h 30-18 h 30*

Sur la rive gauche dominant le Thouet et face au bourg, le site fut occupé dès le haut Moyen Age. Le *château* actuel (XVe s.) comprend deux bâtiments perpendiculaires et deux tours rondes couvertes de tuiles. Vieux escaliers et cheminées médiévales; chapelle intéressante.

Sont en *exposition-vente* les produits de l'artisanat de Gâtine (grès et poteries, objets en granite, en fer forgé, mobilier, maroquinerie, vêtements) et des produits fermiers. On y trouve aussi les livres et disques sur le folklore et les traditions rurales du Poitou.

▶ Continuer la petite route de rive gauche du Thouet jusqu'à *Gourgé*. ▶ Sur la D 137, à 1 km à droite, *pont* roman à huit arches en berceau (XIIe s.) sur le *Thouet*, à l'emplacement d'un ouvrage gallo-romain. Rebrousser chemin jusqu'au village de Gourgé.

▷ Gourgé

L'*église* (Xe-XIIe s.) est un édifice composite avec un chevet très ancien (début Xe s.), une nef du XIIe s. remaniée au XVe s., un clocher carré reconstruit sur sa base ancienne au XVIIe s., un transept XIXe s. Des piliers massifs à colonnes cruciformes s'intercalent entre la nef et les bas-côtés; les chapiteaux sommitaux sont rustiques. Abside et absidioles sont en cul-de-four. *Croix hosannière* (XIIe s.).

▶ Prendre la D 137 puis la D 138 jusqu'à Saint-Loup-Lamairé (5 km). On aperçoit à gauche le *plan d'eau du Cebron* (196 ha) aménagé en 1982.

▷ Saint-Loup-Lamairé

Le *château de Saint-Loup-sur-Thouet*** *(visite extérieure; spectacles en été)* fut édifié au fond de la vallée du Thouet par une des trois grandes familles poitevines du XVIIe s., les *Gouffier*, à la fin du règne de Henri IV. Les appartements remontent au début du règne de Louis XIII. *Claude Gouffier* était le fils du grand écuyer de François Ier. Dans un cadre verdoyant, la demeure fut bâtie à l'emplacement d'un château du XVe s. dont on conserva le grand donjon à base carrée couronnée de créneaux et mâchicoulis, une partie de l'enceinte avec une tour ronde et des douves.

Le château XVIIe s., remarquable d'équilibre, est d'un style inspiré de modèles parisiens. Il présente un corps principal avec pavillon central saillant et deux ailes ; chaque élément, de deux étages, est percé de grandes fenêtres et surmonté de hauts combles avec mansardes ou lucarnes à œils-de-bœuf. Noter les chaînages de pierres de taille. Le pavillon central, surmonté d'un clocheton, contient l'escalier d'honneur. L'ensemble des bâtiments et le parc ont été restaurés après la Seconde Guerre mondiale, époque à laquelle ils avaient souffert du vandalisme.

Dans le bourg, *église Notre-Dame* avec retables XVIIe s. Bel ensemble de *maisons* à colombage (XVe-XVIe s.), dont celles des grands-parents de *Voltaire (maison Arouet)* et de *saint Théophane Vénard*, décapité au Tonkin en 1854 *(musée missionnaire)*.

▶ *Lageon (par la D46 et la D938 vers Parthenay).* Au centre du village, *monument* (1948) à la mémoire des Résistants deux-sévriens morts dans les camps de concentration nazis.

▷ Le château de Tennesus d'Amailloux★ *par la D127 ; ouvert toute l'année, sam., dim. et j. fériés, 14 h 30-18 h 30*

Cet ensemble quadrangulaire (XIVe s. remanié au XVIIe s.) est défendu par des douves en eau. Tennesus donne une bonne idée des petites forteresses rurales de l'époque de la guerre de Cent Ans. L'enceinte est flanquée, sur la façade subsistante, de grosses tours rondes dont une a conservé ses mâchicoulis. Au centre, grand *donjon* carré qui s'achève sur trois angles par des échauguettes rondes à mâchicoulis ; de rares ouvertures, la plupart pour l'artillerie ou les arbalètes. Sur la cour donnent les fenêtres du logis seigneurial et la chapelle. Cheminées et escaliers de pierre.

▶ Au N.-E. du *bois d'Amailloux* : *monument* du combat de 1832. ▶ *Le château du Theil (par la D127 puis la N149 vers Parthenay)* du XVe-XVIe s., remanié au XIXe s., est situé au milieu d'un très beau *parc* (site protégé). Bâtiments à hauts combles et lucarnes, tourelles. *René de Monti de Rézé*, un des compagnons d'exil en Autriche du comte de Chambord, vécut ici de 1883 à 1934.

▶ Rejoindre *Parthenay (→)* par la D 19.

La corniche de la Gironde*

41-C3, D4 / R 110 / V 46

L'estuaire girondin, aux eaux opaques charriant inlassablement vases et limons, unit le Bordelais à la Saintonge. Au nord, les falaises calcaires du pays saintongeais surplombent la Gironde. Ces falaises, rongées par les vagues, enserrent des plages de sable fin abritées par des forêts de pins et de chênes verts. Ce sont les conches de Saint-Georges, de Suzac et de Meschers. Après Saint-Dizant commence le pays du vignoble et la route délaisse le rivage. L'estuaire est alors bordé par un immense marais jusqu'à Blaye.

L'estuaire est un univers à part, un bout du monde. Ce pays semble toujours avoir eu pour mission de veiller sur la Gironde, point de passage des pèlerins de Saint-Jacques de Compostelle. Presque chaque village possède son église romane, remaniée après les troubles de la guerre de Cent Ans et des guerres de Religion. Talmont en est le plus bel exemple.

Agricole et viticole, le pays de l'estuaire est avant tout maritime. La pêche a ici une importance considérable : pêche aux poissons migrateurs, à la crevette. De nombreux petits ports tranquilles, perdus le long des chenaux, incitent à la rêverie.

La «route verte»

80 km / 1/2 j. ou, avec retour sur Royan, 133 km / 1 j.

Tantôt léchée par les vagues, tantôt dominant de loin les eaux de l'estuaire, la «route verte» de la corniche de la Gironde court de grotte en église romane, traverse quelques village étapes sur le chemin de Saint-Jacques de Compostelle. Au fil de paysages renouvelés en permanence, elle conduit le visiteur de la côte de Beauté (en aval de Mortagne) jusqu'aux coteaux plantés de vignobles et aux marais.

▶ Quitter *Royan* par le boulevard F.-Garnier, et *Saint-Georges-de-Didonne* (→ *Royan*).

▶ Longer la *plage de Saint-Georges* puis prendre, au bout de la plage, la route forestière au milieu des pins et des chênes verts jusqu'à la *pointe de Suzac* qui limite la conche de Saint-Georges au sud. Beau *panorama* sur l'estuaire et sur la pointe de Grave. *Phare de Suzac* de 26 m de haut.

▶ De la *plage de Suzac* puis de la *plage des Vergnes*, bien abritées, quitter la D 25 pour visiter Meschers.

▷ Meschers* ℹ *place de Verdun* ☎ *46.02.70.39*

Petite station balnéaire qui occupe un plateau calcaire dominant l'estuaire. Au nord de la station s'ouvre la *conche* de sable fin *des Nonnes*. Port de pêche à l'extrémité de la ville le long d'un chenal.

De la pointe de Meschers, des escaliers taillés dans le roc permettent d'accéder à des *grottes* qui sont la grande curiosité de Meschers. Creusées par l'homme depuis la préhistoire, elles ont servi d'habitations aux familles de pêcheurs, de carrières, mais aussi de lieux de refuge pour les protestants persécutés pendant les guerres de Religion. Certaines sont à mi-hauteur de la falaise, d'autres s'ouvrent au niveau de la plage. On peut aussi y accéder à pied, à marée basse, en suivant la base de la falaise depuis la conche des Nonnes. Un restaurant, *Les Grottes de Matata* (→ *encadré*), est aménagé dans l'une d'elles : beau *point de vue* sur la Gironde.

Au centre du bourg, *église* en partie du XVe s.

▶ Après Meschers la D 25 traverse une zone de marécages et longe de très près le rivage. La route, bordée de tamaris, est protégée des assauts des flots par une digue. Au loin apparaît la *pointe de Talmont*, fièrement couronnée par son église romane.

▷ Talmont**

C'est un peu le joyau de la Saintonge. Les ruelles du village, aux pimpantes maisons blanches au milieu des roses trémières et des tamaris, invitent à la flânerie. Talmont servait autrefois de relais et de port d'embarquement sur le chemin de Saint-Jacques-de-Compostelle.

Laisser la voiture sur le vaste parking à l'entrée du village et suivre le sentier de corniche qui conduit à la « merveille de Talmont » : l'***église Sainte-Radegonde****, blottie entre le bord de la falaise battue par les vagues et le petit cimetière marin (remarquer les curieuses pierres tombales surélevées du sol). C'est une des plus célèbres églises romanes de Saintonge, dont la construction fut entreprise en 1094. Sa situation précaire « au péril de la mer » a nécessité des travaux de soutènement. Toute la falaise est maçonnée.

L'église est amputée d'une travée de la nef qui, primitivement, en comportait deux. La façade occidentale et la première travée se sont écroulées à la suite de l'érosion de la falaise. Au pied de l'austère façade actuelle, une *crypte-ossuaire*, qui se trouvait sous la travée disparue, a été découverte en 1928.

C'est par le *portail Nord* du transept, richement décoré, que l'on pénètre dans l'église. Il se compose de trois larges arcades surmontées d'une arcature aveugle. Les voussures des arcs du rez-de-chaussée sont abondamment sculptées mais l'air marin en a malheureusement dégradé les motifs. Les voussures du portail montrent l'Agneau mystique encensé par les anges, des acrobates formant une pyramide et, au sommet, deux séries affrontées de personnages qui tirent deux monstres par une corde. L'arc de gauche présente également des monstres à gueule de crocodile et, sur la frise qui prolonge les chapiteaux, on distingue une femme allongée face à un lion. Cet ensemble sculpté évoque l'histoire de *saint Georges*, vainqueur du dragon, et l'exécution du monstre. *Saint Georges* était assimilé à *saint Jacques le Matamore* par les pèlerins de Saint-Jacques. Le tympan latéral gauche est occupé par une figure très abîmée du Christ bénissant.

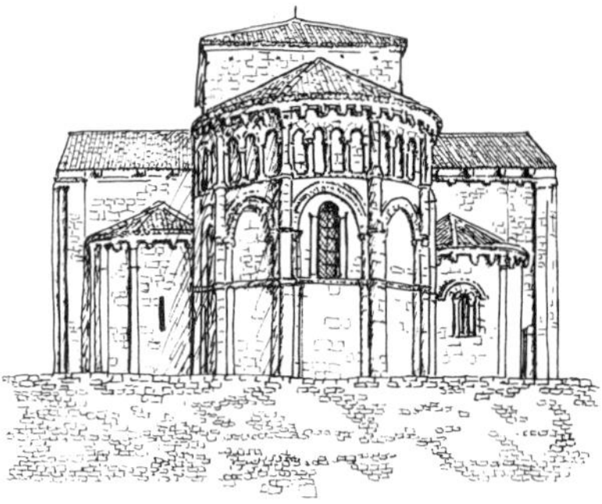

L'église Sainte-Radegonde

Le *chevet* à abside et absidioles ainsi que le *transept* ont été fortifiés à l'époque de la guerre de Cent Ans. L'*abside* principale est divisée en panneaux par six contreforts-colonnes dont les fûts vont en s'amincissant au sommet. Deux niveaux d'arcatures, une large au rez-de-chaussée, une à trois ou quatre éléments à l'étage, animent chaque pan de l'abside. L'ensemble est couronné d'une corniche à modillons. Le carré du transept est couvert d'un clocher carré.

A l'*intérieur*, nef unique à une travée, vaste transept couvert d'une coupole au niveau du carré. Le chœur profond, en hémicycle, est animé par cinq arcs sculptés qui encadrent trois fenêtres. Les colonnes sont finement ornées et l'ensemble est très élégant. Les *chapiteaux* qui soutiennent les doubleaux de la croisée du transept offrent des sujets variés : animaux, lions, hommes, oiseaux luttant, thème fréquent dans la Saintonge romane. Le chapiteau du pilier nord-est représente la légende de saint Georges délivrant la princesse debout derrière lui, tandis que le monstre pose une patte sur le bouclier du saint. Ce thème représenté ici confirme l'interprétation des sculptures du portail nord. Navire ex-voto dans une des chapelles latérales.

Le *musée de la Société des Amis de Talmont* (*t.l.j. 1er juil.-15 sept., 10 h 30-12 h 30/14 h 30-19 h 30*) est installé dans

---

Habitants des trous

S'ils attirent aujourd'hui nombre de visiteurs, les « trous » (grottes) n'ont pas toujours eu bonne réputation. La légende rapporte qu'au Moyen Age un pirate y établit son repaire. Chaque nuit il sortait avec sa barque en compagnie d'un bélier noir aux cornes lumineuses ; attirés par la lumière, les navires se jetaient sur les écueils.

A la fin du XVIe s. apparut un autre occupant à l'inquiétante renommée : le sorcier de Matata. Il s'agissait d'un ancien page et amant de la princesse de Condé qui, accusé du meurtre du prince, se réfugia dans les « trous ». Vivant en ermite, il fut rendu responsable de tous les maux qui arrivaient aux habitants de la région. Pour l'empêcher de nuire, ceux-ci décidèrent de l'emmurer vivant dans la grotte.

La pêche au carrelet

Entre Royan et Meschers, des cabanes en planches, haut perchées sur des pilotis, s'échelonnent le long de la côte girondine. Elles sont munies d'une poulie qui actionne un grand filet : le carrelet.
La pêche aux piballes, minuscules alevins de l'anguille, anime toute la zone des marais en janvier et février, lorsque par millions elles remontent les étiers à la recherche de l'eau douce. On les pêche avec des filets aux mailles très serrées. Lorsque l'anguille adulte entreprend son voyage vers la mer, elle est elle aussi capturée dans les marais où des pièges sont posés dès que le niveau de l'eau commence à baisser vers février ou mars.
Jusqu'aux années 1960, l'esturgeon, qui remonte chaque printemps l'estuaire pour aller frayer en eau douce, était considéré par les pêcheurs comme le poisson-roi. En effet, il est à l'origine d'un produit de luxe, le caviar, objet d'une forte spéculation depuis 1920. Après la Seconde Guerre mondiale, près de 1 500 esturgeons étaient capturés au filet tramail chaque année, ce qui permettait d'obtenir plus de 3 t de caviar, soit le tiers de la consommation nationale. A partir de 1965, l'esturgeon, pêché trop intensivement, s'est considérablement raréfié (3 captures en 1979 !), et sa pêche a été définitivement interdite en 1981 pour favoriser la reconstitution de l'espèce... s'il n'est pas déjà trop tard !

l'ancienne école du village. Il retrace l'histoire locale à l'aide de nombreux documents et objets. On y voit notamment le projet américain de grand port en eau profonde datant de 1918. Spectacle audiovisuel.

▶ *Arces-sur-Gironde (4 km E. par la D 114e)* est situé sur une ancienne voie romaine. Sur une hauteur apparaît l'*église* dont la nef en berceau brisé ainsi que la façade ont été remaniées au XVIIe s. Le carré du transept est délimité par de fortes colonnes qui soutiennent le clocher. Le chœur est orné de nombreuses *sculptures* bariolées : démons variés, pèsement des âmes, etc.

▶ Après Talmont, *anse du Caillaud* et petit port.

▷ Le moulin du Fâ *1 km environ*

Perché sur une colline, le moulin du Fâ (de « fanum » : temple) a été construit sur les vestiges d'un temple gallo-romain circulaire. Le site a été occupé dès l'âge du Bronze comme l'ont montré des recherches archéologiques. Un village gaulois puis une ville romaine se sont succédés à cet emplacement. Cette ville, au contact de la mer, vivait de la pêche et du commerce. Outre le temple circulaire, les fouilles ont révélé la présence d'entrepôts, de thermes, d'un théâtre à flanc de colline et d'un aqueduc souterrain. L'agglomération s'étendait jusqu'à l'anse du Caillaud. Cette cité gallo-romaine pourrait être le Portus Santonum, le port des Santons en liaison avec l'arrière-pays et la ville de Saintes par une voie romaine qui passait par le gué de Thaims sur la Seudre.

▶ Sur la D 145, *Barzan-Plage* est une petite station créée il y a une vingtaine d'années. Plage artificielle sur la Gironde. Lac, pêche.

▶ *Les Monards.* Petit port. Un « monard » désigne un étang ou un marais dont l'écoulement canalisé alimente un moulin.

▶ *Saint-Seurin-d'Uzet.* Petit port de pêche, ancienne « capitale du caviar ». La pêche à l'esturgeon a longtemps fait vivre la région. Les esturgeons remontaient l'estuaire à l'époque du frai et le banc de Saint-Seurin-d'Uzet était particulièrement réputé. Mais l'espèce s'est raréfiée et a maintenant presque entièrement disparu dans l'estuaire. Le caviar de la Gironde n'est plus qu'un souvenir nostalgique (→ *encadré*).

▷ Mortagne-sur-Gironde ℹ *mairie* ☎ *46.90.60.01*

Le bourg, autrefois fortifié, perché sur une falaise, domine l'estuaire dont les eaux sont maintenant à plus d'un kilomètre. Mortagne était un port d'embarquement pour traverser la Gironde et gagner le Médoc et Bordeaux. Au Moyen Age il se trouvait au pied de la falaise. Le port actuel abrite quelques petits cargos qui transportent le blé. Port de plaisance.

L'ermitage Saint-Martial (visite guidée t.l.j., avr.-oct., le dimanche en hiver. Accès depuis le port par la route de Saint-Romain). Cet ermitage monolithe aurait été fondé par *saint Martial*, évêque de Limoges. Il a été occupé par les religieux jusqu'à la Révolution. Son rôle principal était le passage de l'estuaire pour les pèlerins de Compostelle. Il porte la trace de l'ancien rivage avec des coquilles fossilisées dans la falaise. On visite plusieurs pièces creusées dans le roc : la cuisine, le réfectoire, quatre cellules et la *chapelle* datant du IXe s. Elle est ornée d'un retable du XVIIe s. ; balustrade taillée dans le roc. Pèlerinage le dernier jour de juin.

▷ Saint-Fort-sur-Gironde

Église du XIIe s. remaniée au XVe et XVIe s. Bel ensemble d'art roman et Renaissance. *Façade*★ romane saintongeaise, dans sa partie basse. Portail central avec une voussure dont tous les claveaux sont ornés de têtes de chevaux, bien adaptées à la forme du claveau. Beaux *chapiteaux* dont un représentant un homme transportant un énorme poisson (un saumon), thème assez fréquent dans la région (→ *Saujon*). A l'*intérieur*, nef gothique, vitrail du chœur d'époque Renaissance.

▶ *Le parc naturel de loisirs du Moulin du Sap* (*ouvert dim. et j. fériés dès le début avr. et t.l.j. à partir du 25 juin* ☎ *46.49.93.00 ou 46.49.95.88*). Dans un cadre verdoyant et reposant, possibilités de promenades en barques, pédalos et canoës. Pêche à la truite, jeux pour enfants, dégustation-vente de pineau.

La région devient de plus en plus viticole et semble annoncer le vignoble bordelais voisin.

▷ Saint-Dizant-du-Gua

Le *château de Beaulon*, manoir construit à la fin du XVe s., ancienne résidence d'été des évêques de Bordeaux, est entouré d'un parc de 15 ha. Promenade fléchée. *Fontaines Bleues* : sources naturelles aux eaux calmes et limpides qui présentent une curieuse coloration bleu foncé. Dégustation de la production du château (cognac et pineau des Charentes).

▶ A 5 km, *Port-Maubert* est un petit port ancien, centre de la pêche à l'esturgeon. ▶ *Conac*. Sur une colline, ruines du *château* féodal qui domine la Gironde. Le village de Saint-Thomas-de-Conac en dépendait. ▶ *Saint-Thomas-de-Conac*. Église en partie romane. Voir à l'extérieur, le beau chevet. Le chœur est décoré de deux étages d'arcatures. Les colonnes sont terminées par de fortes corbeilles. Remarquer, planté sur le clocher, une mignonne petite girouette en forme de drapeau tricolore. On peut en voir quelques-unes identiques sur d'autres clochers de la région. Les moulins à vent sont très nombreux sur les coteaux avoisinants. A Saint-Thomas, on peut visiter un *moulin* du XIXe s. restauré. ▶ *Saint-Sorlin-de-Conac*. Église du XIVe s. ▶ La D 146 suit la ligne de l'ancien rivage et domine les *polders*. ▶ *Saint-Bonnet-sur-Gironde*. Petit bourg viticole. Fête de la mer au port de Vitrezay en été.

▷ Saint-Ciers-sur-Gironde ℹ *mairie* ☎ *57.42.60.45*

Le village est situé au bord d'un vaste marais qui s'étend jusqu'à la Gironde. *Église* à façade romane du XIIe s.

Musée archéologique et historique installé à la mairie (*ouvert 15 juin-15 sept. 10 h-12 h/ 15 h-18 30; hors saison sur rendez-vous* ☎ *57.42.64.13*). Fondé en 1972-1973, il retrace la préhistoire, l'époque gallo-romaine et l'époque médiévale du canton de Saint-Ciers. Il organise régulièrement des expositions.

▶ En traversant le marais par la D 23, on atteint le *port des Callonges*, spécialisé dans la pêche aux anguilles, lamproies, aloses et crevettes. *Plage* sur l'estuaire, canotage. ▶ De Saint-Ciers on peut rejoindre *Blaye* (→ *Guide Bleu Aquitaine*) par la D 9, qui parcourt les marais de Saint-Ciers et *Braud-Saint-Louis* (centrale nucléaire), ou on peut revenir sur Royan en prenant la N 137 (*direction Saintes*) à *Ferchaud*. ▶ A *Pleine-Selve*, village situé dans un joli vallon entouré de vignobles, noter l'*église* romane. A 1 km à l'est, le *château de Lussant* est du début du XVIIe s. ▶ Avant d'arriver à Petit-Niort, la route offre de beaux *points de vue* sur les collines de Saintonge. ▶ *Petit-Niort* possède une *église* à façade romane saintongeaise et conserve, au nord, une partie préromane. ▶ *Mirambeau*, sur sa colline, conserve quelques *maisons* anciennes et un *château* gothique qui constituait l'une des places fortes appartenant aux seigneurs de Pons. Profondément remanié aux XVIIe et XIXe s., il est entouré d'un très beau *parc* de 6 ha. ▶ *Saint-Dizant-du-Bois* (*4 km N. de Mirambeau*) possède une *église* romane avec un portail orné d'un tympan et flanqué d'arcatures assez hautes. Au *cimetière*, noter la croix du XVIIe s. ▶ Au nord de Saint-Dizant, *Consac* mérite un crochet pour son *église* (XIIe s., remaniée) dont les chapiteaux sont décorés d'une originale et très riche collection de motifs géométriques. ▶ Rejoindre la D 730 à *Saint-Ciers-du-Taillon* : *église* d'origine romane avec un clocher gothique. ▶ Retour à *Royan* via *Cozes* (→ *Royan*).

Animation

Mortagne-sur-Gironde
Marché le jeudi.
Foire le 4e jeudi du mois et les 30 et 31 août.
Parc naturel de loisirs du Moulin du Sap
Chaque dimanche : dîner champêtre dansant.
Saint-Bonnès-sur-Gironde
Marché tous les dimanches.

Des confins de la Loire aux vignobles de Cognac, châteaux historiques et églises romanes sont autant d'étapes au royaume du tourisme vert. Port au glorieux passé ou station balnéaire réputée, La Rochelle et Royan donnent du littoral deux visages très différents et si les eaux silencieuses du Marais poitevin évoquent un temps immuable, le Futuroscope fait entrer de plain-pied dans les techniques de demain.

▼ Ancien village de mariniers aux portes de la Venise verte, Coulon est le meilleur embarcadère pour une promenade en barque à travers le Marais.

◄ Au milieu des vignes solides trône la robuste silhouette de l'église de Bouteville sur fond de bois touffus. Dans cette tranquille "banlieue" de Cognac s'élève pourtant la plus grande verrerie du monde.

Des cours d'eau limpides et tendres sillonnent la campagne poitevine et charentaise, vaste Thébaïde verdoyante dont le silence n'est troublé que par les chants d'oiseaux. Le tourisme s'accorde ici au rythme lent des paysages, la halte est conviviale et, derrière chaque colline, une surprise attend le visiteur.

◄ Entre Cognac et Jarnac, Bourg-Charente est une parfaite illustration de la campagne française d'après Chardonne: des arbres encadrent la prairie et bordent la Charente poissonneuse.

◄ Dans un cadre qui n'aurait pas déplu à Vincent Van Gogh, le village médiéval de Poullignac a disparu sous les champs de tournesol, une culture prédominante dans la région.

▶ Au sud de la Charente, les vignes soigneusement peignées laissent bientôt la place aux bois et aux forêts. Le Périgord n'est pas loin et certains prétendent trouver ici les premiers chênes truffiers.

◀ Infatigable compagnon de route des pèlerins de Saint-Jacques de Compostelle, le baudet du Poitou est désormais une espèce protégée. Une maison lui est consacrée près de Dampierre-sur-Boutonne.

▶ Le marais "desséché" est sillonné de canaux de drainage sur près de 40 000 ha. Ce terroir poldérisé du Marais poitevin est essentiellement une région d'élevage bovin. Pour changer de pâture, les vaches ont pris l'habitude d'emprunter les barques sans s'effaroucher.

◀ Dans le fertile bocage des Deux-Sèvres, le tracteur, semble-t-il, n'a pas droit de cité. C'est sans doute pour cela que les champignons des prés, coulemelles rosées et mousserons y abondent.

◀ Saint-Nicolas de Civray est l'une des plus belles églises du Poitou. Pratiquement intacte, elle apparaît dans sa pureté originelle et devrait appartenir à la seconde moitié du XIIe siècle.

▼ A Saint-Hilaire de Melle, les contreforts ont été remplacés par des colonnes, ce qui donne à l'ensemble une grâce et une élégance peu communes.

▼ Bien que datant seulement du siècle dernier, le décor peint de Notre-Dame-la-Grande à Poitiers évoque d'une manière assez fidèle l'atmosphère de l'église primitive.

Berceau de l'art roman, le Poitou-Charentes est

▶ D'une extrême élégance dans sa simplicité parfaite, Notre-Dame-de-l'Assomption de Châtre offre une remarquable façade saintongeaise. Le portail que l'on devine ici avec son arc polylobé évoque l'Espagne mauresque.

◀ Malgré les restaurations du siècle dernier, les sculptures de l'église Saint-Médard à Thouars gardent toute leur force symbolique. Les chapiteaux des colonnettes du portail central stigmatisent avec véhémence les supplices infligés aux pécheurs.

parsemé de magnifiques églises et de chapelles tout aussi remarquables.

◀ Phare-symbole de l'au-delà, la lanterne des morts de Fenioux signalait la présence d'un cimetière aujourd'hui disparu. Ce remarquable faisceau de onze colonnes romanes couronné d'un lanternon et d'une pyramide date du XIIe siècle.

▶ Soixante-quinze personnages illustrant les thèmes de l'Ascension et du Jugement Dernier animent la façade romane de la cathédrale d'Angoulême. Ce parti très novateur a été repris dans bien des églises de l'Angoumois.

▲ Les immenses vasières du double estuaire de la Seudre et de la Charente constituent un univers protégé où les oiseaux de mer, migrateurs et sédentaires, peuvent évoluer en toute quiétude.

► L'île de Ré séduit par le charme de ses villages blancs et fleuris et de ses marais salants sans fin qui rejoignent l'océan.

▲ Les plages de l'île d'Aix connaissent le même ensoleillement que celles du Var. Ce fut la dernière terre française où séjourna Napoléon après Waterloo.

► Le phare de Cordouan, le plus vieux d'Europe, se dresse entre les deux chenaux d'accès à l'estuaire de la Gironde. Condamné par le progrès du radioguidage, il a été heureusement sauvé de la ruine en 1984.

Seule façade de la région sur l'océan, la Charente-Maritime est, avec ses 450 kilomètres de côtes, le département le plus marin de France. Huîtres de Marennes-Oléron, pêche des chalutiers modernes de La Pallice, sel de l'île de Ré : la mer continue comme par le passé à lui prodiguer ses richesses et lui forge cette image sportive et dynamique que symbolise le voilier *Charente-Maritime*.

►▲ Au pays des claires de Marennes-Oléron, plus d'un milliard d'huîtres âgées de quatre ans verdissent chaque année. Tout se fait à la main : c'est le plus vaste atelier d'artisans du monde.

▼ Les chalutiers de haute mer de La Pallice sont connus pour la rapidité avec laquelle ils rapportent leur pêche au port d'attache. Cette tradition flatteuse n'ajoute rien à ce métier qui compte parmi les plus durs qui soient.

▲ L'industrie de l'huître se regroupe dans d'innombrables petits ports, des chenaux plutôt, où deux fois par jour une marée de près de cinq mètres d'amplitude vient rythmer la vie.

▼ Dans l'île de Ré, la récolte du sel se fait toujours comme au temps de la gabelle ainsi que l'illustre ce "saulnier" ramassant la fleur de sel.

▶ Au cœur de La Rochelle, le faste et l'ampleur des hôtels particuliers témoignent de la prospérité économique des XVIIe et XVIIIe siècles, époque où elle était l'un des ports les plus importants de la façade atlantique.

▲ La Corderie royale de Rochefort fut édifiée par Colbert pour fabriquer les énormes cordages nécessaires aux navires du Roi-Soleil. Ce travail très dangereux était exécuté par des forçats au temps où les usines ressemblaient à des palais.

▲ Au musée du Nouveau Monde, cette étrange tête d'Indien rappelle que La Rochelle fut le premier port de commerce avec les Amériques.

▲ Pierre Loti, qui en bon Charentais s'appelait Viaud, est l'une des gloires de Rochefort. Sa maison natale, transformée en musée, permet de découvrir les "merveilleux ailleurs" qu'il aménagea lui-même.

▶ Ancienne métropole du drap et du cuir, Niort est une cité prospère. Ici, la préfecture, qui présente une délicate façade du XVIIIe siècle.

▶ Depuis le XIVe siècle, la tour Saint-Nicolas (à gauche) et la tour de la Chaîne (à droite) veillent sur le Vieux-Port de la Rochelle. Jadis, une chaîne était tirée chaque soir pour en fermer l'entrée .

▼ Le fameux siège de La Rochelle et la victoire de l'île de Ré sur Buckingham ont fait entrer le nom de Richelieu dans la capitale de l'Aunis. En dépit de ces hauts faits ou plutôt à cause d'eux, on ne peut pas dire que l'ex-évêque de Luçon ait laissé un bon souvenir chez les Rochelais.

Si les villes du littoral prirent leur essor avec le commerce vers l'Amérique, le transport des vins contribua, dès le XIIe siècle, à leur prospérité.

◄ Ceinturée par la Charente et corsetée de remparts, la vieille ville historique d'Angoulême est une véritable acropole d'où surgit la majestueuse cathédrale Saint-Pierre.

► Incontournable, l'Abbaye-aux-Dames au ravissant portail sculpté est l'un des fleurons de Saintes, au côté de l'église Saint-Eutrope et des arènes.

► Installé dans des bâtiments industriels à l'architecture originale, le Centre national de la bande dessinée rend hommage au père de Tintin et à tous ses émules. Le dernier week-end de janvier, les amateurs ne manqueront pas non plus le fameux festival.

Sorti tout droit d'une BD du Centre national d'Angoulême, Tintin paraît effrayé par le vertige des siècles qui associent aux formes rondes de l'art roman les miroirs géants du Kinémax, joyau du Futuroscope. Images sculptées, images à bulles ou surdimensionnées, chacun y trouve son compte dans une région de tradition tournée vers les techniques de l'avenir.

► Rénovés sur l'ordre de François Ier, les vieux quartiers de Cognac ont conservé de jolies maisons à colombage.

▶ Ancienne capitale politique, religieuse et universitaire du Poitou, Poitiers possède un patrimoine architectural exceptionnel. Ici, Notre-Dame-la-Grande, un des grands sanctuaires des pèlerinages médiévaux.

▼ Marguerite d'Angoulême passa une partie de son enfance dans la cité angoumoisine où elle fonda des établissements charitables. Elle s'illustra à la Cour de son frère, François Ier, avec l'*Heptaméron.*

▼ Principale attraction du Futuroscope, le Kinémax, taillé comme du cristal de roche, est avec son écran géant ($600 m^2$) une véritable cathédrale de l'image.

▲◄ Le château de La Rochefoucauld est réputé pour ses galeries Renaissance et son élégant escalier.

▲► Transformé au XVIIe siècle, le château d'Oiron s'orne d'un joli parc à la française.

▲ Dans un parc en terrasse dominant la Vienne, le château de Touffou associe l'élégance d'un corps de logis Renaissance à la rigueur d'une forteresse romane remaniée.

► C'est dans son charmant château de Verteuil-sur-Charente que La Rochefoucauld écrivit ses fameuses *Maximes* qui dévoilent une vision résolument pessimiste du monde.

Quelque peu éclipsés par le patrimoine religieux roman, bien des châteaux du Poitou-Charentes restent à découvrir.

◀ Occupant un promontoire escarpé sur la Vienne, Chauvigny et son chapelet de forteresses est saisissante du haut de ses formidables remparts abrupts. Ici, la pierre de taille est encore exploitée.

▼ La salle des Gardes du château d'Oiron rivalise de magnificence : plafond à caissons Louis XIII, fresques du XVIe siècle et imposante cheminée.

▼ Surnommé "le château de la Belle au bois dormant" par Pierre Loti, La Roche-Courbon fut tiré de l'oubli grâce à l'écrivain. Ses parterres à la française et ses harmonieux bassins lui donnent un caractère proprement irréel.

◄ Nouaillé-Maupertuis. La bataille de Poitiers, celle de 1356, qui vit s'affronter Français, Gascons et Anglais, eut pour champ ce village aujourd'hui paisible qui abrite par ailleurs un ensemble abbatial exceptionnel.

► Entre colline et rivière, Angles-sur-l'Anglin occupe un site verdoyant en amphithéâtre. Des femmes y excellent encore aux travaux d'aiguille : les fameux "jours" qui ornaient le linge des plus grands paquebots.

▼ La ruralité reste profondément ancrée en Poitou-Charentes comme l'atteste ce village niché au cœur de la Saintonge.

Les villages de la région respirent la tranquillité ; dans les chais de Cognac, les gestes du savoir-faire eux-mêmes ont une valeur intemporelle.

► Pons est l'une des capitales du Cognaçais. Son château coiffé d'un superbe donjon (XIIe siècle), la rivière sous les saules et les pittoresques toits de tuiles brunes ajoutent au charme du site.

▼ Alchimie secrète du maître de chais. Il a fallu trois générations d'artistes comme lui pour aboutir à la perfection du cognac de grande champagne.

▲ Les eaux-de-vie de cognac vieillissent dans des fûts en bois de chêne du Limousin ou de la forêt de Tronçais. Les maîtres tonneliers qui les fabriquent à Cognac et dans sa région perpétuent la tradition artisanale.

◄ Dans l'île d'Oléron, les prés salés sont le domaine des chèvres du Poitou qui fournissent le lait d'un des plus savoureux fromages de la région.

▲ Saint-Pierre d'Airvault (XIIe et XIIIe siècles) est notamment réputée pour son remarquable narthex. Certaines sculptures annoncent déjà le gothique.

▲▶ L'extraordinaire série de ses chapiteaux historiés a fait la gloire de Saint-Pierre de Chauvigny. L'iconographie très expressive témoigne d'un imaginaire encore hanté par les terreurs de l'an mil.

▶ Perdue dans la campagne, l'église de Lichères (1150) est, par son plan et ses dispositions, une basilique en miniature. Son architecture apparaît comme un modèle d'équilibre et d'élégance.

◀ Remontant aux premiers siècles du christianisme, le baptistère Saint-Jean de Poitiers intègre dans sa construction des éléments romains et des motifs décoratifs qui semblent appartenir aux traditions mérovingiennes. La *cella* centrale aurait été construite vers 356 pour servir au baptême par immersion.

La Haute Saintonge

46 et 47 / R 110 / V 47

ℹ Jonzac, 25, place du Château ☎ 46.48.49.29; ℹ Montendre-les-Pins, 36 bis, rue de l'Hôtel-de-Ville ☎ 46.49.46.45

ℹ Montguyon, place de la Mairie ☎ 46.04.28.70

Passant des larges croupes aux reliefs peu marqués des pays viticoles environnant Jonzac aux landes boisées annonciatrices de l'Aquitaine voisine, la Haute Saintonge dessine un ample arc de cercle séparant la Charente de la Gironde.

Peu favorisée par la nature, la partie méridionale de la région — les « landes saintongeaises » —, stérile et mal drainée, fut transformée au XIXe siècle par la plantation d'une forêt de pins maritimes.

Elle forme aujourd'hui un pays d'accueil qui s'étend sur plus de 130 communes qu'animent, outre Jonzac, les trois stations vertes de Montendre, Montguyon et Saint-Aigulin.

Haute Saintonge viticole

60 km environ / 1/2 j.

A la différence du sud de la Haute-Saintonge, la région entre Jonzac et Montendre est un pays charentais classique, agricole et viticole.

▷ Montendre-les-Pins *20 km S. de Jonzac*

A l'orée de la forêt de pins dont les odeurs de résine se font sentir jusque dans la ville, Montendre offre, avec son lac à proximité, un agréable lieu de séjour.

Plus qu'à église (1825), on s'intéressera à la *halle*, également du XIXe s., très bien restaurée. Au sud-ouest, vestiges d'un *château* médiéval (XIIe s., reconstruit au XVe s.), dont le donjon (XIIe s.), abusivement restauré, domine de très haut les landes boisées de Tout-y-Faut. Une allée ceinture la motte circulaire, mais il faut emprunter le chemin qui grimpe sur la *terrasse* où les ruines d'un bâtiment du XVIIe s. décorent le fond de scène du théâtre de verdure. Des remparts, la vue est très belle avec, au-delà du faîte des arbres du parc, la campagne et, par beau temps, la Gironde que l'on peut apercevoir; de même, du *balcon*, au pied du donjon, on jouit d'un joli point de vue sur les toits roses de la petite ville. Sous le donjon, un passage voûté accueille un *musée des Arts et Traditions populaires.*

▸ A *Vallet (5 km E.)*, église du XIe s. et ruines du château de Bussac.

▸ *Sousmoulins.* L'*église* romane, remaniée au XVe s., est dominée par un clocher octogonal. A l'*intérieur* on trouvera quatre panneaux peints du XVIIIe s. représentant Dieu le Père, l'Assomption, la Visitation et la Nativité. Dans toute cette région, de nombreux souterrains-refuges subsistent encore.

▸ A *Mérignac*, l'église du XIIIe s., qui apparaît isolée sur une butte, abrite un retable baroque.

▷ Fontaines-d'Ozillac *10 km N. de Méripac par D 153 et D 134*

Vaste *église*★ de style composite dont la façade romane est encadrée par un massif clocher carré et une porte Renaissance. Classique du type saintongeais, elle se développe sur deux niveaux avec, au rez-de-chaussée, deux arcatures aveugles entourant trois voussures richement décorées; leur ornementation représente des anges thuriféraires et des apôtres glorifiant l'Agneau dans son cercle de victoire, ainsi que le triomphe des Vertus sur les Vices. A l'étage, on peut voir deux fenêtres et deux arcatures aveugles. Plus surprenants sont les modillons de la corniche supérieure, à la décoration érotique. Surmontée d'une coquille Saint-Jacques, la porte Renaissance (1542) donne accès à une nef latérale ajoutée à la même époque. L'intérieur de l'église renferme un très beau *bénitier* de marbre rose et blanc.

▸ A 3 km, *Ozillac* a perdu son château, détruit par les troupes de *Condé*, mais a gardé son *église*, avec sa façade du XVe s., sa nef du XIe s. et ses chapelles des XVe et XVIe s.

▸ D'une réelle élégance, l'*église* romane de *Champagnac (par la D 149)* a été revoûtée à l'époque gothique.

▸ *Réaux (7,5 km N. de Champagnac sur la D 699).* Délicieuse petite *église* avec clocher carré; sur la façade, un registre d'arcatures lisses retombe sur des colonnettes trapues. Portail en arc légèrement brisé orné de pointes de diamant. Arcs latéraux aveugles (→ *illustration, p. 274*).

L'église de Réaux

▷ Jonzac →

▶ Revenir vers le sud en direction d'*Agudelle (8 km par D 19)* dont l'église romane (début du XIIe s.) se caractérise par un *portail* orné de pointes de diamant et d'un ruban plissé. Remarquer la *fenêtre* polylobée de la façade ouest. ▶ A *Allas-Bocage (2 km O.)*, on trouvera le même type de fenêtre sur la façade de l'*église*. A l'intérieur, tombeau du XIIIe s. ▶ A *Salignac-de-Mirambeau (7 km S. par la D 151e)*, église romane et gothique ; château du XIXe s.
▶ Retour à *Montendre (12 km S.-E.)* par Courpignac.

La lande saintongeaise

60 km / 1/2 j.

Serpentant à travers les landes et bois du sud de la Charente-Maritime, ce circuit permet de découvrir des paysages vallonnés offrant de beaux panoramas.

▷ Montguyon*

Au cœur de la lande saintongeaise, Montguyon est dominé par les ruines du château médiéval qui appartint aux *La Rochefoucauld*. Des travaux d'aménagement on permit de dégager les vestiges (base des murs, douves, etc.), et les *écuries*, restaurées, servent désormais de cadre à un important *festival* de musique et danses populaires *(→ encadré)*.

Dans le village, l'*église* romane est dominée par un puissant clocher, flanqué d'une tour octogonale (XIIIe s.). A l'intérieur, statue en pierre peinte du XVIIe s. représentant une Vierge à l'Enfant. ▶ A 2 km N.-E. du bourg, le monumental *dolmen de la Pierre-Folle* s'élève au bout d'une allée bordée d'ormeaux. Sa dalle-toit est à près de 4 m au-dessus du sol, et l'ensemble (néolithique) de l'allée couverte s'étend sur 16 m. Beau *point de vue* sur la campagne environnante. Partant de la Pierre-Folle, un circuit pédestre balisé, le *Chemin de Charlemagne*, offre un agréable objectif de promenade dans les environs.
▶ Au village perché de *Neuvicq-Montguyon (2,5 km N. de Montguyon)*, église romane mais très remaniée. ▶ *Saint-Martin-d'Ary (sur la D 730)* possède également une église romane. ▶ A *Orignolles (2 km O. sur la D 730)* l'église du XIIe s., remaniée au XVe s., abrite un retable baroque. ▶ A 1,5 km au sud, le *château de la Madeleine* date des XIIIe et XIVe s. ▶ *Clérac (5 km S.)* est un centre d'extraction et de traitement du kaolin. Au milieu des carrières, des petits étangs aux eaux bleues tranchent sur la terre blanche.
▶ *Valin (sur la D 910^b)* est un joli petit hameau, étape classique sur la route de Montguyon à Bordeaux. ▶ Rejoindre *Saint-Pierre-du-Palais (2,5 km N.)* dont l'*église* mérite un regard pour son clocher à fenêtres tréflées et sa façade romane. Beau *point de vue* sur le confluent du Lary et du Palais. ▶ A *Saint-Martin-de-Coux (5 km S.)*, église romane du XIIe s. avec belle *façade* restaurée au XIXe s. Le clocher, carré, est recouvert de tuiles. ▶ *Saint-Aigulin (5 km E.)*. Station verte au bord de la plaisante petite rivière de la Dronne que dominent, au sud du village, les *camps retranchés* (mottes) *du Maine du Four* ; jolie promenade. ▶ A 7,5 km N. *La Génétouze* possède une église du XIIe s. ▶ Beaux points de vue à *Boscammant* et *le Haut-Mont*.
▶ Revenir à *Montguyon* en traversant une région vallonnée, boisée et sauvage, qui offre d'agréables panoramas.

Mondiofolk

Concurrent de celui de Confolens, le festival mondial de musique et danses populaires de Montguyon, « Mondiofolk », réunit chaque année, en juillet, des troupes venues de tous les continents. Les spectacles se déroulent dans le cadre des anciennes écuries du château. Un effort tout particulier est porté sur la diversification des programmes (soirées, spectacles, soirées-cabarets), de façon à pouvoir toucher un large public.

Le pays d'Horte

44-CDE / R 100 / V 47

Le pays d'Horte présente un visage paisible et attirant, un peu secret par endroits. Annonçant le Périgord, il semble vouer à attirer le marcheur, le curieux de préhistoire, l'amateur d'églises et de châteaux, le pêcheur aussi, avec ses cours d'eau poissonneux (l'Échelle, le Voultron, le Bandiat).

La terre et les hommes

L'appellation récente de pays d'Horte a pour origine la vieille forêt d'Horte, entre Sers et Grassac, au cœur de cette partie de l'Angoumois que bornent le Périgord au sud-est, les collines de Montmoreau au sud-ouest, la vallée de la Charente au nord-ouest et le Bandiat au nord-est.

Les terrains, des calcaires du Secondaire et des sables argileux à galets du Tertiaire, sont principalement le domaine de la forêt, où dominent le châtaignier, le chêne et le pin maritime. En suivant un axe qui va de Dirac (au nord-ouest) à la Rochebeaucourt (au sud-est), la forêt s'étend sur environ 20 000 ha que trouent de place en place quelques champs et pâtures autour des villages. Seule fait exception, avec ses vastes étendues céréalières, la plaine au pied de Villebois-Lavalette.

La ligne de partage des eaux entre le bassin de la Charente et celui de la Garonne traverse le pays d'Est en Ouest en formant une petite chaîne de collines. Les anciennes limites entre le diocèse d'Angoulême et celui de Périgueux suivaient sensiblement le même tracé, tandis que la frontière entre le comté d'Angoulême et le Périgord longeait le cours de la Lizonne.

Ligne de partage des langues aussi, puisqu'au XIXe siècle la frontière linguistique entre français à l'ouest, et occitan à l'est, coupait en deux le pays de La Rochefoucauld à Villebois-Lavalette. A ces bornes anciennes, l'Histoire récente en a tragiquement imposé une autre, avec la ligne de démarcation, en 1940, entre zone libre et zone occupée. Venant de La Rochefoucauld au nord, elle coupait le pays à l'ouest de Vilhonneur, Vouzan, Charras et Combiers.

Le Pays et sa forêt

110 km environ / 1 j.

▶ Sortir d'*Angoulême* par la rue de Périgueux en direction de *Bouëx*, par la D 939 puis la D 4.

▷ Bouëx

Église Saint-Étienne (XIIe s.), ruinée en grande partie par les calvinistes, restaurée aux XVIIe et XIXe s. Façade avec porte d'entrée à trois voussures en plein cintre, ornée de colonnettes aux chapiteaux sculptés en simple trait (oiseaux, masques, serpent, arbre). Au-dessus subsistent les consoles d'une échauguette. A l'*intérieur*, nef à trois travées, voûte moderne (1872), beau chevet plat percé d'un triplet en plein cintre. Au nord, ancienne chapelle des seigneurs de Méré. *Château* des anciens seigneurs de Bouëx (XVIIe et XVIIIe s.).

▷ Sers *3 km S. par la D 73 et la D 25*

Église Saint-Pierre (XIIe et XVe s.) avec beau clocher roman carré à trois étages, coiffé d'un toit pyramidal en pierre. Nef voûtée en plein cintre, coupole octogonale sur trompes supportant le clocher, abside en cul-de-four. Sur la commune, le ***château de Nanteuil*** (XVIe-XVIIe s.), perché sur un rocher, domine de sa masse imposante *(ne se visite pas)* la riante vallée de l'Échelle.

Troublante homonymie

Aujourd'hui encore, certaines notices biographiques, sur la foi d'anciens auteurs, font naître à Bouëx l'assassin du duc de Guise Poltrot de Méré (vers 1533-1563) et, en Poitou, l'écrivain et moraliste Antoine Gombaud (1607-1684), plus connu sous le nom de chevalier de Méré, ami de Pascal, de Ménage, de La Rochefoucauld, de Guez de Balzac.
Qu'on se le dise, le premier n'a rien à voir avec Bouëx, tandis que le second y est bien né et y reçut le baptême à l'âge de 7 ans 7 mois, comme l'attestent les registres paroissiaux. C'est ainsi que Bouëx mérite de prendre une place, si modeste soit-elle, au rang des sites littéraires.

Chapelle rupestre *Notre-Dame-de-Belleveau* et cellules creusées dans le roc *(accès autorisé)*, restes d'un ancien ermitage remontant aux premiers siècles chrétiens. Pèlerinage pour la fête de la Nativité de la Vierge.

▷ Le gisement préhistorique du Roc de Sers** *3 km du bourg de Sers pour visiter, s'inscrire au «circuit en Charente préhistorique»; renseignements au* ℹ *à Angoulême*

Situé dans un vallon, en amont de l'Échelle, il comporte plusieurs *grottes* creusées dans la falaise, exposées au midi. Les campagnes de fouilles menées par *Favraud* en 1908, puis par le docteur *H. Henri-Martin* de 1909 à 1935, ont permis des découvertes de première importance : une sépulture contenant trois squelettes (attribués, à l'époque, à la race de Chancelade) et de magnifiques *sculptures***, accompagnées de deux figurations humaines. Ces sculptures comptent parmi les plus remarquables témoignages de l'art solutréen. Exécutées sur une série de bloc de pierre constituant une sorte de frise, on y découvre un bison, un renne, un bovidé, des bouquetins affrontés, des chevaux. Deux blocs, n'appartenant pas à la frise, portent l'un un oiseau sculpté, l'autre un rhinocéros peint. Les originaux de ces pièces, déposés dans une salle spéciale du musée de Saint-Germain-en-Laye, ont été remplacés dans le site par une série de moulages.

▸ A *Vouzan* *(2 km de Sers, sur la D 108)*, beau *château* du XVe s. *(ne se visite pas)* dominant le bourg. Il appartenait dès 1408 à la *famille de Livenne* : portail (XVIIe s.) voisin de l'église romane, contreforts de la façade nord surmontés d'échauguettes. Au nord, bretèche et belle porte du XVe s.

▸ Revenir sur la D 25, afin de s'enfoncer dans la *forêt d'Horte*, belle forêt de chênes, de châtaigniers et de résineux. C'est la région la plus vaste de la Charente.

▷ Grassac *par la D 34 à l'est*

En arrivant sur le bourg, au sortir de la forêt, beau *point de vue* vers la vallée du Bandiat au nord.

L'*église Saint-Jean-Baptiste*, très endommagée en 1570, fut restaurée de 1860 à 1892. Façade percée d'une porte de la fin du XVe s., murs de la nef épaulés de puissants contreforts. Le clocher roman, trapu, orné d'arcatures, repose sur une coupole sur trompe. Abside voûtée en cul-de-four.

En quittant le village, beau *point de vue* au sud-est vers le Périgord.

▸ *Grosbot (sur la D 25, à droite, 2 km avant Charras).* Importants vestiges de *l'abbatiale Notre-Dame de Font-Vive* (XIIe s.) et des bâtiments conventuels d'un monastère qui relevait de Cîteaux *(ne se visite pas).*

▷ Charras*

L'*église Saint-Vivien* (XIIe-XIVe s.) est l'une des plus remarquables églises fortifiées d'Aquitaine. Autrefois commune à la paroisse et à un prieuré dépendant de Figeac, elle fut transformée en un véritable bastion au cours de la guerre de Cent Ans. D'importantes restaurations y furent effectuées dans la seconde moitié du XIXe s.

La *façade* nue, massive, sans fenêtre, a conservé son portail du XIIe s. Au sommet, on remarque les mâchicoulis sur corbeaux du chemin de ronde qui court sur tout le pourtour de l'église et, aux angles, deux échauguettes. Les murs de la nef, sans fenêtre, sont renforcés d'épais contreforts. Le clocher, pris entre le chœur et la nef, n'est décoré qu'aux étages, du côté sud, de trois arcatures aveugles surmontées de trois baies à colonettes. A l'*intérieur*, la voûte est en berceau brisé. La travée du clocher, voûtée d'ogive, communique au sud avec une chapelle gothique. Abside en cul-de-four. Belle piscine du XVe s.

▷ Rougnac *5 km O. par la D 93*

Ce village est mentionné comme vicairie perpétuelle du diocèse de Périgueux dès le VIIIe s.

L'*église Saint-Pierre* (XIIe, XVe s. et vestiges du Xe s.), construite dans la partie haute du village, s'agrippe au flanc d'un coteau escarpé. Nef couverte de lambris, chœur voûté d'ogive, *crypte* du XIIe s. (la plus vaste du département) prolongée vers l'ouest au XVe s., avec fragments de litre où figure le blason des seigneurs du Repaire.

A côté de l'église, beau *point de vue* sur le vallon où se tapit le *château du Repaire* *(ne se visite pas)*, construction des XVIe et XVIIe s., avec enceinte défensive et impo-

Au pays d'Horte

sante tour ronde couronnée de créneaux et de mâchicoulis. De 1609 à la Révolution, il a appartenu à une branche de la famille *Galard de Béarn*.

▷ L'arboretum Jean-Aubouin* *sur le territoire de la commune de Combiers, le long de la D41, entre Rougnac et Combiers*

En lisière de la *forêt* domaniale *de la Mothe-Clédou*, cet arboretum (« jardin spécial consacré à la culture de certains arbres dans un but expérimental ») a été créé en 1932 par *Jean Aubouin* en vue de l'établissement de places d'essais d'essences exotiques. Aujourd'hui, sa vocation est surtout didactique et esthétique. Il est géré par l'Office National des Forêts. Aux environs le sol, riche et frais, non calcaire, où se plaisent les ronces et les fougères aigles, est peuplé de chênes rouvres, de châtaigniers et de pins maritimes. L'arboretum proprement dit s'étend sur une surface de 5,84 ha divisés en 14 placeaux, résineux ou feuillus, où poussent 36 essences différentes (bouleau, cèdre, châtaignier, chêne, cyprès, douglas, épicéa, frêne, hêtre, mélèze, pin, sapin, séquoïa, thuya).

La visite est libre *(1 h environ)* : brochure explicative, parcours balisé.

▶ *La Rochebeaucourt-et-Argentine (3 km S.-O. par la D444).* Église austère (XIIIe s.), décorée d'une rose sur sa façade. *Château*, incendié en 1943, et son parc où débouche en cascade la Lizonne qui alimente des viviers à truites.

▶ *Edon (2 km de La Rochebeaucourt).* Église (XIIe-XIIIe s.) : chapiteaux, clocher roman carré. Dolmen de La Lombertie. Fontaine aux serpents.

▶ *Gardes-le-Pontaroux (2 km N. de la D5) Église Notre-Dame* (XIIe et XVe s.), prieuré-cure de l'ancien diocèse de Périgueux : nef à trois travées (XIIe s.) doublée d'un important collatéral (XVe s.), très élégant *clocher** à trois étages en retrait percés d'arcades, coiffé d'une flèche en pyramide quadrangulaire de pierre.

▷ Le gisement préhistorique de La Quina* *visite organisée en période de fouilles : renseignement au* ℹ *de Villebois-Lavalette*

Situé dans la vallée du Voultron, il s'étend sur une longueur de plus de 700 m et se compose de deux stations. La station « amont » appartient au Moustérien et la station « aval » à l'Aurignacien. Le site, découvert en 1872 par *Gustave Chauvet*, fut acheté en 1905 par le *docteur Henri-Martin*, qui y créa un laboratoire d'étude et y fouilla de 1906 à 1936. Sa fille poursuivit les fouilles en 1953.

Ce gisement a livré notamment un squelette néanderthalien, un crâne d'enfant, un bâton perforé. Les collections ont été données au ***musée de Saint-Germain-en-Laye***. Quelques pièces se trouvent au ***Musée*** de la ville ***d'Angoulême*** et au ***musée de la Société archéologique et historique de la Charente***. La Quina, qui a donné son nom à l'une des civilisations moustériennes, est au nombre des sites paléolithiques français de réputation internationale. Chaque année, plusieurs dizaines de personnalités scientifiques d'Europe, d'Amérique ou d'Asie viennent le visiter. Des étudiants s'initient sur ce chantier à une technologie de pointe dans le domaine de la fouille préhistorique.

▷ Blanzaguet *2 km S. de la D5*

Église Saint-Cybard (XIIe s.). Elle dépendait autrefois du diocèse de Périgueux. Façade épaulée par deux contreforts aux extrémités, avec porte à voussures et colonnettes aux chapiteaux sculptés. Clocher massif, orné d'arcatures aveugles. Abside renforcée de contreforts-colonnes, avec arcades et modillons sculptés. Nef très élevée, de trois travées, couverte d'un berceau brisé, chapiteaux sculptés, coupole sur pendentifs sous le clocher. A signaler deux ***statues*** en pierre du XVIIe s. représentant saint Pierre et saint Paul.

▷ Villebois-Lavalette* ℹ *mairie* ☎ *45.64.90.04*

Le site de Villebois, près de l'ancienne voie romaine de Saintes à Périgueux, semble avoir attiré l'installation des hommes dès l'aube de l'Histoire. C'est une colline assez élevée, dominant une vaste plaine ondulée, aux horizons étendus. Sur cette hauteur se sont succédés un oppidum gaulois, un castrum romain et une forteresse médiévale, attestée entre 1050 et 1100. Les maisons du bourg s'étagent sous les murs du château. La lignée des puissants *sires de Villebois* commence dès avant l'an mil, avec *Itier*, fidèle du comte d'Angoulême, *Guillaume II Taillefer*. Au XIIIe s., la seigneurie passa aux mains de la famille de Mareuil. La forte position du château en rendait la possession des plus enviables, aussi fut-il très convoité pendant la guerre de Cent Ans. Les Anglais l'investirent, mais furent délogés par le *duc Jean de Berry*. Au XVIe s., la ville fut prise par les protestants, reprise par les catholiques et servit de refuge, en 1590, à une bande de ligueurs. Enfin, en 1597, la terre de Villebois fut vendue à *Jean-Louis de Nogaret de Lavalette*, duc d'Épernon et gouverneur de l'Angoumois (1554-1642). *Louis XIII* et *Marie de Médicis* firent un séjour au château en 1615. Pour récompenser les services rendus par le duc d'Épernon, la terre de Villebois fut érigée en duché-pairie en 1622. Le *duc de Navailles* l'acquit en 1660 et, ayant encouru la disgrâce de Louis XIV, dut se retirer dans son château où il fit exécuter d'importants travaux. La seigneurie passa ensuite aux *Rohan-Soubise* puis aux *Courcillon*. En 1783 et 1784, la ville fut éprouvée par deux tremblements de terre qui endommagèrent presque toutes les maisons. Un violent incendie détruisit en partie le château en 1822.

Aujourd'hui, capitale du pays d'Horte et chef-lieu de canton, Villebois-Lavalette connaît une activité tournée essentiellement vers la culture céréalière, la petite industrie (articles chaussants) et le commerce, avec le marché du samedi matin, une foire chaque deuxième samedi du mois et la foire artisanale des Rameaux, appelée ***« foire aux cornuelles »***, du nom des spécialités locales, ces sortes de gâteaux en pâte feuilletée ayant la forme d'une étoile, et que l'on mange seulement pendant trois semaines avant Pâques.

Le ***château**** *(visite extérieure autorisée toute l'année)*. Enceinte fortifiée (XIIe s.) avec six tours de plan semi-circulaire, chapelle (XIIe s.) composée de deux oratoires superposés, ornés de beaux chapiteaux romans, portail avec mâchicoulis, pavillon d'angle (XVIIe s.), reste des constructions du *maréchal de Navailles*. De la terrasse, très beau ***panorama*** sur la campagne environnante et le Périgord à l'horizon.

Église romane, restaurée par *Abadie* en 1860.

Vieilles ***halles*** (XVIIe s.), chef-d'œuvre de charpente, qui occupe toute une placette triangulaire et pentue, au cœur du bourg. Ce sont les plus anciennes de la région.

▷ Gurat *6 km S. par la D17*

Si l'on franchit la Lizonne, on se trouve en Dordogne. En effet, le village de Gurat est placé de telle façon qu'il domine la rivière et le département voisin. Le bourg est tout en longueur et les plus jolies maisons sont situées sur la petite falaise calcaire creusée au fil des siècles par la rivière ; son cours se divise en plusieurs bras. Les beaux toits de tuiles plates coiffant certaines demeures annoncent déjà le Périgord.

Chapelle Saint-Georges (XI-XIIe s.), dans le flanc d'une colline. Cette chapelle souterraine, creusée dans une ancienne grotte, présente une nef de 12 m de profondeur, perpendiculaire à la face du rocher, accostée d'un vaisseau plus étroit avec colonnes grossières taillées dans le rocher.

▶ Le *manoir de Langély* *(3,5 km N.-E. du bourg)*, des XVe et XVIe s., est construit au bord de la Lizonne. Il présente une tour d'escalier carrée flanquée d'une échauguette en encorbellement. *Paul Déroulède* y a souvent séjourné *(→ encadré).*

▷ Ronsenac *5 km N. par la D81*

L'*église Saint-Jean-Baptiste*. L'église d'un prieuré de l'ordre de Cluny est signalée avant 1100. L'édifice actuel, du XIIe s., correspond à la nef d'un bâtiment plus important privé de son transept et de son chevet. La façade, en partie refaite, a gardé une porte à cinq voussures accostée de deux arcades aveugles, avec colonnes et chapiteaux sculptés. La nef comporte six travées couvertes d'un berceau en plein cintre. Bas-côtés voûtés en demi-berceau, avec chapiteaux des colonnes très décorés comme les colonnettes des fenêtres. Chœur rectangulaire du XIXe s.

Vestiges d'un *prieuré* de bénédictins anglais : porte avec tympan (XIIe s.), ruines de la salle capitulaire, réfectoire.

Fontaine miraculeuse et *dolmen de Périchoux* *(à l'extrémité S.-E. de la commune).*

▷ Magnac-Lavalette *2,5 km N. par la D81*

Château de la Mercerie, construit à partir de 1930 par les *frères Réthoré*. Ce « Versailles charentais » déploie une longue façade (220 m) en beau calcaire blanc avec colonnes. Niches habitées de statues et arcades ouvrant sur le vide : rêve de pierre inachevé selon les uns, décor en carton-pâte selon d'autres, il ne laisse pas indifférent.

Église (XIIe s.) avec coupole sur pendentifs.

▷ Dignac *6 km N.-N.-E. par la D34 et la D23*

Église du XIIe s., restaurée au XIXe s. avec beau clocher. *Église Saint-Sulpice-de-Cloulas* (XIIe et XIIIe s.) avec portail décoré.

Château de la Tour-du-Breuil : donjon carré (XIVe s.) avec mâchicoulis enjolivés de coquilles; chapelle avec vestiges de fresques du XVe s.

Château du Pouyaud (XVe, XVIe et XVIIe s.) : tour couronnée de mâchicoulis qui renferme une chapelle, porte du XVe s. avec échauguette d'angle.

▷ Torsac *5,5 km O. par la D41*

Église Saint-Aignan★ (XIIe-XVe s.). Sa façade, très remaniée à la fin du XVe s., est encadrée de contreforts et surmontée, au-dessus d'une ligne de modillons sculptés, d'un pignon triangulaire. A la croisée du transept, beau *clocher* roman à étage octogonal percé de baies jumelles sur colonnettes.

L'*intérieur* se compose d'une nef (fin XIIe s.) à quatre travées, voûtée en berceau brisé, d'une coupole sur trompes à la croisée reposant sur des colonnes aux chapiteaux remarquables par la finesse des corbeilles sculptées (palmettes, acanthes stylisées, un joueur de harpe entouré d'animaux dans un décor végétal, où certains auteurs ont voulu voir Orphée). Croisillons avec absidioles en cul-de-four. L'abside, également voûtée en cul-de-four, est ornée de peintures (XVe s.) figurant le Christ en majesté entouré des symboles des quatre Évangélistes et d'anges portant les inscriptions « Ubi, Ibi ». *Mobilier* : bénitier (XVIe s.), statue de la Vierge en bois doré (XVIIe s.), groupe en pierre (XVIe s.) repré-

---

Déroulède et la Charente

Le nom de Déroulède (1846-1914) évoque l'auteur des **Chants du soldat**, *le fondateur de la ligue des patriotes, et les âpres luttes de l'homme politique à Paris, sa ville natale. Resté très attaché à l'Angoumois, berceau de sa famille, il vint souvent au vieux manoir de Langély pour écrire, se reposer, s'adonner aux travaux agricoles et soigner ses vignobles :*

« C'est ainsi qu'éloigné des luttes politiques
Au fond de l'Angoumois, j'ai fait ces chants rustiques ».

Il y composa ses premiers **Chants du soldat**, *le drame* **Messire Du Guesclin**, *et les* **Chants du paysan** *qui témoignèrent de son attachement à Langély :*

« O mon vieux toit paisible entouré de cabanes
Et dont le seuil usé porte en lettres romanes
Comme un conseil d'ami ces deux mots : Bon vouloir ».

Élu député de la Charente, il représenta la circonscription d'Angoulême de 1889 à 1893, et de 1898 à 1899. Son ami, le poète François Coppée, l'accompagnait dans sa dernière tournée électorale.

---

sentant la Trinité, autel et tabernacle en bois sculpté, peint et doré (fin XVIIIe s.).

Près de l'église, *château de Torsac* (XIVe et XVIIe s.), augmenté au XIXe s. de tours crénelées de pure fantaisie.

▷ Dirac *6,5 km N./-N.-E. par la D 101*

Église Saint-Martial★ (XIIe et XVe s.) attribuée en 1110 au chapitre d'Angoulême. Intéressante construction composée d'une nef et d'un chœur du XIIe s., augmentée au XVe s. de chapelles latérales. *Façade* très élégante avec porte à quatre voussures entre deux arcades aveugles, colonnes à chapiteaux sculptés de petits personnages et d'animaux. L'étage, décoré de cinq arcades à cordons formés de pointes de diamants, repose sur un cordon orné d'un fin damier ; un pignon triangulaire le surmonte. *Clocher* carré avec, à l'étage, sur chaque face, quatre arcades aveugles (il a gardé deux cloches datées de 1591). L'*intérieur* présente curieusement la succession de trois travées voûtées en berceau en plein cintre, d'une quatrième travées voûtée d'ogive à liernes, d'un faux carré surmonté d'une coupole sur pendentifs et d'une abside en cul-de-four.

A proximité, l'*Anguienne* et les *Eaux-Claires* sont de pittoresques vallées couronnées par endroits de rochers.

Le *château de Dirac* (XVe s.) offre deux belles tours crénelées, derniers vestiges d'un château ayant appartenu, pendant tout le Moyen Age, à l'une des plus illustres et des plus anciennes familles de l'Angoumois, les *Tison d'Argence*.

▷ Garat *2 km N. par la D 101*

Château de la Tranchade des XIVe, XVIe et XVIIe s. De la route on aperçoit cette imposante demeure *(visite sur demande pour les groupes)* qui surplombe, noyée dans la verdure, la vallée de l'Anguienne. C'était, au Moyen Age, le siège d'une des plus importantes seigneuries du pays. Elle commandait l'accès sud-est vers Angoulême. Les familles de Pressac (XIVe s.), de Saint-Gelais (XVe s.), de Nesmond (XVIe s.) et Normand s'y succédèrent.

On pénètre par une *poterne* du XVIIe s. qui donne accès à une vaste cour d'honneur, après avoir franchi, sur un pont, de profondes douves sèches. A un angle domine le *donjon* construit par *Aymard de Pressac* à la fin du XIVe s. Deux ailes en équerre s'y rattachent, ornées de coquilles Saint-Jacques et de croix de Malte.

▶ On peut revenir à Angoulême par la D 939.

Jarnac

⟶ *La Champagne charentaise*

Jonzac★

47-A3 / R 110 / V 47
4 873 habitants / ✉ 17500
ℹ 25, place du Château ☎ 46.48.49.29
SNCF ☎ 46.48.00.36
✈ Jonzac-Neulles ☎ 46.48.06.47

Dans une région qui recèle maints témoignages de la préhistoire et édifices romans, cette ancienne cité huguenote, installée sur les deux rives de la Seugne, est devenue l'un des marchés du cognac « petite champagne » et du pineau.

La ville dans l'histoire

Le modeste « démarrage » de Jonzac commence précisément à la fin du XVe siècle, au moment de la reconstruction agraire, quand les seigneurs s'efforcent de repeupler une campagne partiellement reconquise par la forêt. Le bourg, jusqu'alors groupé autour de l'église et du château, franchit la Seugne en direction d'un couvent de Carmes fondé en 1505.

Comme dans tout le Sud-Ouest, la seconde moitié du XVIe siècle est une période fort agitée. En 1548, les Jonzacais participent à la révolte de la Gabelle et subissent la terrible répression conduite par les troupes du connétable de Montmorency. Bientôt, une fraction importante de la population adopte le calvinisme, culte qui existe officiellement sur place à partir de 1562. C'est à Jonzac, en 1570, au cours d'un combat mémorable - et inutile - contre plusieurs compagnies catholiques, que le jeune Agrippa d'Aubigné, alors âgé de 18 ans, conquiert son premier grade.

La paix revenue, Jonzac connaît une expansion certaine. Dès 1625, ce n'est plus un bourg, mais une ville. La promotion de son seigneur, le remarquable Léon de Sainte-Maure, y est sans doute pour beaucoup. Ayant obtenu de Louis XIII l'érection en marquisat de sa baronnie voisine d'Ozillac, il ne se fait plus appeler, par courtoisie, que Monsieur le comte de Jonzac. Dès 1660, comme beaucoup de ses semblables, le nouveau comte s'installe à Paris, près de la cour. Ses successeurs l'imitent et ne font plus que de brèves apparitions dans leur château, de plus en plus mal entretenu.

Le drame religieux assombrit les années 1680-1770. Vers 1660, la communauté calviniste regroupe les deux tiers de la population (environ 2 200 habitants). Majoritaires, les religionnaires animent aussi les industries qui assurent la prospérité de la petite ville. Les Dragons s'installent au cours de l'été 1685 et obtiennent, par la menace et la violence, une conversion totale.

Au début du XVIIIe siècle, il apparaît clairement que la Révocation a été un échec. Du reste, les autorités locales, peu soucieuses de sévir contre leurs parents, ferment pudiquement les yeux sur une situation qu'elles connaissent bien. Sujet d'étonnement pour le voyageur Pierre Prion qui visite Jonzac sous la Régence : « Les habitants sont presque tous de la R.P.R. N'importe ; ils sont très civils et très honnêtes et très affables pour les étrangers ». Le calvinisme jonzacais ne s'affaiblira vraiment qu'après la guerre de Sept Ans, pour des raisons uniquement économiques.

Si la population se montre si « affable pour les étrangers », c'est qu'elle a l'habitude de les côtoyer. Aux XVIIe et XVIIIe siècles, l'activité de Jonzac repose sur la préparation des peaux de mouton et la production de la serge (→ encadré). Ces activités semblent avoir été cruellement frappées par la guerre de Sept Ans. Après 1760, Jonzac perd rapidement son caractère « industriel ». Les négociants calvinistes préfèrent s'installer à Bordeaux pour profiter des brillantes perspectives offertes par le grand commerce colonial. Les jeunes gens ambitieux n'ont plus qu'à tenter leur chance à Saint-Domingue.

En 1800, Jonzac commence sa carrière de chef-lieu d'arrondissement. La ville a oublié ses velléités industrielles. Sa population stagne jusqu'à la Deuxième Guerre mondiale mais ne vit pas pour autant dans la médiocrité. Elle profite de la remarquable prospérité du Second Empire : sa bourgeoisie possède des vignes et vend son cognac. Aussi, entre 1840 et 1870, l'agglomération est profondément remaniée et en grande partie reconstruite. Les carrières, nombreuses sur place, fournissent la pierre nécessaire. A partir de 1875, la crise du phylloxéra réduit les possibilités financières des propriétaires.

Jonzac va désormais végéter jusqu'aux années 60. Les deux guerres mondiales n'y changent rien. L'épisode le plus marquant de la Seconde Guerre se situe en 1944, lorsque la Résistance parvient à faire sauter une partie du dépôt de munitions allemand des carrières d'Heurtebise (→ encadré).

La ville aujourd'hui

Installée au cœur d'un pays frappé par l'exode rural et victime des crises de la viticulture et de l'industrie laitière, Jonzac a réagi, profitant de la politique de décentralisation de l'industrie pour accueillir quelques activités sur sa zone industrielle. Elle s'est ensuite orientée vers les énergies nouvelles en réalisant une expérience originale de chauffage urbain fondé sur la géothermie.

La présence d'eaux chaudes riches en sels minéraux lui permet aujourd'hui de se tourner vers le thermalisme : des projets sont à l'étude pour augmenter les capacités d'accueil et agrémenter l'environnement. L'afflux des curistes a eu pour conséquence de multiplier studios, hôtels et restaurants. La ville a fait un gros effort d'aménagement : un espace de loisirs, le Mail de Seugne, s'étend désormais à proximité de la rivière. Un vaste plan d'eau est prévu en face de l'établissement thermal.

Visite de la ville

La topographie actuelle du centre laisse encore clairement percevoir les trois phases de développement de la ville : le château, sur une butte, accompagné de son bourg, le prieuré Saint-Gervais et son bourg, sur une seconde éminence, reliés l'un à l'autre par une artère axiale, la rue des Ballets (aujourd'hui rue de Verdun) ; enfin de l'autre côté de la Seugne, le faubourg plus récent des Carmes, prolongé au XIXe siècle vers la gare.

Le centre ville

2 h

▶ Partir de la *place du Château (B1).*

▷ Le château

De sa masse énorme placée à l'est du bourg primitif, il commandait un éperon calcaire en partie cerné par la Seugne. Il est cité à la fin du XIe s. mais son architecture actuelle ne remonte pas au-delà du XVe s.

Jadis, des fossés creusés dans le rocher, larges de 7 m et profonds de 15 m, l'entouraient de trois côtés. Ils furent remblayés en 1855 et le pont-levis disparut du même coup. Cette opération permettait d'établir la place actuelle mais elle nuit à l'aspect de l'édifice qui, dit-on, « gagnait beaucoup à être considéré de la profondeur de ses douves ».

Au milieu du front principal, puissant *châtelet* flanqué de deux tours rondes et doté de trois rainures de pont-levis. A gauche et à droite, deux ailes, à peu près égales, rejoignent deux grosses tours, celle de droite dominant à pic la vallée de la Seugne. Partout, les mâchicoulis à accolades sont portés par des consoles à quatre dés superposés, disposition plus fréquente en Bretagne qu'en Saintonge. La couverture a été refaite en 1860, avec le souci, semble-t-il, de respecter ce qui existait sous l'Ancien Régime.

La partie sud-est *(ne se visite pas)*, abrite les locaux de la *sous-préfecture* et domine la rivière. Cette construction du XVIe s. abrite de belles salles et une fontaine du XVIIe s.

Le bâtiment intérieur a été ouvert en 1854 pour livrer passage à une rue ; l'escalier monumental a alors été détruit. Les bâtiments de gauche, très restaurés, abritent l'*hôtel de ville*. Divers ornements du XVIIe s. subsistent, en particulier des panneaux emblématiques empruntés aux signes du zodiaque et des bustes guerriers, maladroitement traités, qui représenteraient les connétables de France.

Le château a reçu des hôtes illustres. Le plus célèbre fut sans doute le jeune *Louis XIV*, hébergé avec *Anne d'Autriche* et *Mazarin* en 1659, au moment où il se rendait sur la frontière espagnole. On ne toucha plus à leurs appartements jusqu'à la Révolution. Cet édifice n'a jamais été vendu comme bien national. Il est devenu propriété privée avant d'être partiellement acquis par la commune et le département.

▷ Le « bourg » du château *B1*

Le bourg du château a constitué, jusqu'au début du XVIIe s., la véritable « ville ». Cet ensemble, protégé au sud par la Seugne, à l'est par la forteresse, à l'ouest par une porte, ne semble pas avoir eu de remparts ; au nord, les façades contiguës des maisons en tenaient lieu. De ce système défensif élémentaire subsiste, entre autre, le *chemin de ronde (descendre en direction de la Seugne, tourner à droite et s'engager sous le passage voûté : on suivra une suite de maisons souvent fort anciennes)*, parallèle à la rivière.

La plupart des immeubles ont été restaurés durant la seconde moitié du XIXe s. mais quelques maisons du XVIIIe s. ont conservé leurs façades.

▶ *La porte de ville (B1).* Appelée autrefois « portail d'entrée du château », c'est l'ancienne porte du XVe s., avec créneaux et mâchicoulis. Elle donnait accès à l'ensemble défensif formé par le château et les maisons du bourg. Elle se trouve aujourd'hui enserrée dans des constructions qui recouvrent les vestiges de deux tours cylindriques.

▷ L'église *A1*

Cet édifice est placé sur la seconde colline de Jonzac, près d'un *marché couvert* de pur style Eiffel. Le *prieuré Saint-Gervais et Saint-Protais*, roman à l'origine, a été agrandi au début du XVIe s., puis très fortement restauré entre 1847 et 1854. Le clocher, qui date de cette période, a remplacé un simple campanile placé à l'arrière de l'édifice.

La *façade* romane carrée, partie la plus intéressante, s'inscrit à l'intérieur du vaste triangle occidental. Elle comprend un rez-de-chaussée et deux étages ; quatre colonnes changeant plusieurs fois de diamètre la divisent en trois aires. En bas s'ouvre un large *portail* accompagné de deux baies aveugles ; un cordon sculpté borde les pleins cintres. Des chapiteaux à feuillages et à crochets surmontent les colonnes des pieds-droits ; deux de ces chapiteaux sont historiés mais pratiquement illisibles. Le premier étage est occupé par quatre baies aveugles en plein cintre, le second par une baie centrale entourée de cinq gros tores. Les arcs s'appuient sur des colonnettes à chapiteaux. Huit colonnes et colonnettes de séparation se terminent, en haut du deuxième étage, par une sorte de petite lanterne formée d'un cône très pointu au-dessous duquel apparaissait une tête humaine (deux seulement existent encore). Aux deux extrémités de la façade s'ouvrent des portes annexes surmontées chacune d'une fenêtre ogivale à un meneau. Elles ont manifestement été placées lorsque l'église a été agrandie, sans doute par l'atelier qui a construit la première chapelle des Carmes, vers 1505. Le *mur sud* a seul survécu aux restaurations du XIXe s. On remarquera les nombreuses traces laissées par les projectiles des arquebuses des guerres de Religion.

L'intérieur, formé de trois nefs voûtées en plein cintre a, lui aussi, été fortement remanié.

▷ La Seugne *B1*

Redescendre la rue de Verdun puis tourner à droite. On se trouvera bientôt sur le *pont de pierre* (milieu du XIXe s.) qui a remplacé trois ponts successifs de bois, les ponts de Ferrande. La Seugne formait autrefois trois bras. Une île, avec plusieurs immeubles, occupait le milieu du cours principal, freinait l'écoulement des eaux et provoquait de dangereuses inondations. On l'a supprimée au moment de la construction du pont. Du pont, on découvrira le spectacle pittoresque des *maisons*, donnant une idée de ce qu'était Jonzac au temps des tanneurs et des artisans de la laine.

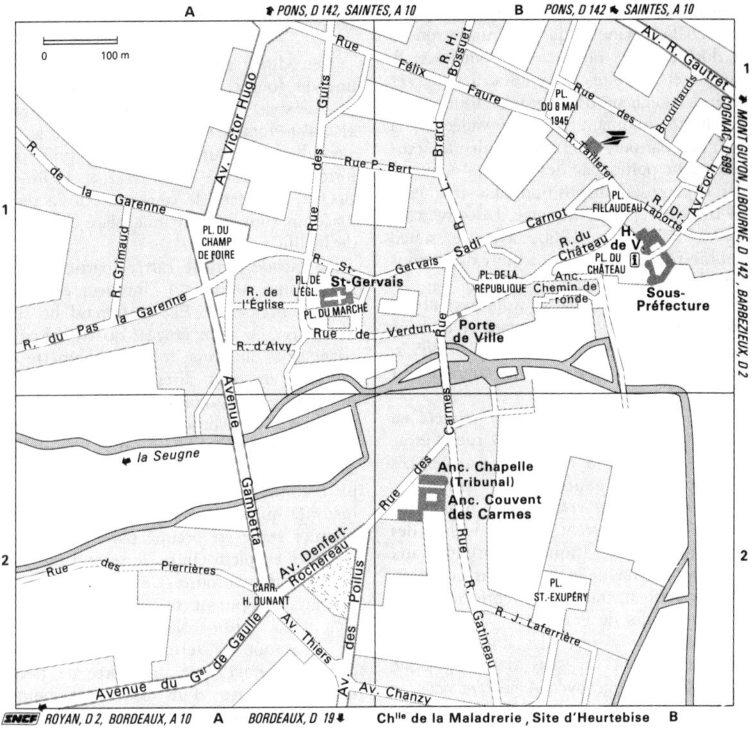

Jonzac

▷ **Les Carmes** *(B2) suivre la rue des Carmes, vers la droite*

Fondé le 23 octobre 1505 par *Jean de Sainte-Maure*, ce couvent, ruiné pendant les guerres de Religion, sans doute en 1568, a été reconstruit pendant la première moitié du XVIIe s. Trois religieux seulement l'occupaient, s'attachant - sans grand succès -, après 1685, à surveiller les nouveaux convertis. Vendus comme biens nationaux, les bâtiments ont été acquis par la ville qui y a installé sa première « maison commune ». Une partie a été revendue au département. C'est ainsi que l'ensemble est parvenu à peu près intact jusqu'à nous.

De l'origine ne subsistent que le ***chevet de la chapelle*** et une partie du ***mur nord***. On remarquera sur les contreforts de l'abside plusieurs sculptures allégoriques du début du XVIe s.

L'***église***, à une seule nef, abrite aujourd'hui le tribunal. Elle fut sans doute terminée en 1637, date qui figure de part et d'autre du sommet du fronton.

Les arcades du ***cloître*** ont été construites en 1657. La portion Est du déambulatoire n'a pu être restaurée car elle est toujours propriété départementale. Remis en état à partir de 1976, les locaux abritent le ***centre culturel***. On y trouvera, dans les trois chapelles latérales qui ouvrent aujourd'hui sur le cloître et dans une salle de l'étage, le ***musée*** installé par l'Association archéologique et historique jonzacaise : importante collection d'objets préhistoriques et de céramique gallo-romaine d'origine locale. L'ancien couvent abrite aussi l'***Université francophone d'été Saintonge-Québec*** qui organise chaque année, en juillet-août, des cycles de conférences et des expositions.

Une « ville puante »

Le tannage, à Jonzac, connaît son plus grand développement entre 1660 et 1730. Les ***blanchers*** *et* ***chamoiseurs*** *se procurent les peaux brutes dans tout le Sud-Ouest, les apprêtent dans leurs* ***adouberies*** *établies le long de la Seugne, puis expédient le* ***cuir blanc*** *chez les gantiers de Vendôme. Ils emploient volontiers de jeunes tanneurs originaires de régions parfois éloignées qui s'arrêtent à Jonzac pendant plusieurs mois au cours de leur tour de France. Cet artisanat fait du Jonzac de l'Ancien Régime une « ville puante » mais ouverte sur l'extérieur.*

Aux environs de Jonzac

▷ La chapelle de la Maladrerie

dans la commune, à la sortie de la ville, en direction de Montendre, au bord de la D 19

Sur le plan architectural, cette très modeste chapelle, réduite en fait à une minuscule *façade* du XVe s., attire peu l'attention. On sait que les maladreries étaient, au Moyen Age, destinées à recevoir les lépreux exclus de la communauté humaine. Toute châtellenie de quelque importance possédait la sienne, à bonne distance du bourg, au bord d'une route fréquentée. Les toponymes qui rappellent leur existence ont souvent survécu mais les bâtiments ont presque partout disparu. Or, par un hasard exceptionnel, la maladrerie de Jonzac a en partie été conservée ; c'est là son intérêt.

Une *inscription* en caractères gothiques, placée au-dessus de la porte, rappelle la date de la construction (1481).

▷ Le site d'Heurtebise

A la sortie de Jonzac, après le passage à niveau de la route d'Ozillac, en bordure de la voie ferrée Nantes-Bordeaux, les falaises d'Heurtebise dominent la vallée de la Seugne. Tour à tour désert ou très animé, ce site particulier a toujours été étroitement lié à la vie de la ville.

S'il ne craint pas une brève escalade, le visiteur trouvera, à mi-pente, plusieurs *grottes préhistoriques* occupées à l'époque magdalénienne, réutilisées plus tard au Moyen Age.

L'extraction de la pierre de taille a donné naissance à de vastes *carrières* dont l'existence est attestée au XVIIe s. mais qui sont sans doute plus anciennes. La tradition, très vraisemblable, veut que les protestants récalcitrants y aient tenu leurs premières assemblées clandestines après 1685. La production de la pierre s'est développée au XIXe s. et a atteint son maximum vers 1860, au moment où la prospérité du commerce du cognac entraînait une véritable fièvre de construction dans les campagnes. La crise du phylloxéra qui a frappé le vignoble local à partir de 1875 devait ralentir cette activité, mais on comptait encore quelques carriers à la veille de la Seconde Guerre mondiale.

Une *plaque commémorative* rappelle l'acte de sabotage qui, en juin 1944, coûta la vie à deux jeunes héros : *Pierre Ruibet* et *Claude Gâtineau* (→ *encadré*). Un *monument* à leur mémoire a été érigé en 1948 dans le jardin public dès lors rebaptisé *square Ruibet-Gâtineau*.

Délaissé à nouveau pendant un quart de siècle, le site d'Heurtebise s'est réveillé en 1979. On y a d'abord creusé un forage destiné à alimenter en eau chaude le chauffage urbain, et une usine a été construite dans ce but. C'est aussi l'origine de la *station thermale* (*ouverte du 1er févr. au 23 déc.*) aménagée à l'intérieur des carrières naguère occupées par le dépôt de munitions. Les thermes, qui ont ouvert leurs portes le 4 août 1986, sont de conception originale. Les techniciens de la chaîne thermale du Soleil en poursuivent actuellement le développement. L'extérieur a été profondément remanié. Un lac et une baignade ont été créés, des jardins aménagés. Heurtebise est ainsi redevenu un des pôles de la vie jonzacaise.

Un acte héroïque

Conscients de l'intérêt de l'extraordinaire réseau de galeries souterraines que représentait le site d'Heurtebise, les Allemands y installèrent, à partir de 1942, un très important dépôt de munitions. Un jeune requis de 20 ans, Pierre Ruibet, originaire de Voiron (Isère), imagina de faire sauter cet ensemble et s'employa, seul, à en préparer méthodiquement le sabotage. Il s'assura bientôt la complicité d'un camarade jonzacais de son âge : Claude Gâtineau.

Le 20 juin 1944 au matin, surpris dans ses activités, Pierre Ruibet se vit contraint de mettre prématurément son projet à exécution, sachant bien qu'il faisait le sacrifice de sa vie. Une partie du dépôt fut détruite, 17 Allemands tués.

La police allemande arrêta 40 otages. Pour les sauver, Claude Gâtineau n'hésita pas à se dénoncer et fut fusillé à l'entrée même de la carrière.

Jonzac, ville thermale

Un forage prospectif, réalisé à Heurtebise en 1979, au moment du deuxième choc pétrolier, ramenait une eau hyperthermale sulfatée mixte, chlorurée, sodique, contenant de nombreux oligo-éléments et bactériologiquement pure. Cette source, baptisée « Soenna », capte l'aquifère du Trias situé entre 1 670 et 1 860 m. La température de l'eau, à l'émergence, est de 62 °C et sa minéralisation totale de 7,4 g/l.

Le 7 mai 1985, l'Académie de Médecine en a officiellement reconnu les qualités thérapeutiques. En avril 1986, le haut comité du thermalisme a accordé à Jonzac son intégration au groupe des stations thermales spécialisées dans le traitement des affections rhumatismales (arthrose, coxarthrose, périarthrose, sciatiques, séquelles de traumatismes ostéo-articulaires et de chirurgie osseuse). A ces traitements s'ajouteront bientôt ceux des voies respiratoires et de la phlébologie.

Loudun★ et le Loudunais

23-BC3, 4 et 24-B1 / R 107 / V 34
8 448 habitants / ✉ 86200
ℹ hôtel de ville ☎ 49.98.15.96
SNCF Chinon

Entre Touraine et Gâtine s'étale la plaine loudunaise, région de contact, et partant de conflits, au cœur d'une mosaïque de petits pays. Le Moyen Age y vit ses seigneurs tour à tour s'en disputer la maîtrise, car la modeste Loudun verrouille tout le sud-ouest de la France entre Loire et Gironde. Aussi, en dépit de la renaissance des dernières années, conserve-t-elle l'aspect d'une place forte déchue, vivant au large dans ses murs.

Le réveil des années 60 a pourtant secoué la somnolence de son ample campagne, et de celle des cités d'histoire dont le chapelet s'égrène, sous l'œil attentif de Thouars la rivale, jusqu'aux approches de Parthenay.

La ville dans l'histoire

Plusieurs étymologies sont proposées, mais une seule est acceptable : Loudun vient de Lugdunum, c'est-à-dire la colline fortifiée (dum) consacrée au dieu celtique Lug.

Bien avant l'arrivée des Celtes, environ 500 ans av. J.-C., toute la région est habitée comme l'attestent la centaine de monuments mégalithiques dénombrés au début de ce siècle et les nombreux outils de silex (bifaces, pointes de flèche, haches, etc.). L'occupation romaine se fait sans heurts grâce au respect des religions, us et coutumes de la population gauloise. Vers 150, donc deux cents ans après leur arrivée, les Romains édifient un important oppidum auquel le célèbre bâtisseur Foulques III Nerra, comte d'Anjou (970-1040) ajoute, vers 1028, la tour carrée.

Après avoir été possession des comtes du Poitou, puis des comtes d'Anjou, Loudun revient à la couronne de France au début du XIIIe siècle, le roi Philippe Auguste ayant repris le « pays de Loudunois » au dernier des comtes Plantagenêt d'Anjou devenu roi d'Angleterre. En 1206 il ordonne d'élever, sur les bases de l'oppidum, une enceinte fortifiée comportant vingt tours et, au midi, un énorme donjon cylindrique. Cette enceinte, réputée imprenable, résiste à l'emprise de l'ennemi au cours de la douloureuse guerre de Cent Ans. Le même roi dote la ville d'une ceinture de murailles bordées de douves humides, larges et profondes, et percées de quatre portes. Il y établit également une cour souveraine de justice et un bailliage royal.

Dès les années 1540 la Réforme, qui s'implante fortement dans les grandes villes du Poitou, atteint également Loudun où elle touche vite les artisans et les petits commerçants. A partir de 1562, la ville est déchirée par les guerres de Religion. En 1598, Henri IV signe l'édit de Nantes et proclame Loudun place de sûreté protestante. Dès lors, malgré les guerres étrangères et intestines, les épidémies, la ville prospère progressivement. Au tout début du XVIIe siècle elle compte environ 20 000 habitants.

Mais Richelieu reprend fermement la ville en mains, se trouvant maints appuis, tel le Loudunais Théophraste Renaudot (→ encadré) dont la « Gazette », lancée en 1631, devient rapidement un organe semi-officiel. La forteresse, jugée trop dangereuse, est détruite. Une floraison de nouveaux ordres religieux envahit la ville. Le climat de ferveur, de mysticisme exacerbé qui entoure ces implantations explique en partie la célèbre affaire Urbain Grandier (→ encadré) en 1633.

Ces événements et la révocation de l'édit de Nantes qui entraînent l'exode des protestants brisent l'essor de la ville qui, au lendemain de la Révolution, ne compte plus que 4 500 habitants.

Il faut attendre le XIXe siècle et l'arrivée du chemin de fer pour voir la ville retrouver une certaine prospérité qui s'accompagnera d'un élan de constructions nouvelles (mairie, tribunal).

La ville aujourd'hui

A l'issue du second conflit mondial, Loudun est une ville oubliée. L'impulsion est donnée en 1961 avec la création de deux zones industrielles périphériques : aux activités traditionnelles de bonneterie, de conserverie, de laiterie qu'elle avait maintenues tant bien que mal, sont venues se greffer les industries du meuble (matériel de bureau) et des engins agricoles. A cela s'ajoutent les activités du tourisme.

Visite de la ville

3 h

La ville se distingue par ses rues pittoresques mais étroites - dont certaines sont piétonnes -, ses agréables boulevards ombragés, et une décoration florale qui lui a valu une flatteuse distinction.

▶ Partir de l'hôtel de ville. A l'époque médiévale cette partie de la ville portait le nom de ***bourg du Grand Pavé***, car là se trouvait un monument mégalithique.

▷ L'hôtel de ville

Cette imposante bâtisse fut construite au milieu du XIXe siècle. Au fronton nord paraissent les armoiries ayant cours sous l'Empire. En fait la ville porte sur son blason « de gueules à la tour carrée d'argent, crénelée et façonnée de sable, au chef d'azur chargé de trois fleurs de lys d'or ». A l'emplacement de cet édifice se trouvait le couvent des Cordeliers, fondé en 1284 par le *baron Hugues de Bauçay*.

▶ En face, la ***caisse d'Épargne***, achevée après la guerre de 1914, est un bel échantillon de l'architecture du début de notre siècle. ▶ La petite ***rue de l'Abreuvoir*** qui descend aboutissait aux douves encerclant la ville. A cet endroit fut aménagé un abreuvoir, d'où son nom. Au XVIIIe siècle se trouvait là, à l'emplacement de l'actuel cinéma, le collège des protestants : au lendemain du procès Grandier, le *commissaire Jean Martin, baron de Laubardemont*, grand responsable de l'issue de ce procès et homme de paille du cardinal de Richelieu, chassa les protestants pour y installer les religieuses ursulines et c'est là que mourut *Mère Jeanne des Anges*. ▶ Dans le ***square Renaudot***, près de la pièce d'eau, ***statue*** de *Théophraste Renaudot (→ encadré)*; l'original en bronze, œuvre de *Charron*, fut emporté en Allemagne pendant l'Occupation. ▶ La ***tour du Bailliage***. Emergeant au-dessus d'une maison, apparaissent les restes d'une des vingt tours de l'enceinte de la forteresse. C'est là qu'*Urbain Grandier* entendit la lecture de son acte d'accusation et subit la « question ordinaire et extraordinaire » avant d'être conduit au bûcher. ▶ Longer le ***jardin de la Mairie*** et contourner la forteresse. L'***ancien hôtel du prince de la Tour d'Auvergne*** est maintenant celui des impôts. ▶ A quelques mètres de là, au centre du carrefour, se dressait un calvaire d'où le nom de la ***rue de la Croix-Bruneau***. ▶ La ***rue du Portail-Chaussé*** aboutit au boulevard circulaire et donc au mur d'enceinte de Philippe Auguste. Dans ce mur fut ouvert un portail d'accès, utile pour certains mais dangereux au regard de la sécurité publique, aussi fut-il obstrué (« chaussé ») d'où le nom actuel. ▶ De la rue de la Croix-Bruneau, on peut faire un détour par la ***rue de la Porte-Saint-Nicolas*** et passer devant la ***rue des Capucins*** : le couvent fut fondé en 1616 grâce au père *Joseph du Tremblay* et abrita, en 1789, les premières réunions de préparation des États Généraux. ▶ Continuer la rue de la Croix-Bruneau. Au carrefour de la ***rue Villecourt*** se trouvait le temple protestant et, en face, on peut voir quelques restes de la ***Maison-Dieu***, construite au XVIIe s. ▶ Longeant toujours l'ancienne forteresse, on arrive au ***Carroi des*** *chalumeaux*. ▶ Quelques pas dans la rue en pente et l'on aperçoit l'ancien *couvent* des religieuses *de la Visitation*. Fortement endommagé pendant la Révolution, transformé en caserne, il deviendra un hospice puis un hôpital ; c'est actuellement un centre hospitalier. ▶ Passer devant la belle *maison des Orfèvres*, restaurée depuis peu, et descendre la rue du Martray pour atteindre le *musée Louis Charbonneau-Lassay* (*15 juin-30 sept., t.l.j. 14 h-19 h ; hors saison, dim. et j. fériés 14 h-18 h*) aménagé dans l'ancien hôtel Croué de la Rennerie : belle collection d'armes et nombreux souvenirs de l'histoire locale.

▷ L'église Saint-Hilaire-du-Martray

En 1334, *Jehan de Bauçay* donna aux moines carmes un vaste terrain situé dans le « bourg du Martray » et l'argent nécessaire pour l'établissement d'un couvent. En 1388 les mêmes carmes reçurent un don d'argent d'un autre seigneur loudunais, *Perceval de Colloigne*, époux de *Jeanne de Grézille*, pour parfaire la chapelle claustrale. Un autre seigneur de Loudun, *René d'Anjou*, roi de Sicile, et le *cardinal de Foix*, évêque de Vannes, permirent l'édification de l'aile sud où fut portée une statue de Notre-Dame de Recouvrance alors très vénérée. Le 8 novembre 1568, les protestants incendièrent le couvent. A la Révolution les religieux furent dispersés, le couvent et la chapelle pillés. Lors du rétablissement du culte, la chapelle devint église paroissiale en remplacement de l'église Saint-Pierre-du-Martray totalement détruite.

Franchir le *portail* Renaissance, très mutilé par les protestants. A droite, dans l'aile latérale, voir l'*autel* offert aux carmes par le *cardinal de Richelieu*. Selon la tradition, le *cardinal de Foix* serait enterré dans le premier enfeu. Les armoiries de *René d'Anjou*, gravées aux clefs de voûte, ont été grattées à la Révolution. Le *vitrail* de la nef serait le plus grand de la Vienne. Les deux *tableaux* profanes du mur nord sont un don de madame la *marquise de Montespan*. Ils représentent Mademoiselle de Blois et le duc du Maine. Les deux statues de l'enfeu nord ont été sauvées de la destruction de l'église Saint-Pierre-du-Martray et rappellent l'apparition, légendaire, de Notre Seigneur Jésus-Christ à la reine sainte Radegonde en route pour Poitiers où elle devait fonder le monastère de Sainte-Croix. ▶ De cette église quelques pas nous séparent de la *porte Saint-Pierre-du-Martray*, la seule qui subsiste des quatre portes primitives. ▶ Remonter l'*ancienne rue des Carmes* et passer sous une porte bâtarde pour longer l'ancien cimetière. On arrive au pied du château, à l'endroit où s'élevait l'église paroissiale bâtie en mémoire de *Clair* et *Lucain* décapités vers 150. ▶ De la forteresse de Philippe Auguste ne subsiste que la base du *donjon*. Il suffit pour le voir de monter le petit raidillon. ▶ Redescendre vers la *promenade de la Lice*, là où se faisaient joutes et tournois, les spectateurs se

Théophraste Renaudot

Vers 1585, Jehan Renaudot, « précepteur de la jeunesse » à Luché dans le Maine, venant de perdre sa femme Marie Criton, se fixe à Loudun où il épouse Cécile Fourneau, issue d'une riche famille protestante. Entre mars et décembre 1586 leur naît un enfant : Théophraste. Sous la direction du savant Boulanger il fait de solides études classiques et, très tôt, désire exercer la médecine. A Paris, la Faculté refuse la moindre distinction à ce « philiatre » qui doit alors gagner celle de Montpellier, plus accueillante aux protestants. Malgré son jeune âge, en 1606 il est reçu médecin et, après plusieurs années de voyage en Espagne, en Italie, en Europe centrale, il revient à Paris où la Faculté lui refuse toujours de lui ouvrir ses portes. Il décide donc de rejoindre son pays natal pour y exercer la médecine. Ses incomparables qualités lui vaudront d'être appelé au Louvre par le roi qui le nommera Commissaire général des pauvres du royaume en 1612 et, l'année suivante, médecin ordinaire du Roi. Avec l'appui du premier ministre il fonda, en 1629, le Bureau d'adresses du Grand Coq, centralisant les offres et demandes d'emploi. Peu après, le roi Louis XIII l'autorise à ouvrir « Au Grand Coq », un service de consultations médicales gratuites avec fourniture de médicaments. Déjà, en 1619, avec l'aide du « Maistre apothicaire Jacques Boisse » il avait créé la première spécialité pharmaceutique, le « Polychreston », diffusé largement dans tout le royaume grâce à une judicieuse publicité. Dans un ordre d'idée tout différent, il fonda, en 1631, la célèbre « Gazette » ; Louis XIII et Richelieu y écrivaient et le Père Joseph y avait un bureau. Bientôt nommé historiographe du Roi, Renaudot fut logé au Louvre où il organisa une société de conférences, véritable cours de sciences, qui eut un tel succès qu'il fallait louer les places à l'avance. Ce grand bienfaiteur ne fut pas loué de tous ; il eut même de nombreux détracteurs malgré le bénéfique soutien royal. Mais, en 1642, le roi puis le cardinal disparurent, et ses ennemis, la Faculté en tête, redoublèrent leurs attaques, ce qui attrista les dernières années du philanthrope. En 1649 il accompagna la reine et Mazarin dans leur retraite de Saint-Germain.
Renaudot mourut le 25 octore 1659 et fut inhumé en grande pompe devant le maître-autel de Saint-Germain-l'Auxerrois et, en 1987, une plaque commémorative y fut scellée en présence de monseigneur le duc d'Anjou.

Un procès retentissant

En octobre 1632, alors que la ville venait de subir une épouvantable épidémie de peste faisant quatre mille victimes, une étrange nouvelle se répandit dans la ville : plusieurs religieuses ursulines souffraient d'un mal mystérieux. Ce couvent, situé rue du Pasquin et dirigé par mademoiselle Jeanne de Belciel, fille d'un «haut et puissant seigneur», Louis de Belciel, de Coze en Saintonge, était en fait un internat de jeunes filles de haute distinction.

Née le 2 février 1602, Jeanne de Belciel avait été confiée à une de ses tantes, prieure de l'abbaye de Saintes, pour peu de temps, en raison de ses «penchants déréglés». Cette jeune personne, qui avouera dans ses mémoires «n'avoir aucune application à la présence de Dieu», avait su, très adroitement, attirer dans son pensionnat des religieuses et des élèves de haut lignage. Mais de quel mal souffraient-elles ? On le sut bientôt par la voix même de prêtres exorcistes appelés auprès d'elles : elles étaient possédées du Démon. Mère Jeanne avoua le nom du coupable : Urbain Grandier.

Ce jeune prêtre, curé de Saint-Pierre-du-Marché, né en 1590, d'une rare intelligence, érudit, excellent orateur, était très séduisant, trop même. Mère Jeanne des Anges, conversant souvent derrière la grille avec des parents d'élèves, connaissait ses succès féminins et l'avait en vain demandé en qualité d'aumônier du couvent.

Sous l'impulsion d'un chanoine confesseur des religieuses, les exorcismes et expertises se multiplièrent pendant de longs mois et aboutirent, après bien des rebondissements, au procès de Grandier dont le verdict fut la mort sur un bûcher après torture ; l'exécution eut lieu le 18 août 1634 devant la façade nord de la collégiale Sainte-Croix.

Comment cela put-il arriver ? Les religieuses étaient atteintes de cette maladie, particulièrement étudiée par le professeur Charcot, connue sous le nom d'hystérie collective. Quant à la victime, le curé de Saint-Pierre, s'il possédait de grandes qualités, il avait aussi quelques défauts : orgueilleux, vindicatif, procédurier, il s'était attiré bien des inimitiés, même auprès de ses confrères. Dès le tout début des accusations, il haussa les épaules en riant, pensant que son innocence lui permettrait, aidée par ses talents, de triompher une fois de plus de ses accusateurs. Cette innocence, il la proclamera malgré la torture et périra brûlé vif en prononçant le nom de Jésus. Cet inique procès eut un retentissement considérable puis fut oublié.

Il y a un siècle les docteurs Legué, Charcot, Georges Gilles de la Tourette étudièrent ce dossier. Ce sont maintenant les auteurs de pièces de théâtre, d'opéras, de films, d'études historiques qui se sont emparés du sujet.

groupant sur les escarpes. ▶ Remarquer les restes des *tours* dites *de la Lice* et *des Moines*, cette dernière ainsi nommée parce que touchant le couvent de Notre-Dame, inclus dans l'enceinte. On peut voir encore quelques vestiges de la chapelle. ▶ Descendre la *rue du Relandais* et, au premier carrefour, jeter un coup d'œil dans la *rue du Pasquin* où se trouvait le couvent des religieuses ursulines et dont il ne reste qu'une porte et la base d'une tourelle d'angle. ▶ L'*Ancien Echevinage* ou *hôtel de Razilly* est l'une des plus belles demeures de Loudun avec sa tour d'escalier du XVe s., très heureusement restaurée. Il est aménagé pour recevoir colloques et réunions.

▷ La collégiale Sainte-Croix *par la rue de la Vieille-Charité*

Son portail est passablement défiguré. En 1060 elle avait pour vocable Notre-Dame mais, en 1121, *Foulques V* la dota d'un fragment de la Vraie Croix. Le comte d'Anjou *Geoffroy Martel* avait déjà fondé un collège de chanoines auquel il céda les droits seigneuriaux, y compris une juridiction dans le pourtour de leur vaste couvent qui formait « le bourg Sainte-Croix ». Cette église, longue de 53 m, est le type parfait du style roman : croix latine avec absidioles sur les bras du transept, chœur aux puissants piliers cylindriques et déambulatoire avec chapelles absidiales. La voûte en plein cintre de la nef s'écroula après la Révolution et ce prestigieux monument est transformé en marché.

Sur le *parvis* de cette collégiale, le comte *René d'Anjou* fit construire une halle complètement détruite à la Révolution. Un parc de stationnement y a été récemment aménagé.

▶ La *place Urbain-Grandier*. Des arcades médiévales qui entouraient la place au nord de l'église, une seule subsiste. C'est là que fut brûlé vif pour crime de magie *Urbain Grandier*, curé de Saint-Pierre-du-Marché et chanoine prébendé de la collégiale Sainte-Croix *(→ encadré)*. ▶ Au nord-ouest de cette place, la *rue du Lion-d'Or* (« au lit on dort »), complètement défigurée par une modernisation récente, conserve encore son *pavé* médiéval en forme de cœur, riche souvenir du symbolisme chrétien. ▶ Nous pénétrons dans le *bourg des Halles*, dont le centre était autrefois la place de la Poulaillerie, entourée de la *rue du Minage* et de la *rue de la Pironnerie* (piron = petite oie). ▶ *Rue de la Grand'cour*, au n° 9, vieux logis de la Grand'Cour et, au n° 15, maison natale de *Jean-Charles Cornay*, martyrisé au Tonkin en 1837 et canonisé en 1988 par le *pape Jean-Paul II*. ▶ Poursuivre vers l'ancien *carroi au pain*. ▶ A droite, l'ancienne *rue du Roi-de-Sicile* où se tenait la demeure du comte d'Anjou, dont le dernier élément en bordure de la rue fut démoli au milieu du XIXe s. ▶ *Rue de la Boucherie* on peut encore voir quelques étals de bouchers, des ruelles malencontreusement obstruées dont une au nom pittoresque : ruelle du Pince-cul. ▶ Reprendre notre marche dans ce qui fut la *rue des Trois-Rois-Mages* où se trouvait une somptueuse hostellerie à l'enseigne des célèbres voyageurs, située à l'emplacement de la galerie marchande. ▶ *Place de la Beuffeterie*, voir l'ancien *hôtel Montault-des-Isles* dont l'intérieur fut décoré par le sculpteur *David d'Angers.* ▶ Au levant, la « rue des Bourgeois », maintenant *rue Marcel-Aymard*, garde encore quelques vestiges de magnifiques demeures, les plus notables étant à l'angle de la rue du Bourg-Joli : l'*hôtel d'Espinay*, transformé en maison de retraite et dont la façade a été rénovée ; en vis-à-vis, l'*hôtel de l'abbesse de Fontevraud.* ▶ Prendre au sud la *rue du Fourneuf* et monter en direction de l'ancienne entrée du château fort pour gagner le parvis de Saint-Pierre. ▶ *Rue Renaudot*, la maison natale de *Théophraste Renaudot*, belle demeure du XVIe s. *(1er juil.-31 août, t.l.j. 14 h-19 h ; hors saison sam., dim. et j. fériés 14 h-18 h sf Noël et 1er janv. ☎ 49.98.27.33 ou* ℹ*)* a été aménagée en *musée* : mobilier d'époque et véritable presse à bras, nombreux documents, journaux, fac-similés, personnages en cire qui reconstituent les différentes étapes de la vie du fondateur de la presse française.

▷ L'église Saint-Pierre-du-Marché

De la construction de Philippe Auguste en 1214, près de la place où se tenait « la cohue à la viande » (place de la Beuffeterie), il ne reste que le sanctuaire et le transept avec les quatres superbes et puissants piliers sur lesquels reposent les voûtes.

Cette église fut pillée et saccagée pendant la guerre de Cent Ans. La paix revenue, le peuple chrétien fit construire la nef nord dans le plus pur style ogival. La corporation des bouchers y ayant apporté une aide importante, leur blason est reproduit sur un chapiteau. L'accroissement progressif de la population rendirent nécessaires la construction de la nef collatérale sud dans le premier quart du XVIe s. ainsi que celle du clocher et du portail, parties les plus remarquables au dire de l'archéologue *Longuemar.*

Son aspect rappelle un arc de triomphe très élevé, fort harmonieux dans ses proportions, richement décoré d'élégantes sculptures. Nous avons là une disposition architecturale consistant à enserrer sous les mêmes archivoltes non seulement les deux baies d'entrée, mais encore les fenêtres placées au-dessus : le « tympan ajouré ». Les *sculptures* seraient l'œuvre d'artistes tourangeaux. A peine ces constructions étaient-elles terminées que les huguenots saccagèrent le bel édifice, et les sculptures du portail, particulièrement vulnérables, furent mutilées. Une heureuse restauration est en cours depuis 1987. En 1701, le clocher menaçait de s'écrouler. Il fut alors simplement chaîné et ce n'est qu'en 1931 qu'il fut démoli pierre par pierre et rebâti dans son aspect primitif. Pendant la Révolution l'église, pillée, devint temple de la « Déesse Raison », bientôt transformé en parc à fourrage. Depuis 1964 de très importants travaux sont en cours pour la restauration de cet édifice.

▶ Remonter de quelques pas la *rue Renaudot*, appelée rue des Robins sous l'Ancien Régime ; il y avait là une quarantaine d'avocats au XVIIe s. ▶ *Place du Petit-Château*, voir les restes des piliers et contreforts du fortin défendant l'entrée de la forteresse dont il était séparé par une douve profonde de 7 m que l'on franchissait sur un pont facilement escamotable. ▶ En allant vers la Tour carrée par la *rue de la Corderie*, remarquer à droite les vestiges du mur d'enceinte, bien mutilé au cours de récentes constructions, et la *tour du Bailliage* qui, pendant l'Occupation, fut utilisée comme poste de défense anti-aérienne.

▷ La Tour carrée *15 juin-30 sept. t.l.j. 14 h-19 h ; hors saison, dim. et j. fériés 14 h-18 h*

Il s'agit d'une tour de guet protégée cependant par un fossé. L'accès au sommet se fait par un escalier de bois, les différents étages étant détruits. Du haut de ce monument de 30 m, très beau *panorama* sur la ville et la vaste plaine environnante. ▶ Au pied de la tour, le *carrefour des Sorcières* où, dit-on, se tenaient les sabbats, assertion parfaitement invraisemblable : ces réunions, sévèrement réprimées, ne pouvaient se faire à l'intérieur d'une forteresse gardée militairement nuit et jour. Ces fameuses sorcières étaient probablement de simples tourbillons de vent... ▶ Au sommet de la colline a été aménagée une *promenade* qui porte le nom du grand bienfaiteur de la Ville, le roi Philippe Auguste. ▶ Revenir au point de départ de la visite en prenant la rue qui longe l'extrémité nord du vélodrome. On y verra quelques traces du *prieuré Notre-Dame*, nommé plus tard Saint-Philibert, en souvenir du sarcophage de ce saint déposé là en provenance de Noirmoutier lors de la fuite des moines devant les Normands. ▶ La première maison entre la *rue des Jésuites* et la *ruelle du Pavier* fut habitée par *Urbain Grandier.* ▶ Emprunter la *rue du Palais* pour revenir devant l'hôtel de ville.

Le Loudunais

environ 140 km/1 j.

A l'ouest de Loudun, au-dessus des vallées de la Briande et de la Dive, on découvrira la « côte » (ou cuesta) loudunaise, région de tuffeau, au relief dissymétrique que jalonnent de nombreux mégalithes. A l'est, l'on pourra traverser la forêt de Scévolle qui offre ses belles allées aux amateurs de randonnées équestres et pédestres (B 1724 Est et Ouest ; B 1725 Est et Ouest).

▶ Sortir de Loudun par la D 147 au nord, puis prendre à droite la D 39. ▶ A ***Bournand***, l'église du XIXe s. n'a conservé du précédent édifice roman que le ***portail*** d'entrée et un bel autel provenant de l'abbaye royale de Fontevraud. ▶ A 3 km N. de Bournand, par-delà le bois de Chalmont, la très belle ***allée couverte de la Pierre Folle*** est située dans une cour de ferme inaccessible aux visiteurs. ▶ Par la D 39, gagner, à 2 km E. de Bournand, ***Vézières*** dont l'église (XIIe s.), très bien préservée, conserve un curieux chapiteau au premier pilier nord et la pierre tombale de *Guillaume du Rivau*, seigneur de Villiers-Boivin. ▶ ***Sammarçolles*** *(10 km S. de Vézières par la D 23)*. ***Château de la Grande Jaille***, manoir Renaissance avec douves, châtelet d'entrée à échauguettes, porte XVIIe s.

▷ Richelieu* *20 km E. par la D 61*

☎ *47.58.13.62*

C'est une bastide rectangulaire de 700 m sur 400 m, parfaitement conservée, aux rues tracées au cordeau, entourée de murs et de douves aujourd'hui transformées en jardins. Sur les six portes, disposées symétriquement, qui avaient été prévues, quatre furent effectivement construites dont trois ont conservé leurs pavillons. Du fabuleux château il ne reste qu'un modeste pavillon et un cellier.

Le parc *(en saison 10 h-19 h)*. Une allée triomphale bordée de platanes s'engage dans ce domaine de 500 ha, sillonné de canaux ombragés, légué en 1930 à l'université de Paris par la famille du cardinal.

Au nord de la place A.-Briand, où trône une statue en pied du cardinal, s'ouvre la ***porte de Châtellerault***, qui paraît bien modeste aujourd'hui. Le passage donne accès à la place des Halles.

A gauche l'***église Notre-Dame***, noble construction de style jésuite construite par *Pierre Le Mercier* (le frère de Jacques) offre des proportions imposantes pour un village ; la façade en est ornée de quatre grandes statues des Évangélistes. Elle renferme un retable monumental du XVIIe s. et, dans la sacristie, de très belles boiseries de la même époque.

Sur la droite de la place, face à l'église, une belle charpente recouvre les ***halles***. A l'angle de la Grande-Rue, ***l'hôtel de ville*** occupe l'ancien palais de justice. Il abrite un ***musée*** du XVIIe s. *(t.l.j., sauf mardi, 10 h-12 h/14 h-18 h ; 16 h 30 du 1er nov. au 31 mars)* qui présente principalement des documents relatifs au château, à la famille de Richelieu, et à la création de l'originale cité *(→ encadré)*.

La ***Grande-Rue***, aux 28 hôtels tous semblables (certains ont été restaurés) avec leurs portails monumentaux ouvrant sur des cours identiques, aboutit au nord à la place des Religieuses. Croiser la ***rue Traversière*** que bordent, comme les autres voies secondaires de la cité, des maisons plus modestes avec leurs jardins intérieurs. Place

Une ville sans âme

« Hors de toute raison valable, écrit Paul Fénelon, le redoutable cardinal voulut implanter ici une ville digne de sa robe rouge. » C'est en 1631 que, son domaine venant d'être élevé au rang de duché-pairie par Louis XIII - le roi renouvelait ainsi au cardinal-ministre la confiance témoignée lors de la journée des Dupes -, Richelieu entreprit de faire construire, pour remplacer le vieux manoir patrimonial, une somptueuse demeure dans un parc d'aspect versaillais avant la lettre. Il avait assemblé là une quantité considérable d'œuvres d'art : la Révolution ne pouvait le lui pardonner. Elle s'empressa de disperser les trésors et de mettre en vente les bâtiments. Au XIXe s., les acquéreurs engagèrent la démolition et cédèrent pierres et collections à des amateurs ; certaines œuvres échouèrent pourtant dans des musées : le Louvre, Versailles, Orléans, etc. Le reste disparut.

Tout en faisant construire le château, le cardinal souhaita le voisinage d'une cité hors du commun. Ainsi vit le jour, selon les plans de Jacques Le Mercier - l'architecte de la Sobonne - cette ville nouvelle du XVIIe s. que La Fontaine qualifia ironiquement de « premier village de l'Univers ». Mais elle semblait condamnée à rester sans âme, même si l'ensemble avait grande allure : le cardinal n'y vint que rarement.

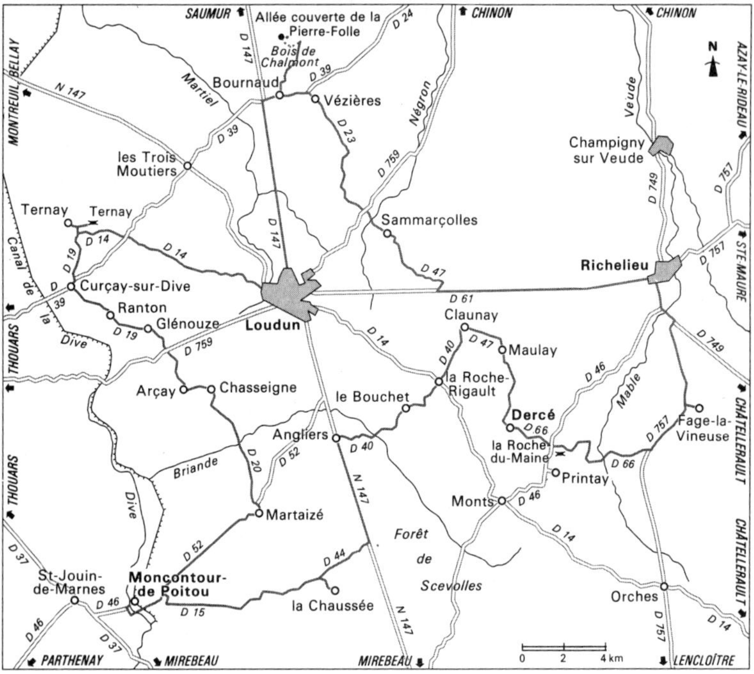

Le Loudunais

des Religieuses s'ouvre, à droite, *l'Académie*, collège fondé par le cardinal.

▶ *Faye-la-Vineuse (par la D 757)* : remarquable *église* romane à déambulatoire.

▶ Poursuivre la D 757 jusqu'à l'entrée du département de la Vienne. De là prendre la D 66 (parcours fléché) jusqu'au *château de la Roche-du-Maine (t.l.j. 15 juin-15 sept. ; le dim. 1er avr.-30 oct. visite guidée à 14 h, 15 h, 16 h, 17 h ☎ 49.22.84.09)*. Il fut bâti vers 1530 par *Charles Tiercelin*, compagnon d'armes de *François Ier* en Italie, sur des fondations anciennes. Ce magnifique spécimen de l'architecture du début de la Renaissance possède un remarquable décor italianisant. Le *logis de Haute Porte (visites sur RV ☎ 49.22.80.08)*, datant des XIVe et XVIIe s., a conservé un beau *pigeonnier* au toit à double pente.

▶ L'église romane de *Princay*, avec sa chapelle seigneuriale (1497), mérite un détour.

▷ Dercé

Nous sommes ici au centre d'une vaste nécropole mérovingienne où de nombreux *sarcophages* furent mis au jour.

L'église. Son superbe clocher est bâti comme une pyramide. La crypte est peut-être d'origine préromane tandis que l'église proprement dite date du XVe s. A l'intérieur, curieuses *peintures murales* du XVIIe s.

Dans le cimetière, tout proche, belle *croix hosannière* du XIVe s.

▶ A *Maulay (3 km N. de Dercé)*, église romane.

▶ *Claunay (2,5 km par la D 47)*. L'*église* en bordure de la route mérite un arrêt : abside du XIe s. voûtée intérieurement en coupole, couverte d'un dallage de pierre épousant sa forme hémisphérique. La travée d'avant le chœur est du XIIe s. ; le bénitier, ancienne cuve de pierre dure, a été sculpté au XVIIe s.

▶ Sortir de Claunay en direction de La Roche-Rigault, remarquer le *château de la Chapelle Belloin (visite sur RV ☎ 49.98.34.93)* où des ruines du XIIe s. côtoient une belle demeure Renaissance, puis suivre la direction de la forêt de Scevolle. Au *Bouchet* : église romane.

▶ A *Angliers*, passer devant l'église dédiée à saint Martin puis devant un imposant *château* du XVIIIe s.

▶ Prendre la route de Poitiers *(N 147)*, puis la D 44 à droite pour *La Chaussée* : à côté de la petite église, visiter la *Maison de l'Acadie (mi-juin-mi-sept. t.l.j. sauf lun. et mar. 14 h 30-18 h 30, reste de l'année sur RV)*, aménagée en 1985. On y découvrira l'histoire des familles du Loudunais parties au XVIIe s., guidées par *Isaac de Razilly, Menou d'Aulnay* et *Martin Le Godelier*, pour fonder une colonie agricole en Nouvelle France. ***Salle des Traditions populaires*** et ***salle de lecture Geneviève Massignon***, grande ethnologue amie des Acadiens. Près de la Chaussée, ne pas manquer la visite du ***château de la Bonnetière***, récemment remis en état.

▷ Moncontour-de-Poitou *par Saint-Clair et la D 15* 🅸 ☎ *49.98.94.94*

C'est là qu'eut lieu l'une des plus grandes opérations militaires des guerres de Religion : dans la plaine, à l'ouest de cette ville, le 5 octobre 1569, l'armée de l'*amiral de Coligny* fut mise en pièces par celle du duc d'Anjou, futur *Henri III*. Les historiens estiment à 17 000 le nombre de soldats tombés entre la Dive et le Thouet. La plaine en a gardé le nom de « Vallée Rouget ».

Ce village, situé sur les bords de la Dive, est en quelque sorte la plus belle des oasis poitevines. Sur la colline, l'***église*** romane au lourd clocher bas, couronné d'une courte flèche aiguë, conserve un portail du XIIe s., hélas très dégradé et envahi par la végétation.

Les ruelles bordées de maisons anciennes escaladent la butte où on cultive, dans des caves, les champignons (mis en conserve dans le village même). Tout en haut, la forteresse, dont il ne reste que le ***donjon**** carré roman, a été construite, selon la légende, par la fée Mélusine. De là, magnifique ***panorama*** sur les peupleraies de la vallée de la Dive.

▶ Par la D 52 gagner ***Martaizé*** et, à la sortie du village, tourner à gauche en direction d'***Arçay*** par la D 20. Un arrêt à la petite ***église de Chasseigne*** (XIIe s., chapelle du XVe s.) permettra de voir la pierre tumulaire de Pierre de Mondion timbrée de son écu. A l'intérieur de l'église : peintures murales et, dans la chapelle nord, retable du XVIe s. sur lequel est peinte une Pietà.

▶ A ***Glénouze*** *(par Arçay et la D 19)* : église romane avec clocher-mur.

▷ Ranton

Ce village possède un ***château*** avec porte d'entrée flanquée de deux hautes tours à mâchicoulis ; vaste enceinte octogonale dont les tours dominent de larges et profondes douves aux parois percées de caves. Au milieu du bourg, ***église*** (ancienne chapelle du château) dont la base est carolingienne.

A flanc de coteau, remarquer une charmante petite chapelle romane dédiée à Saint Martin.

Dans une ferme du XIXe s. a été aménagé un ***Musée paysan*** *(avr.-juin, dim. et jours fériés 14 h 30-19 h. ; juil.-août, t.l.j. 15 h 30-19 h ☎ 49.98.55.14)* ; son joyau est la ***cave***, ancienne habitation troglodytique. Ce musée est également un centre d'animation folklorique et artisanale.

Ce qui surprend le plus ici, c'est que chaque maison possède son propre labyrinthe de caves taillées dans le roc et consolidées par d'impressionnantes voûtes de pierre.

▶ ***Curçay-sur-Dive*** *(2 km N. par la D 19)*. De la forteresse il ne subsiste qu'une haute ***tour*** bâtie en 1350 *(propriété privée, ne se visite pas)*. En descendant le coteau on trouve l'***église Saint-Pierre***, en partie ruinée, dont il ne reste qu'une belle façade. Près de l'entrée du château, ***église Sainte-Catherine***, ancienne chapelle de la forteresse, dont le chœur date du XIIIe s.

▶ De Curçay, par la D 19, on gagne le ***château de Ternay*** *(les sam., dim. et jours fériés visites à 15 h et 16 h 30, en semaine sur RV ☎ 49.22.92.82 ou 49.22.97.54)*. Sur une forteresse médiévale dont subsiste la ***tour*** maîtresse (XVe s.), *Bertrand de Beauveau*, premier vassal de Charles VII, fait construire une somptueuse demeure entourée de douves sèches et dont la chapelle gothique du XVe s. est une pure merveille. Cette imposante demeure peut d'autant mieux être appréciée qu'elle est dotée de chambres d'hôtes somptueusement meublées. Menhir.

▶ On peut faire un détour par ***Les Trois Moutiers*** *(D 39)* pour voir la ***cour aux Moines de Bernazay*** *(mi-juin-mi-sept. t.l.j. 10 h-12 h/14 h-18 h, les sam. et dim. hors saison ☎ 49.22.61.48)*, une ancienne ferme templière du XIIIe s. qui possède des caves troglodytiques monumentales.

▶ Retour à ***Loudun*** par la D 14 *(10 km)*.

Lusignan★

29-C3 / R 107 / V 34
3000 habitants ✉ 86600
ℹ place du Bail ☎ 49.43.61.21

La vieille ville est bâtie sur un promontoire escarpé qui domine une boucle de la verdoyante vallée de la Vonne au nord et la route de Poitiers à La Rochelle au sud. Grâce à la fée Mélusine, elle est entrée dans le monde des légendes, du folklore et de la littérature médiévale.

La surprenante épopée des Lusignan la place au rang des villes clés de l'histoire. Son église est un des joyaux romans du Poitou.

La ville est aussi la patrie de Jacques Babinet (1794-1872), physicien et astronome, inventeur d'un hygromètre, d'un polariscope et d'un goniomètre.

La ville dans l'histoire

Du Xe au XIVe siècle, l'histoire de la ville se confond avec celle de ses seigneurs, les sires de Lusignan, famille puissante et turbulente, l'une des plus anciennes et illustres du Poitou. A ses terres poitevines, cette lignée ajouta le comté de la Marche au XIIe siècle. En 1217, par son mariage avec Isabelle Taillefer, veuve du roi d'Angleterre Jean sans Terre, Hugues X de Lusignan devint comte d'Angoulême.

Partis en Terre Sainte, Gui et Amaury sont à l'origine des Lusignan, rois de Jérusalem et de Chypre. D'autres rameaux issus de cette famille ont donné naissance aux comtes de Pembrocke en Angleterre, aux seigneurs de Vouvent et aux comtes d'Eu. Mais un sort semblait s'acharner à provoquer la disparition des Lusignan : dès le XIVe siècle, toutes les branches de cette lignée sont éteintes.

Les Lusignan avaient laissé une ville puissamment fortifiée, réputée imprenable avec ses trois enceintes, ses fossés, ses bastions, ses tours et une forte position naturelle. Aussi fut-elle, en temps de troubles, une place très convoitée et disputée. En 1569, l'amiral de Coligny s'empara de la forteresse, mais fut forcé de la rendre en septembre de la même année. Les protestants la reprirent en 1574; le duc de Montpensier les en chassa l'année suivante. Au XVIIe siècle, les fortifications furent démolies sur ordre de Louis XIII.

Dès lors, la ville semble vouée à une histoire plus calme et plus modeste, tournée vers le commerce local. Profitant de sa position sur la grande route de Bordeaux et La Rochelle, le faubourg de la ville basse se développe et s'enrichit dès le XVIIe siècle. Au XIXe siècle, Lusignan avait bonne réputation dans le commerce des graines de trèfle et de luzerne, et dans la fabrication de serges et de grosses étoffes de laine.

La ville aujourd'hui

Avant l'ouverture de l'autoroute de Paris à Bordeaux, Lusignan subissait l'intense trafic de la N 11. Aujourd'hui plus paisible, la ville ne s'est pas assoupie pour autant. Elle a su ajouter à la traditionnelle préparation des macarons et des tourteaux fromagers des activités du domaine industriel (industrie chimique, confection, ateliers de montage mécanique).

Bien située au bord de la bucolique vallée de la Vonne, station verte de vacances, elle s'attache aussi à développer ses atouts touristiques : camping, plage, baignades, canoë, tennis, minigolf.

Visite de la ville

1 h

▷ L'ancienne priorale Notre-Dame-et-Saint-Junien*

Située au cœur du vieux quartier de la ville haute, dominant au nord une boucle de la Vonne et un horizon de verdure, cette église romane doit son origine à la fondation, en mars 1025, par *Hugues IV de Lusignan* dit le Brun, d'un prieuré bénédictin relevant de l'abbaye de Nouaillé. On y remarque deux campagnes de construction. La première, au début du XIe s., concerne les murs nord et sud de la nef, le croisillon nord et son absidiole. Le reste appartient à la seconde moitié du XIIe s., à l'exception du porche d'entrée.

A l'extérieur, épaulé par des contreforts formés de faisceaux de trois colonnes, le ***chevet*** présente un intéressant décor sculpté surtout autour des cintres des fenêtres de l'abside et de l'absidiole sud (motifs géométriques, calices, animaux). A la croisée du transept s'élève un ***clocher*** carré et trapu, renforcé de contreforts-colonnes et orné d'arcatures. Sur le flanc sud de la nef, un ***porche*** voûté en berceau brisé (fin XVe s.) ouvre sur une belle porte flamboyante.

L'***intérieur*** de l'église, par sa hauteur et sa profondeur (57 m de longueur), donne une impression de force et de majesté. Une partie de la ***nef*** est couverte de voûtes à croisées d'ogives, une autre est voûtée en berceau brisé. Chapiteaux décorés de feuillages, de quadrupèdes, de palmettes. A la croisée du transept, coupole sur trompes. Sous le chœur, belle ***crypte*** voûtée d'arêtes, portée par des colonnes aux chapiteaux ornés de volutes. Dans le bas-côté nord, une porte qui menait au prieuré, a conservé une archivolte décorée d'un curieux bestiaire où l'on identifie un porc, un éléphant, un scorpion, un poisson, un guerrier porte-lance, un masque barbu. A remarquer aussi de nombreuses dalles funéraires des XVIe et XVIIe s., insérées dans le dallage de la nef, un gisant très mutilé (XIIIe s.), des clefs de voûtes aux armes de France et de Bretagne et aux armes de Raoul du Fou, abbé de Nouaillé.

▶ A côté de l'église, belle ***maison*** (XVe s.) construite à pans de bois et torchis ; ***halles*** du XIXe s. en bois et pierre où sont disposés des sarcophages carolingiens. ▶ Belle cheminée à l'intérieur de ***l'auberge du Chapeau Rouge***. ▶ ***L'esplanade***, aménagée au XVIIIe s. par le *comte de Blossac*, intendant du Poitou, occupe l'emplacement du château des Lusignan, rasé au XVIIe s. Elle offre une promenade agréable sous des charmilles de tilleuls et une très belle ***vue*** sur la vallée de la Vonne. Au nord, un grand escalier mène de l'esplanade à la plage. ▶ La ***Font de Sé*** (*sous l'église, au pied du promontoire*) : la légende situe près de cette source la rencontre de *Raymondin* et de la *fée Mélusine (→ encadrés).*

La légende de Mélusine

La légende de Mélusine a jailli de deux sources, celle du folklore et celle de la littérature savante médiévale. Certains auteurs modernes repoussent même très loin dans le temps son origine et y discerneraient un avatar d'une déesse-mère des Scythes teïfales. Les récits les plus complets de ce mythe nous sont parvenus grâce à deux versions publiées dans la dernière décennie du XIVe s. : celle de Jean d'Arras, écrite en prose pour Jean, duc de Berry, et celle, en vers, d'un libraire parisien, Couldrette.

Mélusine est l'aînée des trois filles d'Elinas roi d'Écosse ou d'Albanie et de la fée Pressine. Comme ses sœurs, Mélior et Palestine, elle est douée d'une merveilleuse beauté. Raymondin, jeune et hardi chevalier, vient de tuer par mégarde son oncle, le comte de Poitiers, lors d'une chasse au sanglier dans la forêt de Coulombiers. Désespéré, il rencontre près de la Fontaine de Sé (Soif) la fée Mélusine qui lui propose de faire de lui le plus grand gentilhomme du royaume s'il veut l'épouser, à la condition qu'il ne cherchera jamais à la voir le samedi. Le pacte est conclu et les noces ont lieu. La fée conseille à son mari de demander à son seigneur autant de terre qu'en pourrait enclore une peau de cerf. Elle fait découper la peau en une lanière si mince qu'elle enserre tout le territoire où sera fondé Lusignan. Grâce à ses merveilleux pouvoirs elle fonde aussi Parthenay, Melle, Vouvent, Mervent, La Rochelle, Saintes, Pons... Mère féconde elle donne naissance à neuf fils, tous marqués d'un étrange signe physique : œil unique, patte de lion sur la joue, trois yeux, nez velu et longue dent sortant de la bouche pour Geoffroy, justement surnommé la Grand Dent.

Cependant rien n'altère le bonheur de Raymondin jusqu'au jour où son frère, jaloux de sa prospérité, le pousse à violer son serment. Par un trou pratiqué dans le mur il observe la chambre où sa femme est retirée et il l'aperçoit au bain : Mélusine, tous les samedis, était à moitié femme à moitié serpent. Trahie, la fée s'envole par la fenêtre du château « et tant alla qu'elle fut à Lusignan et l'environna par trois fois et crioit piteusement, dont ceux de la forteresse et de la ville furent moult esbahis car ils voyoient la figure d'une serpente et oyoient la voix d'une dame... »

Aux environs de Lusignan

▷ Rouillé *6,5 km O. de Lusignan par la N 11*

Fut longtemps la capitale poitevine de la houpette en peau d'oie pannée. Marché très fréquenté chaque vendredi matin.

L'*église Saint-Hilaire* est en majeure partie gothique avec des survivances romanes : la corniche du chœur conserve d'intéressants modillons ornés de figures expressives (entre autres, une tête de femme portant le touret à mentonnière). A l'*intérieur* le chœur se termine par un chevet plat éclairé par un triplet ; clef de voûte figurant l'agneau pascal ; chapiteaux à feuillages.

▶ Au *lieu-dit le Long bas (3 km S.-E. du bourg sur la D150)*, le *musée de la machine à coudre (ouvert t.l.j. du lun. au sam. jusqu'à 19 h ☎ 49.43.99.25)* présente une collection unique d'environ 300 machines dont la plus ancienne est un modèle Peugeot remontant à 1839. ▶ *Station de Venours (au S.-E. de Rouillé sur la D150)* : centre de recherche de l'INRA spécialisée dans l'amélioration des plantes fourragères. ▶ *Saint-Sauvant (7 km S. de Rouillé par la D26). L'église Saint-Romain* : édifice roman, très remanié par la suite. Clocher porche avec coupole sur trompes, nef à trois travées (XIIIe s.), au carré du transept beaux chapiteaux décorés de chouettes, de lions affrontés et de gros masques humains. ▶ la *forêt* domaniale de *Saint-Sauvant (4 km E. du bourg par la D29)* s'étend sur 800 ha. Circuits équestres et pédestres *(B 1728 Ouest)*.

▷ Vivonne *19,5 km N.-E. de Saint-Sauvant par D29, D96 et D742*

Petite ville au confluent de trois rivières, le Clain, le Palais et la Vonne, dominée par les ruines (XIIe, XIVe et XVIe s.) du château des anciens seigneurs, connus depuis *Hugues de Vivonne* (XIe s.). La branche aînée de cette famille s'est éteinte avec *Jean de Vivonne* père de *Catherine*, la célèbre marquise de Rambouillet (1588-1669) dont l'influence fut grande sur le monde des lettres au XVIIe s.

Outre son activité industrielle (matériel automobile, textiles, tanneries) la ville est animée par sa fabrique de macarons célèbres et une source thermale salutaire aux rhumatisants (source Marot). Marché : mardi et samedi. Station verte de vacances. Le circuit de grandes randonnées (GR 364) permet, à partir de Vivonne, de gagner Lusignan, Jazeneuil et Sanxay en remontant la vallée de la Vonne *(B 1728 Est et Ouest, B 1727 Ouest, B 1627 Est)*.

L'*ancienne priorale Saint-Georges*. Cet édifice (XIIe, XVe, XIXe s.), plusieurs fois remanié, semble d'emblée assez composite, impression que renforce encore son clocher aux airs embourgeoisés. C'est cependant l'une des églises gothiques les plus homogènes du Poitou. Elle appartient au style angevin comme en témoigne l'abside à cinq pans couverte d'une voûte à fines nervures toriques. A l'intérieur, tableau de 1604 figurant les donateurs adorant le Christ. Selon une tradition locale, dans cette église, *François Ravaillac* aurait eu une « vision » lui inspirant son dessein d'assassiner le roi Henri IV.

▶ *Manoir de Jorigny* (XVIIe s.), près du bourg, au sud. ▶ Le *château de Cercigny (3 km S. de Vivonne, au bord du Clain)*, du XIVe s., fut reconstruit au XVIIe s. et restauré au XIXe s. *(visites des extérieurs seulement sur rendez-vous ☎ 49.43.41.04)*. ▶ *Château de la Planche (4 km N.-E. de Vivonne par D4)*, du XVe s. ▶ *Marigny-Chemereau (4 km O. de Vivonne par la D27)*. Église du Xe s., château de la Roche (XVIe s.), site pittoresque du circuit de Giez. ▶ Au village de *Comblé (6 km S.-O. de Vivonne)* : chapelle Sainte-Florence et prieuré (XIe-XIIe s.). ▶ *Celle-Lévescault (8 km O., de Vivonne par la D742 et la D141)*. Pont médiéval sur la Vonne. Église romane avec chœur à chevet plat du XIIIe s. ▶ *Cloué (3 km N.-O. par la D97)*. Site de Malvaux, lieu de pèlerinage avec sa grotte et sa source.

Mélusine et Rabelais

Étudiant à Poitiers, puis secrétaire de Geoffroy d'Estissac, abbé et évêque de Maillezais qui résidait souvent au prieuré de Ligugé, Rabelais connaissait bien le pays, ses légendes, ses dictons, sa vie paysanne et villageoise. Son héros, Pantagruel, suivra en Poitou un chemin identique à celui qu'empruntait souvent le célèbre Abstracteur de Quinte Essence entre 1525 et 1527 :

« Et, partant de Poictiers avecques aulcuns de ses compaignons, passèrent par Legugé, visitans le noble Ardillon, abbé, par Lusignan, par Sansay, par Celles, par Colonges, par Fontenay le Comte, saluans le docte Tiraqueau et de là arrivèrent à Maillezays, où visita le sépulchre dudict Geoffroy à la grand dent... » (Pantagruel : chap. V)

Rabelais n'hésite pas à nous révéler une clef de son œuvre ; Pantagruel aussi est issu de la famille de Mélusine :

« (Pantagruel) lisant les belles chronicques de ses ancestres, trouva que Geoffroy de Lusigan, dict Geoffroy à la Grand dent, grand-père du beau cousin de la sœur aisnée de la tante du gendre de l'oncle de la bruz de sa belle-mère, estoit enterré à Maillezays... » (Id.)

Le parc naturel régional du Marais poitevin***

26 et 27 / R 107 / V 39
ⓘ Maison du Parc, La Ronde, 17170 Courçon ☎ 46.27.82.44
Luçon, 7, place Leclerc ☎ 51.56.36.52; Arçais, rue du Marais ☎ 49.35.43.44
Coulon, place de l'Église ☎ 49.35.99.29;
Marans, 62, rue d'Aligre ☎ 46.01.12.87; Saint-Hilaire-la-Palud, La Roche ☎ 49.35.33.09
SNCF à Luçon ☎ 51.56.01.49; à Marans ☎ 46.01.10.30

Étrange camaïeu de verts où les canaux, labyrinthiques chemins d'eau, s'enfoncent et disparaissent dans un étonnant décor, le Marais poitevin est autant une inextricable frontière naturelle qu'un lien magique entre Vendée, Aunis et Poitou. Parfois rude et farouche, sa séduction tient aux jeux subtils de la végétation mais aussi aux formes paisibles qu'y revêt la vie. Baignant dans une douce lumière filtrée par les arbres, le marais est une halte sur la route des oiseaux migrateurs qui y retrouvent tout un peuple de canards, grenouilles et libellules, et une kyrielle de poissons.

Refuge pour les animaux, cet univers clos n'est pas hostile à l'homme. Il a su s'adapter à l'environnement et même tirer parti de ses contraintes pour imaginer un mode de vie dont le charme est apparu depuis longtemps au visiteur. Touché par la grâce de ce petit monde épargné par la guerre, Henri de Navarre, le futur Henri IV, n'hésita pas à le comparer à « une grande Venise naturelle. » Construites au bord des conches (canaux), les maisons se présentent sous un jour chaleureux, quasi méridional, avec leurs murs blanchis à la chaux, leurs tuiles et leurs volets colorés, mais en même temps elles ont su préserver leur intimité dans un environnement luxuriant. Devant chaque habitation, une cale sert à amarrer une niole noire à fond plat et bout pointu qu'on pousse à la palle (rame) ou à la pigouille (perche fourchue). Plus qu'un simple moyen de locomotion, elle est pour son propriétaire un véritable compagnon de travail, pêche ou chasse.

Dans le calme impressionnant du grand silence vert, à peine troublé par le pépiement de la fauvette des roseaux, les travaux de l'homme ont été si patients que l'équilibre biologique atteint à la perfection : on ignore l'existence des moustiques, et la crainte du paludisme, entretenue des lustres durant par une légende tenace, est tout à fait inconnue.

En outre, puisque l'Océan est à deux pas, il ne gêle pratiquement jamais. Même en plein hiver, la forêt s'anime des mille petits bruits d'une nature assoupie, vivant au ralenti.

La terre

Vaste pays bas de quelque 90 000 ha, de 0,5 à 1,5 m au-dessous du niveau des plus fortes marées, le marais est une contrée plate et imperméable, au taux d'argile supérieur à 50 % ; il se compose de deux bassins, ceux du Lay, à l'ouest, et de la Sèvre, à l'est, qui se côtoient sans que jamais leurs eaux se mêlent. Mais la grande distinction s'établit entre les Marais desséchés et les Marais mouillés ; chacun le sait bien dans le Marais, où l'on se dit Marouin quand on est des premiers et Maraîchin si l'on vit dans les seconds. Soumis à la violence du vent par leur nudité, les marais desséchés sont de véritables « polders » livrés à l'élevage. Ce ne sont que prairies clôturées de tamaris, maisons basses et canaux rectilignes aux multiples écluses le long desquels pointent de rares arbres. Feuillus, aquatique cathédrale de verdure, les marais mouillés qui s'étendent à l'intérieur des terres sont bien différents. La départementale qui les dessert suit la ligne de « crête » de ce plat pays et les « falaises » mortes. Les « îles » sur lesquelles sont bâtis villages et « cabanes » se succèdent. C'est la « Venise verte » sillonnée de « rigoles » et de « conches » sinueuses envahies par les lentilles d'eau et les nénuphars. Autour des prés, des parcelles cultivées et des voies d'eau, les peupliers blancs, saules, aulnes et frênes têtards forment une voûte continue de verdure.

Les hommes

Les travaux entrepris dès la période gallo-romaine jusqu'aux Xe, XIe s., concernent les rivages calcaires et, en particulier, les pourtours des îles, là où les dépôts marins sont les plus importants et où les mizottes se sont installées.

Dans ce cas l'assèchement est simple, il s'en tient à un principe : élever des digues contre la mer, creuser, à l'intérieur, des canaux évacuant les eaux pluviales à la mer. Cette poldérisation, dont chaque unité est appelée aujourd'hui localement *prise*, s'effectue toujours suivant ce principe et intéresse la périphérie de la baie de l'Aiguillon (la dernière en date eut lieu en 1965).

Le travail immense des moines au Moyen Age

Les moines cisterciens ou bénédictins établis dans de puissantes abbayes (Saint-Michel-en-l'Herm en 682 ; Maillezais en 974 ; Nieul-sur-l'Autise en 1068 ; Luçon au Xe s., etc.) se voient attribuer aux XIIe et XIIIe siècles de vastes pans de marais par les seigneurs propriétaires qui reculent, sans doute, devant l'ampleur des travaux à entreprendre.

Pour cela, les moines dessiccateurs creusent des *ceintures* ou *contrebots* (Riou), ou canalisent des rivières, collectant les eaux des marais inondables ; ils s'en protègent en élevant des *bots*, puis ils creusent des canaux (les *gonelles*) drainant la partie asséchée. Ainsi se mettent en place deux réseaux hydrographiques qui se côtoient, mais dont les eaux ne se mélangent à aucun moment, les eaux de chaque réseau étant conduites directement à la mer. Par opposition, les marais qui demeurent inondables et qui, dans le bassin de la Sèvre, sont boisés, prennent le nom de *Marais mouillé*.

Le réseau de drainage du Desséché devient par ailleurs réseau d'irrigation en été puisque, au moyen de *bondes*, ses habitants prélèvent l'eau qui leur est nécessaire dans le Mouillé.

Des travaux titanesques menés par les Hollandais

Henri IV, autant séduit qu'impressionné par ces marais (« tant d'oiseaux qui chantent... »), nomme Humphrey Bradley Grand Maître des digues et des canaux du royaume. Ce dernier a contre lui d'être étranger et huguenot... Signe des temps, « le pouvoir de l'argent remplace celui du travail de l'époque monastique » (Billaud). C'est surtout derrière Siete, un Fontenaysien, que les investisseurs locaux et hollandais s'abritent pour reconquérir quelques années plus tard le marais (à partir de la première moitié du XVIIe siècle). Ils fondent des sociétés de dessèchement, des « compagnies » qui, le jour du partage, se transforment en sociétés de Marais, les associations syndicales de propriétaires de marais, qui ont pour but l'entretien des ouvrages. Les plans étant élaborés sur papier, les canaux sont géométriquement dessinés.

A côté de cette reconquête il y a aussi conquête. Conquête par « grignotage » progressif du Marais mouillé au prix de travaux aussi ingénieux qu'admirables, puisque les assèchements s'étendent jusqu'à la Jeune Autise et au Mignon.

A cette même époque, des travaux d'aménagement sont entrepris sur la rive droite du Lay, bien que cette rive demeure inondable. Vaste et nue du point de vue paysager, cette rive est d'allure desséchée du point de vue hydraulique... un marais inondable!

Marais mouillés et Venise verte

Ce nom n'est attribué qu'aux deux unités de marais boisés inondables du bassin de la Sèvre, soit : la partie comprise entre la Ceinture des Hollandais et la plaine, d'une part; et la partie orientale maraîchine du bassin de la Sèvre, d'autre part. Cette seconde partie étant plus connue sous le vocable de *Venise verte*.

Si les moines dessiccateurs se sont désintéressés des Marais mouillés pour les raisons évoquées, nombreux sont les abandonnés de l'histoire, les rebelles et autres proscrits qui ont laissé se refermer sur eux l'aquatique et verdoyant manteau protecteur. La tribu iranienne des Alains, les sarrasins, les protestants, les curés réfractaires, les insoumis des guerres de Vendée, les réfractaires à la conscription de l'Empire, les bagnards de Rochefort, etc., se sont réfugiés là pour gagner leur liberté d'où leur nom de Colliberts (cum libertus).

Bien entendu si, par nature, le Marouin du Désséché était et demeure un agriculteur, par nature le Maraîchin du Mouillé fut surtout un pêcheur, chasseur, artisan en raison des contraintes qu'imposaient et qu'imposent toujours à son sol les inondations. Cependant, lui aussi a aménagé individuellement son milieu. Pour cela il a creusé une multitude de canaux : les *conches*; la terre extraite permettant surtout d'élever les *mottes* qui, bordées de frênes et saules têtards, étaient vouées au jardinage, et des *terrées* (plus basses) qui étaient vouées à la production de bois de boulange et de chauffage sous forme de plantations régulières de frênes étêtés tous les cinq ou sept ans.

Si le décret napoléonien de 1808 prévoyant l'amélioration de l'évacuation des crues est resté - et pour cause! - sans effet, l'ordonnance de 1833 se traduisit par la création de grands canaux destinés à cet effet : les *rigoles*.

A cette même époque, un mètre en arrière des haies de frênes bordant chaque motte, furent introdùits les peupliers.

Economie et société rurales

Jusqu'au XIXe siècle, les productions sont à l'image des productions françaises : *bleds* (céréales diverses) mais aussi *féveroles* en raison du sol; prairies où pâturent ovins, bovins et notamment la Maraîchine, élégante vache blonde aux muqueuses noires cerclées d'argent, mère d'innombrables bœufs pour les labours, mais aussi localement les juments mulassières qui, croisées au son du violon avec le baudet du Poitou (à nul autre pareil en raison de sa taille immense et de son épaisse toison), produisent les fortes mules si caractéristiques du Poitou. Mais les semailles, fenaisons, métives (moissons), réclament sur d'aussi vastes surfaces une main-d'œuvre dépassant largement les possibilités de la ferme. Les *cabaniers*, que l'on appelle pompeusement « bourgeois », font donc appel à une main-d'œuvre saisonnière, les *journaliers*, habitants pauvres des villages des îles ou de la bordure plainaude qui, travaillant « à condition », se procurent ainsi le blé pour le pain de l'année. Bocains ou Plainauds, armés de leur dail (faux) ou de leur faucille, en groupe de vingt, trente personnes, descendent eux aussi pour profiter du travail offert.

En hiver, les hommes des villages se groupent par dix, les dizainiers, sous l'ordre de l'un d'entre eux, et proposent aux sociétés de Dessécheurs leurs services pour le récurage et l'entretien des canaux, ouvrages ô combien sous haute surveillance pour que le Desséché reste fonctionnel.

Pêche, chasse, une ou deux vaches au communal, une petite production spécifique (melon à l'Ile d'Elle) complètent le maigre revenu des villageois, candidats idéaux à l'exode rural. La disparition des journaliers transformera le Desséché cultivé en Desséché herbager dans l'attente de la mécanisation du XXe siècle.

Si ici et là les Maraîchins des Marais mouillés prennent part aux travaux agricoles du Desséché, le plus souvent ces deux mondes s'ignorent.

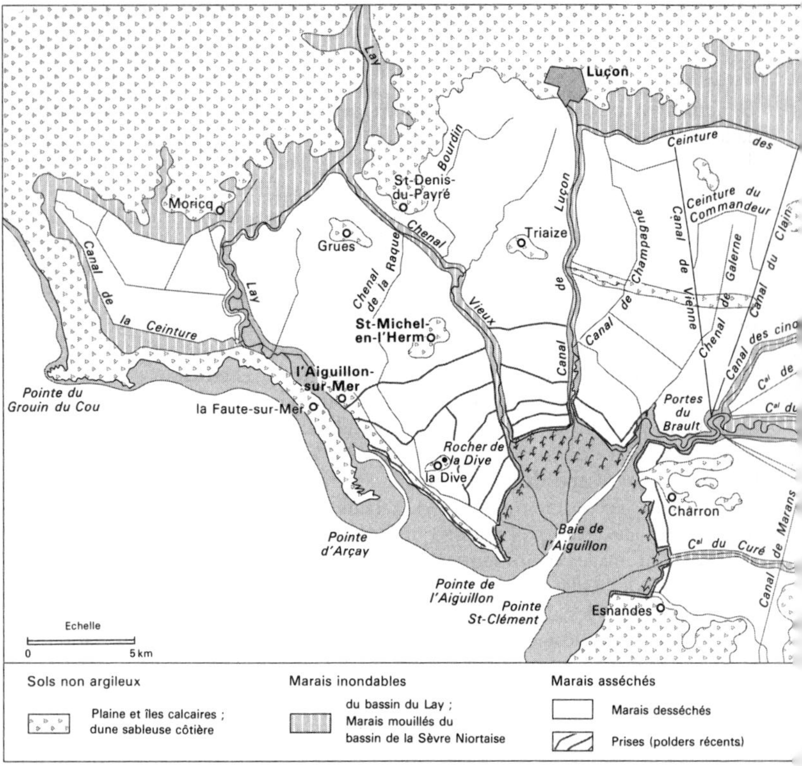

La pêche est la ressource première de l'empire amphibie. La prune, les oignons, l'artichaut, l'angélique et surtout la fameuse *mojette* (haricot blanc) qui sèche en tourette sur des piquets, sont cultivés sur les mottes. Les pissenlits, récoltés dans les prairies (et expédiés par wagons entiers), le beurre, le bois de chauffage produit par les innombrables têtards de frênes, l'osier, base d'une vannerie artisanale confectionnant des paniers à beurre (les vanettes) et des engins de pêche, les produits de la pêche, les produits agricoles, le bois, l'artisanat, etc., sont autant de petites productions nées de la richesse des lieux qui trouvent, avec la Sèvre puis avec le chemin de fer, un débouché assuré vers les villes (Marans, La Rochelle, Niort, Paris) à une époque où transporter est tout aussi problématique que produire. A cette diversité de production s'ajoutent des emplois dans les scieries nées des plantations de peupliers, dans les tuileries, voire les faïenceries de Marans et de l'Ile d'Elle. Au moment où le Desséché subit le contrecoup de l'exode rural, le Mouillé voit sa population augmenter !

Le Desséché agricole n'était rien sans les bras des villageois, le Mouillé rencontrera, quant à lui, ses premières vraies difficultés quand le monde moderne lui niera le droit de vivre de sa polyactivité si singulière.

La faune et la flore

Qualité des argiles, durée d'immersion, degré de salinité sont les trois éléments fondamentaux qui déterminent les formations végétales et, par voie de conséquence, les peuplements animaux. Certains communaux, non modifiés depuis le retrait dans la mer Flandrienne, présentent un intérêt considérable, tant du point de vue de la flore que de la faune.

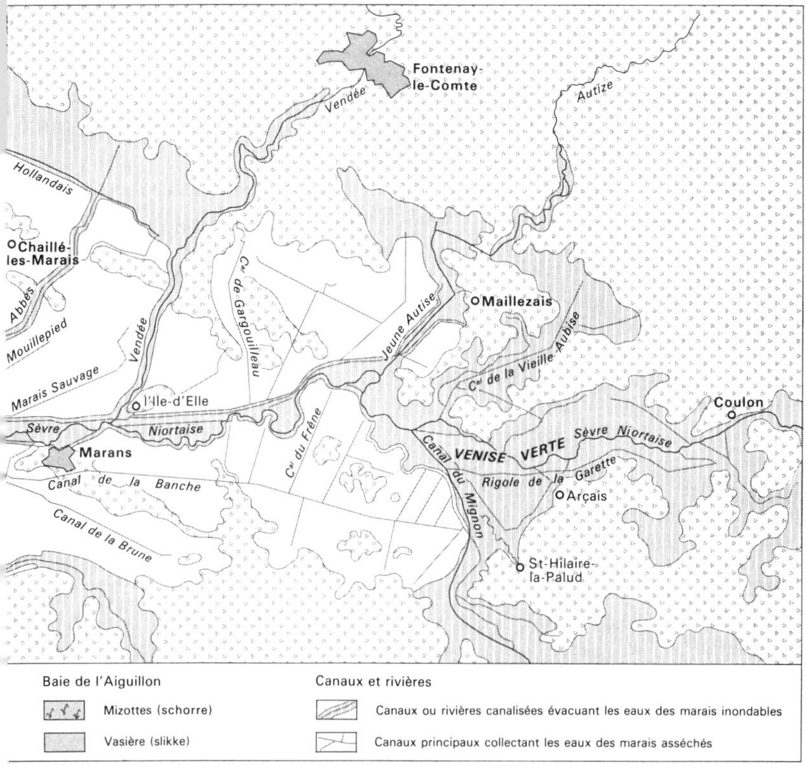

Le Marais poitevin (typologie)

Marais desséché et prises : le domaine de l'herbe et des oiseaux d'eau

Marais desséché et prises ont conservé un taux plus ou moins élevé de salinité. Ce taux explique semble-t-il en grande partie l'absence de peuplements arborés, à l'exception toutefois du tamarix. Le trèfle maritime, la guimauve officinale, l'orge maritime témoignent de cette salinité, alors que le lychnis fleur de coucou, les orchidées et le rare et protégé Iris spuria colorent l'ensemble.

Les prises sont le domaine de la céréaliculture (après gypsage). Ce marais ressemble à s'y méprendre à une plaine céréalière.

Après avoir été intensivement cultivé, le Desséché est devenu, au cours des XIXe et XXe siècles, le domaine de l'élevage extensif. Il est encore pour une grande part le domaine de l'herbe. Les vastes et nues étendues pâturées, faiblement humides, exercent un attrait considérable sur les oiseaux d'eau qui visitent l'intérieur. Les vastes prairies communales représentent, de ce point de vue, un intérêt de premier ordre.

Dans le Marais mouillé, le peuplement en arbres est sans conteste l'élément de contraste le plus frappant. Il est constitué, pour l'essentiel, d'un premier bocage géométrique, en bordure des conches, fait de frênes et de saules, taillés en têtards. Dans la Venise verte, ce premier maillage bocager est doublé d'un second, fait de peupliers aux inaccessibles cimes. Ces champs minuscules sont soit jardinés, soit consacrés à l'herbe et à l'élevage.

Les terrées, primitivement plantées de frênes têtards, régulièrement espacées, plus ou moins abandonnées, sont colonisées spontanément par des aubépines, chênes pédonculés, ormes et saules. Le sous-bois se couvre parfois de cariçaies. Ces terrées sont un lieu privilégié de nidification pour tous les oiseaux arboricoles qui exploitent le marais : hérons, rapaces, etc. Mais c'est aussi le lieu d'élection de la loutre d'Europe, et des rats musqués et ragondins, deux envahisseurs américains dont bien des berges ont à souffrir. Les communaux non boisés des Marais mouillés, lorsqu'ils sont inondés, accueillent, quant à eux, les canards de surface ainsi que les limicoles, là où la profondeur d'eau n'excède pas quelques centimètres.

Eaux douces permanentes : les canaux

En raison de l'absence quasi permanente de courant, l'écosystème « canal » tient plus de l'étang que de la rivière à laquelle il se rattache par sa forme.

Les joncs, carex (laîches), œnanthes, joncs fleuris, roseaux (phragmites et massettes), iris faux-acore et scirpes comptent parmi les hélophytes les plus communes. Potamots, hydrocharis (grenouillettes), renoncules aquatiques sont les principales hydrophytes fixées dont les feuilles s'étalent en surface.

Parmi les espèces animales les plus originales ou caractéristiques des canaux, il faut citer les planorbes et limnées, gastéropodes omniprésents ; les élégantes libellules et demoiselles (agrions), dytique bordé et hydrophile, deux insectes souvent confondus. Les poissons : carpe, tanche, brême, épinoche, perche et surtout, du point de vue culinaire, brochet et anguille. Les batraciens : triton, crapaud commun, pélodyte ponctué, alyte accoucheur, rainette arboricole, grenouille agile, rieuse et surtout verte, aussi de réputation culinaire. Les oiseaux tels les canards de surface qui exploitent nuitamment les canaux alors que hérons et cygnes les exploitent plutôt le jour, les rousserolles turdoïde et effarvate, la cisticole des joncs, la gorge-bleue, le bruant des roseaux, le busard des roseaux. Le campagnol amphibie, la loutre d'Europe et le très rare vison d'Europe sont les mammifères les plus représentatifs avant l'introduction des rats musqué et ragondin.

Le Marais poitevin aujourd'hui

Les différentes unités du marais subissent, chacune en ce qui les concernent, des tensions ou évolutions, sources de modifications du paysage.

Même si les grands projets des décennies antérieures, visant à la fermeture de la baie de l'Aiguillon, semblent ne plus être à l'ordre du jour, il n'en reste pas moins que l'envasement y est fort rapide et conduira à terme à la quasi-disparition de la vasière, à moins que, continuant à monter, la mer ne reprenne ce qu'hier elle a abandonné !

Malgré leur intérêt tant historique que touristique, les marais inondables, et donc en particulier les Marais mouillés, sont la proie de tensions d'origine sociale en raison de leur vocation.

Si, jusqu'au milieu du XXe siècle, les Maraîchins ont pu vivre aux dépens des activités complémentaires évoquées, les circuits économiques actuels s'accordant mal de cette polyactivité, la gestion du sol tend à devenir purement agricole. L'obligation de « produire » conduit en conséquence les agriculteurs à souhaiter s'affranchir à la fois des contraintes des inondations annuelles (puisqu'il n'existe pas actuellement, sous nos latitudes, de productions s'accommodant d'inondations saisonnières), et d'un parcellaire bocager trop exigu (12 000 parcelles pour 1 700 ha à l'Ile d'Elle avant remembrement !). Lors des grandes crues, le débit dans la Venise verte est de l'ordre de 500 à 1 000 m^3/s, 50 km plus loin, aux portes du Brault, la Sèvre ne peut évacuer que 80 m^3/s à marée basse ; mais il faut attendre 6 à 12 heures en raison des marées hautes ! Les marais inondables le resteront donc encore longtemps. Si l'on peut regretter la manière drastique avec laquelle certains remembrements ont été conduits (qui ont d'ailleurs accéléré l'exode rural plus qu'ils ne l'ont freiné), reste que ce serait mépriser les hommes que de vouloir ignorer le problème social.

C'est cependant le Desséché dans son ensemble qui risque de se modifier le plus profondément dans les années à venir. Créé par des agriculteurs, il est devenu, au XIXe siècle, en grande partie le domaine d'un élevage extensif.

Aujourd'hui, le « productivisme », à la fois dans la nature sociale et économique des choses et dans les mentalités, risque fort, en effet, d'être à l'origine d'une bipartition nouvelle, aux conséquences multiples, du Desséché.

Le drainage de surface des eaux pluviales sous forme du creusement d'une multitude de canaux n'est plus suffisant pour une agriculture performante. La tentation du drainage par drains enterrés est donc très forte. Or les argiles se comportent différemment selon les lieux : ici elles sont stables en présence de l'eau, là elles se dispersent et, en conséquence, bouchent rapidement les drains ce qui les rend inutilisables (Damour). Nul doute que la nature des argiles aura une importance capitale dans l'évolution du Desséché : dans le premier cas, une agriculture intensive peut s'installer, dans le second, si aucun effort n'est accompli pour maintenir l'élevage extensif, la déprise agricole risque de transformer ces terres en roselières parsemées de saules. Ces modifications risquent de présenter à terme des inconvénients tant en ce qui concerne les oiseaux d'eau qui ne trouveront plus les prairies humides auxquelles ils sont inféodés, qu'en ce qui concerne la baie elle-même et ses productions, en raison des produits divers dont les eaux douces qu'elle accueille seront un peu plus chargées.

A la découverte du Marais poitevin

En raison de l'absence de signalisation il faut, pour visiter le Marais, se procurer au minimum la carte IGN n° 39 au 1/100 000 (série verte). Pour une visite plus approfondie, il est recommandé de faire l'acquisition des cartes IGN au 1/50 000 (série orange) n° 1328, 1428 et 1528 qui couvrent respectivement les secteurs de l'Aiguillon-sur-Mer, Marans et Niort. Ces mêmes cartes existent également au 1/25 000 (série bleue), soit 6 feuilles : n° 1328 Ouest et Est, 1428 Ouest et Est et 1528 Ouest et Est, qui sont plus particulièrement destinées aux randonneurs.

Enfin il faut noter que les voies les plus pittoresques sont généralement très étroites et donc seulement accessibles aux voitures de tourisme.

Marais desséché, îles, prises, baie

De Longeville à Chaillé-les-Marais
85 km / 1 j.

Cet itinéraire met en évidence deux composantes majeures du paysage : sa nudité et son horizontalité. Il révèle les deux types de sites occupés par l'habitat : villages aux maisons basses sur les îles ou le rivage, cabanes isolées à même le Marais desséché. Il permet en outre d'aborder la baie.

▷ Longeville

L'*église Notre-Dame* est un édifice caractéristique d'un art roman simple et subtil. Son appareillage en granit, en pays calcaire, surprend. La façade ouest est particulièrement austère. A la partie inférieure, portail d'entrée d'une grande simplicité. La flèche et ses clochetons d'angle ont été façonnés depuis le siècle dernier, lui donnant sa silhouette particulière.

A l'*intérieur*, nef et chevet datés fin XIIe s. ; transept antérieur d'un demi-siècle. Croisée de transept couverte d'une coupole sur pendentifs reposant sur de petites trompes. Chapiteaux assez frustes au décor de masques, palmettes, animaux à tête humaine. Chœur modifié au XIIe s. (le chevet primitif était semi circulaire). Menhir du Rousselet.

▶ La route établie sur la bordure calcaire de l'ancien rivage serpente entre deux rangées de maisonnettes basses, éparses, à génoises fréquentes. Sur la dr., quelques haies soulignent la rupture plaine nue-marais nu. Au-delà, la pinède dunaire barre l'horizon. Puis la route s'écarte du Marais.

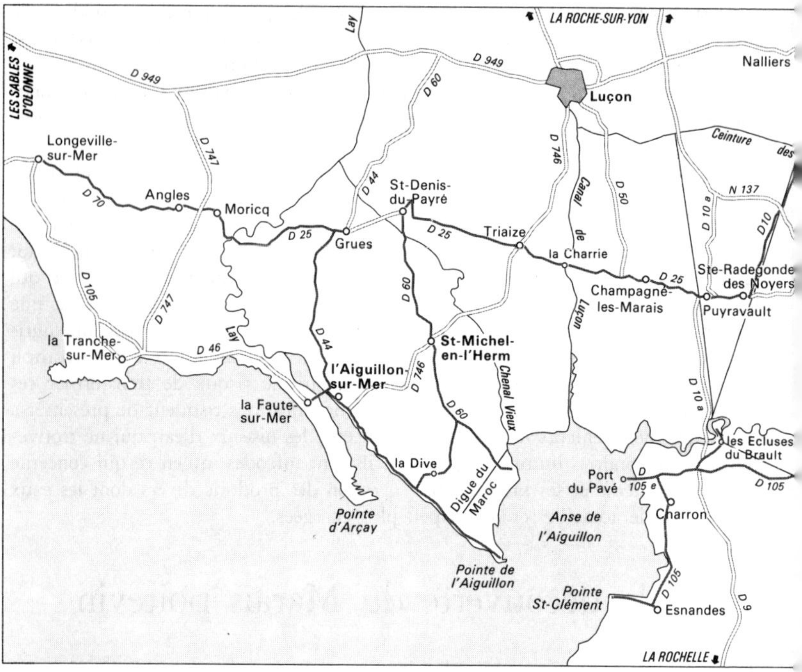

▷ Angles

L'*église Notre-Dame*** est un ancien prieuré érigé en abbaye au début du XIVe s. Bel édifice roman. Sa façade romane a été remaniée. Un portail classique a remplacé une entrée romane au XVIIe s. Au sommet du pignon occidental, présence d'une statue mutilée, dite *la Malebête* ; sa datation est difficile. Elle est liée à une légende : une Malebête dévorait les jeunes filles du village ; un moine « pur » réussit à la dompter et la transformer en pierre. Pour le remercier, les jeunes filles se moquèrent de lui. La bête ne dévora désormais que leur beauté, sauf celle des lingères du couvent pour concilier les intérêts du Ciel et ceux de ses compagnons. Ensemble très restauré, dominé par un clocher bas situé à la croisée du transept. Les bâtiments de l'abbaye s'intègrent aujourd'hui à une demeure voisine, grande propriété privée.

A l'*intérieur*, transept et chœur purement romans. La *nef* en est la partie la plus intéressante : architecture de la seconde moitié du XIIe s. de style Plantagenêt. *Chapiteaux** à motifs végétaux d'excellente facture. Une particularité remarquable : trois grands personnages sont sculptés, adossés à la naissance des voûtes angevines. Œuvres singulières, pratiquement uniques en raison de leur taille. Croisée du transept : coupole sur pendentifs. Chœur voûté en berceau avec abside en cul-de-four.

La *crypte (accès possible par une trappe placée au milieu de la nef)* possède deux travées voûtées d'arêtes (appareil postérieur au XVIIe s.). Elle était à la fois le caveau réservé aux moines et l'antichambre d'un souterrain aujourd'hui disparu.

L'*Aluette (☎ 51.97.50.78)* : exposition-vente de produits artisanaux locaux.

▶ *Moricq (1,5 km d'Angles).* On oublie le village pour la *tour** féodale à mâchicoulis, du XVe s., dominant la campagne. Prison politique au XVIIe s., des légendes attribuent sa construction au diable qui y cacherait un trésor. ▶ En sortant du village, la D 15 pénètre dans les marais inondables du Lay où elle est aussi chaussée. Les *portes à flot* du premier pont attestent que les eaux marines remontent jusqu'aux portes de Moricq. ▶ Sitôt le pont sur le Lay canalisé franchi, sans modification du paysage, on pénètre dans le *Marais desséché* où prairies et cultures, limitées çà et là par des haies basses de tamarix et ponctuées de cabanes isolées, alternent. ▶ *Grues.* Ile haute. La céréaliculture s'intensifie.

▷ L'Aiguillon-sur-Mer

Petit port de pêche et de plaisance à l'aval du Lay où arrivent huîtres, moules,

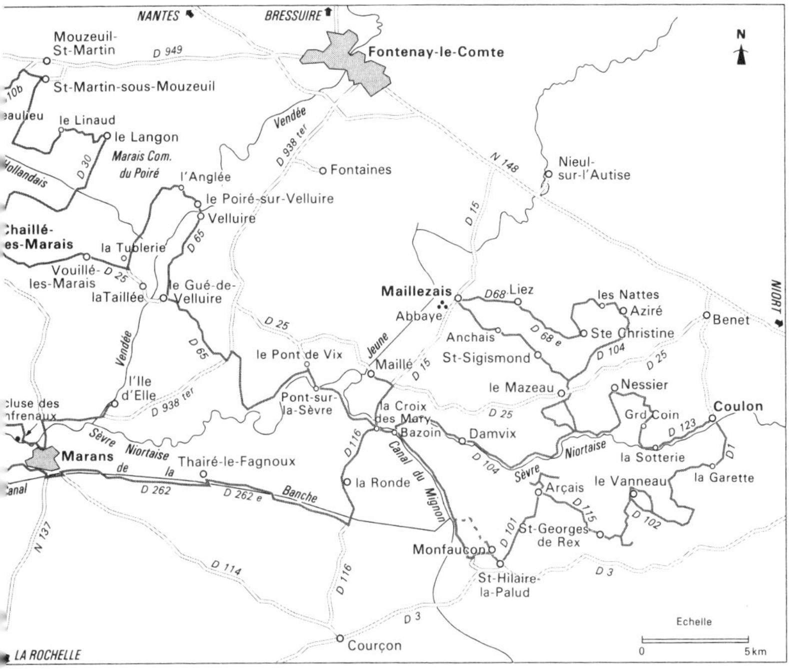

Le Marais poitevin

bourrine vendéenne

poissons plats, civelles, et où attendent les pieux de chênes, les futurs bouchots. Pêche au carrelet à partir du vieux pont désaffecté. Ex-voto dans l'église XIXe s.

▶ Prendre la direction de la Pointe. Sur la dr., plan d'eau et estuaire du Lay. Impressionnante *digue de défense* en pierre de plus de 5 km, construite fin XIXe s. sur une ancienne flèche littorale sableuse. Du sommet on découvre les *vasières* de l'embouchure du Lay, *tables* et *bouchots* à marée basse, la *pointe d'Arçay* et l'*île de Ré* à l'horizon. A g., une *claire à huîtres*, nombreuses digues séparant des prises, île de la Dive.

▷ La pointe de l'Aiguillon**

Dune sableuse fossile. A dr., embouchure du Lay ; à g., baie de l'Aiguillon ; à l'horizon : Charron, Esnandes, La Pallice.

La halte aux oiseaux

En raison de leur situation (à la confluence des voies migratoires nord-orientale et nord-occidentale) et de leur richesse biologique, le Marais poitevin en général et la baie de l'Aiguillon revêtent, pour les oiseaux d'eau, une importance capitale. Sagement, les chasseurs vendéens ont d'ailleurs mis la partie vendéenne de la baie en réserve. Certains jours de janvier, on y dénombre jusqu'à 160 000 individus, toutes espèces de limicoles, canards, oies et laridés confondues !

La baie est à la fois havre de paix et zone de gagnage. Certaines espèces, durant leur séjour hivernal, n'en sortent guère : bernache cravant, tadorne de Belon, avocette, bécasseaux divers, etc. ; d'autres au contraire exploitent les prairies pâturées inondées (notamment des communaux) ou les canaux : barge à queue noire, courlis, pluviers, vanneaux, canards (colvert, souchet, siffleur, chipeau), sarcelles, oies, hérons, grues...

Quelques individus (vanneau, chevalier gambette, barge à queue noire, colvert, sarcelle d'été) demeurent au printemps et fondent une famille à même la prairie ou au bord d'un canal. Les hérons (cendré, bihoreau, pourpré), l'aigrette garzette, les rapaces (milan noir, faucon hobereau), nicheurs arboricoles, s'établissent dans les arbres du Marais mouillé ou des bosquets de la plaine alentour.

Petit lexique du Marais

Bonde. *Orifice pratiqué dans l'épaisseur du bot, permettant en été aux agriculteurs du Desséché de prélever de l'eau dans la ceinture alors considérée comme réserve.*
Bot. *Nom local de la digue (→ Marais desséché).*
Ceinture ou contrebot. *Grand canal extérieur au Marais desséché (mais lui appartenant) collectant, pour les évacuer à la mer, les eaux des crues.*
Communaux. *Portions de territoire d'une commune, de taille variée (50 à 300 ha), réservées, pour une somme modique, à l'usage généralement collectif, aux animaux des habitants.*
Conches. *Dans le Marais mouillé, nom local de canaux de moyenne importance.*
Gabarre. *Autrefois, sorte de chaland sillonnant les grands axes fluviaux du Marais poitevin.*
Gonelle. *Dans le Marais desséché, nom local de canaux intérieurs.*
Marais desséché. *Unité de marais, plate et nue, mise à l'abri des inondations des eaux douces et des marées hautes grâce à des digues.*
Marais mouillé. *Marais, en général bocager, coincé entre le Marais desséché et l'ancien rivage calcaire, subissant les crues hivernales des rivières.*
Mottes. *Unités du Marais mouillé surélevées grâce à la terre de creusement de multiples canaux, bordées d'arbres, cultivées.*
Platte. *Barque sillonnant les conches des Marais mouillés (de la Venise verte essentiellement), assurant le transport des matériels, des animaux, des hommes et, aujourd'hui... des touristes.*
Porte à flot. *Porte à deux battants dont la somme des largeurs est plus grande que celle du canal qu'elle occupe. En raison de son orientation, sous la pression des eaux douces, à marée montante, ils se ferment : les eaux marines ne pénètrent pas.*
Prise. *Poldérisations les plus récentes.*
Rigole. *Dans le Marais mouillé, nom local de canaux de grande importance.*
Schorre (mizotte). *Zone de la vasière, à végétation herbacée halophile (qui aime le sel), dense, située immédiatement au-delà de la précédente, atteinte par les seules marées de vive-eau.*
Slikke. *Zone de la vasière, sans végétation apparente, journellement couverte et découverte par les marées.*
Terrées. *Unités plus basses du Marais mouillé, boisées (→ mottes).*
Trainou. *Celui qui, sur les conches, tire les «billes» de peupliers du lieu de coupe à une route carrossable.*

▷ La Dive

La distance entre la route et la falaise correspond au volume de pierre prélevé pour construire la *digue de défense*. Du sommet, on domine l'ensemble des prises céréalières. Le cul-de-sac, flanqué de ses deux nichoirs à faucons crécerelles érigés au pied de la digue du Maroc, permet de rejoindre la *digue à la mer* d'où l'on découvre les mizottes, la vasière (à marée basse), le petit port, et d'où l'on peut vérifier que le niveau des mizottes est supérieur à celui du polder. C'est aussi l'un des hauts lieux d'hivernales *observations ornithologiques** (→ *encadré la halte aux oiseaux*).

▶ Retour par la Dive. De la baie à Saint-Michel-en-l'Herm, en traversant les unités de *prises* matérialisées par les digues en terre, de la plus récente à la plus ancienne, on remonte véritablement le temps.

▷ Saint-Michel-en-l'Herm**

Haut lieu de l'histoire des assèchements. Au cœur du village, de hauts murs enclosent le site de l'ancienne abbaye.

L'abbaye (*mar., jeu., ven. 10 h-12 h/15 h-17 h juil.-août*) fut fondée en 682 en érémo (dans le désert) par *Ansoald*, évêque de Poitiers. Elle fut détruite par les Normands en 877, par un incendie en 1048, par les huguenots en 1569, et reconstruite par *François Leduc*, dit Toscane et son fils *Pierre* entre 1670 et 1705, avant d'être ravagée par la Révolution.

La *cour* du cloître était bordée des deux côtés par l'abbaye du XVIIe s., et d'un troisième côté par l'église, reconstruite en 1740 et rasée en 1790. Du côté opposé à l'entrée, grand bâtiment rectangulaire du *réfectoire* (1697), dont les belles voûtes d'ogives ont été détruites pendant la Révolution, à l'exception d'une seule travée : on y voit encore un beau lavabo (vasque soutenue par un aigle et deux angelots) et la chaire du lecteur. Aux extrémités du réfectoire, deux *portes* ornées de curieuses moulures s'ouvraient sur le cloître ; il en subsiste les arrachements contre la muraille. Vers la dr., le bâtiment du réfectoire se raccorde au *château abbatial*, belle habitation de style classique de 1685.

Du côté opposé, un bâtiment de 1679, construit sur les parties les plus anciennes de l'abbaye médiévale, bordait le cloître entre l'église et le réfectoire. La moitié la plus proche du réfectoire s'est effondrée au XIXe s. ; il en reste une porte qui s'ouvre aujourd'hui sur le vide, au-dessus du *chauffoir* des moines, salle rectangulaire du XIIIe s. divisée en deux nefs.

La partie subsistante du bâtiment de 1679 est construite au-dessus de l'*église basse* (960-1048), très défigurée, et de la *salle capitulaire* du XIIe s. revoûtée au XVe s., dont les voûtes gothiques sont soutenues par quatre colonnes isolées. Cette salle, qui avait été comblée, a été déblayée en 1907 ; elle s'ouvrait sur le cloître roman par les trois belles arcades que l'on voit dans la tranchée creusée le long du bâtiment. Dans cette salle a été retrouvée, en 1912, la *tombe* de l'*abbé Aszo* qui consacra la seconde abbaye, en 1048.

Le pavillon de 1679, bâti au-dessus de la salle capitulaire, abrite une belle *collection de* 85 *coiffes* du Marais.

Noter une rénovation réussie des places. Une laiterie-fromagerie confirme l'importance de l'herbe dans l'économie agricole.

▶ Sous la *ferme des Chaux* (*route de Triaize*), reste des *buttes huîtrières* (→ *encadré*).

▶ Retour au Desséché monastique où domine la prairie, après la descente du flanc nord de l'île.

Buttes huîtrières

Près de Saint-Michel-en-l'Herm, au lieu-dit les Chaux, existaient des buttes huîtrières d'une dizaine de mètres de hauteur, 40 m de base et plusieurs centaines de mètres de longueur. Après quelques décennies d'exploitation, ne subsiste qu'un banc sous la ferme elle-même. S'ils reconnaissent une origine anthropique à ces accumulations, nos auteurs contemporains ne sont cependant pas tous du même avis sur la raison de celles-ci.

Pour certains, il s'agirait là du témoignage d'une industrie d'origine romaine : la production de garum, condiment préparé à base d'entrailles de maquereaux, d'huîtres et de sel. Les habitants, quant à eux, constatent avec étonnement qu'aucune huître ne semble avoir été ouverte.

Un historien suggère qu'il s'agit là de fortifications élevées contre les envahisseurs normands. Il est de fait que ces buttes occupent un site stratégique : la rive droite du Chenal Vieux, bras principal du delta du Lay avant l'intervention des moines dessiccateurs, l'île de la Dune occupant la rive gauche. Convenons que cette hypothèse se satisfait mieux de l'observation précédente.

▷ Saint-Denis-du-Payré

Village-tas typique au sud d'une presqu'île.

Le chœur et le transept d'origine font de l'*église* romane des XIe-XIIe s. l'un des rares témoins de cette époque. Les piliers sont ornés de remarquables *chapiteaux* sculptés, très fouillés, représentant des animaux et des personnages énigmatiques : basilics, griffons, etc. Le chœur, semi-circulaire, est voûté en berceau. Sur le transept s'élève une coupole octogonale supportant le clocher carré coiffé d'une flèche d'ardoises qui n'est pas d'origine, mais lui confère fière allure.

▶ De la *rue des Moulins***, à l'E., s'offre le Desséché sans fin. *Réserve* ornithologique *Michel Brosselin**** (*Route de Triaize ; 10 h-12 h/15 h-19 h juil.-août et sur RV le reste de l'année ☎ 51.27.23.92*).

Au service des oiseaux

En 1972, sur le communal de Saint-Denis-du-Payré, Michel Brosselin créait la réserve qui porte désormais son nom.

Cet ornithologue, passionné et protecteur des oiseaux d'eau, porta tout naturellement son attention sur le Marais poitevin. Rapidement, il découvre qu'il ne suffit pas qu'un milieu soit attractif biologiquement pour qu'il soit exploité : « le besoin de tranquillité est aussi indispensable que le besoin de nourriture », écrit-il. Il projette donc, en raison des qualités du milieu, de créer cette réserve où tout dérangement serait limité au minimum et, bien sûr, la chasse interdite (le statut de Réserve naturelle la protégeant contre toute atteinte). Des aménagements permettant une gestion de l'eau conforme aux besoins des voyageurs emplumés firent s'accroître les potentialités biologiques du milieu, alors que le maintien du pastoralisme assurait l'entretien des pelouses indispensables aux oies et favorables aux limicoles. Comme entreprise et comme outil de connaissance et d'éducation, cette réserve reste exemplaire.

▷ Triaize

Ile haute formée de trois îles (d'où son nom Triacia), au milieu des herbages. L'*église Saint-Jean* domine de son étrange silhouette l'ensemble du Desséché. Elle fut construite par les moines de Luçon à la fin du XIIe s. L'édifice a été très transformé à la suite des guerres de Religion, et dévasté en 1621 par les huguenots. Des restaurations ont été entreprises, en 1770 et très récemment. Sa grande particularité réside dans son *clocher** d'ardoises, constitué de trois renflements, œuvre du compagnonnage datée sans doute de quelques années avant la Révolution.

▶ Au *lieu-dit La Charrie*, en franchissant le canal de Luçon, on quitte le bassin du Lay pour celui de la Sèvre, et l'on prend pied sur le rivage méridional d'une île quasi indécelable. Les maisonnettes qui s'égrènent d'abord côté nord puis des deux côtés, le sol ocre à côté des verts herbages, les nombreux murets de pierres sèches attestent pourtant de son existence.

▷ Champagne-les-Marais

Petite *église* trapue aux parties romanes, mais très remaniée au XVe s. Une entrée couverte s'adosse à l'entrée actuelle, lui conférant beaucoup de charme. L'accès au *clocher* est possible depuis une porte extérieure ; il permet de découvrir, en même temps que le marais tout proche, une magnifique *pourtraison** supportant les cloches.

Par endroit, remarquables petits murets aux lits de pierres sèches très fins.

▶ *Le Marais Fou**. Prendre à droite aussitôt le canal de Campagné franchi. La longue route rectiligne conduit aux *portes du Chapitre*. Semis de cabanes au milieu des cultures et des prés. Retour par la D 25.

▶ *Puy Ravault*. Au nord du village, le *Marais du Commandeur* immortalise l'un des tous premiers assèchements réalisés par l'ordre religieux des Templiers. ▶ *Sainte-Radegonde-des-Noyers*. On quitte l'île basse pour longer le rectiligne *canal du Clain* qui évacue dans l'anse du Brault les eaux du Desséché ; rectitude qui le conduit à traverser la bande même (le calcaire). ▶ Sur la dr., l'île de *Chaillé-les-Marais* surgit d'un immense tapis vert.

Marais mouillé

De Chaillé-les-Marais (N 137) au Gué-de-Velluire (D 938 ter) / 50 km / 1/2 j.

A l'exception des communaux, la présence d'arbres traduit l'opposition entre Desséché et Mouillé. Le contact plaine-Marais mouillé révèle aussi une opposition paysagère et agricole. Cette opposition réside en effet à la fois dans la nature des sols et dans leur usage : déforestée, la terre de groie de la plaine devient une riche terre de culture, tandis que dans le Mouillé les têtards plantés retiennent les berges d'une multitude de canaux. La route établie sur la crête de la presqu'île de Velluire permet, quant à elle, d'embrasser des yeux les marais alentours.

▶ A partir de *Chaillé-les-Marais* (→), rejoindre l'intersection de la N 137 et de la D 10, point de départ de l'itinéraire.

▷ La Ceinture des Hollandais***

Long canal de près de 20 km, perpendiculaire à la route. Le bot sépare le Marais desséché en deçà, du Marais mouillé au-delà. Côté Desséché : la gonelle de pied de digue ; côté Mouillé : la ceinture (ou contrebot). Dans le bot, côté gauche, la bonde qui permet au Desséché de prélever, en été, de l'eau dans le Mouillé. Au-delà, à g., le bocage de têtards du Marais mouillé ; sur la dr., l'immense communal nu, sans canaux.

▶ A 1 km du pont, sur la g., petite *route*** qui s'enfonce dans le bocage même.

▶ Après le pont : les *huttes* de *Nalliers* sur de petits tertres. Débouché brutal sur les ondulations de la plaine céréalière nue.

▶ Prendre la direction de *Mouzeuil*. A *Saint-Martin-sous-Mouzeuil*, prendre la rue du Booth-de-l'homme. Le bocage du Mouillé barre l'horizon. Sa traversée conduit sur le versant nord des communaux. Sur la g., *huttes* éparses en bordure du bocage ; sur la droite, *communaux*.

▷ Le Langon

Les fouilles attestent de la présence de villas gallo-romaines. Habitations cossues des XVIe-XVIIe-XVIIIe s. dans le bourg.

Marais mouillé plus faiblement boisé, puis Desséché nu parsemé de remarquables *cabanes*. On aborde l'île haute de Chaillé-les-Marais par le versant nord.

▷ Chaillé-les-Marais*

*Site*** remarquable du versant oriental du village : les maisons, adossées à la falaise morte, bordent la route sur une terrasse légèrement surélevée par rapport au marais en contrebas ; au-dessus : les champs.

▶ A 1 km, le *Village de l'an VII* rappelle qu'au pays de la contre-Révolution, le Sud Vendée était bleu. Autre trait caractéristique : les maisons basses disparaissent progressivement au profit des maisons à l'étage. ▶ *Vouillée-les-Marais* : large île calcaire.

▷ La Taillée

Remarquable petit bocage géométrique de pierre sèches côté sud.

A l'entrée du village, arrivé *à la Tublerie*, prendre à g. De nombreux ponts bossèlent la route. *Huttes*** basses en bordure de canaux, notamment sur le côté sud du communal du Poiré érigé en *Réserve volontaire***.

Découverte de l'*avifaune* qui s'accommode parfaitement de la présence des chevaux, bovins, oies domestiques, grâce à un observatoire doté d'un puissant périscope.

▶ Quitter les bords du communal pour gagner *L'Anglée*. ▶ *Le Chatelier** *(à l'écart du Poiré-sur-Velluire)*. *Château* comportant des tours avec poivrière. Magnifiques *lucarnes* Renaissance. Enceinte et murailles encore très reconnaissables. ▶ *Le Poiré-sur-Velluire*. Bien visible de l'église, vaste silhouette d'un rare *logis* des XVI-XVIIe s. ▶ *Velluire* est situé sur la rive gauche de la Vendée. Après quelques kilomètres, le bocage buissonnant dont est pourvu la presqu'île disparaît pour faire place à une *colline**** chauve du haut de laquelle on découvre les marais bordant la Vendée. ▶ *Le Gué-de-Velluire.* Les *moulins de la Caillère : exposition (mi-juin, mi-septembre)* sur le Marais poitevin. ▶ La *vicinale*** *(direction : l'Ile d'Elle)* qui rejoint le D 938 ter, 40 m au-dessus du marais par endroit, permet également de découvrir les marais faiblement boisés, asséchés à partir du XVIIe s., tant à l'ouest qu'à l'est, ainsi que l'île de Vix.

Les bords de Sèvre

Du canal du Sablon à Damvix / 18 km /1 h.

La Sèvre et les différents canaux qui coupent ses boucles constituent un long couloir entre les Desséchés nord et sud, évacuant à la mer les eaux des Marais mouillés.

Randonnées

Longeville : sentiers pédestres en forêt (renseignements au ℹ ☎ 51.33.34.64).
Champagné-les-Marais : randonnées équestres (☎ 51.56.20.89).
Chaillé-les-Marais : randonnées pédestres (renseignements au ℹ ☎ 51.56.72.98).
Le Gué-de-Velluirerandonnées hippomobiles de 3 à 7 j. organisées par l'association Roulottes et Calèches du Marais poitevin (☎ 46.27.82.44).
Camvix : randonnées pédestres et cyclotourisme (renseignements au ℹ ☎ 51.87.23.01).
Saint-Hilaire-la-Palud : randonnées équestres (☎ 49.35.33.09) : randonnées hippomobiles de 3 à 7 j. organisées par l'association Roullottes et Calèches du Marais poitevin (renseignements à la Maison du Parc ☎ 46.27.82.44).

Le parc naturel régional

Géographiquement situé à la quasi-extrémité septentrionale du Bassin aquitain et méridional du Massif armoricain, largement ouvert sur l'Atlantique entre Longeville au nord et Esnandes au sud, s'enfonçant jusqu'à Niort à l'est, son unité écologique est administrativement «déchirée» entre trois départements (Vendée, Charente-Maritime, Deux-Sèvres) et deux régions (Pays de la Loire et Poitou-Charentes). La création du parc naturel régional du Marais poitevin, Val-de-Sèvre et Vendée est une heureuse initiative qui vint à son heure exprimer une volonté d'opérer l'unification administrative de cette entité naturelle et lui donner une âme.

Platte et chemins verts

*Au Marais mouillé, plus qu'ailleurs, la barque est la compagne obligée du Maraîchin. Ici, on l'appelle la **platte** (prononcer «piatte») : elle est noire, elle a une petite tête (la poupe) et une grosse tête (la proue). Il en existe de toutes les tailles : celle de neuf pieds de long est bien chargée avec deux personnes ; celle de vingt-deux pieds peut porter six bovins ; la moyenne s'établit à quatorze ou quinze pieds, ces dernières pouvant porter une tonne.*
*Tout est transporté par bateau : faucheuses, charrettes, rateleuses, chevaux, vaches, bœufs, les haricots, le fumier, les bidons de lait, le foin... Pour le transport de ce dernier, plus volumineux que lourd, trois plattes sont réunis par leur petite tête, deux côte à côte et une devant, c'est une **battelée**. La platte est de tous les actes de la vie des hommes : baptêmes, mariages, enterrements. S'étonnera-t-on alors que les ponts qui enjambent chaque conche soient les seules collines des Marais mouillés ? Elle permet aussi le commerce du bois, des poissons d'eau douce, de la vannerie. Pour la faire avancer et la guider sur les chemins vert émeraude, le Maraîchin se tient debout à la petite tête ; il fait alors glisser, tout en l'enfonçant, sa **pigouille** (la gaffe) sur son flanc pour maintenir le cap et la propulser ; à moins qu'il n'use de la **palle** (la rame). Pour le transport des bleds, vin, etc., il en existe de plus grosses encore : les **gabares** qui sont halées entre La Rochelle, Marans et Niort ou Luçon (qui fut, dit-on, troisième port de France pour le commerce des céréales au XIXe s.). A moins qu'il ne s'agisse de véritables trois-mâts.*
*Bien des villages avaient leur **cale** (port) ; mais beaucoup, et c'est dommage, ont été comblés.*

L'importance de l'eau, les paysages agraires, l'habitat, les ouvrages hydrauliques, découverts à partir d'anciens chemins de halage le plus souvent annoncent les Marais mouillés de la Venise verte.
▶ Entre l'*Ile d'Elle* et *Vix*, sur la D 938 ter, un peu au nord du terminus du précédent itinéraire, prendre la direction de la Sèvre. La vicinale traverse, sur quelques kilomètres, les terres noires du Desséché de Vix avant de franchir le contrebot et le canal qui drainent ses eaux. Les maisons sont d'abord au niveau du marais, puis sur le bot : on passe du Desséché dans le Mouillé.
▶ La route suit, en direction de l'est, la rive du *canal du Sablon* puis le bord même de la *Sèvre*, avant d'en être séparée par un boqueteau de têtards qui oblige à longer le *canal* et le *bot de Vix* . Aussitôt le pont neuf sur la Sèvre franchi, après avoir emprunté la D 25b, on remonte le cours de la Sèvre rive gauche. ▶ La *route**** étroite serpente sur la levée, entre la rivière et les maisons

à étage éparses. Le bocage quadrangulaire s'ouvre sur la Sèvre comme si l'on avait oublié de planter la quatrième haie, les très nombreuses confluences conduisent à emprunter un premier pont-écluse avant d'atteindre le *pont de la Croix des Marys*. ▶ Au-delà, à 50 km de la mer pourtant, et toujours à 2 m en dessous des marées hautes de vive-eau, *Bazoin***, centre névralgique de la gestion des eaux du Marais mouillé oriental, où il faut emprunter quatre ponts-écluses pour accéder à la route, rive droite, qui remonte la boucle nord de la Sèvre jusqu'à *Damvix*.

La Venise verte

Sèvre rive droite, de Damvix à Coulon, via Sainte-Christine et Maillezais / 52 km / 1 j.

Découvrir la Venise verte ne peut laisser indifférent. La nature semble y régner en maître et pourtant le modelage humain du paysage est partout manifeste. Les Maraîchins n'auraient-ils pas façonné là une nature plus vraie que nature ?

Dans la plupart des villages, la platte, en bordure de conche, transformée en embarcadère, vous attend pour découvrir ce milieu secret. Le réseau routier, moyen complémentaire de découverte, est cependant ici tout particulièrement réduit.

▷ Damvix

Le village se continue sur la levée droite de la Sèvre, passé le port, par une enfilade typique de *cabanes***. Remontant la rive, on arrive rapidement face à une nouvelle *écluse*, celle *des Bourdettes*.

Le paysage change là du tout au tout : le peuplier envahit l'horizon avant de nous envelopper de ses hautes cimes.

▶ Peu avant le *village de la Sèvre*, existe une *passerelle* pour piétons, en fer, au-dessus de la Sèvre. ▶ En obliquant à g., à cet endroit, on pénètre dans le *bocage**** de la Venise verte. On peut y vérifier que les petits champs à maille géométrique y sont entourés d'eau, d'une haie de têtards, d'une haie de peupliers. ▶ *Le Mazeau. Arboretum populetum* (☎ *51.00.71.14)*. ▶ Délaisser la Sèvre. Du Mazeau à *Aziré*, la D 104 traverse un sol calcaire couvert d'un bocage bas. Au-delà d'Aziré, en direction des *Nattes*, le contraste paysager est plus net : à dr. la plaine est nue, à g. le marais est boisé. ▶ Des Nattes à *Sainte-Christine*, la régularité tant géométrique des *parcelles*** que des plantations du Marais mouillé de la Vieille Autise atteint à une sorte de paroxysme. ▶ A *la Garenne*, belle *perspective** jusqu'à Courdault. ▶ A *Liez*, le paysage s'ouvre.

▷ Nieul-sur-l'Autise

*Maison de la culture paysanne*** : moulin à eau en fonctionnement, four à pain, lavoir, activités artisanales et exposition d'un intérieur vendéen *(sur demande* ☎ *51.52.43.38 ou, de Pâques à oct., 14 h-17 h 30)*. Essai de reconstitution partielle du *camp* néolithique *de Champ Durant* daté de 3 000 ans av. J.-C. Fouilles annuelles.

*L'abbaye Saint-Vincent***

Arnould Gassedener, seigneur de Vouvant, installe un groupe de chanoines réguliers sur sa terre de Nieul en 1068. L'abbaye se développe rapidement grâce aux dons et privilèges des ducs d'Aquitaine et même de *Louis VII*. Celui-ci, de passage à Niort avec son épouse *Aliénor d'Aquitaine* (née à Nieul en 1122), confirme les chanoines dans leurs biens et les prend sous sa protections. Les religieux s'imposent la règle de Saint-Augustin. Au XIIIᵉ s., l'abbaye participe aux dessèchements monastiques. Au XVIᵉ s., elle n'échappe pas aux guerres de Religion ; au XVIIᵉ s., elle se relève de ses ruines. La salle capitulaire est revoûtée, et l'on construit les arcs-boutants du mur de l'église donnant sur le cloître. En 1717, c'est l'extinction de toute vie monastique et, en 1791, l'abbaye est mise en vente comme bien national. L'abbatiale devient église paroissiale et propriété de la commune.

Au fil de l'eau

Damvix : promenades en barques (☎ 51.00.75.18).
Le Mazeau : promenades en barque (☎ 51.87.24.55 et 51.87.20.73) ; location de canoës (☎ 51.87.24.55).
Maillezais : promenades en barque (☎ 51.00.70.11).
Coulon : location de canoës (renseignements au ℹ ☎ 49.35.90.26) ; promenades en barque (☎ 49.35.90.47 ; 49.35.90.88 ; 49.35.97.63 ; 49.35.91.71).
La Garette : promenades en barque (☎ 49.35.93.35 et 49.35.93.46).
Arçais, la Garenne : promenades en barque (☎ 49.26.31.80 ; 49.35.37.34 ; 49.35.37.08) ; croisières sur la Sèvre à bord du Collibert (☎ 49.35.37.80).
Saint-Hilaire-la-Palud : promenades en barque (☎ 49.35.33.64 ; 49.35.32.63 ; 49.35.35.02 ; 49.35.36.53).
Maillé : mini-croisières sur des « Capucines » (☎ 51.87.27.52 et 51.00.75.78).
Saint-Jean-du-Liversay : randonnées guidées en canoës (☎ 46.01.85.86 ou Maison du Parc ☎ 46.27.82.44) ; en voile (☎ 46.01.84.28 ou 46.01.95.84).
Marans : croisières sur la Sèvre à bord du Milandre (☎ 46.01.03.33) ; location de house-boats et randonnées en canoës (☎ 46.01.17.16).

L'église. Il ne subsiste que la partie occidentale : moitié du transept dont les bras possèdent des voûtes en berceau tandis qu'une coupole sur trompe couvre la croisée. Nef du début du XIIe s. L'inclinaison impressionnante des piliers s'explique par un tassement des voûtes et l'effondrement du mur nord au XVIIIe s. *La façade* présente les caractéristiques du roman poitevin. Son originalité réside dans l'existence de panneaux d'appareils décoratifs (sous les fenêtres du premier étage et autour des bases et arcs latéraux). Variété de *chapiteaux* remarquable. Frises et voussures de grande qualité.

Le cloître (10 h-12 h/14 h 30-17 h 30 ou sur R.V. ☎ 51.52.40.76). Construit en même temps que la nef du XIIe s., de plan carré, il est le seul cloître demeuré complet parmi les abbayes vendéennes. Il présente cinq travées sur chacune de ses bases.

Salle capitulaire : voûte reconstruite en 1646 (traces au sol et sur les murs de l'ancienne voûte romane et de ses appuis). Petite salle, dite *chapelle des Chabots*, qui devait tenir lieu de chauffoir (vestiges de pierres tombales et statues y sont entreposés). Lavabo du XIIIe s. creusé dans le mur sud. Porte du réfectoire très décorée. *La galerie*, superbe, cernant le jardin, est couverte au rez-de-chaussée d'un berceau brisé avec de nombreuses pénétrations (illusion d'une succession de voûtes d'arêtes).

▷ Maillezais***

L'église Saint-Nicolas (XIIe s.) a subi en 1905 une restauration trop radicale, mais la *façade**** conserve sa structure romane avec un beau portail encadré de deux arcades aveugles : la voussure interne de ce portail est ornée de grands oiseaux fantastiques affrontés dont les serres maintiennent de petits personnages ; entre les colonnes des jambages, curieux décor d'acrobates montés les uns sur les autres. A g. du chœur, élégante Vierge à l'Enfant en pierre, du XVe s.

A l'O. du village, surplombant la Jeune Autise canalisée, il ne reste que des ruines grandioses de ce que fut *l'abbaye**** *(t.l.j. 9 h-12 h 30/14 h-18 h ; spectacles son et lumière en été)* et deux bâtiments claustraux en équerre.

Guillaume II, comte du Poitou, dit Fier à Bras, avait fondé un premier monastère à Saint-Pierre-le-Vieux, occupé par les moines de Saint-Julien de Tours (989). Une quizaine d'années plus tard, le moine *Théodolin* obtint du nouveau comte *Guillaume le Grand* l'abandon de son château de Maillezais pour y bâtir un monastère plus important où la communauté fut transférée en 1010. Le comte s'y retira lui-même et y mourut en 1030. L'abbaye de Maillezais connut un essor prodigieux. En 1197, le pape *Célestin III* lui confirma la possession de plus de cinquante églises et de nombreux domaines. En 1232, l'abbatiale subit d'importants dommages durant le siège que le monastère eut à soutenir contre *Geoffroy de Lusignan*, seigneur de Vouvant. En 1317, l'abbaye fut érigée en évêché par le pape *Jean XXII*. *Geoffroy d'Estissac*, élu évêque de Maillezais en 1518, y donna asile à son ami *Rabelais*, au moment de ses démêlés avec les franciscains de Fontenay. C'est là sans doute qu'il conçut Thélème, et imagina le personnage de Geoffroy la Grand-Dent, le Lusignan calomniateur à la mâchoire protubérante, son Pantagruel. On vous montrera le cachot où il est censé avoir logé. Mais en 1587, les protestants dévastent l'abbaye. Deux ans plus tard, *Agrippa d'Aubigné*, élu gouverneur, en fait une place forte huguenote ; il n'en prit pas moins son temps, en surveillant la captivité du cardinal de Bourbon, l'éphémère meneur de la Ligue, pour rédiger Les Tragiques. Ce n'est qu'en 1619 qu'il quittera ce lieu. En 1648, l'évêché sera transféré à La Rochelle.

L'enceinte rectangulaire construite à la fin du XVIe s. par *Agrippa d'Aubigné* existe encore. Son angle sud-est est formé par un bastion à arête aiguë, surmonté d'une échauguette. A dr. de l'entrée, un *petit château* de 1872 est bâti sur les fondations du palais épiscopal dont il reste une grosse tour ronde renfermant une salle voûtée (début XVe s.).

Habitat : site et typologie

Primitivement, l'habitat est exclusivement établi sous forme de village-tas ou village-rue selon la configuration du site, sur les rivages et îles calcaires, à l'exception, dans le Marais mouillé, des huttes*, construites probablement sur des tertres, et faites d'argile et de roseaux. Avec les assèchements naissent, dans le Desséché, les* cabanes *d'exploitation agricole, isolées au milieu de leur terre.*
Les travaux du XIXe s., dans le Marais mouillé, conduisent à l'abandon des huttes primitives. Certaines, autour de quelques communaux, sont alors reconstruites en dur, ce sont de basses petites maisons blanches.
L'habitat le plus original de la Venise verte, peut-être à l'origine de ce toponyme régional, repose sur une structure et deux types de sites. Les cabanes (fort différentes des précédentes) sont construites en enfilade soit sur une levée, soit en limite du marais, en bordure d'une conche, sur la plaine calcaire. Les maisons s'ouvrent d'un côté sur la route de la plaine ou de la levée, de l'autre sur la conche où est amarrée la platte.

Anguilles et grenouilles

C'est à Giovanni Battista Grassi et Salvatore Calandruccio que revient le mérite d'avoir découvert que les civelles (appelées ici pibales) ne sont autres que de petites anguilles ; au Danois Johannes Schmidt celui d'avoir découvert que les adultes se reproduisent dans la mer des Sargasses ; au Gulf Stream revient celui d'acheminer des Leptocéphalus brévirostris du lieu de leur naissance à celui de l'origine de leur parent. Là, les mâles s'installent dans l'eau saumâtre des estuaires alors que les femelles remontent les eaux douces.

La réputation culinaire de ces pibas est probablement proportionnelle au nombre d'engins de pêche destinés, de l'aval à l'amont des rivières, à leur appropriation.

Jusqu'à un passé très récent, la pêche des pibales s'opérait en hiver, nuitamment, à la lampe et au pibalour (ou cibalour, sorte d'épuisette à maille très fine).

Selon le lieu et la période, l'anguille était pêchée à la vermée ; aux engins vergés (bourolles, bottes, heurtes) en osier ; lors de l'avalaison (départ vers les Sargasses), aux engins à lacets (aveneaux, treilles, sennes, tramails, verveux, autant de sortes de filets) ; en novembre-décembre, lorsqu'elle est abouée (dans la boue), à la foëne ou au salais.

Dans le Marais mouillé, sa pêche était si importante que, salée, elle servait de monnaie.

Il n'y a, dans la mythologie culinaire marouine, que la grenouille qui puisse rivaliser avec l'anguille. Si sa pêche n'a pas suscité la création de multiples engins, elle exige par contre force et habileté pour faire passer le bel amphibien, accroché au pompon, du canal dans le sac du pêcheur. Une loi, en raison de sa raréfaction, vient heureusement contrôler aujourd'hui sa pêche.

Au fond de l'enclos gazonné, à dr. se dressent les ruines imposantes de l'*église* abbatiale, puis cathédrale, qui mesurait 90 m de longueur au transept, et était surmontée de six clochers. Il en reste le *nathex***, accompagné de deux tours carrées, tout le mur du bas-côté Nord et une partie du croisillon attenant. Le narthex, voûté en berceau brisé, les tours et les quatres premières travées du mur Nord percé de deux étages de baies cintrées et où l'on remarque de beaux *chapiteaux*** romans, appartiennent à l'architecture romane de la fin du XIe s. Par une disposition unique dans l'ouest, les bas-côtés étaient surmontés de tribunes dont les voûtes en berceau étaient perpendiculaires à l'axe de l'église. Les trois grandes fenêtres en tiers-point des trois travées orientales sont du XIIIe s. et postérieures à l'incendie de 1232. Les restes du croisillon appartiennent au style gothique de la première moitié du XIVe s. ; le pignon Nord est flanqué de deux clochetons découronnés, encore desservis par un escalier intérieur. Enfin, le vaste *chœur* à sept chapelles rayonnantes, dont il ne reste rien, avait été construit au XVIe s. par *Geoffroy d'Estissac*, dans le style de la Renaissance. Un escalier à vis permet d'atteindre le sommet de la *tour Est*. d'où l'on découvre, très apparent sur le gazon, le plan du monument détruit.

Outre les emplacements des tombeaux, on découvre sur la *pelouse* le lavabo entouré d'une margelle, quelques bassins, le cellier de 30 m sur 5 m sous l'ancien réfectoire, les substructions de la salle capitulaire dans le prolongement du croisillon Sud de l'abbatiale et, tout au fond de l'enclos, près du chevet de l'église, les emplacements des silos.

A l'angle Sud-Est de l'enclos, deux autres bâtiments conventuels en équerre, construits vers le début du XIIIe s., étaient peut-être réservés aux convers, à moins qu'ils n'aient servi d'hostellerie ; ils ont été aménagés en *musée*.

A partir de l'entrée du domaine, l'on visitera successivement un *réfectoire* (XIVe s.) encombré de débris lapidaires ; au fond de la salle, sur la dr., l'escalier descend au profond cellier, dit *cachot de Rabelais*, que soutient un gros pilier central ; à l'étage, un *dortoir* (plancher fragile), avec sa cheminée monumentale où l'on pouvait brûler des arbres entiers ; une *cuisine* carrée, couverte d'une hotte octogonale (malheureusement tronquée) dans le bâtiment voisin, constituée en *musée lapidaire* : éléments de sculpture, chapiteaux, crosse d'abbé en cuivre doré (fin du XIIIe s.), provenant des fouilles effectuées dans le cloître ; un second réfectoire, qui a conservé une partie de son pavage ; les deux belles fenêtres à meneaux ouvrant sur la campagne ont été restaurées, mais de la cheminée ne subsistent que les arrachements ; à l'extérieur, sous un abri, l'escalier descend vers la *cave à sel*, située sous le réfectoire, où les moines entreposaient le produit des récoltes : ses ouvertures donnent sur la prairie qu'occupaient autrefois des marais salants.

▶ *La Porte de l'Ile, Souil* : le petit bocage de Marais mouillé de la Jeune Autise donne une idée de ce qu'était celui-ci avant l'introduction du peuplier.

▷ Fontaines *11 km N.-O. de Maillezais*

L'église : édifice en partie roman, dont l'intérêt est la *façade**** d'une extrême qualité. La composition du pignon est d'inspiration saintongeoise à deux registres séparés par un bandeau. Le *portail central*, encadré de deux arcatures aveugles, forme un magnifique ensemble dans lequel toute la

L'église de Fontaines

grammaire ornementale romane est représentée.

En longeant la partie latérale de l'église et un ensemble de bâtiments, on découvrira un *lavoir* couvert particulièrement intéressant.

▶ *Doix (6 km O. de Maillezais). Beau logis*** du XVIIe s. au lieu-dit *Chalusseau*. Près de l'église, *château*, également du XVIIe s., avec communs de caractère. ▶ De Maillezais, reprendre la route du Mazeau *(→)* et du village de la Sèvre *(→)* jusqu'aux premières maisons de *Neissier*. En tournant à dr. à cet endroit ainsi qu'aux trois embranchements suivants, on pénètre à nouveau par *le Grand Coin*, dans la Venise verte. ▶ De ce hameau on peut gagner la Sèvre, longer le complexe hydraulique de *la Sotterie** ou préférer le cadre intimiste de la vicinale qui longe le *canal du Grand Coin*** pour atteindre la capitale de la Venise verte : Coulon.

▷ **Coulon***** → *Niort*

Rive gauche de la Sèvre

de La Garette à la Croix-des-Marys
32 km / 1 h 30

En comparaison de la rive droite, la rive gauche offre des différences subtiles, tant dans le domaine de l'habitat que dans celui des paysages. En effet, la plupart des villages possèdent deux unités distinctes : un bourg groupé, et un écart portant son propre nom. De plus si, comme sur les bords de la Sèvre, l'habitat de cet écart est linéaire et les maisons se mirent dans une conche, le site n'est pas une levée mais la bordure calcaire du rivage. Par contre, comme précédemment, l'excursion emprunte alternativement plaine et Marais mouillé.

Les trainous

Au pays des Chemins verts, la conche est non seulement une voie économique de transport mais aussi parfois une voie obligée. Les bines (billes) de peupliers sont en effet roulées à reculons au moyen d'un crochet (tâche appelée vulgairement «crève-sot» en raison de sa difficulté) jusqu'à la conche, puis elles sont attachées par trois, la grosse au milieu, avec des chaînes et ainsi de suite. Au Canada le courant fait le reste ; ici, en son absence, les trains de billes sont tirés de la platte à la pigouille ou halés de la berge à la «cordelle» par le trainou (J. Drapeau).

Tradition culinaire

Les produits de la pêche ont une place de choix dans la gastronomie maraîchine.
Parmi toutes les sauces auxquelles l'anguille est assaisonnée, la bouilliture est sans conteste la plus régionale. Voici la recette de Maurice Fombeurre : «Prendre une belle anguille du poids de 750 g environ, la tronçonner et la faire revenir au beurre avec un oignon haché, sans la colorer. Y ajouter 350 g de champignons frais émincés. Mouiller jusqu'à mi-hauteur d'un vin blanc sec du Poitou. Saler, poivrer légèrement et laisser cuire complètement (20 mn suffisent). Retirer les tronçons d'anguille et les mettre dans un plat creux couvert. Faire réduire la cuisson de moitié, rectifier l'assaisonnement ; verser sur les tronçons d'anguille et servir bouillant. Déguster avec une bonne tartine de beurre du Marais».
Mais on peut aussi fricasser l'anguille. Pour cela il faut la découper en tronçons, les faire frire dans l'huile bouillante accompagnée d'ail pilé et de persil. On sale selon le goût et... l'on mange avec les doigts. Ou bien encore, sans la vider ni la peler, on peut la faire griller entière avec un peu d'huile et ajouter, au moment de servir, un filet de vinaigre.
Les lumas (escargots petits-gris) font, avec les cuisses de grenouilles, également partie de la tradition culinaire poitevine. Mais le plat de résistance du Poitevin c'est (c'était) la mojette (haricot blanc). Il faut qu'elle cuise doucement dans un pot en terre, avec un bouquet garni et quelques gousses d'ail, devant un bon feu de bois, en ajoutant l'eau nécessaire (jamais froide!) au cours de la cuisson et, naturellement, un bon morceau de beurre du Poitou au moment de servir. La grillée de mojettes est une autre façon de l'apprécier surtout si l'on a pris soin de laisser fondre une bonne épaisseur de ce même beurre. On peut utiliser les feuilles de pissenlit, avant la floraison, pour confectionner une salade. A déguster avec des œufs de cane bien sûr!

▷ La Garette** *2 km S. de Coulon*

Haut lieu touristique qu'il faut découvrir à pied et en platte. Après avoir traversé le village, en prenant deux fois à dr., on s'enfonce à nouveau à l'intérieur du Marais mouillé où le peuplier est roi.

▶ A la sortie de la peupleraie, pour atteindre ▶ *le Vanneau* et son écart en bordure de conche, *la Belette*, on rejoint la D 102 en prenant à dr. aux deux embranchements. C'est alors un bocage bien différent, sans fossés ni canaux ; c'est ici la *terre de groie*. ▶ *Le Vanneau. La Belette** est le quartier amphibie de ce village. On peut atteindre les *mottes* en empruntant la *passerelle** en fer qui enjambe le canal.

▶ Du vanneau on peut atteindre le petit village au nom évocateur : *Irleau** dont les maisons sont également en bordure de canal.

▷ Saint-Georges-de-Rex

Bourg aux quatre lavoirs. Ancien *château* : vestiges des Xe et XIVe s. Motte féodale avec douves. *Prieuré* et *maison noble* des XVIe-XVIIe-XVIIIe s.

Dans l'*église* XIXe s., remarquable autel. Bois polychrome du XVIIe s.

▷ Arçais, la Garenne**

Depuis le port, face au *château* XIXe s., grand logis, prendre le *chemin de halage* pour découvrir le quartier caractéristique de la Garenne. Habitat superbement appareillé à la volumétrie exceptionnelle.

De la crête de la colline chauve, on aperçoit la muraille de verdure du *marais sauvage* que défie le clocher de l'église.

Au *logis des Artisans* : exposition-vente de produits artisanaux locaux.

▶ La D 101, sur la colline chenue, longe la verte muraille jusqu'à la capitale du marais sauvage : Saint-Hilaire-la-Palud.

▷ Saint-Hilaire-la-Palud

Ce village n'a pas un, mais deux hameaux typiques s'imbriquant dans les voies d'eau : *La Rivière* et *Monfaucon*.

Plusieurs *chemins*** s'enfoncent à l'intérieur même du marais sauvage à la géométrie fantasque. La plupart sont des culs-de-sac. Celui qui traverse Monfaucon conduit, après maints méandres, sur les rives des eaux calmes du Mignon.

▶ Un chemin carrossable descend le *Mignon***, rivière canalisée, paradis des pêcheurs, jusqu'à la *Croix-des-Marys* en passant par le complexe hydraulique de *Bazoin***.

▷ Maillé

*Église*** romane du XIIe s. dont ne subsiste que la partie inférieure de la façade occidentale. D'influence poitevine, cette façade est divisée en trois parties. Elle se compose d'un grand portail central en arc brisé. A l'*intérieur*, chœur du XVe s. à chevet droit. Curieuse chaire en fonte (classée) de 1861.

Agrippa d'Aubigné occupa le *port Doignon*, d'où il contrôlait le trafic fluvial de la Sèvre. Le fort fut rasé par *Richelieu* en 1610. Il y créa une imprimerie. Fontaine ferrugineuse.

Vers la baie de l'Aiguillon

De La Ronde à la pointe Saint-Clément (Esnandes) / 60 km / 1/2 j.

Comment quitter le Marais poitevin sans s'attarder sur les deux composantes opposées qui fondent son originalité ? Le Marais poitevin n'est-il pas en effet le fruit de l'union du golfe des Pictons (dont la baie est fille) et du labeur des hommes, au premier rang duquel figurent les ouvrages hydrauliques ?

Les itinéraires précédents ont permis de découvrir un certain nombre d'ouvrages, en particulier le complexe hydraulique de Bazoin. Celui-ci propose la découverte de quelques autres ouvrages et se termine au cœur même de la baie de l'Aiguillon.

▶ *La Ronde (10.5 km S. de Maillezais). Maison du Parc naturel régional du Marais poitevin, Val de Sèvre et Vendée (☎ 46.27.82.44)*, installée dans l'ancien presbytère.

▷ Le canal de la Banche* *par la D 116, en direction du sud.*

Son nom, Banche, vient de ce que le canal traverse deux îles calcaires sans dévier. Ce canal, qui draine une grande partie des Desséchés de la Sèvre sud, est exemplaire, tant en raison de sa longueur qu'en raison de sa rectitude sur 26 km. En descendant son cours, tantôt à droite, tantôt à gauche, sur 16 km, on assiste à la disparition progressive de l'arbre, au passage de la dominance de l'herbe à celle de la culture ; on longe la longue *île de Marans* (à dr.), que seul un relief ténu souligne avant d'atteindre la ville même.

▷ Le Gouffre* (l'Ile d'Elle)

Le pont sur la Vendée précède le village. L'endroit porte le nom évocateur de Gouffre. En descendant du côté aval, on découvre le goulet en pierre par lequel cette rivière rejoint la Sèvre. En observant plus attentivement, on constate que les eaux du canal de Vix butent à l'est contre cet ouvrage pour ressortir à l'ouest : elles passent ici sous la Vendée. Ce gouffre résulte des milliers de mètres cubes de terre qu'il a fallu déplacer pour édifier cet ouvrage. A quelques kilomètres, *étang de la Sablière.*

D'ouest en est, les différences architecturales sont remarquables. A l'ouest : les *maisons* basses, tout en longueur, à génoise, sont blanchies à la chaux ; à l'est, si les maisons n'ont pas toutes un étage, elles ont souvent un plancher (grenier), très aéré.

Quant à la charpente du hangar attenant, elle repose le plus souvent sur plusieurs piliers en pierres taillées. Très résistante, la pierre calcaire de teinte plutôt jaune, laissée à nu, exhibe de remarquables appareillages.

A noter aussi la présence de tapis de roseaux qui, sous la tuile « tige de botte », remplacent avantageusement (en servant d'isolant) la chanlatte.

Les *murets* en pierres sèches qui closent çà et là, dans certains villages, de petits champs, sont remarquables tant par la diversité de leurs appareillages que par celle de leurs faîtes.

A remarquer également les *cigognes*, puits où la poulie est remplacée par un levier aux bras dissymétriques.

▷ Marans

Ville de l'aval de la Sèvre, bordée de nombreux canaux. Sa richesse, dont témoigne la présence d'*hôtels* particuliers des XVIIe et XVIIIe s., était fondée essentiellement sur son activité portuaire et, au XVIIe s., sur la production de *faïences (exposition à l'hôtel de ville).* Le déclin des voies navigables a porté à cette ancienne place protestante un coup égal à celui de la révocation de l'édit de Nantes.

La rue de la Maréchaussée mène à un agréable petit *port** autrefois extrêmement actif, qui tente de trouver aujourd'hui un second souffle avec la navigation de plaisance malgré son éloignement de l'Océan. Quelques kilomètres plus loin, les *écluses des Enfrenaux***, ultime barrage face à l'Océan, barrent la route aux eaux marines et règlent le régime des eaux de la Sèvre.

Au S. de la ville, le *clocher** polygonal, les belles arcades en ogive et les chapiteaux historiés de la croisée de l'ancienne *église* des XIIIe et XIVe s., sise sur une crypte inaccessible qui abriterait des tombeaux mérovingiens, sont les seuls éléments qui peuvent être admirés.

▷ Les écluses du Brault*

La route primitive enjambait successivement la Sèvre et les différents canaux de la rive gauche.

Outre les différentes *portes à flot* que l'on peut observer en ce lieu, on y remarque aussi l'impressionnante *perspective**, soulignée par deux rangées d'arbres, du *Canal Maritime de Marans à la mer.*

▶ *Le port du Pavé**. Les mytiliculteurs ont construit ici une route qui s'enfonce dans la baie elle-même. On quitte l'îlot calcaire là où les mizottes commencent, pour atteindre ensuite la vasière elle-même (à marée basse).

▶ *Charron (→).* La moule est la véritable richesse de cette petite ville qui en revendique le titre de « capitale ».

Ce village fut célèbre au Moyen Age par son *abbaye de la Grâce Notre-Dame* édifée au XIe s. Intéressant *château** d'architecture Renaissance (porte armoriée du XVIe s.). A remarquer une rénovation réussie de la petite *église* romane.

▷ Esnandes* →

▷ La pointe Saint-Clément**

La route établie au pied de la falaise s'enfonce elle aussi dans la vasière. Les mizottes ont disparu ; exposée aux vents dominants, cette rive s'envase moins vite que sa jumelle vendéenne plus abritée. Mais la haute *falaise* en haut de laquelle diverses pêcheries sont installées (table d'orientation sur le blockhaus) annonce un autre pays : l'*Aunis.*

Pour en savoir plus...

Billaud (J.-P.) : « Marais poitevin », l'Harmattan, 1984.
Clouzot (E.) : « Les Marais de la Sèvre Niortaise et du Lay », Clouzot, 1904.
Mathé (M.) : « Les Sentiers d'eau », Seghers, 1977.
Martin (A.) : « Souvenirs du dernier marchand de poissons d'eau douce de Damvix », Brissaud, 1983.
Moinard (M.) : « Le Marais poitevin », éd. Nouvelle République, 1987.
Pacteau (C.) : « Le Marais poitevin », Arthaud, 1986.

Marennes

40-A2 / R 107 / V 39
4 549 habitants / ✉ 17320
ℹ 1, place Chasseloup-Laubat ☎ 46.85.04.36
SNCF du 25 juin au 19 sept.

Sur la rive droite de l'estuaire de la Seudre, « la capitale de l'huître verte » occupe l'emplacement d'une des anciennes îles du golfe de Saintonge, au cœur d'un vaste paysage quadrillé par les marais et les parcs ostréicoles.

Possession de l'Abbaye-aux-Dames de Saintes dès le XIe siècle, la seigneurie de Marennes fut donnée ensuite aux sires de Pons en récompense de leur lutte contre les Anglais pendant la guerre de Cent Ans.

Le bassin de Marennes-Oléron est aujourd'hui le berceau de l'ostréiculture française et reste le premier centre européen avec une production de 35 000 à 50 000 t selon les années.

Cultivée et appréciée dès l'Antiquité, l'huître plate de Marennes a commencé à être concurrencée dans les années 1870 par l'huître portugaise à la croissance plus rapide. Les creuses portugaises se seraient acclimatées sur la côte Atlantique par accident, un navire portugais échoué près de l'embouchure de la Gironde ayant laissé échapper sa cargaison d'huîtres...

C'est du XIXe siècle que date le développement de l'ostréiculture et la mise au point de nouvelles techniques comme l'emploi des collecteurs. La portugaise, rapidement anéantie par une épizootie dans les années 1969-1970, est actuellement remplacée par l'huître japonaise, ou Crassostrea Gigas, originaire de l'ensemble du Pacifique.

L'ostréiculture est favorisée par la situation exceptionnelle du bassin de Marennes. Protégé des vents d'Ouest par l'île d'Oléron, il est enrichi par les apports d'eau douce de la Charente, de la Seudre et de la Gironde qui offrent aux huîtres une salinité réduite. La superficie exploitée est actuellement de 3 100 ha de parcs, le nombre des exploitations ostréicoles est d'environ 2 000.

L'IFREMER ou Institut français de Recherche pour l'exploitation de la mer, exerce à la fois des fonctions de contrôle et de recherche. Il délivre un certificat de salubrité aux établissements d'élevage et d'expédition, et appose une étiquette de salubrité sur les colis d'huîtres. Ses recherches ont permis aux ostréiculteurs de faire face à un certain nombre de problèmes comme la disparition des portugaises.

Marché les mardi, jeudi et samedi ; foire le troisième jeudi du mois.

Visite de la ville

1 h environ

▶ La *rue de la République*. C'est l'artère principale de Marennes. Au n° 182, ***hôtel*** du XVIIe s. avec deux pavillons qui délimitent une cour carrée fermée par un portail en fer forgé. La façade sur cour possède un élégant balcon.

▶ Sur la *place Chasseloup-Laubat* se dresse la statue du *marquis Justin de Chasseloup-Laubat*, né en 1805 à Alexandrie, mort à Versailles en 1873. Il fut douze fois président du Conseil général de la Charente-Inférieure et quatre fois ministre sous Napoléon III.

▷ L'église Saint-Pierre-de-Sales

En partie ruinée par les protestants au XVIe s., elle a été reconstruite (1601-1602) sous l'impulsion des abbesses de Saintes.

Le *clocher***, de style gothique flamboyant, « un des plus beaux de France » selon *Vauban*, s'élève à une hauteur de 85 m. La base carrée est suivie d'étages pleins, la partie supérieure étant la seule ouvragée. Une terrasse à balustrade flanquée de quatre clochetons sert d'appui à la flèche octogonale percée d'étroites fenêtres.

La flèche, abattue par la foudre, a été reconstruite en 1782. Le clocher a servi de phare. Des feux installés sur la *plate-forme* guidaient les navires. De là *(accès possible en saison)* on découvre un immense *panorama* sur le marais, les claires et les îles.

A l'*intérieur* de l'église, la vaste nef est bordée de chapelles surmontées de tribunes à balustres ; sa voûte a été refaite entre 1750 et 1770. Le chevet est droit, percé d'une fenêtre en plein cintre. Au-dessus de la porte d'entrée, tribune Louis XV.

Aux environs de Marennes

▷ Le château de La Gataudière**

1,5 km N. ; mars-nov. t.l.j. sauf dim. matin et jours fériés 10 h-12 h/14 h-18 h et sur RV ☎ 46.85.01.07

C'est l'un des monuments les plus importants de Charente-Maritime. A l'origine cette forteresse était située au bord des marécages, d'où son nom (de « gâts », marais).

Elle a été reconstruite vers le milieu du XVIIIe s. par *François Fresneau* (1703-1770), officier du Génie, né à Marennes, qui découvrit en Guyane (en 1747) l'hévéa et ses propriétés.

Beau corps de bâtiment Louis XV s'ouvrant à l'ouest sur une terrasse. Sur le pavillon central orné d'un fronton, on notera les décorations qui rappellent les richesses régionales (huîtres, vin et sel) ; sur le fronton, Flore et les Amours. A l'*intérieur*, voir le salon de réception au décor de pierre sculptée et une salle à manger revêtue de boiseries peintes, très beaux spécimens du style se situant entre le Régence et le Louis XV. Comme les décorations murales, le mobilier est d'origine.

Propriété du *prince Murat de Chasseloup-Laubat*, le domaine, qui possède un beau parc fleuri de 20 ha, est aujourd'hui l'un des centres d'animation de la région avec une *exposition hippomobile*, un *musée de la mer* (de 9 000 pièces, fossiles, roches et coquillages) et un *parcours de golf* de 12 trous.

▸ *La Cayenne (4 km sur l'estuaire).* Ce port ostréicole possède un petit *musée* consacré à l'huître. Diaporama.

La rive droite de l'estuaire de la Seudre

25 km environ / 3 h

▸ *Bourcefranc-le-Chapus (5 km O. de Marennes).* Centre ostréicole réputé. Petite station balnéaire créée en 1908 avec plage de sable fin, école de voile. Embarcadère pour les croisières Inter-Iles. Visites guidées des *parcs à huîtres.*

▷ Le Chapus

Port sur le coureau d'Oléron. A la pointe du Chapus, à 450 m du rivage, *fort* érigé par *Louvois* pour défendre les pertuis. Détruit en partie par les Allemands en 1944, il a été acquis par la commune en 1960 et restauré. Il est accessible à marée basse par une chaussée pavée aménagée au milieu des claires. A marée haute, il est desservi par un service de bateaux. Le donjon, haut de 24 m, est surmonté d'une échauguette. Chaque créneau de la terrasse du donjon abrite une table d'orientation. *Musée de l'huître* à l'intérieur.

Depuis l'ancien embarcadère du bac pour l'île d'Oléron, on découvre un beau *panorama* sur le pont édifié en 1966 et l'île d'Oléron, ainsi que sur la pointe de Ronce-les-Bains au sud.

▷ Marennes →

▷ Saint-Just-Luzac *7,5 km E. de Marennes*

C'était autrefois une île, comme Marennes, qui vivait du commerce du sel.

Église Saint-Just de style gothique flamboyant, avec porche abritant une belle porte Renaissance. Le bras nord du transept conserve des traces de fortifications. A l'intérieur, voûtes à huit nervures.

En face de l'église, *logis* Renaissance avec belle fenêtre monumentale décorée de pinacles et de culs-de-lampe.

Près de l'église, *musée de Trains et Jouets anciens (t.l.j. sf lun., 14 h 30-18 h, 15 juin-15 sept. ; le reste de l'année sur RV ☎ 46.85.33.35)* : 2 500 locomotives, tramways, wagons, etc. fabriqués depuis 1875. Circuits animés électriques et à vapeur réelle.

▸ *Luzac.* Centre d'élevage et d'affinage des huîtres de claires. *Puits* à coupole du XVIIe s.

▸ *Nieulle-sur-Seudre.* Encore une ancienne île. Le bourg est un centre ostréicole (Port-Paradis).

L'ostréiculture

La ponte des huîtres a lieu pendant les mois d'été les plus chauds. Le ***naissain*** *ou semence de l'huître flotte au gré des courants. Les ostréiculteurs déposent alors des* ***collecteurs*** *: tuiles chaulées, chapelets de coquilles ou d'ardoises sur lesquels se fixera le naissain pour s'y développer. Les jeunes huîtres y resteront au minimum dix-huit mois avant d'être* ***détroquées****, c'est-à-dire détachées des collecteurs et séparées les unes des autres. Elles sont ensuite disposées soit à plat sur le fond des parcs, soit dans des poches en plastique fixées sur des tables métalliques à 50 cm du sol. Là, les huîtres atteindront leur taille adulte en trois ans environ. Elles seront alors transportées dans les* ***claires****, bassins creusés dans les terrains plats et argileux du littoral, souvent d'anciens marais salants qui communiquent avec la mer à marée haute. Dans les claires, les huîtres vont s'enrichir en sels minéraux, engraisser et aussi verdir grâce à la* ***marennine****, pigment de la célèbre « navicule bleue », une diatomée très répandue dans l'estuaire de la Seudre et qui donne à l'huître de Marennes sa couleur réputée. Les claires sont ainsi caractéristiques du bassin de Marennes-Oléron. On distingue les* ***fines de claires****, affinées pendant deux mois à raison de vingt huîtres par mètre carré, et les* ***spéciales*** *qui font un séjour de six mois à raison de cinq à six huîtres seulement par mètre carré.*

Avant d'être commercialisées, les huîtres sont placées dans des ***dégorgeoirs*** *où elles élimineront vase et sable qui pourraient se trouver à l'intérieur de la coquille. La dernière opération avant l'expédition est le* ***trompage*** *: on apprend aux huîtres à conserver l'eau à l'intérieur des coquilles afin de parvenir vivantes sur les lieux de consommation. L'expédition se fait dans des paniers ou* ***bourriches****.*

▷ Saint-Sornin

Bourg autrefois baigné par l'océan à la base de la levée de terre qui sépare le marais de Brouage de la rive droite de la Seudre.

L'***église Saint-Saturnin***, donnée au XIe s. par *Geoffroy Martel*, duc d'Aquitaine, à l'Abbaye-aux-Dames de Saintes, conserve peu d'éléments d'origine. A l'***intérieur***, nef bordée de collatéraux étroits. Le transept est couvert d'une remarquable coupole renforcée par huit nervures appuyées sur des chapiteaux ; les corbeilles sont historiées ou ornées de palmettes. Le chœur a des voûtes gothiques de style flamboyant. Clocher du XIVe s.

▸ Au ***hameau de la Mauvinière***, ancienne maison seigneuriale avec un portail daté de 1676.

▸ ***La tour de Broue*** *à 2 km* *(→ Rochefort)*.

Melle★ et le pays Mellois

36-AB1, 2 / R 107 / V40
4 575 habitants / ✉ 79500
ℹ place de la Poste (B1) ☎ 49.29.15.10 (juin à août) ;
mairie (B1) ☎ 49.27.00.23 (déc. à mai)
🅿 place Bujault, place de la Poste

Au cœur d'un pays d'élevage traditionnel, cet ancien chef-lieu d'arrondissement des Deux-Sèvres, situé à 28 km au sud-est de Niort, est ceinturé par les vallées de la Béronne et de son minuscule affluent, le ruisseau du Pinier.

Étape sur la route de Compostelle, la ville ne possède pas moins de trois églises romanes. Longtemps connue pour ses foires aux « baudets » qui équipaient l'armée, elle est depuis plus de dix siècles le centre administratif du pays Mellois.

La ville dans l'histoire

La ville doit son origine à des mines de plomb argentifère, exploitées dès l'époque gallo-romaine dans les collines de Saint-Hilaire, sur la rive droite de la Béronne.

Elle fut à l'époque franque le siège d'un important atelier monétaire. C'est à la même époque que le coteau central de la colline fut entouré de murs et de fossés et protégé par une forteresse (motte féodale face à l'église Saint-Savinien). Elle fut remplacée, au XIIe siècle, par un château important, construit hors de l'enceinte, et démoli à son tour en 1577 sur ordre de Henri II. Plus tard, l'intendant Blossac tracera la promenade actuelle sur son emplacement.

Au cours du Moyen Age, la ville a vu s'élever trois églises : une dans la ville fortifiée (Saint-Savinien), deux autres hors les murs (Saint-Pierre et Saint-Hilaire). Elles étaient destinées à accueillir les pèlerins de Saint-Jacques de Compostelle qui empruntaient la voie maintenant nommée « grand chemin de Saint-Jacques » qui longe la ville par le Nord. L'importance de cette voie n'est sans doute pas sans relation avec l'implantation, à Melle, du seul atelier monétaire de l'Aquitaine.

Lorsque le Suisse Calvin vint prêcher à Poitiers, en 1534, il se fit de nombreux disciples et, très vite, la région fut acquise à la Réforme. La ville connut alors une certaine prospérité. Mais les guerres de Religion furent cruelles, les massacres fréquents. En 1574, les troupes catholiques s'emparent du château et, en 1681, la dragonnade fut autorisée par Louvois.

La ville aujourd'hui

Avant la motorisation des campagnes, Melle était un centre réputé d'élevage d'ânes, les fameux baudets du Poitou (→ encadré), qui se vendaient jusqu'en Espagne au XVIe siècle et dont la race est aujourd'hui en voie de disparition.

L'industrie principale du pays est constituée par les « usines de Melle », rachetées en 1973 par Rhône-Poulenc. Spécialisée, à sa création, en 1873, dans la fabrication du sucre de betterave, cette entreprise fut transformée en 1886 en distillerie. Elle s'oriente aujourd'hui vers la chimie « fine » avec un secteur « fermentation ».

Visite de la ville

2 h à 4 h (avec le Chemin de la Découverte)

▷ L'église Saint-Pierre★ *hors plan, AB1*

L'édifice, très homogène, date du milieu du XIIᵉ s. et est contemporain de l'église Saint-Hilaire *(→)* sans toutefois en avoir les dimensions ni la décoration. Il fut construit à l'emplacemenemt d'un premier oratoire datant de 950. Le plan, très simple, présente une large nef qui mène à un transept à bras plats sur lequel s'ouvrent deux absidioles épaulant l'abside centrale du chevet. La croisée du transept est surmontée d'une tour carrée percée de quatre baies étroites et couverte d'un toit pyramidal (1466).

L'extérieur

La façade ouest est d'une grande simplicité, tandis que l'abside et les deux absidioles sont très ornées, notamment les fenêtres extérieures dont les archivoltes sont couvertes d'une profusion de motifs géométriques. Le flanc sud conserve également quelques éléments sculptés intéressants notamment sur le *portail* latéral dont les voussures figurent les animaux de l'Apocalypse et les signes du zodiaque. Il est surmonté d'une niche abritant une statue mutilée du Christ entouré de la Vierge et de saint Jean. Entre le portail et la niche, court une corniche sur les modillons de laquelle sont sculptés des centaures, l'Agneau pascal et les symboles des Évangélistes accompagnés des inscriptions Lucas, Iohes, Maté, Marcus. Le *chevet* est magnifiquement décoré. Chaque fenêtre est ornée d'un motif original : étoiles, billettes, losanges, palmettes, cylindres et, sous la corniche, des masques humains et des têtes d'animaux. Un des chapiteaux est décoré de deux paons faisant la roue.

L'église Saint-Pierre

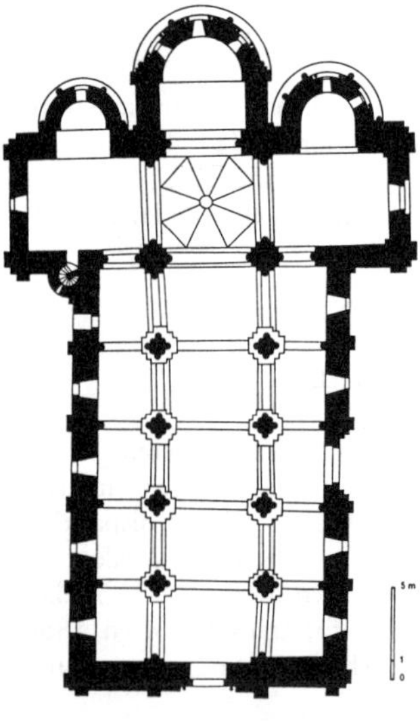

L'intérieur

La nef est divisée en trois vaisseaux voûtés en berceaux brisés et divisée en cinq travées par des piliers. Ces derniers sont constitués de quatre colonnes flanquées de quatre colonnettes dont les plus beaux *chapiteaux* figurent la Mise au tombeau du Christ et un Tireur d'épine. D'autres chapiteaux, fort élégants, présentent des motifs variés : un masque barbu, un ange, deux oiseaux affrontés, deux chimères, un griffon. Sur le transept s'ouvrent une abside et deux absidioles voûtées en cul-de-four. La croisée, surmontée d'une coupole octogonale sur trompe, porte la tour centrale. Dans le bas-côté gauche, le *tombeau* d'un inconnu, fondateur de la Bachelerie de Melle, est fermé par une table de marbre noir gravé de quatorze vers latins (1800). Le nom de bachelier s'appliquait, au Moyen Age, aux jeunes gens qui se destinaient à être chevaliers et qui se groupaient en confréries dites « bacheleries ».

L'église a été restaurée entre 1965 et 1966, et a retrouvé de nouvelles verrières et une belle toiture.

▶ Sur la *place Saint-Pierre*, à côté du Monument de 1870-1871, se trouve le sarcophage qui aurait contenu jadis le corps du bachelier de Melle. ▶ En sortant de l'église, on peut prendre sur la gauche la route puis le sentier menant à la *fontaine de Villiers* qui sort du rocher et près de laquelle a été construit un lavoir. Ce petit édifice charpenté de forme octogonale, percé de grandes arcades, abrite un bassin oval où les lavandières se retrouvaient. ▶ En retournant sur ses pas jusqu'à l'église, on poursuivra par la *rue de l'Abreuvoir* et la *rue des Tanneries* vers la vallée, où se trouve à gauche l'église Saint-Hilaire, de l'autre côté de la rivière.

▷ L'église Saint-Hilaire★★ *A2*

D'après une charte du Xᵉ s., l'église dépendait autrefois du prieuré bénédictin de Saint-Jean-d'Angély, et fut sans doute donnée à l'abbaye en 961 par *Guillaume Tête d'Étoupe*, comte de Poitou. A l'origine, l'église était en bois. Elle fut remplacée

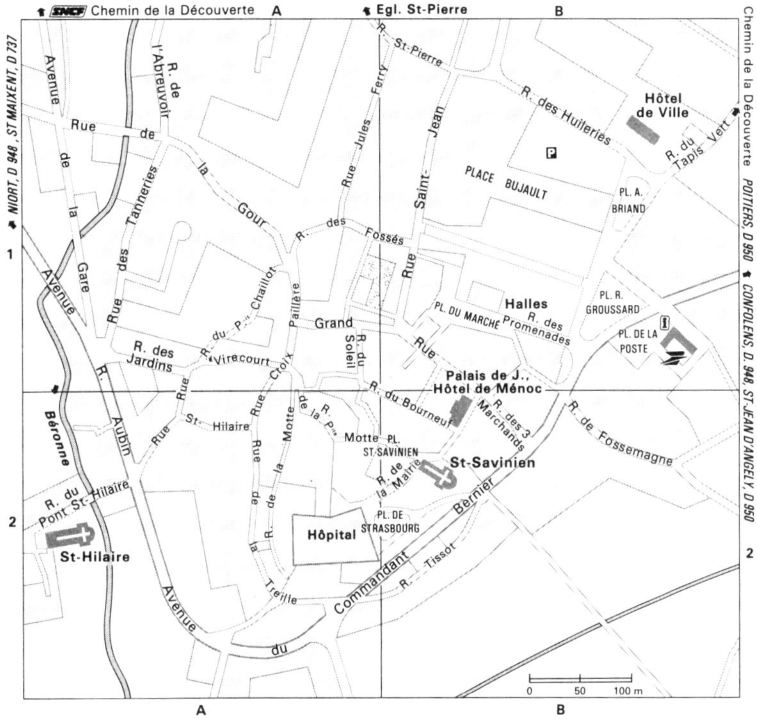

Melle

au XIIᵉ s. par l'édifice actuel et dédiée à titre posthume à *l'abbé Aimery* († 1038), deuxième du nom, gouverneur de l'abbaye de Saint-Jean-d'Angély de 1018 à 1038, comme semble l'indiquer l'inscription gravée sur le tailloir du chapiteau de la première abside à gauche du chœur : « facere me aimericus rogavit ».

L'église fut construite en deux étapes : le chœur et le transept au début du XIIᵉ s., la nef et la façade dans la seconde moitié du XIIᵉ s.

L'extérieur

Il faut d'abord remarquer l'habileté de l'architecte qui a remplacé les contreforts par des colonnes pour résister à la poussée des voûtes, ce qui donne à l'ensemble de l'édifice une grâce et une élégance peu communes. *A l'ouest*, la façade est épaulée aux angles par deux faisceaux de colonnes surmontés d'élégants clochetons à flèche, et offre un portail en tiers-point flanqué de deux arcatures aveugles; au-dessus, un bandeau de palmettes s'appuie sur de grands modillons sculptés et passe sous trois fenêtres en plein cintre richement décorées. La *face* latérale *Sud* est maintenant dégagée et accessible dans toute son étendue. Au-dessus du portail, court une corniche aux modillons historiés (symboles des Évangélistes) entre lesquels sont sculptés les signes du zodiaque. *A l'est*, le chevet est un modèle d'équilibre d'où se dégage une impression de calme et de puissance donnée par l'échelonnement des toits des absides puis du déambulatoire, et enfin du chœur que surmonte la tour du clocher. Celle-ci, carrée et trapue, est ornée d'une fenêtre encadrée de colonnettes et de deux arcatures aveugles. Le *mur* latéral *Nord* se distingue aussi dans toute son étendue par le luxe de ses profils et de ses sculptures. Le *portail Nord* présente de remarquables voussures sculptées de palmettes, des travaux des mois et des signes du zodiaque. Il est surmonté d'une niche qui abrite la *statue équestre* d'un personnage couronné, dont le cheval foule de son sabot un petit personnage assis par terre. Cette scène n'est pas unique puisqu'elle est plus ou moins bien conservée dans d'autres églises de la région (Airvault, Parthenay-le-Vieux, Civray, Aulnay). Sa signification reste encore énigmatique, même si certains y voient une représentation de l'Empereur chrétien Constantin foulant au pied un petit personnage symbolisant le paganisme.

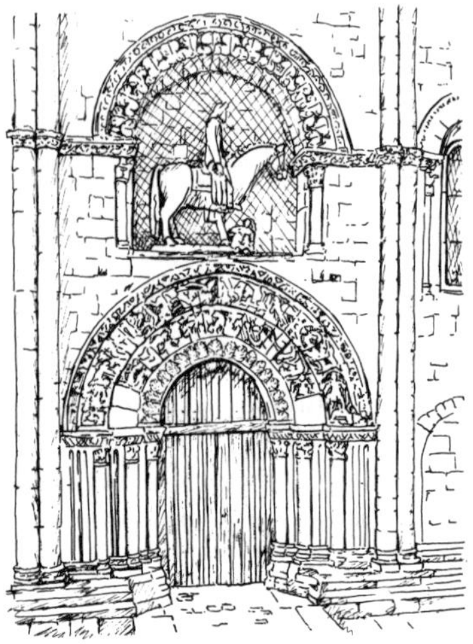

L'église Saint-Hilaire

L'intérieur

En entrant par la porte Ouest, elle-même précédée d'un escalier de dix-sept marches, on descend de la première travée aux cinq travées suivantes par un second escalier de dix-neuf marches remédiant à une forte dénivellation. La nef est divisée en trois vaisseaux, voûtés en berceaux brisés, et séparés par de hautes piles quadrilobées dont on remarque les admirables *chapiteaux* décorés de sujets naïfs mais pleins de force : l'un d'eux représente une chasse au sanglier. La décoration sculpturale est très riche dans les bas-côtés dont les murs sont tapissés de longues arcatures géminées reposant sur des colonnes et encadrant les fenêtres en plein cintre. Dans la quatrième travée du bas-côté droit, un très beau *portail* est décoré à l'intérieur, ce qui est très rare. Son arc est formé de 31 claveaux sculptés. Au centre, un Christ bénissant de la main droite tient avec l'autre main le livre de la Sagesse. A sa droite, saint Pierre brandit une clé, tandis que les autres personnages tiennent un livre. Au-dessus du transept une coupole octogonale sur trompes soutient le clocher : à remarquer, entre le clocher et l'abside, le *déambulatoire*, disposition assez rare en Poitou. L'ornementation sculptée est abondante et riche. Tous les chapiteaux du déambulatoire méritent l'attention, notamment : une chasse au sanglier, l'arbre de la connaissance du Bien et du Mal, une scène de jonglerie, des oiseaux buvant dans une coupe, des dragóns et des chimères, des éléphants. Le fond de la nef est occupé par un escalier monumental, nécessaire pour compenser l'importante déclivité du coteau.

▶ La ville s'étage sur la rive gauche. On découvrira l'*hospice* dont la belle *porte* du XVIIe s. provenant du couvent du Puy-Berland, se distingue par les draperies enroulées sur ses colonnes et par les angles sculptés dans les écoinçons de l'archivolte.

▷ L'église Saint-Savinien *B2*

Édifiée dans l'enceinte du castrum féodal, elle fut sans doute construite sur l'emplacement d'une autre église plus ancienne, tout au début du XIIe s. C'est un édifice à nef unique surmontée d'un clocher carré. La façade, simple mais harmonieuse, offre un portail encadré de deux arcatures aveugles. Le portail est surmonté d'un tympan en forme de batière, décor fort répandu en Auvergne mais rare en Poitou. Les sculptures en faible relief montrent encore un Christ, cerclé dans un médaillon, debout entre deux lions ; au-dessus de la porte, entre les corbeaux de la corniche, on distingue des animaux taillés en méplat : des quadrupèdes, un oiseau, un cerf, un poisson ainsi que des personnages luttant, un chevalier et une scène érotique. Le croisillon Sud offre un curieux portail roman.

L'intérieur. Tombeau des magistrats *François Houliers* (1555) et *Pierre-Saturne Houliers* (1665), l'auteur du jugement dit des « buchettes », qui inspira à *La Fontaine* son conte : *Le Juge de Melle*. Sur un pilier du chœur, un chapiteau bien conservé représente le Martyre de saint Savinien. L'intérieur présente un contraste entre la charpente de la nef et l'abside voûtée. La croisée du transept est surmontée d'une coupole sur trompes. En 1801, l'église fut désaffectée pour servir de prison. Les travaux de maçonnerie effectués à cette occasion ont « déformé » l'édifice. La maison d'arrêt fut fermée en 1926 et, lors de la démolition du mur d'enceinte, en 1951, la façade Sud fut dégagée. Une restauration a été entreprise depuis 1965 en commençant par la nef, le chœur et les absides. Une nouvelle campagne, en 1973, a permis la restauration des parties dégradées du clocher, le dégagement et la consolidation de la base des piliers du transept.

L'église, transformée en auditorium, accueille chaque année le festival de Melle.

▷ Le Vieux Melle

Construit sur un éperon rocheux, il remonte à l'époque féodale. De cette époque ne subsistent qu'une tour le long de la *rue des Fossés*, des portions de tours dans la partie des anciens remparts qui domine la *rue de la Petite-Motte* ; une partie du mur d'enceinte est conservée à l'ex-Bazar de la tour Saint-Jean, une autre dans le jardin d'une maison. Quant aux fossés qui étaient à sec, ils sont soit comblés, soit occupés par l'*avenue du Commandant-Bernier*.

On peut se promener dans les ruelles médiévales aux noms pittoresques : *Tire-Boudin*, le *Puits-de-la-Goie*, que bordent des maisons anciennes.

▷ L'hôtel de Menoc ou de l'Évêché *B1-2*

Il abrite maintenant le *palais de justice*. Il conserve encore deux *tours* du XVe s., l'une ronde, l'autre hexagonale, toutes deux flanquées d'une tourelle. La façade a gardé d'élégantes fenêtres à meneaux.

Dans cet édifice, un *musée* regroupe et expose des objets trouvés dans le sol mellois lors des fouilles effectuées au cours de ces dernières années. Pendant l'été, la Salle des pas perdus et le grenier (*charpente* remarquable) accueillent des expositions.

▸ *Rue de Fossemagne* (*B2*; quartier de la Maladrerie), subsiste la *fontaine aux Lépreux* (*propriété privée*) qui se présente sous la forme d'une piscine ronde de 5 m de diamètre et 1 m de profondeur. Elle servait aux ablutions des lépreux de la maladrerie de Melle.

▷ Le chemin de la Découverte★★

(A1 et B1) accès libre et gratuit, durée 30 mn à 2 h

Ce parcours botanique de 5 km a été créé récemment autour de la ville ancienne, sur les tronçons d'une voie ferrée désaffectée. Cette promenade permet de découvrir 500 espèces ou variétés d'arbres ou d'arbustes de tous les pays tempérés du monde. La présentation thématique de ce parcours est en cours de réalisation : le *Bosquet d'écorces* présente 50 espèces d'arbres aux écorces remarquables ; en projet : un *conservatoire d'espèces fruitières régionales* et un *jardin des odeurs*.

Aux environs de Melle

▷ Les fontaines et lavoirs

Ces bâtiments, parfaitement conservés et bien situés hors la ville, justifient de belles promenades : *lavoir de Loubeau* (→ *ci-dessous*), *fontaine au Beurre* (*route de la piscine*), *lavoir de Saint-Thibault*, à l'orée d'un petit bois.

▷ Les grottes de Loubeau *500 m S.-O.*

Sur la rive droite de la Béronne (près de l'actuelle station d'épuration), une grotte préhistorique, inscrite depuis 1910 parmi les sites classés, a été fouillée à la fin du siècle dernier. Ses galeries souterraines, creusées dans d'anciennes carrières, ont livré de nombreux os d'animaux : lions des cavernes, hyènes, ours, cerfs. Les outils humains retrouvés, en os et bois de cerf, sont actuellement conservés au musée d'Histoire Naturelle de Niort.

A la suite d'éboulements, son accès est aujourd'hui impraticable.

▷ Les mines d'argent des Rois Francs★ *500 m S. t.l.j. 15 juin-15 sept., 10 h-12 h/15 h-18 h 30; sam. et dim., 16 sept.-15 nov., 14 h 30-18 h 30; 1er mars-14 juin, sur rendez-vous ☎ 49.29.19.54 ou 49.27.00.23 M. Bailleul*

Improprement qualifiées de « mines d'argent », ces mines sont en fait composées de plomb argentifère à partir duquel on peut effectivement obtenir de l'argent. Ces mines, au nombre d'une vingtaine, sont constituées de 20 km de galeries creusées par l'homme, sur plusieurs niveaux, dont la hauteur varie de 1 à 8 m selon l'abondance du minerai, et convergent vers de grandes salles. Ce sont les plus anciennes visitables en Europe ; elles remontent à l'époque romaine. Mais c'est surtout aux temps mérovingien et carolingien et au cours du Moyen Age qu'elles sont devenues l'un des principaux centres d'extraction dans le royaume, fournissant le métal aux ateliers monétaires de Melle. En effet, au VIIe s., sous *Dagobert*, Melle payait un impôt en plomb pour couvrir les frais de construction de l'église Saint-Denis à Paris. Au IXe s., la monnaie fabriquée à Melle porte le nom de *metalo* ; il s'agissait de deniers et oboles (demi-denier). Cet atelier, consacré en 864 par *Charles le Chauve* dans l'édit de Piste, était le seul légal pour la grande Aquitaine et était lié à l'exploitation des mines. Au cours du IXe s., les Arabes, après les Vickings, pillent la ville, emprisonnent la population et emportent lingots et coins. C'est peu avant l'an mil que l'atelier est transféré à la fois à Niort, Saint-Jean-d'Angély et Poitiers pour continuer de frapper monnaie au nom de Melle. La désaffection des mines à cette époque est peut-être due à un épuisement ou une modification économique ou politique ; à moins qu'elles n'aient pas résisté à un important tremblement de terre.

Les différents types monétaires émis par l'atelier de Melle nous permettent de voir l'évolution du nom de cette cité inscrit

La fonte du minerai

La métallurgie du plomb, dans son matériel et ses méthodes, ressemble à celle du fer et du cuivre (bas fourneau).

Pour griller la galène, on élève sur une sole en argile un four cylindrique constitué avec le calcaire du Domerien. L'ensemble est enduit d'argile à l'intérieur et à l'extérieur. A la base du four arrivent plusieurs tuyères reliées à des soufflets. Le four est chauffé, puis on empile par couches successives du minerai (sulfure de plomb) et du charbon de bois. A chaque coup de soufflet en cadence, l'atmosphère est oxydante et on transforme la galène (sulfure) en oxyde de plomb; entre deux coups de soufflet, l'atmosphère est « réductrice » (sans oxygène) et les oxydes formés en surface des grains de galène se transforment en plomb qui s'accumule, fondu, à la base du four.

Il faut que la température ne soit ni trop haute, ni trop basse, ce qui demande une grande pratique.

Le plomb qui est accumulé à la base est pauvre en argent et sert de « plomb d'œuvre ». Le plomb, riche en argent, contenu dans la partie supérieure du four (5 à 10 % d'argent), est fondu dans un creuset en graphite ou en céramique et recouvert d'argile pour éviter les surchauffes qui le rendraient poreux. La température du foyer est élevée progressivement et, avec un ringard (tige de fer), on élimine les crasses qui se forment à la surface du plomb fondu (poudre d'oxyde de plomb appelée massicot).

L'argent, qui ne s'oxyde pas, s'accumule dans le fond du creuset. Les oxydes de plomb, avec l'élévation de température (650 °C), fondent en collant au ringard (litharge) puis, vers 800 °C, il ne reste plus que de l'argent pur fondu au rouge vif, non dissimulé par un voile d'oxyde. C'est « l'éclair d'argent ». L'argent est alors coulé.

Cette opération, appelée « coupellation » (le récipient s'appelait une coupelle), donnait l'impression d'avoir transformé le plomb en argent. Cette idée aurait été reprise par les alchimistes du Moyen Age. En effet, pourquoi ne transformerait-on pas en or l'argent et le mercure de la même façon?

On suppose que la métallurgie du plomb était réalisée fréquemment dans la mine, au voisinage des cheminées, pour profiter de leur tirage qui aspirait les vapeurs sulfureuses, alors que la métallurgie de l'argent s'effectuait en surface, parfois près des lieux fortifiés.

sur le revers de la monnaie : ***Medolus***, sous *Charlemagne* (771-814), ***Metallum***, sous *Louis Ier le Débonnaire* (814-840), seule monnaie carolingienne qui présente les outils du monnayeur (matrices et marteaux), ***Metullo***, sous *Charles le Chauve* (840-877), enfin ***Metallo*** sous *Richard Cœur de Lion* et *Jean sans Terre*, comtes du Poitou (XIIe s.).

Un atelier monétaire

Dans son ouvrage ***La vie quotidienne dans l'Empire carolingien****, P. Riché nous propose une description des principales tâches du monnayeur :*

« Essayons de pénétrer dans un atelier. Les lingots étaient taillés en autant de livres que l'on voulait. On martelait les lingots pour les réduire à l'épaisseur des deniers, puis on découpait des petits carrés, on les arrondissait à coups de marteau et on leur donnait le poids voulu. Les matrices (coins) étaient façonnées par des graveurs, à l'aide de poinçons, pour donner à chaque côté de la pièce, soit le monogramme royal, soit l'effigie de l'empereur, soit le nom de l'atelier. Le coin trouvé à Melle et conservé au musée de Niort porte la légende CARLVS REX FR. Sur le revers d'un denier de Louis le Pieu sont figurés deux marteaux et deux coins, entourés du mot METALLVM (Melle), lieu de l'atelier monétaire.

La frappe pouvait avoir lieu : un flan est placé entre deux coins et reçoit à coups de marteau l'empreinte des deux coins. »

Actuellement, sur le ***site de la Noblette***, 350 m de galeries ont été aménagées pour offrir à tous la possibilité de découvrir les bouleversements géologiques qui ont contribué à la formation de la galène argentifère et de marcher sur les pas des mineurs du Haut Moyen Age.

L'itinéraire de visite est mis en valeur par un éclairagiste de théâtre, *Pierre Jacot Descombes*, *Knud Viktor*, un artiste danois, a composé spécialement pour le site un parcours sonore original, ***Éclats d'Argent***, ressuscitant les ambiances de l'exploitation minière. Il a également réalisé une bande vidéo présentant les différentes étapes de la production de l'argent et du monnayage.

A la sortie des mines, le ***jardin carolingien***, réalisé sous la responsabilité de *Claude Charles Mathon*, ethnobotaniste à l'université de Poitiers, présente une collection d'une soixantaine d'espèces de plantes médicinales ou potagères cultivées au Moyen Age.

▶ ***Maisonnay*** *(7 km S.-E.)*. Façade de l'***église*** d'une grande richesse ornementale. ▶ ***Les Alleuds*** *(12 km S.-E.)*. Dans l'église, ***statue*** funéraire de l'*abbé Guillaume de Lusignan* († 1318). ▶ A ***Chenay*** *(13 km N.-E.)*, on notera la belle porte romane (XIIe s.) de l'***église***, et le ***château de Brieuil***. ▶ ***Le château de Chaillé*** *(2,5 km O.)*. La tradition melloise veut que le château de Chaillé ait été construit par *Henri IV* pour *Gabrielle d'Estrées*. En fait, il semble que son édification fut postérieure à la mort de l'amie du roi, du moins si l'on en croit la date (1603) marquée sur une porte. Assez rigoureux, le style de la demeure rompt avec la Renaissance et annonce déjà le classicisme.

▷ Celles-sur-Belle★ *7 km N.-O.*

L'ancienne abbaye de Celles fut fondée au XIe s. Son imposante église qui domine la petite vallée de la Belle fut un lieu de pèlerinage fréquenté dès le début du XIIe s., par les pèlerins de Saint-Jacques-de-Compostelle.

L'***église***, ancienne abbatiale reconstruite en partie sous *Louis XI*, puis détruite par les huguenots en 1569, a été reconstruite au XVIIe s. par l'architecte *François Le Duc, dit Toscane*, dans le style de la dernière période gothique. La façade est constituée d'un énorme clocher-porche, sous lequel subsiste un curieux ***portail*** roman à six voussures polylobées. Il ouvre sur une superbe nef néo-gothique située en contrebas, où l'on accède par un escalier de 15 marches. La nef est divisée en trois vaisseaux par des piliers moulurés et des arcades presque aussi élevées que les voûtes ; les bas-côtés sont bordés de chapelles s'ouvrant par de grands arcs en tiers-point ; le transept et le chœur sont couverts de belles voûtes complexes à clés pendantes.

L'***abbaye***, située au chevet de l'église, a été reconstruite par le même architecte et s'ouvre sur une vaste ***terrasse*** qui domine la vallée. Ce fort beau bâtiment à pilastres ioniques (1670-1680) fut construit pour l'abbaye d'augustins puis de génovéfains dont *Talleyrand* fut le dernier abbé commendataire. A l'intérieur, magnifique ***escalier*** monumental en ferronnerie, et ***réfectoire*** voûté en ogives avec une cheminée de 6 m de haut sur 3,50 m de large. Il reste également, de l'ancien monastère, une ***galerie*** de cloître et un ***portail*** flanqué de deux pavillons de la même époque.

Le travail des mineurs

Dans les mines travaillaient des esclaves, des prisonniers ainsi que des condamnés chrétiens. Le labeur était rude car il fallait ramper à genoux ou à plat ventre dans les galeries et beaucoup sont morts. Le travail consistait, dans un premier temps, à débiter la roche.

Dans les parties faillées, le mineur utilisait le marteau, la pointerolle ou la massette, alors que sur les parois dures, il utilisait la technique de l'entonnement : la roche était chauffée et, sous l'action de la chaleur, elle éclatait en lamelles.

Le mineur s'éclairait au moyen de torches et de lampes à graisse. Il utilisait probablement de petites lampes pour travailler le long des fronts de taille, car il devait déplacer son éclairage en fonction de l'avancement de sa galerie.

Les matériaux étaient ensuite accumulés à la surface, près des cheminées, sous forme de terrils. Lorsqu'une galerie était moins utilisée, les mineurs construisaient de chaque côté du réseau des murettes, pour soutenir les déblais. Ces murettes sont maintenant presque toutes éboulées et rendent les réseaux miniers difficilement accessibles.

Le pays Mellois

80 km environ / 1 j.

Ce circuit est l'occasion, pour l'amateur d'architecture, de découvrir les nombreuses églises romanes qui jalonnent le pays.

▶ Sortir de *Melle* par la D 101, direction *Périgné*. ▶ *Saint-Roman-lès-Melle*. Très jolie petite ***église*** romane dans un bel environnement de grands arbres. ▶ *Melzéard (par la D 301)* a conservé de son château fort une belle ***tour*** du XVe s. avec un toit conique. A côté d'elle on trouve une ***chapelle*** qui abrite d'intéressantes sculptures. ▶ *Brioux-sur-Boutonne (sur la D 950 au sud)* est célèbre pour ses anciennes ***foires aux mulets***. Bien qu'industrialisée, la cité conserve quelques ***vestiges*** de son passé : fontaine légendaire, consacrée à saint Laurent ; lanterne des morts ; porte monumentale (la Grand Cour) et église en partie romane.

▷ Javarzay *sur la D 740*

Ce petit village n'est qu'un faubourg de Chef-Boutonne, ville à laquelle il est relié par une longue avenue de marronniers. La Boutonne prend sa source tout à côté (d'où le nom de Chef-Boutonne) dans une sorte d'immense abreuvoir.

L'***église Saint-Chartier*** de Javarzay est un ancien prieuré bénédictin. Elle fut construite au XIIe s. dans un style roman maladroitement restauré en 1870. A l'***intérieur*** : nef à trois vaisseaux voûtés en berceaux brisés. Les travées sont séparées par des faisceaux de huit colonnes dont les chapiteaux sont sculptés de motifs variés. Le chœur, reconstruit vers 1515 dans le style gothique flamboyant, est plus large que la nef. Il contraste avec le reste de l'édifice par sa clarté, ses voûtes à liernes et ses colonnes prismatiques. La croisée du transept est surmontée d'une belle coupole sur pendentifs, divisée en quatre compartiments par des nervures boudinées.

Le ***château***★ *(ouvert sam., dim. et fêtes, 15 h-18 h)*. L'édifice actuel fut élevé en

1514 par *François de Rochechouart*, marquis de Champdeniers, qui chargea *Alexandre Robin*, architecte tourangeau, de la réédification du château de Javarzay pour en faire sa résidence favorite. Le château était une énorme bâtisse fortifiée, flanquée de 12 tours reliées par un mur d'enceinte qui en faisait l'un des plus beaux châteaux du Poitou. Malheureusement une bonne partie des bâtiments fut démolie au début du XIXe s. et ce qui subsiste aujourd'hui n'est autre que le pavillon d'entrée et son système défensif, et une dernière tour à l'est. La *tour*, carrée, est flanquée aux angles de petites tourelles en encorbellement, à toits coniques, soutenus par une arcature cintrée à modillons feuillés. Deux fenêtres à meneaux et traverses, encadrées de jolis pilastres décoratifs, occupent l'espace laissé entre les deux tourelles ; elles sont flanquées de mâchicoulis à quatre ressauts de moulures. L'ensemble est surmonté d'une haute toiture quadrangulaire en ardoise. Une porte charretière et une petite poterne avec pont-levis permettaient l'accès à la cour intérieure du château. La seule aile restante est agrémentée en son centre d'une tour ronde, basse et trapue, au sommet de laquelle circule une galerie sur mâchicoulis (un chemin de ronde) couvert par une toiture conique en ardoise. La *chapelle*, d'architecture gothique, est accolée au pavillon d'entrée vers le nord-ouest, côté cour. Elle offre une jolie porte du temps de François Ier.

Le château est la propriété de la commune de Chef-Boutonne depuis 1982.

▶ *Sauzé-Vaussais (par la D 1)* : église romane du XIIe s. avec un chevet plat. On sent l'influence limousine dans les pendentifs triangulaires de la coupole. ▶ L'*église de Limalonges (1 km S.-O.)* conserve une nef et un chœur romans d'un grand dépouillement. ▶ Reprendre la D 948 à Sauzé-Vaussais pour aller voir à *Clussais-la-Pommeraie* une *église* romane de la fin du XIIe s. avec un clocher-porche et un élégant chevet, et quelques maisons du XVIIe s. ▶ A *Pers (par la D 110 au nord)* : lanterne des morts du XIIe s. ▶ *Sainte-Soline*★. Non loin de la Dive, une délicieuse petite rivière, se trouve le plus charmant des villages, dont le nom à lui seul suffit à attirer le voyageur curieux. On y trouvera quelques-unes des plus belles *maisons* caractéristiques du sud des Deux-Sèvres, et une *église* romane dont on notera les étroits collatéraux. ▶ *Lezay*. Un bourg tout à fait particulier, puisque chaque mardi matin ce chef-lieu de canton vit au rythme du deuxième *marché aux veaux* de France. Des milliers de personnes, des milliers de veaux (et de chevreaux) se fraient un chemin à travers les places et les rues de ce paisible village du sud des Deux-Sèvres. Lezay n'est pas seulement la capitale du veau et de l'élevage caprin, c'est aussi le fief du tourteau fromagé, spécialité du pays à base de fromage de chèvre dont le chapeau brûlé par le four apporte un goût exquis à l'ensemble.

▶ Retour à *Melle* par la D 14.

Les baudets du Poitou

Popularisés par mille anecdotes, les baudets du Poitou ont acquis une notoriété qui dépasse largement les frontières de la province. C'est sans doute au XVIIe siècle qu'ils firent leur apparition dans la région, où ils furent utilisés pour l'aménagement du Marais poitevin. Le pays mellois fut le grand centre d'élevage. Dans les « ateliers » de Saint-Martin-les-Melle, ces reproducteurs sélectionnés étaient accouplés à des juments du pays. Ils engendraient ainsi des mules et mulets d'une rare résistance qui étaient très demandés dans toute la France et aussi à l'étranger, particulièrement en Espagne. Certains furent exportés jusqu'en Inde. Plusieurs corps de l'armée française, notamment les Chasseurs alpins et l'armée d'Afrique, les utilisèrent. Grands et lourds, les baudets poitevins, de robe baie-brun, endossaient jadis une fâcheuse réputation de méchanceté et de lascivité. C'était un sujet fréquent de plaisanteries pour les habitants. Une anecdocte met en scène un paysan et un voyageur. S'adressant au premier, le visiteur demande : « J'ai entendu dire que c'était ici le pays des mulets. Pourriez-vous me dire où je puis en voir ? » — J'vas vous dire qu'on n'en trouve plus beaucoup ; mais y n'en a pus qu'y passe qu'y n'en reste (il y en a plus qui passent qu'il n'y en a qui restent). »

Menacés d'extinction du fait de la motorisation des travaux agricoles, les baudets font aujourd'hui l'objet de mesures pour la conservation de leur race.

Mirebeau et le Mirebalais

⟶ *Poitiers*

Collines de Montmoreau

48-AB1, 2 / R 110 / V 47

Au sud d'Angoulême, les paysages des « bois » jouent avec ceux des « landes » ; et les « champagnes » du Cognaçais s'y insinuent sur les dernières lanières de sols crayeux relevés par les causses périgourdins.

Aux greniers à blé du plateau poitevin, aux pâturages et aux vignobles de Saintonge succèdent ici les bois, éléments dominants du décor, périgourdin déjà. La vie s'est organisée, depuis le Moyen Age, dans les friches réalisées à travers chênaies et châtaigneraies. Terre d'abondance, interrompue par le seuil de la Double, où les sables infertiles atteignent de grandes épaisseurs ; à partir du XVIIIe siècle, on a boisé de pins ces landes.

Comprendre le modelé de ce paysage et la raison de ses bois et de ses cultures demande un soupçon d'histoire géologique locale. Les mers, à l'ère secondaire (crétacé), ont déposé sur un socle ancien, des épaisseurs considérables de sédiments calcaires qui subirent une série de plissements. Au tertiaire des dépôts de galets, d'argiles et de sables, venus du Massif Central, se sont mis en place. L'érosion, les ruisseaux, les rivières ont travaillé le tout, creusant vallées et vallons, arrondissant les collines. Les altitudes y sont comprises entre 100 et 200 m.

Les dépôts de sables et galets subsistent en plaques et longues langues échancrées qui sont le domaine des landes, des forêts, des bois et taillis. En revanche, sur l'aire des sédiments calcaires du secondaire, se plaisent la polyculture traditionnelle et l'élevage. Ensemble les hommes et la nature ont façonné ici un paysage varié, ponctué d'églises romanes, où le regard jamais ne se lasse.

L'Angoumois méridional

100 km / 1 j.

Le circuit se fait au départ de Blanzac, situé à environ 25 km S.-O. d'Angoulême.

▷ Blanzac

Le village, situé dans la plaisante *vallée du Né*, sur un versant assez escarpé, ne conserve de l'ancienne forteresse des *La Rochefoucauld* que les ruines du *donjon* du XIIe s.

L'*église Saint-Arthémy* (du nom d'un évêque des Ardennes martyrisé au IVe s.) domine le bourg de sa masse imposante et surprend par sa hauteur. Elle présente un mélange de style roman local et d'éléments gothiques. La façade, élancée, se compose d'un beau *portail* à arc polylobé, surmonté d'une rose ; elle est flanquée de deux faisceaux de colonnes et se termine en pignon aigu. Les détails du *clocher*, percé sur chaque face d'une vaste baie à gable pointu, peuvent être appréciés à l'aide de jumelles : on découvrira la beauté de son décor de feuillage, d'entrelacs et d'animaux. L'*intérieur*, où s'opposent une nef gothique courte et un long chœur roman, semble s'articuler entièrement autour du clocher qui a nécessité quatre imposants piliers à sa base, lors de la construction au début du XIIe s. Ces piliers constituent le carré du transept que surmonte une remarquable coupole polygonale. Le décor des chapiteaux des quatre piliers comporte, entre autres, des motifs de végétaux et d'animaux.

▷ La chapelle des Templiers de Cressac*

L'édifice fait penser à une arche échouée au milieu des collines, près d'un hameau. Le site offre un point de vue agréable sur une campagne verdoyante et ondulée. Cette chapelle servait de grange avant 1914, date à laquelle elle fut classée par les Monuments historiques. Elle appartient aujourd'hui à l'Église réformée de France.

Ancienne commanderie, son extérieur est très sobre et reproduit fidèlement l'architecture des églises de Templiers en

Angoumois : édifice rectangulaire, éclairé par un triplet pratiqué dans le mur Est, couvert d'une voûte sans doubleau ; aucune sculpture. Les *fresques* (XIIe s.) constituent tout le trésor de la chapelle. La restauration en fut terminée en 1966. Elles figurent des scènes des croisades, les chevaliers chrétiens et les infidèles, et peut-être la victoire en Palestine d'*Hugues de Lusignan* (1187).

▶ A *Cressac* : petite *église* à façade romane.

▷ Conzac★ *commune de Saint-Aulais-la-Chapelle*

Eglise Saint-Jacques (fin XIIe s.) : on est surpris de découvrir, à l'orée d'un modeste hameau qui fut une paroisse, au bout de petites routes de campagne, un tel joyau. L'église était autrefois la chapelle d'un prieuré de l'ordre de Cluny. L'extérieur présente un élégant *chevet*, au pourtour orné d'harmonieuses arcatures, de chapiteaux et de modillons sculptés qui rivalisent avec l'art des églises saintongeaises.

L'*intérieur* révèle, à la croisée, une étonnante coupole sur pendentifs qui s'appuie sur un tambour constitué de quatorze arcatures. Le décor des chapiteaux est très travaillé.

▶ A *Saint-Aulais-la-Chapelle*, église romane.

▷ Berneuil

Petit village entouré de bois et de pâturages.

L'*église Notre-Dame*, à flanc de coteau, entre les deux charmants ruisseaux que sont la Maury et le Beau, est un édifice roman de la seconde moitié du XIIe s. Il présente un exemple complet du style roman saintongeais, aux proportions et aux lignes architecturales très pures, surtout dans son abside. Sur la façade, remaniée au XVIe s., on remarque au-dessus d'une niche, un Christ en croix entouré de la Vierge et de saint Jean.

▷ Le château de la Léortardie

10 km O. par la D 128 ; ne se visite pas

Cette demeure qu'on découvre à l'orée d'un bois, dans un site bucolique, au milieu des pâturages, prend place parmi les beaux châteaux du département. Son nom lui vint au XIIIe s. de son premier constructeur, *Hélie Léotard*, archidiacre de Bourges et conseiller d'*Hugues le Brun*, comte d'Angoulême. La partie la plus ancienne, édifiée entre 1282 et 1303, lui est due ; ce qui explique peut-être cet aspect curieux, d'un mélange de maison de campagne fortifiée et de monastère. Une poterne percée d'archères à croisillons précède un logis à galeries superposées, ornées de petites arcades tribolées. Une imposante *tour* du XVe s. s'y adosse, elle-même flanquée d'une tourelle.

L'extérieur du château est visible à partir du chemin d'accès.

▷ Montmoreau-Saint-Cybard

Situés au bord de la Tude, sur l'une de ces collines crayeuses qui donnent au paysage, par leur moutonnement, une variété et un mouvement plein de gaité, la ville tire peut-être son nom, selon l'étymologie, du « Mont des Maures ». Autrefois sur une voie de pèlerinage vers Saint-Jacques de Compostelle, elle est dominée par un *château* au sommet de la butte, d'où dévalent les rues pentues du quartier ancien, aux toits de vieilles tuiles rondes, vers l'église en contrebas et la route. De cette butte, sur le mail, on jouit d'une jolie *vue* sur la ville, l'église et la campagne.

Montmoreau est également le lieu de naissance d'*Antoine Delafond* (1737-1801), médecin et chirurgien, premier maire de la cité, l'un des pionniers de la « variolisation ». Une plaque évoque son souvenir au n° 26 de la Grand'Rue.

L'*église Saint-Denis* était celle d'un prieuré relevant de Nanteuil-en-Vallée. L'édifice, du milieu du XIIe s., fut construit sur un plan spacieux et imposant. Il a souffert, en 1562, lors des guerres de Religion. La façade, que partagent quatre hauts contreforts-colonnes, présente un *portail* profond qui s'ébrase sous cinq voussures décorées de palmettes et de motifs géométriques. La plus basse est polylobée ; de part et d'autre, deux arcades ornées de sculptures ; sur leur tympan est figuré un lion ; à l'étage, cinq autres arcades en plein cintre ; au sommet, un pignon triangulaire. A l'*intérieur* : ample coupole disposée sur des arcades élevées rehaussant la croisée du transept.

Le château (ne se visite pas). Montmoreau était déjà une seigneurie au XIIIe s. Le château actuel fut construit au XVe s. sur un autre plus ancien. Il a été la possession au XVIIe s. de la célèbre *famille de Rochechouard*. Les bâtiments ont pâti d'avoir servi par la suite de gendarmerie, avant d'être dévastés pendant la dernière guerre. Ils se composent d'un long corps de logis encadré de tours rondes. On y voit aussi une échauguette et une jolie porte sculptée.

Les ruines de la *chapelle Notre-Dame* sont précédées de l'ancien porche du château. Cette ancienne chapelle du château, d'époque romane, est construite sur un mur circulaire, trois absidioles lui donnant un plan tréflé. Par la qualité de sa conservation et ses thèmes, le *décor* sculpté

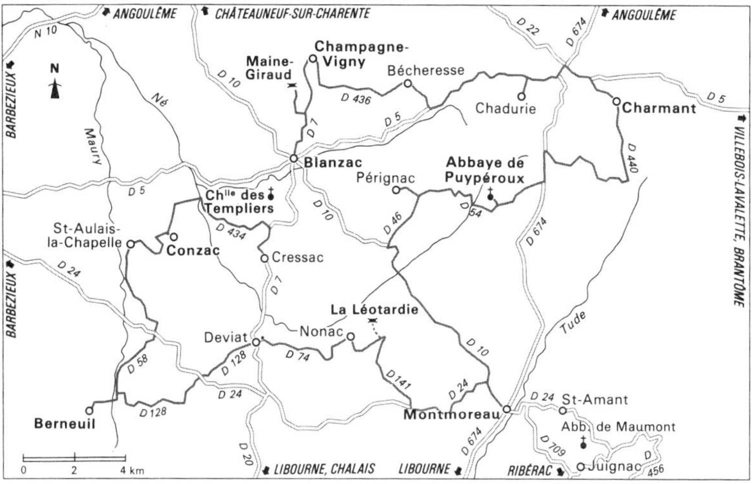

Les collines de Montmoreau

est étonnant : entrelacs, scènes burlesques, femmes chevauchant des animaux, monstres, oiseaux, une chouette.

▶ A 4 km au S.-O. de Montmoreau, l'*église de Juignac* remonte à la fin du XIIe s. ▶ Dans la même commune, légèrement au nord, le *château de Maumont*, qui a été transformé au XXe s. en abbaye, possède une chapelle moderne. ▶ *Pérignac (10 km N. de Montmoreau par D 10 et D 46).* Tout petit village, un des plus beaux de l'Angoumois. L'*église* romane (XIIe s.), sur une place surélevée, comprend un beau clocher à trois étages, un portail (XVe s.), une abside tapissée d'arcatures, tant dans le chœur qu'à l'extérieur, et des vestiges de *fresques* du XVe s.

▷ L'abbaye de Puypéroux** *3 km E. par la D 54*

L'abbatiale romane Saint-Gilles, au sommet d'une colline, domine un vallon riant où sont tapies quelques fermes. On ne peut rester indifférent à la paix et à la beauté qui émanent de ces lieux. Une bulle du *pape Alexandre III*, datée de 1170, présentait ainsi l'abbaye : « une des plus anciennes qui avait été fondée dans les déserts de la Gaule par les vénérables solitaires bénédictins ». La guerre de Cent Ans aurait pu porter un coup fatal à la vie de cette église qui, abandonnée et ruinée, était envahie de végétation quand, au XIXe s., l'*abbé Michon* la découvrit et fut séduit. Vers 1880, il entreprit de la faire restaurer.

La *façade* se compose d'un rez-de-chaussée à portail entouré de deux arcades aveugles avec colonnes, d'un étage en retrait, également à arcades, et d'un pignon triangulaire. Le *clocher*, massif, repose sur le carré du transept. L'*intérieur* comporte une nef unique. On y remarque en entrant, dans la deuxième travée, du côté nord, le tombeau de saint Gilles, accosté de deux lions. La croisée du transept se compose de quatre gros piliers où sont pratiqués d'étroits passages. Ils supportent une coupole reprise au XIIe s. Ces piliers sont ornés de *chapiteaux* dont les motifs, d'un travail un peu fruste, sont très intéressants quant à la symbolique romane : deux monstres monocéphales ; une sirène, brandissant un poisson, entourée d'un fauve et d'un lionceau ; un hibou (?) couronné, à cheval et armé d'une lance ; un personnage soufflant dans un cor, un autre jouant d'un instrument à cordes. L'abside à disposition pentagonale, entourée de sept absidioles et ornée de sculptures du XIe s., constitue un ensemble plein de majesté.

▶ Rejoindre la D 674 direction Angoulême puis la D 39, un peu à l'écart de la D 5, qui suit le tracé d'une *ancienne voie romaine*. C'est un des lieux les plus caractéristiques de l'Angoumois.

▷ Charmant

Le nom du village suffit à le décrire. L'*église Notre-Dame* (XIIe s.), située à côté d'un manoir Renaissance, possède un clocher carré du XIIIe s., restauré en 1843 et 1891. Abside décorée d'arcades jumelles supportées par des dosserets, colonnes à chapiteaux et modillons. *Nef* à plafond de bois, bras du transept voûtés en berceau brisé, carré surmonté d'une coupole sur pendentifs. Dans l'*abside*, cul-de-four décoré d'une peinture de l'Assomption (époque Restauration).

▶ *Chadurie (5 km O. par la D5 direction Blanzac). **Église*** romane (XIIe s.) à coupole sur pendentifs. A signaler aussi : les chapiteaux de la porte d'entrée (deux colombes buvant dans un calice) et, à l'intérieur, deux ***sarcophages*** de pierre sur l'un desquels, orné d'arcatures, figurent les instruments de travail du défunt (XIVe s.). ▶ A ***Bécheresse***, église du XIe s. avec façade du XIIe s.

▷ Champagne-Vigny *5 km O. par la D436*

La commune conserve le souvenir de celui qui fut, avec *Larmartine, Hugo* et *Alfred de Musset*, un de nos grands poètes romantiques.

Église du XIIe s. : façade romane tripartite, clocher carré fortifié, beau chevet. *Alfred de Vigny* fut le parrain de la cloche et fit don à l'église d'une statue de la Vierge et l'Enfant placée devant le chœur.

Sur la place, un ***monument*** a été élevé, « Hommage de la Charente », avec médaillon en bronze portant le portrait du poète dû au sculpteur charentais *Peyronnet.*

Le ***Centre national Alfred de Vigny*** contient une bibliothèque, et la petite salle de la mairie quelques documents autographes.

▷ Le manoir de Maine-Giraud**

1 km environ du bourg en direction de Blanzac, sur la droite; t.l.j. 9 h-12 h/14 h-18 h, groupes sur RV ☎ 45.64.04.49

On aperçoit la silhouette basse dominée par ses deux tours. Précédé d'une cour d'exploitation agricole, le Maine-Giraud est en effet formé d'un bâtiment d'un seul étage surélevé, flanqué d'une aile avec tour carrée (une autre ayant été rasée).

On pénètre dans le bâtiment principal par une ***tour*** polygonale du XVe s. contenant un escalier à vis en pierre. Cette tour est surmontée d'une girouette aux initiales A.V. flanquée d'une échauguette portant un paratonnerre cerclé d'une couronne de comte.

En pénétrant dans la tour par la porte de bois à heurtoir de bronze du XVIIIe s., après avoir gravi quelques marches et tourné à gauche, on pénètre dans la salle à manger où l'***Association des Amis d'Alfred de Vigny*** a rassemblé gravures, autographes, documents évoquant les divers séjours de Vigny au Maine-Giraud, ses œuvres, les étapes et principaux événements de sa vie. On peut écouter une cassette commentant la visite. Il faut ensuite monter à l'étage de la tour où se trouve le ***cabinet de travail*** du poète qui aimait y méditer « dans le silence adoré des heures noires » *(→ encadré).*

Dégustation et vente de pineau et cognac du Maine-Giraud *(s'adresser aux propriétaires).*

▶ Retour à ***Blanzac*** *(3 km).*

Vigny au Maine-Giraud

Dans ce manoir acheté par son grand-père maternel, le chef d'escadre Didier Honorat de Baraudin, Alfred de Vigny (1797-1863) vint pour la première fois en 1823, alors que, jeune capitaine de 26 ans, il se rendait avec son régiment en l'Espagne. Il y revint en 1827 à la mort de sa tante, propriétaire du manoir, puis en 1838 après la mort de sa mère et sa rupture avec la comédienne Marie Dorval, en 1846 enfin, après avoir connu des déceptions littéraires et de longs et cruels déboires à l'Académie Française. Les maladies de son épouse Lydia le contraignirent à rester ensuite parfois deux ou trois années dans cette campagne éloignée de Paris.

Ces circonstances expliquent le pessimisme qui teinte certains des poèmes écrits au Maine-Giraud, tels « La Bouteille à la mer », « La Mort du loup », « La Maison du berger », « Les Destinées ». Toutefois, Alfred de Vigny tire de l'adversité, stoïquement dominée, la preuve de la grandeur humaine :

« Fais énergiquement ta longue et lourde tâche...
Seul le silence est grand, tout le reste est faiblesse... »

Déçu par la vie politique, il jouera un modeste rôle social dans cette commune où il se sent plus proche des paysans que des ouvriers des villes et où ces longues années de solitude l'amènent à affirmer sa foi en « l'Esprit pur », le penseur lançant comme une « bouteille à la mer » son œuvre, ultime message adressé aux générations futures.

Devant cette nature, décor de « La Mort du loup » et de « La Maison du berger », dans ce modeste manoir, visité maintenant par des milliers de personnes venues de tous les points de France et du monde, on pourra mieux comprendre et admirer celui qui, s'adressant à ses lecteurs dans l'avenir, écrivait :

« Flots d'amis renaissants! Puissent mes destinées
Vous amener à moi, de dix en dix années,
Attentifs à mon œuvre, et pour moi, c'est assez ! ».

Montmorillon

31-C3 / R 107 / V 34
7 541 habitants / ⊠ 86500
ℹ 21, av. F.-Tribot ☎ 49.91.11.96
SNCF ☎ 49.91.00.60
🅿 pl. du Maréchal-Leclerc, pl. de la Victoire, pl. Saint-Martial

Longtemps à l'écart des grands axes commerciaux, le Montmorillonnais, appelé « terre de brandes », reste méconnu. Les sols, peu fertiles, étaient jadis recouverts d'une forme de lande, la « brande », composée d'ajoncs, de genêts, de fougères, etc. Mais depuis les défrichements et la création de quelques industries au XIXe siècle (telle la fabrication des meulières en bordure de la forêt de Lussac), ces landes tendent à disparaître.

Si la région, du fait de son manque de relief, peut paraître monotone, elle présente néanmoins un mariage heureux entre terre, roches et eaux. Le Montmorillonnais, c'est aussi le pays des moutons et des chèvres dont on vend les fromages (→ Civray) sur tous les marchés de la région.

La ville dans l'histoire

Le site est occupé dès l'époque préhistorique (gisement de la Piscine). Mais Montmorillon n'apparaît qu'au XIe siècle avec l'édification d'un château sur la falaise dominant la rive gauche de la Gartempe. Une ville se développe bientôt autour des remparts. A la fin du XIe siècle, l'église Notre-Dame est en construction et Robert du Puy, de retour de Terre Sainte, fonde la Maison-Dieu, établissement hospitalier très vite richement doté. Au XIIe siècle, le bourg de Saint-Martial se forme. Royale depuis 1281, la ville prospère jusqu'à la guerre de Cent Ans. Devenue anglaise en 1360, elle est reprise par Du Guesclin en 1372 et donnée, en 1436, à Étienne de Vignolles dit La Hire, compagnon de Jeanne d'Arc.

Le XVIe siècle est tragique. En 1523, des Routiers saccagent Montmorillon qui se dote alors de nouveaux remparts. Pillée par les protestants en 1562, 1567, 1585, la ville, ouverte aux Ligueurs, est prise d'assaut par les Royalistes en 1591. Les combats font 1 200 morts, le château est détruit, la ville ruinée.

Au XVIIe siècle, les Augustins réformés reprennent et reconstruisent la Maison-Dieu, Notre-Dame est restaurée, les remparts sont rasés. Mais Montmorillon tombe dans une torpeur que la Révolution ne secoue guère.

La ville se réveille vers le milieu du XIXe siècle : elle s'ouvre sur l'extérieur et s'agrandit. Sa situation économique se raffermit jusqu'en 1930 (création d'entreprises, essor de l'agriculture et de l'élevage ovin).

La ville aujourd'hui

Dans les années 1960-1970, Montmorillon devient un petit foyer industriel (fabrication de meubles, d'appareils de télévision) dans une région qui reste agricole. Sa population augmente, alors que le canton souffre de l'exode rural. Mais, depuis 1980, les difficultés économiques ont entraîné la fermeture de plusieurs entreprises locales et le marasme de l'agriculture. Le dépeuplement s'amplifie.

Pour réagir, Montmorillon tente de s'affirmer comme capitale du mouton. Siège national de la race charmoise, elle reçoit tous les deux ans le Salon international du mouton et de la chèvre. Elle se tourne aussi vers le tourisme, avec le développement des activités sportives et la création d'un écomusée.

Visite de la ville

Visites guidées en juil.-août, t.l.j. sf mar., 15 h, 17 h

La ville occupe les deux rives escarpées de la Gartempe : ville historique et monuments sur la rive gauche, « ville basse », aujourd'hui centre de la cité, sur la rive droite.

▶ Se placer devant *Saint-Martial*, église construite au XIXe s. sur l'ancienne église romane jugée trop petite. ▶ Par la rue de Montplanet, où l'on peut voir la façade de l'*hôtel de Moussac* (XVIIe s.), gagner la place du Maréchal-Leclerc. ▶ Franchir la Gartempe par le *Vieux-Pont*, construit en 1404, d'où l'on a une jolie *vue* sur le chevet de Notre-Dame. ▶ Par la vieille *rue Montebello*, rejoindre Notre-Dame.

▷ L'église Notre-Dame

L'église, édifiée à la fin du XIXe s., a beaucoup souffert. A la fin du XIVe s., on surélève le transept et le mur nord, dont on condamne les fenêtres, pour fortifier l'église. Au début du XVe s., on reprend la façade et le portail. Le clocher et les deux premières travées de la nef sont refaits au XVIIe s. L'extérieur est très sobre. A l'intérieur, la *nef*, couverte au XIIIe s. de voûtes gothiques angevines, est reliée au transept par des passages dits berrichons ; le désaxement par rapport au chœur est d'origine. Sur la croisée du *transept* repose une coupole sur pendentifs. Les croisillons et la travée droite du chœur sont voûtés en berceau brisé, et un cul-de-four couvre l'abside. Les peintures sont modernes.

On accède à la *crypte Sainte-Catherine* par un escalier à gauche du chœur *(clé à la conciergerie de l'hôpital)*. Construite pour racheter la dénivellation du sol, elle est pentagonale à l'extérieur, en hémicycle à l'intérieur. Le *décor* pictural, de la fin du XIIe s., est d'une grande qualité. Sur le berceau de la nef, l'Agneau divin, aux pattes de cheval, avec deux vieillards de l'Apocalypse. Dans l'abside, en bas, deux scènes de la vie de sainte Catherine : la sainte confond et convertit les rhéteurs mandés à Alexandrie par l'empereur Maxence qui les condamne à être brûlés vifs. Sur le cul-de-four, la Vierge en Majesté. L'enfant Jésus couronne une femme, identifiée soit à sainte Catherine soit à l'Église personnifiée. ▶ De la *terrasse* voisine de l'église, jolie vue sur la ville. ▶ Par la rue Château-Gaillard, gagner la *Maison-Dieu*.

▷ La chapelle Saint-Laurent

De l'ancienne église de la Maison-Dieu (milieu du XIIe s.), il ne reste, après les restaurations du XIXe s., que le clocher, la façade et les murs de la nef.

Le *clocher*, où le passage du plan carré au plan octogonal se fait par le biais de quatre acrotères, est couronné par une flèche de pierre en forme de pyramide octogonale. La décoration sculptée (modillons, personnages à la base de la flèche) est d'une grande finesse.

Le *portail* polylobé est d'influence limousine, avec ses tores qui garnissent les voussures et qui retombent sur des chapiteaux sans tailloir (fin du XIIe s.). La grande *baie*, percée au XVIIe s., est surmontée d'une remarquable frise de l'Enfance du Christ. De gauche à droite : l'Annonciation, la Nativité, l'Annonce aux Bergers, la Présentation au temple, l'Adoration des Mages, la Fuite en Égypte. A la limite du roman et du gothique, la frise est datée du milieu du XIIe s.

▶ A gauche de l'église, le mur dissimule le *chauffoir* du XVIIe s., où venaient se réchauffer les « pauvres passants pèlerins ». ▶ A droite de l'église, *tour* à mâchicoulis, seul vestige des fortifications (milieu du XIVe s.) de la Maison-Dieu. Elle abrite une partie des collections du Musée municipal.

▷ Le musée de la tour de la Maison-Dieu *clé à la conciergerie de la Maison-Dieu, à dr. de la porte vitrée ; t.l.j. sf mar., 10 h-12 h/14 h-18 h en juil.-août ; t.l.j. sf mar. et jeu., 14 h-18 h sept.-juin*

Premier étage. Mobilier (monnaies, objets de bronze, de fer, verre, céramique, etc.) du sanctuaire gallo-romain de Mazamas (→ *circuit au sud-ouest de la Gartempe*). Une cassette-vidéo sur l'histoire de Mazamas est disponible en juillet-août. Trésor de Montmorillon (monnaies médiévales).

Deuxième et troisième étages. Présentation des œuvres d'artistes locaux.

Au sommet de la tour, magnifique *panorama* sur la ville.

A la sortie du musée, passer sous le porche. Une grande cour est fermée, à l'est, par les bâtiments monastiques du XVIIe s. La *salle des Dîmes* renferme actuellement les collections de Préhistoire.

▷ Le musée préhistorique de la salle des Dîmes *visites → ci-dessus*

Collections d'origine locale. *Moustérien* : bifaces ; *Magdalénien* du site de la Piscine

(Montmorillon. Fermé au public) : industries lithique et osseuse, avec notamment un bois de renne gravé de quatre têtes de chevaux. *Néolithique* : haches, percuteurs. *Age du Bronze* : haches votives, pandeloques, pointes de bronze.

▷ L'Octogone *heures de visite → musées*

C'est l'édifice le plus original de la région.

Situé au centre de l'ancien cimetière de la Maison-Dieu, il commémorerait le voyage en Terre Sainte de *Robert du Puy*. De plan octogonal, avec une chapelle à chevet plat à l'est, il s'élève sur deux niveaux. Les murs sont ornés de hautes arcatures aveugles en tiers-point. Les baies en plein cintre permettent l'éclairage de l'étage supérieur, les petites ouvertures éclairant la partie basse. Les modillons (animaux, monstres) sont de la première moitié du XIIe s., époque de construction du bâtiment. La porte est surmontée d'une niche où ont été posés des piliers sculptés de deux ou quatre personnages, dont on ignore la provenance. Le style de ces sculptures les apparente à celles de la façade de Notre-Dame-La-Grande de Poitiers.

Dans la *salle supérieure*, voûtée en gothique angevin (XIIIe s.), des degrés épousent la forme de la coupole inférieure ; ils aboutissent à l'oculus polylobé assurant la liaison entre les deux étages. On accède à la partie basse par un escalier (mur nord de la chapelle d'axe).

L'agencement intérieur, sur deux niveaux, s'inspirerait de l'église du Saint-Sépulcre de Jérusalem tandis que le plan octogonal et les degrés seraient influencés par la basilique de la Nativité de Bethléem.

Entre Vienne et Gartempe

Sur les vastes étendues, presque horizontales, des plateaux calcaires qui se développent entre Poitiers et les marches berrichonnes et limousines à l'est, se sont étalés, à l'ère tertiaire, des graviers, des argiles et des sables. Terrains les plus pauvres de la France de l'Ouest, les « brandes » ont toutefois pu être amendées par chaulage à partir du second Empire : elles sont alors devenues terres de culture... ou de pâture ! Si la brande d'ajoncs et de bruyères d'autrefois a donc en principe disparu - quelques témoins en subsistent, au nord de la forêt de Moulière (Châtellerault) par exemple - il n'en est pas moins vrai que le pays est pratiquement vide d'hommes.

Entre les plateaux aux médiocres pâtures, les rivières aux eaux claires ou brunies qui courent du sud au nord vers la Loire introduisent dans le paysage les longues lanières de leurs coulées de champs verts.

La Gartempe (au N.-O.)

45 km / 4h

▶ Quitter Montmorillon par la D 727 à l'ouest.

▷ Lussac-les-Châteaux

Site préhistorique majeur. Aucune grotte ne se visite.

Le *Musée municipal (15 juin-15 sept., 14 h-18 h, t.l.j. sf mar.)* est installé dans le Grand Logis Renaissance, rue Saint-Michel, où naquit *Madame de Montespan* : collection de préhistoire locale ; section royale Madame de Montespan et Jean Chandos (*→ encadré*).

▶ Au *Pont-de-Lussac*, cénotaphe de *Jean Chandos*. ▶ *Mazerolles* : église romane.
▶ Par la D 11, gagner le *château de Pindray*, XIXe s.

Le connétable Chandos

Jean Chandos fut le conseiller d'Édouard III, roi d'Angleterre. Il est aux côtés du Prince Noir à Nouaillé-Maupertuis (1356). Il participe aux conférences de Longjumeau qui aboutissent au traité de Brétigny cédant la moitié de la France à Édouard (1360). Nommé par celui-ci connétable d'Aquitaine et lieutenant général de toutes ses possessions françaises, il s'efforce de faire régner l'ordre et la justice. Chandos combat en Bretagne, en Castille, et fait prisonnier Du Guesclin à deux reprises. Les hostilités reprenant, il est nommé, en 1369, sénéchal du Poitou, province dont les places fortes sont les clés de l'Aquitaine. Il meurt en janvier 1370 dans une embuscade tendue au pont de Lussac par Karanlouet, un lieutenant de Du Guesclin, et est enterré à Morthemer.

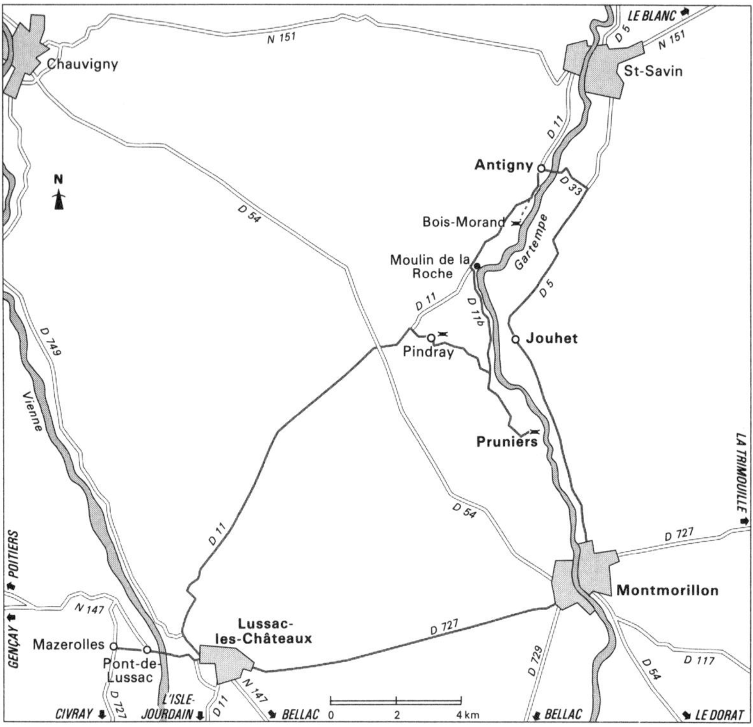

Au nord-ouest de la Gartempe

▷ Le château de Pruniers *par la Roche au Baussan; juil.-août, t.l.j. sf mar. 14 h-18 h 30*

Le château se compose d'un *logis* rectangulaire flanqué de quatre tourelles pleines aux angles. Le logis fut surélevé au XIVe s. et agrandi au XVe s. Le *pigeonnier*, peut-être le plus vieux de France, est du XIe s. ▶ Revenir sur La Roche au Baussan pour atteindre le *moulin de la Roche*, et poursuivre direction Antigny. ▶ *Château de Boismorand*, restauré dans le style Renaissance.

▷ Antigny

L'église Notre-Dame, romane avec chœur gothique, est entourée de dalles funéraires. L'auvent du mur sud abrite des sarcophages mérovingiens. La *chapelle sud*, fondée en 1421, fut peinte au début du XVIe s. sur l'ordre de *J. de Moussy* (armoiries près de l'autel). Au-dessus de l'autel, le Christ en majesté. Au nord, Jugement dernier, Enfer, le Dit des Trois Morts et des Trois Vifs. Au sud, Enfance et Passion du Christ.

Sur la place (l'ancien cimetière), s'élève une *lanterne des morts* (XIIe s.). Elle a conservé son autel. Le fût carré, surmonté d'une croix, est creux. Une petite ouver-

Les lanternes des morts

Qui n'a déjà entendu parler des lanternes des morts, ces piliers creux surmontés d'un lanternon et d'une croix ? Le Montmorillonnais conserve deux de ces monuments connus uniquement à l'ouest et au centre de la France. Les hypothèses les plus diverses ont été émises quant à leur rôle. Pour certains, ce sont des phares destinés à guider les voyageurs égarés. Pour d'autres, elles indiquent les cimetières, lieux à éviter, ou bien permettent aux morts quittant leurs tombes pour une balade nocturne de se retrouver sans peine à l'aube...

En fait, ces lanternes semblent être des fanaux funéraires. Dès l'Antiquité, il est de tradition d'entretenir des flammes auprès des tombes. Les premiers chrétiens, pour qui la mort est un passage de la lumière terrestre à la gloire céleste et lumineuse, adoptent cette coutume, et les tombeaux s'ornent de cierges allumés. Bientôt, avec l'extension des cimetières, une seule lumière les symbolise toutes, celle qui brille au sommet des lanternes des morts.

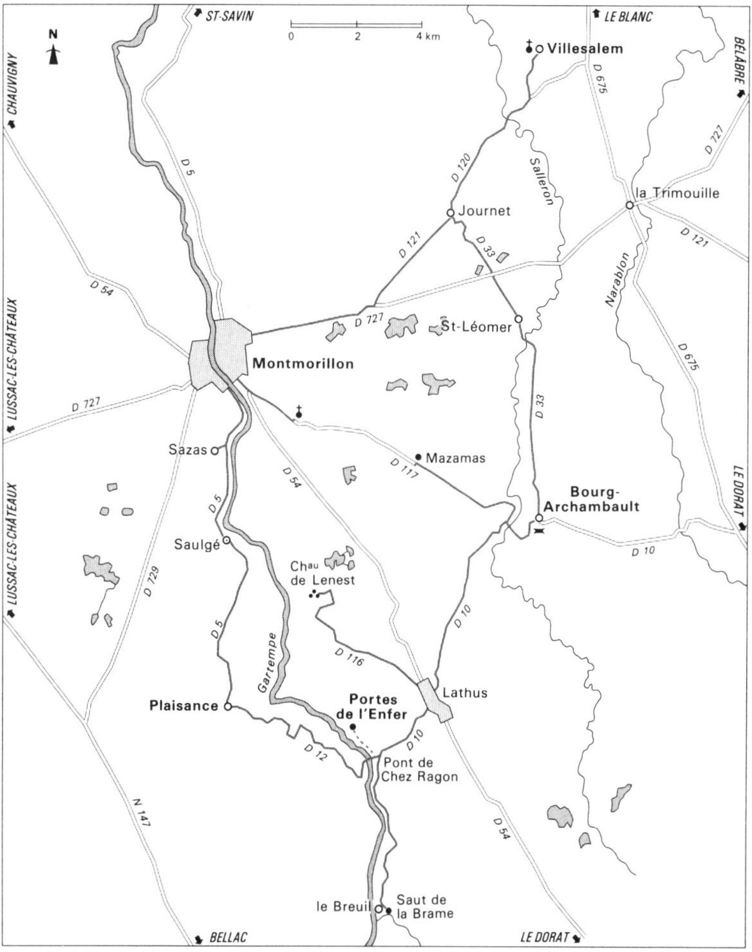

Au sud-ouest de la Gartempe

ture, au nord, permet le passage de la lampe qui était hissée au sommet.
▶ Traverser la Gartempe et prendre la D 5 en direction de Montmorillon.

▷ Jouhet

A côté de la rivière, en face de l'église (restaurée), une petite *chapelle* funéraire (fin XVe s.) conserve des peintures du début du XVIe s. Au-dessus de l'autel, le Christ en Majesté entouré d'anges et des symboles des Évangélistes. *Mur droit* : Enfance du Christ, Résurrection des morts, Adoration des mages. *Mur gauche* : Le Dit des Trois Morts et des Trois Vifs, la création d'Adam et Ève. De part et d'autre de la porte, les donateurs, Jean de Moussy et sa femme, seigneurs de Boismorand.
▶ Poursuivre la D 5 jusqu'à Montmorillon.

La Gartempe (au S.-O.)

75 km / 5 h

▶ Quitter Montmorillon en direction de *Saulgé (D5)*. La route passe à la *Font de Sazat*, devant une ancienne brasserie (XIXe s.). ▶ *Saulgé*. Église romane avec chœur gothique. Continuer la D 5 en direction de Plaisance.

▷ Plaisance

De l'ancienne *église Notre-Dame*, but de nombreux pèlerinages, il ne reste que la nef (XIIe s., voûtée en gothique angevin au XIIIe s.) et la façade ; le portail polylobé ressemble à celui de Saint-Laurent de Montmorillon. Deux reliefs l'encadrent : au nord, un guerrier et, au sud, un danseur (?).

L'essor du mouton

Si le Montmorillonnais est perçu comme le pays du mouton, l'élevage ovin n'y est cependant pas une tradition. Au XVIe s., malgré le prix élevé de la laine, le mouton n'est guère en faveur dans la région. Aux XVIIe et XVIIIe s., le cheptel augmente, mais le profit est faible : les races sont plus ou moins dégénérées, les troupeaux mal conduits. Les paysans, métayers misérables, soumis à leurs maîtres, restent enfermés dans leur routine. Isolés dans leurs métairies, ils sont hostiles aux nouveautés et l'introduction, vers 1800, du mouton Mérinos (race laineuse espagnole) est un échec.

Tout change vers 1850. La région sort de son isolement, les conditions de vie s'améliorent. E. Malingie, devant la forte demande de viande, crée une race de moutons fournissant une laine et une viande de qualité, la Charmoise, que les éleveurs montmorillonnais adoptent vite. Et, dès le début du XXe s., la région peut se considérer comme le second berceau de la race.

Dans le cimetière, **caveau mérovingien** surmonté d'un calvaire.

▶ Prendre la direction de **Lathus** *(D 12)*. Après le hameau Chez Mauroux, prendre à gauche. La route descend vers le **pont de Chez Ragon**. La rivière, au lit jonché de blocs de granit, est aménagée pour les compétitions de canoë-kayak (parcours national).

▷ Les Portes d'Enfer*

Sur la rive droite, un **sentier** *(environ 30 mn de marche)* conduit en aval vers les Portes d'Enfer où la rivière, resserrée entre les parois rocheuses, se fait torrent.

▶ Après le pont, prendre à droite la route de la **base de canoë-kayak**. Route pittoresque, qui suit la Gartempe. ▶ Au **Breuil**, on peut descendre à pied *(20 mn environ)* jusqu'au **Saut de la Brame**, où la Brame se jette dans la Gartempe. Après Le Breuil, tourner à gauche à la deuxième intersection, en direction de Lathus. ▶ **Lathus**. Église romane. De là, on peut regagner Montmorillon. Au feu, contourner l'église et prendre la troisième rue à gauche en direction de Saulgé (route du stade). ▶ A 4 km environ, à gauche, ruines du **château de Lenest** (XIVe s.). A l'intersection suivante, tourner à droite *(D 116)* puis rejoindre **Montmorillon** *(D 54)*. ▶ De **Lathus**, on peut poursuivre l'itinéraire. Après le feu, prendre la deuxième rue à droite, direction Bourg-Archambault *(D 10)*.

▷ Le château de Bourg-Archambault *visite châtelet et extérieurs t.l.j. sf mar., 14 h-16 h, juil.-août*

Le château, protégé par de vastes douves, a été reconstruit au XVe s. sur une ancienne forteresse. Il se compose d'une enceinte flanquée de tours, d'un châtelet d'entrée, d'un logis (très restauré au XIXe s.).

▶ De là, on peut regagner directement Montmorillon par la D 117. ▶ A **Mazamas** : sanctuaire gallo-romain *(ouvert au public)* ; temple de tradition celtique (vers 50 av. J.-C.), temples classiques (vers 40-50 apr. J.-C.). ▶ **Moussac** : croix hosannière. ▶ De Bourg-Archambault, l'on peut poursuivre l'itinéraire en prenant la D 33 en direction de **Saint-Léomer** : vestiges gallo-romains de **Mazamas** à 4 km environ de Saint-Léomer, sur la gauche, après Séchaud. Retour à Saint-Léomer. ▶ A **Journet**, lanterne des morts, du XIIe s.

▷ Villesalem *par la D 120 ; t.l.j. sf mar. 14 h-18 h*

Le prieuré fut fondé à la fin du XIe s. par *Audebert de la Trémoïlle*, pour les moniales de Fontevrault. **L'église**, du milieu du XIIe s., a longtemps servi de grange.

L'édifice, en forme de croix latine, se compose d'une nef à trois vaisseaux, d'un transept saillant dont les deux absidioles orientées encadrent une abside surélevée. Le **décor** sculpté, par sa richesse et sa qualité, est un remarquable exemple de l'art roman poitevin. Éléments végétaux stylisés, monstres, animaux.

▶ Retour à Montmorillon par **La Trimouille** *(D 675)*, puis la D 727.

Niort★

27-CD4 ou 35-A3 / R 107 / V 33, 40
58 203 habitants / ✉ 79000
ℹ pl. de la Poste ☎ 49.24.18.79
SNCF rue Mazagran ☎ 49.24.50.50
🚌 place Saint-Hilaire
P place de la Brèche

La ville sage et fleurie des compagnies d'assurances est bâtie sur deux collines qui commandent un ancien passage de la Sèvre. Cette situation stratégique, à la porte du Marais poitevin, lui a valu de remplir une importante fonction commerciale (dont la dynamique foire de mai est l'héritière), et de posséder un impressionnant donjon.

Au cœur d'une région de plaines baignées par les multiples bras de la Sèvre Niortaise, la « capitale de l'angélique » (→ encadré) est une base de départ idéale pour des excursions dans le Marais poitevin.

La ville dans l'histoire

Niottum (riche en vins), Noverogus (nouveau bûcher), Noiordum ou Novum Ritum (nouveau gué) : les érudits ne sont pas tous tombés d'accord sur l'origine du nom et la date de naissance de la ville dont les vieilles rues tortueuses pleines de charme témoignent d'une histoire ancienne.

C'est probablement à la fin de l'époque celtique que les hommes découvrirent l'intérêt de son site, près du gué de la Sèvre, dans l'actuel quartier de Bessac. L'existence de la ville est attestée de manière certaine dès l'époque romaine, avec une importante activité de tissage de draps et de tannage du cuir.

Au IIIe siècle, sous la menace des invasions barbares, les Niortais construisirent des fortifications au pied de la colline Notre-Dame, alors que des groupes de pêcheurs s'établissaient sur la butte opposée, où s'élève aujourd'hui l'église Saint-André. A partir du VIe siècle, le bourg franc réunit les deux localités et prend alors le nom de Noiordum (nouveau gué) pour devenir un port florissant grâce à son commerce avec l'Angleterre.

A partir du mariage d'Aliénor d'Aquitaine avec le futur roi d'Angleterre Henri Plantagenêt, en 1152, la région niortaise tombe sous domination anglaise, une situation qui n'est pas sans lui apporter quelques avantages : en 1203, Aliénor accorde aux bourgeois de Niort leur première charte de franchise, et Henri II Plantagenêt fait édifier la citadelle fortifiée dont le donjon reste le dernier témoin. Revenue à la couronne de France en 1244, Niort est à nouveau livrée aux Anglais par le traité de Brétigny (en 1360), mais Du Guesclin reprend la ville le 26 mars 1372. Pendant la Praguerie (1440), le Dauphin, futur Louis XI, fait de Niort son quartier général et lui accorde de nombreux privilèges. A la fin du Moyen Age, le creusement du port sur les ordres de Jean de Berry est à l'origine de l'essor commercial de la ville qui réalise alors de fructueux échanges avec Marans (Charente-Maritime).

Les guerres de Religion sont l'occasion de nouveaux troubles, de sièges et de pillages qui éprouvent fortement la ville. Favorable aux huguenots, Niort est mise néanmoins complètement à sac quand ceux-ci reprennent la place aux ligueurs en 1588. En 1598, l'édit de Nantes permet l'installation d'une garnison protestante qui se maintient jusqu'en 1685, date de la Révocation, aux conséquences désastreuses pour la population et l'économie locale. Le donjon, où logeait le gouverneur, est utilisé comme prison. Constant d'Aubigné, fils d'Agrippa d'Aubigné et père de Françoise, future marquise de Maintenon (→ encadré), y est incarcéré pour dettes.

Le XVIIIe siècle marque une reprise de l'activité industrielle grâce aux relations nouvelles avec le Canada, d'où est importée la matière première servant à la confection des vêtements en peaux utilisés par l'armée. Bien que Niort soit chef-lieu du département des Deux-Sèvres depuis 1789, la chamoiserie survit mal aux défaites napoléoniennes, et la ville connaît une nouvelle éclipse jusqu'à la Seconde Guerre mondiale.

L'installation de la M.A.I.F, en 1936, puis la création des autres grandes mutuelles d'assurances, après 1945, ont profondément changé la physionomie de la ville et la mentalité de ses habitants.

La ville aujourd'hui

Niort fait aujourd'hui figure de ville moderne et prospère où s'expérimentent les nouveautés de l'an 2 000. Les activités économiques y sont multiples et se répartissent dans tous les domaines, de la plus importante fabrication française de bois contre-plaqué et de panneaux de particules, aux fabriques de confection, de prêt-à-porter, de sous-vêtements. Le rôle des industries du cuir y est toujours important : peausseries, corroieries, mégisseries, tanneries, que domine cependant la chamoiserie-ganterie. Ajoutons les ateliers mécaniques qui produisent des machines agricoles, les industries chimiques, les industries électriques d'aviation, les fabriques de matériel de laiterie et de charpente métallique.

Mais avant tout, Niort est la capitale des mutuelles d'assurances :

- la CRAMA : Caisse régionale d'assurances mutuelles agricoles;
- l'IMA : Inter Mutuelles Assistance, chargée de gérer les opérations d'assistance pour le compte d'autres mutuelles (MAAF, MACIF, MAIF, MATMUT [prévoyance accident], SMACL) ;
- la MAAF : Mutuelle Assurance artisanale de France;
- la MACIF : Mutuelle Assurance des commerçants et industriels de France;
- la MAIF : Mutuelle Assurance des instituteurs de France;
- MUTAVIE propose des produits d'assurance sur la vie aux sociétaires de la MAAF, de la MACIF de la Fraternelle Ass. et Prévoyance Acc.;
- la SMACL : Société mutuelle d'assurances des collectivités locales.

La région niortaise a aussi une vocation agricole, avec la polyculture des céréales (blé, maïs, colza), et d'élevage (lait et viande).

Visite de la ville

5 h

La place de la Brèche

▷ La place de la Brèche *BC2-3*

Appelée plus simplement la Brèche, cette vaste esplanade de 250 m sur 200 m, aménagée au XVIIIe s. en dehors de l'ancienne enceinte sur un espace marécageux périodiquement inondé par les eaux de la fontaine Bouillounouse, est le centre de Niort. L'inondation de 1747 ayant nécessité le creusement d'une brèche dans les remparts qui contenaient la ville, on résolut d'ouvrir l'espace urbain en créant une grande place qui serait affectée aux marchés et aux foires.

Elle est entourée sur trois côtés de terrasses ombragées. La plus grande, à l'est, est aménagée en jardin, avec pelouses, ***statues*** de Persée et la Gorgone par *Marqueste*, Caïn maudit par *Guilbert*, et Giotto enfant par *Chervert*, kiosques à musique et coins de jeux pour les enfants. Sur la façade de l'***ancien hôtel de la Boule d'Or***, plaque commémorant le passage de *Napoléon Ier* en route pour Sainte-Hélène le 2 juillet 1815.

▸ A l'angle sud de la Brèche s'élève l'***église Saint-Hilaire***, construite par *Segrétain* entre 1862 et 1866 dans le style byzantin. A l'intérieur : *chemin de croix* moderne en ardoise gravée de *Rosine Sicot*. ▶ A l'angle est se trouve le lycée Fontanes (1860). ▶ Place des Martyrs-de-la-Résistance : monument aux Soldats sans uniforme. ▶ Depuis la Brèche on peut s'enfoncer dans le vieux Niort par la *rue du Temple (B2-3)*.

Le vieux Niort

▷ La place du Temple *B2*

Le petit *temple* protestant a pris place dans l'ancienne église des Cordeliers, qui était autrefois celle du monastère fondé au milieu du Moyen Age. Il fut le lieu du vote des trois ordres, en 1789, pour l'envoi des députés à la Constituante. Par la suite, c'est là que fut installée la première préfecture. Le bâtiment a beaucoup souffert des vicissitudes du temps : les voûtes d'ogives ont été remplacées par une charpente apparente et seule la nef subsiste.
▶ Dans les rues piétonnes du vieux Niort, très animées, on peut voir d'anciennes maisons : au n° 30 rue du Rabot, la *Maison du Gouverneur* avec une baie gothique décorée d'un arc en accolade flanqué de pilastres ; au n° 3 rue du Petit Saint-Jean, la façade Renaissance de la *maison des sires d'Estissac*.

▷ La place des Halles *B2*

Elle est occupée en partie par un vaste *marché couvert*, construction métallique qui fut aménagée en 1869 sur une terrasse située en bordure de la rue de Brisson. C'est un lieu haut en couleurs le jeudi et le samedi matin lorsque les marchés y drainent toute une foule citadine et rurale.
▶ En face des halles, à l'angle de la *rue du Rabot (B2)*, maison à pans de bois. ▶ De la place des Halles, on suit au nord la *rue Basse* puis la *rue du Pont* à g. qui conserve quelques vieilles maisons : c'est au n° 5, dans la *maison du Présidial*, que naquit en 1635 *Françoise d'Aubigné*, la future Madame de Maintenon *(→ encadré)*.

▷ Le logis de l'Hercule *(B2) 16, rue Cloche-Perce ; visites guidées chaque sam. 10 h-12 h 30/15 h-18 h ; autres jours sur rendez-vous ☎ 49.24.18.79*

C'est une ancienne auberge médiévale à l'enseigne de l'Hercule dans laquelle s'est déclaré, le 6 mai 1603, au début de la foire Royale, le premier cas de la grande peste qui dévasta la population niortaise pendant sept mois, laissant la ville exsangue.
L'*intérieur* comprend un sous-sol réaménagé avec une grande fantaisie, dans un style « chevalier de la table ronde » des plus éclectiques.
▶ Au coin de la *rue de la Juiverie (B2)*, la maison d'angle présente au-dessous du balcon soutenu par deux atlantes, un curieux bas-relief sculpté (réemploi de la Renaissance) qui évoque le premier cas de peste apparu à Niort.

Madame de Maintenon

Petite-fille du poète Agrippa d'Aubigné, Françoise d'Aubigné naquit à Niort en 1635 dans une maison de la rue du Pont, par le hasard des pérégrinations carcérales de son père Constant. Troisième enfant d'une famille noble, mais pauvre et marginale, elle est élevée par sa tante maternelle au château de Mursay sur la Sèvre, à quelques lieues de Niort, où le plus clair de son temps se passait à garder les dindons. Son séjour à Mursay fut cependant la période la plus heureuse de son enfance errante dont elle gardera toute sa vie le souvenir.
Après un séjour de deux ou trois ans à la Guadeloupe et à la Martinique où ses parents avaient tenté leur chance, la petite fille est ballottée de famille en famille en Saintonge avant d'être admise à 14 ans chez les ursulines de Niort puis de Paris. Elle en sortit pourtant à 15 ans pour épouser le poète Paul Scarron, contrefait et pauvre, mais qui partage son goût pour la littérature et sa volonté d'ascension sociale. Elle est belle, ils sont brillants, leur salon est célèbre.
La bienveillance de Madame de Montespan, qu'elle rencontre à cette époque, lui valut d'être présentée à la cour en 1668. Alors elle devient vite gouvernante des enfants illégitimes de sa protectrice, charge qui lui permet plus tard de rencontrer le roi. La légitimation des enfants lui donne une place officielle à Versailles. Peu à peu, elle séduit le roi par sa grâce, son esprit, la constance de son humeur. Sa faveur est de plus en plus éclatante et aboutit, deux mois après la mort de la reine, au mariage secret de Louis XIV et de celle qu'il avait faite dame de Maintenon.

▷ Le pilori* *B2*

Ancien hôtel de ville de Niort, cet édifice fut commencé au XIVe s. à l'emplacement de l'ancienne place du Pilori, et achevé en 1535 par l'architecte *Mathurin Berthomé*, dans un style Renaissance assez original. Le bâtiment, construit sur plan quadrangulaire, est flanqué aux angles de tours circulaires, couronné d'une crénelure montée sur mâchicoulis, et surmonté au centre d'une fort belle lucarne à meneaux dont l'encadrement de pierre est richement sculpté. En retrait, le *beffroi* date du XVIIe s. et sa partie supérieure est terminée par un clocheton du XIXe s.

Animation

Courant février : carnaval.
Courant mars : Salon de l'horticulture.
***Du 1er au 10 mai** : foire exposition du Poitou, Aunis, Saintonge et Centre-Ouest.*
***Fin juin** : fête de la musique et feux de la Saint-Jean dans le centre ville.*
***2e et 3e dimanche de juin** : courses hippiques à l'hippodrome de Romagné.*
***12 et 13 septembre** : Salon des vieux papiers et bourse des collectionneurs.*
***25 et 26 septembre** : Salon des métiers d'art et de l'artisanat.*
***1er et dernier dimanche de septembre** : courses hippiques à l'hippodrome de Romagné.*
***Courant septembre et octobre** : Salon de la maison individuelle, de la caravane, de l'automobile ; Salon des antiquaires.*
***Courant novembre** : Salon des oiseaux ; foire de la Saint-André.*
***Marchés** : tous les jours aux halles ; les jeudis et samedis sur la place des Halles.*
***Foires** : tous les premiers jeudis de chaque mois sauf en décembre.*

Restauré entre 1881 et 1885, il abritait, jusqu'en 1987, un musée lapidaire et numismatique dont les collections sont maintenant conservées au donjon. Le pilori accueille de nos jours des *expositions* présentant les projets municipaux.

▶ Au n° 15 de la *place du Pilori*, on peut remarquer une belle *fenêtre* ogivale du XVIe s. à meneaux et arc en accolade.

▶ Emprunter la rue Yver. Dans la *rue Vieille-Rose (B1-2)*, une maison en encorbellement abrite une *statue* de la Vierge dans une niche de style Renaissance.

▷ L'église Saint-André *B1*

Elle fut reconstruite par *Segrétain*, de 1846 à 1866, dans le style du XIVe s. à l'emplacement d'une église romane ruinée par les protestants en 1588. Les deux clochers à flèches, hauts de 70 m, dominent toute la ville. L'*intérieur*. A la tribune, les petites orgues sont les seules vestiges de cette époque ainsi que la sculpture de la balustrade et d'un trumeau. Chaire en bois du XVIIe s. et toile de *Lattainville*, ***Le Christ en croix***.

▶ Derrière l'église Saint-André, la *place Chanzy* (restes de fenêtres du XIIIe s. au n° 39) est bordée par le *quartier Du-Guesclin (B1)*, aux anciennes *casernes* construites en 1734 dans le style classique par le maire de Niort, *Thibault de Boutteville*, afin de conserver une garnison dans la ville.

▶ A l'ouest du quartier Du-Guesclin, le *jardin public*, tracé en 1772 sur le versant du coteau de la Bigoterie, au-dessus de la Sèvre ombragée de beaux arbres, offre des

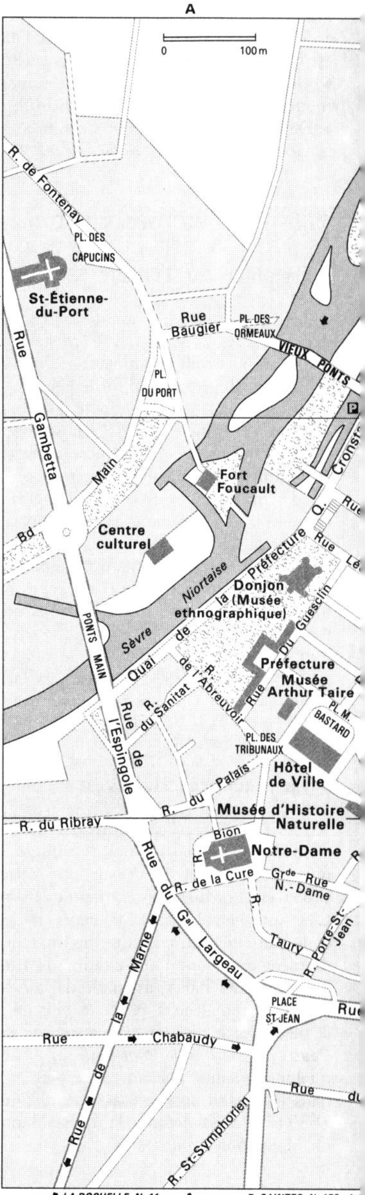

vues charmantes. ▶ A quelques minutes au nord, abondante *fontaine du Vivier*, résurgence karstique des eaux du ambon qui alimentent la ville en eau. ▶ Du jardin public, par des allées en zigzag, descendre sur le *quai de la Regratterie (B1)*, siège des anciennes chamoiseries de Niort. Le suivre jusqu'au prolongement du *quai de la Préfecture (A2)*, pour atteindre le donjon.

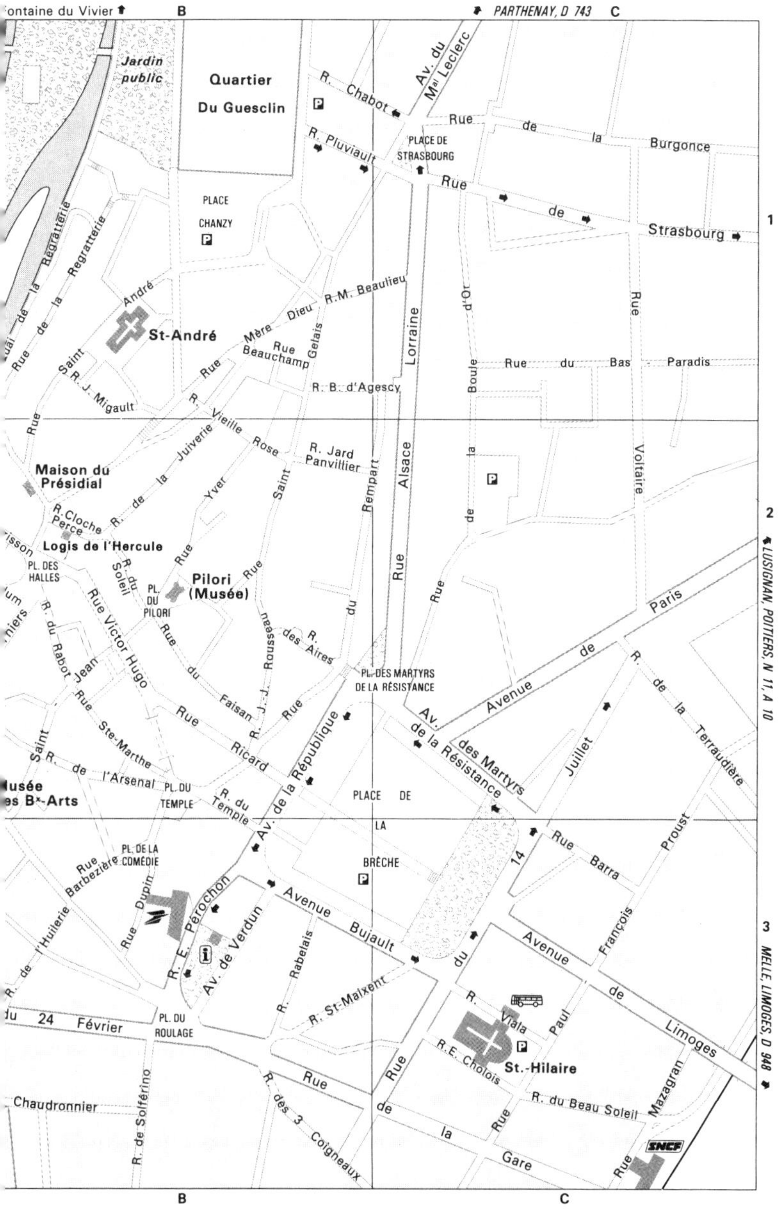

Niort

▷ Le donjon** *A2*

Dernier témoin du château construit par *Henri II Plantagenêt*, il constituait la partie centrale d'une vaste enceinte fortifiée s'étendant sur 700 m de circuit, flanquée de douze tours reliées par des remparts sur douves, avec port de ravitaillement gardé par le fort Foucault. Le premier château de Niort fut construit au moment des invasions normandes et détruit par un incendie en 1104. Remplacé par une véritable forteresse au XIIe s. sous les ordres de *Henri II* et de son fils *Richard Cœur de Lion*, elle joua un rôle important durant la guerre de Cent Ans puis les guerres de Religion. Sous les Bourbons, le donjon servit de prison d'État. Par la suite, le château tomba en désuétude et une bonne partie de la tour Nord du donjon s'écroula en 1749. Cependant, et par ordre du roi, le bâtiment fut reconstruit à l'identique.

Le donjon est constitué de deux tours carrées légèrement dissemblables se faisant face, et réunies au XVe s. par un corps de logis remanié au XVIIIe s. dont la base seule date de la même époque que les tours. Chaque tour, surmontée d'une terrasse crénelée, est flanquée de tourelles engagées aux angles et sur leurs faces. L'ensemble est percé d'archères, de lucarnes rectangulaires et de fenêtres à meneaux.

En 1896, les murs du donjon abritèrent le premier congrès d'ethnographie nationale et d'art populaire, ce qui fixa sa vocation actuelle de musée ethnographique.

▷ Le musée *(A2) t.l.j. sf mar. 9 h-12 h/14 h-18 h*

Fondé par la Société du costume poitevin en 1896, il occupe le bâtiment central du donjon, trois salles de la tour Nord et une salle de la tour Sud. Le musée a été entièrement réorganisé depuis 1965, et est consacré surtout au folklore régional. Dans la salle du premier étage, dans laquelle on entre en premier, on voit encore l'ouverture du *four* où la garnison cuisait son pain en cas de siège.

Rez-de-chaussée
Trois superbes salles basses aux voûtes appareillées en losange et reconstruites après l'effondrement partiel du donjon Nord en 1751 et 1752, regroupent les collections de l'ancien musée du Pilori.

Salle centrale. Collections archéologiques de la Préhistoire, de la Gaule romaine et époque mérovingienne. Stèles, céramiques, mobilier, fragments de mosaïque, découvertes et acquisitions récentes de la cachette de Triou (âge du Bronze, VIIIe s. av. J.-C), roue de char de Coulon (750 av. J.-C), objets de fouille de pain perdu (Niort) et tombe de Bessines (verrerie du Ier s.). Monnaie de Melle (ateliers carolingiens), mobilier de tombe mérovingienne du site du prieuré Saint-Martin à Niort aux VIe et VIIe s., borne millière de Rom et Brioux. Coin audiovisuel avec photos aériennes et films vidéo sur l'archéologie. Très rare collier en or trouvé à Saint-Laurs (époque chalcolithique).

La deuxième salle est consacrée à la préhistoire. Le mobilier du tumulus de Bougon, le Paléolithique et la préhistoire régionale. Haches et marteaux de pierre dure, crâne trépané.

La troisième salle, salle du XIIe s. avec voûte d'origine, est consacrée au Moyen Age. Présentation de pierres tombales du XIIe au XIVe s. Tombes de Javarzay (romanes) avec scènes de chasse, et de Celles-sur-Belle décorées d'ornements, d'entrelacs végétaux et de six têtes de personnages. Quelques chapiteaux romans de Niort et des environs. Deux tombes à effigies gravées, dont une tombe de femme (Bessines) dite plate-tombe (XIVe s.), et tombe de Geoffroy, seigneur de Grandeniers. Clés de voûte peintes (au XVe s.) de Verruyes près de Mazières-en-Gâtine. Carreaux de terre cuite (XVe s.) de l'abbaye des Châteliers près de Saint-Maixent-l'École. Tombe prismatique de chevalier trouvée à Vitré près de Celles-sur-Belle. Gisant de l'abbaye de Maillezais en Vendée, peut-être celui de *Guillaume d'Aquitaine* ou d'*Eudes, duc de Gascogne*. Série de vases funéraires trouvés dans les cimetières des Deux-Sèvres. Enfin, un bel ensemble de sculptures Renaissance provenant du jubé de l'ancienne abbaye de Maillezais.

Premier étage
Les trois salles où étaient autrefois présentées la collection d'armes ainsi que la belle série d'objets d'art africains rassemblées par la *famille Largeau*, sont maintenant affectées aux expositions temporaires. Dans la *salle des outils*, outillages de chamoiseur et de gantier, métier à tisser et outillage de sabotier.

Deuxième étage
Costumes de la Mothaise, de la Maraîchine, la grisette de Niort et une belle série de coiffes de la Crèche. Un cavalier, avec cape et pantalon en droguet. Tableaux illustrant des épisodes de la vie rurale régionale : *Le Repas des Maraîchins*, par *Milcendeau*; *Noces poitevines*, par *Brunet* et différents portraits de femmes en coiffe.

La plupart des *coiffes régionales* sont représentées : grisette de Niort, gâtinelle de Parthenay, coiffes crêchoise, mothaise, maraîchine, caline, malvina, ainsi que les coiffes de Vendée, Charente-Maritime et Vienne.

Collection de *bijoux régionaux* : colliers dits « esclavages » en or, pendants d'oreilles, crochets à ciseaux en argent, cœur et croix Jeannette et, pour les hommes, boutons de chemises, épingles, guimbardes en argent, boutons de pantalon à pont. Très rares bonnets d'enfants (XVIIIe, XIXe s.) et échantillons de tissus divers.

Une place importante est faite aussi aux *outils* ainsi qu'aux *instruments domestiques* : vanneries, marques et moules à beurre, barattes, récipients divers, poteries locales dont celles de Ménigoute. Reconstitution d'un *intérieur poitevin* de 1830 avec un lit à colonnes, des armoires, tables et bancs, cueillerier, tenaillier, le virounou pour apprendre à marcher aux enfants, la baillotte ou bourgne, destinée à contenir en position verticale le bébé qui ne marchait pas encore.

A l'extérieur, sur la plate-forme de la tour Nord, on découvre une très belle *vue* de Niort, la Sèvre et les environs. Table d'orientation.

▶ Dans le petit square qui l'entoure, se trouvent le ***monument*** élevé par les soins de l'Office colonial à la mémoire des quatre *frères Largeau*, explorateurs, et le ***Monument aux Morts de 1914-1918***, œuvre du sculpteur niortais *Pierre Poisson*. ▶ Face au donjon, le ***fort Foucault***, bâti sur une île de la Sèvre, est le vestige d'une tour de l'ancienne enceinte du château de Niort surmonté d'une construction moderne. ▶ A côté du donjon, dans un jardin en terrasse du côté de la Sèvre, s'élève la ***préfecture***.

▷ Le musée des Beaux-Arts★ *(A2) 1, rue du Musée ; fermé actuellement ; en cours de transfert*

Un premier musée se forma, dès 1793, dans l'ancien Oratoire enrichi à la suite de dons, de legs et des saisies révolutionnaires, notamment de l'importante collection Chabosseau en 1843. Il fut transféré dans les nouveaux bâtiments de l'Oratoire (XVIIIe s.) et s'accrût en 1909 et 1914 d'objets d'art de la collection Piet-Lataudrie. D'abord départemental, puis municipal à partir de 1940, le musée des Beaux-Arts est actuellement en cours de réaménagement. En effet, il a été décidé de transférer une partie de ses collections dans les locaux remaniés du ***musée Arthur-Taire***, place de l'Hôtel-de-Ville. Les premières salles sont consacrées à la peinture du XIXe s. Par la suite, d'autres salles seront progressivement incluses dans la visite au fur et à mesure de l'aménagement des collections dans le nouveau musée. Ainsi, la statuaire — notamment les sculptures de *Pierre Poisson* —, jusqu'alors dispersée, y sera enfin réunie et de nombreuses peintures, auparavant gardées en réserve ou exposées par roulement, y feront l'objet d'une présentation permanente.

Le legs Chabosseau. Très belle série de peintures hollandaises et flamandes du XVIIe s. mais aussi espagnoles, françaises et bolonaises. ***Nature morte*** de *Coosemans*, ***Saint Augustin*** par *Domenico Fetti*, portraits d'hommes et de femmes de la suite de Rembrandt, et le très beau ***Portrait du marquis d'Artaguiette en buveur***, par *Grimou*.

Les dépôts de l'État. Ils furent facilités par *Anthonin Proust*, ministre des Beaux-Arts. ***Portrait de Madame Adélaïde en Diane***, par *Nattier* ; ***Le Marchand de légumes*** et ***le Marchand d'oignons***, par *Willem van Miéris* ; ***Le Port d'Isigny***, par *F. Boggs* ; ***Athalie et Joas***, par *Charles-Antoine Coypel* ; et d'autres œuvres de *Louis de Boulogne* et *Jean-Baptiste Perroneau*.

La donation Antoine Main. Une petite œuvre de *Corot* et de ses disciples *Trouillebert* et *Chintreuil* ; ensemble de ***boiseries*** peintes provenant de l'ancienne chapelle du château de la Mothe-Saint-Héray (école hollandaise du XVIIe s.) ; œuvres de *Bernard d'Agescy* (1756-1829) dont ***l'Enlèvement d'Europe***.

La donation Piet-Lataudrie (1909-1914). Collection d'art islamique, étain, dinanderie des XVe et XVIe s., et pièces de serrurerie en fer et or. Émaux limousins peints du XVIe s., orfèvrerie en bronze doré de Perse et du Moyen-Orient (XIVe au XVIIIe s.). Faïence et céramique perse (XVIIIe s.), orfèvrerie religieuse (XVe au XVIIe s.). Argenterie des Deux-Sèvres de la seconde moitié du XVIIIe s. Plaques d'ivoire et céramique de Chine du XVIIIe s.

Une place est faite aux artistes régionaux : *Georges Brillouin*, *Girardet*, *Combe-Velluet* et le sculpteur *Poisson*, *Hubert Sauzeau*, *Pierrey* et *Louis Germain*.

Le musée a d'autre part acquis, depuis quelques années, le ***plafond à caissons*** du fort Foucault, réalisé en faïence de Parthenay par *Prosper Jouneau*, *Henri Amirauet* et *Édouard Knoepflin* pour l'Exposition Universelle de 1889.

▶ En sortant du musée, on se trouve sur la ***place de l'Hôtel-de-Ville*** *(A2)*. L'hôtel de ville est un édifice moderne (1902) de style Renaissance, réalisé sur les plans de l'architecte *Lasseron*.

▷ L'église Notre-Dame★ *(A3) par la rue du Palais-de-Justice*

Construite au XIIe s., l'église romane fut, en raison de sa vétusté, remplacée par l'édifice actuel, bâti de 1491 à 1540 dans le style gothique flamboyant par l'architecte *Mathurin Berthomé*. Malmené durant les guerres de Religion, le bâtiment fut plu-

Les Niortais célèbres

Françoise d'Aubigné *(1635-1719), marquise de Maintenon, petite-fille d'Agrippa d'Aubigné. Elle abjura la religion calviniste dans laquelle elle avait été élevée et, veuve du poète Scarron, épousa secrètement Louis XIV (1684) après la mort de Marie-Thérèse.*

Louis de Fontanes *(1757-1821), poète, administrateur et critique, directeur du « Mercure de France », ami de Chateaubriand, Grand Maître de l'Université sous Napoléon Ier.*

Victor Largeau *(1842-1897), explorateur du Sahara et du Congo.*

Fouché*, ministre de la Police sous Napoléon Ier, enseigna à l'Oratoire.*

Ernest Pérochon *(prix Goncourt 1921) vécut longtemps à Niort.*

sieurs fois remanié au XVIIIe s., époque à laquelle on a rajouté le chœur à l'ouest (1771). Les voûtes du chœur et du transept s'étant écroulées en 1910, le monument a été restauré depuis lors. Au sud le *clocher*, haut de 75 m, fut terminé en 1500. Il est surmonté d'une belle flèche gothique en pierre, ornée de crochets, de clochetons, de lucarnes et de frontons simulés (XVe s.). La base sur laquelle il repose est entourée de pinacles à chaque angle et décorée des statues des quatre évangélistes. Le *portail Nord* est un joyau de l'architecture gothique flamboyante, restauré en 1908. Au-dessus, balustrade ajourée en forme d'inscription latine : « O Mater Dei, memento mei » (O Mère de Dieu, souviens-toi de moi). L'église fut classée monument historique en 1908.

L'intérieur, sans transept, est divisé en trois vaisseaux par des piliers à colonnes engagées, aux remarquables chapiteaux sculptés de feuillages et d'animaux (XIIe s.) supportant des voûtes nervurées. Les bas-côtés sont bordés de chapelles.

Bas-côté gauche. Chapelle des Parabères (début XVIIIe s.), du nom d'une famille qui fournit plusieurs gouverneurs au Poitou. Reposent ici : *Charles de Neuillan de Baudéan-Parabère*, gouverneur de Niort, († 1634) ; *Françoise Tiragueau*, son épouse († 1673) et *François de Neuillan*, leur fils († 1648 à la bataille de Lens). Les monuments funéraires furent élevés en 1684 par les soins de *Suzanne de Neuillan* leur fille et sœur, épouse du *maréchal duc de Navailles*, gouverneur de Niort qui fonda l'hôpital général en 1665. Le sculpteur s'est inspiré du tombeau de la mère de *Le Brun* à Saint-Nicolas-du-Chardonnet. La Pietà de pierre, sur l'autel, provient d'une statue vénérée sur le port, mutilée pendant la Révolution et retaillée ensuite. *Chapelle du Sacré-Cœur* : plaque à la mémoire de *M. Taury*, archiprêtre de Niort, curé de Notre-Dame de 1844 à 1859 ; tableaux représentant Marie d'Anjou, reine de France, épouse de Charles VII recevant le viatique des mains de l'abbé des Châteliers (canton de Ménigoute). *Chapelle des Bienheureux Martyrs* : autel moderne à la mémoire de *Jean Goizet*, archiprêtre de Niort et curé de Notre-Dame de 1774 à 1792, de *Jean-Philippe Marchand* et de *Pierre Landry* ses vicaires, massacrés à Paris le 2 septembre 1792 dans la prison des Carmes pour avoir refusé de prêter serment d'Égalité et de Liberté ; tableaux représentant saint Bernard foulant au pied le décret de l'antipape Anaclet en présence d'Innocent II et des cardinaux en 1130, par *F.A Latinville*, provenant de l'abbaye des Châteliers. *La chapelle Saint-Roch et Saint-Jacques*, autrefois chapelle des pèlerins ; *Adoration des Mages*, par *Bon de Boullogne* (1680), provenant de la chapelle de l'ancien collège de l'Oratoire de Niort.

Porte Sud. A mi-hauteur sur le mur, *tribune* Renaissance (1534) par l'architecte *Mathurin Berthomé* pour supporter les orgues effondrées au XIXe s. *Descente de Croix* (1810) par *Bernard d'Agescy*, peintre niortais (1756-1829) ; tapisserie de la fin du XVIIe s. *Mr Prugnier*, curé, fit venir d'Aubusson huit panneaux retraçant des épisodes parallèles de l'Ancien et du Nouveau Testament. Ici, *Moïse présente aux Hébreux le serpent d'airain*, et *le Christ en croix*. Vers la sacristie, *la Pâque juive* et *la Cène*. *Chapelle Saint-Joseph* : reliquaires en bois doré du XVIIIe s. A côté, chaire en imitation gothique, datant de 1877.

Dans le *chœur*, vitrail en rosace de 1848. Une statue de la Vierge à l'Enfant (1875). Les stalles datent de 1870 et les grilles du chœur de 1871.

Bas-côté droit. Porte Nord. Tapisseries d'Aubusson *Moïse présentant aux Hébreux les tables de la Loi* et *Jésus enseignant dans le Temple*. *Chapelle du Rosaire* : *La Sainte Famille*, tableau par *Daufer* (1836), donné à Notre-Dame par la fabrique de l'église Saint-Roch à Paris. *Chapelle Saint-Anne* : autel du XVIIe s. ; *Sainte Anne instruisant la Vierge* (peintre anonyme) et *Christ portant sa croix*, par *Aline Juin* (1857). *Chapelle Saint-Vincent-de-Paul* : autel de 1773 et tableau figurant Saint Vincent prêchant. *Chapelle des fonts baptismaux* : cuve retaillée au XIXe s. C'est ici que, le 28 novembre 1635, fut baptisée *Françoise d'Aubigné*. Sur la paroie externe, scènes représentant le baptême du Christ, la piscine probatique, la guérison de Naaman le Syrien dans les eaux du Jourdain, et Moïse faisant jaillir l'eau du rocher. Tapisseries : *le Sacrifice d'Abraham* et *Jésus portant sa croix*. Au-dessus du portail d'entrée, grandes *orgues* élevées en 1746 par *Glockner*, dépouillées au XIXe s. de leurs sculptures d'origine. Le grand vitrail gothique représentant l'arbre de Jessé et des scènes de la vie de la Vierge est restauré depuis peu.

▷ Le musée d'Histoire Naturelle

(A2-3) 56, rue Saint-Jean ; t.l.j. sf mar. 9 h-12 h/14 h-18 h ; 17 h en hiver

Créé en 1840 par la Société statistique de Niort dans l'ancien Oratoire, il fut transféré en 1873 rue du Musée et en 1952 dans les locaux de l'École de dessin.

Constitué par des dons et des dépôts des muséums de Paris et de La Rochelle, ce musée possède une remarquable *collection ornithologique régionale* donnée par *Louis-Auguste Ingrand*, présentée en partie sous forme de diorama au rez-de-chaussée du musée. Spécimens rares comme la grande outarde, la cigogne ou le pygargue.

L'étage est occupé par le *don Baugier*, vaste collection qui regroupe des fossiles et des spécimens de paléontologie (faune du

Quaternaire des grottes de Loubeau, près de Melle). On y voit aussi des squelettes de mammifères, des poissons, des coquillages, des rongeurs, des papillons, des libellules, un requin, un bébé éléphant du Sénégal, des crabes et crustacés et un veau à deux têtes. L'herbier et le complément de la collection ornithologique, actuellement gardés en réserve, pourront être exposés lors de l'agrandissement du musée qui s'inscrit dans le plan d'aménagement urbain.

La rive droite de la Sèvre

▷ La Scène Nationale : le Centre d'action culturelle (CAC) *A2*

Il a été mis en service à la fin de l'année 1986 sur les bords de la rivière, à l'emplacement des anciennes usines Boinot. Le CAC de Niort rassemble la bibliothèque municipale, des salles de concert et d'exposition, des cinémas, ainsi qu'une médiathèque régionale installée dans les locaux restaurés du Moulin du Roc.

La ***bibliothèque municipale*** qui, jusqu'en 1988 occupait l'hôtel Laurence, fut fondée en 1771. Elle s'est enrichie, pendant la Révolution, de collections provenant des abbayes de Celles-sur-Belle, Saint-Jouin-de-Marnes, Saint-Maixent-l'École et des Oratoriens de Niort. Elle possède deux Livres d'Heures du XVe s. dont un orné de miniatures, un traité de la coutume du Poitou enrichi de nombreux dessins, un manuscrit autographe de *Madame de Maintenon*, ***l'Esprit de l'Institut des filles de Saint-Louis***, soixante-huit incunables, etc.

▸ ***L'église Saint-Étienne-du-Port*** *(A1)* a été construite par l'architecte *Boutaud* de 1892 à 1900, dans le style du XVIIIe s. avec des dispositions originales en porte-à-faux.

▸ A proximité ont été découverts des vestiges du bourg gallo-romain de Bessac.

L'angélique

Cultivée de longue date dans les marais voisins de Niort, les prairies humides de Saint-Liguaire ou les méandres de Noron, « l'angélique des bois » eut à affronter, dès la Renaissance, une rivale de taille : « l'herbe des anges » - angelica archangelica - d'origine scandinave. Plante de grande taille, de la famille des ombellifères, l'angélique tire son nom de ses vertus médicinales, notamment ses propriétés préventives contre la peste. On raconte, en effet, que des anges l'auraient apportée aux hommes comme cadeau de Dieu pour soulager leurs misères, maladies et mauvais sorts. Au XVIIe siècle, cette plante aromatique était particulièrement cultivée dans les jardins des monastères des montagnes d'Europe nordique et centrale. On en faisait aussi des infusions avant de se décider à la faire macérer dans de l'eau-de-vie. Les pâtissiers, quant à eux, l'utilisaient pour la confire dans le sucre ou pour donner du goût aux gâteaux ou la sculpter en petits sujets d'inspiration locale. Enfin, l'angélique entrait dans la composition des baumes. Au XVIIIe siècle, l'herbe à liqueur, la célèbre sève d'angélique niortaise, faisait l'objet d'un commerce florissant. Le blocus continental, sous l'Empire, le ruina. Mais comme il s'agissait d'un produit très recherché, elle devint vite une denrée de luxe, fort coûteuse.

Plantée en automne, l'angélique doit être paillée, sarclée et surtout arrosée abondamment en période sèche. On peut faire cinq ou six récoltes de juin à septembre, si l'on prend soin de ne laisser à chaque fois que le cœur et deux grandes feuilles. Si Niort fabrique toujours la meilleure liqueur d'angélique connue, elle utilise aussi l'herbe aromatique dans sa cuisine : braisée à la moelle, en omelette, avec des truites, en gâteau, voire en glace...

Aux environs de Niort

Le territoire, ici, ne peut recevoir de définition rigoureuse. Sans doute le paysage de gâtine y demeure-t-il dominant, mais c'est une zone de contact, une marche, un chemin entre « monts » et « golfe ». S'y mêlent, dans la confusion des ultimes lignes du relief vendéen, les modes de vie du bocage, de la plaine poitevine, du marais de la Sèvre.

▷ Coulon★ *10 km O.* 🛈 *place de l'Église* ☎ *49.35.99.29*

C'est la capitale de la Venise verte *(→ Marais poitevin)*. Ce charmant village aux maisons blanches, sur la rive droite de la Sèvre Niortaise canalisée, est un des points de départ pour une promenade en barque à travers le Marais. Cette agréable excursion est excellemment organisée par une équipe de bateliers de Coulon. Elle constitue le seul moyen de se faire une idée exacte du Marais. A pied, le long du chemin de halage, ou en voiture, sur la route d'Irleau, on peut effectuer de belles ***promenades*** *(B 1528 Ouest et Est)* en suivant le cours de la Sèvre. Peupliers, lentilles d'eau, vaches broutant l'herbe, prés en fleurs au printemps et maisons maraîchines composent un tableau bucolique. Les maisons traditionnelles du Marais méritent une attention particulière : basses, allongées, blanchies à la chaux, aux volets peints de couleurs vives et aux greniers perchés fermés de bardeaux de bois, elles sont un ravissement pour les yeux.

Perspective sur le bourg depuis le pont et la passerelle d'où l'on peut admirer les façades colorées qui se mirent dans les eaux des canaux et de la Sèvre.

L'*église* est un édifice roman de style primitif (XIe s.) avec un clocher carré, lourd et massif. Au XVe s. elle fut quelque peu remaniée et présente maintenant un curieux mélange de roman et de gothique, particulièrement visible aux portails Ouest et Sud.

L'***aquarium de la Venise verte*** *(t.l.j. 9 h 30-17 h ☎ 49.35.90.31)* présente, dans un cadre de verdure et de bruit de cascades, la faune et la flore du parc naturel régional du Marais poitevin. Plus de 2 000 poissons évoluent dans des aquariums et une projection (diaporama) présente plus en détail toutes les richesses du Marais. Pour mieux connaître le Marais poitevin, ne manquez pas de visiter également la ***Maison des Marais Mouillés*** *(t.l.j. juil.-août 10 h-12 h/14 h-19 h; sept.-juin t.l.j. sauf lun. ☎ 49.35.81.04)*

▸ A *la Sotterie*, se trouve l'un des barrages-écluses qui ont permis, au XIXe s., de rendre la Sèvre navigable de Niort à Marans et voyaient autrefois passer les lourdes gabares sur le chemin de Marans.

▸ *Magné (7 km O.) Église* romane avec un gros clocher carré sur la gauche de la façade. Le reste de l'édifice est de style gothique flamboyant et le *portail* est l'œuvre de *Mathurin Berthomé*. Non loin de l'église, un pont-levis enjambe la Sèvre.

▸ *Saint-Pompain (18,5 km N.-O.).* L'*église* romane (XIIe s.), transformée au XVIe s., fut agrandie en 1875 ; quelques sculptures romanes subsistent au portail.

▸ *Le château des Moulières (1 km O. du bourg; ne se visite pas).* Situé au-dessus d'un vallon, il présente une élégante façade classique donnant sur un grand parc. Si on ne peut l'apercevoir, dissimulée, de la route, par les bâtiments d'une exploitation agricole, l'on peut cependant admirer le *pigeonnier* extérieur, coiffé d'un toit conique de tuiles rouges, reconstruit à neuf.

▷ Coulonges-sur-l'Autize *22 km N.-O.*

Petite ville bâtie sur un plateau à 4 km N. de l'Autize, Coulonges-les-Royaux ne changea de nom qu'au moment de la Révolution.

L'*église Saint-Étienne*, d'époque romane, garde une belle nef voûtée en berceau brisé et, au sud, une travée carrée couverte d'une coupole sur trompes. Le chevet plat et le bas-côté Nord, ajoutés plus tard, sont du style gothique flamboyant. La porte Ouest, n'a pas de tympan, et les voussures en arc brisé sont ornées de palmettes et de fleurs à six pétales.

L'***hôtel de ville*** occupe le château de la Renaissance construit en 1544-1545 par *Louis* et *Geoffroy d'Estissac*, gouverneurs du Poitou sous François Ier et Henri II ; l'architecte en était le Fontenaisien *Liénard de la Réau. Rabelais*, puis *Charles IX* après la bataille de Montcontour (1569), y séjournèrent. Laissé à l'abandon un peu avant la Révolution, il fut en partie démoli et pillé par des vandales. Sauvé de la destruction totale, le château n'a conservé que quelques-uns de ses éléments décoratifs : pilastres doriques, plafonds ornés de cartouches, portes doriques.

Les autres décors ont été réemployés au XIXe s. dans le château de Terre-Neuve près de Fontenay-le-Comte.

Les ***halles*** témoignent de l'activité commerciale de Coulonges. La charpente en fer soutient une verrière caractéristique de l'architecture industrielle de la fin du XIXe s. Elles accueillent encore le marché tous les mardis.

▸ A *Béceleuf (8 km E. du bourg)* : église des XIe et XIIe s.

▸ *Le château de Saint-Goard (3 km S.-E. du bourg)* : panneaux sculptés de la Renaissance à la porte de la chapelle.

▷ Le château de La Roussière*

25 km N.-O.; groupes sur RV ☎ 49.06.12.11

Jadis forteresse féodale dont subsiste le porche d'entrée, La Roussière fut incendiée pendant les guerres de Religion et connut diverses vicissitudes, avant d'être reconstruite sous sa forme actuelle au XVIIIe s. A l'intérieur peuvent être visitées plusieurs pièces, dont une *salle à manger* du XVIIIe s.

Le château est situé au milieu d'un beau *parc* et de *terrasses*, dont une possède encore ses niches à faucon, que complète un ensemble hydraulique du XVIe s. comprenant quatre fontaines et un grand bassin.

▷ Fenioux* *(28,5 km N.)* →

La Sèvre Niortaise

Autour de Niort, les paysages trouvent leur unité dans la présence de la Sèvre Niortaise et de ses affluents qui offrent des rivages ombragés.

Vers la forêt de Chizé

95 km / 1 j.

▶ Quitter *Niort* par la N 150 *(direction Saint-Jean-d'Angély)*, puis tourner à dr. pour emprunter la D 174. ▶ *Saint-Symphorien*. L'église possède deux nefs (une romane et l'autre gothique, du XVe s.) et des chapiteaux du XIe s. Depuis la place de l'Église, on peut prendre le *circuit pédestre du val de Guirande (15 km ; B 1528 Est)*.

▷ Frontenay-Rohan-Rohan *11 km S.-O.*

Ancienne place forte érigée en duché-pairie par *Louis XIV* en faveur d'*Hercule de Rohan*.

L'*église*, fondée par *Aldéarde* en 1015 et embellie au XIIe s., ne conserve de cette époque que le clocher carré, percé de deux baies en plein cintre. Le *portail Sud*, de style gothique flamboyant, abîmé par l'érosion, est surmonté d'un élément de mâchicoulis et d'un cartouche qui contient une horloge, une fenêtre et un blason. L'intérieur a été saccagé par les aménagements du XIXe s. (badigeons peints, enduits et faux retables en bois).

▶ A *Faugerit*, sur les bords de la Courance, noter le *moulin de Chasserat*. ▶ Par Vallans, rejoindre *Épannes* : église avec clocher du XVIe s., et croix hosannière dans le cimetière.

▷ Mauzé-sur-le-Mignon

Sur le pont enjambant le Mignon, *monument* de *Vinet* à la mémoire de l'explorateur *René Caillié* (1799-1838) né à Mauzé et premier Européen à avoir pénétré à Tombouctou le 20 avril 1828 *(→ encadré)*.

Le *château* de la Renaissance a été construit sur l'emplacement d'un château fort médiéval et primitivement d'un castrum romain. L'*église Saint-Pierre*, fut construite vers 1080 dans le style roman poitevin. Dévastée pendant les guerres de Religion et incendiée en 1568, il ne devait rester que les murs latéraux et le clocher. Mal restaurée au XIXe s., elle a retrouvé depuis 1970 la sobriété des édifices romans.

▶ Par la D 101, gagner le village d'*Olbreuse*. C'est au *château* d'*Olbreuse*, construit au XIVe s., que devait naître, en 1638, *Éléonore Desmier*, dame d'Olbreuse, épouse du duc *Georges-Guillaume de Brunswick-Zell*. Elle fut la mère de *Sophie de Zell*, qui épousa *George Ier*, roi d'Angleterre de 1714 à 1727 et la grand-mère de Sophie-Dorothée qui épousa *Frédéric-Guillaume de Prusse*, roi de 1713 à 1740. Le château, édifice composite associant des tours rondes à toits d'ardoises à une bâtisse du XVIIe s. de style classique percée de larges ouvertures et couverte de tuiles rouges, est devenu une auberge accueillante.

▶ Revenir sur la D 101 et poursuivre jusqu'à *Usseau* : église du XIe s.

▶ D'Usseau prendre la D 109 jusqu'à *Prisse-la-Charrière*. De là, prendre la N 150, la Route d'Or, au nord, jusqu'à *Beauvoir-sur-Niort*.

▶ A *Cormenier*, belle *église* romane du XIIe s. restaurée au XIXe s. (nef). ▶ Prendre La D 1 qui mène à *Rimbault* : moulin à vent restauré en état de fonctionnement.

René Caillié

Né à Mauzé-sur-le-Mignon (Deux-Sèvres) en 1799, René Caillié passa son enfance à Rochefort. Il apprend le métier de cordonnier mais, attiré par l'aventure, il s'embarque en 1816 pour le Sénégal puis pour la Guadeloupe. Il travaille ensuite pour le compte d'un négociant en vins bordelais et navigue entre Bordeaux et les Antilles. En 1824, il est de retour au Sénégal et, de là, il essaiera de parcourir le pays des Maures en se faisant passer pour un Égyptien. Désireux d'être le premier Européen à pénétrer à Tombouctou, il s'adresse au gouverneur anglais de la Sierra Leone qui refuse de financer son projet. Après avoir épargné un peu d'argent en travaillant dans une fabrique d'indigo, il parvient à gagner le Haut-Niger mais, atteint du scorbut, il échappe de peu à la mort. De Djenné il atteindra enfin Tombouctou, le 20 avril 1828, où il séjournera peu de temps. Il retourne en France pour toucher le prix offert par la Société de Géographie de Paris au premier Européen qui atteindrait la ville mystérieuse. Gloire et fortune l'attendent en France et il se consacre désormais à la rédaction de ses souvenirs : ***Journal d'un voyage à Tombouctou et A Djenné dans l'Afrique Centrale****.*

Il meurt de tuberculose en 1838. Chaque année, au mois de juin, une grande fête est organisée à Mauzé pour célébrer l'explorateur.

▷ La forêt de Chizé**

C'est le dernier vestige, avec celle d'Aulnay, de la vaste forêt d'Argenson qui couvrait toute la région au Moyen Age. Hêtres, charmes, chênes et quelques conifères peuplent les 4 836 ha du territoire domanial, géré par l'Office national des forêts et parcouru de sentiers pédestres *(B 1529 Est)*, de pistes cyclables et équestres. Un *centre d'études biologiques des animaux sauvages* du Centre national de la recherche scientifique est installé dans la partie Sud de la forêt *(interdit au public)*. En plein cœur de la forêt, au lieu-dit *Virollet*, est implanté le Zoorama.

▷ Le Zoorama européen de la forêt de Chizé *juil.-août t.l.j. 9 h-20 h ; avr.-sept. t.l.j. 9 h-19 h, 20 h dim. et fêtes ; oct.-mars t.l.j. sauf mar. 10 h-12 h/14 h à la nuit, dim. et fêtes 10 h à la nuit ; déc.-janv. groupes sur RV ☎ 49.76.79.56*

Il a son origine dans l'utilisation d'un vaste terrain de 2 600 ha, clôturé d'un grillage de 3 m de haut s'étendant sur 26 km, aménagé par les Américains à la fin de la Deuxième Guerre mondiale pour y conserver un dépôt de munitions.

Après le départ des Américains, l'Office national de la chasse a créé une Réserve nationale de chasse peuplée de chevreuils. Plus tard, vers 1968, le CNRS choisit la forêt de Chizé pour implanter un centre de recherches consacrées à la biologie des animaux sauvages européens. Dans un espace forestier de 25 ha, le Zoorama présente en semi-liberté plus de 600 animaux, répartis entre le parc animalier et le parc à grands mammifères.

Le parc animalier. Une centaine d'animaux représentent trente espèces : loups, lynx, chacals dorés, chiens viverrins, renards communs, ratons-laveurs, blaireaux, martres, fouines, putois, loutres, ragondins, écureuils, ours bruns, singes, palmipèdes et échassiers, mammifères aquatiques, rapaces et oiseaux. En outre, un vivarium abrite 70 amphibiens : crapauds, grenouilles, tritons, salamandres, reptiles. L'aménagement des différents espaces est intelligemment réalisé et permet en particulier d'observer les fouisseurs grâce à un vitrage installé dans leur terrier.

Les grands mammifères (cervidés, suidés, équidés et bovidés) qui sont visibles presque partout en Europe, comme les chevreuils, les cerfs et les sangliers, voisinent avec des espèces considérées naguère comme disparues ou en voie d'extinction : le tarpan, le bison, la jument mulassière, le baudet du Poitou et l'aurochs, espèce reconstituée par croisement.

La vocation du Zoorama est de faciliter l'observation de la faune européenne. Fosses de vision, terriers vitrés et terrariums ont été conçus et réalisés dans cette optique. Des fiches techniques illustrées facilitent l'identification de chaque espèce et fournissent des renseignements biologiques.

▸ Retourner à *Virollet* et sortir de la forêt par la D 119 qui permet de gagner *Périgné* : son *église* greffe un large sanctuaire de style gothique (construit en 1690) sur une petite nef romane (XIe s.).

▸ Suivre la D 103 jusqu'à *Verrines-sous-Celles* où, au-dessus du vieux cimetière, se dresse la belle et sobre *église* romane (XIe s.) en forme de croix grecque. A dr. subsiste le logis Renaissance du prieuré.

▷ Celles-sur-Belle → *environs de Melle*

▷ Prahecq *10 km O. de Celles-sur-Belle par la D 108*

Place de l'Hôtel-de-Ville, l'*église*, en gothique flamboyant, englobe l'ancien carré du transept portant le court clocher roman. A l'*intérieur*, très curieuse coupole conique, dotée par la suite de nervures appuyées sur des colonnettes par l'intermédiaire de chapiteaux disproportionnés représentant des masques. Au nord du bourg, *château* Renaissance de *La Voûte*.

▸ *Aiffres*. Ce bourg qui s'étire tout en longueur fait déjà partie de la banlieue de Niort. Au cimetière, *lanterne des morts* du XVIe s.

▷ Les Ruralies

Situées entre les sorties Niort-Est (22) et Niort-Sud (23) de l'autoroute A 10, accessibles également par la N 948 depuis Vouillé, les Ruralies furent créées en 1978 afin de proposer une animation à mi-route entre Paris et l'Espagne.

Il s'agit d'un vaste ensemble de constructions basses, aux murs en moellons et couvertes en tuiles, séparées les unes des autres et abritant différentes sections :

- la *Chambre départementale d'agriculture (ne se visite pas)* ;
- le *restaurant régional* ;
- la *vitrine des produits régionaux (☎ 49.75.67.30)*, avec un hall d'exposition et une partie réservée à la vente, qui assure la promotion de la région du Poitou, des Charentes et de la Vendée par la vente des produits agro-alimentaires et de l'artisanat ;
- la *maison des Ruralies*, lieu d'animation centré sur l'histoire et les richesses culturelles du monde rural, qui offre une

représentation permanente, « Les racines du temps : aux sources de nos villages », ainsi que des expositions temporaires et des présentations audiovisuelles sur les arts et traditions populaires ;

- enfin, le *Conservatoire du machinisme agricole* (*t.l.j. 10 h-19 h ; hors saison 18 h ; mi-déc.-mi-janv. 17 h* ☎ *49.75.68.27*), sorte de petit musée des matériels agricoles anciens (tracteurs, araires, etc.), où des photographies, dessins et panneaux permettent d'expliquer l'histoire et l'évolution des techniques rurales jusqu'à nos jours.

▶ Retour à *Niort*.

Le val de Sèvre

60 km 1/2 j.

▶ Sortir de *Niort* par la D 743.

▶ *Échiré* (*8 km N.*). Mondialement réputée pour son beurre, cette commune l'est aussi pour la richesse de son patrimoine architectural dont le joyau est sans conteste le château de Coudray-Salbart. *Château de La Taillée* du XVIIIe s.

▷ Le château de Coudray-Salbart* *t.l.j. sauf mar. avr.-oct. 9 h-19 h ; nov.-mars 9 h-12 h/14 h-17 h ; fermeture en janv.* ☎ *49.25.71.07*

Assis à l'extrémité d'un promontoire rocheux peu élevé et isolé, le château du Coudray-Salbart faisait fonction de sentinelle entre les terres calcaires de la vallée de la Sèvre et les confins granitiques de la Gâtine.

Bâti par *Guillaume V Larchevêque* dans le premier quart du XIIIe s., il fut l'enjeu de la lutte que se livraient alors Capétiens et Plantagenêts pour la possession du Poitou et de la Saintonge. Passé aux mains des Anglais par le mariage d'*Aliénor d'Aquitaine* en 1152, il revint à la France en 1203 sous le règne de Philippe Auguste. Au cours de la guerre de Cent Ans, le château, propriété des seigneurs poitevins, passa tantôt du côté anglais, tantôt du côté français, au gré de leurs intérêts et de leurs alliances.

Toutefois la soumission faite par le seigneur de Parthenay en décembre 1372 au roi de France plaça définitivement le Coudray-Salbart sous domination française. Le château passa ensuite à d'autres propriétaires : *Jean II de Parthenay*, *Arthur de Richemont*, connétable de France en 1425. Auparavant il servit de prison au duc *Jean V de Bretagne* en 1419. Propriété du *duc de la Meilleraye* en 1641, puis du *comte d'Artois* en 1776, il fut vendu à la famille *Dufay de la Taillée* qui en est toujours possesseur.

Le château-forteresse est l'un des rares exemples d'architecture militaire conservés dans la région. Protégé par une douve sèche bordée de talus, il est flanqué de six tours reliées par des courtines.

La *basse cour*, vide de nos jours de ses éléments constitutifs, présentait vers 1460 une chapelle, une forge, un four, des écuries contre les murs d'enceinte dont quelques fragments subsistent au sud. L'entrée principale de la forteresse est la *tour du Portal*, accessible par un emmarchement menant à un pont-dormant puis à un pont-levis.

La *cour intérieure*, en forme de quadrilatère irrégulier, est fermée par six tours de hauteur et d'épaisseur inégales, reliées entre elles par des murailles offrant deux dispositifs de circulation autour du château : au niveau de la cour, dans la gaine de la courtine, et au sommet des remparts par le chemin de ronde. Ce *chemin de ronde*, auquel on accède grâce à un escalier à vis placé dans chaque tour, est impraticable et même inexistant en plusieurs endroits. La *gaine*, quant à elle, se présente comme un vaste couloir voûté en berceau brisé, percé d'une série d'archères. Chaque tour possède une salle inférieure voûtée en berceau brisé, parfois ornée d'une cheminée et armée d'archères. La salle supérieure est voûtée à coupole en double croisée d'ogives.

Les ruines du château furent classées monument historique en 1952. Depuis quelques années, des associations locales se sont attachées à remettre en état et à consolider le site grâce à l'aide de jeunes bénévoles.

▶ Prendre la D 107 en direction de *Saint-Maxire*.

▶ Du *château de Mursay* (*3 km S.*) ne subsistent que des ruines et des douves. *Agrippa d'Aubigné* y vécut une trentaine d'années et y reçut *Henri IV*.

▶ Le *château de Gazeau* (*3 km N. par la D 12*). Grand logis du XVe s. presque aveugle, accolé à une chapelle de même époque. La poterne qui le précède est flanquée de deux tours.

▷ Sainte-Ouenne

Bien restaurée, l'*église** romane offre une nef unique, en bel appareil de calcaire blanc, voûtée en berceau sur doubleaux et un chœur en berceau brisé. La *décoration sculptée* (chapiteaux du chœur et, à l'extérieur, chapiteaux des contreforts-colonnes, des colonnettes des fenêtres et modillons de la corniche) présente, tant par les thèmes traités que par l'exécution, de nettes parentés avec celle des églises saintongeaises. Remarquer aussi un sarcophage mérovingien.

▷ Champdeniers-Saint-Denis *sur la D6*

Bourg autrefois réputé pour ses foires aux baudets.

L'*église,** construite au XIIe s., s'est vue dotée au XVe s. d'un sanctuaire flamboyant dont le chevet s'ouvre par une grande baie sur la vallée de l'Égray. La partie romane, où se manifestent les caractéristiques poitevines habituelles (piliers faits de quatre colonnes accolées, voûtes d'arêtes des collatéraux équilibrant le berceau central, portail flanqué de deux arcatures aveugles abritant des sculptures), est surtout intéressante par ses *chapiteaux* dont plusieurs, d'une facture très rigoureuse, représentent des entrelacs, des monstres, des masques, etc. Une *crypte,** agrandie au XVe s., s'étend sous le chœur ; les colonnettes monolithiques et les chapiteaux qui portent ses voûtes d'arêtes sont d'un type encore archaïsant. A l'entrée de l'église, sous le porche, remarquer à droite la *dalle funéraire* servant de banc.

Au lieu-dit *La Grande Fontaine*, rivière souterraine et réseau de g. donnant accès à de hautes et vastes salles.

▸ *Le château de Nuchèze (2 km S.)* : édifice gothique du XVe s. ▸ *Saint-Christophe (par la D122).* L'*église* possède un double clocher et un sanctuaire du XIIe s. ; dans l'ancien cimetière se trouve une *lanterne des morts* très bien conservée.

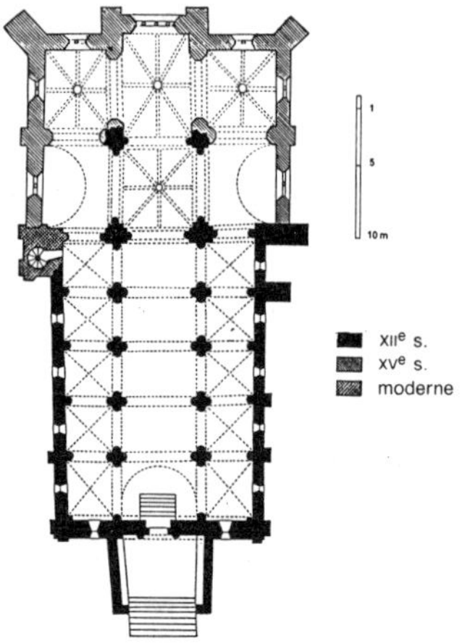

L'église de Champdeniers-Saint-Denis

▷ Cherveux

Le *château (propriété privée, visite possible pour les groupes sur demande ☎ 49.75.01.78)* est une solide bâtisse entourée de douves, construite à la fin du XIIe s. par la maison de Lusignan et restaurée au XVe s. par l'Écossais *Robert de Coningham*, écuyer du roi Louis XI.

Le corps de bâtiment, en appareillage régulier de pierres de taille, est agrémenté d'une grande lucarne à meneaux richement décorée, et flanqué aux angles de tours octogonales. Le *donjon*, de forme quadrangulaire, possède des façades à angles rentrants et saillants destinés à faciliter la défense, des mâchicoulis à redents et une haute toiture à quatre pans.

▸ A *Saint-Gelais (par la D8)*, l'*église*, qui date originellement du XIIe s., porte la marque de tous les âges médiévaux. Le *château*, du XVIe s., offre une belle façade Renaissance. ▸ Poursuivre la D 8 jusqu'à *Niort*.

Oiron**

⟶ *Thouars*

L'île d'Oléron

32, 33 et 40 / R 107 / V39
18 000 habitants / ✉ aux localités
ℹ Château-d'Oléron, place de la République ☎ 46.47.60.51
Saint-Pierre-d'Oléron, place Gambetta ☎ 46.47.11.39
⛴ Ronce-les-Bains - Saint-Trojan (été) ; La Rochelle - Boyardville

La plus grande île française après la Corse (175 km^2, 30 km de long sur 6 km de large), n'est plus tout à fait une île, surtout depuis qu'un viaduc l'amarre au continent. Inauguré en 1966, c'est l'un des plus longs d'Europe (3 027 m) ; 45 piles supportent l'ouvrage légèrement en dos d'âne, à 23 m au-dessus de la mer à marée haute. Le coureau qui isole l'île d'Oléron (prononcer Ol'ron) de la pointe du Chapus ne dépasse pas 1 200 m à marée basse ; le pertuis (passage) de Maumusson, au sud, n'en atteint pas 500 au même moment.

Plate sur l'horizon charentais, l'île des mimosas, des vignes et des huîtres a conservé, malgré l'afflux annuel des estivants (250 000 environ) et le laxisme regrettable des promoteurs, une partie du charme que Pierre Loti retrouvait dans son « île des parfums », à la lumière vibrante et douce.

L'île dans l'histoire

Ularius, comme l'appelait Pline, était déjà à l'époque gallo-romaine une île de villégiature. Au Moyen Age, les auteurs la nomment Olus Oleriis, la terre qui produit des légumes.

Les pillards du Nord, les Français puis les Anglais, se disputent cette possession que sa situation géographique rend enviable. Les Plantagenêts la fortifient et c'est à eux que l'on doit la fondation du château fort, futur Château-d'Oléron. C'est à l'une des leurs, Aliénor d'Aquitaine, que l'on attribue ces « rôles » d'Oléron, premiers recueils rédigés de droit maritime qui, quatre siècles durant, ont été le code de la mer des capitaines, marins, pêcheurs de l'Atlantique.

Comme les Rochelais, les Oléronais embrassent de très bonne heure la Réforme : l'île appartint d'ailleurs à La Rochelle jusqu'en 1625. Un des premiers temples de la région fut élevé à Saint-Pierre, où Loti, plus tard, dira y trouver le « vrai recueillement, la vraie et douce paix de la maison du Seigneur » (Le Roman d'un enfant). A la suite du siège de La Rochelle, Louis XIII et Richelieu comprennent l'intérêt stratégique de l'île et y édifient la première citadelle, travaux qui furent poursuivis à l'époque de Louis XIV. L'île prend le nom de « Liberté » pendant la Révolution et les prisonniers et déportés sont « logés » à la citadelle. Mais c'est le fort Boyard, surgi des flots au XIXe siècle qui « accueillera », lui, ceux de la Commune.

La récession économique due à la disparition de la saliciculture (culture du sel), puis aux attaques du phylloxéra n'empêche pas les avancées techniques : reconstruction du phare de Chassiron, percement d'une route, création de liaisons régulières avec le continent (un ingénieur n'a-t-il pas au XIXe siècle proposé une liaison fixe, tunnel ou pont avec le continent ?) par voiliers d'abord, puis par vapeurs, inauguration en 1904 du chemin de fer reliant Saint-Trojan à Chassiron.

Entre les deux guerres, les vacanciers viennent de plus en plus nombreux, tandis que la douceur du climat favorise l'installation de sanatoriums. L'occupation de l'île par les Allemands ne prit fin que le jour de la capitulation générale, le 8 mai 1945. Un des derniers combats de la guerre eut pour théâtre le fort du Panorama, près de Boyardville.

Malgré l'importance du port de la Cotinière, les Oléronais ne sont pas des marins. Attachés à leur sol, ils sont des paysans avant tout. Le paysan de la mer travaille ses huîtres au rythme des marées, comme le paysan de la terre ses champs en accord avec les saisons. Un peu de maraîchage, mais surtout la culture de la vigne implantée à 85 % dans le canton de Saint-Pierre, qui produit un petit vin blanc ou rosé à la saveur iodée, du pineau et du cognac.

Visite de l'île

Le littoral offre deux visages. A l'ouest, une côte sablonneuse, sauvage, où l'Atlantique déferle en rouleaux, accumulant des sables qui ont formé des dunes de plus de trente mètres (à Domino, point culminant de l'île), et enseveli des villages. Ces dunes ont été fixées par des plantations de pins maritimes, de chênes verts et maintenant d'oyats. A l'est, une côte très sage et plate, sauf en sa partie centrale où les collines de sable de la forêt des Saumonards culminent à 18 m. Ses anciens marais salants et les marécages sont ceux de la Saintonge maritime proche et devenus comme eux le fief des huîtres.

De la pointe d'Ors à la pointe de Chassiron

43 km/4 h

La côte Est, tournée vers le continent, est celle des anciens marais salants transformés en claires à huîtres. Du viaduc, l'arrivant aura une vue aérienne sur le ballet des bateaux d'ostréiculteurs et, à marée basse, sur le découpage des parcs.

▶ En sortant du *viaduc*, prendre à droite la D 734.

▷ Le Château-d'Oléron

Ancienne place forte du XVIIe s. La *citadelle*** appartient au système de défense érigé sur l'ordre de *Louis XIV* pour protéger l'embouchure de la Charente et le port de Rochefort. Commencée par *Richelieu*, elle fut renforcée par le *chevalier de Clerville* et *Vauban*. Bombardée pendant la dernière guerre, sa reconstruction est aujourd'hui achevée. A ses pieds, la mer et le port de pêche. Petit *musée de l'huître*. Salle d'expositions temporaires *(ouverte en été)*.

Animation

La Cotinière : fêtes de la mer (première quinzaine d'août).
Château-d'Oléron et *Saint-Pierre-d'Oléron* : fêtes de l'huître et du pineau (mi-juillet et mi-août).
Saint-Pierre-d'Oléron : Expoléron (en mai), et foire de la Saint-Pierre (en juin), le jour de la saint Pierre.
Saint-Trojan-les Bains : fête du mimosa (fin février-début mars).

La ville, construite selon l'architecture militaire, est quadrillée de rues à angles droits, à l'exception de l'ancien bourg Notre-Dame. Place de la République, ancienne place d'armes, très belle *fontaine** Renaissance aux colonnes torsadées.

▶ Prendre la route côtière, dite *« route des huîtres »*. On pourra s'engager dans le dédale des chemins courants sur les bosses et pousser jusqu'à la *pointe d'Arceau* ou celle de *Bellevue*.

▷ Boyardville

Le village, qui doit son origine aux cabanes des ouvriers du fort Boyard, s'étend le long du chenal de la Perrotine. Pêcheurs et plaisanciers se partagent le port (environ 200 places). Plage de sable fin, bien abritée des vents du nord et de l'ouest. Magnifique *vue* sur la baie jusqu'à La Rochelle par temps clair, et sur le *fort Boyard* racheté par le Conseil Général et la télévision. *Forêt* domaniale *des Saumonards* (450 ha). Piste carrossable conduisant jusqu'au *fort des Saumonards* (XVIIe s.).

▷ Le fort Boyard *3 km N.-E. de Boyardville; extérieur visible en empruntant les bateaux de croisière inter-îles*

Surgissant des flots, cette étonnante île forteresse (68 m de long, 31 m de large, 28 m de haut), édifiée sur un banc de sable, représente une véritable prouesse architecturale. C'est parceque la portée des canons des forts des Saumonards et de l'île d'Aix ne permettait pas de couvrir la distance entre les deux îles que cette construction fut envisagée. Le projet fut d'abord

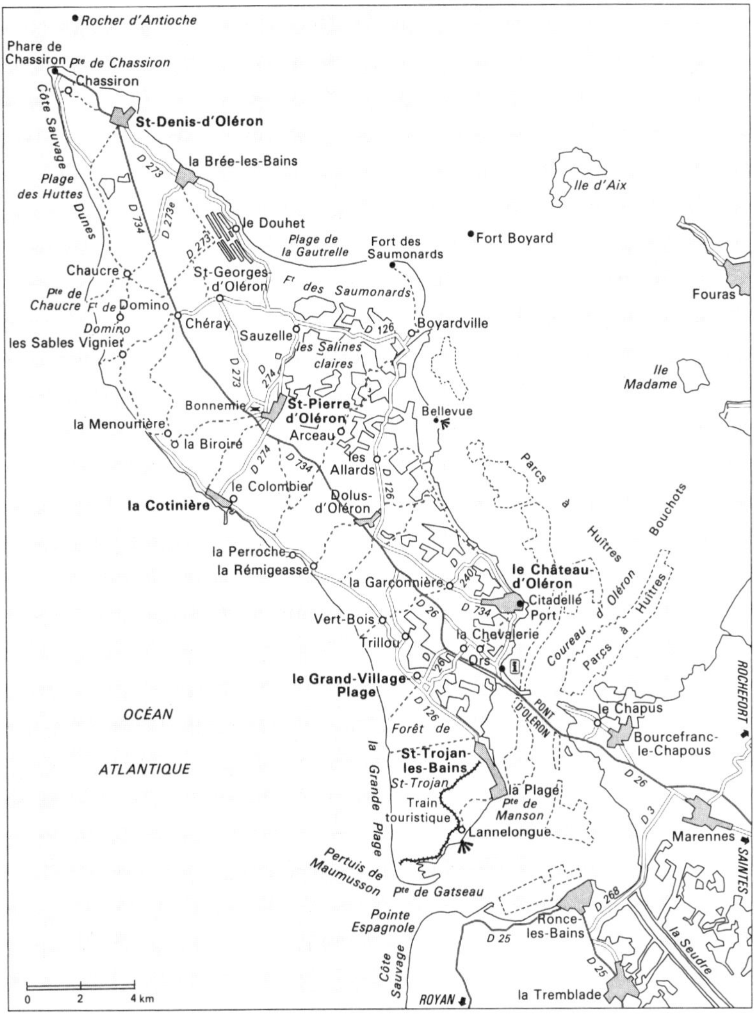

L'île d'Oléron

étudié par Vauban, qui y renonça. La construction ne fut réalisée que sous Napoléon. En 1804, il mobilisa une armée d'ouvriers qui commncèrent par bâtir une agglomération de bois sur l'île d'Oléron (la future Boyardville), avant de prendre des pierres à la pointe de Coudepont, dans l'île d'Aix, pour créer un soubassement solide. Lors de la chute de l'Empire les travaux, qui n'étaient pas achevés, furent interrompus. Ils ne furent repris que sous la monarchie de Juillet pour se terminer sous le Second Empire. Conçu pour fermer l'entrée de la Charente et protéger l'accès à Rochefort par le feu croisé de ses canons et de ceux de l'île d'Aix, le fort fut rendu inutile dès son achèvement par l'évolution de l'artillerie de marine. Il ne servit que de prison pour des communards, envoyés là par Thiers, avant d'être abandonné à la veille de la Première Guerre mondiale.

▶ *Sauzelle*. Village typiquement oléronais avec ses maisons basses et ses ruelles étroites. Ancienne capitale du sel.

▷ Saint-Georges-d'Oléron

*Église** romane (XIe-XIIe s.). Portail flanqué d'arcades, façade à chapiteaux romans et gothiques ; décorations de palmettes aux fenêtres du transept sud, berceau brisé de la nef cistercienne. Selon la légende, la statue en bois de la Vierge serait la figure de proue du navire d'un prince danois échappé au naufrage. Sur la place ombragée, belle *halle* à toiture d'ardoises.

Les moulins

Au siècle dernier, l'île d'Oléron comptait une centaine de moulins. En 1914, quatre-vingt-sept tournaient encore... Une dizaine actuellement subsistent, dont celui qui se trouve près de La Brée dit « Moulin anglais » : sa forme à deux décrochements aurait été amenée dans l'île à l'époque de l'occupation anglaise.
Si les murs sont généralement encore intacts, les toitures (« le chapeau »), ont souvent disparu ; elles étaient en bois, la charpente comme la couverture, car tout l'ensemble virait pour orienter les ailes au vent. Le chapeau débordait autour de la tonnelle et glissait sur des rails de bois durs bien graissés. Chacune des quatre ailes était constituée d'une verge de chêne de sept mètres et habillée d'environ douze mètres de drap de moulin. Une longue perche, le guivre, permettait au meunier de mettre le moulin au vent. La disparition des ailes des moulins a une origine fiscale, l'État exigeant la mutilation des verges pour interdire la mouture par les moulins des particuliers.

▶ Revenir par ***Plaisance***, hameau et port tranquille à la limite ouest de l'immense grève de la Gautrelle. ▶ Le ***port du Douhet***, port de plaisance de 350 places. ▶ Le ***hameau des Boulassiers***, ***La Brée-les-Bains*** bordent de très belles plages. ▶ ***Saint-Denis-d'Oléron. Église*** romane détruite pendant les guerres de Religion puis reconstruite. Portail ouest à colonnes sculptées. Station balnéaire. Le port, ensablé, vient d'être réouvert à la plaisance (670 emplacements).

La Côte Sauvage

« La grand'côte ou la côte sauvage est toute cette partie de l'île qui regarde le large, les infinis de l'Océan ; partie sans cesse battue par les vents d'ouest. Ses plages s'étendent sans aucune courbure, droites, infinies, et les brisants de la mer, arrêtés par rien, aussi majestueux qu'à la côte saharienne, y déroulent, sur des lieues de longueur, avec de grands bruits, leurs tristes volutes blanches. Région âpre, avec des espaces déserts ; région de sables, où de tout petits arbres, des chênes verts nains s'aplatissent à l'abri des dunes. Une flore spéciale, étrange et, tout l'été, une profusion d'œillets roses qui embaument. Deux ou trois villages seulement, séparés par des solitudes ; villages aux maisonnettes basses, aussi blanches de chaux que des kasbah d'Algérie et entourées de certaines espèces de fleurs qui peuvent résister au vent marin. Des pêcheurs bruns y habitent : race vaillante et honnête, restée très primitive à l'époque dont je parle, car jamais baigneurs n'étaient venus dans ces parages. »
Pierre Loti : ***Le Roman d'un enfant.***

▷ Le phare de Chassiron*

10 h-12 h/14 h-19 h en été ; jusqu'à 17 h en hiver t.l.j. ☎ 46.47.86.70

La première « Tour à feu » a été élevée de 1679 à 1682 sur l'ordre de *Colbert*, un peu au nord de l'emplacement du phare actuel. Il était alimenté au bois, puis au charbon de terre. Le phare actuel, noir et blanc, a été édifié entre 1833 et 1836. Il mesure 50 m. Le système optique est l'un des plus anciens encore en service.

Du haut de ses 224 marches, magnifique ***vue*** sur la côte, les brisants, les écluses à poisson et toute l'île.

▶ A 2,5 km N.E., la *tour d'Antioche* (20 m), sur les très dangereux rochers du même nom, cimetière de bateaux, porte un feu allumé en permanence.

De la pointe de Chassiron à la pointe de Gatseau

40 km/4 h

La route des Dunes longe la Côte Sauvage (→ encadré) et traverse plusieurs villages plus ou moins bien conservés.

▶ *Chaucre* passe pour avoir été, au Moyen Age, le plus important foyer de naufrageurs. On peut encore y admirer de vieilles demeures aux pierres grises et aux escaliers extérieurs. ▶ *Domino* : station balnéaire. Belle ***plage des Sables Vigniers***.

▷ La Cotinière

Seul havre sur la côte ouest. Vers 1840, les pêcheurs construisent une première jetée de pierres, puis un second ouvrage dit « épi du Colombier ». Ruiné par la mer, constamment ensablé, le port revit après la construction d'un épi de protection au bout de la jetée après la dernière guerre. En 1979, un deuxième bassin est construit.

Si La Cotinière est toujours le premier port crevettier de France, cette pêche tend à diminuer au profit de la pêche au large. Dans la ***criée***, galerie pour les visiteurs *(début des ventes t.l.j. vers 16 h)*. Sur la dune, ***chapelle des marins*** (1967) sous la protection de Notre-Dame.

▷ Saint-Pierre-d'Oléron

Centre géographique de l'île, carrefour commercial, Saint-Pierre en est la capitale.

Sur l'emplacement d'un ancien cimetière, ***lanterne des morts**** élevée à la fin du XIIe s. Colonne haute de 25 m. Douze marches de pierres montent à un autel.

Les écluses à poissons

Construites au nord de l'île depuis des temps immémoriaux, là où le socle calcaire de la Côte Sauvage se prête bien à leur installation, les écluses sont constituées par une certaine étendue d'estran (partie de la côte recouverte à marée haute et découverte à marée basse), entourée de murets de pierres sèches. Les murs, larges d'environ quatre mètres à leur base, possèdent des ouvertures munies de grillages. Poissons et crustacés restent prisonniers des écluses lorsque la mer est descendue au-dessous du niveau des murs.
Seuls les propriétaires ont le droit de pêche dans leurs écluses. Autrefois très nombreuses, de Saint-Denis à La Rémigeasse, elles disparaissent peu à peu du paysage oléronais, ce qui est d'autant plus regrettable qu'elles servaient également à protéger les côtes contre les méfaits des tempêtes. C'est pourquoi une «association pour la sauvegarde des écluses d'Oléron» s'est aujourd'hui constituée.

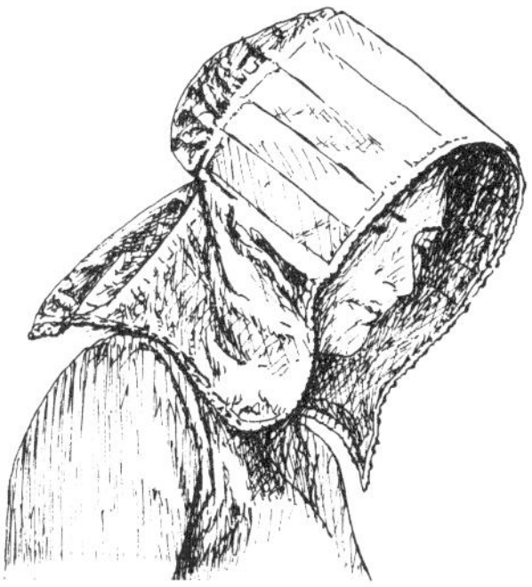

La quichenotte, coiffe traditionnelle de l'île d'Oléron

Flèche à huit pans sur chaque arête, faisceau de colonnettes dont les chapiteaux décorés reçoivent face par face deux voussures en arc brisé. Au-dessus un lanterneau, puis une pyramide terminée par une croix. A l'intérieur, un escalier permettait de monter jusqu'au lanternon et d'y allumer un feu.

L'*église** actuelle, reconstruite sur les restes d'une église romane au XVIIe s. - de cette époque datent la *tribune** et le clocher -, s'élève à environ 40 m. Du haut, *vue* splendide sur l'île; sa partie supérieure sert d'amer. A l'intérieur, peinture du XIXe s. représentant saint Jean Baptiste, et fresque moderne de l'île.

Au n° 13 de la rue Pierre-Loti, la *Maison des Aïeules*. Dans le jardin, «sous le lierre et les lauriers», est enterré l'écrivain *Pierre Loti*. Auprès de lui, selon ses vœux, son seau et sa pelle d'enfant *(ne se visite pas)*. Dans la même rue, très intéressant *musée Aliénor d'Aquitaine**, musée d'art et traditions populaires de l'île d'Oléron *(15 juin-15 sept., 10 h-12 h/15 h-19 h ; fermé dim.)*.
▶ En quittant Saint-Pierre, à environ 1 km vers le nord sur la D 734, *manoir de Bonnemie*. ▶ *Dolus-d'Oléron*. Gros bourg dominé par le seul *clocher* saintongeais de l'île. Dans l'église, beau retable du XVIIe s. en bois doré. *Parc ornithologique du Marais aux oiseaux** *(t.l.j. 1er avr.-31 août, 10h-20h; 1er sept.-11 nov., 10 h-12 h/14 h-19 h)*. ▶ *La Perroche (vers l'ouest)* : petit port qui a longtemps servi d'abri aux pilotes de la Gironde. La *chapelle* est un vestige du prieuré Saint-Médard (XIIe s.). ▶ *La Rémigeasse*. Petite station balnéaire. *Vert-Bois*, dans son cadre de forêt, est l'une des plus belles plages de l'Atlantique. ▶ Le *Grand-Village-Plage*. Plage immense, prolongée au nord par celle de Vert-Bois, au sud par celle de Saint-Trojan. *Maison paysanne oléronaise** conçue par un groupe folklorique oléronais, les Déjhouqués.

▷ Saint-Trojan-les-Bains

Première station climatique et balnéaire de l'île. Sauvée de l'ensevelissement par les arbres qui ont fixé la dune, Saint-Trojan soigne sa très belle forêt domaniale (2 000 ha) et ses fleurs, lauriers-roses, mimosas. Un petit *train (ouvert de Pâques à oct. ☎ 46.76.01.26)* fait un périple à travers la forêt jusqu'à la *plage de Gatseau* et les dunes, puis au *pertuis de Maumusson*, impressionnant pendant les tempêtes.

Parthenay★

28-A1 / R 107 / V 33
17 694 habitants / ☒ 79200
ℹ palais des Congrès, square Robert-Bigot (B2), 79200 Parthenay ☎ 49.64.24.24
SNCF service de cars pour Niort, Thouars, Poitiers, Nantes ☎ 49.24.50.50
P pl. du Champ-de-Foire, pl. du Drapeau

La capitale de la Gâtine a vu passer, au fil de son histoire, rois et pèlerins, mendiants et marchands, longue circulation d'hommes qu'on imagine s'engageant dans de mauvais chemins. L'importance des vestiges monumentaux laïcs et religieux, préservés dans un site remarquable, donne une claire vision du spectacle qui attendait les voyageurs au bord de la vallée du Thouet : remparts, portes fortifiées, clochers... l'essentiel demeure. Cette richesse de l'héritage est la conséquence de la relative petitesse d'une cité qui, jusqu'à l'après-guerre, n'eut qu'un essor économique assez lent.

Le dynamisme survint alors que les principes de sauvegarde du patrimoine historique étaient déjà ancrés dans les esprits. La croissance de la ville se fit donc à la périphérie, et la mise en valeur des édifices du passé facilita le développement touristique. La cité médiévale s'entoure donc de quartiers neufs, de zones d'activités et, parmi celles-ci, d'un marché aux bestiaux au rôle international qui a quitté depuis 1973 les abords de la vieille ville, un emplacement séculaire.

La ville dans l'histoire

C'est en un lieu de traversée facile du Thouet, là où la rivière décrit d'amples méandres qui enserrent un double promontoire que la ville s'est implantée. Les dénivellations, même modestes, rendaient le contrôle plus aisé. Du Pont Neuf, sur le Thouet, se distinguent parfaitement les avantages du promontoire de l'ouest, protégé sur trois côtés, et où naquit, vers 1020, la première citadelle de Parthenay. Naturellement, les Larchevêque, seigneurs de Parthenay appartenant à la famille des Lusignan, ne manquèrent pas de faire intervenir Mélusine dans la naissance de leur cité ; on retrouve d'ailleurs la fée sculptée dans la pierre de l'église de Parthenay-le-Vieux.

Sans doute y eut-il un oppidum gaulois et des habitats gallo-romains à l'emplacement de Parteniacum, mais les traces restent minces. Le château du premier Larchevêque, Joscelin I, fut reconstruit, et la ville vit ses fortifications constamment améliorées, durant le Moyen Age, par les barons de Parthenay. On compta jusqu'à trente tours de défense, quatre tours-portes et un kilomètre de remparts. Elle profita alors, dans ses auberges et ses échoppes d'artisans, de la souveraineté des sires de Parthenay sur la Gâtine et du flot de pèlerins qui faisaient ici étape sur la route de Saint-Jacques. Cette prospérité souffrit épisodiquement de la guerre de Cent Ans durant laquelle les Lusignan soutinrent alternativement roi de France et roi d'Angleterre. A la mort du dernier Larchevêque, en 1427, la baronnie échut à Arthur de Richemont, connétable de France qui contribua avec Jeanne d'Arc à la délivrance du pays puis, en 1458, à Dunois, comte de Longueville. Pendant les guerres de Religion la ville fut envahie trois fois par les huguenots (1562, 1568, 1571), mais résista à Henri de Navarre. Louis XIII et Richelieu séjournèrent dans la ville avant et après le siège de La Rochelle. Sous la seigneurie des La Porte de la Meilleraye quelques améliorations furent apportées à la ville après la destruction du château, sur ordre de Richelieu, en 1632. Mais c'est à la fin de l'Ancien Régime que se placent les principales transformations urbaines. L'intendant de Poitou, le comte de Blossac, fit ouvrir, dans toute la province, de nouvelles routes, fit édifier des ponts, aménager des places, abaisser ou supprimer les remparts. A Parthenay c'est à la fin des années 1770 et dans les années 1780, alors que s'établit le nouvel axe Saint-Maixent-Saumur, que sont tracés les boulevards, au sud et à l'est de la vieille ville, et aménagés promenade publique (place du Drapeau) et champ de Foire.

La Révolution plaça Parthenay dans une position délicate car elle se trouva aux lisières du pays insurgé contre la Convention. Les Vendéens, commandés par Lescure, occupèrent la ville le 9 mai puis le 14 juin 1793 ; mais Westermann réussit à la reprendre en force le 24 juin. Parthenay fut mise à sac par les Vendéens le 27 juin et reprise par les Bleus le 30 juin. La ville servit ensuite de base arrière pour l'armée républicaine et pour ses sinistres colonnes infernales.

La cité se releva de ses ruines sous l'Empire et ne participa plus de façon marquante aux événements politiques nationaux du XIXe siècle. Comptant moins de 5 000 habitants vers 1850, elle vivait, en osmose avec la Gâtine, de ses foires aux bestiaux, de quelques ateliers textiles, de sa fonction de sous-préfecture et, après 1833, d'une modeste garnison. C'est l'arrivée du chemin de fer, en 1883 (ligne Paris-Bordeaux par Saumur et Niort), qui donna un coup de fouet à l'économie urbaine et fit naître quelques industries. Après 1945 la croissance s'accéléra.

La ville aujourd'hui

Tout en conservant fièrement les témoignages du passé, Parthenay apparaît aujourd'hui soucieuse de donner l'image d'une ville dynamique. L'agglomération continue fait aujourd'hui plus de 5 km du nord au sud et 4 km d'ouest en est. Grignotant la campagne bocagère, les lotissements pavillonnaires ont proliféré sur ses marges et dans les communes limitrophes (Châtillon-sur-Thouet, Le Tallud, Pompaire) ; seule une minorité de Parthenaisiens habite désormais la cité médiévale.

Le long des routes de Poitiers, de Thouars et de Bressuire, des zones industrielles se sont peuplées. On dénombre, en 1988, quatorze établissements de plus de vingt salariés ; trois ont de 200 à 500 salariés : l'usine de machines-outils La Chaînette, la firme de sous-traitance automobile SOVAM, l'industrie de la viande Bréchoire. A ces usines principales s'ajoutent des ateliers de travail des plastiques, des métaux, de fabrications textiles, d'abattage et transformation des viandes. Cet appareil industriel relativement moderne a subi une légère érosion avec la crise économique des années 80.

Les banlieues modernes ont accueilli le nouveau marché au bétail entre chemin de fer et rocade routière, le parc des expositions, les établissements d'enseignement secondaire, les supermarchés. Ce renforcement des structures industrielles et tertiaires de Parthenay, selon des règles d'urbanisme cohérentes, s'est doublé d'un effort en matière de sports et de loisirs : construction d'un Palais des Congrès au contact de la vieille ville permettant l'accès de spectacles de qualité aux habitants de la Gâtine, aménagement d'une base de loisirs dans la vallée du Thouet, en amont, avec un plan d'eau de 3 ha. L'agglomération parthenaisienne joue ainsi un rôle plus important que le nombre limité de ses habitants pourrait le laisser supposer, et ce rayonnement sur sa petite région de Gâtine tend à s'amplifier.

Visite de la ville

Sans qualifier pompeusement Parthenay de « Carcassonne poitevine », on est surpris par l'intérêt des quartiers et des monuments du Moyen Age qui s'y sont maintenus. Sous Napoléon, le préfet Dupin considérait la ville comme « peut-être la plus mal bâtie qu'il y ait en France. Les rues y sont si étroites qu'à peine si on y voit le ciel. Les maisons font saillie à chaque étage. » Ce qui paraissait un inconvénient à un préfet rationaliste voici bientôt deux siècles, est à présent considéré comme un précieux avantage, et les touristes préfèreraient rencontrer davantage de maisons en « saillie »...

Le vieux Parthenay

3 h

▶ Stationner *place du Drapeau (B2-3)* sous les frondaisons des promenades.
▶ Office du tourisme à g. du *Palais des Congrès* à l'architecture contemporaine (1970) : exposition des faïences produites dans les ateliers locaux à la fin du XIXe s.
▶ Prendre la *rue* piétonnière *Jean-Jaurès*, puis tourner à g. *rue de la Poste*. Au n° 23, maison du XVe s. (portail, escalier à vis).

▷ L'église Saint-Laurent *B3*

De la place qui porte son nom, on peut observer les phases de remaniement architectural : le clocher carré du XIIe s. surélevé au XIXe s., l'abside à chevet plat du XIIe s., le collatéral nord du XVe s. avec ses contreforts de granite et ses gargouilles, le collatéral sud du XIXe s., la flèche de 1875 dominant une façade où fut intégrée une sculpture méplate du IXe s. (saint Pierre à g., saint Paul à dr.).

A l'*intérieur*, noter la voûte ogivale (XVIIe s.) sur piliers et chapiteaux granitiques romans : la voûte initiale s'était effondrée pendant les guerres de Religion ; beau retable XVIIe s. de Sainte Radegonde.
▶ Descendre la *rue* piétonnière *Louis-Aiguillon*. ▶ *Place des Bancs (A2-3)*. C'était l'emplacement des étals des bouchers au Moyen Age. ▶ *Place Louis-Picard (A2)*. Bibliothèque et médiathèque dans l'ancien théâtre néo-classique ; *maison* à colombages restaurée *(au n° 6)*.

▷ Les remparts

La *porte de la Citadelle* ou *porte de l'Horloge (A2)*, du début du XIIIe s., est un intéressant témoignage des fortifications de la citadelle « côté ville ». Deux tours rondes à bec encadrent la porte ogivale. Elles se prolongent à dr. par une tour ronde. Beffroi du XVe s. (cloche de 1454).

De la *terrasse ouest*, vue sur le Thouet et le vieux faubourg de tanneurs Saint-Paul : pont ancien, toitures roses, jardins.

De la *terrasse est*, vue sur le vallon Saint-Jacques et sur les deux lignes de fortifications : celle de la citadelle qui soutient la terrasse, celle de la ville avec la porte Saint-Jacques.

▷ L'église Sainte-Croix *A2*

Ancienne collégiale (XIIe-XVIIe s.) avec nef et bas-côtés romans (milieu XIIe s.), clocher carré de 1457, abside à contreforts, chapelle du XVIIe s. La façade romane fut détruite en 1781 pour élargir la rue.

Nef en berceau, voûte en demi-berceau des collatéraux, chapiteaux sur piliers carrés à colonnes engagées. Coupole à la croisée du transept et chœur de style angevin.

Gisants★ du XVe s. dans les enfeus : *Guillaume VII Larchevêque*, seigneur de 1358 à 1401, en chevalier, les pieds sur un chien (symbole de suzeraineté) et *Jeanne de Mathefelon* son épouse, l'aumônière à la ceinture. Les tombeaux furent profanés en 1793, sur ordre de la Convention, pour récupérer le plomb des cercueils, et les ossements furent dispersés.
▶ Descendre la *rue de la Citadelle*. A dr., porte du XVe s. encastrée dans le mur de l'hôpital.

▷ Le portail de Notre-Dame de la Couldre★ *A1*

Saccagée par les huguenots puis démolie pendant la Révolution, la chapelle (XIIe s.) du château n'a conservé que son portail roman ; des chapiteaux sont au Louvre, diverses sculptures aux États-Unis.

Le portail comporte quatre voussures à trois arcades avec quelques belles *sculptures* : l'Annonce à Zacharie de la naissance de Jean-Baptiste et l'Annonciation à Marie, Christ bénissant entouré d'anges, les six vieillards de l'Apocalypse.

Sur le parvis, en 1134, *saint Bernard* obtint la soumission du comte du Poitou *Guillaume X d'Aquitaine* au pape *Innocent II* *(→ abbaye des Châteliers, La Gâtine)*.

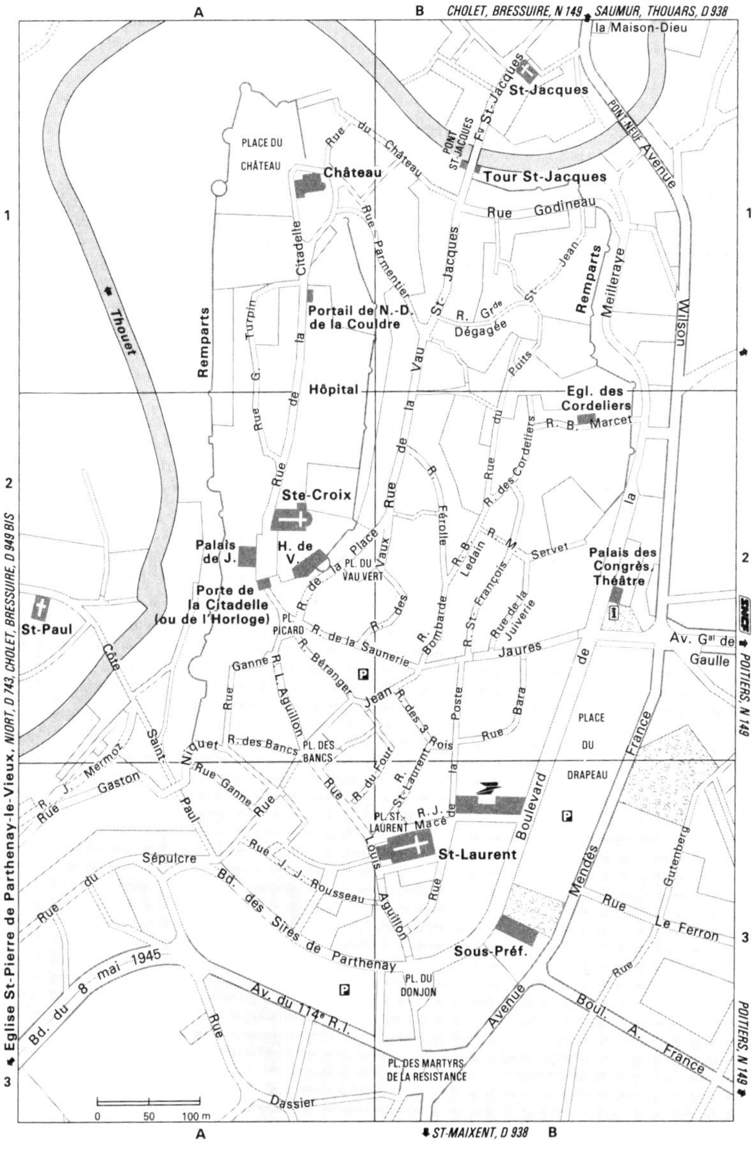

Parthenay

▷ Le château★ *A1*

Du château, de forme triangulaire, subsistent trois tours en cours de restauration grâce à une convention entre la Ville et l'État, et des vestiges d'un bâtiment central. La massive *tour de la Poudrière*, la plus haute, a retrouvé un toit. Descendre en avant des fortifications sur les glacis pour apprécier l'ensemble du dégagement des murailles et le fond de vallée, très vert, planté de peupliers.

▷ La rue de la Vau-Saint-Jacques★

(B1-2) par la rue Parmentier

A l'instar de générations de pèlerins puis de touristes, l'on remontera cette rue pour découvrir le remarquable ensemble de *maisons* (XIVe-XVIe s.) à encorbellements et colombages avec briques. Beaucoup étaient, au Moyen Age, des boutiques, des auberges, ou des ateliers d'artisans. Certaines, plus bourgeoises, ont conservé des éléments de pierre taillée.

▶ *Place du Vauvert* (14-Juillet), redescendre puis passer sous la porte Saint-Jacques et sur le pont.

▷ Le pont et la tour Saint-Jacques** *B1*

Le *pont* sur le Thouet (XIIIe s.) bénéficie d'un effort de dégagement des rives. La *tour*, construite au XIIIe s., sous l'occupation anglaise, grâce à l'argent fourni par *Jean sans Terre*, est un bel exemple d'architecture défensive et utilitaire. Deux tours polygonales encadrent la porte en berceau et sont surmontées de mâchicoulis et de créneaux. A l'*intérieur (s'adresser au 1, rue de la Vau-Saint-Jacques)*, on peut voir la *salle des gardes* et accéder au *chemin de ronde*.

▶ Continuer au-delà du pont pour pénétrer dans le faubourg proprement dit, avec l'*église Saint-Jacques (B1)* du début du XIIe s. ▶ On peut prendre à g. la route nationale pour découvrir *(500 m à g.)* la *Maison-Dieu* (XIIe s.) qui servait d'hôpital pour les pèlerins malades. A dr., la chapelle romane est en triste état. ▶ Revenir jusqu'au *pont Neuf* (1852) d'où l'on dispose d'une *vue* générale sur la vieille ville, puis continuer l'*avenue Wilson*. Tourner à dr. pour apercevoir les remparts est de la ville, partiellement restaurés. Un chemin permet de voir *(100 m à g.)* les vestiges de la *chapelle Saint-Jean*.

▶ L'*église des Cordeliers (B2; par le bd de la Meilleraye)*, du XIIIe s., est le seul édifice religieux purement gothique de la ville, longue, quoique tronquée, et haute, où se distingue la baie flamboyante du XVe s. En cours de restauration. ▶ Rejoindre la place du Drapeau en remontant le *boulevard de la Meilleraye*.

Hors la ville médiévale

1 h

▷ Le faubourg Saint-Paul *A2*

De la place du Champ-de-Foire, longer le boulevard des Sires, puis descendre la côte Saint-Paul. Du vieux pont à deux arches sur le Thouet (XIIe s.), *vue* sur le vieux Parthenay. Au-delà du pont, à dr., quelques *maisons* de la fin du Moyen Age aux linteaux de granite.

▶ Le portail de l'*église Saint-Paul* * *(au nº 19, à g.)*. La façade (XIe s.), classée, possède des voussures en plein cintre décorées de tores et palmettes; noter aussi les têtes humaines et animales des modillons sous la fenêtre.

▷ L'église Saint-Pierre de Parthenay-le-Vieux** *(hors plan, A3)*

prendre la D743 (direction Niort) sur 2 km, tourner à g. rue de l'Église; demander la clé à la maison à g. de l'église

Cette église priorale, la plus belle de Gâtine et un des chefs-d'œuvre de l'art roman poitevin, fut classée dès 1840. Dans un site occupé sans doute plus anciennement que le promontoire actuel de Parthenay, l'église fut édifiée à la fin du XIe s. et au début du XIIe s. pour des moines dépendants de la Chaise-Dieu (Auvergne).

Le *clocher*, octogonal et sur base carrée avec glacis, présente des colonnes aux angles avec des chapiteaux sculptés (animaux, monstres) et une corniche sur modillons.

La *façade* comporte trois portails dont deux aveugles surmontés de trois baies. L'ensemble est divisé verticalement par des demi-colonnes, et horizontalement par une corniche sur modillons à têtes de chats. La partie basse est la plus travaillée, avec ses portraits aux voussures en plein cintre sur colonnettes. A gauche : sculpture du Cavalier, faucon au poing, caractéristique du Poitou et de la Saintonge, sans doute Constantin triomphant du paganisme; à droite, Samson maîtrisant le lion.

On peut voir le *chevet* de l'église en suivant un chemin qui passe à quelques dizaines de mètres. Très sobre, il présente une corniche sur modillons et des contreforts-colonnes.

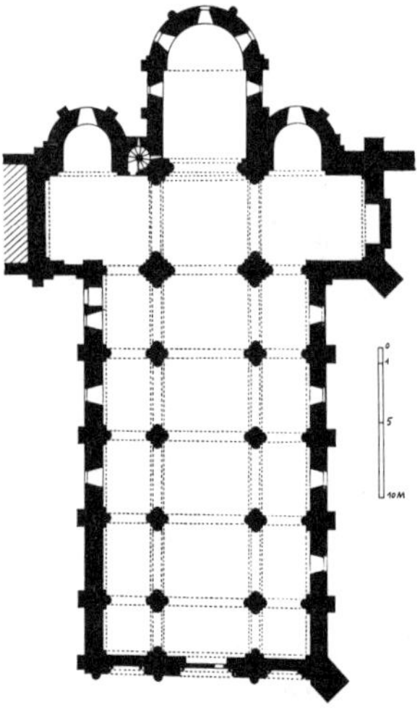

Saint-Pierre de Parthenay-le-Vieux

A l'*intérieur*, on est frappé par l'ampleur de la nef à cinq travées voûtée en berceau brisé et des collatéraux voûtés en quart de cercle, séparés par des piliers carrés à demi-colonnes aux chapiteaux sobres. Coupole sur trompes et beaux chapiteaux (feuilles d'acanthe, lions, sirènes) à la croisée du transept. L'abside et les absidioles sont voûtées en cul-de-four. La fée Mélusine est représentée en sirène sur les chapiteaux à droite du chœur.

Quelques restes du *prieuré* sont visibles en se rendant dans une cour au nord de l'église.

▷ Le marché aux bestiaux★ *route de Poitiers (B2-3) puis rocade nord; installations visibles t.l.j. mais visite la plus intéressante mer. matin vers 7 h-8 h 30*

C'est en 1973 que le marché quitta les abords de la vieille ville pour ce terrain de 13 ha bien desservi par les voies de communication. L'ancien champ de foire, en plein air, trop petit, pentu, manquant de parcs de stationnement, ne se prêtait pas à une organisation rationnelle des transactions; la circulation des animaux y était dangereuse pour les usagers.

Le nouveau *foirail de Bellevue* se compose, en arrière des vastes terre-pleins de stationnement des camions à bestiaux, de plusieurs bâtiments dont le principal - 15 000 m^2 - peut accueillir plus de 4 000 bovins. D'autres constructions, en contrebas, sont destinées aux ovins et aux caprins. La desserte ferroviaire particulière, la juxtaposition des abattoirs, avec jonction souterraine au marché, les bureaux de cotation et autres locaux professionnels forment un ensemble cohérent. Le foirail s'anime de façon extraordinaire dès le mardi soir avec l'arrivée des animaux, et le mercredi vers 4 h quand commence l'installation des bêtes au long des barres. Les mugissements de milliers de veaux, génisses et taurillons, vaches et taureaux, le foisonnement des paysans et des négociants aux rencontres ludiques et mercantiles, créent une atmosphère étonnante. La plupart des transactions s'opèrent encore à l'estime et avec marchandage, en parfait contraste avec le modernisme des lieux.

L'importance économique de la foire est considérable : plus de 5 000 animaux sont échangés en moyenne chaque semaine. Avec ses 120 000 bovins et ses 170 000 ovins présentés chaque année, Parthenay est le deuxième marché de France après Sancoins (Charolais). La majorité des bestiaux proviennent de cette grande région d'élevage qu'est le Poitou : Deux-Sèvres, Vienne, Vendée, et la moitié sont destinés aux abattoirs des mêmes départements. L'exportation de la « viande à vif » (animaux sur pied) est en plein essor, en particulier vers l'Italie.

Ainsi s'est maintenue, moyennant transformations, la tradition multi-séculaire de Parthenay, tandis que beaucoup d'autres marchés aux bestiaux du Centre-Ouest périclitaient.

Les foires autrefois

La première mention des foires remonte à 848. De la place du Vauvert au Moyen Age à celle du Champ-de-Foire à la fin de l'Ancien Régime, puis au marché de Bellevue depuis 1973, une remarquable continuité de la vocation de Parthenay apparaît.
Dans un ouvrage de 1770 il est noté qu'« il s'y fait un commerce considérable en bestiaux » et dans un autre, daté de l'an III de la République, on lit que « Les grains et les bestiaux font la richesse de la capitale de la Gâtine ». A la veille de la Révolution, plus de 3 000 bovins partaient chaque mois pour Paris, gardés au long des routes par des chiens dressés : les « toucheurs de bœufs ». Mais beaucoup de ventes étaient destinées aux provinces voisines : Anjou, Maine, Saintonge, Guyenne. C'est la « race de Parthenay » qui attirait les marchands : les bœufs de labour étaient réputés pour leur robustesse et les vaches laitières pour la qualité de leur lait et leur résistance aux maladies. Grâce à ces bêtes et à la complémentarité de la Gâtine, terre d'élevage, et des pays céréaliers voisins, Parthenay jouait un rôle notable dans les échanges économiques de la France de l'Ouest.

Aux environs

▶ *Hérisson (12 km O. par D 176).* Église du XIIe s. Château XIIe-XVe s. ▶ *Pressigny (15 km N.-E. par D 134).* Beau château du Porteau (XIXe s.) dans un parc. Église XIXe s. ▶ *Saint-Lin (12 km S. de Parthenay par D 142).* Logis de la Bouchetière avec tour du XVe s. Église (XIIe-XVIIe s.,) avec portail roman sous un porche de bois. ▶ *Saint-Pardoux (9 km S.-O. par D 134).* Château de La Salinière, bel exemple du milieu XIXe s. ▶ *Saint-Aubin-le-Cloud (6 km O. par D 140)* : croix hosannière. ▶ *Vausseroux (15 km S.-E. par D 176 et D 131)* : château du Plessis-Cherchemont (XVe-XVIIe s.)

Le Petit Angoumois

47-AB4 / R 110 / V 47

Séparant la Double de la Haute Saintonge, le Petit Angoumois, aussi appelé parfois la Double saintongeaise, tient de l'une et de l'autre par ses marais, landes et bois qui l'individualisent fortement dans l'ensemble angoumoisin. Terre des confins, ce pays, aux sols infertiles, semble un peu fermé. Mais de cette nature quelque peu austère l'homme a su s'accommoder. Tôt défrichée, la forêt s'est transformée en prairies dans la région de Baignes, grâce au travail des moines de l'abbaye de Sainte-Radegonde.

Moins déshérité que d'autres, le Petit Angoumois n'a cependant jamais été assez prolifique pour que les bourgs situés à sa lisière septentrionale, à commencer par Barbezieux, puissent dépasser le stade de la petite ville.

▶ Quitter *Barbezieux (→)* par la D 3 à l'ouest, et prendre la D 12 direction Reignac. ▶ A 3 km, à Montchaude, château Renaissance. ▶ *Reignac*. Petite *église* au clocher octogonal. De style et d'époque romane, elle a été toutefois agrandie et remaniée au XVe s. C'est à cette époque notamment que le chevet fut fortifié et qu'une galerie crénelée fut établie sous le toit.

▷ Baignes-Sainte-Radegonde *7,5 km S. par la D 14*

Surtout célèbre pour son beurre, la ville se trouva, sous le règne d'Henri II, au centre du soulèvement populaire contre la gabelle (impôt sur le sel). Le 8 août 1548 se réunit à Baignes la foule des révoltés de Saintonge et d'Angoumois, pour se diriger ensuite vers Pons, Saintes, Cognac et Ruffec.

L'*église Saint-Etienne* est le seul vestige de l'ancienne et importante abbaye fondée, selon les hypothèses, par *Charlemagne* au XIe s. Elle fut dévastée par les huguenots en 1568. L'église actuelle correspond au chœur de l'ancienne abbatiale.

La *tour de Montausier* (XVe s.), au nord-ouest du bourg, est l'unique témoin d'un château disparu dont relevaient les terres de la baronnie de Montausier. Avec celle de Chaux elle formait une enclave d'Angoumois en Saintonge. Cette seigneurerie passa, au XIVe s., à la famille de Sainte-Maure dont le membre le plus remarquable fut *Charles de Sainte-Maure* (1610-1690), gouverneur de Saintonge et d'Angoumois en faveur duquel Louis XIV érigea en duché-pairie la baronnie de Montausier. Il survit de modèle au personnage du Misanthrope de *Molière* qui lui emprunta son caractère redoutable.

A côté de ces vestiges s'élève un étrange *château*, de type baroque, construit au XIXe s. par l'*abbé Michon*, l'un des fondateurs de la graphologie.

▶ Depuis Baignes on pourra faire un crochet en Saintonge *(6 km N.-O.)* pour voir le *château de Saint-Maigrin*, moderne, de style Renaissance. Édifié dans un parc, au bord d'un étang, son allure ne manque pas de romantisme. ▶ Par *Chantillac (6 km S. de Baignes)*, où l'on verra une belle église, gagner *Guizengeard (15 km O.)* qui possède de très importantes carrières de sable et d'argile. ▶ A *Saint-Vallier (7 km O.)* l'architecture civile est représentée par un *château* du XVIIe s. avec un important pavillon central, et l'architecture religieuse par une *église* du XIIe s. à nef unique. ▶ *Brossac (par la D 191)* surtout connu pour ses vestiges romains. A 1 km à l'est du bourg, sur la route de Brie-sous-Chalais, au *lieu-dit la Coue d'Auzenat*, se trouvent les ruines d'une villa et d'un aqueduc. On a supposé, mais sans preuve, que cette villa aurait appartenu au poète bordelais *Ausone*. ▶ L'*étang Vallier (1 km O. du village)* offre un plan d'eau et d'agréables promenades. ▶ Par *Passirac* gagner *Chillac (sur la D 731)* qui marque la limite entre la forêt et les paysages ouverts de la champagne. L'*église*, en partie romane (XIIe et XIIIe s.), présente une façade à arcature. Le *château*★ Renaissance (XVe et XVIe s.) se distingue par sa toiture polychrome et ses tourelles qui encadrent le donjon gothique. ▶ *Berneuil (3,5 km N.)* possède une *église* romane du XIIe s. nichée sur le versant du coteau. Sa façade, qui a été remaniée au XVIe s., s'orne d'une niche abritant un Christ en croix. ▶ Revenir sur la D 731 pour atteindre *Condéon*, village au bord d'une paisible rivière. A remarquer, ses vieilles *maisons* et son *église* (XIIe et XIIIe s.) qui appartient au style « roman fleuri ». Retouchée aux XVIIe et XIXe s., l'église se distingue toujours par son portail polylobé entre des voussures ornées de chapiteaux.

▶ Regagner *Barbezieux (→)* à 7,5 km.

Poitiers★★★

29-AB4 / R 107 / V 34
79 350 habitants / ✉ 86000
ℹ 8, rue des Grandes-Écoles (B2) ☎ 49.41.21.24 et 49.41.02.89 ; fax 49.88.65.84
✈ Biard (4 km O.) ☎ 49.58.27.96 ou 49.41.65.07
SNCF ℹ ☎ 49.41.23.93
Rapides du Poitou ☎ 49.46.27.45
S.T.A.O ☎ 49.01.82.67

Installée sur le promontoire ciselé par le Clain (à l'est) et la Boivre (à l'ouest) qui se rencontrent à son pied, l'ancienne capitale du Poitou, aujourd'hui chef-lieu de la région Poitou-Charentes, possède un patrimoine architectural exceptionnel. Dans le dédale des petites rues silencieuses du vieux Poitiers, qui ont gardé quelque chose des temps monastiques, « on a l'impression de marcher dans l'histoire. A chaque angle de rue on change de siècle aussi facilement qu'on change de trottoir » (Exbrayat).

Deux mille ans de travaux, d'additions architecturales, de destructions nombreuses, mais non point irrémédiables dans la plupart des cas, ont eu pour effet de recouvrir ces lieux d'une des plus remarquables parures monumentales de la France : vestiges partout présents de la ville gallo-romaine, rares édifices des premiers siècles chrétiens, splendeurs de l'âge roman, superbes témoins des temps « gothiques », héritages plus modestes de la Renaissance, hôtels et parc du XVIIIe siècle, constructions du XIXe siècle à la recherche d'un style, immeubles modernes du XXe siècle. Plusieurs d'entre eux ne sont pas seulement les souvenirs d'un passé prestigieux, ils sont aussi les témoins de grands événements qui ont secoué la nation.

La ville dans l'histoire

Longtemps avant la conquête romaine, ***Limonum*** ou ***Lemonum***, - la ville des ormes - occupait le méandre du Clain que la Boivre recoupe à l'ouest. César allait l'incorporer à la province d'Aquitaine. Dès les premiers siècles de l'ère chrétienne, elle commença de déborder sur les coteaux d'alentour. La route militaire de Bordeaux à Tours y pénétrait par le seuil de La Tranchée, franchissait le « plateau » par les actuelles rues Carnot et Gambetta, dévalait la pente de Montierneuf ; des transversales l'entrecoupaient, desservant arènes, thermes et temples.

Les débuts du christianisme

Au IVe siècle, alors que son premier évêque, saint Hilaire (→ encadré), entreprenait de l'évangéliser (350-368), elle comptait une population dense que l'on peut estimer comprise entre 20 000 et 30 000 âmes. Le baptistère Saint-Jean existait déjà. Peut-être le saint prêcha-t-il alentour, dans la ville romaine, instruisant saint Martin contre l'arianisme dont la cité des Pictons allait devenir l'un des foyers lorsque Rome fit appel aux Wisigoths.

Les premières invasions vinrent du Nord. Les rois wisigoths firent du site, facile à défendre, l'une de leurs premières résidences. Alaric II en partit pour se faire battre et massacrer par Clovis à Vouillé en 507 ; c'est la première bataille de Poitiers. Plus tard, l'épouse de Clotaire Ier, Radegonde la sainte, vint trouver asile en ses murs et elle y fonda le monastère de Sainte-Croix, qui devait avoir une extraordinaire longévité.

Aux invasions du Nord succédèrent celles du Sud. Il semble que les cavaliers arabes dévastèrent en partie Limonum avant d'être arrêtés au nord près du Vieux-Poitiers, à *Moussais*, par Charles Martel en 732 : c'est la seconde bataille de Poitiers. Flétrie, la fleur fragile de Rome a cessé d'être une ville ouverte. Dès la fin du IIIe siècle elle est réduite, entourée d'un mur qui sera constamment entretenu et rénové. Le nom de Limonum disparaît ; au IVe siècle, la ville adopte celui des Pictons, ses occupants, qui deviendra peu à peu Poitiers.

Jusqu'à l'époque carolingienne, comtes et évêques s'y partagèrent le pouvoir. Monastique, la ville se développait vers le sud, fortifiant le faubourg Saint-Hilaire.

Les comtes de Poitou, ducs d'Aquitaine

Après Charlemagne, elle dépendit du royaume, puis du duché d'Aquitaine dont l'un des ducs, Guillaume IX, comte de Poitiers, fut le premier des troubadours (→ encadré). Devenue anglaise par le mariage d'Henri Plantagenêt et d'Aliénor qui l'embellit, Poitiers s'entoura d'une nouvelle enceinte puis se fit octroyer une charte communale (1199).

Les pèlerins de Compostelle faisaient étape dans la ville marchande et méditative à la fois. C'est alors que jaillit la couronne des joyaux de l'art roman dont Notre-Dame, par sa façade et ses peintures, ne fut pas le seul fleuron : Montierneuf au nord, Saint-Porchaire dans la ville haute se dressaient sur l'itinéraire même de Saint-Jacques et, à la sortie de la ville, Saint-Hilaire aux absides rayonnantes et aux nefs majestueuses ; ceux qui arrivaient de l'est s'arrêtaient d'abord à Sainte-Radegonde... En plein cœur, la cathédrale servait de cadre aux manifestations publiques.

Mais on vivait perpétuellement sous la menace. Une nouvelle enceinte fut dressée, au nord autour de Montierneuf, au sud le long des fossés de la Tranchée. Lorsque Philippe Auguste eut réuni le Poitou au domaine de la couronne de France (1204), Louis VII le donna en apanage à son fils Alphonse - dit de Poitiers - qui y tint, en 1241, une cour plénière.

La centralisation monarchique : une période brillante

A sa mort (1271), le Poitou fut de nouveau rattaché au domaine royal, puis aliéné à nouveau par deux fois : en 1311 en faveur du futur Philippe le Long, second fils de Philippe de Bel ; en 1356 au bénéfice de Jean, troisième fils du roi Jean le Bon et futur duc de Berry.

L'Anglais, cependant, attaquait. Près de Nouaillé, à Maupertuis, le 19 septembre de la même année, le roi Jean fut écrasé par les troupes du Prince Noir : c'est la troisième bataille de Poitiers. Le traité de Brétigny (1360), consacrant la « défaite de Poitiers », livra la province à l'Angleterre. Survint Du Guesclin, qui la reconquit (1369-1375). Poitiers fut rendue alors à Jean de Berry.

Le mécène, dépensier mais raffiné, va embellir la capitale de son comté. L'architecte Dammartin, des peintres de talent, une équipe de sculpteurs autour d'André Beauneveu peuvent œuvrer, tandis que les Anglais se montrent moins âpres. En 1418, Charles VII y réunira son parlement. C'est là, devant une assemblée de théologiens, que Jeanne d'Arc sera envoyée pour subir l'examen solennel de trois semaines dont elle sortira victorieuse (1429).

Puis le roi fonde l'Université (1431). Très vite, la ville se transforme en foyer intellectuel : moins de cinquante ans plus tard, elle compte déjà 4 000 étudiants. Pour satisfaire leurs exigences, une dizaine d'imprimeurs et une vingtaine de libraires ouvrent boutique. Rabelais effectuera plusieurs séjours dans la « forte et grosse ville », mais aussi les hommes de la Pléiade derrière Ronsard, Bacon, du Bellay, Jacques Peletier, et le doucereux auteur des « Amours de Francine », Antoine de Baïf. Certes, les couvents et les écoles animaient alors la ville joyeuse et tapageuse. Le négoce n'était pas moins florissant : marché des peaux réputé pour ses foires à la sauvagine, marché du blé, Poitiers échangeait aussi les métaux tandis que résonnaient sur les rives du Clain les métiers des tisserands, des tanneurs, des imprimeurs. En 1542, on en fit le chef-lieu d'une généralité.

La déchirure des guerres de Religion

Dans cette ville de sages et de besogneux qui n'en étaient pas moins contestataires, les calvinistes trouvèrent de nombreux adeptes. Ce fut un des principaux centres réformés dans la région. Prise et reprise en 1562 par les protestants et par les catholiques, elle fut en proie aux exactions des uns et des autres. En 1569, Coligny l'assiégea en vain pendant six semaines avant d'aller se faire battre à Moncontour par le duc d'Anjou, futur Henri III. Pour mettre fin aux discordes, un congrès s'ouvrit à Poitiers en 1579 ; Nicolas Rapin, l'avocat Pasquier, se distinguèrent à l'occasion de ces « Grands Jours ». Mais les guerres intestines avaient plongé la métropole intellectuelle dans une sorte de chaos : plusieurs siècles seront nécessaires pour qu'elle se redresse ; le séjour de Descartes lui-même à l'Université passe inaperçu...

Des timides transformations du XVIIIe siècle aux grands travaux du XIXe siècle

La somnolence se confirme au XVIIIe siècle malgré les efforts déployés par l'intendant De Blossac pour la rajeunir ; tandis qu'il ouvre sur le rempart sud le vaste jardin qui portera son nom, elle s'éteint doucement. La création des nouveaux départements qui coupe en trois l'ancien Poitou et la prive de son rôle de capitale entérine le déclin de la ville aux prises avec de graves difficultés économiques. A l'époque romantique, les gens de robe - clergé et barreau - y errent au large. Un procès à retentissement national, celui du général Berton, responsable libéral de la « conspiration de Thouars », s'achève par l'exécution du général sur la place du Pilori, devenue ensuite place de la Liberté.

La seconde moitié du XIXe siècle est marquée par un remarquable ensemble de grands travaux. Sans doute un projet ambitieux de découpage de style haussmanien resta-t-il lettre morte, mais les changements sont énormes. Les seules rues rectilignes, avec des trottoirs, datent de ce siècle ; l'urbanisation s'étend à tout le quartier situé à l'ouest de la place d'Armes.

L'arrivée du chemin de fer et la localisation de la gare dans la vallée de la Boivre (1851) s'accompagnent de grandes créations, généralement opérées grâce aux « réserves foncières » des anciens couvents (création de la préfecture, de l'hôtel de ville, de la rue Victor-Hugo, ouverture des rues Magenta, du Maréchal-Foch, boulevard Coligny, vaste demi-boucle qui dessert la gare en partant de la préfecture.

Il n'y aurait eu que 4 510 maisons en 1848, il y en avait 7 183 en 1914. En bordure des nouvelles artères se développe un style architectural bien différent de la tradition : des immeubles « bourgeois » et aristocratiques, volontiers ostentatoires, coiffés d'ardoises et richement ornés, modifient profondément l'aspect général de la ville. Ils méritent attention et sont clairement visibles en bordure de toutes les voies « modernes ».

La ville aujourd'hui

Si l'on peut admettre que Poitiers ne connaît jusqu'à la Seconde Guerre mondiale que le terne destin de la plupart des villes de province, petits centres administratifs de faible puissance qui régnent sur un espace essentiellement rural, à partir de 1950 a lieu une véritable renaissance urbaine, qui se traduit par une explosion économique et démographique. La ville s'étend alors sur les plateaux orientaux qui regroupent aujourd'hui beaucoup plus d'habitants que le vieux centre : ce n'est guère qu'un habitant sur sept qui habite ce dernier, et beaucoup moins encore si l'on considère la totalité de l'agglomération.

Cette corolle de quartiers neufs mais voisins de la ville ancienne s'accompagne d'une urbanisation lâche des environs, où lotissements et constructions isolées ont modifié les anciens cadres de vie : à l'intérieur d'un cercle irrégulier d'environ vingt kilomètres de rayon, tout est transformé de nos jours par l'effet des influences venues de la grande ville.

Les transformations industrielles

Poitiers a largement bénéficié de la politique de décentralisation industrielle des années soixante. Il était absolument impossible de loger les activités nouvelles dans la vieille ville, et même d'y maintenir les anciennes. D'où la création de zones économiques, de zones de gros, de zones industrielles et de zones artisanales. Parmi les industries importées ou profondément transformées : une usine de pièces détachées d'avions (Dassault), une usine Michelin, une usine de fabrication de piles (ex SAFT- Leclanché), l'usine de compteurs Schlumberger, une succursale de la Télémécanique, etc. Les grandes zones industrielles se trouvent au nord de la ville, en bordure de la N 10 (sur la commune de Chasseneuil), ainsi qu'au sud (Pointe-à-Miteau).

Pour échapper à la congestion urbaine, lycées, collèges, écoles privées ainsi que l'université ont quitté le centre pour les plateaux ; l'hôpital a suivi le même mouvement ; les grands organismes bancaires, ceux de la Sécurité sociale, de l'agriculture, les grandes salles de réunion ont suivi ; les commerces périphériques sont apparus en bordure de la rocade est ou de la N 10. La création du Futuroscope et du lycée pilote innovant, le déplacement projeté de l'ENSMA s'insèrent dans cette perspective. La vieille ville ne conserve plus qu'une faible partie des fonctions urbaines.

Les changements du secteur tertiaire

Beaucoup plus qu'industrielle Poitiers est une ville d'administration et de services où la fonction médicale (6 000 emplois) et l'université dominent (20 000 étudiants) mais, trop proche de Paris et de Bordeaux, concurrencée par les autres capitales départementales, elle ne peut guère jouer le rôle de métropole régionale.

Visite de la ville

2 j.

Deux jours au minimum sont nécessaires à qui s'intéresse aux souvenirs du passé. Les promenades proposées ci-après permettront de fractionner la visite de la ville en demi-journées.

La circulation en voiture dans la ville est déconseillée au visiteur. Le quartier haut ne se prête guère qu'à la promenade à pied, et la rue Gambetta de même que plusieurs rues voisines sont interdites aux voitures.

Le Vieux-Poitiers ne correspond pas, comme on pourrait le croire, à une localisation ancienne de la ville. Il s'agit d'une autre cité gallo-romaine, près du confluent du Clain et de la Vienne, qui ne semble pas avoir eu de rapports particuliers avec Lemonum.

La vieille ville et le centre

Ⓟ *Charles-de-Gaulle, du Calvaire, Carnot*

▸ Partir de la *pl. Ch.-de-Gaulle (B2)* où se trouve le parc de stationnement souterrain.

▷ Notre-Dame-la-Grande*** *B2*

En vérité bien petite, cette église fut ainsi nommée pour la distinguer d'autres églises poitevines consacrées à Notre-Dame. Au sommet du plateau, légèrement à l'écart de la route Nord-Sud des pèlerins, elle constitue l'un des chefs-d'œuvre, non seulement de l'architecture, mais aussi de la plastique romane par la qualité de sa façade, qui était autrefois peinte.

Entreprise à une date inconnue (début XIIe s. ?) sur l'emplacement d'un sanctuaire carolingien, lui-même construit au-dessus des fondations de grosses constructions gallo-romaines mises au jour lors du creusement du parking et immédiatement détruites (peut-être un forum), la construction de Notre-Dame ne fut effectivement achevée qu'au début de l'époque gothique ; si la façade peinte et le clocher se présentaient vers la fin du XIIe s. sous leur aspect actuel, de nombreux remaniements affectèrent la nef aux XIVe et XVe s. A l'époque de la Renaissance, plusieurs chapelles furent ajoutées, notamment le long du flanc nord. Le XIXe s. vit l'intérieur recouvert d'un badigeon de coloriages qu'on a tenté de décaper en partie dans le chœur, après 1960.

L'extérieur

L'*esplanade* dégagée devant le nouveau marché moderne aux frontons à l'antique permet de découvrir tout le flanc nord de l'église, éclairée le soir par les feux des projecteurs. Dominé par le clocher central que couronne un lanternon circulaire ajouré de douze arcades et coiffé d'un clocheton conique en pomme de pin, l'édifice a recouvré l'aspect assez imposant qu'il devait avoir au XIIe s.

La *façade*, malheureusement très altérée, haute de 18 m et large de 15 m, comprend trois étages d'arcades entre deux massifs de colonnes, sous un pignon inspiré de l'architecture romaine, orné en son centre d'une gloire en amande : le Christ y triomphe entre les quatre symboles des Évangélistes.

Au rez-de-chaussée, la *porte centrale* en plein cintre s'ouvre entre deux arcades aveugles en arc brisé. Au-dessus s'étend une exceptionnelle frise de bas-reliefs. De gauche à droite : Adam et Ève, Nabuchodonosor, les prophètes, l'Annonciation, l'arbre de Jessé, une figure inachevée, la Visitation, la Nativité, Saint-Joseph, la réconciliation de l'Ancien et du Nouveau Testament sous la forme de deux personnages qui s'étreignent. A l'étage moyen apparaissent quatorze personnages logés dans des arcatures. On croit y voir les douze apôtres (on reconnaît saint Pierre à sa clé) et deux évêques. Les voussures des arcades s'animent par le grouillement d'animaux fantastiques et le foisonnement de motifs végétaux.

Le bas-côté méridional est flanqué de deux *porches* en saillie, l'un gothique, l'autre roman. Au pied du clocher, le parement de la dernière travée du bas-côté nord présente des restes très visibles de l'appareil préroman : peut-être est-il carolingien, mérovingien ou même gallo-romain.

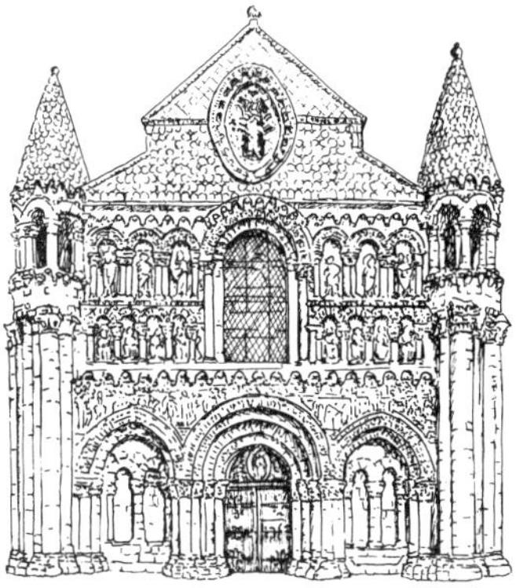

Notre-Dame-la-Grande

L'intérieur

L'intérieur de l'église a été recouvert de peintures au milieu du XIXe s. On a toutefois décapé une partie de celles du chœur. L'abside était effectivement peinte à l'époque romane, mais l'écrivain *J.K. Huysmans* a jadis dénoncé les peintures modernes, suivi en cela par tous les archéologues. Malgré leurs critiques, il semble bien qu'elles recréent de manière assez satisfaisante l'atmosphère de l'église primitive.

La *nef*, dépourvue de fenêtres, suivant une structure répandue en Poitou, est couverte d'un berceau en plein cintre. Les bas-côtés sont en voûtes d'arêtes.

Le *chœur*, sensiblement dévié vers le nord, se termine par un superbe rond-point à six colonnes. Il est entouré d'un déambulatoire à trois absidioles éclairé par de belles verrières. Des *peintures* romanes (restaurées au XIXe s.) réchauffent les voûtes du chœur et de l'abside : Vierge en

Visites guidées

*Un **fléchage** discret, mais bien fait, permet de visiter la ville à pied.*

*L'**illumination** de la cité, le soir, met en valeur les principaux édifices : hôtel de ville, la tour Maubergeon, la façade et le clocher de Notre-Dame-la-Grande, Sainte-Radegonde, le baptistère Saint-Jean et le chevet de Saint-Hilaire.*

***Des visites guidées et commentées** par des guides conférenciers agréés par les Monuments historiques ont lieu du 15 juin au 15 septembre, tous les jours ouvrables, à 10 h et à 15 h. Rendez-vous à l'Office de Tourisme — Syndicat d'Initiative, 8 rue des Grandes-Écoles (près de la mairie) ☎ 49.41.21.24. Hors saison, des visites peuvent être organisées sur demande.*

Michel Foucault

«... la ville où je suis né : des saints décapités, le livre dans la main, veillent que la justice soit juste, que les châteaux soient forts... Voilà l'hérédité de ma sagesse».
Michel Foucault est né à Poitiers où son père était chirurgien en 1926. Il y passa son enfance et son adolescence, y fit toutes ses études secondaires, au lycée Henri IV, puis au collège Saint-Stanislas. En 1945 il part pour Paris et la rue d'Ulm.
Michel Foucault resta très attaché à sa ville natale bien qu'elle ait été bien étouffante pour un adolescent brillant. Il acheta même une maison dans les environs peu de temps avant sa mort, le 25 juin 1984. Il laissait derrière lui une des plus importantes œuvres philosophiques de notre époque. Il est enterré dans le petit cimetière de Vandeuvre, le village de ses vacances d'enfant.
Principales œuvres de Michel Foucault : Histoire de la folie à l'âge classique (1961), Les mots et les choses (1966), Surveiller et punir (1975), Histoire de la sexualité (1976 et 1984).

majesté et, dans l'axe, Christ accompagné des apôtres et de symboles astraux, ainsi que de scènes diverses avec des anges et l'Agneau. Cette iconographie s'appuie sur des sources carolingiennes ; elle est devenue difficile à lire *(éclairage possible)*. Des chapiteaux sculptés de feuillages ou d'animaux surmontent les colonnes cylindriques. Derrière le maître-autel (simple bloc de pierre, contemporain), la ***statue*** Renaissance de ***Notre-Dame des Clefs*** (fin XVIe s.) rappelle qu'en 1202 les clefs de la ville avaient été miraculeusement soustraites aux recherches d'un traître qui devait les remettre aux assiégeants anglais. Ce miracle des Clefs, longtemps célébré le lundi de Pâques, est figuré par un grand vitrail, dans une chapelle du mur nord à quelques mètres de la statue. Statue d'une Vierge à l'Enfant en bois peint, la Vierge tenant un lys de sa main gauche, et de sa main droite une courte tige métallique où deux grosses clefs sont accrochées.

Sous le chœur, la ***crypte*** *(fermée)* abrite des fresques romanes assez bien conservées : quatre personnages, symboles d'Évangélistes.

A l'entrée du chœur, remarquer le beau lutrin de bronze, surmonté d'un aigle aux ailes déployées, qui terrasse un serpent (1696).

Les chapelles. Bien après la construction de l'église, des chapelles ont été construites, ce qui donne un aspect très original au mur nord, avec ses sept chapelles couronnées de frontons triangulaires que décorent pour six d'entre elles les armes du fondateur, et qui sont toutes ouvertes par de grandes baies.

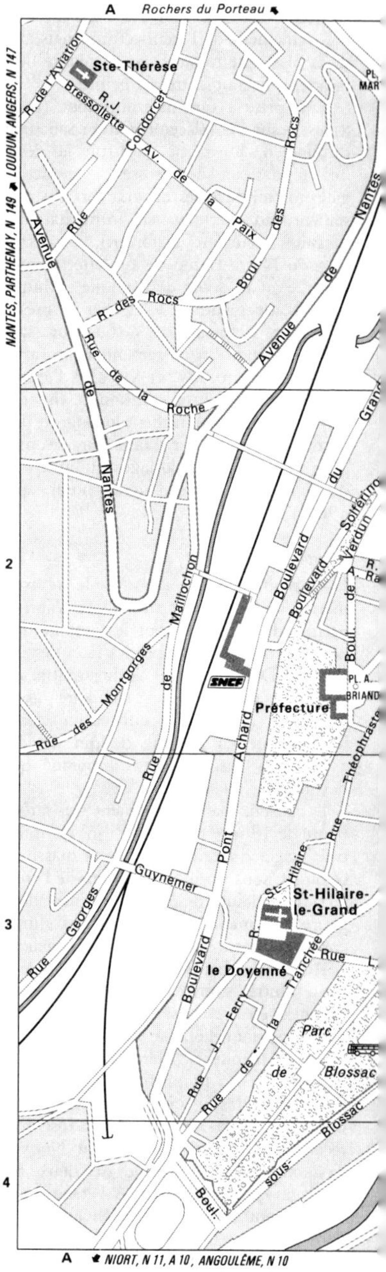

La ***chapelle du Fou*** (grand sénéchal du Poitou) ou ***Sainte-Anne*** *(à droite du chœur)* abrite une remarquable Mise au Tombeau de la Renaissance (vers 1555) qui provient du monastère de la Trinité. Superbe enfeu de style flamboyant. Autel de Sainte-Anne,

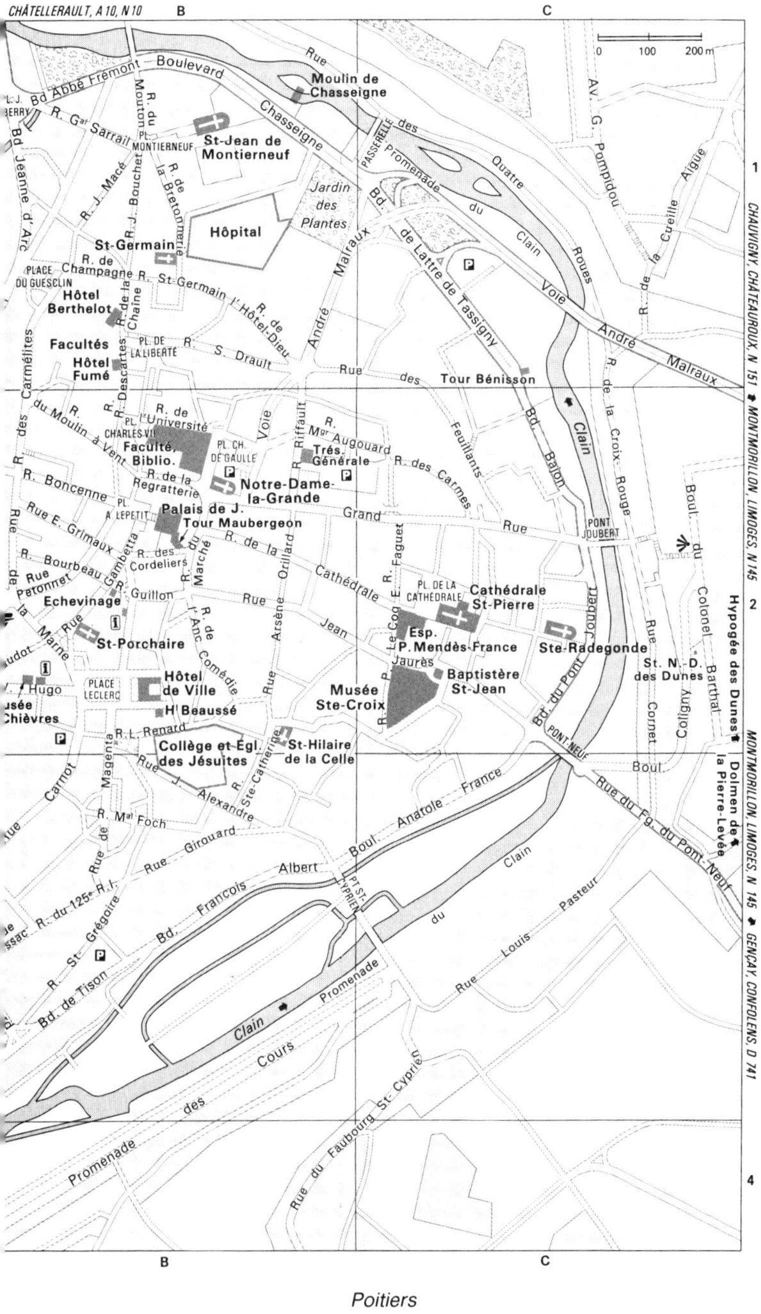

Poitiers

dont les sculptures figurent l'arbre de Jessé (du père Besny, XIXe s.). En allant vers la gauche, après être passé devant l'absidiole centrale (dépouillée, chapelle du Saint-Sacrement), on atteint la *chapelle Saint-Louis* : vitrail figurant le roi justicier et son chêne (1903), autel (l'ancien autel principal de l'église, du *R.P. Besny*, 1858), confessionnal en acajou. La *chapelle du « Bon Mourant »* abrite une scène curieuse, celle d'un mourant allongé, dénudé en partie, à qui un ange debout montre le ciel (inscription relative à la confrérie du Sainct Ange Gardien, 1636). La *chapelle Fumé* (1514) est surtout remarquable par la richesse de son plafond. La *chapelle Sainte-Bauduche* abrite la statue en pierre polychrome d'une Vierge qui était censée provoquer le beau temps. Dans la *chapelle d'Amboise*, vitrail représentant Jeanne d'Arc devant ses juges (*Carot*, 1910). Dans la *chapelle des Gillier*, vitrail de saint Dominique (1950). Le vitrail relatif au miracle des Clefs (cité ci-dessus) orne la *chapelle* suivante, dite *des Bardeau*. La grande baie de la *chapelle des Citoys* (XVIe s.) est de structure Renaissance. En face, belle chaire en bois sculpté du XVIIe s. Dans la dernière chapelle (1521), très grand vitrail figurant l'Assomption (1851). Tout proche, appuyé au premier pilier de la nef, charmant groupe sculpté dit de la Sainte Parenté en pierre peinte (XVIe s.), qui réunit une dizaine de personnages.

▶ Dans les rues qui bordent le flanc sud de l'église, quelques *maisons à pignon* viennent d'être restaurées, avec mise en évidence de leurs pans de bois. ▶ D'autres façades anciennes apparaissent dans la *rue du Marché* qui s'engage, au sud de la façade de Notre-Dame, vers la tour Maubergeon. Au *n° 25* de cette rue, au fond du couloir, porte Renaissance et, au deuxième étage, lucarne du XVe s. Au *n° 10*, à l'intérieur d'un magasin (Mandragore), deux arches d'un pont médiéval en bordure du Palais. En face, façade remarquable de l'*hôtel Pelisson* (1557), de la Renaissance, entièrement démolie, reconstruite et restaurée en 1989.

▶ Devant la façade de l'église se dressent des bâtiments universitaires du XIXe s. (date sur la façade : 1901). On voit, dans la cour, *trois arcades de l'ancien cloître de Notre-Dame*. Les *peintures* murales de *Pierre Girieud* (1930) qui décoraient l'ancienne salle des délibérations du Conseil de l'université ont été déposées. Quelques sections de la faculté de Droit occupent une partie de l'édifice, l'autre abrite depuis 1900 la bibliothèque municipale.

▷ La bibliothèque municipale *(B2)*

Ouvert du mar. au sam. pour tous les services, avec des variantes dans les horaires selon les besoins des quartiers. Pas de fermeture annuelle à la bibliothèque centrale.

C'est l'une des plus importantes de province. La *bibliothèque centrale* occupe deux bâtiments autour de la place ; trois bibliothèques de quartier, deux bibliobus urbains et une ludothèque en font une bibliothèque en réseau.

En entrant, dans la cage d'escalier, deux grandes *peintures* robustes et très colorées de *Berthommé Saint-André* : la Rencontre de saint Martin et de saint Hilaire, avec le baptistère dans le fond, et la trace des pas sur les pierres ; sainte Radegonde et le miracle des Avoines (1943).

La richesse du fonds est exceptionnelle, avec plus de 500 000 volumes imprimés et de 1 100 manuscrits anciens ou contemporains. Parmi les 220 *incunables* figure le premier ouvrage sorti des presses de Poitiers, trente-sept ans après la découverte de l'imprimerie (1479). Et, parmi les *manuscrits*, un évangéliaire de la fin du VIIIe s. ; une vie de sainte Radegonde, ornée de vingt-deux peintures (école poitevine, XIe s.) ; un pontifical de même époque, plusieurs livres d'heures et des psautiers gothiques et Renaissance, aux remarquables enluminures. Voir en particulier celles du *psautier* de *Jeanne de Laval* (XVe s.) orné de dix peintures sur vélin. Conservées à la bibliothèque, les archives municipales contiennent des *chartes* d'*Aliénor d'Aquitaine*, de *Philippe Auguste*, d'*Alphonse de Poitiers*, les lettres de fondation de l'université, des registres paroissiaux remontant à 1412, etc.

Un projet de rénovation de la bibliothèque avec l'utilisation des nouvelles technologies devrait permettre à ce service de remplir encore mieux son rôle de conservation et de diffusion.

▶ Au nord de la place, on a restauré l'immeuble à l'angle de la *rue de la Tête-Noire*. Cette annexe de la faculté de Droit possède une jolie fenêtre d'angle Renaissance (milieu XVIe s.). ▶ À quelques dizaines de mètres, *rue des Gaillards*, la *salle des ventes de la Puye* est installée dans une église du XIXe s. ▶ Plus à droite, entre la rue Sainte-Opportune et la voie Malraux, l'*hôtel Aubaret* (XVIIe s., avec des adjonctions récentes) abrite provisoirement une annexe de la bibliothèque municipale *(expositions temporaires)*. ▶ Descendre à gauche le long de la *pénétrante (voie André-Malraux)*, passer sous le pont routier et prendre à gauche la rue du Jardin-des-Plantes en longeant la faculté de Médecine et de Pharmacie.

Guillaume le Troubadour

Guillaume le Troubadour, duc d'Aquitaine, comte de Poitou (1071-1126), fut un des premiers troubadours. Il anima la renaissance de la littérature méridionale. Onze pièces de lui nous sont restées.

Il écrivit ce poème en langue d'oc, avant de partir pour la croisade : « Puisque de chanter m'a pris l'envie / Je ferai un poème dont suis dolent / Jamais plus ne serai servant / En Poitou ni en Limousin / Bientôt m'en irai en exil / En grande peur, en grand péril / En guerre laisserai mon fils / Et mal lui feront ses voisins / Le départ m'en est si amer / Au seigneurage de Poitiers... / J'ai tout laissé ce que j'aimais / Et chevalerie et orgueil / Puisqu'il plait à Dieu, j'accepte tout / Et prie qu'il me retienne à Lui... (traduction Pléiade)

▷ Le jardin des Plantes *B1*

Créé au milieu du XIXe s., c'est un havre de paix planté d'arbres rares (étiquetés). Au pied de la déclivité, on découvrira un bassin où évoluent des cygnes. La partie proche de la rue du Jardin-des-Plantes est utilisée en *jardin botanique*.

▶ Traverser le *boulevard de Chasseigne* pour atteindre la *passerelle des Quatre-Roues*. Belle *vue* sur les falaises de la rive droite, sur la rivière, le barrage amont et le barrage aval.

▷ La promenade du Clain *(B-C1)*

Suivre le bord du Clain vers l'ouest. Un chemin bien aménagé conduit au *moulin de Chasseigne*, de restauration récente, d'où l'on peut voir à gauche, l'église Montierneuf. Le chemin se poursuit jusqu'au *pont de Rochereuil*, et au-delà, à travers un jardin aménagé jusqu'à la Boivre, qui rejoint le Clain (en souterrain, sous l'immeuble) au niveau des restes de l'une des tours du château construit à la fin du XIVe s. par *Jean de Berry* et détruit au début du XVIIIe s.

Ronsard sur le Clain

« J'entends encor le son de ta voix non pareille,
Qui me gagna le cœur, et me souviens encor
De ta vermeille bouche, et de tes cheveux d'or,
De ta main, de tes yeux, et si le temps Qui passe
A depuis dérobé quelque peu de leur grâce,
Je ne suis toutefois de tes yeux moins ravi
Que je fus sur le Clain, le jour que je te vis
Surpassa en beauté toutes les pastourelles,
Que les jeunes pasteurs estimaient les plus belles. »

Ronsard

On trouve ici plusieurs témoins des fortifications qui, durant des siècles, protégèrent la ville. Au milieu du carrefour se dresse un reste de l'enceinte, la *tour du Cordier*, couronnée de mâchicoulis et de hauteur réduite par l'exhaussement des terrains voisins. Dans le jardin public, juste au confluent des deux rivières, deux *tours* sont les seuls restes du château triangulaire dont les Très Riches Heures du duc de Berry nous ont laissé un beau témoignage.

▷ La tour Bénisson *C1*

De la passerelle on peut suivre le Clain en direction opposée, jusqu'au-delà de la pénétrante, en passant devant les ruines romantiques de la *tour Bénisson*. On peut également l'atteindre par le n° 1 du boulevard Bajon, à la plaque officielle *promenade du Pré-l'Abbesse*. On se rendait à cette tour lors des processions qui commémoraient le miracle des Clefs. On évoque dans tout ce secteur le siège de 1569, car il correspond à une zone fragile où n'existe plus, pour un assiégeant, le redoutable obstacle des escarpements naturels.

▶ Face au pont de Rochereuil, la *rue du Mouton (B1)* conduit *place Montierneuf*. Une allée ombragée mène à l'église Saint-Jean-de-Montierneuf.

▷ L'église Saint-Jean-de-Montierneuf *B1*

Fondée vers 1070 par *Guillaume VII d'Aquitaine* pour « le pardon de ses péchés », Montierneuf fut maintes fois remaniée, notamment au XVIIe s. L'abbaye conserve d'importants bâtiments de cette époque. Bâtie par des clunisiens, le moine *Ponce* et le maître maçon *Mainardus*, l'abbatiale offre aujourd'hui l'aspect d'une construction composite. On y adjoignit en effet, d'abord au XIVe s., la haute abside centrale, appelée « lanterne », contenue par les griffes de ses arcs-boutants puis, à la suite des mutilations subies par l'église pendant les guerres de Religion, les arcades de la nef qu'on amputa alors de trois travées. De la construction d'origine subsistent cependant les piliers de la nef, les murs latéraux des bas-côtés, les croisillons, le rond-point et le déambulatoire - très large, fait exceptionnel pour l'époque - avec ses trois chapelles rayonnantes séparées par des arcatures qui conservent quelques curieux chapiteaux.

Dans la première travée du *bas-côté droit*, le tombeau (exécuté en 1820) du fondateur, Guillaume d'Aquitaine (1087). Une inscription rappelle, au mur du bas-côté gauche, la dédicace de l'église, en 1096, par le *pape Urbain II*. La nef conserve deux croix reliquaires, l'une gothique, l'autre Renaissance ornée de saphirs.

Les ***bâtiments abbatiaux*** voisins (XVIIe s.), réaménagés, sont occupés par l'École nationale supérieure de mécanique et d'aérotechnique (E.N.S.M.A.) qui devrait prochainement s'installer dans le parc du Futuroscope.

▶ Quitter Montierneuf en suivant le passage qui longe le mur nord. Il conduit à un espace vert d'où l'on peut admirer le chevet, l'harmonie du rez-de-chaussée roman et l'envolée de l'étage gothique.

▶ *La place Montierneuf (B1)*. Sur le côté ouest de la place, à l'angle de la rue du Général-Sarrail, une façade du milieu du XVIIe s. signale l'ancien ***hôpital des religieux de la Charité***, construit de 1625 à 1656

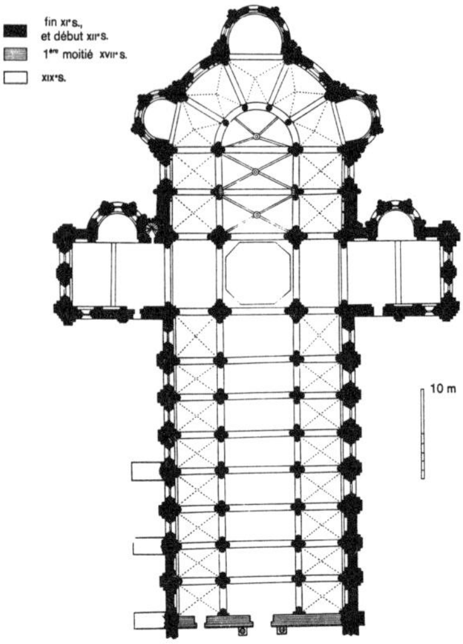

Saint-Jean-de-Montierneuf

(inscriptions). Le *Père Grignion de Montfort* y aurait fondé l'ordre des Sœurs de la Sagesse. Ce bâtiment est prolongé par une *chapelle* réaménagée qui sert de centre culturel et de maison de quartier (Maison des Trois Quartiers). ▶ Dans la *rue du Général-Sarrail (B1)* s'étendait le grand ***hôpital général***, achevé en 1689. Terriblement dégradé, il fut transformé vers 1982. Cette rénovation est l'une des plus importantes du Poitiers contemporain (*Laval*, arch.). ▶ Emprunter la *rue Jean-Macé (B1)* sur quelques mètres, jusqu'à l'entrée principale du bâtiment récent : colonnes minces, chapiteaux très dépouillés, carreaux couleur brique, parties à claire-voie aux extrémités. Traverser l'ensemble des deux bâtiments pour revenir place Montierneuf. ▶ L'étroite *rue Jean-Bouchet* (poète et juriste poitevin, ami de Rabelais) monte vers la *rue de la Chaîne (→ ci-après)*, traversant un quartier dont la rénovation des belles ***maisons*** anciennes à pans de bois est en cours d'achèvement. ▶ La *rue de la Bretonnerie* longe les bâtiments de l'E.N.S.M.A. Un petit crochet à gauche permet de voir l'intérieur de l'école et l'ensemble des anciens bâtiments monastiques qui en occupent le fond. ▶ L'*église Saint-Germain (B1)* entourée d'un petit jardin est un modeste édifice au visage romantique sous sa couverture de lierre. L'abside du XIIe s., la tour du XIIIe s., reconstruite, la nef du XVe s. furent élevées sur des substructions de thermes romains et de l'église carolingienne, découvertes à la fin du XIXe s. par le *Père de La Croix (→ encadré)*. ▶ La rue Saint-Germain est prolongée par celle de l'*Hôtel-Dieu (B1)*. La façade classique et la cour intérieure de cet hôtel particulier du XVIIe s. constituent la plus belle œuvre architecturale de l'époque que conserve Poitiers. Il fut construit par un receveur général des Finances, *Jean Pinet*, en 1662. A l'arrière les jardins, autrefois magnifiques, sont occupés aujourd'hui par des bâtiments administratifs installés dans les anciens locaux hospitaliers. Le bâtiment historique sera le siège de la présidence de l'université. A la fin du XVIIe s. l'hôtel Pinet servit de séminaire (chapelle à gauche). Quant au créateur de ce vaste ensemble, il fut pendu en 1670 « pour cause de prévarication »...

▷ La rue de la Chaîne *(B1) par la rue Saint-Germain*

L'on se trouve ici au cœur d'un espace urbain particulièrement dégradé, où se déroule une longue et hasardeuse entreprise de remise en état, car il s'agit de l'îlot opérationnel du secteur sauvegardé. Aujourd'hui d'heureuses transformations apparaissent (voir aux nos 14 et 16 de la rue des Trois-Rois, *le Toit du monde*) ; au *no 6*, la maison du XVe s. à pans de bois avec étal marchand au rez-de-chaussée.

L'***hôtel Berthelot*** peut être atteint par un passage ouvert au no 24. Cette belle construction Renaissance (1529) abrite le *Centre d'études supérieures de civilisation médiévale* qui possède une photothèque unique en France pour l'art roman de 900 à 1200 (10 000 clichés, 16 000 diapositives ; corpus de peintures murales romanes pour toute la France). Au bas de l'escalier on débouche dans le jardin d'où l'on voit l'élévation ouest de l'immeuble (on peut passer aussi par l'hôtel Fumé).

▷ L'hôtel Fumé* *(B1) 8, rue Descartes*

Il fut construit entre 1474 et 1510. Dans la façade richement décorée s'ouvre un passage (grille de fer forgé, moderne) qui conduit à une jolie cour intérieure. Tourelle d'escalier à droite, licorne au sommet du toit, balcon, élégante galerie, colonnes torses. L'hôtel est devenu, en 1922, le siège de la faculté des lettres. Il abrite aujourd'hui le secrétariat de la faculté des sciences humaines, les amphithéâtres se dispersant dans trois bâtiments étagés accrochés à la pente très raide.
▶ Sur la *place de la Liberté (B1)*, anciennement du Pilori, réplique de la statue de la Liberté de *Bartholdi*. Sur cette place fut guillotiné le général Berton en 1822. ▶ Au no 14 de la *rue René-Descartes*, potail à fronton du XVIIe s. ▶ Traverser la *place Charles-VII*, rénovée, pour atteindre le secteur piétonnier par la *rue des Vieilles-Boucheries* qui aboutit par la rue du Palais à la *place Alphonse-Lepetit* (place du Palais) dominée à gauche par le péristyle (XIXe s.) du palais de justice.

▷ Le palais de justice* *B2*

Cet ancien palais des ducs abrite divers tribunaux et la cour d'appel (qui fit longtemps la réputation de cité de robe de Poitiers) où l'on accède en traversant la salle des Pas-Perdus.

La *salle des Pas-Perdus* est une immense salle, construite au début du XIIIe s. et en partie refaite par le célèbre *Guy de Dammartin*, en 1393 et 1415, pour le *duc Jean de Berry* (mort en 1416), frère de Charles V. C'est une magnifique nef longue de 50 m et large de 17 m, couverte d'une charpente en berceau brisé refaite au XIXe s. Les murs latéraux sont ornés d'arcatures en plein cintre d'un côté, en arc brisé de l'autre. A l'extrémité sud, un espace surélevé précède le splendide mur-pignon de la fin du XIVe s., avec trois cheminées sculptées, surmontées d'une galerie ajourée et de trois fenêtres à meneaux entre deux tourelles d'escalier à pans. Au fenestrage s'adossent des statues : Charles VI, la reine Isabeau de Bavière, le duc de Berry, et Jeanne de Boulogne.

De la salle, on gagnera la partie centrale de la *tour Maubergeon* (→ *ci-après*). La *salle centrale (s'adresser au gardien, à l'entrée)*, à deux nefs, est cantonnée de quatre petites pièces hexagonales comprises à l'intérieur des tours, et dont les voûtes retombent sur des consoles à figurines.

▶ En quittant le palais de justice, tourner à gauche dans l'*ancien plan de Mai* où apparaissent les façades de demeures des XVIe et XVIIe s. *(secteur piétonnier, jusqu'au terme de la rue Gambetta)*. ▶ La première rue à gauche, la *rue des Cordeliers (B2)*, est également voie piétonnière. De là, on peut découvrir, de l'extérieur, le magnifique *mur-pignon* qui domine les fondations de l'enceinte gallo-romaine : à la base, énormes blocs provenant de monuments détruits; au sommet, petites pierres soigneusement appareillées. A sa droite s'élèvent le logis carré et les quatre tours rondes de la tour Maubergeon.

Un prêtre archéologue

Camille de La Croix d'Ogimont est né en 1831, à Mont-Saint-Aubert, près de Tournai, dans une famille de vieille noblesse de Flandre. Très tôt se révèle chez lui un tempérament d'artiste : il peint avec talent et ses dons de compositeur lui valent les encouragements d'Auber et de Gounod. En 1854, il entre au collège des jésuites Saint-Joseph à Poitiers en qualité de professeur de musique, et devient prêtre en 1864. Choqué par son enseignement, le directeur du collège lui confie alors le décor d'une chape, destinée au pape Pie IX; on devait y évoquer saint Hilaire et les origines chrétiennes du Poitou. Des recherches s'imposaient qui, d'historiques, devinrent vite archéologiques. A la fin de l'année 1877, le Père de La Croix donnait son premier coup de pioche sur le lieu présumé de l'habitation de saint Hilaire à Poitiers, au lieu-dit Saint-Hilaire-de-la-Celle. Au cours de cette première fouille furent mis au jour les soubassements d'une petite chapelle où venait prier le saint, et surtout une portion du grand mur romain élevé autour de Poitiers. Ce fut pour le Père de La Croix l'occasion de faire sa première communication à la société savante locale, la société des Antiquaires de l'Ouest, et le début d'une passion qui ne la quitta jamais. En 1878, il découvrit les substructions des thermes gallo-romains de Poitiers, ce qui lui valut d'être honoré par la Société française d'archéologie. Mais sa découverte la plus retentissante fut, la même année, celle de l'hypogée des Dunes, qu'il nomma Hypogée Martyrium en souvenir des martyrs chrétiens qu'il croyait ensevelis là. C'est en ce lieu que lui-même (il meurt en 1911) désire être inhumé; vœu qui ne sera pas exaucé. Cependant, pour commémorer son souvenir, à l'aide d'une souscription publique, fut élevé un buste en bronze du sculpteur Aimé Octobre. Sur le piédestal sont inscrites les principales découvertes du savant : «Poitiers-Thermes romains, Hypogée, Berthouville (Eure), Saint-Maure-de-Glanfeuil (Maine-et-Loire), Saint-Philibert-de-Grandieu, les Bouchauds (Charente).

▷ La tour Maubergeon* *B2*

Sur des fondations romanes, le donjon du palais ducal fut élevé à la fin du XIVe s. par le duc *Jean de Berry*; mais il resta inachevé. Dans le jardin, la *statue* de Jeanne d'Arc (*Réal del Sarte*, 1929) rappelle qu'en ce palais l'héroïne subit le célèbre interrogatoire de trois semaines (avril 1429) à l'issue duquel sa mission fut officiellement reconnue. A côté, sur le sol, grosse pierre cristalline dite le *«montoir» de la Pucelle*.

▶ Un peu plus loin dans la rue Gambetta, et toujours à gauche, la *rue Paul-Guillon (B2)* descend vers un immeuble sous lequel s'ouvrent les trois voies d'un passage moderne. ▶ Juste avant de l'atteindre, à droite, l'ancien *hôtel* gothique et Renaissance *de l'Echevinage (B2)*. Il fut occupé, au XVe s. par les «Grandes Écoles» (l'université) puis, à l'époque de la Renaissance, par les échevins. L'hôtel de ville y fut ensuite installé jusqu'à la fin du XIXe s. On aménagea alors, dans l'ancienne chapelle (1460), un musée dont les collections ont été transférées au musée Sainte-Croix (→ *ci-dessous*). Depuis lors, l'Echevinage est partagé entre le siège de la Société des antiquaires de l'Ouest (fondée en 1834) qui se consacre à l'histoire et à l'archéologie locales, et la Société immobilière de la Ville de Poitiers qui occupe en outre les locaux ouverts au-

Jeanne à l'épreuve

Jeanne était-elle envoyée de Dieu, ou du diable? Assemblés pour en décider, des théologiens (en 1429) la questionnèrent. Elle fit preuve dans ses réponses d'une « simplicité pleine de grandeur » : « — Jehanne, tu dis que Dieu veut délivrer le peuple de France ; si telle est sa volonté, il n'a pas besoin de gens d'armes ». Elle ne se troubla point : « — Ah! mon Dieu, dit-elle, les gens d'armes batailleront et Dieu donnera la victoire. » A l'un des examinateurs qui lui demandait de montrer un signe, elle répondit : « — Je ne suis point venue à Poitiers pour faire des signes ou des miracles, mon signe sera de faire lever le siège d'Orléans. Qu'on me donne des hommes d'armes, peu ou beaucoup, et j'irai », et, plus tard : « Je ne sais ni A ni B, mais je viens de la part de Dieu pour faire lever le siège d'Orléans et sacrer le dauphin à Reims. »
Quelques dames s'assurèrent de sa virginité, car le démon ne pouvait faire un pacte avec une vierge. Alors la Pucelle quitta Poitiers le 10 avril, pour la délivrance d'Orléans, qui fut suivie du sacre de Reims.

dessus du passage. ▶ Rue Paul-Guillon, on longe la ***Banque de France***, de style haussmanien, et l'on aperçoit à gauche, au carrefour, l'immeuble moderne de la ***Chambre de commerce*** (*Garat* arch., vers 1985) : vitres teintées de couleur bronze, galerie au rez-de-chaussée. ▶ A quelques mètres, sur la droite, *rue de l'Ancienne-Comédie (B2)*, s'ouvre l'***hôtel de la Région Poitou-Charentes*** (1987), qui correspond à l'une des transformations contemporaines les plus remarquables de la vieille ville. Il s'étend sur une partie de l'ancien collège Saint-Stanislas, dont il partage l'assise avec l'École supérieure de commerce, qui utilise les vieux bâtiments scolaires rénovés. L'hôtel de Région est formé de quatre bâtiments, dont l'ancienne chapelle transformée, qui sert de salle de réunion. ***Salle d'exposition*** à l'entrée (*Antoine Grumbach* arch.).

▷ L'église Saint-Porchaire *B2*

Elle dresse son haut clocher roman (fin du XIe s.) presque à l'entrée de la rue Gambetta. Au milieu de la placette qui la précède, une gargouille provenant du clocher, représentant la figure terrifiante d'un monstre, repose sur un pilier de calcaire.

Le ***clocher-porche*** aux arcatures peut-être les plus anciennes des édifices romans de Poitiers abrite la cloche (XVe s.) de l'université primitive. A la porte Ouest, quatre chapiteaux sculptés, dont un Daniel au milieu des lions, entouré d'une inscription romane. L'église elle-même, reconstruite au début du XVIe s. sur l'édifice élevé au Xe s. par *Thibaut* abrite, sous le chœur, une toute petite ***crypte*** de l'époque de la fondation. Les deux larges travées de la nef s'achèvent sur un chevet plat : les belles ***verrières*** qui l'éclairent datent en partie de la Renaissance, d'autres sont modernes (*Henri Carot*, vers 1900).

Sur le côté nord de l'église, au fond, dans un édifice en forme d'orangerie, ***oratoire*** avec fresques récentes de *Marie Baranger*.

▶ On peut faire un petit crochet vers l'ouest en contournant la gargouille pour suivre la minuscule ***rue Saint-Porchaire***, puis la ***rue de la Marne***, où l'on voit un charmant Manneken-Piss en action sur la façade de l'hôtel de Police. ▶ La ***poste centrale*** *(A-B2)*, achevée en 1919, en pierre de taille, est caractéristique des bâtiments publics de cette époque ; superbe grille métallique moderne ; grands médaillons ornés de rinceaux ; deux statues encadrent le fronton : une dame nue qui représente la Téléphonie et un Mercure également dénudé qui tient le caducée et s'appuie sur un globe (*Hilaire Guimet*, arch. 1919 ; *Octobre*, sculpt., 1913). ▶ Quelques mètres plus bas, à droite dans la ***rue Arthur-Ranc*** *(A2)* se dresse le bel immeuble contemporain de la ***Direction départementale de l'équipement***, dont le vaste hall vitré attire l'attention : soubassement en pierre de Chauvigny ; placages de pierre ; verre, aluminium (*Grumbach, Deshoulières, Jeanneau* arch., 1988). Le bâtiment est construit sur d'imposantes ***ruines gallo-romaines*** (thermes ?), visibles de l'intérieur, mais aussi de l'extérieur du bâtiment sur la droite. L'ensemble archéologique doit bénéficier d'un aménagement prochain. ▶ La rue Arthur-Ranc débouche face aux escaliers de la gare et au ***monument aux morts***, groupe de bronze du sculpteur *Octobre*, représentant une Victoire ailée qu'un soldat conduit par la main. Le groupe se dresse sur un socle massif en pierre (balustrade, escaliers) qui domine le ***jardin des Coloniaux*** aménagé sur une très forte pente à l'intérieur de l'épingle à cheveux que décrit ici le boulevard. A l'autre bout se trouve le monument ***A la gloire des coloniaux du Poitou***, simple bloc massif de calcaire qui remplace l'ancienne sculpture détruite pendant la guerre. ▶ De l'église Saint-Porchaire, longer le ***théâtre*** *(sur la gauche)*. Sur la façade du côté de la ***place du Maréchal-Leclerc*** *(B2)*, ancienne place d'Armes, centre animé de la ville, « Fontaine » d'Étienne Bossut (1983).

▷ L'hôtel de ville *B2*

Il a été construit entre 1869 et 1875 par *Guérinot*, dans le style de la Renaissance ; magnifique ***escalier d'honneur*** *(Barrias, Brouillet)* ; sculptures de *Girouard*, dans le vestibule ; cariatides de *Barrias* et ***peintures*** de *Puvis de Chavannes* dans le grand escalier : l'une représente la Réception triomphale par le clergé et les habitants de Poitiers de Charles Martel, vainqueur des Sarrasins, aux portes de la ville ; l'autre, sainte Radegonde retirée au couvent de Sainte-Croix, donnant asile aux poètes et protégeant les Lettres contre la barbarie du temps. Dans cette dernière toile, Puvis de Chavannes s'inspire d'Augustin Thierry et suggère le « compromis entre l'austérité monastique et les habitudes mollement élégantes de la société civilisée » ; à gauche, assis, écoutant Fortunat, il a représenté *Théophile Gautier* ; dans les traits de Radegonde, on reconnaît la *princesse Cantacuzène*, et Puvis s'est lui-même représenté, debout à gauche (1874).

Au premier étage, un plafond peint *(Jean Brunet)*, représentant Du Guesclin délivrant Poitiers des Anglais, recouvre la ***salle des fêtes*** éclairée par un vitrail de *Steinheil* : Aliénor d'Aquitaine y confirme les privilèges de la ville. Des plafonds peints par *Perrault*, une grande allégorie de *M. Bin* , et des tableaux à thèmes mythologiques *(de Curzon)* décorent en outre les ***salles du conseil*** et ***des mariages***.

▶ Sur la place, à l'angle de la rue Carnot, bel ***hôtel de Nieul***, du milieu du XVIIIe s.

De la cathédrale au musée Sainte-Croix

Ⓟ *Charles-de-Gaulle, Rivaud*

▷ La Grand-Rue *B-C2*

Derrière le chevet de Notre-Dame-la-Grande *(→ ci-dessus)*, la Grand-Rue descend en direction du Clain qu'elle atteint au ***pont Joubert***. Cette voie, une des plus anciennes et des plus commerçantes de Poitiers, escaladait déjà la colline à l'époque gallo-romaine, formant sans doute une voie décumane, perpendiculaire au grand axe N.-S. ***(cardo)*** formé par les rues de la Tranchée, Carnot, Gambetta ou des Grandes-Écoles, de la Chaîne. Elle est bordée de maisons et hôtels des XVIe et des XVIIe s., et de magasins, parmi lesquels des ateliers originaux (ciergerie, fabrique de parapluies, maisons de poupées).

Au n° 190, ***hôtel Barbarin*** (XVIe s.), avec une curieuse inscription à la base des lucarnes : « Nec spe, nec metu, mediis tranquillus in undis, 1590 » (sans ambition ni crainte, je me tiens tranquille au milieu des eaux).

Un bref crochet vers le nord, par la rue Riffault, conduit en quelques mètres à la ***Trésorerie générale*** *(B2)*, témoin intéressant des pratiques architecturales vers les années 1970-1975. Il s'agit d'un immeuble-miroir, entièrement vitré, dont les reflets intègrent l'architecture nouvelle dans l'environnement urbain traditionnel qui l'encadre. Il occupe un ancien îlot entièrement détruit. A l'intérieur, des vitrines éclairées présentent les ***objets gallo-romains*** trouvés sur le site : de la poterie sigillée, un Mercure à la bourse en bronze, une stèle au Mercure, une représentation de la déesse Epona debout devant un cheval, des monnaies, etc.

Au n° 159 de la Grand-Rue, ***hôtel du Grand Prieuré d'Aquitaine*** (1667) : il fut résidence des prieurs de l'ordre de Saint-Jean-de-Jérusalem (plus tard, de Malte) dont le grand maître était *Gilbert de Vieilbourg*. Au n° 118, étonnante ***maison*** étroite, à pignon sur rue, ***dite des Trois-Clous*** (XVe s.). Au n° 116, entrée du ***passage des Minimes***, du nom du couvent des religieux établis à Poitiers en 1591.

Au n° 102, l'***hôtel de Rochefort*** abrite la direction régionale des Affaires culturelles. Les façades des n°s 110, 108, 106, 104, hautes et étroites, à pans de bois, appartiennent à des constructions récentes qui abritent un ensemble de bureaux ultra-modernes, dominant la cour intérieure par un réseau de baies vitrées. L'ensemble (bien visible de la cour) comprend donc une partie principale, rénovée et agrandie (hôtel de Rochefort, XVIe s.), un immeuble sur rue (au niveau du porche, XVIIe s.), l'ensemble moderne de bureaux. Le service de l'inventaire contient une documentation extraordinaire relative aux bâtiments et même aux objets mobiliers intéressants pour l'ensemble du Poitou-Charentes (voir service d'information et de vente à l'entrée de l'hôtel).

Aux n°s 94-96, entrée de l'ancien ***hôtel de Briey***, construit à la fin du XIXe s. dans le style Renaissance (chapelle), qui donne accès à un vaste ensemble rénové jusqu'à la rue des Feuillants. La Grand-Rue est en effet en voie de transformations rapides et heureuses qui en changent profondément l'aspect et la repeuplent.

▶ Au-delà, à mi-pente, tourner à droite dans la ***rue Émile-Faguet***. Cette rue va croiser celle de la Cathédrale, où, au n° 47, se trouve l'***hôtel de la Rose***, remanié au XVIIe s. C'est là que logea *Jeanne d'Arc*, en 1429, chez *Jean Rabateau*, avocat général au Parlement. Seule la cour est visible (plaque commémorative). Au n° 15 de la même rue, portail du XVIe s. ▶ De la rue Émile-Faguet, descendre à gauche vers le ***parvis de la cathédrale***.

▷ La cathédrale Saint-Pierre★ *C2*

C'est de loin l'édifice le plus important de Poitiers par ses dimensions. Immense vaisseau rectangulaire de huit travées, accompagné de deux collatéraux presque aussi élevés, l'édifice appartient au type des monuments angevins à bas-côtés. La hauteur des collatéraux traduit l'influence du style roman poitevin chez les artistes gothiques ; l'absence d'arcs-boutants crée une différence essentielle avec les églises gothiques du Nord.

Commencé par le chœur en 1162 sous Henri d'Angleterre, l'édifice était achevé à la mort d'Alphonse de Poitiers (1271), à l'exception des deux premières travées de la nef, de la façade et des tours, arrêtées au-dessus de leur deuxième étage. Les parties hautes de cette façade furent achevées au XIVe s. Après la consécration du sanctuaire (1379), la construction des tours se poursuivit durant tout le XVe s. : celle du nord ne fut terminée qu'au début du XVIe s.

L'extérieur

La partie centrale de la *façade*, percée d'une rose à seize rais, est encadrée de deux contreforts couronnés de clochetons octogonaux. Flanquée de deux tours hors œuvre, elle présente un développement considérable qui l'apparente aux écoles gothiques du Nord.

Les trois *portes* du XIIe s. ont perdu leurs trumeaux et les grandes statues de leurs jambages, mais conservent un peuple de statuettes sous leurs voussures. Les tympans représentent : au centre le Jugement dernier, à gauche la Mort et le Couronnement de la Vierge, à droite les scènes de la vie de saint Thomas et l'édification d'un palais mystique par les tailleurs de pierre dont il était le saint patron. Contre le croisillon nord s'ouvre la *porte Saint-Michel*, entre des colonnettes aux tailloirs et aux chapiteaux sculptés qui représentent des scènes de la vie de la Vierge. La tour sud abrite le grand bourdon (1734) qui pèse près de 9 t. Le parvis est de onze marches, plus bas que la place, et il faut descendre encore plusieurs degrés pour entrer dans l'église.

L'intérieur

Imposant espace rectangulaire à trois nefs, d'une longueur de 90 m et d'une hauteur de 27 m sous voûtes, qui se rétrécit en s'abaissant légèrement vers le chœur, ce qui donne une perspective plus fuyante et augmente la longueur apparente de l'édifice. Point de transept, mais deux chapelles rectangulaires (ayant chacune une absidiole orientée, empâtée comme celle du chœur) font saillie de part et d'autre, à la hauteur de la cinquième travée, tenant lieu de croisillons.

Par une disposition unique dans les églises à bas-côtés, une galerie de circulation, portée par une haute arcature en plein cintre et munie en 1780 d'une lourde balustrade, règne sur tout le pourtour intérieur, devant les fenêtres. Celles-ci, d'un dessin très pur, sont presque toutes de la fin du XIIe s. ou du début du XIIIe s., sauf celles des deux premières travées, à remplage rayonnant (fin du XIIIe s.).

Une inestimable collection de vingt *verrières* de la première moitié du XIIIe s. éclaire l'église. La plus célèbre et la plus précieuse dans l'axe de l'église, au chevet, représente *la Crucifixion*** et date des environs de 1170. On admet qu'il s'agit de l'un des plus beaux et des plus exceptionnels vitraux français. Au sommet, *Christ de l'Ascension* encadré par deux anges. Au centre, la *Crucifixion*. Au bas, la crucifixion de saint Pierre (tête en bas), entourée de compartiments décorés. Bordure superbe de l'ensemble. Les autres verrières du fond ont été restaurées au début de ce siècle.

Au revers de la façade, la tribune baroque porte *l'orgue* construit à la fin du XVIIIe s. par *François Cliquot*, instrument prestigieux utilisé pour donner des concerts de musique ancienne (1787-1791).

Belles *stalles* du chœur, qu'enveloppe une grille de belle ferronnerie. Ces stalles, du milieu du XIIIe s., sont parmi les plus anciennes de France. Les sculptures des écoinçons représentent avec bonheur des sujets variés. Une sculpture sur deux représente un ange, vu de face, qui tient en ses mains écartées deux couronnes. Parmi les autres, toutes différentes, on relève : un coq, une Vierge à l'Enfant, une chauve-souris, un centaure tirant une flèche, deux dragons, un homme tuant un porc, un cavalier, un curieux visage d'homme barbu qui se termine en feuillages, etc.

Un vaste ensemble orné occupe le bras sud du *transept*. Il provient du couvent des Jacobins et fut réalisé vers 1670. A la base, autel (milieu du XIXe s.) ; au-dessus, tabernacle en bois doré que surmonte un retable dont la partie centrale est occupée par un grand tableau représentant l'Institution du Rosaire par saint Dominique (vers 1620), et où plusieurs personnages peuvent être reconnus (Louis XIII, Marie de Médicis, Henri IV) ; tout au sommet, une toile ovale représente une Adoration du Saint-Sacrement (1820).

Tableaux, panneaux peints ou sculptés ornent les murs. Remarquer le grand tableau de la *Résurrection*, œuvre de *Nicolas Pinson* (1598), et le curieux ex-voto de la même époque, peint sur bois, avec de nombreux textes, qui veut démontrer la réalité de l'Incarnation (1590). Admirer le charme des *sculptures* de la Vierge, en terre cuite, du XVIIe s. Sur le mur nord, monuments aux évêques de Poitiers, parmi lesquels, celui consacré à Mgr de Bouillé donne une image de la Croix miraculeuse de Migné *(→ vallées de la Boivre et de l'Auxances).*

Il est regrettable que l'on ne puisse plus monter dans les tours ni découvrir l'espace extraordinaire qui s'étend sous la charpente, entre les dômes successifs qui correspondent aux voûtes et la couverture d'ardoises : c'est comme un autre édifice, énorme, qui reste inconnu.

▶ Contourner la cathédrale par la place ombragée, au nord. Dans la *rue de la Cathédrale*, voir une façade, restaurée, de la Renaissance. Au bas de la place, à gauche dans la perspective d'une petite rue, un portail également Renaissance apparaît dans le premier croisement. Longer à droite le haut mur (50 m) du chevet qui comporte quelques traces du bombardement infligé à la ville par *Coligny* (1569). A gauche, la *rue Arthur-de-la-Mauvinière* (fenêtre Renaissance) descend vers le Clain. Dans l'axe se dresse la tour de Sainte-Radegonde.

▷ L'église Sainte-Radegonde* *C2*

Cette église, qui abrite le tombeau de sa fondatrice (587), est l'une des plus anciennes de Poitiers. La petite place ombragée qui la jouxte était son cimetière.

L'église occupe l'emplacement d'une basilique funéraire fondée vers 560 en dehors de l'enceinte gallo-romaine du Bas-Empire et fut appelée pour cette raison Sainte-Marie-Hors-Les-Murs. Elle devait abriter les sépultures des religieuses du monastère de Sainte-Croix créé par la *reine Radegonde (→ ci-après)*. Celle-ci y fut inhumée en 587 et l'église prit alors son nom. Le tombeau de la sainte ne cessa dès lors d'être un lieu de pèlerinage. L'édifice fut reconstruit à la fin du XIe s. L'abside avec sa crypte et son déambulatoire, ainsi que l'étage inférieur de la tour, paraissent remonter à cette époque. La large nef unique, du plus beau style angevin, est une construction du XIIIe s. voûtée au XIVe s. Quant aux peintures, elles sont du XIXe s.

L'extérieur

La façade, précédée d'un parvis entouré de bancs de pierre, se compose d'un clocher-porche dont les étages supérieurs, l'un carré, l'autre octogonal, datent du XIIe s. ainsi que le lanternon de la tourelle d'escalier. La porte principale est un placage de la fin du XVe s. qui cache toute la partie inférieure de la tour. De riches dais y abritent les statues des patrons de Poitiers (Notre-Dame, sainte Radegonde et ses deux compagnes, saint Hilaire).

Du porche, sous lequel sont encastrés deux bas-reliefs du XIIe s., une descente de dix marches précède le vaisseau.

L'intérieur

A droite, sous un enfeu gothique, le groupe baroque dit du *Pas de Dieu* fut transféré, à l'époque de la Révolution, du monastère

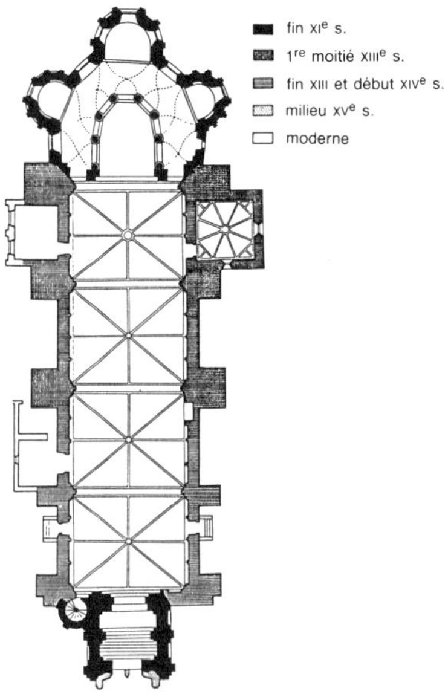

Sainte-Radegonde

Sainte-Croix : il représente une apparition du Christ à la sainte ; à la suite de cette apparition, le pied du Christ aurait laissé son empreinte dans une pierre, protégée par une grille, qu'on a placée entre les deux statues. Les peintures du XIVe s. aux voûtes de l'abside, ont été mal restaurées en 1850.

La *crypte* s'ouvre sous le chœur : elle contient le tombeau de sainte Radegonde. Le sarcophage, celui même où *sainte Radegonde* fut ensevelie en 587, repose sur une table épaisse du XIIe s. En 1989 on y a trouvé une petite boîte de plomb conte-

Le pèlerinage

« On compte par an trois cent mille personnes qui viennent à la châsse de sainte Radegonde ; quand vient la fête de la sainte, en août, les pèlerins sont si nombreux et en général si pauvres, qu'ils couchent dans une sorte de camp hors de la ville. J'ai vu le tombeau : il est dans une jolie église gothique du XIIe siècle déjà fortement enfoncée en terre... C'est vraiment un spectacle du Moyen Age : ce flamboiement violent, au fond d'une sorte de puits, au-dessus des os d'une morte, est une vision de Dante ; il y a de quoi remuer les nerfs, dans le silence tragique de cette obscurité terrible ; c'est la fosse mystique d'une sainte qui, du milieu de la pourriture et des vers, voit dans son cachot de terre gluante entrer le rayonnement éblouissant du Sauveur. »

Hippolyte Taine.

De l'« histoire cristallisée »

La rue Sainte-Croix et ses alentours sont un des endroits où l'on peut le mieux saisir le poids de l'histoire dans la vie de la cité. La phrase qui définit la ville comme « de l'histoire cristallisée » trouve ici sa justification.
L'ensemble des bâtiments est construit sur la ville gallo-romaine, dont les fondations apparaissent partout dès que l'on creuse. En 1989 encore les travaux de restructuration de la clinique ont confirmé à la fois la très haute ancienneté du quartier et l'extension du monastère au sud de la rue. Aujourd'hui les témoins de cette époque ne sont plus visibles que dans le musée Sainte-Croix et dans le Baptistère. Une fraction du mur romain est encastrée dans un porche de l'immeuble moderne à l'angle de la rue Sainte-Croix et de la rue Jean-Jaurès. Le haut Moyen Age est présent dans le Baptistère et dans la petite construction (XXe s.) qui abrite la cellule de sainte Radegonde, dans la cour arrière de l'immeuble moderne.
De l'époque romane datent en partie le Baptistère, les ruines de l'église Sainte-Croix devant l'immeuble de bureaux (au sol), une partie de la cathédrale. Des temps « gothiques » : la cathédrale, pour l'essentiel, et une salle au moins dans la clinique des Hospitalières. Des XVIIe, XVIIIe et XIXe s. : plusieurs bâtiments (musée, clinique, chapelles) aisément reconnaissables. La résidence Jean-Jaurès, la partie neuve du musée, et les volumes de l'espace Pierre Mendès-France (Devenir) sont des réalisations récentes.
Quelques pas à droite ou à gauche, et c'est une grande partie de l'histoire de cette ville qui vient à nous, dans son incroyable enchevêtrement de siècles.

nant les restes, en partie brûlés, d'un squelette de femme, qui pourraient être ceux de la sainte. La statue de la sainte (XVIIe s.) fut offerte par *Anne d'Autriche* en reconnaissance d'une guérison de Louis XIV, et le sculpteur a donné à la sainte le visage de la reine. Dans les chapelles latérales reposent les dépouilles des compagnes et disciples de Radegonde : Agnès, abbesse de Sainte-Croix, et Disciole.

L'ancienne *salle capitulaire*, belle construction angevine de la première moitié du XIIIe s. à la voûte aux huit nervures, est occupée par la sacristie. Le chevet de l'église domine un petit espace vert, d'aménagement récent, en bordure du boulevard.

▶ Revenir vers la cathédrale en admirant son exceptionnel *chevet*, et tourner à gauche, *rue Sainte-Croix (→ encadré)*. On traverse une esplanade ombragée après avoir longé un immeuble restauré (du XIVe s.) qui étrangle la rue et l'on atteint la *rue Jean-Jaurès* presque au niveau du baptistère Saint-Jean.

▷ Le baptistère Saint-Jean** *(C2) t.l.j. sf mar. 10 h 30-12 h 30 / 15 h-18 h*

Jusqu'en 1987 il était isolé par les deux voies de circulation de la rue Jean-Jaurès, ouverte au milieu du siècle dernier. Après le déplacement de la rue vers le nord, au prix de quelques démolitions, il se trouve désormais intégré dans l'espace qu'occupe en partie le musée Sainte-Croix, et au centre d'un espace vert (1989).

Longtemps l'incertitude fut grande quant à ses origines. Une tradition constante les associait à la fonction baptismale, elle-même liée à la cathédrale toute proche. Puis il fut considéré comme l'héritier d'un temple romain, ce qui expliquerait l'appellation de temple Saint-Jean utilisée parfois encore.

Les fouilles conduites vers 1960 *(François Eygun)* permirent de montrer qu'il s'agissait bien, dès l'origine, d'un bâtiment chrétien, et de préciser les étapes de sa transformation. La *cella* centrale aurait été construite entre 356 et 368 pour servir au baptême par immersion, ce qui explique la présence de la piscine. Le baptême par affusion ayant été institué au VIIe s., on combla alors la piscine et la cella fut surhaussée. L'avant-corps du narthex, l'abside orientale à cinq pans et les absidioles latérales furent ajoutées à cette époque. Érigé en église paroissiale en 1638, désaffecté en 1791 puis loué comme hangar, le baptistère allait être démoli par une municipalité « sauvage » *(Mérimée)* lorsqu'il fut sauvé in extremis en 1834 et restauré à partir de 1855 par l'architecte *Joly-Leterme*. On mesure mal la hauteur exacte de l'édifice, car il reste en partie enterré, malgré les travaux de dégagement réalisés entre 1987 et 1989.

L'extérieur

On prêtera attention au mélange des divers appareils de construction (appareil romain presque carré, appareil allongé des parties hautes, insertions de briques) et aux motifs décoratifs insolites, triangles, pilastres à chapiteaux, rosaces de briques colorées qui semblent appartenir aux traditions mérovingiennes. On verra dans la salle d'entrée, à l'intérieur, les moulages de ces motifs *(Père de la Croix)*.

L'intérieur

Autour de la piscine centrale octogonale, les fouilles ont mis au jour des restes d'hypocauste et des éléments gallo-romains. Un éclairage permet de les observer à travers des vitres placées sur le sol. L'héritage romain est aussi visible dans les colonnes de marbre couronnées de chapiteaux, réutilisées à plusieurs endroits.

Le *musée d'archéologie mérovingienne* se compose surtout d'une collection exceptionnelle de *cuves* et de couvercles de *sarcophages*, de provenance régionale. On y trouve un sarcophage double, des sarcophages d'enfants et des témoignages nombreux des pratiques décoratives employées au cours de cette période. La plupart des sarcophages sont en forme de trapèze. Les décors des couvercles sont ordinairement géométriques et relèvent de l'école du Poitou (différente de celles d'Aquitaine et de Bourgogne). Le matériau est toujours formé par les calcaires locaux. Le décor est concentré sur le couvercle, assez souvent divisé en compartiments par de larges bandes saillantes disposées en forme de croix à trois traverses ; ailleurs apparaissent des tracés géométriques (rectangles, rosaces, cordons) et plus rarement végétaux. Une belle plaque d'autel avec graffiti, originaire de Vouneuil-sur-Vienne, est placée dans l'abside orientale.

Les parois et les parties hautes des murs sont ornées d'un ensemble exceptionnel de *peintures murales* du XIIe et du XIIIe s. Au sommet de la pièce centrale court une grande grecque qu'interrompent des médaillons où figurent des oiseaux. Quatre grands cavaliers sont représentés, dont un Constantin (inscription). Au nord, un martyr nimbé se trouve entre deux paons affrontés ; à l'est, figuration de l'Ascension, avec les apôtres ; au sud, belle représentation de saint Maurice avec une inscription. Sur la voûte de l'abside, des peintures du XIIIe s. figurent un Christ de majesté, à l'intérieur d'un quadrilobe, tenant un globe de sa main gauche, ainsi que plusieurs scènes de la vie de saint Jean-Baptiste.

▷ Le musée Sainte-Croix** *(C2) accès par le 61, rue Saint-Simplicien ; visite t.l.j. sauf lun. et jours fériés 10 h-12 h/14 h-17 h ; sam. et dim. 18 h ☎ 49.41.07.53*

Tout proche du baptistère, il occupe en partie l'emplacement de l'*ancienne abbaye Sainte-Croix*, dont il ne subsiste que des bâtiments du XVIe et du XVIIIe s., très restaurés. En 1989, à l'occasion de travaux, des murs de l'abbaye ont été retrouvés dans la cour de la clinique, quelques mètres au-dessous, rue Jean-Jaurès. Extérieurement, ses longs murs de pierre rappellent l'ancienne clôture conventuelle.

Établi depuis 1974 dans des bâtiments fonctionnels et très originaux dus à l'architecte *Monge*, le musée a hérité principalement les collections des musées des Beaux-Arts (autrefois à l'hôtel de ville) et de l'Échevinage. Une partie est consacrée à l'archéologie, une autre à la peinture et à la sculpture (du Moyen Age à l'époque contemporaine), et une troisième aux arts et traditions populaires. Un auditorium-salle de projections et une salle d'exposition s'ajoutent au musée proprement dit.

La description qui suit ne peut donner qu'une idée imparfaite des ressources du musée, en raison des redistributions internes et des nombreuses expositions temporaires.

La section archéologique (descendre au sous-sol, à gauche, à l'entrée)

Préhistoire. Au pied de l'escalier, étrange sépulture en caisson provenant de Saint-Martin-la-Rivière. Une série de vitrines regroupe les objets classés dans l'ordre chronologique. A gauche, deux tableaux donnent des indications relatives à la chronologie du paléolithique (au-dessous, deux petites vitrines avec des ossements et des dents d'animaux). On voit successivement, dans les vitrines, des blocs de silex, des jaspes de Saint-Maure, des nucléus, un schéma relatif à la technique dite Levallois, des témoignages du *paléolithique inférieur* et *moyen* (Mainxe, Saint-Même) ainsi que du paléolithique supérieur. Parmi ceux-ci, deux grandes pièces bifaciales provenant de la Guittière (solutréen). La quatrième vitrine est consacrée au *magdalénien* de la grotte de la Marche (Lussac) : sculptures et gravures sur pierre, bâtons percés décorés, pointes de sagaies.

Face aux vitrines, le moulage exceptionnel du sol moustérien de Saint-Césaire. Sur la droite, plusieurs vitrines sont consacrées au néolithique (haches polies, « mottes de beurre » du Grand Pressigny) ; à terre, deux polissoirs. Témoignages divers du *néolithique ancien* et *moyen*, du *chasséen*, du *néolithique récent peu-richardien* et du *néolithique final* (vases, pointes de flèches, lames en pierre, outils). Dans une vitrine figurent des éléments de bronze découverts dans la cachette de Notre-Dame-d'Or. Épées du bronze final, trouvées à Moncontour et à Baptresse, dont une en parfait état de conservation. Plus à droite, une vitrine, qui regroupe des instruments de pierre, des tessons, des bijoux du camp Allaric (Aslonnes), précède une reconstitution partielle de ce camp, complétée par un schéma stratigraphique (dans l'angle droit).

La dernière vitrine, en revenant vers les témoignages de l'*époque gallo-romaine*, est consacrée à des éléments qui proviennent de la tombe à char du Gros-Guignon, accompagnés de la reconstitution d'une demeure (premier âge du fer).

Antiquité. Le musée est construit sur un *site archéologique* à peu près continu de plusieurs centaines de mètres carrés. Il doit à cette particularité le privilège exceptionnel de posséder dans son sous-sol un véritable chantier de fouilles. Du balcon qui le borde, on domine les murs gallo-romains d'une construction en voie de dégagement. Au-dessus, fixée sur le mur, mosaïque exhumée sur le chantier ouvert près de

Notre-Dame-la-Grande pour la construction du parking Charles-de-Gaulle. Bornes milliaires (ayant parfois servi de sarcophages), linteau de marche gravé. Au-delà de la fosse, les débris d'architecture présentés proviennent des thermes de la ville, d'un arc triomphal (éléments de voussure sculptée d'un portail), du temple de Mercure, mis au jour pour la plupart lors des fouilles effectuées par le *Père de La Croix* à la fin du siècle dernier. Hypocauste en cours de reconstitution ; sur les parois, plusieurs panneaux révèlent ce qu'était Poitiers (Limonum) aux IIe et IIIe s. de notre ère. On y découvre le forum, deux schémas des arènes à l'est de la rue Carnot, le temple de Mercure sur la rive gauche de la Boivre, les thermes à l'est de la rue Jean-Bouchet (sous l'actuelle église Saint-Germain), les vestiges actuels des arènes (à l'angle des rues Alsace-Lorraine et du Petit-Bonneveau), le tracé des aqueducs, etc.

Au centre de la salle des sculptures se dresse la déesse Athéna, dite ***Minerve de Poitiers****, œuvre exceptionnelle découverte en 1902 dans le mur une ville romaine (copie du Ier s. d'un modèle ancien du VIe s. ?). A côté, sculpture grossière d'une autre divinité ; des linteaux et des stèles gravés d'inscriptions témoignent également de l'importance de la cité au temps des Césars.

Une vitrine à droite expose des ***bronzes*** et des ***marbres*** provenant de différents sites de la Vienne, tel le bel athlète de Chasseport, bronze gallo-romain haut de 20 cm, ainsi que quelques statuettes trouvées à Sanxay ou à Vendeuvre, et deux beaux sabots de cheval, en bronze doré, vestiges d'un groupe équestre.

Sépultures venues de la nécropole des Dunes, faites de pierres ou de grandes tuiles.

Dans le couloir, à droite, trois ***cippes*** funéraires gallo-romains et, à gauche, des ***poteries*** sigillées et des bronzes dans les vitrines ; remarquer les urnes funéraires en verre, et la qualité du verre vermiculé (IVe s.) de Saint-Savin ; au terme du couloir, couvercles sculptés de sarcophages du haut Moyen Age.

Époque médiévale. A côté se trouve un ensemble épigraphique, comprenant des ***inscriptions*** carolingiennes (dont l'une, exceptionnelle, est sculptée sur une dalle épaisse d'ardoise) et plusieurs inscriptions romanes. Sur le premier palier, quelques blocs sculptés provenant d'églises de Poitiers sont fixés au mur, en dessous de deux très grandes peintures du XIIIe s., en arc de cercle, venues du quartier de Montierneuf. Au niveau du second palier, on atteint une exceptionnelle série de ***sculptures romanes**** : saint Maixent, sainte Triaise, cénotaphe de la mort de saint Hilaire (moulage), voussure d'un portail de Sainte-Croix, chapiteaux géométriques et surtout chapiteaux historiés, dont le plus célèbre, celui de la Discorde, occupe un angle (il représente en fait une suite de trois compositions dont la plus importante représente deux vendangeurs (?) qui se menacent, retenus par deux femmes).

Une vitrine est composée d'***émaux de Limoges***, du XIIIe s. (crosses, reliquaires, plaques d'applique). Deux dessus de sarcophages romans (à forme en bâtière) et trois gisants permettent de saisir la transition entre les usages romans et les usages gothiques dans ce style funéraire. Divers éléments gothiques (fragments de portail, clefs de voûte polychrome) assurent le passage avec la sculpture de la Renaissance, composée ici de fragments venus pour l'essentiel du château de Bonnivet (frises, écoinçons sculptés, dessous de voûtes). Très beau profil de Christ Sauveur.

Les collections de Beaux-Arts. Les collections de Beaux-Arts, également riches en peintures et en sculptures, commencent avec la période néoclassique, groupée autour de *Louis Gauffier*, né à Poitiers. Dans cette riche série, il convient de citer un ***Portrait*** de *Louis Laffite*, un ***Portrait de la comtesse d'Albany***, toute songeuse, par *François-Xavier Fabre*, un grand ***Œdipe maudissant Polynice*** par *Pajou*, et la suave ***Mort d'Hyacinthe*** par *Broc*. Quelques œuvres de *James Pradier*, dont l'émouvant ***Gisant de Mademoiselle de Montpensier***, et trois études de paysages par *Valenciennes* complètent cet ensemble.

En descendant quelques marches, on peut admirer, autour d'une ***Étude*** d'*Ingres*, quelques toiles linéaristes de l'école du maître, un Portrait par *Amaury-Duval*, quatre remarquables compositions nazaréennes de *Léopold Burthe* (Jeune fille à la fontaine) et des esquisses d'*Hippolyte Flandrin*. Un espace est réservé au thème du portrait, groupé autour d'un étonnant *Carolus-Duran* et d'un fiévreux ***Portrait d'enfant*** par *Roqueplan*. Plus loin, des scènes de genre du XIXe s. regroupent essentiellement des artistes poitevins : *André Brouillet, Jean-Baptiste Brunet, Alfred Plauzeau, Octave Pichault, Léon Perrault* et *Alfred de Curzon** dont le musée conserve un fonds très important.

A l'étage supérieur, dans la grande galerie, triomphe la ***peinture des Salons du XIXe s.***, autour de la reconstitution de l'atelier du sculpteur *Jean-René Carrière*. Une importante scène préhistorique d'*Angèle Delasalle* voisine avec un marbre de *Jean Escoula*, un épisode révolutionnaire par *Louis-Charles Müller* et quelques nus académiques.

Après être passé devant un grand carton de tapisserie par *Doyen* à l'étage supérieur, le ***courant orientaliste*** s'impose autour d'une somptueuse ***Fantasia**** par *Eugène Fromentin*, de trois œuvres de *Théodore Chassériau** et d'un grand ***Mariage juif à Tanger**** par *Alfred Dehodencq*. Cette inspiration exotique dirige également *Anna Quinquaud* avec un beau ***buste****, *Muguet* avec deux terres cuites, *Charles Perron* avec un curieux ***buste du roi Toffa***. Après une ***Acropole au soleil couchant**** de *Curzon*, quelques paysages réunissant, entre autres artistes, *Gagliardini* (l'Attente des pêcheurs, inspiré de *Boudin*) et *Isabey*. Dans une vitrine sont associés de précieux bronzes de *Barye*, de *Rodin* et d'*Hœtger*. *Sisley, Boudin, Luce, Lépine** et *Guillaumin** représentent le ***courant impressionniste*** auquel sont associés un petit Paysage urbain de *Charles Lacoste* et deux panneaux de *Monticelli*.

L'étage supérieur est consacré au ***post-impressionnisme*** autour de trois bronzes de *Camille Claudel* : ***la Valse★***, ***la Fortune★***, ***l'Abandon★***. Une importante série de toiles de *Jean Puy* voisine avec un *Bonnard* précieux (***Sur le Yacht****), un *Vuillard*, un *Forain*, un ***Intérieur d'Auberge★*** par *Borgeaud*, et un *Mondrian* ***(Pignon de ferme)*** acquis en 1989.

Un palier est ensuite consacré aux ***artistes poitevins*** du début du XXᵉ s., autour d'une belle série de *Henri Pailler* (Notre-Dame-la-Grande un jour de marché et une très jolie Route de Paris à la sortie de Poitiers) et *Charles Descoust*. Puis un étage entier regroupe des œuvres d'***art moderne et contemporain***. Des toiles de *Bouche**, *Lehamnn*, *Latapie*, sont associées à un bel ensemble de sculptures d'*Albert Pomier*, de *Poisson*, de *Couveignes*. Un ensemble d'œuvre de *Suzanne Roger* dont ***le Billard★***, voisine avec une remarquable ***Fillette en bleu★*** de *Fautrier*, et une ***Vue des Sables-d'Olonne★*** par *Marquet*. Un espace est réservé à la ***peinture des années 1950***, avec *Rebeyrolle*, *Capron*, *Minaux*, *Fusaro*, etc. Une grande toile de *Pincemin* et des ***Colonnes★*** de *Tony Grand* représentent l'art des années 1980, augmenté des dépôts du Fonds régional d'art contemporain (*Martin Barré*, *Jean Degotteix*, *Gottfried Honegger*, etc.).

Les collections ethnographiques régionales (à l'entrée du musée, à gauche, premier palier)

Depuis 1980, elles sont présentées dans une galerie permanente consacrée aux ***arts et traditions populaires du Poitou***. Série de matériel aratoire représentatif du travail de la terre dans le sud de la Vienne : araires, poteau d'écurie, jougs, tableau d'une scène de labours (*l'Attelage, d'André Marchand*), plusieurs charrues. A côté, ensemble de matériel de cordonnier (cordonnerie rurale, cordonnerie urbaine). Au centre, en figure de proue de l'exposition, un matériel à ferrer les bœufs, ou travail, un alambic (du milieu du XXᵉ s.), tous deux représentatifs des activités du maréchal-ferrant et du bouilleur de cru. Dans les vitrines du pourtour : outillage d'un maçon, objets témoins des brasseurs du Montmorillonnais, collection de l'un des derniers brossiers du Poitou. Trousse complète d'un médecin de Poitiers (trois vitrines).

Le ***mobilier*** régional sériel reconstitue l'espace où l'on mange, l'espace où l'on dort : vaisselier poitevin, buffet vendéen, maie, lit, coffre de mariage, etc. Une collection de bois gravés et d'images pieuses permet d'aborder l'imagerie populaire. Au fond : tableau *d'Alexandre Brunet*, ***Vers le Repos***. Devant les vitrines des bois gravés : grand dragon métallique articulé du XIXᵉ s., que chevauche un cavalier équipé d'un système de pièces d'artifice (visible derrière lui), inspiré suppose-t-on par le Bitard des fêtes estudiantines. A côté : la Grand'Goule, grand dragon en bois sculpté, de la fin du XVIIᵉ s., qui appartient à la légende poitevine (le dragon représenté aurait hanté les souterrains du monastère Sainte-Croix avant d'être terrassé par sainte Radegonde ; il était promené dans la ville pendant les fêtes des Rogations).

▷ L'Espace Pierre Mendès France

1, place de la Cathédrale (C2), t.l.j. sauf lun. 10 h-19 h ; sam. et dim. 14 h-19 h ☎ 49.50.33.08

Face au musée est ouvert, depuis 1988, l'espace Pierre Mendès France, l'un des plus grands centres de culture scientifique et technique de France. Au sud des escaliers se développe la coupole blanche du ***laserium-planétarium*** *(J. et P. Monge arch.)*.

La nouvelle création s'accompagna de la restauration de l'***ancien palais épiscopal*** du XVIIᵉ s., de l'immeuble du XIXᵉ s. qui lui fait face, et de la création d'un passage superbe entre la place de la Cathédrale et la rue Jean-Jaurès. Un couloir souterrain fait la jonction entre l'espace Pierre Mendès France et le musée.

Le ***planétarium***, grâce à un système audiovisuel perfectionné et un laser, présente les mystères de l'astronomie. Des ***expositions*** temporaires, renouvelées tous les quatre mois, mettent en scène les rapports entre la science et le progrès. Des ***conférences*** permettent également la rencontre entre visiteurs et scientifiques.

▷ L'église Saint-Hilaire-de-la-Celle

B2

Pour atteindre celle-ci, il est préférable de pénétrer (à gauche, rue Sainte-Catherine) dans les locaux du Centre régional de documentation pédagogique (C.R.D.P.) installé dans l'ancien Carmel. L'église sert souvent de lieu d'expositions temporaires et peut donc être librement visitée en ces occasions.

Saint Hilaire

Hilaire, premier évêque connu de Poitiers, naquit vers 315, sans doute dans un milieu aristocratique païen. Il acquit une très forte culture et, après sa conversion, fut élu évêque vers 350. Il prit parti dans le grand débat qui divisait alors les théologiens à propos de la nature divine du Christ et lutta contre ce qui était devenu l'hérésie arienne, condamnée au concile de Nicée. Il fut pour cela exilé par l'empereur en Phrygie où il rédigea son ouvrage essentiel, «La Trinité» (De Trinitate). De retour à Poitiers en 360, il continua à publier des textes théologiques jusqu'à sa mort, en 367 ou 368.

Saint Jérôme voyait en lui «le Rhône de l'éloquence chrétienne». Grâce à son rayonnement, Poitiers devint une sorte de capitale de la catholicité. En France seule, plus de quatre-vingt dix communes portent ou ont porté le nom de Saint-Hilaire.

La tradition veut qu'elle soit construite à l'emplacement du tombeau primitif de *saint Hilaire*. Elle possède un bas-relief funéraire de l'époque de sa construction, connu sous le nom de ***tombeau de saint Hilaire***, l'un des chefs-d'œuvre de la sculpture romane poitevine (le moulage est au musée Sainte-Croix). La croisée du transept est couverte d'une coupole octogonale, remarquable par sa fraîcheur.

▶ Si l'on descend la ***rue Sainte-Catherine***, puis la ***rue de l'Arceau*** qui la prolonge, on découvre le ***logis de la Grand'Barre*** (XVe s.), qui abritait naguère un musée, comme le rappelle toujours une plaque. Sauvé de la pioche des démolisseurs en 1910, il a retrouvé, lors de la restauration effectuée de 1944 à 1947, l'élégance de ses portes qui ouvrent sur une cour que l'on peut découvrir à travers la grille. On notera, sur les moulures du grand portail, les figurations d'animaux, au lieu des figurations végétales habituelles. ▶ A partir du C.R.D.P., on peut remonter par la ***rue de la Celle*** (maisons anciennes) et la ***rue Louis-Renard*** *(B2)*. Celle-ci passe devant l'***ancien collège des Jésuites*** (longtemps lycée Henri-IV, puis collège), dont le pavillon central porte des inscriptions (Henri IV, fondateur, Louis XIV, bienfaiteur), un buste et un médaillon de ces souverains. A gauche apparaît la remarquable chapelle dite chapelle des Jésuites ou plus souvent chapelle Henri-IV (vers 1610).

▷ La chapelle des Jésuites *(B2-3) la chapelle servant de salle de concert et de réunion n'est pas ouverte en permanence; on peut demander la clef à la mairie, au service de l'accueil*

La voûte est croisée d'ogives. Jolie tribune de style Louis XIV (1674) ornée de personnages féminins et de bouquets. L'intérêt se portera surtout sur le ***retable*** baroque avec tabernacle en marqueterie de marbre, d'ébène, de cuivre, d'écaille et d'étain, les sculptures des Évangélistes (dont l'un sous les traits d'un contemporain de l'artiste), l'important ensemble pictural, la Pietà sculptée qui domine l'ensemble. Ces œuvres d'art ont été réalisées au XVIIe s., entre 1609 et 1697.

A côté de la chapelle, la ***sacristie*** propose un ensemble de boiseries et de peintures (milieu XVIIe s.). La chapelle servit, en 1789, à la réunion des trois Ordres pour l'élection des députés aux États généraux.

▶ Devant la chapelle des Jésuites, s'engage la courte ***rue du Puygareau*** qui conduit à l'hôtel de ville. Dans l'angle *(à g.)*, un jardinet précède la façade de ***l'hôtel Jehan Beaussé*** *(B2)* de 1554, à la remarquable tourelle d'escalier aux baies rampantes formant saillie, et aux curieuses fenêtres d'angle disposées sur trois niveaux. L'hôtel servit en 1558 à la réunion d'un colloque protestant, d'où sortit l'idée de l'organisation synodale de l'église réformée.

Le sud de la vieille ville

Ⓟ *Carnot*

▶ Partir de la ***place Aristide-Briand*** *(A2)* appelée aussi place de la Préfecture.

▷ La préfecture *A2*

Entrepris à partir de 1864, cet édifice s'inspire du style Louis XIII. Le corps de logis central est accosté de deux grandes ailes en retour. Le rez-de-chaussée est surmonté d'un étage moins élevé, lui-même dominé par des combles percés de fenêtres et d'oculi, sous des toits d'ardoises. La polychromie habituelle (briques ocre, pierres blanches, ardoises bleutées) est séduisante. Les sculptures d'origine (aigles aux ailes déployées, armes impériales, aigle et couronne) restent intactes malgré les changements politiques. A l'intérieur, portraits de l'Empereur et de l'Impératrice.

A l'arrière, de beaux *jardins* dominent la vallée de la Boivre et le bruyant quartier de la gare. ▶ Devant le bâtiment, la ***place Aristide-Briand*** *(A2)* révèle également une volonté d'urbanisme. Quatre façades d'immeubles la bordent, plaquées sur les maisons qui sont derrière, construites suivant le modèle (simplifié) du bâtiment principal. A proximité de la préfecture s'élève le dernier-né des immeubles administratifs de Poitiers, siège du ***Conseil Général*** *(angle du boulevard de Verdun et de la rue Thibaudeau)*, dont les parois de verre reflètent les maisons voisines (*B. Ragonneau et Ph. Bodin*, arch., 1989).

▷ La rue Victor-Hugo *A-B2*

La *rue Victor-Hugo* (ex-Impériale) a été ouverte au siècle dernier, de 1864 à 1868. Elle débouche sur deux places, la *place Aristide-Briand* et la *place du Maréchal-Leclerc* (encore fréquemment appelée place d'Armes), elles-mêmes ordonnées à partir de deux bâtiments fondamentaux, l'hôtel de ville et la préfecture.

Cette rue forme le seul ensemble urbain largement conçu de Poitiers. Il témoigne de la fièvre d'urbanisme du Second Empire, et de la façon dont les architectes de l'époque utilisaient volontiers les modèles anciens.

En bordure de la rue, on voit un curieux échantillonnage de styles. Au *nº 3*, immeuble très décoré autour d'une partie centrale que surmonte un fronton avec un amour ailé qui présente des guirlandes de fleurs. La façade du *lycée Victor-Hugo* est un exemple de l'art des années trente (*Martineau* arch., 1922-1935).

Au *nº 22*, le beau balcon de pierre repose sur des arcades en anse de panier et, encadrant la porte, deux statues de femmes se dressent dans deux colonnes évidées (l'Industrie et les Beaux-Arts, *Pierre-Amédée Brouillet* sculpt.).

Au *nº 26*, le style néogothique triomphe dans les parties hautes du bâtiment (diables accroupis). A l'angle de la place d'Armes, le local bancaire témoigne de la recherche d'un style dépouillé, presque sans décor, assez répandu vers 1930 (*Jamard*, arch.).

▷ Le musée de Chièvres *(B2) 9, rue Victor-Hugo ; → horaires musée Sainte-Croix ☎ 49.41.42.21*

Il occupe un hôtel du XVIIIe s. légué, avec tout ce qu'il contenait, par un collectionneur, *Rupert de Chièvres*, en 1887. Sur la rue, *portail* de l'ancien couvent des Augustins, primitivement sur la place Royale (place Leclerc), remonté ici en 1901. C'est un beau témoin de l'époque classique (1671), attribué à *Jean Girouard* (moulures, cordons de feuillages, colonnes cannelées, chapiteaux corinthiens).

Le musée présente une reconstitution de l'intérieur d'un collectionneur poitevin de la fin du XIXe s. Les collections de peintures anciennnes, notamment flamandes et italiennes, sont présentées dans un décor meublé.

Le *hall* d'entrée, la cage d'escalier et le long couloir du rez-de-chaussée sont consacrés à la peinture italienne, représentée par des œuvres de *Passaroti, Lanfranco, Recco* et une remarquable ***Mise au tombeau**★* de *Ferrau Faenzoni.*

Dans un *premier salon*, une allégorie de *Santerre* accompagne de beaux portraits par le Poitevin *Jean Valade (→ encadré).* Un second salon, meublé avec un ensemble Restauration, présente quelques œuvres françaises dont une ***Enfance de Bacchus*** de *Chapron*, un paysage de l'école de Patel et une ***Suzanne et les vieillards*** de ***De Troy***. On y remarque également une rare ***console***★ à décor antique, en bronze et marbre.

Plus loin, la *salle de billard* contient un mobilier du XIXe s. dominé par une importante cheminée en bois sculpté. On ne quittera pas le rez-de-chaussée sans avoir admiré une belle collection d'émaux peints des XVIIe et XVIIIe s., une vitrine d'objets d'archéologie classique, quelques bustes antiques et un choix de faïences anciennes.

A l'*étage*, la peinture nordique domine, avec quelques œuvres de grande qualité, réparties entre le couloir et deux pièces aménagées, l'une en cabinet de travail, avec des vitrines d'objets de curiosité et une belle collection de sculptures en bois polychromes, l'autre en chambre à coucher. On retiendra surtout une ***Scène de bataille*** de *Potter*, un ***Bouquet*** de *Verbruggen*, le ***Duo***★ de *Rombouts*, une ***Nativité*** de *Cuyp*, une ***Visitation***★ de *Van Herp*, un grand paysage de *Roghman*, un curieux portrait en trompe-l'œil par *Van Oost*, ***l'Hiver*** de *Valkenborch*, une ***Scène d'animaux*** par *Hondius*, et une remarquable ***Artemisia*** par *Knüpfer.*

▸ De la préfecture, on peut gagner Saint-Hilaire par la très vieille rue Théophraste-Renaudot, l'une des plus longues de la ville, ou par la rue Carnot et la rue de la Tranchée. Dans la *rue Théophraste-Renau-*

Un portraitiste méconnu

Jean Valade, dont le musée de Poitiers conserve une série d'œuvres peintes à l'huile ou au pastel, est né à Poitiers en 1710. C'est probablement son père Léonard, maître en l'art de peindre, qui l'initia. Très vite Jean Valade se rend à Paris où il est l'élève de Charles-Antoine Coypel qui lui enseigne le pastel, et de Louis Tocqué, excellent portraitiste. Il expose ses œuvres aux divers Salons de l'Académie, surtout entre 1751 et 1781. La critique ne sera pas tendre avec lui. Diderot, dans ses ***Salons***, *se montrera parfois injuste : «(...) Aucune intelligence de la lumière et d'effet. Figures détestables de couleurs et de dessin ; nuage dense à couper à la scie, femmes longues, maigres et raides ; [...]»* ***(Salon de 1767)****.*

S'il ne s'imposa pas comme peintre de la cour, Valade fut en revanche un excellent peintre bourgeois. Ses portraits savent nous restituer l'atmosphère de la société bourgeoise du XVIIIe siècle. Jean Valade meurt dans l'ombre le 13 décembre 1787.

dot (B2, A2-3) au n° 36, se trouve le long bâtiment au portail surmonté de deux cœurs, communauté des religieuses dites de la Grand-Maison (religieuses des Sacrés-Cœurs de Jésus et de Marie, ordre fondé à Poitiers en 1787). Plus loin, au n° 65, au centre d'une résidence moderne, la *chantrerie Saint-Hilaire* est une vaste salle rectangulaire du XIe s. couverte de neuf compartiments de voûtes d'arêtes, reposant sur des colonnes (restaurant ; dans cette salle auraient fonctionné les premières presses d'imprimerie de Poitiers, vers 1479). ▶ On prend à droite la *rue Saint-Hilaire*, bordée de beaux hôtels particuliers. Au *n° 4*, hôtel avec porte charretière et porte piétonne et l'on atteint le petit *square* devant le côté nord de l'église, dominé par un cèdre gigantesque. ▶ Si l'on prend la *rue Carnot*, rue très commerçante, élément de l'ensemble commercial étiré sur le plateau, remarquer au *n° 37*, dans la cour, un pilier roman avec chapiteaux, reste du pilori du bourg de Saint-Hilaire. ▶ Elle est suivie par la *rue de la Tranchée*, où l'on tourne à droite par la *rue du Doyenné* pour atteindre le chevet de Saint-Hilaire.

▷ Saint-Hilaire-le-Grand** *A3*

Cet édifice est d'un intérêt archéologique de premier ordre. Le tour de l'église permet d'en mesurer l'ampleur et d'en comprendre la disposition intérieure.

L'extérieur

Du square, observer la partie nord : chevet, transept (avec des remplois en hauteur), petit remplissage entre le transept et le clocher, nef ; plus haut, devant le Doyenné, observer le superbe étagement des volumes du chevet, les modillons sculptés. Un petit passage permet de redescendre le long du flanc sud de l'église en passant devant un enfeu roman accompagné d'inscriptions latines.

L'ancienne collégiale, reconstruite au XIe s. (1049) en retrait du rempart - dont certains éléments restent visibles au sud -, sur l'emplacement de l'édifice fondé par *saint Hilaire* au IVe s., fut en partie ruinée en 1590 par la chute du grand clocher. On reconstruisit alors la nef et, beaucoup plus tard, la façade.

Sous sa forme actuelle, dans le mystère de sa forêt de colonnes, elle est un bon témoin de l'évolution qui s'est produite dans l'art de construire au XIe s. Voulue par deux femmes, la reine d'Angleterre Emma, aidée par Fulbert de Chartres, trésorier de Saint-Hilaire, et ensuite la comtesse de Poitou, Agnès, elle fut élevée sur les plans de *Gautier Coorland*, auquel on doit sans doute l'alternance des supports

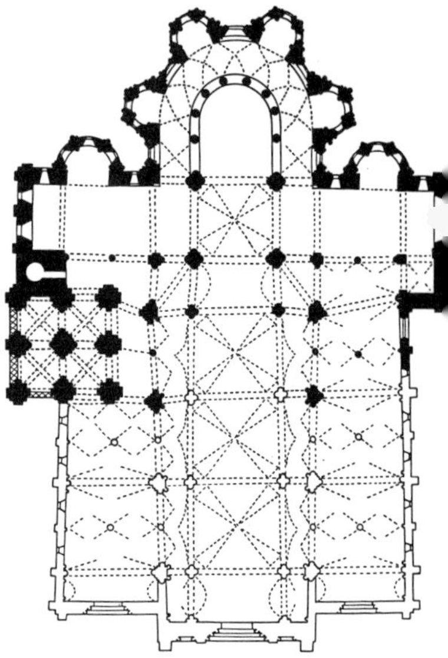

Saint-Hilaire-le-Grand

aux puissants chapiteaux. Comme les édifices carolingiens, cette église était alors couverte en charpente. Mais les habitants de Poitiers, désireux de nouveauté, décidèrent vers la fin du siècle de remplacer la charpente par une voûte entièrement en pierre « pour remédier aux dangers d'incendie et pour l'harmonie de l'ensemble. Comme les murs nord et sud étaient trop éloignés l'un de l'autre, on planta dans la nef des piles composées - qui devenaient à la mode en Poitou -, sur lesquelles fut installée une file de coupoles à huit pans (en grande partie reconstruites avec la nef au XIXe s.). Coupoles précoces, très différentes de celles qu'allait répandre l'Angoumois, et qui seraient reproduites à Fontevraud. Au chœur simple succédait un chevet à déambulatoire, formule nouvelle aussi, qui venait de Saint-Martin de Tours » *(Yvonne Labande-Mailfert).*

L'intérieur

La *nef*, voûtée dans le premier quart du XIIe s., rétablie aujourd'hui mais avec deux travées de moins, est des plus originales : la grande voûte est formée de trois coupoles sur trompes ; c'est la seule, avec celle de Notre-Dame-du-Puy-en-Velay, ayant à la fois des bas-côtés et une série de coupoles. Mais un caractère qu'on ne rencontre en France qu'à Saint-Hilaire, ce sont les triples collatéraux qui, de chaque côté, longent la nef centrale, donnant un ensemble de sept nefs, d'allure majestueuse.

Dans l'angle du croisillon nord et de la nef, la base du *clocher* roman forme une salle carrée du XIe s. dont on remarque les beaux chapiteaux archaïques. Les voûtes surtout sont extrêmement curieuses : les quatre travées, soutenues par un énorme pilier central, sont surmontées chacune, en diagonale, de deux arcs rectangulaires en plein cintre qui se croisent à angle droit, l'un traversant l'autre. La nef est séparée du transept par une galerie transversale aboutissant de part et d'autre aux escaliers qui montent au transept, très surélevé au-dessus d'une crypte, ainsi que le chœur. De la nef on aperçoit, dans la crypte, la *châsse de saint Hilaire*.

La croisée est couverte d'une quatrième coupole sur trompes. Transept saillant flanqué de deux absidioles orientées, chœur à abside en cul-de-four avec rond-point de huit colonnes, abside principale et chapelles rayonnantes datent tous du XIIe s.

Sur les piliers de la nef apparaissent des vestiges de *peintures murales* des XIIe s. et XIIIe s., restes d'une série qui représentait les vingt premiers évêques de Poitiers. Au bas du dernier collatéral de droite, remarquer le couvercle en marbre blanc d'un *sarcophage* chrétien du IVe ou du Ve s., orné de dauphins ; la tradition en fait le tombeau de *sainte Abre*, fille de saint Hilaire. Les travaux de construction d'édifices voisins ont révélé la présence de sarcophages nombreux, parfois disposés sur deux étages.

▷ Le doyenné Saint-Hilaire★ *A3*

Devant le chevet, à gauche, se trouve la belle *porte* Renaissance du doyenné Saint-Hilaire. Construit vers 1520-1525 par l'ami et protecteur de Rabelais, *Geoffroy d'Estissac*, doyen de Saint-Hilaire avant de devenir évêque de Maillezais, le logis présente une façade d'inspiration tout italienne, dans le goût de l'époque, sur une structure d'ensemble encore gothique, visible de la rue de la Tranchée.

▶ De l'autre côté de la rue de la Tranchée, presque en face de la rue du Doyenné, la *rue Léopold-Thézard* conduit en quelques mètres au parc de Blossac.

▷ Le parc de Blossac *A3*

En face de la petite entrée du *jardin anglais* (grille) se dresse la masse vaguement pyramidale d'un château d'eau imposant, alimenté par la *source de Fleury (20 km O.)* déjà utilisée par les Gallo-Romains au IIe s. Dans une niche, statue de *Sapho* par *Amédée Brouillet* (vers 1870). Un peu plus loin, à droite, s'ouvre la grille de l'entrée principale surmontée des armes couronnées de l'intendant Blossac.

C'est une superbe promenade de 9 ha créée par le *comte de Blossac* (intendant du Poitou de 1751 à 1786) ouverte semble-t-il vers 1772, sur l'emplacement de terrains vagues et d'une ancienne nécropole gallo-romaine. Il s'étire sur plus de 500 m et s'appuie en terrasse sur le front des anciens remparts (restaurés) qui dominent la vallée du Clain et le carrefour de la Madeleine. Près de la grille d'entrée, deux marbres d'*Antoine Etex* : *La Douleur maternelle* (1859) et *Le Bonheur maternel* (1866). Au nord-ouest, le ravissant *jardin anglais* abrite de nombreux animaux (cigognes, grues, pélicans) autour des pièces d'eau, parfois dans un décor de rocaille (jeux pour enfants).

Les *sculptures* sont nombreuses : Amour sur un griffon, Amour sur un dauphin, Faune au coquillage, Faune soufflant dans une corne (fin XIXe s.) ; fontaine aux amours et aux nymphes (fonte patinée bronze) ; grand sujet de *Maindron* (Le Lion amoureux, marbre, 1883) ; monuments à Léon Perrault et au comte de Blossac (*Sudre*, 1910 et 1924).

Le reste de la promenade est traité à la française avec de larges allées rectilignes bordées de charmilles. Près du jardin anglais, petit *parc animalier* (daims, cerfs, chèvres). En face, *monument à la Résistance*, simple bloc en forme de trapèze élevé, ouvert d'une fenêtre à degrés, et qui porte des textes d'Éluard et de De Gaulle (*Ph. Amiel* sculpt., 1987).

De la *tour à l'Oiseau*, à l'angle sud-est, *vue* sur la vallée et les méandres du Clain. Au nord de la tour, les *rochers* étagés entre la route et le rempart sont aménagés en jardin de rocaille et abritent quelques animaux. Au sud-ouest une volée d'escaliers conduit à la rue de la Tranchée et au carrefour de la Madeleine (porte de Ville).

▶ La *rue de la Tranchée (A3)* aboutissait à la porte de ce nom, ouverte dans le rempart des XIIe et XIVe s., et aujourd'hui disparue.

▷ L'enceinte médiévale

On peut voir dans ce secteur les restes les plus étendus de l'enceinte médiévale. Au sud-est de la route, les remparts restaurés sont précédés d'un pavillon quadrangulaire de la fin du XVIIIe s.

Quatre tours dominent les arbres, la plus imposante étant la plus basse, la *tour à l'Oiseau*, qui semble jaillir du massif de calcaires siliceux sur lequel elle repose. De nos jours, l'architecte du vaste immeuble Rivaud, au nord du parc, semble avoir prolongé l'ancienne ligne des remparts par la haute muraille du parking, que rompent de pseudo-tourelles ; l'effet en est bien plus visible pour l'observateur placé de l'autre côté du Clain. Au nord-ouest du carrefour, les remparts plongeaient vers la Boivre ; écrêtés, ils ont en outre perdu beaucoup de leur hauteur apparente par l'accumulation de débris à leur pied. Mais, sur les jardins aménagés dans les anciens marais, tout en bas, s'élève la belle *tour de Vouneuil*. De l'enceinte qui partait de cette tour vers le nord-est ne subsistent qu'une trace, sous la forme d'un cercle de pierres au sol, à l'entrée du *pont Guynemer* sur la Boivre et, plus au nord, au milieu des bâtiments des Télécommunications, la *tour Aymar de Beaupuy* ou *du Solitaire*.

▶ Au nord de Blossac s'engage la *rue de Blossac (B3)*. Au n°15, *hôtel Gilbert*, la plus belle des demeures privées de Poitiers construite entre les deux guerres (1933). Rejoindre la *rue Magenta* en prenant en face la *rue du 125e R.I.*. Sur la droite, la plus importante opération immobilière du Poitiers intra-muros s'est achevée en 1989. Elle comprend la transformation d'un beau bâtiment conventuel du XVIIIe s. (séminaire puis caserne) en appartements, la réalisation d'un vaste parking souterrain à étages, l'organisation d'un ensemble de logements, de bureaux et de commerces. Cette énorme construction domine le boulevard par le long mur aveugle, évoqué ci-dessus.

▶ A l'intersection de la *rue Magenta* et de la *rue du Maréchal-Foch*, on traverse un ensemble d'îlots structurés par le tracé de l'ancien *amphithéâtre romain*, détruit au XIXe s. Il n'en subsiste que des fragments *(visibles rue Bourcani)*. La courbure de l'amphithéâtre est bien soulignée par celles des *rues Bourcani, du Petit-Bonneveau* et *des Arènes*. ▶ Entre les rues Louis-Renard et Jean-Alexandre, le petit *square de la République* possède un monument « A la mémoire des enfants de la Vienne morts pour la patrie, 1870-1871 ». Un *haut-relief* de bronze signé *Jules Coutan* représente un combattant mourant faisant un geste désespéré; inscriptions (1895). L'obélisque serait un ancien monument de Poitiers, la Pyramide de saint Hilaire.

▶ Retour *place du Maréchal-Leclerc (B2)*.

Au-delà du Clain

Cette promenade associe des sujets d'intérêt bien différents. Elle nécessite l'utilisation de l'automobile, en raison de l'espace parcouru. On y trouvera des promenades en bordure du Clain, l'occasion de plusieurs vues panoramiques sur la vieille ville, des témoins archéologiques (hypogée des Dunes, dolmen), et la possibilité de faire facilement un tour d'horizon de l'urbanisme contemporain et de ses changements depuis la dernière guerre.

▶ Quitter la vieille ville par le *Pont-Neuf (C2-3)*, et tourner immédiatement à gauche sur le *boulevard Coligny*, construit à flanc de falaise, pour atteindre la table d'orientation des Dunes face à la grille d'entrée des casernes.

▷ La terrasse des Dunes *C2*

Le *panorama*** qui se révèle dans la montée est sans doute le plus beau, le plus complet qui se puisse voir parmi les villes de l'Ouest. On peut le découvrir de la *table d'orientation*, mais aussi un peu au nord de celle-ci et, plus au sud, de la *terrasse* qui se trouve à gauche de la statue de la Vierge.

Les méandres du Clain se développent ici avec une parfaite netteté. On voit d'emblée comment Poitiers, ville de plaine, est une ville aux pentes multiples, où les tracés horizontaux sont exceptionnels en dehors de l'épine dorsale du plateau. Coupée d'anciens moulins, la rivière sinue dans la plaine d'inondation, au milieu des feuillages. Vers la droite, on aperçoit le pont de la pénétrante, les tours de la ville moderne et, tout au fond, la paroi presque verticale qui correspond à l'extrémité de la vallée de la Boivre et à celle du Clain vers les rochers du Porteau.

L'attention est ensuite attirée par la vieille ville, exceptionnel tissu de constructions apparemment très serrées, parce que la perspective supprime la plupart des rues, à l'exception de la Grand-Rue, en face. Dans ce dédale, quelques grands bâtiments peuvent être identifiés : Sainte-Radegonde et sa flèche aiguë d'ardoises; puis le haut mur-pignon de la cathédrale et la masse de son énorme vaisseau. Le rectangle bleuté du Palais semble couronner la ville et, à côté, s'élève le clocher de Notre-Dame-la-Grande. Tout en bas, à droite, on aperçoit le clocher de Montierneuf. Partout d'autres clochetons, d'autres constructions religieuses et civiles; partout le surprenant mélange des toits d'ardoises (bâtiments publics et maisons bourgeoises ou aristocratiques) et des toits de tuiles creuses, ocre ou rosés. Nulle trace de vie industrielle : la ville a placé toutes les activités encombrantes dans sa périphérie.

▶ Un peu en contrebas du boulevard Coligny *(C3-2)* le *rocher* du même nom évoque le souvenir du siège que fit subir à la ville durant six mois, en 1569, le célèbre amiral, chef de l'armée protestante. ▶ Devant la table d'orientation, l'*escalier des Dunes*, de plus de 200 marches, permet d'atteindre rapidement le *pont Joubert*. On peut voir à droite l'énorme rocher en surplomb, curieusement découpé, appelé parfois *Chaise de Gargantua*. ▶ La monumentale *statue* dorée *de Notre-Dame des Dunes (C2)*, érigée en 1876, s'insère dans la série des monuments urbains « expiatoires » édifiés en France après la défaite de 1870. ▶ En contournant vers le sud le *quartier Aboville* (ancienne école d'artillerie), par la rue du Petit-Polygone et la rue du Père-de-la-Croix, on atteint l'hypogée des Dunes.

▷ L'hypogée des Dunes* *(C2) 101, rue du Père-de-la-Croix ; avr.-sept. t.l.j. sauf lun. 10 h-12 h/14 h-18 h ; nov.-mars 14 h-16 h ☎ 49.01.68.85*

Dans un petit parc sont disposés quelques *sarcophages* et quelques urnes funéraires.

L'*hypogée*, chapelle souterraine du VIIIe s. découverte en 1878 par le *père de la Croix*, est abrité sous une petite construction de pierre et de brique, de style gallo-romain (1909). Cet oratoire était le centre spirituel d'un cimetière chrétien enclavé dans une nécropole païenne.

Un escalier descend à la chapelle où l'on voit encore le soubassement en maçonnerie de l'autel, ainsi qu'un cippe représentant le crucifiement de deux larrons : c'est un rare exemple de sculpture figurative de l'époque mérovingienne. Sur le mur du fond de l'abri sont encastrés d'autres *bas-reliefs* représentant deux évangélistes et des archanges, des fragments de décoration, des plaques funéraires, etc. Ce monument est d'une grande rareté, car il n'en existerait aucun autre exemple aussi ancien. Il est extrêmement connu chez les archéologues, et son interprétation a suscité une abondante littérature.

▶ En descendant la *rue du Père-de-la-Croix*, et en tournant à gauche dans celle de *la Pierre-Levée*, on atteint bientôt la rue du Dolmen. Derrière un grillage apparaît la *Pierre Levée (C3)*, sous deux chênes. La table de ce dolmen, qui repose sur trois supports au lieu de cinq (jusqu'au XVIIIe s.) est aujourd'hui inclinée ; un de ses morceaux gît à terre, si bien qu'elle n'a plus que 4 m de long au lieu de 6 m.

La Pierre Levée

« Il alla à Poitiers pour étudier, et fit beaucoup de progrès ; là, voyant que les étudiants avaient quelquefois des moments de loisir, et qu'ils ne savaient comment passer le temps, il fut pris de compassion pour eux, et un jour prit, d'un grand rocher nommé Passelourdin, une grosse roche, d'environ douze toises de périmètre et quatorze empans d'épaisseur, et la mit sur quatre piliers, au milieu d'un champ, bien d'aplomb, afin que ces étudiants, quand ils ne sauraient que faire, passent leur temps à monter sur cette pierre, et à y banqueter, avec des tas de bouteilles, de jambons et de pâtés, et à écrire leur nom dessus avec un couteau ; à présent, on l'appelle la « Pierre levée ». Et, en souvenir de cela, personne n'est aujourd'hui inscrit sur le matricule de l'université de Poitiers, avant d'avoir bu à la source caballine de Croustelles, d'être passé à Passelourdin et d'être monté sur la Pierre levée.
Rabelais, Pantagruel

▶ Reprendre la rue de la Pierre-Levée et, au premier carrefour, la route de Chauvigny, Le Blanc, Bourges (avenue du Recteur-Pineau). Longer le *cimetière de la Pierre-Levée* : nombreuses chapelles funéraires en calcaire, cimetière militaire français chrétien et musulman avec une lanterne des morts édifiée en 1931 par le Souvenir français, petit cimetière allemand.

▶ Au carrefour de la rocade continuer la même route en traversant, après le stade, le *Domaine universitaire* : à gauche les facultés des lettres, de droit et de sciences économiques ; à droite les facultés scientifiques, l'U.F.R. d'E.P.S., un I.U.T.

▶ On atteint (à g.) le *Centre équestre*, dont la visite est intéressante pour son architecture, pour la vue des animaux et des exercices qui s'y déroulent (concours nationaux ou régionaux, ventes nationales).

▶ Revenir en direction de Poitiers et tourner au rond-point, vers la gauche, pour traverser les *facultés des sciences (rue Raoul-Follereau).*

▶ On atteint la route de Limoges *(avenue Jacques-Cœur)* que l'on traverse pour pénétrer à gauche dans le vaste domaine hospitalier universitaire de la Mileterie.

▶ *La Z.U.P. des Couronneries (C1).* Au-delà du parc des Expositions, la rocade traverse la Z.U.P. des Couronneries, énorme ensemble à l'échelle poitevine où se dispersent sur un fond vert les immeubles-tours et les immeubles-murs conçus dans une perspective inspirée par la pensée de *Le Corbusier* et la charte d'Athènes.

▶ Au carrefour de la route de Lessart, à l'extrémité de la rocade, on peut, en passant sous la voie ferrée, atteindre le *cimetière de l'hôpital des Champs*, fermé par un beau portail classique provenant de l'ancien couvent de la Visitation. ▶ On peut suivre à pied la rive droite du Clain, aménagée pour les pêcheurs face aux rochers du Porteau.

▷ Les rochers du Porteau *A1*

Pour les surplomber, revenir à la porte de Paris et prendre en face l'étonnante *rue de la Cueille-Mirebalaise*, accrochée à la falaise. En haut, à droite, on parviendra au bord des rochers, dans la rue du Porteau qui longe l'abrupt des falaises sur quelques dizaines de mètres. Au-delà des chênes verts qui poussent dans les rochers on aperçoit le Clain, puis les blanches constructions de la Z.U.P. des Couronneries.

▶ A gauche, juste avant le terrain de camping, la *rue des Campeurs* conduit au cœur de l'ancien village du Porteau, exemple en partie conservé des formes d'habitat anciennes : maison de 1737, venelles, pigeonnier, escaliers extérieurs. ▶ Des escaliers permettent la descente vers la *route de*

Paris. Végétation de chênes verts et modelé calcaire intéressant (corniches).

▶ Du carrefour, en haut de la rue de la Cueille-Mirebalaise, la *rue de Bel-Air* et la *rue de l'Aviation* conduisent à l'*église Sainte-Thérèse (A1)*, néogothique : vitraux modernes de *Labouré* et chemin de croix peint à fresque par *Marie Baranger*; ancienne chapelle du lycée de jeunes filles, l'église a été reconstruite ici pierre à pierre.

Animation

Marchés : place Notre-Dame et place de Provence (dim. et merc.). Marché aux fleurs devant l'église.
Automne et saison d'hiver : Rencontres musicales et A.T.P. : une dizaine de concerts de musique classique.
Octobre : Jumping de Poitiers (centre équestre).
Décembre : Journées Henri-Langlois
Avril-Mai : Le printemps musical de Poitiers (concerts de musique classique dispersés dans toute la ville et les environs).
Mai : Challenge Charles-Martel (compétition annuelle internationale d'épéistes de très haut niveau); meeting de natation (piscine municipale).
Juillet-août : Spectacles, concerts, danses (gratuits) proposés au public dans le centre ville (souvent place Leclerc).

▷ L'avenue de Paris

Laissant à la porte de Paris la rue de la Cueille-Mirebalaise, on prend vers le nord l'ancienne N 10, qui longe d'abord le pied des *rochers du Porteau.* Lorsqu'elle commence à s'élever, on laisse à droite le chemin de Quai-d'Embarquement. A l'entrée une plaque de calcaire précise : « 1914-1944. Ici les régiments de Poitiers s'embarquèrent en août 1914, sept. 1939, nov. 1944 pour aller combattre l'envahisseur ». Des dizaines de milliers d'hommes montèrent en ces lieux dans les trains militaires que l'on formait volontairement en dehors de la gare.

▶ Non loin, sur la gauche, curieux *musée* privé *«Chez Manuel» (t.l.j. 9 h-12 h/14 h-19 h ☎ 49.52.70.05)* qui regroupe une série étonnante d'objets de toutes sortes, collectés en une trentaine d'années : moteurs (un moteur à piston de 1880), tricycles et vélos, canon de 1914, belle pendule du XVIIIe s., calèches, nombreuses automobiles, locomobile, alambic, et même un hélicoptère, et de très nombreux outils.

▶ L'Auxances franchie (à gauche, entrée d'une *ancienne carrière*), on laisse à droite plusieurs petites routes vers *Chasseneuil.*

▶ La N 10 traverse d'abord la zone commerciale de Chasseneuil (hôtels) puis elle atteint la zone industrielle alors que les volumes insolites du *Futuroscope* (→) apparaissent sur la gauche.

Circuits autour de la ville

L'on suivra, au cours de ces circuits, une grande partie de la vallée du Clain. Le Clain naît en Charente limousine, à quelques kilomètres au nord-ouest de Confolens et de la Vienne, vers 220 m d'altitude, simple ruisseau qui, dédaignant la grande rivière proche, s'écoule vers le nord, dans le granite, jusqu'à Pressac. Seule la partie inférieure du Clain s'écoule dans la direction générale la plus rectiligne qui joint Tours à Saintes ou à Bordeaux. De sorte que les grandes voies de passage ignorèrent l'axe de la Vienne, pourtant beaucoup plus ample et apparemment plus facile, et suivirent celui du Clain.

Au sud de Poitiers

80 km environ / 1 j.

Ce trajet séduisant se développe au sud de Poitiers à travers la vallée du Clain renforcé ici par les rivières du Miosson et de la Clouère, dans un espace largement boisé et coupé d'eaux courantes, bien différent des plateaux céréaliers dénudés et secs que l'on trouve à peu de distance. On passe d'un vallonnement à l'autre, à cause du grand nombre de méandres des rivières encaissées dans la roche calcaire. Des rubans forestiers occupent les fortes pentes.

En amont de Ligugé, sur une faible distance, au niveau d'anciennes carrières, réapparaît le granit *(→ encadré le Seuil du Poitou).*

▶ Sortir du centre de *Poitiers* par l'avenue de la Libération *(direction Bordeaux)* et tourner à gauche aux *Trois-Bourdons* vers la commune de Saint-Benoît.

▶ *Vestiges de l'aqueduc romain de l'Ermitage.* Sur la gauche, après le domaine de l'Ermitage, un panneau indique « Aqueduc romain ». Ici l'aqueduc, venant du sud, franchissait un petit vallon sur des arches construites en moellons. Il ne reste que des piliers, encapuchonnés de lierre, à droite de

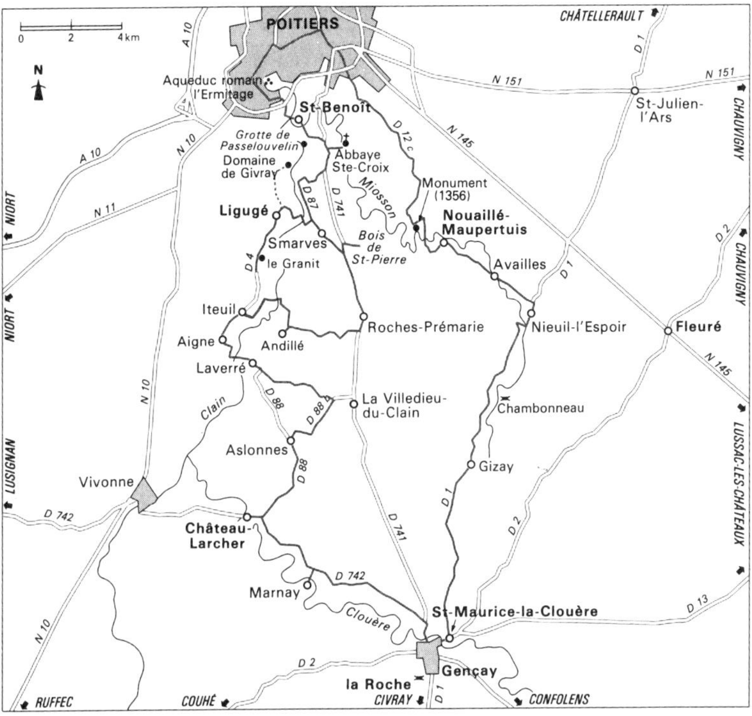

Au sud de Poitiers

la *rue de Tout-Vent* ainsi que dans la résidence à gauche (nom ancien : arcs de Parigny). Avant d'arriver à l'aqueduc on passe devant une petite fabrique de tourteaux fromagés et de broyé poitevin (vente au détail). ▶ A hauteur de l'aqueduc, sur la gauche, un chemin bétonné en pente très forte descend au milieu des arbres jusqu'au Clain qu'il atteint à la *station* d'épuration *de la Varenne*. ▶ Revenir à la route ; à 800 m environ, au bas de la descente vers Saint-Benoît, un chemin passe au-dessus de la voie ferrée et conduit sur le bord du Clain, aménagé pour les promeneurs et les pêcheurs. En face les escarpements rocheux de *la Mérigote* et du *Roc-qui-boit-à-midi* dominent la rivière.

▷ Saint-Benoît

Le centre de la petite ville occupe les basses pentes du secteur de confluence entre le Miosson et le Clain. Le bourg s'est développé autour de l'ancienne abbaye bénédictine, fondée au VIIe par *saint Achard*.

L'*église*, à nef unique, est une construction romane dominée par une flèche élancée du XIIIe ou du XIVe s. Elle est inondée lors des grandes crues (en 1982 et 1983, plus d'1,50 m d'eau à l'intérieur !). La restauration récente a donné beaucoup de pureté à l'édifice. Deuxième fenêtre à gauche : petit Christ en majesté (remploi) ; à droite, en entrant, grand sarcophage (couvercle brisé). Dans le croisillon nord, grand gisant mutilé d'un abbé. A côté, sarcophage dégradé où fut trouvée, en 1971, la belle *crosse*★ en cuivre doré et émaillé logée dans le mur (minuterie). Sur la plaque, Vierge à l'Enfant ; sur la douille, figures d'appliques représentant l'Annonciation (début XIIIe s.). Pierre tombale dressée. Retable du XVIIe s., dominé par une fresque restaurée (Christ de majesté). Dans le chœur, stalles du XVIIIe s. Deux fresques monochromes sur deux piliers du clocher (saint Christophe, à droite).

Au dehors, à droite, un passage conduit à une galerie de l'ancien cloître *(salle capitulaire)* : arcades avec petits chapiteaux mutilés (Annonciation, Visitation) ; expositions temporaires.

On peut revenir sur la *place de la Poste* en passant sous le bâtiment (à droite). En bordure de la route, *square* avec *monument aux morts* signé *Evy Benet*, devant une petite pyramide accostée d'obus (?) en pierre.

A quelques mètres de la façade de l'église, à droite, ancienne *porte* de l'enceinte abbatiale. En continuant, on

Sainte Radegonde

Radegonde, issue d'une grande famille royale, naquit en Thuringe (actuellement province d'Allemagne de l'Est), vers l'an 520. En 531, les rois francs Thierry, roi de Metz, et son frère Clotaire, roi de Soissons, déclarent la guerre, Radegonde est emmenée en captivité par le roi Clotaire qui, séduit par sa grande beauté, décide de l'épouser. C'est alors, semble-t-il, que la reine embrasse la religion chrétienne.

D'une dévotion extrême, Radegonde supporte mal son mariage avec Clotaire. Malgré la désapprobation de la cour, elle se fait consacrer diaconesse, à Noyon, par l'évêque saint Médard. Elle fait don de ses bijoux et de ses parures aux pauvres, et c'est en simple habit de religieuse qu'elle part fonder, dans son domaine de Saix, un monastère d'hommes. Mais Clotaire, qui n'a jamais renoncé à Radegonde, entreprend de la poursuivre. Fuyant son époux, la reine quitte Saix et décide de faire édifier son propre monastère à Poitiers. Élevé à l'intérieur de l'enceinte de la ville, le monastère, consacré à saint Hilaire, prend d'abord le nom de Notre-Dame, puis celui de Sainte-Croix. Dès sa fondation, il jouit d'une immense réputation due tant à la personnalité de la fondatrice qui conserve des liens étroits avec les familles franques, qu'aux reliques fabuleuses qu'il abrite.

C'est dans ce monastère, d'où elle ne sortit plus jamais, que Radegonde mourut le 13 août 587. La tradition rapporte que, peu avant sa mort, elle eut une vision du Seigneur qui laissa l'empreinte de son pied sur une pierre. Cette pierre vénérée, appelée le Pas de Dieu, fut transportée en 1803 dans l'église Sainte-Radegonde.

passe devant la mairie, suivie d'un petit jardin public en bordure du Miosson (jeux). On passe sous la voie ferrée, et l'on découvre un plan d'eau et les restes d'un ancien moulin aménagé en base de canoë-kayak. En aval de la base, sur la rive droite du Clain, *promenade* en cours d'aménagement. Près de la base, au bout du pont, un escalier creusé dans la paroi calcaire conduit, au niveau du plateau, à l'*ancien viaduc* du chemin de fer d'intérêt local. On peut le suivre pour aboutir en amont, sur la rive droite du Clain, au *site de Passelourdin (site signalé).*

▷ Rochers et grotte de Passelourdin

Ici les parois calcaires se dressent verticalement au-dessus du Clain, parfois même en corniche. Des escaliers accrochés à la paroi conduisent à la grotte, qui a livré des témoins d'un habitat préhistorique. Plus à l'est, la paroi sert aux écoles d'alpinisme.

La grotte était habitée au début du siècle par un curieux personnage, le *Père Clotaire* (ou Clotère). *François Rabelais* évoque ce site où Pantagruel préleva la pierre qu'il utilisa pour faire le dolmen de la Pierre-Levée, et que devaient fréquenter les étudiants de Poitiers.

▶ Revenir sur la route de Confolens. On atteint ***la Cossonnière*** *(panneau : Flée, à gauche)* en bordure de la voie ferrée Poitiers-Limoges. ▶ ***L'abbaye Sainte-Croix.*** Fondée en 552 à Poitiers, Sainte-Croix est sûrement, parmi les abbayes bénédictines de femmes, celle qui a la plus longue existence. En 1965 les moniales quittèrent Poitiers et s'établirent dans le cadre forestier de la Cossonnière. ***Église*** moderne (*Mlle Ursault* arch.), dédicacée en 1957, avec une magnifique ***grille*** de 1739. ***Exposition*** permanente de documents relatifs à *sainte Radegonde (→ encadré).* ▶ De la Cossonnière, en allant vers le sud, prendre à droite la jolie petite route de ***Moulin*** qui longe la rive du Clain et conduit à Ligugé par son ancien faubourg manufacturier (ruines d'une filature).

▷ Ligugé*

La petite ville s'étage sur les pentes de la rive gauche du Clain. Les lotissements pavillonnaires récents qui forment ses parties hautes témoignent de son intégration progressive dans l'agglomération poitevine.

Le renom de Ligugé tient à la présence d'une abbaye bénédictine d'hommes toujours vivante, héritière de la fondation faite au IVe s. par *saint Martin.*

L'abbaye dans l'histoire

Disciple de *saint Hilaire* de Poitiers, *saint Martin* reçoit de celui-ci le domaine de Ligugé en 361. Son église est peut-être celle dont est dessiné au sol, en arrière d'une crypte du VIIe s., le tracé semi-circulaire d'une abside. Insérée entre les murs de la cave d'une villa gallo-romaine, elle pourrait être un vestige de la première église monastique des Gaules. En 370, *saint Martin* gagna Tours dont il devint évêque, et où il fonda le monastère de Marmoutier. Au début du Ve s. la vie monastique cesse à Ligugé (persécutions par les Wisigoths ariens). Le monastère est restauré au VIe s. après la victoire de *Clovis* sur les Wisigoths à Vouillé (507). Il disparaît à nouveau au VIIIe s. puis il est restauré par la comtesse du Poitou, *Aumode* (dont le sarcophage est encore dans la crypte de l'église), et devient un prieuré de l'abbaye de Maillezais. En 1308 le *pape Clément V* y réside, à l'occasion de l'ouverture du procès des Templiers à Poitiers. En 1504, *Geoffroy d'Estissac* devient prieur de Ligugé où passe son ami *François Rabelais.* La vie monastique disparaît en 1520. Le monastère devient propriété du collège des Jésuites de Poitiers et, en 1793, les bâtiments sont vendus à des particuliers. En 1853, la restauration est entreprise sous l'impulsion du *cardinal Pie*, évêque de Poitiers, par des moines envoyés de Solesmes ; le titre abbatial est retrouvé en 1864. L'écrivain *J. K. Huysmans* ***(L'Oblat)***, le peintre *Georges Rouault* séjournèrent à Ligugé ; *Paul Claudel* et l'écrivain *Louis le Cardonnel* y devinrent novices. En 1901 l'expulsion des religieux est prononcée. Les moines s'établissent à Chevetagne, en Belgique. Leur retour se fait en 1923. Pendant la guerre de 1939-1945, plusieurs personnalités trouvèrent refuge à Ligugé, notamment *Robert Schumann*, futur « père de l'Europe ».

En 1953 débutèrent d'importantes fouilles, sous la conduite des Monuments historiques. Tout le bâtiment avait été reconstruit au XIXe s., à l'exception d'une tour du XVIe s., et d'un bâtiment de 1677. Aujourd'hui, les moines vivent en partie de la fabrication d'émaux de belle qualité, réalisés d'après les maquettes d'artistes contemporains. Ils reçoivent des laïcs à l'occasion de retraites spirituelles. Leur ***bibliothèque*** (120 000 volumes) est ouverte aux chercheurs.

Visite de l'abbaye

Sur la petite place entre la mairie et l'abbaye, le visiteur aperçoit à droite le long mur moderne de l'abbaye avec une légère saillie (la ***tour Rabelais***) et l'entrée. Au fond à droite, l'église paroissiale (XVIe-XIXe s.). Devant l'église, une sorte d'auvent horizontal abrite les fouilles. Derrière, à gauche, une allée de tilleuls conduit à la chapelle Saint-Martin. Sur la place, ***monument aux morts*** *(A. Desoulières)* encadré de deux dalles calcaires dédiées aux soldats belges morts pour la France et à trois victimes de la déportation. A gauche, salle consacrée à des expositions temporaires.

Les fouilles. La première basilique de saint Martin a laissé des traces à 3 m sous l'église actuelle. Une église fut ensuite bâtie sur le lieu où saint Martin avait ressuscité un disciple, dans une salle romaine. Puis au VIe s. on ajouta trois nefs par-devant l'édifice ancien ; au VIIe s. on allongea l'église par la construction d'un nouveau chevet. La nef principale renferme 32 ***sarcophages*** mérovingiens, dont certains couvercles ont été scellés sur la façade actuelle. Une maquette permet de suivre les étapes de la construction. Le dégagement de parties superficielles des murs permet de distinguer les constructions du VIIe s. avec leurs arcades intactes et les murs du XIe s. : c'est la plus ancienne des voûtes romanes connues. On aperçoit des vestiges de fresques exécutées vers 1075.

A gauche, on descend à la ***crypte*** placée sous la première travée de l'église actuelle, composée de trois petites nefs précédées d'un couloir transversal. Au-delà de cette crypte, on a retrouvé l'abside de la première basilique ainsi que le sol de la vaste cave romaine sur laquelle elle avait été construite. ***Pierre tombale*** d'un abbé, attribuée à l'*abbé Ursin* ; bas-relief mérovingien (cerf broutant).

A l'extérieur, à gauche de l'église et sur son côté nord, il ne subsiste du croisillon gauche qu'un précieux ***pavage*** du VIIe s., aux carreaux de terre cuite vernissée, et la base d'une absidiole.

L'église paroissiale Saint-Martin *(accès libre lors des offices)* a été reconstruite en 1505

Le Seuil du Poitou

Il s'agit d'abord d'une notion d'ordre géologique. Entre les deux grands bassins du Nord et du Sud, Bassin Parisien et Bassin Aquitain, les roches anciennes se rapprochent de la surface, formant un exhaussement gigantesque : le Seuil du Poitou. Ce Seuil se raccorde au Massif Armoricain au nord-ouest et au Massif Central au sud-est. Les géologues le situent d'ordinaire dans l'espace entre le sud de Poitiers et le coude de la Charente au nord de Ruffec.

Le promeneur n'a aucune chance d'apercevoir le Seuil, car il est partout recouvert par les sédiments. Toutefois, à cause de la faible épaisseur de ces derniers (de l'ordre d'une centaine de mètres), plusieurs dislocations amènent les roches anciennes à la surface, au bas de la colline de Champagné-Saint-Hilaire (Vienne) et surtout non loin de Poitiers, à Ligugé. Elles formaient jadis un barrage sur le Clain, et furent exploitées pour la fourniture de ballast. La carrière désaffectée se trouve entre la voie ferrée et le Clain, au lieu-dit Le Granit. On peut voir également les affleurements de granit sur la rive droite de la rivière. La dislocation responsable du « horst » du Ligugé (gradin entre deux failles) correspond à une remontée brutale du granit, de l'ordre d'une centaine de mètres.

Souvent l'expression désigne seulement la zone de passage privilégiée (N 10, autoroute A 10, voies ferrées) qui correspond en partie au cours de la Vienne et au cours du Clain, et sous-tend l'idée d'un secteur de contact éminent entre le nord et le sud de l'espace français, illustré par les trois batailles de Poitiers (507, 732, 1356) : « Le passage n'y est pas concentré, comme en pays de montagnes, en un étroit couloir donnant lieu à une route unique. C'est une zone de circulation, large d'au moins soixante-dix kilomètres où, comme dans le lit d'un grand fleuve, les courants principaux se séparent et se divisent (...). C'est une porte des peuples (...). Pendant des siècles les hommes du Nord sont par là entrés en contact avec les gens du Sud » (Vidal de la Blache).

---

par son prieur *Geoffroy d'Estissac*, futur évêque de Maillezais, sur l'emplacement d'un édifice de 1310, détruit en 1359, et dont il ne reste que le mur de droite. Le portail flamboyant et ses panneaux sculptés de la Renaissance, le clocher de la dernière période gothique, la nef du XVIe s. sous une voûte à nervures étonnante par la pureté de ses lignes, l'abside du XIXe s., en font un monument très composite.

La chapelle Saint-Martin. Longeant le mur nord de l'église, une allée de tilleuls conduit à ce petit édifice, bâti, croyait-on, sur l'emplacement d'un miracle rapporté par *Grégoire de Tours* : « Ici, au IVe siècle, saint Martin ressuscita le catéchumène ». A l'intérieur, un *vitrail* moderne de *Labouret*, en verres de couleur épannelés, figure le miracle.

L'église abbatiale, sombre, très dépouillée, est un bon témoin de certaines architectures religieuses des années 30.

La librairie (t.l.j. 9 h-11 h/15 h-18 h ; les dim., 11 h 15-12 h, 15 h-16 h, 17 h 15-18 h) propose des ouvrages religieux contemporains en grand nombre, des cartes postales, des émaux. A droite, on trouve la *collection d'émaux* présentée au sous-sol du musée monastique, à la lumière artificielle. Les pièces uniques ici exposées ont été exécutées à partir de peintures d'artistes modernes (*Rouault*, *Manessier*, *Léger*, *Braque*, *André Marchand*, etc.). Au-dessus, le *musée monastique (mêmes horaires)* est construit autour de trois thèmes : l'histoire du monachisme à travers les siècles, divers aspects de la vie monastique, l'histoire du monastère de Ligugé. Des cartes, des tableaux chronologiques, des photos et des documents permettent de découvrir la richesse de la tradition monastique.

▶ *Le château de la Réauté (sur la route d'Iteuil ; ne se visite pas)*, visible de la route, est une gentilhommière Louis XIII, avec corps de logis central et ailes en retour, portail Louis XIII sur la rue. Admirer le beau volume de cet ensemble et sa pureté.

Plusieurs promenades séduisantes peuvent être faites au départ de Ligugé.

▶ *Le domaine de Givray*. Au nord de la ville, dans la boucle du Clain, ce parc de loisirs de 125 ha est pour l'essentiel forestier, avec des sentiers piétonniers *(B 1727 Est)*, un vaste espace de jeux pour les enfants, des sentiers sportifs aménagés dans la forêt ; il est ouvert à la chasse quelques heures par semaine. Le bord du Clain aménagé (face aux rochers de Passelourdin) propose des postes de pêche sur près de deux kilomètres. ▶ Par la route d'Iteuil, on atteint très vite le *lieu-dit Le Granit* (panneau) au-delà duquel une passerelle métallique, à gauche, franchit la voie ferrée. Un chemin conduit à *l'île de Pont*, en bordure du Clain qui circule ici au milieu du granit, dans un paysage tout à fait insolite dans le Poitou calcaire. A côté, grande *carrière* de granit abandonnée, utilisée au XIXe s. pour le ballast de la voie ferrée.

▶ Reprendre l'itinéraire principal. Sortir de Ligugé par *Smarves* et emprunter la D 741 que l'on prend à droite.

▷ Les bois de Saint-Pierre

Cet ancien domaine forestier est devenu le Bois de Boulogne des Poitevins : sur plus de 200 ha, autour de l'ancien *château de Saint-Pierre* qui domine un méandre du Miosson, on trouve 75 ha de zones d'attractions : jeux, pièces d'eau, parc animalier, promenades à cheval, piscine et vaste « zone sauvage » réservée à la promenade en forêt (8 km de sentiers balisés ; *(B 1727 Est)*). Sur l'allée du château, trois zèbres en béton armé peint (*Gilbert Della Noce*, 1983).

▶ A l'entrée des *Roches-Prémarie : donjon* du XIVe s. ▶ Rejoindre la D 4 qui suit en partie la vallée du Clain par *Andillé*. ▶ Après avoir traversé le Clain on atteint *Iteuil* : église des XIIe et XVIe s. ▶ A *Aigne*, château de la Renaissance si restauré au XIXe s. qu'il a l'air d'un pastiche ; de sa terrasse, beau *point de vue* sur la vallée du Clain.

▶ A la sortie laisser à droite la route de *Vivonne* (→ *environs de Lusignan*) et continuer vers La Villedieu-du-Clain par *Laverré*. A g. *(0,5 km env. par la route d'Andillé)*, *dolmen* et *cromlech*. ▶ A *La Villedieu-du-Clain* le portail roman de l'*église* est surmonté d'une corniche et de sculptures au style plein de saveur. A l'intérieur, buste reliquaire en bois doré du XVIIIe s. ▶ *Aslonnes*. Avant Château-Larcher, à droite, *dolmen (signalé)* à quelque distance de la route.

▷ Château-Larcher

Bourg situé sur un éperon que ceinture une boucle de la Clouère, affluent du Clain.

Le front ouest de l'ancien château fort se dresse au-dessus de la rue principale. Plus que millénaire, le domaine devint propriété de *Saint Louis* lorsque celui-ci eut confisqué la forteresse à *Hugues Ier de Lusignan*, rebellé contre l'autorité royale. Le roi fit raser, avec beaucoup d'autres, la citadelle des héritiers de Mélusine en châtiment de leur lutte contre sa mère, *Blanche de Castille*, et de leur ralliement aux Anglais avant la bataille de Taillebourg (1242). La première mention du château est de 888. En 969, *Ebbon* et son fils unique *Achard*, qui a donné son nom à la forteresse, ont fondé ici un prieuré dépendant de Saint-Cyprien de Poitiers.

L'*église Notre-Dame et Saint-Cyprien (au sud du château)*. Cette église du XIIe s. faisait partie intégrante de la fortification, comme en témoigne la *tour* qui masque en partie sa façade. Les trois voussures de son *portail* sont richement décorées ; celle du centre est ornée d'une suite de quadrupèdes assis (porcelets ?), la queue passée entre les pattes arrière et qui se font face à deux. Animaux fantastiques sur les chapiteaux des colonnettes, frises de palmettes et d'anneaux. A l'*intérieur*, un mur droit, auquel s'adosse un grand retable baroque du XVIIe s. à cinq panneaux sculptés, remplaça l'abside (XVIIe s.). Bas-relief de terre cuite polychrome (XVIe s.) représentant un saint évêque et un religieux agenouillé (à gauche) et, à droite, l'apparition du Christ à saint Pierre, après la Résurrection.

Les *restes du château.* A gauche de l'église, le castelet d'entrée, dont la porte est encadrée par deux grosses tours, ouvre sur la terrasse qu'occupent en partie quelques habitations. *Vue* sur la vallée de la Clouère. Au nord, ruines du *donjon* et d'une ancienne *tour* (éboulements récents). Des passages permettent d'accéder aux *jardins* qui bordent la Clouère et d'avoir une vue d'ensemble du site, au-dessus de la rivière. Maisons anciennes restaurées.

Dans le cimetière se dresse une *lanterne des morts* cylindrique (début du XIIe s.), haute de 5 m, sur une base cubique, avec un petit autel. La colonne est couronnée par un lanternon à baies étroites, au toit en écailles.

▶ A 2 km N.-O. environ se trouve un *dolmen* que l'on peut atteindre par un chemin qui prend à gauche sur la D 41 *(panneaux)*. ▶ De l'autre côté de la Clouère, le village de *Baptresse* était entouré d'abris préhistoriques. A proximité de la Clouère, sur les communes d'Aslonnes et de Château-Larcher, de très nombreux *témoins protohistoriques* ont été reconnus et parfois étudiés *(→ Poitiers, musée Sainte-Croix)*.

▶ Prendre la D 742 qui court sur le plateau en dominant parfois la Clouère. Avant le carrefour de *Marnay*, à droite, *stèle* à la mémoire d'un jeune fusillé (26 août 1944).

▷ Gençay-Saint-Maurice-la-Clouère

Au confluent de la Belle (venue du sud) et de la Clouère se dresse la masse impressionnante du *château fort* (XIIIe s.) en ruine. En prenant à droite, belle *vue* à partir du pont sur la Belle, au niveau d'un ancien lavoir. Le *Prince Noir* y tint captif le roi *Jean le Bon* après sa défaite à Maupertuis (1356). Les Anglais le gardèrent jusqu'en 1375 avant de se rendre à *Du Guesclin*. Au sommet de la colline, au-dessus du château, la modeste *église* en partie gothique (portail) est comme égarée dans l'enchevêtrement des ruelles.

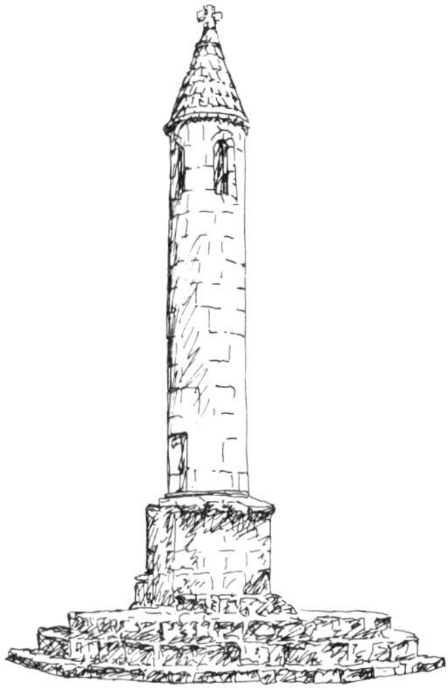

Lanterne des morts (Château-Larcher)

En suivant la D 741 *(vers Confolens)*, on passe devant le *foirail (foire le deuxième et le dernier jeudi du mois)*, et l'on peut descendre jusqu'au *plan d'eau* aménagé en bordure de la Clouère, à quelque distance de l'église de Saint-Maurice. On peut également parvenir au plan d'eau en suivant la D 13 sur moins d'1 km, et en contournant l'église par la gauche de l'abside.

L'église de Saint-Maurice-la-Clouère. Cet édifice au plan tréflé, unique en Poitou, possède un chevet roman à absidioles et un portail latéral nord aux voussures abondamment sculptées et ornées de dragons, de palmettes, de motifs en X. A l'intérieur, malheureusement dégradé par l'humidité, on a dégagé des *peintures* du XIVe s. : à la voûte de l'abside, un grand Christ en majesté, avec un quadrilobe où figurent les symboles des quatre Évangélistes ; sur le berceau du chœur, des prophètes et des apôtres, en partie effacés. Dans le bas-côté droit, peintures du XVIe s., de lecture difficile. A la croisée du transept, des *sculptures* décorent le pourtour de la coupole sur pendentifs, renforcée par des nervures. Nombreux chapiteaux (décors géométriques, rinceaux, oiseaux, quadrupèdes).

Vu de l'extérieur, le *chevet* de ce monument original possède un charme très particulier (son clocher a été transformé en tour de défense au XVIe s.).

▷ Le château de la Roche *1,5 km S. de Gençay par Magné*

Il domine la jolie vallée de la Belle. Ses communs sont aménagés en *musée de l'ordre de Malte et des ordres de chevalerie, (en été, t.l.j., 9 h-12 h / 14 h-18 h ; le reste de l'année, 1er et 3e dim. du mois).*

On visite le rez-de-chaussée du château, la chapelle (du XVIe) et le musée, qui réunit un ensemble exceptionnel de cartes, d'ouvrages et documents (costumes) relatifs à l'ordre de Malte.

▶ De *Saint-Maurice-la-Clouère*, prendre la D 1 qui traverse des plateaux faiblement occupés. ▶ 3 km après *Gizay*, sur la droite, ***château de Chambonneau*** (XIVe-XVIIe s.). Le châtelet élégant, bien restauré, est accolé aux bâtiments d'habitation. Un jardin d'agrément précède le château, entouré d'un fossé, en bordure du Miosson. A l'arrière, grande cour de ferme, avec des bâtiments sur trois côtés et deux petites tourelles aux angles. ▶ Après *Nieuil-l'Espoir*, prendre à gauche la D 12 en direction de Nouaillé. A *Availles* (2 km), voir l'église romane et le portail flamboyant (XVe s.) de l'*ancien prieuré de Sainte-Marie* (*propriété privée, ne se visite pas*). A gauche, au-dessus, *château de Chaumont* (XIXe s., *pas de visite*).

▷ Nouaillé-Maupertuis**

Situé dans l'immédiate banlieue de Poitiers, Nouaillé possède un intérêt touristique exceptionnel, en raison de la beauté du site, des caractères de l'extraordinaire ensemble abbatial qui se dresse en bordure du Miosson, et du souvenir de la troisième bataille de Poitiers (1356) dont la localisation (à la différence de celle des deux premières) est parfaitement connue.

L'abbaye

Elle occupe le fond plat de la vallée, à l'intérieur d'un ancien méandre abandonné par le Miosson, de sorte qu'elle est encadrée par des hauteurs qui portent une partie du bourg à l'est, et le bois de la Garenne à l'ouest. Naguère mal visible, elle a bénéficié de travaux continus qui ont heureusement transformé sa physionomie en l'épurant, en supprimant des constructions parasites, en aménageant les accès et la circulation des eaux. De l'importante fondation bénédictine subsiste un ensemble encore imposant de bâtiments qui entourent la belle et vaste église romane transformée à plusieurs reprises.

L'ancienne abbaye bénédictine ne fut longtemps qu'un petit monastère dépendant de l'abbaye de Saint-Hilaire de Poitiers, cité dès 780. L'église abbatiale était sous l'invocation de Notre-Dame et de *saint Hilaire*, et plus particulièrement sous celle de *saint Junien*, depuis que le corps de ce saint y avait été transféré en 830. A partir de 808 les moines se séparèrent de l'abbaye de Saint-Hilaire, en adoptant la règle bénédictine.

Ceinte de douves, l'enceinte fortifiée du XIIIe s. a conservé plusieurs de ses *tours* (deux d'entre elles encadrent un pont sur le Miosson) et deux *portes*, de part et d'autre de l'église.

Un petit parking récemment aménagé vers le sommet de la D 12, près de la route du cimetière, donne une belle *vue* sur l'ensemble du site. Un grand parking se trouve près de l'entrée nord de l'abbaye (panneaux) ; à sa sortie, vue très séduisante : en premier plan à gauche, *jardin médiéval* en bordure du Miosson, puis petit pont de pierre qui permet de traverser le Miosson et de franchir l'enceinte ; au centre, la masse imposante de l'église ; à droite, *fortifications* (tour ronde couronnée d'un toit carré, petite tour carrée) ; passer par le pont de droite en longeant la rivière et en traversant la porte en arc brisé ouverte sous un bâtiment ancien.

L'église

Construite à la fin du XIe s., elle a été renforcée, divisée en trois nefs et voûtée en berceau brisé au siècle suivant, époque de la construction du clocher-donjon, muni d'un chemin de ronde, élevé sur un porche couvert d'une curieuse *coupole* sur trompes. Celle-ci est renforcée par huit grosses nervures rectangulaires, rayonnant autour d'un oculus, et dont l'une est ornée des vingt-quatre vieillards de l'Apocalypse. Mieux visibles, les remarquables *chapiteaux* des gros piliers portant la coupole figurent diverses scènes du Nouveau Testament et une curieuse lutte entre des hommes aux pieds entravés et des femmes armées de lourdes massues.

Le *transept* et le *chœur*, détruits par les huguenots en 1569, ont été reconstruits de 1683 à 1690 et l'abside en hémicycle remplacée par un chevet droit. Des éléments de construction romaine apparaissent encore, telle cette colonne de marbre gris remployée à l'intérieur du portail nord. Un *jubé* de bois, sculpté vers 1663 par le Poitevin *Jean Girouard*, sépare les deuxième et troisième travées, tandis que des stalles du même artiste occupent les travées suivantes. Derrière le maître-autel, dans un enfeu, apparaît un sarcophage de la fin du VIIIe s. dit *châsse de saint Junien*, dont la face antérieure est peinte de trois aigles dans des médaillons. *Saint Junien du Poitou* (à distinguer du saint Junien vénéré autour de Limoges), premier bénédictin de la province, serait né vers 510-515. Il mourut le 13 août 587, en même temps que sainte Radegonde, et les messagers annonçant les décès se rencontrèrent sur la route. Ses reliques furent transférées à Nouaillé vers 850. Les peintures du tombeau seraient de la fin du VIIIe s. ou des débuts du IXe s., celles de l'enfeu (saint Junien, sainte Radegonde, des anges) sont du XVIIe s. Beau lutrin en bois, à gauche du chœur.

Trois *cryptes*, découvertes en 1945, ont été déblayées par le curé avec l'aide de

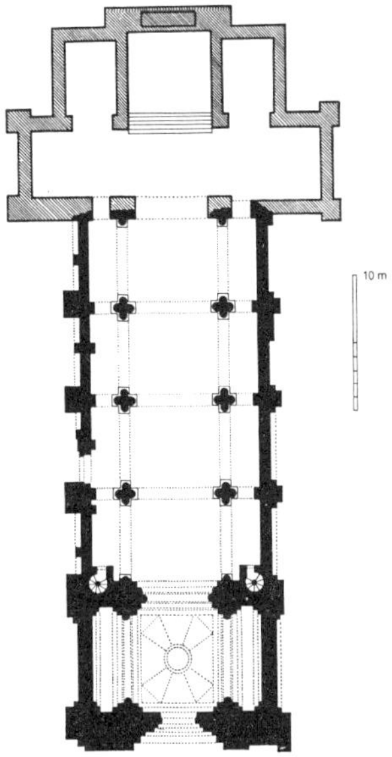

Nouaillé-Maupertuis

la population *(accès par le transept sud)* ; les incendies du XVIe s. les avaient enfouies sous les décombres : une couche de 30 cm de charbon recouvrait ces salles basses et en rendait l'accès impossible. Progressivement furent révélées, dans le mur de la crypte sud, plusieurs colonnes de l'église primitive. L'une d'elles daterait du Ve s. Des traces de peinture subsistent dans la crypte centrale. Dans la crypte nord, un passage conduisait au sacrarium. La partie la plus intéressante est constituée par l'hémicycle de l'ancienne construction.

Dans les tours de l'entrée nord, à droite, petit *musée*. A gauche, salles d'expositions (atelier des Douves). Un minuscule *jardin médiéval* est cultivé en bordure d'une douve. Parcourir l'ensemble du chemin qui contourne l'abbaye (logis abbatial, douves, tours).

Le champ de bataille de 1356

On l'atteint par la petite route tracée en direction de la D 12 et qui prend sur celle des Roches-Prémarie, à quelques centaines de mètres de Nouaillé *(fléchage : Champ de bataille)*. On peut également emprunter cette route en venant de Poitiers, avant la Cardinerie *(petit fléchage : Champ de bataille)*.

Un *bloc de pierre*, très simple, porte la mention : « A la mémoire des chevaliers, barons et hommes d'armes de France, de Gascogne et d'Angleterre tombés en ces lieux le 19 septembre 1356 ». Trois grands *panneaux* explicatifs permettent de suivre les combats et d'apprécier l'importance de l'événement. Celui du centre s'intitule : 1356, la bataille du roi ; celui de gauche montre les mouvements des armées le samedi 17 et le dimanche 18 septembre 1356 ; celui de droite est consacré à la journée du 19 septembre 1356.

De nos jours, la municipalité organise avec succès des *journées médiévales* ainsi que des visites régulières pour des groupes durant la belle saison, et consacrées à la découverte de l'ensemble du site.

Juste en bordure de l'abbaye, au nord en traversant le bras du Miosson, on atteint aussitôt le *bois de la Garenne* qui occupe les pentes du méandre ainsi qu'une partie du plateau. Il est parcouru de sentiers balisés *(B 1727 Est)*. Un petit *étang* a été formé, à l'ouest, en bordure de la route qui conduit au monument commémoratif.

Dans le cimetière, une *chapelle* du XIIIe s. fut élevée sur l'emplacement d'un temple romain ; non loin de là passait la *voie romaine* de Limoges à Poitiers, dont on peut voir le tracé sur les plans de la bataille.

Le Miosson s'écoule en décrivant des méandres encaissés très amples et souvent boisés. Les pentes en sont d'accès difficile, car il n'y a pas de chemin qui suive la rivière de bout en bout. Dans les parois abruptes s'ouvrent plusieurs grottes ; la *roche du Prince Noir*, la *roche de Pron* (qui est semble-t-il la plus longue de la Vienne ; elle a été reconnue sur plusieurs centaines de mètres) ; la *cave aux loups* a été creusée par l'homme.

▶ Retour à *Poitiers* par la D 12.

La troisième bataille de Poitiers

On admet que la guerre de Cent Ans commence en 1346 et à la bataille de Crécy. Dix ans après, le fils aîné du roi anglais Edouard III, le Prince Noir, prince de Galles, lance à partir de la Guyenne une grande chevauchée dans le centre de la France, vers Bourges et Tours. Il tente de regagner Bordeaux par le seuil du Poitou, mais il est rejoint à Nouaillé par le roi de France Jean le Bon.

La bataille se déroule de 19 septembre 1356 ; elle est désastreuse pour les Français. Le roi Jean et son fils furent faits prisonniers, beaucoup de grands seigneurs furent tués ou pris. Les Anglais se retirèrent par Gençay, Couhé et Ruffec, sans attaquer Poitiers. Le traité de Brétigny tire les conséquences du drame, et le roi de France informe les habitants qu'il « baille à son frère le roi d'Angleterre... la cité et le château de Poitiers et la terre et le pays du Poitou ». La Saintonge, l'Angoumois, le Limousin, le Périgord, le Quercy et le Rouergue sont également abandonnés à l'Angleterre.

Les vallées de la Boivre et de l'Auxances

à l'ouest de Poitiers / 70 km environ / 1 j.

Cet itinéraire presque entièrement rural révèle bien la grande diversité des paysages autour de Poitiers. Les deux rivières affluents du Clain peuvent se comparer à celui-ci dans la mesure où elles coulent au fond de méandres encaissés dans les masses calcaires. Au-dessus de ces rubans de fraîcheur s'étend au sud un paysage de bocage, avec un réseau de haies bien marqué et des exploitations en grande partie vouées à l'élevage. Au nord de l'Auxances, après une coupure qui est l'une des plus brutales que l'on puisse apercevoir en France, se développe à l'opposé un paysage de plaine, dénudé, entièrement céréalier et viticole.

▶ Quitter *Poitiers* au S.-O, par le *pont Guynemer* sur les voies ferrées et la Boivre, et tourner immédiatement à gauche, deux fois, pour suivre la route étroite qui s'engage dans la verdure le long de la rivière. On aperçoit bientôt, à droite, la falaise creusée de cavernes.

▷ Les grottes de la Norée *(B 1727 Est et Ouest) 3,5 km à droite; visite t.l.j. 1er avr.-30 sept. 14 h 30-18 h 30; hors saison, tous les week-ends, aux mêmes heures, et sur rendez-vous*

Elles s'ouvrent à mi-pente, non loin des ruines récentes d'un ancien moulin. La galerie donne accès à un réseau de cavités complexe, qui a été reconnu sur plus de 700 m de longueur, et que l'on visite sur 400 m environ. Marmites et cheminées aux parois tourmentées, concrétions remarquables par leur blancheur.

▶ A 800 m la route tourne brusquement à droite. On peut laisser la voiture au carrefour et continuer à pied, au niveau de la rivière, par la *promenade piétons des Prés de la Fontaine* que l'on peut suivre sur plus de 2 km jusqu'à l'entrée de *Vouneuil*. La route remonte sur le plateau et franchit l'autoroute. ▶ *Le monument des Fusillés de Biard (1,5 km de Vouneuil par la D 6).* Il se trouve dans un décor sinistre, sur le terrain militaire, en bordure de l'autoroute. Grande dalle calcaire posée sur six supports cylindriques, portant une *plaque* de bronze : « Ici sont morts pour la France - (suit une liste de 132 noms, accompagnés des âges) - torturés et fusillés par les Allemands ». Les exécutions vont du 7 mars 1942 au 4 juillet 1944 (33 le 8 mai 1944). ▶ En continuant le chemin (au-delà du monument) on atteint l'*institution de Larnay*. Cette institution pieuse a été fondée par *M. de Larnay* en 1833. Bel immeuble XIXe s., imposant, autour d'un petit bassin que domine une Vierge à l'Enfant. La petite *chapelle (visite sur demande)* est un excellent témoin de la ferveur néogothique des architectes religieux au milieu du XIXe s. Autour du chœur, de grands *vitraux* représentent les membres de la famille de Larnay agenouillés devant leur saint patron. Autel gothique à niches.

▶ Revenir sur la D 6, que l'on suit en longeant le champ de tir de Biard. ▶ *Carrefour de Chanteloup* : à gauche, route pour *Vouneuil (1 km S.)*. En continuant vers le sud par cette route *(D 87)*, on peut atteindre par-delà l'autoroute *Fontaine-le-Comte (6 km S. de Vouneuil)*. L'*église*★ (XIIe s.) de ce village niché au creux d'un vallon surprend par ses dimensions imposantes; ancienne abbatiale Notre-Dame, elle a pour origine une abbaye de chanoines réguliers de Saint-Augustin fondée dans la seconde moitié du XIe s. par *Guillaume VIII*, comte de Poitiers.

▶ Du carrefour de Chanteloup, on suit la D 6 vers l'ouest. Un peu plus loin à gauche, dans la forêt, entrée du *C.R.E.P.S.* (Centre régional d'éducation physique et sportive) de Boivre : beau château du XIXe s. dominant la rivière. ▶ De la *maison forestière du Poteau*, deux itinéraires sont possibles. ▶ En restant sur la D 6, on peut pénétrer dans la forêt en tournant à droite, 3 km plus loin, direction Vouillé ou Quinçay.

▷ La forêt de Vouillé-Saint-Hilaire *(B 1727 O. et E., B 1726 O.*

Cette forêt domaniale de 1 545 ha, héritage agrandi d'anciennes propriétés religieuses, est très belle. Sur plus de 1 000 ha s'y étalent les futaies de chênes accompagnés de hêtres. Le mélange chêne-hêtre est particulièrement séduisant. Sur 500 ha les sols plus pauvres sont occupés par des pins. Un aménagement touristique permet de bien comprendre la forêt : il s'agit de la *zone de silence*, en bordure de la route de Masseuil, à proximité du rond-point de Saint-Hilaire. Parking, plan, panneaux qui permettent d'identifier les arbres, sentiers aménagés.

▶ De la maison forestière du Poteau, à gauche de la D 6, une petite route (C 2) descend à travers la forêt dans la *vallée de la Boivre*.

▷ Béruges *12 km à dr.*

Passer au-dessous du *château de Béruges* (XIXe s.), le plus important des châteaux d'une commune qui en possède une dizaine! Tourner en montant à droite

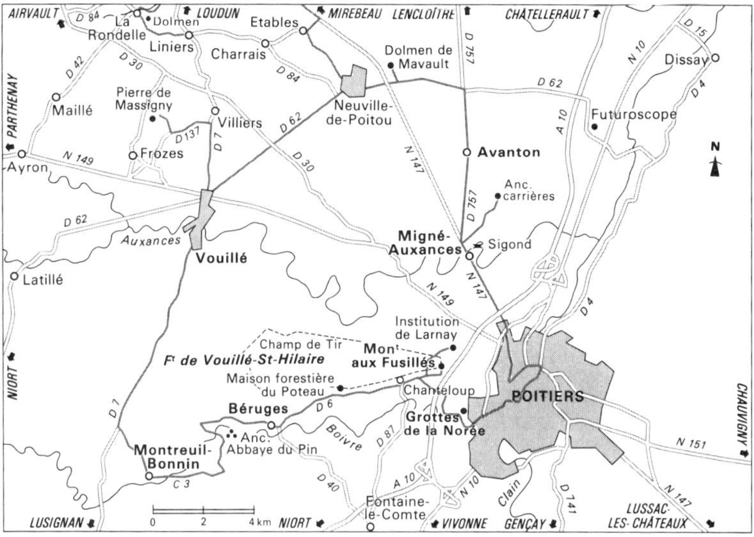

Les vallées de la Boivre et de l'Auxances

pour entrer dans le bourg. Sur la place de l'église, des travaux récents ont mis au jour des témoins mérovingiens *(sarcophages)* exposés à côté de la salle des fêtes ; un petit *musée (ouvert l'après-midi du premier week-end de chaque mois)* présente des photographies du site ainsi que des panneaux explicatifs et des objets gallo-romains trouvés au cours des fouilles. Derrière le bâtiment, constructions gallo-romaines (voûte en moellons).

En quittant le bourg *(direction Vouillé, Lavausseau)* on passe devant les ruines d'une forteresse médiévale à peine visible à gauche, dans la forêt. Il s'agit de la *tour de Béruges*, appelée *tour de Ganne* au XVIIe s., et parfois, aujourd'hui, *tour de Guyenne*. La fortification fut, avec le château de Lusignan, le dernier réduit de la résistance des Lusignan au roi de France, le futur *Saint Louis*, qui l'assiège et s'en empare en 1242.

Plus loin à droite, à l'entrée du cimetière, dalle de granit mal dégrossie, *tombeau de François Albert*, ancien ministre, fils de gardiens du château de Béruges (1877-1934). A côté, deux *stèles* à la mémoire de jeunes aviateurs anglais, tombés en août 1944 (inscriptions).

▶ De Béruges on peut aller voir, à 7 km au sud, l'ancienne *abbatiale Notre-Dame* de *Fontaine-le-Comte*, fondée au XIIe s. par *Guillaume VIII*, comte de Poitiers. Le chevet, composé d'une abside en hémicycle et de deux absidioles, est épaulé par des contreforts plats. A l'intérieur, la nef est voûtée en berceau brisé, la voûte du carré du transept repose sur huit nervures toriques. Belle et vaste abside en cul-de-four conçue pour accueillir en abondance la lumière par sept fenêtres en plein cintre. Stalles à motifs de rocaille de 1720 et statuette de saint Sébastien en bois polychrome. Près du porche de l'église, la mairie occupe une partie des anciens bâtiments conventuels (XVe s.) avec fenêtres à meneaux et bretèche.

▶ Revenir à Béruges. Après avoir rejoint à gauche la D 6 *(direction Lavausseau)*, prendre aussitôt à gauche la route étroite qui descend en forêt (C 3). A gauche, ruines de l'*abbaye cistercienne du Pin (ne se visite pas)* fondée en 1120, en partie reconstruite au XVIIe s. et transformée en château.

▶ Tourner à droite. La route (C 3) traverse la *forêt du Parc* : chênes, pins.

▷ Montreuil-Bonnin *6 km de Béruges*

Dans le bourg, tourner à gauche et franchir la Boivre en direction du cimetière et de l'*église* romane, restaurée au XVIIe s. De la place de l'église, belle *vue* sur la colline dominée par les restes du château, construit par *Richard Cœur de Lion*. On suit son histoire depuis les environs de l'an mil ; il subit bien des vicissitudes si l'on en juge par l'hétérogénéité des bâtiments qui le composent. Les tours cylindriques témoignent de l'évolution de l'art militaire au temps de Philippe Auguste. Incendié par les Anglais de *Derby* en 1346, il passe à partir de 1361 sous la tutelle anglaise ; au XVIe s. on y ajouta deux corps de logis, alors que les tours étaient en partie démantelées. Il devint place protestante au temps des guerres de Religion.

On distingue les tours ruinées, l'habitat intérieur, les restes des fortifications. A droite, belle *terrasse avec cèdres* *(propriété privée).*

Montreuil-Bonnin fut un atelier monétaire pour *Richard Cœur de Lion* et ses successeurs, jusqu'en 1346.

▶ Prendre la D 27 en direction de *Latillé*, puis la D 7 en direction de *Vouillé*. A mi-chemin de Vouillé, sur la droite, une route permet de gagner Poitiers par *Chanteloup* (C 2) : elle passe à travers de belles futaies, traverse le *rond-point des Trois-Sapins* puis le *rond-point de Saint-Hilaire* d'où l'on peut prendre, à gauche *(route de Masseuil)* vers la *zone de silence* *(→ ci-dessus).* Cette partie du trajet se déroule dans une zone de bocage typique. Les exploitations y sont vouées à l'élevage (bovins charolais, vaches laitières, moutons dans les prairies). A partir du carrefour du C 2 vers Poitiers commence le paysage de plaine, encore perturbé par la présence de quelques haies.

▷ Vouillé

Le bourg est surtout connu par la victoire qu'y remporta *Clovis* en 507 : c'est la première des trois batailles de Poitiers qui jouèrent un rôle majeur dans le destin de la nation, en 507, 732 et 1356 *(→ encadrés).* La commune est parfois appelée Vouillé-la-Bataille.

Le cœur de l'ancienne bourgade se trouve sur les bords de l'*Auxances*, joliment aménagés. A gauche, en arrivant, un pseudo-menhir de granit, récent, porte une plaque : « C'est en ces lieux qu'en 507 Clovis, roi de France, défit les Wisigoths. Alors commença la France ». Devant, *sarcophage* mérovingien local, en calcaire.

Sur la place, *monument aux morts* original, édifié en 1899 pour les soldats du canton de Vouillé morts pour la France en 1870-1871, et complété après la Grande Guerre par la statue grandeur nature d'un jeune fantassin de pierre, à l'air intrépide, voire arrogant, debout, appuyé sur son fusil (*Desoulières* sculpt.). Autour du monument, une grille, tubes de quatre canons, chaîne qui repose sur de petits piliers de pierre surmontés d'une grenade.

▶ Sortir de Vouillé par la D 7, en direction de Villiers, qui conduit au dolmen appelé *Pierre de Massigny* *(avant la voie ferrée, prendre à gauche la D 137, direction Frozes : le dolmen se trouve à environ 1 km à droite).* ▶ Un autre *dolmen* peut être vu entre *Liniers* et *la Rondelle*, 300 m avant le carrefour entre la D 84 et la D 42 (signalé). ▶ Il en existe un autre plus au nord, à 500 m au sud des *Rochelles (D 42)* : la *pierre de Liaigues*. ▶ Poursuivre la D 42 jusqu'à *Noiron*. A l'est de ce bourg, *dolmen des Fontaines*. ▶ Au sud de *Noiron*, par la N 147, rejoindre *Étables*, à 5 km. Dans le village, les vestiges de la *maison forte d'Étables* (ferme) témoignent de l'importance ancienne d'une châtellenie qui dépendait de Saint-Hilaire de Poitiers, et qu'évoqua Rabelais. La construction en fut autorisée pour protéger le peuple contre les « pilleries » des gens de guerre, et se déroula entre 1433 et 1440. Façade sur cour richement ornée entre 1672 et 1683 (Hercule, Bacchus, imposantes armoiries). Le trajet se déroule dans l'un des plus remarquables paysages de plaine de Poitou-Charentes, qui forme un surprenant contraste avec les bocages parcourus jusqu'ici. ▶ *Neuville-de-Poitou* *(2,5 km S. d'Étables).* Comme Vouillé, la petite ville appartient désormais à la zone péri-urbaine de Poitiers. On la traverse en suivant la D 62 en direction de Jaunay-Clan, et l'on passe devant la cave coopérative des viticulteurs de la Vienne. Cet organisme joue un rôle fondamental dans le maintien de la viticulture locale; il a remporté d'étonnants succès commerciaux. En arrivant, à gauche, *salle d'accueil*, vente au détail *(visites possibles sur demande).* ▶ *Le dolmen de Mavault* *(à la sortie de Neuville, au carrefour de Mavault, prendre à gauche la N 147 sur quelques centaines de mètres).* A droite, dans les champs, dolmen formé de dalles gréseuses. En montant au-dessus du dolmen, sur la butte, on découvrira vers le nord l'extrémité des plaines et le relief de la côte crétacée (sables, grès et tuffeau) qui les limite. Sur la butte, curieuse accumulation de grès; bancs, sentiers. ▶ Reprendre la D 62 et tourner à droite au *carrefour des Quatre-Vents*, vers Avanton et Poitiers par la D 757.

La première bataille de Poitiers

Au début du Ve s., les Wisigoths dominent l'Aquitaine, de Toulouse à Bordeaux et de Bordeaux à Poitiers; ils la transforment vers 470 en royaume indépendant. Mais ils prennent parti dans les querelles religieuses, et soutiennent l'hérésie arienne alors que les évêques du nord de l'Aquitaine reçoivent le soutien du roi franc Clovis qui, après sa conversion, entreprend une sorte de croisade contre l'hérésie. Les premières batailles se déroulent entre 494 et 498. La rencontre décisive eut lieu en 507 à dix milles de Poitiers, dont Alaric II avait fait sa capitale provisoire. On admet que l'expression latine dont se servit le narrateur (Grégoire de Tours) peut désigner Vouillé (d'autres auteurs ont proposé Voulon et Jaunay-Clan). La victoire de Vouillé fit entrer le Poitou dans le royaume franc.

▷ Avanton

Un élégant *logis* Renaissance *(ne se visite pas)*, dans l'enceinte ruinée du château féodal, a récemment fait l'objet d'une restauration habile. On voit très bien l'ensemble depuis la route (grande fuie à droite) et, en pénétrant dans le village, on voit l'autre face, associée à la petite église gothique. Dans le cimetière, ***stèle*** sculptée, rare témoin de la sépulture funéraire moderne en Poitou (tombeau de Mlle Simonet, *A. Desoulières* sculpteur).

▶ En arrivant à *Migné-Auxances (5 km S.)*, prendre à gauche la petite route marquée *Gare, les Lourdines*. Elle escalade la colline et passe au *lieu-dit Sigond* où se dresse une grande *croix (à droite)* sur un socle qui porte plusieurs inscriptions : « 569. Réception de la Vraie Croix envoyée d'Orient à sainte Radegonde - saint Fortunat prêtre de Poitiers - 1826 : apparition d'une croix à Migné - 18 août 1897 : plantation d'une croix rapportée de Jérusalem ». Ces inscriptions s'expliquent dans le cadre du « miracle de Migné » et du culte de la croix *(→ ci-dessous)*.

▶ De l'autre côté de la route, *château de Sigond (ne se visite pas)* : belle demeure XVIIIe s., dans un parc harmonieux, avec une chapelle du XVIIe s. Belle *vue* sur la vallée et le couvent du Carmel que domine le *donjon d'Auxances*. Cette tour carrée imposante, parfaitement conservée, gardienne de la route de Loudun à Poitiers, fut élevée au XIe s. Au début du XVe s. (1434), *Jean Rabuteau*, qui avait accueilli *Jeanne d'Arc* dans sa maison de la Rose à Poitiers, fut autorisé par *Charles VII* à fortifier la tour, mais les parties hautes paraissent dater de la fin du XVe s.

▶ Continuer en prenant à gauche (Gare, les Lourdines). On arrive devant le dépôt militaire installé dans une partie des *anciennes carrières* ouvertes dans la vallée d'un petit affluent de l'Auxances. *Monument* « Aux ouvrières de Migné-les-Lourdines, victimes du devoir, 6 décembre 1917 » (17 jeunes ouvrières avaient été tuées par une explosion) ; au-dessous, plaque « A la mémoire des F.F.I. massacrés ici le 20.8.44 par les nazis ».

▶ En prenant à droite, le long de la voie ferrée, une petite route conduit à la galerie d'exploitation puis, vers le haut, à la seule *usine* de débitage de pierres aujourd'hui en service. Le chemin qui longe la voie ferrée permet d'accéder à plusieurs entrées *d'anciennes carrières*, parfois longues de plusieurs centaines de mètres. L'une d'elles fut utilisée récemment pour célébrer des « messes noires » (grande peinture, faite sur la paroi, d'un crucifié, tête en bas, dont la croix recoupe le signe du dollar).

La Vraie Croix

La relique insigne conservée à l'abbaye est celle d'un fragment de la croix du Christ (on ne peut voir que de très belles photographies du reliquaire).
« C'est une merveilleuse histoire que celle du reliquaire de la Vraie Croix. La reine Radegonde, ayant fui à la suite de l'assassinat de son frère par Clotaire II, établit un monastère à Poitiers en 552-560. Désireuse de répandre en Occident le culte de l'instrument de la Rédemption, la sainte avait demandé à l'empereur de Constantinople, Justin II, un morceau de la précieuse relique conservé dans son palais... (Un) cortège venu de Tours remettra, fin de 568, aux envoyés de sainte Radegonde la relique insigne » (François Eygun).
C'est pour elle que saint Fortunat composa le Vexilla Regis, que l'Église chante encore dans sa liturgie.

▷ Migné-Auxances

Revenir à Migné et, aussitôt après le pont sur l'Auxances, prendre à gauche vers le centre-bourg. On passe devant le Carmel, autre exemple d'abandon récent d'un établissement ancien dans le centre ville de Poitiers pour une résidence de banlieue. Le *Carmel (ne se visite pas ; offices publics)* fut créé à Poitiers en 1630, et s'établit ici en 1957, sur une propriété d'une dizaine d'hectares. Les religieuses vivent en partie de la fabrication de pâtisseries qu'elles commercialisent. Petite fonction d'accueil individuelle, pas d'hôtellerie.

On suit la même petite route qui traverse l'Auxances (centre culturel, mairie) et l'on atteint l'***église***. Sur la place, près du monument aux morts, plan des *sentiers* de randonnée, souvent très agréables en bordure de l'Auxances.

Après le *miracle de Migné* (apparition d'une croix lumineuse en 1826) les autorités religieuses célébrèrent l'événement en plusieurs endroits : érection de la croix de Sigond *(→ ci-dessus)*, mise en place d'un bas-relief dans la cathédrale de Poitiers, agrandissement et décoration intérieure de l'église de Migné. Très modeste au départ, l'église fut agrandie en forme de croix. Elle est ornée d'une ***verrière-retable*** originale figurant une croix derrière l'autel, bon témoin de l'art religieux des années 30 (*A. Ursault*, arch., *Goupy*, sculp.) ; d'un chemin de croix en mosaïque (1933) et de ***fresques*** peintes par *Marie Baranger* (en 1937 pour le chœur, en 1956 pour les croisillons du transept). Dans le croisillon nord, panneau noir avec inscription (Mgr de Bouillé reconnaît le miracle de la Croix et veut « en conserver à jamais la mémoire »). Grande croix de bois suspendue à la voûte, *crucifix* de *Coanda* (1957).

Le deuxième dimanche de septembre, une marche aux flambeaux se déroule entre l'église et la croix de Sigond par le chemin en bordure de l'Auxances.

▶ De l'église de Migné-Auxances, continuer la même route et rejoindre la N 147 à l'entrée de la « zone économique » (entrepôts, magasins) qui précède *Poitiers (6 km)*.

Entre Clain et Vienne

au nord et à l'est de Poitiers / 30 km env./1/2 j.

Entre le Clain et la Vienne s'étend un interfluve de plateaux en partie occupé par la forêt de Moulière. Nous laissons de côté la partie nord de cet interfluve, qui pénètre dans la zone des sables et du tuffeau, annonçant le Châtelleraudais *(→)*.

▶ Sortir de *Poitiers* au nord, par la porte de Paris, direction *Buxerolles*. La route traverse d'abord une zone de banlieue. On aperçoit (carrefour Buxerolles-Centre), à droite, une *sculpture* étonnante, œuvre d'un amateur, qui représente un verre et une bouteille posés sur un guéridon, hauts de plusieurs mètres (en béton armé, sans doute vers 1940).

▶ La route s'enfonce sous les arbres, en bordure du Clain. Avant Lessart, à droite, les pentes ont été aménagées en *parc de loisirs* par la commune de Buxerolles (parc de Valvert, jeux pour enfants). ▶ Dans le village de *L'Essart*, à droite, une route abrupte conduit à l'*église Saint-Jacques et Saint-Philippe* de Buxerolles. ▶ Passer devant l'église et, à 50 m à gauche, prendre un chemin qui conduit, à 100 m de la route, à un *calvaire* moderne (croix en béton, Christ en métal) qui domine un bloc calcaire mal dégagé des herbes folles, le *Pas de Saint-Jacques*. Le pied du saint se serait imprimé sur cette pierre et les deux profondes cannelures qui l'entaillent proviendraient des agenouillements répétés des pèlerins de saint-Jacques. Des processions et pèlerinages étaient jadis organisés ici, le 25 juillet. ▶ On revient à la D 4, qui passe sous le pont de la rocade nord (liaison avec l'autoroute), puis devant les bâtiments de l'*Union laitière du Haut-Poitou* (Bonilait). ▶ La D 4 longe ensuite les *carrières de Bonnillet* que signalent des tas de déblais et d'énormes blocs de calcaire taillé. L'exploitation est aujourd'hui faite en galeries. En montant l'ancien chemin d'exploitation, on peut atteindre la gigantesque excavation où restent visibles les traces des anciens travaux. Ces pierres, très belles et d'excellente qualité, ont été souvent exportées. ▶ En arrivant à *Fontaine (2,5 km N.)* prendre à gauche la route de Chasseneuil (0,8 km) qui traverse la vallée et franchit le Clain. Du *pont*, agréable vue sur la rivière, l'église et l'ensemble des aménagements réalisés autour du *moulin d'Anguitard* : île, bras d'eaux, barrage, salle d'exposition. Monument aux morts. ▶ Au-delà de l'île, *étang des Cards*, ancienne sablière organisée pour la pêche. A 100 m en aval (rive gauche) petit château XIXe s. *(clos de la Ribaudière)* avec jolie pièce d'eau et petit parc en terrasse au-dessus du Clain (hôtel). Au-dessus et à côté du château, parc municipal aménagé (jeux pour enfants, minigolf, aire de pique-nique).

▶ Revenir sur la D 4. En abordant la montée on aperçoit de temps à autre, à gauche, la boule blanche du *Futuroscope (→)*.

▷ Le château de Vayres *visite partielle juil.-sept., t.l.j. sf mar., 15 h-18 h, propriété privée, l'intérieur ne se visite pas*

Il occupe à l'ouest de la route les pentes qui conduisent au Clain. Vue superbe de l'ensemble formé par les bâtiments et les jardins à la française.

Le domaine occuperait le site d'une villa gallo-romaine, et un certain *Varius* lui aurait donné son nom. Le manoir des XIVe s. et XVIIe s. se dresse sur l'emplacement d'un château fort roman.

Au bout d'une allée, le châtelet, avec ses deux tours rondes, reconstruit par les seigneurs de Gennes au XVIIe s., conserve l'appareillage de l'ancienne forteresse. En contrebas, dans les jardins à la française, le *pigeonnier* aux dimensions imposantes (2 620 alvéoles) aurait été offert par *Anne d'Autriche* en remerciement de l'accueil qu'elle reçut au château, en compagnie de *Louis XIV* et de *Mazarin* (1656). *Jules Sandeau* aurait décrit Vayres dans son roman *Mademoiselle de la Seiglière*.

▶ Poursuivre la D 4 vers le nord et longer *Saint-Georges-les-Baillargeaux* et ses lotissements contemporains. ▶ Au nord de la petite agglomération, les *terrasses du Clain* sont exploitées de part et d'autre de la route. Ces carrières présentent un décor étrange, rougeâtre, ocre, avec des parois abruptes et des pitons qui changent suivant les travaux. On y trouve de gros blocs de granit, venus de Ligugé, ainsi que de l'outillage et des ossements animaux de la préhistoire. ▶ A gauche *Aillé (0,5 km)*, où se trouve un *dolmen*, presque au ras du sol, formé de deux énormes dalles de grès *(à l'entrée du lotissement, à gauche)*.

▷ Dissay

Possède quelques activités sur la rive gauche du Clain. On ne traverse ici que le vieux village à peine transformé et les lotis-

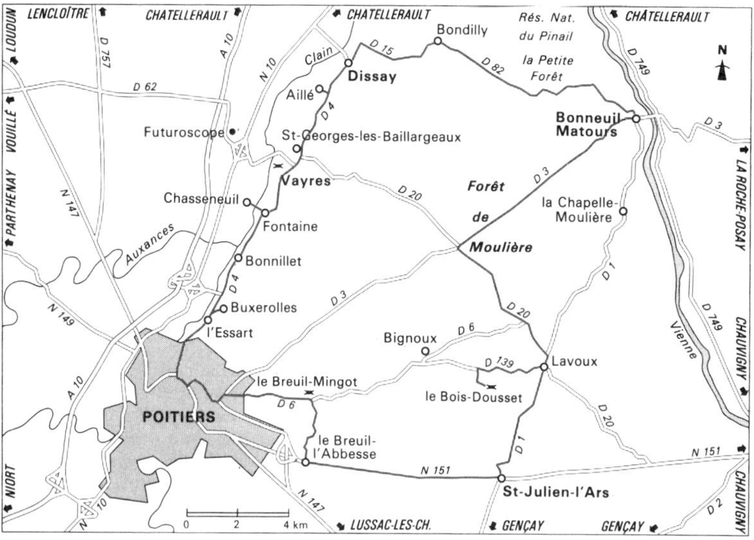

Entre Clain et Vienne

sements étalés au sud à travers lesquels on atteint le château.

Le *château* (*visite t.l.j. sf mer., 15 h-18 h en été; le dim. 14 h-16 h 30 en hiver*) dont les hautes courtines et les tours blanches se mirent dans les profondes douves en eau, fut élevé à la fin du XVe s. par un évêque de Poitiers, *Pierre d'Amboise* († 1505). L'un de ses possesseurs précédents, l'évêque *Hugues de Combarel*, avait été autorisé par le roi *Charles VII*, en 1435, à le fortifier. Sa beauté résulte de travaux décidés par *Pierre d'Amboise*. Il a été agrandi au XVIIIe s. et très restauré au XIXe s.

La *visite* comprend l'examen de la cour intérieure, celle d'une ancienne prison (?), la montée dans les combles (belles charpentes) et une petite promenade au sommet d'une tour, avec de curieux points de vue sur le château et le parc. La tourelle d'angle se termine par une voûte en palmier d'une qualité exceptionnelle. Dans la grande galerie, dix-huit peintures sur verre de l'ancienne collégiale du château (détruite) ont été fixées aux fenêtres (scènes de l'enfance et de la Passion du Christ, dans le style charmant des miniaturistes de l'école de la Loire à la fin du XVe s.). Dans l'oratoire on trouve un groupe exceptionnel de *peintures murales*★ ordonnées autour du thème de la Fontaine de Miséricorde. On y trouve saint Pierre, saint Paul, Marie-Madeleine, Marie l'Égyptienne, et quelques grands pécheurs de l'Histoire Sainte : Adam et David, Manassé et Nabuchodonosor. Nombreuses petites scènes dans des paysages de style tourangeau. Abondantes légendes en caractères gothiques.

La visite est complétée par le tour du château en bordure du parc et par celle d'une partie des anciennes écuries, où l'on peut voir des selles, des harnais, etc.

Reprendre la D 4 qui passe devant l'*église* au clocher carré, du XVe s. (portail).

▶ A la sortie de Dissay, tourner à droite sur la D 15 qui monte rapidement sur le plateau. Très vite on aperçoit la forêt qui ferme l'horizon à l'est. On circule dans une plaine cultivée, dénudée, à peine animée par les petites ondulations des vallées sèches. ▶ A *Bondilly*, prendre à droite la D 82 en direction de *Bonneuil-Matours*. La route s'élève vers la forêt. A droite, *stèle* blanche à la mémoire de cinq fusillés (29 août 1944). On pénètre dans la forêt domaniale de Moulière, en laissant à gauche la *Petite Forêt* et la *réserve naturelle du Pinail*, l'essentiel de la forêt se trouvant à droite.

▷ Bonneuil-Matours

Village situé au bord de la Vienne, superbement évoqué par *Maurice Fombeure* : « Je possède un village étalé dans mon cœur - Au bord d'une rivière au clair méandre lent - Au bas d'une forêt d'où surgit le piqueur - Et que l'automne enflamme au moins une fois l'an ».

Peu avant le pont, l'entrée du *château* est marquée par un portail Louis XIII qui provient du château de Crémault. Du pont suspendu (1932), beau *panorama* sur la Vienne. L'*église* date en grande partie du XIIe s. : l'étonnante richesse des élé-

ments décoratifs du chœur, avec ses chapiteaux, arcatures, tailloirs sculptés, colonnettes (dont deux fûts hélicoïdaux), les fresques de sa voûte (bien que mal restaurées) en font un monument intéressant. Sur la place centrale, curieuse petite pyramide qui loge une ancienne pompe à main.
▶ Reprendre la D 3 en direction de Poitiers. Au sommet de la route, à droite, *maison* familiale de l'écrivain *Maurice Fombeure* qui a décrit les paysages voisins. ▶ Continuer, après *Augeron* jusqu'au *carrefour du chêne Bercy* au niveau de la maison forestière. La petite route de Lagerie, à droite, puis à gauche, permet d'entrer dans la forêt en traversant une jolie clairière, au relief marqué.

▷ La forêt de Moulière* *B 1826 Ouest et Est*

C'est l'un des plus importants ensembles forestiers du Poitou-Charentes, un lieu de promenade fréquenté. La forêt domaniale occupe 4 176 ha dans un peuplement d'environ 7 000 ha. Les *bois du Fou, de Mortier, de Lirac, de Lamier* peuvent être considérés comme autant d'annexes de la forêt. La D 82 sépare la forêt ancienne d'un espace naguère désolé très original, *le Pinail.* Ses 800 ha étaient criblés de cavités ouvertes jusqu'au milieu du XIXe s. par les exploitants de pierres meulières, le plus souvent exportées. Entre les cavités s'étendait une lande à bruyère et à ajoncs; aujourd'hui les forestiers ont planté environ la moitié du Pinail. Les aspects anciens subsistent dans la *Réserve naturelle*, d'une grande richesse floristique, maintenue au sud-ouest de Vouneuil.

Centre d'information à la nature et à l'environnement (CINEV : Vouneuil, ☎ 49.85.11.66.) : visites thématiques de la réserve et de la forêt, en fonction des saisons.

La forêt est en grande partie formée d'une futaie régulière de pins, mais il existe aussi de vastes étendues de futaies régulières de chênes, de nombreux taillis, etc. Le secteur méridional, en bordure de la route de Bignoux, est parmi les plus beaux. *Cavités karstiques* (Grand Soubis, Grand Bignoulas).

Visite de la forêt. Le trajet routier est presque impératif dans la mesure où les allées forestières sont interdites à la circulation automobile. Il n'y a ni plans touristiques ni balisages particuliers. On peut aller d'un bord à l'autre de la forêt, sans oublier les axes principaux formés par la D 3 (route de Poitiers à Bonneuil-Matours) et la D 20, au sud-ouest, route de Saint-Georges à Lavoux. De multiples sentiers parcourent la forêt. Trajets à cheval (centres équestres à la périphérie). La forêt de Moulière est riche en grands cervidés (chasses à courre à intervalles définis par les responsables officiels). Une clôture leur interdit l'approche des champs riverains mais, à l'opposé, on a multiplié les cultures appétentes qui leur sont réservées.
▶ En bordure de la forêt, aux Justaudières *(La Chapelle-Moulière)*, la Fédération des chasseurs de la Vienne entretient un *parc* de 9 ha consacré à l'élevage des perdreaux.
▶ Au carrefour de la D 3 et de la D 20 *(maison forestière des Bornes)*, on peut continuer en direction de Poitiers (D 3) et prendre à droite, juste avant Charassé, vers La Roche de Bran. Ce parcours forestier passe devant la *croix saint-Hubert*, dressée sur un socle élevé formé de pierres meulières posées les unes sur les autres. Inscription (O Crux Ave Spes Unica). Petit bas-relief où l'on voit saint Hubert agenouillé face au cerf qui porte une croix entre les cornes, placé derrière une grille serrée aux tiges ondulées (atelier statuaire Charron et Beausoleil, Poitiers, 1894). ▶ A quelque distance se trouve le *château de La Roche-de-Bran*, connu depuis le XIVe s. et brûlé en 1944, puis reconstruit. A l'entrée, à droite, un petit *monument* porte une inscription « Au hommes du maquis torturés et massacrés par les Allemands à l'issue de leur combat. A la femme de leur chef morte en déportation. A la Roche de Bran incendiée en représailles. 15-17 Août 1944 ». ▶ Au carrefour des Deux-Bornes, suivre la D 20 en direction de *Lavoux*. Tout autour de Lavoux, on peut voir nombre d'anciennes carrières ainsi que des amoncellements de déblais, en partie dissimulés par des bosquets. A droite, au panneau de fin d'agglomération, entrée de la *carrière de Lavoux*, toujours en activité. ▶ 2 km à gauche, *château du Bois-Dousset* (Bois-Doussé, Bois-Doucet) *(visite de l'extérieur seulement, en juil. et sept. du lun. au vendr.)*. Entourée de douves, dans un cadre agréable, cette demeure du XVIe s. fut agrandie au XVIIe s. Elle comprend une aile Renaissance aux ouvertures richement ornées. ▶ Le corps de logis, plus classique, abrite un bel escalier de pierre. Belles dépendances. Esplanade aménagée (sculptures). ▶ Revenir à Lavoux où l'on prend la D 1 vers Saint-Julien-l'Ars. A 3 km à droite, petit *château de Coudavid* (XIXe s.).

▷ Saint-Julien l'Ars

Au sud du bourg, par la route de Gençay, petit *château* (XIVe-XIXe s.) compris dans l'enceinte du *monastère de l'Annonciation* des bénédictines de Notre-Dame du Calvaire. C'est encore un exemple de migration récente d'un établissement religieux hors de Poitiers, où il avait été créé en 1617 par *Antoinette d'Orléans* et le *père Joseph.* Il est établi à Saint-Julien depuis 1962. *Église* de Candilis et Woods, originale, avec l'éclairage assuré par des baies étroites horizontales, ouvertes au sommet des murs. Les anciennes grilles de la clôture ont été réutilisées en décor sur les parois. *Chandeliers* et *crucifix* modernes de *Koulantianos*. Sur le mur du fond, grande *Annonciation* en laque de *Sophie Boniface* (1988) ; Vierge du Miracle (XVIIe s. ?) ainsi appelée parce qu'elle aurait dissimulé un prêtre lors de la Révolution. Pietà au-dessus de l'entrée.

Près du monastère se trouve l'*église* paroissiale de la fin du XIXe s., mais il faut revenir vers le centre du bourg pour l'atteindre, en suivant le mur du couvent. Face à l'église, dans le cimetière communal, curieux *monument de la famille de Beauchamp*, en forme de petit clocher néo-gothique ajouré, qui abrite une grande statue de pleureuse voilée, de couleur bronze.

▶ On rentre à Poitiers par la N 151. En arrivant au *Breuil-l'Abbesse*, sur la droite, une allée de cèdres conduit à *l'Agropole*, ensemble de services agricoles associés à la toute récente Maison de l'agriculture, largement vitrée, de structure très simple. ▶ Au Breuil-l'Abbesse, peu avant l'arrivée sur la pénétrante, une petite route à droite permet de passer devant le *manoir du Breuil-Mingot* (la Minauderie) qui présente sur cour une coquette façade. Petite construction aux heureuses proportions sur laquelle s'accroche un élégant décor *(propriété privée)*.

▶ Arrivé au Breuil-Mingot, prendre la route à gauche en direction de *Poitiers*.

De la vallée du Clain au Mirebalais

125 km / 1 j.

Débutant dans la verdoyante vallée du Clain, ce circuit, centré sur Mirebeau et son pays, marie les paysages des plaines de calcaire du Sud à ceux des collines de sables, grès, craie et tuffeau du Nord.

▶ Partir de Poitiers en prenant la direction *Buxerolles (→ circuit entre Clain et Vienne)*. Après le château de Vayres, passer sur la rive gauche pour se rendre à Jaunay-Clan, surtout célèbre pour le *Futuroscope (→)*.

▷ Jaunay-Clan

L'*hôtel de ville* occupe les communs (XVIIIe s.) d'un château de la Renaissance. Dans le village, les vieilles maisons coiffées de tuiles creuses s'étagent en amphithéâtre.

Sur la place de la Fraternité, ombragée de tilleuls, apparaît le chevet très restauré de l'*église* romane dont le portail ouvre par un arc outrepassé. A la croisé du transept, la coupole rectangulaire, divisée en six compartiments, repose sur quatre piliers reliés par des arcs également outrepassés. On peut penser que l'art musulman, découvert par les pèlerins revenant d'Espagne, a inspiré l'architecte. Les trois *verrières* modernes du chœur gothique (XVe s.) sont dues à *Max Ingrand*.

▷ Beaumont *8 km N.-E. de Jaunay*

Fièrement perchée sur une butte-témoin dominant la vallée, la haute silhouette du *donjon* de Beaumont (XIe-XIIe s.), est le seul vestige du château fort, détruit au XVIIe s. Dans le village, l'*église*, à la tour carrée décoiffée, présente un portail dont les trois voussures, ornées de chapiteaux sculptés, ouvrent sur une nef à voûte basse et arcades outrepassées. L'église abrite une châsse en vermeil du XVIIIe s.

Au nord du bourg, les ruines du *château*, aujourd'hui libérées de la végétation qui l'encombrait, offrent un beau *point de vue* sur les vallées du Clain et de la Vienne. Ce fut une imposante forteresse romane (V^e et XIIe s.) aux murs épais (3 m), flanquée d'une tour de guet du XVe s. Bien qu'ayant eu à souffrir longtemps de l'abandon, le château a conservé sa porte décorée d'un gâble à choux frisés. Elle a été détruite par ordre de *Louis XIV* en 1654.

▶ Suivre les pentes couvertes de cultures céréalières et de forêts, au sommet, entrecoupées de petits vignobles et de champs d'asperges, pour gagner Vendeuvre-du-Poitou par *Marigny-Brizay*.

▷ Vendeuvre-du-Poitou

Implantée sur un seuil creusé dans les collines, entre les vallées de la Pallu et de l'Envigue, Vendeuvre-du-Poitou est l'héritière de l'antique cité celte de Vindrobriga. Le bourg possède une *église* (construite du XIIe au XVe s.) qui s'ouvre par un massif clocher-porche. La nef est décorée de chapiteaux archaïques. On notera les deux tableaux du XVIIIe s. et le retable en trois panneaux du XVIIe s.

Pour en savoir plus

Brissaud (Yves-Bernard), **Connaissance de Poitiers**, Poitiers, chez l'auteur, 1984, 270 p.
Brissaud (Yves-Bernard), **Patrimoine de Poitiers, 18 siècles d'art**, Poitiers, éditions Brissaud, 1988, 220 p. (nouvelle édition corrigée de l'ouvrage Connaissance de Poitiers).
Histoire de Poitiers, Toulouse, éditions Privat, 1985, 434 p. (R. Favreau, J. Hiernard, G. Jarousseau, J. Péret, J. Pitié).
Histoire de l'abbaye de Sainte-Croix de Poitiers, quatorze siècles de vie monastique, Poitiers, société des Antiquaires de l'Ouest, 1986, 558 p. (ouvrage collectif).
Le Roux (Hubert), **Poitiers pas à pas, son histoire à travers ses rues**, Roanne, éd. Horvath, 1987, 160 p.
La Vienne, de la préhistoire à nos jours, Saint-Jean-d'Angély, éditions Bordessoules, 1986, 378 p. (J.P. Pautreau, J. Hiernard, G. Pon, E. Carpentier, N. Pellegrin, J. Péret, J. Marcadé, J. Tarrade, J. Valette, B. Michel).
Haut-Poitou, Deux-Sèvres, Vienne, Paris, Christine Bonneton éd. (2e édition), 1988, 400 p. (R. Favreau, J. Péret, B. Horiot, J. Biard-Millérioux, M. Valière, J. Pitié, B. Guesnier).
Le Diocèse de Poitiers (collection Histoire des Diocèses de France), Paris, Beauchesne, 1988, 366 p. (G. Pon, J. Marcadé, M.L. Fracard, M. Mathieu, R. Favreau).

Le village possède également un *musée* évoquant l'ancien château de Bonnivet (rasé sous la Restauration) et le souvenir de la ville antique. C'est dans ce village où il passa ses vacances d'enfant qu'est enterré Michel Foucault (1926-1984).

▷ Le site de Tours-Mirandes* *1,5 km O. de Vendeuvre*

Le site de Tours-Mirandes est un haut lieu archéologique. Celui-ci s'étend sur une centaine d'hectares.

Occupée par les Celtes, puis les Romains, la ville antique disparut sans doute lors des grandes invasions avant de servir de carrière au Moyen Age. Le site, baptisé Tours-Mirandes par *Cassini*, a fait l'objet d'importantes fouilles depuis le début des années 1960. Il a livré les vestiges d'un temple, du forum, d'un amphithéâtre d'une galerie à portique et d'une basilique. Les *collections* provenant des *fouilles* sont exposées *(renseignements à ℹ ☎ 49.51.85.73, mai-sept. et 1er et 3e sam. de chaque mois 15 h-18 h)*

▸ A proximité *(au sud de Vendeuvre)*, le *château des Roches* date du début du XVIe s. et conserve son logis seigneurial, son enceinte et une belle entrée sur laquelle veillent des tours à mâchicoulis.

▷ Lencloître *7,5 km N. de Vendeuvre par la D 757*

Au milieu d'un pays voué aux cultures légumières, le village est animé par ses foires et ses marchés réputés, qui jadis, attiraient presque tous les paysans du Haut-Poitou.

Lencloître doit son nom à son ancien couvent féminin relevant de l'ordre de Fontevraud. Autrefois chapelle du couvent, l'*église* est un édifice de style roman poitevin présentant un clocher carré surmonté d'une petite flèche, et un portail décoré de belles voussures délicatement sculptées d'un réseau de rubans, palmettes et boutons. La façade ouest a été fortifiée au XVe s., avec deux échauguettes. A l'*intérieur*, on peut voir de beaux chapiteaux du XIIIe s. figurant les Vertus et les Vices, un triptyque du XVIe s.; peinture sur toile (la Passion), et deux panneaux sculptés.

▸ A l'ouest de Lencloître, on pourra voir le *château de Marsay* (communs du XVIIe s.), ainsi que le manoir Renaissance et la fuie de La Tour de Ry (XVe et XVIe s.).

▸ Par *Cernay* (église à nef romane renfermant un sarcophage), gagner *Doussay* dont la petite église, en partie romane, présente d'intéressants chapiteaux décorés de griffons, de lions et d'éléphants.

▸ Au nord du Mirebais *(12,5 km N. de Doussay)*, *Monts-sur-Guesnes* est un long village-rue entouré de souterrains transformés en champignonnières. Il est dominé par son *château (visite sur RV ☎ 49.22.82.70 ou 49.22.84.12)* gothique (XVe-XVIe s.), situé en plein centre du bourg. Il conserve une belle tour d'angle et, dans l'un des escaliers une frise sculptée. ▸ Entrer dans la *forêt de Scevolle*. Laisser sur la droite le *château de Purnom* (fin du XVe s.) pour se diriger sur Coussay.

▷ Coussay

Jadis siège d'un prieuré dépendant de l'abbaye de Cormery (Indre-et-Loire), ce village possède un élégant petit *château* du XVIe s. entouré de douves. Celui-ci a accueilli à plusieurs reprises le *cardinal de Richelieu* (évêque de Luçon et prieur de Coussay) qui y passa notamment son année de disgrâce de 1617. A côté du châtelet qui s'ouvre sur la cour par une grande arcade, un très joli *pavillon*** Renaissance abrite une source. Protégé par quatre tours, dont l'ancien donjon, le château proprement dit présente des *portes** et *baies**, elles aussi Renaissance, d'une réelle beauté.

▸ A *Chouppes* on notera, dans l'*église* (en partie antérieure au XIe s.), les chapiteaux historiés des colonnes engagées qui portent la coupole. En bordure de la petite route qui s'engage au nord de la place, on peut voir un énorme *pigeonnier* (XVe s.), vestige de l'ancien château. ▶ Une grande boucle de la route contourne le *hameau de Virecoupère* : chapelle romane.

▷ Mirebeau

Toujours partiellement ceinte par les vestiges de ses anciens remparts, Mirebeau, qui fut dotée d'un château par *Foulques Nerra*, comte d'Anjou, doit son ancienne vocation de ville-marché à sa situation à la croisée des routes de Poitiers, de Saumur, de Nantes, de Châtellerault, Parthenay, et de Bressuire.

Un long mail ombragé, la *Promenade*, borde au nord la ceinture des murailles. A son terme, sur un rocher percé de caves, on reconnaît parmi les vestiges du château le donjon qu'entouraient des douves.

Dans la ville, on notera quelques vieilles maisons. L'*église Notre-Dame*, entièrement reconstruite au XIXe s. dans le style gothique, conserve cependant une chapelle du XIIe s. Tandis que *Saint-André*, également du XIXe s., de type romano-byzantin, abrite la statue d'une Vierge du XIIIe s. et les stalles du prieuré dont elle dépendait.

▶ Par *Mazeuil*, qui a une église romane très restaurée, gagner *Massogres* : petite église romane, étang artificiel creusé dans un site archéologique. ▶ *Cherves*★ : petit village qui a été sauvé de l'abandon par le dynamisme de ses habitants. Ceux-ci ont créé une association, « Les Gens de Cherves », qui a recueilli vieux outils, meubles et objets, constituant ainsi un *musée paysan*, installé dans une ancienne ferme. Ils ont aussi restauré le plus beau moulin de la région. Le patrimoine touristique de Cherves comprend également une église romane adossée au donjon, qui est l'ancienne chapelle du château.

▶ De Cherves, revenir à *Poitiers* par la D 30 et la N 149 *(20 km)*.

Le Poitou

Dans la région Poitou-Charentes, seuls les deux départements du nord, Deux-Sèvres et Vienne, justifient l'utilisation du terme « Poitou ». Cependant, ils ne coïncident pas avec l'ancienne province, dont le nom reparaît dans la nomenclature administrative après une éclipse de deux siècles !

Le Poitou, l'une des provinces les plus vastes de l'ancienne France, s'étendait de l'Océan au Limousin, sur environ trois cents kilomètres. Aussi parut-il nécessaire de le diviser lorsqu'en 1789 les Constituants décidèrent de partager le pays en départements. La logique née de l'histoire aurait voulu que l'on retienne une division en deux, reprenant ainsi la coupure traditionnelle entre Haut et Bas-Poitou, que séparait une ligne irrégulière suivant à peu près l'Autize et le Thouet. Les nouveaux départements auraient été encore trop étendus par rapport aux superficies moyennes : on coupe donc en trois, le territoire de la nouvelle Vendée correspondant pour l'essentiel à l'ancien Bas-Poitou.

A l'est, les Deux-Sèvres et la Vienne proviennent en grande partie de l'ancien Haut-Poitou, mais la correspondance est très imparfaite : vers le nord, et un peu à l'est, bien des paroisses qui relevaient d'autorités extérieures furent intégrées dans la Vienne ; vers le sud, les nouvelles limites laissèrent aux deux Charentes des paroisses depuis longtemps poitevines.

La terre

Les deux départements recouvrent environ 13 000 km^2 et l'on y rencontre des milieux naturels fort différents que la monotonie du relief ne laisse guère soupçonner. C'est que quatre des grands ensembles géologiques français affleurent ici : au nord-ouest, le Massif Armoricain, présent dans le Bocage et la Gâtine de Parthenay ; au nord et au nord-est, le Bassin Parisien sur sa bordure méridionale ; au centre et au sud, les formations rocheuses du nord du Bassin Aquitain ; tout au sud-est du département de la Vienne, un mince liseré correspond aux terres granitiques ou schisteuses du Massif Central. Entre l'Armorique et celui-ci les zones de plaines forment une sorte de couloir invisible dans la topographie, mais qui a fixé les grands axes de communication entre Paris et Bordeaux : le Seuil du Poitou.

La diversité des paysages dépasse de loin celle des grandes formations géologiques, car des placages superficiels (terres rouges à châtaigniers, terres de brandes) introduisent des aspects originaux. En s'enfonçant dans les sols calcaires et en creusant les roches en place, les eaux courantes supportent d'autres éléments de différenciation. Les formes les mieux marquées correspondent aux grandes vallées enfoncées dans les calcaires : Charente vers Civray, Vienne vers Chauvigny, Anglin et même Gartempe, vaste ensemble formé par le Clain et ses affluents (Vonne, Boivre, Auxance) ; parois calcaires et corniches des rives concaves, pentes adoucies des rives convexes dans leur succession, ont multiplié les sites privilégiés des habitats anciens. Très différentes sont les amples vallées du tuffeau, bordées de douces collines que les hommes ont avivées en recoupant les affleurements des roches dures pour y loger leurs maisons ou y creuser des galeries. Sur les massifs anciens les eaux superficielles, beaucoup plus nombreuses, s'enfoncent dans les granites, les schistes ou les gneiss, creusant parfois d'étroites gorges, ailleurs coulant à travers les chaos de blocs énormes et arrondis. Que de sites pittoresques, dans les calcaires aussi bien que dans les granites, que d'aménagements sympathiques : base de canoë-kayak de Lathus (la Porte d'Enfer), sites d'Angles-sur-

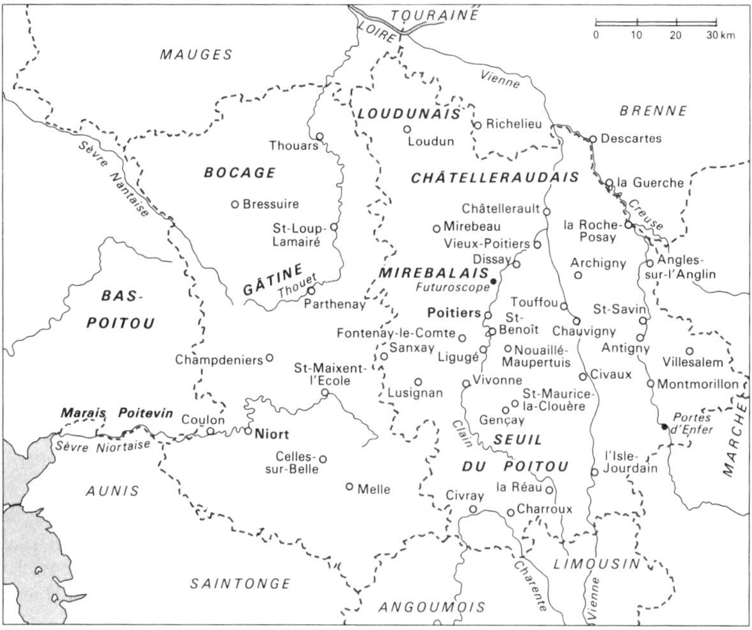

Le Poitou

l'Anglin, de Lusignan, cirque de Missé, sites de Thouars, de Parthenay, gorges de Grifférus, vallée moyenne de la Sèvre. De nos jours le développement des plans d'eau artificiels a créé maintes vocations touristiques : retenues du Cébron, plan d'eau et superbe golf de Saint-Cyr, étangs de Moncontour, d'Ayron, retenues des Châteliers, lac du Lambon, etc.

Par endroits, les difficultés du drainage naturel engendrent des étendues de marais : marais de la Pallu et de l'Envigne (de part et d'autre de la butte de Beaumont), marais de la Dive, marais de la basse Sèvre où commence le plus grand et le plus remarquable des marais atlantiques, le Marais poitevin, dont la partie la plus orientale, la Venise Verte, à la porte même de Niort, est un des hauts lieux touristiques de la région.

S'il observe les lointains, le visiteur pourra goûter les paysages des grandes plaines découvertes qui s'étendent autour de Niort et au nord-ouest de Poitiers (plaine de Neuville), les pays de bocage dont les formes les plus belles se trouvent autour de Bressuire ou de Parthenay, mais qui se rencontrent aussi sur les « terres rouges à châtaigniers » et sur les anciennes « terres de brandes », les horizons séduisants des pays du tuffeau, dans le Thouarsais, le Loudunais, le Mirebalais oriental et le Châtelleraudais.

Les hommes

Sur ces terres de très anciennes civilisations, les témoins paléolithiques et néolithiques peuvent être observés en bien des endroits, qu'il s'agisse de gisements de surface, de grottes ornées, de nécropoles, de dolmens ou de menhirs. L'époque gallo-romaine est présente dans les musées, dans bien des villes, et parfois dans d'impressionnants vestiges ruraux. Il faudrait bien du temps pour découvrir et apprendre à aimer l'extraordinaire floraison du Moyen Age, en particulier celle des églises romanes. Des temps modernes et du XIXe siècle subsistent de nombreux et intéressants témoignages, sous forme de bâtiments civils ou d'églises. Dans les villes, les hommes du XXe siècle ont multiplié les constructions originales, et l'on peut admirer au Futuroscope, devenu l'un des très grands centres du tourisme français, plusieurs volumes architecturaux futuristes.

Les amateurs de linguistique prêteront attention à ce qui reste des anciens « parlers », originaux parce que l'on se trouve ici à la lisière méridionale des pays de langue d'oïl. A l'extrême sud-est des départements de la Vienne existent encore des parlers de style occitan, dans quelques communes du Montmorillonais et du Civraisien. C'est dans la partie moyenne des Deux-Sèvres que le visiteur a le plus de chance d'entendre le parler traditionnel, lors de certaines assemblées paysannes.

Le premier congrès d'ethnographie, à Niort, en 1896, attira l'attention sur la richesse du patrimoine ethnologique régional, pour lequel œuvrent une cinquantaine d'associations et dont bien des témoins se trouvent pieusement conservés dans une vingtaine de petits musées.

La littérature régionale mérite plus d'attention qu'on ne le soupçonne. Pour ne retenir que les auteurs du XXe siècle, on trouve chez Gaston Chérau l'évocation du Pays Niortais et de Saint-Maixent ; dans l'œuvre considérable d'Ernest Pérochon figurent le Pays Niortais, le Bocage, le Marais poitevin, joliment brossés ; le nom d'André Theuriet est associé à la description du Civraisien ; l'œuvre de Maurice Fombeure a fait connaître le pays poitevin dans son ensemble, et plus encore son village de Bonneuil-Matours et la forêt de Moulière. Jean Rousselot retrouve souvent Poitiers et, de nos jours, Régine Deforges, Jean Demelier, Pierre Moinot ont illustré à leur manière le Montmorillonais, Poitiers, le Marais poitevin.

Pons★

42-C1/R 110/V 47
5 420 habitants / ⊠ 17800
SNCF cours Jean-Jaurès
ℹ donjon ☎ 46.96.13.31 (15 juin-15 sept.)
mairie, place du Donjon (16 sept.-14 juin)

La cité (où l'on fera étape pour savourer le pineau fameux) est bâtie sur une colline dominant la rive gauche de la Seugne, affluent de la Charente. Les petites rues pittoresques escaladent la colline jusqu'à la corne du plateau où l'énorme donjon des sires de Pons se dresse en bordure de la terrasse qu'occupait leur château. Au-dessous, la rivière, ramifiée sous les aulnes et les peupliers en de multiples bras, vient lécher le pied de la falaise.

Située en pleine Saintonge catholique, sur la route des pèlerins de Saint-Jacques, la ville de Pons fut, paradoxalement, le fief de l'anticléricalisme en la personne de son maire, Émile Combes (→ encadré).

La ville dans l'histoire

Féodaux redoutés et redoutables, les sires de Pons, qui régnaient sur plus de 60 villes ou bourgs et plus de 600 paroisses ou seigneuries, manifestèrent leur indépendance tout au long des guerres médiévales, d'où l'adage « Si roi de France ne puis être, sire de Pons voudrais être ». Adoptant tantôt le parti anglais mais plus souvent le parti français, ils aidèrent finalement Du Guesclin à chasser définitivement, à leurs propres frais, les Anglais de Saintonge. Le premier château fut détruit en 1130 par les grands princes d'Aquitaine Walgrin, comte d'Angoulême, et Guillame le Toulousain, et enfin rasé en 1179 par Richard Cœur de Lion. Bienheureusement, quelques années plus tard, Geoffroy II prince d'Achaïe, allié du roi Richard, le fit reconstruire et termina le colossal donjon en 1185. Bien que remanié à différentes reprises au cours du Moyen Age, celui-ci impose toujours sa haute silhouette en plein cœur de la ville. Gardien de la route compostellane de Saintes à Blaye et à Bordeaux, il offrait, isolé sur la hauteur, une protection de choix : à son pied se tassait la ville basse, autour de l'église Saint-Vivien, à la porte de laquelle se trouvait l'hospice des pèlerins. Plus tard, la ville convertie à la Réforme sera constituée, lors de la promulgation de l'édit de Nantes, en place de sûreté pour les protestants. Le château et les remparts de la ville furent démantelés en 1622 par Louis XIII.

Importante métropole rurale, Pons (prononcer « pon ») se consacre aujourd'hui aux industries de l'alimentation : distilleries, minoteries, biscuiteries, confiseries. Elle construit aussi des machines agricoles, exploite des ateliers de confection. Elle est enfin l'un des gros marchés du cognac et du pineau.

C'est non loin de Pons, au château de Saint-Maury, aujourd'hui disparu, que naquit en 1552 Agrippa d'Aubigné. Calviniste intransigeant, l'auteur des « Tragiques » et de « l'Histoire Universelle », humaniste érudit, fut aussi un poète passionné.

Visite de la ville

2 h

▷ L'église Saint-Vivien *A2*

Cette chapelle d'un ancien prieuré, sur la place Saint-Vivien, fut construite entre 1075 et 1133. La façade est remarquable par son *portail* roman à voussures encadré de deux petits clochers. Des arcades installées au XVIIIe s. encadrent curieusement le pignon de la façade.

L'intérieur a été reconstruit aux XVIIIe et XIXe s. La nef à trois vaisseaux s'ouvre sur le clocher par un arc en plein cintre datant de 1777. De nombreux chapiteaux sont mutilés.

L'église Saint-Vivien

▷ Le donjon* *(A1) t.l.j. 15 juin-15 sept., 10h-12h/15h-19h*

C'est le seul vestige de l'ancien château qui couvrait jadis la surface actuellement occupée par la place et le jardin public. Bâti à pic au bord de la colline, il était soutenu de ce côté par d'énormes murs, de hautes arcades en plein cintre et des contreforts assis sur le roc. C'était, avec Taillebourg, la plus puissante forteresse de Saintonge. Démantelée lors du soulèvement calviniste (en 1622), il ne reste que ce magnifique donjon rectangulaire de la fin du XIIe s. (1179-1186). Haut de 30 m, on y pénétrait par des échelles que l'on retirait en cas de danger. Le couronnement a été fâcheusement refait en 1904. Les côtés, épaulés par des contreforts peu saillants, donnent à l'ensemble une impression de puissance. Sur la face sud, deux fenêtres romanes géminées éclairent la grande salle du premier étage.

A *l'intérieur*, le rez-de-chaussée, voûté en plein cintre, est le théâtre d'*expositions* régulières *des produits des artisans du Sud-Ouest (15 juin-15 sept.)*. Un escalier mène à la grande salle du premier étage, voûtée en berceaux brisés. De là un autre escalier, de 133 marches, conduit à la *plate-forme* où l'on découvre un beau *panorama* sur la ville et la vallée. Dans les soubassements subsistent des traces du donjon primitif.

▶ Sur la place, l'*hôtel de ville (A1-2)* occupe des bâtiments du XVIIIe s. que flanque une tourelle d'escalier plus ancienne. Statue d'Émile Combes *(→ encadré)*. ▶ A l'extrémité du *jardin public*, qui s'appuie en terrasse au-dessus de la vallée, sur les anciens remparts garnis de lierre et qui conservent encore quelques tours plus ou moins intactes, on arrive à l'ancienne chapelle Saint-Gilles.

▷ La chapelle Saint-Gilles *A-B1*

Elle est accessible depuis le pied de la falaise par un escalier en pierre. A cet endroit, il reste un joli *portail* roman qui commandait jadis l'entrée de l'enceinte, et près duquel a été remontée, contre le mur de soutènement, la façade d'une maison de style clasique. La chapelle, protégée par les défenses du château a conservé ses belles *voussures* où la décoration géométrique répétée des claveaux détermine des jeux d'ombre et de lumière pleins d'agrément. Chapiteaux décorés de motifs animaliers, oiseaux, etc.

Emile Combes

Emile Combes (1835-1921) naquit dans le Tarn. Docteur en théologie, il tourna bientôt le dos aux fonctions ecclésiastiques auxquelles il se destinait pour embrasser le radicalisme. Maire de Pons, il assuma successivement la présidence du Sénat puis celle du Conseil après avoir été ministre de l'Instruction publique. Tribun et homme d'action, il demeure dans les mémoires pour la fougue anticléricale qu'il manifesta : sa politique allait aboutir à la séparation de l'Église et de l'État (1905) et à la rupture de son gouvernement avec le Saint-Siège ; mais il abandonna le pouvoir, en janvier 1905, pour des raisons différentes : il refusa, en effet, de compromettre la République dans l'affaire des fameuses fiches sur lesquelles devaient être consignées, à l'instigation du ministre de la Guerre, les opinions politiques et l'appartenance religieuse des officiers.

Emile Combes mourut à Pons en 1921.

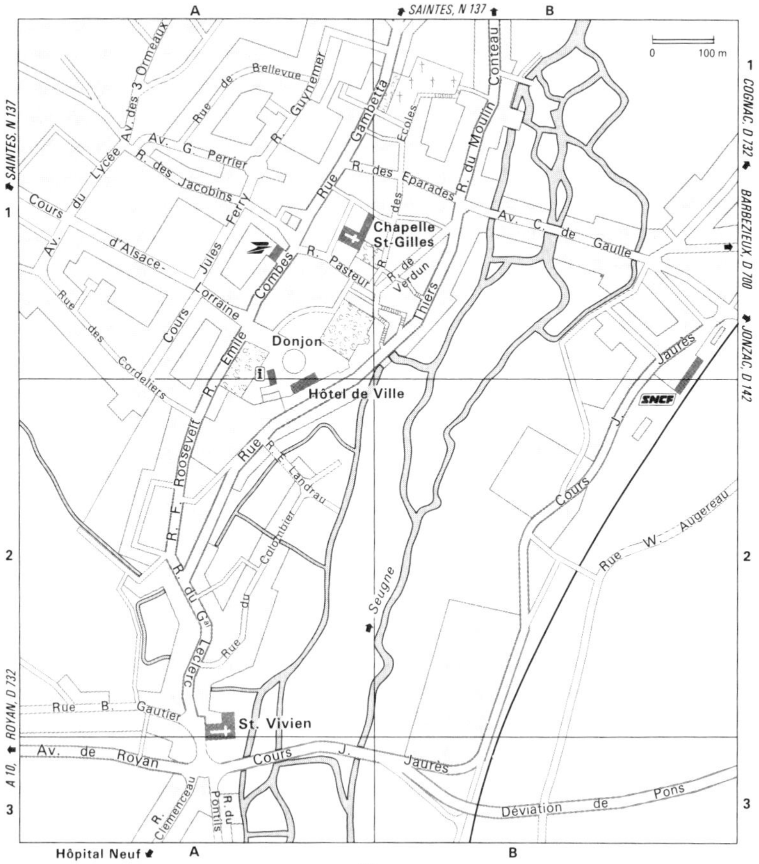

Pons

▸ Dans la *rue Pasteur (A1)* qui descend vers la ville basse, l'*église Saint-Martin* (XVIIIe s.) renferme une *statue* en pierre *de saint Roch* sculptée en 1631, et une toile de *P. Vincent* représentant l'*Assomption* (1785).

▷ La voûte de l'Hôpital Neuf* *A3*

Elle relie l'ancien hôpital à l'ancienne église Saint-Martin. Sous la voûte s'ouvre la *porte romane* de l'ancienne salle de l'hospice. L'Hôpital Neuf fut construit entre 1157 et 1192 par *Geoffroy de Pons* et a été, depuis, transformé plusieurs fois. Ce monument, construit à l'entrée de la ville, servait de relais et d'hospice aux pèlerins de Saint-Jacques-de-Compostelle, mais était également ouvert aux pauvres, aux malades et aux déshérités. Ces établissements religieux, nombreux au Moyen Age sur la route de Bordeaux, étaient situés hors des murs de la ville afin d'offrir un refuge aux voyageurs arrivant de nuit après la fermeture des portes. Il ne reste, de l'hôpital, qu'un *porche* voûté en berceau, aux entrées surbaissées dont celle du sud est dominée par des fenêtres en lunule. La partie centrale est couverte d'une croisée d'ogives soutenues par des culots sculptés dont l'un a servi de thème folklorique. La paroi intérieure de la voûte est occupée par de larges portails en plein cintre, aux voussures et archivoltes ornées de sculptures, reposant sur des tailloirs. Des chapiteaux nus, à l'est, couronnent d'élégantes colonnes, tandis que ceux de l'ouest sont sculptés de feuillages, d'une tête de démon et d'un personnage à longue robe. Lors de la construction de la porte ouest, une série d'enfeus formant arcature sur le mur furent détruits.

Les *bancs de pierre* sur lesquels se reposaient les pèlerins ont franchi les siècles. Sur les murs, des *graffiti*, notamment des fers à chevaux, sont les marques de leur passage.

Non loin de là existaient, autrefois, une chapelle à trois vaisseaux précédée d'un vestibule pour distribuer les aumônes, une crypte qui fut détruite à la Révolution, ainsi qu'une tour supprimée par vandalisme en 1830.

Au pays des églises romanes

La Saintonge est le pays des églises romanes. Le plus humble village a la sienne. Les itinéraires ici proposés partent à la découverte de quelques-uns, parmi tant d'autres, de ces sanctuaires de campagne.

La foi religieuse est sous chacun de nos pas et pourtant, ne l'oublions pas, c'est du bastion d'Émile Combes que nous partons !

La vallée de la Seugne

Au nord de Pons / 40 km / 1/2 j.

▶ Sortir de *Pons* par la D 732, en direction de *Cognac*.

▷ Bougneau *3 km N.-E.*

Petite *église* romane charentaise dont la construction fut commencée au XIe s. et qui dépendait de Saint-Florent de Saumur et, antérieurement, de Saint-Étienne de Baignes. Le plan est des plus simples : un chœur, actuellement rectangulaire à l'extérieur et, à l'ouest, une nef. A l'époque gothique on y a rajouté un escalier masquant la moitié sud de la tour et deux chapelles seigneuriales, situées le long des deux premières travées de la nef que termine un élégant portail flamboyant.

Le grand intérêt de l'église réside dans le *chœur* et dans son *avant-chœur* qui forme le rez-de-chaussée du campanile. L'hémicycle en petit appareil est doublé par deux niveaux d'arcatures superposées : celles du bas sont composées de sept arcs plein cintre reposant sur huit colonnes monolithes; celles du haut, de six colonnes portant trois grands arcs en plein cintre s'ouvrant sur trois fenêtres à larges ébrasements et séparées par deux arcs en mitre aux biseaux ornés de palmettes. Tout cela est très archaïque et de tradition préromane peu représentée en Saintonge.

▷ Pérignac

A l'entrée du bourg, une très belle *croix hosannière* (le calvaire) marque le croisement des deux routes qui menaient les pèlerins à Saint-Jacques-de-Compostelle.

L'*église*, citée en 989 dans les chartes de l'abbaye de Saint-Jean-d'Y sous le nom de chapelle, ne sera honorée du titre d'église qu'un siècle plus tard. Le pignon triangulaire a été très modifié lors de la fortification de l'église au XIVe s., rendu triangulaire et repris en grande partie. La *façade*, divisée en trois niveaux, devait recevoir une riche iconographie mais fut maltraitée au Moyen Age et aux Temps Modernes. La façade est soulignée horizontalement par une première *galerie* de 13 arcs brisés bordés de pointes de diamant, sauf celui en plein cintre réservé à la Vierge assise au milieu des 12 apôtres debouts. Ils sont séparés par deux colonnes encadrant un pilastre léger mais réunis par des chapiteaux communs. Les corbeilles sont sculptées de feuilles d'acanthe, et les personnages vêtus de longues robes et de manteaux collants à grandes manches. La seconde arcature, superposée à la première, encadre la haute fenêtre centrale dont le style décoratif est différent et certainement postérieur. Elle est beaucoup plus riche par son ornementation de feuillages en rinceaux et d'animaux sculptés. Elle n'était prévue que pour huit statues de Vertus aux longs manteaux, armées de lances, d'épées et de boucliers terrassant les figures sataniques des Vices. Trois sont restées inachevées, en pierre d'attente.

La haute *fenêtre* qui éclaire l'église est dominée par une voussure à têtes de chevaux entre deux lions. Son archivolte est sculptée de douze petits personnages nus, six femmes à gauche et six hommes à droite, allongés dans cet espace étroit. Au troisième niveau, le Christ dans une mandorle entre quatre anges s'élevant au ciel, complète ce magnifique ensemble, tout de même bien mutilé.

Le *chevet* carré, à pignons triangulaires, est percé de trois beaux oculi surmontant de hautes fenêtres romanes.

▶ *Saint-Seurin-de-Palenne (3 km O. de Pérignac sur la D 135). Église Saint-Séverin* construite au XIIIe s. et rebâtie au XVIIIe s. Façade très simple, à pignon et porte ogivale surmontée d'un écusson armorié. Trois consoles indiquent l'existence d'un ancien ballet comme il en existait devant la plupart des églises de la province. L'abside présente encore des colonnes à chapiteaux : l'un à crochets, et l'autre décoré de feuillages. ▶ *Montils. Église* du XIIe s., classée, avec un presbytère. Beau *sarcophage* double dit « Cercueil à deux places ».
▶ *Brives-sur-Charente* *(→ Cognac)*

▷ Rouffiac *3 km O. de Brives*

L'*église Saint-Vivien* date du XIe s. et possède encore quelques vestiges du XIIe s., bien que sa façade ait été refaite au siècle dernier. Détruit par un incendie en 1981, le *clocher* a été reconstruit, et l'intérieur presque entièrement restauré. Durant la Fronde, la région saintongeaise fut le lieu de rencontre des armées catholiques et protestantes. En 1652, des protestants occupant l'église de Rouffiac ne purent empêcher leur cavalerie de subir un cuisant échec face à la petite troupe catholique du comte d'Harcourt.

L'*extérieur* n'offre de remarquable que les trois débris de colonnes adossées au mur de l'abside et séparant des fenêtres sans ornement. Tout le haut du chevet a été détruit, y compris une ancienne corniche, et reconstruit grossièrement. N'en subsistent que la base d'un chapiteau et un modillon qui ne diffèrent en rien, par leur caractère, des autres édifices romans.

A l'*intérieur*, la nef sans travée, aux murs nus, couverte d'un tillis en berceau surbaissé, s'accompagne, à droite et à gauche avant le chœur, de deux chapelles ajoutées au XVIe s. formant transept. Ces chapelles rectangulaires, plafonnées comme la nef, prennent jour par une fenêtre cintrée. Au-dessus de la porte d'entrée, une petite tribune s'appuie sur deux colonnes de pierre cannelées. Le *chœur*, moins large que la nef, couvert comme l'abside d'un tillis plat, est limité à ses extrémités par quatre colonnes adossées. L'*abside*, seul reste de l'église primitive, est percée sur son pourtour de trois fenêtres romanes. Au-dessus des cintres se développent une arcature ainsi que deux baies aveugles reposant sur six colonnettes à chapiteaux, semblables à celles des colonnes du chœur. Ces six petites colonnes s'arrêtent à mi-hauteur du chevet sur un bandeau circulaire. Tous les chapiteaux sont recouverts, sur leur partie inférieure, de feuillages très simples.

▷ Saint-Séver-de-Saintonge

Situé sur la rive gauche de la Charente, Saint-Séver fut, en 1472, au centre d'intrigues et de luttes féodales. C'est au château de Saint-Séver que le *duc de Guyenne*, reçu par *Madame Thouars* pour une collation, fut empoisonné. Sa mort tragique et suspecte ralluma la querelle entre *Louis XI* et *Charles le Téméraire*.

L'*église* paroissiale a été reconstruite au XVe s. à l'exception de l'abside et du mur nord de la nef. La *façade* a conservé son vieux ballet, daté de 1703, qui masque un portail gothique à profondes nervures. La nef compte quatre travées, délimitées sur le côté nord par trois piliers plats ; le mur sud, percé de fenêtres trilobées, porte encore les traces d'un grand arc en plein cintre. La travée sous clocher est limitée par des pilastres carrés supportant une voûte en ogive. Le sanctuaire a été profondément remanié. Le *clocher* carré, épaulé par une tourelle d'escalier formant contrefort, est ajouré d'une haute fenêtre ogivale sur chacune de ses faces.

▷ Colombiers *8 km S. de Saint-Séver par D 128 et D 134*

Au centre du village l'*église Saint-Maclou*, que précède un beau clocher octogonal, mérite un arrêt pour ses *chapiteaux** historiés. S'abritant derrière des nuages, tout un monde d'animaux et de personnages étranges, dont cet homme à quatre pattes qu'un autre homme à jambe de bois semble atteindre au visage ; cette scène symboliserait le combat contre l'esprit du Mal. La tradition rapporte que c'est dans cette église que *Saint Louis* aurait reçu la reddition du sire de Pons.

▸ Traverser la N 137. A *Saint-Léger (5 km N.-O. de Colombiers)*, l'*église* du XIIe s. présente une façade saintongeaise classique, tandis que le mur nord est parsemé de petites rosaces en caissons à l'antique.

▸ Rejoindre *Pons* par la N 137 *(5 km)*.

La plaine entre le Né et le Trèfle

A l'est de Pons / 60 km environ / 1/2 j.

▸ Sortir de *Pons* par la D 700, en direction *d'Echebrune*.

▷ Biron *5 km*

L'*église Saint-Eutrope* a été construite vers la fin du XIIe s. Son chevet est du XIIIe s., et la chapelle seigneuriale du XVIe s. Elle est remarquable par la qualité de l'ornementation de sa façade dont certains éléments sont en bon état de conservation. Mais elle a tout de même beaucoup souffert, car son chœur roman a été reconstruit et la nef a perdu son voûtement d'origine. Le *clocher* octogonal mérite l'attention ainsi que le groupe de fenêtres du mur oriental du *chevet*. Cette église a été fortifiée au moment des guerres de Religion.

La *façade* saintongeaise, très équilibrée, avec son grand portail plein cintre et ses arcades latérales plus petites en arc brisé, est divisée horizontalement par une élégante corniche à modillons sobrement sculptés, poursuivis jusque sur les côtés de l'édifice, et au-dessus de laquelle se détache à l'ouest une galerie de onze arcs plein cintre, simple et de bonne proportion.

Les *chapiteaux* du rez-de-chaussée, sous une archivolte décorée de cercles entrelacés, supportent les voussures sans sculpture. Avec leurs tailloirs, ils forment une frise continue à caractère décoratif où se distingue un personnage portant un outil qui fuit devant une femme en colère, une tête de démon, la chasse du centaure, des lions chevauchés par des oiseaux, Daniel dans la fosse aux lions. En définitive un mélange de souvenirs de l'Antiquité classique et d'ornementation fantaisiste.

Des fenêtres en meurtrières éclairent un *chemin de ronde* qui fait le tour de l'édifice.

L'*abside*, carrée, voûtée en ogive étoilée, est baignée de lumière à l'est par deux longues fenêtres surmontées d'une vaste ouverture en demi-lune. A droite, une baie en arc brisé s'ouvre sur une petite *chapelle* en ogive éclairée par deux fenêtres à meneaux.

▷ Echebrune *sur la D 700*

En bordure d'un vallon, l'*église* romane du XIIe s., remaniée au XVe s., à clocher octogonal, offre une façade dont la partie inférieure, avec son large et profond portail en plein cintre, a toute la majesté d'un arc de triomphe romain, tandis que l'arcature centrale de l'étage, polylobée, est d'inspiration musulmane. Si la qualité des *chapiteaux* et des *frises* d'inspiration végétale qui les prolongent touche l'esprit, c'est au cœur que s'adresse l'attendrissante procession de jacquaires gravés d'une main malhabile par quelques pèlerins il y a 700 ou 800 ans, à gauche du portail.

Echebrune

A l'*intérieur*, on peut observer une coupole sur pendentifs et une tribune à balustrade en pierre du XVIIIe s.

▶ *Coulonges (3,5 km N. par la D 146)*. L'*église* romane du XIIe s., dont le porche est inscrit à l'inventaire des Monuments Historiques, est entourée d'une place bien ombragée, à proximité de la mairie.

▷ Lonzac* *3 km E. de Coulonges par la D 128*

Le haut *clocher* (40 m) de l'église jaillit de son vallon au-dessus des vignes. Construit de 1515 à 1530 par *Galiot de Genouillac*, maître de l'artillerie et grand écuyer de France sous François Ier, pour servir de sépulture à sa femme *Catherine d'Archiac*, ce bel édifice du début de la Renaissance est très homogène. Encore gothique dans sa structure, il multiplie, dans sa décoration, les innovations italianisantes. Les *bas-reliefs* qui couronnent le *portail*, martelés à la Révolution, représentent les combats d'Hercule : ici il étouffe les serpents, là il abat le lion de Némée; allusion aux multiples activités exercées par le fondateur. A l'intérieur, comme à l'extérieur, l'ornementation de la frise (boulets et bombes enflammées) évoque ses fonctions militaires et rappelle sa devise « j'aime fortune »; à gauche du chœur, l'ancienne *chapelle* funéraire *de Catherine d'Archiac* est couverte d'une belle voûte à caissons à l'italienne. Remarquer une *Adoration des Mages*, toile de *P. Vincent*, artiste saintongeais (1787).

▶ L'*église* romane de *Germignac (5 km S.-E. de Lonzac)* a été agrandie aux XVe et XVIe s.

▶ *Jarnac-Champagne (6 km S.-O. de Germignac, à g. de la D 700)*. Bien que dégradée lors de la guerre de Cent Ans, l'*église* se distingue par son abside romane à colonnes-contreforts et chapiteaux historiés. ▶ A 6,5 km au S. de Jarnac-Champagne, *Sainte-Lheurine* possède une *église* perchée avec une façade Renaissance accolée à une autre, romane.

▷ Chadenac* *3 km S.-O. de Jarnac par la D 146e*

L'*église* actuelle, construite vers l'an 1150, a conservé une inscription mentionnant le nom de son architecte. On peut lire à l'extérieur, sur le mur sud de la nef, entre les deux portes aveugles, l'*inscription* : « Willelmus Pictatus hic jacet : Guillemi clericus structor non pictor » (ci-gît Guillaume le Poitevin, clerc de Guillaume l'architecte mais non le sculpteur).

Le décor de la *façade* fait de l'église de Chadenac l'une des plus belles de Saintonge, ce qui lui valut d'être appelée « la marquise de Saintonge ». Aux thèmes habituels, traités ici avec talent, de la parabole des Vierges Sages et des Vierges Folles, du combat des Vertus et des Vices, de la Glorification du Christ, se mêlent, dans les voussures du portail, des séries de dragons et de personnages en lutte avec des monstres tandis que les arcades latérales abritent des statues (mutilées, mais les plis des robes témoignent d'une certaine élégance) ; au-dessus, dans l'espace inscrit entre la corniche et les arcades, quatre *statues* (saint Georges, patron des pèlerins-voyageurs, une princesse, saint Michel, un dragon) encadrent deux groupes de lions bondissant inspirés des ivoires arabes. Sur les *chapiteaux*, remarquer Constantin foulant l'ennemi et les Saintes Femmes au tombeau à l'angle sud. A droite, l'Annonciation, la Visitation et l'Assomption. L'intérieur de l'église a été restauré par les Beaux-Arts en 1970.

La *borne milliaire* devant l'église révèle qu'une voie romaine importante liait Saintes à Pons jusqu'à Guimps. Cette borne date du Ier s. Elle a été trouvée en 1863 au lieu-dit « Terrier de la Chapelle » à l'occasion d'une fouille. Elle présente l'aspect d'un sarcophage creusé dans un cylindre de pierre calcaire. Sur la face arrondie, on peut lire une inscription qui révèle sa véritable origine : « Tribu... Imperator... Cos III DXXIV A (ou M) ». L'archéologue *Louis Audiat* en a déduit, en 1870, que cette borne datait du règne de l'empereur romain Claude (41 à 54).

▷ Marignac*

Bourg fleuri dont la modeste *église* appartenait à un ancien prieuré de l'abbaye de Charroux.

La nef unique n'a pas été épargnée par la guerre de Cent Ans. Le berceau original de la voûte sur doubleaux a été remplacé par des ogives, puis par un plafond en trompe-l'œil. Le chœur et le transept sont construits sur un plan tréflé. La coupole octogonale sur trompes est supportée par quatre arcs brisés. *Tailloirs* et *chapiteaux* de cet ensemble trilobé ne forment qu'une frise continue du plus gracieux effet (rinceaux, arabesques, animaux et personnages). Les arcs est et ouest de la croisée, appareillés en coussinets, témoignent d'une influence hispano-mauresque. Les chapiteaux de la nef et, à l'extérieur, les chapiteaux, modillons et métopes du chevet sont d'une extrême variété.

▶ Le *château du Gibeau* (« beau gîte ») remonte à 1556. Parmi les anciens propriétaires, nous relevons le nom de *Marie de Baumont*, sœur de Fénelon. C'est au château du Gibeau que *Fénelon*, précepteur du duc de Bourgogne et archevêque de Cambrai, écrivit, vers 1689, une partie importante de son livre « les Aventures de Télémaque ». ▶ *Fléac-sur-Seugne (6 km S.-O. de Marignac par la D 249)*. Ce bourg conserve quelques maisons anciennes aux toitures magnifiques. L'*église*, construite au début du XVIe s., possède un magnifique *portail* finement sculpté, première manifestation de l'art de la Renaissance, avec un clocher inattendu. Ces éléments se juxtaposent harmonieusement à ceux encore gothiques du reste de l'édifice.

▷ Avy *3 km N.-E. de Fléac par la D 144*

Une fine flèche à crochets, gothique, au sommet du village bâti sur un coteau, signale de loin l'*église*, en partie romane. Construite au XIIe s., puis aux trois-quarts détruite pendant la guerre de Cent Ans, elle fut rebâtie au XVe s. L'angle gauche de la façade fut relevé ainsi qu'un clocher gothique, et tout un chevet ogival fut soudé aux murs romans de la nef. Le *portail* a deux voussures très larges dont l'une est ornée des trente-six vieillards de l'Apocalypse, joyeux et barbus. Dans une *chapelle* à gauche, une peinture murale du XIVe s. représente la Vierge à l'Enfant accueillant deux personnages accoutrés en pèlerins.

Avy-en-Pons

En 1899, quatorze *sarcophages* de pierre ont été découverts à quelques mètres de l'église. Sous l'un d'eux se trouvait l'entrée d'un couloir taillé dans le roc, suivi d'un escalier s'enfonçant dans le sol en tournant. Une autre galerie s'ouvrait dans le couloir. Vestiges probables d'anciens souterrains-refuges, indiquant que l'emplacement d'Avy était habité depuis la plus haute Antiquité.

▷ Le château d'Usson *2,5 km, visite 1er juil.-30 sept., 10h-19h*

Il fut élevé, entre 1536 et 1548, près d'Echebrune *(8 km E.)* pour *Jean de Rabaine*, avec le concours des ouvriers italiens qui ornèrent également l'église de Lonzac *(→ ci-dessus)*. En 1884, *M. William Augereau* décide de le transporter pierre par pierre jusqu'à son emplacement actuel.

Au fond de la cour, charmante *galerie* à arcades en anses de panier, décorée des médaillons des douze Césars ; la richesse et la variété de l'ornementation des trois façades intérieures couronnées de lucarnes originales, et du colombier décoré d'une frise et coiffé d'une coupole à lanterne, ont beaucoup de charme.

A l'intérieur, *salon Louis XV* et *jardin d'hiver (visite guidée).*

▸ *Pons* à 1,5 km.

Aux abords de la Seudre

Au sud-ouest de Pons / 70 km / 1 j.

▸ Sortir de *Pons* par la N 137 au sud, direction Plassac.

▸ A 3 km, *l'église* romane de *Belluire* possède dans son chœur (gothique) de beaux chapiteaux à dragons et feuillages. ▸ *Saint-Quantin-de-Rançanne (7 km S. de Pons)* fut jadis un prieuré bénédictin. L'*église* romane présente une curiosité, avec son portail orné d'une frise composée de têtes de cheval stylisées.

Saint-Quantin-de-Rançanne

▷ Plassac

Église Saint-Laurent, d'une grande sobriété avec, comme seule fantaisie sur la façade, une arcature au premier étage à cinq arcs polylobés.

Le *château* apparaît au bout d'une ample allée. Il fut construit en 1772 par *Victor Louis*, pour la famille de Montazet, sur l'emplacement d'un château de la Renaissance dont il conserva les douves. D'une construction antérieure subsiste la *tour du Pèlerin* (XVe s.). *Richelieu* y contraignit à l'exil le *duc d'Épernon* qui y passa huit années. Au XIXe s., le nouveau château servit de cachette à la *duchesse de Berry* pendant quelques jours (1832), alors qu'elle gagnait Nantes où elle devait organiser une tentative de soulèvement de la Vendée.

▷ Saint-Sigismont-de-Clermont★ *3 km S. de Plassac*

Abbaye Notre-Dame de la Tenaille, située dans le domaine du château XVIIIe s. à longue façade flanquée de deux ailes en retour. Les bâtiments de l'ancienne abbaye bénédictine, aujourd'hui occupés en partie par une exploitation agricole, se présentent de part et d'autre de l'allée centrale, sous les ombrages : à droite, *grange* du XVIIIe s., édifiée par les architectes de l'école de Nicolas Ledoux ; à gauche, l'*église* abbatiale présente une façade dont deux niveaux d'arcatures aveugles dépourvues de sculpture surmontent un portail ; un fronton baroque couronne le tout ; la nef à file de coupoles est nouvellement restaurée ; la première coupole a été remplacée au XVIIe s. par une pyramide et sommée d'une tenaille de la Passion.

▷ Gémozac *18 km N.-O. de Plassac par la D 143*

Toujours très animée lors de ses foires mensuelles, cette localité conserve de son ancien prieuré une belle *église*★ des XIIe et XIIIe s. avec nef et transept romans : la nef unique, voûtée en berceau brisé sur doubleaux, est éclairée par d'étroites fenêtres ; sous le toit (surélevé au XVe s.), un passage couvert longe extérieurement le flanc sud.

Le croisillon sud du *transept*, couvert d'une coupole sur pendentifs et flanqué d'une large absidiole semi-circulaire à l'est, offre au dehors une façade de style saintongeais (la façade ouest étant du XVIIIe s.). Le *croisillon nord*, sous le clocher gothique, est couvert d'une petite coupole sur trompes. En dépit des différents apports, l'ensemble possède une réelle unité.

▸ A 10 km N.-O. on trouve, à *Saint-André-de-Lidon*, une *église* à deux nefs soudées. ▸ En se rendant de Gémozac à Pons on peut traverser à *Jazennes (5,5 km au nord de la D 732)*, qui possède une intéressante *église* romane du XIIe s. ▸ A *Tanzac (au sud de la D 732)*, *église* également romane, remaniée ultérieurement (noter la tribune du XVIIIe s. sur colonnes).

▸ Rejoindre *Pons (5 km).*

L'île de Ré★

32-AB1, 2 / R 107 / V 39
11 400 habitants / ☒ aux localités
ℹ 17400 Saint-Martin-en-Ré ☎ 46.09.20.06 ; 17670 La Couarde-sur-Mer ☎ 46.29.82.93 ; 17590 Ars-en-Ré ☎ 46.29.46.09 ; 17580 Le Bois-Plage-en-Ré ☎ 46.09.23.26
🚌 Cars d'Aunis et de Saintonge ; Saint-Martin-de-Ré ☎ 46.09.20.15

L'île de Ré n'est plus tout à fait une île. Comme sa voisine, Oléron, elle est maintenant reliée au continent par un pont. Jeté sur trois kilomètres entre le port de La Pallice et la pointe de Sablanceaux, encore objet de polémiques entre les « propontistes » et les « antipontistes », il allonge, depuis 1988, sa belle courbe rehaussée de rouge entre les pertuis Breton et d'Antioche.

Si les liens avec La Rochelle s'en trouvent facilités et si le tourisme trouve là l'occasion d'un nouvel essor (on constate depuis l'ouverture du pont une considérable augmentation de la fréquentation de l'île durant les mois d'été), Ré pourtant doit conserver son charme et sa spécificité, son exotisme et sa douceur de vivre tout à fait uniques.

Émergeant à peine de l'eau (son point culminant est à 18 m), l'île blanche, dont Fromentin admirait la côte qui se détachait « en rose sur la mer bleue, légèrement embrumée par les fantasmagories du matin », reste en effet l'un des joyaux de la côte atlantique.

Bien loin désormais le bateau à roues du début du siècle, bien loins aussi les bacs sur lesquels s'entassaient voitures et passagers : l'île est aujourd'hui accessible en cinq minutes. Dès l'arrivée, des odeurs nouvelles, une lumière différente vous accueillent : les tamaris le long de la route, les maisons blanches aux volets verts, les ruelles où fleurissent les roses trémières. A ce décor s'ajoutent les plages de sable, les petits ports de pêche et de plaisance, et les magnifiques monuments qui attestent une histoire mouvementée. Ce sont aussi, à l'intérieur, les champs minuscules, les landes sauvages et, plus loin, le monde étrange des marais salants autour de l'immense baie sauvage du Fier d'Ars, avant la pointe ouest et sa conche des Baleines où Fromentin voyait une image du bout du monde.

Un microclimat et un ensoleillement exceptionnels, la gentillesse des habitants qu'une histoire faite de guerres et d'invasions n'a pas entamée, et le sentiment profond, une fois passé le pont, d'une rupture avec l'agitation du continent, font de Ré, l'ancienne Insula Réa, un lieu de magie et de ressourcement.

La terre

S'étendant sur plus de 25 km d'est en ouest, sur 5 km de large en moyenne, à 9 km de La Rochelle et à moins de 4 km du môle de La Pallice, l'île de Ré s'avance dans l'Océan entre le pertuis Breton au nord et le pertuis d'Antioche au sud, de la pointe orientale de Sablanceaux jusqu'au phare des Baleines qui regarde vers l'Amérique.

La quasi-totalité de l'île est recouverte de dunes qui furent plantées en pins et en tamaris. Là où affleure la roche pousse un maquis méditerranéen : œillets sauvages, myrte, romarin. Autour de l'île, la roche jurassique se prolonge en platins recouverts d'algues.

Très plate, l'île de Ré est constituée en fait de trois îlots reliés artificiellement par l'homme au cours de l'histoire. A l'ouest, désormais rattaché au continent par un pont, c'est l'îlot de Saint-Martin, l'île des champs, qui regroupe le long de ses côtes les six communes de Rivedoux, La Flotte et Saint-Martin au nord, La Couarde, Le Bois-Plage et La Noue-Sainte-Marie au sud.

A l'est, c'est un tout autre paysage avec l'îlot d'Ars, simplement relié à celui de Saint-Martin par l'isthme du Martray, tout juste large de 80 m et qui, sans les digues qui assurent sa protection, aurait depuis longtemps disparu ; l'île des salines, qui comprend les communes d'Ars-en-Ré, de Saint-Clément et des Portes, sur une bande de terre enroulée autour des marais salants et du Fier d'Ars, paradis des oiseaux migrateurs.

Enfin, au nord, entre les deux, l'îlot de l'Oye (Loix), rattaché à celui de Saint-Martin par une petite route serpentant entre les salines. C'est la partie la plus tranquille et la plus isolée de l'île, à l'extrême est de laquelle, à l'entrée du Fier, hivernent des milliers de bernaches cravants.

Quand elle n'est pas bordée par un estran rocheux, la côte de l'île est le plus souvent couverte de plages de sable fin et de dunes boisées.

Ce paysage diversifié, entre les landes sauvages, les marais salants, les bois, les prairies et les étendues vaseuses du Fier, compose un milieu exceptionnel mais fragile, tout en équilibre, qu'il est indispensable de ne pas bouleverser malgré le nouvel essor touristique de Ré.

Les hommes

Jaloux de leur indépendance, les Rhétais, à dire vrai, ne furent jamais isolés, leur île ayant été convoitée à de nombreuses reprises au cours de l'histoire.

Sous l'influence des ducs d'Aquitaine, elle fut ravagée au IXe siècle par les invasions normandes. Mais, dès le Xe siècle, ses pêcheries et son commerce maritime fondé sur le vin et le sel, principales richesses de l'île, redeviennent florissants. Avec l'installation des moines cisterciens qui défrichent et mettent en valeur le sol, le pouvoir se partage entre l'Église et les seigneurs de Mauléon. Entre le XIIe et le XIVe siècle, l'île est le terrain perpétuel de conflits armés entre Français et Anglais, mais ses habitants bénéficient, dans le même temps, de privilèges tout à fait remarquables.

Ce sont les guerres de Religion qui rallument les discordes au XVIe siècle avant le retour des Anglais et le fameux siège de Saint-Martin, en 1627, durant lequel Monsieur de Toiras et ses soldats tiennent tête à l'envahisseur avant de le bouter dehors.

Le XVIIIe siècle est pour Ré celui de l'épanouissement, tant sur le plan commercial qu'architectural. Peu après la Révolution, malgré la crise salicole, malgré le phylloxéra, le commerce se développe durant tout le XIXe siècle. Si l'île n'a plus son importance stratégique, elle n'en conserve pas moins sa magnifique citadelle. Édifiée par Vauban, elle fut transformée en pénitencier jusqu'à la Seconde Guerre mondiale.

Après les deux guerres, l'île connaît sa plus grande mutation. La vigne s'est à nouveau multipliée pour produire essentiellement un vin blanc favorable à la production du pineau et du cognac. La production de primeurs (en particulier les asperges) et de céréales a augmenté, tandis que diminuait le cheptel. Quant à l'exploitation des marais salants, qui rapportaient jusqu'à 30 000 t de sel par an, elle ne fait plus aujourd'hui vivre que 70 sauniers pour une production de 2 000 t environ. Les sauniers sont devenus agriculteurs, certains se reconvertissant dans la pisciculture. Mais c'est surtout l'ostréiculture qui est aujourd'hui en plein essor sur les platins de la côte nord : d'une centaine d'hectares au début du siècle, l'élevage d'huîtres en occupe aujourd'hui près de mille.

On ne voit plus, dans les champs et les marais, les ânes habillés de culottes rayées ni les femmes coiffées de leurs « quichenottes », mais il y a encore des chevaux et des mules pour travailler les petites parcelles.

Quoi qu'il en soit, Ré reste une île de paysans plus que de marins, même si Saint-Martin négocia longtemps avec l'outre-mer. Pourtant les pêcheurs accostent encore dans les petits ports ; et la pêche à pied - crevettes, coquillages, crabes - est une des grandes attractions pour les vacanciers.

L'abandon progressif des salines a abouti, entre autres, à la création d'une réserve ornithologique dans le Fier d'Ars, qu'on espère voir grandir dans les années à venir, tant il est vrai que les oiseaux sont une des merveilles de l'île.

Indéniablement, la plus grande richesse de Ré, aujourd'hui, est son tourisme. La gentillesse de ses habitants, le charme de ses villages et de ses ports grouillants de vie, ses plages et ses forêts attirent chaque été une masse croissante de touristes et de vacanciers, auxquels viennent se joindre les nombreux artistes séduits par la lumière. De multiples possibilités leur sont offertes : promenades à vélos, fêtes locales où se perpétuent les traditions - fête de l'Huître à Rivedoux, fête de la Mer à Saint-Martin -, sans compter la gastronomie - la délicieuse mouclade. L'île de Ré reste encore, si l'on veille bien à ne pas se laisser emporter dans une fuite en avant immobilière, le lieu d'un extraordinaire dépaysement.

Visite de l'île

60 km environ / 1 j.

En voiture, le circuit qui traverse les dix communes de l'île nécessite une journée. Mais il est conseillé de faire la promenade à bicyclette (location à La Flotte, Saint-Martin et dans les autres communes de l'île). La marche est encore le meilleur moyen de visiter Ré si vous avez deux ou trois jours devant vous. Un service régulier d'autocars est également disponible de Sablanceaux aux Portes.

De la pointe de Sablanceaux aux Portes

▶ Après avoir passé le pont, prendre la D 735 jusqu'au phare des Baleines, puis la D 101 jusqu'aux Portes *(35 km environ).* ▶ *La pointe de Sablanceaux.* De cette langue de terre sablonneuse qui s'avance sur le coureau, remarquer la courbe harmonieuse du *pont* et le môle d'escale de *La Pallice* à moins de 3 km. Longue plage de sable jusqu'à Rivedoux. ▶ *Rivedoux-Plage.* Ce petit village ostréicole est la première station balnéaire après le pont. Les maisons aux murs blancs et roses et aux volets verts, le long de la conche et du petit port, sont déjà typiques de Ré. ▶ L'on traverse un petit bois de pins.

▷ Le fort de la Prée *3 km de Rivedoux ; ne se visite pas*

A 400 m à droite de la route se dresse cet édifice en étoile dans lequel s'abrite un petit port. Construit vers 1620, avant le siège de La Rochelle, c'est une construction unique dans la région. Les soldats de Louis XIII s'y réfugièrent lors de l'invasion anglaise de 1627. Très endommagé, il est restauré depuis 1982.

▷ L'abbaye des Châteliers *à 800 m de la route*

Au milieu des prairies se dressent les ruines de l'*église*, vision romantique à souhait, surtout depuis qu'elle est éclairée la nuit. Fondée en 1178 pour les cisterciens, l'abbaye fut détruite cinq fois, par les Anglais puis par les protestants, avant d'être abandonnée en 1623. Récemment, des aménagements ont été réalisés qui permettent la visite. Très belles *fenêtres* du XIVᵉ s. près du chevet.

▶ *La Flotte.* Autour du port où l'animation est perpétuelle, le village offre une multitude de ruelles et de rues piétonnes bordées de maisons blanches aux volets verts. *Église Sainte- Catherine* (XIVᵉ s.), avec peintures et décors du XIXᵉ s. Vieux marché. ▶ En se dirigeant vers Saint-Martin, la route longe la belle *plage de La Clavette.*

Les marais salants

Il semble que le début des salines de Ré date de l'arrivée des moines vendéens au XIe siècle qui exploitaient déjà le sel sur le continent, et qui ont essayé très vite de rentabiliser les nouvelles terres, en particulier toutes celles situées dans le Fier d'Ars, entre les Portes, Ars, La Couarde et Loix. Dès que l'alluvionnement a été suffisant, vers la fin du XVe siècle, l'exploitation se fit intense. Les terrains ou **prises** *étaient gagnés sur la mer et protégés par des digues ou des levées, et ce jusqu'au XIXe siècle, apogée de l'exploitation des marais.*

Un ensoleillement exceptionnel et une ventilation estivale importante avec alternance de brises de mer et de terre, permirent très vite des rendements élevés. Vers les années 1850, plus de 1 500 ha de marais étaient en activité et rapportaient plus de 30 000 t par an. Lors des **vimaires** *(quand les vents s'associent aux hautes eaux des fortes marées), les digues cédaient parfois, et l'on voyait en pleine nuit les populations se précipiter pour sauver le marais et éviter la catastrophe. La mémoire collective a ainsi gardé le souvenir des terribles années de 1645, 1711, 1882 ou, très près de nous, 1980.*

Perfectionné d'âge en âge, le marais salant est un ensemble complexe fait de levées, de **vasais**, *de* **métières**, *de champs de marais et autres* **russons**, *à travers lesquels circule l'eau de mer. Il s'agit de faire passer celle-ci par différentes étapes, la décantation, la concentration et enfin la cristallisation, avant que le sel puisse enfin être récolté. En hiver, le marais est inondé pour protéger les diguettes des effets de la pluie et du gel. Dès le mois de mars, le travail de mise en état commence : assèchement, nettoyage, séchage, opérations longues et minutieuses. A la mi-mai, le marais doit être prêt pour commencer la saunerie. Une légère coloration de l'eau annonce la première récolte. Toute une série de techniques -* **limage, amission**, *etc. - et d'outils -* **simoussi, souvron**, *etc. - sont alors indispensables pour mener le travail à son terme, de la mi-juin à la fin septembre si les conditions atmosphériques sont bonnes.*

Autrefois, le transport, le stockage et la vente du sel représentaient une bonne part de la tâche du saunier. Aujourd'hui, le travail s'arrête une fois constitués les **pilots**. *Des pelles mécaniques viennent charger le sel sur les camions qui l'amènent directement à la coopérative.*

En chute libre, les marais salants ne font plus vivre que 70 sauniers pour une production annuelle de 2 000 t. Mais il est encore temps d'aller admirer, à Loix ou aux Portes, dans les marais toujours en activité, cet ingénieux système, perfectionné de génération en génération depuis des siècles.

▷ Saint-Martin de Ré*

C'est la capitale de l'île. Cette petite ville fortifiée au riche passé a parfois été appelée le « Saint-Tropez de la Côte Atlantique ». Prospère depuis le XVIIe s., elle a conservé ses belles demeures, ses petites places et ses rues pavées.

Après avoir franchi la *porte Toiras* (XVIIe s.), prendre le cours Vauban à droite qui longe le pénitencier. La *citadelle* de *Vauban* est interdite à la visite mais il est possible de la longer par un chemin au nord qui domine l'ancien port militaire où accostaient les bateaux de forçats arrivant de Guyane. Reliant la citadelle au port de Saint-Martin, le *parc de la Barbette* est planté de magnifiques cyprès et de pins, face au pertuis Breton. En suivant les remparts, on arrive jusqu'au phare, d'où l'on domine la ville.

Descendre ensuite vers le port. Composé de deux bassins, l'un pour la pêche, l'autre pour la plaisance (école de voile), il enveloppe en un îlot le charmant *quartier Pierre-Lanier*.

Donnant sur le port, l'*hôtel de Clerjotte* (XVe et XVIIe s.) se trouve au fond d'une cour bordée de galeries Renaissance. Après avoir appartenu à un couvent jusqu'au XVIIe s., il servit d'arsenal. Restauré, il accueille aujourd'hui le *musée naval* *(t.l.j. en été ; du mercr. au dim. le reste de l'année)*, augmenté des collections de l'ancien musée Ernest-Cognacq. A côté des maquettes de navires, on y trouve également des éléments de folklore et d'artisanat régional. A *l'Imagerie*, on peut admirer les toiles et les photographies des artistes rhétais.

En montant dans la ville, on découvre l'*église Saint-Martin* (XVe s.) qui comportait autrefois des fortifications. Très endommagée à la fin du XVIIe s., ravagée par un incendie en 1964, elle est aujourd'hui restaurée. Des parties hautes de l'ancienne église subsistent les murs du transept dressés sur chacun des côtés de l'édifice actuel : les pignons sont flanqués de contreforts dont les pinacles jaillissent, romantiques, au-dessus du toit : deux *portails* surmontés de défenses militaires s'y ouvrent. Celui du *nord* retiendra l'attention par sa voussure à statuettes et le mur crénelé à mâchicoulis qui la surmonte.

A l'*intérieur* subsistent les deux lignes d'arcades de la nef et six chapelles latérales ayant conservé leurs voûtes d'ogives. Dans la nef sont suspendus de nombreux oriflammes rappelant les batailles livrées dans l'île contre les Anglais au cours du XVIIe s. Intéressantes *épitaphes* : de deux des frères

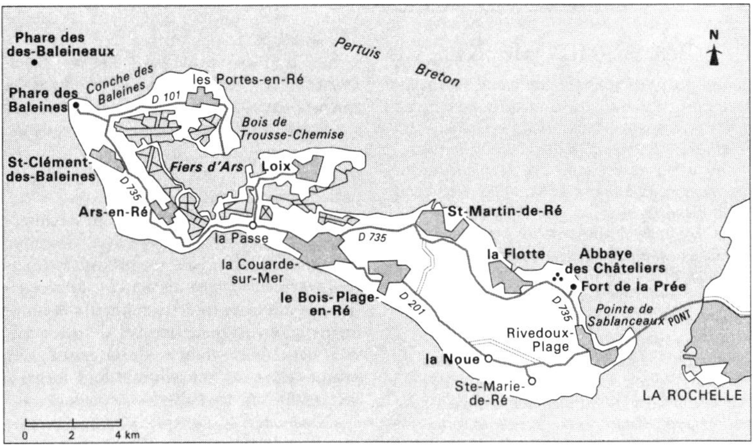

L'île de Ré

du *marquis de Toiras*, tués en 1637, l'un à Sablanceaux, l'autre dans Saint-Martin en défendant l'île contre les Anglais ; du *baron de Chantal*, fils de Jeanne de Chantal et père de Mme de Sévigné, également tué à Sablanceaux.

C'est à proximité de l'église que se trouvent les édifices les plus intéressants de Saint-Martin : ***maisons*** anciennes, comme celle ***des Vignerons*** (1665), rue Mérindot ; ***hôtel des Cadets de la Marine***, occupé par la poste et l'hôtel de ville, sur la place de la République, réalisée sous Louis XIV ; ***hospice Saint-Honoré*** *(visite sur demande)* à l'angle S.-E. de la place, reconstruit sous *Vauban* et qui a conservé sa pharmacie ; ***porte des Campani*** (XVIIe s.) au bout de la rue Carnot, et par laquelle on peut retrouver la route de la Couarde.

▷ La Couarde-sur-Mer

C'est dans ce petit village que se retrouvent les routes du nord et du sud de l'île. Envahi de roses trémières et de glycines à la belle saison, c'est un bourg résidentiel, doté d'une ***plage*** magnifique. Nombreux aménagements sportifs. ***La Pergola*** est le rendez-vous obligé de tous les jeunes.

▸ A 2 km se trouve ***La Passe***. Prendre à droite vers ***Loix*** *(4 km)*. Traversée des ***marais salants***, qui furent une des grandes sources de richesse de l'île *(→ encadré)*.

▷ Loix

Au bout de la presqu'île, entre la rade de Saint-Martin et le Fier d'Ars, Loix est le plus tranquille des villages rhétais, le plus « exotique » aussi. Avant l'arrivée au village, sur la gauche, la ***Maison des Marais salants*** *(☎ 46.29.03.83 ou 46.29.00.37)* présente des expositions et offre la possibilité d'une visite guidée d'un marais salant. Au sud du village, petit port. A l'est, la ***plage du Grouin*** et son fort. Le site, réputé pour ses pêcheries de crevettes roses, est devenu un centre ostréicole. A l'ouest, en bordure du Fier d'Ars, on peut observer en hiver d'importantes colonies de bernaches cravant.

La crise salicole

Le saunier ne percevait, autrefois, que le tiers de la récolte vendue. C'est dire les difficultés auxquelles il se trouvait confronté pour faire vivre sa famille. Les avances que pouvaient lui consentir les propriétaires des salines ne faisaient qu'aggraver une situation déjà précaire.

Au XIXe siècle, c'est la révolte. Elle fut favorisée par le développement des chemins de fer qui mettaient en concurrence les sels de l'Ouest et ceux du Midi. De 1846 à 1866, la crise salicole s'installe. Nombre de propriétaires en faillite se voient contraints de vendre, mais peu de sauniers ont les moyens de racheter les marais qu'ils exploitaient. Il en résulte une forte émigration. La Première Guerre mondiale ne fait que précipiter le déclin du saunage : les marais sont abandonnés par manque de main-d'œuvre et la mer, faute de travaux, empiète progressivement sur les surfaces saunantes.

Il est bien difficile actuellement de préjuger de l'avenir de cette activité. Certes, des techniques modernes d'exploitation ont été introduites, des groupements de producteurs se sont constitués qui ont permis de stabiliser les cours du sel et de rétribuer plus justement le saunier. Mais ces dispositions auront-elles un effet sur le déclin des marais ?

Les oiseaux de Ré

Située sur un important carrefour de migration, l'île de Ré accueille chaque année des milliers d'oiseaux nichant dans le Grand Nord. D'autre part, revenant des côtes africaines, de nombreuses espèces font escale ici avant de rejoindre la toundra arctique, le Groenland ou le Canada.

Dans un milieu aussi riche que celui des marais et du littoral rétais, les sédentaires, les migrants et les hivernants trouvent des conditions idéales. Les bécasseaux et les barges envahissent les plages d'Ars; tournepierres et huîtriers-pies, qu'on peut observer dès le printemps, vivent sur les côtes rocheuses de Loix, des Portes ou de la pointe des Baleines. Sur les vasières, des dizaines d'espèces se nourrissent. Quant aux marais salants de l'intérieur, ils servent de zones de gagnage, la nuit, pour les canards, et de site de nidification pour les échasses, les avocettes ou les sternes.

En 1988, ce sont 273 espèces qui ont pu être observées sur l'île par les membres de la L.P.O. (Ligue de protection des oiseaux), en particulier sur la réserve de Lilleau des Niges située dans la commune des Portes en Ré, sur le Fier d'Ars.

Créée en 1980, cette réserve s'étend sur 150 ha dont 55 ha d'anciens marais. Le site y est totalement protégé pour en faire un lieu idéal à la reproduction des migrateurs. De nombreuses visites sont organisées tout au long de l'année pour découvrir les oiseaux et leur milieu : hérons, aigrettes, courlis, tadorne de Belon, mouettes, goélands, etc.

Mais l'un des plus beaux spectacles de l'île de Ré est celui des bernaches cravants. Dès novembre, elles arrivent en grand nombre sur l'île où elles passeront tout l'hiver entre les marais et les vasières. Leurs immenses vols s'aperçoivent de loin, et on peut les observer à loisir dans les marais d'Ars ou à Loix. En 1988, il en a été dénombré plus de 16000.

▶ En continuant tout droit après La Passe, franchir l'*isthme du Martray*, le point le plus étroit de l'île (80 m) et gardé par un fort.

▷ Le Fier d'Ars*

C'est une immense étendue lacustre de 5 km de diamètre bordée de marais salants, importante zone de passage et d'hivernage des oiseaux migrateurs *(→ encadré)*. On peut s'y promener à bicyclette ou à pied et aller jusqu'à la ***réserve naturelle de Lilleau des Niges*** *(B 1329 Ouest)*.

▷ Ars-en-Ré

En bordure du Fier, ce village pittoresque est devenu un grand centre de voile : son ancien port peut accueillir 300 bateaux de plaisance.

Sur la place principale, l'*église Saint-Étienne**, que domine la célèbre ***flèche*** à crochets du XVe s., légèrement inclinée par la foudre (1840) et peinte en noir et blanc pour servir d'amer aux bateaux, se compose en fait de deux églises bâties dans le prolongement l'une de l'autre.

La *première*, du XIIe s., d'une architecture archaïque et massive, avec des toits de pierre, offre un beau *portail* roman (malheureusement enterré de 85 cm) aux voussures décorées de rosaces, palmettes et ornements géométriques, une nef de deux travées barlongues voûtées de grosses ogives primitives et un transept aux bras inégaux avec coupole à la croisée, sous la tour.

La *seconde église*, du XVe s., développe sur toute la largeur du transept roman ses trois nefs égales flanquées de deux chapelles latérales carrées; la nef centrale, plus étroite que les collatéraux et déjetée sur la droite, a seule des voûtes de pierres bombées, à huit branches d'ogives et clefs pendantes, et se termine par une petite abside du XVIIe s.; les basses nefs ont été couvertes en 1864 de fausses voûtes en bois, de même style.

A l'*intérieur* : chaire de 1614 portée par une énorme tête de bois sculpté; belle table de communion en bois sculpté du XVIIe s. barrant la largeur des trois nefs. Aux quatre derniers piliers de la nef, tables de pierre du XVIIIe s. portant les noms des notabilités locales inhumées dans l'église de 1600 à 1771, notamment ceux des officiers de l'armée de *Toiras* tués à la bataille d'Ars, gagnée contre *Soubise* en 1625.

Alentour, courent les rues anciennes bordées de maisons blanches. A l'angle de la rue Gambetta, maison à tourelles en cul-de-lampe et, un peu en retrait dans cette rue, *maison du sénéchal**, également avec deux tourelles d'angle, et décorée de sculptures de la Renaissance.

Sur la côte, au sud, s'étend une ***plage*** de sable au pied de dunes plantées de tamaris.

▷ Saint-Clément-des-Baleines

Composée de quatre villages, *La Tricherie*, *Le Chabot*, *Le Griveau*, *Le Gilleux*, et du *hameau de Godinand*, la commune s'étend sur toute la pointe ouest de l'île. Son littoral offre trois visages : au sud, sur la Côte Sauvage, celui d'une immense plage de sable frangée de pins; à l'est, la perspective des marais salants; au nord, la grande baie dite *conche des Baleines*, où *Eugène Fromentin* voyait « l'un des bouts du monde », n'ayant rien découvert, avouait-il « de plus exotique ». On prétend qu'à cet endroit trois cents baleines seraient venues s'échouer à l'époque romaine.

▷ Le phare des Baleines*

Situé à la pointe occidentale de l'île, haut de 57 m, il fut édifié en 1854 pour remplacer le vieux phare du XVIIe s. qui pointe encore sa tour à mâchicoulis. Après avoir gravi les 250 marches de l'escalier, l'on découvre un beau *point de vue** sur l'île avec le damier de ses champs et de ses marais, les toits orangés de ses maisons, tout le pertuis jusqu'à la pointe de l'Aiguillon et la côte de Vendée « avec ses villages blancs qui, de loin, évoquent les villes orientales » *(E. Fromentin).*

▸ A un mille et demi O./N.-O., le rocher du Haut-Blanc est signalé par le *phare des Baleineaux.* ▸ Continuer à gauche sur la D 101, contourner les marais salants et longer à gauche les dunes de la *conche des Baleines* pour atteindre la lande des Portes, ses immortelles et ses perdrix.

▸ *Les Portes.* C'est le dernier village de l'île. Sur la place, un arbre de la Liberté planté en 1792. ▸ A 1 km à l'est, plage de sable dominée par la petite *chapelle* désaffectée de *Notre-Dame de la Redoute* occupant la poudrière d'une ancienne redoute. ▸ De là, le beau *bois de Trousse-Chemise*, face à la plage, s'étend sur 2 km environ au sud jusqu'à la pointe du Fier, fermant à l'ouest l'entrée du Fier d'Ars, large de 800 m. Ce bois du bout du monde, planté de pins vigoureux et de cyprès, est plein de charme.

De La Couarde à Sablanceaux

▸ A *La Couarde*, prendre la D 201 puis bifurquer à droite pour traverser les villages de *La Noue* et de *Sainte-Marie*, avant de rejoindre *Sablanceaux (16 km environ).*

▷ Le Bois-Plage-en-Ré

C'est l'une des plus importantes stations balnéaires de l'île. Nombreuses plages à l'abri des dunes. Marché quotidien à la bonne saison. Ne pas manquer la visite de la *Coopérative agricole* de l'île de Ré pour y déguster le vin et le pineau rétais.

▷ La Noue

En sortant du village au sud pour gagner la mer, passer devant le *portail* (XVIe s.) de l'ancienne *maison de La Jarrière* où subsistent une cage d'escalier ornée de peintures et une petite salle décorée de grands panneaux peints sur toile à sujets mythologiques (1741). Plus loin, dans les dunes, petite *chapelle Saint-Sauveur* rétablie en 1838 sur l'emplacement d'un très ancien pèlerinage (fête le 6 août) dont la tradition attribue l'origine au naufrage d'une princesse espagnole. ▸ En allant vers Sainte-Marie, passer devant la *Vierge de La Morande*, sur piédestal gothique, marquant l'emplacement d'un ancien monastère.

▸ *Sainte-Marie-de-Ré.* Visite de l'*église* néogothique qui conserve un clocher du XIIe s. dont la flèche à crochets est peinte en blanc et noir pour servir d'amer aux bateaux. ▸ *Rivedoux (→).* ▸ *La pointe de Sablanceaux (→).*

Des recettes infaillibles ?

En 1911, ***La Revue rhétaise*** *publiait une liste de certaines propriétés du sel.*

1) L'eau salée réanime promptement une personne évanouie à la suite d'un choc.

2) Le sel dans l'eau tiède constitue un bon vomitif utile dans les empoisonnements alimentaires ou toxiques.

3) Un verre d'eau de mer est un excellent purgatif.

4) Une cuillerée à café de sel dans un verre d'eau est très bonne pour une foule de troubles digestifs, pour soulager les coliques et aider la digestion.

5) Un sac rempli de sel et chauffé, soulage beaucoup quelqu'un qui souffre de névralgies (intercostale, lombaire, sciatique).

6) On empêchera les cheveux de tomber si on lave la tête de temps en temps avec de l'eau salée.

7) Du sel (5 kg) ajouté à un grand bain le rend aussi fortifiant qu'un bain d'eau de mer.

8) Avant de balayer un tapis, le saupoudrer de sel, alors plus de poussière et le tapis redevient brillant.

9) Jeté sur la suie enflammée, le sel éteint les flammes ; jeté sur un poêle ou un fourneau, il détruit les odeurs désagréables ; jeté sur des charbons ardents où l'on grille de la viande, il rend le feu plus clair et plus brillant.

10) Pour enlever les taches de vin rouge sur une nappe, les saupoudrer de sel et rincer de suite.

11) Pour les taches produites par les œufs sur les couverts d'argent, les effacer avec du sel humide.

12) Laver les chapeaux de paille et les panamas avec de l'eau salée ; ils redeviennent neufs.

Rochefort★★

33-D4 ou 34-D1 / R 107 / V 39
28 000 habitants / ✉ 17300
ℹ avenue Sadi-Carnot ☎ 46.99.08.60; fax : 46.99.52.64
SNCF ☎ 46.41.50.50 et 46.99.15.11
✈ Rochefort/Saint-Agnant ☎ 46.83.05.20
P cours Roy-Bry, place de la Gallissonière, Corderie royale
Capitainerie du port de plaisance ☎ 46.83.99.96

Ville nouvelle du XVIIe siècle, Rochefort a été fondé pour le service de la marine de Louis XIV, il y a un peu plus de trois cents ans, dans une boucle de la Charente.

Plusieurs centaines de navires ont été construits dans l'arsenal de Rochefort et, jusqu'à l'apparition de la vapeur, les cordiers y ont fabriqué tous les cordages de la marine de guerre française. Amiraux, explorateurs, naturalistes, médecins, ingénieurs s'y sont fait un nom et l'ont légué aux rues de la ville.

Port fluvial et maritime, Rochefort, entre terre et mer, est le point de rencontre des eaux terriennes et des eaux marines. A vol d'oiseau, la mer n'est qu'à quelque neuf kilomètres, à vingt par le fleuve, et les vents d'ouest apportent des nuées aux senteurs océanes.

La ville dans l'histoire

Rocca Fortis, le château fort médiéval bâti sur la rive de la Charente pour intimider le Normand, donna naissance à un bourg de pêcheurs et de matelots dès le XIe siècle. Autour de sa « Vieille Paroisse », son église romane, il forma au Moyen Age le siège d'une châtellenie que l'occupation de la Saintonge par Du Guesclin (1372) réunit aux domaines de la Couronne.

Mais c'est en 1665 seulement que Colbert choisit ce site au milieu des marais pour construire « le plus bel arsenal du royaume ». Il en confia la réalisation à son cousin, Colbert de Terron, intendant général de la Marine du Ponant. Moins de deux ans plus tard, sur les plans de Blondel, la Corderie royale, plusieurs bâtiments de l'arsenal et un embryon de ville en bois avaient vu le jour. Les fortifications de la Charente et la ville avaient déjà sans doute un aspect dissuasif car, lorsque les Hollandais se présentèrent à l'embouchure, en 1674, avec pas moins de 72 voiles, ils rebroussèrent chemin sans attaquer. Vingt ans plus tard, les Anglais, à leur tour, firent une apparition. Leurs cinq coups de mains successifs, jusqu'en 1809, n'eurent jamais raison de Rochefort que l'intendant de Muin entoure, en 1675, d'un corset de remparts conçus par de Clerville.

Sous la conduite de l'intendant Bégon, une ville en pierre avait succédé à la ville en bois. Elle hébergeait les familles (plus de 15 000 personnes à la fin du Grand Siècle) des marins et des ouvriers de l'arsenal dont la création, par Louis XIV, explique son développement prodigieusement rapide. De très bonne heure, Rochefort lança plusieurs vaisseaux de guerre : dès la fin 1676, un bâtiment de ligne et deux galiotes avaient été mis à l'eau.

Rochefort connaîtra pendant la Révolution des heures tragiques. La guillotine du département est montée sur la place Colbert qui a pris le nom de « Liberté », et les prêtres réfractaires envoyés de toute la France pour être déportés dans les îles sont entassés sur des pontons où ils mourront de misère.

C'est de Rochefort que partit pour l'Amérique, en 1780, lors des guerres d'Indépendance, le marquis de La Fayette. C'est à Rochefort que Napoléon, en juillet 1815, a passé sa dernière nuit sur le continent avant de gagner l'île d'Aix.

Ville de garnison, Rochefort accueille de nombreux régiments et, aux XVIIIe et XIXe siècles, on y bâtit des casernes. La faculté de médecine navale est fondée au XVIIIe siècle. La construction de navires se poursuit jusqu'en 1927, date de fermeture de l'arsenal. La cessation des activités à l'arsenal touche de plein fouet l'économie de Rochefort.

Rochefort subit toujours le contrecoup des désengagements successifs de la Marine, et se remet mal économiquement, mais surtout psychologiquement, de la désertion de sa « raison d'être ». Pourtant, elle a beaucoup d'autres atouts dans son jeu.

Bombardée en 1940, Rochefort est sauvée de la destruction en 1944, mais l'arsenal et la corderie sont incendiés par les armées allemandes en retraite.

Rochefort

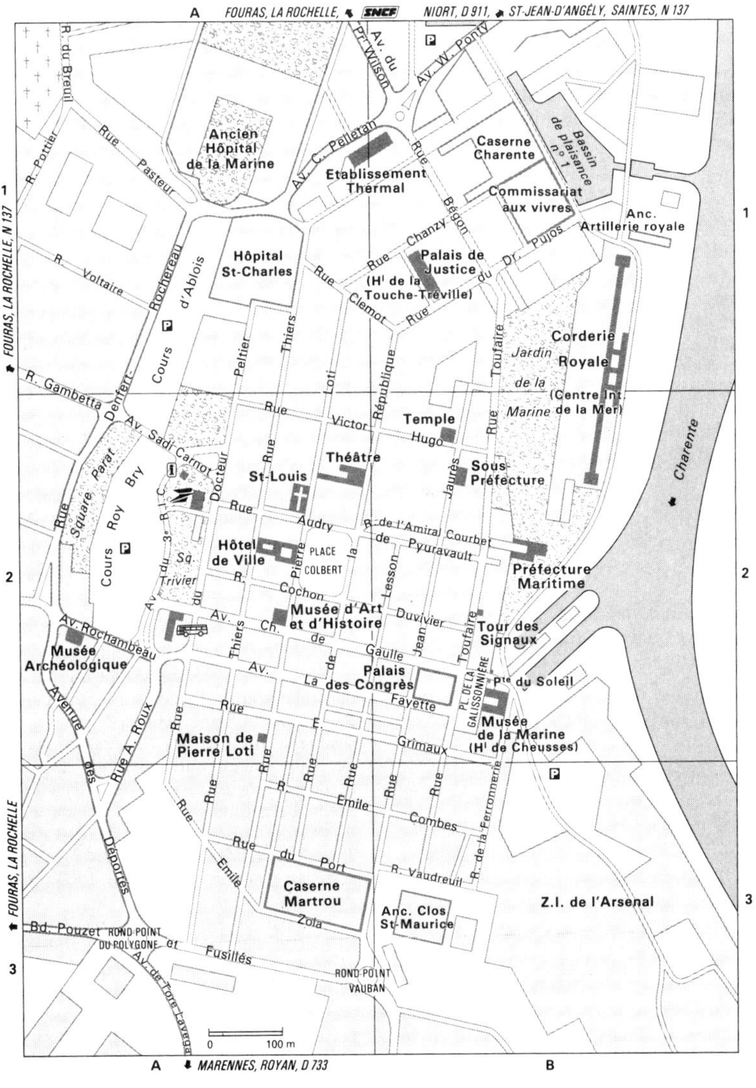

La ville aujourd'hui

La reconstruction de la Corderie royale, déclenchée en 1974, donne un nouveau coup d'envoi à la ville. En réinvestissant la Corderie, Rochefort, « ville de fleuve et de mer où l'on ne voit pas l'eau » (Jean-Hugues Malineau), redécouvre et son fleuve et la mer, nouveaux pôles d'attraction touristique et économique qui seront renforcés par la création du Jardin des retours, l'ouverture de la Serre-Conservatoire du Bégonia et le projet de la reconstruction de l'Hermione.

Une charte architecturale dresse un récapitulatif du style des immeubles du centre et des faubourgs et, soulignant leur régularité (fenêtres symétriquement disposées, moulures horizontales), propose quelques recettes simples pour préserver cette unité de « ton ».

Dans les années 60, les bienfaits thérapeutiques de la source thermale n'étant plus à démontrer, le thermalisme rochefortais devient partie intégrante de l'économie de la ville. Et, si peu de grandes entreprises se partagent les zones industrielles de la ville (SOGERMA-SOCEA, Zodiac, CFFC, Foggini, Malichaud, etc.) les PME-PMI sont de plus en plus nombreuses. L'ouverture du lycée polyvalent régional Marcel-Dassault consacré à la formation aux matériaux composites a incité les industriels du plastique à s'intéresser à Rochefort, dont le dynamisme et la volonté de se refaire une santé économique, ne sont plus à prouver.

Visite de la ville

Découpée en damier, comme le voulait l'architecture militaire, cette ville de lignes droites est aussi une ville de discrétion. L'horizontalité des plans, la sobriété des façades, la modestie des hôtels ne livreront pas au visiteur trop pressé leurs charmes cachés. Derrière les portes se dissimulent des cours tièdes et fleuries ; derrière les volets clos, les vestiges d'un riche passé.

Sur les pas de Pierre Loti

3 h

▶ Du *cours Roy-Bry (A2)*, prendre l'avenue La Fayette, et tourner à droite dans la rue Pierre-Loti.

▷ La maison de Pierre Loti*** *(A2)*

visites guidées oct.-juin, à 10 h, 11 h, 14 h, 15 h, 16 h, t.l.j. sf dim. matin, mar. et j. fériés ; juil.-sept., visites guidées toutes les 30 min 10 h, 11 h, 14 h, 17 h le mer. et ven. soir à 20 h 30, t.l.j. sf dim. matin ; réservations pour les groupes ☎ 46.99.16.88

Le romancier *Pierre Loti*, pseudonyme du capitaine de vaisseau *Julien Viaud*, y naquit le 14 janvier 1850 et y passa son enfance et son adolescence. Longtemps cette maison natale fut menacée, des ennuis financiers ayant contraint la famille Viaud à une vente. *Pierre Loti* n'eut qu'un souci : racheter cette maison. En 1880, c'est chose faite, et il meuble cette demeure avec les objets rapportés de ses voyages, y imprimant son goût pour l'exotisme et la fantaisie, la transformant en un véritable musée. A la mort de son fils *Samuel Loti-Viaud* (1969), la ville acheta l'immeuble et ouvrit à la visite ce musée sans doute unique au monde : l'intérieur est demeuré tel qu'il se trouvait à la date de la mort de *Loti* (juin 1923) : c'est celui des « merveilleux ailleurs ».

On entre dans le *Salon rouge* qu'il décrit dans « Le Roman d'un enfant », puis dans le *Salon bleu* aménagé pour sa femme. C'est ensuite la théâtrale *salle Renaissance*, haute de deux étages, qui rassemble, dans un décor somptueux, divers styles et époques : cheminée gothique flanquée de tapisseries du XVIIe s, chaises du XVIe s. Il recevait là le Tout-Paris en des fêtes grandioses, comme la soirée chinoise du 11 mai 1903. *Salle gothique* à l'étage.

La *mosquée* est la pièce la plus impressionnante. Elle est couverte d'un plafond en bois de cèdre peint et tapissée d'une quantité prodigieuse de carreaux de faïence émaillée ; ils avaient été récupérés par l'officier de marine dans une mosquée de Damas qu'on démolissait, et rapportés à Rochefort par d'« honnêtes contrebandiers » ; la richesse et le velouté des couleurs en font une collection de première importance. La stèle d'Aziyadé, rapportée du cimetière d'Eyoub (Istanbul) par *Loti*, a été également déposée dans la mosquée. Par un corridor à droite, on aperçoit le ***salon turc***, installé dans l'ancienne chambre de sa grand-tante Berthe. Il évoque le souvenir de l'héroïne de son roman « Aziyadé ». Ce salon, rempli des souvenirs de son séjour à Eyoub, est décoré de tissus soyeux, de coussins de brocart, de tapis anciens, sous un plafond évoquant celui de l'Alhambra par ses stalactites inspirées de celles de la Cour des Lions à Grenade. La ***chambre arabe***, aménagée définitivement en 1894, avec sa petite fenêtre à moucharabieh, est décorée de palmes au plafond. Ses murs, blanchis à la chaux, sont agrémentés d'arcatures aveugles festonnées dans lesquelles ont été insérées les trois fameuses céramiques persanes bleues.

On termine la visite par la ***chambre*** de l'écrivain, émouvante dans sa nudité presque monacale, avec, pour seul luxe, un nécessaire de toilette d'argent et de cristal.

En sortant, remarquer les curieuses sculptures XIXe s. sur la maison voisine.

▶ Remonter jusqu'à la place Colbert. En 1966, *Jacques Demy* y a tourné de nombreuses scènes des ***Demoiselles de Rochefort***.

▷ La place Colbert *A2*

A gauche de la place, l'***hôtel de ville***★ est installé depuis le début du XIXe s. dans l'hôtel d'Amblimont (XVIIIe s.), construit en deux fois, ce qui explique le décalage de la porte d'entrée. A noter la dominante des horizontales, le décor discret des fenêtres, le tracé des arabesques influencé par le style rocaille.

Au fond de la place, l'***église Saint-Louis*** *(A2)*, à côté du collège Pierre-Loti édifié sur l'emplacement du couvent des Capucins.

▶ L'***Espace Nature*** *(t.l.j. sauf dim. 10 h-12 h 30/14 h-18 h 30, le lun. 14 h 30-18 h 30 ☎ 46.82.12.44)*, installé dans l'un des plus anciens cafés de France, est un lieu d'accueil et d'expositions sur l'environnement et les économies d'énergie.

▶ De l'autre côté de la place, ***fontaine***★ qui servait de réservoir, surmontée d'un groupe dû au sculpteur *Victor Bourguignon* (1757), allégorie de la Charente et l'Océan mêlant leurs eaux.

▶ Au coin de la rue de la République, le ***Café de la Paix***, autrefois Café de l'Europe. C'est là que *Victor Hugo*, en voyage avec *Juliette Drouet*, aurait appris la mort de sa fille Léopoldine en lisant le journal.

▶ Remonter la ***rue de la République*** *(A3-2/B2-1)*. Noter au passage, à droite, l'***hôtel Mac-Namara***, un des plus anciens de la ville (XVIIIe s.).

▷ Le théâtre de la Coupe d'Or★★

(A2) visites de groupes sur demande ☎ 46.82.15.15

L'immeuble dans lequel a été construit le théâtre de la Coupe d'Or appartenait à *M. Hébre de Saint-Clément*, premier maire élu de Rochefort. Façade de style XVIIIe s., œuvre de l'architecte italien *Berinzago*. Le théâtre « à l'italienne » s'inscrivait dans un rectangle allongé. Il fut agrandi au XIXe s. puis restauré en 1971.

▶ Poursuivre la rue de la République. Noter au passage plusieurs façades intéressantes : celle de l'***école Colbert***, ancien hôtel d'un marchand de vin (XIXe s.).

▷ L'hôtel de La Touche-Tréville★

(B1), actuel palais de justice

Cet hôtel est le seul (avec l'hôtel de Tilly et l'ancien hôtel où se trouve le Pub Keaton) à présenter des bâtiments en retrait de la rue. Très beau ***décor*** sculpté du porche influencé par le style Régence. En face, se trouvaient les fonderies de canons.

Un voyageur privilégié

Lotus, loti, un nom de fleur : le marin « baptisé » à Tahiti en 1872 ne prendra son pseudonyme que quinze ans plus tard. En 1850 naquit, dans une famille protestante, Julien Viaud, que la destinée conduit à l'école navale (1867). Le jeune homme passionné embarque à 19 ans, comme aspirant de 2e classe sur le Jean-Bart. Pendant trente-cinq ans, sur trente-huit navires, il va promener « dans le monde changeant son âme changeante », confiant à son journal intime ses émotions, ses impressions, ses souvenirs. Il puisera là l'essentiel d'une œuvre littéraire (pas moins de 42 titres) publiée entre 1879 (Aziyadé) et 1921. La qualité de l'écriture et des sentiments le conduira en 1891 à l'Académie française, dont il sera le benjamin.

Il a visité - à l'exception de l'Islande - tous les pays. Il ne se contente pas de les décrire ; il nous en fournit une vision sensible, très personnelle. Le monde un peu imaginaire qui meuble ses romans n'a pu être découvert qu'à travers une sensibilité exacerbée : « les lieux où nous n'avons ni souffert ni aimé ne laissent pas de trace dans notre souvenir ».

Ce nostalgique passionné par la Polynésie, mais plus encore par la Stamboul de la « petite Circassienne », s'éteindra dans sa maison d'Hendaye, en ce Pays Basque (Ramuntcho) qu'il affectionnait autant que la Bretagne (Mon frère Yves, Pêcheur d'Islande). Il repose dans le jardin de la maison des Aïeules à Oléron, l'île de son enfance (Le Roman d'un enfant) où, selon sa volonté, le lierre et les lauriers recouvrent sa tombe.

▶ Revenir par la *rue Toufaire (B1-2)*, puis prendre à droite la *rue Jean-Jaurès (B2)* : nombreux hôtels particuliers.

▶ *Les Métiers de Mercure (B2, 12, rue Lesson, t.l.j. sauf mar. 10 h-12 h/14 h-19 h, juil.-août t.l.j. 10 h-20 h ☎ 46.83.91.50)*, cet écomusée présente, dans un bel immeuble 1900, la reconstitution grandeur nature de *commerces* et d'*ateliers* d'artisans du début du siècle.

▷ Le musée d'Art et d'Histoire**

(A2) 63, av. du Général-de-Gaulle; ouvert t.l. après-midi, sf dim., lun. et j. fériés, 13 h 30-17 h 30, t.l.j. 13 h 30-19 h en juil. et août. Visites commentées sur rendez-vous ☎ 46.99.83.99

Situé dans un hôtel particulier du début du XVIIIe s., celui de Monsieur Hébre de Saint-Clément, le musée, créé en 1859, présente différentes sections.

Une *galerie de peintures*, de belle architecture, présente des œuvres du XVIe au XXe s. Une esquisse de *Rubens*, *Lycaon changé en loup*, appartient à la série commandée par l'infant d'Espagne en 1636, pour orner son pavillon de chasse à Madrid. Une grande toile de *Champmartin*, *le Massacre des Janissaires* (1826), évoque les débuts de l'orientalisme. Un pastel de *Georges Lacombe*, le « nabi-sculpteur », représente *Madame Duvignau*, nièce de Pierre Loti, avec une sensibilité post-impressionniste très raffinée.

Parmi les peintres régionaux évoqués, mentionnons l'œuvre de *Louis-Augustin Auguin*, paysagiste de renom né à Rochefort en 1824; et de *Geoffroy*, né à Marennes, une très belle composition, *la Crèche*, qui illustre sa passion pour le monde de l'enfance.

La *galerie Lesson*, galerie ethnographique, est consacrée à l'art océanien et à l'art africain. Les deux *frères Lesson*, médecins rochefortais et scientifiques célèbres, sont particulièrement à l'honneur à travers ces objets polynésiens et mélanésiens rapportés en 1825 à la suite d'un tour du monde avec *Duperrey* et, en 1829, lors du voyage de recherche de l'expédition *Lapérouse* avec *Dumont d'Urville*. Masques, armes, objets de parure, de pêche, totems, font face à quelques objets africains, dont les plus belles pièces sont des figurines en terre cuite de Krinjabo (Côte-d'Ivoire).

La *salle d'histoire locale* permet de découvrir l'arsenal maritime de Rochefort tel qu'il fonctionnait autrefois, grâce au vaste *plan-relief** daté de 1835 (échelle 1/600). Une maquette récente (1985), d'une autre échelle, témoigne de l'évolution de la cité de Colbert. Des *documents iconographiques* anciens complètent cette approche : dessins de *Berquin* (1690), de *G. Edelinck* (en 1715) et tableau de *J. Vernet*.

A ne pas manquer

La Corderie royale
La maison de Pierre Loti
Le musée de la Marine
Le musée d'Art et d'Histoire
Le Centre international de la mer
Le pont transbordeur
Les Métiers de Mercure

Itinéraire « maritime »

3 h / Ⓟ cours Roy-Bry

▶ De la *place Colbert* (→), rejoindre la *rue de l'Amiral-Courbet (B2)*, pavée avec le lest des navires de retour du Canada. Cette rue portait le nom de Petites-Allées. Comme la rue Toufaire (ancienne rue des Grandes-Allées), elle faisait partie du Jardin du Roi avant que le terrain ne soit loti.

▷ La préfecture maritime* *B2*

Au bout de la rue, l'ancienne maison du Roi, après avoir été celle de l'Intendant, est devenue la résidence des commandants de la Marine. Bâtiment antérieur à 1674 mais souvent remanié. Après l'incendie de 1895, la porte monumentale a été déplacée pour être dans l'axe des Petites-Allées.

La *chambre* occupée par *Napoléon* avant son départ pour Sainte-Hélène est restée en l'état *(visites avec autorisation de la préfecture maritime)*.

▶ Avant de remonter la rue Toufaire vers le jardin de la Marine, remarquer la *tour des Signaux*, ancien clocher de chapelle, qui servait à communiquer avec l'île d'Aix.

▶ Traverser le *jardin de la Marine (B1-2)*. Depuis la terrasse, très beau *point de vue*. *Le jardin des Retours* rappelle que Rochefort a été terre d'accueil pour les plantes et les graines venues par navires d'outre-mer; au fond, rampe plantée de tulipiers de Virginie, arbres introduits en France par l'*amiral Barin de la Gallissonnière* (1696-1756).

▷ La Corderie royale*** *B1-2*

Construite en 1666, elle mesure 373 m de long, ce qui s'explique par la longueur des cordages et leur mode de fabrication. Le sous-sol de vase obligea l'architecte *Blondel* à faire reposer le bâtiment sur un quadrillage de pièces de chêne; les fondations furent posées en même temps sur toute la longueur du bâtiment, pour que ce radeau de bois ne chavire pas. A chaque extrémité,

Le bégonia

Il y a trois cents ans, un botaniste, le père Plumier, découvrait en Amérique centrale une plante à laquelle il donnait le nom de bégonia, en l'honneur de Michel Bégon, intendant de Rochefort, « esprit curieux » qui avait commandité son expédition.

La ville a racheté il y a quelques années la collection Millerioux qui, grâce aux soins éclairés des spécialistes, est devenue la première d'Europe : 1 200 espèces et hybrides de bégonias qui vont du bambousiforme de 4 à 5 m de haut au minuscule bonsaï. A partir de ce trésor botanique surgi de son histoire, Rochefort veut promouvoir son image de « ville du bégonia », à la fois sur les plans touristique et économique : agencement du « jardin des Retours » dont le bégonia est une des vedettes et constitution de la « prée horticole », zone industrielle réservée aux horticulteurs.

Visite de la serre-conservatoire : mar. et jeu. à 15 h et 16 h, sur rendez-vous ☎ 46.99.08.26 ou ℹ

un pavillon plus large ; au centre, le pavillon qui servait de goudronnerie. L'alignement des portes et des fenêtres est surmonté du même alignement de lucarnes à l'étage (galetas), chapeautées de frontons alternativement triangulaires et semicirculaires, et couronnées chacune d'un clocheton à boule, symétrie qui donne une parfaite impression d'équilibre. Sur la façade arrière, plus sobre (la « belle » façade regardait la Charente), on a rajouté des contreforts en volute pour soutenir le bâtiment qui prenait de la gîte. Incendiée à la fin de la dernière guerre, la Corderie a été reconstruite à l'identique. Les vieilles pierres ont été réemployées, les neuves travaillées avec les outils du XVIIe s. et, à l'intérieur, on a utilisé des matériaux modernes qui s'intègrent parfaitement à ce bâtiment industriel du XVIIe s. Les travaux ont duré treize ans.

L'*aile nord* est occupée par la CCI, le bâtiment central par la *bibliothèque-médiathèque*★ - fonds d'histoire locale très riche - ; dans l'*aile sud*, à l'étage, se trouve le Conservatoire du littoral et la LPO (ligue pour la protection des oiseaux → *encadré*) ; au rez-de-chaussée, le Centre international de la mer.

▷ Le Centre international de la mer★★ *t.l.j. toute l'année à partir de 9 h ; jusqu'à 18 h, oct.-mars ; 19 h avr.-juin et sept. ; 20 h juil.-août ☎ 46.87.01.90*

Centre culturel de rencontre, il accueille les réunions maritimes régionales, nationales et internationales ainsi que des colloques sur le thème de la mer.

Une *exposition permanente* évoque l'histoire et la production des cordages, du chanvre aux fibres de synthèse. Expositions temporaires, salles de conférences, librairie, salle vidéo, cafétéria. Le Centre propose plusieurs circuits de découverte de la vie maritime et des curiosités régionales.

▶ En quittant le Centre de la mer, remarquer la *fontaine de l'Amiral*★, une des plus anciennes de la ville. Rochefort a toujours connu des difficultés d'approvisionnement en eau potable et, au hasard des promenades, on verra beaucoup de *puits fontaines*★ destinés aux habitants.

▶ On passe sous la préfecture maritime et on arrive dans la partie sud de l'arsenal, dite l'*Avant-Garde*.

▷ L'arsenal★ *B2*

A gauche, les *formes de radoub*★ qui servaient à la réparation des navires, la Forme double et la Forme Napoléon III. Dans la Forme double, il est prévu de reconstruire l'« Hermione », frégate de 12, qui embarqua en 1780 le marquis de La Fayette. A droite, la *porte du Soleil*★ (*Auguste Giral*, 1830) ainsi nommée parce que, aux équinoxes de printemps et d'automne, le soleil se lève dans son axe.

De l'autre côté de la place de la Galissonnière, qui était une place d'armes, le *palais des congrès*.

Les étangs de Charente

Sur près de trente-cinq hectares, s'étendent les étangs de Charente. Conçue pour l'épuration des eaux usées, cette station de lagunage a un potentiel unique en France quoiqu'elle soit d'un fonctionnement classique. Après dégraissage, les eaux sont envoyées dans les deux premiers bassins où les matières encore en suspension se déposent sur le fond. L'eau passe ensuite dans quatre bassins où elle s'épure graduellement par l'action de micro-organismes qui se développent grâce au soleil suivant le processus de la photosynthèse. Après un transit dans les bassins de la LPO, l'eau sera rejetée dans la Charente après un dernier contrôle.

La Ligue pour la protection des oiseaux gère en effet deux bassins en bordure de Charente (et également les réserves d'Yves et de Moëze à quelques kilomètres de Rochefort) destinés à l'accueil et à l'observation des oiseaux migrateurs. Barges, bécasseaux, canards, sarcelles, hérons sont devenus des familiers des lieux. Des études sont en cours pour dégager des ressources économiques de ces étangs dans le domaine des nouvelles technologies liées à l'eau douce.

Visite des étangs de Charente : Espace Nature ☎ 46.82.12.44 ou ℹ.

L'arsenal

A la fin du XVIIe s., près de 50 navires y avaient déjà été armés; le rythme atteignit trois unités annuelles entre 1700 et 1790. Les maquettes présentées au musée donnent une idée de la taille et de l'originalité des vaisseaux qu'on faisait glisser sur la Charente après qu'ils aient quitté l'une des dix formes autour desquelles travaillaient, en moyenne, 8000 ouvriers.

De nombreuses installations entouraient les chantiers, notamment la vaste Corderie, mais aussi une fonderie, des forges, des scieries, des fosses à bois. L'atelier des sculpteurs - qui compta de grands artistes : Bourguignon, Allegrain, neveu de Pigalle, Delisy, Jean Delor, Levassor - s'appliquait à ciseler les proues et les poupes et à monter les «jardins» qui décoraient les magnifiques navires.

▷ L'hôtel de Cheusses* B2

A remplacé l'ancien château féodal qui se trouvait probablement à l'emplacement de la préfecture maritime. Cette « maison » se composait d'un logis et de deux ailes marquées par un style de transition influencé par la Renaissance italienne ; deux guérites de pierre de chaque côté de la porte d'entrée, au-dessus, un écran sculpté. Après avoir accueilli, depuis les premières années du XVIIe s., les chefs d'escadre commandant la Marine *(d'Estrées, Tourville, Forbin* ou *La Gallissonnière)*, il est devenu le musée de la Marine.

▷ Le musée de la Marine** *t.l.j. sf. mar., 10 h-12 h/14 h-18 h; fermé 15 oct.-15 nov, et j. fériés, sauf Pâques et Pentecôte ☎ 46.99.86.57*

C'est le plus beau musée de la Marine après celui de Paris. Salles du ***rez-de-chaussée*** consacrées à la marine des XVIIe et XVIIIe s. (vidéo) et à l'arsenal de Rochefort ; au ***premier étage***, la marine moderne (XIXe et XXe s.) ; au ***second étage***, une salle consacrée aux sculptures de figures de proue.

Ce musée abrite des ***maquettes*** (et des plans et tableaux) fabriquées dans l'atelier des « petits modèles » de l'arsenal, petits modèles destinés soit à la construction des navires, soit à l'instruction des marins. On remarquera la ***coque du Dauphin Royal***, construit à Rochefort sous Louis XV. Maquettes de navires, mais aussi de tous les instruments et apparaux embarqués et des machines-outils utilisées à la construction des vaisseaux ou à leur armement.

Le musée explicite l'évolution de la Marine au cours des siècles et celle des technologies, tout en rendant compte de l'activité de l'arsenal de Rochefort entre 1666 et 1927.

▶ En sortant remonter la ***rue Toufaire*** et prendre à droite la ***rue Émile-Combes*** *(A-B3)*. L'***hôtel de Tilly*** (XVIIIe s.), de conception sobre, a été rénové par la ville ; il avait été construit par l'amiral du même nom. Dans cette rue, beaucoup d'immeubles sont parmi les plus anciens de la ville.

▶ Prendre la ***rue Jean-Jaurès*** jusqu'au ***clos Saint-Maurice*** *(B3)*, construit pour servir de poudrière. Il est devenu une caserne, puis une prison, avant d'être transformé en Conservatoire de musique.

▷ La caserne Martrou* A3

Elle servit longtemps de succursale au bagne (1766-1852) qui était établi sur l'arsenal. Construite entre 1688 et 1693, elle était destinée au logement des troupes jusqu'alors hébergées par l'habitant qui, souvent, était légalement requis pour haler les vaisseaux jusqu'à l'embouchure de la Charente ; on appelait cette corvée la « cordelle ». Cette caserne, le seul bâtiment de Rochefort à être pourvu d'arcades à cintres surbaissés, a été très bien restaurée par la Marine. Derrière, une grande caserne, construite au XIXe s., où sont installées les ***Archives*** et la ***bibliothèque de la Marine***.

▶ Remonter jusqu'à la ***rue du Docteur-Peltier*** *(A2-1)* pour rejoindre le cours Roy-Bry. ***Monument à Pierre Loti***.

Les passages d'eau

Trois points de passage obligés pour traverser la Charente avant la construction des ponts : Soubise, Martrou ou Tonnay-Charente. On prend la barque du passeur, plus tard un bac à vapeur.

Au XIXe s., un ingénieur, Ferdinand Arnodin, propose de construire un pont transbordeur. Sur chaque rive de la Charente, deux pylônes métalliques reposant sur les fondations par des rotules d'acier supportent un tablier suspendu à des câbles fixés aux pylônes. Un chariot de roulement entraîne une nacelle suspendue qui se déplace sous le tablier. Espace entre les piles : 129 m; hauteur du tablier au-dessus des plus fortes marées : 50 m. La nacelle effectuait une opération en 4 mn et chargeait neuf voitures à cheval et 50 piétons. L'inauguration eut lieu le 29 juillet 1900. Mais après la dernière guerre, le nombre des véhicules augmente et, en 1967, un pont à travée levante remplace le transbordeur désaffecté et classé monument historique. La circulation routière toujours plus dense a également condamné ce pont à travée levante, remplacé par un pont fixe à quatre voies. D'où une amélioration de la circulation automobile et fluviale.

La route du transbordeur

«[...] *Nous descendions par les tranquilles quartiers bas, pour passer devant cette vieille caserne des matelots dont les bruits bien connus de clairons et de tambours venaient jusqu'à mon musée les jours de vent du sud; puis nous franchissions les remparts par la plus ancienne et la plus grise des portes, une porte assez abandonnée où ne passent plus guère que des paysans, des troupeaux — et nous arrivions enfin sur la route qui mène à la rivière.*

Deux kilomètres d'une avenue bien droite, bordée en ce temps-là de vieux arbres rabougris qui étaient absolument jaunes de lichens et qui portaient tous la chevelure inclinée vers la gauche à cause des vents marins, soufflant constamment de l'ouest dans les grandes prairies vides d'alentour.

[...] *La rivière qu'il fallait traverser était au bout de l'avenue si droite de ces vieux arbres que rongeaient les lichens couleur d'or et que tourmentaient les vents d'ouest. Très changeante cette rivière, soumise aux marées et à tous les caprices de l'Océan voisin. Nous la passions dans un bac ou dans une yole, toujours avec les mêmes bateliers de tout temps connus, anciens matelots aux barbes blanches et aux figures noircies de soleil...*»

*(Pierre Loti : **Le Roman d'un enfant**).*

Le lecteur aura reconnu la route du transbordeur ... avant le transbordeur.

Itinéraire « détente »

2 h

▶ Traverser le *cours Roy-Bry (A2)* jusqu'à la Vieille Paroisse.

▷ La Vieille Paroisse et le Musée archéologique *pour visiter, s'adresser au* ℹ

Avant la création de l'arsenal, une seule église, *Notre-Dame de Rochefort* (XIe ou début XIIe s.), servait aux hameaux dépendant de la châtellenie. Façade surmontée des armes royales entourées de deux branches de laurier avec la croix du Saint-Esprit pendante. Le chœur paraît être de la fin du XIIe s.; il a conservé sa voûte en berceau brisé. Appareillage typique du XIIe s. Des éléments de décor, retrouvés lors des travaux, prouvent une parenté avec la sculpture saintongeaise. Clocher carré surmonté d'une toiture à quatre pans relevés en triangle. Transformée en grenier à fourrage pendant la Révolution, puis en Bourse du travail, la Vieille Paroisse est devenue un Musée archéologique.

Géré par la Société de géographie de Rochefort, il conserve les objets trouvés dans les fouilles archéologiques de la ville et des environs.

▶ Remonter le *cours d'Ablois (A1)*, zone de servitude militaire entre les remparts aujourd'hui disparus et les faubourgs, jusqu'à l'***hôpital de la Marine***★ *(A1)* construit de 1783 à 1788 par l'*ingénieur Toufaire*. C'est le premier hôpital en France à être construit selon le schéma pavillonnaire qui limitait les risques d'épidémie. Son École de médecine, pharmacie et chirurgie navales était réputée, et a été à l'origine de nombreuses découvertes dans ce domaine. Importante *collection* d'instruments, livres, souvenirs et documents de deux cents ans de médecine navale. Les chercheurs scientifiques ont accès à la bibliothèque de l'Ancienne École de Médecine Navale. L'hôpital de la Marine (25 000 m^2 de bâtiments), désaffecté en 1985, a été vendu aux enchères en 1989.

▶ Prendre à droite la *rue Camille-Pelletan*; l'ancien *château d'eau*★ *(A1)*, un réservoir quadrangulaire construit en 1876, pouvait recevoir jusqu'à 3 000 m^3 d'eau. A droite se trouve l'établissement thermal.

▷ L'établissement thermal *(A-B1) fermeture annuelle en janvier* ☎ *46.99.08.64*

La Source de l'Empereur est le résultat du creusement d'un puits artésien dans la cour de l'hôpital de la Marine. En 1866, le forage descend à 856 m à la recherche d'eau douce. C'est une source d'eau chaude (41 °C) et fortement minéralisée qui jaillit. Dans les années 50, nouveau forage et création de la station à son emplacement actuel.

Animation

Mardi, jeudi, samedi : marchés en plein air.

Toute l'année : musique, danse, théâtre, programmation «La Coupe d'Or», le Centre culturel au théâtre.

Février : conférences et films «Connaissance de la mer».

Juillet : Résonnances par la Coupe d'Or, modélisme naval et soirées de la Corderie.

Août : Ballade contée.

Septembre : 3e sam., Nuit du Patrimoine.

Octobre : culture scientifique et technique maritimes.

Novembre : Philathéliques de mer.

Décembre : quinzaine du livre de mer.

Visites guidées de la ville, promenades accompagnées à bicyclette, croisières sur la Charente ou maritimes (Croisière Royale); programme au ℹ ☎ *46.99.08.60.*

Rochefortais célèbres

L'amiral Barin de la Gallissonnière (1696-1756)
L'amiral de Tilly (1723-1812)
L'amiral de La Touche-Tréville (1745-1804)
L'amiral Rigault de Genouilly (1807-1873)
Le naturaliste Lesson (1794-1849)
Le chimiste Grimaud (1835-1900)
Pierre Loti, écrivain (1850-1923)
Le philosophe Maurice Merleau-Ponty (1908-1961).

Depuis son agrandissement et l'installation d'une deuxième piscine, près de 10 000 curistes sont traités chaque année. Bains, douches, applications de boues, injections d'eau thermale (Rochefort est la seule station en France à pratiquer ce genre de soins) soignent rhumatismes, dermatoses et troubles circulatoires.
▶ Poursuivre jusqu'au *rond-point Bégon*. On pourra descendre l'avenue Wilson jusqu'à la *gare*★ *(A1)*, dont la façade s'inspire des grands palais d'exposition du Second Empire. ▶ *Cimetière militaire (à droite en revenant par l'avenue).* Remonter vers les ports de plaisance.

▷ Les ports de plaisance *B1*

Tous les bassins sont des bassins à flot fermés par des portes à flot. Le *bassin n° 2* (Bougainville) a été recreusé sur l'emplacement d'un bassin de commerce comblé après la Libération. Au fond, le *lycée* professionnel d'enseignement de la plasturgie *Marcel-Dassault*. Le *premier bassin* (La Pérouse) de plaisance est également un ancien port de commerce. L'activité commerciale avait démarré à la Cabane carrée (actuel quartier Libération). Le troisième bassin à flot *(bassin n° 3)*, creusé en 1890, est l'actuel bassin de commerce. Bois, engrais, céréales transitent par le port de Rochefort. Entre les deux bassins de plaisance, on remarquera des morceaux de *remparts* sauvés de la démolition. Le reste a été détruit en 1923 après la mort de *Pierre Loti* qui les avait défendus jusqu'au bout. ▶ Avant de remonter vers la Corderie, on pourra faire un détour derrière les bassins pour voir la *Vieille Forme*★, la plus ancienne forme de radoub maçonnée au monde, et les anciens *abattoirs de la Marine (Toufaire).*

▷ Le Commissariat aux vivres *B1*

Sur le quai aux vivres, d'abord la *caserne Charente* (ancien hôpital de la Marine), ensuite le Commissariat aux vivres qui, depuis la construction de l'arsenal, fournit vivres et habillement aux marins. Construit en 1673, ce vaste quadrilatère présente deux ailes en retour de 125 m ; des quatre pavillons d'angle, il n'en reste plus que trois. C'est dans ce magasin que fut inventé le pétrin mécanique et que commença la panification industrielle. En fait de pain, on y fabriquait du biscuit - cuit deux fois - bien dur, mais qui se conservait longtemps. Les caves de ces magasins permettaient de loger 5 000 à 6 000 tonneaux de vin.
▶ On contournera ensuite l'*artillerie navale* transformée en hôtel. ▶ Longer la rive de la Charente, passer devant la Corderie, rejoindre l'arsenal. On pourra terminer la promenade par le *chemin de Charente* qui longe la Z.I. de l'arsenal : aperçu sur les Magasins généraux (XVIIe s.). ▶ Revenir par la porte du Soleil, la place Colbert et rejoindre le cours Roy-Bry par la *rue Audry (A-B2)*. ▶ Au n° 60 de la *rue du Docteur-Peltier*, hôtel Hazard (XVIIIe s.). ▶ De l'autre côté, la *poste (A2)*, exemple caractéristique de l'architecture du XIXe s. ▶ Derrière l'Office de tourisme *(A2)*, une *échauguette* dite *à la Vauban*, encore que celui-ci n'ait jamais rien construit à Rochefort.

De Rochefort à Royan

50 km environ / 1/2 j.

Cet itinéraire évite autant que possible la route principale pour suivre la ligne de l'ancien rivage du golfe de Saintonge.

▶ A la sortie de *Rochefort*, traverser la Charente par le viaduc de la Charente qui a remplacé depuis mars 1991 le pont à travée levante, aujourd'hui disparu. Belle vue sur la zone de lagunage et le *pont transbordeur de Martrou*, bel ouvrage d'art construit à la fin du siècle dernier et classé en 1975. D'une longeur de 176 m, il domine la Charente de plus de 50 m. Les voitures étaient transportées sur une nacelle. Il a été fermé à la circulation en 1967. Aujourd'hui, les piétons et les cyclistes peuvent emprunter la nacelle du pont *(renseignements* ℹ ☎ *46.99.08.60).*

▷ Échillais* *4 km S. de Rochefort*

Le village conserve une belle *église* romane saintongeaise. Dévastée pendant les guerres de Religion, elle fut reconstruite à la fin du XVIIe s.

La *façade* a conservé, au rez-de-chaussée, la structure dite « en arc-de-triomphe », typiquement saintongeaise. Quatre fortes colonnes encadrent les trois arcs, la colonne à gauche du portail principal présente un masque de démon qui avale la colonne, motif très fréquent dans l'ouest. Le portail central a été modifié par la construction d'une porte classique qui perturbe l'équilibre des trois voussures. Les sculptures, rongées par les embruns, sont difficilement identifiables. Les arcs latéraux sont animés sur le mur du fond par un appareil en chevrons. De chacune des quatre fortes colonnes partent deux colonnettes jumelées qui supportent la corniche de l'étage supérieur. L'arcature du premier étage à neuf éléments dont un central plus large abrite une fenêtre, est ornée d'un décor végétal soigneusement sculpté. Au-dessus, corniche à modillons divers : un prêtre bénissant, un rocher, un joueur de vielle, lions, têtes d'hommes et de monstres.

L'*abside* présente quatre colonnes portées par des bases dont les moulures se poursuivent autour du chœur. Le haut de l'abside au-dessus de la corniche a été fortifié à l'époque de la guerre de Cent Ans. Le passage de la travée droite du chœur à l'hémicycle est souligné de chaque côté par un pilastre, celui du nord repose sur un enfeu.

A l'*intérieur*, la nef, simple, se termine par un chœur semi-circulaire à cinq fenêtres. Deux chapelles gothiques ont été ajoutées sur le côté sud. Les voûtes en berceau ont été refaites au XVIIIe s. Seules les trois fenêtres centrales du chœur conservent des colonnettes à chapiteaux romans dont les corbeilles s'animent de motifs végétaux ou de scènes diverses : un personnage assis tenant une crosse et un livre encadré par deux hommes.

▶ Rejoindre la D 733 et, avant Saint-Agnant, prendre à gauche en direction de *Montierneuf* où subsistent les ruines d'un *prieuré* bénédictin fondé en 1075 par *Guy-Geoffroy*, comte de Poitiers et duc d'Aquitaine, et les moines de la Trinité de Vendôme. Il a été remanié à la Renaissance et abandonné en 1789. Il reste un porche monumental, un corps de logis qui abrite des caves voûtées et un pigeonnier à coupole du XVIe s. surmontée d'une lanterne Renaissance. ▶ *Saint-Agnan*, sur un tertre qui domine aujourd'hui le marais de Brouage, se trouvait autrefois sur le rivage de l'ancien golfe de Saintonge. La façade de l'*église Notre-Dame* est animée d'un curieux escalier extérieur. A l'intérieur, toile de *Bragny*, *l'Assomption de la Vierge*, datée de 1660. ▶ Après Villeneuve, prendre à gauche la D 18 direction de *Pont-l'Abbé-d'Arnoult*. A 2,5 km, *Champagne*, bourg qui fut fortifié au Moyen Age et qui appartenait à l'Abbaye-aux-Dames de Saintes. L'*église Saint-André* est en partie romane. Belle porte latérale sur le flanc nord, nef romane voûtée en berceau brisé divisée en deux travées rythmées chacune par deux arcades en plein cintre. ▶ Le hameau de *Saint-Fort* possède la chapelle funéraire de la famille de Comminges, érigée en 1663.

Écoles militaires

Trois écoles militaires sont installées à Rochefort et Saint-Agnant.

Le Centre École de l'Aéronautique navale *(CEAN), installé sur la base aéronavale, a été créé en 1961 mais fait suite à une succession d'écoles de mécaniciens et arrimeurs de l'aéronautique, puis d'électromécaniciens, enfin d'électroniciens et d'informaticiens de l'aéronavale, au fur et à mesure des avancées technologiques. Un musée des Traditions de l'Aéronavale est en cours d'installation.*

L'École des Fouriers*, sur un terrain de 18 ha en bordure de Charente, prépare aux spécialités de secrétariat et restauration pour la Marine, et forme les cuisiniers de l'armée de l'Air.*

L'école de l'armée de l'Air *a quitté le site de Rochefort il y a quelques années, pour s'installer à quelques kilomètres, à Saint-Agnant. L'ETAA, École technique de l'armée de l'Air, forme les personnels élèves, sous-officiers et engagés aux spécialités techniques de l'armée de l'Air (entretien, armement des avions, maintenance des radars et des moyens de transmission, fonctionnement des matériels techniques d'environnement). L'ETAA est installée sur le périmètre de la BA 721.*

▷ Saint-Jean-d'Angle

Le bourg était situé, à l'origine, sur le rivage du golfe de Saintonge.

L'*église Saint-Jean-Baptiste*, à l'ampleur remarquable, est précédée d'un imposant clocher-tour dont l'accès se fait du côté nord par un portail en accolade. A l'*intérieur*, nef flamboyante, carré du transept couvert d'une coupole elliptique sur trompes, et chœur gothique. Tout autour de l'église, de vieilles maisons ornées de tourelles à culs-de-lampe et de fenêtres à meneaux rappellent l'époque de prospérité de la cité due au commerce du sel.

Un peu à l'écart du bourg, le *château* du XVe s., entouré de ses douves, se dresse au milieu des prés. Un petit pont à deux arches puis une passerelle conduisent à la porte d'entrée surmontée de mâchicoulis. Si le corps de logis est en partie ruiné, les courtines, avec leurs échauguettes et leurs meurtrières, sont bien conservées. Il existait près du château un *prieuré* fondé au XIe s. par *Guy-Geoffroy*, comte de Poitiers. Il n'en subsiste que peu de vestiges.

▷ La Gripperie-Saint-Symphorien

A Saint-Symphorien, l'*église* romane du XIIe s. était un lieu de pèlerinage très fréquenté à l'époque où le marais était un golfe navigable. L'église a été restaurée au XIVe s. La façade romane n'a qu'un portail encadré de trois voussures : l'une est ornée de branches d'acanthe croisées en X ; la deuxième présente des oiseaux affrontés dont la queue se termine en fleurons ; la voussure supérieure représente les Vieillards de l'Apocalypse au nombre de trente-deux. Deux claveaux près du centre ont été remplacés et portent deux motifs différents. La fenêtre de l'étage porte, sur sa voussure supérieure, le thème du combat des Vertus et des Vices. A gauche de la fenêtre, un groupe sculpté montre deux femmes dont l'une s'incline devant l'autre. Il s'agit peut-être d'une Visitation.

▷ Le donjon ou tour de Broue *à 2 km*

Cette tour du XIIe s. se dresse sur un promontoire calcaire jadis baigné par la mer et qui surplombe aujourd'hui la morne étendue des marais. C'est un édifice rectangulaire de 20 m de haut. Seul le petit côté nord-ouest est encore debout. Cinq contreforts plats épaulent la tour. Les ouvertures très étroites à l'extérieur s'évasent vers l'intérieur. Les embrasures des meurtrières s'ouvrent à côté de la cheminée centrale. La coupe des murailles épaisses de 2,50 m laisse voir les moellons du blocage entre les pierres bien taillées et appareillées.

La tour de Broue a été prise par *Du Guesclin* en août 1372, lors de la campagne qui lui permit de remettre le Poitou et la Saintonge aux mains du roi de France, *Charles V*. Belle *vue* sur le marais, Brouage et Marennes. De là on peut gagner *Saint-Sornin* et *Marennes (→)*.

▶ Revenir vers la D 733. *Lacs de Cadeuil* formés par l'exploitation des sablières.

▷ Le Gua *après Cadeuil, à g. par la D 1*

Le village est situé sur la rive droite de la Seudre que l'on passait à gué, d'où le nom d'origine du bourg : Saint-Laurent-du-Gué, transformé en Le Gua à la Révolution.

La commune possède deux petits *ports* à Dercie et à Chalons qui servaient à expédier les bois, les vins et eaux-de-vie, mais aussi la chaux qui était fabriquée sur place. L'*église* offre un beau clocher roman du XIe s. à deux étages qui s'élève au-dessus du croisillon sud. Il montre des traces de fortifications.

▶ A environ 2 km, la petite *chapelle de Dercie* abrite un beau retable.

▶ Rejoindre Royan par l'*Éguille* et *Saint-Sulpice-de-Royan (→ circuit de la presqu'île d'Avert)*, ou bien par *Saujon* et *Médis (→ circuit au départ de Royan)*.

Le Pays Rochefortais

Le Pays Rochefortais, situé dans l'estuaire de la Charente, est une petite région entre la terre et la mer, qui déploie la variété de ses paysages (marais et canaux, îles et terres hautes) et s'impose par sa luminosité et sa douceur déjà méridionale.

Le Val de Charente

Circuit cycliste de 52 km / 1 j. (difficile par vent fort) ; 90 km en voiture / 1/2 j.

▶ Sortir de Rochefort vers Tonnay-Charente *(piste cyclable)*.

▷ Tonnay-Charente*

L'*église Saint-Etienne*, plusieurs fois reconstruite, est intéressante pour son clocher-porche du XIIe s. ; le reste date de la fin du XVIe s. A l'intérieur, beau *retable* en noyer qui aurait été offert par *Louis XIV* à *Madame de Montespan*.

Descendre à droite vers le *port**. Très actif dès le XIIIe s., on y exportait sel, vin, cognac. Beaucoup des maisons qui le longent datent du XVIIIe s. Monter jusqu'au *pont** (204 m, *interdit aux voitures*) datant de 1885. Vue sur l'ancien château des Rochechouard. La future marquise de Montespan, *Françoise Athénaïs de Rochechouard*, y passa son enfance. Sur l'autre rive, prendre la route de Saint-Hippolyte.

▶ Si vous êtes en voiture, rejoindre la direction Saintes et Saint-Hippolyte par le *pont de Saint-Clément (N 137)*. Le *lieu-dit La Paquellerie* garde toute son ambiance des années 60.
▶ *Saint-Hippolyte* est une étape sur la route de Saint-Jacques de Compostelle. *Église* de la fin du XIIe s. La porte de la façade ouest est surmontée de neuf arcatures.
▶ Traverser la N 137 en direction de *La Vallée*. Après la voie de chemin de fer prendre à gauche. On longera la Charente dans un paysage de marais où flore et faune ont ici leur spécificité. Prendre le deuxième ponton à droite pour rejoindre La Vallée dont l'*église* (XIIe s.) surmontée d'un clocher à deux étages, présente une façade à voussures. ▶ En voiture on fera un crochet par Beurlay et Romegoux. Entre *La Vallée* et *La Roche* on pourra voir ainsi un dolmen puis, à *Beurlay*, petite cité célèbre pour ses galettes charentaises au beurre, une petite *église* romane au chevet polygonal et aux beaux chapiteaux intérieurs (notamment celui orné d'oiseaux becquetant des lions). ▶ A *Romegoux*, outre l'*église Saint-Pierre* (XVIe s.), il convient de voir la *villa de La Vergnée**, particulièrement représentative de l'habitat romain en Saintonge. L'habitation principale occupe 50 m de large dans une vaste cour entourée de bâtiments d'exploitation. Le château date du XVIIe s., ayant été construit pour remplacer un château fort du XVIe s.

▷ Geay

Les Templiers y avaient, au Moyen Age, un établissement et assuraient le passage de la Charente pour les pèlerins. Ce prieuré dépendait de la Chaise-Dieu, ce qui expliquerait la sobriété de l'*église Saint-Vivien** : abside à cinq pans, chacun comportant trois étages, arcature aveugle à l'étage inférieur, fenêtre au milieu et trois arcatures délimitées par des contreforts-colonnes à diamètre décroissant en haut.

▶ Revenir par l'*Houmée*, la grande maison avant le pont porte des repères des différentes inondations de la Charente. Traverser le fleuve.

▷ Bords

L'*église Saint-Vivien*, romane, au clocher gothique, présente une belle abside et un chœur en berceau brisé. De l'hôpital édifié par *Aliénor d'Aquitaine*, il ne reste qu'une *chapelle* en ruine. *Château de Champ-Fleury* d'époque Louis XIII en grande partie détruit. Dans le *champ du Poignard*, tombes sarrazines. Aller jusqu'à Port-la-Pierre.

▶ En voiture, poursuivre jusqu'à *Champdolent*. Donjon carré gothique. L'*église*, en partie romane, présente un chevet décoré de modillons d'une grande variété. ▶ Revenir par *les Rousseaux*, *Le Breuil* et *Port-la-Pierre*. Traverser la Boutonne, affluent de la Charente, et longer les murs de pierres sèches du *château de Candé*. ▶ Avant la Vinsonnerie, tourner à gauche et descendre vers la prairie de Saint-Clément.

▷ Cabariot-Saint-Clément

L'*église*, à façade romane, possède un portail polylobé dont le tympan de droite représente saint Clément sur le point d'être jeté à la mer. Sanctuaire gothique du XIVe s. L'église était, au Moyen Age, une étape sur le chemin de Saint-Jacques de Compostelle pour les pèlerins qui gagnaient ensuite Trizay puis Saint-Jean-d'Angle.
▶ Les cyclistes reviendront par Saint-Hippolyte. A la sortie à droite, prendre la D 238 E. En bordure de Charente, vue sur la Corderie royale de Rochefort. On longe les fosses aux mâts de la Gardette. On y trempait les mâts des navires plusieurs mois dans l'eau saumâtre pour les protéger.
▶ En voiture on pourra rejoindre Trizay par la N 137 puis la D 117.

▷ Trizay

Cette abbaye dépendait de la Chaise-Dieu et avait pour mission d'aménager les rives de l'Arnoult. De l'*église* en ruine, ne subsistent que le chœur pentagonal, des peintures murales du XVe s., l'abside et les absidioles. L'arcade polylobée de la salle capitulaire et le réfectoire sont les seuls vestiges du cloître roman. Les restes de fortifications datent du XVe s. et les portes extérieures du XVIIe s.

▶ Revenir par *Montherault*. On pourra rejoindre la D 238 E pour longer la Charente.

La petite Flandre

113 km / 1 j.

Le marais rochefortais est constitué d'anciennes îles marines isolées dans les terres comblées au cours des siècles. Au sommet de ces îles, quelques habitations. L'assèchement des marais de la région a été réalisé au XVIIe siècle par les Hollandais ; ce qui explique le nom donné à ces environs de Rochefort, au paysage très caractéristique, royaume du vent et des oiseaux rapaces, palmipèdes, hérons et cigognes.

▶ Prendre à *Tonnay-Charente* la D 739 jusqu'à *Lussant* : église romane à clocher carré.

▶ Prendre ensuite la route de Moragne et, à gauche, la D 215e vers *Les Forges* : anciennes forges et château. *Point de vue** exceptionnel sur l'étendue du marais.

▶ Descendre par la D 117 vers *Muron* : restes gallo-romains importants. ▶ Revenir par *les Viviers* et l'*île d'Albe* : très belle *vue* sur le marais et les autres îles, notamment celle de Flay.

▷ Loiré-les-Marais* *D 911 et D 214*

Village perché sur une éminence qui a conservé la disposition médiévale des habitations serrées autour du logis seigneurial. Grange dîmière du XVIe s. ; colombier en ruine. L'*église* du XIIIe s. abrite des fresques. Fontaine en pierre.

▶ Par la D 214 rejoindre *Breuil-Magné*. Prendre la direction Liron. De l'*île de Liron*, point de vue impressionnant sur 360°. Par beau temps on aperçoit le fort Boyard.

▶ A *La Lance*, vestiges de l'ancienne chapelle du prieuré de La Lance. Redescendre par Maison Neuve vers Loiré-les-Marais. Prendre la D 214.

▶ *Ardillières*. La route traverse le canal de Charras. *Dolmens de la Pierre Fouquerée* et la *Pierre levée* avec chambre rectangulaire de 2,15 m sur 1,40 m (IVe s. av. J.-C.).

▶ *Ciré-d'Aunis*. Château du XIIe s. reconstruit en 1549. Seul demeure le corps central. L'*église Saint-Barthélemy*, du XIIe s., a été reconstruite au XVIe s. et rénovée au XIXe s. A l'intérieur, *retable* en bois doré du XVIIe s. provenant de l'ancienne chapelle des orphelines de la Marine à Rochefort.

▶ *Ballon*. Restes d'une villa gallo-romaine. Prendre la D 266 vers Le Marouillet.

▷ Yves

Au point d'information du Marouillet, belle *vue* depuis le belvédère. On peut visiter la *réserve d'Yves*** *(visite guidée à pied)*. La baie d'Yves étend ses larges estrans vaseux où s'alignent les bouchots entre la pointe des Boucholeurs et celle de la Fumée. C'est un site remarquable pour le stationnement et la nidification des canards et des petits échassiers. De plus, un complexe de prairies humides entrecoupées de haies sur lesquelles paissent vaches et chevaux écossais permet la venue des passereaux.

▷ Fouras** ℹ *Fort Vauban* ☎ *46.84.60.69*

Née d'une forteresse gardant l'estuaire de la Charente, la petite cité, siège d'une châtellenie au XIe s., s'est muée en station balnéaire. Ses quatre belles plages et ses ombrages variés en font tout le charme.

Le château fut construit par les ducs d'Aquitaine pour protéger l'entrée de la Charente contre les raids des Normands. Au XVIIe s. *Vauban* entoure d'une triple enceinte le donjon médiéval et fait construire les forts Enet (accessible à marée basse), l'Aiguille à la base de la pointe de la Fumée, et Lapointe (dit aussi Vasoux) dans le cadre d'un système de protection du nouveau port de Rochefort. C'est dans la rade de Fouras que la marine impériale subit un grave revers au cours de l'affaire des brûlots en 1809. Six ans plus tard, *Napoléon* s'embarque à la pointe de la Coue. En raison de la marée basse, le *matelot Beau* porte l'Empereur sur son dos jusqu'à la baleinière de « La Saale » qui le mènera à l'île d'Aix avant son départ pour Sainte-Hélène. Enfin, c'est dans la villa « Bois fleuri » que fut signée la reddition des armées allemandes de la poche de La Rochelle le 8 mai 1945.

Le *château** *(ouvert t.l.j.)* et le *Musée régional** *(ouvert t.l. après-midi en été, les dim. et j. fériés en hiver)*. Belle *vue* du haut du château (40 m) entre la plage du Sémaphore et l'anse de Port-Sud. Une triple enceinte, construite de 1682 à 1706, enveloppe le donjon du XVe s. qui repose sur une crypte romane (XIIe s.) creusée d'un puits. Petit *musée d'histoire locale et maritime*.

Au sud du château, *calvaire*, sur un rocher, évoquant la mémoire des prêtres déportés sur les pontons durant la Révolution. La *promenade des Sapinettes**, au nord du château, domine la plage du Sémaphore, la plus belle de Fouras, doublée d'une piscine. La *falaise du Bois-Vert* ferme au nord son anse. Casino dans un parc de 6 ha. En traversant le parc on arrive au *Port-Nord*; abri à marée basse des bateaux de plaisance. La route de la Fumée s'engage sur la presqu'île. A gauche, *fort de l'Aiguille* et au bout *fort d'Enet*. Embarcadère pour l'île d'Aix.

▶ Revenir par le Port-Sud jusqu'à *Soumard* : beau *point de vue* sur la Charente.

▶ Aller jusqu'au *fort La Pointe*. Revenir et prendre à droite vers Basse-Roche et Haute-Roche, puis Saint-Laurent-de-la-Prée. De la route on remarque l'étendue des prairies inondables en bordure de Charente : les prées.

▶ Saint-Laurent-de-la-Prée. *Église* avec façade en tiers point, deux nefs à chevet droit et clocher carré à toit plat. A Saint Laurent, l'INRA (Institut national de la recherche agronomique) gère un domaine expérimental. Traverser la N 137.

▶ A la ferme de *l'Houmée* (Saint-Pierre) à proximité du canal, deux blocs de pierres creusés en auge et fermés par deux couvercles n'ont pu être identifiés précisément (âge du bronze ?). ▶ Le *canal de Charras* a été réalisé au XVIIe s. par les Hollandais pour drainer le marais. Une vanne située en amont du pont de Charras empêche la remontée des eaux saumâtres de la Charente. Les carrelets et les barques de pêcheurs accentuent le pittoresque de ces coins de marais.

La Rochefoucauld et la région du karst★

44-AB2 et 45-AB3 / R 107 / V 40
3 500 habitants / ⊠ 16110
🛈 Halle aux grains ☎ 45.63.07.45

Cette petite ville, située au bord de la Tardoire, est un chef-lieu de canton relativement important en Charente. Elle se distingue par son magnifique château, digne des bords de la Loire, qui se serait comme égaré là, et que la tradition a surnommé la « perle de l'Angoumois ». Fait assez exceptionnel, c'est toujours la même famille qui en est propriétaire depuis le Xe siècle.

La ville dans l'histoire

La fondation de la cité établie dans la vallée de la Tardoire daterait de l'occupation romaine. Au IXe siècle, afin de protéger les habitants de la contrée des invasions normandes, un fort fut établi sur « la roche » qui domine la vallée de la Tardoire, très large à cet endroit. Au milieu du Xe siècle, la bastide-refuge devint le siège d'une baronnie dont le maître était Aymard de Lusignan, membre de la famille des Foucauld (→ encadré). Sur la rive droite de la Tardoire se développa une cité fortifiée qui, sous Foucauld II, prit le nom de Roche-Foucauld au XIe siècle.

Du Moyen Age jusqu'au XVIIe siècle, ce fut une ville active et industrieuse, avec notamment des tisserands et des tanneurs. La révocation de l'édit de Nantes en 1685 porta un coup fatal à cette prospérité ; de nombreux artisans et commerçants huguenots quittèrent alors La Rochefoucauld pour la Hollande, la Suisse ou même le Brandebourg. Et pourtant, au XVIIIe siècle c'était encore la ville la plus peuplée de la province d'Angoumois.

Ancien marché agricole, cette ville « paisible et grave » vit aujourd'hui de l'activité de ses usines (feutres, tissus caoutchoutés, couvertures, chaussures, meubles) qui ont permis de canaliser l'exode rural et de maintenir une population industrieuse.

Visite de la ville

1 j.
🅿 place du Champ-de-Foire, place Gourville

La ville mérite qu'on s'y promène à pied car, en dehors de son château, elle conserve un certain cachet historique avec ses maisons anciennes, ses couvents, ses églises, etc. qui témoignent de son ancienne importance aux XVIe-XVIIe siècles.

▶ Partir de la *place du Champ-de-Foire.*

▷ L'hôpital

Cet ancien temple protestant fut transformé en hôpital en 1685 à la suite de la révocation de l'édit de Nantes. Modifié et agrandi depuis le XVIIe s., il n'en conserve pas moins une importante *apothicairerie (visite guidée ; s'adresser au bureau des entrées de l'hôpital, t.l.j. à partir de 9 h 30)* avec des pots de pharmacie, des faïences des XVIe et XVIIe s., une trousse chirurgicale ayant appartenu à un chirurgien de l'armée de

Napoléon, un beau Christ en ivoire du XVIIe s., une collection d'étains (gobelets, écuelles), un gaufrier à hostie de 1740, des livres des XVIIe et XVIIIe s.

▷ La maison de Hérault de Gourville *rue des Halles*

Une plaque de marbre sur la façade rappelle la vie aventureuse et le destin fabuleux de ce personnage hors du commun (→ *encadré, val d'Angoumois*).

Au-delà du souvenir historique, la maison de Gourville, côté rue, n'a rien de bien particulier. Cependant, une *cour intérieure* entourée d'arcades surmontées de galeries soutenues par des pilastres fait remonter la construction de cet édifice au XVIe s. C'est aujourd'hui la maison d'un antiquaire *(accès en principe exclu)*.

▷ Le cloître*

Face à la maison de Gourville, se tient l'entrée du cloître de l'ancien couvent des Carmes, fondé en 1329 par *Guy VII de La Rochefoucauld*. Les galeries non voûtées du cloître sont ajourées par un chapelet d'arcatures trilobées d'un bel effet décoratif; des colonnes prismatiques supportent ces arcades et la charpente. Devenu bien national à la Révolution, le couvent fut tour à tour caserne, hôpital, école. C'est maintenant un centre d'activités culturelles avec un laboratoire pour les recherches préhistoriques régionales. Cet édifice est actuellement en cours de restauration.

La *salle capitulaire* attenante au cloître présente chaque année une exposition consacrée à la préhistoire *(t.l.j. 9 h-12 h/15 h-19 h)*.

▷ L'église Saint-Cybard*

Ancienne collégiale jadis placée sous le vocable de Notre-Dame de l'Assomption, elle fut commencée en 1262 et son clocher latéral fut construit en 1332. Ravagée pendant la guerre de Cent Ans et par les protestants en 1562 puis à nouveau en 1570, elle a été restaurée de 1588 à 1620, et de 1824 à 1862.

L'édifice forme un long rectangle de cinq travées : les trois premières constituent la nef, la quatrième le carré du transept, avec deux chapelles rectangulaires en guise de croisillons; le chœur occupe la dernière travée. Toutes les voûtes, refaites après 1588 et sans doute seulement au XVIIe s. sur des arrachements anciens, sont sur croisée d'ogives avec des clefs portant les armes des La Rochefoucauld avec le collier du Saint-Esprit; seule celle sous le clocher est à huit branches.

Les La Rochefoucauld

La légende fait remonter l'origine de la famille des Foucauld à Aymard de Lusignan, fils de Hugues Ier et de la fée Mélusine.
C'est au début du XVIe s. que commença la grande époque des La Rochefoucauld. François de La Rochefoucauld fut en effet le parrain du jeune fils de Charles d'Angoulême et de Louise de Savoie, le futur François Ier. Devenu roi en 1515, celui-ci érigea l'ancienne baronnie de son parrain en comté. C'est le comte François II et son épouse Anne de Polignac qui transformèrent l'ancien château féodal en un aimable château Renaissance semblable aux châteaux de la Loire.
Pendant les guerres de Religion, les comtes de La Rochefoucauld passèrent dans le camp de la Réforme qu'ils soutinrent très activement en créant notamment un collège pour former pasteurs et prédicants. François III mourut assassiné à Paris lors de la trop fameuse nuit de la Saint-Barthélemy et son fils François IV connut plus tard le même sort sous les coups des Ligueurs le 15 mars 1591. François V, qui lui succéda, abandonna la religion réformée et fut récompensé de son abjuration par le roi Louis XIII qui le nomma gouverneur du Poitou et érigea son fief en duché-pairie le 22 avril 1622. La puissance des La Rochefoucauld augmenta ainsi auprès du roi et à la Cour jusqu'à la Révolution.

La *façade*, quelque peu austère, est ornée d'une rosace au réseau compliqué et d'une porte à cinq voussures, et surmontée d'une balustrade ajourée. Le *clocher* possède une élégante flèche octogonale.

Avec l'église de Saint-Claud (qui appartenait aux barons de La Rochefoucauld), cette ancienne collégiale est un des rares édifices gothiques en Charente. Signalons aussi que c'est dans cette église que le roi de France *Charles VII* fit chanter en sa présence un Te Deum, le 17 juillet 1453, pour célébrer la victoire définitive de ses troupes sur les Anglais à Castillon, ce qui mettait fin à l'interminable guerre de Cent Ans. Le roi avait appris cette nouvelle alors qu'il séjournait au château de La Rochefoucauld. ▶ En se promenant dans la ville, on peut retrouver çà et là des vestiges des fortifications de la *Basse-Ville* (c'était autrefois la dénomination du bourg de La Rochefoucauld par rapport au château). ▶ Dans le *faubourg Saint-Florent*, à l'entrée du pont sur la Tardoire, un peu en aval des usines Chaignaud, la *tour* de flanquement de l'ancienne porte de la Coquille se voit encore. Elle est maintenant percée de fenêtres et sert de maison d'habitation mais sa silhouette n'en conserve pas moins une certaine allure. ▶ On peut voir aussi des maisons anciennes : *rue des Bans, Grande-Rue, rue du Bourg-Pailler*. ▶ Au pied du château, après avoir franchi la Tardoire par un pont en direction de Rivières, on aperçoit les restes d'une église. Il s'agit de *l'église Saint-Pierre* de la Basse-Ville, primitivement chapelle du château, de style « roman fleuri ». A la suite des guerres de Religion, elle a été affreusement mutilée et l'extrémité de son abside a été réduite en 1901 pour élargir la rue.

▷ Le pont

Pour se rendre au château des ducs de La Rochefoucauld, on peut laisser sa voiture sur la place du Champ-de-Foire et monter à pied, ou bien reprendre sa voiture pour se garer sur l'esplanade prévue à cet effet devant l'entrée.

Dans les deux cas, on ne manquera pas d'admirer le pont, ouvrage du XVIIe s., en dos d'âne, avec des demi-lunes se faisant vis-à-vis pour que les piétons puissent se ranger au passage des chariots. Il y a là un beau *panorama* sur la Tardoire et le château qui domine la rivière.

▷ Le château*** *s'adresser au gardien à l'entrée ; visites t.l.j., 9 h-12 h/14 h-18 h ; spectacle son et lumière ven. et sam. en juil.-août ☎ 45.63.07.45*

Le château, fondé en 1026 par *Foucauld II*, rebâti du XIIe au XVIe s., appartient toujours aux *La Rochefoucauld* (branche des La Rochefoucauld-Liancourt). Inhabité pendant 200 ans (de 1709 à 1909), il a été restauré au début du siècle, mais a été dangereusement menacé par l'instabilité du sous-sol calcaire miné par les eaux de ruissellement ; en 1960, la moitié du donjon s'est effondrée. Les principaux corps de logis ont été étayés depuis 1962, et des crédits considérables ont été nécessaires pour les travaux de consolidation.

L'entrée, ouverte en pan coupé à l'angle sud-ouest, entre deux tours de la fin du XIIIe s., est contiguë à l'important *donjon* roman rectangulaire, haut de 35 m, couronné au XVe s. de créneaux et de mâchicoulis. L'aile ouest a été reconstruite au XVIIIe s. après un incendie. Les deux tours cylindriques à mâchicoulis qui flanquent les angles nord-ouest et sud-est sont du XVe s. La tour nord-ouest conserve au rez-de-chaussée d'imposants *bacs* en pierre dans lesquels s'effectuaient les lessives ; celle du sud-est, d'une allure plus sévère, abritait les archives.

Les deux *ailes principales sud* et *est* ont été construites entre 1528 et 1538 par *François II de La Rochefoucauld* et *Anne de Polignac*. Leurs façades extérieures (celle de l'est domine le pont de la Tardoire), percées de trois étages de fenêtres à croisée de pierre, sont surmontées de grandes lucarnes, avec fronton à coquille et pinacles en « candélabres », qui se dressent légèrement en retrait, au-dessus d'une étroite terrasse au garde-fou richement ornementé (remarquer les initiales A et F). La grosse *tour du Nord-Est*, de même époque, renferme l'abside d'une vaste chapelle de la Renaissance qui occupe toute l'extrémité de l'aile orientale.

Les deux *façades intérieures*, sur la cour (avec un puits ancien), chef-d'œuvre d'architecture qui constitue la plus grande originalité de l'édifice, offrent, sur toute leur hauteur, trois étages de galeries à jour à pilastres ioniques. L'étage supérieur compte deux arcades, pour une aux étages inférieurs ; chacune de ces baies est surmontée d'un petit gable à coquille et candélabres, dont la suite ininterrompue cache la base du comble. Les deux autres galeries ont de beaux plafonds à caissons. On y remarque les portes de la chapelle et de l'*escalier*, superbe ouvrage compris dans l'aile sud et dont les 108 marches contournent un grand noyau central qui s'épanouit pour former les nervures de la voûte. La balustrade du palier supérieur est ornée d'un *buste* de « fou » qui a passé longtemps, sous le nom d'*Antoine Fontant*, pour l'architecte du château. Au bas de cet escalier, les *cuisines* conservent deux cheminées monumentales adossées l'une à l'autre. Les appartements sont totalement vides. Une salle dite *le boudoir de la Duchesse* est entièrement lambrissée ; des sous-sols immenses étaient occupés par les divers offices et les cuisines.

Dans les jardins, au sud, une *vasque* de forme octogonale orne un parterre ; cette vasque provient du château de Gaillon et avait été offerte au *cardinal d'Amboise* par la République de Venise au début du XVIe s.

Par la diversité, la qualité et l'élégance de son architecture, le château de La Rochefoucauld mérite à juste titre d'être considéré comme l'un des plus remarquables de France. Le *spectacle son et lumière* qui a lieu en juillet-août, est animé par les habitants de la ville. Il récapitule avec talent l'histoire du château et de la cité. En été, le château est illuminé tous les soirs.

Aux environs

▸ A 1 km S. de la cité et le long de la Tardoire, à *Olérat*, l'*église Saint-Étienne*, de style roman, possède quelques sculptures intéressantes.

▸ *Taponnat-Fleurignac (5 km N. par la N 141)* : ruines d'un château.

Entre Vienne et Charente

120 km environ/1 à 2 j.

Au pays des collines bocagères par lesquelles le Périgord empiète sur l'Angoumois forestier, va succéder, au nord de Chasseneuil, un territoire plus âpre qui déjà annonce la marche limousine du Confolentais. Zone confuse, où le paysage de futaie domine sur le plateau foré par les eaux souterraines.

▶ Sortir de *La Rochefoucauld* par la D 13 vers l'est, puis la D 395.

▶ *Marillac-le-Franc*. Vieille *église* romane du XIe s. qui possède une coupole centrale éclairée, aux quatre points cardinaux, par quatre petites fenêtres en plein cintre.

▶ Après le village de *Chez-Gacon*, au moment de prendre à gauche la D 62, on ne manquera pas d'admirer le beau *panorama* sur la vallée de la Ligonne.

▷ La chapelle Saint-Jean*

A l'écart de la localité de Malleyrand, au bord de la vallée de la Ligonne, une ancienne chapelle templière sert aujourd'hui d'église. Isolée dans la campagne, elle est intéressante à contempler dans son écrin de verdure. Encadrée par ses deux pignons, elle domine à flanc de coteau un profond vallon boisé.

De plan rectangulaire, avec trois travées, l'édifice est orné de colonnes qui soutenaient les arcs doubleaux de la voûte malheureusement effondrée. Par une exception assez curieuse, les chapiteaux feuillagés n'ont pas de tailloir. Les bases des colonnes sont également ornées de feuillages. Tout cela est fort gracieux et très rare. Comme dans toutes les églises de commanderie des templiers, le chœur est illuminé par un triplet et par des fenêtres latérales; de belles moulures soulignent les cintres des baies dont la symétrie a été respectée.

L'ornementation de la *façade* est aussi soignée qu'à l'intérieur : une archivolte en forme de tresse affine les trois voussures du portail, retombant sur des colonnettes; des cordons, dont l'un repose sur des modillons sculptés, assouplissent la façade sur laquelle s'ouvre une fenêtre entourée d'un galon mouluré et encadrée de colonnettes; un clocher-arcade à une seule baie domine le pignon.

La beauté à la fois sobre et élégante de cet édifice reflète la forte spiritualité de cette chevalerie monastique - les templiers - qui s'était dépensée dans les croisades et qui, en France, protégeait les pèlerins sur les routes de Saint-Jacques de Compostelle.

▶ De Malleyrand, on peut rejoindre par la D 13, le *Signal de l'Arbre*, point culminant du département de la Charente (345 m d'altitude). Connu aussi sous le nom de *Signal de Mazerolles*, du nom de la commune où il se trouve, face au village de Fonthelonne, à 50 m de la D 13, son emplacement précis est marqué par une borne, vestige de l'ancien établissement du télégraphe Chappe. De là, nous avons un très beau *panorama*, au sud sur la vallée de la Tardoire et les localités de Montbron, Rouzède et Écuras, et au nord sur la vallée de la Bonnieure et la commune de Chasseneuil. C'est un paysage très verdoyant qui indique le Limousin avec les fermes disséminées parmi les prés et les bois où domine le châtaignier et de nombreux cours d'eau.

▷ Mazerolles

Les étendues boisées de Mazerolles ont été en Charente le dernier refuge des loups, chassés de la forêt de La Braconne aménagée en champ de tir et en terrain de manœuvres militaires. En 1913, une chasse aux loups fut organisée avec un invité de marque en la personne du *duc de Westminster*.

L'*église* modeste, en granit, a été très restaurée au XIXe s. Elle possède une nef du XIIe s. terminée par une abside semi-circulaire. Sur le bas-côté, une chapelle de style ogival témoigne d'une ancienne restauration. Face à l'église, se dresse *la Motte* qualifiée bien souvent de « tumulus » et entourée d'un fossé large et profond. Lors de fouilles faites à une époque indéterminée, des pierres de taille bien appareillées furent mises au jour, ce qui permet de supposer qu'il s'agirait plutôt d'une motte féodale que d'un tumulus celtique!

▶ La commune du *Lindois (par la D27)* est entourée d'une chaîne de hautes collines dont l'altitude dépasse souvent les 300 m. *Église* romane du XIIe s., remaniée au XVIe s. comme en témoigne le portail orné de crosses végétales et d'animaux rampants. Du *château* ne subsistent que quelques vestiges : le corps de logis aux ouvertures à un seul croisillon se soude à un bâtiment en équerre dont une porte entourée de fines moulures est ornée d'un petit écusson; la maçonnerie, arrondie à un angle, semble indiquer les traces d'une ancienne tour. Ce château avait été construit par *Guy de Chasteigner* qui fut chambellan des rois *Louis XI* et *Charles VIII* et qui y mourut en 1547. La famille Chasteigner conserva ce fief jusqu'à la Révolution. ▶ A proximité, par la D 13, la commune de ***Massignac*** est aussi très boisée, avec de nombreux étangs. Près de la D 13, en allant vers Montembœuf, au ***domaine de Tauzac***, on peut voir ce qui reste d'un ancien ***dolmen*** : une table qui danse, selon la légende, chaque fois que les cloches sonnent pour la messe de minuit... ▶ A moins d'un kilomètre au sud-ouest de Massignac, le ***château des Étangs***, d'origine féodale, a un corps d'habitation qui a été entièrement refait vers 1860. Les tours qui terminent les deux pavillons en retour d'équerre dans la cour intérieure, sont du XVe s. et dominent un étang. ▶ La commune de ***Montembœuf*** possède d'importantes pépinières et des roseraies (200 ha au total !).

▷ Cherves-Châtelars *par la D 16*

En suivant la vallée de la Croutelle, affluent de la Bonnieure, on arrive à Cherves-Châtelars qui est aujourd'hui une commune réunissant deux châtellenies jadis bien distinctes. Si le bourg de Cherves avec l'église et la mairie est le centre de la commune, le hameau du Châtelars, plus loin, possède une ***église*** en ruine qui fut le siège d'un prieuré cistercien au XIIe s. ***Conservatoire d'arts et traditions rurales*** *(dans le local de l'A.A.E.P., près de l'église)*. Collection d'outils anciens d'artisans et du travail de la terre. Reconstitution d'une cuisine rurale ancienne, avec un four à pain dans la cheminée.

La ***gentilhommière du Gazon*** *(en allant vers Chasseneuil)* date du XVe s. mais a été plusieurs fois remaniée. Deux tours rondes en poivrière accostent l'édifice ; les deux autres tours d'angle ont été rasées. C'est aujourd'hui une colonie de vacances des P.T.T.

Plus loin, le ***château du Châtelars*** est une construction plus imposante datant du XVe s. et de la fin de la guerre de Cent Ans. Deux tours rondes à poivrière, très retouchées, flanquent un côté du vaste corps de logis ajouré de fenêtres à meneaux. Une autre tour, couverte d'un toit à pans, est accolée à l'angle de la façade au midi. La tour d'escalier qui se profile au centre de la façade se trouve engagée dans la maçonnerie. L'échauguette sur colonne, près de la porte, est moderne. Bien que remanié à diverses époques, ce château, avec une large terrasse précédant la façade, a beaucoup d'allure.

▷ Le Mémorial de la Résistance*

Dominant l'agglomération de Chasseneuil et la vallée de la Bonnieure, une immense croix de Lorraine se dresse sur une colline près d'un château construit au siècle dernier : c'est le Mémorial de la Résistance.

A la fin de la Seconde Guerre mondiale, en 1945, le chef des résistants du maquis Bir-Hacheim (F.F.I.), le *colonel Chabanne*, avait souhaité la création d'un cimetière regroupant les corps de ses hommes tombés dans les combats pour la libération du territoire national. Le maire, *M. Pascaud*, avait en conséquence donné un terrain situé en promontoire par rapport à Chasseneuil et en manière de symbole, une souscription avait été lancée en Charente en faveur d'un monument commémoratif. Des corps de soldats morts au cours des combats de 1939-1945, non réclamés par leurs familles furent aussi inhumés à Chasseneuil qui eut ainsi un « cimetière national ». Le 21 octobre 1951, le président de la République, *Vincent Auriol*, vint visiter le Mémorial et le cimetière national de Chasseneuil, leur donnant ainsi une reconnaissance officielle.

Le monument (*Poncelet* arch.) est orné de ***sculptures*** (*Guiraud*, *Lamourdedieu*, *Peyronnet*) évoquant les camps de concentration, les tortures, les luttes armées, le rôle des hommes et des femmes dans la Résistance, etc.

Dans la ***crypte*** *(entrée sur autorisation du gardien)* ont été déposées les sépultures de plusieurs chefs de la Résistance charentaise comme *Bernard Lelay* (FTP), *Claude Chabanne* (FFI), ou régionale, comme *Claude Bonnier* (DMR pour la Résistance dans le Sud-Ouest). Tout autour, 2 255 tombes, selon leur forme, indiquent l'appartenance culturelle et religieuse des morts, croix pour les chrétiens, étoile de David pour les israélites, croissant pour les musulmans, donnant ainsi, par-delà la mort, une véritable leçon de tolérance.

▶ *Suaux (par la N 141)*. On accède au ***château*** après avoir longé l'église, par un portail au-dessus duquel est gravée la date 1666. On entre alors dans une vaste cour carrée dont le château occupe un côté face au portail d'entrée, les autres côtés étant constitués par les dépendances (granges, écuries, etc.) à peine transformées aujourd'hui en habitations particulières et en fermes. Bien qu'elle comporte des éléments défensifs (tours d'angle, bretèche au-dessus de la porte principale, mâchicoulis), cette construction fut achevée au XVIIe s. comme en témoigne la date gravée au-dessus de la porte (1687). ▶ Au-delà de la voie ferrée et dominant la vallée de la Bonnieure, le ***logis de Brassac*** *(2 km S.-E. de Suaux)* est un ancien château médiéval fortement remanié à diverses époques et notamment au XVIIIe s. si on s'en réfère à la date (1771) gravée au-dessus de

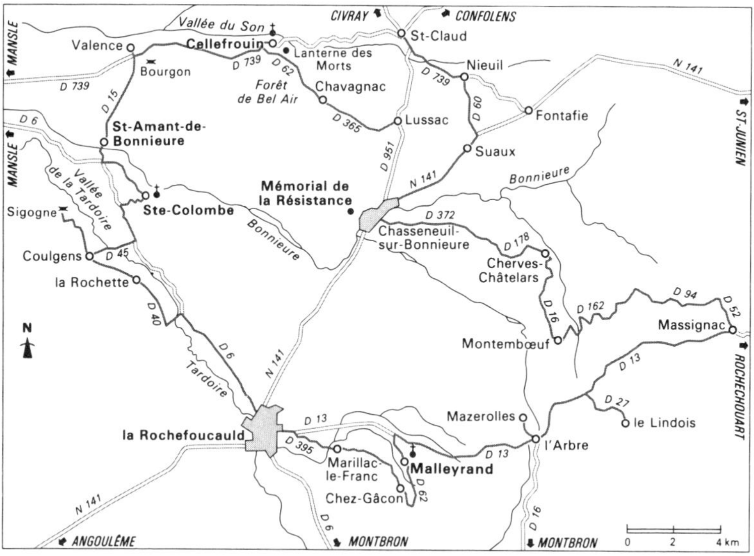

Entre Vienne et Charente

l'une des portes d'entrée. A proximité, des fouilles archéologiques ont révélé en partie le plan d'une importante *villa gallo-romaine*. Pour des raisons de protection, le site a été comblé en attendant d'autres prospections. ▶ De Suaux, on peut laisser la N 141 (en direction de Limoges) à *Fontafie* et prendre à gauche la D 739 en direction de *Nieuil*, *Sain-Claud* et *Cellefrouin*. En fait, cette route emprunte la *vallée du Son* dont la source est à *l'Affit* (marais en langue limousine), sur la commune de Roumazières. ▶ Un peu avant le bourg de Nieuil, des panneaux indiquent à droite la direction du *château-hôtellerie de Nieuil* entièrement construit dans un style néo-Renaissance. ▶ Après avoir traversé le bourg de Nieuil, la route longe une propriété au bord d'un étang à la limite des communes de Nieuil et de Saint-Claud. Il s'agit de l'ancienne *forge de Champlaurier (ne se visite pas)*. ▶ Plus loin, la route contourne une *chapelle* en ruine. Cette construction de 1850 a succédé à une plus ancienne, à l'emplacement d'une fondation religieuse remontant au XIe s., le prieuré Saint-Sulpice, dépendant de l'abbaye de Cellefrouin. De l'autre côté de la route, au bord d'un chemin conduisant au moulin de Signac, se trouve une *source*, fontaine de dévotion, à laquelle était lié le culte de *saint Claud*. ▶ Un peu avant d'arriver à Saint-Claud et après la chapelle en ruine, on remarquera, sur le versant de la vallée opposé à la route, deux élégantes constructions de caractère aristocratique : il s'agit d'abord du *logis de Signac*, une gentilhommière datant des XVe-XVIe s. et, au-delà de la route se dirigeant vers Chasseneuil et Angoulême, le *château de La Boussardie*, construit au XIXe s. et faisant face au bourg de Saint-Claud perché sur une colline surplombant la vallée du Son.

▷ Saint-Claud

En entrant dans Saint-Claud, on notera, à droite, une *maison* dont la porte principale est surmontée d'une bretèche.

L'*église de Saint-Claud**, avec ses puissants contreforts, son clocher remanié en 1905 avec une flèche pseudo-gothique et sa sacristie rajoutée au XIXe s., ne présente d'intérêt que pour son architecture intérieure, peu courante en Angoumois. Le portrail montre déjà un travail soigné avec des moulures profilées avec finesse sur une pierre calcaire compacte.

En entrant dans l'église, le visiteur, habitué aux nefs plutôt basses des édifices romans, est forcément sensible à la hauteur des piliers et des voûtes en croisée d'ogives. Le plan de l'église, en croix latine, semble avoir repris celui d'un édifice plus ancien, de style roman, puisqu'on en retrouve des traces notamment sur le mur Nord avec une fenêtre romane : une large nef constituée de trois travées, voûtée en croisée d'ogives, conduit à un transept et à un chœur surélevé de dix marches surmontant une crypte. Ce qui surprend le visiteur, c'est l'exceptionnelle élévation du *chœur* agrémenté de boiseries et éclairé par des vitraux dont celui du centre est surmonté du blason des La Rochefoucauld, lequel blason est également reproduit sur le vitrail sous l'image de saint Claud représenté en

L'abbé Rousselot

Ordonné prêtre en 1870, Jean-Pierre Rousselot fut professeur au petit séminaire d'Angoulême de 1869 à 1871. Après avoir fait une thèse de doctorat en 1891 sur les parlers traditionnels de la vallée du Son et sur les limites d'influence entre langues d'oc et d'oïl, ainsi que des recherches en phonétique, Rousselot aboutit à des études sur la propagation du son. Par ses travaux en acoustique, il essaya de soigner les mal-entendants. Pendant la guerre 1914-1918, ses compétences furent utilisées pour détecter les canons allemands « Bertha » qui bombardaient Paris. Professeur au Collège de France, il fut aussi le créateur de la phonétique expérimentale.

abbé de monastère avec crosse et mitre. Sur le pilier à droite du chœur, un autre blason portant un lion couronné sur champ d'étoiles, représente les armoiries du prieur *Antoine de Cosnac* qui fit reconstruire l'église ; à la base de ce pilier, une date, autrefois lisible, a été gravée : 1449 ; elle indiquerait ainsi l'époque de la réhabilitation de l'édifice. La décoration des chapiteaux est plutôt d'inspiration profane et même grivoise si on se réfère au chapiteau du bas-côté près des fonts baptismaux représentant une scène de séduction et situé opportunément au-dessus d'un confessionnal !

La ***crypte*** *(se munir d'un éclairage)* abrite un sarcophage qui aurait contenu les reliques de *saint Claud*. Comme le reste de l'église, l'architecture de cette crypte, de style ogival, est du XVe s. De plan carré, elle est couverte d'une voûte à nervures. Au-dessus de l'arc du centre, un écusson fleurdelisé aux armes de France, est tenu par des anges. Au-dessus des autres arcs est aussi placée une fleur de lys.

Sur la ***place de l'église***, on peut aussi admirer les façades de maisons du XVIe s. et notamment la ***mairie*** avec des fenêtres moulurées et un très beau portail qui a été soigneusement restauré. Laissant la voiture sur la place près de l'église, on peut aller à pied admirer plusieurs maisons anciennes de Saint-Claud en prenant la rue à droite devant la mairie et en tournant à gauche ensuite. Au coin de la rue de l'Abbé-Rousselot et de la route en direction de Cellefrouin, une ***maison*** du XVIe s. à pignon et fenêtres à meneaux a été aménagée, au rez-de-chaussée, en magasin d'ustensiles électro-ménagers. A l'arrière de cette maison, sur la façade donnant sur une ruelle étroite, une plaque de marbre a été apposée à la mémoire du *savant abbé Jean-Pierre Rousselot* (1846-1924) qui naquit dans cette demeure *(→ encadré)*. Au bout de cette rue, la ***maison Rizat*** ou logis de la Broue, est une belle construction du XVIe s. avec notamment une tour au milieu de la façade à l'architecture soignée. En revenant sur ses pas, on remarquera après la maison à pignon déjà mentionnée, au bord de la route en direction de Cellefrouin, une maison du XVe s. fort bien conservée avec le même blason rencontré dans l'église (un lion couronné sur champ d'étoiles), ce qui laisserait supposer qu'il s'agit là d'un logis ayant appartenu au prieur *Antoine de Cosnac*. En face, faisant suite à une grande cour, un important bâtiment du XVIIIe s. déploie de larges ouvertures et des portes-fenêtres au rez-de-chaussée. Cette maison a appartenu à la famille des *Garnier de La Boissière* dont l'un fut général aide de camp de Napoléon Bonaparte et son fils député au temps de la IIe République.

▶ Par la D 739, la route, tout en longeant le Son et la ***forêt de Bel-Air***, conduit à Cellefrouin, après avoir traversé les villages de ***Chalais*** et de ***Fontfais***.

▷ Cellefrouin**

Le bourg a pour origine l'abbaye qui y fut fondée en 1025 par *Arnauld de Vitabre*, évêque de Périgueux, avec l'aide de plusieurs habitants dont le plus généreux fut un certain *Frouin* qui donna son nom au monastère : Celle-Frouin. Par une bulle du pape *Pascal II*, datée du 24 novembre 1101, l'abbaye fut rattachée à celle de Charroux, mais elle ne tarda pas à reprendre son autonomie sous la règle de saint Augustin.

*L'église***

C'est une intéressante construction romane du XIe s. (1060). Si l'abbaye avait été pla-

Légendes celtiques

La vallée du Son est une contrée riche en légendes et en traditions sans doute parce que restée plus longtemps à l'écart que les régions voisines de la vallée de la Charente et du Poitou.
Des noms de lieux, comme « le Champ du Combat », attestent des restes d'occupation celtique. La création de l'abbaye de Cellefrouin reprend aussi une légende d'origine celtique, celle d'un marteau lancé au hasard pour indiquer le lieu de construction, lequel marteau serait finalement tombé près du Son et d'une fontaine dédiée à saint Martin ! Les mégalithes comme « la Pierre Levée », « la Pierre qui Parle », des noms de villages comme Fontfais (la fontaine des fées) achèvent de confirmer des restes de croyances celtiques mal recouverts par le christianisme au Moyen Age.
Quoiqu'il en soit, de telles traditions donnent ainsi plus de magie et de poésie à cette vallée.

cée sous le vocable de saint Pierre, l'église était et demeure sous celui de saint Nicolas. Elle comprend une nef et deux bas-côtés, un transept surmonté d'une coupole octogonale, au-dessus de laquelle s'élève le clocher et une abside flanquée de deux absidioles, le tout voûté en berceau. La coupole est éclairée au Levant par deux oculi. Les voûtes des absidioles reposent directement sur les corniches, appuyées elles-mêmes sur des modillons, ce qui est assez exceptionnel.

La *façade* est contrebutée par quatre contreforts-colonnes ; de hautes et étroites arcades accostent le portail.

Extérieurement, cette église peut paraître un peu trapue : cela provient de l'exhaussement du sol. Des travaux ont été faits autour du chevet pour en dégager la base et pour en souligner l'harmonie, ainsi qu'à l'intérieur de l'édifice, autour de certains piliers. Mais si tout l'exhaussement pouvait être évacué, cette très vieille abbatiale romane retrouverait sa beauté originelle.

Il ne reste pratiquement rien des bâtiments monastiques détruits pendant les guerres de Religion.

Sur le plateau, au sud, dans le cimetière de Cellefrouin, on a un très beau *point de vue* sur l'église et surtout on peut admirer une lanterne des morts, classée comme monument historique, et qui est bien le monument le plus parfait de ce genre en France.

*La lanterne des morts***

Ce petit monument du XIIe s., a environ 12 m de hauteur. Il se compose d'un faisceau de huit colonnes supportées par un piédestal qui repose sur un soubassement de cinq gradins. Une particularité très rare de cet édifice consiste en ce que les bases des colonnes sont munies de griffes. Surmontant les assises des huit colonnes, le cône supérieur, décoré d'écailles triangulaires, est percé de quatre petites fenêtres rectangulaires destinées à laisser rayonner la lumière autour du fanal. A 3 m de hauteur, une petite ouverture permettait d'introduire la lampe hissée ensuite avec une corde. Brûlant surtout la nuit, cette flamme était une façon de conjurer la mort ; mais son symbolisme allait plus loin : elle voulait représenter une forme de vie au-delà de la mort par la croyance à la résurrection des corps, ce qui est bien dans la perspective d'une culture monastique des XIe-XIIe s.

▶ Poursuivant la route par la D 739 en direction de Mansle, on pourra admirer la *vallée* calme et verdoyante *du Son (→ encadré)*, plaisante rivière qui, avec la Sonnette, rejoignent ensemble la Charente en devenant la Sonsonnette ! Le paysage de bocage et de prairies caractéristiques du Limousin cède peu à peu la place à des étendues de champs cultivés (colza, tournesol, blé, maïs, etc.). Nous sommes maintenant sur des sols calcaires plus favorables aux cultures que les terrains granitiques. L'abondance des noms de lieux-dits commençant par « Chez... » indique des implantations humaines, postérieures à la guerre de Cent Ans, se mêlant à des noms de villages plus anciens terminés en « ac » (cf. Lussac, Chavagnac, etc.) datant de la période gallo-romaine. Cette terminaison en « ac » signifie d'ailleurs aussi « chez ». Ces dénominations : « Chez Magnot », « Chez Four », etc., parmi des noms de village se terminant en « ac » prouvent qu'au XVe s., dans les campagnes désertées à la suite des guerres féodales, des arrivages de populations nouvelles, venues du Poitou notamment, ou de provinces plus au nord, de langue d'oïl, se sont peu à peu substituées à des populations de langue d'oc.

▶ Après le village de Goize et avant d'arriver à Valence, près de la route départementale, *château de Bourgon (ne se visite pas)*, ancienne possession du *général Lacroix de Bourgon* (1778-1815) qui s'illustra dans les guerres de la Révolution et de l'Empire. Ce château du XVe s., est flanqué de tours d'inégale largeur ; créneaux et mâchicoulis ont disparu.

▷ Saint-Amant-de-Bonnieure *par Valence et la D 15*

L'*église*, bien que très remaniée aux XVIe et XIXe s., possède une belle abside romane surmontée d'un cul-de-four et percée de trois fenêtres. L'ancien *château*, aujourd'hui la mairie, date de la fin du XVe s. et vient d'être l'objet d'une restauration assez soignée. Pour en apprécier la construction, il faut entrer à l'intérieur de la cour. Les fenêtres comprennent des embrasures moulurées, de même que la porte qui est rehaussée de pinacles.

▷ Sainte-Colombe

Village situé sur les bords de *la Bonnieure*, et qui possède une intéressante *église**, bien caractéristique de l'art roman du XIIe s. Les murs latéraux sont ornés de grandes arcades et couronnés d'une corniche à modillons sculptés. La *façade*, divisée en trois parties par de hauts et légers contreforts et surmontée d'un clocher-arcade à deux ouvertures, offre un modèle des plus gracieux et des plus originaux. Au centre, s'ouvre une baie en plein cintre aux jambages ornés de statues étroites en demi-relief, dont les noms sont gravés : S. Petrus, S. Columba ; au-dessus, disposés dans des cadres rectangulaires ou en demi-cercle, on distingue les quatre symboles évangéliques

et d'autres motifs. En bas et au milieu, s'ouvre la porte à trois voussures portées par quatre colonnes aux chapiteaux soigneusement sculptés.
▶ En allant par la D 91 vers La Rochefoucauld, la route longe la *vallée de la Tardoire*, seulement en eau en hiver et au printemps, parsemée de gouffres et de pertes qui expliquent sa sécheresse une partie de l'année.
▶ *Coulgens (par la D 45)*. Son église romane du XIe s. a été voûtée au XIIe s. Chapiteaux pleins de verve dans la nef. ▶ Les autres centres d'intérêt sont le *château* (XVIIe s. avec un donjon ruiné du XVe s.) *de Sigogne* et les sources de la rivière éponyme dont les eaux se perdent. ▶ Plus au sud, l'*église de la Rochette* date du XIIe s. Remarquer les tympans des fausses portes.
▶ Reprendre la D 6 et gagner *La Rochefoucauld*.

La région du karst

Ici règne la grande forêt, cette légendaire Braconne que protège le vieux marché-carrefour de La Rochefoucauld. Avec la Braconne, mais aussi le Bois Blanc et la forêt de Quatre-Vaux, les étendues boisées sont en effet suffisamment nombreuses et vastes pour marquer profondément ce pays qui assure la transition entre le Massif Central, aux sols cristallins, et la vallée de la Charente, aux sols sédimentaires.

Une géologie particulière

Comme dans tous les pays calcaires, les gouffres, pertes de rivières (telles le Bandiat et la Tardoire) et résurgences sont caractéristiques du karst de La Rochefoucauld et ont fait travailler l'imagination populaire (→ encadré).

Pour les seules vallées du Bandiat, de la Tardoire et de la Grande Combe (qui est une vallée sèche mais témoigne d'une circulation ancienne importante), il a été répertorié au total 141 pertes, 26 trous, 58 gouffres ou cheminées et 21 entrées de grottes ! Les manifestations les plus spectaculaires du karst de La Rochefoucauld sont les grottes du Queroy, la Fosse Mobile, la Grande Fosse et les sources de la Touvre (près de Magnac).

Une forêt omniprésente

Jadis plus étendue, la forêt a été peu à peu réduite pour ne subsister que sur les sols secs et superficiels. La forêt de la Braconne, longue de 14 km sur une largeur moyenne de 5 km, couvre à elle seule 4 300 ha, développant des peuplements de chênes pubescents traités en taillis sous futaie. Depuis 1963, cette zone est progressivement enrésinée à l'aide de pins de Calabre, de pins noirs d'Autriche et de cèdres. Au sud de la Braconne et séparée d'elle par un espace de moins d'un kilomètre, une autre forêt domaniale, bien moins étendue, la forêt de Bois-Blanc couvre 700 ha des communes de Mornac, de Touvre et Garat. Au nord de la Braconne et de La Rochefoucauld, les forêts de Quatre-Vaux, de Chasseneuil et de Bel Air indiquent qu'autrefois de plus vastes étendues forestières séparaient l'Angoumois du Limousin.

Les prairies et les cultures se sont développées dans les vallées. Compte tenu des terrains inondables une partie de l'année, l'élevage tient une place importante dans l'agriculture, notamment dans le canton de La Rochefoucauld.

Une occupation humaine très ancienne

Les grottes du Queroy, des Duffaits, de Montgaudier, de la Chaise ont livré, à la suite de recherches spéléologiques et archéologiques, des restes d'habitat des lointaines époques préhistoriques, ce qui indique de toute évidence que ces grottes et ces galeries souterraines étaient connues et habitées déjà dans des temps très anciens. La découverte la plus remarquable est un casque celtique en bronze recouvert de plaques d'or et d'incrustations en corail trouvé dans les environs d'Agris, près de la vallée de la Tardoire, et qui atteste la présence des Celtes dans cette contrée. Ce casque est exposé au musée municipal d'Angoulême.

Une région de transition

Les vastes étendues boisées (de la Braconne, de Quatre-Vaux, de Chasseneuil, de Bois-Blanc) qui, au Moyen Age, ne faisaient qu'une seule et même forêt allant dans une direction nord-ouest/sud-est d'Aulnay à la forêt d'Horte et Villebois-Lavalette, constituaient une véritable barrière qui a durablement séparé l'Angoumois des confins du Massif Central. Certes, des défrichements ont réduit et divisé en plusieurs parties cette ancienne forêt, permettant une pénétration du Poitou vers l'Aquitaine. Il n'empêche qu'à l'est du département de la Charente, la langue d'oc s'est maintenue dans les dialectes locaux. Ainsi, la région de La Rochefoucauld est une zone de transition entre les parlers d'oïl, ceux du nord de la France, et les dialectes d'oc, ceux du midi de la France, auxquels se rattachent les parlers traditionnels du Limousin et du Périgord.

En somme, la linguistique est à l'image de la géologie et situe ce pays du karst de La Rochefoucauld comme intermédiaire entre l'Angoumois et plus largement, l'Aquitaine d'une part, et le Limousin et le Massif Central d'autre part. Les coutumes, l'habitat rural, les pratiques agricoles dérivent de cet état de fait.

Au pays des eaux souterraines

90 km environ / 1 j.

Par ses richesses géologiques exceptionnelles, cette contrée offre d'agréables buts de promenade, surtout l'été, à cause de l'environnement paisible et verdoyant de ces sites un peu magiques et pleins de poésie.

▶ Sortir de La Rochefoucauld par la D 6 au nord, direction *Le Pont Agris*, et rejoindre la D 11, direction Angoulême.

Le karst

La notion de «karst» vient de la région du «Carso» (ou «karst» en allemand) aux confins de l'Italie et de la Yougoslavie, au nord de la presqu'île d'Istrie où ont été étudiés pour la première fois ces plateaux calcaires et arides, aux sols perméables, avec de multiples gouffres et couloirs souterrains. Les eaux s'infiltrent dans le sol miné par les grottes des cours d'eau souterrains, dont la voûte s'affaisse ou s'effondre, créant des dépressions fermées ou dolines, ou des gouffres béants semblables aux avens des Causses. Le mot «karst» est donc synonyme de région calcaire où se manifestent les phénomènes de circulation souterraine des eaux.

▷ La forêt de la Braconne

C'est un vaste massif de près de 4 300 ha, mutilé par des coupes (il était deux fois plus étendu au XVIe s. du temps ou *François Ier* venait y chasser), qui couvre un plateau calcaire et s'étend sur 14 km du nord au sud. Sillonnée de routes forestières et de pistes rectilignes, cette forêt demeure en partie occupée par l'armée (→ *encadré*) qui, à l'ouest, s'y est taillée une longue lanière méridienne. C'est une forêt domaniale sur toute son étendue appartenant à l'État depuis le XIVe s.

La route *(D 11 puis D 12)* passe à côté de curieuses dépressions, bien caractéristiques des reliefs karstiques. Les eaux souterraines, dont il faut chercher l'origine dans les pertes subies par le Bandiat, circulant dans des roches calcaires, ont fait s'affaisser le sol, créant ainsi des dépressions fermées appelées *dolines* par les géographes : telle la *Grande Fosse*, ou des gouffres semblables aux avens des Causses comme *la Fosse Mobile*.

La forêt de la Braconne

Pendant la Seconde Guerre mondiale, la forêt de la Braconne a été le théâtre d'engagements entre les Allemands, qui y avaient aménagé une base militaire pour la Wehrmacht, et les maquisards qui, profitant des rochers et d'une végétation inextricable, s'y cachaient parfois : le Mémorial de la Résistance à Chasseneuil (→) et un cimetière national rappellent le souvenir de ces combats.

Après 1945, et jusqu'en 1964, tout à fait au sud de cette forêt et à proximité de la voie ferrée Angoulême-Limoges, les Américains avaient aménagé une importante base militaire. Depuis leur départ, en 1964, la végétation et la forêt ont peu à peu repris leurs droits, et ces anciennes installations américaines se sont en partie effondrées faute d'entretien. L'essentiel des bâtiments a été réutilisé et transformé en collège technique et en ateliers pour des entreprises industrielles.

La Fosse Mobile

Le nom de «Fosse Mobile» aurait été donné à la suite d'un événement tragique. Un misérable, ayant assassiné son père, aurait résolu, afin de faire disparaître les traces de son crime, de précipiter le cadavre dans la fosse. La nuit était sombre et le ciel sillonné d'éclairs. L'assassin arriva près de la fosse, mais l'obscurité l'empêcha d'en découvrir l'entrée. Il en fut réduit à errer pendant toute la nuit aux alentours, voyant, à la lueur des éclairs, l'entrée de la fosse tantôt à droite, tantôt à gauche, et ne parvenant pas à se débarrasser de son sinistre fardeau... Si bien que, le matin venu, on le trouva fou de terreur couché près du cadavre de son père. De là viendrait le nom de Fosse Mobile donné à ce précipice.

▷ La Fosse Mobile* *accès interdit*

Elle est située à peu de distance de l'endroit où la route pénètre dans la forêt. C'est un aven profond de 60 m dont les abords sont clôturés. Son *ouverture*, cintrée comme le portail d'une église aux multiples voussures, est à l'origine des légendes qui y voyaient là une des entrées de l'enfer (→ *encadré*). Ses salles ont un développement de plus de 3,5 km.

▶ Un kilomètre plus loin, au *rond-point de la Grande Combe*, prendre la direction de la maison forestière du rond-point Limousin. A 200 m au nord-ouest de cette maison forestière, la *Fosse Limousine* est une dépression de 80 m de diamètre et de 20 m de profondeur. ▶ Revenir au rond-point de la Grande Combe pour reprendre la D 12. Environ 2 km plus loin, on arrive au *rond-point de la Grande Fosse* situé à proximité d'une dépression du même nom. La *Grande Fosse** est un immense entonnoir de 60 m de profondeur et de 700 m de circonférence dans lequel poussent tilleuls et muguets...

▷ Ruelle *par la D 12 direction Champniers puis la D 23*

Importante cité ouvrière qui, avec la commune voisine de l'Isle-d'Espagnac, prolonge l'agglomération d'Angoulême. Ruelle doit son développement et sa prospérité à l'*ancienne fonderie* nationale des canons de la Marine. Elle fut établie sur une île de la Touvre, à cause du débit constant des eaux, par le *marquis de Montalembert*, en 1750, et cédée à l'État par le *comte d'Artois* (le futur *Charles X*) en 1776. Cette fonderie a longtemps fabriqué des tubes de gros calibres pour la Royale. Les canons étaient convoyés par charrois jusqu'à Angoulême, et par bateaux sur la Charente jusqu'à Rochefort, pour armer des navires de guerre. Devenue Établissement des constructions aéronautiques et navales (dépendant de la Marine nationale), l'ancienne fonderie s'est reconvertie dans la fabrication de pièces de grandes dimensions et de missiles pour la Marine. A l'entrée, on peut remarquer des canons qui encadrent la porte. Plus loin, des bâtiments portent la marque de l'architecture industrielle du XVIIIe s. qui ne manque pas d'allure.

Un *musée* retrace l'histoire de la fonderie de Ruelle (*pour la visite, s'adresser à la conciergerie et présenter une pièce d'identité*).

▶ En remontant la vallée de la Touvre, on arrive à *Magnac-sur-Touvre*. Du pont sur la rivière, le clocher carré de la petite *église* romane *Saint-Cybard*, en forme de croix grecque, domine le site charmant des bosquets et des jardins qui bordent les eaux de couleur verte de la rivière où traînent des tapis d'herbes folles.

▶ Franchissant la Touvre, suivre la D 699 sur 500 m et prendre à droite vers le village de *Touvre*. L'*église* romane du XIIe s. occupe une terrasse au-dessus d'une sorte d'hémicycle où naît, tout en bas, une rivière large comme un fleuve. C'est là un des plus beaux *panoramas* de l'Angoumois !

Montalembert

Cet officier (né à Angoulême en 1714, mort à Paris en 1800), qui participa aux campagnes du règne de Louis XV, chargé de missions diplomatiques en Suède et à Saint-Petersbourg, fut aussi un ingénieur qui établit des fortifications sur des principes très modernes, et l'auteur d'un énorme ouvrage sur la «Fortification perpendiculaire». C'est lui qui créa la Fonderie de canons de marine de Ruelle. Lié au mouvement des idées philosophiques, il écrivit des pièces de théâtre et des œuvres poétiques.

A 80 ans, Marc-René de Montalembert épouse une jeune fille de 24 ans dont il aura une fille, Gasparine. Il meurt à 86 ans, ayant toujours manifesté une curiosité et une activité inlassables.

▷ Les sources de la Touvre**

Plus bas, au *moulin du Pontil* (*aire de stationnement*), au fond d'un bassin, bouillonne la *Font de Lussac*, l'une des quatre sources de la Touvre, et qui serait apparue à la suite du tremblement de terre de Lisbonne en 1755. C'est une fosse d'effondrement de faible profondeur (4,50 m).

En s'avançant en vue du site perché du petit bourg de Touvre, jusqu'à l'usine près de laquelle jaillissent dans un bassin naturel les eaux du *gouffre*, on peut voir les autres sources de la Touvre. Il existe ici

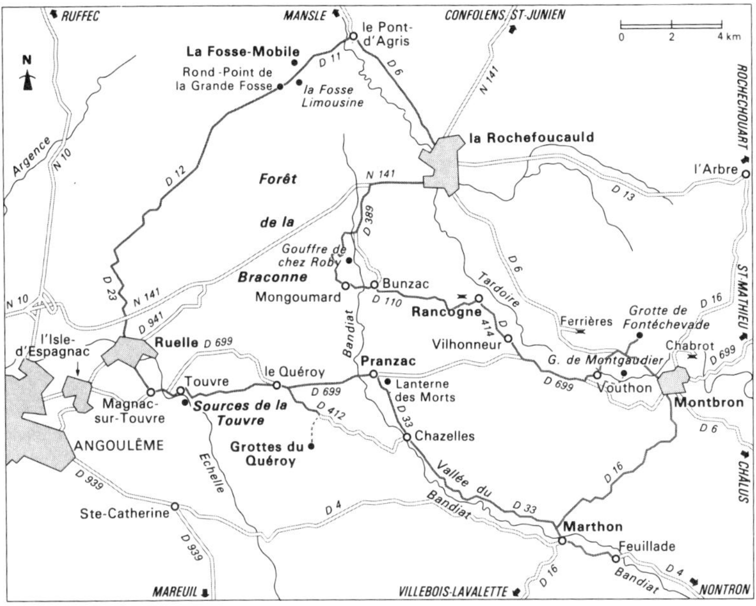

La région du karst

deux sources bien distinctes : les eaux silencieuses du *Dormant*, profond de 24 m, sourdent au pied même de la falaise ; en avant, l'émergence du *Bouillant*, profond de 15 m, dont le bouillonnement provient de la trombe d'eau très puissante qui jaillit par un trou de 3 m de diamètre.

Ces admirables sources sont des résurgences alimentées par les pertes du *Bandiat* et de la *Tardoire*, cours d'eau seulement éloignés de 10 à 12 km. Elles donnent naissance à une superbe rivière, large de 80 m en toute saison, qui s'étale sur un épais tapis d'algues, de joncs et de roseaux. La *Touvre*, qui rejoint la *Charente* après un cours de 10 km, est beaucoup plus abondante.

▶ Revenir sur ses pas, et prendre à droite une route qui passe derrière le moulin puis sous le chemin de fer. Devant le ***restaurant du Gouffre*** (!), tourner à gauche pour rejoindre la D 57 que l'on prend à droite. Emprunter alors la D 23 près de la résurgence de *la Lèche* qui jaillit au pied d'un petit manoir du XVIIe s. La Lèche, bientôt grossie du ruisseau de l'*Échelle*, rejoint la Touvre à 500 m en aval, près de la *Font de Lussac*. ▶ Reprendre la D 699 en direction de *Montbron*. A la sortie du hameau du *Quéroy*, prendre à droite la D 412 en direction de *Chazelles*. 2 km plus loin, un chemin goudronné monte à droite (sur 1 km) vers les grottes du Quéroy.

Des paysages mystérieux

Les nombreux gouffres, les diverses résurgences et pertes des rivières telles que le Bandiat et la Tardoire ont exalté, par le passé, l'imagination des habitants de cette contrée. Au siècle dernier, une tradition tenace voulait qu'un immense lac souterrain existât dans les profondeurs du sol sous la forêt de la Braconne. Un roman paru en feuilleton dans la presse locale vers 1890-1900, « Les Brigands de la Braconne », alimenta cette légende. On y voyait décrits des comploteurs au service de l'intrigant duc d'Epernon, au début du XVIIe s., poursuivant la mère du régicide Ravaillac et de la sœur de celui-ci, sur un « lac noir », avec des torches éclairant de frêles embarcations, pour ressortir non loin des gouffres du Bouillant et du Dormant, aux sources de la Touvre.

Les noms de plusieurs lieux-dits, dans la forêt de la Braconne, portent aujourd'hui encore toute la magie et la fascination que les gouffres, grottes, « trous » et « fosses » exerçaient jadis sur les gens de ce pays : « Trou qui fume », « Fosse de la Femme Morte », « Fosse Mobile », « Grande Fosse », etc. Bien des récits fantastiques et des légendes étaient rapportées autrefois dans les veillées, sur ces mystérieux gouffres qui ne pouvaient être que des manifestations du diable et des esprits infernaux !

▷ Les grottes du Quéroy★ *visites t.l.j., 9 h-19 h, sans interruption*

Creusées par l'inlassable forage des eaux souterraines, ces grottes se sont peu à peu constituées dans le plateau calcaire, composant un labyrinthe de salles aux riches concrétions, certaines d'une blancheur étincelante, d'autres très brunes, avec des stalactites et des stalagmites aux formes curieuses.

▷ Pranzac *D699*

En dépit de son allure de modeste bourgade, la localité de Pranzac est riche en monuments. Ancien domaine des *comtes des Cars*, elle possède encore aujourd'hui des restes intéressants de l'*ancien château* féodal, dont plusieurs tours du XVe s., et des fortifications qui mériteraient d'être mises en valeur.

Son *église*, romane, a été dotée au XVIe s. d'un bas-côté dont les clés pendantes sont d'une exécution artistique et d'un fini remarquable. L'une d'elles porte l'écusson d'une *dame des Cars*, fondatrice de cette chapelle.

Mais la principale curiosité de Pranzac est sa *lanterne des morts*★ qui subsiste dans l'ancien cimetière, aujourd'hui transformé en place publique. C'est une colonne évidée de près de 7 m de hauteur, percée dans le haut de petites fenêtres donnant passage à la lumière. Elle daterait du XIIe s. Avec celle de Cellefrouin, plus grande et surtout plus achevée, la lanterne des morts de Pranzac est un des deux seuls monuments de ce genre qui subsistent en Charente.

▶ *Chazelles (par la D33)*. C'est un bourg charmant, bien préservé, et qui a su allier tradition et modernité. Son *église* romane est un bel ensemble architectural avec transept, abside semi-circulaire et clocher carré avec des fenêtres romanes. ▶ La D33 suit la *vallée* élargie *du Bandiat* où se profile bientôt, au-dessus des champs, le lointain donjon de Marthon.

▷ Marthon

Sur la place, l'*église* romane, au clocher carré et trapu, présente un chevet plat. Sur la rive gauche du Bandiat, une église ruinée, jadis fortifiée, gardait le passage de la rivière. Au sommet de la colline qu'escalade le bourg (quelques maisons anciennes) subsistent un magnifique *donjon* rectangulaire du XIIe s. et deux chapelles, vestiges du château en partie démantelé. Un second *château*, de la Renaissance, conserve une belle cheminée.

Jusqu'au XVIIIe s. la seigneurie de Marthon appartenait à une branche cadette de la famille des La Rochefoucauld, ce qui n'empêcha point de violents combats entre seigneurs de Marthon et de La Rochefoucauld, notamment lors des guerres de Religion. En juillet, un *festival* attire les passionnés de musique « folk ».

▶ A 2 km E., *Feuillade* possède une vaste *église* des XIe et XIIe s.

▶ En revenant sur Marthon, prendre au nord la D 16 qui gravit la pente du plateau boisé entre Bandiat et Tardoire. Nous arrivons alors sur des sols granitiques et donc sur les premiers contreforts du Massif Central. Par ailleurs, en entrant dans le *Montbronnais*, nous sommes aux confins du Limousin et du Périgord.

▷ Montbron

L'*église* romane, qui a été soigneusement restaurée, au clocher en pomme de pin et au portail orné de trois arcs festonnés, abrite quelques monuments funéraires du XIIIe s. et des statues polychromes dont un saint Maurice à cheval. La croisée du transept est surmontée d'une coupole octogonale sur trompes. L'abside et les chapelles rayonnantes ont été restaurées au XIXe s. par l'architecte *Paul Abadie*.

La cité, qui conserve une partie de ses remparts, a aussi restauré son *château*, roman et gothique, lourde bâtisse qui est en bordure du plateau dominant au sud le vallon de la Tardoire.

Dans les environs de Montbron, on rencontre plusieurs châteaux ou logis des XVIe, XVIIe ou XVIIIe s. : *Chabrot* (avec une tour du XVe s.), *Menet, Sainte-Catherine, Marendat, La Vue, Panisson*.

▶ La D6, vers La Rochefoucauld, passe au pied d'une colline couronnée par les tours rondes du *château* Renaissance *de Ferrière*.

▶ En direction de Vouthon, par la D 108, on passe à proximité de la *grotte de Montgaudier* où fut découvert un bâton de commandement de l'époque magdalénienne, gravé de dessins représentant des phoques, des saumons et des anguilles, ainsi que des restes de sépulture. ▶ A 1 km environ, à droite, sur la D6, un chemin goudronné conduit à la *grotte de Fontéchevade* où a été trouvé, en 1947, un crâne humain fossile antérieur au Moustérien. ▶ A *Vouthon*, près de l'église, on peut voir un édifice composé de deux bâtiments en partie délabrés et dont les baies sont murées. Il avait appartenu primitivement à une commanderie de Templiers. Un haut escalier conduit à une grande *salle* dont la porte extérieure est décorée par un arc en accolade, ce qui tendrait à montrer que, là comme ailleurs, le logis avait été remanié par les Hospitaliers, auxquels on avait en partie cédé les biens après la suppression de l'ordre du Temple au début du XIVe s.

▶ Non loin de là, *Vilhonneur (D 109)* est

entouré d'abris sous roches de l'époque préhistorique *(accès interdit)* : ***grottes du Placard*** (ou de Rochebertier), ***station du Bois-du-Roc*** (ou abri du Chasseur) et ***grotte des Fadets*** (la Cave). La grotte du Placard, découverte en 1873 par le secrétaire de mairie de La Rochefoucauld, *Jean-Louis Frémond*, vient de révéler d'importantes ***gravures magdaléniennes*** (biches, chevaux, bouquetins, rennes, etc), oubliées là depuis des milliers d'années. Leur découverte, officiellement annoncée le 27 juillet 1989 par le ministère de la Culture, constitue un événement majeur pour la recherche archéologique.

Les trésors du Placard

Rien ne laissait supposer que la grotte du Placard, pourtant fouillée à plusieurs reprises depuis sa découverte, pourrait encore surprendre les chercheurs. En 1987, un archéologue du département de la Charente, Louis Duport, est autorisé à fouiller des déblais qui remplissent la grotte sur une hauteur de près de 7 m. C'est alors qu'apparaissent sur la paroi quelques traits gravés, dont la sûreté d'exécution semble appartenir au travail d'un artiste. En 1988 les fouilles reprennent, révélant un décor désormais lisible sur 6 m de long et 1,2 m de haut.

En l'état actuel des connaissances, on sait que la grotte du Placard a été occupée par l'homme de Néanderthal (60 000 ans avant notre ère), puis par les Solutréens (20 000 à 14 000 ans avant notre ère), et enfin par les Magdaléniens (16 000 à 8 000 avant notre ère). Ce sont ces derniers qui auraient gravé la paroi, à peu près à la même époque que les artistes de Lascaux (environ 13 000 ans avant notre ère).

▷ Rancogne *3 km après Saint-Sornin, sur la D 110*

Passé le pont en dos d'âne sur la Tardoire, apparaît à gauche, à flanc de colline, l'imposant ***château*** d'époque Renaissance qui a conservé le donjon roman (restauré comme l'édifice lui-même) de l'ancien fort de Cressiecq. Dans le parc en contrebas, se dresse un ***pigeonnier*** isolé d'assez belle allure. A droite de la route, dans les falaises envahies par la végétation, les ***cavernes*** témoignent d'une occupation humaine dans les temps préhistoriques.

Le petit bourg de Rancogne est pittoresquement situé sur le plateau dans lequel s'ouvrent les grottes. Il possède une ***église*** romane du XIe s.

▶ On peut revenir directement à *La Rochefoucauld* par la D 73 d'où l'on a un beau *panorama* sur la vallée de la Tardoire ou, si l'on préfère, rejoindre la N 141 par les bourgs de *Bunzac* et de *Mongoumard*, en traversant le cours du Bandiat, ce qui permettra d'observer quelques cavités. ▶ Le *gouffre de Chez-Roby*, situé près du hameau de Mongoumard, est une des principales pertes du Bandiat. En hautes eaux, il forme une sorte de lac ramifié de 50 m × 25 m, relié au lit du Bandiat par un court chenal. On peut voir aussi un mur construit en 1904 pour maintenir une partie des eaux qui alimentaient le *moulin de Puy Vidal*, situé en aval. Cette perte est active les trois quarts de l'année ; les eaux s'y engouffrent et circulent en grondant sous les maisons du hameau de Chez-Roby. Au-dessus du gouffre actuel, on peut noter la présence d'une ouverture dans le calcaire du versant ouest, qui pourrait fonctionner comme trou d'absorption lors des fortes crues. C'est l'hypothèse avancée par *Norbert Casteret* qui a exploré ce gouffre et la vallée du Bandiat en 1939.

La Rochelle★★★

33-B3 / R 107 / V 39
73800 habitants / ✉ 17000
ℹ place de la Petite-Sirène, Le Gabut (B3) ☎ 46.41.14.68
SNCF place Pierre-Sémard ☎ 36.35.35.35
✈ Laleu ☎ 46.42.18.27
P Arsenal, place de Verdun, Saint-Jean-d'Acre, esplanade des Parcs, Chasseloup Laubat

Située sur une plate-forme rocheuse à laquelle elle doit sans doute son nom, La Rochelle évoque à la fois une grande cité maritime et une ville où la qualité de la vie est, plus qu'ailleurs, préservée.

Car c'est bien de la mer que la ville a toujours su tirer sa prospérité, sa force, son indépendance et sa fierté. Ses tours, battues par les flots, en sont le symbole célèbre. Des quais du Vieux Port, on peut les admirer avec l'œil du peintre (Vernet, Corot, Signac). Mais il faut, ne serait-ce qu'en prenant le « bus de mer » au départ des Minimes, arriver par l'Océan et passer les tours en bateau pour ressentir un peu de ce qu'a pu être la puissance rochelaise aux XVIe et XVIIe siècles. Longtemps contrariée à l'époque de la révolution industrielle, la vocation maritime est de nouveau à l'ordre du jour, porteuse d'avenir. La voile bleue du nouveau logo municipal l'affirme, le voilier « Charente-Maritime » et les skippers rochelais le démontrent.

L'image de marque de La Rochelle, c'est aussi son cadre de vie. Le patrimoine architectural a été bien conservé. Avec ses rues à arcades, la ville dispose du cinquième secteur sauvegardé de France par son étendue, Paris mis à part.

La ville dans l'histoire

La Rochelle, autrefois Rochella, fut d'abord un minuscule havre de pêcheurs. Le site primitif, au fond d'une baie marécageuse encadrée de bas plateaux, paraissait pourtant peu favorable à une implantation humaine. L'occupation du site semble d'ailleurs récente ; les traces d'implantations gallo-romaines sont situées à la périphérie, sur les hautes terres calcaires des Minimes au sud et de Saint-Éloi au nord-est de la vieille ville.

Si la première mention du nom de *Rochella* apparaît dans une charte de 988 et 1031, c'est la chute de Châtelaillon face aux ducs d'Aquitaine en 1131 qui donne le véritable signal de la naissance de la ville. Ruinant définitivement l'ancienne capitale de l'Aunis, Guillaume X donne aux Rochelais leurs premiers privilèges pour attirer un nouveau peuplement et développer le commerce du sel et du vin, dans un site remarquablement propice aux liaisons maritimes. Mais c'est d'Aliénor d'Aquitaine que viennent les premières impulsions décisives : installation des templiers vers 1139, première commune jurée du Centre-Ouest en 1174 renouvelée en 1199, et surtout, construction de l'actuel havre d'échouage, déplaçant légèrement l'activité portuaire et abandonnant le ruisseau de Lafond, devenu trop étroit.

Déjà les premiers remparts se dressent derrière les marais salants, faisant de la ville une place forte difficile à prendre. Dans le conflit qui oppose Plantagenêts et Capétiens, La Rochelle en tire parti pour monnayer chèrement sa fidélité, tantôt au côté des Anglais, tantôt au côté des rois de France, auxquels elle se rallie définitivement en 1224.

Un grand port de l'Atlantique

Fort de ses privilèges et exemptions, le commerce rochelais s'étend rapidement aux horizons européens. En 1198, c'est la première mention d'une arrivée de vin rochelais à Liège. En 1203, le marchand Alexandre Aufredi, délivré de la misère par le retour inespéré de ses bateaux, fonde un hôpital pour en remercier le Ciel. Ainsi, dès le XIIIe siècle, les relations commerciales se développent vers l'Europe du Nord : vers l'Angleterre et les Flandres sont exportés le vin et le sel, principaux objets de commerce à cette époque. L'importation concerne le blé, mais aussi la laine et les draps que l'on fait venir d'Espagne. Le trafic commercial passe encore par Bayonne, la Bretagne et la Normandie. Les banques prospèrent. Armateurs et négociants bretons, espagnols, anglo-saxons ou flamands, donnent à la ville un aspect cosmopolite.

La mer ouverte, c'est la prospérité de La Rochelle. La mer fermée, c'est son déclin ; cela se vérifiera maintes fois dans l'histoire de la ville. La guerre de Cent Ans porte un rude coup au commerce rochelais. Dans cette période troublée, les fortifications se perfectionnent. La citadelle rochelaise devient quasiment imprenable et, au sortir de cette longue épreuve, ses murs sont restés intacts. Très vite, le commerce reprend ses droits. En 1456 et 1488, c'est la deuxième place financière du royaume, derrière Rouen. Le commerce ne change pas de nature, mais les tonnages augmentent, les horizons s'élargissent. Le port est le grand débouché commercial des sels de Brouage, de Ré, de la baie de Bourgneuf. Le vin est exporté en grosses quantités vers la Bretagne et les Flandres. Marchands et négociants dominent la société rochelaise, mais laissent le gouvernement de la ville aux gens de loi. Dès le début du XVIe siècle, les Rochelais se lancent dans les expéditions transatlantiques. Vers 1520, des bateaux sont armés pour la pêche à Terre-Neuve. En 1528, le Sainte-Anne part avec 135 hommes pour l'Afrique et les Antilles. En 1560, La Rochelle est devenue un grand centre d'armement des Terre-Neuvas. De nouveaux produits sont débarqués : poivre, sucre, bois de teinture.

Une place forte du calvinisme

Les idées de la Réforme touchèrent tardivement La Rochelle. Leur progression, armorcée vers 1530, fut d'abord lente et clandestine. En 1568, un « coup d'état municipal » fait officiellement entrer la ville dans le camp des Réformés. Très vite, elle y prend une place de choix. Les grands chefs du protestantisme viennent se réfugier derrière ses murs. En 1571, un synode national y est organisé, sous la présidence de Théodore de Bèze. Deux ans plus tard, un premier siège, qui dura près de cinq mois, tenta sans succès de faire tomber la ville. En 1570, La Rochelle avait déjà été l'une des quatre places fortes accordées aux protestants dans la paix de Saint-Germain.

Après l'échec du premier siège, l'édit de Boulogne accorde la liberté de culte à la ville. Mais, après la mort d'Henri IV, la liberté rochelaise porte ombrage à l'absolutisme naissant de Louis XIII et Richelieu. Quand les Anglais débarquent à l'île de Ré en 1627 et que les Rochelais se rangent à leurs côtés, l'occasion est trop belle. Louis XIII et Richelieu viennent en personne organiser le second grand siège de la ville. Bassompierre entoure la cité d'une ceinture de 12 km de long. Une digue fortifiée, joignant les Minimes à Port Neuf, barre l'accès au port à l'emplacement actuel de la tour Richelieu. Jean Guiton, nouveau maire, organise la résistance mais, vaincu par la famine, il capitule au bout de 416 jours. Un quart de la population seulement a survécu. Louis XIII fait raser les remparts et supprime les privilèges.

L'essor des XVIIe-XVIIIe siècles

Malgré les guerres de Religion, le commerce s'était tant bien que mal maintenu. Le second siège surtout marqua une rupture brutale et douloureuse mais, dès les années 1640, le commerce rochelais reprend.

En 1630, le port est déjà l'un des principaux lieux d'embarquement des émigrants pour le Canada. A partir de 1640, il est de nouveau l'un des plus importants de la façade atlantique. Depuis le XVIe siècle, les navires de plus de 100 tonneaux devaient mouiller dans le chenal, le déchargement se faisant sur des gabarres à faible tirant d'eau. Jusqu'à la Révolution française, toute la baie rochelaise est animée d'un intense trafic de marchandises sur ces petites embarcations. De nouvelles activités apparaissent : le commerce des peaux du Canada et surtout la traite des Noirs. Depuis les années 1620, les vins charentais sont convertis en eau-de-vie que l'on expédie vers l'Europe du Nord-Ouest. Mais au XVIIIe siècle, Nantes et Bordeaux ont pris le pas sur La Rochelle. La perte du Canada en 1763, la concurrence du sel breton, les révoltes de Noirs à Saint-Domingue puis l'interdiction de la traite ruinent les ambitions rochelaises.

Effacement puis relance aux XIXe et XXe siècles

La Révolution puis les guerres napoléoniennes ont en effet brisé le dynamisme rochelais. La pêche hauturière se développe, mais les industries demeurent peu nombreuses. Il faut attendre le Second Empire pour observer un regain d'activité : arrivée du chemin de fer en 1857, entrée du premier chalutier à vapeur en 1870, reprise du trafic portuaire avec la houille, les minerais, le guano. Mais la création d'un port en eau profonde à La Pallice donne un nouvel élan à la ville.

Décidé en 1879, le creusement du nouveau bassin est une entreprise gigantesque : 2 550 000 m^3 de déblais sont répandus dans les marais avoisinants, et jusqu'à 1 900 ouvriers sont mis à l'œuvre. En 1890, l'inauguration du nouveau port marque une étape importante. A l'aube du XXe siècle viennent s'implanter les industries lourdes : chimie, transformation du charbon, chantiers navals, raffinerie de pétrole dès 1900. Déjà, la Première Guerre mondiale fait apparaître l'insuffisance des nouvelles installations ; c'est que La Pallice est l'un des lieux de débarquement du matériel de guerre américain à partir de juin 1917. Dès 1923, on songe à créer un môle d'escale pour accueillir les gros cargos, mais il n'entrera en service qu'en 1947. En même temps, la pêche se modernise et s'intensifie : en 1928, il existe 65 chalutiers à vapeur de plus de 150 tonneaux. La pêche à la morue se développe, mais la concurrence réduit le nombre d'unités et aussi le tonnage débarqué. Les industries liées à la mer prennent pourtant de l'essor : conserveries, usines à glace et chantiers navals, à partir de 1922. Pendant la Deuxième Guerre mondiale, les Allemands font construire à La Pallice une base sous-marine puissamment fortifiée. La côte se hérisse de blockhaus, s'intégrant au mur de l'Atlantique.

Tous n'acceptent pas l'occupation allemande. En septembre 1944, Léonce Vieljeux, maire de La Rochelle, est fusillé pour fait de résistance. Après le débarquement, les armées allemandes en déroute viennent s'enfermer dans la « poche de La Rochelle », transformée en camp retranché. C'est alors le dernier siège de La Rochelle, de septembre 1944 à mai 1945. De longues tractations permettent cependant à la ville de préserver son patrimoine architectural.

La ville aujourd'hui

La Rochelle est maintenant une ville moyenne dont l'agglomération, qui comprend 123 000 habitants, englobe les communes avoisinantes d'Aytré, Périgny, Puilboreau, Lagord, Angoulins, Chatelaillon, Saint-Rogatien, L'Houmeau, Nieul, Saint-Xandre, La Jarne, Dompierre, Salles et Saint-Vivien. Dès 1880, Laleu fut annexé à la ville pour les besoins de l'extension portuaire à La Pallice.

A partir de 1950, une urbanisation intensive caractérise la périphérie de la vieille ville : Port Neuf, Mireuil, Villeneuve, Les Salines se hérissent de grands ensembles. En même temps, les zones industrielles de Périgny et Chef de Baie sont aménagées. Quelques grosses entreprises prospèrent : matériel ferroviaire, construction navale, automobile, matériel téléphonique, chimie.

Mais, dès les années 1970, l'orientation vers le tourisme, le souci de la préservation du cadre de vie infléchissent les politiques urbaines. A Villeneuve, le programme est interrompu au profit d'ensembles de taille moyenne. Les banlieues pavillonnaires s'étalent. Aux Minimes, le souci d'esthétique et d'intégration au paysage donnent l'aspect d'un quartier résidentiel de haut standing.

Désormais, la baie rochelaise abrite trois ports nettement distincts, d'envergure nationale. Le port de pêche, encore installé dans un bassin creusé sous Napoléon III, est le septième port français pour le tonnage débarqué, le sixième pour la valeur du poisson. Après avoir traversé une grave crise dans les années 1975-1985, la flottille de pêche s'est totalement renouvelée pour devenir une des plus modernes de France. Le port de commerce, à La Pallice, occupe le deuxième rang français pour l'exportation du blé, après Rouen, le premier rang pour l'importation du bois ; il est équipé de quais spécialisés permettant le chargement d'un cargo céréalier en six heures ou la manutention des conteneurs. Un terminal pétrolier permet d'accueillir des unités de 120 000 t. Enfin le port de plaisance, installé dans le Vieux Port et, depuis 1972, aux Minimes, avec une capacité d'accueil de 3 200 places, est l'un des plus importants d'Europe. L'ensemble Vieux Port-Minimes est le second de France, dépassé de peu par Marseille. Autour des bassins, une zone artisanale a permis l'installation d'activités liées à la plaisance. Derrière la plage, quelques commerces, un Musée océanographique et l'aquarium tentent de faire des Minimes un lieu attractif et animé.

Outre le tourisme et la plaisance, la ville se veut aussi dynamique sur le plan culturel. Écoles et I.U.T. se multiplient, l'organisation de congrès cherche à se développer, tandis que salons, comme le Grand Pavois, ou festivals, comme les Francofolies, diffusent l'image de marque de la ville.

Visite de la ville

Un très gros effort de restauration a remis en valeur les plus importants monuments. Rues piétonnes, bicyclettes banalisées et proximité des zones de parking tentent de concilier l'efficacité de la circulation dans un centre animé et l'intérêt du flâneur qui, ignorant tout de la ville, se retrouve instinctivement sur les quais.

Le centre-ville

P *place de Verdun, ou esplanade des Parcs*
4 h

▷ La place de Verdun *A1*

Autrefois place du Château. Tournant le dos aux parcs, on voit, sur la gauche, un alignement de maisons de styles et d'époques variés.

Vers le bas de la place, qui est légèrement inclinée, un peu après l'angle de la rue du Château-de-Vauclerc, la ***maison du nº 28***, surmontée de pots à feu, date du XVIIIᵉ s.

A sa droite, remarquer le ***nº 26***, une maison de style flamand (XVIIᵉ s.), avec ses gargouilles et son pignon en escalier. Au ***nº 18***, un édifice du XIXᵉ s. abrite le Crédit Municipal.

Le ***nº 12*** est de style Premier Empire. Tout en haut, l'***hôtel de Police*** *(au nº 2)*, est installé dans un bâtiment XVIIIᵉ s.

Fermant le haut de la place, la rue Chaudrier offre la même variété : façades XIXᵉ s. à arcades néo-gothiques du ***Café de la Paix***, mais véritables arcades gothiques du XVᵉ s. devant le ***Crédit du Nord*** *(au nº 48)* ; enfin succession de maisons à arcades XVIIIᵉ s. jusqu'à la rue Gargoulleau : remarquer particulièrement l'agencement de la ***façade du nº 38*** qui présente un axe central marqué par une fenêtre unique à chaque étage avec, sur chaque côté, une demi-fenêtre.

Toutes ces façades n'ont certes pas l'éclat des édifices publics ou même des riches demeures que l'on découvrira plus avant dans la ville. Elles témoignent cependant des modes architecturales diffusées dans la petite ou moyenne bourgeoisie urbaine.

Sur le troisième côté de la place, qui se prolonge par l'*avenue du Général-Leclerc* (voir, dans le bas de l'avenue, les maisons de la fin du XIXe s., particulièrement la *façade* ornée de mascarons à tête de Francs illustrant la mode pour le pastiche), le paysage est tout différent. Ici, aucun édifice privé.

Fermant l'angle avec la rue Chaudrier, la massive cathédrale se détache. De ce côté, toutes les constructions anciennes ont été détruites, et particulièrement le Grand Temple qui se trouvait devant l'actuelle cathédrale.

La place était à l'origine beaucoup moins large qu'aujourd'hui. Elle était le théâtre des exercices militaires, des fêtes et des réjouissances publiques. Ce fut aussi un lieu d'exécutions ; le 10 mai 1552, deux protestants rochelais y furent brûlés vifs, prélude à un long conflit qui allait plonger la ville dans la désolation.

▷ La cathédrale *A1-2*

Elle occupe l'emplacement de l'ancienne église Saint-Barthélemy, dont il ne subsiste aujourd'hui que le clocher du XVe s. Pour affirmer publiquement la volonté de reconquête catholique de la ville après le second siège, on décida, en 1648, de supprimer l'évêché de Maillezais et on démantela celui de Saintes ; désormais, l'évêque siégerait à La Rochelle.

Comme cathédrale, on lui désigna d'abord le Grand Temple, mais celui-ci fut détruit par un incendie en 1648. Faute d'argent, l'édifice actuel ne fut construit qu'en 1742, selon les plans de *Gabriel*. Son fils poursuivit les travaux, et la cathédrale, encore inachevée, fut ouverte au culte en 1784.

Il fallut attendre le Second Empire pour mettre en place la coupole du transept, le chœur et le déambulatoire.

Massive et sévère, la cathédrale est extérieurement très dépouillée. Seuls un large fronton triangulaire et l'emploi de colonnes décorent la façade. Au chevet, le *clocher de Saint-Barthélemy* est de style gothique flamboyant.

A l'*intérieur*, la large nef, avec sa chaire Louis XVI et sa chapelle mortuaire des Évêques, est surtout remarquable par son décor de *peintures* réalisées par le Rochelais *Bouguereau* entre 1876 et 1881, dans un style très académique. Parmi les chapelles,

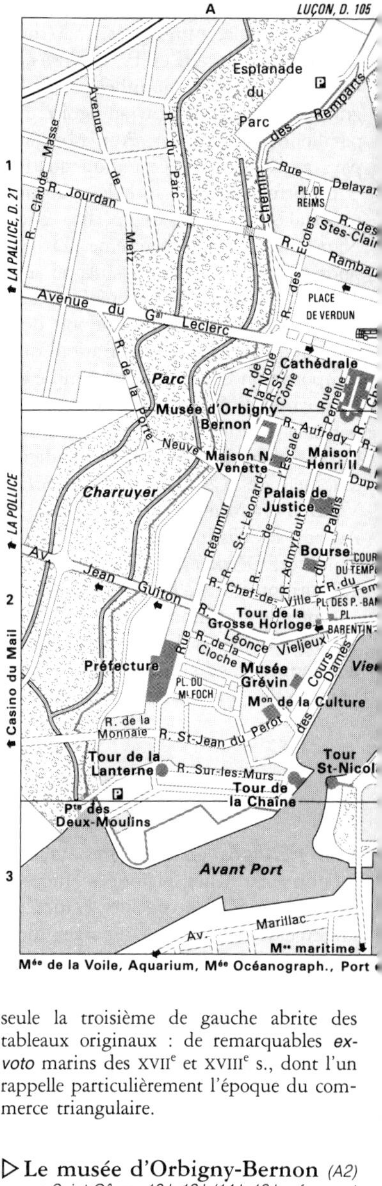

seule la troisième de gauche abrite des tableaux originaux : de remarquables *ex-voto* marins des XVIIe et XVIIIe s., dont l'un rappelle particulièrement l'époque du commerce triangulaire.

▷ Le musée d'Orbigny-Bernon *(A2)*

rue Saint-Côme ; 10 h-12 h/14 h-18 h, sf mar. et dim. matin ☎ 46.41.18.33

Il est installé dans un hôtel du XIXe s. qui montre bien le goût de l'époque pour le pastiche.

Le *rez-de-chaussée* est consacré à quelques temps forts de l'histoire locale. On peut voir un bordage de poupe pris à une caravelle espagnole en 1543, l'évocation du Brave Rondeau, des Quatre Sergents de La Rochelle et de l'amiral Duperré.

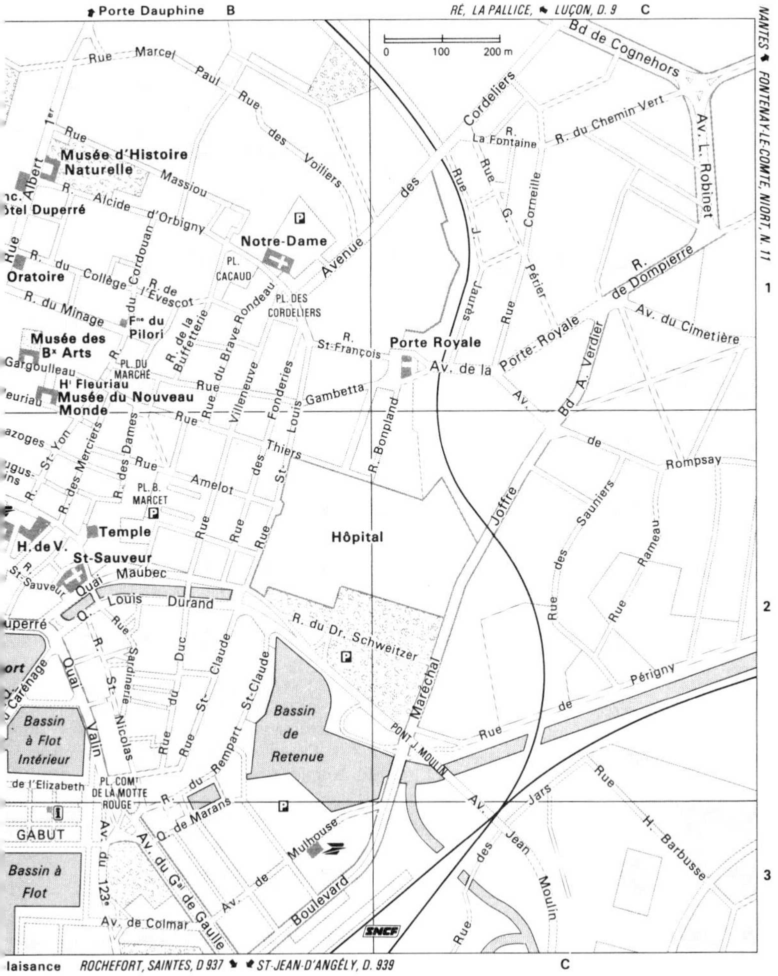

La Rochelle

La création du port de La Pallice et la Seconde Guerre mondiale sont également illustrées dans ce musée.

Le *premier étage* est surtout remarquable par une très belle collection de *faïences rochelaises*, bien mise en valeur par un mobilier charentais, et les meubles d'acajou de l'Apothicairerie de l'ancien hôpital Aufrédi.

On peut aussi y voir de très intéressantes faïences européennes des XVIIe et XVIIIe s., des miniatures et des porcelaines de la même époque, des émaux, et des *plats* de *Bernard Palissy*, des poteries médiévales et gallo-romaines.

Le *second étage* abrite une surprenante collection extrême-orientale, composée de vêtements de mandarins, de porcelaines, de statuettes et d'estampes japonaises.

▷ La rue Chaudrier *(A1-2) par l'av. du Général-Leclerc*

Elle tire son nom de celui qui fut quatre fois maire de La Rochelle, de 1359 à 1370, et qui, par la ruse, reprit la ville aux Anglais en 1372. Cette rue se distingue par ses *arcades* des XVIIe et XVIIIe s. qui caractérisent presque toutes les rues de la vieille ville. Elles abritaient autrefois les étals des commerçants. Les piétons passaient dans la rue, devant les arcades et non dessous comme aujourd'hui.

L'on descendra la rue Chaudrier en s'arrêtant dans les rues qui lui sont perpendiculaires et qui présentent de nombreux hôtels particuliers, constructions souvent fastueuses et de grande ampleur, traduisant la prospérité économique du temps.

▷ L'ancien évêché *(B1) rue Gargoulleau*

C'est aujourd'hui la ***bibliothèque municipale*** et le ***musée des Beaux-Arts*** *(→)*. Ce n'est qu'en 1648 que l'évêché de Maillezais fut transféré à La Rochelle, augmenté de l'Aunis et de l'île de Ré. L'évêque fut d'abord installé dans le Grand Temple puis, en 1673, *Monseigneur Henri de Laval* établit l'évêché dans le Grand Logis de la rue Gargoulleau qui avait été construit vers 1600. C'était alors la plus belle demeure de la ville. *Sully*, *Condé*, *Louis XIII*, *Anne d'Autriche* y séjournèrent. Jugé vétuste un siècle plus tard, il fut détruit et remplacé par l'édifice actuel de style classique. L'architecte parisien *Ducré* supervisa les travaux de 1773 à 1777. En 1790, l'Assemblée nationale supprima l'évêché de La Rochelle. Depuis 1795, la bibliothèque municipale est établie dans ces locaux.

▷ Le musée des Beaux-Arts *(B1)*

t.l.j. sauf mar. 14 h-17 h ☎ 46.41.64.65

Il occupe le second étage de l'ancien évêché, au-dessus de la bibliothèque municipale. La collection rassemble des œuvres allant des primitifs aux contemporains. Parmi les œuvres les plus significatives, on remarquera, pour le XVIe s., un ***Saint Christophe portant l'Enfant Jésus***, attribué au *Maître de Francfort*. Le XVIIe s. est représenté par une importante toile d'*Eustache Le Sueur*, ***L'Adoration des Bergers****, qui avait été commandée par les Oratoriens en 1655 pour leur couvent de la rue Albert-Ier, et par d'intéressantes peintures marines hollandaises. Du XVIIIe s., quelques portraits. Mais ce sont surtout les peintres locaux du XIXe s. qui font l'intérêt du musée : *Théodore Chassériau* (1819-1856), né à Saint-Domingue de père rochelais, dont on peut voir en particulier ***le Retour de l'enfant prodigue***. *Eugène Fromentin*, (1820-1876), dont la maison se trouve à Saint-Maurice (*→ encadré*), a laissé de nombreuses peintures inspirées de l'Algérie, à la fois romantiques et orientalisantes ; on a retrouvé récemment des études et des dessins inédits. Enfin, *William Bouguereau* (1825-1905), peintre académique, décorateur de la chapelle de la Vierge de la cathédrale et de l'église Saint-Augustin à Paris, de qui on peut voir six toiles, dont l'***Océanide***, exécutée en 1904. La peinture du XXe s. est représentée par *Marquet*, *Maillol*, *Bourdelle* et quelques artistes régionaux : *Balande*, *Charlopeau*, *Chaissac*.

▶ Reprendre la rue Chaudrier.

▷ L'hôtel Fleuriau *(B1) 10, rue Fleuriau*

C'est une construction complexe, mais fort intéressante, de la seconde moitié du XVIIIe s. *Aimé-Benjamin Fleuriau* était un riche planteur et négociant rochelais. En 1772, il achète l'hôtel Regnaud de Beaulieu, qui avait été construit vers 1740, selon le plan classique des hôtels particuliers : un corps de logis et deux ailes encadrent la cour, fermée côté rue par un haut mur. Le portail est décoré d'un beau mascaron et surmonté d'un linteau en chapeau de gendarme. En 1780, *A.-B. Fleuriau* acquiert un terrain rue Gargoulleau, juste derrière son hôtel, qu'il fait agrandir. Ainsi l'hôtel présente deux façades de style très différent. ***Côté cour*** *(rue Fleuriau)*, une façade très sobre, typique de la première moitié du XVIIIe s., et ***côté jardin*** une décoration *(rue Gargoulleau)*, qui annonce déjà les modes architecturales des premières années du XIXe s. Depuis 1982, l'hôtel abrite le musée du Nouveau Monde.

▷ Le musée du Nouveau Monde*

(B1) 10, rue Fleuriau ; 10 h 30-12 h 30/13 h 30-18 h, sf mar. et dim. matin ☎ 46.41.46.50

Le rez-de-chaussée, côté jardin, est surélevé de plusieurs marches par rapport au côté cour. Dans le ***hall d'accueil***, de nombreux documents présentent l'histoire et les activités de la famille Fleuriau. Dans les ***salons*** lambrissés, quelques meubles du XVIIIe s. en acajou et quelques faïences permettent d'évoquer l'univers matériel d'un riche négociant dans les dernières années de l'Ancien Régime. Au fond, côté jardin, un ***cabinet de négociant*** du XVIIIe s. présente un mobilier complet avec encrier, globe terrestre et sextant.

Le second intérêt du musée du Nouveau Monde est l'évocation des relations entre la France et l'Amérique du XVIe au XIXe s., à partir de La Rochelle qui fut l'un des principaux ports d'émigration et de commerce vers l'Acadie, le Canada, la Louisiane, les Antilles. La collection, qui compte environ 500 œuvres, comprend peintures, gravures, dessins, sculptures, cartes anciennes, objets d'art décoratif, évoquant les ***transports maritimes*** à l'époque moderne *(salles du rez-de-chaussée et cage d'escalier)*, l'***histoire de la***

A voir également

Le musée des Automates, rue de La Désirée, La Ville-en-Bois ☎ 46.41.68.08.
Le musée rochelais de la Dernière Guerre, 8, rue des Dames ☎ 46.34.02.67.
Le Musée protestant, 2 rue Saint-Michel ☎ 46.41.32.84
Le musée du Flacon de Parfum, 33 rue du Temple ☎ 46.41.32.40
Le musée des Minéraux, 35 rue Saint-Jean-du-Pérot ☎ 46.41.64.60

---

cartographie (salles de droite du rez-de-chaussée et surtout le long des escaliers), les *Indiens d'Amérique du Nord (premier étage)* - voir particulièrement le bronze de *Karl Kauba* et les photos de *Curtis* -, et les interprétations romantiques de l'*Amérique précolombienne (également à l'étage)*. Signalons également qu'une importante section est consacrée à l'économie des *anciennes colonies françaises* d'Amérique et qu'une large place est faite à la « frontière » de l'ouest américain et aux *Amérindiens*.

▷ La maison Henri II** ou maison de Diane de Poitiers *(A2) rue des Augustins ; juil.-août t.l.j. sauf sam. et dim. 10 h-12 h/14 h-18 h ; le reste de l'année sur RV ☎ 46.34.88.59*

C'est improprement qu'elle est appelée ainsi. Seuls les croissants qui en composent pour une part la décoration justifient ces dénominations. L'hôtel a été construit vers 1555 pour *Hugues Pontard*, procureur du Roi, probablement sous la férule de l'architecte *Léonard de la Réau*. L'ensemble Renaissance comprend deux pavillons de hauteur inégale réunis par une belle galerie à deux étages. Le corps de logis, très peu profond, constitue le fond de la cour et s'adosse à l'ancien hôtel de Baillac. Fenêtres et arcades en plein cintre sont encadrées de colonnettes. Frises et corniches séparent les étages, tandis que de très belles *lucarnes*, richement décorées, animent la triple toiture aux pentes très raides. Au XVIIe s., la maison devint une auberge, puis le siège du Corps de Ville. Depuis 1975, elle abrite les collections de la *société d'archéologie et d'histoire de l'Aunis*.

▸ A l'angle des *rues Fromentin* et *Chaudrier*, on remarquera une *maison* à tourelle du XVIIe s.

▷ La rue du Palais *A2*

*L'hôtel de la Bourse** a été construit en 1764 et abrite la chambre et le tribunal de Commerce. Le plan d'ensemble, l'équilibre des proportions et la simplicité des lignes en font un bel exemple d'architecture classique. Le bâtiment se compose d'un péristyle à huit colonnes, reliant deux ailes.

La cour, où l'on peut entrer, ouvre sur la *rue Admyrault* (*hôtel Brunet de Passy* au n° 6, *hôtel d'Angliers* au n° 22) par un beau porche. La façade intérieure du péristyle est décorée de *bas-reliefs* présentant des trophées de marine, et surtout de navires montrant leur poupe aux visiteurs, dernier signe d'arrogance de la cité marchande.

Juste à côté, le *palais de justice* symbolise l'autorité royale. Le premier palais avait été construit par *Henri IV* à ses frais, en 1604. Il n'en subsiste que le couloir d'entrée et quatre portes, deux sculptées sous la voûte d'entrée, avec leurs frontons, et deux au premier étage. De 1783 à 1789, l'ingénieur *Duchesne* dirige la construction d'un nouveau palais de justice. La façade est de style corinthien : colonnes cannelées et chapiteaux à feuilles d'acanthe, frontons triangulaires au-dessus des trois fenêtres centrales du premier étage, enfin frise et corniche. Tout en haut du monument, on peut encore lire l'*inscription* ajoutée en 1793 de part et d'autre d'un trophée gréco-romain : « Temple de la Justice sous le règne de la Liberté et de l'Égalité, l'an II de la République française ».

▸ Face à l'hôtel de la Bourse, un étroit passage conduit à la *cour de l'ancienne Commanderie des Templiers*. L'ordre vint s'installer à La Rochelle sans doute avant 1139, date à laquelle *Aliénor d'Aquitaine* lui donne les moulins avoisinant la ville. Dotée de larges franchises, la commanderie devint le plus important établissement des Templiers dans le diocèse de Saintes, jusqu'à la confiscation de leurs biens et la dissolution de l'ordre en 1312. Aujourd'hui, il en subsiste peu de vestiges. Dans un angle, une porte murée avec un fronton en accolade et la croix templière donne une idée des variations du niveau du sol.

▸ En passant sous l'ancienne porte, l'on débouche dans la *cour du Temple*. Au *n° 29*, une maison à colombage du XIVe s., à la charpente extérieure protégée par des ardoises. Au *n° 21*, maison Renaissance.

▸ En prenant la rue du Temple à gauche, on arrive *place de la Caille*. Réservée aux piétons, elle offre déjà de beaux exemples de façades Renaissance en pierre, surmontées de lucarnes et de gargouilles.

▸ De là, par la *rue de l'Hôtel-de-Ville*, on débouche sur la place de l'Hôtel-de-Ville. Le centre en est occupé par la statue de *Jean Guiton*.

▷ L'hôtel de ville* *B2*

Il est situé sur l'emplacement de l'ancien échevinage dont il ne subsiste que l'enceinte gothique, construite à la fin du XVe s. Tours d'angle, créneaux et mâchicoulis n'ont qu'une fonction décorative et symbolique.

L'extérieur

Au-dessus du *portail* flamboyant figurent les armes de la ville, et les modillons, finement sculptés, présentent des motifs fantastiques. La *tour d'angle nord-ouest*, agrémentée de gargouilles, fut restaurée et surélevée par *Lisch*, qui la surmonta d'un campanile entre 1872 et 1880. Dans la cour, le bâtiment principal a été édifié de 1595 à 1606. A gauche, un escalier monumental accède au premier étage et masque en partie un pavillon Henri II où se trouve la salle des échevins. Au-dessus de l'escalier, un campanile abrite une représentation d'Henri IV en faïence polychrome.

Mais c'est surtout la façade principale du corps de logis qui retient l'attention. Construite sous Henri IV, la décoration est abondante, rythmée de trophées et de médaillons, et traduit bien l'influence italienne très répandue à la fin du XVIe s. Au *rez-de-chaussée*, une galerie couverte présente d'abord d'épaisses colonnes cannelées et baguées, supportant des arcades à clés pendantes. Sur le plafond à caissons, les chiffres d'Henri IV et Marie de Médicis apparaissent çà et là. Une frise rythmée de triglyphes achève le rez-de-chaussée. A l'*étage*, la décoration rappelle le goût pour l'antiquité, très à la mode pendant la Renaissance. Les quatre fenêtres sont séparées par des niches encadrées de colonnes corinthiennes. Dans chaque niche, une statue représente l'une des quatre vertus cardinales : la *Prudence*, la *Justice*, la *Force* et la *Tempérance*. Enfin, la façade s'achève par une série de lucarnes richement décorées. A droite, l'aile en retour a été rajoutée au XIXe s., de même que la statue de la *Loi*.

L'intérieur (juin-sept. t.l.j., le reste de l'année les sam., dim. et vacances scolaires groupes sur RV ☎ 46.41.14.68)

Dans l'ancien *cabinet de Jean Guiton*, on peut encore voir la table en bois sculpté et doré, recouverte de marbre avec, dit-on, la marque du coup de poignard du maire de la ville assiégée, le fauteuil en cuir de Cordoue où il prenait place, les tapisseries couvrant les murs. La *salle des fêtes*, d'époque Louis XIII, n'attire l'attention que par son plafond et sa grande cheminée. Enfin, dans la *salle des échevins* figurent tous les noms des maires et leurs écussons.

▶ En sortant de la mairie, on peut aller voir la façade postérieure de l'édifice (rue des Gentilshommes). On y remarque la *porte des Échevins*, par laquelle sortaient les élus. Elle est surmontée d'un navire sculpté dans la pierre au XVe s. Au-dessus, un balcon, aux corniches abondamment sculptées, s'avance en biais sur la rue. Le nom de la rue date de l'époque où les échevins, auxquels leur charge conférait la noblesse, utilisèrent cette porte.

▷ La rue des Merciers B2

Autrefois Grande Rue des Marchands, c'est la plus ancienne rue commerçante de la ville. Depuis, elle a gardé cette fonction qui en fait une rue très animée. Elle a conservé une grande partie des *porches* qui la bordaient dès le XIVe s. Les piliers étaient d'abord en bois, avant d'être en pierre, et le « droit de porche » accordé aux commerçants riverains était très réglementé : une commission municipale veillait à ce que l'exposition des marchandises ne puisse nuire au public.

Davantage que par ses arcades, c'est par ses *façades* que la rue se distingue. Côté impair, les maisons sont souvent plus anciennes que du côté pair. Au *nº 3* se trouve la maison du maire Jean Guiton, construite au début du XVIIe s. Le *nº 5* est de même époque et appartenait au même propriétaire. Elle est surnommée *maison des figures*, de nombreux bustes ornant la façade. Aux quatre coins des fenêtres, on remarque des bas-reliefs représentant masques ou fruits divers. Presque en face, le *nº 8* présente une très belle façade de pierre Renaissance. Les mascarons finement sculptés et les lucarnes ouvragées sont les principaux éléments de décoration. Mais il faut aussi remarquer les très belles *gargouilles*, comme sur la plupart des maisons en pierre de cette rue, représentant le plus souvent des bustes de femmes, des lions, des griffons ou des dauphins. Au XIXe s., un arrêté municipal avait décidé de les faire scier pour éviter aux passants et aux chevaux les désagréments dus au ruissellement. Mais il en reste encore plus de deux cents dans le centre ville.

Un peu plus loin, le *nº 17*, avec ses frontons, est un édifice du XVIIe s. Intéressante série de *maisons à pans de bois* des XVe et XVIe s. (du nº 23 au nº 33, et encore aux nºs 53 et 55). Remarquer, tout en haut des façades, les *lucarnes* : elles sont munies d'une poutre et d'un crochet, parfois équipé d'une poulie. C'étaient les monte-charge de l'époque. Au coin de la *rue du Beurre*, on remarquera une belle *maison à colombage* du XVe s. Côté pair, le *nº 28* est du XVIIe s. et le *nº 36*, édifié au XVIIIe s., est décoré d'un bas-relief représentant un bélier.

▶ *La place du Marché* (B1). L'actuelle place a été aménagée à partir de 1830. Certaines maisons, comme celle de l'angle de la rue Gargoulleau, ont été refaites à cette époque. Le *marché couvert*, récemment rénové, a été construit en deux étapes : d'abord de 1834 à 1836 pour l'allée centrale, puis en 1893 il est élargi, prenant son aspect actuel. Face à la place, au fond de l'*impasse Tout-y-faut*, une belle fenêtre à meneaux Renaissance. Juste à côté, on remarque encore une très belle maison à colombage du XVe s.

▷ La place du Pilori (B1) angle rues du Minage et de Cordouan

Aucun condamné n'a jamais été exposé à cet endroit : la petite place tire son nom du puits Lori. Au XVIe s., on y édifia la *fontaine du Pilori*. Elle recevait ses eaux du ruisseau de Lafond par des galeries creusées dans le calcaire dur du sous-sol. L'alimentation en eau potable de la ville était une difficulté importante et, pour résoudre les problèmes de pente et de circulation de l'eau, il avait fallu installer la fontaine au fond d'une fosse profonde de 5 m dans laquelle on descendait par deux escaliers semi-circulaires. Comme ces escaliers étaient rendus dangereux par la pluie et le gel, elle fut modifiée et remise au niveau du sol en 1722, prenant alors sa forme actuelle.

Donnant sur la place, à l'angle de la rue du Cordouan, une maison de pierre du XVIIe s. se remarque surtout par sa *tourelle d'angle* de forme carrée. A l'époque, c'était l'auberge du Mortier d'Or. C'est, encore aujourd'hui, un café qui occupe les lieux.

▷ La rue du Minage *B1*

Elle permet de rejoindre la place de Verdun. Pour la suivre, il vaut mieux se placer sous les arcades côté impair, pour mieux voir les façades les plus intéressantes du côte pair. Seule à avoir conservé tous ses porches d'origine c'était, à l'époque moderne, la rue des auberges et hôtelleries. Ces établissements étaient très fréquentés par les conducteurs de charettes qui se rendaient au Minage ou à la Grande Boucherie, sur l'actuelle place du Marché.

Au *n° 6*, une belle façade Renaissance, ornée de frontons, a été modifiée à l'étage supérieur vers 1880. Au *n° 10*, une maison est datée de 1776. Les maisons des *nos 18 et 20* datent du XVIIe s. Au *n° 26*, on remarquera particulièrement l'enseigne sculptée « le Serf Montant » (1754), signalant une ancienne auberge. Aux *nos 34 à 38*, on note une longue bâtisse qui s'appuie sur quatre arcades successives, dont la façade est percée de petites fenêtres. C'est l'ancien Minage, qui a donné son nom à la rue depuis le XIIIe s. A l'origine, le minage était un droit féodal perçu sur le mesurage des grains. En 1267, il fut transféré à la ville qui, dès lors, en retira les bénéfices. Peu à peu, le terme désigna le bâtiment où l'on entreposait les grains en attendant le prélèvement du droit, et où s'effectuaient aussi les transactions. En période de disette, il servait d'entrepôt pour le blé et la farine. En 1775, l'immeuble fut désaffecté et servit de caserne avant d'être « privatisé » en 1817.

Un peu plus loin, c'est du côté impair que les maisons sont les plus anciennes : les *nos 51* et *53* sont du XVIIe s. ; au *n° 69*, à l'angle de la rue Chaudrier, on pourra observer un bas-relief présentant des selles, enseigne d'un ancien marchand sellier.

► De là, on peut rejoindre directement la *place de Verdun* ou l'*esplanade des Parcs*, ou partir aussi à la découverte de la parure monumentale de la ville au XVIIIe s. par la *rue Albert-Ier*.

Pour en savoir plus

Aunis Saintonge, ouvrage collectif, Christine Bonneton éditeur, Paris, 431 p.

*Beraud R., **Petite encyclopédie monumentale et historique de La Rochelle,** Rupella éd., 202 p.*

***La Charente-Maritime aujourd'hui,** milieu, économie, aménagement, publications de l'Université francophone d'Été, Jonzac, 262 p.*

***Histoire de La Rochelle,** dir. M. Delafosse, Privat éd., Toulouse, 308 p.*

Le Vieux Port**

Ⓟ *Saint-Nicolas, Saint-Jean-d'Acre, place de Verdun ou esplanade des Parcs / 3 h*

Deux circuits sont possibles. Le visiteur pressé suivra la rue Chaudrier puis la rue du Palais pour passer devant l'*hôtel de la Bourse (→)* et le *palais de justice (→)*.

▷ La place des Petits-Bancs *A2*

La place tire son nom de l'activité des changeurs, qui remonte au XIIIe s. A cet endroit, les changeurs venaient installer leurs tables, leurs bancs et leurs balances, pour pratiquer leur commerce. Au centre, à la place de l'actuelle *statue d'Eugène Fromentin*, se trouvait une fontaine qui disparut en 1869.

A l'angle de la place et de la rue de la Grosse-Horloge, on remarque une très belle *maison Renaissance*, datée de 1554. L'étage est décoré de cariatides. Les fenêtres sont encadrées de demi-fenêtres et surmontées de frontons finement sculptés. L'utilisation de vitres colorées ajoute encore à la mise en valeur de la façade.

▷ La tour de la Grosse Horloge* *A2*

Construite au XIIIe s., c'était à l'origine l'une des portes de l'enceinte fortifiée. Elle s'appelait alors porte du Perrot. Encadrée de deux tourelles crénelées, elle était percée de deux passages, l'un pour les chariots, l'autre, plus petit, pour les piétons. En 1478, on surmonta la partie centrale de la porte d'un clocher octogonal et d'un campanile qui abritait la cloche de l'horloge. Vers cette époque, la porte prend le nom de tour de la Grosse Horloge, mais sa forme actuelle ne se fixe qu'au XVIIIe s. En

1672, on a d'abord réuni les deux portes en une seule arcade pour faciliter la circulation puis, en 1746, on modifia complètement la partie supérieure de la tour. L'ancien clocher et les créneaux furent détruits et remplacés par l'actuelle construction de style Louis XV, encadrée au sommet des tourelles de trophées militaires et d'allégories scientifiques.

A l'intérieur, un *musée archéologique* présente les résultats de fouilles réalisées cour du Temple et rue des Templiers. Il est possible d'accéder à l'étage supérieur, sous l'horloge.

▶ Une fois la tour franchie, on se trouve à l'angle du *cours des Dames* et du *quai Duperré*, face à la statue de l'amiral en l'honneur duquel on rebaptisa le quai. De là, on visite la *tour Saint-Nicolas (→)* puis celles *de la Chaîne (→)* et *de la Lanterne (→)*.

Le deuxième circuit, plus long, part de la *place du Marché* d'où l'on prendra la *rue Saint-Yon*.

▶ La *rue Saint-Yon*, très commerçante, n'a pas conservé ses arcades. Cependant de belles demeures subsistent : au *nº 14*, une maison à pans de bois de la fin du XVᵉ s. ; du *nº 16* au *nº 22*, une succession de façades en pierre du XVIIᵉ s. Au *nº 25*, la lucarne centrale est décorée d'un beau mascaron représentant une tête de femme. Parallèle à la rue des Merciers, la rue Saint-Yon permet de revenir à l'hôtel de ville *(→)*. De là, emprunter la *rue Saint-Sauveur*.

▶ En plein secteur piétonnier, la *rue Saint-Sauveur* possède des maisons à colombage qui alternent avec les constructions en pierre des XVIIᵉ et XVIIIᵉ s.

▶ On peut tourner dans la *rue Bletterie*, où l'on voit encore des maisons à pans de bois, et au *nº 3*, une belle cour intérieure avec un escalier de bois.

▷ Le Temple protestant *(B2) rue de la Ferté*

A son emplacement se trouvait autrefois la salle Saint-Michel, qui servait aux réceptions. En 1561, les protestants furent autorisés à s'y réunir avant la construction du Grand Temple. La salle Saint-Michel fut alors reprise par les récollets, qui y firent bâtir une nouvelle église en 1705. Après une longue période d'intolérance, les protestants reprirent la célébration de leur culte en 1784. En 1799, ils rachetèrent l'église des récollets et, depuis, y exercent toujours leur culte.

▶ Le *musée protestant (entrée 2, rue Saint-Michel; juill.-août t.l.j. sauf dim. 14 h 30-18 h, le reste de l'année t.l.j. sauf dim. et lun. 14 h 30-16 h 30 ou sur RV ☎ 46.41.32.84)*. On peut y voir notamment un exemplaire de la Confession de foi de La Rochelle (1571), une bible de 1606, divers objets de culte, et une collection de méreaux, illustrant l'époque des réunions clandestines.

▶ Derrière le temple se trouve l'*îlot Saint-Michel*, un exemple réussi de réhabilitation d'un quartier ancien. Ce secteur fut en effet considérablement dégradé au XIXᵉ s., époque à laquelle les commerçants de la rue des Merciers utilisèrent le bâti ancien pour y installer leurs entrepôts. La rue a été tracée après modification des plans anciens, et quelques vestiges XVIIᵉ et XVIIIᵉ s. *(l'Arsenal)* qui ont été conservés s'intègrent bien avec les constructions neuves.

▶ De retour rue Saint-Sauveur par la rue Bletterie, poursuivre vers le *quai Maubec*, en passant devant l'église Saint-Sauveur.

▷ L'église Saint-Sauveur *B2*

Cette église eut une histoire mouvementée dont elle porte encore les traces. Comme l'église Saint-Barthélemy, le premier édifice fut construit par les moines de l'île d'Aix et dédié d'abord à sainte Madeleine. Détruit par le feu en 1419, on reconstruisit, sous le patronage de saint Sauveur, une église gothique dont on peut encore voir le clocher et, à sa base, les arrachements du portail qui s'effondra pendant le siège de 1573. Une troisième église fut achevée en 1669, dont il ne subsiste que le portail, très marqué ; un second incendie ravagea l'édifice, et c'est donc une quatrième église qui fut consacrée en 1718. L'intérieur n'a guère d'intérêt, hormis les *ex-voto* marins qui y sont exposés.

▶ Tout près de l'église, passe le *canal Maubec*. En tournant à droite, on arrive tout de suite sur le *quai Duperré*, autrefois appelé Grand'Rive, au fond du bassin d'échouage aménagé là depuis la fin du XIIᵉ s.

▶ On peut aussi traverser le canal par une petite passerelle réservée aux piétons, pour gagner le *quartier Saint-Nicolas*.

▷ Le quartier Saint-Nicolas

L'existence de la paroisse Saint-Nicolas est attestée dès le XIIᵉ s., et le quartier fut réuni à la ville au XIIIᵉ s., abrité derrière l'enceinte fortifiée. Arrivant de Tasdon, les voyageurs entraient alors dans la ville par la porte Saint-Nicolas, aujourd'hui disparue. C'était le quartier populaire de la ville, où venaient s'établir les marins bretons qui naviguaient pour le compte des armateurs rochelais. On peut encore y voir de jolies petites *places* pavées et de modestes demeures XVIIIᵉ s. Chaque semaine, un *marché aux puces* anime le quartier.

▶ Par la rue Saint-Nicolas, on arrive *place de la Motte-Rouge (B2-3)*. Donnant sur le port, remarquer un hôtel à la façade inhabituelle : c'est l'*ancienne église Saint-*

Nicolas. La première église fut construite après celles du centre-ville puis, comme les autres églises, elle fut détruite par les protestants en 1568. Elle fut désaffectée... et devint un entrepôt des douanes avant de servir de magasins. En 1978, elle fut totalement démolie pour laisser place à l'hôtel actuel. Seule la façade a été conservée.
▶ L'*avenue du Général-de-Gaulle*, qui part de la place, mène à la *gare* (→ *encadré*).
▶ De la place de la Motte-Rouge, traverser le *quai Valin*, autrefois appelé la Petite Rive, et revenir vers le Vieux Port, en passant près du bassin à flot intérieur, creusé sous Napoléon Ier. De là, on peut aller jusqu'à la tour Saint-Nicolas.

▷ La tour Saint-Nicolas* A2

C'est la plus haute et la plus massive de celles qui encadrent l'entrée du port. Construite à la fin du XIVe s., elle a l'aspect d'une véritable forteresse avec son donjon tourné vers la mer. La base forme un pentagone, construit sur des pilotis de chêne; c'est pourquoi l'édifice est légèrement penché. Trois angles sont flanqués de tourelles rondes engagées. A l'origine, on entrait dans la tour par un escalier qui descendait à la salle du rez-de-chaussée. En 1697, on construisit l'escalier, qui sert de contrefort et qui accède directement au premier étage.

A l'*intérieur*, trois grandes salles octogonales sont superposées, dont deux sont à voûtes d'ogives. Entourées de galeries et de petites pièces prises dans l'épaisseur de la muraille, dont l'une est une chapelle, elles sont reliées par tout un système d'escaliers à vis qui aboutissent à la première plate-forme et, de là, à la salle des gardes du donjon. Puis un autre escalier mène à la seconde plate-forme, au sommet du donjon. A 35 m d'altitude, beau *panorama* sur le port et la ville.

L'édifice connut peu de combats. C'est surtout pendant la Fronde qu'il fut le théâtre d'événements importants. En 1651, le *comte du Doignon*, gouverneur d'Aunis, s'était rangé du côté de *Condé*. Retranché dans la tour, il avait fait couper la muraille du Gabut pour s'isoler. Mais la ville restant fidèle au roi, la garnison finit par se rendre à l'armée royale pendant que du Doignon partait rejoindre Condé. Les préparatifs du gouverneur de l'Aunis, quelques canonnades de l'artillerie royale, endommagèrent beaucoup la partie supérieure de la tour. Créneaux et mâchicoulis furent restaurés par *Lisch* en 1888. Construite pour défendre l'accès du port, la tour eut en définitive des utilisations variées : elle servit successivement de dépôt d'armes, de prison, de magasin d'artillerie.

Un nouveau monument?

La construction de l'actuelle gare et l'aménagement de ses abords ont complètement transfiguré cette partie de la ville. La première gare fut inaugurée en 1857. Elle était située en face de l'encan, de l'autre côté du pont de Tasdon, à l'emplacement de l'actuel complexe hôtelier. Elle était construite en brique, avec une grande marquise de verre et d'acier qui surplombait les voies. Tout à fait dans le style de la première génération de gares, les lignes y arrivaient en cul-de-sac. L'emplacement étant peu favorable, une nouvelle gare était réclamée dès 1886.
Après bien des hésitations, les travaux ne commencèrent sur le site actuel qu'en 1909. Il fallut en effet attendre le déclassement de l'enceinte fortifiée qui formait l'« ouvrage à corne » de Saint-Nicolas. La construction elle-même fut retardée par la nature marécageuse du terrain, qui dut être consolidé. Elle entraîna la disparition de l'enceinte fortifiée du XVIIe s. et d'une porte Napoléon qui avait été édifiée en 1857. Conçue par Pierre Esquié, elle représente assez bien une nouvelle génération de gares, où l'on abandonne la célébration de l'ère industrielle par le verre et l'acier pour chercher à intégrer les nouveaux édifices dans le site paysager. Ainsi la tour centrale est, dans sa partie supérieure, un pastiche de celle de la Grosse Horloge. La nouvelle gare fut inaugurée en 1922, et sa tour à l'horloge fit beaucoup jaser à l'époque : avec ses 45 m, elle est plus haute que les tours du Vieux Port.

Aujourd'hui, elle abrite un intéressant *Musée Maritime*.
▶ De la tour Saint-Nicolas, traverser le bassin à flot intérieur par la passerelle de l'écluse, puis contourner le bassin à marée.
▶ Longer d'abord le *quai du Carénage*, puis le *quai Duperré*. En face de la tour de la Grosse Horloge (→ *ci-dessus*) sur la *place Barentin*, se dresse la *statue* de l'*amiral Duperré* (→ *encadré*), puis le cours des Dames conduit à la tour de la Chaîne.

▷ Le cours des Dames A2

La Maison de la culture (*angle rue Saint-Jean-du-Perrot, rue des Saints-Pères*). A cet endroit, les carmes avaient fait bâtir un vaste monastère dans la seconde moitié du XIVe s., qui fut détruit deux siècles plus tard sur l'ordre d'*Henri II*. Après le second siège, *Louis XIII* leur restitua leur ancien couvent du quartier du Perrot, qui fut rebâti en 1665. En 1777, la chapelle était achevée, mais il n'en reste aujourd'hui que les principaux éléments de la tribune, très décorée, que l'on peut voir au musée d'Orbigny. Seule l'entrée a été conservée.

Un ruisseau incommodant

Près de la tour de la Grosse Horloge se trouvait une cage de fer, la Gourbeille, où l'on enfermait les femmes de mauvaise vie pour les immerger à plusieurs reprises dans la Verdière. Le ruisseau de la Verdière a aujourd'hui disparu du paysage.

Il prenait naissance aux environs de la Banque de France, rue Réaumur, d'une division du cours d'eau de Lafond, à l'époque plus important que de nos jours. Suivant le tracé de la rue Léonce-Vieljeux, le ruisseau passait devant la Grosse Horloge et se jetait dans le port. En face de la tour, un pont tournant reliait le quartier du Pérot à l'intérieur de la ville. Mais le petit ruisseau aux eaux putrides incommodait par ses odeurs. Il fut recouvert en trois étapes : d'abord à la fin du XVIIIe s. entre la Grosse Horloge et le port, puis en 1830 jusqu'à l'intersection des rues Verdière et Admyrault, enfin totalement en 1890, réalisant la jonction avec l'avenue Jean-Guiton récemment percée vers La Pallice.

En effet, les carmes durent à nouveau abandonner les lieux en 1791. La société des Amis de la Constitution y tint ses réunions pendant la Révolution, puis les locaux sécularisés furent transformés en entrepôt des douanes. Plus tard, ils abritèrent une manufacture de tabac, ensuite le marché au poisson (l'encan) avant d'être utilisés comme salle des sports. En 1982, les architectes *Boutet*, *Goufreville*, *Guinut* et *Goujon* mirent au point l'actuelle Maison de la Culture, conservant la façade. Le ***hall d'entrée*** est un cloître intérieur du XVIIIe s. recouvert d'une verrière. C'est un exemple réussi d'intégration d'éléments architecturaux anciens dans une construction moderne de grande envergure.

▷ Le musée Grévin *(A2) 38, cours des Dames ; 9 h-19 h t.l.j., jusqu'à 23 h juin-sept.*

Il illustre en 15 tableaux les principaux aspects de l'histoire locale. Le ***premier tableau*** présente les maires de la ville : on y voit *Michel Crépeau* entouré de *Jehan Chaudrier* et *Jehan Guiton*. Les ***tableaux 2 à 5*** évoquent La Rochelle médiévale : l'histoire des naufrageurs de La Repentie, la fondation de la commune jurée par *Aliénor d'Aquitaine*, l'histoire d'*Alexandre Audredy*. Le ***cinquième tableau*** présente Le Supplice de la Gourbeille *(→ encadré)*.

Les ***tableaux 6 à 14*** évoquent la ville à l'époque moderne. Ils rappellent les combats des guerres de Religion *(6 et 7)* : Richelieu et le Père Joseph sur la digue qui emprisonne le port en 1627-1628, la lutte des « filles de La Rochelle » lors du premier siège de 1573 par le duc d'Anjou ; ils retracent les relations maritimes et commerciales *(8, et 11 à 14)*, particulièrement le commerce triangulaire et l'embarquement des orphelines de La Rochelle pour le Canada. Dans le ***neuvième tableau***, *Michel Begon* est dans son bureau de travail. Il fut administrateur à La Martinique et Saint-Domingue, intendant de la Marine à Rochefort en 1688 et, en 1694, le premier intendant de la toute neuve généralité de La Rochelle. Mais c'est surtout pour son érudition et son « cabinet de curiosités » qu'il était célèbre. C'est en son honneur que l'on donna à une nouvelle fleur rapportée d'Amérique le nom de ***Bégonia***. Le ***douzième tableau*** nous fait connaître un autre Rochelais illustre : *René-Antoine Ferchault de Réaumur (→ encadré)*.

Le ***dernier tableau*** met en scène l'embarquement des bagnards pour Saint-Martin-de-Ré, au début du XXe s.

Réaumur, savant rochelais

Né à La Rochelle en 1683, René-Antoine Ferchault de Réaumur est célèbre surtout pour son invention du thermomètre à alcool. Mais il fut aussi un grand savant qui travailla dans des domaines très variés : mathématiques, et surtout biologie et sciences naturelles. Il publia de nombreux traités sur les mollusques et les insectes, s'intéressa à la fabrication des perles, aux métaux, à la céramique. Il fut membre de l'Académie Royale des sciences de Paris, et aussi de Londres, Saint-Petersbourg, Berlin, Stockholm, Bologne... et La Rochelle. Il est mort dans le Maine, en 1757.

▷ La tour de la Chaîne *A2*

Elle a été construite dans la seconde moitié du XIVe s., sur l'emplacement probable d'une tour plus ancienne. Elle fut gravement endommagée pendant la Fronde : le gouverneur rebelle y avait fait entreposer une grande quantité de poudre, à laquelle ses soldats mirent le feu avant de tomber aux mains des troupes royales. L'explosion détruisit la toiture, les mâchicoulis et le chemin de ronde, et la restauration de l'édifice ne commença qu'au début du XXe s.

A l'***intérieur***, seule la belle salle octogonale du rez-de-chaussée est restée intacte, avec ses voûtes d'arêtes de forme ogivale. On y présente un ***plan-relief*** de la ville avec ses enceintes successives et un intéressant ***montage sonorisé*** sur l'histoire de la cité maritime. L'étage supérieur, occupé par un café, ne peut se visiter.

Face à la tour Saint-Nicolas, un autre édifice, plus petit, était accolé à la tour de la Chaîne. Détruit à l'époque de la restauration des tours pour élargir l'entrée du port, il abritait le cabestan qui servait à tendre la chaîne scellée au pied de la tour Saint-Nicolas. Celle qui est étalée sur la place est la dernière à avoir servi (au XIXe s.). L'ancre a été trouvée dans le chenal près de l'emplacement de la digue de Richelieu, et date de 1628.

▶ De la tour de la Chaîne, monter à la courtine qui mène à la tour de la Lanterne. La *rue Sur-les-Murs*, que l'on longe, a été construite sur l'ancien chemin de ronde au milieu du XIVe s. A l'époque, la mer arrivait au pied de la muraille. L'emplacement du parking a été conquis sur la mer au début du XIXe s.

▷ La tour de la Lanterne *A2*

Elle se distingue facilement des précédentes par sa hauteur et sa silhouette. Elle a été construite à la fin du XIVe s. après celles de la Chaîne et de Saint-Nicolas, probablement sur l'emplacement d'une tour plus ancienne. L'édifice se compose d'abord d'un fût cylindrique très massif (les murs à la base ont 6 m d'épaisseur), qui s'achève par une première plate-forme bordée de créneaux et de mâchicoulis trilobés. De là s'élève une flèche pyramidale à huit pans, de style gothique flamboyant, flanquée de la tourelle d'escalier portant une lanterne à six pans. Autrefois vitrée, on y allumait un énorme cierge pour servir de phare. Dans Pantagruel, *Rabelais* l'évoque ainsi : « Sur l'instant, entrâmes au port de Lanternois. Là, sur une haute tour, reconnut Pantagruel la lanterne de La Rochelle, laquelle nous fit bonne clarté. » A mi-hauteur de la flèche, se trouve une seconde plate-forme, sorte de balcon octogonal en encorbellement, auquel on accède par la tourelle du fanal. Au total, l'édifice fait 55 m de hauteur et, de la seconde plate-forme, on découvre un beau *panorama* qui, par temps clair, s'étend jusqu'à l'île d'Oléron. La tour était à la fois une défense, un amer et un phare, mais elle servit souvent de prison.

A l'*intérieur*, elle comprend huit salles superposées, dont quatre sont installées dans la flèche, la dernière se trouvant au niveau de la seconde plate-forme. Ces salles, et l'escalier à vis qui les dessert, contiennent plus de 600 *graffiti* réalisés du XVIIe au XIXe s. par des marins anglais, espagnols ou hollandais qui y furent détenus. Les plus intéressants sont protégés d'une plaque de verre et constituent une précieuse documentation sur l'architecture navale. Les navires sont le thème le plus répandu, mais on trouve aussi des motifs religieux. Cette tour s'est appelée aussi tour du Garot, à cause du cabestan que l'on utilisait pour désarmer les navires avant leur entrée au port. Elle s'est aussi appelée tour des Prêtres, en souvenir de 13 prêtres qui y furent assassinés par des protestants en 1568. Enfin, on continue encore à l'appeler *tour des Quatre-Sergents* (→ encadré).

▶ A partir de la tour de la Lanterne, on peut, si on le désire, découvrir encore d'autres aspects de la ville à l'époque moderne, en revenant vers la place de Verdun. Pour ce faire, emprunter la *rue des Fagots*.

Les Quatre Sergents

En février 1822, le 45e régiment de ligne arrive de Paris pour tenir garnison à La Rochelle. Dans les rangs, certains hommes, surtout des sous-officiers, sont impliqués dans un complot ourdi par le général Berton. Ils devaient se soulever contre leur colonel et rejoindre le chef du complot à Saumur pour aider à renverser Louis XVIII. Mais, le 19 mars 1822, quatre sergents furent arrêtés, sur dénonciation, et le complot fut éventé. Bories, Pomier, Goubin et Raoult furent emprisonnés, deux dans la tour de la Lanterne, deux dans la prison civile de la ville. Transférés à Paris, les conjurés furent exécutés avec leur chef, le 21 septembre, sur la place de Grève.

En réalité, la part des quatre sergents de La Rochelle, dans ce complot, était tout à fait mineure. Leur principal tort était d'appartenir à la société secrète des Carbonari, à laquelle on attribuait les mouvements séditieux qui apparurent en France de 1819 à 1822. Exécutés pour l'exemple, les opposants au régime en firent aussitôt des martyrs. A La Rochelle, cependant, l'événement agita très peu l'opinion publique. La conspiration révéla bien sûr l'existence cachée d'opposants dans la ville, à l'écoute des mouvements insurrectionnels mais non pas acteurs. Pourtant, le nom même de tour des Quatre Sergents, spontanément donné à la tour de la Lanterne après leur condamnation, traduit l'admiration et la sympathie populaire que les quatre hommes avaient su attirer.

▷ L'ancien hôtel de la Monnaie *A2*

On frappait monnaie à La Rochelle depuis le XIIIe s., par privilège accordé par *Aliénor d'Aquitaine*. Mais ce n'est qu'en 1689 que l'atelier monétaire fut transféré près de la tour de la Lanterne. L'hôtel fonctionna jusqu'en 1794 sans interruption, puis de 1803 à 1836. Par la suite, les bâtiments abritèrent le Génie et l'Intendance militaires. En 1988, les locaux ont été de nouveau transformés pour accueillir un hôtel, au sens contemporain du terme. La façade a été bien restaurée et l'on a même conservé la lourde porte en bois d'origine.

▷ La préfecture *A2*

Après 20 ans de difficultés, la préfecture installa ses locaux à La Rochelle sur un décret de 1810, dans l'hôtel Poupet où *Napoléon* avait été accueilli deux ans auparavant.

Construit en 1784-1785 pour *Michel Poupet*, riche armateur et consul au tribunal de Commerce, l'édifice avait séduit l'Empereur par sa beauté. On peut en effet le considérer comme un modèle d'architecture pour les hôtels particuliers du XVIIIe s. Le corps de logis est encadré de deux ailes latérales qui se font face, reliées par un mur fermant une cour intérieure. Derrière le corps de logis, un jardin s'étend jusqu'aux remparts. La façade donnant sur la rue est seulement animée de bossages au rez-de-chaussée. Le portail est d'une grande sobriété. Le mur reliant les deux ailes est surmonté de balustres et de pots à feu. Mais ce qui faisait de l'hôtel l'une des plus belles demeures de la ville, c'était sa façade sur jardin et sa décoration intérieure. Les bureaux de la préfecture occupent les ***hôtels*** contigus ***de Pont des Granges*** et ***de la Croix***. Ils ont, comme le précédent, une cour intérieure et une façade sur jardin, mais présentent une variante : une aile du bâtiment sépare la cour intérieure de la rue, le rez-de-chaussée étant percé d'un portail.

▶ En suivant la rue Réaumur on passe devant quelques hôtels particuliers que possédaient de riches négociants rochelais : ***hôtel Pascaud*** *(nº 20)*, ***Gareschè*** *(nº 18)*, ***hôtels Giraudeau*** *(nº 16)*, ***Seignette*** *(nº 12)*, et une intéressante façade *(nº 7)*. La ***Banque de France*** est un gros bâtiment construit au début du XXe s.

▷ La rue de l'Escale★ *(A2) par la rue Chef-de-Ville*

Elle tire son nom du conseiller du Roi, *Jean de Lescale*, président du Présidial de La Rochelle de 1638 à 1663, qui habita la rue. C'est la seule voie qui ait conservé son pavage d'origine. De chaque côté de la rue, deux bandes de pavés ronds se distinguent par leur couleur. C'étaient les cailloux qui servaient de lest aux navires qui, revenant du Canada, apportaient des peaux. La rue est également remarquable par ses ***porches*** du XVIIIe s., et les nombreux hôtels particuliers qu'abritent de hauts portails. Au nº 4, l'***hôtel de la Villemarais*** est du début du XVIIe s. et possède un toit à impériale. Au ***nº 16***, un hôtel a été construit dans la seconde moitié du XVIIIe s., à l'emplacement de la maison de Jean de Lescale. Au ***nº 30***, une maison (XVe s.) se distingue par sa balustrade en fer forgé et sa porte ornée de la croix de Malte.

La rue de l'Escale se prolonge par la ***rue Nicolas-Venette***.

Nicolas Venette

Après des études de médecine à Bordeaux puis à Paris, Nicolas Venette, né en 1633, vint s'installer à La Rochelle pour y exercer. Professeur d'anatomie et de chirurgie, il devint chargé de l'instruction des chirurgiens de la marine qui embarquaient à La Rochelle. En 1668, il fit même, sur ordre du roi, des démonstrations d'anatomie.

Il fut l'auteur de plusieurs ouvrages scientifiques, sur le scorbut et les fièvres, et aussi d'un peu sérieux « Tableau de l'amour conjugal », qui lui valut pourtant de passer à la postérité. Il mourut en 1698, dans sa maison si curieusement décorée.

▷ La Maison Nicolas-Venette★ *A2*

Cet édifice a sans doute été construit au début du XVIIe s. Mais la décoration en fut modifiée par *Nicolas Venette (→ encadré)* de manière originale. La façade est décorée de six ***bustes*** de médecins célèbres de l'Antiquité et du Moyen Age dont *Hippocrate*, *Avicenne*, *Esculape*. Les lucarnes, dont deux sont de forme circulaire, sont encadrées de cinq belles gargouilles aux motifs fantastiques. Les murs portent aussi des inscriptions latines tirées de livres saints.

La maison fut aussi habitée par le révolutionnaire *Billaud-Varenne*.

▶ Par les ***rues Aufrédy*** et ***Pernelle***, rejoindre la place de Verdun.

Le bord de mer★

1 h

▶ Au pied de la tour de la Lanterne, on peut poursuivre dans le prolongement de la ***rue sur-les-Murs***.

▷ La porte des Deux-Moulins *A2-3*

Elle permet de franchir le ruisseau de Lafond à l'endroit où il se jette dans la baie rochelaise. La petite porte aménagée dans une épaisse muraille se trouve à l'emplacement des anciens remparts qui longeaient le ruisseau, faisant alors office de douanes. La première porte des Deux-Moulins était construite près du carrefour de la rue de la Monnaie et de la rue des Fagots. Elle devait son nom aux moulins à eau construits sur le ruisseau, qu'*Aliénor d'Aquitaine* avait concédés aux Templiers. Au début du XVIIIe s., une nouvelle porte fut construite à l'emplacement actuel, près d'un petit fort, le « crochet », qui domine l'écluse au bord de la baie, et d'où part la digue de la plage. Construit en 1622, le fortin avait été épargné par les démolitions ordonnées par *Louis XIII*.

L'embouchure du ruisseau, fermée par l'écluse, a été modifiée : une station de pompage y est en cours d'installation, en vue de l'assainissement de la baie.

▷ Le parc Charruyer *A1-2*

En allant vers la plage, on traverse l'extrémité Sud du parc Charruyer. Cet espace vert de 2 km de long relie la plage à l'esplanade des Parcs. Ces terrains longeaient autrefois l'enceinte fortifiée et quand, au XIXe s., on détruisit les fortifications, la partie Ouest des remparts fut plantée d'arbres et aménagée grâce à un legs de *Mlle Charruyer* en 1887. Dans l'ancienne citadelle du Pâté, on a installé une réserve d'animaux. Plus loin, allées piétonnes et parcours sportif.

▷ Le Mail *hors plan, A2*

De la plage de la Concurrence, le Mail ouvre sur 800 m la double perspective de ses allées bordées de maisons XIXe-XXe s. Dès le XVIe s., l'emplacement, alors occupé par une prairie, était utilisé pour les fêtes populaires. On y menait aussi paître les bestiaux. A la fin du XVIIe s. le terrain devint « le jeu du mail », sorte de croquet très à la mode dans l'Europe moderne. En 1705, la municipalité fit planter la promenade d'ormeaux (ces arbres furent abattus en 1981-1982, à cause de la maladie qui les frappait, la graphiose). Les allées furent allongées progressivement et, en 1826, elles avaient le tracé actuel. Très fréquentée tout au long de l'année, la promenade était alors considérée comme la plus belle de la ville.

Paysage charentais

Eugène Fromentin (1820-1876), né à La Rochelle, passa son enfance non loin de là, s'imprégnant de cette lumière si subtile de la campagne charentaise que, dans son unique roman, « Dominique », il évoque en quelques lignes.

« Le soir venait. Le soleil n'avait plus que quelques minutes de trajet pour atteindre le bord tranchant de l'horizon. Il éclairait longuement, en y traçant des rayures d'ombre et de lumière, un grand pays plat, tristement coupé de vignobles, de guérets et de marécages, nullement boisé, à peine onduleux, et s'ouvrant de distance en distance, par une lointaine échappée de vue, sur la mer. Un ou deux villages blanchâtres, avec leurs églises à plates-formes et leurs clochers saxons, étaient posés sur un des renflements de la plaine, et quelques fermes, petites, isolées, accompagnées de maigres bouquets d'arbres et d'énormes meules de fourrage, animaient seules ce monotone et vaste paysage, dont l'indigence pittoresque eût paru complète sans la beauté singulière qui lui venait du climat, de l'heure et de la saison. »

▷ Le Casino *hors plan, A2*

Situé en haut du Mail, le casino occupe l'emplacement des anciens bains Marie-Thérèse.

En 1826, l'architecte *Jean-Charles Gon* fit construire un établissement de bains de mer sur l'emplacement d'une ancienne corderie. Il fut baptisé « bain Marie-Thérèse » en l'honneur de la duchesse d'Angoulême qui avait envoyé son portrait pour décorer le salon principal. Du côté du Mail, la façade était imitée des temples grecs, tandis que côté mer elle se composait d'une longue galerie ornée d'une colonnade à l'orientale (on peut en voir une peinture au musée des Beaux-Arts). Au début, c'était plutôt un établissement thermal où l'on prenait des bains de mer chauds. En 1908, l'établissement fut racheté par la ville, devenant le casino municipal. Le thermalisme disparut, mais les bains de mer continuèrent. Au début de la dernière guerre, le casino fut détruit par les Allemands qui le remplacèrent par un hôpital militaire : c'est le bâtiment actuel. Dès 1827, en réaction contre l'ouverture des bains Marie-Thérèse qui étaient payants et où se retrouvaient les catégories aisées de la société, la petite grève près de la porte des Deux-Moulins prit le nom de bains de la Concurrence, pour bien marquer la rivalité des deux établissements.

▶ La *plage de la Concurrence*. Gratuite, la plage de la Concurrence accueillait les catégories modestes de la population. La plage fut aménagée au début du XXe s. On s'y baignait vers 1700. A l'emplacement de l'actuel établissement existait déjà un bar municipal. ▶ Un peu plus loin que les bains Marie-Thérèse, un autre établissement fut créé en 1848 : les *bains Jaguenaud*. Avec leurs deux piscines d'eau de mer, on pouvait s'y baigner même à marée basse, mais ils étaient réservés à la très haute société rochelaise. Près des bâtiments qui existent encore, se trouve la statue de *la Vierge des Marins*. Dressée sur les rochers près de l'emplacement de la digue de Richelieu, elle fut bénite en 1874.

Aux portes de la ville

2 h

Aux abords de la dernière enceinte construite par Ferry de 1689 à 1700, la ville recèle aussi d'intéressantes constructions. Mais ici les distances sont trop grandes pour le piéton. Il faut donc se déplacer en voiture ou mieux, à bicyclette.

▶ En partant de la plage, reprendre la *rue de la Monnaie* puis la *rue Réaumur (A2)*. A g. s'ouvre la *rue de la Porte-Neuve (A1-2)*.

▷ La porte Neuve

De cette porte, qui ouvre sur le parc Charruyer, il ne reste que les piliers. Elle a été ouverte lorsqu'on a construit la ceinture de fortifications de *Ferry*, en 1689. Précédée d'un pont-levis et d'un pont fixe franchissant le ruisseau de Lafond, elle était protégée par un corps de garde qui disparut au XIXe s. Cette porte demeura la seule sortie vers l'Ouest jusqu'en 1886. ▶ Une incursion dans le *quartier Saint-Maurice*, permettra de se rendre à la maison d'*Eugène Fromentin (→ encadré)*. ▶ Arrivé place de Verdun, continuer tout droit jusqu'à la petite *place de Reims (A1)*. Derrière les grilles, c'est le *lycée Jean-Dautet*. A l'emplacement de la place de Reims, il y avait un couvent des Capucins qui fut fermé en 1791, puis rasé en 1829. L'évêché fit construire le bâtiment actuel pour abriter le grand séminaire. Les travaux furent achevés en 1838, l'ensemble comprenant un grand corps de logis encadré de deux ailes, et une chapelle attenante côté est. En 1906, les locaux furent confisqués par l'État et on y établit un collège de jeunes filles devenu depuis un lycée polyvalent.

▷ La porte de l'Évescot

Elle fut remontée en 1858, près de l'aile gauche du lycée, pour en faire l'entrée des communs du grand séminaire. L'Évescot était le lieu où séjournait l'évêque quand il se rendait à La Rochelle, à l'époque où la ville dépendait du diocèse de Saintes. Construite au milieu du XIVe s., la maison se trouvait dans l'actuelle rue de l'Évescot, près de la rue du Minage. Dès le XVIe s., l'Évescot fut transformé en boucherie, puis en caserne (au XVIIIe s.). Malgré les transformations successives, la belle porte sculptée du XVe s. fut toujours conservée, et c'est quand les carmélites s'installèrent dans l'Évescot qu'on la fit transporter dans la *rue Delayant (A1)*.

▶ De la place de Reims, remonter la *rue des Saintes-Claires*.

▷ La rue des Saintes-Claires *A1*

Au milieu d'un ensemble résidentiel, une porte du XVIIe s. a été conservée : c'est ce qui subsiste du *monastère des Saintes-Claires* qui a donné son nom à la rue. Le premier monastère se trouvait sur le côté droit de la rue. Après un XVIe s. très mouvementé, les clarisses de Saintes rétablirent un monastère de l'autre côté de la rue, sur l'emplacement des résidences actuelles. Elles en furent expulsées en 1792 et, depuis 1922, se sont réinstallées à Lafond. Entre-temps, le monastère devint hôpital militaire, puis caserne.

En haut de la rue se trouve *l'Oratoire (B1)*. L'actuelle salle, donnant rue Albert-Ier, se situe à l'emplacement de l'ancienne chapelle du couvent oratorien. Construit au XVIe s., l'ensemble conventuel fut remanié au XVIIIe s. Seule une porte de style gothique a été conservée, donnant sur la rue du Collège. C'est en ce lieu que *Richelieu* célébra la première messe dans La Rochelle reconquise, le 1er novembre 1728. En 1882, le couvent fut acheté par la municipalité, qui fit détruire l'ancien portail de la rue Albert-Ier. La chapelle fut convertie en salle de bal et de réunion, tandis que les autres bâtiments abritèrent l'École normale d'institutrices jusqu'en 1926. En 1912, la salle de l'Oratoire fut la première salle de cinéma de la ville.

▷ L'hôtel Duperré *B1*

Il se trouve un peu plus loin dans la rue Albert-Ier, abritant une partie du lycée Dautet. C'est en 1770 que *Jean Augustin Duperré*, père du futur amiral *(→ encadré)*, fit construire son hôtel particulier, de style assez classique. Côté rue, le corps de logis et ses deux ailes encadrent la traditionnelle cour pavée. Cependant la cour n'est pas fermée par l'habituel mur et son portail, mais par une grille de fer forgé. La façade, au rez-de-chaussée, est rythmée de fenêtres en plein cintre tandis que de simples corniches séparent les étages. Côté jardin, on observe également quelques variantes : les ailes se prolongent de l'autre côté du corps de logis, encadrant une seconde cour, plus petite. Un escalier double, en pierre, descend dans le jardin en contrebas, où se trouve maintenant la cour du lycée.

A sa mort, en 1775, *Jean Augustin Duperré* laissait 22 enfants, un hôtel encore inachevé, et une situation financière incertaine. En 1787, l'aîné, *Charles Louis*, qui avait repris les affaires de son père, fut acculé à la faillite. L'hôtel fut vendu en 1805 et changea souvent de propriétaires. Après la Première Guerre mondiale, la ville l'acheta et, en 1938, elle y installa une école qui, plus tard, fut intégrée dans le lycée.

▷ Le muséum d'Histoire naturelle

(B1) 10 h-12 h/14 h-18 h, sf dim., lun.

Il se situe presque en face de l'hôtel Duperré. Il est installé pour une part dans l'ancien hôtel du Gouvernement. A partir de 1628, la ville prit à sa charge le logement du gouverneur militaire de la province. En 1748, il était logé à l'hôtel de Iremblaye, dans la partie droite du jardin des Jésuites, actuel jardin des Plantes. L'hôtel avait été construit au début du XVIIIe s. et, en 1775, les gouverneurs le jugeant trop petit, la ville fit construire deux ailes, l'une au sud accolée à l'hôtel, l'autre au nord, le long de la rue Massiou, qui était réservée aux dépendances et écuries. Après la Révolution et la disparition des gouverneurs, l'hôtel fut donné à la ville par *Napoléon* en 1808, pour y installer un cabinet d'Histoire naturelle et un jardin botanique. Les deux ailes encadrant l'entrée du jardin, rue Albert-Ier, devinrent muséum d'Histoire naturelle en 1831, et l'hôtel de la Tremblaye, modifié à plusieurs reprises, fut agrandi d'une autre aile le long de la rue Alcide-d'Orbigny en 1914.

L'amiral Duperré

Guy-Victor Duperré est né le 20 février 1775 à La Rochelle. Vingt-deuxième enfant d'une famille aisée (son père était Trésorier des guerres, de la marine et des colonies), sa carrière militaire montre pourtant assez bien les possibilités d'ascension du soldat sorti du rang qui caractérisaient l'époque napoléonienne et qui fondaient en partie la popularité de l'Empereur. Orphelin à 6 mois, il passe sa jeunesse à La Rochelle puis, à 12 ans, s'embarque comme mousse pour rejoindre l'un de ses frères planteur à Saint-Domingue. Mais peu attiré par la vie des plantations, il retourne à La Rochelle, d'où il s'embarque à nouveau comme mousse, en 1791. Il n'a alors que 16 ans mais, à la faveur des guerres révolutionnaires puis napoléoniennes, il gravit rapidement les échelons. Se distinguant au cours des combats navals contre les Anglais, dans l'Océan Indien, il remporte en particulier une grande victoire à l'île Maurice, le 23 août 1810, qui le fait devenir baron d'Empire. En 1823 il participe à une expédition contre Cadix puis, en 1830, il commande la flotte de 500 navires qui transportaient à Alger le corps expéditionnaire français. Sa contribution importante au succès de l'opération lui valut d'être nommé amiral et pair de France par Charles X. En juillet 1830, la ville lui décerna une épée d'honneur pour la prise d'Alger. Reconnaissant ses mérites, Louis-Philippe le nomma ministre de la Marine, couronnement d'une brillante carrière.

Il mourut à Paris le 2 novembre 1846. Dès 1858, la Grand-Rive fut baptisée quai Duperré. Inaugurée en 1869, la statue a été fondue avec le bronze des canons pris au dey d'Alger.

Visite du musée

Ce musée abrite une collection extraordinairement abondante, dont le clou est sans doute le ***cabinet Lafaille**** *(visite sur demande uniquement).* Fils d'un chirurgien rochelais, *Clément de Lafaille* (1718-1782) fut d'abord avocat au parlement de Toulouse puis contrôleur ordinaire des Guerres. Mais il avait la passion des sciences naturelles, et particulièrement de l'étude des coquillages. En 1770, il légua à l'Académie de La Rochelle ses collections et son « cabinet », qui sont à l'origine du muséum d'histoire naturelle. Cet ensemble unique en France nous restitue l'ambiance du salon d'un grand collectionneur du XVIIIe s. Sans parler de l'inestimable valeur scientifique de la collection de coquillages, il faut admirer le ***mobilier*** d'origine de ce salon : les hautes vitrines murales, séparées par des pilastres cannelés et des trophées marins, les tables-vitrines, très rares, destinées à présenter les collections de « coquilles ».

Le ***rez-de-chaussée*** est consacré aux collections d'océanographie : dans la première salle, on remarque de nombreux spécimens illustrant la faune et la flore marine, et particulièrement une énorme tortue capturée à La Rochelle en 1871. Les vitrines consacrées à l'albinisme et au mélanisme ne manquent pas d'intérêt. La deuxième salle est consacrée à la minéralogie, aux crustacés et aux mollusques. La troisième salle concerne les mammifères marins, et la quatrième salle possède une vitrine très intéressante consacrée à la faune abyssale. Dans le ***grand escalier***, de très belles ramures d'antilopes sont exposées ; on remarque aussi une des pièces les plus célèbres du musée : la girafe, offerte par le vice-roi d'Égypte à *Charles X*, en 1826.

L'***étage*** est plutôt tourné vers l'ethnographie. Il abrite la deuxième collection française d'art primitif. En haut de l'escalier, on peut observer une tête réduite de Jivaros, des statuettes de l'île de Pâques dont l'une est bicéphale. La première salle est consacrée surtout à l'art de la Nouvelle-Guinée, mais on y voit aussi la pirogue royale, incrustée de pierres multicolores, que le roi de Siam offrit à *Napoléon III*. La deuxième salle présente une belle collection d'oiseaux, ainsi que des indiens d'Amazonie en costume et des objets et des masques de l'art africain. La dernière salle évoque la préhistoire. Outre la girafe, le muséum possède encore de nombreuses pièces exceptionnelles, dont le premier orang-outan gardé vivant en France, offert à l'*impératrice Joséphine* en 1808, un tambour géant de Nouvelles-Hébrides, un oiseau Calao de Côte-d'Ivoire.

Dans le jardin se dresse un ***dolmen*** trouvé à La Jarne.

▷ La porte Dauphine *hors plan, B1*

Construite de 1694 à 1697 d'après les dessins de *Ferry*, elle constituait la sortie nord de la ville, vers Nantes et Niort. En fait, l'ensemble comprenait trois portes ; les deux premières permettaient de traverser le système défensif en forme de demi-lune qui protégeait la porte principale. De la première porte, il ne reste que les piliers. La seconde porte constitue un vestige important. Massive et simple, ornée seulement de bossages, elle est constituée de deux arcs successifs en anse de panier, dont le premier s'inscrit dans un portail rectangulaire. La porte s'achève par une corniche et devait être surmontée d'un trophée militaire dont il ne reste que les ruines. De l'autre côté de la voie ferrée, maintenant réservée au trafic des marchandises, la porte monumentale a une fonction purement décorative. Le passage proprement dit s'inscrit dans un arc en plein cintre dont le tympan est orné d'un trophée militaire. Les deux piliers sont décorés d'un parement de briques posées de chant. L'ensemble est coiffé d'un fronton triangulaire au centre duquel un soleil triomphant rayonne. Une ***inscription*** à la gloire de Louis XIV, gravée sur une plaque de marbre noir, porte la date de 1699. Enfin les casernes avoisinantes sont du XVIIIe s. : elles furent construites de 1702 à 1709, sur le modèle standard établi par *Vauban*. En 1845, la pente des toits fut modifiée.

▷ La porte Royale *C1*

Elle fut construite après la porte Dauphine, de 1706 à 1723. On a du mal à s'imaginer que cette porte était, à l'époque, considérée comme l'ouverture principale de la ville, orientée vers Niort, c'est-à-dire vers Paris. C'est devenu en effet un axe de circulation totalement abandonné, contrairement à la porte Dauphine.

Pour s'y rendre, retourner sur ses pas, vers le centre ville, jusqu'au sens interdit. De là, prendre à gauche la *rue Marcel-Paul*, puis à droite la *rue Amos-Barbot* que l'on suit jusqu'au bout. Ensuite, suivre la *rue d'Orbigny*. Dans le haut de la rue Saint-Louis, tourner à gauche, dans la *rue Saint-François*.

Comme pour la porte Dauphine, il s'agit en fait d'un ensemble de trois portes. La porte monumentale est encadrée de colonnes doriques et s'achève par une corniche. Elle a été peut-être surmontée d'un buste, mais il a disparu. L'entrée était protégée par un système défensif en demi-lune, de l'autre côté de la voie ferrée, et par deux autres portes. L'une d'elles est décorée d'un fronton triangulaire où l'emblème du Roi-Soleil est entouré de cornes d'abondance.

Les zones d'extension contemporaines

4 h

▷ Le bourg des Minimes

Situé sur la rive sud de la baie, ce bourg est une création récente vouée à la navigation de plaisance. La pointe s'appelait autrefois la pointe de Coureilles. C'est sur cette pointe calcaire et celle de Chef de Baie que *Richelieu* prit appui pour la construction de la digue pendant le grand siège. De nombreuses fortifications y furent construites à cette occasion. Pour remercier les Pères Minimes, aumôniers de son armée durant le siège, *Louis XIII* leur fit don d'une partie de la pointe de Coureilles pour y construire un couvent. Depuis, l'endroit a pris le nom de pointe des Minimes.

Venant du Vieux Port, passer d'abord devant le ***Gabut*** *(B3)*, ce nouveau quartier dont l'architecture rappelle les pays scandinaves par ses façades de bois coloré et ses multiples passerelles. Il est installé sur un ancien bastion qui assurait la défense de la ville entre la tour Saint-Nicolas et la porte Saint-Nicolas aujourd'hui disparue. Détruit en 1958, cet élément de défense avait laissé la place à des ateliers et des services travaillant pour la marine. Puis longer le bassin à flot extérieur creusé sous Napoléon III. Réservé jusqu'en 1994 aux chalutiers, l'***encan*** borde le quai Est. La construction, peu esthétique, date de 1957. Elle couvre 5 000 m^{2}, abritant le hall de triage et de vente aux enchères, les cases des mareyeurs, et un restaurant à l'étage.

Le Musée maritime du France I *(hors plan AB3 ; t.l.j. 10 h-18 h 30)* est un musée peu ordinaire : il flotte, à quai, dans le bassin des chalutiers, installé dans le navire météo *France I* (→ *encadré*).

Il offre un triple intérêt. D'abord, la visite du bateau lui-même : la passerelle de commandement, la timonerie et tous ses instruments de navigation, le réfectoire, les cabines, l'impressionnante salle des machines, où l'ambiance sonore est reconstituée. Ensuite, une exposition très complète présente l'essentiel des techniques mises en œuvre par la météorologie nationale pour rassembler les données et pour les interpréter. Enfin, une seconde exposition, très bien documentée, évoque la pêche à La Rochelle avec photographies inédites.

Signalons aussi que le remorqueur de haute mer « Le Saint-Gilles », le chalutier de pêche arrière « L'Angoumois » et prochainement la drague à vapeur (classée monument historique) viennent compléter les collections du musée, qui dans les prochaines années va se développer en occupant une partie de l'ancien encan.

▶ On achève ensuite le tour du bassin à flot extérieur, mais avant de parvenir à l'écluse qui ferme ce bassin, on emprunte vers l'O. l'*avenue de Marillac (A3)* pour se diriger vers les Minimes. ▶ On passe alors devant le *complexe hôtelier*, là où se trouvait la première gare. Plus loin, vers le port de plaisance, on remarque le *lycée hôtelier*, puis la toute neuve *École Supérieure de Commerce*. Ces trois constructions illustrent assez bien une tendance nouvelle de l'architecture contemporaine à La Rochelle. Les façades sont plaquées de bois canadiens qui apportent la chaleur de leur teinte naturelle, tandis que l'emploi de couleurs vives aux encadrements de portes et fenêtres ou aux bords des toitures, soulignent et durcissent les lignes brisées. Ainsi, ces édifices semblent évoquer l'Europe du Nord. Ces trois réalisations sont l'expression de la volonté rochelaise de développer ses activités de services : organisation de congrès, développement d'enseignements supérieurs déjà amorcé avec la création d'I.U.T.

Le France I

C'est une belle frégate de 76 m de long qui est sortie des chantiers de la Méditerranée en 1958. Restée en service de 1959 à 1985, l'unité météostationnaire était utilisée en alternance avec le France II, pour effectuer une mission en apparence très simple : tourner en rond autour d'un point imaginaire, au milieu de l'Atlantique, pour effectuer des relevés météorologiques et les transmettre par radio. Mais la mission devenait parfois périlleuse lorsque l'équipage de 60 hommes devait affronter les grandes tempêtes océaniques sans pouvoir s'écarter de son point. Depuis 1937, des navires spécialisés remplissaient ce type de fonction. Le France I fut affecté aux points Roméo, Alpha et K. Toutes les heures, il fallait relever vitesse du vent, état de la mer, températures de l'air et de l'eau. Toutes les six heures, on gonflait un ballon sonde pour enregistrer des pressions jusqu'à 24 000 m d'altitude. Les informations étaient transmises à Londres, qui les redistribuait aux diverses nations.

En 1985, le développement des satellites a mis un terme à cette activité. Les deux frégates ont regagné La Pallice, leur port d'attache, et ont été désarmées. Elles étaient destinées à être découpées et vendues au poids du métal. Une association s'est alors constituée pour essayer de sauver ces unités qui, pendant 30 ans, ont rempli un grand chapitre de l'histoire de la météo marine, dont les plaisanciers et les professionnels de la mer savent bien l'importance capitale.

▷ Le port des Minimes *hors plan, A3*

Poursuivant la route, on arrive sur le site du port des Minimes. Du monastère, tombé peu à peu en désuétude après la Révolution, il ne reste rien. Tout a été pensé en fonction d'un projet ambitieux : faire des Minimes un des plus grands ports de plaisance d'Europe. Mis en chantier en 1963, le nouveau *port de plaisance* se compose de trois bassins d'une capacité totale d'accueil de 3 000 places. Il a été mis en service en 1972. Les trois bassins à flot en eau profonde sont accessibles à toute heure, avec un tirant d'eau moyen de 4,50 m. Très bien abrité, le port offre tous les équipements et services souhaitables pour une installation de grande envergure.

Le long du *bassin Marillac*, une zone artisanale s'est développée, spécialisée dans les activités liées à la plaisance : architecture navale, voileries, chantiers de réparation, magasin d'accastillage et, bien sûr, vente de bateaux neufs.

Près de la pointe, une plage artificielle a été aménagée, adossée au début de la digue de protection des bassins. Un peu en arrière de la pointe, face au large, des ensembles résidentiels ont été construits. Au bord des falaises, on a installé un théâtre de verdure, un chemin permettant d'aller jusqu'à l'extrême *pointe des Minimes*. Plus au sud, un second *parc*, celui des *Pères*, occupe le littoral. Tout près, un escalier permet de descendre sur la banche. Puis un chemin de terre longe la falaise, jusqu'à Aytré.

Un espace central, créé entre la zone résidentielle et la zone portuaire, où l'on a regroupé petits commerces et quelques musées, essaye de donner vie à ce quartier neuf.

▶ Le *musée de la Voile et de la Régate (hors plan A3)* présente les très belles *maquettes* des grands catamarans qui se sont illustrés dans les courses transatlantiques *(→ encadré)*.

▷ Le Musée océanographique *(hors plan A3) 10 h 30-12 h 30/14 h 30-18 h, mai-sept. ; 10 h-12 h/14 h-18 h oct.-avr.*

Il a été ouvert au public en mai 1982, dans de nouveaux bâtiments aux Minimes, près du bassin du Lazaret. Le bâtiment, de forme circulaire, abrite une présentation complète de mammifères marins européens, et une inéressante documentation sur leur biologie. Une vitrine montre la répartition des différentes espèces marines selon la profondeur des fonds. On peut aussi y voir un énorme maxillaire de baleine blanche, une intéressante collection de cartes postales (photographies de cétacés échoués), de belles maquettes de baleinières et de bateaux de pêche.

Le Charente-Maritime

Défendant les couleurs du département dans les grandes compétitions internationales, le Charente-Maritime symbolise à la fois l'orientation nouvelle des activités liées à la mer dans le département et à La Rochelle, et le haut niveau de technicité atteint dans les industries nautiques. Le premier voilier s'était rapidement rendu célèbre, gagnant les transatlantiques La Rochelle-La Nouvelle Orléans en 1982, et Lorient-les Bermudes-Lorient en 1983, sous la direction de J. F. Fountaine et P. Follenfant. Le Charente-Maritime 2 n'a pas obtenu les même résultats.
Néanmoins, les retombées économiques de l'opération sont considérables. Dans le sillage du catamaran bleu, la société Fountaine-Pajot, les chantiers Pinta, les voileries, et surtout le C.R.A.I.N. (centre de recherche pour l'architecture et l'industrie nautique) ont bâti leur réputation. C'est ainsi qu'un architecte rochelais du C.R.A.I.N. a dessiné les plans du catamaran de Denis Sconner, vainqueur de l'America Cup 1988.

A l'extérieur, un petit bassin héberge deux phoques trouvés sur les côtes françaises.

▷ L'aquarium* *hors plan A3*

Il a reçu ses premiers visiteurs le 1er avril 1988. Succédant aux deux anciens établissements situés à la Ville en Bois et aux Minimes, c'est maintenant l'un des plus beaux aquariums d'Europe, avec un volume total de 560 000 l d'eau. C'est non seulement une réalisation qui présente la vie sous-marine dans de très bonnes conditions esthétiques, mais c'est aussi une prouesse technique, tant par la construction d'aquariums de grand volume et de conception audacieuse que par le contrôle permanent d'écosystèmes et de biotopes très variés.

La visite commence avec une exceptionnelle *salle atlantique*. Le bassin à marées se vidant et se remplissant alternativement en six heures, permet d'observer les influences de la marée sur la flore et la faune (crustacés et mollusques de bord de mer). Les aquariums environnants sont réfrigérés, pour le confort des espèces vivant en eau froide. Un aquarium de grand volume recrée les conditions de la mer du Nord (eau à 10 °C) et présente des bancs de morues très rarement observables en aquarium. On peut également voir des poissons de consommation courante (raies, limandes, maquereaux, etc.), des crustacés, des céphalopodes.

La *salle méditerranéenne* regroupe quatre aquariums consacrés aux poissons de roche de la Méditerranée, aux congres et aux roussettes, aux invertébrés. L'un d'entre eux reproduit les conditions de vie à 30 m de profondeur, pour conserver en vie des coraux difficiles à acclimater.

La *salle des mers tropicales* accueille des espèces venant de la mer Rouge, de l'océan Indien, du Pacifique, des Caraïbes et de l'Atlantique tropical. Ici, les aquariums présentent les invertébrés, les crevettes, les poissons des cavernes sous-marines, ceux des récifs coralliens. Il y a aussi les hippocampes, les barracudas, les murènes, les poissons-pierre. Un aquarium de 30 000 l recrée les conditions de vie d'un lagon corallien, animé par une vague périodique.

On quitte la salle tropicale en passant sous un *tunnel* aménagé dans un aquarium de grand volume (80 000 l) où des bancs de poissons de récifs coralliens évoluent au-dessus de vos têtes et de chaque côté du passage. Mais la pièce maîtresse de l'ensemble est sans doute le gigantesque *aquarium* de 250 000 l réservé aux *requins et tortues*. Il présente une colonne centrale de 7 m de large, qui s'achève par une couronne de 14 m de largeur. Ainsi, les requins les plus rares évoluent au-dessus de vos têtes : requins léopard, requins « nurse », et surtout un banc de requins à aileron noir. Cette espèce, de taille modeste, est dépourvue de muscles branchiaux, ce qui l'oblige à nager continuellement. Son transport est donc difficile. C'est pourquoi son observation en aquarium est exceptionnelle. On peut aussi assister aux gracieuses évolutions d'une belle tortue marine. Mais le spectacle le plus impressionnant est le repas des requins, apporté dans l'aquarium par des plongeurs.

Le parcours dans l'aquarium est jalonné par quatre points vidéo qui diffusent en permanence des informations complémentaires sur les phénomènes non permanents de la vie sous-marine : reproduction, alimentation, croissance.

Juste avant la fin de la visite, on traverse une *serre tropicale* où, parmi les orchidées, les fougères arborescentes et les caféiers, on découvre les tortues de Floride et un aquarium de piranhas.

Animation

Mai : la Cavalcade
Fin juin-début juillet : festival international du film de La Rochelle
Juillet : Francofolies
Fin août-début septembre : foire-exposition
Septembre : le Grand Pavois
Fin octobre : les Jours de La Rochelle.
Fin novembre : rallye d'Automne et marathon de La Rochelle
Toute l'année : régates

Aux environs de La Rochelle

▷ Le port de La Pallice

Ce port, dont le besoin se faisait sentir dès le Second Empire, fut creusé de 1880 à 1890. C'est l'ingénieur hydrographe *Bouquet de la Grye* qui dirigea les travaux. En 1890, le président de la République *Sadi-Carnot* inaugurait le nouveau port, qui était ouvert à la navigation l'année suivante.

Le *bassin à flot*, qui en constituait alors le principal élément, a la forme d'un rectangle de 200 m de large, sur 565 m de long. D'une profondeur de 4 m, il offre 8 postes à quai, dont un roulier. A l'extrémité ouest du quai Sud (quai Bouquet-de-la-Grye), deux formes de radoub ont été aménagées pour la réparation navale et le lancement de constructions neuves (une activité malheureusement en voie de disparition depuis la fermeture des Chantiers Navals). L'accès au bassin se fait par un sas de 168,50 m de long et 21 m de large, permettant d'élargir la plage horaire d'accès au bassin. Dès la Première Guerre mondiale, les installations se révèlent insuffisantes, et l'on réaménage l'avant-port. Celui-ci prend alors la forme d'un triangle équilatéral de 450 m de côté, ouvert sur le large par une passe de 90 m de large. A marée haute, des navires de 10 m de tirant d'eau peuvent y accoster. Le long de la jetée nord, deux quais à marée spécialisés ont été aménagés, un poste pétrolier, et surtout un poste céréalier qui est le plus fréquenté. En arrière du quai, le *silo Modéré-Lombard* a été construit en 1958. Sa capacité est de 30 000 t. Il est relié par convoyeur à un second silo, donnant un volume total de 100 000 t. Les installations à quai permettent un débit réel de chargement en vrac de 10 000 t par jour. Près du quai Nord, l'embarcadère pour l'île de Ré est maintenant désaffecté.

Un peu plus au nord, un *viaduc* métallique de 1 100 m de long relie le môle d'escale à la terre ferme. Orienté nord-sud, dans le sens des courants locaux, protégé à l'ouest par l'île de Ré, le môle a l'avantage rare pour ce type d'ouvrage d'être accostable par tout temps.

Dès les années 1960, l'installation est saturée; il faut agrandir le môle. Commencés en juin 1965, les travaux ont porté la surface utile du môle à 6,8 ha. Depuis 1980 le quai Ouest est prolongé par un appontement pétrolier qui offre deux postes spécialisés et permet d'accueillir des navires de 120 000 t. Enfin, de nouveaux travaux d'extension de la zone portuaire sont encore en cours.

Au fond du bassin à flot, on remarque un gigantesque parallélépipède de béton armé : c'est la *base sous-marine*, construite par les Allemands durant la dernière guerre. Déjà, en 1908, les tout premiers sous-marins français avaient leur emplacement réservé dans le bassin à flot. Mais, depuis la Seconde Guerre mondiale, la fonction militaire de La Pallice est devenue tout à fait mineure. La base sous-marine est propriété de la Marine nationale; on peut toutefois en emprunter la voie centrale pour se rendre sur l'épi qui divise en deux le fond du bassin à flot.

Le pont de l'île de Ré

C'est en 1834 que l'on inaugura le premier bateau à vapeur destiné à la liaison Saint-Martin/La Rochelle. Côté continent, l'embarquement des passagers s'opérait dans le Vieux Port, et les Rochelais venaient voir les files de bagnards s'embarquer pour le pénitencier. Les liaisons n'étaient donc pas régulières, car elles étaient soumises à l'horaire des marées. Dès la fin du XIXe s., la nécessité de relations régulières et coordonnées avec un système de transports intérieur à l'île se fait sentir. Vers 1875, on double même le service La Rochelle/Saint-Martin par un petit service de canots à vapeur. Dans les années 1920, l'embarcadère fut transféré dans l'avant-port de La Pallice, ce qui améliorait déjà beaucoup la fréquence des passages.

Mais ce n'est qu'après la Seconde Guerre mondiale qu'on mit en place un service régulier de bacs entre La Pallice et Sablanceaux. En 1970, le Conseil général créa une commission spéciale pour étudier la construction d'un pont. Après une enquête d'utilité publique qui déchaîna les passions, le pont fut ouvert à la circulation le 1er juillet 1988. C'est une réalisation exceptionnelle : 2,9 km de long, 30 m de tirant d'air à son point le plus haut, 50 000 m^3 de béton et 6 000 t d'acier. Les 28 piles supportent le tablier de 796 voussoirs, qui ont été préfabriqués à terre et mis en place par une poutre de lancement spécialement construite.

Sans doute l'accès de l'île de Ré n'aura-t-il plus le charme de la traversée du pertuis en bateau. La construction du pont bouleverse les conditions de l'activité économique rétaise : il appartient maintenant aux élus locaux de gérer ces évolutions.

▷ Chef de Baie

Entre La Pallice et port Neuf s'étend, le long de la côte, la zone verte de Chef de Baie. C'est le rebord du plateau calcaire de l'Aunis qui constitue la pointe nord de la baie rochelaise. Les falaises jaunâtres, battues par les flots, tombent à pic sur la banche. L'endroit tire son nom de la forêt médiévale qui couvrait l'Aunis jusqu'à la mer (déformation de « Chef-de-Bois »).

Au nord de Chef de Baie, une petite plage a été aménagée. Tout près, en allant au sud, vers La Rochelle, on peut voir la *tour Carrée*, une redoute construite en 1703. Au moment du siège de 1627, la pointe était hérissée de forts et de batteries qui protégeaient le côté nord de la digue de Richelieu.

En arrière du littoral, une zone industrielle a été aménagée, après la Seconde Guerre mondiale. Le chemin pédestre de la zone verte permet d'aller jusqu'à une autre zone industrielle, celle de Port-Neuf.

▷ Laleu

Cet ancien hameau médiéval, peut-être plus ancien que La Rochelle, fut rattaché à la ville en 1880. Englué dans la croissance urbaine contemporaine, et malgré les destructions de la guerre, une partie du quartier a conservé la physionomie du vieux village, avec ses ruelles très étroites.

L'*église*, construite au XVe s., fut bombardée par les alliés le 10 août 1944. Il n'en reste que quelques pans de murs et le clocher qui avait été refait au XVIe s. La nouvelle église fut bénie en 1955 ; *vitraux* de *Max Ingrand*.

En prenant l'avenue Poincaré, passer devant le *château de Laleu*, bâtiment rectangulaire, très sobre, du XVIIe s. La décoration est réduite à deux fenêtres de combles et à un bâtiment carré en saillie sur la façade, surmonté d'un toit à quatre pans. *Louis XIII* et *Richelieu* séjournèrent chez le seigneur de Laleu, mais l'actuel château a probablement été construit après le siège, vers 1650. C'est aussi à Laleu que se trouve l'aéroport desservant La Rochelle.

▷ Lagord

C'est l'une des communes du SIVOM de La Rochelle. Le site a été anciennement occupé : tombes et haches néolithiques y ont été découvertes. Lagord, une des premières paroisses protestantes de la région, prit une part active aux guerres de Religion, notamment en 1573.

Le château d'Huré est une belle demeure reconstruite au XVIIIe s., avec un portail intéressant et un toit à l'italienne. La façade est agrémentée d'un balcon de pierre à colonnes ioniques. Le *pigeonnier* dépendant du château, avec son clocheton, est plus ancien que le logis.

▷ Le château de Buzay* *2 km E. sur la commune de La Jarne*

La commune de La Jarne a des origines anciennes, puisqu'on y a trouvé de nombreux silex taillés et le dolmen qui fut transporté au jardin des Plantes, derrière le muséum d'Histoire naturelle de La Rochelle, en 1886.

Le *château* de Buzay *(14 h 30-17 h 30)* fut construit en 1771 par *Gabriel* et son assistant *Ducret*, sur la commande de *Pierre Étienne Harouard*, riche armateur et planteur à Saint-Domingue. Côté cour, le bâtiment présente un corps de logis principal, encadré de deux colonnes ioniques, et surmonté d'un fronton triangulaire où figurent les armes de la famille Harouard entre deux cygnes. Côté jardin, un fronton triangulaire à cadran et quatre pilastres ioniques se répartissent de part et d'autre de l'axe central de la façade. Tout le long, sous la corniche séparant le rez-de-chaussée du premier étage, des guirlandes en bas-relief rappellent celles du portique d'entrée. Du perron, bordé d'une balustrade de pierre, on descend dans un jardin à la française.

A l'*intérieur*, remarquer la belle rampe en fer forgé de l'escalier, les boiseries réalisées par des charpentiers rochelais, le mobilier du XVIIIe s. (lit à colonnes, fauteuils). C'est dans ce château que les Allemands firent leur reddition, en 1945.

▷ Salles-sur-Mer *12 km S.-E. de La Rochelle*

Petite commune rurale dont le territoire recèle trois châteaux, qui ne se visitent pas, mais dont on peut voir les façades.

Le *château Du Roulet (à l'E. du bourg)* a été construit au début du XVIIIe s. Il est formé de trois ailes en fer à cheval, délimitant une cour d'honneur. Le château fut édifié sur l'emplacement d'un premier bâtiment du XVe s., dont des fragments ont été conservés dans la reconstruction de 1710.

Le *château de Cramahé*, du milieu du XVIIIe s., se présente comme un bâtiment tout en longueur, avec un avant-corps central légèrement en saillie. A l'entrée, on remarque une belle *grille* de fer forgé dont les piliers sont surmontés chacun d'un aigle aux ailes repliées. Le décor est très dépouillé, seul un avant-corps légèrement en saillie surmonté d'un fronton triangulaire agrémente la façade. Du château précédent, il reste une tour ronde et une échauguette en ruine. L'édifice actuel fut incendié en 1793, puis restauré. Il abrite maintenant un Institut médico-pédagogique et professionnel.

Le *château de l'Herbaudière* est un intéressant édifice du XVIe s. pourvu d'un système défensif qui a disparu. On peut en voir une tour ronde, coiffée d'un toit conique, les grandes toitures d'ardoises hérissées de hautes cheminées. On remarquera une très belle *porte* du XVIIe s., avec une tête sculptée en clé de voûte et un fronton orné de marguerites.

De La Rochelle à Royan

70 km environ / 1 j.

▶Depuis *La Rochelle* on peut gagner Châtelaillon-Plage directement par la voie rapide, par *La Jarre* (château du Buzay) et *Salles-sur-Mer* *(→ environs de La Rochelle)* ou par Angoulins.

▶ Après la plage d'*Aytré* et la ferme du moulin du Pont de la Pierre, qui fut le quartier général de *Richelieu* pendant le siège, se présente *Angoulins*. Blotti autour de son église fortifiée (Xe s., refaite au XVe s.), le village jouit de jolies petites plages et d'une baie que protège la *pointe du Chay*. Constituée de calcaires coraliens qui s'étalent en bancs compacts, celle-ci attire de nombreux amateurs de géologie.

▷ Châtelaillon-Plage

Plus de 800 000 m^3 de sable ont été nécessaires pour donner une nouvelle jeunesse à la plage (longue de 4 km) de Châtelaillon qui est aujourd'hui l'une des plus agréables et des plus sûres de toute la côte.

Grande station balnéaire longée par un front de mer qui offre une belle promenade, la ville n'est plus, comme au XIXe s., un désert de dunes de sable. Elle conserve au nord une impressionnante forteresse, le *fort Saint-Jean*. Enfermé dans une enceinte de 600 m flanquée de 14 tours, celui-ci domine les environs du haut de son donjon de 35 m de haut. Si la ville actuelle est récente, datant du développement des loisirs nautiques, Châtelaillon a connu une riche histoire. Entourée de brumes et de légendes jusqu'au XIe s., celle-ci s'éclaire ensuite avec la création d'un important château fort, situé plus à l'ouest que l'agglomération d'aujourd'hui. Pris en 1130 par *Guillaume X d'Aquitaine* (après un long siège), le fort passa ensuite à la Couronne de France. Par la suite, l'Océan sapant la presqu'île sur laquelle il était installé, il tomba à l'abandon. En 1709, ses tours, qui étaient enocre visibles, furent submergées par un raz de marée qui emporta la côte. La tradition populaire vit là un coup de Mélusine, et la cité se trouva réduite au seul hameau de Vieux-Châtelaillon, jusqu'à ce que la mode des bains de mer vînt lui redonner une seconde vie.

▶ A 1 km au sud, *les Boucholeurs* fut un petit port de pêche qui se convertit au siècle dernier à la mytiliculture, avant de se tourner vers l'ostréiculture, donnant ainsi naissance à un important complexe conchylicole. Depuis les Boucholeurs s'ouvre un large *panorama* sur les marais, la mer et les îles.

▶ Avant d'arriver à *Rochefort (→)*, on peut se rendre à *Fouras (→ Rochefort)*. ▶ Après Rochefort, suivre l'*itinéraire de Rochefort à Royan (→ Rochefort)*.

Une grande entreprise

Depuis 1978, la crise économique a durement frappé l'industrie rochelaise. Au total, près de 4 500 emplois ont été supprimés : licenciements à Peugeot-Talbot, fermetures de la C.I.T.-Alcatel et, dernièrement, des chantiers navals (S.N.A.C.R.P.). Avec environ 1 000 emplois (moitié moins qu'en 1978), Alsthom-Atlantique fait figure de rescapée.

Installée à Aytré depuis 1920, l'usine de matériel ferroviaire, après plusieurs transformations, a été absorbée par Alsthom-Atlantique en 1976. Dominant depuis longtemps le marché national (construction de locomotives BP 63 000, des voitures Corail, des métros de Paris et Lyon, etc.), Alsthom-Aytré a, par La Pallice, expédié du matériel roulant aux quatre coins du mode : métros pour le Mexique, le Chili, le Vénézuela, l'Égypte ; locomotives pour la Yougoslavie, la Chine. L'exploit technique que constitue la réalisation du T.G.V., dont les rames oranges longues de 200 m circulent à 260 km/h, pour une puissance totale de 8 650 chevaux, permet à la société de rêver maintenant à la conquête des marchés Nord-américains.

Royan★

41-C3 / R 110 / V 39, V 46
18 125 habitants / ⊠ 17200
ℹ Palais des Congrès (C3), B.P. 102 C, 17201 Royan Cedex ☎ 46.38.65.11; Télex : 790 441 F, minitel : 3615 code MERTEL;
place de la Poste (D2) ☎ 46.05.04.71
SNCF ☎ 46.05.20.10
Aunis et Saintonge, cours de l'Europe ☎ 46.05.03.81
✈ Royan Médis ☎ 46.05.08.22, en été, liaison Paris-Royan.
Royan-Pointe de Grave, gare du bac ☎ 46.38.59.91

La perle de la Côte de Beauté est la plus importante station du littoral Atlantique entre La Baule et Biarritz. C'est une ville moderne, caractéristique de l'architecture des années 50-60, qui a produit ici d'incontestables chefs-d'œuvre : l'église Notre-Dame, le marché couvert ou l'église du Parc. Mais faut-il faire le procès du béton ? Ce dernier a en effet vite et mal vieilli en moins de trente ans. Le Portique, traditionnel lieu de ralliement de la station au point de contact de la ville et de la plage, et le Casino circulaire, ont tous les deux disparu sous la pelle des démolisseurs. Le Front de Mer, aux lignes dépouillées et harmonieuses, offre cependant un aspect un peu terne et triste.

Pourtant le charme de Royan est indéniable avec ses plages de sable fin, que l'on appelle ici des « conches », ses petits bois de chênes verts et sa grande forêt de pins à proximité, ses élégantes villas du quartier du Parc, témoins du Royan « d'avant-guerre », ses innombrables festivités et possibilités sportives. Royan possède certes plus d'un atout dans son jeu pour séduire et retenir ses hôtes.

La ville dans l'histoire

Le modernisme de la capitale de la Côte de Beauté ne doit pas faire oublier les grandes lignes de l'histoire de la cité. Le site fut vraisemblablement occupé par un petit port à l'époque celtique, mais on a aujourd'hui renoncé à y voir l'antique Novioregum. Une tour, qui guidait les navires, fut brûlée par les Normands en 866 et remplacée par une tour en pierre dans l'actuel quartier Foncillon. Au Moyen Age, deux bourgs se développent : un village d'agriculteurs sur le coteau Saint-Pierre autour de l'église du XIe siècle, et un port de pêche protégé par le château auprès duquel tout bateau qui remontait la Gironde devait s'acquitter d'un droit de péage.

Ce château, qui dominait le port, a appartenu aux Anglais qui l'agrandirent. Mais, en 1222, Philippe Auguste reprit possession de Royan et donna la place à Hugues de Lusignan. Ce dernier s'allia aux Anglais et le roi Henri III débarqua à Royan avant de se diriger vers Pons et Taillebourg où il fut battu par Saint Louis en 1242. Royan appartint ensuite aux seigneurs de Didonne puis aux seigneurs de Matha jusqu'au XIVe siècle. La cité passa entre différentes mains et connut de nombreuses vicissitudes au XVIe siècle. L'impôt sur le sel y provoqua deux insurrections, une sous François Ier, et l'autre sous Henri II en 1542.

Royan adhéra avec enthousiasme aux idées de la Réforme prêchée par le pasteur Hamelin. Devenue place forte protestante, la ville subit de nombreux assauts pendant les guerres de Religion. Agrippa d'Aubigné, Henri IV, le prince de Soubise vinrent à Royan. En 1622 la ville fut assiégée par le duc d'Épernon ; Louis XIII vint surveiller les opérations et commanda le bombardement de la place. La ville dut se rendre et le roi fit abattre les tours, démolir la digue et fonda un couvent de Récollets pour rétablir la foi catholique. Mais les protestants restèrent très nombreux dans la ville jusqu'à la révocation de l'édit de Nantes.

Au XVIIIe siècle Royan, érigé en duché, devint la propriété de la famille de La Trémoille jusqu'à la Révolution. A cette époque la ville, isolée, vivait de la pêche aux huîtres et aux fameuses sardines, les « royans ».

La révolution balnéaire

Sa destinée allait rapidement évoluer au XIXe siècle avec la vogue des bains de mer. En 1824 les premières cabines de bain montées sur chariots firent leur apparition. Le 5 avril 1829 fut une date mémorable, avec l'arrivée du premier bateau à vapeur venu de Bordeaux. La station allait bientôt être lancée par la bourgeoisie bordelaise.

Le premier casino fut construit en 1847 dans le parc de Foncillon. A partir des années 1860, la ville s'étendit vers la Grande Conche. Le développement de la station fut surtout l'œuvre de Frédéric Garnier, maire de 1871 à 1905. Sous son impulsion de nouvelles rues furent ouvertes. Il fit construire le casino municipal, la jetée du port, ainsi qu'une promenade au bord de la plage : l'actuel boulevard Garnier. En 1890 il fit transporter à Royan le tramway Decauville qui était auparavant en service sur le Champ de Mars à Paris. En arrière du Front de Mer, on commençait à lotir le quartier du Parc. Royan devint vite une station mondaine dont la propagande était assurée par la « Gazette des Bains de mer ». Parmi tant d'autres célébrités, Alphonse Daudet, Sarah Bernhardt et Émile Zola séjournèrent à Royan. Ce dernier y a d'ailleurs écrit son roman « Le Rêve ».

La tragédie

En août 1944, les Allemands évacuent le sud-ouest de la France mais décident de maintenir des « poches » de résistance pour empêcher ou gêner les débarquements alliés. Ils se replient dans la presqu'île d'Arvert et sur la pointe du Verdon puissamment fortifiées. Le 15 août, la flotte allemande est anéantie par l'aviation alliée. Les Allemands se laissent enfermer dans la « poche de Royan » et se maintiennent dans ce camp retranché qui contrôle l'entrée de la Gironde. Le 5 janvier 1945, au petit matin, deux vagues de bombardements anéantirent la ville en quelques minutes, faisant plus de 500 morts et presque autant de blessés dans la population civile. Qualifié de « regrettable erreur » par les responsables alliés, ce bombardement, stupide et inutile, reste aujourd'hui encore mal expliqué. D'après la thèse officielle, les bombardiers américains auraient été détournés sur Royan à cause des mauvaises conditions météorologiques, sans aucune carte des positions allemandes. Toujours est-il qu'il n'eut aucune influence sur la suite militaire des combats. La ville fut attaquée le 14 avril par le général de Larminat, et les Allemands se rendirent le 18 avril 1945.

La reconstruction

Elle fut confiée à l'architecte bordelais Claude Ferret. De 1945 à 1949, il fallut procéder au nettoyage et au remblaiement. La reconstruction commença véritablement à partir de 1949 pour s'achever en 1959 avec l'édification de l'étonnante église Notre-Dame et, dès la fin des années 50, Royan retrouvait son rang de station balnéaire.

Comme industrie on note une importante laiterie : la laiterie Loti. Un centre important pour l'enseignement des langues fonctionne à Royan : le Centre audiovisuel de Royan pour l'étude des langues (le CAREL). Fondé en 1966, il est régi par une convention entre le ministère de l'Éducation Nationale, l'université de Poitiers et la ville de Royan. Il organise des stages intensifs de langues mais aussi d'informatique, selon le niveau de l'étudiant. Le centre est ouvert toute l'année (CAREL, B.P. 219 C, 48, bd Franck-Lamy, 17205 Royan Cedex ☎ 46.05.31.08 Télex OFITOUR Royan 790441F).

Visite de la ville

4 h

▷ Le Front de mer *CD2*

Il épouse sur 600 m la courbe de la *Grande Conche*. Les bâtiments résidentiels gris et rouges abritent des commerces sous galeries au rez-de-chaussée. C'est là que se concentre, les soirs d'été, toute l'animation de la station. Nombreux cafés, salons de thé et glaciers réputés. Au centre, une large esplanade s'ouvre d'une part sur la perspective du boulevard Aristide-Briand et le marché, et d'autre part sur la plage.

▶ Au bout du Front de mer, la *promenade de Mohammedia*, à l'emplacement du casino démoli il y a peu de temps, permet de gagner le port.

▷ Le port *C2-3*

Le nouveau port de plaisance a été ouvert en 1982. Il occupe une situation privilégiée entre La Rochelle et Arcachon. Il s'étend sur 3,8 ha et a une capacité de 600 places sur ponton. Il offre aux plaisanciers la possibilité de trouver de nombreux commerces ainsi que des services (douches, laveries, etc.) concentrés sur le *quai de l'Amiral-Meyer*.

A proximité se trouve le *port de pêche* (3 ha), animé par la flotte multicolore des chalutiers. La *criée (t.l.j. à 16 h sf sam., dim. et fêtes)* : depuis une galerie intérieure qui domine l'étal des poissons, les visiteurs peuvent assister à la « vente aux enchères ».

▶ *Embarcadère du bac* pour la pointe de Grave *(→ encadré)*. La traversée dure environ 30 mn. Les véhicules sont admis sur les bacs dans leur ordre d'arrivée sur les parcs de stationnement. ▶ *La façade de Foncillon* domine la *conche de Foncillon*. Le *Palais des Congrès* est une œuvre de *Claude Ferret*. Il abrite l'*Office Municipal du Tourisme (en saison 15 juin-15 sept., 9 h-19 h; hors saison, 9 h-12 h 30/14 h-18 h).*

▷ L'église Notre-Dame★ *(C2) par la rue Foncillon*

Sa fière silhouette qui veille sur la ville et sur le large est devenue le symbole du Nouveau Royan. Son audace architecturale a pu choquer à l'époque où elle fut édifiée, de 1955 à 1958. Mais malgré l'austérité du béton, l'envol majestueux de ce grand voilier ne peut que susciter l'admiration. Elle est l'œuvre de *Guillaume Gillet*, premier Grand Prix de Rome. L'imposant *clocher* se dresse à 60 m de hauteur et coiffe le chœur de l'église qui est dépourvue de transept.

La porte principale, qui s'ouvre à l'ouest, permet de saisir, du haut du grand escalier, l'ampleur impressionnante de la *nef* : 45 m de long sur 22,50 m de large. La hauteur des voûtes (36 m au chœur, 26 m au centre), atteint celle de Notre-Dame de Paris. Le voile de béton qui recouvre la surface de la voûte ne fait que 8 cm d'épaisseur. Il est sous-tendu par deux séries de câbles métalliques. L'architecte a utilisé ici un principe de couverture d'une résistance incroyable grâce à l'intersection de deux paraboles, l'une en forme de selle de cheval (au-dessus) dont le foyer est tourné vers le ciel, l'autre un peu moins ouverte dont le foyer est tourné du côté du sol. Cet allégement extraordinaire de la voûte a permis la suppression des piliers et des colonnes. La visibilité est ainsi parfaite.

Deux *galeries intérieures* ceinturent l'édifice. La première, à 3 m du sol, est accessible au public, la deuxième, à 25 m, est interdite. Cette sobre architecture de béton est animée par de très beaux *vitraux* exécutés par le maître verrier *Martin Granel*. Au fond du chœur, le *vitrail de la Vierge*, réalisé par le verrier *Claude Idoux*, est une libre interprétation de la vision de l'Apocalypse de saint Jean : « [...] Je vis une femme revêtue de soleil, la lune sous les pieds, une couronne de 12 étoiles sur la tête [...] ». La Vierge écrase le serpent et, de ses mains,

---

Les plages de Royan

La station vedette de la Côte de Beauté offre ses cinq plages de sable fin et ses 2600 heures d'ensoleillement annuelles. Les plages, ou « conches », se nichent au creux de petites anses bien abritées. La principale d'entre elles est la Grande Conche qui s'étend sur plus de 2 km depuis le Front de Mer jusqu'aux rochers de Vallières. Elle offre en été le spectacle coloré et pittoresque de ses nombreuses tentes de plage. Puis vient la conche de Foncillon qui possède une belle piscine. Les conches du Chay et du Pigeonnier sont idéales pour les enfants. Enfin, la conche de Pontaillac, la plage aristocratique de Royan, est dominée par le Sporting Casino.

---

se répandent des rayons lumineux. La première galerie est décorée de petits vitraux nichés dans le béton qui retracent toutes les étapes de la Passion du Christ (toujours représenté en rouge). Des petites lames verticales disposées sur chaque vitrail les font miroiter lorsque les rayons de soleil sont obliques par rapport à eux.

Au pied du grand escalier, l'allée latérale gauche contient un **Saint Antoine de Padoue avec l'Enfant Jésus**, haut-relief en cuivre repoussé, œuvre de *J.-P. Pernot*; une **Sainte Thérèse de l'Enfant Jésus**, œuvre du sculpteur royannais *Michel Marsaudon*, et enfin une étonnante **Jeanne d'Arc** qui évoque de manière très stylisée le martyre de la jeune fille. La statue, œuvre de *Jacques Perret*, est en métal calciné et l'enroulement de l'étendard reproduit la silhouette du clocher de l'église.

Dans le chœur, on remarque un *lutrin* en bois en forme d'aigle (XVIIIe s.). Les fonts baptismaux sont situés avant la porte sud-est, c'est-à-dire avant l'entrée véritable de l'église comme dans les anciens baptistères.

L'allée latérale sud (à droite) montre un Saint Joseph et un intéressant Christ bourguignon en bois du XIVe s. Dans la nef, une **Vierge Noire** en plomb est l'œuvre de *Watkin*, premier Grand Prix de Rome de sculpture. L'**orgue** en étain martelé a été réalisé par le facteur d'orgues poitevin *Robert Boisseau*. Il possède 47 jeux, soit plus de 3 500 tuyaux. Des récitals ont lieu durant la saison d'été.

▶ De la place Notre-Dame, la rue d'Aunis mène au **Temple protestant**, édifice très sobre. ▶ Continuer par la rue Alsace-Lorraine et le boulevard Aristide-Briand qui conduit au **Marché Central*** *(C1)*, un des bâtiments les plus réussis de Royan. En forme de parapluie ou de parachute, il est couvert d'une importante coupole en voile de béton de 52,40 m de diamètre. ▶ Depuis le marché, prendre sur la droite la rampe du Vengeur, traverser la rue Paul-Doumer, puis prendre la rue de Sion pour déboucher sur le *boulevard Clemenceau*.

▷ L'église Saint-Pierre *C1*

Seul monument historique qui subsiste à Royan. L'existence de cette église est attestée dès 1092. Il ne reste plus que la moitié de cette église romane de la fin du XIe s.-début XIIe s. Elle a été entièrement restaurée. Elle comprend un long chevet plat décoré de grandes arcatures reposant sur des colonnettes géminées. Le transept ne comporte que le croisillon sud bâti sur une crypte-ossuaire et surmonté d'un clocher carré.

▶ Descendre par le *bd Clemenceau*. On passe devant le stade d'honneur et la piscine municipale couverte. La *Tache verte* (gare routière) est animée par les joueurs de pétanque ou de boule lyonnaise. ▶ Regagner la *Grande Conche*.

Plaisirs de la mer

Outre les joies simples de la baignade, la mer offre de nombreuses possibilités à Royan. Les plages surveillées ont toutes leur club de plage. Une école de wind-surf fonctionne en saison sur la grande plage. La société des Régates, une des plus anciennes de France, organise des stages (port de plaisance ☎ 46.38.59.64).

On peut aussi pratiquer la pêche en mer de mai à octobre (s'adresser au port de plaisance au ponton nº 1 ☎ 46.39.86.51, ou au ponton nº 3. Association des Pêcheurs Amateurs ☎ 46.38.53.27).

Plongée sous-marine, ski nautique peuvent également être pratiqués. Centre de thalassothérapie sur la Grande Plage (place Foch ☎ 46.05.06.36).

▷ Le quartier du Parc *par le bd Frédéric-Garnier (hors plan D2-3)*

Quartier résidentiel très agréable où se trouvent les quelques villas épargnées par les bombardements de 1945.

Au cœur du quartier, par l'avenue Émile-Zola, on arrive à l'**église Notre-Dame de l'Assomption** *(hors plan, D2)* ornée d'un très beau **tympan** réalisé en céramique, œuvre d'*André Trébuchet*. A l'intérieur : **vitraux** du peintre *Maurice Rocher* et du maître verrier *Jean Barillet*.

▶ Plus excentré, *le quartier de Pontaillac (A1-2)*, situé au bord de la plage de sable fin bien abritée qui offre toutes les activités possibles (clubs sportifs, clubs de vacances, école de voile, etc.). *Sporting-Casino (17 h-3 h en saison).* ▶ Le **Musée archéologique** *(en saison, lun. 13 h 30-17 h, mar. et ven. 10 h-11 h 30/13 h 30-17 h; hors saison, lun., merc., ven. 13 h 30-17 h)*, dans les jardins de la Mairie, abrite des collections relatives à la préhistoire et à l'archéologie régionales.

Les sports à Royan

Royan s'est peu à peu dotée de tous les équipements sportifs : 44 courts de tennis, une piscine municipale couverte, une piscine en eau de mer, un golf de 18 trous, un centre équestre, 3 golfs miniature, un fronton de pelote basque, voilà un aperçu de quelques-unes des possibilités de la station. De Pâques à septembre, les clubs sportifs organisent de nombreuses compétitions de voile, de tennis, de jumping, de football, d'athlétisme, de cyclisme.

***Aéro-club de Royan** : aérodrome de Royan-Médis (catégorie C) ☎ 46.05.08.22.*
***Équitation** : Centre équestre de Maine-Gaudin, la Palud Saint-Palais ☎ 46.23.11.44.*
***Golf de Royan** : Côte de Beauté, la Grande Côte au Maine-Gaudin, 17420 Saint-Palais-sur-Mer ☎ 46.22.16.24.*
***Tennis** : Garden Tennis, 24 bd Carnot. 15 courts dont un central où ont lieu des rencontres internationales ; tribunes de 1 200 places ; ouvert toute l'année ☎ 46.38.25.30.*

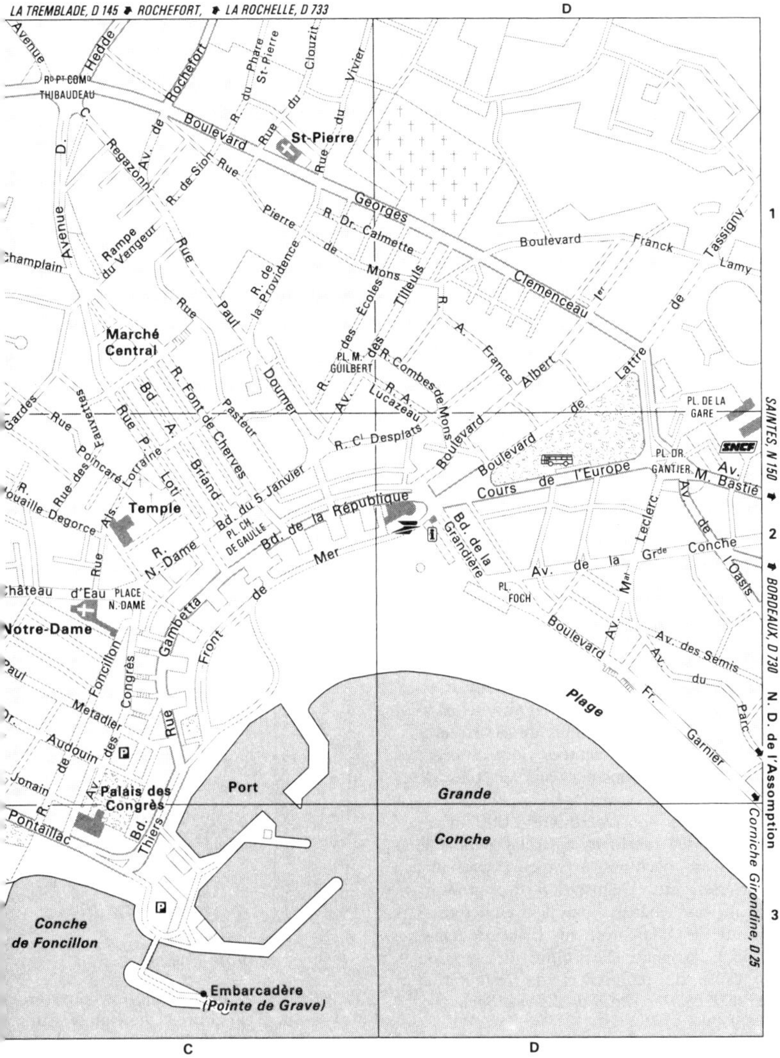

Royan

Animation

Marchés : t.l.j., 1er juin-30 sept., sf lun. les autres mois de l'année.

Foire : le 4e jeudi du mois.

Petit train touristique de la Côte de Beauté : visite commentée. Départ de Royan ex-casino à 15 h 30, circuit par Pontaillac ; à 16 h 15, 17 h 30, 21 h 30, circuit par Saint-Georges et retour par la corniche de Vallières ; départ de Saint-Georges-de-Didonne à Novelto : 15 h, 17 h, 18 h, 21 h, 22 h ☎ 46.05.50.05.

Parmi les plus importantes manifestations :

Avril : FIDEM, festival de l'Image à la découverte du monde.

Mai : sélection du SIRP (Salon International de la Recherche photographique).

Juillet : Euro-jump (Jumping International). Fête de la mer.

Août : tour de France aérien. Tour de France planches à voiles.

Octobre : rallye des dunes.

... Et aussi *stages de danse*, prestige de l'art contemporain, etc.

Églises et abbayes autour de Royan

55 km / 4 h

De la terre océane vers les terres des champagnes agricoles, ce circuit part à la recherche des petites églises campagnardes.

▶ Sortir de Royan par le *boulevard Garnier* et la *corniche de Vallières*. Beau *point de vue* sur Royan, la Grande Conche et l'estuaire.

▷ Saint-Georges-de-Didonne

2,5 km S.

C'est une jolie station balnéaire dont la belle conche de 3,5 km de long est abritée par la forêt de pins. Cette plage très sûre, en pente douce, sans courant dangereux, est idéale pour les familles. La station offre de nombreuses distractions : clubs de plage, société des régates, golf miniature, pêche en mer, excursions *(☎ 46.05.09.73).*

▷ Le château de Didonne *7 km E. par la D 730*

Il est établi près de l'emplacement du château médiéval disparu. Il est la propriété des agriculteurs coopérateurs des cantons de Cozes et de Saujon. Ouvert en permanence, il offre un magnifique *parc-arboretum* de 5 ha où plus de 50 essences différentes sont représentées, dont un cèdre remarquable, *l'Empereur*, âgé de plus de 200 ans.

Le *Musée Agricole* couvre 1 000 m² et présente des machines agricoles depuis le XIXe s. : machines à vapeur, tracteurs, charrettes, etc. Dégustation des produits vendus au château par les vignerons : pineau des charentes, vin blanc de pays, liqueurs, cognac. Possibilité de location de salles de réunion et de restauration *(☎ 46.05.05.91, château de Didonne Semussac, 17120 Cozes).*

▶ *Cozes (7 km). Église Saint-Pierre* refaite au XVe s. L'accès se fait par la porte à la base du clocher octogonal. A l'*intérieur*, grande nef en berceau, chapiteaux historiés et à feuillages. *Halles en bois* au centre de la ville.

▶ *Grézac (3 km N. par la D 17).* Église romane remaniée, façade ornée de personnages sculptés.

▷ Corme-Écluse

L'*église Notre-Dame*★, ancien prieuré de l'Abbaye-aux-Dames, est typiquement charentaise. Elle est surtout intéressante pour sa *façade*. A la voussure supérieure du portail central, on distingue un personnage aux bras étendus qui présente deux coupes auxquelles viennent boire trois oiseaux de chaque côté. Le rez-de-chaussée est surmonté d'une arcature à huit éléments qui repose sur un bandeau sculpté où des petits personnages se dissimulent au milieu des rinceaux de feuillage. Ce deuxième niveau est séparé du pignon par une corniche au motif de ruban plissé, soutenue par des modillons à sujets variés (têtes, monstres, couples d'amoureux s'embrassant, etc.). Tout le décor de cette façade traduit la verve fantaisiste et joyeuse de la sculpture romane saintongeaise.

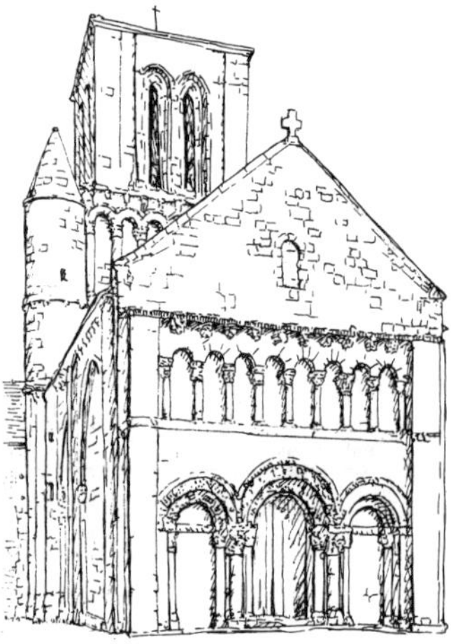

Corme-Écluse

A l'*intérieur*, la nef unique est couverte d'un berceau plein-cintre. Une coupole sur trompes couvre le carré du transept dont les bras sont voûtés en berceau brisé. Les chapelles et le chœur sont, eux, voûtés en cul-de-four. Peu de décor sculpté, sauf les chapiteaux du transept qui montrent des têtes de lions.

▶ Après Corme-Écluse, la D 127 traverse la *Seudre*. Par la D 243 E, prendre la direction de *Saint-Romain-de-Benêt* mais, avant le pont du chemin de fer, prendre à gauche pour aller voir la tour de Pirelongue.

▷ La tour de Pirelongue

C'est un bloc de maçonnerie plein, de plan carré, qui a une hauteur de 24 m. Sur les parois, des traces de parement partiellement conservé subsistent. On a longtemps supposé que ce genre de monument était un tombeau, mais rien ne permet de l'affirmer. Aucune cavité souterraine n'a pu être décelée, pas plus que des traces de sépulture. Cette tour ou « pile » a peut-être servi de repère pour les voyageurs ou bien elle a pu être utilisée comme phare pour la vallée de la basse Seudre.

▷ Saint-Romain-de-Benet *sur la N 150*

L'*église* romane du XIIe s., ancien prieuré de Sablonceaux, offre un aspect curieux, vu de l'extérieur, avec ses deux dômes laissés apparents lors de la restauration de 1905. Le clocher carré date de 1830. L'église a subi les excès révolutionnaires en 1793, et a été restaurée au siècle dernier. La façade date de 1883.

A l'*intérieur*, la nef possède deux larges travées séparées par des faisceaux de colonnes. Elle est couverte par deux coupoles sur pendentifs, mais rien ne prouve que ce type de couverture ait été prévu à l'époque romane. La travée droite du chœur est voûtée en berceau brisé, le cul-de-four du chevet est éclairé par sept fenêtres romanes. Remarquer les *chapiteaux* des colonnes : homme qui combat un lion, femme offrant une fleur à un chevalier, etc.

Le pineau des charentes

Les origines de ce célèbre apéritif charentais sont légendaires. Au XVIe siècle, un maître de chai ayant rempli par mégarde un fût contenant déjà du cognac avec du moût de raisin, eut le surprise de découvrir, quelques années plus tard, un vin doux délicieux.

Resté pendant longtemps l'apéritif traditionnel et jalousement gardé des Charentais, le pineau, qui peut être blanc, rouge ou rosé, est maintenant produit par de nombreuses distilleries dans toute la Charente-Maritime.

▷ L'abbaye de Sablonceaux** *5 km environ par la D 243 E*

L'ensemble des bâtiments, isolés au milieu des champs, offre un spectacle imposant et romantique. L'abbaye, très ruinée, a fait l'objet d'une importante campagne de restauration qui a permis de rendre l'église au culte le 8 mai 1983. En septembre 1986, l'évêché de La Rochelle et de Saintes s'est rendu acquéreur de la propriété de Sablonceaux (les bâtiments, ainsi que 26 ha de terres et de bois).

L'abbaye dans l'histoire

L'abbaye fut fondée en 1136 par *Guillaume IX*, duc d'Aquitaine. Le premier abbé de Sablonceaux fut *Geoffroy de Loroux* chargé par *saint Bernard* d'entreprendre les travaux. Chanoine régulier de Saint-Augustin, *Geoffroy de Loroux* établit la règle augustinienne. L'église fut dédiée à Notre-Dame, et prit le nom de Sablonceaux à cause du pays sablonneux au milieu duquel elle s'élevait. Un grand nombre de donations vinrent accroître les revenus de l'abbaye. Son histoire ne sera qu'une longue suite de catastrophes. Le couvent fut pris par les Anglais en 1414, puis en 1568 lors des guerres de Religion. L'église subit d'importants dégâts, la nef fut complètement détruite. L'abbaye fut incendiée en 1622, par les troupes de *Soubise*. Sablonceaux sombra ensuite dans le système de la commende et l'exploitation abusive des biens de l'abbaye par les abbés commendataires entraîna le déclin de l'établissement. Le coup fatal lui sera porté par la Révolution. Les onze religieux de la communauté ayant refusé de prêter le serment de la constitution civile du clergé, ils furent dispersés et les bâtiments vendus comme « bien national ». Divers propriétaires se succéderont qui feront détruire la plus grande partie des bâtiments claustraux, trop coûteux à entretenir.

Visite de l'abbaye

On arrive face à l'édifice en passant sous une porte massive recouverte de lierre, vestige de l'ancienne enceinte fortifiée. Sur la gauche, une petite mare est formée par une des sources du Limonard : le *ruisseau de Sablonceaux*. L'église se dresse au-delà de cette porte. Au bout d'une allée ombragée, à droite, s'étendent les anciens bâtiments claustraux.

L'extérieur. L'*église* a en fait à moitié disparu. Sur la droite, un mur est le témoin du côté sud de la nef détruite en 1568. En haut de la façade actuelle, on distingue les vestiges des pendentifs de la première coupole. La façade primitive a complètement disparu et il est impossible de préciser quelle était la longueur exacte de la nef. Le *clocher*, du XIIIe s., est à trois étages. Le premier est décoré sur trois de ses côtés de quatre arcatures tréflées aveugles, le deuxième est orné d'arcatures en tiers-point, quant au troisième étage, il est octogonal ajouré par deux baies sur chacune de ses faces. Contourner l'église par le cimetière pour aller voir le chevet, au pied duquel une pierre sculptée représente *la Crucifixion*. C'était la croix du cimetière des moines.

L'intérieur. La nef et le carré du transept conservent deux *coupoles* de 7,40 m de diamètre, célèbres pour la perfection de leur courbure et de leur appareillage. Elles s'élèvent à 20 m de hauteur et reposent sur des colonnes jumelées et sur les dosserets des doubleaux. De l'ensemble se dégage une grande impression de légèreté. Le décor est pratiquement absent : chapiteaux lisses, pas de motifs végétaux ; l'influence cistercienne de saint Bernard est évidente.

Les deux croisillons du transept sont voûtés en berceau brisé. Le bras sud contient un grand enfeu utilisé comme support pour l'exposition des moines morts. Le chœur et les chapelles ont été refaits aux XIIIe et XIVe s. dans le style gothique. La clef de voûte du chœur montre l'Assomption de la Vierge.

Le *chœur* est éclairé par une large verrière. Il contient une piscine double avec arcades jumelées. L'autel et son retable datent du début du XVIIIe s. Pierre tombale de l'abbé *François Ardillon*, mort en 1502. La *chapelle nord*, peu profonde, possède un vitrail représentant l'Assomption ; elle contient également une piscine utilisée pour la toilette des défunts, usage courant dans les abbayes. Belle voûte d'ogives renforcée par quatre liernes. La *chapelle sud*, ou chapelle du clocher, est tout en hauteur et très peu large. L'arc d'entrée en tiers-point pénètre dans la voûte du croisillon. Remarquer les élégants faisceaux de colonnettes d'angle qui donnent une grande impression de légèreté.

En sortant de l'église, on peut aller jeter un coup d'œil aux *bâtiments claustraux*, très ruinés, mais qui offrent encore quelques beaux éléments architecturaux. Le grand pré, à droite de l'église, correspond à l'ancien cloître qui était accolé au flanc sud de l'église et limité à l'est par les bâtiments claustraux. A l'ouest, un corps de bâtiments le séparait d'un second cloître qui a disparu. Au milieu du côté est du cloître, la *salle capitulaire* s'ouvre par une porte en plein cintre. Elle était couverte de quatre voûtains sur croisée d'ogives.

Plus loin, toujours sur la droite de l'église, une porte monumentale conduit à l'*ancien logis abbatial* *(occupé en partie par une ferme, cet endroit est en principe interdit aux visiteurs)*. Ce portail a été édifié en 1788 à la veille de la Révolution par le dernier abbé commendataire, *M. de Bourgogne*. Les écussons portent la trace de l'épisode révolutionnaire. Au-dessus de cette porte, s'élève, sur la gauche, le *logis abbatial du XVIIe s.*, très élégant avec son étage à arcades séparées par des pilastres doriques. Devant le bâtiment se dresse un splendide *noyer d'Amérique* au tronc imposant. En contournant le logis, on atteint une immense salle voûtée qui fait suite à la salle capitulaire visitée précédemment. Une chapelle faisant suite à celle du clocher, en triste état, sert actuellement de remise. De cet emplacement on a un beau *point de vue* sur le grand pignon du chevet et sur le clocher.

▶ Rejoindre le village de *Sablonceaux*, puis prendre la D 117 en direction de Saujon.

▷ Saujon

Cette petite cité sur la Seudre, précédée par le port de Ribérou, est une station thermale spécialisée, depuis le siècle dernier, dans le traitement des maladies nerveuses. Important institut neuro-psychiatrique.

L'église romane Saint-Martin a disparu à la Révolution. L'actuelle *église Saint-Jean-Baptiste*, construite au siècle dernier, abrite quatre *chapiteaux* de l'ancienne église romane, découverts lors de travaux exécutés sur le champ de foire. L'un d'eux montre Daniel dans la fosse aux lions, le saint assis bénissant tient le Livre. Il est séparé des fauves par une mandorle en forme de fer à cheval, ornée de perles. Un autre chapiteau représente la Résurrection avec les Saintes Femmes et le tombeau sur lequel l'ange est assis. Le troisième illustre le Pèsement des Ames. Les vêtements, les détails finement travaillés, les expressions variées des personnages (noter l'horrible démon griffu qui essaie de faire pencher la balance de son côté), font de cette œuvre un des sommets de la sculpture saintongeaise romane. Le dernier présente une scène énigmatique : des personnages, dont un homme qui plie sous le poids d'un énorme poisson qu'il transporte. Ces quatre chapiteaux, qui comptent parmi les plus belles œuvres sculptées saintongeaises, sont placés fort judicieusement à une faible hauteur, ce qui permet d'en admirer tous les détails.

▶ *Médis (5 km par la N 150).* Ce village possède une *église* romane très restaurée, mais qui conserve néanmoins un portail aux voussures sculptées avec soin.

▶ Retour à *Royan (7 km).*

Animation

Saint-Georges-de-Didonne : marché t.l.j. 1er juin-30 sept., sf lun. du 1er oct. au 31 mai.
Le château de Didonne : Barbecue charentais en juil.-août, t.l. mer., jeu., ven. à partir de 20 h (☎ 46.05.05.91).
Cozes : fête des battages en août
Saujon : marché le lundi et le samedi. Importante foire le 2e lundi du mois.

Le phare de Cordouan***

R 110 / V 46
5 h A.-R.
Service de vedettes en saison
au départ de Royan (→ encadré)

Le phare de Cordouan (66 m) se dresse sur un plateau rocheux qui sépare les deux chenaux d'accès à l'estuaire de la Gironde, la Grande Passe de l'Ouest au nord et la Passe de Grave au sud. Formé de calcaire éocène, ce haut-fond, fréquenté par les pêcheurs côtiers, laisse apparaître à marée basse une jetée, le long de laquelle accoste la vedette qui transporte chaque été, depuis Royan, les touristes attirés par ce monument.

Le phare dans l'histoire

Selon la légende, le phare de Cordouan aurait été édifié à l'emplacement d'un ancien monastère relié à la terre à marée basse. Plusieurs tours furent construites sur le plateau rocheux réduit à un îlot, entre les XIe et XIVe s. ; la dernière, érigée sur l'ordre du *Prince Noir* alors gouverneur d'Aquitaine, était une construction polygonale terminée par une plate-forme sur laquelle un ermite entretenait un feu.

Cette tour exigeant d'importantes réparations, il fut décidé en 1582, sous le règne d'Henri III, d'édifier un nouveau phare ; la réalisation des travaux fut confiée à *Louis de Foix*, ingénieur architecte qui s'était rendu célèbre en déplaçant l'embouchure de l'Adour. La construction débuta en 1584 selon des plans assez modestes mais, à partir de 1594, *Louis de Foix* modifia le projet initial et, avec l'appui d'*Henri IV*, conçut un monument à la gloire de la royauté. Finalement, la tour de style Renaissance, de 20 m de hauteur, ne fut achevée qu'en 1611, sous le règne de Louis XIII, par *François Beuscher*. Un demi-siècle plus tard, *Colbert* dut faire renforcer les soubassements. En 1739, fut construite une chaussée de pierre de 260 m de long pour faciliter l'accès des bateaux de service. En 1788-1789, l'ingénieur *Teulère* tronqua le phare à la hauteur de la deuxième galerie pour le surélever de 40 m par une partie tronconique dont la sobriété contraste avec la richesse des étages inférieurs.

Par la suite, seul le mode d'éclairage varia en fonction des progrès techniques : à la fin du XVIIIe s., le phare est équipé d'un appareil à douze grands réflecteurs paraboliques fonctionnant avec une lampe à mèche d'Argand ; en 1854, le feu est mis à éclipses avec éclats alternatifs blancs et rouges ; en 1907, on substitua au brûleur à mèche un brûleur à incandescence ; en 1950 enfin, un éclairage par lampe électrique à incandescence, alimenté par deux groupes électrogènes, est installé.

Abandonné par l'administration des phares et balises en 1981, du fait de la sophistication des techniques de radioguidage et des systèmes de repérage par satellite, ce phare, bien que classé monument historique pour sa partie basse en 1862, paraissait condamné. Les ministères de la Mer et de la Culture, les assemblées régionales et départementales ont accepté de financer le gardiennage, l'entretien et la restauration (effectuée en 1984) du plus vieux phare d'Europe.

Visite du phare

A sa base, le phare est protégé de la fureur des flots par un *mur d'enceinte* de 41 m de diamètre et de 8,30 m de hauteur à l'intérieur duquel sont adossés les bâtiments affectés aux gardiens, les magasins, les ateliers et les bureaux. La *tour* comprend sept étages, les trois premiers correspondant à l'édifice Renaissance. Au rez-de-chaussée, un *portail* monumental donne accès au vestibule où commence l'escalier de 301 marches montant à la lanterne. Au 1er étage, dont la base est entourée d'une galerie extérieure, se situe l'*appartement du Roi*. Au 2e étage, couronné d'une autre galerie circulaire, la *chapelle*, coiffée d'une belle coupole, possède de remarquables *vitraux* du XVIIe s. et des bénitiers en coquillages ; c'est une sorte de temple à Dieu et à la royauté comme en témoigne l'inscription « Un Dieu, un Roy, une Foy, une Loy ». Les cinq derniers étages ont une vocation plus utilitaire : le 3e étage correspond à la salle dite des Bordelais, le 4e à la salle des contrepoids, le 5e à la salle des lampes, le 6e à la chambre de veille et le 7e à la lanterne.

Promenades en mer

Croisières Inter-Iles, quai de Monastir, port de plaisance ☎ 46.38.55.55.
Promenades en mer (Le Kiosque de la Mer ☎ 46.05.29.91), qui permettent de découvrir la côte de Meschers à Talmont, le phare de Cordouan, les plages de la Côte de Beauté, la Côte Sauvage, ainsi que les îles.

Ruffec et le Ruffécois

36-C2 et 37-C3, 4 / R 107 / V 40
4800 habitants / ⊠ 16700
ℹ mairie ☎ 45.31.05.42

Les pâtés de perdreaux truffés, les foies gras, le fromager (gâteau au fromage de chèvre) ont assis la réputation de cet important et ancien marché agricole qui domine le vallon du Lien.

Entourant la petite cité, le Ruffécois est un pays parfois oublié. Pourtant, les souvenirs littéraires qui s'y rattachent, La Rochefoucauld, Saint-Simon, et les terres rouges qui le caractérisent, lui confèrent une personnalité attachante.

La ville dans l'histoire

Situé au nord du département de la Charente, à la limite des départements des Deux-Sèvres et de la Vienne, le Ruffécois se rattache à bien des égards au Poitou, dont il dépendait en partie jusqu'en 1789.

C'est en effet bien tardivement que cette contrée a fait partie de la Charente. Dans l'Ancien Régime, du point de vue ecclésiastique, toutes les paroisses du Ruffécois dépendaient de l'évêché de Poitiers ; du point de vue féodal, le pays était entré peu à peu dans la mouvance du comté d'Angoulême. En 1780, c'était une partie de la généralité de Limoges auquel était rattaché l'Angoumois ; seule la baronnie de Champagne-Mouton, bien qu'inféodée aux puissants ducs de La Rochefoucauld, appartenait à la généralité de Poitiers.

En 1789, avec la création du département de la Charente, le Ruffécois est devenu charentais et les complexités administratives anciennes en furent par là-même supprimées. Au même titre que Confolens, Cognac et Barbezieux, Ruffec devint chef-lieu de district puis d'arrondissement avec une sous-préfecture, ceci tout au long du XIXe s. Mais, au siècle suivant, avec l'exode rural et la baisse générale de la population charentaise, le Ruffécois perdit sa sous-préfecture pour être rattaché administrativement à l'arrondissement d'Angoulême.

Il n'empêche, aujourd'hui encore, Ruffec a conservé sous bien des aspects, les allures d'une petite sous-préfecture provinciale. Le long de la N 10 et à proximité de la vallée de la Charente, l'agglomération de Ruffec est bien placée pour servir de centre aux communes alentour : c'est la seule ville d'une certaine importance au milieu d'une région essentiellement rurale.

Visite de la ville

1 h 30

▸ Partir de la *place de la Halle* où se trouve la mairie et l'Office de Tourisme.

▷ L'église Saint-André

En descendant vers le vallon (à gauche par la route de Condac puis à droite), on découvre la *façade*★ romane de l'église Saint-André (XIIe s.) qui a pour thème l'Ascension du Christ. Quatre colonnes terminées par un cône divisent en trois parties cette façade surmontée d'un pignon. Au centre, la porte est encadrée par des colonnes surmontées de riches chapiteaux supportant trois rouleaux très ornés. Deux arcades aveugles l'accostent. Celle du nord présente, sur son tympan, un sujet en *haut-relief* : un homme barbu repose dans son lit, derrière lui, debout, une femme soulève un rideau. On a proposé d'y voir une représentation de la Mort sous la forme d'un épisode de l'Ancien Testament : Judith assassinant Holopherne après l'avoir séduit ! Plus haut, sur un bandeau et dans douze petites arcades, sont placées les figures mutilées des apôtres, séparés en deux groupes par une baie remaniée. Tout en haut, les dominant sous un arc en mitre : le Christ en gloire, accompagné de deux anges aux ailes déployées.

Quoique présentée plus simplement à Ruffec, il est tentant de rapprocher cette symbolique de celle de la cathédrale Saint-Pierre d'Angoulême qui conjuguent les thèmes religieux de l'Ascension et du Jugement Dernier pour n'aboutir sans doute qu'à une seule idée, celle du Salut.

La triple *nef* gothique, où l'on descend par plusieurs degrés, a été restaurée à la Renaissance et au XIXe s.

▷ Le château *propriété privée*

Sur la colline, de l'autre côté du Lien, la rivière qui arrose Ruffec (dont les sources ne sont que la résurgence de la Péruse, qui s'est abîmée dans le calcaire, à 5 km N.-O.), on aperçoit le château occupant une terrasse.

Deux tours protégeaient l'enceinte de l'ancien castel. Il ne reste que la base de celle dénommée *Sainte-Catherine*. Ce château, refait dans les premières années du XVIe s., devint la propriété de *Philippe de Volvire*, gouverneur de l'Angoumois, assassiné à Paris en 1585, dont le corps repose sous la nef de la cathédrale d'Angoulême. Saccagé à la Révolution, on ne retrouve guère de l'ancien château qu'une importante bâtisse dont l'étage repose sur une rangée de consoles. Au XVIIIe s., il fut le siège d'un marquisat qui appartint à la famille du *duc de Saint-Simon*, le célèbre mémorialiste et chroniqueur impitoyable de la cour de Louis XIV.

Dans l'enceinte du château, la *chapelle des Hospitaliers* (XIIe s.) rappelle qu'elle servit de refuge aux pèlerins sur la route de Saint-Jacques de Compostelle.

▶ En redescendant vers la ville, on ne manquera pas d'admirer la beauté du site qui a conservé, au-dessus des jardins potagers, quelques vestiges des *remparts* du bourg.

Le Ruffécois

C'est l'été que la campagne ruffécoise est la plus admirable : sur de très larges surfaces, l'or des colzas, l'émeraude des prairies, le jaune sombre des blés et les grands soleils des tournesols alternent dans le paysage.

Un pays d'agriculture et d'élevage

En effet, les plaines découvertes, aux sols de groies, fournissent de belles récoltes de céréales et d'oléagineux. Sur les « terres rouges », favorables aux châtaigniers, limitrophes des Deux-Sèvres et de la Vienne, les céréales cèdent le pas aux prairies et aux élevages de bovins, ovins et caprins.

L'élevage des chèvres s'est répandu dans le Ruffécois et le nord de la Charente depuis le Poitou voisin où c'était déjà une tradition. Sans doute rencontrait-on autrefois une vieille femme accompagnant par les chemins le long des haies deux ou trois chèvres au pelage brun ou noir. Aujourd'hui, ce sont de véritables troupeaux que l'on trouve dans les prairies, et les laiteries pour la production des fromages de chèvre dont la réputation a dépassé maintenant très largement le cadre régional.

Les troupeaux de moutons, longtemps cantonnés en Charente limousine dont ils étaient un peu l'une des traditions, sont de plus en plus nombreux en Ruffécois.

A l'est de Ruffec, le canton de Champagne-Mouton est quelque peu différent : les paysages de bocage, d'élevage et de polyculture s'opposent aux larges horizons des plaines céréalières de l'ouest du Ruffécois. Là, les sols constitués de sables et d'argiles, les terres de « brandes », sont plus pauvres. Il s'agit en fait d'une zone de transition entre les sols sédimentaires aquitains et les terrains cristallins du Limousin. Au-delà de Benest et d'Alloue, c'est le Confolentais et les premiers contreforts du massif Central.

Une activité locale disparue : la métallurgie

La nature du sous-sol, composé d'oolithes ferrugineuses, explique que depuis la fin du Moyen Age, il y eut diverses tentatives pour extraire du minerai de fer, même à faible teneur : les forges de Taizé-Ayzie, aujourd'hui délaissées, en témoignent. A Alloue une particularité minéralogique est à noter : un gisement de plomb argentifère était déjà connu à l'époque romaine mais, peu rentable, l'exploitation en a été abandonnée. Faut-il y voir l'origine du nom d'une rivière, l'Argent, dont la source apparaît dans la commune voisine de Vieux-Cérier?

Un réseau hydrographique important

La Charente est le principal collecteur des eaux de cette contrée. Venue du Limousin comme la Vienne, avec des velléités d'imiter celle-ci pour rejoindre la Loire, elle change brusquement de direction à Civray pour rejoindre l'Atlantique par Ruffec, Angoulême et Cognac. Dans la région de Ruffec, la Charente reçoit les eaux de quelques affluents aux noms poétiques : la Péruse, le Lien, l'Aume, l'Argent, l'Or.

Diversité de l'habitat

L'habitat rural traditionnel, autour de Ruffec, est marqué le plus souvent par de grosses fermes autour d'une cour carrée à la manière saintongeaise. En revanche, à mesure que l'on se rapproche du Confolentais, on retrouve la ferme bloc, caractéristique du Limousin.

Dans les paysages de « champs ouverts » de l'ouest du Ruffécois, l'habitat rural est regroupé dans de gros bourgs. A l'opposé, vers l'est, où domine le bocage, les communes rurales sont constituées de petits bourgs, où se tiennent l'église, la mairie, parfois l'école, et quelques commerces, entourés de fermes et de hameaux dispersés parmi les prés et les bois.

Circuit du Ruffécois

80 km / 1 j.

En plus d'assez beaux paysages naturels, on découvrira ici les témoignages d'une longue occupation humaine mêlés aux charmes d'un monde rural encore préservé. Certes, il n'y a rien de spectaculaire. Pourtant, s'il prend le temps de flâner, de chercher et d'observer (ruines gallo-romaines d'Embourie, églises romanes ou anciens monastères de l'époque médiévale, imposant château des ducs de La Rochefoucauld à Verteuil, etc.), le visiteur se rend compte très vite de tout l'intérêt de cette contrée pas très éloignée du Seuil du Poitou, et par conséquent sur une voie de passage essentielle entre le centre de la France et les pays aquitains.

▶ Sortir de Ruffec en direction de *Sauzé-Vaussais*, par les villages de *La Chèvrerie*, *Villiers-le-Roux* et *La Bouzatière*.

▶ *La Magdeleine*. Ce bourg possède une *église* romane du XIIe s., assez intéressante par sa façade.

▷ Le château de Saveille *1,5 km N.-O. de Paizay-Naudouin*

Il aurait été bâti vers la fin du XVe s. par un membre de la famille de *La Rochefaton* si l'on se réfère aux armes qui ornent une cheminée. Ce château, ayant conservé des fenêtres à meneaux, en impose par la sobriété et la distinction de son ordonnance. La *décoration* n'en est cependant pas absente : on la découvre aux ouvertures qui émergent du toit à l'aile est, terminée au XVIe s. Sur la façade, près de l'entrée, de charmants motifs Renaissance encadrent des fenêtres. Enfin, la grosse *tour* percée d'archères, est surmontée de mâchicoulis ornés de trilobes. La *chapelle*, construite à l'extérieur, date de 1703. De larges douves entourent ce très beau château.

▷ Villefagnan *par Empuré*

Chef-lieu de canton au milieu d'une plaine, au croisement de plusieurs routes. Son nom d'origine patoisante (la « ville fagnouse ») viendrait du mauvais état dans lequel était jadis ses chemins...

L'*église* a été plusieurs fois ruinée et remaniée. Elle porte principalement la marque des XIIe et XVe s. C'est un édifice à trois nefs où l'on peut remarquer des *dalles tumulaires* à inscriptions à demi effacées dont la plupart sont des XVIIe et XVIIIe s.

Le *musée-conservatoire*, au grenier des Halles *(t.l.j. sf mar., 15 h-18 h ou sur rendez-vous ☎ 45.31.65.34)*, a pour thème : « La tradition paysanne de l'Antiquité à la mécanisation ». La *première salle* est consacrée à l'histoire locale avec une exposition de vêtements et de documents anciens, des photographies de monuments et de personnages ;

la *deuxième* reconstitue une salle commune paysanne au XIXe s. avec des outillages et des ustensiles de la vie quotidienne d'autrefois. Dans une *troisième salle*, sont exposés des parures, des céramiques, divers objets dont une tête de statue du dieu gaulois Esus-Cernunos provenant du site gallo-romain *les Châteliers* à *Embourie (3 km de Villefagnan)*. Ce musée, qui est une création récente, réussit à retracer le passé de Villefagnan et, plus largement, les us et coutumes de cette partie nord du département de la Charente aux confins du Poitou.

▷ Raix *par la D 27*

L'*église* de Raix est du XIIe s. avec une nef voûtée en berceau, une abside semi-circulaire surmontée d'un cul-de-four éclairée par trois fenêtres et une façade à corniche poitevine.

Au milieu du village, le *château* est une assez belle construction du XVIe s. Une toiture en forte pente couvre le logis auquel se greffe un bâtiment peu élevé, ajouté par la suite. Conformément à la tradition, la tour polygonale, à poivrière, est plaquée au mur de la façade. La date de 1720, inscrite au-dessus de la porte, se rapporte vraisemblablement à sa réfection et à des aménagements à l'intérieur du château. Un *jardin* à la française avec des parterres de buis devant le château rend cette belle demeure très plaisante.

Raix était autrefois une seigneurie qui dépendait du marquisat de Ruffec et qui, aux XVIIe et XVIIIe s., faisait partie des biens de la famille *Le Musnier*. Dans les dernières années du XVIIe s. la terre de Raix fut saisie à défaut d'hommage par le *duc de Saint-Simon*, le célèbre auteur des *Mémoires*. Le plus connu des seigneurs de Raix est le dernier, *Louis Le Musnier*, seigneur de Raix et de Rouffignac, baron de Blanzac, plus connu sous le nom de Monsieur de Raix. Ce fut lui qui, le 18 mars 1789, présida l'assemblée du Tiers-État tenue à Angoulême pour l'élection des députés de cet ordre aux États Généraux.

▷ Courcôme*

Son *église** romane est une des plus anciennes et des plus intéressantes du Ruffécois. Son architecture révèle plusieurs interventions : aux XIe, XIIe et XVe s. La restauration qui a été faite au XIXe s., très sobrement et très respectueusement conduite, peut être proposée comme un modèle du genre. Certains *chapiteaux* du transept et de la nef manifestent un art fort primitif, mais la façade et le clocher carré sont de très bonne facture romane. Une autre église a précédé l'édifice actuel.

Pelauds et Groyons

Si les sols ont plus ou moins conditionné les paysages et les activités, il y avait autrefois d'âpres rivalités entre gens des « terres rouges » et des « terres de groie ». C'est ainsi que les paysans du sud du Ruffécois désignaient sous le nom péjoratif de « Pelauds », ceux des « terres rouges », les hommes qui vivent du travail et de l'exploitation du bois. Bien évidemment les « Pelauds » du nord n'étaient pas en reste, et dénommaient par le terme de « Groyons », ceux des terres de groie !
De telles appellations, qui ont été longtemps tenaces, démontrent bien le lien des hommes avec la terre qui les fait vivre.

Elle est signalée dans une charte rédigée vers 970 : *Guillaume Fier-à-Bras*, duc d'Aquitaine, y fait don à l'abbaye Saint-Hilaire de Poitiers de la terre de Curte Colma (Courcôme) et de la basilique en l'honneur de la Vierge Marie. Ainsi l'église de Courcôme méritait alors l'insigne honneur d'avoir le titre de basilique !

Une *statue**, datée du XIIIe s., montre la continuité d'un culte marial à Courcôme. Très probablement taillée dans un bloc de pierre du pays, elle étonne par ses dimensions : 1,85 m ! Bien que mutilée au moment de la Révolution et placée dans un coin de l'église entre l'autel de Saint-Joseph et l'actuelle sacristie, la statue ne cessa d'être un objet de vénération de la part des habitants de la commune. Le diadème étoilé brisé à la Révolution a été remplacé par une coiffe, et la coutume veut que les jeunes épouses viennent déposer sur la tête de la Vierge leur couronne de mariée. Chaque année un pèlerinage a lieu le dimanche suivant la fête de l'Assomption en l'honneur de Notre-Dame de Courcôme. Avec son fort clocher carré, orné d'arcatures, par la sobriété de sa statuaire et la profondeur de sa nef très surbaissée par rapport au parvis, comme par la délicatesse de son chevet que l'on peut contempler du chemin qui va se perdre dans les champs, l'église romane de Courcôme ne peut que séduire le visiteur.

▷ Villegâts *par la D 192*

Situé sur les chemins vers Saint-Jacques de Compostelle et l'Espagne, Villegâts fut le siège d'une importante *commanderie* des Templiers. Les vastes bâtiments qui subsistent témoignent de l'ancienne prospérité de cette commanderie. Au *lieu-dit la Commanderie (on y arrive par la D 192 en tournant à gauche, 500 m avant Villegâts)*, une tour découronnée s'élève près de l'entrée et un portique s'ouvre dans la cour *(demander aux propriétaires l'autorisation de visiter).* On retrouve à l'aile nord la ***chapelle*** romane dont seule la moitié subsiste. Son portail est orné de trois voussures brisées et, à l'étage, son étroite fenêtre se confond avec celles du corps d'habitation.

▷ Verteuil-sur-Charente* *par la D 192 et la D 26*

Pour apprécier le site de cette commune blottie au pied de son château au bord de la Charente, et pour en contempler le paysage très pittoresque, il convient de traverser la rivière.

Le ***château des ducs de La Rochefoucauld***, avec ses tours massives et ses hauts murs, s'impose partout au regard. Par la ruelle qui longe son mur extérieur, on peut descendre jusqu'au barrage sur la Charente pour le contempler dans son ensemble. De là, on peut gagner le pont qui franchit la rivière, divisée en plusieurs bras, aux rives ombragées par les saules, les ormes et les cèdres, et sur les bords de laquelle fonctionnait naguère un rustique moulin.

La rue principale dessert, au sud, la venelle qui escalade la terrasse où se dresse le chevet néo-roman de l'***église Saint-Médard****. Il y a là un admirable ***point de vue*** sur le village aux toits de tuiles à l'horizon duquel se profile la blanche et imposante construction seigneuriale. L'église abrite, à gauche du chœur, une ***Mise au tombeau*** en terre cuite polychrome (XVIe s.) attribuée à l'*atelier de Germain Pilon* : la statuaire des huit personnages grandeur nature a conservé une partie de son coloriage sous la brillance des plis des costumes.

Commandant au Moyen Age un passage à gué de la Charente, le ***château***** féodal fut acquis au XIIe s. par la famille des *La Rochefoucauld* qui l'a conservé depuis cette époque *(propriété privée ; les visites du château ne peuvent être faites qu'à titre exceptionnel, sur demande préalable).* Le château actuel, qui date du XVe s., aurait été reconstruit à partir de 1459 en remplacement d'un château féodal édifié au XIe s. et démantelé en 1442 sur ordre du roi *Charles VII* à la suite de la révolte aristocratique de la Praguerie. La châtellenie de Verteuil fut érigée en baronnie au XVe s. : elle s'étendait sur 16 paroisses et comprenait 72 fiefs dans sa mouvance. Aussi l'histoire de cette place forte se confond-elle avec l'histoire du département de la Charente. En 1135, le château eut à subir un siège de la part du comte d'Angoulême *Vulgrin II*, qui s'en empara mais qui le restitua ensuite à *Aymard II de La Rochefoucauld*. Pendant la guerre de Cent Ans, il y eut plusieurs sièges. En 1360, les Anglais s'en emparèrent pour le restituer en 1385 à la suite

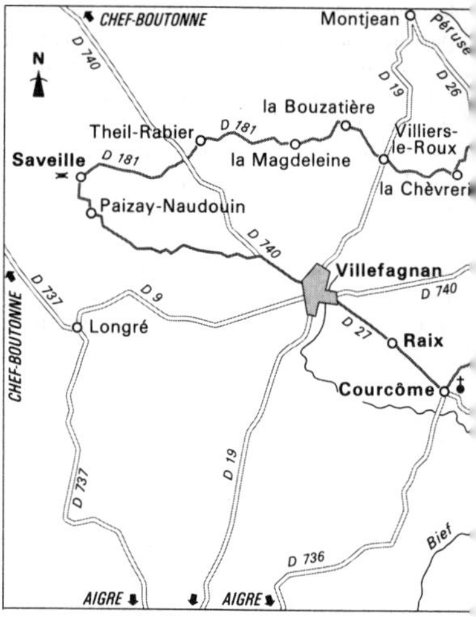

d'un combat singulier entre le *duc de Bourbon* et le *duc de Montferrand* qui commandait la garnison anglaise. Les seigneurs de La Rochefoucauld ayant passé à la Réforme, un synode national se tint à Verteuil avec des délégations de toutes les communautés protestantes du royaume.

On sait aussi la part active que prit aux troubles de la Fronde le duc *François VI de La Rochefoucauld*, l'auteur des ***Maximes***. Le château de Verteuil fut alors saisi par ordre de la Cour. Lorsque la paix fut rétablie, le duc recouvra la propriété du château, s'y retira et y vécut dans la retraite.

A différentes époques d'illustres personnages reçurent l'hospitalité au château de Verteuil. C'est ainsi que l'empereur *Charles Quint* y séjourna en 1539. Comme le roi *François Ier* avait autorisé l'empereur à traverser la France pour se rendre dans les Flandres, *Charles Quint* s'arrêta à Verteuil où il fut l'hôte d'*Anne de Polignac*, veuve du comte *François II*. Il fut tellement satisfait de la réception qui lui fut faite qu'il déclara « qu'il n'avait jamais été en maison qui sentit mieux sa grande vertu, honnêteté et seigneurie ».

En 1616, à son retour de Bordeaux, le roi *Louis XIII* logea également au château de Verteuil, avec *Anne d'Autriche*, qu'il venait d'épouser, et sa mère *Marie de Médicis*.

A l'***intérieur*** *(ne se visite pas)* sont conservés l'ameublement, les tapisseries, la bibliothèque et les divers objets de valeur que les ducs y ont rassemblé.

▶ ***Aizecq.*** C'est dans ce modeste village qu'est né, le 8 avril 1837, *saint Pierre Aumaître*, martyr mort en Corée le Vendredi saint 30 mars 1866, à l'âge de 29 ans comme missionnaire catholique. Il a été

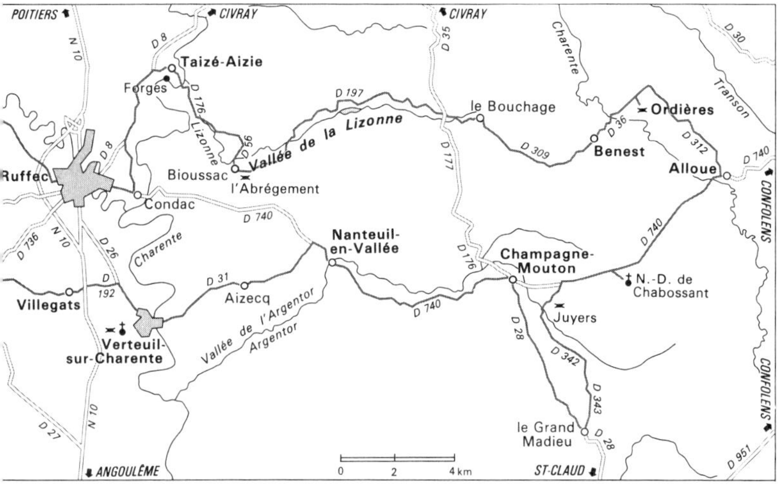

Le Ruffécois

L'auteur des Maximes

Destiné à la carrière des armes où sa bravoure fut manifeste, François VI, duc de La Rochefoucauld (1613-1680) se mêla, comme la duchesse de Chevreuse et Mademoiselle de Hautefort, aux intrigues contre Richelieu, ce qui lui valut d'être enfermé à la Bastille en 1637 puis d'être exilé sur ses terres, dans son château de Verteuil. En 1648, épris de la duchesse de Longueville, il participa à la Fronde des princes hostiles à Mazarin. Gravement blessé en 1652, aux côtés de Condé, il abandonna les entreprises guerrières et les intrigues politiques pour se rallier au roi. Rentré en grâce, il commença une carrière de mondain, à la Cour comme dans les salons de la marquise de Sablé et de Madame de La Fayette qui, rencontrée en 1655, fut une de ses grandes amies. Sa vieillesse fut assombrie par une douloureuse maladie qu'accompagnait une demi-cécité, conséquence de la Fronde. Pour les beaux yeux de Madame de Longueville, il faillit perdre les siens... Des deuils aussi (son fils meurt en 1672) l'affectèrent cruellement. Mélancolique, d'une réserve courtoise, il aimait avant tout « la conversation des honnêtes gens ».

C'est dans son château de Verteuil où se trouvait une importante bibliothèque, dont la constitution remontait à Anne de Polignac, qu'il commença la rédaction de ses **Mémoires** *qui couvrent la période 1624-1652 et qui furent publiés en 1662.*

Commencées en 1658, ses ***Réflexions ou Sentences et Maximes morales,*** *publiées en 1665, firent scandale par leur totale désillusion, dévoilant une vision résolument pessimiste de l'homme : « Nos vertus ne sont le plus souvent que des vices déguisés »...*

canonisé le 6 mai 1984 par le pape *Jean-Paul II* à Séoul (Corée du Sud). L'***église*** d'Aizecq s'honore d'avoir été celle du baptême d'un saint charentais. Des travaux dans la ***maison natale*** devraient pouvoir permettre l'aménagement d'un musée retraçant la vie du petit paysan charentais exécuté pour ses convictions religieuses en Extrême-Orient. ▶ En arrivant à Nanteuil-en-Vallée, on entre dans la ***vallée de l'Argentor*** (qui est la conjonction des deux rivières : l'Argent et l'Or).

▷ Nanteuil-en-Vallée

Ce village dont les maisons se sont groupées depuis le Moyen Age autour de la vieille abbaye est situé dans un petit cirque de la vallée de l'Argentor, fermé de toutes parts, sauf au midi, par des coteaux rocheux et boisés, et couronné par de grands bois de chênes.

L'abbaye *(visible de l'extérieur seulement).* La tradition veut que cette abbaye ait été fondée par *Charlemagne*. Mais c'est aux

Le pays de Rastignac

Honoré de Balzac, qui séjourna à Verteuil, y a fait naître l'un de ses personnages, Eugène de Rastignac, très souvent présent dans les nombreux romans de **la Comédie Humaine** *et qui apparaît pour la première fois dans* ***le Père Goriot.***

D'abord révolté par le cynisme de la société parisienne, il connaît ensuite la tentation du succès mondain puis, au terme d'une lente évolution, il assure avec succès sa carrière politique.

XIIe et XIIIe s. qu'elle connut le plus grand rayonnement, recevant de nombreuses dotations et des droits de juridiction de la part des seigneurs de la contrée. En 1304, l'abbaye reçut *Bertrand de Goth*, archevêque de Bordeaux ; celui-ci, devenu pape sous le nom de *Clément V*, mit l'abbaye sous la protection spéciale du Saint-Siège, l'exempta de la juridiction de l'évêque de Poitiers et confirma tous les biens et privilèges précédemment accordés. La guerre de Cent Ans, les guerres de Religion et enfin la désastreuse pratique de la commende aboutirent peu à peu à sa ruine : en 1770, la suppression de l'abbaye fut prononcée par les autorités ecclésiastiques.

De l'édifice il ne reste que la *porte ouest* de l'abbatiale flanquée de deux chapiteaux romans, ce qu'il est convenu d'appeler *le Trésor*, et une partie assez importante des servitudes. On distingue surtout, de l'extérieur, une *tour* carrée, ornée sur chaque face de trois hautes arcatures dont les doubles archivoltes reposent sur des colonnes groupées et appuyées sur des pilastres extrêmement élancés : il s'agit du *trésor de Nanteuil*. Que faut-il entendre par cette appellation ? Vraisemblablement c'était l'endroit le plus sûr où les moines entreposaient les chartes relatives aux biens et aux redevances dues à l'abbaye ainsi que les objets précieux. Mais, après le guerre de Cent Ans, la salle basse de ce monument ayant reçu des ossements exhumés, cet édifice aurait été désigné sous le nom de « charnier ». Un peu plus loin, on aperçoit la façade et la toiture d'un vaste *grenier* non voûté, éclairé par de petites baies, et qui était jadis compris dans les dépendances du monastère. Ce bâtiment daterait du XIIIe s.

▷ Champagne-Mouton *par la D 740*

Paisible chef-lieu de canton dont le nom serait issu, depuis le Moyen Age, de l'agneau mystique qui orne le portail de l'église.

Datant du XIIe s., *l'église* a été profondément remaniée à la fin du XIXe s. Seule la façade avec un Christ en gloire représenté sous la forme d'un agneau portant une croix entouré par deux anges, dans le tympan au-dessus du portail d'entrée, présente quelque intérêt.

L'ancien *château* de la baronnie de Champagne-Mouton n'a conservé que quelques vestiges au milieu du bourg. Autrefois, le château se trouvait dans une enceinte polygonale, comprenant de nombreuses *tours* reliées par des courtines. Il en subsiste encore deux, vers l'est ; celles qui flanquent le corps d'habitation remanié ne manquent pas d'allure. Pourtant toutes ces tours ont perdu leur toiture. Dans la cour, on découvre l'emplacement d'une *chapelle* transformée en grange et, derrière le château, à l'ouest, s'élève un bâtiment du XVIIe s.

▶ A 7 km au sud de Champagne-Mouton *(par la D 28)* le ***Grand-Madieu*** possède une ***église*** romane (XIIe s.) qui appartenait à une commanderie templière. Elle est modeste mais présente d'intéressantes roses sculptées sur les voussures du portail. ▶ Reprendre la D 740 en direction d'Alloue. A environ 1,5 km après la sortie de Champagne-Mouton, prendre à droite une petite route goudronnée qui conduit au ***château de Juyers***. On peut entrer dans la cour, mais il est bon de s'en assurer auprès des fermiers dont les deux familles se partagent les bâtiments du château. C'est, en dépit de cette division, un beau corps de logis construit au XVIIe s. surmonté d'une vaste toiture à forte pente, ajourée de lucarnes. Sur le côté est adjoint un haut pavillon rectangulaire pourvu d'échauguettes en encorbellement aux angles. ▶ Toujours par la D 740, en allant vers Alloue, on passe à proximité de la ***chapelle de Notre-Dame de Chabossant***. Cette chapelle témoigne du lien fréquent, dans cette contrée, entre la tradition des dévotions aux fontaines et le culte à la Sainte Vierge, remplaçant au Moyen Age des croyances plus anciennes issues du paganisme comme les déesses mères. La chapelle de Notre-Dame de Chabossant, qui vient d'être réhabilitée, est d'ailleurs située à proximité d'une fontaine de dévotion.

▷ Alloue

C'était, au Moyen Age, un prieuré fondé par les moines bénédictins de l'abbaye de Charroux. L'*église* est un bel exemple d'art roman avec une nef unique, une abside à sept pans, une coupole à base octogonale sur pendentifs sous le clocher. Le *portail* d'entrée est également remarquable. L'ensemble de l'édifice date de la fin du XIIe s. ou du début du XIIIe s.

Accolé à l'église, le *prieuré* comprenait d'importantes fortifications. Aux deux tours relativement basses qui flanquent le corps de logis remanié s'en ajoute une troisième à l'ouest : toutes ont été arasées. Un portail en tiers-point s'ouvre dans un porche donnant dans la cour intérieure. Des tourelles complétaient la défense au dehors ; il n'en subsiste qu'une, découronnée, sur le côté.

▶ A 3 km au sud, le ***château de Massignac***, avec ses grosses tours rondes découronnées, surplombe la vallée de la Charente. Sa puissante construction s'apparente à celle du château de Saint-Germain de Confolens, bâti vers la même époque (XVe s.). ▶ Non loin du village de ***Beaumont***, on peut voir encore les restes d'une ancienne mine de plomb argentifère dont l'exploitation, entreprise à différentes reprises, a toujours dû être abandonnée.

▷ Le château d'Ordières *par la D312; visite extérieure seulement*

Deux enceintes protégeaient cet intéressant monument datant pour l'essentiel des XIVe-XVe s. L'une englobe la *fuie*, l'autre, près du château, comprend le *portail* percé de rainures pour le pont-levis. Dans son voisinage se dressent deux *tours* rondes découronnées. En avant du corps de logis, la tour d'escalier polygonale conserve les restes d'une *bretèche*; ses petites fenêtres sont agrémentées de moulures, et sa porte est ornée d'un bel écusson, celui de la famille Pastoureau, propriétaire du château. Au midi, une grosse tour cylindrique délabrée, dont les murs ont 2 m d'épaisseur, constituait le *donjon*.

▷ Benest

Face au château d'Ordières, sur l'autre rive de la Charente, le bourg de Benest est intéressant historiquement.

Benest était le siège d'un prieuré fondé par les moines de Charroux. Le prieur était seigneur temporel de la paroisse et sa justice relevait par appel de celle de l'abbé de Charroux. Il ne reste plus, de la *maison prieurale*, que de vieux bâtiments aux tourelles décapitées qui enserrent l'église à l'ouest et au sud.

L'*église* est de dimensions médiocres mais son abside hémicirculaire et sa *tour* romane, restaurée au XVe siècle, d'un style très pur, lui donnent un certain cachet d'élégance.

Tout autour de l'église sont disséminés de nombreux *sarcophages* qui ont la particularité d'être en calcaire tendre, étranger au pays, connu sous le nom de pierre d'Angoulême, et dont les gisements les plus proches sont distants d'une cinquantaine de kilomètres.

Dans le bourg, une maison a conservé un *ancien atelier* de fabrication *de «ponnes»* *(→ encadré)*, malheureusement en bien mauvais état.

▷ La vallée de la Lizonne

Par la D309, par Le Bouchage, La Grange, Frêtet, suivre la vallée de la Lizonne dont la source est au Bouchage. De part et d'autre de cette rivière, les prairies alternent avec des bois de châtaigniers qui donnent à la contrée un aspect pittoresque et sauvage.

Le long de la vallée de la Lizonne, plusieurs vieilles demeures féodales ont été transformées en fermes. Le *logis de la Moutonnerie*, datant du XVIe s., a été reconstruit et offre peu d'attrait, et son ancienne tour a été tronquée et bien gauchement restaurée. Un peu plus loin, auprès de la *forêt de la Voularnerie*, se trouve un logis du même nom. Cette édifice a été construit aux XVe et XVIe s. Les tours qui l'entourent ont été malheureusement découronnées. L'une d'elles, plus importante que les autres,

L'empereur reconnaissant

D'après une tradition populaire, Charlemagne aurait gagné, dans les environs de Benest, une grande bataille sur les Sarrazins et, après avoir fait inhumer dans des cercueils de pierre blanche les seigneurs et les guerriers ayant péri dans l'action, il aurait fondé à perpétuité, pour le repos de leurs âmes, un service annuel dans l'église paroissiale bâtie par ses soins et, en outre, un service de trente jours à la mort de chaque roi de France.

Enfin, pour indemniser les habitants et reconnaître l'aide qu'il en avait reçue, il les aurait allégés à perpétuité de toutes tailles et impôts royaux. Telle serait l'origine des franchises dont jouit la commune de Benest jusqu'à la Révolution.

Mais les lettres-patentes qui les établissaient, après avoir été déposées à l'abbaye de Charroux, disparurent pendant la guerre de Cent Ans. Il en résulta qu'à l'avènement de chaque roi, les habitants de Benest étaient dans l'obligation de solliciter le renouvellement de leurs privilèges. Ceux-ci furent confirmés de règne en règne jusqu'en 1789. La confirmation donnée par le roi François Ier est rappelée dans une inscription que l'on peut voir encore dans l'église.

Les «ponnes» de Benest

Une industrie assez curieuse fut longtemps localisée à Benest : celle de ces vastes «ponnes» ou cuves en terre noire, d'origine gallo-romaine, et dont les méthodes de fabrication se sont transmises d'âge en âge jusqu'à nos jours. Elles servaient, jusqu'au début du XXe siècle encore, à faire la lessive (la «buaille») des auberges environnantes, nombreuses en raison des relais de chevaux entre Paris et l'Espagne. Le fond de cette ponne était tapissé de sacs contenant des cendres de bois et relié à une «poêlonne de fonte» (grande lessiveuse) par un tuyau. On faisait chauffer l'eau de la poêlonne, et l'eau bouillante passait dans l'un et l'autre récipient. A l'aide d'une immense cuillère à long manche, on arrosait de temps en temps le linge, faisant passer à plusieurs reprises l'eau du fond au-dessus.

On retrouve dans de nombreuses fermes de la contrée ces «ponnes» qui, bien souvent, sont réutilisées pour y mettre des fleurs!

renferme un escalier dans une maçonnerie atteignant 1,30 m d'épaisseur et comporte des ouvertures pour couleuvrine. Les grands bâtiments ont des baies moulurées et des fenêtres à un croisillon.

Toujours en suivant la Lizonne, avant d'arriver à Bioussac, on distingue le très beau *château de l'Abrègement* dont l'essentiel de la construction date de la fin du XVIIIe s. avec des pavillons en saillie et des toits mansardés.

▷ Les forges de Taizé-Aizie *par la D 176*

Après avoir traversé le village d'Ayzie, au moment où les eaux de la Lizonne rejoignent celles de la Charente, nous trouvons d'importants bâtiments qui ont appartenu aux forges de Taizé-Ayzie. Ces forges furent fondées dans la première moitié du XVIIIe s. à la requête du *duc de Saint-Simon,* marquis de Ruffec qui, en 1731, obtint du roi *Louis XV* des lettres-patentes l'autorisant à les établir. L'endroit était du reste des mieux choisis puisqu'il se trouvait à proximité de la forêt de Ruffec et que le minerai se trouvait également tout proche. Lorsque le *comte de Broglie* eut acquis le marquisat de Ruffec, il donna une nouvelle impulsion à la fabrication en obtenant du ministère de la Marine la fourniture de l'acier nécessaire aux ports de Brest, de Rochefort et de Toulon. La *famille de Broglie* ayant émigré à la Révolution, les forges furent d'abord séquestrées, puis mises en régie. Mais, en 1809, elles revinrent à la famille de Broglie par l'acquisition qu'en fit *Madame Marcieu,* née *Charlotte de Broglie,* moyennant une forte somme.

Vers 1860, les forges d'Ayzie faisaient partie des usines de la Société des aciers Martin et l'on y fabriquait des canons de fusil pour la manufacture d'armes de Châtellerault. Mais le minerai devenant de plus en plus rare et surtout l'industrie se déplaçant, les forges perdirent peu à peu de leur importance et, en 1879, elles durent arrêter leur fabrication. Depuis cette date, les bâtiments des forges ont été dévolus à diverses entreprises (minoterie, etc.). Leur architecture n'en demeure pas moins digne d'intérêt car les portes et les fenêtres n'ont pas été remaniées. C'est un bon exemple, avec la fonderie de Ruelle, de l'architecture industrielle charentaise au XVIIIe s.

▶ On peut revenir directement sur ***Ruffec*** par la D 8, une route agréable entre la vallée de la Charente et la forêt de Ruffec.

▶ On peut aussi faire un détour à ***Condac.*** En effet, l'été, le ***Moulin Enchanté,*** ancien moulin à eau transformé en hôtellerie, offre diverses distractions : golf miniature, piscine, etc. Un petit événement faillit avoir ici un grand retentissement dans l'histoire de France : en 1442, le vendredi saint, le roi *Charles VII* et le Dauphin (le futur *Louis XI*) échappèrent de justesse de la noyade au cours d'une promenade en bateau sur la Charente. Il y eut plus de peur que de mal et leurs majestés n'eurent à subir qu'un bien fâcheux bain forcé !

▶ Retour à ***Ruffec*** *(2,5 km de Condac).*

Les Ruralies

⟶ *Niort*

Saint-Jean-d'Angély

35-D3 / R 107 / V 40
9 530 habitants / ✉ 17 400
SNCF avenue A.-Briand ☎ 46.32.01.01
ℹ square de la Libération ☎ 46.32.04.72
🅿 place de l'Hôtel-de-Ville, place du Marché, place des Petits-Champs, place de la Libération

Sous-préfecture de la Charente-Maritime et ancienne capitale de la Basse-Saintonge, la ville, bâtie au fond d'une large vallée, sur la rive droite de la Boutonne, accueille le visiteur, de loin, par ses deux tours qui s'élèvent avec grâce, seuls vestiges d'une abbaye jadis célèbre sur la route de Saint-Jacques-de-Compostelle.

La ville dans l'histoire

Angeriacum, villa romaine sur la voie de Nantes à Saintes, allait être occupée par les maîtres de l'Aquitaine lorsque s'évanouit l'empire des Césars. En 817, Pépin, duc d'Aquitaine, reçut des mains d'un moine de retour d'Égypte, le chef de saint Jean-Baptiste : il le confia aux religieux de Cluny qui édifièrent, sur la rive droite de la Boutonne, en pleine forêt, une abbaye. Très tôt, on y accourut pour honorer la relique. Les moines ayant entrepris le défrichement des bois, un bourg allait naître et prospérer à la frontière de la Saintonge et du Poitou. Mais, dès le Xᵉ siècle, la cité fut pillée à plusieurs reprises par les Normands ; les comtes de Poitou l'entourèrent donc, à cette époque, de remparts. Dès lors, Saint-Jean, qui prit le nom de son abbaye, devint un lieu de vénération : elle ne pouvait que constituer une étape assidûment fréquentée sur la route de Compostelle.

Au milieu du XIIᵉ siècle, Aliénor d'Aquitaine apporte la Saintonge en dot à Henri Plantagenêt : Saint-Jean devient anglaise. Mais bien que son fils, Jean sans Terre, ait accordé en 1199 des faveurs à la cité, celle-ci, lasse de l'occupation étrangère, se donne à Philippe Auguste qui confirmera, en 1204, ses libertés communales.

Au XIIIᵉ siècle le « vin de Poitou », exporté vers l'Angleterre et la Flandre, fait la fortune de Saint-Jean-d'Angély. Par le système du complant les moines de l'abbaye et les bourgeois de La Rochelle favorisent la mise en place des grands vignobles médiévaux. Mais la ville, située à la limite des territoires français et anglo-aquitains, assiste, impuissante, à sa ruine lors des guerres de Cent Ans. La ville est acquise à la Réforme en 1568. En 1569, Charles IX l'assiège, s'en empare. Mais 50 ans plus tard, la population se soulève, oppose une résistance héroïque à l'armée conduite par Louis XIII en personne (1621) : pour la châtier, le roi de France fait raser ses fortifications, et retire ses privilèges à la cité dont l'imprimerie achève la publication de l'Histoire universelle d'Agrippa d'Aubigné.

En 1665, la ville retrouve enfin ses anciennes franchises et son nom. La ville prospère, grâce à sa rivière. En effet, c'est par bateau qu'étaient acheminées jusqu'à Tonnay-Charente, où s'effectuait le transbordement des fûts, les eaux-de-vie qu'elle distillait et négociait. En 1741, les moines reprennent l'édification d'une quatrième abbaye qui demeurera inachevée, et dont les tours sont les seuls vestiges.

Contrairement au Poitou et à la Vendée, la région fut très favorable à la Révolution : plus de 70 % des prêtres furent jureurs, souvent sur injonction de leurs paroissiens, attitude sans doute favorisée par les persécutions dont avaient été victimes les communautés protestantes. Sous l'Empire, un enfant du pays, le comte Régnaud, juriste de son état, se rend célèbre pour avoir été le collaborateur de Napoléon Iᵉʳ.

Forte de son héritage et de sa grande expérience en matière commerciale depuis le début du XIIIe siècle, Saint-Jean-d'Angély a conservé son activité maraîchère et viticole. Elle possède un important commerce d'eaux-de-vie. C'est également un centre d'élevage des chevaux de la Charente et du Poitou. Les foires mensuelles sont activement relayées par les marchés de semaine.

Visite de la ville

3 à 4 h

La vieille ville est très pittoresque avec son lacis de rues tortueuses et ses petites places rectangulaires appelées « cantons ». On y admire de nombreuses demeures anciennes, des maisons à pans de bois des XVe et XVIe siècles, et de vieux hôtels des XVIIe et XVIIIe siècles.

▷ La place de l'Hôtel-de-Ville *B1*

Elle est limitée sur un côté par l'***hôtel de ville*** de style Renaissance inauguré en 1886, sur l'autre, par les arcades du cloître de l'abbaye (1643) réutilisées comme façade du théâtre municipal édifié au XIXe s., et sur le troisième côté par le palais de justice. Au centre de la place, ***statue*** en bronze ***de Régnaud*** *(→ encadré)* par *Bogino* (1862).
▸ *Rue de l'Hôtel-de-Ville (B1)*. Au n° 23, maisons de bois du XVIe s. et marché couvert. En face, façade de l'***hôtel de Condé***. C'est là que mourut *Louis de Condé*, en 1588, emporté par une péritonite; sa femme, *Charlotte de La Trémouille*, fut un moment accusée de l'avoir empoisonné.

▷ La tour de l'Horloge★ *B1-2*

Elle fut élevée en 1406, à l'emplacement d'une ancienne porte de ville jouxtant l'Échevinage. C'est un beffroi à mâchicoulis qui enjambe la rue et dont la cloche, ***le Sin***, signalait autrefois le moment de la fermeture des portes de la ville. Il est aussi le symbole des libertés communales octroyées à la ville par *Jean sans Terre*, roi d'Angleterre et duc d'Aquitaine, le 14 juillet 1199, et confirmées par *Philippe Auguste* en 1204.
▸ ***Rue de l'Échevinage***, vestiges d'une porte gothique et de fenêtres très dégradées de l'***ancien Échevinage*** (1392-1400).

▷ La fontaine du Pilori★★ *A1*

Cette fontaine provient du château de Brizambourg d'où elle a été rapportée en 1819 pour être installée au centre du ***canton du Pilori*** où, autrefois, les condamnés étaient exposés aux outrages populaires. Charmant édicule de la Renaissance, avec une margelle de puits surmontée d'un dôme dont le bandeau porte l'inscription « L'an 1546 je fus édifié et assis ».

Michel Régnaud

Après des études de droit à Paris, Michel Régnaud (1761-1819) fut député de Saint-Jean-d'Angély aux Etats généraux et siégea avec les monarchiens à l'Assemblée nationale constituante de 1789 à 1791. Au cours d'une session, il s'oppose à Mirabeau à propos de la permanence et de l'unité du corps législatif, dans une joute oratoire restée célèbre. Ayant désapprouvé l'évasion de Louis XVI, il fit voter les mesures nécessaires à son arrestation et celle de sa famille en juin 1791. Puis, le 10 août 1792, à la tête d'une compagnie, il défend le roi, attaqué dans le château des Tuileries. Arrêté en 1793 sous la Terreur, il est emprisonné à la Conciergerie dont il s'évade pour se cacher à l'étranger. Il rentrera en France après le 9 Thermidor.
En 1796, il est nommé administrateur des hôpitaux d'Égypte par le Directoire. Il suit Bonaparte à Malte, et en revient pour préparer le coup d'état du 18 Brumaire auquel il prend une part active. Il en est récompensé en étant nommé membre du Conseil d'État dont il préside la section de l'Intérieur.
En 1801, il accumule encore la charge de procureur général de la Haute Cour impériale, celle de secrétaire d'État de la famille impériale. Napoléon appréciait ses conseils et en tint compte pour l'élaboration du Code civil. En 1803, il reçut l'écharpe de grand officier de la Légion d'Honneur et fut membre de l'Académie française. Député, ministre d'État pendant les Cent-Jours, il convainc l'Empereur d'abdiquer après la défaite de Waterloo. Lui-même banni par l'ordonnance de 1815, il part en exil aux États-Unis, puis en Prusse, et se fixe enfin à Aix-la-Chapelle. Ayant obtenu de rentrer en France pour raison de santé, il meurt le soir même de son arrivée à Paris.

▸ Autour de la ***place du Pilori***, quelques ***façades*** du XVIIIe s. avec balcons, fenêtres et appuis en fer forgé. ▸ Au n° 45 de la ***rue Gambetta***, maison à colombage du XVIe s.

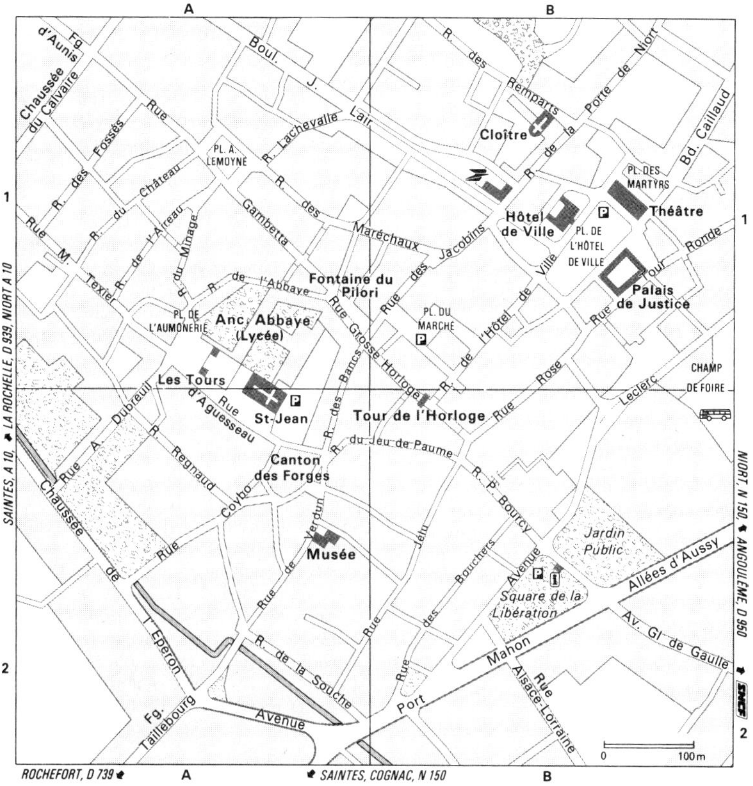

Saint-Jean-d'Angély

▶ La *place André-Lemoyne* était autrefois la place du Minage qui était le marché aux grains et devait son nom à la « mine », ancienne mesure de grains. Au n°5, maison natale du poète *André Lemoyne* (1822-1907), auteur des « Roses d'Antan ».

▶ *Place de l'Aumônerie*, vestiges de l'ancienne aumônerie de l'abbaye, élevée à l'emplacement de la toute première église Notre-Dame du Vᵉ s. ; portail du XIIᵉ s.

▷ L'abbaye* *A1*

Construite en 817 pour recevoir le chef de saint Jean-Baptiste, elle fut pillée et ravagée par les Vikings au cours du IXᵉ et du Xᵉ s. En 1010, l'*abbé Alduin* découvre la relique et fait reconstruire l'abbaye à partir de 1018. Elle devint l'une des plus puissantes de la chrétienté sur le chemin des pèlerinages vers Compostelle.

De l'abbatiale gothique il ne reste que quelques vestiges du *chevet*. Détruite par les huguenots en 1562 et 1568, elle fut reconstruite au XVIIᵉ s. par les moines bénédictins. Admirer la façade monumentale, le portail et un bâtiment qui doit être aménagé pour devenir le Centre culturel de la ville.

Les anciens *bâtiments conventuels* sont aujourd'hui occupés par un lycée dans lequel on entre par un *portail* monumental datant de 1750 : le cloître, de 1645, a été démoli en 1815, mais le dortoir, l'infirmerie et le logis des hôtes, construits de 1667 à 1672, subsistent. Les aménagements intérieurs remontent en partie au XVIIIᵉ s., notamment la bibliothèque (1770-1772). Une cheminée, datée de 1649, est ornée d'un médaillon de saint Benoît.

En avant et à droite de l'abbaye se dresse la *façade*, d'un très beau style classique, flanquée de deux tours (1751-1756) que surmontent des dômes en pierre. On voit aussi les arcades de la première travée de la nef et une partie des murs latéraux, avec trois grandes fenêtres de chaque côté. Mais les travaux, commencés en 1741, furent interrompus par la Révolution.

L'église n'a pu être reprise sur un plan aussi vaste. On a dû se borner à utiliser l'abbatiale provisoire, bâtie de 1608 à

1615, reconstruite à la fin du XIXe s. : c'est l'actuelle *église Saint-Jean* *(A1-2)*, attenante à quelques débris de l'ancienne abbatiale gothique du XIVe s., dont il ne reste que le mur de chevet, percé de trois fenêtres, et deux énormes culées d'arcs-boutants ; celles-ci, reliées par une charpente abritant les cloches, forment un étrange clocher. Sur un contrefort du flanc droit a été érigée, en 1925, une croix provenant du fronton de la basilique du Sacré-Cœur de Montmartre. Dans le *chœur*, deux grandes toiles : ***Jésus au jardin des Oliviers*** par *Chassériau*, et une ***Présentation au Temple*** par *Sotta*. Deux belles statues de la Vierge à l'Enfant, en bois sculpté, du XVIIe s.

▶ Sur la place de l'Église, l'*hôtel Pontier* (XVIIIe s.) au n° 27, et dans la rue Coybo, *hôtel de Meschinet* (école Saint-Jean). ▶ Derrière l'église, on suit la *rue des Bancs* que prolonge la *rue des Jacobins* : au n° 3, *crypte* du XIIIe s. de l'ancienne église Saint-Pierre. ▶ *Place du Marché*, remarquer le marché couvert d'une charpente remarquable. ▶ Dans les rues avoisinantes on remarque de belles maisons : au n° 6 de la rue Jélu, *hôtel de Saint-Mandé* (XVIIIe s.) et, plus loin, deux maisons à colombages. ▶ Aux nos 6, 8 et 29 de la *rue Rose* *(B1-2)*, beaux portails du XVIIIe s. ; au n° 2, *hôtel de Larade* (XVIIIe s.).

▷ Le musée de la Société d'Archéologie *(A2) t.l.j. sf sam. en été, 14 h-17 h*

Il fut aménagé en 1935, dans l'ancien *hôtel d'Hausen* (XIVe s., restauré au XVIIIe s.), grâce aux libéralités d'*Arthur Bonnet*, ancien président de la société.

Le *musée lapidaire* est installé sous les tours de l'église abbatiale. Armes ; art religieux ; histoire régionale ; souvenirs de la Croisière Jaune et de la Croisière Noire de la firme Citroën, dont l'un des chefs fut *Audouin-Dubreuil*, né à Saint-Jean-d'Angély. Est exposé, entre autres, « Le Croissant d'Argent », première automobile ayant traversé le Sahara en 1922.

▶ Au n° 6 *rue de Verdun*, maison du XVe s., la plus ancienne de Saint-Jean-d'Angély. ▶ Non loin, le *canton des Forges*, petite place médiévale. On peut voir une magnifique maison à colombages, la façade d'une maison du XVIIe s. à deux lucarnes et des maisons anciennes aux nos 3 et 5. ▶ *Rue de l'Echevinage*, au n° 3, hôtel de l'Estang ; au n° 14, hôtel de la Laigne. ▶ Vers le *jardin public*, à l'emplacement de l'ancienne porte de Matha, on voit un *escalier* de l'époque révolutionnaire qui montait à l'autel de la Patrie, encadré de deux colonnes provenant de l'abbaye du XVIIe s.

Aux environs de Saint-Jean-d'Angély

▶ A *Mazeray* *(2 km S.)*, le *château de Beaufief* *(visite l'après-midi, de Pâques à La Toussaint)*, très bien restauré, est une belle demeure du XVIIIe s., avec un fronton classique et deux ailes. Élégant mobilier Régence, Louis XV et Louis XVI.

▷ Fenioux* *8,5 km S.-O.*

Ce village, typique de la Saintonge, est connu pour sa remarquable *lanterne des morts* romane du XIIe s. dominant jadis un cimetière. Formée d'un faisceau de onze colonnes couvertes d'un lanternon ajouré et d'une pyramide quadrangulaire en pierres imbriquées, le tout surmonté d'une croix, elle renferme un escalier à vis. Un caveau funéraire servant d'ossuaire, carré et voûté, est annexé au massif.

L'*église* romane conserve des murs extérieurs de l'époque carolingienne (IXe s.) en petit appareil, et certaines fenêtres ont gardé leurs claustras primitifs : dalles de pierre décorées d'entrelacs et percées à jour. La nef, à un seul vaisseau, a été remaniée, surélevée et voûtée au XIIe s. La façade, flanquée aux angles de deux faisceaux de colonnes, offre un superbe *portail* de la fin du XIIe s., dont les vousssures montrent la lutte des Vertus et des Vices, les Vierges sages et les Vierges folles, les travaux des mois ; au-dessus, sept statues (le Christ accompagné de saints) surmontent la corniche ; autre beau portail à décoration florale sur le *flanc Nord*. L'élégant clocher a été refait au XIXe s.

▶ De Fenioux, suivre la route de *Granjean*, où l'on voit les restes de l'*église* romane. Le sanctuaire rectangulaire présente, sur ses voûtes, des peintures du XVIe s. hélas peu visibles. ▶ Continuer jusqu'au *hameau de Chez-Guérin* où l'on peut visiter la *tour de Biracq*, ancien manoir du XVIIIe s. transformé en *musée folklorique* *(visite 10 h-12 h / 14 h-19 h)*. Dans le *jardin*, collection lapidaire : manteau de cheminée décoré des armes de l'Aunis, cadrans solaires. Les *salles du logis* présentent un bel ensemble de bijoux, des pièces de mobilier et de vaisselle saintongeaise, des fragments de mosaïques romaines et médiévales, et la reconstitution d'une cuisine de la région.

▶ A 7 km au sud de Grandjean, *Annepont* possède une *église* modeste mais dont le chevet roman est richement orné.

Circuit de la Boutonne

100 km / 1 j.

La délicatesse signe le décor de la Saintonge, et c'est aux portes mêmes de Saint-Jean que l'on en éprouve la première émotion : les vallons nostalgiques où sinue cet affluent de la Charente, la Boutonne, avec leurs longues rangées de peupliers cernées par les eaux, baignent dans la lumière des ciels clairs qui font chanter le soleil sur la pierre blanche des manoirs et sur les façades, frisonnantes de vie, des églises romanes.

▶ Sortir de *Saint-Jean-d'Angély* par les D 939 et 950 *(direction Aulnay)* ▶ Un peu après *Poursay-Garnaud*, prendre sur la gauche la direction *Vervant :* château XVIIIe s.

▷ Antezant-la-Chapelle

L'*église* romane *Saint-Maxime* est en partie ruinée. Seul subsiste l'étage du portail entre les arcades aveugles. Les claveaux de la porte d'entrée portent des sculptures pratiquement identiques : sortes de bipèdes fantaisistes à tête d'oiseau dansant. On trouve aussi la petite feuille d'acanthe retournée en losange rappelant que le Poitou est proche.

La tradition rapporte que la fée Mélusine aurait déposé sur la route, en bordure du village, une grosse pierre que l'on fait passer pour un *dolmen (à 200 m du bourg).*

Dans le bourg, en allant vers la rivière, le promeneur découvrira un beau *lavoir.* Plus loin, sur la même rive, bordant l'un des bras de la Boutonne, se trouve un *moulin à eau.*

▶ A *Saint-Denis-du-Pin*, église du XIVe s.
▶ A proximité, le *hameau de La Fayole* est resté célèbre pour avoir servi de cadre à l'entrevue de *Philippe le Bel* et de *Bertrand de Goth* (le futur pape *Clément V*) au cours de laquelle fut décidée la suppression de l'ordre des Templiers. ▶ Par *la Chapelle-Bâton* (chapiteaux dans le style d'Aulnay dans l'église), et *Pouzou*, rejoindre Nuaillé-sur-Boutonne.

▷ Nuaillé-sur-Boutonne

Petite *église* de campagne remarquable pour la qualité de son iconographie. Cet édifice, de la seconde moitié du XIIe s., est composé d'une nef étroite à un seul vaisseau, terminée par un chœur en hémicycle. Le *portail Ouest* est classé monument historique pour la beauté de sa sculpture. Les arc sont ornés d'un personnage par claveau et, ici, les sujets sont groupés pour former une scène. Sur la voussure inférieure, parmi 17 personnages, on identifie le Christ, au centre, qui bénit et présente le livre de la Loi ; autour de lui, les apôtres, dont saint Pierre que l'on reconnaît avec sa clé, tiennent un phylactère ou un livre. Quatre autres personnages sont entourés de nimbes simples. La voussure supérieure est consacrée à l'histoire de la Vierge. On reconnaît les soldats d'Hérode, l'Adoration des Mages, le vieillard Siméon et la prophétesse Anne, et la scène de l'Annonciation. Une large archivolte encadre le tout ; elle est sculptée d'anges adorateurs et thuriféraires encadrant une aile d'ange sculptée sur le claveau central. Les autres sculptures qui ornaient la façade ont disparu. Il reste néanmoins, à droite, une femme couchée, enveloppée dans un bliaud bien plissé et, plus loin, un homme, lui aussi allongé, portant une grosse bourse.

▶ *Saint-Pierre-de-l'Isle.* Petite *église* romane bien mutilée, avec une abside simple et un portail unique soigneusement sculpté de rinceaux gracieusement historiés : Nativité et autre sujets. Bandeaux à têtes de chats continuant les tailloirs. Berceaux détruits. Les travées étaient marquées par des colonnes doubles reposant sur des consoles ornées de remarquables motifs : chevaliers à rondaches se combattant à l'épée ou attaquant un dragon ou un démon, chapiteaux ornés de crânes d'animaux décharnés et becs de corbeau. ▶ Par *Blanzay-sur-Boutonne* (église romane rustique au portail latéral à voussures), on arrive à Dampierre-sur-Boutonne.

▷ Dampierre-sur-Boutonne

Bien installé dans la vallée de la Boutonne, le petit village est surtout connu pour son *château* Renaissance *(visite 1er nov.-31 mars, t.l.j. sf jeu., 10 h-12 h / 14 h 30-17 h ; 1er avr. - 31 oct., t.l.j. 9 h 30-12 h / 14 h 30-19 h.)* bâti sur une île enserrée par les bras de la rivière. Construit dans la première moitié du XVIe s. par la puissante famille de Clermont, il subit pas moins de quatre sièges durant les guerres de Religion.

Le corps de logis principal, flanqué aux angles de deux grosses tours rondes à mâchicoulis, est surtout remarquable pour sa *façade* ornée de deux galeries superposées avec arcades en anse de panier, séparées par une frise dont les rinceaux et les feuillages sont merveilleusement sculptés. Ces galeries ont une longueur de 28,70 m et une largeur de 3 m. Le *plafond* sur nervures de la galerie supérieure est unique par la richesse de sa décoration : 128 clés pendantes et 93 caissons portant chacun un motif et une devise, lesquels seraient, selon certains, les symboles des secrets des alchimistes. Les sculpteurs ont donné libre cours à leur talent, inspirés sans doute par deux femmes de grand savoir, *Jeanne de Vivonne*, épouse de Claude de Clermont, et sa fille *Catherine*.

Au *premier étage*, grande salle avec plafond à poutrelles peintes et grande cheminée aux ornements rouges, gris et or, portant la devise : « Estre, se cognestre et non paroistre. » Tapisseries et meubles des XVIe, XVIIe s. Le château a été restauré depuis 1923 par le *Dr Jean Texier* qui a encore réparé les dommages causés par l'occupation allemande, en 1940-1941.

Dans le bourg, sur une terrasse, *église* en partie romane.

▶ *Coivert (sur la D 115 vers Surgères)* : église romane remaniée et restes de logis fortifiés. ▶ L'*église* romane *de Saint-Martial (2,5 km S. de Coivert)*, à clocher-mur gothique, est entourée de cyprès. ▶ Par Loulay et Bernay-Saint-Martin, ou par Lozay, gagner *Parançay* qui conserve la porte, flanquée de deux tourelles, de l'ancien château. ▶ *Puyrolland* offre au visiteur un joli point de vue et une *église* (XIIIe-XVe s.) avec une belle façade romane. ▶ *Landes (7 km S. de Puyrolland sur la D 939)* possède une *église*, en partie romane, qui abrite de très belles peintures murales du milieu du XIVe s., notamment une Mise au tombeau. Le *château*, en ruine, des XIe et XIIe s., est l'une des plus anciennes forteresses féodales de Saintonge.

▷ Tonnay-Boutonne *10 km S.-O. de Landes*

Sur la Boutonne, dont la rive gauche est bordée de marais, la ville garde une grande partie de ses fossés et sa belle *porte Saint-Pierre* du XIVe s., formée de deux tours pleines, à mâchicoulis, de 3 m de diamètre et 8 m de haut, réunies par un arc gothique. Sur un rocher dominant la rivière, un tertre de 10 m de haut marque l'emplacement de l'ancien donjon démoli en 1836. Dans le puits on découvrit alors les restes d'un casque et des armes de guerre. Le domaine aurait appartenu à *Ganelon*, dont la perfidie causa la mort de *Roland* à Ronceveaux. *Charlemagne* serait venu l'assiéger et l'aurait fait prendre pour qu'on jette son corps dans le puits.

▶ *Archingeay (5 km S. de Tonnay-Boutonne)* possède une *église* romane, une source ferrugineuse alimentant un petit bassin d'origine gallo-romaine, et le *château de La Vallée* qui appartint à la famille de *Montaigne*. ▶ Après avoir quitté le vallon de la Boutonne, la route conduit à *Les Nouillers* et à son *église* romane, très remaniée, qui n'est pas sans évoquer, toutes proportions gardées, la cathédrale d'Angoulême par les trois coupoles sur pendentifs qui couvrent sa petite nef. ▶ A *Bignay*, noter le *clocher* effilé, à crochets, de l'église gothique à façade romane (mais une niche gothique polylobée a pris, à droite, la place de l'arcature aveugle flanquant le portail), qui domine le cimetière aux tombes sur pilotis. La nef où l'on remarque à gauche une cuve baptismale Renaissance s'achève sur le mur aveugle du chœur où une peinture (XVIIe s.) occupe l'emplacement de la baie. ▶ Retour à *Saint-Jean-d'Angély* par la D 739 *(5 km)*.

Entre la Nie et l'Antenne

100 km environ / 1 j.

Entre la Nie et l'Antenne, ces rivières qui grossissent la Boutonne, s'offrent de séduisants parcours, toujours bordés de peupliers. Ces arbres magnifiques, avec leurs jeux d'ombre et de lumière, font de l'endroit, en plein été, le lieu idéal pour les randonnées pédestres.

▶ Quitter *Saint-Jean-d'Angély* par la route de Saintes et prendre aussitôt la D 120.
▶ A *Sainte-Même*, église récente avec des réemplois de matériaux romans.
▶ A *Ébéon (à droite de la D 129)* se dresse une *pile* gallo-romaine de 16 m de haut sur 5 m de côté. ▶ *Authon*, qui forme une seule commune avec Ébéon, possède une belle *église* romane (XIIe s.), fortifiée à l'époque gothique, ainsi qu'un *château* de la fin du XVIe s. et du début du XVIIe s. qu'entourent des douves.

▷ Matha

Cette petite ville bâtie sur l'Antenne possède deux églises datant du XIIe s.

L'abbaye de Marestay et la paroisse Saint-Hérié furent détachées du chapitre de Saintes à la fin du XIe s. pour être attribuées à l'abbaye de Saint-Jean-d'Angély.

Saint-Barthélemy de Marestay a subi de nombreuses transformations dans le voûtement de la nef, à l'origine voûtée en berceau, abandonnés pour une file de coupoles. Mais elle s'écroula et il ne reste que le transept couvert d'une coupole et le chœur très saillant. Les chapiteaux qui supportent les arcs du transept sont sculptés de sujets empreints de gravité. La décoration extérieure de l'abside est simple et monotone.

Saint-Hérié a été reconstruite, elle aussi, à diverses époques. Seules la façade et certaines fenêtres des murs gouttereaux sont intéressantes. Cette façade rectangulaire est divisée en trois parties par de hautes colonnes. Un bandeau délimite, horizontalement, les deux étages de trois arcs dont ceux du centre sont plus larges que les autres. Toutes ces arcatures et archivoltes sont richement ornées de décorations animales géométriques ou florales. Dans l'arcade supérieure droite on voit une statue de femme à robe plissée, comparable à celle de l'église de Chadenac, et qui représente sainte Blandine. Cette statue devait sans doute avoir comme pendant, dans l'arcature gauche, un cavalier représentant l'empereur Constantin en face de l'Église Romaine, que l'on rencontre souvent dans la région. Les fenêtres latérales Sud ont un dessin soigné, et celles du Nord portent, sur les claveaux, des arcs de curieuses variétés de chimères ailées à têtes diverses.

De l'ancien *château* subsistent deux pavillons Renaissance à créneaux et mâchicoulis. ▶ L'église de *Sonnac (5 km S. de Matha par la D 124)* a une façade romane et un clocher octogonal gothique. ▶ Plus intéressante est celle de *Brie-sous-Matha*. Outre un chevet fortifié, elle présente de beaux chapiteaux dans le chœur. ▶ La D 224 *(direction Nord)* mène à *Massac* dont l'église est, elle aussi, ornée de chapiteaux d'un très bon style. ▶ A *Beauvais-sur-Matha*, bourg à la frontière de la Charente et de la Charente-Maritime, *église* romane avec un beau portail et un gros clocher du XIVe s. ▶ A *Cressé*, église dont l'architecture est du premier âge roman. ▶ A *Fontaine-Chalendry*, l'église présente des reliefs encastrés dans la façade. Beau *panorama* sur les vallons de l'Antenne. ▶ *Les Éduts* possède une église romane en mauvais état.

▷ Varaize *20 km S.-O. des Éduts par la D 130*

La route ici longe le vallon de la Nie.

Belle *église du prieuré Saint-Germain* dont l'architecture a beaucoup souffert. Il reste pourtant une nef accompagnée de bas-côtés séparés par des faisceaux de huit colonnes, autrefois recouverts de voûtes en berceau. Le transept, quant à lui, a gardé sa couverture d'origine en berceau et ses deux absidioles qui s'ouvrent sur ses bras et encadrent un chœur simple. A l'extérieur il est surmonté d'un imposant clocher carré. L'ensemble de l'édifice est d'une grande sobriété, et seul le *portail latéral*, avec ses quatre voussures et sa vaste archivolte, est très travaillé. Le premier arc représente, sur l'intrados, la main bénissante de Dieu entre un ange et un abbé et, sur l'extrados, l'adoration de l'Agneau Mystique par des anges. La seconde voussure porte quatre Vertus armées combattant les Vices réduits à des têtes de démons. Des rinceaux en S soutiennent le dernier arc dominé par un Christ en majesté dans une mandorle, entouré d'apôtres, de saints et de quelques vieillards de l'Apocalypse. L'archivolte est sculptée d'anges adorateurs élancés et gracieux. Au-dessus du portail court une corniche finement ciselée où l'on devine des personnages, des oiseaux et une chouette aux ailes déployées.

▶ Retour à *Saint-Jean-d'Angély* par la D 939 *(7 km)*.

Saint-Jouin-de-Marnes*

⟶ *Thouars et la vallée du Thouet*

Saint-Maixent-l'École

28-C1 / R 107 / V 33
10 000 habitants / ✉ 79400
ℹ porte Chalon (A1) ☎ 49.05.54.05
SNCF ☎ 49.05.50.97
P place Denfert-Rochereau

Chef-lieu de deux cantons, Saint-Maixent-l'École est bâtie au fond d'une vallée d'effondrement, constituant aux temps préhistoriques le lac Vauclair qui s'écoulait dans le lit du Lambon. Si le rayonnement du nom est attaché surtout à celui de l'école militaire créée en 1879, la ville n'en possède pas moins un riche patrimoine monumental, né du développement de l'abbaye que fonda, au Ve siècle, un ermite séduit par le charme du site.

La ville dans l'histoire

Saint-Maixent eut pour origine, au Ve siècle, un oratoire fondé vers 460 par l'ermite Agapit chassé de Poitiers par les Huns, et qui vint s'installer dans la forêt de Vauclair, près de la Sèvre. Il compta parmi ses abbés un jeune moine, Maixent d'Agde († 515) qui eut les faveurs de Clovis pour fonder l'abbaye. Au VIIe siècle, saint Léger, futur évêque d'Autun, dirigea la communauté. Mort martyr, décapité en 679 sur ordre d'Ebroïn, ses restes furent rapportés en Poitou et déposés dans son ancien couvent.

De nombreuses fois brûlée et détruite au cours des siècles par les envahisseurs normands et lors des guerres de Cent Ans, la ville fut à chaque fois reconstruite et protégée par une enceinte fortifiée. Au XIIIe siècle, Louis VIII fit construire le château fort, aujourd'hui complètement rasé et remplacé par les constructions de l'école d'infanterie. En 1440, le dauphin, futur Louis XI, s'empara du château mais les habitants résistèrent et demandèrent secours à Charles VII qui brisa promptement cette révolte connue sous le nom de « Praguerie ». En reconnaissance, on édifia la chapelle Notre-Dame de Grâces.

Pendant ce temps, les industries de la serge, du cuir et de la moutarde avaient prospéré. Le courant de la Réforme, qui s'implanta dès les années 1540 en Poitou, toucha fortement cette communauté d'artisans et de petits commerçants. Devenu roi en 1589, Henri de Navarre essaya de mettre un terme aux conflits religieux et imposa par son édit de Nantes (1598) la coexistence des deux camps : Saint-Maixent fut déclarée place de sûreté protestante. La Contre Réforme, au cours de la première moitié du XVIIe siècle, fut particulièrement violente et contraignit les artisans et commerçants, maîtres de la ville, à s'exiler, ce qui stoppa net l'élan économique.

Durant les guerres de Vendée, Saint-Maixent connut de violentes émeutes dont la plus grave fut celle de septembre 1790. La ville prit le nom de Vauclair-sur-Sèvre et devint, en 1790, le siège de l'évêché constitutionnel des Deux-Sèvres, supprimé trois ans plus tard.

En 1879, l'École nationale d'Infanterie y fut implantée. En 1963, l'école militaire se transforma en École nationale des Sous-Officiers d'Active. Si l'activité principale de la ville est liée à sa fonction militaire, cet important centre d'échanges rural a donné aussi naissance à quelques industries : ébénisteries et scieries, fabriques de chaussures, construction de matériel agricole, industries mécaniques (ateliers de ferronnerie, de carrosserie automobile, électronique, usines de boulons).

Tous les ans, fin juillet, s'y déroule une grande foire au fromage de chèvre.

Visite de la ville

1 h

La ville est traversée en son centre par une longue voie rectiligne constituée par les avenues du Président-Wilson, de Lattre-de-Tassigny et Gambetta. Elle fut tracée en 1756 à l'emplacement des anciennes fortifications, par le comte de Blossac, intendant du Poitou, pour assurer la continuité de la grande route royale de Poitiers à Rochefort.

▷ L'avenue Gambetta *B1*

Elle est ornée à l'une de ses extrémités du *monument à Antonin Proust* (1882-1905), homme politique, et à l'autre, du *monument de la Défense nationale*, érigé en 1902 (bustes de Gambetta, Jauréguiberry, Chanzy, Gougeard Faidherbe). Elle s'ouvre, à son extrémité N.-E., sur la place Denfert-Rochereau. La *promenade* dite *des «Allées Vertes»* (site classé), créée par *Blossac*, est plantée de charmilles, de tilleuls et de platanes.

▷ La place Denfert-Rochereau *B1*

Au centre, statue en bronze, coulée par *Baujaud* en 1880, du *colonel Denfert-Rochereau* (1823-1878) héroïque défenseur de Belfort, né à Saint-Maixent *(→ encadré)*. Sur l'esplanade s'ouvre une des grilles de la célèbre école d'infanterie (quartier Marchand) qui occupe l'emplacement de l'ancien château. A l'est de la place, à l'angle du chemin d'Exireuil, *chapelle Notre-Dame de Grâces* érigée en 1440 en mémoire de la délivrance de la ville par *Charles VII* lors de la Praguerie.

▶ De là, un chemin mène au *vallon du Puits d'Enfer*, site pittoresque.

Denfert-Rochereau

Pierre-Philippe Aristide Denfert-Rochereau naquit à Saint-Maixent en 1823. Après des études brillantes qu'il termina par l'École Polytechnique, il entra dans l'armée et se distingua au cours de l'Expédition sur Rome en 1849. Il participa ensuite à la guerre de Crimée en 1855, et servit en Algérie entre 1860 et 1864. En 1870 il se retrouve dans le territoire de Belfort où il est gouverneur militaire de la place forte. Remarquablement organisé, il impose aux troupes prussiennes une résistance de plus de trois mois, de novembre 1870 à février 1871, ce qui lui valut les honneurs de la guerre et permit à la France de conserver la ville.

Entretenant des idées trop progressistes, il fut mis à la retraite d'office et devint député de gauche à l'Assemblée Nationale soutenant la politique de Gambetta. Il mourut à Versailles en 1878.

▷ Le Musée militaire *(B1) mar., mer., jeu. 14 h 30-17 h 30, sam. et dim. sur rendez-vous.*

Occupant la presque totalité d'un bâtiment du quartier Marchand, le musée militaire regroupe trois musées particuliers : le musée du Souvenir de l'École, le musée du 114e R.I, régiment de tradition des Deux-Sèvres, et le musée national des Sous-Officiers de l'Armée de Terre.

Dans le *hall* d'entrée, bustes du *général Galliffet* (1830-1909), ministre de la Guerre qui contribua à la création de l'École, du *général Pershing* (1860-1948) commandant des troupes américaines en 1948. Portraits des différents commandants de l'École.

Le musée du Souvenir

Rez-de-Chaussée. Dans la crypte, plaques de marbre des anciens élèves tombés au champ d'honneur. Drapeau de l'École (1890) et fanions, canons en bronze, médailles, masque mortuaire du maréchal de Lattre de Tassigny. Salle des Glorieux Anciens : vitrine des tirailleurs algériens, stylo des maréchaux Foch et Pétain, objets personnels du colonel Denfert-Rochereau. Armes provenant du musée Franchet-d'Esperey à Alger, casque persan, épée touareg, drapeau druze. Souvenirs personnels des généraux Coiffé et Canclaux.

Premier étage. Salle de l'histoire de l'École : photos de l'ancien château, armes, urne contenant de la terre de Verdun, armes allemandes de 1940, albums dessinés en pleine guerre, képi avec grenade et aigrette de chef de corps aux trois couleurs bleu, blanc, rouge (1886). Albums photos des différentes promotions de 1930 à 1936.

Le musée du 114e R.I.

Évocation de l'histoire du régiment depuis sa création *(→ encadré)*.

Le musée national des Sous-Officiers de l'Armée de Terre

Rez-de-Chaussée. Le musée retrace les grandes étapes de l'évolution du corps des sous-officiers. Uniformes, armement depuis l'Ancien Régime jusqu'à nos jours, photos, documents et objets divers illustrant les différentes périodes, panoplies, tableaux, maquettes, cahiers de dessins, ouvrages

Le 114e R.I.

Disparu en 1789, il renaît sous la forme de la 114e demi-brigade en 1795, et se bat en Espagne (Saragosse, Montserrat, Lérida et Sagonte). En 1870 il participe à la bataille de Champigny et du Bourget et, au fil des temps, deviendra le régiment de tradition des Deux-Sèvres.
La guerre de 1914-1918 lui coûtera 3937 hommes mais il se couvrira de gloire à Ypres, Verdun, Grivesnes et Mery. Rentré sous les applaudissements en août 1919, il fut dissout en 1923. Recréé une première fois en 1940 puis en 1945, il engagea des résistants afin de lutter sous le commandement du colonel Proust-Chaumette pour la libération de La Rochelle. En 1979 il réapparaît sous la forme d'un régiment d'infanterie de la 12e DLB puis en régiment d'active au sein de l'ENSOA.

anciens. Au centre, les bataillons d'Afrique et les uniformes de la Seconde Guerre mondiale. Au-dessus de la porte de sortie, la *tapisserie* moderne d'Aubusson a été réalisée spécialement pour le musée.

Premier étage : une pyramide expose en haut de l'escalier les insignes de toutes les promotions depuis 1978. Les vitrines rassemblent les reliques des sous-officiers exemplaires que les promotions d'élèves ont pris comme parrains.

Dans le parc entourant le musée : ***stèle*** élevée par la promotion Alsace-Lorraine, et rendant hommage aux 432 candidats admissibles de la promotion 1914-1920. Le ***monument aux morts*** sur le terre-plein central, inauguré le 2 mai 1926 par le *maréchal Foch*, représente une victoire ailée abritant sous ses ailes un général et un lieutenant (*Fix-Masseau* sculpt.). En arrière, ***buste*** du gouverneur général Binger, pionnier de la présence française en Afrique Occidentale. A droite, ***groupe statuaire*** personnifiant le Droit et le Devoir, vêtus à l'antique.

▶ En sortant du musée prendre à droite l'***avenue de l'École-Militaire***.

▷ L'abbaye* B2

Construite à l'emplacement d'un premier monastère fondé par le moine *Agapit* au milieu du Ve s., l'abbaye bénédictine fut à l'origine de la naissance et du développement de la ville. Au VIIe s., elle eut pour abbé, *Léger*, régent de la *reine Bathilde*, veuve de *Clovis II*, et futur évêque d'Autun. Dès cette époque, le monastère devint un important lieu de pèlerinage avec vénération des tombeaux de saint Maixent et de saint Léger. A la fin du IXe s., à la suite des invasions normandes, les moines quittèrent l'abbaye en emportant les reliques. L'église, dévastée, fut reconstruite vers 1134 dans le style roman du XIIe s. En 1562 et 1568, les protestants dévastèrent l'église. Il ne resta alors que les murs latéraux, le clocher-porche et quelques piliers du transept. Ce fut *Mgr Bertrand* d'*Echaux*, archevêque de Tours, qui en décida la reconstruction, entreprise de 1668 à 1682 par *François Le Duc* dit « Toscane » ; la décoration est due aux mauristes. A cette époque le chœur des moines était clos par un jubé de maçonnerie orné de boiseries. L'église fut alors consacrée sous le vocable de Saint-Maixent. En 1793, sous la Révolution, l'église fut temple de la déesse Raison pour devenir ensuite magasin de fourrage et de nouveau paroisse en 1806. En 1855, des vitraux de couleur furent restitués au chevet, et en 1888, la flèche fut élevée.

L'ENSOA

Ayant perdu son prestige avec la fermeture de l'abbaye sous la Révolution, la ville de Saint-Maixent se mit à rechercher une nouvelle activité susceptible de lui rendre sa notoriété. C'est ainsi qu'en 1879, grâce à l'appui d'Antonin Proust, ami de Gambetta et député des Deux-Sèvres, le gouverneur de Saint-Maixent décida d'implanter une école militaire pour la formation des officiers. Les élèves seront tout d'abord logés dans le vieux château de Louis VIII. A l'origine, cette école s'appelait « École Militaire d'Infanterie ». De 1881, date d'ouverture de l'École, à 1924, Saint-Maixent forma des générations d'officiers d'infanterie et envoya ses jeunes gradés à la Première Guerre mondiale. En 1925, l'École élargit son cadre de recrutement en devenant l'École militaire d'Infanterie et des Chars de combat (EMICC) pour former une élite de cadre d'active et de réserve qui allait participer à toutes les batailles de la Seconde Guerre mondiale. En 1951, elle accueille l'École d'application de l'infanterie qui recevait les sous-lieutenants d'infanterie de Coëtquidan pour regrouper divers centres militaires de formation. L'École des sous-officiers d'Active actuelle date de 1963 et fut la seule à rester à Saint-Maixent, tandis que les autres furent réparties dans toute la France. En 1967, les officiers rejoignirent Montpellier.
L'ENSOA forme chaque année une moyenne de 1200 sous-officiers et 4000 autres par correspondance. Elle assure également des stages de perfectionnement et de recyclage. Depuis 1963 les 28000 sous-officiers formés par l'École ont occupé chacun leur tour les locaux des trois grands quartiers militaires aménagés : le quartier Marchand, construit en 1880 sur l'emplacement du château fort ; la caserne Canclaux, ancienne abbaye ; le quartier Coiffé, le plus étendu et le plus récent, bâti en 1914 au nord-ouest de la ville.

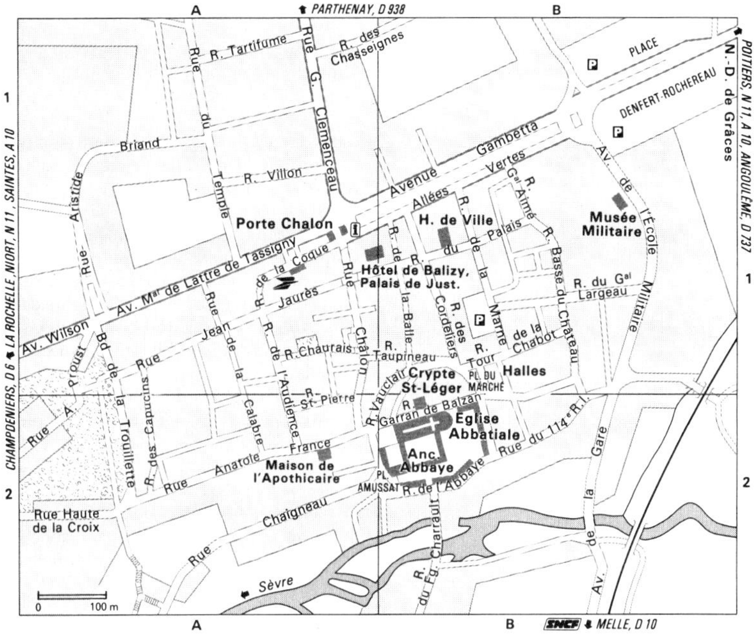

Saint-Maixent-l'École

Visite de l'abbaye

Les *bâtiments abbatiaux* abritent depuis 1923 la caserne Canclaux. Le *portail* monumental, datant de 1660, est orné d'une inscription à la louange de Louis XIV. A l'intérieur, quelques vestiges : une tour, le cloître, la salle capitulaire et un bel escalier orné d'une rampe en ferronnerie.

L'*église Saint-Maixent*, que précède un petit square orné du buste du *Dr Amussat* (1769-1878), inventeur de la lithotritie, est un des plus beaux édifices religieux des Deux-Sèvres. Cathédrale de 1790 à 1793, elle fut commencée au XIe s., ruinée par les protestants en 1562 et 1568, reconstruite enfin de 1670 à 1682 dans le style gothique flamboyant par *François Le Duc*. Des constructions du XIe s. subsistent le porche, les murs latéraux de la nef avec leurs fenêtres romanes et quelques fragments du croisillon sud. Des chapiteaux romans à entrelacs ou des sculptures de remploi (masques, oiseaux, feuillages) ornent les colonnettes des fenêtres. Le transept est dans son ensemble de style gothique angevin le plus pur (XIIIe s.) et le chevet plat du chœur est percé d'une gracieuse rose de la même époque. En avant de la façade, sur un large porche du XIe s., se dresse un somptueux *clocher* du XVe s. que surmonte une flèche moderne dentelée, haute de 68,50 m. Les niveaux supérieurs du clocher-porche portent les blasons des abbés du XVe s. Des statues s'adossent aux contreforts (Jean-Baptiste, sainte Catherine).

L'*intérieur* est long de 80 m et haut 32,50 m. Au bas de la nef subsistent deux massifs de colonnes romanes aux curieux chapiteaux (sirènes). A l'entrée, boiseries du XVIIe s. qui formaient jadis la clôture du chœur des moines; le confessionnal et la porte de la sacristie sont également des débris de l'ancien jubé (XVIIe s.). Contre le chevet, retable et autels en pierre du XVIIe s. A droite du chœur, toile du XVIIe s. : Soldats jouant aux dés. Sous le chœur, *crypte* recreusée et décorée en 1682 en forme de rotonde portée par huit colonnes romanes. Elle abrite les *tombeaux* en pierre du XIe s. (vides depuis le pillage des huguenots) de *saint Maixent* et de *saint Léger*. Réemploi de sculptures exécutées entre les VIIIe et XIe s. Réajustement de l'ensemble du soubassement, du sépulcre et du ciborium avec des éléments du XVIIe s. Retable de l'autel de la Vierge (1681), tableaux des XVIIe et XVIIIe s., statue en bois polychrome de la Vierge à l'Enfant (XVIIe s.).

La *crypte Saint-Léger (B2, face à l'église, de l'autre côté de la rue Garran-de-Balzan)*, conserve une partie du transept du XIVe s. La crypte située en dessous et qui date du VIIe s., renfermait primitivement le corps de *saint Léger*. Consolidée au XIIe s., elle ne fut découverte qu'en 1874 et restaurée en 1885. On y voit des restes de peintures et de sarcophages en pierre (XIIIe s.) de *Benoît II* († 1222), abbé de Saint-Maixent. ▶ Après avoir visité l'abbatiale, on peut se promener dans la ville pour voir les maisons anciennes du XVIe s. et celles qui bordent la Sèvre. *No 13, rue Anatole-France*, magnifique boutique d'apothicaire construite en 1442 avec colombages et encorbellement, sur laquelle figure l'inscription « hic valetudo ». *Collège Saint-André* avec petit donjon crénelé. Au *no 15*, portail du XVIe s. surmonté d'un fronton triangulaire. Au *no 36*, maison à pans de bois sur encorbellement. ▶ En revenant sur ses pas, *place du Marché (B1)*, très belle maison sur galerie à arcades, construite en 1470, dotée de colombages sur encorbellement et percée de petites fenêtres. C'est un rare témoin de l'architecture médiévale saint-maixentaise. ▶ Au *no 29 ave de Lattre-de-Tassigny*, petit pavillon Napoléon III.

▷ La porte Chalon* *A1*

Ancienne porte de ville du XVIIIe s. œuvre du *comte de Blossac*, marquis de la Bourdonnais. Erigée en arc de triomphe à l'entrée de la vieille ville, la porte est flanquée de deux pavillons carrés dont le sommet est couronné d'une balustrade en pierre ornée d'une grille en fer forgé supportant les armes de la ville. Elle fut construite en 1762 à l'emplacement d'une ancienne porte de ville percée au Moyen Age dans l'enceinte fortifiée.

▶ *L'hôtel de Balizy (AB1, rue du Palais)* est un édifice du XVIe s. récemment restauré. Corps de bâtiment à deux niveaux où s'ouvrent des fenêtres à meneaux, flanqué d'une tour hexagonale et décoré de médaillons sculptés à l'effigie d'empereurs romains. Au fronton, lucarnes ornées de coquilles. ▶ *Hôtel de ville (B1)*, dans l'ancien hôtel de Pied-Foulard. Construit aux XVIe et XVIIe s., il fut acheté pour servir de presbytère puis devint hôtel de ville en 1921. La *bibliothèque municipale* occupe l'ancien hôtel Chaurais (XVIe s.). ▶ Plus loin, rue de l'Audience, *tour de l'horloge*, carrée, haute de 17 m et surmontée d'un campanile de bois. C'est le beffroi de l'ancien hôtel de ville au XVe s.

Aux environs de Saint-Maixent

Deux charmantes vallées s'offrent à la promenade aux environs de Saint-Maixent. Au S.-E., la vallée de la Sèvre Niortaise propose aux visiteurs la découverte d'une nécropole néolithique qui compte parmi les plus importantes de toute l'Europe de l'Ouest. Au N.-E., la vallée de la Vonne est progressivement aménagée en zone de tourisme vert avec terrain de golf et plans d'eau navigables.

La vallée de la Sèvre Niortaise

30 km / 1/2 j.

▶ *La Villedieu-de-Comblé (9 km S.-E. par la D 737).* Ce charmant petit hameau possède un *château* Renaissance et un beau *dolmen* classé Monument historique.

▷ La Mothe-Saint-Héray *2 km S.-E.*

Dans la charmante vallée de la Sèvre Niortaise, la ville doit son nom et son origine à un monastère fondé au VIe s. par *saint Héray*, ancien ministre du roi *Théodebert*. Elle fut, au Moyen Age, le siège d'une seigneurie qui appartint, entre autres, aux Baudéan-Parabère (XVIIe s.) qui possédaient un magnifique château du XVIe s., l'un des plus beaux du Poitou. Ce château, achevé par *Murat* en 1801, fut ensuite donné en majorat par *Napoléon Ier* au *comte Lobau*. Vendu en 1840, il tomba malheureusement aux mains d'entrepreneurs qui le démolirent.

Du château fort, il ne reste aujourd'hui que l'*orangerie*, et deux pavillons d'ailes. Les deux pavillons de style Louis XIII, de forme carrée, sont dotés de fenêtres à meneaux et couverts d'un toit à combles surmontées de lanternons. L'orangerie est un long bâtiment percé de grandes baies, de lucarnes rondes et de portes néo-classiques. Les murs sont recouverts d'un crépi rouge brique qui contraste bien avec les chaînages de pierres blanches aux angles et dans l'encadrement des fenêtres.

L'*église*, du XVe s. qui domine la vaste place du Marché, fut construite par *Jacques de Beaumont*, seigneur de la Mothe, et *André de Vivonne*, seigneur de Saint-Héray, dans le style gothique flamboyant. Elle est de forme ogivale à chevet plat. Le *clocher-porche* comporte des baies en accolade groupées par deux sur chaque face. Elles sont accompagnées de motifs héraldiques : l'aigle des Beaumont, les armes des Rochechouart et les hermines des Vivonne. Les contreforts, aux angles, sont surmontés de pinacles. Les portails à voussures sont sobrement décorés. L'*intérieur* est divisé en trois vaisseaux d'égale hauteur dont les voûtes en berceau brisé retombent sur des piliers de forme polygonale sans chapiteau.

La Mothe est célèbre dans tout le Poitou par sa curieuse *fête des Rosières (premier lundi de septembre)*. Les réjouissances, qui durent trois jours, ont été créées par la philanthrope *C.B. Chameau* (1749-1810). A cette fête traditionnelle s'ajoutent les représentations en plein air du *Théâtre Populaire Poitevin* fondé par le *Dr Pierre Corneille*.

▶ Gagner le petit village de *Bougon (4 km N.-E. par la D5)*.

▷ Le musée des Tumulus de Bougon** *t.l.j. sauf lun. mai-oct. 10 h-19 h; mars-avr. et nov.-déc. 10 h-17 h 30; ven. nocturne 21 h ☎ 49.05.12.13*

Cette *nécropole* néolithique de 4 500 ans av. J.-C., découverte en 1840, a été explorée la première fois à cette date par quelques personnalités locales, mais c'est seulement en 1873 que le Conseil général des Deux-Sèvres se porta acquéreur des propriétés environnantes et apporta à partir de 1960 son concours financier aux campagnes de fouilles.

Le projet architectural a choisi la transparence entre espaces intérieurs et espaces extérieurs pour mieux relier le contexte géographique et géologique aux collections. Le fonds est constitué par le matériel des *fouilles de la nécropole* auquel s'ajoute un important *dépôt* du musée des Antiquités Nationales de Saint-Germain-en-Laye ainsi que le matériel de certaines *fouilles régionales* dont le camp des Loups à Échiré, le camp de la Sauzaie (Charente-Maritime), le tumulus de Montiou (Deux-Sèvres), Coulon et la collection de géologie locale de Pamproux (Deux-Sèvres). Plusieurs *reconstitutions* de sites, Charavines (Isère), Gavrinis (Morbihan) et Çatal Hüyük (Turquie), permettent de mieux comprendre le Néolithique.

Des fouilles récentes ont permis de dater précisément du milieu du Vᵉ millénaire av. J.-C. les premières chambres funéraires de la nécropole qui comptent parmi les plus anciennes formes d'architecture mégalithique de la façade atlantique. Elles ont mis en évidence l'existence de *rites funéraires* particuliers. En effet, peu de corps se trouvaient inhumés dans les chambres, probablement en raison du travail énorme que pouvait représenter leur construction; de plus, parmi les squelettes incomplets, on a retrouvé des crânes trépanés témoignant de rites précis dont la signification nous échappe. Les différentes *offrandes* (armes, haches votives, parures) indiquent les productions de l'époque et la valeur attribuée aux matériaux.

Des *expositions* temporaires sur le mégalithisme, les rites funéraires, le néolithique et les sociétés anciennes complètent la présentation des collections. Le musée des Tumulus de Bougon va également accueillir le *Centre International de Recherche et de Documentation sur le Mégalithisme.*

La découverte, à proximité des tertres, des *carrières de pierres* et des *outils* néolithiques utilisés pour la construction, a permis de comprendre le fonctionnement d'un chantier mégalithique. Une dizaine de *reconstitutions* et d'*ateliers* d'expérimentation animent le *parcours de découverte* qui relie le musée à la nécropole.

La nécropole, occupée dès la fin du Néolithique ancien, se compose de six tumuli (A à F) dont la construction et l'utilisation se sont échelonnées sur près de 2 500 ans. Le *tumulus A* se compose d'une double chambre funéraire couverte par une dalle monolithique de 90 t. Le *tumulus B* renferme deux petits dolmens (vers 4500 av. J.-C.). Le *tumulus C* est le plus imposant : 57 m de diamètre sur 4 m de haut. Le *tumulus D* n'est qu'un petit tertre allongé qui ne contenait rien. Le *tumulus E*, de forme oblongue et peu élevé, est composé de deux cavités, l'une carrée, l'autre circulaire. Le *tumulus F*, le premier visible depuis l'entrée, se présente sous la forme d'une butte de 80 m de long sur 20 m de large et 3 m de haut; celle-ci est constituée de plusieurs niveaux étagés en terrasses de pierre calcaire, et les cavités sépulcrales sont creusées aux deux extrémités.

▶ *Salles (4 km N.-O.)*. Une *ferme (visite t.l.j. 14 h-19 h)* fait un important élevage de myocastors nutrias; 1 700 animaux y vivent en semi-liberté. Ces rongeurs originaires d'Amérique du Sud sont élevés en France pour leur viande et leur fourrure.

▶ Retour à *Saint-Maixent* par La Villedieu-de-Comblé et la D 737.

La vallée de la Vonne

Au N.-E. de Saint-Maixent

Prenant sa source au sud de Parthenay, la Vonne traverse la Gâtine *(→)* d'Ouest en Est pour se jeter dans le Clain à la hauteur de Vivonne *(Environs de Lusignan)*. Elle traverse des paysages boisés de chênes et de châtaigniers établis sur un terrain composé à la fois d'argile et de roches granitiques. La vallée garde son aspect rural; l'élevage bovin, dans un paysage bocager, est la principale ressource. Elle est aujourd'hui aménagée afin de satisfaire une clientèle touristique en quête de calme et de verdure : golf, hébergement, plans d'eau navigables et sentiers *(B 1627 est, B 1727 ouest)* pédestres et équestres.

Saint-Savin***

31-B3 / R 107 / V 34
1 323 habitants / ✉ 86310
ℹ rue Saint-Louis ☎ 49.48.11.00
et 49.48.00.46

Ce petit bourg des bords de la Gartempe est célèbre par son abbaye et son église romane décorée du plus bel ensemble de fresques du XIIe siècle qui soient en France et qui lui a valu le qualificatif de « chapelle Sixtine du Moyen Age français » (H. Focillon).

C'est du village de Saint-Germain, juste en face lorsqu'on traverse la rivière, que l'on peut avoir le plus beau coup d'œil sur Saint-Savin. On voit alors se dresser, parmi les peupliers, l'église et l'abbaye et le petit pont bossu qui les accompagne.

L'abbaye dans l'histoire

La tradition rapporte que les corps des saints Savin et Cyprien, ermites martyrisés sur les bords de la Gartempe au milieu du Ve siècle, auraient été retrouvés en un endroit appelé le Cerisier vers 800. Le propriétaire du lieu, abbé de Marmoutier, y aurait édifié une église et installé des moines.

Si ces faits touchant l'origine de l'abbaye restent hypothétiques, il est néanmoins certain que Saint-Savin rayonne sur toute l'Aquitaine au Xe siècle. Les remparts protègent le couvent des invasions normandes et, au XIe siècle, l'abbaye est toujours aussi influente. Elle se dote d'une vaste église et s'embellit jusqu'à la guerre de Cent Ans, qui met fin à sa prospérité.

En 1371, l'établissement est dévasté par le Prince Noir. Il est ensuite pillé par les protestants en 1562 et 1568, puis par l'armée royale en 1574. Concédée à des laïcs à la fin du XVIe siècle, l'abbaye sombre dans la décadence jusqu'à l'arrivée des moines de Saint-Maur, en 1640. Ils restaurent l'abbatiale et édifient de nouveaux bâtiments monastiques, qu'ils quittent à la Révolution.

Mais le bâtiment n'est plus entretenu au début du XIXe siècle et il se détériore. Les inspecteurs des Monuments historiques Ludovic Vitet et Prosper Mérimée avaient entrepris la restauration des bâtiments et des peintures murales dès 1836. Une autre importante campagne de travaux a été réalisée entre 1967 et 1974 pour colmater la fissure du berceau central et restaurer les peintures altérées. En 1984, l'église et ses peintures murales ont été classées au rang de patrimoine mondial par l'UNESCO, et depuis 1990 l'abbaye accueille le Centre International d'Art Mural qui organise des visites et des expositions pour le public et se consacre à la formation et la recherche en matière d'art mural.

Visite de l'abbaye

juil.-août t.l.j. 9 h-19 h ; mi-mai-juin et sept. t.l.j. 9 h 30-12 h 30/13 h 30-18 h 30 ; le CIAM organise des visites guidées juin-sept. t.l.j. 9 h 45, 11 h 15, 14 h, 15 h 30 et 17 h ; mars-mi-juin et oct.-fév. les sam., dim. et jours fériés et toute l'année sur RV ☎ 49.48.66.22

La datation de l'église n'est pas établie définitivement. Le chantier aurait commencé, vers 1040 - 1050, par le transept, puis le chœur. Les trois premières travées de la nef, à l'ouest, auraient ensuite été élevées, précédant la construction du clocher-porche et des six dernières travées de la nef (vers 1090).

▶ L'abbatiale est précédée d'un *clocher-porche* plaqué sur la première façade de l'église. Le clocher carré, décoré d'arcatures, a été couronné au XIIe s. de deux étages percés de baies. Il est surmonté d'une haute *flèche* (77 m) datée du XIVe s. et très restaurée au XIXe s.

▷ L'église

Elle présente le plan d'une croix latine, et se compose d'une nef à trois vaisseaux, d'un transept saillant avec absidioles orientées, et d'un chœur à déambulatoire et chapelles rayonnantes. Au-dessus de la croisée s'élève une tour carrée d'un étage.

Le rez-de-chaussée du *porche* est couvert d'un berceau, comme la haute tribune du premier étage qui s'ouvre sur la nef par une large baie.

Le voûtement de la *nef* est caractéristique du système poitevin : le berceau du vaisseau central, haut de 21 m, est contrebuté par les voûtes d'arêtes des collatéraux. Les piliers de la nef, cruciformes dans les trois premières travées (séparées par des doubleaux) et cylindriques dans les six autres (sans doubleau), montent presque à la hauteur des voûtes latérales pour permettre au vaisseau central de recevoir la lumière des bas-côtés. Les chapiteaux des premiers piliers sont ornés de simples volutes d'angles, tandis que ceux des colonnes offrent un riche décor de feuillages et d'entrelacs. Ceux du *chœur*, alternativement décorés de feuilles d'acanthe et de lions affrontés, rappellent ceux de Sainte-Radegonde à Poitiers. Les piliers ont été peints au XIXe s.

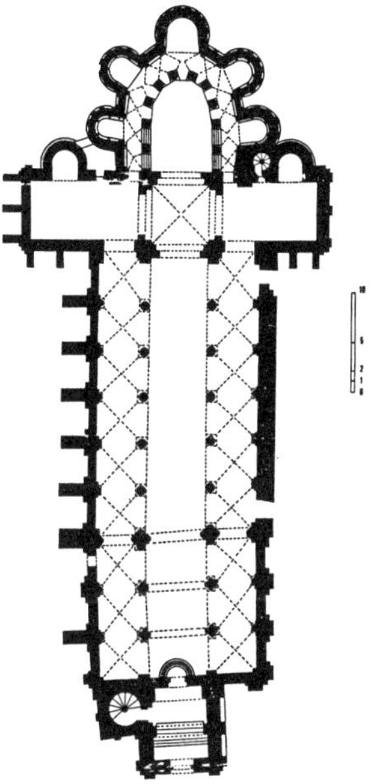

Saint-Savin

Sauvé par Mérimée

Saint-Savin, oublié sur les rives de la divagante Gartempe, est en passe de s'effondrer... quand Mérimée le découvre au bout de sept à huit lieues de chemins fangeux, un jour d'octobre. Et c'est la hautaine beauté de cette grande architecture à la fois élancée et pleine, la stupeur face au spectacle inégalé des fresques : la haute voûte en berceau entièrement peinte, les façades du narthex où des figures s'effacent, des traces évanescentes sur les colonnes rondes. Et aussitôt l'appel, le 31 octobre 1835, à Guizot, ministre de l'Instruction publique et des Cultes : « Je n'hésite pas à dire, monsieur le Ministre, que dans aucun pays je n'ai vu de monument qui méritât à un plus haut degré l'intérêt d'une administration amie des arts. Si l'on considère que ces fresques de Saint-Savin sont à peu près uniques en France, qu'elles sont le monument le plus ancien de l'art de la peinture dans notre pays, on ne peut balancer à faire des sacrifices même considérables pour les conserver. »
Ce n'était que le début. Pendant dix ans Mérimée devra se battre pour les protéger de la destruction ou de la détérioration par des restaurateurs abusifs. (D'après la biographie de Prosper Mérimée par Élisabeth Morel, éd. Hachette, 1988).

▷ Les peintures murales***

L'abbatiale, inscrite en 1984 au Patrimoine mondial, conserve de splendides peintures murales. Si quelques différences apparaissent entre les peintures, leur étude approfondie révèle un grand nombre d'analogies, ce qui laisserait supposer qu'elles ont été exécutées sous la direction d'un seul atelier à l'extrême fin du XIe s., dans un temps relativement court. Les différences de proportions, de composition et de couleurs s'expliquent par la diversité des emplacements, des distances et des éclairages. Les peintres ont utilisé les techniques « a-fresco », « a semi-fresco » et « a secco ».

Sur la voûte du rez-de-chaussée du *porche*, les scènes encore intactes illustrent plusieurs visions de l'Apocalypse tandis que sur le *tympan* trône le Christ de la Parousie. Dans la *tribune* *(accès interdit)*, il reste quelques scènes de la Passion et de la Résurrection du Christ.

Le remarquable berceau de la *nef*, long d'environ 42 m, est entièrement recouvert de peintures (soit une surface de 460 m^2). Les grandes scènes qui décorent la voûte

Distribution des scènes à la voûte de la nef

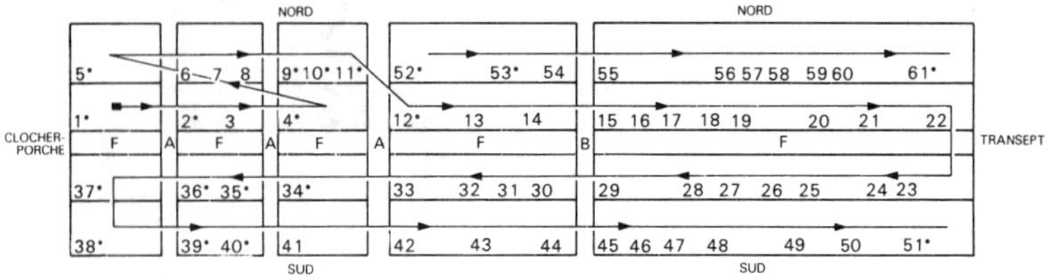

* *scènes disparues ou peu lisibles.*
A. *Doubleau*
B. *Faux-doubleau peint*
F. *Bande faîtière*

3. Création du soleil, de la lune et des étoiles. - 6. Dieu crée la femme. - 7. Dieu amène Ève à Adam. - 8. Tentation d'Ève. - 13. Ève filant. - 14. Offrandes d'Abel à Caïn. - 15. Caïn tue Abel. - 16. Dieu maudit Caïn. - 17. Enlèvement d'Hénok. - 18. Dieu donne ses instructions à Noé. - 19. L'arche de Noé et le lâcher du corbeau. - 20. Dieu bénit la famille de Noé à sa sortie de l'arche. - 21. Le sacrifice de Noé. - 22. La vendange de Noé. - 23. Noé boit son vin. - 24. Le corbeau et le renard. - 24. Sem et Japhet couvrent la nudité de leur père ivre. - 26. Arbre et animaux. - 27. Noé maudit Canaan. - 28. Arbre. - 29. Dieu confond le langage des constructeurs de la tour de Babel. - 30. Dieu donne ses instructions à Abraham. - 31. Personnage grimpant à un arbre. - 32. Abraham et Lot se séparent. - 33. Lot capturé est emmené en prison. - 41. Isaac et Ismaël ensevelissent Abraham. 42. Isaac bénit Jacob. - 43. Joseph vendu par ses frères. - 44. Joseph vendu par les Madianites à Potiphar. - 45. Joseph et la femme de Potiphar. - 46. La femme de Potiphar dénonce calomnieusement Joseph. - 47. Joseph en prison. - 48. Joseph fournit à Pharaon l'interprétation de ses songes. - 49. Pharaon passe son anneau au doigt de Joseph. - 50. Joseph sur le char de Pharaon. - 54. Arbre. - 55. Passage de la mer Rouge. - 56. L'ange de Dieu conduisant les armées d'Israël. - 57. La colonne de feu indiquant la route aux Israélites. - 58. Moïse conduisant son peuple. - 59. La colonne de nuée. - 60. Moïse recevant les tables de la Loi.

sont disposées sur quatre registres et illustrent la Genèse et l'Exode : la Création et la Chute (1 à 13), Abel et Caïn (14 à 16), Enoch (17), histoire de Noé (18 à 28), Tour de Babel (29), histoire d'Abraham (30 à 41), Jacob (42), histoires de Joseph (43 à 51) et de Moïse (52 à 61). Nous avons sous les yeux une Bible peinte. Quelques prophètes sont apparus sur plusieurs écoinçons des grandes arcades de la nef, après qu'on eut enlevé le badigeon. L'entrée est surmontée d'une Vierge en Majesté plus tardive (troisième quart du XIIe s.). Le transept est nu et les peintures du chœur sont très effacées.

Dans la *crypte Saints-Savin-et-Cyprien*, qui s'étend sous le chœur, sont représentés : le Christ en Majesté (voûte du sanctuaire), légendes de saint Savin et saint Cyprien (murs du vaisseau).

▶ Les bâtiments conventuels (XVIIe s.) ne se visitent pas, sauf la salle d'exposition. Dans le ***logis du Prieur*** *(privé), Léon Édoux* expérimenta le premier ascenseur.

Aux environs de Saint-Savin

75 km / 4h

▶ Quitter Saint-Savin par la D 5. A *Nalliers*, traverser la Gartempe. Sur la rive gauche, ***château*** gothique et Renaissance *des Alisons*. ▶ Par la D 11, gagner *La Bussière*. Après ce village, la route suit la Gartempe : moulins, ***châteaux de la Bertholière***, puis *de la Guitière*, rive gauche ; en face, château *de la Roche-Aguet*. ▶ *Saint-Pierre-de-Maillé (à l'intersection avec la D 2)*, situé sur les bords de la rivière, offre de nombreux ***sentiers*** *(B 1926 ouest)*, balisés par la commune le long desquels on découvrira moulins, châteaux, grottes préhistoriques. ***L'église***, rebâtie en 1651, conserve quelques traces des XIe et XIIe s.

▷ Angles-sur-l'Anglin**

Un des plus beaux villages de France, célèbre pour ses « jours » *(→ encadré)*, et dont les habitants sont... les Anglais.

Dressées sur un éperon, les ruines de la ***forteresse*** (XIIe-XVe s.) dominent l'Anglin *(visite guidée du château t.l.j. en juil.-août ; renseignements à la mairie ☎ 49.48.61.20)*. Un fossé creusé par les bâtisseurs protégeait l'ensemble fortifié du côté du plateau. Le château des évêques de Poitiers, puis des Lusignan, a été souvent remanié, notamment au XVe s., sous *Hugues de Camberel*.

Le village groupe ses maisons aux toits de tuiles brunes autour de *l'église Saint-Martin* : clocher XIIe s., maître-autel XVIIe s. C'est à Angles que serait né le *cardinal Jean de la Balue* que *Louis XI* enferma dix ans dans une cage de fer, pour trahison.

▶ De l'autre côté de l'Anglin, le faubourg *Sainte-Croix* ne conserve de son ancienne *abbaye* que le portail (XIIIe s.) et une partie de la nef (actuelle église Sainte-Croix). Dans le cimetière se dressent une *croix hosannière* (XIIIe s.) et un petit autel (XIIe s.).

▶ Quitter Angles par la D 5, route pittoresque, direction Vicq-sur-Gartempe. ▶ A *Vicq-sur-Gartempe*, église du XIIe s.

▶ De *Pleumartin*, on peut choisir de gagner *Châtellerault* (→), ou par *Archigny* (→ *circuit Chauvigny*) rejoindre Saint-Savin *(43 km)* par Sainte-Radegonde.

Les jours d'Angles

Cet artisanat fit la renommée du village à la Belle Époque. Jusqu'à trois cents ouvrières ont travaillé pour les grands magasins parisiens, et les «jours d'Angles» ont orné le linge du Normandie et du Queen Elizabeth. Aujourd'hui, la demande vient surtout de l'étranger.

Le travail, entièrement réalisé à la main, se fait sur des toiles de lin ou de métis (tissu dont la trame est en fil de lin et la chaîne en coton). L'ajoureuse calque ses motifs sur le tissu et les cerne d'un cordonnet en point de bourdon. Puis, avec de petits ciseaux à broder très pointus, elle tire ses fils, un à un, pour préparer le pavé de jours. Les fils restants sont groupés en faisceau et travaillés avec des points adaptés au motif.

Saintes★★

42-B1 / R 107 / V 39, V 40
27 486 habitants / ⊠ 17100
ℹ villa Musso, 62, cours National (A1) BP 96 ☎ 46.74.23.82 ; fax : 46.92.17.01 ; Minitel : 3615 ITOUR
Aunis et Saintonge, 1 cours Reverseaux ☎ 46.97.52.01
SNCF ☎ 36.35.35.35
✈ Aéro-Club Saintes Paban ☎ 46.93.08.97
🅿 place Bassompierre, cours Reverseaux, rue du Bois-d'Amour

Au bord de la paresseuse Charente, la capitale historique de la Saintonge allie le charme déjà méridional de ses façades blanches et de ses toits de tuiles roses aux nombreux souvenirs de son passé qui en font une des « Villes d'Art et d'Histoire » les plus riches de France.

Ce fut avant tout un « pont » qu'empruntèrent des milliers de pèlerins sur le chemin de Saint-Jacques. Mais militaires romains, calvinistes, bourgeois collectionneurs et intendants bâtisseurs, peintres amis de Corot et de Courbet, chacun a laissé sa marque dans son patrimoine culturel.

Gros marché régional et centre artisanal et industriel, elle a su aussi s'ouvrir, s'animer et sortir de la torpeur quasi légendaire des petites villes du Sud-Ouest.

La ville dans l'histoire

Si le peuple celte des Santons lui a donné son nom, Saintes est cependant une création romaine. En 20 avant J.-C., sous l'empereur Auguste, le gouverneur de la Gaule, Agrippa, fonda la cité de Mediolanum Santonum, au terminus de la grande route stratégique qui, partant de Lyon, traversait le Massif central.

La ville eut le bref privilège d'être la capitale de l'Aquitaine avant Poitiers et Bordeaux. La civilisation romaine y brilla d'un vif éclat comme en témoignent les nombreuses inscriptions et sculptures du Musée archéologique. Le plan de Mediolanum s'organisait selon un damier assez régulier, et la ville était dotée d'une parure monumentale considérable dont subsistent de nos jours l'arc votif de Germanicus et l'amphithéâtre.

La ville gallo-romaine fut détruite à la fin du IIIe siècle et au début du IVe siècle, non tant par les envahisseurs Barbares que par les habitants eux-mêmes. En cette période de crise et de dislocation du pouvoir central, tous les monuments et les temples furent abattus, et les matériaux ainsi récupérés servirent à la construction d'un puissant rempart.

La cité est alors réduite à l'actuel quartier Saint-Pierre dominé par les collines de l'Hôpital et de la Providence sur la rive gauche de la Charente. Les coteaux environnants sont progressivement couverts par les premières nécropoles chrétiennes, celle de Saint-Saloine dans les anciens thermes, celle du coteau Saint-Vivien, et surtout celle de Saint-Eutrope autour de la basilique funéraire de l'évêque martyr, fondateur de l'église de Saintes. Au VIe siècle, saint Pallais construisit le premier groupe épiscopal à l'emplacement de l'actuelle cathédrale Saint-Pierre.

La ville passa de mains en mains, des rois francs aux ducs d'Aquitaine, avant d'être ravagée par les invasions normandes du IXe siècle.

A partir du XIe siècle, Saintes et la Saintonge seront l'objet de nombreux tiraillements. Un moment possession du duc d'Anjou, Geoffroy Martel, la ville finit par appartenir au duché d'Aquitaine, ce qui lui valut d'entrer dans la longue histoire des conflits anglo-français du XIIe au XVe siècle. En 1199, la duchesse Aliénor d'Aquitaine en fit confirmer les privilèges.

Après le traité de Paris, la Saintonge fut divisée en deux, la Charente servant de frontière entre les domaines anglais et français. La ville de Saintes devait beaucoup souffrir de cette situation pendant la guerre de Cent Ans. L'abbaye de Saintes fut pillée par les Anglais en 1322. En 1329 la ville, occupée par les Anglais, subit le siège du duc d'Alençon. La place fut démantelée et finalement redonnée au roi d'Angleterre. Par les traités de Brétigny et de Calais (1360), Saintes et la Saintonge devinrent anglaises, mais les Saintongeais se soulevèrent et, en 1370, commença la campagne de Du Guesclin qui vint mettre le siège devant Saintes. Sous la pression des habitants révoltés, les Anglais durent se rendre et la ville passa sous l'autorité du roi de France Charles V.

Le XVIe siècle fut pour la capitale de la Saintonge une période mouvementée : révoltes contre les impôts sur les vins sous le règne de François Ier, contre la gabelle sous Henri II et, en 1548, les gens du fisc furent assassinés à Saintes. Ces troubles à peine apaisés, les guerres de Religion ravagèrent la région. Le protestantisme s'était répandu très tôt en Saintonge et Saintes, foyer calviniste, fut rudement éprouvée par les affrontements entre réformés et armées catholiques. Les violences durèrent jusqu'à la capitulation de La Rochelle. Les murailles de Saintes furent alors démantelées. La ville connut encore quelques troubles durant la Fronde des Princes. Et la révocation de l'édit de Nantes provoqua l'exode des artisans et commerçants huguenots.

C'est au XVIIIe siècle que la ville retrouve sa prospérité, grâce à l'importance du rôle économique de la vallée de la Charente dans le commerce des vins et eaux-de-vie. Parmi ses nombreuses activités, la ville compte surtout des manufactures de textile, des fabriques d'étamine et des tanneries.

Saintes s'embellit. L'intendant Jacques Guéau de Reverseaux s'intéresse beaucoup à l'urbanisme de la ville et fait tracer de larges avenues comme l'actuel cours Reverseaux établi sur les anciens fossés des fortifications. C'est l'époque où les quais sur la Charente se parent de beaux hôtels particuliers agrémentés de jardins.

En 1790 Saintes devient chef-lieu du département de la Charente-Inférieure formé par la réunion de la Saintonge et d'une partie de l'Aunis. Mais, en 1810, un décret de Napoléon lui fait perdre son rang au profit de La Rochelle.

Le développement de la ville s'accentue au XIXe siècle grâce au commerce et aux moyens de communication. En effet, en 1867, est ouverte la première ligne de chemin de fer Rochefort-Saintes-Angoulême. Saintes devient bientôt un important nœud ferroviaire. Les ateliers pour l'entretien des machines, créés en 1877, jouèrent un rôle économique de premier ordre jusqu'à leur fermeture il y a quelques années. En 1943 et 1944 ils furent la cible de bombardements, ce qui provoqua la destruction du quartier de l'Abbaye-aux-Dames.

La ville aujourd'hui

Saintes est une capitale rurale qui a développé son secteur tertiaire tout en restant un marché agricole traditionnel. La ville commercialise les eaux-de-vie, les céréales et les produits laitiers de la région. Elle compte deux distilleries et des coopératives. Cette fonction agricole est symbolisée par les grandes foires mensuelles qui sont parmi les plus grandes de France, et par un important lycée agricole fondé au début du siècle.

Le secteur industriel est le point faible de l'économie saintaise. Il emploie néanmoins environ 25 % de la population avec des entreprises d'ameublement et de matériaux de construction. La ville possède également une école d'enseignement technique de l'Armée de l'air.

Visite de la ville

1 j.

La rive gauche

P place Bassompierre

Ce circuit, qui se fait à pied, permet la visite de la vieille ville, des musées et de la cathédrale Saint-Pierre.

▶ Partir de la *place Bassompierre (B1).*

▷ L'arc romain de Germanicus★ *B1*

Symbole de la ville, il a été construit au bord du fleuve à l'entrée du Vieux Pont qui avait succédé au Moyen Age à l'ancien pont romain. C'est un arc votif érigé au Ier s. de l'ère chrétienne. Il fut offert par *Caïus Julius Rufus* et il commémorait l'achèvement de la grande route transversale des Gaules. L'inscription est dédiée à l'*empereur Tibère* et aux princes *Germanicus* et *Drusus*. L'arc a été déplacé en 1843 lorsque le Vieux Pont fut détruit pour être remplacé par le pont Palissy. Sur l'initiative de *Prosper Mérimée*, il fut démonté et reconstruit 15 m plus à l'est, mais sans les créneaux qui le couronnaient depuis le Moyen Age. ▶ Emprunter la *passerelle* sur la Charente. L'actuelle passerelle de béton a été inaugurée en 1927. Elle a succédé à celle de bois construite en 1880. Elle permet de gagner les vieux quartiers qui ont fait l'objet d'une importante opération de réhabilitation. Au hasard des rues et des impasses l'on découvrira les quelques *vestiges* que Saintes conserve du Moyen Age : escaliers à vis, portes moulurées, fenêtres à meneaux, etc. ▶ *Place des Récollets*, un fragment (25 m) du *rempart* gallo-romain de la fin du IVe s., découvert en 1975, a été dégagé. ▶ *Rue Saint-Michel.* Ancienne rue qui conduisait à la cathédrale Saint-Pierre. Elle offre quelques *maisons* du XVe s. (*au nº 17*, pignon à fleuron), et du XVIIIe s. (*aux nos 3 et 13*). ▶ Passage vers le petit *square Angel-Sidelio*, portail de l'ancien couvent des Récollets (XVIIe s.). ▶ *Rue du Piège* et *place des Herbes* : façade gothique, vestiges de l'ancienne église Saint-Michel restaurés récemment. ▶ Traverser la rue Victor-Hugo, emprunter à droite la rue Arche-Gaillard et flâner dans les petites rues : *rue des Messageries, rue Lemoyne*, qui évoquent le passé médiéval de la ville. ▶ *Rue Urbain-Loyer. Chapelle Sainte-Colombe* (XVIe-XVIIe s.) ruinée par les protestants, puis restaurée et voûtée au XVIIe s. en style gothique. Elle fut vendue sous la Révolution et abrita au XIXe s. un couvent de carmélites. ▶ Reprendre la *rue Victor-Hugo (B1).* Cette rue piétonnière, très agréable, était la rue principale de la ville car elle se trouvait au débouché du pont détruit au XIXe s. C'est l'ancien *decumanus*, artère principale de la cité romaine. Au Moyen-Age, c'était une voie empruntée par les pèlerins de Saint-Jacques-de-Compostelle.

▷ Le musée du Présidial *(B1), 2, rue Victor-Hugo ; t.l.j. sauf mar. en été, 10 h-12 h/14 h-18 h ; en hiver, 10 h-12 h/14 h-17 h sauf mar. ☎ 46.93.03.94*

Le musée est installé dans son ancien hôtel particulier, appelé à tort « du Présidial », est construit au début du XVIIe s. Il est situé au fond d'une cour dégagée par les restaurations récentes : belle façade à hautes fenêtres et lucarnes à frontons triangulaires. Le bâtiment, restauré par la municipalité avec l'aide de l'État, abrite les collections de peintures, de dessins, d'aquarelles et de sculptures du XVe au XIXe s., ainsi qu'une collection de faïences saintongeaises et chinoises. Cette collection est un legs du *comte Lemercier* en 1864.

Le rez-de-chaussée

Salle de droite. Faïences saintongeaises. Buste de Bernard Palissy par *Joseph Devers* (1866).

Salle de gauche. Œuvres flamandes et françaises des XVIe et XVIIe s., où se mêlent thèmes religieux et mythologiques, art du portrait et paysages. *Descente de croix*, primitif espagnol du XVe s. *Allégorie de la Terre* ou *Cérès* ★★ de *Jan Bruegel de Velours*. Second fils de Bruegel l'Ancien, *Bruegel de Velours* (1568-1625) se distingue par la finesse du coloris et la délicatesse du pinceau qui lui valurent son surnom. Ce tableau est caractéristique de l'école flamande à cette époque, qui se signale par un goût marqué pour l'art profane et le paysage et l'amour des détails. Œuvres intéressantes de petits maîtres flamands, dont *Judith portant la tête d'Holopherne* : mise en page et coloris délicats propres à la peinture maniériste flamande de la première moitié du XVIe s. *Pyrame et Thysbée*★, d'après Les Métamorphoses d'*Ovide*, tableau attribué à *Paul Bril*, né à Anvers en 1554, mort à Rome en 1626 ; peintre de paysages, il a travaillé à la décoration du Vatican pour le *pape Grégoire XIII*. *Sculptures* : fragment de retable en bois polychrome de la fin du XVe s. ; Vierge à l'Enfant, œuvre française en bois du début du XVIIe s. ; panneau de coffre sculpté (XVIIe s.). *Faïences* d'Espagne, de Nevers et d'Urbino, du XVIe et du XVIIe s.

Le premier étage
Salle des peintures françaises du XVIIe s. Genres variés : portraits dont un *Portrait de magistrat* (1694), signé de *Gaspard Rigaud* (achat de la ville). Natures mortes, scènes de genre : *Le joueur de vielle; Paysage avec ruines*, qui illustre le thème du paysage classique avec ruines imaginaires baignées par la lumière du soleil couchant dans le style de Claude Lorrain. *Sacrifice d'Abraham*, peinture espagnole. *Mobilier* : fauteuils Louis XV. *Sculpture* : Vierge à l'Enfant Jésus, bois sculpté et peint du XVIIIe s. *Faïence* de La Rochelle (fin XVIIIe s.). *Cartel* de style Louis XV en bronze et écaille. Dans les *vitrines* : assiettes chinoises des XVe et XVIIIe s. Salle des peintures flamandes et hollandaises des XVIIe et XVIIIe s.

Le deuxième étage
Salle de gauche. Exposition temporaire des collections d'art graphique.

Salle de droite. Œuvres de l'école française du XVIIIe s. *Paysage avec personnages*, de *Watelet*. *Vue de Bordeaux*, de *Pierre Lacour*, peintre formé à Paris dans l'atelier de *Vien*. *Louis XIV reçoit l'ambassadeur de Perse en 1715*, tableau attribué à *Francis de Troy* dont le thème est évoqué par *Montesquieu* dans Les Lettres Persanes. *Pygmalion et Galatée* de *Riquard de Nantes*. *Faïences de Delft*★ : polychromie dite « aux cinq couleurs ».

▶ Depuis le musée, rejoindre la *rue Alsace-Lorraine*, rue piétonnière.

▷ La place de l'Échevinage

Au fond, la *bibliothèque municipale* *(B1; mer. 9 h 30- 11 h 30/13 h 30 - 18 h; jeu. 13 h 30 - 18 h; sam. 9 h 30- 11 h 30/13 h 30-17 h)* occupe l'emplacement de l'ancien couvent des Jacobins. La salle capitulaire a été préservée, ainsi que le chevet de la chapelle doté d'une magnifique verrière flamboyante du XVe s. Les deux ailes à l'origine de la bibliothèque ont été aménagées en demeure particulière par *Maurice Martineau* au début du siècle. Admirer le magnifique jardin. La bibliothèque possède un riche fonds de documents sur la Saintonge.

Visites guidées

Saintes, Ville d'Art et d'Histoire, propose des visites-découverte de la ville et des environs conduites par des guides-conférenciers agréés par la Caisse Nationale des Monuments historiques et des Sites.
Renseignements et réservations ℹ *1er juin-17 sept. t.l.j. 9 h-19 h; 18 sept.-31 mai t.l.j. sauf dim. 9 h 30-12 h 30/14 h-18 h* ☎ *46.74.23.82.*

▷ Le musée de l'Échevinage *(B1) rue Alsace-Lorraine* ☎ *46.93.52.39 conditions de visite → musée du Présidial.*

Ouvert en 1977, il présente les collections permanentes de peinture des XIXe et XXe s., ainsi que 70 pièces de porcelaine offertes en 1908 par la manufacture de Sèvres. Une vingtaine d'œuvres des années 50, déposées par le FRAC Poitou-Charentes, complètent les collections.

Le bâtiment est celui de l'ancien hôtel de ville construit en 1586. Le beffroi, symbole des privilèges de la ville, subsiste toujours. Il a été très rénové au XVIIIe s. Il a abrité les services municipaux jusqu'en 1832 ainsi que la bibliothèque municipale de 1871 à 1938. Dans la cour, *cadran solaire* de *Louis Gosselin* et pièce en raku du céramiste contemporain *Jean-Pierre Viot*.

Le rez-de-chaussée
Dans cette salle sont exposées des œuvres qui illustrent les grands thèmes de la peinture officielle du XIXe s. : le portrait, le fait divers, l'exotisme et le paysage. Remarquer : *Trait de courage* de *Nicolas-Antoine Taunay*, une toile de grandes dimensions relatant une scène de sauvetage, c'est l'un des premiers tableaux d'actualité non politique que l'on connaisse et il remporta à ce titre un vif succès au salon de 1802. *Portrait du comte Lemercier* (1891), de *Jules-Charles Aviat*, élève de Bonnat, qui s'est consacré à la peinture de genre et au portrait; le *comte Lemercier* est le fondateur du musée de Saintes. *Enterrement d'une jeune fille à Etricourt*, de *Georges Laugée*, œuvre réaliste qui situe l'artiste dans le sillage de Courbet. L'exotisme est représenté par le tableau de *Germain Fabius Brest*, spécialiste de la peinture orientaliste, *Les Bords du Bosphore à Bebeck*.

Dans les *vitrines* : porcelaines, faïences et émaux illustrent les techniques et les grandes tendances stylistiques de la fin du XIXe et du début du XXe s.

Vitrine de gauche : un plat rond et des statues-bibelots en porcelaine de Copenhague; des productions des élèves du céramiste *Théodore Deck* (administrateur à la manufacture de Sèvres jusqu'en 1891, il fut l'un des pionniers de l'Art nouveau en céramique et l'inventeur de nouvelles techniques céramiques, à qui l'on doit en particulier le décor en carreaux de céramique de l'hôtel Martineau à Saintes, l'actuelle bibliothèque municipale, dont le portrait, dû à l'un de ses collaborateurs, *F. Levillain*, est gravé sur un médaillon; plat orné d'une tête de femme, soupière au décor de poissons et de coquillages, œuvres d'un autre de ses disciples, *E. Lachenal* (1855-1930).

Vitrine de droite : émail sur cuivre représentant Henri III dans le « goût Renaissance »; émaux sur métal, signés de *Dangibeaud*, érudit saintais et amateur d'art.

Le premier étage

La grande salle, de gauche à droite, présente entre autres quelques tableaux d'artistes régionaux, tels que *Furcy de Lavault* (1847-1915). Né à Saint-Genis-de-Saintonge, il fut élève de Corot, peintre de portraits, de paysages et de fleurs, et conservateur du musée de La Rochelle.

Salle des paysages. Belles œuvres dont plusieurs tableaux de *Louis Cabié* (1853-1939) ; ce peintre qui se rattache au mouvement impressionniste, a beaucoup peint dans le Sud-Ouest. ***Vue de Blidah, Algérie***, d'*Adrien Dauzats* (1804-1868), paysagiste mais aussi peintre de genre, remarquable par la précision du trait et la luminosité du coloris.

Sculptures : buste en plâtre d'***A. Auguin*** *(→ encadré)* par *L. Fournier*. Buste de ***J.-A. Castagnary***, originaire de Saintes ; directeur des Beaux-Arts en 1877, ce critique d'art rédigea de nombreux articles dans lesquels il se faisait le défenseur de Courbet et des impressionnistes. Dans une vitrine, ***buste*** de femme de *Clésinger*. ***Salle à manger*** de la fin du XIXe s. qui témoigne du goût éclectique de la bourgeoisie de l'époque. Vitrine regroupant des ***porcelaines chinoises*** du XVIIIe et du XIXe s.

Petite salle : artistes paysagistes saintongeais ; vues de Saintes.

Le deuxième étage

Œuvres du XXe s. Parmi les collections permanentes, on peut remarquer les lithographies de *Francis Bacon* ***(Autoportrait)***, *Pol Bury* ***(Sphère molle)*** et *André Masson* ***(La Main fertile)*** ainsi qu'une toile d'*Olivier Debré*. Seize œuvres du FRAC, réalisées par des artistes tels que *Alechinsky*, *Appel*, *Dubuffet*, *Hélion*, *Matta*, *Michaux*, *Saura*, *Tapies*, *Viera da Silva*, viennent compléter cette présentation de l'art de l'après-guerre.

La peinture saintongeaise

Louis-Auguste Auguin, né à Rochefort en 1824, mort à Bordeaux en 1904, fut formé à Paris dans l'atelier de Coignet, disciple de Corot. Il peint les paysages saintongeais pendant ses vacances à Grandjean. Après s'être engagé politiquement lors de la révolution de 1848, il revient à Rochefort où il ouvre un atelier de peinture. Il se consacre exclusivement à la peinture de paysage régionale. C'est en travaillant à Saintes, au château de Rochemont, sur les rives de la Charente, qu'il fait la connaissance de Courbet en 1862.

Courbet, qui était venu passer quelques jours à Saintes chez son ami Étienne Baudry, s'était à ce point laissé séduire par la région qu'il y resta plus d'un an. De nombreuses toiles représentent les chevaux du haras, les bords de la Charente et des portraits des dames de la bourgeoisie. Il devait exposer ses œuvres en 1863 à l'hôtel de ville de Saintes.

▷ La rue des Jacobins *AB1*

On y remarquera quelques beaux hôtels, bien mis en valeur par les récentes restaurations. Au n° 1, ***hôtel Viaud***, construit par un homme de loi saintais vers 1760 : très belle façade aux fenêtres ornées de mascarons. Autre exemple de l'architecture du XVIIIe s. au n° 17.

Au hasard des rues et des impasses de ce quartier, profiter des portes entrouvertes pour glisser un coup d'œil sur des trésors cachés : lucarnes à fronton, escaliers de bois ou de pierre.

▶ A l'entrée de la rue Martineau, au n° 21, ***hôtel de Bremond d'Ars***, édifice qui présente de belles lucarnes de la fin du XVIe s. Un peu plus loin, au n° 17, au fond d'une cour, beau bâtiment du XVIIe s. orné d'une porte de style Louis XIII. Au n° 8, maison XVIIIe s.

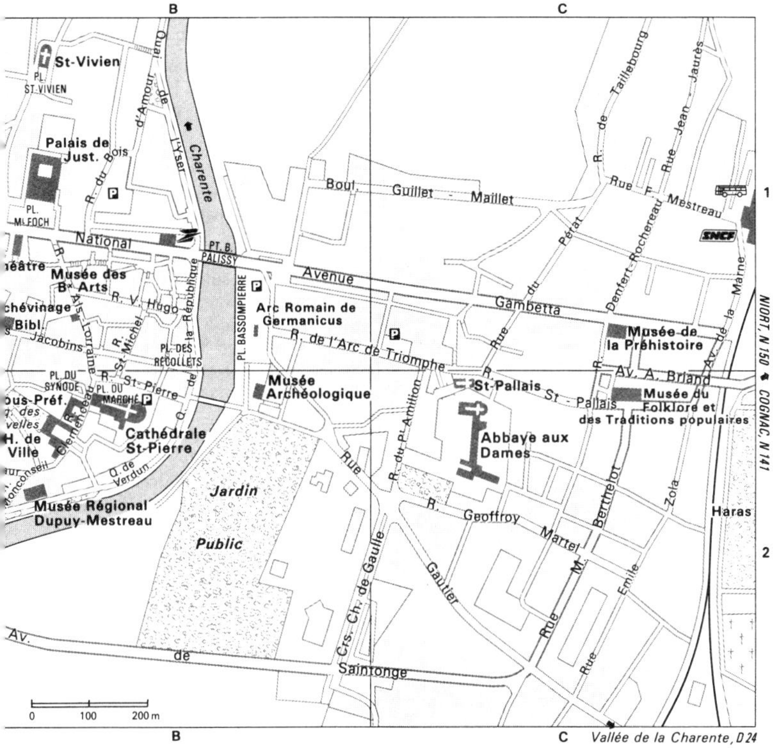

Saintes

▶ En poursuivant la rue des Jacobins, on arrive à la terrasse de l'Hôpital en passant par la place du Capitole.

Goulebenèze

Né à Burie en 1877, Evariste Poitevin fut un exceptionnel compositeur et un chansonnier spécialisé dans le patois saintongeais. Amuseur public d'une grande popularité, il sillonna toute la région sous le pseudonyme de Goulebenèze. Il était de toutes les fêtes et son talent comique lui valut un succès fulgurant. On dira de lui que son patois «était pur comme de l'eau de roche». Il collabora à de nombreuses revues patoisantes, comme le populaire «Subiet». Cet homme remarquable, désintéressé, refusait toujours les cachets préférant les marques de sympathie que lui témoignait un public nombreux et enthousiaste.

Cette attitude devait le conduire fatalement à la pauvreté, et il mourut dans le dénuement le 31 janvier 1952. Mais le souvenir du «Mistral saintongeais» est resté vivant.

▷ La terrasse de l'Hôpital *A1-2*

De là on découvre un beau *panorama* sur la ville, ses toits de tuile, le clocher de la cathédrale Saint-Pierre et la vallée de la Charente. L'hôpital occuperait l'emplacement de l'oppidum gaulois primitif, dont l'existence n'est pas prouvée. Saintes eut dès le Moyen Age beaucoup d'hôpitaux, dont une maladrerie située sur la paroisse de Saint-Eutrope au pied de la colline du côté de l'actuel cours Reverseaux. Son existence s'explique par l'importance de la ville en tant qu'étape pour les pèlerins de Saint-Jacques-de-Compostelle. Quant à l'hôpital actuel, son origine remonte au XVIIe s. lorsque *Louis de Bassompierre* fonda, sur l'ordre de Louis XIV, l'hôpital Saint-Louis pour les malades pauvres et invalides et pour les mendiants valides, afin de leur apprendre un métier leur permettant d'échapper à leur condition.

▶ En quittant la terrasse de l'Hôpital, redescendre par les escaliers de la *ruelle de l'Hospice* : agréable promenade, petits jar-

Animation

Les marchés : mercredi et samedi, marché Saint-Pierre ; jeudi et dimanche, marché Saint-Pallais ; mardi et vendredi, place du 11-Novembre ; jeudi, au centre commercial Bellevue.
Premier lundi de chaque mois : foire mensuelle.
Tous les ans, fin mai-début juin : foire exposition.
Début juillet : Jeux Santons : festival folklorique international ; Académies musicales : festival de musique ancienne.
Juillet à septembre : concert d'orgue toutes les semaines à la cathédrale Saint-Pierre.
31 décembre : grande fête de la Saint-Sylvestre, défilé, cavalcade, bal.

dins en terrasses, jolie *vue* sur le clocher de Saint-Pierre.

▶ On débouche *square de Nivelles*, à l'entrée de la *rue Chapsal* : très belle *porte* du XVIIIe s. qui donne accès aux jardins de la mairie. C'était la porte de l'ancien collège. En face, entrée de l'ancienne chapelle du collège (XVIIIe s.), actuelle *salle Saintonge* : haute façade à fronton, encadrée de hauts pilastres, belle porte aux vantaux ornés de guirlandes.

▶ Continuer par la *rue Dangibeaud* qui présente plusieurs ***hôtels*** du XVIIIe s. *(aux nos 14, 25, 27 et 35).* ▶ *Rue Saint-Maur.* Au n° 17, beau *portail* du XVIIIe s., ancienne juridiction consulaire. Autres maisons de la même époque aux nos 3, 4 et 11.

▷ Le musée Dupuy-Mestreau *(B2)*

6, rue Monconseil : visites libres ou commentées, renseignements ☎ 46.74.20.97

Le bâtiment est l'un des plus beaux exemples de l'architecture privée du XVIIIe s. à Saintes. Cet hôtel fut édifié vers 1738-1739 par le marquis *Étienne Guinot de Monconseil.* Il se compose d'une longue façade sur la Charente dont l'avant-corps est sommé d'un grand fronton triangulaire ; beau balcon en fer forgé porté par des consoles de style rocaille. La façade sur la rue Monconseil se prolongeait par une salle en rotonde et une chapelle, aujourd'hui démolies. L'hôtel a abrité successivement la résidence des gouverneurs puis la préfecture de 1790 à 1810. Il fut acquis sous la Restauration par un riche collectionneur. Depuis le début du XXe s. il présente les collections d'*Abel Mestreau.* C'est l'un des plus beaux musées d'art régional en France ; il permet d'admirer des collections de costumes et de coiffes paysannes, des bijoux, des céramiques, de nombreuses gravures qui évoquent les activités anciennes de Saintes et la reconstitution d'un intérieur saintongeais.

Dans la *cour,* un puits Renaissance et une berline d'époque Louis XV.

La *cage d'escalier,* à belle rampe en fer forgé du XVIIIe s., est décorée de nombreuses enseignes.

Le premier étage

Salle de droite. Reconstitution de la salle à manger de Madame de Montespan. Les boiseries proviennent du château de Tonnay-Charente.

Salle de la marine. Collections de maquettes de bateaux de la fin du XVIIIe s. et du XIXe s. A gauche, salle des coiffes.

Salle des faïences. Poteries de La Chapelle-des-Pots et de Vénérand. Faïences de La Rochelle et d'Angoulême. *Plats*** dits de *Bernard Palissy (→ encadré).* Évocation de la vie des Compagnons du Tour de France : cannes et écharpes du compagnonnage. Chambre de la marquise de Monconseil.

La cage d'escalier, couverte d'un plafond peint, présente des œuvres d'*Auguin (→ encadré).*

Le deuxième étage

A droite, *intérieur saintongeais** avec paysans en costumes. Salle de gauche : vitrine présentant de minutieux *ouvrages de dames**. Objets*** gravés et sculptés par les forçats de Rochefort. Salon : vue sur la

Joseph Ignace Guillotin

Il naquit à Saintes le 28 mai 1738. Il fut élève des jésuites, à Saintes puis à Bordeaux, puis suivit des cours d'anatomie à Paris. Médecin, il enseigna l'anatomie, la physiologie et la pathologie à la Faculté. Praticien réputé, il est attaché aux services de Monsieur, frère du roi. Homme érudit et cultivé, il côtoya les grands savants de l'époque, Buffon, Lacépède, mais aussi des artistes et des écrivains comme Greuze, Voltaire ou Condorcet. Il fréquenta les cercles littéraires et politiques où circulaient les idées nouvelles.

Il s'intéressa surtout aux questions sociales, provoqua une souscription en faveur des ouvriers pauvres du faubourg Saint-Antoine, lutta pour améliorer la salubrité publique et créa un Comité de santé pour l'hygiène et la médecine. Il fut nommé secrétaire de l'Assemblée.

C'est à lui qu'on attribue la paternité de la « guillotine ». En fait, il se fit le défenseur de l'invention du Dr Louis par souci d'humanité et d'égalité. Il propose que tous les coupables soient châtiés de la même manière, la plus rapide et la moins douloureuse possible. C'est ainsi que, malgré lui, victime de son humanité et de son amour de l'égalité, son nom est à jamais associé à ce sinistre instrument. Emprisonné, il faillit bien connaître de près le terrible engin dont il avait prôné l'emploi généralisé. Mais il mourut de maladie en 1814, rue Saint-Honoré, à Paris.

Charente, habits brodés du XVIIIe s., pantoufles portées par *Louis XVI* au Temple, collections d'armes.

▶ *La rue Clemenceau.* Maisons du XVIIIe s. Au n° 8, ***hôtel d'Argenson*** qui possède un grand portail de style Louis XVI.

▶ L'***hôtel de ville*** fut construit en 1874 à l'emplacement de l'ancien Doyenné qui était devenu le siège de la mairie depuis 1832. Le bâtiment fut détruit en 1871 par un incendie au cours duquel disparurent les archives municipales.

▷ La cathédrale Saint-Pierre *(B2)*

place du Synode

Cet édifice gothique aux vastes dimensions a été construit en majeure partie au XVe s. A l'origine, la cathédrale romane élevée au XIIe s. était couverte d'une file de coupoles. Son mauvais état entraîna sa reconstruction sur des plans grandioses au XVe s. par l'*évêque Guy de Rochechouart.* Il y eut vraisemblablement deux campagnes de construction, et l'église fut voûtée de croisées d'ogives.

Les travaux n'étaient pas terminés lorsque les protestants, conduits par *Coligny* et *Dandelet*, saccagèrent l'église en 1568, sapant les piles de la nef, provoquant ainsi l'effondrement des voûtes. La nef dut être rebâtie à la fin du XVIe s.

La façade, de style gothique flamboyant, aux voussures ornées de sculptures d'anges porteurs d'instruments de musique, de prophètes et de saints, est surmontée d'un ***clocher**** d'une hauteur de 72 m en partant de la base. Le projet prévoyait une flèche de 92 m qui ne fut jamais réalisée. Le clocher actuel est flanqué d'épais contreforts d'angle couronnés de pinacles. Il s'élève sur trois étages et se termine par une plate-forme qui supporte une lanterne octogonale aux baies sommées de gâbles élancés.

La nef date de la fin du XVIe s. De gros piliers cylindriques la séparent des collatéraux. Depuis 1927 une charpente apparente couvre la nef ainsi que le carré du transept. Les bas-côtés sont ceux de l'édifice du XVe s. mais le bras du transept sud présente une coupole sur pendentifs, vestige de la première cathédrale romane du XIIe s.

Le chœur est couvert d'un beau lambris en carène renversée du XVIIIe s. ; entouré d'un déambulatoire, il a été amputé de plusieurs de ses chapelles rayonnantes, alternativement rectangulaires et polygonales. Il n'en subsiste plus que trois : la chapelle du chevet, qui présente un joli décor de la première Renaissance, la deuxième chapelle nord et la chapelle polygonale entre les deux. A remarquer la dernière chapelle du collatéral gauche avec inscription funéraire de Charles de Guitard datée de 1568 et l'***escalier à vis**** torse au bas du collatéral sud, chef-d'œuvre de stéréotomie du XVe s.

Sur le flanc sud de l'église se trouvent le ***cloître*** dont il reste deux galeries du XIIIe s. remaniées au XVe s., ainsi que l'ancienne ***salle capitulaire.***

▶ ***Place du Marché*** s'élevait la maison natale de *Guillotin (→ encadré).*

▶ De la cathédrale, rejoindre la Charente et la passerelle par la *rue Saint-Pierre.*

▶ On peut aussi flâner *rue Alsace-Lorraine*, rue piétonnière animée.

Bernard Palissy

Aucun document ne permet d'affirmer s'il vit le jour à Saintes ou à Agen mais, très jeune, il entreprit son Tour de France de compagnon verrier. Il se marie avec une Saintaise, Catherine Leconseil, nièce de potier, ce qui le fait entrer dans la corporation très fermée de La Chapelle-des-Pots. Il ouvre un atelier près des remparts et c'est à Saintes qu'il brûla ses meubles et planchers pour alimenter son four, faute d'avoir été livré en bois en temps voulu. Cette célèbre image populaire montre l'acharnement de l'artiste et du savant qui recherchait le secret des émaux à la suite de la vision d'une coupe émaillée venue d'Italie. Ce combat devait durer seize ans. Entre-temps, il étudie les îles et les marais salants, les fossiles, la mer et les coquillages. Ces éléments marquèrent fortement son œuvre céramique.

En 1558, un arrêt fut lancé contre les premiers protestants, et son atelier de Saintes fut mis sous saisie. Mais Bernard Palissy bénéficiait de protections en haut lieu et le connétable Anne de Montmorency parvint à le faire relâcher. Il était protégé par Catherine de Médicis à laquelle il avait été présenté à La Rochelle. Ainsi, lorsqu'il fut de nouveau arrêté et transféré à Bordeaux, il fut remis en liberté sur ordre de la reine qui le fit appeler à Paris où il installa son atelier aux Tuileries. Il voyage alors beaucoup en Allemagne et en Flandre, étudie toujours et écrit. Il obtient même une chaire à la Sorbonne.

Cet artiste perfectionniste, ce brillant scientifique, devait achever tristement ses jours. Emprisonné à la Bastille, il mourut abandonné dans de sordides conditions en 1590.

Son souvenir est évoqué à Saintes par une statue érigée au bord du fleuve en 1868 ; un lycée ainsi qu'un quai portent son nom.

La rive droite

▶ Départ *place Bassompierre.* Ce circuit se fait également à pied.

▷ **Le Musée archéologique** *(B2) t.l.j. sf. lun., été 10 h-18 h, hiver 10 h-12 h/14 h-17 h ☎ 46.74.20.97*

Fondé en 1815, c'est avant tout le musée de la civilisation gallo-romaine. La plupart des œuvres architecturales et sculptées proviennent du rempart élevé au début du IVe s. autour de l'actuel quartier Saint-Pierre, avec des blocs des Ier, IIe et IIIe s. récupérés lors de la démolition des monuments publics et des tombeaux.

On remarquera la *tête de l'empereur Auguste* en marbre de Carrare, ainsi qu'une statue impériale représentant un prince de la dynastie julio-claudienne, sans doute les ornements d'un monument dédié à l'Empire. De nombreuses inscriptions montrent que les riches citoyens de Mediolanum offraient à la famille impériale les monuments publics de la cité. Beau bloc calcaire sculpté en haut-relief représentant *quatre légionnaires se faisant face deux à deux sous une arcade***. *Éléments architecturaux* d'époque augustéenne : chapiteaux corinthiens qui ont peut-être décoré un des premiers temples de Mediolanum. Tous ces fragments architecturaux attestent l'importance des monuments publics, mais on ignore leur fonction et leur répartition géographique dans la ville du Haut-Empire. Nombreuses *stèles* funéraires qui illustrent la vie quotidienne : scènes de commerce, prière funéraire d'un jeune écolier avec ses tablettes d'écriture dans la main gauche.

Petite salle consacrée à la *céramique* et aux *bronzes* gallo-romains.

► Près du musée, entrée du *jardin public*, terrasse en bordure du fleuve. Au-delà du jardin s'étend le terrain du Parc des Expositions.

► Prendre la *rue de l'Arc-de-Triomphe*. Au n° 9, maison du XVIIIe s.

► Place Saint-Pallais. *Église Saint-Pallais* des XIIe et XIIIe s., très endommagée. De là, un passage sur la droite permet de gagner la cour de l'Abbaye-aux-Dames.

▷ **L'Abbaye-aux-Dames***** *(C2) juin-sept. t.l.j. 10 h-12 h 30-14 h-19 h ; visite guidée à 10 h 30 et 15 h ; le sam. 10 h 30 ; oct.-mai t.l.j. 14 h-19 h, les mer. et sam. 10 h-12 h 30/14 h-19 h fermeture 24 déc.-3 janv. ☎ 46.97.48.48*

Magnifique église romane. Les bâtiments conventuels datent des XVIIe et XVIIIe s. Des fouilles ont permis de dégager sur le côté de l'église une partie du cloître gothique du XIIIe s.

Geoffroy Martel, comte d'Anjou, et sa femme *Agnès de Bourgogne*, veuve de Guillaume le Grand, comte de Poitou, fondèrent ce monastère bénédictin en 1047. L'Abbaye aux Dames possédait de nombreuses terres en Saintonge, Aunis, Poitou et Anjou, et elle relevait directement du Saint-Siège. Les abbesses, issues des plus illustres familles françaises comme les *La Rochefoucauld*, dirigèrent jusqu'à cent religieuses. Mais cette prospérité connut bien des aléas.

Pillée pendant la guerre de Cent Ans, saccagée par les protestants, ravagée en 1608, puis en 1648 par deux incendies, l'abbaye, rebâtie au XVIIe s., fut fermée sous la Révolution pour être transformée en caserne jusqu'en 1924. L'église fut restaurée à la veille de la Seconde Guerre mondiale et les bâtiments conventuels dans les années 1970-1980.

L'église : l'extérieur

*La façade**** est la plus grande et l'une des plus ornées de Saintonge. Les parties hautes furent détruites par les protestants en 1568, et par un incendie au XVIIe s., mais la disposition des parties basses ainsi que le décor sculpté nous sont heureusement parvenus. Comme pour la plupart des églises saintongeaises, la façade présente une ordonnance tripartite avec un large portail sans tympan flanqué par deux arcs aveugles.

Le *portail* aux voussures richement décorées est l'élément le plus admirable de l'ensemble. La première voussure figure la Main de Dieu bénissant ceux qui entrent

---

La Charente navigable

«Le plus beau ruisseau de mon royaume», ainsi s'exprimait Henri IV en évoquant la Charente, fleuve d'apparence tranquille mais aux débordements redoutables en hiver.

La Charente constituait un axe de communication remarquable, faisant de Saintes le point de contact entre le littoral atlantique et les provinces de l'intérieur. Dès sa fondation, Saintes est un port qui possède de nombreux points d'accostage, principalement sur la rive gauche. Ce n'est qu'à la fin du XVIIIe s. que de véritables quais verront le jour.

Du XIIIe au XVIIIe s., les vins et les eaux-de-vie du pays charentais constituent l'essentiel du commerce saintais. Le transport des fûts se faisait sur des gabares (du latin cabarus qui signifie «bateau de passage»). La gabare était un grand bateau à fond plat généralement équipé d'un mât articulé et repliable. Elle naviguait tantôt à la voile, tantôt à l'aviron, ou encore à la «cordelle», c'est-à-dire halée. Sa longueur variait entre 20 et 35 m pour une largeur de 5 à 6 m. Elle jaugeait de 80 à 200 tonneaux. Dans la seconde moitié du XIXe s., après l'arrivée du chemin de fer, le trafic fluvial déclina peu à peu. La Première Guerre mondiale sonnera le glas de la navigation sur la Charente. Actuellement le fleuve est sillonné en été par les bateaux de croisière qui partent au pied de l'arc romain.

---

dans l'église. La deuxième voussure porte l'Agneau et la Croix entre les quatre symboles des Évangélistes. La troisième voussure est consacrée au Massacre des Innocents. Enfin, la quatrième voussure représente les vieillards de l'Apocalypse qui occupent chacun un claveau et, de ce fait, leur nombre dépasse largement les vingt-quatre. Les quatre voussures sont séparées par des tores richement ciselés. L'abondance et la minutie des sculptures ne nuisent pas à la lecture iconographique de l'ensemble. Cette exubérance décorative se retrouve sur les *chapiteaux* où alternent des scènes de lutte entre des hommes, des oiseaux et des lions, selon une composition très traditionnelle en Saintonge. Les arcs latéraux ne comportent qu'une seule voussure où les éléments sculptés sont plus aisément identifiables. Ainsi, au nord, le décor représente l'Ascension du Christ, tandis que celui du sud illustre la Cène.

L'architecture extérieure de l'église est également digne d'intérêt surtout par le puissant *clocher*** qui s'élève sur le carré du transept. Il se compose d'un étage carré limité par une corniche à modillons moulurés qui soutient un deuxième niveau carré orné d'arcades en plein cintre. Ces deux niveaux supportent la belle tour, octogonale à sa base et cylindrique au sommet, largement éclairée par huit fenêtres géminées. L'ensemble est coiffé d'une flèche conique couverte d'écailles dont le modèle est repris en écho par les petits clochetons de la base. Ce type de clocher est assez fréquent dans l'Ouest, dans le Poitou et en Angoumois. On peut accéder à la plate-forme du clocher en suivant la visite de l'abbaye.

L'intérieur

Le premier édifice, consacré le 2 novembre 1047, avait été construit par *Agnès de Bourgogne* qui avait une prédilection pour l'abbaye où elle devait d'ailleurs prendre le voile quelques années plus tard. De ce vaste monument du XIe s., subsistent les murs latéraux de la nef et le transept qui sont en petit appareil. C'était un édifice de plan basilical avec des collatéraux, un chœur peu profond et une absidiole sur chaque bras du transept. Il devait être charpenté. Cette disposition a disparu au XIIe s. lorsque d'importants travaux furent entrepris afin de moderniser l'église. Ce désir d'embellissement au XIIe s. se retrouve également dans le décor sculpté de la façade.

Le problème des architectes de l'époque fut le voûtement de la nef à cause de la présence des murs légers du XIe s. La nef primitive disparut, ainsi que les collatéraux remplacés par deux carrés à peu près égaux que l'on couvrit de coupoles. Celles-ci disparurent lors de l'incendie de 1648 et

L'Abbaye-aux-Dames

furent remplacées par une voûte d'ogives, détruite lors des restaurations de 1937. Les piliers d'angle du transept furent renforcés pour supporter la lourde tour et sa flèche. Les croisillons du transept furent voûtés à l'époque gothique. Le chœur, allongé, est précédé d'une travée droite en berceau brisé. Remarquer, sur les murs de la nef, une très belle collection de *tapisseries* modernes.

Le bâtiment conventuel

En partant du cloître, le parcours de visite conduit des pièces d'apparat au clocher et

Folklore et patois

Saintes a connu dans les années 1930, une vie associative très forte, tendant au maintien des traditions populaires. La première de ces associations a été celle des « Joyeux Bigophones Saintongeais », créée en 1927. Devant le succès remporté par cette troupe qui faisait revivre costumes mais aussi chants et danses locaux, un groupement régionaliste se forme, qui représentera la Saintonge un peu partout en France et surtout à l'Exposition universelle de Paris, en 1937.

Le patois saintongeais fut quant à lui brillamment défendu par le docteur Jean qui, en 1902, créa une pièce, La Mérine à Nastasie, interprétée avec talent par Goulebenèze, et qui devait connaître un grand succès.

Actuellement, le folklore saintongeais est représenté par les groupes « Aunis et Saintonge » et « Drôles de Saintonge ».

permet de voir le revers de la voûte en croisée d'ogives du transept sud de l'église.

L'entrée se fait par le beau *portail* du début du XVIIe s., issu de la première reconstruction après l'incendie de 1608. La *salle capitulaire* (XVIIe s.) accueille des expositions temporaires tandis que la *salle voûtée* qui donne sur le palier intermédiaire de l'escalier présente une exposition permanente sur l'historique et l'architecture complexe du site.

Au 1er étage, dans le grand couloir qui traverse tout le bâtiment, une *cellule* de moniale est ouverte au public. Au 2e étage, on gagne une petite pièce où sont montrés divers *vestiges* archéologiques (crosses d'abbesse). Un petit escalier mène à la *tribune* ouverte sur l'église. En remontant par la passerelle aménagée sur le revers de la voûte du croisillon sud, on accède à la *plate-forme* du clocher d'où l'on a une belle *vue* sur la ville.

Aujourd'hui, *centre culturel (☎ 46.97.48.48, 3615 ABBAYEDAMES)*, l'Abbaye aux Dames accueille en juillet les Académies Musicales. Tout au long de l'année, elle développe son projet artistique sur le site : musique, arts plastiques, accueil en résidence d'artistes du spectacle vivant.

▶ Reprendre la rue Saint-Pallais. A l'angle de la rue Denfert-Rochereau, *musée du Folklore et des Traditions populaires* *(C2 ; pour les conditions de visite s'informer auprès de l'Office de Tourisme).*

▶ Continuer la rue Denfert-Rochereau jusqu'à l'*avenue Gambetta*, belle artère ombragée par des platanes, et bordée d'immeubles du XIXe s. Au n° 140, *musée éducatif de la Préhistoire* *(C1 ; t.l.j. 10 h-11 h 30/15 h-18 h, sur rendez-vous ☎ 46.93.43.27, visite commentée)* : il offre un panorama détaillé de toutes les industries et techniques de la préhistoire dans la région et dans les différents pays européens.

▷ L'église Saint-Eutrope*** *A2*

Quoique mutilée, cette église est l'un des chefs-d'œuvre de l'architecture romane, célèbre par son chevet roman, sa crypte, ses sculptures et son clocher. Le sanctuaire est dédié à *saint Eutrope*, apôtre des Santons, troisième évangélisateur de la Gaule. Dès le VIe s., une église bâtie par *Léonce II* existait à l'emplacement du tombeau du saint. Mais sa situation en dehors des murailles de la ville la rendait particulièrement vulnérable. Elle fut détruite par les Sarrasins en 731, puis plus tard par les Normands. Au Moyen Age, la Saintonge est une terre disputée par les ducs d'Aquitaine et les Angevins, ce qui explique que, jusqu'à la fin du XIe s., on ne parle guère de Saint-Eutrope.

On ne sait pas grand-chose des édifices qui ont pu s'élever à cet endroit. A la fin du XIe s., les bénédictins élevèrent un monastère et une vaste église capable d'accueillir les foules de pèlerins de Saint-Jacques-de-Compostelle ainsi que les dévots de Saint-Eutrope. L'église comprenait une grande salle basse à demi souterraine qui soutenait une église haute reliée à la crypte par d'ingénieux escaliers. L'édifice fut consacré en 1096 par le *pape Urbain II*. Au XVe s., d'importants travaux furent réalisés grâce à *Louis XI* qui fit refaire le croisillon nord pour supporter l'élégant *clocher***. C'est une belle tour haute et carrée, flanquée d'épais contreforts d'angle ; la flèche octogonale s'élève à 60 m. Le grandiose édifice échappa aux destructions des protestants et aux ravages de la Révolution. Mais, en 1803, constatant le mauvais état de la toiture et de la voûte, le préfet de l'époque, plutôt que de faire procéder à des réparations, en un acte de vandalisme impardonnable ordonna la démolition de la nef qui servit de carrière aux habitants. Bien peu de chapiteaux et de sculptures ont échappé à la destruction.

L'extérieur

L'église est donc réduite au chœur roman. De l'ancienne nef qui s'étendait à l'emplacement de l'actuelle place Saint-Eutrope subsistent quelques maigres éléments du collatéral sud sur la place. La façade date de 1831. La nef actuelle est en fait l'ancien chœur. Celui-ci, très allongé, présente trois niveaux : le premier correspond aux fenêtres de la crypte, le deuxième à la voûte de la crypte, et le troisième à la voûte de l'église haute. Le décor géométrique est très soigné.

L'intérieur

La crypte (*entrée par le portail au pied du clocher*). Faiblement éclairée, cette crypte, merveille architecturale, dégage une grande impression de puissance. L'église basse est formée d'une nef avec bas-côtés, d'un déambulatoire à trois absidioles et d'un transept comportant aussi une absidiole sur chaque croisillon. Cette disposition est reprise au premier étage. Les deux niveaux avaient une nef commune qui servait d'accès soit au chœur, soit à la crypte, et les deux étages communiquaient entre eux par des escaliers savamment disposés. Toute cette partie a malheureusement disparu au siècle dernier.

La *nef* de la crypte est voûtée en berceau à pénétration. La voûte est supportée par de gros doubleaux et contrebutée par les hauts collatéraux couverts de voûtes d'arêtes. La nef est séparée des bas-côtés par des piliers courts et trapus. Les *chapiteaux*** sont uniquement à motifs floraux, composés de deux larges feuilles d'eau terminées par un bouton ou une volute. Ils sont caractéristiques de l'abondance décorative de la sculpture saintongeaise dès la fin du XIe s.

Le *déambulatoire* offre un système de voûtement particulier : un arc en quart de cercle divise la travée en deux, formant une sorte d'ogive primitive pour répondre aux problèmes de stabilité causés par l'entrée de l'absidiole et la présence de la fenêtre.

Le *transept*, très modifié au XVe s. lors de la construction du clocher sur le croisillon nord, possède une large frise de marguerites sculptées qui sert de chapiteau. La crypte abrite dans le croisillon sud une cuve baptismale du XIe s. Le *sarcophage* de saint Eutrope, retrouvé au siècle dernier, a été placé au rond-point de la crypte. Il porte une simple inscription : « Evtropivs », certainement gravée vers l'an 600.

L'*église haute* ou *chœur* reprend le plan de la crypte. L'élévation est cependant plus haute et plus aérée. La voûte en berceau brisé limité par une corniche repose sur des doubleaux. Elle est contrebutée par les voûtes en berceau en quart de cercle des collatéraux. Ces derniers, éclairés par de larges fenêtres, sont séparés de la nef par des piliers rectangulaires flanqués de trois colonnes et par des arcs à doubles rouleaux. La décoration des chapiteaux de la nef rappelle celle de la crypte.

Le *transept*, plus récent, s'établit sur une croisée à quatre piliers, couverte par une coupole sur trompes datant de 1831, tandis que les croisillons sont voûtés en berceau brisé. Le croisillon nord, salle basse du clocher de Louis XI, se termine par une chapelle gothique. L'absidiole orientale est éclairée par deux fenêtres. Au-dessous du cul-de-four, le mur est orné d'une arcature avec chapiteaux à animaux affrontés et palmettes. Le grand intérêt du transept réside dans les beaux *chapiteaux*** sculptés de la croisée. Ils représentent Daniel dans la fosse aux lions, la Libération de Daniel et la Pesée des âmes. On y retrouve la tendance très décorative de la sculpture saintongeaise. Dans ces œuvres, qui datent du tout début du XIIe s., s'affrontent et se superposent des lions, des oiseaux et des personnages. Ces chapiteaux, qui contribuent à la renommée de Saint-Eutrope, sont un jalon important dans l'histoire de la sculpture romane.

▷ L'Amphithéâtre * ou les Arènes

(A1) av. des Arènes

Symbole de la cité gallo-romaine, l'amphithéâtre est situé dans un cadre romantique. Il fut édifié dans un petit vallon ombragé que franchit l'actuel cours Reverseaux et où coule la Font Eustelle. L'amphithéâtre de Mediolanum est l'un des plus anciens de la Gaule et aussi l'un des mieux conservés. Il inspira ces quelques vers au populaire chansonnier saintongeais *Goulebenèze* :

« Des murs écroulés d'où l'on voyait des stalles
Les gladiateurs casqués dans le cirque romain
Où le vaincu, tombé, attendait des vestales
La grâce ou bien la mort d'un signe de leur main ».

L'édifice, désaffecté au IIIe s., échappa aux destructions des Barbares mais fut transformé en décharge publique et en carrière par les habitants. La ville fit l'acquisition du site en 1886 et entreprit son dégagement. Dès 1904, les Arènes servirent à des représentations dramatiques et, depuis, sont le cadre de nombreuses manifestations en été. L'amphithéâtre est maintenant inclus dans le secteur sauvegardé de la ville, et son aménagement est envisagé.

Le monument, édifié probablement dans la première moitié du Ier s., est de forme elliptique. Il s'adosse aux pentes rocheuses du vallon qui est fermé à l'est par un massif de maçonnerie formant la façade composée de deux étages d'arcs superposés. Dans la partie adossée, les escaliers et les gradins suivaient la pente du sol. Si toute trace de gradins a disparu, on estime qu'ils étaient au nombre de 31, permettant d'accueillir une foule considérable, évaluée à 15 000 personnes. L'amphithéâtre ne possédait pas de sous-sol car dans son axe il avait fallu aménager un égout pour drainer les eaux du vallon. Le grand axe de l'ellipse mesure 126 m, le petit axe 101 m. Le grand axe de l'arène intérieure mesure 65 m, le petit axe 39 m. La superficie de l'ensemble est de 10 086 m^2 et celle de l'arène de 2 007 m^2.

▸ Depuis les Arènes, on peut regagner le *cours Reverseaux* puis, par le cours Lermercier et la rue de la Boule, on atteint le nord de la ville et la *rue des Thermes* qui conduit aux *thermes romains de Saint-Saloine (hors plan, A1)*. Cet établissement thermal fut édifié vers la fin du Ier s. apr. J.-C. Il était alimenté par un aqueduc qui réunissait les eaux des fontaines du Douhet et du Vénérand. Les vestiges,

---

Au fil de l'eau

Juin-septembre : croisières fluviales sur la Charente, lignes régulières au départ de Saintes.

Avril-octobre : affrètement de bateaux pour croisières privées ; croisières-dîner au fil de l'eau ☎ 46.74.23.82.

Mai-octobre : location de barques, pédalos et canoës, domaine de Lucérat, route des Gonds ☎ 46.74.08.04 ou 46.93.58.39.

---

en partie dégagés, permettent de juger de leur ampleur au temps de la splendeur de Mediolanum. Site agréable en balcon sur le quartier de Saint-Vivien.

Aux environs

▶ *Saint-Georges-des-Coteaux (5 km O.)* possède une belle *église*, avec un clocher carré (XIVe s.) et, à l'intérieur, des chapiteaux romans.

▶ *Port-Hublé (4,5 km E.)* est un ancien port fluvial.

▶ *Chaniers (5 km E.)* possède une *église* romane (XIIe s.) dont on notera le chevet fortifié et l'original sanctuaire de plan tréflé. A l'intérieur, restes de *fresques* gothiques dans la nef.

▶ A 1,5 km, on peut découvrir *la Charente*, qui se ramifie entre les rangées de peupliers et offre un joli *site* agrémenté de petites îles.

Joyaux de la Saintonge

Circuit au nord de Saintes

60 km environ / 5 h

Ce circuit part à la recherche des hauts lieux de la Saintonge, de l'Antiquité à l'époque classique en passant par le Moyen Age.

▶ Sortir de *Saintes* par la N 150, puis emprunter la D 231.

▷ Le Douhet *11 km N. de Saintes*

Le *château (visite avr.-sept. t.l.j. 10 h-12 h/14 h-19 h ; oct.-mars les dim., jours fériés et vacances scolaires 14 h-17 h 30 ; toute l'année sur RV ☎ 46.97.78.14 et 46.02.30.00)*. Construit en 1680 pour *Renaud de Pons*, le château fut une des résidences des évêques de Saintes. Le bâtiment, très sobre, comporte un corps de logis central flanqué de deux pavillons à hautes toitures. Du côté cour s'étendent de vastes communs et on remarque un beau *colombier* d'époque Renaissance. La façade donnant sur le parc est agrémentée d'un double escalier à balustres qui conduit aux *jardins* dont les pièces d'eau sont alimentées par l'aqueduc gallo-romain. Le *parc* possède un massif de buis centenaires. A l'intérieur, belles *boiseries* du XVIIe s. et *musée de la vie quotidienne* de Saintonge aux XVIIIe et XIXe s.

L'*église Saint-Martial* présente une façade du XIIe s. de type saintongeais avec un portail central et deux arcs aveugles. Le tout est surmonté d'une corniche à modillons ornés de feuillages et de têtes monstrueuses. Aux voussures du *portail central*, l'Agneau pascal entouré de quatre anges. Les autres voussures sont décorées de motifs végétaux. Les claveaux de la dernière archivolte sont garnis de sculptures des douze Apôtres et d'un Christ de majesté, le modillon de la corniche au-dessus du Christ représente une Descente de Croix. Les voussures des arcs latéraux sont ornées soit de damiers, soit d'acanthes. La frise qui continue les chapiteaux est constituée de rinceaux. Les chapiteaux présentent des scènes énigmatiques. Le *clocher* date du XVe s. A l'intérieur de l'édifice, la nef unique, divisée en quatre travées, voûtée en berceau, se termine par un chœur profond qui possède quelques chapiteaux montrant des scènes de lutte. *Fresque* du XIVe s. représentant sans doute le martyre de saint Martial.

Des vestiges du Paléolithique ont été découverts à la *grotte du Gros Roc*.

▶ *Écoyeux (D 231 à l'est)*. Belle *église* du XIIe s. fortifiée au XVe s. Elle se trouvait sur le chemin de Saint-Jacques-de-Compostelle (le village abritait un hospice pour les pèlerins). Le chevet est décoré de deux niveaux d'arcatures.

▷ L'abbaye de Fontdouce *7 km S. par la D 231 ; mai-juin et mi-sept.-oct. le dim. 14 h 30-18 h 30 ; juil.-mi-sept. t.l.j. 10 h-12 h/14 h 30-18 h 30 ☎ 45.82.76.00*

Fondée au XIIe s., l'abbaye a été une étape sur le chemin de Saint-Jacques. Elle connut son apogée au XIVe s. Ruinée par les protestants, elle fut restaurée au XVIIe s. par la congrégation de Saint-Maur. Occupée par une ferme au début du XIXe s., sa réhabilitation date du tout début du XXe s. Elle accueille actuellement des concerts en été. L'ensemble, en partie ruiné, est remarquable par sa belle *salle capitulaire* et ses deux *chapelles* superposées.

▶ *Saint-Bris-des-Bois (par la D 131)*. Maison de *la Mérine à Nastasie (mai-sept. t.l.j. sauf mar. 14 h-18 h ; et sur RV ☎ 46.91.56.89)* à l'intérieur de laquelle on a reconstitué l'habitation d'un viticulteur à la fin du siècle dernier. Dans le jardin, buste du *docteur Jean*, auteur de la célèbre pièce du répertoire saintongeais *(→ encadré : folklore et patois)*. Et aussi *musée de la Préhistoire* qui présente l'homme de Saint-Césaire découvert en 1979 (moulages).

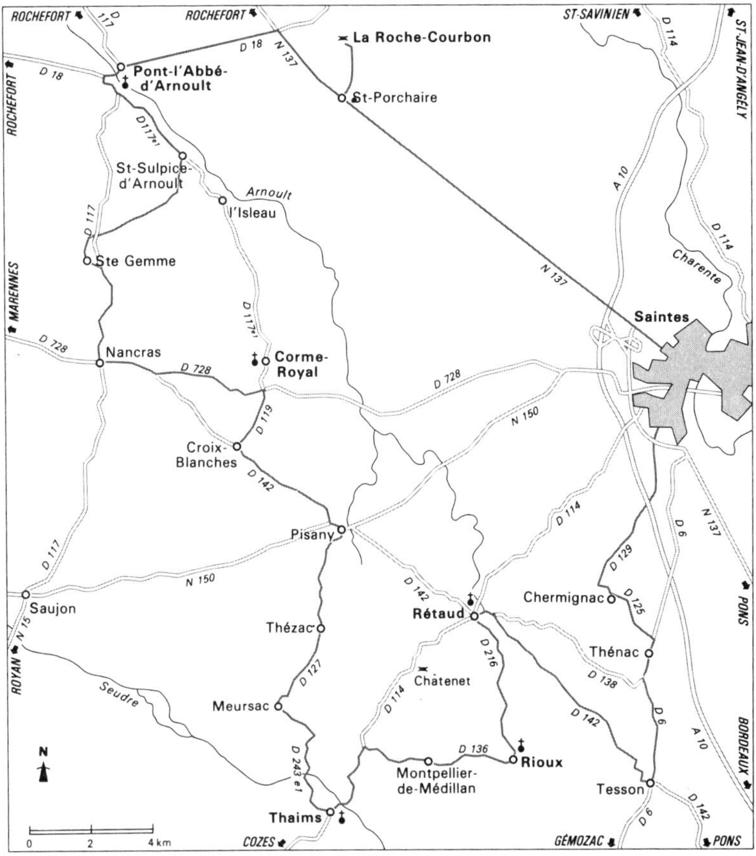

Le circuit roman

▷ La Chapelle-des-Pots *4 km*

Grand centre de la céramique saintongeaise du XIIIe au XIXe s., réputée pour sa couleur verte et célèbre grâce à *Bernard Palissy*. ***Musée de la céramique*** *(ouvert t.l.j. 14 h 30-18 h 30, 1er juil.-30 sept. ; le reste de l'année, dim. et j. fériés).*

▷ Vénérand *par la D 233 au nord*

Fontaines gallo-romaines. Pour alimenter Saintes en eau potable, les Romains ont capté les sources de Vénérand et du Douhet. Les canalisations se rejoignaient dans le vallon de la Tonne. Un premier aqueduc souterrain et aérien captait une source à Fontcouverte. L'aqueduc traversait ensuite la Charente sur un pont de 400 m de long, qui a disparu. Un second aqueduc était uniquement souterrain. Il reste quelques vestiges de cet aqueduc, dans la campagne, aux environs immédiats de Saintes.

▶ Retour à *Saintes* par la N 150.

Le circuit roman

90 km / 1 j.

Ce circuit se propose de faire découvrir quelques-unes des plus belles églises saintongeaises, tout en incluant la visite d'un des joyaux de la région : le château de La Roche-Courbon. Cet itinéraire peut être combiné avec le circuit roman au départ de Royan (→). Il suffit pour cela, lorsqu'on est au carrefour des Croix-Blanches, de rejoindre soit Saint-Romain-de-Benêt et Corme-Écluse, soit l'abbaye de Sablonceaux.

▶ Sortir de *Saintes* par la N 137, direction *Rochefort*. ▶ *Saint-Porchaire*. Église romane du XIIe s., remaniée à l'époque gothique. Abside du XVIe s.

▷ Le château de la Roche-Courbon** *par la D 122. Ouverture 10 h-12 h/14 h 30-18 h 30 (17 h 30 en hiver); fermeture hebdomadaire le jeudi, du 15 sept. au 15 juin; fermeture annuelle 15 févr.-15 mars; visite guidée de 45 mn ☎ 46.95.60.10. Jardins, parc et grottes accessibles t.l.j. 9 h -12 h/14 h-18 h 30 (17 h 30 en hiver)*

C'est là un des hauts lieux de Saintonge. Le château, qui se dresse dans un cadre de verdure exceptionnel, fut bâti au XVes. et profondément modifié au XVIIe s. *Julien Viaud*, le futur *Pierre Loti*, venait passer là ses vacances, chez son beau-frère, percepteur des impôts à Saint-Porchaire. En se promenant dans la campagne environnante, il découvrit ce château abandonné qu'il surnomma aussitôt « le château de la Belle au bois dormant ». Dès 1908 il attire l'attention du public sur ce lieu oublié dans un article du Figaro. Cet appel va inciter son nouveau propriétaire, *Paul Chenereau*, à restaurer l'édifice et les jardins dès 1920. La réhabilitation du château sera confiée à l'architecte *Legube*, et celle des jardins au paysagiste *Duprat*. Le domaine, restauré, fut ouvert au public en 1932.

On accède au château par un beau portique classique, la ***porte des Lions***. Une allée conduit aux ***grottes du Bouil Bleu***. Cet endroit a livré un grand nombre d'objets du Paléolithique supérieur qui se trouvent au musée du château.

L'extérieur

Le château s'élève au fond d'une esplanade bordée de balustres. Un pont de pierre aboutit à une tour carrée d'aspect médiéval qui date du XVe s. C'est le donjon, qui abrite le ***musée de la Préhistoire***. On débouche ensuite dans la cour d'honneur ornée d'un vieux puits. La ***façade*** sur les jardins, flanquée de deux grandes tours rondes coiffées en poivrière, à l'allure très sévère, est empreinte de noblesse et d'équilibre. L'esprit classique est marqué par le large balcon supporté par des arcades qui animent cette façade. Cet ensemble fut ajouté au XVIIe s., ainsi que le balcon et l'escalier à double révolution qui descend vers le parc.

L'intérieur

Au ***rez-de-chaussée***, on découvre successivement la bibliothèque, un salon Louis XIII et surtout une ***salle de bains**** décorée de peintures du XVIIe s. Les murs lambrissés présentent trois rangées de panneaux peints illustrant la vie d'Hercule, mais aussi des paysages et des divinités mythologiques. La niche qui contient la baignoire est également lambrissée avec des petits panneaux figurant des scènes du Nouveau Testament. Très belle cheminée de bois sculpté. Le plafond est décoré d'une peinture centrale, l'Olympe, et de quatre médaillons symbolisant la Force, la Justice, la Vérité et l'Architecture. Depuis le vestibule Louis XVI on gagne trois salles qui conservent des plafonds du XVIIe s. et des cheminées de pierre. Dans la première ***salle Louis XIII***, remarquer une cheminée qui porte la devise des *Courbon* : « Fide. Fidelitate. Fortitudine » (Par la foi, par la fidélité, par le courage). La deuxième salle est une remarquable ***cuisine saintongeaise*** qui présente une belle collection de meubles et d'ustensiles de cuisine traditionnels. La dernière salle, ou ***salle des Chasses***, est décorée de tapisseries d'Aubusson.

Le ***premier étage***, que l'on atteint par un escalier à vis du XVe s., offre une chambre paysanne et une chambre au mobilier XVIIe et XVIIIe s.

Le ***deuxième étage*** est remarquable par la charpente de châtaignier des ***combles**** dans lesquels a été aménagée la chapelle.

Au *sous-sol*, salle des Gardes, voûtée en berceau.

Les jardins à la française

Ce magnifique domaine a été reconstitué par *Duprat* en 1932. Il s'est inspiré pour cela de tableaux de jardins du XVIIe s. Au pied du château sont installés un verger, un potager et un petit jardin bouquetier. S'étend ensuite une longue perspective à la française avec un parterre de gazon qui s'organise autour d'une fontaine. Une grande pièce d'eau en forme de T dont la barre s'inscrit entre deux pelouses, aboutit à un escalier d'eau flanqué de larges degrés. Commence alors une longue allée, percée dans la forêt, qui s'étire jusqu'à une colonne de marbre rose.

Plus au nord, des canaux dessinent de belles perspectives qui s'enfoncent au cœur des bois. Des affleurements rocheux couverts de yuccas introduisent une note de fantaisie au milieu de cette nature disciplinée. Ces beaux jardins réguliers sont cependant menacés car, posés sur les marais, les balustrades, les arbustes et même les allées auraient tendance à s'y enfoncer. Depuis une bonne dizaine d'années on tente de sauver l'ensemble en construisant toute une infrastructure de pieux et de planchers pour le soutenir.

▷ Pont-l'Abbé-d'Arnoult *par la N 137 et la D 18 à g.*

Ce bourg, autrefois fortifié, dont subsiste une porte flanquée de deux tours, est situé sur la petite rivière l'Arnoult.

L'*église Saint-Pierre*★ (XIIe et XIIIe s.) est un ancien prieuré, en partie conservé, attribué en 1067 à l'Abbaye-aux-Dames par *Geoffroy Martel*.

Surmontée d'un clocher du XVe s., l'église présente une *façade* romane dans sa partie basse, défigurée cependant par l'adjonction d'un tympan au portail central. Les parties hautes datent du XIIIe s. La division tripartite de cette façade est caractéristique de l'art roman saintongeais. Quatre massives colonnes cannelées, rudentées ou sculptées de feuilles imbriquées, soulignent la division de l'ensemble.

Le *portail central* comporte quatre voussures historiées. Des anges adorateurs, dans des médaillons, encadrent la main divine saisie dans un geste de bénédiction à l'intrados de l'arc. Sur la première voussure, d'autres anges célèbrent l'Agneau. Puis viennent les Vertus coiffées de heaumes pointus et armées de longs boucliers qui transpercent les Vices. La troisième voussure est ornée d'une série de saints ou de saintes dans des mandorles, qui précèdent, sur la quatrième voussure, le thème des Vierges sages et des Vierges folles.

Le *portail nord* illustre peut-être (la scène étant très abîmée) la libération de la fille du roi de Silène par saint Georges. Le *portail sud*, plus lisible, représente le supplice de saint Pierre crucifié la tête en bas (à comparer à Aulnay de Saintonge). Le décor sculpté de griffons, de personnages et de végétation exubérante envahit les chapiteaux et les piédroits entre les colonnes.

Au cimetière, *tombeau de René Caillié* , explorateur de Tombouctou (→ *encadré à Niort*). Derrière l'église, l'*atelier de Xaintonge (visite sur RV ☎ 46.97.00.37)*, installé dans un ancien atelier de tisserand, présente une superbe collection de coiffes et deux métiers à tisser du XVIIIe s., et retrace l'histoire de Pont-l'Abbé (photos, cartes).

Marché, le vendredi. Foire, le troisième lundi du mois.

▶ *Saint-Sulpice-d'Arnoult (D 117 et D 117e). Église* du Xe s. avec des adjonctions aux XIIIe, XIVe et XVe s. Juxtaposition d'un chevet roman et d'un chevet gothique.

▶ *L'Isleau. Donjon* roman du XIIe s. *(propriété privée)*, isolé sur une butte calcaire encerclée maintenant par le marais.

▶ *Sainte-Gemme (par la D 122)* possède une belle *église* du XIIe s. dont la façade est à deux étages avec un portail décoré de motifs végétaux et floraux. Fait rare en Saintonge, elle possède un narthex de belle facture. Dans les anciens bâtiments conventuels, un *musée* accueille les *vestiges* de l'ancien prieuré et une *exposition* sur la vie au XIXe s. (belle collection d'objets, d'outils, de jouets...).

▷ Corme-Royal★ *par la D 117 et la D 728 à l'est*

L'*église* , une des « perles de la Saintonge », est célèbre par sa façade ornée du XIIe s. Placée sous le vocable de saint Nazaire, elle dépendait de l'Abbaye-aux-Dames de Saintes.

La *façade* s'élève sur trois étages qui reprennent la division tripartite si courante dans la région. Le pignon a été refait au XVe s. en même temps que le clocher massif, typique lui aussi de la région (à comparer avec Saint-Eutrope et Saint-Pierre de Saintes). La *décoration*, abondante, est répartie sur les arcs des deux niveaux; l'ornementation géométrique et florale domine. Les colonnes principales du rez-de-chaussée se transforment en élégantes colonnes géminées au premier étage. Ces dernières sont surchargées de cannelures, de spirales et de motifs variés. Au sommet de la façade, un ange, qui tenait un objet aujourd'hui disparu, repose sur deux lions, scène difficilement interprétable. Les deux étages sont séparés par une frise de personnages couchés. Les modillons et la corniche haute s'ornent d'animaux et de rinceaux. Remarquer, sous la dernière petite colonne de l'angle nord, le *cul-de-lampe* qui représente la Pesée des Ames.

Sur la deuxième voussure du *portail central*, le Christ présente l'Évangile à des évêques et des abbés; au niveau inférieur figurent des anges adorateurs. Le *portail de gauche* représente la Visitation et celui de *droite*, les Saintes Femmes. Les reliefs, très abîmés par le salpêtre, sont difficilement reconnaissables.

A l'étage, sur l'arcade de gauche, deux guerriers dominent deux autres figures. Cette scène illustrerait le supplice de la roue de *sainte Catherine d'Alexandrie*; les guerriers seraient les persécuteurs. Cette partie a été très remaniée; un claveau manque et, de ce fait, les têtes des guerriers s'affrontent maladroitement. Au centre, l'arcade est consacrée à la parabole des Vierges sages et des Vierges folles. L'arcade de droite est, quant à elle, dédiée au combat des Vertus et des Vices. La scène est réduite à quatre Vertus, munies de hauts boucliers, afin d'établir une symétrie avec les quatre personnages de l'arcade de gauche.

L'*intérieur* a été presque entièrement refait à l'époque gothique. Remarquer une colonne dont l'imposant chapiteau roman représente le combat d'un griffon contre un quadrupède. Le *bénitier* est en fait un chapiteau de marbre renversé. Son décor, très mutilé, rappelle les sculptures byzantines du Ve au VIIe s. Il a peut-être été rapporté au temps des croisades.

Foire, le quatrième lundi du mois et le 25 août.

▶ Traverser la D 728 et, à 2,5 km, au *carrefour des Croix-Blanches*, prendre la D 142 en direction de *Pisany* : château du XVIIe s. ▶ *Thézac (4 km)*. L'église est remarquable pour son *clocher**. Au-dessus d'une base carrée nue, il comporte deux étages. Celui du bas est orné d'une arcature aux éléments assez étroits ; les arcs se poursuivent d'une face à l'autre par dessus les colonnes qui amortissent les angles. Chaque côté du deuxième étage est éclairé par trois fenêtres aux arcs soigneusement sculptés. ▶ *Meursac (par la D 127)* conserve de son ancien prieuré roman, l'*église Saint-Martin*, très modifiée à l'époque gothique. A noter quelques chapiteaux et modillons intéressants. Le clocher date du XVe s. A l'intérieur, *retables* baroques.

▷ Thaims *par la D 243e*

Ce bourg, situé sur la Seudre, a peut-être été le port antique de Tamnun, mais c'est une hypothèse très contestée. L'*église* actuelle, du XIIe s., possède certaines parties maçonnées beaucoup plus anciennes. Elle fut construite sur les restes d'une villa gallo-romaine dont subsistent la partie thermale sur le flanc gauche de la nef.

A l'*extérieur*, le chevet, très long, est orné d'une arcature supérieure très sobre. Il est surmonté d'un petit clocher polygonal.

A l'*intérieur* se développe une nef de deux travées suivie d'un transept, le tout voûté en berceau brisé. La croisée est couverte d'ogives. Le clocher, supporté par une coupole ovale sur arcs, repose sur la première des deux travées droites du chœur. L'abside, très sobrement ornée d'une arcature, date du XIIe s.

Le *décor* ne manque pas d'intérêt : l'arc d'entrée du chœur est supporté par des tailloirs et des impostes simplement gravés de nattes et d'oves qui pourraient dater de l'époque pré-romane. Les chapiteaux des travées droites du chœur, de la première moitié du XIIe s., reprennent les thèmes favoris de la Saintonge : chimères dévorant des hommes, animaux stylisés. Un chapiteau montre au centre un cavalier tirant à l'arc sur un lion qui se retourne. Dans les chapiteaux de l'hémicycle, on remarque *Daniel dans la Fosse aux lions* et *les Saintes Femmes au tombeau*.

A l'intérieur de l'église, un petit *musée lapidaire* conserve des éléments gallo-romains et carolingiens : plaque de calcaire représentant Epona, déesse protectrice des écuries, tenant un cheval par la bride. Bas-relief de marbre blanc qui montre le pressoir de Bacchus dont le levier est actionné par des Bacchantes.

▶ A *Montpellièr-de-Médillan*, église gothique qui a conservé quelques parties pré-romanes et romanes dont une *Adoration des Mages*.

▷ Rioux* *3 km E.*

L'*église Notre-Dame* date de la fin du XIIe s. Elle est classée, avec Rétaud, parmi les « églises baroques » de l'époque romane en Saintonge. Elles sont inséparables par la parenté de leurs célèbres chevets à pans décorés à profusion.

La *façade* se compose d'un portail à quatre voussures qui en occupe presque toute la largeur. Au-dessus, huit colonnettes ornées supportant des arcatures animent l'étage. A chaque angle de la façade une forte colonne s'élève d'un seul jet et reçoit la retombée de chacune des arcatures extrêmes. L'arcade centrale, légèrement plus haute et plus large, abrite une Vierge à l'Enfant dans une mandorle, autrefois portée par des anges. Belle corniche à modillons et, au dernier niveau, un grand fronton en appareil réticulé domine l'ensemble. Remarquer l'*ornementation* variée de cette façade : motifs géométriques, pointes de diamant, étoiles, fleurs stylisées, etc. Noter aussi le décor des huit colonnettes de l'étage. Le clocher est gothique. Une chapelle du XVe s. a été greffée sur le mur nord.

Le *chevet**** à cinq pans, flanqués à chaque angle d'une colonne qui va en s'amincissant vers le haut, est divisé en trois registres : la partie basse où le décor géométrique joue sur les différences d'appareil ; le niveau intermédiaire, percé de fenêtres aux voussures ciselées à l'extrême ; l'étage supérieur qui présente, sur chaque pan, quatre arcatures aveugles avec colonnettes annelées. Les modillons de la corniche font alterner figures humaines et monstres.

L'*intérieur*. La voûte de la nef a été refaite au XIXe s. Un cordon de dents de scie court le long des murs à la hauteur des tailloirs des colonnes engagées. L'abside semi-circulaire possède de curieuses colonnes à zigzags entre chaque fenêtre ; elles supportent les arcs en plein cintre qui encadrent les fenêtres. L'espace entre celles-ci est occupé par les blasons des seigneurs de Rioux du XVIe au XVIIIe s.

▶ Aux environs de Rioux, *Saint-Simon-de-Pellouaille* (*2,5 km S. par la D 248*). Son *église*, en partie romane, présente une façade inspirée de celle de Rioux.

▷ Rétaud* *5,5 km par la D 216*

C'est le bourg jumeau de Rioux. Ici aussi la richesse du décor sculpté du chevet est admirable.

La *façade* de l'*église Saint-Trojan* est partagée en deux niveaux seulement. Le rez-de-chaussée est fortement rythmé par quatre grosses colonnes engagées. Le portail central est encadré par deux arcatures aveugles en arc brisé. Au-dessus d'une belle corniche à modillons et à métopes, le pignon, remanié, est percé d'une seule ouverture étroite. Les murs latéraux à contreforts carrés présentent de minces ouvertures flanquées de colonnes dont les gracieux chapiteaux sont ornés de fins entrelacs. Le *clocher* octogonal, qui s'élève à la croisée du transept, date du XVe s.

Le *chevet**** est sensiblement différent de celui de Rioux. Il est composé de sept pans, deux courts de chaque côté, et trois longs formant l'abside. Comme à Rioux, chaque angle est amorti par une colonne qui va en s'amincissant vers le haut. Si le chevet est lui aussi divisé en trois niveaux, le décor est néanmoins plus simple qu'à Rioux. La partie basse offre le même appareil réticulé sur tous les pans; le deuxième niveau est celui des fenêtres surmontées d'arcades légèrement brisées. L'arcade centrale est plus haute que les autres : elle atteint presque l'étage supérieur. Le dernier niveau s'anime d'arcatures aveugles richement décorées. Le tout est surmonté d'une corniche à modillons et à métopes profondément ciselées.

L'intérieur offre un moindre intérêt. La nef date du XVe s. L'abside voûtée en cul-de-four reprend la disposition de Rioux. Les sujets des chapiteaux restent mystérieux. A noter, sur les murs, une *litre* seigneuriale assez abîmée.

▶ A 3 km de Rétaud, par la D 114, *manoir de Châtenet*, cimetière national et Monument aux victimes de Royan en 1945.
▶ De Rétaud, prendre la D 142 en direction de *Tesson*. Le village possède une petite *église* à la façade romane et aux sculptures gothiques. A l'intérieur, dans le bras droit du transept, *plaque mortuaire* de *Gui de Monconseil*, seigneur de Rioux et de Tesson.
▶ Prendre la D 6 jusqu'à *Thénac*. Église romane et gothique. ▶ A 2 km de là, le *site préhistorique de Peu Richard* a été découvert au XIXe s. par le *baron Eschassériaux*. Il s'agissait d'un camp entouré d'une série d'enceintes délimitant une vaste aire plus ou moins circulaire. L'ensemble a livré des silex et des poteries remontant au Néolithique moyen (environ 3 000 ans av. J.-C.).
▶ De Thénac, gagner *Chermignac*. L'église de ce village a un portail roman dont les voussures sont ornées d'animaux fantastiques. A côté, on peut encore voir une *croix hosannière*.
▶ Regagner *Saintes* par la D 129 qui débouche dans le *faubourg de Bellevue*.

La Charente

de Saintes à Saint-Savinien
40 km environ / 4 h

Cette flânerie fluviale de manoir en gentilhommière permet la découverte de paysages doux et lumineux qui attirèrent Corot, Courbet et Auguin le Saintongeais.

▶ Sortir de *Saintes* par la D 114 en direction de *Saint-Savinien*. ▶ *Port-Berteau*. Lieu de séjour de peintres paysagistes tels *Corot* ou *Courbet*. ▶ *Bussac (5 km)*. Ce nom viendrait du latin « buxus » : buis. Château des XVIe et XVIIe s. qui abrita *Blanche de Castille* au soir de la bataille de Taillebourg. ▶ *Saint-Vaize*. Un certain *Vasius*, riche Gallo-Romain qui vivait au Ve s. serait à l'origine du nom du village. Touché par la foi, il distribua les terres et affranchit ses esclaves. Il fut tué par l'un de ses parents et fut enterré au bord de la Charente. ▶ A environ 2 km du village, plus à l'est, on peut encore voir deux arcades de l'*aqueduc romain* qui alimentait Saintes. ▶ Au *lieu-dit Port-la-Pierre*, une usine de textile fabriqué à partir de fibres de genêts a fonctionné de 1920 à 1955.

▷ Taillebourg

Petite cité bâtie sur un rocher surplombant la vallée de la Charente. Son nom est immortalisé par une célèbre bataille (→ *encadré*). Cependant son origine remonte à la plus haute Antiquité, et une première bataille eut lieu à cet endroit en 808 au

La bataille de Taillebourg

Ce fut une étape décisive de la lutte entre les Capétiens et les Plantagenêts. Au début du XIIIe s., Saintes était aux mains des Lusignan, comtes de la Marche et comtes d'Angoulême, qui appartenaient au parti anglais. En mai 1242, le roi de France entreprend la guerre contre les Anglais et leurs alliés, les Lusignan. Le roi d'Angleterre, Henri III, débarque à Royan et établit son camp à Pons. Le 19 juillet 1242 les deux armées se font face de part et d'autre du pont de Taillebourg. Le 21 juillet, les Français franchissent le pont sans encombre. Henri III se retire à l'abri des murailles de Saintes où aura lieu le combat décisif, le 22 juillet.

La fameuse bataille de Taillebourg, fougueusement illustrée par Delacroix au siècle dernier, n'a donc pas véritablement existé. A Saintes, Saint Louis disloqua l'alliance entre Anglais et Lusignan et leur imposa le traité de Pons qui fixait les frontières de la Saintonge. Cette province devint alors l'apanage d'Alphonse de Poitiers, frère du roi de France.

Les moules perlières

Au XVIIIe s., époque d'activité intense pour Saint-Savinien, la Charente, très poissonneuse, faisait vivre toute une population de pêcheurs et de plongeurs qui allaient recueillir les «patagaux» ou moules perlières d'eau douce. Elles étaient très réputées et possédaient une «belle eau», c'est-à-dire une grande pureté. L'intendant de la Marine de Rochefort fit envoyer l'une d'entre elles au duc d'Orléans. Mais les revenus obtenus étant très aléatoires, cette activité fut abandonnée dès le milieu du XVIIIe s.

cours de laquelle les Sarrasins furent écrasés par *Charlemagne*.

Le *château* fut reconstruit au Moyen Age par la *famille de Rancon* qui lui donna le nom de «Rancogna». Il passa ensuite aux mains des *Parthenay*, des *Coëtivy* et des *La Trémoille*. La forteresse a accueilli des hôtes illustres : *Louis VII* et *Aliénor d'Aquitaine* au lendemain de leur mariage célébré à Bordeaux en 1137, *Louis IX* avant la bataille de Taillebourg, mais aussi *Jacques Cœur* et *Henri de Navarre* en 1596. La place forte, très disputée, a connu de nombreux troubles, en particulier pendant la Révolution. Incendié en 1822, il n'en subsiste plus que quelques bâtiments du XVIIIe s. et une tour d'angle à mâchicoulis du XVe s.

▶ Après Taillebourg, quitter la D 114 pour se rapprocher du fleuve. ***La Brossardière*** : logis du XVIIe s. qui appartenait aux *La Trémoille*.

▷ Saint-Savinien *D 114*

Petite cité pittoresque qui domine la Charente. Les maisons précédées de jardinets sont blotties dans un méandre du fleuve.

Saint-Savinien existait déjà à l'époque romaine. Le site fut un enjeu important lors des invasions normandes. Mais le plein essor de la ville remonte au XVIIIe s. C'était un port actif, car la Charente était sillonnée par les bateaux et les gabares qui transportaient, depuis Angoulême et jusqu'à Rochefort et La Rochelle, le bois, les vins et eaux-de-vie, et surtout la belle pierre de taille à grain très fin des carrières locales. Les gabares étaient parfois si lourdement chargées de pierres qu'elles sombraient au fond de la Charente. Cette activité fut définitivement abandonnée en 1930.

L'***église***, édifiée aux XIIIe et XIVe s., a succédé à un édifice plus ancien révélé par des fouilles en 1951. Elle est dominée par un *clocher* haut et massif surmonté d'une mince flèche, dont l'angle sud est pourvu d'une échauguette. Ce clocher a servi de poste d'observation. Il a été construit par les *Plantagenêts* ce qui explique son allure britannique. La façade comporte un rez-de-chaussée avec un grand portail à cinq voussures, encadré par deux baies aveugles, et un premier étage dont trois baies à deux voussures occupent toute la largeur. Remarquer les corniches à modillons qui séparent les étages. Les quatorze ***modillons*** de la corniche supérieure présentent tous des masques humains grotesques ; sur ceux de la deuxième corniche on distingue, entre autres, une chouette tenant un mulot dans ses serres, une tête de femme couronnée et un homme à moustaches gauloises. A l'***intérieur***, la nef unique est divisée en trois travées voûtées en ogives.

Le château de la Cave. Ancien ouvrage fortifié construit pour résister aux Normands qui remontaient la Charente vers Saintes. Il était autrefois entouré par le fleuve. On y accède par une route taillée dans le roc. Très abîmé, il garde cependant de son enceinte primitive, une tour avec poivrière, trois autres tours ruinées et une échauguette.

Le couvent des Augustins. Cet ordre, fondé en 1256, a dû s'établir à Saint-Savinien à la fin du XIIIe s. Le couvent, de fondation royale, connut un très grand essor jusqu'aux guerres de Religion. En 1568, les calvinistes s'en emparèrent. Si la plupart des moines parvinrent à s'enfuir, huit d'entre eux furent massacrés ; les registres furent incendiés et les bâtiments ruinés. Les protestants occupèrent les lieux jusqu'en 1624, date à laquelle un arrêt de la cour de Bordeaux les obligea à rendre le couvent à l'ordre des Augustins. Il ne retrouva pourtant pas sa gloire passée et, à la Révolution, l'ensemble fut vendu comme bien national. Des bâtiments actuels, la ***chapelle***, utilisée comme salle de concerts (festival de Saint-Savinien), possède encore une très belle ***porte***.

La grande curiosité de Saint-Savinien, ce sont ses ***carrières**** qui forment un véritable labyrinthe. Elle furent largement exploitées jusqu'au XIXe s. La pierre, très renommée, était exportée un peu partout en Europe. La pierre de Saint-Savinien a servi à la construction des églises d'Anvers et de Gand, et en partie à celle de la cathédrale de Cologne, ainsi que pour les quais de Londres. Certaines carrières encore en activité alimentent les chantiers de restauration des Monuments Historiques, mais une bonne partie a été transformée en champignonnières. La visite est guidée compte tenu de la complexité des galeries : de l'entrée, on peut marcher sur près de 2 km en tous sens, sous une voûte soutenue par des milliers de piliers irréguliers ; à mi-chemin, coulent les eaux pétrifiantes de la ***Fontaine brillante***.

Croisières fluviales au départ de Saint-Savinien. Embarcadère sur le canal, derrière la piscine. Base nautique aménagée dans la boucle de la Charente (piscine, plan d'eau, jardin). Ile de la Grenouillette, *port miniature* pour les enfants *(juil.-août t.l.j.; mars-déc. dim. et jours fériés, ouverture 14 h ☎ 46.90.14.67)* qui leur propose de naviguer à bord de répliques de cargo, de chalutier ou de vapeur du Mississippi.

▷ Crazannes *par la D 18 et la D 119*

Cette petite commune, bâtie sur une colline de la rive gauche de la Charente, est elle aussi réputée pour ses *carrières* de pierre qui ont servi à l'édification de la plupart des monuments de Saintes à l'époque classique, ainsi qu'à la construction du château de La Roche-Courbon et du château de Crazannes.

Le *château (visite guidée juil.-août t.l.j. mars-oct. les sam., dim. et jours fériés 14 h-18 h ☎ 46.90.15.94)*. Il a appartenu à la famille des *sires de Tonnay-Charente* et il est toujours resté la propriété des plus anciennes familles saintongeaises. Au XVIIIe s., il abrita la résidence estivale des évêques de Saintes, et *monseigneur Pierre Louis de La Rochefoucauld*, assassiné aux Carmes en 1792, y séjourna.

Du château primitif du XIe s. ne subsiste que la *chapelle* romane surmontée d'un petit clocher pignon. Le chœur est du XVe s. Quant au château actuel, il fut élevé au XVe s. Il comprend un donjon et un logis seigneurial flanqué d'une grosse tour ronde à mâchicoulis. La *façade Nord* est sculptée dans le style flamboyant avec une belle *porte*★ d'entrée très ouvragée. A l'intérieur, on remarque surtout de belles *boiseries* du XVIIe s.

La commune possède une autre *église*, datant de 1871.

▷ Le château de Panloy *par la D 128; ne se visite pas*

Il est situé sur le territoire de la commune de Port-d'Envaux, en bordure de la Charente.

C'est un très bel exemple de l'architecture du XVIIIe s. Il fut construit de 1770 à 1773 par le *baron Michel de Saint-Dizant*, colonel d'infanterie, pour recevoir fastueusement le *maréchal de Richelieu* qui n'y vint jamais. Il est formé d'un corps de logis qui s'étend entre deux pavillons de style Renaissance, vestiges d'un précédent château. Dans le parc se trouve un important *pigeonnier* qui date de 1620.

▶ *Port-d'Envaux.* Du temps où les transports fluviaux avaient leur importance, Port-d'Envaux connut une époque florissante. Il en reste des quais quasiment déserts et une grande impression de nostalgie. Au bord de la Charente, quelques belles et nobles maisons subsistent encore. Sur la *place de la Marine*, une plaque énumère tous les bateaux importants autrefois attachés au port.

▶ *Saint-Saturnin-de-Sénéchaud* possède une *église* qui présente une abside et des murs du XIIe s. et une façade de style flamboyant. Juste en face, *logis de la Prévôté*, des XVe et XVIe s. et, derrière l'église, l'*ancien prieuré* est entouré d'un haut mur.

▶ *Saint-James (2 km de Port-d'Envaux).* Emprunter la route de Taillebourg. On côtoie la chaussée construite par les Romains pour lutter contre les inondations. C'est une route surélevée avec des arches, qui se développe sur une longueur de 1 240 m.

Elle fut empruntée par *Saint Louis* en 1242 au moment de la bataille de Taillebourg. Restaurée au XVIIe s, elle est encore utilisable en cas d'inondations.

▶ *Saint-Thomas* était un autre de ces petits ports de la batellerie.

▶ Avant de regagner *Saintes*, prendre à gauche en direction du fleuve pour aller jeter un coup d'œil au *manoir de Courbiac*, ancienne gentilhommière du XVIIe s. qui a appartenu au lieutenant du Présidial de Saintes, *Raymond de Montaigne*, sieur de Courbiac et petit-neveu de l'illustre auteur des *Essais*. Ce manoir fut également la propriété de *Dangibeaud (→ musée de l'Échevinage, à Saintes)*.

La Saintonge

Héritière du pays des Santons, la Saintonge puise ses racines dans l'Antiquité gauloise et romaine. Bien délimitée au sud, où l'estuaire de la Gironde, vraie mer intérieure, les marais de Saint-Ciers et de vastes étendues de landes et de bois la séparent du Bordelais, elle s'individualise moins facilement dans l'ensemble charentais : mêmes zones basses à l'ouest, mêmes collines à l'est, qui rendent peu lisible la frontière avec l'Aunis et l'Angoumois. Dans l'histoire aussi les limites s'inscrivent avec hésitation : la Saintonge d'Ancien Régime remontait jusqu'à la Sèvre Niortaise, séparant le Haut Poitou de l'Aunis, cependant qu'Aulnay, aujourd'hui de Saintonge, relevait de l'espace poitevin.

La terre

Comme l'Aunis, la Saintonge est un pays à la fois terrien et maritime, l'île d'Oléron prolongeant au large les paysages continentaux.

A l'ouest, les marais étendent leurs horizons plats et mélancoliques au bord de l'océan, mondes de solitude qui prennent par endroits des airs de rizières, avec les bassins des « claires » (→ Marennes). Si l'on retrouve des marais contre la Gironde, c'est surtout la forêt qui donne sa personnalité au sud de la Saintonge dans l'ensemble poitevin et charentais. Le pin a colonisé l'ouest de l'île d'Oléron, la presqu'île d'Arvert et la Haute Saintonge (→), donnant à toutes ces régions un air méridional. A l'ouest d'une ligne Saintes-Jonzac, les bois saintongeais constituent un pays de transition associant des bouquets forestiers à de vastes aires découvertes vouées aux champs et à la vigne. Celle-ci se fait de plus en plus présente quand arrive le terroir des champagnes et ses coteaux couverts des célèbres vignobles de cognac. Au nord de la Charente, la Saintonge s'insinue entre l'Aunis et le Poitou, offrant des paysages que rappellent ceux des plaines de ces deux provinces.

Comme l'Angoumois, la Saintonge trouve son unité et son charme dans la présence des verdoyantes vallées, creusées par les cours d'eau dans les plateaux calcaires. Même s'il est courant de distinguer les sols froids (comme ceux des Bois) et chauds (des Champagnes), la marque de l'océan est sensible partout et donne au climat cette douceur particulière. L'île d'Oléron est célèbre pour ses mimosas, fêtés en février à Saint-Trojan ; la côte offre le spectacle de ses tamaris, et les espaces encore sauvages des champagnes permettent de voir des romarins et d'entendre des cigales.

Les hommes

Les privilèges climatiques dont jouit la Saintonge ont permis aux bâtisseurs de couvrir les maisons de toits de tuiles à faibles pentes. Pour profiter pleinement de l'ensoleillement, ils les ont aussi ouvertes sur le midi et n'ont réservé aux vents et pluies de l'ouest qu'un mur aveugle. Le souci de s'adapter à l'environnement s'est aussi traduit par la construction de nombreux puits en pierre que surmonte une armature en fer forgé. Basse à Oléron et sur la côte, la maison traditionnelle possède un étage à l'intérieur, les besoins en place du vigneron et de l'agriculteur n'étant pas les mêmes que ceux du pêcheur.

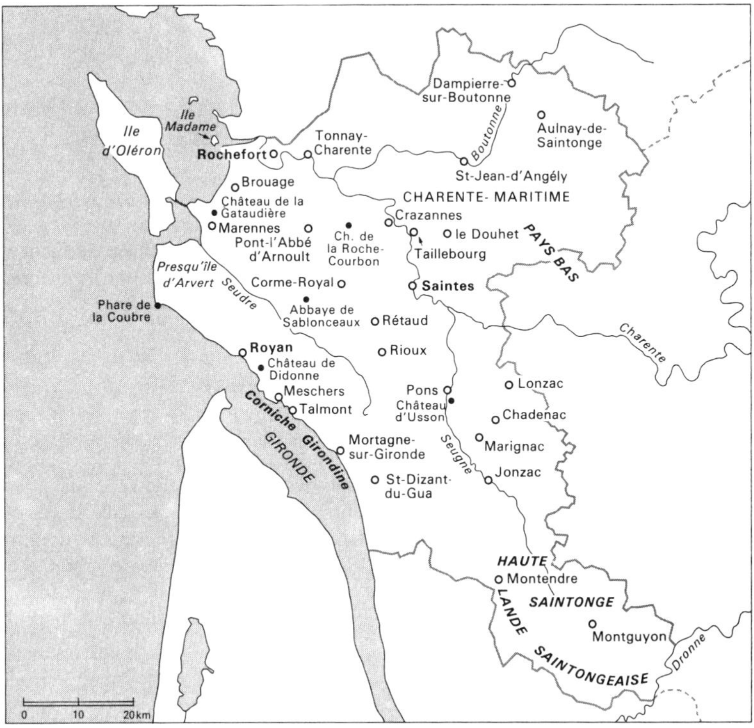

La Saintonge

Mais plus que par l'habitat, c'est, comme en Angoumois, par l'organisation sociale que s'affirme la personnalité du pays saintongeais, alliant, en un subtil dosage, individualisme et solidarité. Le premier s'exprime par les « écarts » : hameaux et fermes isolées qui portent assez souvent (plus de 150 cas) le nom du premier occupant, précédé de « Chez » (Chez-Travet, Chez-Robert, Chez-Trébuchet, etc.). Très nombreux, ces écarts abritent la plus grande partie des habitants des communes rurales. Comme l'écrivait Chardonne : « Les paysans charentais sont des seigneurs. » Mais la sociabilité n'en est pas absente pour autant. Le sentiment d'appartenance au groupe s'exprime à travers la vie festive. Jadis, les fêtes familiales, de même que les enterrements, rassemblaient des foules importantes, tout comme les nombreux marchés et foires qui rythment toujours la vie des campagnes et des petites villes. Pineau, volailles, marrons..., chaque produit a son marché. Mais la grande manifestation de la solidarité villageoise reste la frairie, la fête communale qui se termine le plus souvent par un bal.

La Seudre

→ *Marennes*

La Sèvre Niortaise

→ *Le Marais poitevin, Niort*

Surgères

34-B1, 2 / R 107 / V 39
6 500 habitants / ✉ 17700
ℹ place des Martyrs-de-la-Résistance ☎ 46.07.20.22
SNCF ☎ 46.07.00.69

Connue pour son beurre et sa coopérative laitière, qui fut la première de France, la ville d'Hélène de Surgères, l'égérie de Ronsard, est établie sur une éminence, dans une boucle de la Gères, qui a donné son nom à la ville.

La ville dans l'histoire

Grâce à un verrou de terres sèches non inondables, on pouvait de ce lieu surveiller les marais et contrôler l'accès à l'intérieur des terres. Ce point stratégique fut d'une importance essentielle lors des invasions et, à la fin de l'époque carolingienne, une citée fut créée, sans doute autour d'un château. La ville se développa, tout comme la citadelle qui fut alors entourée d'une puissante enceinte fortifiée, jalonnée de vingt tours. En 1471, Louis XI fit raser les remparts. Au XVIe siècle, sur ordre de Charles de Fonsèque, le frère d'Hélène (→ encadré), l'enceinte fut relevée ; c'est à cette époque que furent édifiés le castelet et le portail Renaissance aux colonnes toscanes.

Devenue ensuite propriété de La Rochefoucauld, le château accueillit Louis XIII et Richelieu au début du siège de La Rochelle.

Il faut attendre 1888 pour que l'Histoire retienne le nom de Surgères ; c'est en effet à cette date que fut créée, par Eugène Biraud (→ encadré), la laiterie coopérative de Charente.

Devenue un centre important de production laitière, Surgères accueille l'École nationale de la laiterie. Complétée en 1982 par un Institut technique des productions laitières caprines, cette école, qui devint l'École nationale des Industries laitières et des Industries agro-alimentaires, marqua la volonté d'ouverture de la région sur les techniques agricoles du futur. Avec quatre laboratoires, les établissements surgérois représentent un pôle technologique important de dimension européenne.

Visite de la ville

2 h

L'essentiel de la visite de la ville se concentre autour du site historique et architectural du château, vaste ensemble seigneurial, et de l'église romane.

▷ Le château*

Le site est ceinturé par une enceinte fortifiée de 600 m, flanquée de 20 *tours* dissemblables. Un *castelet* du XVIe s. donne accès à un parc ombragé.

▷ L'église Notre-Dame

Cette église possède une *façade** romane de style typiquement saintongeais, sans que l'on puisse la dater avec précision (sans doute du XIIe s.). Elle enthousiasma *Mérimée* : « Surgères est, à mon avis, ce qu'il y a de plus beau en Saintonge... Bien que blasé, j'ai trouvé à m'extasier de son église ». Malheureusement, une restauration excessive l'a quelque peu dénaturée.

Flanqués aux angles de puissants faisceaux de colonnes, ses deux étages sont surmontés chacun d'une corniche supportée par des modillons. Au rez-de-chaussée, la porte centrale est entourée de trois arcades aveugles richement décorées. A l'étage, la disposition des arcatures est dissymétrique. De part et d'autre de la fenêtre, deux petites arcades abritent deux figures équestres en haut relief. La grande arcade de gauche encadrait certainement une autre statue équestre, mais plus grande. Le carré du transept est surmonté d'un *clocher* composé de seize massifs de colonnettes encadrant des ouvertures très allongées, mais le couronnement a été remanié au XIXe s.

A l'*intérieur*, les piliers et les voûtes gothiques de la nef sont de la fin du XVIe s.; tout le reste est roman. On remarque la belle ordonnance de l'*abside*, dont les cinq fenêtres à colonnettes sont encadrées par cinq grands arcs de décharge reposant sur des colonnes. Dans la *crypte*, où subsistent des restes de fresques, noter l'autel du XIIe s. et le caveau des barons de Surgères.

▶ Derrière l'église, l'*ancienne Intendance*, qui abrite des services socio-culturels dont la bibliothèque, est un bâtiment de style classique (XVIIe ou XVIIIe s.). ▶ Un beau *portique** Renaissance à triple ouverture donne accès à un jardin public entourant la mairie. Celle-ci est installée dans le *logis seigneurial* du XVIIe s. qui a remplacé le donjon médiéval dont subsiste seulement une tour ronde isolée. ▶ A l'est du château, dans le *quartier Saint-Gilles*, un mur d'enceinte du XIe s. et les ruines d'une chapelle du XVIe s. sont les seuls restes d'un hospice fondé au XIe s. et qui resta actif pendant 750 ans. ▶ Au sud du château, avenue Saint-Pierre, le *musée d'Histoire naturelle* *(t.l.j., juin-sept. ☎ 46.07.00.84)* présente une riche collection de papillons et d'insectes de la région et du monde entier. C'est également un centre d'élevage des papillons, insectes et vers à soie. On y trouvera aussi de nombreux minéraux, cristaux, coquillages et vestiges préhistoriques.

Hélène de Surgères

«Quand vous serez bien vieille, au soir, à la chandelle,
Assise auprès du feu, dévidant et filant,
Direz, chantant mes vers et vous émerveillant,
Ronsard me célébrait, du temps que j'étais belle [...]».

Immortalisée par les sonnets de Ronsard, la belle Hélène de Surgères (1546-1618) fut courtisée par tous les poètes de la Pléiade. Elle appartenait à cet «escadron volant» de jeunes femmes que Catherine de Médicis avait constitué afin de favoriser ses manœuvres politiques par le biais d'aventures et d'intrigues amoureuses. Hélène cependant conserva sa réputation en repoussant les avances de tous ses prétendants, notamment de Ronsard, peut-être par fidélité à la mémoire de son fiancé disparu.

Orgueilleuse et pédante, elle ne se fit pas que des amis à la cour, où elle resta vingt-trois ans (de 1566 à 1589). Ronsard lui-même finit par écrire : «C'est un grand malheur de servir une maîtresse qui n'a ni jugement ni raison en poésie.» Il est vrai qu'elle avait critiqué ses vers.

Ayant quitté la cour et ses mœurs dissolues, Hélène revint à Surgères où elle vécut jusqu'à la fin de ses jours.

La plaine d'Aunis

95 km / 1 j.

Limitée par la forêt de Benon, seul héritage des bois qui couvraient autrefois la région, la plaine d'Aunis aligne ses amples surfaces jurassiques jusqu'aux vallonnements annonçant, à l'est, la vallée de la Boutonne.

▶ Partir de *Surgères* par la D 115 vers Vouhé.

▶ A *Vouhé* l'on trouvera une *église* romane avec d'intéressants chapiteaux. ▶ A *Poléon* *(5 km E.de Vouhé)* : château du XVIIe s. ▶ On pénètre alors dans les belles hêtraies et chêneraies da la *forêt de Benon* *(B 1429 Est)*, jadis fief des Chouans. ▶ Passer par *La Laigne* qui possède une église romane.

▶ Poursuivre la D 114 jusqu'à *Courçon*, à la lisière de la forêt. Ce village, qui est l'une des portes du Marais poitevin, possède une église romane fortifiée qui a été remaniée à l'époque gothique et très restaurée au XIXe s. ▶ De Courçon, prendre la D 116e pour rejoindre la N 11 que l'on traversera pour atteindre *Saint-Sauveur-d'Aunis* : église à large façade en pignon. ▶ A *Bouhet* *(5 km S. de Saint-Sauveur par D 207)* : chapelle romane, ancienne priorale, qui conserve des chapiteaux d'un style élégant. ▶ De Bouhet, prendre la D 116 au sud, puis la D 112 (à l'ouest) qui conduit à *Aigrefeuille-d'Aunis* : église romane et gothique très restaurée. ▶ La D 112, au sud-est, mène à l'église de *Landrais* (XIVe s.) qui présente un retable en pierre sculptée peinte. ▶ Poursuivre la D 112, puis la D 117 jusqu'à *Muron* *(→ pays rochefortais)*.

▶ A *Genouillé* *(3,5 km E. de Muron)*,

on trouvera une église romane du XIIe s. de voûtes angevines avec un campanile et, à l'intérieur, un « litre funéraire ».

▶ L'église de *Vandré (5 km N. de Genouillé)* est dotée d'une façade ornée d'une grande porte encadrée de chaque côté par une fausse porte, d'arcs polylobés et d'un lion stylite. Voûtes angevines aux nervures décorées. Sur les vitraux du chœur, des armes rappellent que Vandré fut une seigneurie appartenant à *Joachim Poussard* (grand-père maternel d'*Éléonore d'Olbreuse*, duchesse de Brunswick et aïeule de nombreuses familles régnantes d'Europe). Elle n'est pas sans rappeler celle de Genouillé, mais avec un clocher carré (au lieu du campanile) et une abside en cul-de-four (au lieu du transept rectangulaire).

▶ *Breuil-la-Réorte (7,5 km N.-E. de Vandré)* possède une église en partie gothique qui se dresse isolée sur une colline en plein milieu des champs : beau *panorama*. La façade est du XVIIe s. A l'intérieur, intéressantes *peintures murales* du XIVe s.

▶ Regagner Surgères en passant par *Saint-Mard* dont l'église, du XIIe s., présente elle aussi des peintures murales qui proviennent de l'ancienne église de Charentenay.

Le beurre de Surgères

Après la catastrophe du phylloxéra beaucoup de viticulteurs se transformèrent en producteurs de fourrage et en éleveurs.

Pour lutter contre la politique d'achat du lait à bas prix des industriels, un paysan de Chaillé (commune voisine de Surgères) créa, en 1888, une coopérative laitière sur le modèle des fruitières du Jura. Très vite celle-ci fit école. De nombreuses autres coopératives virent le jour et se regroupèrent au sein de l'association centrale des laiteries coopératives des Charentes et du Poitou. Cet organisme fut à l'origine de la première appellation d'origine contrôlée française en matière de beurre, avec le célèbre « beurre de Charentes-Poitou. »

Talmont★★

⟶ *corniche de la Gironde*

Thouars et la vallée du Thouet★

22-B2 et 23-BC3 / R 107 / V 33
12 600 habitants / ☒ 79100
ℹ place Saint-Médard ☎ 49.66.17.65
SNCF ☎ 49.66.00.13

Bâtie sur un promontoire enchâssé dans une boucle du Thouet, Thouars, la patrie des ducs de La Trémoïlle, dominé par son château, offre un dédale pittoresque de ruelles bordés de vieilles maisons aux toits de tuiles romanes et d'ardoises angevines.

Aux confins de quatre régions (Anjou, Vendée, Haut-Poitou et Touraine), la citadelle du Thouet fut de tous temps, par sa position stratégique, un lieu convoité.

La ville dans l'histoire

« Tudae arx » (la citadelle du Thouet) fut sans doute une place gallo-romaine ; mais son entrée dans l'histoire ne se situa qu'en 762, année au cours de laquelle Pépin le Bref la prit d'assaut et la dévasta.

Au milieu du XIIe siècle, Henri II d'Angleterre s'empara de la cité et rasa le château, qui fut reconstruit dès 1188. Les puissants vicomtes de Thouars demeurèrent presque toujours fidèles aux rois d'Angleterre dans leur lutte contre les rois de France, malgré la prise de la ville par Philippe Auguste en 1204. En 1372, après un siège soutenu avec vigueur par Amaury de Craon, Du Guesclin arracha Thouars aux Anglais. La seigneurie passa ensuite entre les mains de la maison d'Amboise, qui la céda au roi Louis XI, en 1462, au détriment des La Trémoïlle, ses héritiers légitimes. Mais Charles VII restitua la ville à Louis Ier, père de Louis II de La Trémoïlle, le « chevalier sans reproche ». Duché en 1567, le fief fut érigé en pairie en 1594. Thouars avait embrassé la Réforme : à la révocation de l'édit de Nantes, elle perdit la moitié de sa population.

Le 5 mai 1793, les Vendéens enlevèrent la ville, considérée comme la clé de l'Anjou et du Poitou à la suite d'un brillant assaut où se distingua La Rochejaquelein. En 1822, le général Berton y assembla ses partisans bonapartistes et républicains, avant de marcher sur Saumur où échoua sa conspiration.

La ville aujourd'hui

Ville importante du Haut-Poitou par le chiffre de sa population, Thouars demeure, au cœur d'un ensemble de régions restées profondément rurales, une place de commerce. Au début de ce siècle, elle connut une prospérité éphémère, née des ateliers de la Compagnie de l'État qui employaient près de 1 000 ouvriers : la voie ferrée de Paris à Bordeaux la desservait en effet, mais l'électrification de la ligne Tours-Poitiers signa son déclin. En 1964, fut décidée la création d'une zone industrielle : aux activités traditionnelles (confection, meunerie, conserveries de champignons) et à celles liées à la fonction agricole (aliments pour le bétail, machines-outils) se sont ajoutées la fabrication de pièces d'avion, de freins, de produits pharmaceutiques, d'emballages en bois, ce qui provoqua une forte expansion urbaine entraînant la naissance d'une industrie du bâtiment.

Visite de la ville

🄿 *place Lavault / 2 h*

C'est en arrivant par le sud, après avoir franchi le pont Neuf, que l'on aura le meilleur point de vue sur le site de la ville.

▶ Partir de la vaste *place Lavault* pour se rendre *place du Boël* où l'on prendra la *rue Porte-au-Prévost* qui conduit à la porte fortifiée du même nom. Flanquée de deux tours, cette puissante construction rectangulaire, haute de 40 m, date du XIIIe s. C'est par cette porte que *Du Guesclin* entra dans la ville lors du siège de 1372. ▶ *Rue du Président-Tyndo*, l'hôtel éponyme date du XVe s. Siège du centre socio-culturel de Thouars, ce bel édifice tire sa personnalité de sa tour-escalier pentagonale. Il a été édifié pour le *sénéchal Tyndo*, conseiller de Louis XI et président du parlement de Bordeaux qui joua un rôle essentiel dans la cession de Thouars au roi. ▶ Au bout de la rue, on verra la *tour du Prince de Galles* (XIIIe s.), appelée aussi tour Fringall ou tour de Grainetière. Elle servit autrefois d'entrepôt et de prison. ▶ Prendre la *rue Saugé*, que bordent de vieilles maisons, la *place des Cordeliers*, qui garde le mur de chevet de l'ancienne église des cordeliers, et la rue du Grenier-à-Sel.

▷ L'église Saint-Médard*

Elle se dresse au bord d'un carrefour bordé de vieilles maisons. Elle a conservé les murs extérieurs d'un édifice du XIIe s. à trois nefs ; celles-ci ont été transformées, au XVe s., en un large vaisseau unique dont les voûtes furent contrebutées par des contreforts intérieurs.

Bien que très restaurée en 1870, la *façade occidentale*** présente tous les caractères de l'architecture poitevine en dépit de la rosace gothique dont elle est ornée. Son *portail central**, sans tympan, comporte quatre voussures en cintre brisé, décorées de palmettes et de figurines (les Évangélistes, l'Entrée à Jérusalem, l'Ascension et les vieillards de l'Apocalypse), et reposant sur des colonnettes aux curieux chapiteaux (supplices infligés aux différents vices) ; au-dessus trône le Christ en majesté, entouré de huit anges adorateurs. Les arcades latérales et les galeries arcaturées, avec statues d'apôtres, qui les surmontent, sont du XIXe s. La façade, percée d'une rose du XVe s., est flanquée à gauche d'une tour carrée de même époque, munie d'une échauguette octogone. Près de la tour, sur le flanc nord, s'ouvre une porte romane en arc brisé et outrepassé, polylobée, dont le dessin n'est peut-être pas sans rapport avec les expéditions espagnoles des vicomtes de Thouars.

La *nef* unique, de six travées, se termine par un chevet plat percé d'une vaste baie (à la voûte, clefs armoriées). S'ouvrant à gauche, sur la nef, la *chapelle Saint-Louis* a été élevée en 1510 par *Gabrielle de Bourbon*, femme de Louis II de La Trémoïlle. Un passage biais, percé derrière une pile de la nef, fait communiquer cette chapelle avec le chœur.

Au fond de la chapelle Saint-Louis, une porte basse donne accès à l'ancienne chapelle du Saint-Sépulcre (1480).

▶ La *rue du Château*, jadis principale artère de la ville avec la rue Saint-Médard, conserve de belles demeures à croisillons de bois, en encorbellement et avec des pignons. Près de l'église, noter le *Syndicat d'initiative* (maison de briques à pans de bois) et, sur la droite, au n° 11, l'*hôtel des Trois-Rois* (allusions aux rois mages) qui présente un avant-corps massif ; cet immeuble du XVe s. servit de résidence à *Louis XI*. ▶ Prolongeant celle du Château, la rue Porte-Maillot mène au *pont Neuf* (1850) d'où l'on jouit d'un très beau point de vue sur la vieille ville, le château, et le *pont des Chouans* (XVe s.) sur lequel veillait la porte Maillot dont il ne reste que l'arc en ogive du passage. ▶ Gagner le château par la rue des Martyrs-de-la-Résistance qui permet de voir l'*Orangerie* récemment restaurée.

Louis II de la Trémoïlle

Héritière, par mariage, de la maison d'Amboise, la famille des La Trémoïlle n'entra pas tout de suite en possession de la seigneurie de Thouars, confisquée par Louis XI. Ce fut Charles VIII qui la lui restitua, en 1489, pour récompenser Louis II de La Trémoïlle d'avoir mis fin à la Guerre Folle par la victoire de Saint-Aubin du Cormier.

Personnage marquant de son époque, il se distingua par la suite lors de la bataille Fornoue (1495) et conquit le Milanais. Nommé gouverneur de Bourgogne, il battit les Vénitiens à Agnadel, participa à la bataille de Marignan, défendit la Picardie (en 1521) avant de trouver la mort à Pavie.

Il fut inhumé aux côtés de son épouse (Gabrielle de Bourbon) dans la collégiale du château. Reconstruit au XVIIe s. par Marie de la Tour d'Auvergne, épouse d'Henri III de La Trémoïlle, celui-ci est resté dans les mains de la famille jusqu'à la Révolution.

A ne pas manquer

Thouars : l'église Saint-Médard, les maisons anciennes et la vue depuis le pont Neuf.
Le château d'Oiron.
L'église de Saint-Jouin de Marnes.

▷ Le château des ducs de la Trémoïlle★ *ne se visite pas, seule la galerie entourant la cour d'honneur est accessible au public pendant les vacances scolaires*

Aujourd'hui occupé par un lycée, il domine à l'est le contrefort abrupt que contourne le Thouet, à l'emplacement de l'ancienne forteresse féodale. Rasée au XVIe s., celle-ci fut remplacée, à partir de 1635, par l'édifice actuel, élevé par *Marie de la Tour*, épouse de Henri II de La Trémoïlle et sœur de Turenne.

C'est un grand corps de logis, d'un rigoureux classicisme, flanqué de quatre pavillons et assis sur un amphithéâtre de terrasses que relient entre elles de vastes escaliers. Un portique entoure la cour sur trois côtés ; à l'est, un grand escalier à balustres de marbre jaspé donne accès aux pièces de réception, en surplomb sur le Thouet. Sous le château se superposent plusieurs étages de salles voûtées et de souterrains.

▷ La Sainte-Chapelle★ *ne se visite pas*

Contiguë au pavillon nord du château, elle présente l'élégance italienne des constructions de la Renaissance particulières aux pays de la Loire. Elle recouvre plusieurs cryptes dont l'une abrite les sépultures de la famille de La Trémoïlle. *André Amy* l'éleva, entre 1503 et 1514, à la demande de *Gabrielle de Bourbon*, femme de Louis II de La Trémoïlle.

La ***façade****, très élégante, présente, au-dessus d'une porte en anse de panier, une grande fenêtre qu'encadre une arcade sous une gracieuse galerie de la Renaissance. De la ***terrasse*** voisine on admirera le ***site**** de la ville où se dessine, à gauche, le clocher carré de Saint-Médard ; en contrebas, la cascade des maisons descend vers les jardins en terrasse ; à vos pieds, deux ponts franchissent le Thouet : le plus proche, celui du XIVe s., était protégé par l'appareil militaire de la porte Maillot *(→ ci-dessus)*.
▶ Prendre la rue de La Trémoïlle et tourner à gauche, dans la ***rue Barré*** qui mène au ***musée***. Installé dans un pavillon néo-Renaissance, celui-ci évoque l'histoire locale et abrite de belles collections de porcelaines et faïences. ▶ Revenir rue de La Trémoïlle puis prendre, à nouveau à gauche, celle de l'Hôtel-de-Ville qui mène à la ***mairie***, installée dans l'ancien couvent, restauré, des génovéfains (XVIIe s.) dont faisait aussi partie l'église Saint-Laon, située derrière.

▷ L'église Saint-Laon

Son principal attrait est le très beau ***clocher**** roman carré qu'agrémentent deux étages d'arcatures à chapiteaux. A l'origine c'était l'église d'une abbaye bénédictine fondée au XIe s., devenue par la suite d'une communauté canoniale. Profondément remaniée au XVe s., elle a conservé de la construction primitive la croisée du transept, les deux premières travées du chœur (voûtées en berceau brisé) et le croisillon sud. L'une des chapelles (à gauche) abrite une belle ***tête du Christ**** mort faisant partie d'une Mise au tombeau (XVe s.) très restaurée au XVIIe s. Dans le chœur, grand retable en pierre du XVIIe s. et tombe à enfeu, et gisant d'un abbé (XVe s.). La sacristie, ancienne chapelle, se pare d'un ***enfeu*** dans lequel reposèrent, selon la volonté de la fondatrice, les restes de *Marguerite d'Écosse* (†1445), première femme de Louis XI. Les huguenots profanèrent le tombeau en 1562.
▶ Par la rue Drouyneau-de-Brie gagner le ***parc Imbert***, beau jardin public planté sur le versant ouest du promontoire. Présentant de très nombreuses espèces, il permet aussi de découvrir des vestiges des anciennes fortifications. Beau ***panorama*** sur la vallée du Thouet. Le viaduc ferroviaire que l'on aperçoit, construit en 1872, fut détruit par l'occupant pendant la Seconde Guerre mondiale, puis reconstruit. ▶ Depuis le parc Imbert on peut revenir directement place Lavault par le boulevard Ernest-Renan, ou gagner, au nord de la rue Camille-Pelletan, le ***chemin du Panorama***, raide pente offrant un beau point de vue sur le Thouarsais, à l'ouest de la ville et, à gauche, la longue échine des quartiers anciens de la cité.

Aux environs de Thouars

La cité de Thouars est placée au cœur d'une région boisée pittoresque, ce qui lui vaut le titre de station verte de vancances. De belles promenades sont à faire dans la région qui bénéficie, par ailleurs, d'une douceur climatique particulière.

▷ Saint-Martin-de-Sanzay *13 km N. de Thouars*

Ce village possède une *église* romane du XIIe s. de type tourangeau mais remaniée ultérieurement.

Aux environs de Saint-Martin-de-Sanzay

► En s'y rendant on peut voir les vestiges du vieux *pont de Taizon* (XIIIe s.) à double voussure. ► A *Étambé (sur la D 162)*, maison forte des XVe et XVIIe s. ► *Le château du Bois-de-Sanzay (au S.-E. de Saint-Martin de Sanzay)* est une ancienne maison forte construite dans la plaine. Transformée au XVIIIe s. (ouvertures), elle est agrémentée d'une pièce d'eau. ► *Le plan d'eau de La Ballastière (au nord de Saint-Martin-de-Sanzay)* s'étend dans un cadre verdoyant au bord du Thouet. Plus loin, dans le Maine-et-Loire, on pourra visiter la *collégiale du Puy-Notre-Dame* et *Montreuil-Bellay (→ Guide bleu Pays de la Loire).*

▷ Argenton-Château *17 km O. de Thouars*

Placée sur un promontoire, la ville domine les gorges au confluent de l'Argenton et de l'Ouère. Dans un vallon profond, la rivière à laquelle elle doit son nom s'étale en un plan d'eau, le *lac d'Hautibus*, créé par un barrage très ancien (peut-être médiéval) dans un cadre de bois et de bocage. Le château, aujourd'hui disparu, fut une puissante forteresse médiévale qui appartint à *Philippe de Commynes*, chroniqueur, sénéchal du Poitou sous Louis XI ; il y vécut pendant plusieurs années.

La place du Champ-de-Foire, à l'est de la ville, domine légèrement la *terrasse du château*. Du sommet des ruines de la citadelle, la promenade offre un beau *point de vue* sur la vallée, le lac et les boucles de la rivière. Si les restes du château se limitent à quelques demi-tours et murs démantelés, la salle des gardes est toujours visible. A proximité, la petite *église* romane *Saint-Georges* est abandonnée mais elle possède une fresque du XIe s.

L'*église Saint-Gilles*, au sud de la place Bergeon-Brossard (celle du champ de foire), présente un remarquable *portail** saintongeais (XIIe s.) aux voussures figurant, de l'intérieur vers l'extérieur, des anges glorifiant l'Agneau, le triomphe des Vertus, la parabole des Vierges sages et des Vierges folles, les apôtres lavant le Christ, et les travaux des mois alternant avec un zodiaque. Au-dessus, on reconnaît les figurations du Paradis et de l'Enfer. Les animaux monstrueux des chapiteaux symbolisent la Luxure. Malheureusement, ce chef-d'œuvre a été très endommagé par les intempéries et le vandalisme. Refaite à neuf, la nef gothique s'engage entre des murs peints à fresque d'un chemin de Croix moderne. Une grande baie éclaire le sanctuaire, à chevet plat, que couvrent des voûtes à nervures prismatiques

De son système défensif, Argenton a conservé la *porte Gaudin* (XIVe s.).

Au nord de la ville, le *chemin* touristique *de La Sablière* aboutit *(1 km environ)* à une terrasse dominant la gorge de l'Ouère : le *pont Cadoret*, ouvrage fortifié du XIIIe s., franchit la rivière. A droite, un *sentier piétonnier (1,7 km)* conduit au barrage et à la plage aménagée à proximité du terrain de camping *(B 1524 Est et B 1525 Est).*

Aux environs d'Argenton (20 km environ)

► A 3 km au sud, le *château de Sanzay* (XVe s.), suite aux guerres de Vendée, a été réduit à l'état de ruines. ► Le *château de l'Ébaupinay (par la D 31)*, castel féodal démembré lors des guerres de Vendée n'est plus que ruines mais il garde fière allure. ► En passant par le *vignoble* (pratiquement le seul des Deux-Sèvres) *de Bouillé-Loretz*, rejoindre l'Argenton à *Massais* où la rivière coule dans des gorges boisées donnant naissance à des sites charmants. ► De Massais, une jolie route conduit à *la Sorinière* d'où l'on se rendra, au nord-ouest, au *pont de Grifferus* où l'Argenton, si sage en amont, devient brusquement impétueux, comme pour s'adapter au caractère sauvage du lieu. ► De la Sorinière, rejoindre *Mauzé-Thouarsais (8 km E.)* en passant par l'*étang de Juigny* et le *parc de Challon* qui offrent des sites agréables. ► Sur un coteau, à 4 km N.-O. de Mauzé, un pavillon et une tour sont les seuls vestiges subsistant de l'*ancienne abbaye* bénédictine *de Chambon (propriété privée)*. ► Le *château de Vermette (15 km S.-O. de Thouars, propriété privée)* des XVe-XVIe s., est toujours entouré de douves. Il mêle harmonieusement les éléments gothiques aux influences Renaissance.

▷ Tourtenay *12 km N.-E. de Thouars*

Édifiée sur une colline dominant la plaine, Tourtenay est une aimable agglomération appartenant déjà au monde ligérien par la géologie (tuffeau et placages de sable) et par ses cultures (vignobles d'appellation Anjou et Saumur). On ne sera donc pas étonné d'y trouver un village troglodytique. Mais celui-ci réserve cependant une surprise de taille : un étonnant *pigeonnier* souterrain, comportant plus de 1 800 boulins. Aujourd'hui plusieurs galeries ont été transformées en champignonnières.

En revenant à la surface on pourra voir l'*église* préromane, qui possède un pignon orné de pierres rondes que sépare un lit de petit appareil allongé.

La vallée du Thouet et la plaine thouarsaise★

75 km / 1 j.

Si l'ouest de Thouars est le domaine des « vieilles terres » du massif ancien, l'est est occupé par la plaine de Thouars, aux larges lignes horizontales. Limitée par la Gâtine, la Dive, le val de Loire et le Thouet, elle jouit d'un microclimat, sec et ensoleillé. Vouée aux céréales et aux cultures fourragères, elle porte aussi quelques vignobles. Marquant sa frontière occidentale, la vallée du Thouet tire son pittoresque de ses méandres encaissés, de ses villages et de ses ponts qui enjambent la rivière.

▸ En aval de Thouars, on peut gagner, par Saint-Jacques de Thouars, la *cascade de Pommiers*, dans le vallon du Coulonges. Un peu plus loin, les *gorges de Ligron*, qui débouchent sur la rive gauche du Thouet, présentent un intérêt géologique, en montrant le contact entre les terrains secondaires et anciens *(B 1624 Ouest)*. ▸ Gagner *Saint-Jacques-de-Thouars*, dont la petite église date du XIe s. ▸ *Le château du Pressoir*, des XIIIe-XVIe s., doit son nom à la production vinicole de ses anciens seigneurs. Dominant la vallée du Coulonges de sa haute toiture, il conserve ses caves voûtées. ▸*Saint-Jean-de-Thouars* : du sommet du coteau, beau panorama sur Thouars. ▸ La route de *Doret* offre une belle perspective sur la vallée du Thouet et ses fermes aux toits de tuiles rondes, avant de passer à proximité d'un site en gradins de verdure fameux dans la région : le *cirque de Missé (B 1625 Ouest et Est)*. ▸ Après le village de *Missé*, prendre la route menant vers *Maranzais* et le Thouet. Celle-ci passe devant un moulin fortifié du XVe s. et le parc du *château de Marsay* (reconstruit au XIXe s.), propriété qui appartint à *Madame de Montespan (→ encadré)*.

▸ On pénètre ensuite dans la commune de *Taizé*, qui est d'une grande richesse en monuments mégalithiques.

Madame de Montespan

Spirituelle, vive de caractère et d'une grande beauté, la marquise de Montespan naquit sur les bords de la Charente en 1641. Fille de Louis-Victor de Rochechouart, prince de Tonnay-Charente, elle appartint à l'une des plus importantes familles de la noblesse poitevine. Dame du palais de Marie-Thérèse, elle devint la maîtresse de Louis XIV, en 1668, à la place de Mademoiselle de La Vallière. En onze ans, elle eut huit enfants avec le roi, qui furent tous légitimés. Les plus connus sont les ducs du Maine et de Toulouse. Ses relations avec La Voisin, son implication dans l'affaire des Poisons et les attaques de Bossuet mirent fin aux faveurs royales. Puis, à partir de 1684, Madame de Maintenon la remplaça auprès du souverain.

Si elle déplut à certains par son caractère autoritaire et hautain, et si on peut lui reprocher d'avoir enrichi les siens, elle n'a toutefois exercé aucun rôle politique important.

▷ Saint-Généroux

Ce petit village plein de charme possède l'une des plus anciennes *église*** de France (IXe et Xe s.). Elle est d'une grande sobriété, tant à l'extérieur qu'à l'intérieur.

Bâtie au IXe s. sur le tombeau de *saint Généroux*, moine de Saint-Jouin, cette église préromane, remaniée au XIIIe s. - et beaucoup trop restaurée extérieurement au XIXe s. - est sutrout remarquable par son plan : nef unique couverte en charpente (les arcades, sur piliers carrés, qui la subdivisent, ont été ajoutées au XIIIe s.) séparée du sanctuaire par un mur à trois arcades surmontées d'une claire-voie ; abside et absidioles précédées de travées droites communiquant entre elles par des baies géminées et ouvrant sur une salle transversale jouant le rôle d'un transept (des croisillons y avaient été ajoutés par la suite mais ont disparu). Intéressants chapiteaux archaïques à la claire-voie de la nef et aux baies du sanctuaire.

Face à l'église un vieux *pont (interdit à la circulation automobile)* enjambe le Thouet de ses cinq arches. Sur l'autre rive de la rivière, un petit *pigeonnier* rappelle l'emplacement de l'ancienne demeure seigneuriale.

▷ Airvault*

La cité est bâtie sur une colline dominant la rive droite du Thouet qui semble ici servir de ligne de démarcation entre le bocage vendéen (vers Bressuire) et la Gâtine (Parthenay), et les vastes plaines du Haut-Poitou au sud-est.

La ville a conservé sept portes de son enceinte médiévale. Autour de la *place du Minage* (ou place Saint-Pierre), fermée sur un côté par la double colonnade de pierre de la halle du XVIIIe s., se faufilent les rues bordées de vieilles *maisons* en encorbellement et à pans de bois : on sera en particulier séduit par celles de la *rue de la Porte-à-Caillon*.

Sur la colline, en retrait, les tours carrées et l'enceinte (ruinée) de l'ancien *château* veillaient d'un côté sur le village et de l'autre sur le vallon du Thouet ; son gros donjon carré du XIVe s. a été restauré ; sous les murs de la forteresse - du moins ce qu'il en reste - s'engagent des souterrains.

L'église Saint-Pierre (sur la place du Minage)* Dépendant d'une abbaye de chanoines de Saint-Augustin fondée en 971, elle fut reconstruite aux alentours de 1100 et assez profondément remaniée, notamment au niveau des voûtes, au XIIIe s.

La *façade*, qui reproduit dans ses grandes lignes le dessin habituel des églises poitevines (mais la décoration sculptée en est très mutilée), n'a été construite qu'à la fin du XIIe s., en avant de la façade primitive : elle abrite un très inhabituel *narthex*, à trois nefs de deux travées, couvert de voûtes d'arêtes appuyées sur deux piliers carrés reliés par un doubleau à décor de billettes. L'étage de ce narthex présente la même structure, mais les piliers quadrilobés et les arcs brisés y sont plus en rapport avec les voûtes angevines, sans doute de peu postérieures, qui le couvrent et se continuent dans la nef.

Longue de 34 m, la *nef* centrale a été en effet surélevée et couverte au XIIIe s. de voûtes angevines, ce qui a permis d'ouvrir des fenêtres hautes au-dessus des arcades

Saint-Pierre d'Airvault

des bas-côtés ; ceux-ci ont conservé leurs voûtes en plein cintre d'origine. Si la voûte du chœur a subi les mêmes remaniements, le carré du transept a, quant à lui, été totalement repris, piliers compris, de manière à supporter le clocher *(→ ci-après)*.

Les travées tournantes du déambulatoire, sur lequel ouvrent trois absidioles (qui, disposition très rare, sont tangentes les unes aux autres), ont en revanche gardé leurs voûtes d'arêtes originelles. Les *chapiteaux* de la nef et des grandes arcades latérales sont d'une extrême variété ; ceux de la nef sont flanqués, de chaque côté, de statuettes d'un style assez gauche reposant sur des culs-de-lampe sculptés de masques monstrueux.

L'église abrite quelques beaux fragments de sculpture romane : dans le bas-côté gauche, un *devant d'autel* figure le Christ dans une mandorle entourée des symboles des quatre évangélistes ; les saints qui l'accompagnent de chaque côté, sous des arcatures portées par des colonnettes, sont d'une facture allongée qui annonce peut-être la sveltesse des figures gothiques ; dans le croisillon nord, un enfeu abrite le *tombeau de Pierre de Sainte-Fontaine** († 1110), l'abbé qui fit construire l'église : sous des arcades portées par des colonnettes à torsades, le Christ et huit saints (apôtres ?) sont au contraire d'une facture plus ramassée et rustique. Dans le bas-côté droit, petite piscine gothique (XIVe s.).

Sur la croisée du transept s'élève le *clocher* carré du XIIIe s. surmonté d'une haute flèche (59 m) octogonale en pierre ; vous pourrez faire le tour du monument pour contempler le chevet aux absidioles rayonnantes, très en contrebas de la rue et parfaitement dégagées.

Sur le flanc sud, dans le jardin du presbytère, vous remarquerez les restes du *cloître* gothique et l'entrée de la *salle capitulaire* romane.

Le musée des Arts et Traditions du Poitou *(t.l.j., 1er juil-15 sept., 14 h 30-18 h ; le reste de l'année, seult les dim. et j. fériés, 14 h-17 h)*

A 100 m de là, d'autres parties des bâtiments conventuels du XIIIe s. ont été partiellement réaménagées en musée.

Vous verrez successivement la prison, le cuvier, diverses salles souterraines, une chapelle et sa piscine sculptée, et les salles du logis abbatial. Fruit de donations, les collections concernent l'outillage agricole et artisanal d'autrefois, une très jolie calèche en réduction, chef-d'œuvre d'un compagnon, le mobilier et le costume domestiques traditionnels, l'histoire régionale et locale, l'archéologie antique et médiévale.

A l'est de l'abbaye subsistent des vestiges des remparts et des tours. A l'ouest, par la rue Saint-Jérôme, on aperçoit les anciennes douves au pied d'un pan de rempart et, rue de la Chapelle-Saint-Jérôme, l'édifice de ce nom, fondé en 1130.

▶ Le *pont de Vernay** *(1 km S.)* est un ouvrage roman de 11 arches jeté sur le Thouet, au XIIe s., par les moines. Il a été restauré voici cent ans. ▶ *Louin**. Ce joli bourg, construit à flanc de coteau sur les bords de la rivière, conserve dans l'enceinte de son église moderne une *chapelle* carolingienne en petit appareil abritant un hypogée gallo-romain ; une croix hosannière romane ; une fontaine-lavoir dont les rigoles datent certainement de l'époque gallo-romaine.

▶ Depuis *Saint-Loup-Lamairé (→ la Gâtine)*, on peut se rendre *(6 km O.)* au *château de Maisontiers*. Ce bel édifice de 80 m de façades entouré de douves et d'un vaste parc, fut reconstruit au XVe s. ▶ *Assais-les-Jumeaux (à l'E. de Saint-Loup-Lamairé)* possède une église au clocher du XVe s., une croix hosannière romane et un joli presbytère du XVIIe s. ▶ A *Marnes (D 141 et D 127)* on notera la belle *église** romane, de style poitevin (portail, clocher et abside) avec, à l'intérieur, un retable en marbre et, dans le cimetière, une croix du XIIe s., restaurée au XVIe s. ▶ A 1 km au nord, le *château de Retournay* présente une façade et des toitures Renaissance.

▷ L'abbatiale de Saint-Jouin-de-Marnes*

Juchée sur un éperon, à la frontière du Thouarsais et du Loudunais, l'abbatiale domine la plaine et les peupliers bordant la Dive de son haut clocher qui semble dialoguer avec celui, tout proche, de Moncontour. Fondée au IVe s., l'abbaye fut, à l'origine, un ermitage où vivait Jovinus (saint Jouin). Elle se développa au IXe s., quand les moines de Saint-Martin-de-Vernoux, chassés de chez eux par l'arrivée des Normands, vinrent s'y réfugier. Elle fut l'une des plus puissantes du Poitou. Reconstruite à la fin du XIe s. et pendant les premières décennies du XIIe s., elle a été fortifiée aux XIVe et XVe s. ; ce qui ne l'empêcha pas d'être dévastée par les protestants en 1568.

L'extérieur

De grandes dimensions (72 m de long sur 15 m de hauteur sous voûtes), l'église possède une très belle *façade**** présentant les dispositions générales et la décoration caractéristiques des édifices romans poitevins. Rythmée verticalement par ses faisceaux de contreforts-colonnes (portant, aux angles, des lanternons octogonaux) et horizontalement par le triple chevron que dessinent successivement les portails, puis les fenêtres et enfin le pignon, elle offre une décoration sculptée aérée et savamment répartie pour adoucir la rigueur des lignes géométriques. Au pignon, une double procession converge vers la Vierge qui intercède, aux pieds du Christ-juge adossé à la croix et montrant ses plaies, figuration du Jugement dernier d'un type unique dans l'art roman.

Sur le côté sud de l'église on peut voir les vestiges des fortifications. Pour admirer les deux étages du *clocher** carré, sur la croisée du transept, il convient de prendre du recul.

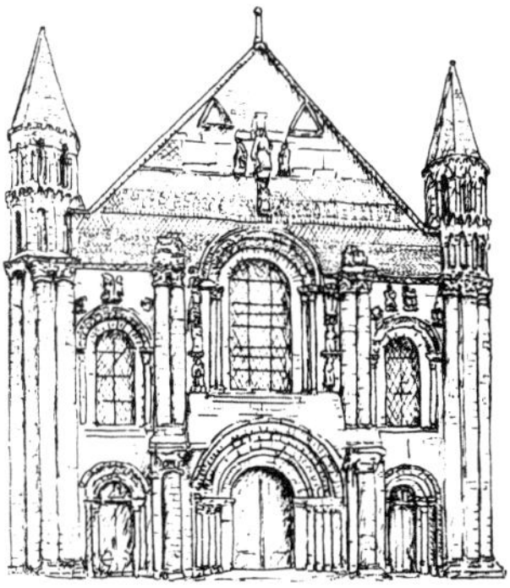

Saint-Jouin-de-Marnes

L'intérieur

Les trois premières travées de la *nef*, immense et toute blanche, ont seules conservé leurs grandes voûtes primitives en berceau brisé ; au XIIIe s., les sept dernières travées, le chœur, le déambulatoire et ses chapelles rayonnantes reçurent des *voûtes angevines**, semblables à celles d'Airvault *(→)*, ornées de statuettes à la retombée des nervures. La première travée du chœur, avec ses hautes arcades surmontées de baies géminées et d'un oculus, les croisillons, voûtés de berceaux en plein cintre, et la croisée, couverte d'une coupole octogonale, appartiennent à un premier état de l'église (vers 1050-1080).

L'église abrite quelques tableaux, des retables de pierre, des *stalles** et un lutrin en forme d'aigle, toutes œuvres du XVIIe s.

▶ De Saint-Jouin-de-Marnes on se dirigera vers le nord en traversant un paysage de plaine verdoyante que surveille, sur la droite, le *donjon de Moncontour* (→ Loudun). Cette plaine, où le duc d'Anjou défit, en 1659, les armées protestantes de Coligny, servit aussi de cadre au film de *Pascal Thomas*, *« Les Zozos »*.

▶ Le village de *Brie* est entouré par les marais de la Dive dont certains sont encore inondés une partie de l'année.

▶ Après avoir parcouru 3,5 km dans la plaine, apparaît *Leugny* qui conserve des ruines de son ancienne maison seigneuriale, nommée le « petit logis » (XVe s.).

▷ Oiron**

Un village modeste, mais qui possède deux richesses qui dominent toute la plaine : le château et l'église, ancienne abbatiale.

*Le château*** (juin-mi-sept. t.l.j. 10 h-19 h ; mi-sept.-mai 10 h-18 h ; fermé les 1er janv., 1er mai, 1er et 11 nov. et 25 déc. ☎ 49.96.51.25)*
Se dressant derrière une grille au bout d'une allée majestueuse, le château d'Oiron, véritable demeure ligérienne, est l'une des plus belles réussites de la Renaissance. Commencée en 1518 par *Artus Gouffier*, chambellan de François Ier, sa construction fut achevée, en 1549, par son fils, le *comte de Caravaz* qui inspira à Perrault le héros du « Chat Botté » (le marquis de Carabas). Transformé au XVIIe s. le château, qui appartint de 1700 à 1707 à *Madame de Montespan*, est devenu propriété de l'État en 1943.

L'extérieur
La partie la plus remarquable est l'*aile Renaissance**** (gauche) dont on notera la très belle galerie à arcades en anse de panier, les colonnes torses, supportant les niches, et les médaillons sculptés dans le marbre. Du XVIe s., date également le grand escalier du corps de logis principal, lequel date du XVIIe s., comme l'autre aile. Autour du château s'étendent une terrasse, bordée d'une balustrade et d'une profonde douve, de vastes jardins et des allées de marronniers ; de là, on découvre la plaine jusqu'à Moncontour.

L'intérieur
De la cuisine des Gardes, dans l'aile gauche, un escalier à vis monte à une terrasse donnant sur le petit parc, puis accède à la *salle* dite *des Gardes*, longue de 55 m avec plafond à caissons peints d'époque Louis XIII et ornée de quatorze *fresques** figurant des scènes de l'Énéide représentant la guerre de Troie, exécutées par *Noël Jallier* (1549). La *chambre du Roi* et le *cabinet des Muses* offrent un imposant décor du début du XVIIe s. qui témoigne de l'intérêt de l'époque pour les contrées nouvellement explorées (éléphants, léopards, chameaux, arbres fruitiers).

Depuis quelques années, le château d'Oiron fait l'objet d'un important travail de restauration. Il retrouve aujourd'hui sa vocation originelle de cabinet de curiosités en abritant une collection d'art contemporain, *« Curiosités et merveilles »*. Les œuvres, créées spécialement pour le château, s'inspirent de différents domaines tels que les sciences naturelles, les jeux d'optique, les monstruosités, les phénomènes physiques..., tout en sollicitant les cinq sens. Retenons pour le goût, le *service de table* de la salle à manger ; pour l'ouïe, le *salon de musique* ; pour l'odorat, le *mur en cire d'abeilles* ; pour la vue, le *couloir des illusions* ; et pour le toucher, les *fauteuils* en cuir réservés au délassement des visiteurs.

*L'église**
C'est l'ancienne chapelle du château, commencée également en 1518. Remarquable édifice où se mêlent les styles gothique, flamboyant et Renaissance. On remarque notamment les belles *portes** des deux chapelles latérales, ouvertes sur le chœur et sur les croisillons, la porte du croisillon nord, datée de 1540, et les clefs armoriées des voûtes du transept et des chapelles. Dans le transept se voient les quatre magnifiques *tombeaux** de la famille Gouffier, avec des statues malheureusement mutilées par les huguenots en 1568 ; ils sont attribués à *Jean Juste*, sculpteur italien établi à Tours. Il faut signaler aussi le *retable** du maître-autel, avec les statues des apôtres, et ceux des chapelles latérales. Sous la tour carrée, bas-relief grossier figurant la légende de saint Éloi.

▶ A 3,5 km S.-O., groupe de quatre *dolmens* dont le plus grand est composé de sept piliers portant une table longue de 6 m.

▶ A 7 km au N./N.-O. d'Oiron, la butte de *Saint-Léger-de-Montbrun* est coiffée d'une église composite mais élégante d'où l'on jouit d'un beau panorama.

▶ En revenant sur Thouars, on pourra voir, près de *Puyraveau*, deux *dolmens*.

La vallée de la Vienne

Lorsqu'elle atteint la région Poitou-Charentes, la Vienne a déjà derrière elle un long trajet semi montagnard. Elle infléchit brutalement son cours vers le nord, semblant dédaigner la jonction avec la Charente voisine, et dès lors se succèdent trois aspects faciles à reconnaître. Au sud, c'est une rivière encore limousine creusée dans les roches anciennes, au fond hérissé de blocs granitiques. Aspects que l'on retrouve sur le cours de ses affluents dans le même secteur, et notamment sur *la Gartempe* (Portes d'Enfer). A l'époque où l'on fondait la toute nouvelle énergie électrique sur la maîtrise des eaux courantes, trois retenues furent aménagées entre Availles-Limouzine et l'Isle-Jourdain (Jousseau, La Roche, Chardes) formant autant de petits lacs qu'utilisent pêcheurs et plaisanciers.

Puis, peu à peu, schistes et granites disparaissent sous le lit de la rivière et des calcaires abrupts encadrent un long ruban de « terrasses » alluviales fertiles mais souvent exploitées pour leurs sables et graviers. *La Gartempe*, et surtout *l'Anglin*, dégagent aussi de beaux escarpements dans ces calcaires.

La vallée de la Vienne

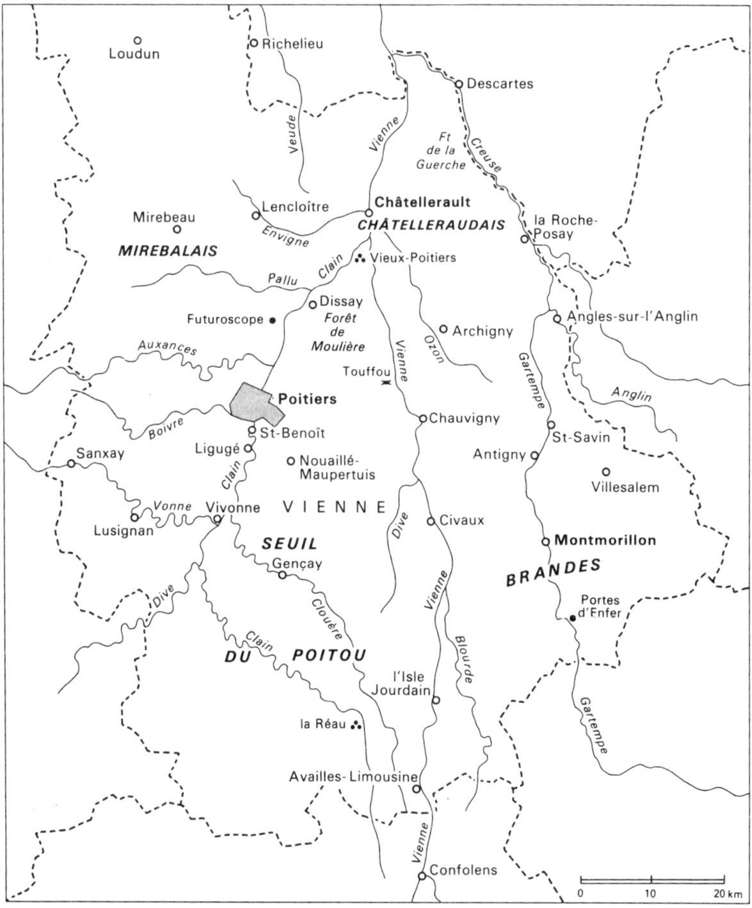

Il faut dépasser les châteaux de Chauvigny et approcher de Châtellerault pour qu'apparaisse le troisième aspect de la vallée, qui sera conservé jusqu'à la Loire : un ample couloir presque plan, encadré par de douces collines creusées dans le tuffeau. C'est aussi l'aspect de sont affluent *la Creuse*, qui sert de limite départementale sur quarante kilomètres environ, entre La Roche-Posay et le Bec-des-Deux-Eaux, près de Port-de-Piles.

Parmi les affluents de rive gauche, *le Clain* et l'ensemble de ses affluents, entièrement développés dans les calcaires (sauf, tout au nord, pour la Pallu), multiplient leurs réseaux de méandres encaissés aux flancs abrupts boisés, souvent crevés de grottes, que jalonnent villages et bourgs, églises et châteaux. Les témoins d'une haute antiquité s'y peuvent rencontrer : gisements préhistoriques, dolmens, ruines gallo-romaines (Sanxay, Vieux-Poitiers), aussi bien que des aménagements en cours, tels le Futuroscope ou le plan d'eau de Saint-Cyr. Poitiers occupe à peu près le centre du dispositif hydrographique où la Pallu, l'Auxances, la Boivre, la Vonne, la Dive et la Clouère présentent des images à la fois voisines et différentes.

Plus à l'ouest, la rivière de Thouars, *le Thouet*, collecte des eaux venues de la Gâtine et du Bocage, mais aussi des plaines et, à Saumur, en fait dont à la Loire. D'abord enfoncé dans les roches anciennes (Parthenay), il traverse ensuite les plaines (cirque de Missé) puis revient sur le vieux massif où il cisèle le méandre de Thouars avant de s'échapper vers le Nord. *Le Thouaret, l'Argenton, le Cébron*, ses affluents de rive gauche, sculptent les schistes et les granites en multipliant les sites pittoresques, telle la retenue récemment aménagée sur le Cébron, qui a pris une réelle dimension touristique. Sur sa rive droite, *la Dive* canalisée lui apporte les eaux qu'elle draine avec peine dans l'espace presque plan situé entre le massif ancien et les collines du tuffeau.

Presque extérieure à la région, *la Sèvre* dite *Nantaise* naît non loin du Thouet, en amont de Vernoux, et draine une faible partie des Deux-Sèvres avant de quitter le département dont elle forme la limite sur quelques kilomètres. Rivière des pays de roches anciennes, au tracé souvent pittoresque, elle offre maintes perspectives sur le bocage.

Bibliographie

L'* signale les ouvrages comprenant une bibliographie détaillée ; certains livres mentionnés ne se trouvent plus - ou difficilement - en librairie mais demeurent toujours indispensables pour une bonne connaissance de la région.

Ouvrages généraux

Pour une introduction illustrée à la région, on trouvera de nombreux albums, notamment :
- Mathé (J.), *Vendée, Poitou, Charentes,* Paris, Solar, 1983 ;
- *Pays et gens des Charentes et du Poitou,* collectif, Paris, Larousse Sélection du Reader's Digest, 1983 ;
- Coffin (J.-P.), *Le Poitou,* Tours, N. R. C. O., 1986 ;
- Rieupeyrout (J.-L.), *Poitou-Charentes,* Paris, Nathan, 1987 ;

ainsi que d'autres consacrés à un département comme :
- Thierchant (H.), *La Charente, ombres et lumières,* Angoulême, La Péruse, 1989

ou les albums de la *collection Richesses de France* des éditions Delmas, Paris : *La Charente-Maritime ; la Charente ;*

Pour une approche toujours générale mais plus consistante, on se reportera aux *Encyclopédies régionales* éditées par Christine Bonneton, avec deux volumes :
- *Poitou**, collectif, Paris, 1984
- *Aunis-Saintonge**, collectif, Paris, 1987

et aux guides des départements de la collection du terroir :
- Combes (J.) et Daury (J., sous la direction de), *La Charente-Maritime**, Poitiers, éditions Projet, 1984
- Combes (J.), Daury (J.) et Mascaro (sous la direction de), *Les Deux-Sèvres**, Poitiers, éditions Projet, 1986

Bien que déjà anciens, les volumes de la *collection « Provinciales »,* des éditions Horizons de France, ainsi que les fascicules de *la Vie à la campagne* (Hachette) fourniront de précieuses indications.

Pour suivre l'évolution de la région au plan culturel, il existe une revue agréable et de qualité : *Le Picton.*

Géographie et ethnographie

La région regroupant des provinces appartenant à des ensembles historiques et géographiques différents, il faudra prendre plusieurs livres pour avoir les synthèses de base :
- Fenelon (P., sous la direction de), *Atlas et géographie des Pays de la Loire**, Paris, Flammarion, 1978 ;
- Papy (sous la direction de), *Atlas et géographie du Midi-Atlantique**, Paris, Flammarion, 1982.

On trouvera une étude plus ponctuelle dans :
- Combes (J.) et Luc (M.) [sous la direction de], *Les Deux-Sèvres aujourd'hui,* Saint-Jean-d'Angély, Bordessoules, 1980.

L'ethnographie régionale sera abordée à partir de :
- Jean (S.), *L'architecture rurale française. Poitou, pays charentais,* Paris, Berger-Levrault, 1981 ;
- Levatois (Philippe), *Cuisine traditionnelle de Poitou,* Poitiers, Brissaud, 1982.

Pour actualiser les connaissances géographiques et suivre l'actualité économique, on prendra les revues suivantes :
- *Norois* (revue de géographie de l'université de Poitiers) ;
- *La Vie économique du Sud-Ouest.*

Histoire

En dépit d'un regroupement de régions assez contestable, l'ouvrage de base demeure :

- Labande (E.-R., sous la direction de), *Histoire du Poitou* du Limousin et des Pays charentais,* Toulouse, Privat, 1976;
que l'on complètera pour les pays charentais par :
- Higounet (Ch., sous la direction de), *Histoire de l'Aquitaine**, Toulouse, Privat, 1971.
On trouvera des résumés de bonne qualité dans :
- Crozet (R.), *Histoire du Poitou,* « Que-Sais-je ? », Paris, PUF, 1971 ;
- Deveau (M.), *Histoire de l'Aunis et de la Saintonge,* « Que-Sais-je ? », Paris, PUF, 1974.
Certains départements ont fait l'objet d'importantes études :
- Tarrade (J., sous la direction de), *La Vienne de la préhistoire à nos jours,* Saint-Jean-d'Angély, Bordessoules, 1986 ;
- Combes (J., sous la direction de), *La Charente de la préhistoire à nos jours,* Saint-Jean-d'Angély, Bordessoules, 1986 ;
- Luc (J.-N., sous la direction de), *La Charente-Maritime de la préhistoire à nos jours,* Saint-Jean-d'Angély, Bordessoules, 1981.
On ne négligera pas les histoires des villes qui souvent dépassent le cadre strictement urbain, notamment :
- *L'histoire de Poitiers**, collectif, Toulouse, Privat, 1985 ;
- *L'histoire de La Rochelle**, collectif, Toulouse, Privat, 1984.
Pour approfondir certains points d'histoire, on pourra se reporter à quelques publications récentes comme :
- Chaumet (M.), *Les Deux-Sèvres dans la guerre (1939-1945),* Roanne, Horvath, 1985.
- Crété (L.), *La vie quotidienne à La Rochelle au temps du grand siège,* Paris, Hachette, 1987 ;
- Granger (M.), *Poitiers et ses remparts,* Le Picton ;
- Guillemet (P.), Jolly (C.), Sailly (R.), *Poitiers, histoire d'une ville en bande dessinée,* Jeune Chambre Économique de Poitiers, 1989.
- Jezeguel (J.), *La Révolution française à Angoulême,* Poitiers, Projets Editions, 1989 ;
- La Tousche d'Avrigny, *Messieurs de La Rochejaquelein,* Paris, librairie académique Perrin, 1985 ;
- Martin (J.-C.), *Une guerre interminable, la Vendée 200 ans après,* Nantes, Reflets du passé, 1985 ;
- Petitfrère (Cl.), *La Vendée et les Vendéens,* Paris, Gallimard-Julliard, 1981 ;
- Picard (R.), *La Vienne dans la guerre (1939-1945),* Roanne, Horvath, 1982 ;
- Redien (M.), *La Vienne autrefois,* Roanne, Horvath, 1986 ;
- *Industries disparues du pays Chauvinois,* collectif, Le Picton ;

Histoire de l'art

On trouvera une plaisante introduction illustrée au patrimoine dans :
- Madié (M.), *La France et ses trésors, Limousin, Poitou, Charentes,* Paris, Larousse, 1988.
On pourra aussi consulter :
- Jacoupy (J.), *Le Poitou monumental et traditionnel,* Poitiers, Brissaud, 1986.
Bien entendu, l'art roman a fait l'objet de nombreuses études parmi lesquelles on retiendra les classiques que sont :
- Crozet (R.), *L'art roman en Poitou,* Paris, H. Laurens, 1948 ;
- Crozet (R.), *L'art roman en Saintonge,* Paris, Picard, 1971.
- Darras (Ch.), *Angoumois roman,* Paris, Zodiaque, 1961 ;
- Eygun (F.), *Saintonge romane,* Paris, Zodiaque, 1970 ;
- Labande-Mailfert (Y.), *Poitou roman,* Paris, Zodiaque, 1957 ;
- Oursel (R.), *Haut-Poitou roman,* Paris, Zodiaque, 1975 ;

Littérature

Le visiteur trouvera une approche plus littéraire de la région dans :
- H. de Balzac : *Les Illusions perdues* (Angoulême)
- J. Chardonne : *Le bonheur de Barbezieux* (Barbezieux), *L'Épithalame* (Royan)
- G. Chérau : *Le Vent du destin* (île de Ré)
- E. Fromentin : *Dominique* (La Rochelle et île de Ré)
- P. Loti : *Le Roman d'un Enfant* (Rochefort, île d'Oléron)
- J. Michelet : *La Mer* (Saint-Georges-de-Didonne)
- J. Sandeau : *Mademoiselle de la Seiglière* (château de Vayres)
- G. Simenon : *Lettre à mon juge* (région de La Rochelle)
- A. de Vigny : *La Mort du loup, la Maison du berger, la Bouteille à la mer* (région de Blanzac).

Que voir dans les musées ?

Archéologie

154 *Angoulême* : musée de la Société archéologique et historique de la Charente
397 *Béruges* : musée
216 *Châtellerault* : musée archéologique
223 *Chauvigny* : musée municipal
226 *Civaux* : musée archéologique
238 *Cognac* : musée du cognac
167 *Fouqueure* : musée de la Société archéologique et historique de la Charente
284 *Jonzac* : musée des Carmes
312 *Maillezais* : musée lapidaire
196 *Mauléon* : musée du B. R. H. A. M.
323 *Melle* : musée de l'hôtel de Menoc
208 *Merpins* : musée municipal
332 *Montmorillon* : musée de la tour de la Maison-Dieu
342 *Niort* : musée du Donjon
395 *Nouaillé-Maupertuis* : musée archéologique
378 *Poitiers* : musée d'archéologie mérovingienne (baptistère Saint-Jean)
379 *Poitiers* : musée Sainte-Croix
375 *Poitiers* : musée de la Trésorerie générale
431 *Rochefort* : musée archéologique
459 *La Rochelle* : maison de Diane de Poitiers
461 *La Rochelle* : musée archéologique de la tour de la Grosse Horloge
479 *Royan* : musée archéologique
272 *Saint-Ciers-sur-Gironde* : musée archéologique et historique
498 *Saint-Jean-d'Angély* : musée de la Société d'archéologie
520 *Saintes* : musée archéologique
528 *Thaims* : musée lapidaire
220 *Yzeures-sur-Creuse* : musée lapidaire

Armes, décorations, vie militaire

216 *Châtellerault* : musée Sully
288 *Loudun* : musée Louis Charbonneau-Lassay
393 *La Roche (château de)* : musée de l'ordre de Malte et des ordres de chevalerie
503 *Saint-Maixent-l'École* : musée militaire

Arts et traditions populaires, ethnographie

542 *Airvault* : musée des arts et traditions du Poitou
144 *Ile d'Aix* : musée africain
158 *Angoulême* : musée municipal
193 *Barbezieux* : musée municipal
195 *Bressuire* : hôtel de ville
216 *Châtellerault* : musée Sully
292 *La Chaussée* : maison de l'Acadie
223 *Chauvigny* : musée municipal
405 *Cherves* : musée paysan
442 *Cherves-Châtelars* : conservatoire d'arts ruraux et de traditions paysannes
238 *Cognac* : musée du cognac
498 *Grandjean, hameau Chez-Guérin* : musée folklorique
355 *Le Grand-Village* : maison paysanne oléronaise
309 *Le Gué-de-Velluire* : moulins de la Caillère
273 *Montendre-les-Pins* : musée des arts et traditions populaires
342 *Niort* : musée du Donjon
310 *Nieul-sur-l'Autise* : maison de la culture paysanne
381 *Poitiers* : musée Sainte-Croix
293 *Ranton* : musée paysan
428 *Rochefort* : musée d'art et d'histoire
349 *Les Ruralies* : exposition permanente « Aux sources de nos villages »
524 *Saint-Bris-des-Bois* : maison de la Mérine à Nastasie
241 *Saint-Césaire* : maison Mérine
355 *Saint-Pierre-d'Oléron* : musée Aliénor d'Aquitaine
182 *Saint-Privat-des-Prés* : musée de l'outil et de la vie
518 *Saintes* : musée régional Dupuy-Mestreau
522 *Saintes* : musée du folklore et des traditions populaires
208 *Salles-d'Angles* : conservatoire des arts et traditions populaires
167 *Tusson* : musée des arts et traditions populaires du Nord-Charente
488 *Villefagnan* : musée-conservatoire

Astronomie

381 *Poitiers* : laserium-planétarium (espace Pierre Mendès France)

Automobiles et attelages

217 *Châtellerault* : musée de l'automobile
317 *La Gataudière (château de)* : musée de la mer
388 *Poitiers* : musée Chez-Manuel

Céramiques, émaux, faïences, porcelaines

154 *Angoulême* : musée de la Société archéologique et historique de la Charente
525 *La Chapelle-des-Pots* : musée de la céramique régionale
238 *Cognac* : musée du cognac
392 *Ligugé* : musée monastique
315 *Marans* : hôtel de ville
358 *Parthenay* : palais des congrès
380 *Poitiers* : musée Sainte-Croix
456 *La Rochelle* : musée d'Orbigny-Bernon
514 *Saintes* : musée des Beaux-Arts
515 *Saintes* : musée de l'Échevinage
539 *Thouars* : musée Barré

Coiffes et costumes

542 *Airvault* : musée des arts et traditions du Poitou
158 *Angoulême* : musée municipal
216 *Châtellerault* : musée Sully
223 *Chauvigny* : musée municipal
342 *Niort* : musée du Donjon
518 *Saintes* : musée régional Dupuy-Mestreau

Histoire locale

542 *Airvault* : musée des arts et traditions du Poitou
156 *Angoulême* : musée de la Résistance
225 *Archigny, lieu-dit les Huit-Maisons* : musée des Acadiens
216 *Châtellerault* : musée Sully
292 *La Chaussée* : maison de l'Acadie
221 *Falaise* : musée des Acadiens
436 *Fouras* : musée régional
288 *Loudun* : musée Louis Charbonneau-Lassay
333 *Lussac-les-Châteaux* : musée municipal
196 *Mauléon* : musée du B. R. H. A. M.
291 *Richelieu* : musée de l'Hôtel de ville
428 *Rochefort* : musée d'art et d'histoire
459 *La Rochelle* : maison de Diane de Poitiers
458 *La Rochelle* : musée de la Dernière Guerre
463 *La Rochelle* : musée Grévin
456 *La Rochelle* : musée d'Orbigny-Bernon
270 *Talmont* : musée de la Société d'histoire locale
539 *Thouars* : musée Barré
404 *Vendeuvre-du-Poitou* : musée municipal

Histoire naturelle

348 *Chizé (forêt de)* : insectarium du Chêne Papinot
348 *Chizé (forêt de)* : zoorama européen
346 *Coulon* : aquarium de la Venise verte
482 *Didonne (château de)* : parc-arboretum
355 *Dolus-d'Oléron* : parc ornithologique du Marais
422 *Le Fier-d'Ars* : réserve naturelle de Lilleau des Niges
348 *Marigny* : parc ornithologique de Poivendre
310 *Le Mazeau* : arboretum populum
323 *Melle* : chemin de la Découverte
201 *Moëze* : réserve naturelle
402 *Moulière (forêt de)* : réserve naturelle
344 *Niort* : musée d'histoire naturelle
371 *Poitiers* : jardin botanique du Jardin des Plantes
385 *Poitiers* : parc animalier du Parc de Blossac
468 *La Rochelle* : museum d'histoire naturelle
471 *La Rochelle* : nouvel aquarium
307 *Saint-Denis-du-Payré* : réserve ornithologique Michel-Brosselin
507 *Salles* : ferme d'élevage
535 *Surgères* : musée d'histoire naturelle
308 *La Taillée* : réserve ornithologique
436 *Yves* : réserve ornithologique

Histoire religieuse

392 *Ligugé* : musée monastique
393 *La Roche (château de)* : musée de l'ordre de Malte et des ordres de chevalerie
462 *La Rochelle* : musée protestant
390 *Saint-Benoît, lieu-dit La Cossonnière* : abbaye Sainte-Croix
267 *Saint-Loup-Lamairé* : musée missionnaire

Industries, techniques, vieux métiers

160 *Angoulême* : atelier-musée du papier
230 *Champniers, hameau Chez-Bernardeau* : musée des anciens outils et machines agricoles

239 *Cognac* : atelier-musée de la tonnellerie
265 *Curzay-sur-Vonne* : musée du vitrail
251 *Fleurac* : moulin à papier
342 *Niort* : musée du Donjon
388 *Poitiers* : musée « Chez Manuel »
255 *Puymoyen* : moulin à papier du Verger
429 *Rochefort* : centre international de la mer
296 *Rouillé, lieu-dit le Long-Bas* : musée de la machine à coudre
448 *Ruelle* : musée de la Fonderie des canons de marine
349 *Les Ruralies* : conservatoire du machinisme agricole
182 *Saint-Privat-des-Prés* : musée de l'outil et de la vie

Jouets et automates

458 *La Rochelle* : musée des automates
317 *Saint-Just-Luzac* : musée des trains et jouets anciens

Manuscrits

345 *Niort* : bibliothèque municipale
370 *Poitiers* : bibliothèque municipale

Marine, navigation

420 *Saint-Martin-de-Ré* : musée naval
430 *Rochefort* : musée de la Marine
458 *La Rochelle* : musée du Nouveau Monde
463 *La Rochelle* : musée maritime de la tour Saint-Nicolas
470 *La Rochelle* : musée maritime de la frégate France I
471 *La Rochelle* : musée de la voile et de la régate

Médecine, pharmacie

431 *Rochefort* : hôpital de la Marine
438 *La Rochefoucauld et la région du karst* : apothicairerie de l'hôpital

Pêche, coquillages, vie marine

317 *La Cayenne* : musée de l'huître
317 *Le Chapus* : musée de l'huître
352 *Le Château-d'Oléron* : musée de l'huître
189 *Esnandes* : musée de la mytiliculture
317 *La Gataudière (château de)* : musée de la mer
421 *Loix* : maison des marais salants
471 *La Rochelle* : musée océanographique
177 *La Tremblade* : musée de l'ostréiculture

Peinture, sculpture

158 *Angoulême* : musée municipal
239 *Cognac* : musée du cognac
343 *Niort* : musée des Beaux-Arts
544 *Oiron* : château
380 *Poitiers* : musée Sainte-Croix
383 *Poitiers* : musée de Chièvres
428 *Rochefort* : musée d'art et d'histoire
458 *La Rochelle* : musée des Beaux-Arts
514 *Saintes* : musée des Beaux-Arts
514 *Saintes* : musée de l'Échevinage

Personnages célèbres

144 *Ile d'Aix* : maison de l'Empereur
330 *Champagne-Vigny* : manoir du Maine-Giraud
215 *Châtellerault* : maison Descartes
290 *Loudun* : musée Théophraste-Renaudot
333 *Lussac-les-Châteaux* : maison de Madame de Montespan (musée municipal)
291 *Richelieu* : musée municipal
426 *Rochefort* : maison de Pierre Loti

Préhistoire

154 *Angoulême* : musée de la Société archéologique et historique de la Charente
229 *Civray* : musée de la préhistoire
333 *Lussac-les-Châteaux* : musée municipal
332 *Montmorillon* : musée préhistorique de la Salle des dîmes
507 *La Mothe-Saint-Héray* : musée des Tumulus de Bougon
342 *Niort* : musée du Donjon
379 *Poitiers* : musée Sainte-Croix
526 *La Roche-Courbon (château de)* : musée de la préhistoire
522 *Saintes* : musée éducatif de la préhistoire

Spécialités gourmandes

238 *Cognac* : musée du cognac
206 *Jarnac* : musée de la Maison Courvoisier
251 *Trois-Palis* : chocolaterie artisanale Le Tuffe

Index thématique des encadrés

Agriculture, élevage

202 *Un veau à la viande réputée, produit d'un élevage très raffiné* : Chalais
266 *Une terre d'élevage et d'arboriculture* : La Gâtine
326 *Le baudet du Poitou, une espèce menacée d'extinction en raison de la disparition des centres d'élevage* : Melle et le pays Mellois
336 *La Charmoise, excellente race de mouton adoptée par la région* : Montmorillon
361 *Grandes foires aux bestiaux depuis le Moyen Age en raison de la renommée de la race bovine régionale* : Parthenay
429 *Une ville vouée à la conservation et à la culture du bégonia* : Rochefort

Archéologie, préhistoire

192 *L'histoire de la région étudiée par l'humaniste Elie Vinet à partir de l'archéologie* : Barbezieux
307 *Les buttes huîtrières, fortifications improvisées élevées contre les envahisseurs normands* : le parc naturel régional du Marais poitevin
373 *Le révérend père de la Croix, archéologue découvreur de nombreux sites* : Poitiers
378 *Histoire cristallisée en de multiples vestiges archéologiques dans les vieux quartiers* : Poitiers
451 *Les peintures rupestres de la grotte du Placard* : La Rochefoucauld et la région du karst

Architecture

150 *Une voûte à file de coupoles* : Angoulême
334 *Les lanternes des morts, monuments d'origine antique particuliers à la France du Sud-Ouest* : Montmorillon
463 *La gare, monument représentatif de l'architecture de la fin du XIXe s.* : La Rochelle

Armée, chefs militaires

197 *Henri de La Rochejaquelein, général vendéen d'une héroïque bravoure* : Bressuire
333 *Jean Chandos, connétable d'Aquitaine au service du roi d'Angleterre* : Montmorillon
433 *Trois écoles militaires de formation aux spécialités techniques de la Marine et de l'Armée de l'Air* : Rochefort
468 *L'amiral Duperré, acteur important de la prise d'Alger* : La Rochelle
503 *Pierre Denfert-Rochereau, officier de grande valeur, sauveur de Belfort* : Saint-Maixent-l'École
504 *L'E. N. S. O. A., pépinière des sous-officiers d'active depuis 1963* : Saint-Maixent-l'École
504 *La glorieuse histoire du 114e R. I.* : Saint-Maixent-l'École
538 *Louis II de La Trémoille, chevalier auteur de nombreuses actions d'éclat en France et en Italie* : Thouars et la vallée du Thouet

Artisanat, industrie

152 *De grands maîtres faïenciers à la tête des fabriques locales* : Angoulême
154 *La fabrication des pantoufles charentaises, une activité largement exportatrice* : Angoulême
160 *Grandes qualités du papier fabriqué manuellement dans les moulins de la région* : Angoulême
215 *La coutellerie, une activité florissante du XVIe au XIXe s.* : Châtellerault et le Châtelleraudais
217 *Grandeur et décadence de la manufacture d'armes* : Châtellerault et le Châtelleraudais
251 *Les derniers moulins à papier* : les Côtes de l'Angoumois
284 *Importantes productions de cuirs sous l'Ancien Régime* : Jonzac
324 *La métallurgie du plomb argentifère* : Melle et le pays Mellois

324 *Les principales tâches du monnayeur* : Melle et le pays Mellois
475 *Alsthom-Atlantique, unique grande entreprise industrielle de la ville* : La Rochelle
493 *Benest, jadis centre de production des «ponnes», vastes lessiveuses en terre cuite* : Ruffec et le Ruffécois
511 *Une fabrication artisanale prestigieuse, la broderie à jours d'Angles-sur-l'Anglin* : Saint-Savin
536 *Développement de l'industrie du beurre* : Surgères

Explorateurs

158 *André Thévet, grand voyageur, introducteur du tabac en Europe au XVIe s.* : Angoulême
201 *Samuel Champlain, explorateur du Canada et fondateur de Québec* : Brouage
347 *René Caillié, premier explorateur parvenu à pénétrer dans Tombouctou* : Niort

Faune régionale

264 *Les loups présents dans la région jusqu'au début du XXe s.* : la Gâtine
305 *Une très belle réserve pour les oiseaux d'eau* : le parc naturel régional du Marais poitevin
307 *La réalisation d'un ornithologue passionné* : le parc naturel régional du Marais poitevin
422 *La réserve ornithologique de Lilleau des Niges* : l'île de Ré

Figures royales

155 *Marguerite d'Angoulême, sœur de François Ier et reine de Navarre, personnage historique de premier plan* : Angoulême
158 *Isabelle Taillefer, devenue à 14 ans reine d'Angleterre par son mariage avec Jean sans Terre* : Angoulême

Géographie, géologie

177 *La lente fermeture de la baie de Bonne Anse* : la presqu'île d'Arvert
309 *Situation géographique et administrative du parc* : le parc naturel régional du Marais poitevin
391 *Le Seuil du Poitou* : Poitiers
447 *Le karst et ses phénomènes* : La Rochefoucauld et la région du karst
489 *Appartenance aux Groyons, paysans des terres à céréales, ou aux Pelauds, paysans des terres boisées, déterminée par la nature du sol* : Ruffec et le Ruffécois

Habitat, urbanisme

291 *La cité idéale conçue par Richelieu* : Loudun et le Loudunais
311 *Un habitat bien adapté au site* : le parc naturel régional du Marais poitevin
464 *Un ruisseau incommodant recouvert et transformé en voie de liaison* : La Rochelle

Histoire

145 *Les dernières heures de Napoléon Ier en terre française* : l'île d'Aix
203 *La vie quotidienne de châtelains provinciaux au XVIIIe s. décrite par Talleyrand dans ses Mémoires* : Chalais
206 *Duel passé à la postérité en raison du coup fatal et inattendu porté par le baron de Jarnac* : la Champagne charentaise
225 *Implantation d'une communauté acadienne en Poitou* : Chauvigny
236 *Adhésion complète et soutien fidèle des viticulteurs charentais aux gouvernements du Second Empire* : Cognac
240 *Première ébauche de l'union économique européenne sous l'impulsion de Jean Monnet* : Cognac
262 *Description d'une région dénuée de ressources et sous-développée à l'aube du XIXe s.* : la Gâtine
263 *Le principal théâtre des opérations lors de la cinquième guerre de Vendée* : la Gâtine
285 *Action héroïque de la Résistance dans les carrières d'Heurtebise en 1944* : Jonzac
395 *L'armée de Jean le Bon défaite par les troupes du Prince Noir devant la ville* : Poitiers
398 *Conquête du Poitou par Clovis victorieux du roi wisigoth Alaric II* : Poitiers
447 *La forêt de la Braconne, théâtre de combats entre les maquisards et les troupes d'occupation* : La Rochefoucauld et la région du karst
465 *Exécution de quatre sergents, en garnison dans la ville, convaincus de comploter contre Louis XVIII* : La Rochelle

493 *Charlemagne à l'origine des privilèges accordés aux habitants de Benest* : Ruffec et le Ruffécois
529 *La rencontre de Taillebourg entre les troupes de Louis IX et celles de Henri III d'Angleterre* : Saintes

Hommes politiques

206 *François Mitterrand, enfant de la Charente* : la Champagne charentaise
279 *Paul Déroulède, écrivain et député nationaliste* : le pays d'Horte
410 *Émile Combes, le champion de l'anticléricalisme* : Pons
496 *Regnaud de Saint-Jean-d'Angély, député aux États Généraux devenu le conseiller de Napoléon Ier* : Saint-Jean-d'Angély

Inventeurs et ingénieurs

155 *Le général Resnier de Goué, auteur du premier vol plané* : Angoulême
228 *Théophraste Renaudot, inventeur de la première spécialité pharmaceutique et créateur de la célèbre Gazette, ancêtre de la presse* : Loudun et le Loudunais
448 *Marc-René de Montalembert, théoricien de la fortification perpendiculaire* : La Rochefoucauld et la région du karst
518 *Le docteur Guillotin, victime de sa propre invention, la guillotine* : Saintes
519 *Bernard Palissy, réinventeur de l'art de la céramique grâce à son exceptionnelle ténacité* : Saintes

Langue et culture régionales

231 *Morceaux de littérature paysanne transmis oralement* : Civray
306 *Petit vocabulaire maraîchin* : Le parc naturel régional du Marais poitevin
517 *Goulebenèze, chantre du patois saintongeais* : Saintes
521 *Patois et traditions populaires saintongeaises* : Saintes

Légendes

166 *Nombreuses légendes suscitées par l'origine mystérieuse des mégalithes* : le val d'Angoumois
189 *La légende de la Repentie* : la côte d'Aunis
270 *Hôtes semi-légendaires, réputés maléfiques, des grottes de Meschers* : la corniche de la Gironde
295 *La légende de Mélusine, version médiévale d'un mythe très ancien* : Lusignan
444 *Les légendes d'origine celtique de la vallée du Son* : La Rochefoucauld et la région du karst
448 *L'origine légendaire du nom de la Fosse Mobile* : La Rochefoucauld et la région du karst
449 *Récits légendaires se rapportant aux gouffres de la forêt de la Braconne* : La Rochefoucauld et la région du karst

Littérature, écrivains

159 *Un décor particulièrement propice à l'inspiration balzacienne* : Angoulême
167 *Découverte, à la Bibliothèque Nationale, de poèmes inédits de la reine Marguerite d'Angoulême* : le val d'Angoumois
171 *Guez de Balzac, restaurateur de la langue française au XVIe s.* : le val d'Angoumois
181 *Pierre Very, auteur de romans policiers laissant place à la féerie* : Aubeterre-sur-Dronne
192 *Rigaut de Barbezieux, troubadour dans la grande lignée de la culture courtoise occitane* : Barbezieux
192 *La ville du bonheur terrestre selon Jacques Chardonne* : Barbezieux
276 *Bouëx, ville natale du chevalier de Méré, écrivain et théoricien de l'idéal de l'honnête homme au XVIIe s.* : le pays d'Horte
296 *Narration drolatique du voyage de Pantagruel sur les traces de Mélusine par Rabelais* : Lusignan
330 *Le manoir du Maine-Giraud, une retraite propice à l'expression de la mélancolie d'Alfred de Vigny* : les collines de Montmoreau
354 *La Côte Sauvage, sa flore et ses habitants racontés par Pierre Loti* : l'île d'Oléron
368 *Michel Foucault, philosophe très novateur et défenseur passionné des droits de l'homme* : Poitiers
370 *Guillaume, duc d'Aquitaine, dit le Troubadour, artisan de la renaissance de la littérature occitane au XIIe s.* : Poitiers
371 *Poème d'amour de Ronsard évoquant une rencontre sur les bords du Clain* : Poitiers
387 *L'origine du dolmen de la Pierre Levée selon l'imagination rabelaisienne* : Poitiers
427 *Pierre Loti, marin au long cours puisant son inspiration littéraire dans ses nombreux voyages* : Rochefort

431 *Description de la route conduisant au bac sur la Charente par Pierre Loti* : Rochefort
467 *La luminosité des paysages charentais très bien traduite dans le roman d'Eugène Fromentin* : La Rochelle
491 *Le château de Verteuil, source d'inspiration pour l'auteur de la Comédie Humaine* : Ruffec et le Ruffécois
491 *François VI de la Rochefoucauld, auteur des célèbres Maximes, morales teintées d'amertume* : Ruffec et le Ruffécois
535 *Une très belle dame de la Cour immortalisée par les sonnets de Ronsard* : Surgères

Manifestations culturelles

156 *Salon annuel et activités permanentes du Centre National de la Bande Dessinée* : Angoulême
244 *Importante participation internationale au Festival annuel de folklore* : Confolens et le Confolentais
274 *Mondiofolk, festival annuel de musique et danse populaires de Montguyon* : la Haute Saintonge

Mines et carrières

219 *Les carrières de tuffeau, jadis refuges, toujours exploitées pour la restauration des bâtiments anciens* : Châtellerault et le Châtelleraudais
224 *Grandes qualités de la pierre calcaire locale* : Chauvigny
325 *Les conditions très pénibles d'extraction du minerai de plomb argentifère au Moyen Age* : Melle et le pays Mellois

Navigation, chantiers navals

430 *L'arsenal, premier centre de construction de vaisseaux de guerre au XVIIIe s.* : Rochefort
470 *La frégate France I, navire jadis affecté aux relevés météorologiques, transformé en musée* : La Rochelle
471 *Le voilier Charente-Maritime au service de la promotion des industries nautiques régionales* : La Rochelle

Pêche, ressources aquatiques

178 *La Tremblade, grand centre ostréicole* : la presqu'île d'Arvert
190 *La mytiliculture, une production atteignant seulement le dixième des récoltes d'huîtres* : la côte d'Aunis
201 *Art et techniques du saunage* : Brouage
271 *Pêches saisonnières variées dans l'estuaire* : la corniche de la Gironde
312 *Pêche aux anguilles et aux grenouilles dans le Marais* : le parc naturel régional du Marais poitevin
318 *Un bassin particulièrement favorable à l'ostréiculture* : Marennes
355 *Les écluses à poissons, un procédé de pêche en voie de disparition* : l'île d'Oléron
420 *La longue histoire des marais salants* : l'île de Ré
421 *Permanence de la crise salicole* : l'île de Ré
530 *Une activité disparue, la pêche des moules perlières de la Charente* : Saintes

Peinture et dessin

216 *Rodolphe Salis, caricaturiste de talent et créateur du cabaret-théâtre satirique* : Châtellerault et le Châtelleraudais
383 *Jean Valade, peintre de la société bourgeoise du XVIIIe s.* : Poitiers
516 *La peinture des paysages saintongeais par Louis-Auguste Auguin et Gustave Courbet* : Saintes

Personnages et familles célèbres

169 *Hérault de Gourville, ancien valet devenu ambassadeur de France* : le val d'Angoumois
339 *Françoise d'Aubigné, devenue marquise de Maintenon au terme d'une ascension exceptionnelle* : Niort
343 *Célébrités locales* : Niort
432 *Célébrités locales* : Rochefort
439 *Une illustre famille aux origines très anciennes* : La Rochefoucauld et la région du karst
541 *La marquise de Montespan, en grande faveur auprès du roi et au premier rang des dames de la Cour pendant douze ans* : Thouars et la vallée du Thouet

Personnalités scientifiques

444 *L'abbé Rousselot, acousticien et fondateur de la phonétique expérimentale* : La Rochefoucauld et la région du karst
464 *René-Antoine Ferchault de Réaumur, savant de renommée internationale* : La Rochelle
466 *Nicolas Venette, chirurgien et professeur d'anatomie* : La Rochelle

Protection du patrimoine

354 *Les moulins à vent menacés de disparition progressive* : l'île d'Oléron
430 *Le pont transbordeur classé monument historique* : Rochefort
509 *Les fresques de l'abbatiale sauvées grâce à l'action de Prosper Mérimée* : Saint-Savin

Religion et religieux

157 *Calvin, réformateur religieux, à l'origine de la doctrine protestante française* : Angoulême
211 *Les nombreux saints protecteurs du Poitou* : Charroux et son abbaye
289 *L'affaire des ursulines possédées par le démon* : Loudun et le Loudunais
374 *Jeanne d'Arc soumise à l'interrogatoire de théologiens la suspectant de commerce avec le diable* : Poitiers
377 *Le pèlerinage de Sainte-Radegonde, grande manifestation pieuse, décrit par Taine* : Poitiers
382 *Saint Hilaire, grand théologien de la Trinité* : Poitiers
390 *Sainte Radegonde, reine franque devenue abbesse du monastère de la Sainte-Croix* : Poitiers
399 *La précieuse relique de la Vraie Croix* : Poitiers

Santé, vie pratique

220 *L'eau thermale de la Roche-Posay, remède souverain pour les affections de la peau* : Châtellerault et le Châtelleraudais
285 *Grandes qualités thérapeutiques de l'eau captée sur le site d'Heurtebise* : Jonzac
423 *Usages thérapeutiques et pratiques du sel marin* : l'île de Ré

Sauvegarde des sites

176 *La stabilisation des dunes de sables grâce à la forêt* : la presqu'île d'Arvert
178 *Les chenaux des bords de la Seudre, canaux naturels soigneusement entretenus* : la presqu'île d'Arvert
429 *Les étangs de Charente, station d'épuration écologique unique en France* : Rochefort

Spécialités gourmandes

229 *Le chabichou, le plus réputé des nombreux fromages de chèvre poitevins* : Civray
240 *Visite-dégustation dans les grandes maisons de négoce* : Cognac
313 *Spécialités gourmandes maraîchines* : le parc naturel régional du Marais poitevin
345 *L'angélique, herbe aromatique utilisée pour la fabrication d'une excellente liqueur* : Niort
483 *Le pineau des Charentes, délicieux vin de liqueur* : Royan

Sports et loisirs

309 *Randonnées à pied, à cheval ou à vélo* : le parc naturel régional du Marais poitevin
310 *Au fil de l'eau* : le parc naturel régional du Marais poitevin
478 *Les plaisirs de la mer* : Royan
480 *Des équipements sportifs de premier niveau* : Royan
485 *Promenades en mer* : Royan
523 *Croisières sur la Charente* : Saintes

Transports, voies de communication

309 *La barque, moyen de transport obligé des Maraîchins* : le parc naturel régional du Marais poitevin
313 *Le transport des billes de peuplier sur les canaux* : le parc naturel régional du Marais poitevin
473 *La liaison routière île de Ré - continent* : La Rochelle
520 *Le trafic fluvial sur la Charente* : Saintes

Vignoble et eau-de-vie

207 *La technique de la double distillation ou «bonne chauffe»* : la Champagne charentaise
238 *Les divers crus du vignoble* : Cognac
238 *Portrait d'un négociant en eau-de-vie défenseur de la tradition par J. Chardonne* : Cognac
239 *La lente élaboration du cognac* : Cognac

Index des personnages

Abadie Paul 146 150 151 152 154 155 158 250 253 450
Abadie Paul père 157
Achard 392
Achard saint 389
Agapit 502
Agrippa 512
Aimery abbé 321
Airaud 213
Alamand Nicolas 214
Alaric 230
Alaric II 363
Albret Henri d' 155
Albret Jeanne d' 93
Aldéarde 347
Aldebert IV 211
Alduin abbé 497
Alençon duc d' 155 513
Alexandre III pape 329
Aliénor d'Aquitaine 87 88 108 132 310 337 349 351 435 452 459 465 466 495 512 530
Allais Alphonse 216
Allegrain 430
Amantius 171
Amboise Pierre d' 401 440
Amy André 539
Angennes Julie d' 147
Angleterre Jean d' 158
Angoulême comtes d' 163 165 233
Angoulême Jean d' 91
Angoulême Louis d' 91
Angoulême Marguerite d' 92 134 147 154 155
Anjou comte d' 286
Anjou duc d' 288 512
Anjou Marie d' 264
Anjou René d' 288 289
Ansoald 306
Aquitaine ducs d' 186 452 522
Aquitaine Guillaume IX, duc d' 483
Aquitaine Guillaume VII d' 371
Aquitaine Guillaume X d' 186 358 475
Aquitaine Pépin duc d' 495
Arbrissel Robert d' 150 166
Arc Jeanne d' 214 331 356 374 375 399
Archambaud Itier 150 152
Argencourt d' 198 199
Arnaud le Bâtard 172
Arnodin Ferdinand 430
Arras Jean d' 295
Artois comte d' 349 448
Aubigné Agrippa d' 132 281 311 314 349 409 476 495
Aubigné Constant d' 338
Aubigné Françoise d' 339 343 344
Aubouin Jean 277
Audiat Louis 415
Audouin-Dubreuil 498
Audouin II 191
Aufort abbé 232
Aufredi Alexandre 453
Augereau William 416
Augier 234
Auguin Louis-Auguste 239 428 516 529
Aulnay Menou d' 292
Aulnay vicomtes d' 183
Aumode 390
Auriol Vincent 442
Ausone 362, 83
Ausone évêque 146 156
Autichamp d' 266
Autriche Anne d' 147 155 283 458 490
Autun évêque d' 202
Auvergne Gaspard d' 214
Aux Pierre d' 219
Babinet Jacques 294
Bacon 364
Bacon Francis 516
Baïf Antoine de 92 364
Bail 239
Balande 458
Baleix 156
Baleyre 158
Balmette 239
Balue cardinal Jean de la 511
Balzac Honoré de 146 148 157 158 159 160 491
Balzac Jean-Louis Guez de 132 147 155 157 158 170 171
Barbezieux Rigaut de 191 192
Barillet Jean 479
Barin de la Gallissonnière amiral 428 432
Baroy Daniel 52
Barré Martin 381
Bartholomé Albert 239
Barye 239 381
Bassano 224
Bassompierre Louis de 517
Bathilde reine 504
Bauçay Hugues de 287
Baujaud 503
Baumont Marie de 415
Beaumarchais seigneur de 190
Beaumont Jacques de 506
Beaumont seigneurs de 194
Beauneveu André 364
Beccadelli Antonio 239
Bégon Michel 94 424 428 429
Belciel Jeanne de 289
Bellay Joachim du 92 197 364
Ben Bella 144
Bernage M. de 156
Bernard saint 264 358 483
Bernard Ier évêque 519
Bernhardt Sarah 477
Berquin 428
Berry duc Jean de 234 278 337 364 371 373
Berry duchesse de 263 416
Berthomé Mathurin 339 343 346
Berton général 98 365 372 465 537
Bertrand de Goth 499
Besson Victor 159
Beuscher François 485
Bèze Théodore de 93 155 453
Biraud Eugène 534
Biron maréchal de 190
Birot Pierre-Albert 158
Bisquit Alexandre 170
Blanche de Castille 392 529
Blondel 424
Blossac comte de 95 319 357 365 385 503 506
Boisse Jacques 288
Boisseau Robert 479
Bonaparte Louis-Napoléon 236
Bonnet Arthur 498
Bonnier Claude 252 442
Bories 465
Bouchard François 179
Bouche 381
Boucher Claude 238 239
Bouchet Guillaume 92
Bouchet Jean 92
Boudin 381
Bouguereau William 456 458
Bouquet de la Grye 473
Bourbon duc de 490
Bourbon Gabrielle de 538 539
Bourdelle 458
Bourgogne Agnès de 102 521 522
Bourgogne M. de 484
Bourguignon 430
Bourmont général de 263
Boutet 464
Bouteville Hildegarde de 253
Boutteville Thibault de 340
Boylesve René 221
Bradley Humphrey 298
Brantôme 92
Brauer Johannes 516
Brest 239
Bretagne Jean V de 349
Bril Paul 514
Broglie Charlotte de 494
Broglie comte de 494
Brosselin Michel 307
Brouillet André 380
Brown 239
Bruegel de Velours Jan 514
Brunet Jean-Baptiste 380
Brunswick-Zell Georges-Guillaume de 347
Caillié René 132 347 527
Caïus Julius Rufus 82 514
Calandruccio Salvatore 312
Callaud Jacques 152
Caluau Arnaud 250
Calvin Jean 92 147 155 157 230 251 254 319
Camberel Hugues de 510
Candéric 254
Cappiello Leonetto 239

Capron 381
Caran d'Ache 216
Caravaz comte de 544
Cardonnel Louis le 391
Carolus-Duran 239
Carraud Zulma 159
Carrière Jean-René 239 380
Cartier 239
Caserio 153
Cassini 404
Castagnary J.-A. 516
Casteret Norbert 451
Castro Roland 156
Cayron 239
Célestin III 311
César Jules 81 363
Chabanne Claude 442
Chabot Guy Ier 206
Chaissac 458
Champlain Samuel 133 198 201
Champmartin 428
Chandos Jean 90 333
Charcot 289
Chardonne Jacques 133 191 192 205 533
Charlemagne 147 211 324 362 492 500 530
Charles d'Orléans 240
Charles le Chauve 147 323 324
Charles le Téméraire 413
Charles Martel 197 219 364
Charles Quint 155 240 490
Charles V 434 513
Charles VII 155 202 220 364 439 490 502 537
Charles VIII 538
Charles IX 155 346 495
Charles X 147 263
Charles XI 234
Charlopeau 458
Charron 287
Chasseloup-Laubat marquis Justin de 316
Chassériau Théodore 381 458
Chasteigner Guy de 441
Châtillon Alexis de 196
Chenereau Paul 526
Chérau Gaston 408
Chertemps de Seuil Pierre 190
Chétardie abbé Trotti de la 248
Chevreuse Louis de 158
Chièvres Rupert de 383
Claudel Camille 381
Claudel Paul 391
Clément V pape 89 390 492 499
Clément VII pape 240
Clermont Claude de 500
Clerville chevalier de 352 424
Clésinger 516
Clotaire Père 390
Clotaire Ier 363
Clotaire II 399
Clovis 147 150 230 363 398
Clovis II 504
Coëtivy 530
Coignet 516
Colbert 147 154 169 199 424 485
Colbert de Terron 198
Coligny amiral de 93 153 293 294 365 377 519
Colin 239
Colloigne Perceval de 288
Colomb Christophe 257
Combarel Hugues de 401
Combes Émile 98 133 409 410
Côme saint 254
Commynes Philippe de 540
Condé Louis de 93 206 234 458 496
Condé princesse de 270
Coningham Robert de 350
Constant Benjamin 239
Constantin 253
Coorland Gautier 384
Coppée François 279
Cornay Jean-Charles 289
Cornelle Dr Pierre 507
Corot 516 529
Cosnac Antoine de 444
Couldrette 295
Courbet 516 529
Courcillon 278
Couteilhas 244
Couveignes 381
Craon Amaury de 537
Criton Marie 288
Crotti 239
Curtiss 459
Curzon Alfred de 380 381
Cybard saint 146 155
Dagnan-Bouveret 239
Dagobert 323
Damien saint 254
Dammartin Guy de 364 373
Dandelet 519
Dangibeaud 516 531
Daniel Arnaud 181
Dante 181
Daras Henri 159
Daudet Alphonse 477
Daum 239
Dauzats Adrien 516
David d'Angers 290
Deck Théodore 239 515
Decœur 239
Degotteix Jean 381
Dehodencq Alfred 381
Delacroix 146
Delafond Antoine 328
Delamain Jacques 205
Delasalle Angèle 380
Delisy 430
Delor Jean 430
Demelier Jean 408
Demy Jacques 427
Denfert-Rochereau Pierre-Philippe Aristide 503
Derby 397
Déroulède Paul 98 279
Descartes René 94 213 215 216 365
Descoust Charles 381
Desforges Régine 408
Desmier Éléonore 347
Diaz de la Peña 239
Didonne 476
Diot 263
Dorval Marie 330
Doucet Henri 216
Drouet Juliette 427
Du Cerceau Charles Androuet 216
Du Guesclin 90 184 194 228 234 331 333 337 364 393 409 424 434 513 537 538
Duchesne 459
Ducré 458
Ducret 475
Dumnacus 81
Dumont d'Urville 428
Duperré Guy-Victor, amiral 469
Duperré Jean Augustin 468
Duperrey 428
Dupin préfet 80 358
Duplessis-Mornay 197
Dupont amiral 426
Duprat 526 526
Dupré 239
Duratius 81
Ebbon 392
Ebroïn évêque 84
Echaux Mgr Bertrand d' 504
Écosse Marguerite d' 539
Edelinck G. 428
Édouard III 190 333
Elbeuf duc d' 93
Eparchius 155
Epernon duc d' 147 158 171 416 476
Eschassériaux baron 80 529
Escoula Jean 380
Espelozin d' 214
Espinay de Saint-Luc François d' 201
Estissac Geoffroy d' 311 312 385 390 392 416
Estissac Louis 346
Estrées Gabrielle d' 324
Étex Antoine 240
Eu comtes d' 228
Eutrope saint 133
Eygun François 378
Fauconnier Henri 191
Fautrier 381
Fénelon François de La Mothe 94 415
Fénelon Paul 291
Ferret Claude 477 478
Ferry 467 468 470
Fleuriau Aimé-Benjamin 458
Floris Flans 239
Foix cardinal de 288
Foix Louis de 485
Follenfant P. 472
Fombeure Maurice 401 402 408
Fonsèque Charles de 534
Fontanes Louis de 343
Fontant Antoine 440
Fortunat saint 399
Fortunat Venance 84
Foucauld II 440
Foucault Michel 368 404
Fouché 343
Fouilloux Jacques du 266
Foulques Nerra 85
Foulques V 289
Fountaine J. F. 472
Fouquet 169
Fouquet Gilles 218
Fourneau Cécile 288
Fournier L. 516
Français 239
François Ier 91 133 147 155 228 234 240 439 490
François II 439
François III 439
François IV 439
François V 439
Frémond Jean-Louis 451

Frère 239
Fresneau François 317
Fromentin Eugène 133 380 417 423 458 461 467
Fronius 516
Frouin 444
Fusaro 381
Gabriel 456 475
Gallé 239
Galliffet colonel 503
Garive Jean 152
Garnier de La Boissière 444
Garnier Frédéric 477
Gassedener Arnould 310
Gâtineau Claude 285
Gauffier Louis 380
Gautier 234
Gautier Théophile 149
Geoffroy 428
Geoffroy II prince d'Achaïe 409
Georges saint 270
Gillet Guillaume 478
Giordano Luca 239
Girard évêque 86 149 150 152 153
Glaber Raoul 102
Glockner 344
Godelier Martin Le 292
Goltzius Hendrick 239
Gombaud Antoine 276
Gon Jean-Charles 467
Goth Bertrand de 492
Goubin 465
Goué général Guillaume Resnier de 155 156
Gouffier Artus 544
Gouffier Claude 267
Goufreville 464
Goujon 464
Goulebenèze Évariste Poitevin dit 517 521 523
Gourville seigneurs de 168 169
Grand Tony 381
Grandier Urbain 94 286 287 289
Granel Martin 478
Granier 239
Grassi Giovanni Battista 312
Grézille Jeanne de 288
Grignion de Montfort Père 372
Grignon général 194
Grimaud 432
Grimoard 150
Guérinot 374
Guillaume Fier-à-Bras, duc d'Aquitaine 489
Guillaume Le Grand 102 311
Guillaume le Toulousain 409
Guillaume le Troubadour 370
Guillaume dynastie des 84
Guillaume Tête d'Étoupe, comte de Poitou 320
Guillaume II 311
Guillaume V le Grand 85
Guillaume X 233 264 452
Guillaumin 381
Guillery Philippe 134
Guillotin Joseph-Ignace 134 518
Guimberteau 239
Guimet Hilaire 374
Guinot de Monconseil Étienne 518
Guinut 464
Guiraud 442
Guiton Jean 453 459 460
Guyenne duc de 413
Guy-Geoffroy-Guillaume comte-duc 102
Hamelin 476
Hangest Hélène de 544
Harcourt Jean IV d' 216
Harouard Pierre Étienne 475
Hébre de Saint-Clément 427
Hennessy 234
Henri II 319 537
Henri III 293 365 476 529
Henri III d'Angleterre 158
Henri IV 168 286 298 324 349 459 476 520
Henri V 263
Hérault Jean 169 169
Héray saint 506
Hérisson 239
Hilaire saint 83 134 363 382 384 390 394
Hivonnait H. 214 216
Honegger Gottfried 381
Houliers François 322
Houliers Pierre-Saturne 322
Huet Jean-Baptiste 239 531
Hugo Victor 427
Hugues le Brun, comte d'Angoulême 328
Hugues X 294
Huysmans J. K. 391
Idoux Claude 478
Ingrand Max 221
Innocent II 358
Isambard de l'Étoile 225
Isembert 85
Jacot Descombes Pierre 324
Jacques Cœur 530
Jacques le Matamore saint 270
Jarnac Amélie de 233
Jarraud 239
Jean Le Bon 89 393
Jean comte 234
Jean docteur 521 525
Jean sans Terre 88 186 233 294 324 495 496
Jean-Baptiste saint 497
Jeanne des Anges Mère 287 289
Jeanniot 239
Jean XXII 311
Jehan de Bauçay 288
Joly-Leferme 378
Jongkind 516
Jonzac comte de 281
Joseph Père 288 402
Junien du Poitou saint 394
Justin II 399
Kauba Karl 459
La Boissière comte Frédéric Garnier 248
La Croix Maron Jacques de 207
La Croix Père de 264 372 373 380 387
La Fayette Gilbert de 424
La Fayette Madame de 491
La Fontaine 291 322
La Mothe-Saint-Genis Horric de 170
La Noue François de 93 190
La Porte de la Meilleraye 356
La Quintinie 247
La Réau Léonard de 346 459
La Rochefoucauld 94 165 167 168 173 191 203 327 439 450 486 490 521 534
La Rochefoucauld Aymard II de 490
La Rochefoucauld Charlotte de 158
La Rochefoucauld François de 147 439
La Rochefoucauld François II de 440
La Rochefoucauld François VI de 134 490 491
La Rochefoucauld François XII, duc de 134
La Rochefoucauld Geoffroy de 191
La Rochefoucauld Guy de 171
La Rochefoucauld Guy VII de 439
La Rochefoucauld Marguerite de 193
La Rochefoucauld Pierre Louis de 531
La Rochefoucauld-Bayers 173
La Rochefoucauld-Liancourt 440
La Rochejaquelein Henri de 134 195 196 197 263 537
La Touche-Tréville amiral de 432
La Trémoïlle ducs de 94 477 530 537 538
La Trémoïlle Henri II de 539
La Trémoïlle Louis II de 537 538
La Trémouille Charlotte de 496
Labrousse Ernest 191
Lachenal E. 516
Lacombe Georges 428
Lacoste Charles 381
Lacroix de Bourgon général 445
Lafaille Clément de 469
Laming Denis 258
Lamourdedieu 442
Lapérouse 428
Laprade 239
Larchevêque Joscelin I 356
Larchevêque Guillaume V 349
Largeau frères 343
Largeau Victor 343
Larminat général de 477
Larnay de 396
Laval Monseigneur Henri de 458
Lavalette Jean-Louis de Nogaret de 278
Lavault Fucy de 516
Le Duc, François dit Toscane 306 325 504
Le Musnier Louis 489
Le Roy Eugène 181
Leduc Pierre 306
Léger saint 502 504
Legube 526
Legué 289
Lehamnn 381
Lelay Bernard 442
Lemercier comte 514
Lemoyne André 497
Léonce II 522
Léotard Hélie 328
Lépine 239 381
Leroy 239
Lescale Jean de 466
Lescure 194 197 357
Lesson 428 432
Lesueur Eustache 458
Levassor 430
Léveillé 239

Levillain F. 516
Lévis Anne de 168
L'Hermite Tristan 218
Limoges Roger, comte de 211
Liniers Jacques de 343
Lobau comte 506
Longueville duchesse de 168
Lorin 251
Loroux Geoffroy de 483
Lorraine Christine de 204
Loti Pierre 134 351 355 426 431 432 526
Louis Le Pieux 84
Louis Victor 416
Louis Ier 537
Louis Ier le Débonnaire 324
Louis VII 310 530
Louis VIII 502
Louis IX 530
Louis-Philippe d'Orléans 263
Louis XI 211 218 264 413 502 522 534 537 539
Louis XII 240
Louis XIII 147 189 278 281 288 291 294 351 356 409 439 453 458 470 474 476 490 495 534
Louis XIV 143 155 199 231 234 283 339 352 424
Louvois 94 191 317 319
Luce 381
Lude comte du 93 190
Lusignan 88 228 230 356 529
Lusignan Aymard de 438 439
Lusignan Geoffroy de 311
Lusignan Guillaume de 324
Lusignan Hugues de 86 158 328 476
Lusignan Hugues Ier de 392
Lusignan Hugues IV de 295
Lusignan Hugues X 233
Maignelais Antoinette de 220
Maillol 458
Mainardus 371
Maintenon Madame de 134 230 248 339 345
Maître de Francfort 458
Maixent d'Agde 502
Malaine Joseph-Laurent 239
Mancini Marie 199 200
Mansart 231
Marchand André 381
Marche comtes de la 211 228
Margot reine 234
Marillac 94
Marinot 239
Marmoutier abbé de 508
Marot Clément 155 179 234
Marquet 239 381 458
Marsaudon Michel 479
Martel Charles 84
Martel Geoffroy 102 198 289 318 512 521 527
Martell Édouard 234 240
Marthon 450
Martin saint 49 83 390
Massys Jean 239
Matata sorcier de 270
Matha 476
Mathon Claude Charles 324
Mauléon seigneurs de 418
Maur saint 179
Mayer Constance 239
Mazarin cardinal 155 283 288
Médicis Catherine de 204 234 535
Médicis Marie de 147 155 278 490
Meilleraye duc de la 266 349
Mélusine 134 295
Mercier 263
Mercier Jacques Le 291
Méré Poltrot de 179 276
Mérimée Prosper 508 509 514 534
Merleau-Ponty Maurice 432
Messiaen Olivier 205
Michaud Sarrazin 234
Michon abbé 329
Milon 220
Minaux 381
Mirabeau 496
Mirambeau baron de 190
Mitterrand François 135 156 206
Moinot Pierre 408
Molière 362
Monnet Jean 135 240
Monory René 256
Montaigne Michel Eyquem de 203
Montaigne Raymond de 531
Montalembert Marc-René de 95 148 153 448
Montausier gouverneur M. de 147
Montespan Madame de 231 246 333 339 434 541 544
Montesquiou 206
Montferrand duc de 490
Monticelli 381
Montmorency Anne de 519
Montmorency famille des 168
Montmorency-Bouteville comte François de 252
Montpensier duc de 92 294
Montpezat Louis Desprez de 262
Moroni Giovanni Battista 239
Motte Henri 456
Mouchard Louis 152
Moussy J. de 334
Muguet 381
Muin 424
Müller Louis-Charles 380
Murat de Chasseloup-Laubat prince 317 506
Nancy Jacques 252
Napoléon Ier 143 144 145 353 424 428 436 466 469
Navailles duc de 278
Navailles maréchal de 278 344
Navarre Henri de 93 190 204 356 502 530
Neuillan Suzanne de 344
Nicolas II tsar 49 217
Octobre Aimé 214 216 217 374
Odilon abbé 86
Olbreuse Éléonore d' 536
Orléans Antoinette d' 402
Orléans Charles d' 160
Otard baron 234 235
Pailler Henri 381
Palissy Bernard 135 152 457 514 519 525
Pallais évêque 83
Pallais saint 512
Parthenay sires de 356 530
Parthenay Jean II de 349
Pascal Blaise 257
Pascaud M. 442
Pasquier 365
Pasteur Louis 243
Peletier Jacques 364
Pépin le Bref 181 537
Pérochon Ernest 135 197 343 408
Perrault Charles 544
Perrault Léon 380
Pershing général 503
Pérusse d'Escars comte de 96 225 246
Peyronnet Émile 156 240 442
Philibert saint 84
Philippe Auguste 88 194 286 364 476 495 496 537
Philippe le Bel 89 147 499
Philippe le Hardi 234
Philippe le Long 364
Pichault Octave 380
Pie cardinal 391
Pierre Aumaître saint 490
Pincemin 381
Pineau F. 235
Pinet Jean 372
Plantagenêt dynastie 135 286 530
Plantagenêt Henri 88 337 495
Plantagenêt Henri II 108 239 341
Plauzeau Alfred 380
Plessis Armand du 147 155
Plessis famille du 220
Plumier père 429
Poe Edgar 216
Poisson Pierre 343 381
Poitiers Alphonse de 88 132 364 529
Poitiers Guillaume VIII de 396 397
Poitiers Guillaume IX, comte de 364
Poitiers Guy-Geoffroy de 433
Polignac Anne de 439 440 490 491
Pomier 465
Pomier Albert 381
Ponce 371
Poncelet 442
Pons Geoffroy de 411
Pons Jacques de 198
Pons sires de 409
Pontard Hugues 459
Porte Charles de la 265
Poupet Michel 466
Poussard Joachim 536
Poussin Nicolas 214
Pressac abbé 228
Preuilly baron de 220
Prince de Galles 252
Prince Noir 333 364 393 395 485 508
Probus 238
Proust Antonin 503
Puy Robert du 331 333
Quinquand Anna 381
Rabaine Jean de 416
Rabateau Jean 375
Rabelais François 92 296 311 346 364 390 398 465
Rabuteau Jean 399
Radegonde sainte 84 135 363 377 390 399
Rammulfe évêque 56
Rancon famille de 530
Rannoux Ier 84

Rannoux II 84
Raoult 465
Rapin Nicolas 365
Ravaillac François 93 147 154 296
Razilly Isaac de 292
Réaumur René-Antoine Ferchault de 464
Rebeyrolle 381
Reclus Élisée 181
Régnaud Michel 495 496
Renaudot Théophraste 94 286 287 288 290
Renault Louis 230
Renoleau Alfred 152
Reverseaux Jacques Guéau de 200 513
Reyen 239
Rézé René de Monti de 268
Richard Cœur de Lion 88 233 324 341 397 409
Richelieu cardinal de 93 147 155 171 187 191 196 198 220 286 288 291 314 351 352 356 357 404 416 453 468 470 474 475 534
Richelieu maréchal de 531
Richemont Arthur de 349 356
Rigaud Gaspard 515
Rigault de Genouilly amiral 432
Rivaud de la Raffinière général 228
Robert François, dit Robert le Chouan 261 263
Robin Alexandre 326
Robinet Testard 234
Rochechouart évêque Guy de 519
Rochechouart François de 326
Rochefaton La 488
Rocher Maurice 479
Rodin Auguste 239 381
Roger Suzanne 381
Rohan Anne de 201
Ronsard Pierre de 364 371 534 535
Rouault Georges 391
Rousselot abbé 444
Rousselot Jean 408
Roux Émile 243
Rubens Petrus Paulus 428
Ruibet Pierre 285
Sablé marquise de 491
Sadi-Carnot 473
Saint Louis 392 397 476 531
Saint-Dizant Michel de 531
Saint-Gelais Mellin de 147
Saint-Gelais Octavien de 147 234
Saint-Simon duc de 486 487 489 494
Saint-Simon marquis de Ruffec 147
Sainte-Marthe Scévole de 92
Sainte-Maure Charles de 362
Sainte-Maure Léon de 281
Salis Rodolphe 213 216
Savoie Louise de 91 92 147 160 234 240
Scarron Paul 339
Schmidt Johannes 312
Schumann Robert 391
Segrétain 340
Severini Gino 228
Severus 228
Siam roi de 469
Siete 298
Sillery marquis de 165
Simenon Georges 189
Siret Olivier 225
Sisley Alfred 381
Soubise 422 483 476
Spadaro Nicco 239
Spilberg Johan 239
Steinlein 216
Sully 246 458
Surgères Hélène de 534 535
Taillée Dufay de la 349
Taillefer comtes 154 157
Taillefer Geoffroy 253
Taillefer Guillaume 147
Taillefer Guillaume II 171 172 278
Taillefer Isabelle 88 158 233 294
Taine Hippolyte 377
Talleyrand Charles Maurice de 202 203 325
Talleyrand Hélie 202
Teilliet Jean 246 246
Tellier-Louvois Le 192
Terron Colbert de 424
Teulère 485
Texier Dr Jean 500
Tharaud Jean 149
Tharaud Jérôme 149
Théodebert 506
Théodolin 311
Theuriet André 228 408
Thévet André 147 158
Thibaut 374
Thomas Pascal 544
Thouars Guillaume de 86
Thouars Madame 413
Thouars vicomtes de 537
Tiercelin Charles 219
Tillet chanoine du 92 157 158
Tilly amiral de 432
Tiraqueau 92
Toiras marquis de 418 421 422
Toufaire 432, 431
Tour François de la 203
Tour Marie de la 539
Tourette Georges Gilles de la 289
Tournon cardinal François de 262
Tours Grégoire de 398
Trarieux Ludovic 179
Trébuchet André 479
Tremblay Joseph du 287
Tudebode curé 228
Turgot 95 164 154
Tyndo sénéchal 538
Urbain II pape 86 211 371 522
Utrillo Maurice 156
Valade Jean 383
Valois Jean de 236
Valois Marguerite de 167
Valore Lucie 156
Van Cleve Cornélis 239
Van Neck Jan 239
Vareilles de 231
Vasto Lanza del 148
Vauban 143 199 352 418 436 470
Vénard saint Théophane 268
Ventadour Bernard de 86
Vérac marquis de 230
Verdi Giuseppe 257
Verlet Raoul 153
Vernet J. 428
Vernon 214
Véron Philippe 92
Verrazano Giovanni 153
Véry Pierre 181
Vieljeux Léonce 454
Vignolles, Étienne de dit La Hire 331
Vigny Alfred de 149 157 330
Viguier 192
Viktor Knud 324
Villequier René de 218
Vinet Elie 191, 192
Virolleaud Charles 191
Vitabre Arnauld de 444
Vitet Ludovic 508
Vitry duc de 190
Vivonne André de 506
Vivonne duc de 246
Vivonne François de 206
Vivonne Jeanne de 500
Voltaire 268
Volvire Philippe de 152 487
Vulgrin comte d'Angoulême 84
Vulgrin II 490
Walgrin, comte d'Angoulême 409
Westermann 357
Westminster duc de 441
Willette 216
Ylen Jean d' 239
Zola Émile 477

Index des noms de lieux

Absie 261
Abzac 246
Acadie maison de l' 292
Acadienne Ligne 225
Affit l' 443
Agriers 149
Agris 446
Agudelle 274
Aiffres 348
Aigne 392
Aigre 167
Aigrefeuille-d'Aunis 535
Aiguillon baie de l' 314
Aiguillon pointe de l' 305
Aiguillon-sur-mer L' 304
Aillé 400
Airvault 542
Aix île d' 143
Aizecq 490
Albe île d' 436
Allas-Bocage 274
Alleuds Les 324
Allonne 261
Alloue 492
Ambleville 207
Andillé 392
Angeron 402
Anglée L' 308
Angles 304
Angles-sur-l'Anglin 510
Angliers 292
Angoulême 146
- 8-Mai-1945 boulevard du 159
- Arceaux rue des 154
- Arcole rue d' 159
- Atelier-musée du papier 160
- Bardines hôtel de 158
- Beaulieu place 156
- Beaux-Arts école des 160
- Bigorre boulevard de 159
- Bordeaux route de 160
- Calvin maison de 157
- Carmélites couvent des 155
- Commandant-Raynal place du 157
- Cordeliers chapelle des 158
- De-Lattre-de-Tassigny avenue 159
- Desaix rempart 153
- Épernon hôtel d' 158
- Épernon rue d' 156
- France hôtel de 155
- Gendarmerie rue de la 159
- Général-de-Gaulle rue du 154
- Genève rue de 157
- Gouverneur tour du 155
- Guez-de-Balzac lycée 156
- Halles-Centrales place des 154
- Henri-Dunant place 159
- Hôtel de ville 154
- Jean-Guérin rue 158
- Ladent tour 155
- Marbrerie hôtel de la 157
- Marché couvert 154
- Marquet île 160
- Minage place du 158
- Montmoreau rue de 155
- Musée municipal 158
- New-York place de 153
- Palais de justice 157
- Palet place du 155
- Pasteur boulevard 155
- Paul-Doumer boulevard 156
- Postes rue des 159
- René-Audour rue 157
- Résistance musée de la 157
- Saint-André église 157
- Saint-Ausone église 156
- Saint-Martial église 155
- Saint-Martin bois de 159
- Saint-Michel hôpital 155
- Saint-Pierre cathédrale 149
- Saint-Pierre place 149
- Saint-Simon maison de 156
- Sillac quartier de 159
- Société archéologique de la Charente musée de la 155
- Soleil rue du 158
- Taillefer rue 157
- Trois-Notre-Dame rue des 157
- Turenne place 158
- Turenne rue 155
- Vauban rue 158
- Wilson avenue 159

Angoulins 475
Angoumois 161
Angoumois Côtes de l' 249
Angoumois val d' 163
Anguienne l' 146
Anguienne vallée de l' 146
Annepont 498
Ansac-sur-Vienne 248
Antenne l' 500
Antezant-la-Chapelle 499
Antigny 334
Antioche tour d' 354
Arçais-la-Garenne 314
Arces-sur-Gironde 271
Archiac 207
Archigny 224
Archingeay 500
Ardaine tour d' 224
Ardillières 436
Argenton-Château 540
Argentor vallée de l' 491
Arpenterault bois d' 262
Ars 208
Ars-en-Ré 422
Arthenac 207
Artron château d' 231
Arvert 178
Arvert presqu'île d' 175
Aslonnes 392
Asnois 212
Assais-les-Jumeaux 543
Aubeterre-sur-Dronne 179
Aubiers Les 195
Augé 262
Aulnay forêt d' 184
Aulnay-de-Saintonge 183
Aunac 173
Aunis côte d' 188
Aunis l' 185
Aunis plaine d' 535
Authon 500
Auxances vallée de l' 396
Availles 394
Availles-Limouzine 245
Avanton 399
Avy 415
Aytré 475
Aytré plage d' 188
Azay-sur-Thouet 261
Badevillain château de 231
Baignes-Sainte-Radegonde 362
Baleineaux phare des 423
Baleines phare des 423
Balesmes 221
Ballastière plan d'eau de La 540
Ballon 436
Banche canal de la 314
Bandiat vallée du 450
Baptresse 393
Barbezieux 191
Barret 207
Barrou 220
Barzan-Plage 271
Bassac abbaye de 206
Basse Saint-Genis-d'Hiersac 52
Bayers château de 173
Bazac 203
Bazoin 310
Beau le 191
Beau-Chêne 196
Beaugay presqu'île de 200
Beaumont 403, 492
Beauvais-sur-Matha 501
Béceleuf 346
Bécheresse 330
Bel-Air forêt de 444
Belette La 314
Bellon 180
Belluire 416
Benest 493
Benon forêt de 535
Berneuil 328 362
Béronne vallée de la 319
Béruges 396
Beugnon Le 261
Beurlay 435
Bignay 500
Biron 413
Blandinière manoir de la 196
Blanzac 327
Blanzaguet 278
Blanzay 230
Blanzay-sur-Boutonne 499
Bocage le 195
Bois-Blanc forêt de 447
Bois-de-Sanzay château du 540
Bois-Dousset château de 402
Bois-du-Roc station du 451

Bois-Joly 143
Boismorand château de 334
Bois-Plage-en-Ré Le 423
Bois-Pouvreau étang du 264
Boissière-en-Gâtine La 261
Boivre vallée de la 396
Boixe forêt de la 173
Bondilly 401
Bonne Anse baie de 177
Bonne Anse plage de 177
Bonne-Espérance trappe de 181
Bonnes 180
Bonnetière château de la 292
Bonneuil 207
Bonneuil-Matours 401
Bonnillet carrières de 400
Bords 435
Boscammant 274
Bouchauds théâtre gallo-romain des 169
Bouchet 292
Boucholeurs Les 475
Bouëx 275
Bougneau 412
Bougon 507
Bougon tumuli de 50
Bouhet 535
Bouillé-Loretz étang de 540
Boulassiers Les 354
Bourcefranc-le-Chapus 317
Bouresse 231
Bourg-Archambault château de 336
Bourg-Charente 205
Bourg-du-Bost 181
Bournand 291
Boussardie château de La 443
Bouteville château de 252
Boutonne la 499
Bouzatière La 488
Boyard fort 351
Boyardville 352
Braconne forêt de la 447
Brassac logis de 442
Brault écluses du 315
Brée-les-Bains La 354
Bréjat marais de 177
Bressuire 194
Breuil château du 207
Breuil Le 336
Breuil-l'Abbesse 403
Breuil-la-Réorte 536
Breuillet 178
Breuil-Magné 436
Breuil-Mingot manoir de 403
Brie 544
Brie-Bardenac 203
Brie-Champniers 149
Brie-sous-Matha 501
Brigueuil 247
Brioux-sur-Boutonne 325
Brives-sur-Charente 241
Brossac 362
Brouage 198
Brouage marais de 200
Broue donjon ou tour de 434
Brux 230
Bunzac 451
Burie 241
Bussac 529
Bussière La 510
Buxerolles 400
Buxeuil 221
Buzay château de 474
Buze promenade de 177
Cabariot-Saint-Clément 435
Caillaud anse du 271
Callonges port des 272
Cards étang des 400
Cayenne La 317
Cebron plan d'eau du 267
Cellefrouin 444
Celle-Lévescault 296
Celles-sur-Belle 325
Cercigny château de 296
Cerizay 196
Cernay 404
Chabanais 247
Chabrot 450
Chadenac 414
Chadurie 330
Chaffaud grotte du 232
Chaillé château de 324
Chaillé-les-Marais 308
Chaillevette 178
Chaire à Calvin grotte de la 254
Chaise château de la 220
Chaise grotte de la 446
Chalais 202
Chambon abbaye de 540
Chambonneau château de 394
Champagnac église de 273
Champagne 433
Champagne charentaise 204
Champagné-le-Sec 230
Champagne-les-Marais 308
Champagne-Mouton 492
Champagné-Saint-Hilaire 231
Champagne-Vigny 330
Champdeniers-Saint-Denis 350
Champdolent 435
Champmillon 251
Champniers 230
Chaniers 524
Chantecorps 264
Chanteloup 197
Chantillac 362
Chapelle-Bâton 499
Chapelle-Bâton La 232
Chapelle-Bertrand La 265
Chapelle-des-Pots La 525
Chapelle-Largeau La 196
Chapelle-Morthemer église de la 226
Chapelle-Saint-Laurent La 197
Chapus Le 317
Chardes barrage de 232
Charente le fleuve 164
Charente vallée de la 209
Charmant 329
Charras 276
Charras canal de 437
Charrie lieu-dit La 307
Charron 190
Chasseigne église de 293
Chasseneuil 442
Chasseneuil forêt de 446
Chassenon 247
Chassiron phare de 354
Chatain 212
Château-d'Oléron Le 352
Château-Gaillard 196
Château-Garnier 231
Château-Guyon 203
Château-Larcher 392
Châteauneuf-sur-Charente 253
Châteaurenaud 165
Châtelaillon-Plage 475
Châtelars château du 442
Chatelier Le 308
Châteliers abbaye des 419
Châteliers étang des 264
Châtelleraudais 217
Châtellerault 213
- *Ancien Collège* 215
- *Automobile* musée de l' 217
- *Blossac* boulevard de 214
- *Château* 216
- *Châtelet* ancien hôtel du 214
- *Cognet* rue du 216
- *Descartes* Maison 215
- *Henri-IV* pont 216
- *Hôtel de ville* 214
- *Jardin public Ouest* 217
- *Manufacture d'Armes* 217
- *Notre-Dame* église 216
- *Palais de justice* 214
- *Saint-Jacques* église 216
- *Saint-Jean-Baptiste* église 214
- *Saint-Jean-l'Évangéliste* église 217
- *Saint-Romain* église 216
- *Sibylles* hôtel des 214
- *Sully* hôtel 216
- *Sully* musée 216
- *Théâtre* 214

Châtellerault forêt domaniale de 218
Châtenet manoir de 529
Châtillon 230
Châtre 204
Chaucre 354
Chaunay 230
Chaussée La 292
Chauvigny 222
Chay pointe du 475
Chazelles 450
Chef de Baie 474
Chef-Boutonne 326
Chenay 324
Chênel château de 241
Chermignac 529
Cherves 405
Cherves-Châtelars 442
Cherveux 350
Chèvrerie La 488
Chez-Bernardeau 230
Chez-Gacon 441
Chez-Guérin 498
Chiché 197
Chillac 362
Chirac 248
Chitré château de 219
Chizé forêt de 348
Chouppes 404
Cibiou château du 212
Ciré-d'Aunis 436
Civaux 225
Civray 228
Clain 400
Clain vallée du 403
Claix 255
Claunay 292
Clavé 264
Clavette plage de la 419
Clérac 274
Clessé 197
Clisson château de 197
Cloué 296
Clouère 388

Clussais-la-Pommeraie 326
Cognac 233
Allenet hôtel 236
Bernard de Javrezac hôtel 236
Brunet du Bocage hôtel 236
Cognac musée du 238
Cordeliers couvent des 236
Dupuy d'Angeac hôtel 238
Fé de Ségeville hôtel 236
François-Ier fontaine 235
François-Ier parc 240
François Ier place 240
Gautier de la Prédasse hôtel 236
Grande rue 236
Hôtel de ville 238
Hôtel-de-Ville jardin de l' 238
L'Eclopart hôtel de 237
Lieutenance Maison de la 236
Lusignan rue de 236
Perrin de Boussac hôtel 236
Rabayne hôtel de 236
Récollets ancien couvent des 240
Saint-Jacques porte 235
Saint-Léger église 237
Saint-Martin église 240
Sainte-Marie-Madeleine église 240
Saulnier rue 236
Templereau de Bauchay hôtel 237
Valois château des 235

Cognac tour de 226
Cognaçais le 162
Coivert 500
Colombiers 413
Comblé 296
Conac 272
Condac 494
Condéon 362
Condéon le 191
Confolens 243
Confolentais le 245
Consac 272
Contré 184
Conzac 328
Cordouan phare de 485
Corme-Écluse 482
Cormenier 347
Corme-Royal 527
Corot site 247
Cossonnière la 390
Cotinière La 354
Cotinière port de la 352
Couarde-sur-Mer La 421
Coubre forêt de la 177
Coubre phare de la 177
Coudepont pointe de 143
Coudraie-Noyers château La 196
Coudray-Salbart château de 349
Couhé-Vérac 230
Coulgens 446
Coulon 345
Coulonges 414
Coulonges-sur-l'Autize 346
Courbiac manoir de 531
Courcôme 489
Courçon 535
Courdault 310
Courlac 203
Courlay 197
Couronne La 148
Couronne abbaye de la 250
Coussay 404
Coussay-les-Bois 220
Crazannes 531
Cressac 328
Cressac chapelle des Templiers de 327
Cressé 501
Creuse vallée de la 219
Croix-Comtesse La 184
Croix de la Dame Lieu-dit La 166
Croix-des-Marys 314
Croix des Marys pont de la 310
Croutelle vallée de la 442
Cumond château de 182
Curçay-sur-Dive 293
Curzay-sur-Vonne 265
Dampierre-sur-Boutonne 499
Damvix 310
Dangé-Saint-Romain 221
Dercé 292
Dercie chapelle de 434
Descartes 221
Didonne château de 482
Dignac 279
Dirac 280
Dissay 400
Dive la 306
Doix 313
Dolo vallon du 194
Domino 354
Dompierre 454
Dompierre-sur-Charente 241
Doret 541
Double la 180
Douhet le 524
Douhet port du 354
Dronne la 180
Dubrie château de La 195
Duffaits grotte des 446
Durbelière château de la 196
Eaux-Claires vallon des 255
Ébaupinay château de l' 540
Ébéon 500
Echebrune 414
Échillais 433
Échiré 349
Echourgnac 181
Écoyeux 524
Edon 277
Éduts Les 501
Éguille L' 178
Elle île d' 309
Embellie plage de l' 177
Embourie 488
Épannes 347
Epanvilliers château d' 227
Esnandes 189
Esnord 173
Espagnole Pointe 177
Essards Les 180
Esse 246
Étables 398
Étambé 540
Étangs château des 442
Étaules 178
Étoile abbaye de l' 225
Étriac 253
Exideuil-sur-Vienne 248
Fâ moulin du 271
Fadets grotte des 451
Falaise 221
Faugerit 347
Faye 181
Faye-l'Abbesse 197
Faye-la-Vineuse 292
Fayole La 499
Fenioux 498
Ferrière-Airoux La 231
Ferrière-en-Parthenay La 266
Festalemps 182
Feuillade 450
Fier d'Ars Le 422
Flaix île de 186
Fléac 160
Fléac-sur-Seugne 415
Fleurac moulin de 251
Flotte La 419
Font de Lussac la 449
Font de Sazat 335
Fontaine 400
Fontaine-Chalendry 501
Fontaine-le-Comte 397
Fontaines 312
Fontaines dolmen des 398
Fontaines-d'Ozillac 273
Fontbedeau 178
Fontdouce abbaye de 524
Fontfais 444
Font-le-Bon 212
Forêt-sur-Sèvre La 197
Forge à fer 266
Forge-Moulismes 227
Forges Les 436
Fort Boyard Le 352
Fosse Limousine 448
Fosse Mobile grotte de la 448
Fou château du 219
Fougeré butte de 231
Fouqueure 167
Fouras 436
Frenade La 208
Frontenay-Rohan-Rohan 347
Fumée pointe de la 144
Futuroscope parc du 256
Galon d'Or plage du 177
Garat 280
Garde château de la 242
Gardes-le-Pontaroux 277
Gardour tour du 177
Garenne la 310
Garette La 314
Gartempe la 333
Gataudière château de La 317
Gâtine 259
Gâtine château des artisans de 267
Gazeau château de 349
Gazon gentilhommière du 442
Geay 435
Gémozac 416
Genac 169
Gençay-Saint-Maurice-la-Clouère 393
Génétouze La 274
Genouillé 535
Gensac 207
Genté 207
Germignac 414
Gibeau château du 415
Gimeux 208
Girac 147
Gironde 175
Gironde corniche de la 269
Givray domaine de 392
Gizay 394
Glénouze 293

Goize 445
Gond-Pontouvre 149
Goué 165
Gouffre Le 314
Gourgé 267
Gourville 168
Grand Coin canal du 313
Grande Champagne 204
Grande Combe rond-point de la 448
Grande Combe vallée de la 446
Grande Côte 176
Grande Côte route de la 176
Grande Fosse grotte de la 448
Grand-Madieu 492
Grand-Pressigny 220
Granit lieu-dit le 392
Granjean 498
Grassac 276
Grenord 247
Gripperie-Saint-Symphorien La 434
Grosbot 276
Gros-Guignon tumulus du 232
Grues 304
Gua Le 434
Gué-de-Velluire Le 309
Guerche château de la 220
Guéronnière château de la 231
Guirande val de 347
Guizengeard 362
Gurat 278
Guyonnière château de La 265
Harembure château de 220
Haut-Clairvaux donjon du 218
Haute Saintonge 273
Haut-Mont 274
Herbord ruines romaines d' 264
Hérisson 197
Heurtebise site d' 285
Hiers 200
Hiersac 160
Hollandais Ceinture des 308
Homelière château de l' 262
Horte forêt d' 276
Horte pays d' 275
Houmeau L' 189
Houmée 435
Ingrandes 219
Irleau 314
Isleau L' 527
Isle-Jourdain 231
Iteuil 392
Jare La 475
Jarnac 206
Jarnac-Champagne 414
Jarnouzeau 242
Jaunay-Clan 403
Javarzay 325
Jazeneuil 265
Jazennes 416
Jean-Aubouin arboretum 277
Jemaye La 181
Jonzac 281
Jorigny manoir de 296
Jouhet 335
Joussé 232
Jousseau barrage de 232
Juignac 329
Juillac-le-Coq 207
Jurignac 253
Karst région du 446
La Vue château 450
Lagarde-sur-le-Né 207
Lageon 268
Lagord 474
Laigne La 535
Laleu 474
Lance La 436
Landes 500
Landrais 535
Langon Le 308
Lanville 168
Lathus 336
Latillé 398
Lauzières 189
Laverré 392
Lavoux 402
Lay bassin du 297
Lay marais du 304
Lencloître 404
Lenest château de 336
Léortardie château de la 328
Léray château de 230
Lessart 400
Lesterps 246
Leugny 544
Lezay 326
Lhommaizé 227
Lichères église de 173
Liédot fort 143
Liez 310
Ligné 166
Lignières domaine de 170
Lignières-Sonneville 207
Ligonne vallée de la 441
Ligugé 390
Limalonges église de 326
Linazay 230
Linars 160
Lindois 441
Liniers 398
Lizonne vallée de la 493
Loges château des 262
Loire la 164
Loiré-les-Marais 436
Loix 421
Long-Bas lieu-dit Le 296
Longeville 303
Lonzac 414
Loubeau grottes de 323
Loubressay château de 224
Loudunais 291
Louin 543
Lupin complexe nautique de 201
Lupin fontaine 201
Lupin fort 201
Lusignan 294
Lussac-les-Châteaux 333
Lussant 436
Lussant château de 272
Luxé 167
Luzac 318
Macqueville 241
Madame île 201
Madeleine château de la 274
Madoire étang de la 197
Magdeleine La 488
Magnac-Lavalette 279
Magnac-sur-Touvre 448
Magné 346
Maillé 314
Maillezais 311
Maine-Giraud manoir de 330
Mainfonds 253
Maisonnay 324
Maladrerie chapelle de la 285
Malleyrand 441
Manche château de la 296
Manot 248
Mansle 164
Marais poitevin parc naturel régional du 297
Marais-Fou 308
Marans 315
Maranzais 541
Marcillac-Lanville 167
Marconnay château de 265
Marendat château 450
Marennes 316
Marignac 415
Marigny-Brizay 403
Marigny-Chemereau 296
Marillac-le-Franc 441
Mariville château de 224
Marmande château de 219
Marnay 393
Marnes 543
Marsay château de 404
Marsilly 189
Marthon 450
Martray isthme du 422
Martrou pont de 436
Massac 501
Massignac 442
Massignac château de 492
Massogres 405
Matha 500
Mathes-La Palmyre Les 177
Maulay 292
Mauléon 196
Mauprévoir 212
Maurivet château de 266
Mauvinière la 318
Mauzé-sur-le-Mignon 347
Mauzé-Thouarsais 540
Mavault dolmen de 398
Mazamas 336
Mazeau Le 310
Mazeray 498
Mazerolles 441
Mazeuil 405
Médillac 203
Médis 484
Meilleraye ruines du château de la 265
Melle 319
Mellois pays 325
Melzéard 325
Menet château 450
Ménigoute 264
Mérignac 273
Merpins 208
Meschers 269
Mesnac 241
Meursac 528
Migné-Auxances 399
Mignon 314
Migron 241
Millière La 231
Minimes Les 455
Miosson 388
Mirambeau 272
Mirebalais 403
Mirebeau 405
Mirebeau plaine de 403
Mireuil 454
Missé 541
Moëze 200
Moings église de 56

Monards 271
Monchandy manoir de 231
Moncontour-de-Poitou 292
Mondion 218
Mongoumard 451
Montazais 230
Montbron 450
Montbronnais 450
Montchaude 362
Montcoutant 197
Montembœuf 442
Montendre-les-Pins 273
Montgaudier grotte de 446
Montguyon 274
Montherault 436
Monthoiron 219
Montierneuf 433
Montignac château de 163
Montignac-le-Coq 52
Montignac-sur-Charente 170
Montigné 160
Montils 412
Montmoreau collines de 327
Montmoreau-Saint-Cybard 328
Montmorillon 331
Montpellier-de-Médillan 528
Montravers 196
Montreuil-Bonnin 397
Montrollet 247
Monts-sur-Guesnes 404
Moreaux abbaye des 231
Morelière La 261
Moricq 304
Mornac 178
Mortagne-sur-Gironde 271
Morthemer 226
Mothe-Clédou forêt de la 277
Mothes château de 197
Mothe-Saint-Héray La 506
Motte d'Usseau château de la 218
Moulière forêt de 402
Moulières château des 346
Moulin 390
Moulin du Sap parc naturel de loisirs du 272
Moussac 336
Moussais-la-Bataille 219
Mouthiers vallon de 146
Mouthiers-sur-Boëme 254
Mouton 173
Mursay château de 349
Nalliers huttes de 308
Nanclars 173
Nanteuil-en-Vallée 491
Nauzan plage de 176
Né le 413
Neissier 313
Nersac 251
Neuvicq château de 241
Neuvicq-Montguyon 274
Neuville-de-Poitou 398
Nie 500
Nieuil-l'Espoir 394
Nieul 454
Nieulle-sur-Seudre 318
Nieul-sur-l'Autise 310
Nieul-sur-Mer 189
Niort 337
- *Archives départementales* 343
- *Arthur-Taire* musée 343
- *Basse* rue 339
- *Beaux-Arts* musée des 343
- *Brèche* place de la 338
- *Centre d'action culturelle* 345
- *Chanzy* place 340
- *Donjon* 341
- *Du Guesclin* quartier 340
- *Foucault* fort 343
- *Gouverneur* Maison du 339
- *Halles* place des 339
- *Hercule* logis de l' 339
- *Histoire Naturelle* musée d' 344
- *Hôtel-de-Ville* place de l' 343
- *Jardin public* 340
- *Juiverie* rue de la 339
- *Martyrs-de-la-Résistance* place des 339
- *Musée municipal* 342
- *Notre-Dame* église 343
- *Pilori* 339
- *Pilori* place du 340
- *Pont* rue du 339
- *Préfecture* 343
- *Préfecture* quai de la 340
- *Rabot* rue du 339
- *Regratterie* quai de la 340
- *Saint-André* église 340
- *Saint-Étienne-du-Port* église 345
- *Saint-Hilaire* église 338
- *Temple* place du 339
- *Temple* rue du 339
- *Vieille-Rose* rue 340
- *Vivier* fontaine du 340

Noirterre 197
Norée grottes de la 396
Notre-Dame de Chabossant chapelle de 492
Notre-Dame de la Redoute chapelle 423
Notre-Dame-de-Pitié basilique de 197
Nouaillé-Maupertuis 394
Noue La 423
Nouillers Les 500
Nuaillé-sur-Boutonne 499
Nuchèze château de 350
Nueil-sur-Argent 195
Oiron 544
Oisellerie château de l' 250
Olbreuse 347
Olérat 440
Oléron île d' 351
Ordières château d' 493
Orignolles 274
Oyré 219
Ozillac 273
Ozon 219
Pallice La 455
Pallice port de La 473
Palmyre forêt de La 176
Palmyre La 177
Palmyre zoo de La 176
Palmyrosa parc d'attractions de 177
Panisson château 450
Panloy château de 531
Parc forêt du 397
Parthenay 356
Passe La 421
Passelourdin rochers et grotte de 390
Pavé port du 315
Payroux 232
Pérignac 412
Périgné 325
Périgny 454
Persac 231
Péruse La 247
Petit Angoumois 362
Petit-Chêne château du 262
Petite Champagne 204
Petite Flandre 436
Petites Minaudières Les 220
Petit-Niort 272
Petitonne ou Grand Etang étang de 181
Peu Richard site de 529
Peyratte La 266
Pible 52
Piédemont pointe de 201
Pierre-Folle dolmen de la 274
Pierre-Pèze dolmen de la 230
Pillac 180
Pin abbaye du 397
Pinail landes du 219
Pindray château de 333
Pirelongue tour de 482
Pisany 528
Placard grottes du 451
Plainelière La 197
Plaisance 335
Plassac 253 416
Pleine-Selve 272
Pleumartin 511
Plomb Le 189
Plomb pointe du 189
Pointe fort La 437
Poiré-sur-Velluire Le 308
Poitiers 363
- *Aboville* quartier 386
- *Ancienne-Comédie* rue de l' 374
- *André-Malraux* voie 370
- *Arceau* rue de l' 382
- *Aristide-Briand* place 382
- *Arthur-de-la-Mauvinière* rue 377
- *Arthur-Ranc* rue 374
- *Aubaret* hôtel 370
- *Aviation* rue de l' 388
- *Barbarin* hôtel 375
- *Bel-Air* rue de 388
- *Bénisson* tour 371
- *Bibliothèque municipale* 370
- *Blossac* parc de 385
- *Blossac* rue de 386
- *Bretonnerie* rue de la 372
- *Campeurs* rue des 387
- *Carnot* rue 384
- *Cathédrale* rue de la 377
- *Celle* rue de la 382
- *Centre équestre* 387
- *Chaîne* rue de la 372
- *Charles-VII* place 372
- *Chasseigne* boulevard de 371
- *Chez Manuel* musée 388
- *Chièvres* musée de 383
- *Clain* promenade du 371
- *Coligny* boulevard 386
- *Coligny* rocher 386
- *Cordeliers* rue des 373
- *Couronneries* Z.U.P. des 387
- *Domaine universitaire* 387
- *Dunes* hypogée des 387
- *échevinage* hôtel de l' 373
- *Émile-Faguet* rue 375
- *Enceinte médiévale* 385
- *Escalier des Dunes* 386
- *Facultés des sciences* 387
- *Fumé* hôtel 372

Gaillards rue des 370
Général-Sarrail rue du 372
Grand-Rue 375
Hôpital des Champs cimetière de l' 387
Hôtel de ville 374
Hôtel-Dieu rue de l' 372
Jardin des Plantes 371
Jean-Bouchet rue 372
Jean-Jaurès rue 378
Jean-Macé rue 372
Jésuites chapelle des 382
Léopold-Thézard rue 385
Liberté place de la 372
Louis-Renard rue 382
Magenta rue 386
Marché place du 366
Marché rue du 370
Maréchal-Foch rue du 386
Maréchal-Leclerc place du 374
Marne rue de la 374
Maubergeon tour 373
Montierneuf place 371
Mouton rue du 371
Nieul hôtel de 375
Notre-Dame-des-Dunes statue de 386
Notre-Dame-la-Grande 366
Palais de justice 373
Paris avenue de 388
Paris route de 387
Paul-Guillon rue 374
Pelisson hôtel 370
Père-de-la-Croix rue du 387
Pierre Levée 387
Pierre-Levée cimetière de la 387
Pierre Mendès France espace 381
Plan de Mai 373
Pont-Neuf 386
Porteau rochers du 387
Poste centrale 374
Préfecture 382
Puygareau rue du 382
Quatre-Roues passerelle des 371
René-Descartes rue 372
République square de la 386
Saint-Germain église 372
Saint-Hilaire doyenné 385
Saint-Hilaire rue 384
Saint-Hilaire-de-la-Celle église 381
Saint-Hilaire-le-Grand église 384
Saint-Jean baptistère 378
Saint-Jean-de-Montierneuf église 371
Saint-Pierre cathédrale 375
Saint-Porchaire église 374
Saint-Porchaire rue 374
Sainte-Catherine rue 382
Sainte-Croix musée 379
Sainte-Croix rue 378
Sainte-Radegonde église 377
Sainte-Thérèse église 388
Tête-Noire rue de la 370
Théophraste-Renaudot rue 383
Tranchée rue de la 384 385
Trésorerie générale 375
Victor-Hugo rue 383
Vieilles-Boucheries rue des 372
Poitou 406
Poivendre parc ornithologique de 348
Poléon 535
Pommeraie-sur-Sèvre La 196
Pompaire 265
Pons 409
Pont Agris Le 447
Pont île de 392
Pont-de-Lussac 333
Pont-l'Abbé-d'Arnoult 526
Port-Berteau 529
Port-d'Envaux 531
Port de Salles 232
Port-des-Barques 201
Porte de l'Ile la 312
Portes d'Enfer 336
Portes Les 423
Port-Hublé 524
Port-la-Pierre 529
Port-Maubert 272
Port Neuf 454
Poteau maison forestière du 396
Poursay-Garnaud 499
Prahecq 348
Pranzac 450
Prée fort de la 419
Pressac 212
Pressigny 361
Pressigny-le-Grand 50
Pressoir château du 541
Princay 292
Prisse-la-Charrière 347
Pruniers château de 334
Puilboreau 454
Puissanganou lieu-dit 172
Puy-Boissard hameau de 169
Puy-du-Fou 51
Puygironde 180
Puymoyen 255
Puymoyen falaises de 146
Puypéroux abbaye de 329
Puy Ravault 308
Puyraveau 544
Puyrolland 500
Quatre-Vaux forêt de 446
Quéroy 449
Quéroy grottes du 450
Quina gisement préhistorique de La 278
Rade fort de la 143
Raix 489
Rancogne 451
Ranton 293
Ré île de 417
Réau ancienne abbaye de la 232
Réauté château de la 392
Réaux 273
Reignac 362
Repentie La 189
Requin promenade du 177
Rétaud 528
Retournay château de 543
Ribérac 181
Richelieu 291
Richemont 242
Rigaudière donjon de la 231
Rimbault 347
Rioux 528
Rioux-Martin 203
Rivedoux-Plage 419
Rivière-aux-Chirets manoir de La 226
Roc de Sers gisement préhistorique du 276
Rochandry château de la 254
Roche barrage de la 232
Roche château de la 393
Roche La 435
Roche moulin de la 334
Rochebeaucourt-et-Argentine La 277
Rochebrune château de 247
Rochecorail La 147
Roche-Courbon château de la 526
Roche-de-Bran château de La 402
Roche-du-Maine château de la 292
Roche-Faton château de La 266
Rochefort 424
Ablois cours d' 431
Amiral fontaine de l' 429
Amiral-Courbet rue de l' 428
Arsenal 429
Art et d'histoire musée d' 428
Artillerie navale 432
Audry rue 432
Avant-Garde 429
Bégon rond-point 432
Camille-Pelletan rue 431
Centre international de la mer 429
Charente chemin de 432
Charente étangs de 429
Cheusses hôtel de 430
Cimetière militaire 432
Colbert école 427
Colbert place 427
Commissariat aux vivres 432
Corderie royale 428
Coupe d'Or théâtre de la 427
Docteur-Peltier rue du 432
Émile-Combes rue 430
Établissement thermal 431
Gare 432
Jean-Jaurès rue 428
La Touche-Tréville hôtel de 427
Mac-Namara hôtel 427
Marine hôpital de la 431
Marine jardin de la 428
Marine musée de la 430
Martrou caserne 430
Musée archéologique 431
Pierre Loti maison de 426
Ports de plaisance 432
Préfecture maritime 428
République rue de la 427
Roy-Bry cours 426
Saint-Maurice clos 430
Signaux tour des 428
Tilly hôtel de 430
Toufaire rue 428
Vieille Paroisse 431
Rochefort marais de 185
Rochefoucauld La 438
Rochelle La 452
Admyrault rue 459
Albert-Ier rue 461
Ancienne Commanderie des Templiers 459
Angliers hôtel d' 459
Aquarium nouvel 471
Arsenal 462
Augustins rue des 459
Automates musée des 458
Barentin place 463
Beaux-Arts musée des 458
Beurre rue du 460

Bletterie rue 462
Bourse hôtel de la 459
Brunet de Passy hôtel 459
Caille place de la 459
Casino 467
Cathédrale 456
Chaîne tour de la 464
Charruyer parc 467
Chaudrier rue 457
Concurrence plage de la 467
Dames cours des 462
Dauphine porte 470
Dernière Guerre musée rochelais de la 458
Deux-Moulins porte des 466
Duperré hôtel 468
Duperré quai 462
Échevins porte des 460
Escale rue de l' 466
Eugène Fromentin maison d' 468
Évescot porte de l' 468
Fleuriau hôtel 458
France I musée maritime du 470
Fromentin rue 459
Garesché hôtel 466
Gargoulleau rue 460
Général-de-Gaulle avenue du 463
Général-Leclerc avenue du 456
Gentilshommes rue des 460
Giraudeau hôtel 466
Grévin musée 464
Grosse Horloge tour de la 461
Henri II maison d' 459
Hôtel de ville 459
Hôtel-de-Ville rue de l' 459
Jaguenaud bains 467
Lanterne tour de la 465
Mail 467
Maison de la Culture 464
Marché aux puces 462
Marché place du 460
Maubec quai 462
Merciers rue des 460
Minage rue du 461
Minimes bourg des 471
Minimes port des 470
Monnaie hôtel de la 465
Motte-Rouge place de la 462
Musée maritime 463
Musée océanographique 471
Muséum d'Histoire naturelle 468
Neuve porte 468
Nicolas-Venette maison 466
Nicolas-Venette rue 466
Nouveau Monde musée du 458
Oratoire 468
Orbigny-Bernon musée d' 456
Palais de justice 459
Palais rue du 459
Parcs esplanade des 461
Pascaud hôtel 466
Petits-Blancs place des 461
Pilori fontaine du 460
Pilori place du 460
Préfecture 465
Protestant musée 462
Réaumur rue 466
Reims place de 468
Royale porte 470
Saint-Maurice quartier 468
Saint-Michel îlot 462
Saint-Nicolas église 463
Saint-Nicolas quartier 462
Saint-Nicolas tour 463
Saint-Sauveur église 462
Saint-Sauveur rue 462
Saint-Yon rue 462
Saintes-Claires monastère des 468
Saintes-Claires rue des 468
Seignette hôtel 466
Sur-les-Murs rue 465
Temple protestant 462
Temple cour du 459
Tout-y-faut impasse 460
Valin quai 463
Verdun place de 455
Vieux Port 461
Voile et de la Régate musée de la 471
Rochemaux château de 212
Roche-Posay La 220
Roche-Rigault La 292
Roches David falaise des 226
Roches château des 404
Roches-Prémarie 392
Rochette église de la 446
Rois Francs mines d'argent des 323
Romagne 231
Romegoux 435
Ronce-les-Bains 177
Ronce-les-Bains pointe de 317
Ronde La 314
Rondelle la 398
Ronsenac 279
Rouffiac 412
Rougnac 276
Rouillac 169
Rouillé 296
Roullet-Saint-Estèphe 253
Roumazières 443
Roumazières-Loubert 248
Rousseaux Les 435
Roussière château de la 346
Rouvray château de 220
Royan 55 476
Chay conche du 478
Embarcadère du bac 478
Foncillon conche de 478
Front de Mer 478
Grande Conche 478
Marché Central 479
Mohammedia promenade de 478
Musée archéologique 479
Notre-Dame église 478
Notre-Dame de l'Assomption église 479
Office Municipal du Tourisme 478
Parc quartier du 479
Pigeonnier conche du 478
Pontaillac conche de 478
Pontaillac quartier de 479
Port le 478
Saint-Pierre église 479
Temple protestant 479
Ruelle 448
Ruffec 486
Ruffécois 487
Ruralies Les 349
Sablanceaux pointe de 419
Sablon canal du 309
Sablonceaux abbaye de 483
Saint-Agnan 433
Saint-Aigulin 274
Saint-Amant-de-Boixe 171
Saint-Amant-de-Bonnieure 445
Saint-Amant-de-Graves 207
Saint-André-de-Double 181
Saint-André-de-Lidon 416
Saint-Aubin-de-Baubigné 196
Saint-Aubin-le-Cloud 361
Saint-Augustin marais de 175
Saint-Aulais-la-Chapelle 328
Saint-Barbe côte 160
Saint-Benoît 389
Saint-Bonnet-sur-Gironde 272
Saint-Brice 204
Saint-Bris-des-Bois 524
Saint-Césaire 241
Saint-Christophe 350
Saint-Christophe-sur-Roc 262
Saint-Ciers-du-Taillon 272
Saint-Ciers-sur-Gironde 272
Saint-Claud 443
Saint-Clément pointe 315
Saint-Clément pont de 435
Saint-Clément-des-Baleines 422
Saint-Clémentin 195
Saint-Cybard 148
Saint-Cybardeaux 169
Saint-Cyr 217
Saint-Denis-d'Oléron 354
Saint-Denis-du-Payré 307
Saint-Denis-du-Pin 499
Saint-Dizant-du-Bois 272
Saint-Dizant-du-Gua 56 272
Saint-Estèphe 253
Saint-Étienne-la-Cigogne 184
Saint-Fort 433
Saint-Fort-le-Né 207
Saint-Fort-sur-Gironde 271
Saint-Froult 201
Saint-Froult presqu'île de 200
Saint-Gelais 350
Saint-Généroux 541
Saint-Genis-d'Hiersac 170
Saint-Georges-de-Didonne 482
Saint-Georges-de-Noisné 264
Saint-Georges-de-Rex 314
Saint-Georges-des-Coteaux 524
Saint-Georges-d'Oléron 353
Saint-Georges-les-Baillargeaux 400
Saint-Germain-de-Confolens 246
Saint-Gervais-les-Trois-Clochers 218
Saint-Goard château de 346
Saint-Gobain 53
Saint-Hilaire-la-Palud 314
Saint-Hyppolite 435
Saint-Jacques de Thouars 541
Saint-James 531
Saint-Jean chapelle 441
Saint-Jean-d'Angély 495
Saint-Jean-d'Angle 433
Saint-Jean-de-Thouars 541
Saint-Jouin 196
Saint-Jouin-de-Marnes abbatiale de 543
Saint-Julien-l'Ars 402
Saint-Junien 247
Saint-Just-Luzac 317
Saint-Laurent-de-la-Prée 437
Saint-Léger 413
Saint-Léger-de-Montbrun 544
Saint-Léomer 336
Saint-Lin 361
Saint-Loup-Lamairé 267

Saint-Maigrin château de 362
Saint-Maixent-l'École 502
Saint-Mandé-sur-Brédoire 184
Saint-Marc-la-Lande 262
Saint-Mard 536
Saint-Martial 500
Saint-Martin-d'Ary 274
Saint-Martin-de-Coux 274
Saint-Martin-de-Ré 420
Saint-Martin-de-Sanzay 540
Saint-Martin-du-Fouilloux terrier de 265
Saint-Martin-l'Ars 232
Saint-Martin-les-Melle 326
Saint-Martin-sous-Mouzeuil 308
Saint-Maurice-des-Lions 248
Saint-Maurice-la-Clouère 394
Saint-Maxire 349
Saint-Même 207
Saint-Mesmin-la-Ville château de 197
Saint-Michel-d'Entraigues 250
Saint-Michel-en-l'Herm 306
Saint-Nazaire-sur-Charente 201
Saintonge 532
Saintonge golfe de 432
Saint-Palais-sur-Mer 176
Saint-Pardoux 361
Saint-Pierre bois de 392
Saint-Pierre-de-l'Isle 499
Saint-Pierre-de-Maillé 510
Saint-Pierre-d'Exideuil 230
Saint-Pierre-d'Oléron 354
Saint-Pierre-du-Palais 274
Saint-Pierre-les-Églises 226
Saint-Pompain 346
Saint-Porchaire 526
Saint-Privat-des-Prés 182
Saint-Quantin-de-Rançanne 416
Saint-Quentin-de-Chalais 203
Saint-Rémy 262
Saint-Rémy-sur-Creuse 221
Saint-Romain-de-Benet 483
Saint-Roman-lès-Melle 325
Saint-Saturnin 160
Saint-Saturnin-de-Sénéchaud 531
Saint-Sauvant 296
Saint-Sauvant église de 241
Saint-Sauvant forêt domaniale de 296
Saint-Sauveur 219
Saint-Sauveur-d'Aunis 535
Saint-Sauveur-de-Givre-en-Mai 197
Saint-Savin 508
Saint-Savinien 530
Saint-Saviol 230
Saint-Seurin-de-Palenne 412
Saint-Seurin-d'Uzet 271
Saint-Séver-de-Saintonge 413
Saint-Séverin-sur-Boutonne 184
Saint-Sigismont-de-Clermont 416
Saint-Simeux 252
Saint-Simon-de-Pellouaille 528
Saint-Sorlin-de-Conac 272
Saint-Sornin 318
Saint-Sulpice-d'Arnoult 527
Saint-Sulpice-de-Royan 178
Saint-Symphorien 347
Saint-Thomas 531
Saint-Thomas-de-Conac 272
Saint-Trojan-les-Bains 355
Saint-Vaize 529
Saint-Vallier 362
Sainte-Catherine château 450
Sainte-Catherine pointe 144
Sainte-Christine 310
Sainte-Colombe 445
Sainte-Croix abbaye 390
Sainte-Croix faubourg 511
Sainte-Gemme 527
Sainte-Lheurine 414
Sainte-Marie-de-Ré 423
Sainte-Même 500
Sainte-Ouenne 350
Sainte-Radegonde-des-Noyers 308
Saintes 54 **512**
- *Abbaye-aux-Dames* 520
- *Alsace-Lorraine* rue 515
- *Amphithéâtre* 523
- *Angel-Sidelio* square 514
- *Arc romain de Germanicus* 514
- *Arc-de-Triomphe* rue de l' 520
- *Argenson* hôtel d' 519
- *Bassompierre* place 514
- *Beaux-Arts* musée des 514
- *Bibliothèque municipale* 515
- *Bremond d'Ars* hôtel de 517
- *Chapsal* rue 518
- *Clemenceau* rue 519
- *Dangibeaud* rue 518
- *Denfert-Rochereau* rue 522
- *Dupuy-Mestreau* musée régional 518
- *Échevinage* musée de l' 515
- *Échevinage* place de l' 515
- *Folklore et des Traditions Populaires* musée du 522
- *Gambetta* avenue 522
- *Herbes* place des 514
- *Hospice* ruelle de l' 518
- *Hôtel de ville* 519
- *Jacobins* rue des 516
- *Lemoyne* rue 514
- *Marché* place du 520
- *Martineau* rue 517
- *Messageries* rue des 514
- *Musée archéologique* 520
- *Nivelles* square de 518
- *Piège* rue du 514
- *Préhistoire* musée éducatif de la 522
- *Récollets* place des 514
- *Saint-Eutrope* église 522
- *Saint-Louis* hôpital 518
- *Saint-Maur* rue 518
- *Saint-Michel* rue 514
- *Saint-Pallais* église 520
- *Saint-Pallais* place 520
- *Saint-Pierre* cathédrale 519
- *Saint-Pierre* rue 520
- *Saint-Saloine* thermes romains de 524
- *Sainte-Colombe* chapelle 514
- *Terrasse de l'Hôpital* 517
- *Thermes* rue des 524
- *Urbain-Loyer* rue 514
- *Viaud* hôtel 516
- *Victor-Hugo* rue 514

Sainte-Soline 326
Saisine forêt de la 264
Salignac-de-Mirambeau 274
Salignac-sur-Charente 242
Salines Les 454
Salles 507
Salles-d'Angles 208
Salles-en-Toulon 226
Salles-lès-Aulnay 184
Salles-sur-Mer 474
Sammarçolles 291
Sanxay 264
Sanzay château de 540
Saujon 484
Saulgé 335
Saulgond 247
Sauzé-Vaussais 326
Saveille château de 488
Savigné 232
Sayette château de la 266
Scevolle forêt de 404
Scorbé-Clairvaux 218
Secondigny 261
Secondigny forêt de 261
Segonzac 207
Senillé 219
Sers 275
Seudre la 317 416
Seudre vallée de la 175
Seugne vallée de la 412
Seuil du Poitou 391
Seure Le 241
Sèvre bassin de la 297
Sèvre la 313
Sèvre val de 349
Sèvre village de la 309
Sèvre Niortaise 347
Sèvre Niortaise vallée de la 506
Sichard camp de 230
Signac logis de 443
Sigogne 241
Sigogne château de 446
Sigond lieu-dit 399
Sillac 149
Simard grotte 255
Siorac-de-Ribérac 181
Smarves 392
Sommières-du-Clain 231
Son vallée du 445
Sonnac 501
Sonneville 241
Sorinière 540
Sotterie la 346
Soubise 201
Souil 312
Soumard 437
Sousmoulins 273
Suaux 442
Surgères 534
Taillebourg 529
Taillée La 308
Taizé 541
Taizé-Aizie forges de 494
Tallud 261
Talmont 55 270
Tanzac 416
Taponnat-Fleurignac 440
Tardoire vallée de la 446
Tards 206
Tennesus d'Amailloux château de 268
Ternay château de 293
Terne ruines de La 167
Tesson 529
Thaims 528
Theil château du 268
Thénac 529
Thezac 528
Thouars 537 540
Thouarsaise plaine 541
Thouet vallée du 541
Thuré 218
Tonnay-Boutonne 500
Tonnay-Charente 434

Tonne 170
Torsac 279
Touffou château de 224
Tours-Mirandes site de 404
Tourtenay 541
Touvre la 146 448
Touvre sources de la 448
Trèfle le 191 413
Tremblade La 177
Triac 206
Triaize 307
Trimouille La 336
Trizay 436
Trois-Bourdons 388
Trois-Palis 251
Trousse-Chemise bois de 423
Tude la 180 202
Tusson 166
Tusson forêt de 164
Usseau 218
Usson château d' 416
Usson-du-Poitou 231
Valdivienne 226
Valençay château de 219
Valin 274
Vallée La 435
Vallet 273
Vallier étang 362
Vandré 536
Vanneau Le 314
Vanxains 181
Varaize 501
Varenne station de la 389
Varennes château de 224
Vauclair lac 502
Vausseroux 361
Vaux-en-Couhé 230
Vaux-sur-Mer 176
Vayres château de 400
Veillard 205
Vellèches 219
Velluire 308
Vendée 297
Vendeuvre-du-Poitou 403
Vénérand 525
Venise verte 310
Verger moulin du 255
Verger parc du 220
Vermette château de 540
Vernay pont de 543
Vernoux et l'Absie rochers granitiques de 261
Verrières 227
Verrines-sous-Celles 348
Verruyes 262
Verteuil-sur-Charente 490
Vervolière château de la 220
Vézières 291
Vibrac 252
Vicq-sur-Gartempe 511
Vieil-Aunac 173
Vienne la 333 400 441
Vienne val de 219
Vienne vallée de la 545
Vieux Bellefonds manoir du 224
Vieux Poitiers 219
Vigeant Le 232
Vignolles 241
Vilhonneur 450
Village de l'an VII 308
Villars-les-Bois 241
Villebois-Lavalette 278
Villedieu-de-Comblé La 506
Villedieu-du-Clain La 392
Villefagnan 488
Villegâts 489
Villejésus 167
Villejoubert 172
Villeneuve 454
Villeneuve-la-Comtesse 184
Villesalem 336
Villesoubis 166
Villiers-le-Roux 488
Villiers-sur-Chizé 184
Vinade pont de 207
Vindelle 170
Virecoupère 405
Virollet 348
Viveronne la 202
Viviers 436
Vivonne 296
Vix 309
Vonne vallée de la 507
Vouhé 535
Vouillé 398
Vouillée-les-Marais 308
Vouillé-Saint-Hilaire forêt de 396
Voultegon 195
Vouneuil 219
Vouthon 450
Vouzan 276
Xambes 173
Yves 436
Yves baie d' 188
Yviers 203
Yzeures-sur-Creuse 220

Adresses utiles

Comité régional de tourisme

• 62, rue Jean-Jaurès, BP 56, 86002 Poitiers Cedex ☎ 49.50.10.50 ; fax : 49.41.37.28.

Maison Poitou-Charentes

• 68-70, rue du Cherche-Midi, 75006 Paris ☎ 42.22.83.74 ; fax : 45.49.18.84.

Comités départementaux de tourisme

• Charente : 27, place Bouillaud, 16021 Angoulême ☎ 45.69.79.09.

• Charente-Maritime : 11 bis, rue des Augustins, BP 1152, 17008 La Rochelle Cedex ☎ 46.41.43.33 ; fax : 46.41.34.15.

• Deux-Sèvres : 6, rue du Palais, BP 49, 79000 Niort ☎ 49.24.76.79.

• Vienne : BP 287, 86007 Poitiers Cedex ☎ 49.41.58.22 et 49.88.89.79.

Loisirs-Accueil et Gîtes de France

Mêmes coordonnées que les CDT.

Parc naturel régional du Marais poitevin

• 17170 La Ronde ☎ 46.27.82.44.

Randonnée pédestre

• Charente : confédération charentaise de la randonnée ☎ 45.38.94.48.

• Charente-Maritime : comité départemental de randonnée pédestre, L'Aubrée, 17350 Taillant ☎ 46.90.16.45.

• Deux-Sèvres : comité départemental de randonnée pédestre, 31, rue Romaine, 79370 Celles-sur-Belle ☎ 49.79.91.73.

• Vienne : comité départemental de randonnée pédestre, 22, place Charles-de-Gaulle, 86000 Poitiers ☎ 49.88.93.48.

Cyclotourisme

• Charente : confédération charentaise de la randonnée ☎ 45.68.31.48.

• Charente-Maritime : comité départemental de cyclotourisme, Le Charenton, 17100 Fontcouverte ☎ 46.92.55.98.

• Deux-Sèvres : comité départemental de cyclotourisme, 31, impasse des Écoles, 79360 Beauvoir-sur-Niort ☎ 49.09.77.01 ; La Bicyclette Verte, rue du Coursault, 79210 Arçais ☎ 49.35.42.56.

• Vienne : comité départemental de cyclotourisme, 55, avenue Baillarjon, 86400 Civray ☎ 49.87.03.18.

Pêche

• Charente : APPMA, 44, rue de Bourlion, 16160 Gond-Pontouvre ☎ 45.69.33.91.

• Charente-Maritime : comité départemental de pêche en mer ☎ 46.67.72.78.

• Deux-Sèvres : fédération départementale de la pêche, 33, rue Galuchet, 79000 Niort ☎ 49.09.23.33.

• Vienne : comité départemental de la pêche, 178, rue Guynemer, 86000 Poitiers ☎ 49.58.23.36.

Tourisme équestre

• Charente : comité départemental de tourisme équestre ☎ 45.90.54.84.

• Charente-Maritime : comité départemental de tourisme équestre, Mairie, 17100 Fontcouverte ☎ 46.87.53.43.

• Deux-Sèvres : comité départemental de tourisme équestre, 2, rue du Puits, 17330 Villeneuve-la-Comtesse.

• Vienne : comité départemental de tourisme équestre, La Maison Vieille, 86530 Naintre ☎ 49.90.26.41.

Sports nautiques

• Charente : comité départemental de canoë-kayak ☎ 45.69.36.17.

• Charente-Maritime : comité départemental de voile ☎ 46.44.58.31 ; comité départemental de canoë-kayak ☎ 46.91.15.47 ; comité départemental de sports sous-marins ☎ 46.83.94.31.

• Deux-Sèvres : comité départemental de canoë-kayak, 2, rue Jules-Siegfried, 79000 Niort ☎ 49.73.48.26.

• Vienne : club poitevin de canoë-kayak, avenue de Lorch, 86280 Saint-Benoît ☎ 49.52.98.64.

Météo

• Bulletin information Plaisance ☎ 36.65.08.17.

• ☎ 36.68.02 + n° du département.

SNCF

• Renseignements par minitel : 3615 et 3616 code SNCF ou 36.26.50.50.

• Renseignements par téléphone : ils sont désormais centralisés. Jusqu'en 1966 : pour l'ensemble de la France à l'exception de l'Ile-de-France, composer ☎ 36.35.35.35 ; pour l'Ile-de-France ☎ 45.82.50.50. A partir de janvier 1996, il n'y aura plus qu'un seul numéro pour toute la France ☎ 08.36.35.35.35.

Attention

En 1996, les numéros de téléphone français auront dix chiffres. Le nouveau numéro sera obtenu en ajoutant deux chiffres en tête du numéro actuel : 01 pour l'Ile-de-France, 02 pour le Nord-Ouest, 03 pour le Nord-Est, 04 pour le Sud-Est, 05 pour le Sud-Ouest. Pour les numéros commençant par 36 comme celui de la Météo nationale, c'est le 08 qui précédera les huit chiffres. En revanche, les numéros à quatre chiffres du type 3615 resteront inchangés.

Crédit photographique

De gauche à droite et de haut en bas :

P. 1 :
J.-D. Sudres, Scope.

P. 2 :
P. Somelet, Diaf;
J. Sierpinski, Scope;
M.-J. Jarry/J.-F. Tripelon, TOP.

P. 3 :
G. Boutin, Explorer;
M. Daniel, Explorer;
L. Girard, Explorer;
D. Tuppin, Pix.

P. 4 :
J. Guillard, Scope;
B. Regent, Diaf;
B. Regent, Diaf;
J. Guillard, Scope.

P. 5 :
J. Guillard, Scope;
J. Guillard, Scope;
J. Guillard, Scope.

P. 6 :
D. Halleux, Bios;
G. Guittot, Diaf;
M. Tiziou, Diaf;
J.-D. Sudres, Scope.

P. 7 :
O. Franken, Explorer;
O. Franken, Explorer;
M. Moisnard, Explorer;
G. Guittot, Diaf.

P. 8 :
M.-J. Jarry/J.-F. Tripelon, TOP;
G. Guittot, Diaf;
J.-D. Sudres, Diaf;
M.-J. Jarry/J.-F. Tripelon, TOP.

P. 9 :
A. Février, Diaf;
Photothèque Hachette;
J.-D. Sudres, Scope.

P. 10 :
J. Guillard, Scope;
M. Daniel, Explorer;
J. Sierpinski, Scope.

P. 11 :
J.-D. Sudres, Scope;
M. Garnier, Explorer;
Photothèque Hachette;
B. Regent, Diaf.

P. 12 :
J. Guillard, Scope;
J. Guillard, Scope;
J. Guillard, Scope;
Photothèque Hachette.

P. 13 :
J.-D. Sudres, Scope;
Lauros, Giraudon;
J. Sierpinski, Scope.

P. 14 :
J. Guillard, Scope;
G. Biollay, Diaf;
B. Veysset, Explorer.

P. 15 :
P. Roy, Explorer;
P. Somelet, Diaf;
J. Guillard, Scope;
E. Leroy, Pix.

P. 16 :
J. Guillard, Scope;
J.-D. Sudres, Scope;
H. Veiller, Explorer;
B. Régent, Diaf.

Aubin Imprimeur
LIGUGÉ, POITIERS

Achevé d'imprimer en mars 1995
N° d'édition 01 / N° de collection 36 / N° d'impression L 45578
Dépôt légal 7501-03-1995
Imprimé en France

I.S.B.N. 2.01.242297.7
24.36.2297.01/0

Régions de France